La filosofia
e le sue storie

STORIA DELLA FILOSOFIA

L'età moderna

edited by Umberto Eco and Riccardo Fedriga

ⓒ 2014 by EM Publishers S.S.

경이로운 철학의 역사

2
근대 편
L'età moderna

UMBERTO ECO
RICCARDO FEDRIGA

움베르토 에코
리카르도 페드리가 편저

윤병언 옮김

arte

차례

일러두기

- 『경이로운 철학의 역사』는 다양한 형태와 성격을 가진 글들로 구성되어 있다. 기본적으로 번호가 달린 장들은 전형적인 연대기 형식으로 집필된 철학사를 다룬다. 이어서 필요한 곳마다 다양한 주제나 여러 철학자들에 대한 좀 더 깊이 있는 해설이나 짤막한 기사를 첨부했다.
- 이 기사들 가운데 '망원경 기호'로 시작되는 글들은 때로는 특정 시대를 벗어나기도 하고 특정 분야의 학문을 다루기도 하면서 철학사를 바라보는 우리의 관점을 좀 더 넓혀 줄 수 있는 보다 폭넓고 다양한 주제를 다룬다. 그 밖에 별면에 수록한 글들은 철학적 담론과 관련된 각 시대의 문화적인 측면들을 다룬다. 아울러 저자의 이름이 적혀 있지 않은 글들은 두 명의 감수자가 공동으로 집필한 글이다.
- '책과 호리병 기호'로 시작되는 글들은 원서에서 '문화적 배경Ambiente culturale'이라는 제목으로 본문 하단에 실었는데, 한국어판에서는 모두 별면에 실었다.
- 단행본은 『 』, 논문이나 장 제목은 「 」, 희극은 〈 〉로 묶었다.
- 본문 아래 각주는 모두 옮긴이의 것이다.

I

지속과 단절,
15세기

La filosofia
e le sue storie

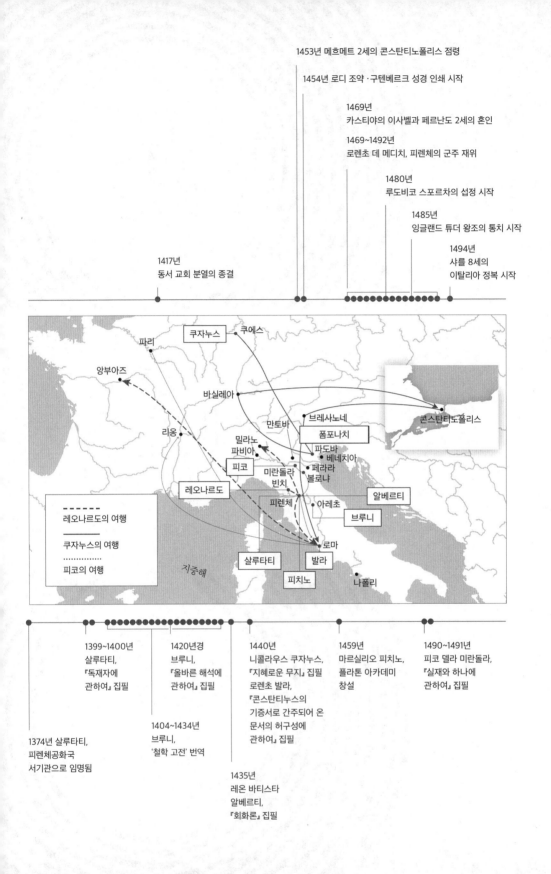

1453년 메흐메트 2세의 콘스탄티노폴리스 점령

1454년 로디 조약·구텐베르크 성경 인쇄 시작

1469년
카스티야의 이사벨과 페르난도 2세의 혼인

1469~1492년
로렌초 데 메디치, 피렌체의 군주 재위

1480년
루도비코 스포르차의 섭정 시작

1485년
잉글랜드 튜더 왕조의 통치 시작

1417년
동서 교회 분열의 종결

1494년
샤를 8세의
이탈리아 정복 시작

쿠자누스   쿠에스
파리
앙부아즈
바실레아
리옹   만토바
            브레사노네
            폼포나치
밀라노   파도바
파비아   베네치아
피코   페라라
미란돌라   볼로냐
빈치
레오나르도
            피렌체   아레초
                     브루니
                              알베르티
            살루타티   발라
            피치노
                     나폴리

콘스탄티노폴리스

---- 레오나르도의 여행
—— 쿠자누스의 여행
········· 피코의 여행

지중해

1399~1400년
살루타티,
『독재자에
관하여』 집필

1420년경
브루니,
『올바른 해석에
관하여』 집필

1440년
니콜라우스 쿠자누스,
『지혜로운 무지』 집필
로렌초 발라,
『콘스탄티누스의
기증서로 간주되어 온
문서의 허구성에
관하여』 집필

1459년
마르실리오 피치노,
플라톤 아카데미
창설

1490~1491년
피코 델라 미란돌라,
『실재와 하나에
관하여』 집필

1374년 살루타티,
피렌체공화국
서기관으로 임명됨

1404~1434년
브루니,
'철학 고전' 번역

1435년
레온 바티스타
알베르티,
『회화론』 집필

르네상스는 흔히 '휴머니즘'이라는 개념으로 정의되는 동시에 근대적 감성이 시작되는 시대로 간주된다. 하지만 이러한 방식의 시대 구분은 늘 재론의 여지를 남긴다. 아주 일반적으로 페트라르카와 보카치오는 르네상스 휴머니즘을 대표하는 선두 주자로 간주되지만, 중세가 1492년에 마감된다는 또 다른 관점의 시대구분을 받아들이면 거의 모든 르네상스 휴머니즘 사상가가 실제로는 중세에 속한다는 사실을 인정할 수밖에 없다. 게다가 아리오스토나 레오나르도 다 빈치, 미켈란젤로, 라파엘로 같은 인물들 역시 중세에 태어난 만큼 중세의 아들로 간주해야 할 것이다.

중세에서 르네상스로 넘어오는 과정을 갑작스러운 단절이나 패러다임의 근본적인 변화를 가져온 과정으로 보는 관점 역시 잘못되었다. 중세를 아리스토텔레스의 사상이 지배한 시대로, 르네상스 시대를 플라톤의 사유가 재발견된 시대로 보는 관점은 명백하게 잘못된 판단에서 비롯된다. 15세기에는 상당히 발전된 단계의 스콜라철학이 계속해서 명맥을 유지했을 뿐 아니라 아리스토텔레스에 대해서도 전례를 찾아볼 수 없는 새로운 형태의 성찰과 해석이 등장했고(니포, 폼포나치와 같은 철학자들의 해석을 예로 들 수 있다), 이는 알렉산드리아학파와 아베로에스의 철학을 중심으로 하는 아리스토텔레스 철학 전통의 건재함을 또렷하게 증명하는 것이었다. 더군다나 피코 델라 미란돌라를 중심으로 하는 일군의 철학자들은 오히려 아리스토텔레스와 플라톤의 철학적 통일성을 증명하려고 노력했다.

중세를 신학의 시대로, 르네상스를 세속적인 가치가 승리를 거둔 시대로 보는 관점 역시 옳다고 볼 수 없다. 실제로는 피치노와 플라톤 아카데미의 노력으로 중세의 종교보다 훨씬 더 강렬한 형태의 종교 사상이 등장했고 오히려 어떤 측면에서는, 르네상스가 몇몇 형태의 중세 '이성주의'를 훨씬 더 뜨거운 '신앙주의'로 대체하는 현상이 일어났기 때문이다.

중세에는 눈에 띄지 않았지만 르네상스 시대에 들어와서 부각되기 시작한 분야 중의 하나는 문헌학이다. 비평적인 차원에서 고대에 비해 훨씬 더 치밀하고 유연한 번역 개념이 르네상스 시대에 구축되기 시작했다. 아울러 '근대적인' 형태의 텍스트 비평이 중요한 문화적 특징으로 부상했고(로렌초 발라가 「콘스탄티누스의 기증」이 조작된 문서임을 어떤 식으로 증명해 보였는지 참조하기 바란다) 플라톤과 플로티노스, 스토아학파와 에피쿠로스학파의 철학자들을 비롯한 여러 그리스 철학자의 저서들을 완역하려는 시도들이 이루어졌다(중세에 알려졌던 플라톤의 저서는 『티마이오스』뿐이다). 하지만 아이러니하게도 르네상스는 중세의 학자들이 문헌학적 평가 기준의 부재로 인해 무분별하게 받아들인 위僞 디오니시우스의 『코르푸스 헤르메티쿰』을 똑같은 방식으로 무분별하게 받아들이는 시대였다.

어쨌든 르네상스 시대에는 휴머니즘 정신의 도래와 함께 인간과 신과 세계의 관계에 대한 새로운 관점이 등장했다. 중세가 신 중심의 시대였다면 르네상스는 분명히 인간 중심적인 특징들을 가지고 있었다. 하지만 이는 인간이 신을 대체했다는 것을 의미하지 않는다. 단지 인간이 종교라는 드라마의 주인공으로, 신과 세계의 중재자로 등장했다는 것을 의미할 뿐이다. 레오나르도 브루니나 콜루초 살루타티가 쓴 철학책들, 무엇보다도 피코 델라 미란돌라의 『인간의 존엄성에 관하여』는 어떻게 르네상스의 휴머니즘이 지구를 우주의 중심이라는 왕좌로부터 끌어내리면서 동시에 인간을 만물의 척도로 부각시켰는지 분명하게 보여 준다.

많은 철학자들이 르네상스적인 새로운 감성의 탄생에 일조했지만 누구보다도 큰 영향력을 행사한 인물은 당연히 니콜라우스 쿠자누스다. 그는 신 안에서 하나였던 것이 개별적인 사물들의 다양성 속에서 발견되며, 바로 그런 이유에서 서로 상반되는 사물들이 세계를 초월하는 신 안에서는 오히려 일치를 이룬다고 보았다. 쿠자누스의 이러한 생각은 헤르메스주의 사상의 여러 측면과 조화를 이루면서 결국에는 교부철학을 특징짓던 획일성과 정체성의 이성적 탐구 자체를 위기에 빠트렸다. 아울러 쿠자누스는 '세계의 무한함'이라는 개념을 처음으로 도입했다. 이 무한한 세계는 "중심이 도처에 있으며 테두리는 어느 곳에도 없다. 왜냐하면 테두리와 중심이 곧 신이며 신이야말로 도처에 있는 동시에 어느 곳에도 존재하지 않기 때문이다."(『지혜로운 무지』 2, 12)

그런 의미에서 15세기는 중세와 르네상스라는 두 시대의 힘이 대립하는 동시에 조화를 이룬 진정한 의미에서의 과도기였다고 볼 수 있다. 잊지 말아야 할 것은 이 시대의 철학적 사유가 새로운 세계의 등장으로 심각한 충격을 받은 동시에 인쇄의 발명으로 인해 사유의 무한한 보급과 소통의 새로운 가능성을 눈앞에 두고 있었다는 사실이다.

1

학문의 부활

1.1 학문의 부활인가, 침체인가

20세기 전반에는 과학 분야의 역사가들 대부분이 중세 말기에 이루어진 천문학, 물리학, 우주론, 수학, 광학, 의학, 생물학의 발전을 르네상스가 차단하면서 과학의 퇴보를 가져왔다고 생각했다. 이들은 휴머니즘의 도래가 사람들이 자연의 탐구를 등한시하고 아름다운 문학과 예술에만, 윤리적이고 정치적인 성격의 주제, 혹은 신화나 마술에 몰두하는 철학에만 관심을 쏟도록 만들었다고 보았다.

하지만 이런 견해는 조지 보애스George Boas, 에우제니오 가랭Eugenio Garin, 파올로 로시Paolo Rossi, 찰스 B. 슈미트Charles B. Schmitt, 체사레 바솔리Cesare Vasoli와 같은 학자들의 연구를 통해 사실상 아무런 근거가 없는 것으로 드러났다. 이들에 따르면, 15세기는 과학 발전의 정체 현상을 특징으로 하는 시대가 아니라 오히려 진정한 의미에서 과학의 '부활'을 표상하는 시대였다. 이들의 연구로 밝혀진 또한 가지 중요한 특징은, 과학이라는 용어 자체가 당시에는 상당히 다양한 의미로 사용되었다는 사실이다. 이에 관해서는, 시대적 특성을 무시하는 획일적인 정의를 피하기 위해서라도, 다음과 같은 두 가지 기본적인 특징을 기억해 둘 필요가 있다. 먼저, 15세기에 과학scientia이라는 용어는 상당히 다양한 종류의 지적 활동을 의미했다. 이는 무엇보다도 이 시대의 지식인들이 활동하던 문화적, 제도적, 사회적 공간이 상당히 다채로웠기 때문이다. 대학뿐 아니라 예술가들의 공방, 건축가들의 공사장, 마술사나 연금술사의 작업실, 신학 학교와 철학 학교, 심지어는 궁정, 아카데미, 사설 도서관, 인문학자들의 서클에서 이루어지는 모든 활동을 과학이라는 이름으로 부를 수 있었다.

　아울러 이 과도기적 시대의 과학이 이룩한 성과와 한계를 어떤 식으로 평가하든 간에 이 시대를 두고 과학 발전의 '정체 현상'을 언급하는 것은 절대적으로 불합리하다는 사실에 주목해야 한다. 이 시대는 바르톨로메우 디아스Bartolomeu Diaz와 크리스토퍼 콜럼버스Christopher Colombus, 바스쿠 다 가마Vasco da Gama를 비롯해 수많은 탐험가들이 새로운 대륙에 발을 디딘 위대한 지리학적 발견의 시대일 뿐 아니라 게오르크 폰 포이에르바흐Georg von Peuerbach와 레지오몬타누스Regiomontanus가 『새 천체 이론Theoricae novae planetarum』을 발표하고, 더 나아가 니콜로 레오니체노Nicolò Leoniceno와 에르몰라오 바르바로Ermolao Barbaro가 대大 플리니우스의 『자연사Historia Naturalis』에 수록된 수많은 허구를 폭로하기 위해 책 전체를 오류 표기로 빽빽이 채워 넣던 시대이며, 위僞 아리스토텔레스Aristoteles의 『역학Mechanica』에 대한 깊이 있는 연구와 함께 소아병과 노인병을 다루는 최초의 의학 '매뉴얼'이 출판되고, 알레산드로 베네데티Alessandro Benedetti가 의사들에게 파도바의 해부학 실습실에 가서 의학의 현장을 목격하라고 종용하던 시대, 레오나르도 다 빈치Leonardo da Vinci가 다양하기 짝이 없는 자연현상들을 분석하고 그의 놀라운 스케치를 통해 시각화한 시대였다.

1.2   물리학, 우주론, 연산

익히 알려진 바와 같이 아리스토텔레스의 물리학, 우주론, 생물학, 동물학 저서들은 13세기 중반부터 유럽의 모든 대학에서 주요 '교과서'로 채택되었고, 그런 식으로 하늘과 땅에서 일어나는 모든 자연현상의 원인에 대한 앎, 즉 자연현상을 어떤 '자연적' 실체의 현현으로 설명할 수 있는 '자연철학naturalis philosophia' 혹은 '물리학physica'의 기반을 마련했다. 이를 위해서는 먼저 감각적인 정보를 통해 실체를 지각하고 불변하는 형태의 정의에 도달하는 귀납 과정이 필요하고, 이어서 관찰된 효과들이 정의된 실체의 특징이라는 것을 증명할 수 있는 연역 과정이 필요했다.

하지만 이 두 가지 추론 과정의 적확한 관계에 대해 방법론적인 측면에서 끝없는 논쟁을 벌이면서도 자연철학자들은 사실상 실험이나 경험을 바탕으로 하는 탐구에 주력하는 대신 자연과학의 여러 분야와 분야별 특성과 기초 원리를 제시한 아리스토텔레스의 저서들에 대해 설명이나 비평을 제시하는 데 집중했다. 이들은 예를 들어 『물리학Fisica』을 중심으로 '자연', '질료', '공간', '시간' 같은 몇몇 기본 개념의 정의 외에 다양한 변화 유형의 분류법과 변화의 원인 및 특성에 대한 설명을 제시했고 『우주론De Caelo』, 『생성과 소멸에 관하여De Generatione et Corruptione』, 『기상학Meteorologica』 등을 해설하면서 지구 중심의 천문학 모형을 설명하는 우주론의 기본적인 정보와 원소 이론 및 지리학적 지식, 달의 위 세계와 아래 세계의 현상에 대한 설명을 제시했다. 『영혼에 관하여De anima』, 『자연학 소론Parva naturalia』, 그리고 위 아리스토텔레스의 『식물에 관하여De plantis』에 대해서는 살아 있는 생명체의 기능과 이를 결정짓는 원칙들, 혹은 영혼을 탐구하는 데 필요한 가장 기초적이고 필수적인 지식을 제공했다. 끝으로 이들의 동물학은 주로 묘사와 분류에 치중하는 경향을 보였지만 동시에 형태학과 발생학적인 차원에서 풍부한 정보를 제공했다.

1400년대에 대학에서 이른바 '자연과학'이라는 이름으로 가르치고 연구하던 것은 본질적으로 아리스토텔레스가 '자연철학'으로 부르던 것과 정확하게 일치한다. 이 자연과학 내지 자연철학은 본질적으로 이론적인 지식이었고, 실용적인 목적 없이 이론 자체의 탐구에 집중했을 뿐만 아니라 다양한 정보를 분석하거나 자연현상을 경험적 차원에서 조직적으로 관찰하는 태도와도 거리가 멀었다. 이 자연철학이 구축하는 것은 관조적인 형태의 지식이었고 특성을 묘사하는 데 쓰이는 개념들을 활용하는 데 그쳤기 때문에 본질적으로는 '글'에 불과한 과학이었다. 하지만 이는 당시의 자연과학이 아리스토텔레스의 생각을 수용하고 반복하는 것으로 만족했다는 것을 의미하지는 않는다. 그의 과학적 사고와 철학은 아주 구체적으로 토론되었고 근본적인 차원에서 수정되었으며 빈번히 비평이나 거부의 대상이 되곤 했다. 주목해야 할 것은 14세기에 중요한 이론적이고 방법론적인 혁신이 적어도 두 분야에서 이루어졌다는 사실이다. 먼저, 파리에서 활동하던 장 뷔리당Jean Buridan, 리크메르스도르프Albert von Rickmersdorf, 니콜 오렘Nicole Oresme 같은 학자들은 공간 이동의 원인에 대한 아리스토텔레스의 설명을 근본적인 차원에서 재검토했다.

이들은 탄환 운동 같은 강렬한 운동을 설명하면서 동체와 접촉하는 매개체, 예를 들어 공기나 물에 중요한 역할을 부여한 아리스토텔레스의 이론적 빈약함을 지적한 뒤, 일찍이 6세기에 요안네스 필로포노스Ioannes Philoponos가 제안했고 몇몇 이슬람 사상가들이 물려받은 또 다른 해석을 다시 발전시켰다. 이 해석에 따르면 동력은 동체에 모종의 힘을, 이른바 충격impetus을 전달한다. 이 충격은 운동을 방해하는 저항력이 우세해지기 전까지는, 혹은 동체가 본래의 위치로 되돌아가려는 경향이 우세해지기 전까지는 운동의 내재적인 원동력으로 작용한다. 이 '충격 이론'은 전통적인 아리스토텔레스 역학의 상당히 의미 있는 변형이다. 왜냐하면 탄환에 '새겨진' 힘을 속도와 질량에 비례하는 것으로 정의함으로써 아리스토텔레스가 근거를 제시하지 못했던 일련의 현상에 대한 질문들, 예를 들어 왜 큰 물체가 작은 물체에 비해 멈추기가 더 어려운지, 왜 아주 가벼운 물건은 멀리 던지기가 어려운지, 왜 멀리 뛰기 위해서는 그만큼 멀리서 달려와야 하는지 등의 문제에 합리적인 설명을 마련해 주었기 때문이다. 더 나아가서 이 '충격 이론'은 추락하는 사물의 가속도처럼 해결될 수 없을 것으로 보이던 문제에 쉽게 적용될 수 있었다. 아울러 이 이론 덕분에 천체들의 자전 원인처럼 형이상학적으로만 설명이 가능했던 문제를 형이상학에 의존하지 않고 설명하는 것이 가능해졌다.

두 번째 혁신은 월터 벌리Walter Burley, 토머스 브래드워딘Thomas Bradwardine, '계산기'라는 별명을 가지고 있던 리처드 스와인즈헤드Richard Swineshead, 윌리엄 헤이테스베리William Heytesbury 같은 잉글랜드 학자들, 혹은 모두 옥스퍼드의 머튼Merton 대학에 몸담았기 때문에 이른바 머튼학파로 불리는 학자들이 창출해 낸 독창적인 방법론이다. 이들은 논리학적, 의미론적, 수학적 도구를 활용하는 새로운 방법론을 바탕으로 '운동', '순간', '시작', '끝'과 같은 개념들을 엄밀하게 분석하는 것이 가능하다고 보았다. 이런 식으로 14세기가 흐르는 동안 특별한 '기준의 언어'들을 사용하는 '물리학적 궤변sophismata physicalia'이나 '연산calculationes'을 중심으로 복합적인 학문 세계가 발달했다. 이 '기준의 언어'에는 예를 들어 '비례'의 언어(proportiones), '무한'과 '지속'과 '한계'의 언어(de primo et ultimo instanti, de maximo et minimo, de incipit et desinit), 특성의 '증폭'과 '감소'의 언어(de intensione et remissione formarum) 등이 있다. 특히 '증폭'과 '감소'의 언어는 '질을 양으로 환산하기 위한' 시도의 표현이었고 오렘은 이 언어를 독창적인 방식으로 발전시켰다.

이러한 새로운 접근 방식 덕분에 이루어진 놀라운 과학적 성과에는 두 가지가 있다. 하나는 '브래드워딘의 법칙', 또 하나는 '평균속도의 공리'다. '브래드워딘의 법칙'에 따르면 운동 속도의 산술적 증가가 동력과 저항력의 기하학적 비율에 따른 증가에 비례한다고 설명한다. 그런 식으로 속도가 동력에 직접적으로 비례하고 동체의 저항력에 반비례한다는 아리스토텔레스의 '계율'을 수정하기에 이르렀던 것이다. '평균속도의 공리'는 '일률적인' 변화와 '일률적으로 불규칙적인' 변화의 등가성, 예를 들어 속도가 일률적으로 증가하는 운동과 이 운동의 평균속도를 일정하게 유지하는 운동 사이의 등가성을 규명하는 규칙이다.

파리학파 및 뷔리당의 '새로운 물리학'과 머튼학파의 물리학은 15세기 이후로 서구 세계에 꾸준히 영향력을 행사했다. '충격 이론'은 파리의 학자들뿐 아니라 독일과 에스파냐, 폴란드의 수많은 아리스토텔레스 해설가에 의해 집중적으로 연구되었고 플라톤platon의 사상에 커다란 영향을 받은 철학자 쿠자누스 Nicolaus Cusanus를 비롯해 이탈리아 대학의 자연철학, 수학, 논리학 교수들, 예를 들어 피에트로 다 만토바Pietro da Mantova, 조반니 마를리아니Giovanni Marliani, 니콜레 토 베르니아Nicoletto Vernia 같은 학자들의 관심을 끌었다.

　'연산' 역시 학자들 사이에서 대단한 인기를 끌었다. 비록 수많은 휴머니스트 학자들이 중세 말기의 과학자들이 고집하던 기술주의를 신랄하게 비판하고 특 히 머튼학파의 방법론을 잉글랜드의 야만족이 가져온 문화적, 언어적 쇠퇴의 상징으로 비난했지만 '연산'은 교수들의 지대한 관심을 받으면서 교육과정에 포함되었고 물리학뿐 아니라 의학 분야에도 적용되었다. 의미심장한 예를 한 가지 들면, 시에나의 의학자 베르나르도 토르니Bernardo Torni는 병이 악화된 단계 에서 사혈瀉血이 유효한가라는 전적으로 치료와 관련된 문제를 논하면서 머튼 학파의 비율에 관한 규칙들을 적용한 바 있다.

1.3　휴머니즘과 고대 학문의 재발견

'연산'을 혐오했지만 그렇다고 해서 휴머니스트 학자들이 인문학과 예술, 수사 학, 혹은 도덕철학이나 정치학에만 관심을 가졌던 것은 아니다. 그들은 그리스 와 로마 시대의 고전문학뿐만 아니라 고대의 문화유산을 고스란히 복원하려는 강렬한 의지를 보이면서 고대 그리스의 문학과 철학 저서들뿐 아니라 그리스 과학의 가장 핵심적인 문헌들까지 발굴해서 편집하고 번역하는 데 혼신의 노 력을 기울였다. 고대 학문의 재발견에 크게 기여한 이들 가운데 언급을 피할 수 없는 인물은 두 명이다.

　첫 번째는 추기경 바실리오 베사리오네Basilio Bessarione*의 서기관이자 친구인

---

* 라틴어 이름은 바실리우스 베사리오Basilius Bessario, 그리스어 이름은 바실레이오스 베사리온Basileios Bessarion이다.

니콜로 페로티Nicolò Perotti다. 그의 저서 『코르누코피에*Cornucopiae*』는 마르쿠스 발레리우스 마르티알리스Marcus Valerius Martialis의 글에 대한 해설서 형식으로 집필되었지만, 사실상 일종의 고전 라틴어 사전인 동시에 철학과 자연과학, 의학을 다루는 일종의 개념 사전이었고, 1478년에 시작해 1489년에 완성한 초판본을 시점으로 20쇄 이상 출판되었다. 페로티는 문법학자였을 뿐 아니라 플라톤과 아리스토텔레스에 관한 토론에 적극적으로 참여한 철학자였고 그가 끊임없이 인용하던 대 플리니우스의 저서에 일가견을 지닌 박식한 학자였다. 그는 아르키메데스의 저서와 심플리키오스Simplikios의 저서 『아리스토텔레스 '물리학' 주해서』의 번역을 계획하기도 했다.

  페로티에 비해 백과사전적 지식 체계를 추구하는 성향이 훨씬 강했던 인물은 조르조 발라Giorgio Valla다. 그리스어와 그리스어 문학에 대한 탁월한 지식의 소유자였고 논리학과 수학 분야에서도 뛰어난 재능을 발휘했던 발라는 1498년에는 그리스어를 직접 번역한 놀라운 수준의 번역서들을 출판했다. 그 가운데 가장 눈에 띄는 것은 아리스토텔레스의 『시학*Poetica*』을 비롯해 사모스의 아리스타르코스Aristarchos, 에우클레이데스Eucleides, 프로클로스Proclos, 갈레노스Galenos의 저서들이다. 이 번역서들과 또 다른 원서들, 예를 들어 그가 수사본으로 소장하고 있던 알렉산드리아의 헤론, 아르키메데스, 프톨레마이오스Klaudios Ptolemaios의 저서들을 기반으로 발라는 그의 걸작 『추구해야 할 것과 피해야 할 것*De expetendis et fugiendis rebus*』을 집필했다. 그가 사망한 뒤 1501년에 출판된 이 기념비적인 저서에서 그는 학문을 분야별로 다루고 4종 학과를 구성하는 산술, 음악, 기하학, 천문학, 그리고 물리학과 의학에 집중하면서 인간의 지식 세계를 총체적인 차원에서 소개했다.

  고대 학문의 유산을 복원하려는 휴머니스트 학자들의 헌신적인 노력은 거의 모든 분야에서 이루어졌다. 앞서 언급한 사모스의 아리스타르코스가 재발견되면서 천문학 분야에 도입된 새로운 관점들은 뒤늦게나마 코페르니쿠스Nicolaus Copernicus와 갈릴레이Galileo Galilei에게 커다란 영향을 끼쳤고 에우클레이데스와 아르키메데스, 헤론의 책들은 수학 분야에서 중요한 발전을 가져왔다.

당대에 가장 위대한 이탈리아 수학자 중 한 명인 루카 파치올리Luca Pacioli는 중세에서 유래하는 기하학적, 대수학적, 산술적 개념들을 집대성한 『산술과 기하학, 비율과 비례 대전Summa de arithmetica, geometria, proportioni et proportionalità』(1494년)을 집필했고 니콜라 쉬케Nicolas Chuquet는 중요한 대수학 논문 『세 영역의 수학Triparty en la science des nombres』(1484년)에서 뛰어난 표기법을 활용해 복잡하기 이를 데 없는 방정식과 계산상의 문제들을 해결하고 '소수의 법칙'과 같은 독창적인 법칙을 정립했다.

반면에 포이에르바흐와 레지오몬타누스는 평면삼각법과 구면삼각법을 기하학의 독립적인 분야로 발전시켰다. 대학에서 키케로Marcus Tullius Cicero와 베르길리우스Publius Vergilius Maro에 대한 강의를 할 수 있을 정도로 풍부한 인문학적 지식을 갖춘 이 두 사람이 천문학자로 기억되는 것은 단지 천문학 분야에서 뛰어난 업적을 남겼기 때문이다. 포이에르바흐는 『새 천체 이론』을 1454년에 완성했지만 이를 보완해서 1472년에 출판한 것은 레지오몬타누스다. 제라르도 다 크레모나Gerardo da Cremona의 저서로 알려진 『천체 이론Theorica planetarum』을 뛰어넘으려는 의지가 제목에서부터 분명하게 느껴지는 이 저서의 성과는 부분적으로나마 학자들의 기대에 부응했던 것으로 보인다. 미셸피에르 레르네르Michel-Pierre Lerner가 주목했듯이, "포이에르바흐는 수성의 주전원 중심이 유도원 위에 그리는 곡선의 유형이 원이 아니라 타원에 가깝다는 것을 가장 먼저 발견한 인물로 보인다. 그런 식으로 그는 은연중에 모든 천체가 정확하게 원형 운동을 한다는 규칙에 예외가 있을 수 있다는 것을 인정한 셈이다."

중세에는 거의 알려지지 않았고 마누엘 크리솔로라스Manuel Chrysoloras의 제자들과 팔라 스트로치Palla Strozzi에 의해 재발견된 클라우디오스 프톨레마이오스의 『지리학Geogratia』은 위도와 경도로 구성된 망상 조직 위에 지도를 그리는 관습이 널리 확산되는 데 결정적인 역할을 했다. 신대륙 발견과 함께 좀 더 정확한 지도를 만들어야 한다는 요구가 얼마나 강하게 대두되었는지에 대해서는 군이 설명이 필요 없겠지만, 기억해야 할 것은 프톨레마이오스의 수사본이 출판되었을 때 초판본부터 프톨레마이오스가 알지 못했던 스칸디나비아나 그린란드

같은 지역이 포함된 새로운 지도가 추가로 삽입되었다는 사실이다. 이러한 보완과 쇄신의 절차는 상인들과 여행자들뿐 아니라 탐험가들이 전해 주는 신대륙과 미지의 세계에 대한 흥미로운 이야기와 예기치 못한 정보가 점점 늘어나면서 더욱더 신속하게 이루어졌다. 베네치아 도제들의 자랑이던 지도 제작은 15세기에 들어와서 전례를 찾아볼 수 없는 놀라운 발전을 이루어 냈다. 수도사 마우로Mauro와 그라치오소 베닌카사Grazioso Benincasa는 그들의 유명한 세계지도를 그리면서 그리스 문헌과 자료를 조합하는 것으로 만족하지 않고 당시에 발견된 새로운 땅들을 과감하게 포함시켰다. 다시 말해 이들의 지도에는 바르톨로메우 디아스와 알비제 카 다 모스토Alvise Ca' da Mosto가 제시한 아프리카 대륙 해안에 대한 정보와 베네치아의 상인 니콜로 데 콘티Nicolò de Conti가 제공한 인도 해안에 대한 정보들이 추가되었다.

한편 이와 유사한 발전상은 의학, 약학, 식물학 분야에서도 발견된다. 이 분야들은 히포크라테스Hippocrates와 갈레노스의 저서들을 충실하게 번역한 완역본, 켈수스Aulus Cornelius Celsus의 재발견, 테오프라스토스Theophrastos와 디오스코리데스Dioscorides에 대한 새로운 관심 등에 힘입어 근본적인 변화를 겪는다. 아울러 굉장한 인기를 끌었던 대★ 플리니우스의 기념비적인 저서 『자연사Naturalis historia』가 열다섯 권에 달하는 인쿠나불라incunabula 판본으로 제작되었다는 것도 주목할 만한 사실이다. 하지만 이 저서가 1400년대에 행사한 위력은 학자들의 강력한 거부 반응에 빌미를 제공하기도 했다. 대표적인 예는 레오니체노의 『의학 분야에서 플리니우스와 다수의 저자가 범한 오류에 대하여De Plinii et plurium aliorum in medicina erroribus』(1492년)와 바르바로의 『플리니우스 수정론Castigationes Plinianae』이다. 이들의 저서는 한 시대에 유행했던 문화현상에 대한 가장 진지한 증언들 중 하나임에 틀림없다. 플리니우스라는 박식한 라틴 학자가 정보와 문헌들을 해석하고 동물과 식물, 병과 치료법을 정의하면서 범한 '실수'를, 그것이 사실이든 추측이든, 폭로하는 것이 바로 이들의 일이었다. 하지만 이러한 비난에도 불구하고 판돌포 콜레누초Pandolfo Collenuccio 같은 학자는 오히려 『플리니우스 변호론Pliniana defensio』(1493년)을 통해 정반대되는 입장을 제시했다. 플리니

우스는 상당히 대중적인 저자로 오랫동안 군림했고 중부 유럽의 일부 루터교
도들은 16세기 초에 대학의 인문학과에서 아리스토텔레스의 책들 대신 플리니
우스의 책을 교과서로 활용하기도 했다.

프톨레마이오스의 『지리학』에 수록된 지도의 대대적인 수정뿐 아니라 플리
니우스의 업적과 오류에 대한 찬반 논쟁은 고대 학문의 복원이라는 과제가 문
헌학적 검증을 통해서도, 아울러 이미 불변하는 진리로 인식되던 지식의 교리
적인 수용을 통해서도 완전히 충족될 수 없다는 것을 적나라하게 보여 준다. 고
대의 과학 사상을 복원하고 널리 알리고자 했던 학자들이 추구했던 것은 순수
하고 단순한 고대인 숭배나 고전의 신화적 모방imitatio이라기보다는 오히려 이
상적인 경쟁aemulatio, 즉 과거의 문화유산과 동등한 수준에 도달하고, 필요하다
면 그 수준을 뛰어넘을 수 있는 생산적인 대조였다. 따라서 학문의 비평적 기능
은 문헌학적인 차원에서 오류가 없는 문헌을 확보하는 것으로 끝나지 않았다.
문학 작품과는 달리 과학적인 주제를 다루는 글들은 주제 주변을 맴도는 수많
은 정보들로부터 진실을 걸러 내야 할 필요가 있었다. 예를 들어 플리니우스의
『자연사』를 수정하는 레오니체노의 입장은 치료 효능이 있는 어떤 식물을 다른
식물과 혼동하는 것이 치료의 측면에서 치명적인 결과를 가져올 수 있다는 또
렷한 의식에서 출발했다. 결과적으로 고대 서적들의 연구는 곧 자연이라는 책
의 탐구를 동반했고 바로 이 두 분야의 비교를 통해 새로운 질문들, 새로운 관
점과 탐구 방향이 탄생했다. 마리 보애스Marie Boas에 따르면, "그리스 저자들이
자연 속에 존재한다고 믿었던 것을 확인하려고 노력하면서 유럽 학자들은 그
것이 실제로 무엇이었는지 천천히 밝혀내기 시작했다."

1.4   인쇄의 발명, '고전 학문'의 확산과 지식의 새로운 개념

널리 알려진 바와 같이 인쇄의 발명은 문화 자체의 근본적인 혁신을 가져왔고
결과적으로 과학의 발전에도 지대한 영향을 끼쳤다. 1500년대에 들어서기도

전에 이미 수백 권에 달하는 '과학의 고전들'이 때로는 대★ 플리니우스의 경우처럼 수천 부씩 인쇄되어 출판되었고 중세 과학의 주요 문헌들을 비롯해 아리스토텔레스의 자연철학에 대한 수준 높은 주해들, 머튼학파의 주요 저서들, 물리학·우주론·수학·지리학·의학 분야의 수많은 논문과 매뉴얼이 출판되었다.

과학 서적을 인쇄하고 출판하는 데 선구자 역할을 했던 인물은 앞에서 언급했던 레지오몬타누스다. 오랫동안 로마에서 추기경 베사리오네의 서기관으로 활동한 뒤 뉘른베르크로 돌아간 레지오몬타누스는 수학과 천문학 서적을 찍어내기 위해 특별히 제작한 인쇄 기계를 자신의 집에 설치했다. 이는 기술적인 어려움뿐 아니라 특수 기호와 특수 활자를 제작하는 데 드는 엄청난 비용 때문에 어느 누구도 쉽사리 엄두를 내지 못하는 일이었다. 하지만 사람들은 과학 분야의 서적 출판이 본질적으로 문화적 기능을 하는 동시에 시장을 장악할 수도 있다는 가능성을 깨닫고 그를 본받기 시작했다.

수학에 대한 사람들의 관심도 지속적으로 증가했고 전공자들뿐 아니라 훨씬 넓은 영역의 독자들이 수학에 관심을 보였다. 이들은 다름 아닌 상인과 은행가, 다시 말해 상업과 금융이 고도화되고 규모가 커지면서 전공자와 대등한 수준의 수학 지식을 갖추어야 할 필요를 느낀 이들이었다. 탐험가들은 천문학에 힘입어 수평선 위로 뜬 해의 높이를 기준으로 위도 계산법을 발견했고 건축가들과 '고급 장인'들은 성곽을 쌓고 전투용 기계를 제작하고 광산과 관개시설을 개발하고 시계와 항해용 기계를 만드는 데 필요한 통계학과 복잡한 문제들을 다루기 위해 수학적인 방법을 응용했다. 화가들은 원근법 기술을 발전시키기 위해 광학 법칙들과 기하학 원칙들을 습득하고 연구해야만 했다. 이런 상황은 곧 훨씬 더 넓은 범위의 현상으로, 다시 말해 파올로 로시가 지적했던 것처럼 자연철학자와 예술가와 기술자 간의 활발한 사상적 교류로 확산되었다.

이러한 현상의 배경이 된 요인들을 문화적 측면과 사회적 측면에서 조명할 수 있다. 문화적 측면의 요인으로는 중세 문화가 흔히 저급한 것으로 취급하던 활동, 즉 손을 사용하는 기술의 이론적 가치를 인정하도록 만드는 데 크게 기여했던 '참여'와 '능동적인 삶'이라는 르네상스 휴머니즘적 이상을 들 수 있다.

사회적 요인으로는 전통적인 대학 교육을 전혀 받지 않았는데도 지식과 발명을 향한 지칠 줄 모르는 열정으로 독특한 역할을 담당하기 시작한 계층의 활동을 들 수 있다. 실제로 1400년대에 문화의 주인공으로 떠오른 것은 대학과 함께 혹은 경쟁 구도를 구축하며 등장한 연구 및 교육 단체들, 예를 들어 도서관이나 궁정 학회, 인문학 서클, 장인들과 예술가들의 공방 등이었다. 이런 곳을 드나들던 인물들은 보통 학위가 없었지만 지적 능력과 손재주가 뛰어났고 특히 이 둘을 조합함으로써 다양한 분야에서 모두의 시기를 살 만한 탁월한 기술을 자랑하며 활동했던 예술가들이다. 예를 들어 유명한 건축가 필리포 브루넬레스키Filippo Brunelleschi는 건축가이기 전에 뛰어난 수학자였고 기술공이자 배수공이었다. 레온 바티스타 알베르티Leon Battista Alberti는 탁월한 라틴어 산문가였고 건축과 도시계획, 유형학에 대한 글을 집필하면서 동시에 여러 종류의 측량기계들을 발명했다. 파올로 달 포초 토스카넬리Paolo dal Pozzo Toscanelli는 뛰어난 천문학자이자 수학자였고 의사인 동시에 지도와 지리학에 상당히 조예가 깊었던 인물이다.

르네상스 학자들이 일반적으로 다양한 분야에 대한 관심과 뛰어난 적응력을 가지고 있었다면 이러한 특징을 상징하는 인물은 두말할 필요 없이 레오나르도 다 빈치일 것이다. 철학과 과학, 기술과 예술을 넘나드는 그의 비범하고 번복될 수 없는 재능은 회화 외에도 기계와 지도, 광학, 수학, 통계학, 역학, 무기, 유체역학, 해부학, 식물학, 지리학, 지질학 분야의 발전에 적잖은 영향을 끼쳤다. 따라서 별도로 좀 더 자세히 다루어야 할 필요가 있는 인물이지만 우선적으로 주목해야 할 것은 레오나르도 다 빈치가 15세기에 중세에는 뚜렷했던 '과학'과 '예술'의 경계에 의혹을 제기하며 새로운 개념의 지식이 등장하는 현상을 독특한 방식으로 증언하는 유일무이한 증인이라는 사실이다. 그는 진실에 대한 사심 없는 성찰과 실용적인 탐구를 상반된 것으로 보는 입장을 거부하고 모든 형태의 교리주의, 모든 권위적 앎의 숭배와 엘리트적이고 신비주의적인 지식 개념을 거부했다. 레오나르도 다 빈치가 남긴 방대한 분량의 노트에 헤아릴 수 없는 수수께끼처럼 남아 있는 수많은 스케치와 연산과 단상은 자연현상을 깊이 있게 연구하려는 그의 파편적이지만 지속적인 관심을 증명한다. 아울러 다 빈치가 남긴 일련의 단상을 면밀히 살펴보면 근대 과학에 기초를 마련한 몇몇 17세기 과학자들의 좌우명과 일맥상통하는 관점과 사상을 발견할 수 있다. 예를 들어 그는 물리적인 현상들을 마술적이거나 초자연적인 장치나 개념에 의존하지 않고 순수하게 이성적인 용어로 설명할 수 있다는 믿음을 가지고 있었다. 다 빈치는 자연이 일련의 '원인'으로 구성된 질서정연하고 엄격한 하나의 체계이며 "스스로의 법칙을 파괴하지 않고" 오히려 "놀라운 필연성"을 추구한다고 보았다. "권위를 근거로 논쟁하는" 사람과 "기술적인 착상보다는 기억에 의존하는" 사람들의 오류를 날카롭게 지적했던 다 빈치는 "다른 이들의 작품을 낭송하고 칭송하는 이들보다는 발명가들이" 지식의 발전에 훨씬 더 크게 기여한다고 생각했다. 아울러 다 빈치는 이성적 사고와 경험, 객관적 관찰과 이론적 성찰을 조합하는 성향을 가지고 있었다. 그는 "수학을 바탕으로 하는 학문들을 적용할 수 없는 곳에 확실한 것은 아무것도 없다"고 생각했다. 하지만 다 빈치의 이러한 생각이 갈릴레이의 방법론을 예시했다고 보는 것은 시대착오적인 판단에 지나지 않는다. 왜냐하면 이는 중세에도 대부분의 학자들이 공유하던 견해였기 때문이다. 하지만 다른 한편으로는 다 빈치의 생각이 지극히 현대적이었다는 점을 인정하지 않을 수 없다. 그는 측량 도구들의 역할을 무엇보다도 중요하게 생각했고 인위적인 모형이 발견에 유용하며 오로지 실험의 결과만이 주관적인 관점에서 비롯되는 오류를 종식시킬 수 있으며 "논쟁을 좋아하는 이들에게 침묵을" 명할 수 있다고 생각했다.

2

니콜라우스 쿠자누스

2.1 주교, 신학자, 수학자

쿠자누스는 1401년 독일 쿠에스Kues의 한 부르주아 가정에서 태어났다. 풍요로운 환경에서 성장한 그는 하이델베르크 대학에서 공부한 뒤 파도바 대학에서 유학했다. 쿠자누스는 르네상스 휴머니즘 사상의 열기와 과학적 탐구의 물결 속에서 경험을 중시하고 현실을 이해하는 데 필요한 새로운 도구의 발견을 위해 고대 학문에 관심을 기울이던 파도바 지식인들과의 교류를 통해 성장했다. 추기경 줄리아노 체사리니Giuliano Cesarini의 의뢰로 1432년 바젤 공의회에 파견된 쿠자누스는 교회가 안고 있던 여러 가지 문제를 해결하고, 무엇보다도 교황의 지지자들과 공의회 지지자들 간의 분쟁을 종식시켜야 할 임무를 안고 있었다. 이러한 상황에서 쿠자누스는 그의 첫 번째 저서 『가톨릭교회의 화합에 관하여De concordantia catholica』(1433년)를 집필한 뒤 교황을 지지하기로 결심했다. 뒤이어 교황 에우제니오 4세로부터 새로운 임무를 부여받은 쿠자누스는 대사 자격으로 콘스탄티노폴리스로 건너가 황제 요안네스 8세 팔라이올로고스Ioannes VIII

Palaiologos에게 페라라-피렌체 공의회에 참석할 것을 요청하게 된다. 교황은 그리스교회와 로마교회의 분쟁을 끝내야 한다는 명분을 내세웠지만 사실은 또 다른 정치적 목적을 지니고 있었다. 바꾸어 말하자면 요안네스 8세가 교황의 제안을 받아들인 것은 비잔틴제국이 오스만튀르크군의 위협을 받고 있어서 서방 그리스도교도들의 군사적 지원과 이를 위한 교황의 지지가 절대적으로 필요했기 때문이다. 요안네스 8세는 외교관들과 보좌관, 신학자들과 함께 이탈리아를 방문했고 이들 가운데 한 명이 바로 신플라톤주의 철학자 플레톤Pleton이었다. 황제와 함께 피렌체를 찾은 철학자들은 뒤이어 피렌체에서 신플라톤주의가 꽃피는 데 결정적인 역할을 하게 된다.

비잔틴제국에서 이탈리아로 돌아온 쿠자누스는 『지혜로운 무지De docta ignorantia』(1440년)와 『추론에 관하여De coniecturis』(1440~1445년)를 집필했다. 선교 활동에 적극적으로 참여하면서도 쿠자누스는 일정한 간격으로 짧은 논문이나 라틴어 대화록들을 집필했고 1445년 이전에는 『숨은 신에 관하여De Deo abscondito』, 『신을 찾아서De quaerendo Deo』, 『신의 자녀에 관하여De filiatione Dei』를 비롯해 수학에 관한 글들을, 1446년 이후로는 『빛의 아버지가 베푸는 선물에 관하여De dato patris luminum』, 종말론을 다루는 『마지막 날들에 관한 추론Coniectura de ultimis diebus』, 그리고 1447년에는 대화록 『창조에 관하여De genesi』를 집필했다.

쿠자누스는 추기경이 된 뒤 1450년에 브레사노네Bressanone의 주교로 임명되었고 같은 해에 네 권에 달하는 대화록 『문외한Idiota』을 집필했다. 1453년에 『신의 시선De visione Dei』, 『신앙이 주는 평화에 대하여De pace fidei』를 완성했고 1454년부터 1457년까지 『원의 구적법De circuli quadratura』을 비롯한 일련의 수학 저서를 집필했다. 1458년에는 적대 관계에 있던 티롤의 군주 지크문트Siegmund의 위협을 피해 돌로미티Dolomiti의 고성에 칩거하면서 '지혜로운 무지'와 '대립자들의 일치' 개념을 좀 더 쉽게 설명하는 『확대경De beryllo』을 집필했다.

교황 피오 2세의 부름을 받은 쿠자누스는 짧은 기간이나마 다시 브레사노네에 머물면서 대화록 『가능성에 관하여De possest』를, 이어서 1461년에 『코란의 비평적 연구De cribratione Alkoran』를 집필했다. 마지막으로 1463년에는 쿠자누스의 철학적 완성 단계에 집필된 세 편의 저서, 『구球의 운동De ludo globi』, 『지혜의 사냥에 관하여De venatione sapientiae』, 『개요Compendium』가 출판된다. 피오 2세로부터 새로운 십자군 전쟁을 기획하라는 명령을 받은 쿠자누스는 『신앙이 주는 평화에 대하여De pace fidei』를 통해 세 유일신교들의 통합을 설파한 뒤 1464년에 세상을 떠났다.

2.2   지혜로운 무지

'지혜로운 무지'는 쿠자누스의 저서 『지혜로운 무지』의 중심 주제일 뿐 아니라 쿠자누스의 철학 전체를 관통하는 핵심 개념으로, 그의 철학적 교리를 특징 짓는 여러 형용모순 가운데 가장 중요한 위치를 차지한다. 쿠자누스가 보나벤투라Bonaventura로부터 차용했고 보나벤투라가 신플라톤주의와 아우구스티누스 Aurelius Augustinus의 철학 전통에서 발견한 이 개념은 분명히 '오로지 모른다는 것을 알 뿐이라고 믿었던' 소크라테스Socrates와 연결된다. 쿠자누스는 이 개념을 진정한 의미에서의 인식론을 구축하기 위한 일종의 버팀목으로 사용했다. 쿠자누스의 인식론 중심에는 인간의 지식이 유한하고 결정된 성격을 지니며, 따라서 신성이라는 무한성의 개념을 적절한 방식으로 이해하거나 유한한 것들의 진실을 이해하는 데 부적합하다는 생각이 자리 잡고 있다. 쿠자누스에 따르면 인간의 지식은 절대적인 진실에 대한 인간의 타고난 인식 불가능성(무지)을 의식(지혜)하는 것에 지나지 않는다.

따라서 '지혜로운 무지'는 지식의 출발점 내지 여러 형태의 앎을 대하는 현자의 올바른 태도, 혹은 그에게 정통한 앎을 허락하는 유일한 방식 또는 모든 앎이 필연적으로 편파적일 수밖에 없으며 따라서 사물의 진실을 깨닫기보다는 그것에 근접하는 것만이 가능하다는 사실에 대한 또렷한 의식과 일치한다. 따라서 '지혜로운 무지'는 쿠자누스가 '추론'이라는 이름으로 다루는 앎의 영역에 진입하는 것을 가능하게 해 준다. 하지만 '지혜로운 무지'는 동시에 신과 유일하게 가능한 지적 관계를 구축하는 앎의 형태, 즉 위僞 디오니시우스가 정립했고 쿠자누스가 차용한 '부정신학'이기도 하다.

『지혜로운 무지』를 구성하는 세 권의 책은 지고의 절대성 혹은 "모든 사물이 신 안에 머물도록 모든 사물 속에 머무는"(『지혜로운 무지』 I, 5) 신을, 이어서 신 안의 완벽한 통일성이 펼쳐지는 창조된 세계를, 끝으로 "절대적이면서 동시에 함축된"(같은 책 III, 1) 지고의 존재, 즉 육화된 신 그리스도를 다룬다.

『지혜로운 무지』의 제1권에서 지고의 절대성에 대한 쿠자누스의 영지주의적인 성찰이 출발점으로 삼는 것은 "모든 탐구가 비례를 도구로 활용하지만 무한성은 무한한 만큼 어떤 비례에도 적용될 수 없기 때문에 결국 알 수 없는 것으로" 남는다는 사실이다. 인간의 앎과 신의 무한성 사이에 존재하는 언제나 불완전한 관계를 설명하기 위해 쿠자누스는 피타고라스 이후로 플라톤주의자들을 거쳐 아우구스티누스에 이르는 전통적인 수학과 기하학을 활용했다. 쿠자누스는 먼저 원 안쪽에 연접한 다각형을 비유로 제시했다. 각의 개수가 계속 늘어날 때 다각형은 원에 무한히 가까워질 수 있지만 원과 똑같아질 수는 없듯이 인간의 앎 역시 진실에 오로지 가까이 근접하는 것으로 만족할 수밖에 없다는 것이었다.

아울러 쿠자누스는 선, 삼각형, 원, 구와 같은 기하학 모형들이 무한하다고 가정할 때 결국 서로 똑같아질 수 있다는 특성을 예로 들면서 어떻게 유한한 영역에서 무한한 영역으로 움직이는 과정을 설명할 때 현실을 묘사하는 전통적인 방식의 의미가 무색해지고 기본적인 논리적 원칙을 위배하는 것처럼 보이는지 설명했다. 『지혜로운 무지』에는 중세에 신학 분야에서 대단한 인기를 끌었고 근대에 들어와서도 조르다노 브루노Giordano Bruno나 블레즈 파스칼Blaise Pascal과 같은 철학자들의 성찰에 적잖은 영향을 끼친 은유, 즉 '중심이 도처에 있으며 테두리는 어느 곳에도 없는 구체球體'로서의 신이 다시 등장한다.

이 무한한 기하학 모형에 대한 사유는 인간이 신을 생각할 때 당면하는 모순에 적응하게 하고 그런 식으로 '부정의 길via negationis', '부정을 통한 방법', 이른바 부정신학, 즉 인간이 신성한 절대적 타자와 소통할 수 있는 유일한 방법을 수용할 수 있도록 지성을 훈련시킨다. "신성한 무지를 통해 우리는 신이 형언할 수

그림으로 살펴본 '대립자들의 일치'

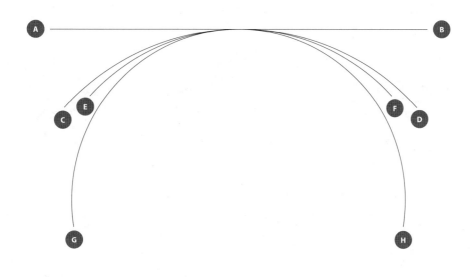

없는 존재이며 이는 그가 이름으로 부를 수 있는 모든 것보다 무한히 우월하기 때문이라는 것을 이해할 수 있다. [······] 그런 만큼 위대한 디오니시우스가 말했듯이 우리는 부정을 통해서만 신에 대해 좀 더 진실한 방식으로 이야기할 수 있다."(같은 책, I, 26) 인간의 앎은 따라서 원 안쪽에 연접한 다각형의 무한한 근접 과정처럼 진실에 가능한 한 가까이 다가가기 위해 활용되어야 한다.

2.3 추론으로서의 앎

인간의 앎과 신성한 진실 사이의 메울 수 없는 간극, 따라서 유한한 것과 무한한 것 사이의 측량할 수 없는 간극이 바로 '추론'이라는 개념의 기초를 구축한다. 『지혜로운 무지』를 보완하며 집필한 『추론에 관하여』에서도 강조되는 것은 인간의 앎과 절대적인 진실 사이의 측량할 수 없는 거리다. 하지만 여기서는 인간의 지성에 독창적이고 예외적인 영역이 부여된다. 그것이 바로 추론이다. 신과 인간의 근본적인 차이는 신의 정신과 인간의 정신 사이에 존재하는 간극을 가늠할 수 없기 때문에 발생하지만 동시에 신과 인간 사이에는 근본적인 공통점이 존재한다. 다시 말해 둘 다 창조적인 존재라는 특징, 신은 현실의, 인간은 추론의 창조자라는 특징이 있다. 세상의 본질에 대한 이 추론의 모체를 우리는 신플라톤주의 철학 전통의 피타고라스주의에서, 특히 프로클로스와 요하네스 에크하르트Johannes Eckhart의 철학에서 찾아볼 수 있다. 쿠자누스는 책을 쓰기 위해 이 두 철학자의 사상을 깊이 연구했다.

『추론에 관하여』에서 쿠자누스는 신과 창조된 세상과 피조물들 간의 실질적 관계를 설명하기 위해 수학을 적극적으로 활용했다. 이는 "수가 사물들의 상징적 표상인 동시에 이성적 존재의 자연적이고 잠재적인 원리"(『추론에 관하여』I, 3)이기 때문이다. "수의 본질은 그것이 정신의 가장 기초적인 표상이라는 데 있다." 따라서 쿠자누스의 추론은 다양한 형태 속에 존재하는 통일성에 대한 관조의 결과라고 볼 수 있다. 예를 들어 숫자 1, 10, 100, 1000은 각각 신, 지성, 영혼, 신체를 상징한다. 선과 원 같은 기하학 모형처럼 숫자 1은 우리에게 신의 한 측면을 이해할 수 있도록 해 주지만 이는 부정을 통해서만, 즉 1이 신의 모든 것을 완벽하게는 의미할 수 없다는 전제하에 가리키는 것을 통해서만 가능하다. 여기서 관건은 당연히 신플라톤주의의 **하나**, 즉 다양성과는 절대적으로 이질적이기 때문에 모든 수학적 개념을 초월하는 존재다. 이어서 첫 번째 숫자와 나머지 세 숫자와의 관계는 분규complicazione와 해소esplicazione 혹은 함축의 원리를 바탕으로 설명된다. 이 원리에 따르면 상위 단계의 잠재력은 하위 단계에 잠재하는 모든 것을 이미 보유하며 하위 단계에 속한 모든 것은 상위 단계에 머무는 것의 해소 혹은 함축에 지나지 않는다.

『지혜로운 무지』에서 전체적으로 부각되는 과정과 유사한 방식으로 제2권의 우주에 관한 설명 역시 부정적인 방식을 통해 제시된다. 수학적이고 기하학적인 실재와 우주의 관계에 이러한 방법론을 적용하면서 쿠자누스는 아리스토텔

레스와 프톨레마이오스의 우주론 체계를 위협할 만한 혁신적인 우주론 모형을
제시하기에 이른다. 쿠자누스에 따르면, 지구의 모양은 공에 가깝지만 완전한
구체일 수 없으며 지구의 움직임 역시 완벽한 원운동과는 일치하지 않는다. 따
라서 우주에는 부동의 중심이 존재할 수 없으며 모든 천체는 원주와 중심이 만
나는 하나의 회전 체계 안에서 서로 의존하며 복합적인 움직임을 유지한다. 쿠
자누스는 아울러 지구가 다른 천체들에 비해, 예를 들어 태양과 달에 비해 결코
작지 않으며, 오히려 태양과 달이 모든 면에서 지구를 닮았고 지구와 마찬가지
로 물, 공기, 불로 구성된 층들에 에워싸여 있다고 보았다.

2.4 그리스도, 신과 세계의 중재자

『지혜로운 무지』의 제3권이 다루는 것은 그리스도론이다. 쿠자누스는 신플라
톤주의의 원칙들, 즉 우주가 최초의 원리에서 출발했고 여러 단계에 걸쳐 이 원
리의 발현을 통해 발전한다는 생각, 아울러 우주란 그것을 "함께 수반"하는, 즉
그것을 잠재력으로 보유하는 원리의 해소 혹은 함축이자 효과라는 생각을 통
해 그리스도를 "절대적으로 함축적인 지고의" 존재로 간주하기에 이른다. 그리
스도는 그런 식으로 신과 세계의 관계를 형이상학적으로 보장하는 존재가 되
고, 최초의 원리에서 인간에게 이르는 발현의 하행 과정을 인간이 신에게 가까
이 다가가기 위해 거꾸로 거슬러 올라갈 수 있다는 가능성 자체를 정신적으로
보장하는 존재가 된다.

통일성을 지나치게 강조하는 한편 '모든 사물은 **하나**에 참여하면서 있는 그
대로 존재'(『추론에 관하여』, II, 1)한다는 주장을 펼침으로써 쿠자누스는 아리스토
텔레스주의 신학자 요한 벵크Johann Wenck로부터 다신주의자라는 비난을 받기도
했다. 하지만 쿠자누스는 『지혜로운 무지에 대한 변론Apologia doctae ignorantiae』을 통
해 신은 "개별적인 것과 보편적인 것의 일치를 뛰어넘어, 보편적이거나 특별하
거나 개별적인 모든 것의 절대적인 형태로 간주되어야" 하며 "신을 바라보는

이러한 관점은 곧 모든 것이 신인 동시에 신이 모든 것이라는 점을 직시하고 지혜로운 무지에 힘입어 그를 우리 눈으로는 볼 수 없다는 점을 인정하면서 이해하는 관점과 같다"고 자신의 입장을 변론했다.

2.5   정치와 종교적 평화: 『신앙이 주는 평화에 대하여』

쿠자누스는 자신의 신학적 성찰이 동반하는 정치적 측면과 결과를 결코 간과하지 않았다. 『가톨릭교회의 화합에 관하여De concordantia catholica』는 그리스도교 내부에 존재하던 불화를 종식하기 위해 쓰였지만, 1453년 콘스탄티노폴리스의 함락 이후에는 이슬람과의 관계가 더 심각하고 극단적인 형태의 문제로 대두되었다. 위대한 그리스도교의 도시가 함락된 사건이 가져온 충격 속에서 쿠자누스는 『신앙이 주는 평화에 대하여』(1453년)를 집필했고 종교적 평화를 위해 이슬람 종교를 열성적으로 연구한 뒤 8년 만인 1461년에 『코란의 비평적 연구De cribratione Alkoran』를 발표했다.

상당히 거시적인 관점에서 쓰였을 뿐만 아니라 문학적 양식을 취하는 『신앙이 주는 평화에 대하여』에서는 그리스인, 이탈리아인, 아랍인, 인도인, 유대인, 페르시아인, 오스만튀르크인, 독일인 등 지상의 여러 민족을 대변하는 현자 17인이 종교적 논쟁의 해결점을 찾기 위해 하늘로 소집되어 대화를 나눈다. 쿠자누스는 여기서 다양한 '종교들 간의 대화'라는 중세에 유행했던 장르를 활용한다. 유다 하레비(Judah ha-Levi, 1075~1141년)의 『하자르의 책Sefer ha-Kuzari』이나 피에르 아벨라르Pierre Abélard의 『한 철학자와 한 유대인과 한 그리스도인의 대화Dialogue entre un philosophe, un chrétien et un juif』(1140년경), 라몽 유이Ramon Llull의 『이방인과 세 현자의 책Libro del gentile e dei tre saggi』(1274~1276년) 등이 모두 이러한 장르에 속한다.

쿠자누스의 의도는 신앙이 서로 다른 사람들이 서로의 신학적 입장에 대한 이해와 관용의 법칙을 토대로 평화로운 공존의 세계를 구축할 수 있는 방법을 제시하는 것이었다. 그는 모든 종교에서 숭배되는 신이 궁극적으로는 동일한 존재이며 따라서 종교들 간의 차이는, 이슬람교에 있는 몇 가지 명백한 신학적 오류를 제외하면, 사실상 숭배 형식과 관련된 차이점에 불과하고 결국에는 여러 민족의 이질적인 문화와 풍습의 차이점으로 귀결된다고 생각했다. 아울러 쿠자누스는 이런 차이점들이 타 종교로의 개종을 방해하거나 종교가 서로 다른 사람들의 평화로운 공존을 방해해서는 안 된다고 보았다. 현자 17인의 임무는 천상에서 전해 들었지만 서로의 의견을 자유롭게 교환하며 발전시킨 이 메시지를 각 민족에게 전달하고 영원한 평화의 시대를 여는 것이었다.

뒤늦게 쓴 『코란의 비평적 연구』에서 쿠자누스는 빈번히 이슬람교의 '오류'를 논쟁적인 어조로 비판했다. 쿠자누스는 코란 외에도 많은 문헌을 인용하면서 무함마드의 책에 기록된 모든 진실이 이미 신약의 복음서에 들어 있는 반면에 코란이 안고 있는 오류들은 무함마드의 독특한 종교적 성장 과정에서 비롯되었다고 보았다. 무함마드는 사실 네스토리우스파의 한 수도사를 통해 그리스도교로 개종했고 그리스도의 신적인 본질과 인간적인 본질이 명확하게 구분된다고 주장했을 뿐만 아니라 바로 그런 이유에서 성모마리아가 신의 어머니일 리가 없다고 주장했다. 쿠자누스에 따르면 이슬람교는 결국 이중의 이단으로 볼 수밖에 없었지만 정통한 신앙으로도 충분히 인도할 수 있는 종교였다.

라파엘로Raffaello Sanzio가 1508년과 1511년 사이에 그린 〈아테네 학당Scuola di Atene〉은 어떻게 르네상스의 인문학자들이 1400년대 내내 지속된 역사적이고 문헌학적인 탐구를 통해 대부분의 고대 철학자들을 재발견해 내는 데 성공했는지 놀랍도록 효과적으로 보여 준다. 이 벽화를 통해 우리는 수 세기에 걸쳐 가장 위대한 철학자로 칭송받던 아리스토텔레스가 소크라테스 이전 철학자들, 소피스트들, 고전 시대와 헬레니즘 시대의 위대한 철학자 및 과학자들을 비롯한 고대의 수많은 학자들 가운데 '한' 사람으로 돌아와 있는 모습을 보게 된다. 물론 주목해야 할 것은 라파엘로가 미켈란젤로의 얼굴을 그려 넣으면서 뒤늦게 삽입한 헤라클레이토스나 쉽게 알아볼 수 있는 피타고라스, 소크라테스, 프톨레마이오스, 디오게네스, 플로티노스 등의 얼굴이 아니라 그림 전체를 지배하며 한복판에 위치하는 플라톤과 아리스토텔레스의 위상이다. 플라톤은 『티마이오스』를 팔에 끼고 오른손 검지로 하늘을 가리키며 아리스토텔레스는 『윤리학』을 왼손에 쥐고 오른손 손바닥으로 땅을 가리킨다.

　라파엘로가 다른 저서들이 아닌 바로 이 책들을 고른 이유에 대해, 아울러 플라톤과 아리스토텔레스가 취하는 행동의 의미에 대해 학자들은 오랫동안 상이한 해석들을 제시해 왔다. 어떤 이들은 이 두 인물의 철학이 본질적으로 대조적이라는 측면을 상징한다고 보았고 다른 이들은, 좀 더 정확하게, 이 두 철학의 상호 보완성을 강조했다. 실제로 〈아테네 학당〉이 있는 '서명의 방'의 다른 모든 벽화에서 신플라톤주의의 영향을 분명히 엿볼 수 있는 반면, 〈아테네 학당〉에서는 마르실리오 피치노Marsilio Ficino와 피코 델라 미란돌라Giovanni Pico della Mirandola의 영향하에 하나의 또렷한 철학 개념이 부각되는 것을 목격할 수 있다. 이 철학은 전적으로 아리스토텔레스적인 사상이나 전적으로 플라톤적인 사상과는 거리가 멀고 오히려 인간의 이성이 도달할 수 있는 가장 높은 경지의 조합, 즉 이질적이지만 화합이 불가능하지 않은 두 사상의 탁월한 조합이 이루어 낸 철학이다.

라파엘로는 1400년대에 이 두 철학자들의 대조 혹은 비교comparatio라는 주제가 얼마나 중요한 역할을 했는지 벽화를 통해 서술했다. 중세에도 이미 논의된 바 있는 이 주제는 페라라-피렌체 공의회(1438~1439년)에 참여했던 비잔틴 철학자 플레톤에 의해 하나의 화두로 등장했다. 피렌체에서 지병을 얻어 더 이상 여행을 할 수 없게 된 플레톤은 아리스토텔레스와 플라톤의 차이점들을 그리스어로 요약해 출간했다. 플레톤은 플라톤이 아리스토텔레스보다 훨씬 뛰어난 형이상학 사상가였다는 전통적인 견해를 지지했을 뿐만 아니라 소요학파의 철학을 총체적으로 논박하며 그들의 '중용' 같은 도덕적 원칙들뿐만 아니라 '천상의 원인과 지상의 원인의 분리' 또는 '세계의 영원함'과 같은 우주론적 원칙들, '신의 창조 활동 부정' 같은 신학적 원칙 등을 신랄하게 비판했다.

플레톤의 책은 비잔틴 세계에서 거센 반발을 일으켰고, 추기경 베사리오네 중심으로 로마에 모인 그리스 학자들 사이에서 열띤 논쟁의 주제로 떠올랐다. 하지만 라틴 세계의 학자들이 어떤 반응을 보였다는 기록은 적어도 20년 동안은 전혀 찾아볼 수 없다. 이어서 약 1세기가 흐른 뒤에(1540년) 플레톤의 책은 놀랍게도 라틴어 해설문과 함께 『플라톤과 아리스토텔레스의 차이에 관하여De differentiis Platonis et Aristotelis』라는 제목으로 출판된다.

라틴계 학자들 사이에서 플라톤과 아리스토텔레스 중 누가 우위를 거머쥐느냐 하는 문제가 열띤 토론과 논쟁의 주제로 확산되는 데 결정적인 역할을 한 인물은 조르조 다 트레비손다(Giorgio da Trebisonda, 1395~1473년)이다. 그는 1458년에 출판한 『아리스토텔레스와 플라톤의 철학적 비교Comparatio philosophorum Aristotelis et Platonis』에서 플라톤을 뿌리 깊게 부도덕한 인간이자 수정이 불가능한 반反그리스도교적 철학의 창시자로 묘사했다. 이에 자극을 받은 베사리오네는 1459년에 그리스어로 쓴 『플라톤의 중상자 논박In calumniatorem Platonis』의 초판본을 출간했고 10년간의 수정과 보완 작업을 거친 뒤 1469년 가자Gaza의 테오도로스Theodoros와 니콜로 페로티의 협력으로 그리스어-라틴어 판본을 출판했다.

트레비손다는 자신의 풍부한 역사적, 문헌학적 지식을 바탕으로 당파성이 강한 표현과 타의 추종을 불허하는 논리적 언어를 구사하며 아리스토텔레스가 인류 역사상 가장 위대한 철학자로 간주되어야 한다고 주장했다. 반면에 플라톤은 수다스럽고 모호하며 일관성이 없고 학문적 차원에서 기여한 바가 거의 없는 인물이었

다. 트레비손다는 플레톤이 생각했던 것과는 달리 아리스토텔레스가 성삼위일체
의 교리까지 예견했을 정도로 플라톤 같은 불경한 인물보다는 그리스도교에 훨씬
더 근접한 철학자이며 플라톤의 신학은 오히려 세속적인 미신으로 가득한 경계 대
상에 지나지 않는다고 보았다. 그에게 플라톤은 동성애를 찬양하는 '늙은 호색한'
이었고 술을 좋아하고 조국을 사랑할 줄 모르는 인간, 자기중심적이고 과대망상에
사로잡힌 인간에 불과했다.

이런 편파적인 비방은 르네상스 초기의 인문학자들이 시도했던 플라톤과 아리
스토텔레스의 조합과 절충주의를 무색하게 만들었다. 다시 말해 헬레니즘과 이슬
람 및 중세의 철학 전통에서 면면히 강조해 왔던 것처럼 절대적 권위를 자랑하는
이 두 그리스 사상가의 철학적 체계 사이에는 조화가 가능하며, 극복할 수 없는 이
론적 차이점이 존재하는 대신 단순히 용어와 방법상의 차이점이 있을 뿐이라는 편
리한 해석을 전혀 근거가 없는 것으로 만들어 버렸다.

따라서 좀 더 확실한 논리적 용어로 '조화'의 체계를 재정립할 필요성이 대두되
었고, 이러한 시도의 일환으로 쓰인 것이 바로 베사리오네의『플라톤의 중상자 논
박』이다. 트레비손다가 쏟아부은 비난에 맞서 플라톤을 변호하지만 동시에 아리
스토텔레스를 공개적으로 비판하지 않는다는 전제하에 쓴 이 저서에서 베사리오
네는 플라톤을 적극적으로 지지하면서도 두 철학자의 평가에 공정을 기하기 위해
애쓰는 모습을 보인다. 예를 들어 플라톤이『국가』에서 표명한 정치 이론을 높이
칭송하는 한편 결혼이 일반 남성에게는 부적합하다고 보았던 관점의 문제점을 지
적하면서 이 부분에서만큼은 아리스토텔레스의 사상이 훨씬 더 타당하다는 점을
인정했다. 베사리오네는 아리스토텔레스를 '성인화'하려는 모든 시도를 단호하게
거부하면서도 플라톤에게 '세례를 주려고' 하지도 않았다. 그리고 이 두 철학자가
사실은 모두 그리스도교 신앙과 반대되는 이론을 구축했다고 주장했다. 하지만 플
라톤의 철학에 대한 아주 일반적인 의혹과 저평가 경향의 원인뿐 아니라 이미 두
세기 동안 유럽 대학에서 아리스토텔레스의 저서들을 철학 교과서로 활용해 온 이
유가 그의 글들이 명확함과 논리의 견고함이라는 측면에서 훨씬 더 뛰어나다는 평
가 때문이었다는 사실을 분명히 알고 있었던 베사리오네는 이러한 견해가 사실상
아무런 근거가 없는 편견에 불과하며 오히려 플라톤이 대화록을 쓴 진정한 의도에
대한 몰이해에서 비롯되었다고 보았다. 그는 플라톤의 대화록이 지니는 수수께끼
같은 형식이나 신화적이고 시적인 이미지들이 논리학에 대한 플라톤의 부족한 이

해나 과학적 엄밀함을 경멸하는 성향에서 비롯된 것이 아니라 오히려 그의 담론이
지닌 독특한 성격, 즉 누구나 이해할 수 있는 방식으로 표현될 수 없는 형이상학적
숭고함에서 비롯되었다고 보았다.

　베사리오네는 아울러 플라톤과 아리스토텔레스를 동등하게 다룰 때 해석학적
인 차원에서 억측에 가까운 주장들을 수용해야 한다는 점, 예를 들어 플라톤의 영
혼선재설을 아리스토텔레스의 철학에 접목시켜야 한다는 점을 충분히 의식하면
서도 플라톤과 아리스토텔레스의 철학에 내재하는 본질적인 '의견 일치'를 주장했
고 이 은밀한 '동의' 내지 '조화'를 동등함의 차원에서 다루는 대신 플라톤에게 선
구자의 역할을 부여했다. 플라톤은 이 두 인물이 구축한 철학적 세계의 기원이며
아리스토텔레스는 그의 철학을 방법론적으로 구체화하고 널리 전파했을 뿐이라
는 것이었다. 대화록의 모호함을 '역사화'하면서, 아울러 아리스토텔레스의 글들
이 부분적으로나마 드러낸 진실의 근원이 사실은 이 대화록에 있음을 강조하면서
베사리오네는 두 철학자 간의 부조화가 사실적이라기보다는 언어적이라는 전통적
인 입장을 취했다. 하지만 그가 해석한 아리스토텔레스의 철학은 전형적으로 플라
톤적인 개념들의 구도 속에서 하나의 그림자 내지 반사된 이미지, 또는 신성한 플
라톤의 불완전하고 지상적인 모방으로 축소된다. 베사리오네의 이러한 해석과 전
략은 몇 가지 측면을 제외하면 대부분의 학자들에게 환영을 받았고 뉘앙스만 달리
할 뿐 1400년대의 수많은 학자들로부터 동의를 얻었다.

　'철학적 평화'의 사도였던 피코 델라 미란돌라가, 표현만 다를 뿐 '의미와 본질에
있어서' 동일한 것을 말하는 플라톤과 아리스토텔레스의 '완전한 조화'에 대한 생
각을 제시한 반면, 다른 학자들은 두 철학자의 조화를 순수하게 상호 보완적인 것
으로 이해했다. 마르실리오 피치노와 에지디오 다 비테르보Egidio da Viterbo가 바로
이런 입장을 취했고 플라톤을 형이상학과 신학 분야에서 더 뛰어난 철학자로, 아
리스토텔레스를 논리학과 자연철학 분야에서 더 뛰어난 철학자로 분류했다. 이들
은 플라톤과 아리스토텔레스의 '조화'가 탐구 영역과 담론의 단계와 방법론의 엄
격한 구분을 통해서만 가능하다고 보았다. 1400년대 중반에 플레톤과 트레비손다
와 베사리오네에 의해 도입된 플라톤과 아리스토텔레스의 '차이'와 '비교'라는 주
제는 결과적으로 피코 델라 미란돌라와 피치노에 의해 '조화concordia'라는 차원으
로 번역되었다. 결국 성공을 거둔 것은 다름 아닌 라파엘로의 〈아테네 학당〉이라는
'그림으로 보는 고대 철학의 역사'에서 분명하게 드러난 접근 방식이었다. 이러한

사실은 플라톤과 아리스토텔레스의 관계를 다루는 1500년대의 수많은 논문에서, 예를 들어 끊임없이 등장하는 두 철학 간의 '화해', '동의', '조화' 같은 표현에서 쉽게 확인할 수 있다.

콘스탄티노폴리스의 함락

/ 전쟁의 배경과 병력의 열세

젊고 전쟁에 목마른 술탄 메흐메트 2세가 왕위에 오른 지 2년 만에 빠른 속도로 대규모 요새 '루멜리 히사르Rumeli Hisar'를 건설하고 보스포루스 해협을 완전히 차단한 뒤 대대적인 공격을 준비한다는 사실이 만천하에 드러나자, 콘스탄티노스 11세는 비잔틴제국의 생존을 위해 다시 한 번 서방 세계의 군사적 지원을 희망하며 1452년 동방교회와 서방교회의 통합을 천명했다. 이어서 석궁병과 소총수로 구성된 병사 200명과 함께 콘스탄티노폴리스에 도착한 대주교 키예프의 이시도르Isidor는 동서의 통합을 기념하며 성소피아대성당에서 로마 전례 양식에 따라 미사를 거행했다.

메흐메트 2세는 1453년 4월 대략 16만에 달하는 병사를 이끌고 콘스탄티노폴리스를 향해 진군을 시작했다. 요안네스 8세와 콘스탄티노스 11세가 총력을 기울여 보수를 마친 콘스탄티노폴리스의 성벽 안에는 베네치아, 카탈루냐, 제노바 출신으로 구성된 병사 7000명과 함께 방위 사령관을 맡은 조반니 주스티니아니 롱고Giovanni Giustiniani Longo, 그리고 망명 왕자 오르한Orhan의 지휘하에 모인 오스만튀르크 동맹군이 방어진을 구축하고 있었다.

제노바의 식민 도시 갈라타에는 제노바군이 주둔하고 있었다. 제노바는 정치적으로 상당히 모호한 입장을 고수했다. 물론 이에 대해서는 정확한 이유나 정황이 구체적으로 밝혀지지 않았지만 금각만 맞은편에 주둔한 제노바군은 전쟁이 한창 진행 중이었을 때에도 형식적인 중립을 고수했고 오스만튀르크와의 이해관계와 비잔틴제국과의 이해관계를 모두 만족시키기 위한 이중적이고 위험천만한 외교 정책을 펼쳤다.

수적으로도 객관적인 우위를 점했지만 메흐메트 2세가 이끄는 오스만튀르크 군의 진정한 위력은 타의 추종을 불허하는 무기 제조 기술이었다. 무엇보다도 서방 기술로 제작한 수많은 대포를 갖추고 있었고 초대형 대포 세 대 가운데 하나는 지름이 80센티미터에 육박했다. 반면에 콘스탄티노폴리스 수호군은 대포를 설치할 경우 낡고 오래된 성벽이 충격에 무너져 내릴 수 있었기 때문에 소형 무기만을 사용해야 한다는 불리한 입장에 놓여 있었다.

/ 포위

오스만튀르크군은 4월 12일부터 18일까지 콘스탄티노폴리스의 육지 쪽 성벽 중앙을 향해 끊임없이 폭탄을 퍼부었고 18일 저녁에 본격적으로 첫 번째 공격을 감행했다. 성벽을 지키던 수호군의 사기 역시 드높았다. 베네치아 해군의 원조에 대한 굳은 믿음이 남아 있었기 때문이다. 그들의 희망대로 4월 20일 무기와 식량을 가득 실은 베네치아 함대 네 척이 모습을 드러냈고 세 시간에 걸친 오스만튀르크 해군과의 교전 끝에 금각만의 보호망 안쪽으로 진입하는 데 성공했다.

하지만 수호군의 희망은 오래가지 못했다. 4월 22일 오스만튀르크의 군함 70여 척이 금각만의 갈라타 언덕 편으로 모여들었기 때문이다. 바다 쪽 성벽도, 블라헤르네Blacherne 궁전도 더 이상 안전하지 않았다. 결국 수호군은 전력을 양분할 수밖에 없는 상황에 처하고 말았다. 베네치아의 함장 야코포 코코Jacopo Coco가 한밤중에 오스만튀르크군의 군함들 사이로 불타는 배들을 밀어 넣자는 대담한 전략을 세웠지만 베네치아 출신과 제노바 출신 사이의 알력으로 인해 계획을 실행에 옮기기까지 너무 많은 시간이 흘렀고, 그 사이에 정보를 입수한 오스만튀르크군은 4월 28일 밤 콘스탄티노폴리스의 병사들이 기습을 감행했을 때 이미 만반의 준비를 마친 상태에서 그들을 기다리고 있었다. 코코의 전략은 결국 처참한 비극으로 막을 내리고 말았다.

5월 초에는 콘스탄티노폴리스의 성벽 안에서 식량이 고갈되기 시작했다. 몇몇 문헌에 따르면 메흐메트 2세는 수호군 측에 금화 10만 히페르피론Hyperpyron을 대가로 철수하겠다는 제안을 했지만 거절당한 것으로 보인다. 베네치아 함대의 지원에 사활을 걸고 있던 수호군의 믿음도 조금씩 흔들리기 시작했고, 베네치아의 콘스탄티노폴리스 주둔군은 정보를 입수하기 위해 오스만튀르크인으로 위장한 첩자들을 다르다넬리아 해협 너머까지 침투시켰지만 야코포 로레단Jacopo Loredan 함장이 이끄는 함대의 자취는 찾아볼 수 없었다. 함대는 베네치아 본토에서 출발조차 하지 않은 상태였다. 뒤이어 출발한 베네치아 함대가 바람이 멎으면서 에비아 섬에 머물러 있다는 소식이 전해졌지만 실제로 함대가 섬에 정박했던 이유는 베네치아 원로원의 명령 때문이었다.

이어서 오스만튀르크군은 5월 7일 새벽 네 시부터 콘스탄티노폴리스의 성벽을 향해 두 번째 대대적인 공격을 퍼부었지만 전력의 뚜렷한 강세에도 공격은 실패로 돌아가고 말았다. 뒤이어 며칠 동안 폭격이 계속되었고(수많은 사료와 문헌에서 지속적인 폭음과 굉음에 대한 묘사를 읽을 수 있다) 5월 12일 자정에 오스만튀르크군의 공격이 또다시 시작되었지만 이 역시 실패로 돌아가고 말았다. 폭격으로도 총력전으로도 좋은 결과를 얻지 못하자 메흐메트 2세는 보좌관들의 제안대로 새로운 전략을 실행에 옮겼고 5월 15일 술탄의 군대에 합류한 세르비아의 폭탄 전문가들이 콘스탄티노폴리스의 성벽 밑에 폭탄을 설치하기 위해 땅굴을 파기 시작했다. 땅굴은 모두 일곱 개였던 것으로 추정된다. 하지만 술탄의 계획은 수호군 측에서도 일찍부터 인지하고 있었던 것으로 보인다. 한 독일 전문가의 지휘하에 수호군은 반대 방향에서 땅굴을 파기 시작했고 오스만튀르크군의 땅굴을 조직적으로 봉쇄하는 데 성공했다. 이 시기에 오스만튀르크군은 여러 가지 혁신적인 기술을 전쟁에 도입했다. 예를 들어 공격용 이동 성벽을 제작했고 신속한 부대 배치와 이동을 위해 금각만의 양 해협을 연결하는 유동 교량을 만들었다.

사기는 높았지만 지칠 대로 지친 수호군은 여러 가지 불길한 징조와도 싸워야만 했다. 5월 22일에는 부분월식이 일어났고 이는 예상과 달리 적군에게 유리한 징조로 밝혀졌다. 게다가 개기월식이 일어나면 나라가 패망한다는 옛 예언이 사람들 입에 오르내렸고 월식은 24일에 일어날 예정이었다. 위기가 닥칠 때마다 그래 왔던 것처럼 사람들은 25일 그들이 애지중지하던 '인도자Hodegetria 성모마리아'의 성상을 뒤따르며 장엄한 행진을 거행했다. 하지만 행진 도중 성모마리아의 성상이 운반자들의 실수로 진흙탕의 길바닥에 떨어졌고 갑자기 몰아친 뇌우로 인해 행사에 참여했던 신도들도 뿔뿔이 흩어지고 말았다. 다음 날 도시는 자욱한 안개에 휩싸인 채 깨어났고 저녁에는 기이한 형상의 빛줄기가 성소피아대성당의 돔 주변을 맴돌았다.

물론 이런 현상을 목격자들이 느꼈던 것처럼 초자연적인 현상으로 보기는 힘들다. 최근의 연구 결과에 따르면, 1453년 봄에는 쿠와에Kuwae 화산 폭발로 발생한 화산 먼지가 대기에 가득했고 그로 인해 지구 전체의 기온이 하락했던 것으로 보인다. 26일 아침에 낀 짙은 안개나 성소피아대성당에서 일어났던 것처럼 빛이 기이한 형태로 굴절하는 현상은 바로 이와 같은 정황에서 발생했을 것으로 보인다. 하지만 전쟁에 지쳐 있던 비잔틴제국 병사들은 그런 현상을 심각하게 받아들일 수밖에 없었다. 26일 저녁에는 수호군 내부에서, 특히 베네치아 주둔군 내부에서 분열이 일어나기 시작했다.

/ 마지막 공격

5월 28일, 마지막 공격이 시작되기 하루 전날 콘스탄티노스 11세는 메흐메트 2세와 마찬가지로 병사들을 모아 놓고 일장 연설을 했다. 보좌관들의 끈질긴 퇴각 요청에도 불구하고, 아울러 만약의 경우 제2의 수도 미스트라에서 터키를 상대로 2차 방어선을 구축하겠다는 구체적인 계획까지 세워 놓은 상태에서 콘스탄티노스

11세는 콘스탄티노폴리스 수호에 대한 굳은 의지를 표명했고, 심지어는 가톨릭 교도들과 동방정교의 신도들이 함께 성소피아대성당에서 드리는 미사에 직접 참여하기까지 했다.

마지막 공격은 5월 29일 새벽 세 시에 시작되었다. 공격진을 구축한 병사들의 거센 파도가 두 차례에 걸쳐 콘스탄티노폴리스의 성벽을 향해 몰아쳤다. 첫 번째 공격은 불규칙하지만 어마어마한 수의 공격용 사다리를 동원해서, 두 번째 공격은 좀 더 규칙적으로 대열을 갖춘 상태에서 이루어졌지만 모두 실패로 돌아가고 말았다. 3차 공격도, 그리고 술탄이 자랑하는 보병 군단의 4차 공격도 결국에는 어려움을 극복하지 못했다.

전투 상황과 모두의 운명을 뒤바꾼 것은 부상당한 주스티니아니의 갑작스러운 변절이었다. 그의 부상이 얼마나 심각했는지는 알 수 없지만 주스티니아니는 끝내 자신의 자리를 지키지 못하고 치료를 받기 위해 성 밖으로 도주한 뒤 배에 몸을 실었다. 더욱 놀라운 것은 사령관의 임무를 대신해야 할 장교까지 그를 뒤따랐다는 것이다. 결국에는 그의 피신을 용이하게 하기 위해 굳게 닫혔던 성문 하나를 잠시 열었다는 이야기가 와전되어 육지 측 성벽이 뚫렸다는 소식이 파다하게 퍼지고 말았다. 물론 사실과 거리가 먼 소문에 불과했지만 다른 곳에서도 이와 비슷한 소문을 계기로 혼란스러운 상황이 발생했고 술탄의 보병 군단은 혼란을 틈타 방어벽을 돌파하는 데 성공했다.

몇몇 문헌에 따르면 콘스탄티노스 11세는 적군이 자신을 알아보지 못하도록 왕가의 문장을 떼어 낸 뒤 전투를 벌이던 병사들의 무리 한복판으로 장렬하게 뛰어들었다고 전해진다. 수호군의 지휘관 중 몇몇은 남은 배를 타고 도주하는 데 성공했지만 대부분은 포로가 되었고 자살을 선택하는 이들은 극히 드물었다. 정오가 되었을 때 메흐메트 2세는 전리품과 폐허 사이를 걸어 콘스탄티노폴리스에 입성했고 성소피아대성당에서 신도들과 함께 오후 기도를 드렸다.

/ 대응과 결과

콘스탄티노폴리스가 함락되었다는 소식은 곧장 서방 세계에 전달되었고 지식인들과 정치 및 종교 지도자들 모두의 경악을 자아냈다. 이어서 십자군 전쟁을 다시 일으켜야 한다는 의견이 대두되었고 마침내 1456년 후녀디 야노시Hunyadi János와 조반니 다 카페스트라노Giovanni da Capestrano가 이끄는 군대가 모두의 예상을 뒤엎으며 오스만튀르크군의 공격을 물리치고 베오그라드를 해방하는 데 성공했다. 하지만 두 사람은 머지않아 모두 사망했고 상황은 다시 어려워졌다. 무엇보다도, 살아남았지만 서로를 적대하던 두 왕자 데메트리오스 팔라이올로고스Demetrios Palaiologos와 토마스 팔라이올로고스Thomas Palaiologos에 의해 펠로폰네소스반도가 양분되는 상황이 벌어졌다. 데메트리오스는 오스만튀르크와 우호적인 관계를 유지했지만 결국에는 메호메트 2세에게 권력을 양보하면서 봉토 수익을 보장받고 에디르네에서 여생을 보냈다. 반면에 토마스는 서방 세계의 지원에 대한 희망을 끝까지 포기하지 않았다. 이는 무엇보다도 대규모 군대를 소집해 펠로폰네소스로 원정으로 보내겠다는 교황 피오 2세의 강렬한 의지와 추기경 베사리오네의 격려가 있었기 때문이다. 토마스는 몇몇 전투에서 오스만튀르크를 상대로 승리를 거두었지만 1460년 술탄이 직접 움직였을 때는 베사리오네의 권고대로 베네치아의 영토였던 필로스의 항구에서 배를 타고 케르키라와 라구사를 거쳐 이탈리아에 도달했다. 교황 피오 2세 덕분에 이탈리아에서 안식처를 마련한 토마스는 1465년 로마의 산토 스피리토Santo Spirito 병원에서 세상을 떠났다.

15세기 이탈리아의
아리스토텔레스주의

3.1 아리스토텔레스주의를 지지하는 교황청의 입장

철학사를 서술하는 한 오래된 방식은 아리스토텔레스의 철학이 1125년을 전후로 시작된 그리스어와 아랍어 원전의 대대적인 번역 기획에 힘입어 라틴 그리스도교 세계에 보급되었고 13세기에 지대한 영향력을 발휘하며 절정에 달한 뒤 14세기에 심각한 위기에 봉착하면서 결국 15세기에 플라톤주의로 대체된다는 관점을 따른다. 결과적으로 아리스토텔레스주의가 1400년대 내내 오로지 파도바 대학이나 코임브라 대학 같은 몇몇 '보수주의'의 성곽 내부에서만 살아남았고 이어서 근대 철학과 과학의 등장과 함께 완전히 자취를 감추었다고 보는 것이다.

하지만 오늘날 우리는 유럽 사상의 발전 과정에 대한 이러한 견해가 본질적으로는 틀렸다고 볼 수밖에 없을 정도로 지극히 편파적이라는 것을 알고 있다. 15세기에 아리스토텔레스주의가 퇴보와 소멸의 단계를 밟았다는 견해는 사실과 무관하며 오히려 교황의 공개적인 지지를 기반으로 확산되는 경향을 보였다는 것은 이미 검증된 사실이다. 1400년대와 1500년대에 등장한 새로운 사상들이 대부분 중세에는 잘 알려지지 않았던 철학 전통들, 예를 들어 플라톤주의나 회의주의, 에피쿠로스주의, 스토아주의 등의 재발견을 통해 모습을 드러냈다는 것은 사실이지만, 그럼에도 불구하고 르네상스 시대 내내 아리스토텔레스주의가 지배적인 역할을 했다는 점을 우리는 인정하지 않을 수 없다. 이를 증명해 주는 것은 이 시기에 출판된 아리스토텔레스 저서들의 보급판과 번역본, 수사본과 인쇄본의 어마어마한 분량이다. 아울러 아리스토텔레스의 철학을 설명하는 주해서들의 분량 역시 대단했다. 1400년대와 1500년대에 집필된 아리스토텔레스 주해서들의 분량은 플라톤 주해서의 열 배를 훌쩍 뛰어넘는다. 이러한 결과는 무엇보다도 아리스토텔레스의 저서들이 대학의 교과과정을 거의 독점하다시피 하는 상황에서 비롯되었다.

반면에 대학에서 플라톤의 저서들을 교과서로 채택하는 과정은 상대적으로 느리게, 동시에 적잖은 거부 반응을 일으키며 진행되었다. 일찍이 1400년대 중반에 가자의 테오도로스가 페라라 대학에서 수사학을 가르치며 플라톤의『고르기아스*Gorgias*』를 활용한 것은 사실이지만 나머지 주요 대화록들이 강의 주제로 채택되기 시작한 것은, 파도바 대학의 레오니코 토메오Niccolò Leonico Tomeo나 파비아 대학의 코르넬리우스 아그리파Heinrich Cornelius Agrippa von Nettesheim의 경우처럼 1500년대 초반이 되어서야 일어나는 일이다. 플라톤의 철학을 전문적으로 가르치는 학과는 1500년대 말과 1600년대 초가 되어서야 창설되기 시작했다.

반면에 아리스토텔레스주의가 대학에서 지속적으로 영향력을 행사한 사실이, 변화를 거부하고 교육과정을 바꾸기 꺼리는 교육기관들의 성향에서 비롯되었다고 보는 것 역시 그릇된 판단이다. 물론 아리스토텔레스의 저서에 대한 1400년대의 지대한 관심과 탐구의 열기는 대학교수들의 기대와 요구에서 비롯된 것이 사실이지만, 배후에는 아리스토텔레스와 후계자들의 사상에 대한 르네상스 인문학자들의 적극적인 관심이 있었다.

3.2 아리스토텔레스의 '부활'과 번역

아리스토텔레스의 저서들과 그리스어로 쓰인 아리스토텔레스 주해서들을 재번역하는 어려운 과업을 이루어 낸 인물들은 사실상 이탈리아의 인문학자들과 이탈리아로 이주해 온 비잔틴 학자들이었다. 이들의 번역 작업은 아리스토텔레스의 글을 읽고 내용에 접근하던 중세의 방식에 실질적인 변화와 혁신을 가져왔다. 따라서 아리스토텔레스의 '부활'을 언급하는 것이 지극히 정당한 일이겠지만 이는 같은 시기에, 예전에는 접근할 수 없던 문헌들이 발견되면서 진행된 플라톤의 '부활'이나 고대 원자론 혹은 회의주의 사상의 '부활'과는 전적으로 다른 종류의 발전이었다는 점을 기억할 필요가 있다.

르네상스 시대의 인문학자들은 중세에는 전혀 알려지지 않았거나 일부만 소개되던 아리스토텔레스의 저서들, 혹은 아리스토텔레스의 저서로 추정되던 책들을 보급하는 데 크게 기여했다. 예를 들어 『에우데모스 윤리학*Etica Eudemea*』, 『윤리학 대전*Magna Moralia*』, 『역학적 문제들*Quaestiones mechanicae*』과 같은 저서들이 이 시기에 소개되었다. 아울러 아리스토텔레스의 진정한 '부활'을 상징한다고 볼 수 있는 저서 『시학』도 이때 발굴된 책들 가운데 하나다. 기욤 드 뫼르베크 Guillaume de Moerbeke의 번역서가 존재했는데도 13세기와 14세기에 커다란 흥미를 불러일으키지 못했던 『시학』은 1498년 조르조 발라의 새 번역본이 베네치아에서 출판된 뒤 진정한 의미에서 '베스트셀러'로 등극했다. 이처럼 아리스토텔레스의 '부활'은 소개되지 않은 저서들의 발굴을 통해서라기보다는 라틴어로 오래전부터 번역되어 있었지만 연구 대상이 되지 못한 『시학』이나 『수사학』 같은 저서들에 대한 새로운 관심 속에서, 무엇보다도 오래전부터 읽어 오던 글들을 고치고 '수정'하며 정통적인 의미들을 복원하기 위해 다시 해석하려는 움직임 속에서 이루어졌다. 의미의 복원을 위해 르네상스 인문학자들이 사용했던 도구들은 기본적으로 세 가지, 즉 새로운 번역, 문헌학이 제공한 새로운 문장 분석 기술, 새로운 해석학적 원칙과 방법론이다.

먼저 번역에 대해 살펴보면 르네상스 시대의 인문학자들은 우선적으로 아리스토텔레스의 책들을 번역하면서 그리스어 원전이 지닌 본래의 우아함을 복원하기 위해 노력했다. 철학의 발전에 각별한 관심을 기울인 코지모 데 메디치Cosimo de' Medici나 로렌초 데 메디치Lorenzo de' Medici 같은 군주들, 혹은 니콜라우스Nicolaus 5세나 식스투스Sixtus 4세와 같은 교황들의 후원으로 추진된 아리스토텔레스 전집의 번역 계획은 『니코마코스 윤리학Etica Nicomachea』이나 『형이상학Metafisica』 같은 저서들을 아름다운 라틴어로 번역하는 것이 곧 '진정한 아리스토텔레스의 부활'을 의미한다는 생각에서 시작되었다. 이러한 지상명령에 응하면서 인문학자 레오나르도 브루니Leonardo Bruni, 잔노초 마네티Giannozzo Manetti, 프란체스코 필렐포Francesco Filelfo, 조르조 발라, 에르몰라오 바르바로, 아울러 그리스 출신의 조반니 아르지로풀로Giovanni Argiropulo, 조르조 다 트레비손다, 가자의 테오도로스, 추기경 베사리오네와 같은 인물들이 아리스토텔레스의 새로운 번역서 출판을 추진했고 이들의 번역서는 결국 중세에 출판된, 모든 면에서 수준 이하의 번역서들을 대체하기에 이른다. 이들은 문자 그대로의 번역 방식을 거부한 뒤, 아리스토텔레스의 문장들이 지닌 개념적인 내용rerum doctrina뿐 아니라 서술 양식scribendi ornatus을 라틴어로 재생하려고 노력했다. 그런 식으로 의미에 충실한 번역을 통해 고유의 복합적인 뉘앙스를 함께 전달하고자 했던 것이다. 1420년을 전후로 브루니에 의해 공론화된 이 방법론은 이어서 여러 방식으로 적용되며 발전하는 양상을 보였다. 번역가들 가운에 일부는 번역문을 원문과 거리가 먼 해설로 만들어 버릴 위험을 감수하면서도 멋진 문체에 집중했던 반면, 일부는 가독성과 세밀한 번역 사이의 균형을 유지하는 데 몰두하면서 때로는 기존의 중세 번역본을 수정하고 아름답게 꾸미는 것으로 만족하기도 했다.

3.3 문헌학과 문헌 해석의 새로운 방법론

르네상스 시대의 인문학자들이 아리스토텔레스의 정통성을 복원하기 위해 사용했던 두 번째 도구는 문헌학이다. 14세기와 15세기 사이에 이탈리아로 건너

온 비잔틴 학자들이 아리스토텔레스의 전문용어와 문헌을 통해 전해 내려오는 다양한 내용의 차이점들에 주목하면서 전해 준 새로운 지식이나 아리스토텔레스의 글들이 겪은 복잡한 변천 과정에 대한 역사적 증언, 아리스토텔레스 전집이 헬레니즘 시대의 학술과 출판 활동 시기를 기점으로 시간이 흐르면서 형성된 역사적 결과물이라는 인식 등에 힘입어 르네상스의 인문학자들은 아리스토텔레스의 철학이 아니라 그의 글과 그리스어 원문을 분석하고 해독하는 방법론에 더 커다란 관심을 기울였다.

　바로 이러한 상황에서 빛을 본 것이 르네상스 시대의 가장 유명한 출판업자 알도 마누치오Aldo Manuzio가 1495년과 1498년 사이에 출간한 아리스토텔레스의 그리스어 원문 전집 초판이다. 이탈리아의 프란체스코 카발리Francesco Cavalli나 잉글랜드의 토머스 리너커Thomas Linacre처럼 국제적 명성을 얻은 전문가들의 도움으로 마누치오는 위대한 과업을 달성하는 데 성공했고 그의 아리스토텔레스 전집은 가장 정통적인 문헌이라는 명성을 오랫동안 유지했다. "모두 2000쪽에 달하며 다섯 권으로 구성된 이 전집은 그리스어 책들이 극소수에 불과하던 시기에 출판되었으며 최고의 종이와 제본, 세밀한 주의를 기울인 인쇄, 최상의 원문 비교에서 나타나는 우아함은 물론 첨단의 그리스 출판자들도 만족할 수밖에 없을 훌륭한 서체를 갖추고 있다."(로렌초 미니오 팔루엘로Lorenzo Minio Paluello)

　르네상스 시대의 인문학자들이 아리스토텔레스 연구에 활용한 세 번째 도구는 새로운 해석학적 원칙과 방법론이다. '원전으로의 회귀'라는 이상을 추구하며 인문학자들은 아리스토텔레스의 직접 독해를 적극 추진했다. 이들은 그리스어 원전 독해를 선호하는 동시에 주해와 해설의 남용을 비판했다. 특히 13세기와 14세기에 활동한 스콜라주의 해석자들이 아리스토텔레스의 글에서 오로지 추상적이고 대부분 무의미한 문제들을 논쟁적으로 다루기 위해 필요한 논리만을 선별하는 경향이 있었다고 비난했다. 인문학자들은 아리스토텔레스 역시 과거의 모든 저자와 마찬가지로 인간과 세계를 르네상스 시대와는 다른 방식으로 이해했던 증인으로 간주해야 하고 그가 놓인 역사적 상황을 감안하며 읽어야만 그를 이해할 수 있다고 주장했다. 이들이 철학 텍스트의 해설을 위한 해석 고유의 원칙과 목적과 방법론을 정립하고자 노력했던 것도 바로 이러한 차원의 시도였다고 볼 수 있다. 이들은 해석자가 명쾌하고 분명하면서도 우아한 양식을 채택하고 과도한 철학적 기술주의를 거부해야 한다고 보았다. 하지만 해석자는 자신이 다루는 텍스트의 이론적 내용을 설명하기 위해 얼마든지 문학 작품이나 예술 작품 혹은 역사적 사실들을 예로 인용할 수 있었다. 해석자는 아리스토텔레스의 저서들을 모두 공부해야 하고 그것도 가능한 한 원어로 공부해야 했다. 아울러 여러 번역서들과 강의록의 정확도를 검토하면서 오류를 찾아내고 정통한 문헌과 위조된 문헌을 구별할 줄 알아야 했다. 더 나아가 가장 믿을 만한 2차 자료의 저자들로 간주되는 그리스 해석자들을 선호해야 할 필요가 있었다. 시대적으로나 문화적으로 아리스토텔레스와 가까운 해석자들이었기 때문이다.

스콜라학파 학자들의 강렬한 저항에 부딪혔지만 이 새로운 해석학적 방법론은 계속 확산되는 추세를 보였고 1400년대 말에는 결국 대학 내부에서도 환영받는 방법론으로 자리 잡기 시작했다. 이러한 현상이 가장 먼저 일어났던 곳은 이탈리아다. 1497년 파도바 대학의 레오니코 토메오가 아리스토텔레스의 그리스어 원전 강의를 시작한 것은 '휴머니즘적인 아리스토텔레스주의'의 승리를 상징하는 사건이었다. 안젤로 폴리치아노Angelo Poliziano가 아리스토텔레스의『오르가논Organon』을 주제로 피렌체에서 가진 일련의 강의 역시 적잖은 영향을 끼쳤다. 그의 강의는『논리학 강의Praelectio de dialectica』(1491년)와『라미아: 분석론 전서 강의Lamia: Praelectio in Priora Analytica』(1492년)라는 제목의 강의록 형태로 남아 있다. 여기서 폴리치아노는 후대에 인문학자들이 발전시킨 일련의 연구 방향을 제시했다. 그는 르네상스 인문학자들이 스콜라학파 학자들을 비판하며 제시했던 논쟁적인 성격의 안건들, 예를 들어 '토론 문제quaestio disputata'에 집중하는 경향을 피하고 전문가들만 이해할 수 있는 은어 사용을 거부하고 설명의 우아함과 분명함을 추구해야 한다는 점을 강조했을 뿐 아니라, 아리스토텔레스 전집을 연구하면서 다름 아닌 고대 말기에 그리스 언어와 문화에 대한 풍부한 지식과 문헌학적인 감각을 조화시킬 줄 알았던 헬레니즘 문화권의 '문법학자'들과 그들의 방법론을 본받아야 한다고 강조했다.

3.4 그리스 해석자들의 재발견과 중세 해석학

르네상스의 휴머니즘 문화는 그리스 해석자들에 대해 새로운 관심을 불러일으키는 데 성공했고, 이는 결과적으로 아리스토텔레스 연구와 철학 문화가 발전하는 데 결정적인 역할을 했다. 이 시기에 부각된 그리스 출신의 해석자에는 테오프라스토스, 아프로디시아스의 알렉산드로스Alexandros, 포르피리오스Porphyrios, 테미스티오스Themistios, 암모니오스 사카스Ammonios Sakkas, 심플리키오스, 필리포노스Johannes Philiponos 등이 있다. 이들에 대한 관심을 불러일으키는 데 결정적으로 기여한 인물은 1452~1453년에 위僞 알렉산드로스의 『문제들Problemata』을 번역한 가자의 테오도로스다. 그의 뒤를 이어 바르바로가 1472~1473년에 아리스토텔레스의 『분석론 후서Analytica Posteriora』, 『물리학』, 『영혼에 관하여』에 대한 테미스티오스의 해설서들을 번역하여 1481년에 출판했다. 바르바로의 친구이자 제자인 제롤라모 도나토Gerolamo Donato는 뒤이어 아프로디시아스의 알렉산드로스가 남긴 단상들을 라틴어로 번역했다. 특히 그가 번역한 『영혼에 관하여』 1권은 출판되기(1495년) 이전부터 니콜레토 베르니아Nicoletto Vernia와 아고스티노 니포Agostino Nifo 같은 철학자들의 커다란 관심을 끌었다. 이처럼 중세에는 일부만 알려졌던 그리스 해설서들이 모두 이 시기에 재발견되고 번역, 출판되면서 아리스토텔레스 철학 전통은 새로운 국면을 맞이하게 된다.

이러한 정황에서 다시 한 번 결정적인 역할을 한 인물은 알도 마누치오다. 그는 1495년 아리스토텔레스의 그리스어 원문 전집의 1권을 출판하면서 아프로디시아스의 알렉산드로스, 포르피리오스, 테미스티오스, 심플리키오스, 필리포노스의 해설서들까지 출판할 의사가 있다고 밝힌 데 이어 2권과 3권 서문에서 이에 대한 자세한 설명까지 제시한 뒤 카르피Carpi의 군주 알베르토 피오Alberto Pio로부터 후원을 받아 실행에 옮기기 시작했다. 하지만 아리스토텔레스 해설서들의 출판 기획은 그의 후손들에 의해 1520년과 1530년 사이에 완성되었다. 이 새로운 해설서들의 보급은 당대의 철학 논쟁에 즉각적이고 강렬한 파장을 일으켰다. 예를 들어 아리스토텔레스의『영혼에 관하여』를 다룬 아프로디시아스의 알렉산드로스와 심플리키오스의 해설서는 아리스토텔레스 심리학의 올바른 해석이라는 문제를 중심으로 이루어지던 기존의 논쟁을 더욱 뜨겁게 달구었고『물리학』과『우주론』에 대한 비평적 의견이 풍부하게 담긴 필리포노스의 해설서는 아리스토텔레스의 자연철학에 심각한 의문점을 제기하는 입장들이 등장하는 데 결정적인 역할을 했다.

그러나 이 그리스 해설서들의 보급과 부상이 곧바로 중세의 해설서들과 아랍어나 라틴어로 쓰인 해설서들의 영향력을 상실하게 만들었던 것은 아니다. 15세기 내내 알베르투스 만뉴스Albertus Magnus와 토마스 아퀴나스Thomas Aquinas, 에지디오 로마노Egidio Romano, 장 드 장덩Jean de Jandun, 월터 벌리Walter Burley, 장 뷔리당 Jean Buridan의 해설서들은 대학에서 성장한 아리스토텔레스주의자들뿐 아니라 르네상스 인문학자들의 지속적인 관심을 받으면서 계속 읽히고 참고 자료로 활용되었다. 인문학자들은 13세기와 14세기의 학자들을 '야만인'으로 규정하며 신랄하게 비판하면서도 빈번히 출처를 밝히지 않은 상태에서 이들의 생각을 인용하거나 발전시키곤 했다.

중세에 라틴 세계의 아리스토텔레스주의 거장들이 남긴 해설서들은 인쇄 기술이 발명된 후에도 계속 출판되었고 이 책들 덕분에 출판업자들은 커다란 행운을 누리기도 했다. 중세의 라틴 해설서들에 대한 관심이 줄어든 것은 1535년 전후가 되어서야 일어나는 일이다. 폴리치아노가 그리스 해석자들의 저서들이 중세 라틴 해석자들의 책들을 대체하게 되리라고 예견했음에도 불구하고 '아리스토텔레스의 도서관'이 겪은 뿌리 깊은 변화는 사실상 르네상스 시대의 '대체'라기보다는 '정돈'이라는 경로를 통해 이루어졌다. 실제로는 1500년이라는 세월이 흐르는 동안 상이한 문화적, 언어적, 종교적 배경에서 생산된 이질적인 해석학적 전통들을 한꺼번에 참조하고 대조할 수 있는 상황이 전개되고 있었다. 바로 이 자료와 해석의 풍부함이 한편으로는 르네상스 시대에 이루어진 아리스토텔레스주의의 부활이 얼마나 생동적이었는지 증언하지만 다른 한편으로는 적지 않은 난관들을 만들어 냈고 이를 극복하기 위해 학자들은 아리스토텔레스의 여러 저서에 대한 수많은 해설서들과 번역서들, 전집들, 모음집들, 평론들을 비평적 관점에서 제시하는 '아리스토텔레스 참고 도서'라는 독특한 장르를 탄생시켰다.

3.5 아베로에스의 가로막힌 행운

중세의 학자들이 최고의 아리스토텔레스 '해설가'로 간주했던 아베로에스 Averroës가 1400년대에 누린 행운에 대해서는 별도의 언급이 필요하다. 이탈리아, 프랑스, 잉글랜드에서 13세기 초반부터 읽힌 아베로에스의 해설서들은 14세기에 특히 이탈리아에서 굉장한 인기를 누리기 시작했다. 아베로에스는 이탈리아의 대학뿐 아니라 문학 동호회에서도, 예를 들어 단테에게, 커다란 인기를 끌었다.

이탈리아에서는 신학이 대학이라는 공간에서 비교적 뒤늦게 발전했고 따라서 상당히 제한된 영역에만 영향을 끼쳤기 때문에 자연주의적이고 이성주의적인 사고방식이 자연스럽게 확산되었고 학자들은 이러한 사고방식을 바탕으로 전통적인 그리스도교 사상과 사실상 충돌이 불가피한 아베로에스의 사유, 예를 들어 인류 전체에 공통된 지성의 통일성이나 세계의 영원함, 종교의 정치적 기능 등에 대한 생각을 언제든지 받아들일 준비가 되어 있었다. 1430년부터 1462년까지 파도바 대학에서 자연철학과 정교수를 지낸 가에타노 디 티에네 Gaetano di Thiene가 아리스토텔레스의 『영혼에 관하여』를 해석하면서 영혼의 불멸성 및 개별성의 교리와 조화를 이룰 수 있는 해석학적 차원을 모색했던 반면 베르니아와 니포 같은 후대의 철학자들은 이러한 교리의 증명 가능성 자체를 부인하며 지성의 통일성을 주장하는 아베로에스의 입장을 공개적으로 지지했다. 이에 대한 교회 지도자들의 반응도 만만찮았다. 1489년 5월 4일 파도바의 주교

피에트로 바로치Pietro Barozzi는 지성의 통일성에 대한 공개 토론을 금지했다. 사태가 이 지경에 이르자 베르니아와 니포 모두 자신의 주장을 수정하며 뒤로 물러섰지만 이것이 아베로에스주의의 종말을 의미했던 것은 아니다. 아베로에스주의는 16세기가 흐르는 동안 커다란 발전을 이루었고 여러 사조에 흡수되면서 아리스토텔레스의 심리학을 알렉산드리아학파의 관점에서 해석하는 학자들, 즉 영혼의 개별성과 함께 영혼의 소멸성을 주장하는 이론과 충돌을 일으키곤 했다. 그러나 놀랍게도 이 두 입장은 모두 모든 인간의 개별적 영혼이 사후에도 생존한다는 영혼불멸설을 부인했다는 이유로 1513년 교황 레오 10세가 발표한 교황 칙서 「사도의 통치Apostolici regiminis」를 통해 단죄 선고를 받았다.

1400년대에 지성의 본질과 관련된 논쟁에서 아베로에스의 영향력이 전무했다고 보는 것은 잘못된 견해다. 반면에 그의 사상이 강렬한 적대감을 불러일으켰다는 것은 사실이다. 어떤 이들은 아베로에스를 토마스 아퀴나스가 결정적으로 몰아낸 '사악한' 사상가의 표본으로 보았고, 또 어떤 이들은, 예를 들어 바르바로와 같은 인문학자들은 아베로에스가 아리스토텔레스에 대해 전혀 신빙성이 없는 해석을 제시했다고 보았다. 왜냐하면 오류투성이의 아랍어 판본을 사용했고 그나마 정확하게 이해했던 얼마 안 되는 내용은 그리스 해설자들로부터 '훔쳐 온' 것뿐이었기 때문이다. 그럼에도 아베로에스가 쓴 철학과 과학 및 의학 저서들은 수많은 판본으로 번역 출판되었고 대학에서 여전히 교과서로 활용되었을 뿐 아니라 논리학, 물리학, 우주론, 윤리학, 정치학 분야의 논쟁에서 끊임없이 인용되었다. 이러한 경로를 거쳐 중세에 '해석자'로 불리던 인물의 영향력은 새로운 국면을 맞이했고 르네상스의 인문학자들은 '해석자'를 원저자와 마찬가지로 해설이 필요한 개별적이고 독창적인 사상가로 간주하기 시작했다.

4

이탈리아의 인문주의

: 살루타티, 브루니, 발라

4.1 콜루초 살루타티의 사회적 휴머니즘

1331년에 탄생해 1406년에 사망한 콜루초 살루타티Coluccio Salutati는 정치인이자 지성인으로, 고대 학문을 발굴하고 연구하는 작업의 가치를 믿고 주장했던 인물이다. 그는 고전에 대한 지식이 모든 인간 활동의 기초가 되어야 한다고 보았다. 고전에 대한 앎이 모든 분야에서 유용한 지식을 제공하고 '자유' 같은 기본적인 가치들을 제시한다고 보았던 것이다. 르네상스 초기에 인문학자로 활동했던 그의 이러한 확신은 그의 활동과 선택에서 그대로 드러난다. 예를 들어 그는 피렌체의 학교Studio에 그리스어 학과를 창설한 뒤 비잔틴 학자 마누엘 크리솔로라스(Manuel Crisoloras, 1350년경~1415년)를 강사로 초빙했고 그런 식으로 플라톤과 아리스토텔레스가 사용했던 언어를 이탈리아에서 부활시키는 데 일조했다. 그는 고대 로마 지식인들의 저서를 발굴하는 데 직접 참여했고 키케로의 『친우들에게 보내는 편지Epistulae ad Familiares』를 찾아내기도 했다. 살루타티는 고대 서적들의 독서가 도덕적 가치, 무엇보다도 사회적 참여라는 가치에 대한 확신을 심어 준다고 보았다. 그의 저서들은 르네상스 휴머니즘의 발전에 지대한 영향력을 행사했고 포조 브라촐리니(Poggio Bracciolini, 1380~1459년)와 레오나르도 브루니(1370년경~1444년) 같은 철학자들에게 깊은 영감을 주었다.

르네상스 시대의 열띤 '인문학 연구studia humanitatis', 즉 고전 문화 연구가 지닌 가장 두드러진 특징들 중 하나는 인문학자들이 시에 부여한 독특한 가치였다. 인문학자들에게 시란 글에 대한 관심과 인간 행위에 대한 관심을 하나로 묶어 주는 장르였다. 살루타티는 시를 3종 학과 안에 포함시키면서 사실상 언어의 기술 가운데 하나로 간주했다. 그는 『헤라클레스의 과업에 관하여De laboribus Herculis』에서 인간과 인간의 행위를 칭송하거나 비판하는 것이 시인의 과제이며 다른 이들의 행동을 평가해야 하는 만큼 시인은 그릇이 큰 인물이어야 한다고 기록했다.

살루타티는 언어와 말 자체에 지대한 관심을 기울이며 대학의 논쟁 문화나 추상적인 전문용어들을 멀리했던 인물이다. 그는 말들이 사실상 "사물과 함께 태어났다"고 보았고 말들의 이러한 원천적인 가치가 상실되었거나 추상적인 용어들에 의해 은폐되어 있으며, 따라서 복원이 필요하다고 보았다. 말과 말의 의미에 대한 이해는 신의 말씀을 이해하기 위한 기본 조건일 뿐 아니라 살루타티의 철학 고유의 방향성, 다시 말해 담론의 구체성을 복원하려는 의지와 구체적인 담론을 통해 말이 사물 및 인간 행위와 유지하는 좀 더 밀접한 관계를 복원하려는 계획의 가장 핵심적인 요소였다.

『법과 의학의 고귀함De nobilitate legum et medicinae』에서 살루타티는 법의 가치를 의학 및 자연 탐구의 가치와 상반된 것으로 대립시키면서 법이 여러모로 우위를 점한다고 주장했다. 무엇보다도 법은 결국 인간이 만들었기 때문에 완전히 이해될 수 있는 성격의 것이었다. 반면에 자연의 법칙을 연구하는 물리학은 사실상 오류의 근원인 경험의 불확실성에 지대한 영향을 받을 수밖에 없었다. 이와는 달리 도시의 법은 인간의 삶에 질서를 부여하고 도시의 생존과 공동선의 추구를 위해 절대적으로 필요한 도구였다. 살루타티는 법이 다름 아닌 선을 추구하는 도구로 활용되기 때문에 우리를 신의 조력자로 만든다고 보았다. 실제로 그는 인간의 법이 신에게서 유래하는 영감을 바탕으로 만들어졌거나 만들어져야 한다고 생각했다.

살루타티의 이러한 생각에는 르네상스 휴머니즘의 몇몇 기본적 특징, 예를 들어 자연 탐구에 대한 무관심이나 철학적 성찰의 대상으로 인간과 사회적 공존의 문제를 선호하는 경향 등이 그대로 반영되어 있다. "활동적인 삶은 사색적인 삶과 다르며, 사색적인 삶보다 선호할 만한 삶이다. 우리가 순례하는 지상에서든, 우리의 고향 하늘에서든."(『법과 의학의 고귀함』)

살루타티는 인간의 구체적인 행동과 근면함의 중요성을 확신했고 그것이 지상에서 공동선에 도달하기 위해서 뿐만 아니라 천상의 구원을 얻기 위해서도 꼭 필요하다고 보았다. 이러한 관점에서 그는 활동적인 삶과 세속적인 것들에 대한 관심이 구원이나 복종 같은 종교적 주제들과 상반되지 않고 오히려 긴밀히 연관되어 있다고 보았다. 따라서 인간이 추구해야 하는 공동선은 곧 "신성하기 이를 데 없는 선"이었고 현자는 세계 안에서 일하는 신의 조력자였다. 그런 의미에서 현자의 원형은, 비록 세인이지만, 사회적 삶에 적극적으로 참여한 철학자 소크라테스였다.

실용 학문이 이론적인 학문보다 중요하고 활동적인 삶이 관조적인 삶에 우선한다는 생각은 살루타티가 정립한 '의지'와 '지성'의 위계에서도 그대로 드러난다. 페트루스 롬바르두스(Petrus Lombardus, 1095년경~1160년)의 "자유의지"가 곧 "이성과 의지의 기량"이라는 관점을 바탕으로 살루타티는 토마스 아퀴나스처럼 지성을 중요시하는 철학자들과 윌리엄 오컴William Ockham처럼 의지를 중요시하는 철학자들을 구분한 뒤 후자를 지지하고 우위에 두며 의지는 "영혼의 지배자"와 같다고 주장했다. 그는 바로 의지가 다른 기량을 움직이고, 아울러 무엇을 어떻게 하면 좋을지에 대한 정보를 취하지만 그 정보에 절대적으로 의존하지는 않는다고 보았다. 이러한 입장에서 우리는 인간의 자유와 인간이 자신의 터전인 세상을 변화시킬 수 있는 능력에 좀 더 높은 가치를 부여하려는 살루타티의 의도를 엿볼 수 있다.

이러한 적극적인 사회참여를 강조한 살루타티가 수도원의 삶이라는 주제에 관심을 기울였다는 것은 놀랍게 다가온다. 하지만 『세속과 종교에 관하여*De saeculo et religione*』라는 글에서 그는 수도원에 들어가려는 한 친구를 향해 그의 선택이 "적극적인" 포기이며 세상이 주는 시험을 받아들이고 신과의 만남을 추구하기 위한 결정이라는 점을 강조했다. 동일한 차원에서 그는 가난하게 살기로 결심한 사람들의 선택 역시 높이 살 만하다고 보았다. 살루타티는 서간문을 통해 돈을 벌기 위해 살아가는 상인들 역시 도시를 위대하게 만드는 데 기여한다고 칭송하면서도 그들 역시 약속과 영예를 지킬 줄 알아야 하고 나름대로의 윤리관을 가져야 한다고 지적했다. 그는 상업의 자유가 윤리적인 계율을 바탕으로 보장되어야 한다고 보았다.

서기관으로서의 개인적인 경험을 기반으로 구축된 살루타티의 정치사상은 상당 부분이 자유라는 주제를 중심으로 펼쳐진다. 그는 피렌체가 로마의 자유를 유산으로 물려받았으며 이 자유를 적으로부터 수호해야 할 의무가 있다고 생각했다. 그는 자유를 두 가지 차원에서 이해했다. 먼저 자유는 외부 세력에 대한 자율을 의미했다. 예를 들어 피렌체처럼 자유로운 도시는 외부 세력이 침입하거나 관여할 수 없는 도시였고 따라서 어떤 대가를 치르더라도 자유를 수호해야만 했다.

두 번째 차원의 자유는 공화국의 제도적 자유였다. 그는 일인 통치자의 독단이 아니라 시민들에게 공직에 참여할 수 있는 가능성이 주어지는 형태의 정부를 선호했다. 그는 그런 식으로 자유란 시민들의 자유인 동시에 도시의 자유이기도 하다는 공식을 성립시켰다. 그런 의미에서 살루타티는 비스콘티 가문이 통치하는 밀라노를 자유와 거리가 먼 도시이자 독재자가 자신의 압제적인 권력을 항상 영토 바깥으로까지 확장하려고 애쓰는 도시로 간주했다.

4.2   레오나르도 브루니: 르네상스의 문턱에 선 인간과 신과 세계

1370년 아레초에서 탄생해 1444년에 사망한 레오나르도 브루니는 1427년부터 사망 직전까지 피렌체공화국 서기관을 역임했다. 유려한 라틴어 산문 작가였고 종교와 정치 분야에서 뛰어난 연설가였을 뿐 아니라 역사 서술에 있어서도 괄목할 만한 업적을 이룩했다(예를 들어 평생에 걸쳐 쓴 『피렌체의 역사*Storie fiorentine*』 열두 권이 있다). 그리스인들이 역사를 기록하며 그랬듯이, 브루니는 피렌체라는 도시의 아름다움과 정치적, 군사적 성공을 칭송했다. 그가 노래하던 피렌체는 공화국이라는 이상의 상징이었고 고대 그리스 도시의 현현이자 독재 체제와 맞서 싸우는 최후의 보루였다. 법과 평등과 공로의 원칙을 기반으로 세워진 도시 피렌체는 그에게 새로운 아테네처럼 다가왔다. 브루니는 평화로운 공존의 고향 피렌체가 이중의 과제를 안고 있다고 보았다. 정치적 차원에서는 이탈리아 반도의 평화와 자유를 수호하고, 문화적 차원에서는 전 세계에 인문학을 전파하며 오랫동안 지속된 지적 야만의 시대, 언어적 부패의 시대, 진정한 의미에서 '인간적인' 앎을 경멸하던 시대로부터 탈출을 이끌어야 한다고 보았던 것이다. 브루니가 라틴어로 번역한 수많은 번역서 가운데 가장 먼저 주목할 것은 그리스 교부 대大 바실리우스(Basilius, 330~379년)의 『학문의 유용성에 관하여*De utilitate studii*』다. 브루니는 1403년에 번역을 마친 뒤 이 책을 살루타티에게 헌정했다. 브루니는 위대한 세속 저자들의 저서들, 특히 시인들과 플라톤의 저서를 칭송하는 바실리우스의 자세에 깊은 감명을 받았고 이를 계기로 1404년부터 30년이 넘도록 후세에 지대한 영향력을 행사하게 될 '철학의 고전'들을 번역했다.

그가 가장 먼저 관심을 가지고 번역에 착수한 저서들은 중세에는 일부만 소개되었던 플라톤의 책들이다. 그는 『파이돈*Phidon*』(1404~1405년)의 우아한 라틴어 번역본을 시작으로 『소크라테스의 변론*Apologia di Socrate*』(1404~1409년), 『크리톤*Kriton*』(1404~1409년), 『고르기아스』(1409년), 『서간문*Lettre*』(1427년)을 완역했고 부분적으로 『파이드로스*Phidros*』(1424년)와 『향연*Simposion*』(1435년), 아울러 크세노폰의 『소크라테스의 변론』을 번역했다.

플라톤의 책들 못지않게 브루니가 커다란 관심을 기울였던 것은 아리스토텔레스의 실용 철학 저서들이다. 그는 『니코마코스 윤리학』(1416~1417년)과 『정치학*Politica*』(1436~1438년), 그리고 위僞 아리스토텔레스의 『가정법*Oeconomica*』(1420

년)을 번역했다. 현재 남아 있는 엄청난 양의 필사본과 인쇄본이 증명하듯이 이 번역서들은 출판 당시 굉장한 인기를 끌었음에도 불구하고 거센 비난을 피하지 못했다. 데메트리오Demetrio라는 이름으로만 알려진 인물을 비롯해 바티스타 데 주디치Battista de' Giudici와 알폰소 데 카르타헤나Alfonso de Cartagena는 우아함이 덜해도 훨씬 더 정확한 중세의 번역본들을 선호한다고 밝히면서 브루니의 책이 번역의 정확도가 떨어지고 용어와 몇몇 주요 개념의 번역이 부적절하다고 비판했다. 그렇게 해서 브루니가 이러한 비판에 대응하기 위해 집필한 책이 바로 『올바른 해석에 관하여De interpretatione recta』(1420년)다. 비록 공개적인 자기방어를 목표로 쓰였지만 이 조그만 책자는 당시에 '올바른 번역'에 대한 가장 수준 높은 이론적 성찰이 어떤 면모를 지니고 있었는지 한눈에 보여 준다. 중세에 주로 사용되던 "문자 그대로의(ad verbum)" 번역 방식을 전면적으로 비판하면서, 브루니는 아리스토텔레스의 텍스트가 지닌 복합적인 의미를 전달할 수 있고 개념적인 내용뿐만 아니라 양식적인 틀을 그대로 전달할 수 있는 훨씬 더 자유로운 번역 기술을 옹호했다. 그는 "라틴어 담론의 순수함"을 파괴하거나 "야만적인 표현으로" 번역문을 오염시키지 말아야 한다고 주장했다. 어쨌든 브루니는 자신의 고전주의적 시각에서 비롯된 선입견에 얽매여 있었다. 예를 들어 그는 키케로나 퀸틸리아누스Marcus Fabius Quintilianus 같은 저자들이 사용한 적이 없는 단어는 무조건 라틴어가 아닌 것으로 간주했다. 더 나아가서 그는 그리스어의 흔적이 기이한 방식으로 남아 있는 거북한 표현들뿐 아니라 이미 통용되기 시작한 그리스어 단어들, 예를 들어 '폴리티카(politica, 정치)'나 '데모크라티아(democratia, 민주의)'와 같은 단어들까지 거부했고 결과적으로 기술적인 용어들을 일관성 없이 수많은 유의어와 완곡어로 대치하면서 그가 의도한 바와 달리 용어들의 의미 전달과 활용 차원에서 주목할 만한 혼돈을 가져왔다.

그럼에도 불구하고 브루니는 "번역 문체의 우아함"과 "번역 문장의 정확성"이라는 상반된 요구를 조화롭게 충족시키기 위해 노력하면서 자신은 "아리스토텔레스의 사상에 쉼표 하나도 가하거나 감하지 않았다"고 자신 있게 선포했다. 그는 번역자들에게 번역 원문의 표현력에 완전히 "사로잡힐" 때까지 원문에 전적으로 녹아들 것을 권했다. 그는 "라틴어를 사용하지만 그리스어를 모르는 독자들에게" 원문을 대체할 수 있는 또 다른 원문을 제시할 수 있다고 굳게 믿었다.

브루니의 주목할 만한 철학 저서들은 『피에트로 파올로 이스토리아노에게 헌정하는 대화록*Dialoghi a Pietro Paolo Istoriano*』(1405~1406년)과 대화 형식으로 쓰인 『도덕철학 입문*Isagogicon moralis disciplinae*』(1423년)이다. 첫 번째 『대화록』에서 브루니는 살루타티의 학교에서 벌어지던 열띤 토론을 놀랍도록 세밀하게 묘사하면서 문화와 권위를 남용하는 스콜라학파 지식인들의 부도덕성, 우아한 표현에 대한 무관심, 논리학과 물리학에만 과도하게 집중하는 경향 등을 지적하며 스콜라학파의 "비인간적인 성향(inhumanitas)"을 날카롭게 비판했다.

인간은 정치적 동물이라는 아리스토텔레스의 생각을 바탕으로 브루니는 모든 형태의 고독한 삶을 반대한다고 천명하면서 수도사들의 종교적이고 금욕적인 삶은 물론 이상주의에 빠진 인문학자들의 순수하게 문학적인 관점이 지니는 부정적인 면을 비판했다. 바로 그런 이유에서 브루니는 단테Dante Alighieri를 선호했고 단테가 사회적인 측면에서는 페트라르카Francesco Petrarca보다 훨씬 훌륭하다고 보았다.

아리스토텔레스 윤리학의 개론 형식으로 쓰인 『도덕철학 입문』에서도 브루니는 스콜라학파 지식인들의 태도를 거듭 비판하면서 도덕적 문제의 중요성을 강조했다. 브루니는 "잘 살기" 위해서는 "서리나 눈이 내리는 이유 혹은 무지개 색깔이 다양한 이유"를 알아야 할 것이 아니라 지고의 선을 이해해야 하고 개인의 삶을 위해서뿐만 아니라 공동체의 삶을 위해 덕을 베풀 줄 알아야 한다고 주장했다. 그는 아울러 몇몇 철학 학파들의 화합을 제안했다. 브루니는 아리스토텔레스가 지고의 선을 바라보는 관점이 실제로는 스토아학파의 관점이나 에피쿠로스학파의 관점과 크게 다르지 않다고 보았다. 그는 스토아학파가 권장하는 덕목의 실천뿐만 아니라 아리스토텔레스주의자들이 그토록 강조했던 진실에 대한 앎과 성찰 역시 바로 에피쿠로스주의자들이 추구하는 "더할 나위 없는 기쁨"을 가져다줄 수 있다고 보았다. 그렇게 해서 에피쿠로스의 가르침을 긍정

적으로 평가하고 받아들일 수 있는 길이 열렸고 에피쿠로스가 추구했던 쾌락의
탐색은 동시에 "정의와 신중함과 절제력"의 탐구라는 생각이 싹트기 시작했다.
물론 이러한 관점은 르네상스 휴머니즘 문화가 활동적인 삶과 관조적인 삶의
밀접한 관계에 각별히 주목하던 차원에서 발생한 관점으로 보아야 할 것이다.

아리스토텔레스 윤리학과 스토아학파 및 에피쿠로스학파 윤리학의 화합을
꾀하려는 노력 못지않게 독창적이었던 것은 세속적인 삶과 그리스도교적인 삶
의 개념 차이를 극복하고 화합을 꾀하려는 시도였다. 브루니는 세속적인 삶의
개념이 "삶 자체를 지고의 선으로 보고 이 삶 속에서 덕목의 열매"를 찾는 것인
반면 그리스도교적인 삶의 개념은 "또 다른 삶을 목적으로 하는" 삶이라는 것
을 인정하면서도 다른 한편으로는 고대인들이 악덕과 미덕을 고려했던 방법에
서뿐만 아니라 "그리스도교만의 특징이라고 할 수 있는 것"에 대해서도 고대
철학자들이 사실상 "우리와 같은 의견을 가지고 있었고 동일한 것들을 생각하
고 가르쳤다"고 보았다.

4.3   로렌초 발라의 철학과 문헌학

흔히 로렌초 발라(Lorenzo Valla, 1405~1457년)는 15세기에 활동했던 가장 뛰어나고
세련된 이탈리아 인문학자이자 중세의 스콜라주의를 공개적으로 비판하는 입
장을 취하면서 신학문을 지지한 인물로 간주된다. 하지만 르네상스 문화에 결
정적인 영향을 끼치게 될 새로운 문헌학적 관점을 취했음에도 불구하고, 아울
러 스콜라학파의 방법론을 신랄하게 비판했음에도 불구하고 사실상 발라는 여
전히 중세 문화의 영향 아래 머물렀던 인물이다. 대학의 탁상공론에서 비롯된
현실감각의 저하를 비판했던 발라는 비평적 태도를 견지하는 선생에 가까웠
다. 그는 텍스트의 원래 의미를 왜곡하지 말아야 하며 인간에게 필요한 실용적
인 삶의 차원을 언어의 우아함elegantia과 수사학을 통해 발전시킬 필요가 있다고
강조했다. 발라의 문헌학은 과거에 대한 실질적 이해를 허락하기 때문에 역사

학적이지만 사상을 표현하는 말과 범주의 올바른 이해를 허락하는 만큼 철학적이기도 하다.

문헌학을 적극적으로 활용하고 말 자체에 커다란 중요성을 부여하려는 발라의 태도는 철학을 형식논리학의 단순한 실습에 불과한 것으로, 결과적으로 현실을 직시하지 못하는 무기력한 학문으로 전락시킨 대학 내부의 토론 문화에 대응해야 한다는 생각에서 비롯되었다. 발라는 중세의 스콜라학파가 고전 언어에 대한 정확한 이해 없이 토론에만 집중함으로써 학문을 왜곡하고 더 이상 진실과 소통할 수 없는 인위적인 언어를 만들어 냈을 뿐이라고 보았다.

발라는 아리스토텔레스의 논리학 용어들을 지탱하는 기본 개념들의 문법적인 분석을 통해 학자들이 사용하는 언어 자체를 근본적으로 재검토해야 한다고 주장했다. 발라는 '실재ens', '무언가aliquid', '하나unum', '진실verum', '선bonum'과 같은 기초 개념들이 실제로는 유일하게 구체적이고 사실적인 말 '사물res'의 독특한 표현에 지나지 않는다고 보았다. 발라는 추상적인 용어들이 결국 형용사에 지나지 않으며 형용사는 오로지 본질이 아닌 사물을 표현하는 데 사용될 뿐이라고 주장했다. '실체', '행위', '특성'을 설명할 뿐인 수식어들과는 달리 유일하게 초월적인 단어는 '사물'이었고 이는 '사물'만이 유일하게 '실재'의 어떤 특별한 상태를 가리키지 않는 말이었기 때문이다.

발라를 통해 언어는 진실의 정통성을 판가름하는 기준으로 등극했고 수사학은 철학과 역사학, 신학을 포함해 모든 학문에서 선호해야 할 하나의 도구로 떠올랐다. 수사학은 더 이상 단순한 '설득력'의 영역에 국한되지 않고 개연성과 타당성을 다루는 모든 담론뿐만 아니라 증명을 목적으로 하는 논제들, 따라서 변증론에 고유한 논제들을 모두 포함하는 총체적인 담론의 영역으로 확장되었다. 동일한 차원에서 문헌학은 역사적 성격의 학문으로 인식되었고 과거에 활용되던 언어의 인식론적 유효성을 확인할 수 있는 학문으로, 앎의 지상적인 차원을 회복할 수 있는 새로운 지식의 기초로 부각되었다. 이런 식으로 정립된 문헌학적 방법론을 적용해 고전을 '올바른' 방식으로 해석한 분명한 예는 『콘스탄티누스의 기증서로 간주되어 온 문서의 허구성에 관하여*De falso credita et emendita*

Constantini donatione』(1440년)다. 이 글에서 발라는 콘스탄티누스가 서방 세계에서 황권에 대한 교황권의 우위를 인정했던 문서 「콘스탄티누스 기증서」가 사실은 조작된 문서임을 밝혀냈다.

　수사학을 재평가하려는 경향은 분명히 스콜라학파를 지배하던 철학의 허위적 체계에 대한 비판적 태도에서 탄생했다고 볼 수 있다. 하지만 발라의 비판은 단순히 현실과 너무 먼 철학적 방법론의 추상성을 폭로하는 것에 그치지 않고 아리스토텔레스의 논리학을 거의 숭배하다시피 하는 편향성 비판으로까지 확장된다. 실용 철학에 대해 좀 더 주목할 것을 요구하면서 발라는 '행복'이라는 고전적인 주제를 에피쿠로스적인 관점에서 바라볼 필요가 있다고 주장했다. 이러한 형태의 복원은 상당히 독창적인 해결책으로 수용되는 양상을 보였다. 한편으로는 아리스토텔레스주의와 전적으로 구별되는 사상을 재평가하려는 시도였고, 다른 한편으로는 수도원과 스콜라학파의 엄격주의와는 천적이라고 할 수 있는 에피쿠로스를 지지했기 때문이다.

　발라가 지키려던 것은 좀 더 완전한 인간의 이미지, 즉 미덕과 쾌락을 동일하게 보는 에피쿠로스적인 윤리관을 토대로 인간의 자연적인 성향에 대한 선입견 없이 존재론적인 구체성 속에서 평가된 이미지였다. 발라의 이러한 입장을 가장 또렷하게 보여 주는 글은 대화록『쾌락에 관하여*De voluptate*』다. 총 세 권으로 구성된 초판본에서 발라는 세 명의 토론자, 즉 열정을 오류로 보고 오류가 이성에 의해 개선될 수 있다고 보는 스토아학파의 윤리학적 입장을 대변하는 레오나르도 브루니, 쾌락을 모든 행위의 원인이자 최종 목적으로 간주하는 에피쿠로스주의의 대변자 파노르미타(Panormita, 1394~1471년), 그리고 스토아학파의 입장과 에피쿠로스주의 사이에서 중도적 입장을 취하는 그리스도교의 대변자 니콜로 니콜리(Niccolò Niccoli, 1364~1437년)를 등장시킨다. 독특한 것은 바로 니콜리의 입장인데, 여기서 니콜리는 헬레니즘 시대의 서로 상반되는 두 가지 윤리학적 입장을 비교하고 중재하는 역할을 하기보다는 그리스도교를 일종의 쾌락주의의 한 형태로 해석하는 데 주력한다. 니콜리의 입을 빌려 발라는 에피쿠로스의 이상과 그리스도교도의 신앙 사이에 일종의 근본적인 연관성이 존재하며 단지 전자는 전적으로 세속적인 쾌락을 추구하고 후자는 천상의 초지상적인 쾌락을 추구할 뿐이라고 주장했다. 그는 사실상 스토아학파의 윤리학을 텅 빈 이론이자 속임수로 규정하고 거부하면서 그리스도교적 윤리의 최종 목적은 천국의 약속을 기반으로 하는 쾌락에 있다고 설파했다. 저세상에서의 행복을 가장 고차원적인 형태의 쾌락으로 보았던 것이다. 발라는 인간의 육체적인 면을 황폐하게 하는 모든 형태의 고행주의를 비판하면서 '행복'은 궁극적으로 인간의 실존이 선사하는 모든 잠재력의 완전한 실현으로 이해해야 한다고 주장했다. 발라가 원했던 것은 인간의 본성 및 성향에 가능한 한 직접적으로 답할 수 있는 윤리학을 정초하는 일이었고 쾌락의 재평가 역시 바로 그런 차원에서 이루어졌다. 발라는 인간의 가장 높은 정신적 가치들 역시 유용성과 쾌락이 주는 자연적인 자극과 직접적인 연관성이 있다고 보았다.

스토아학파의 입장을 논박하면서 발라가 직접적인 비판의 표적으로 삼았던 것은 보에티우스Anicius Manlius Severinus Boëthius의 『철학의 위안De consolatione philosophiae』이다. 발라는 『쾌락에 관하여』에서 『철학의 위안』 첫 네 권의 내용을 본격적으로 비판했다. 반면에 보에티우스가 신의 예지와 인간이 누리는 자유의 관계에 대해 독창적인 해석을 제시한 『철학의 위안』 제5권은 발라의 『독단적인 자유의지에 관하여De libero arbitrio』에서 다루어진다. 보에티우스는 영원히 현존하는 신의 세계에서 필연이 필연적인 것으로 예견되어 있듯이 인간의 자유로운 행위 또한 자유로운 것으로 예견되어 있으며, 따라서 인간이 내리는 결정에는 신이 어떤 식으로든 개입하지 않는다고 보았다. 여기서 발라는 보에티우스가 신의 섭리를 일방적으로 인간의 지성주의적인 관점에서 해석했으며 이러한 해석은 결국 섭리의 약화를 가져올 뿐이라고 지적했다. 하지만 신의 섭리와 인간의 자유라는 상반된 개념 사이에 연계성을 부여하려던 발라의 시도는 높이 평가할 만한 결과를 만들어 내지 못했고 결국 인간의 자유는 신의 섭리에 가려 설명이 불가능하며 정당화할 수도 없는 문제로 남았다.

한편 발라는 신의 섭리를 반드시 필연적이라고는 볼 수 없는 원인으로 고려하는 입장, 다시 말해 신이 미래를 안다면 그것은 미래를 이미 결정해 놓았기 때문이 아니라 미래를 단순히 예견하기 때문이라는 생각을 어떤 식으로든 증명이 불가능한 해결책으로 보고 관점의 전복을 시도했다. 그는 개연성에만 의존하는 신학을 깊이 연구하는 일이 인간에게 아무런 도움도 주지 못한다고 보았다. 때로는 사랑과 자비의 유용성을 확신하는 것만으로 충분하다는 것이었다. 결론적으로 발라는 신비를 수긍하고 받아들이는 겸허한 자세를 추구했다고 볼 수 있다. 종교란 곧 자비와 믿음의 실천이라는 발라의 생각은 훗날 루터 Martin Luther와 칼뱅Jean Calvin에게도 커다란 영향을 끼쳤다.

5

레오나르도 다 빈치의
철학과 과학

5.1 '문외한' 레오나르도

레오나르도 다 빈치(1452~1519년)의 위대함은 이미 수 세기 전부터 축적되어 온 기계 분야의 기술들, 혹은 '자유학예artes liberales'에 속하지 않는 기술 분야의 다양한 지식들을 1500년대에 들어서 나름대로 요약하고 재해석하면서, 비록 체계적이지는 않지만 열린 형태로 집대성했다는 데 있다. 레오나르도의 저술을 통해 우리가 발견하게 되는 것은, 전통적인 장인 또는 기술자 조합에서 유래하는 다양하면서도 방대한 기술 세계, 즉 도시사회의 발달로 인해 활기를 띤 건축 공사장과 예술가들의 공방에서 유래했기 때문에 고유의 용어 체계를 갖추지 않았고 기본적인 작업 원리들에 대한 이론적 성찰조차 이루어지지 않았던 산지식들이 축적된 세계다.

레오나르도와 기계의 만남은 기계와 한 '문외한'의 만남이었다. 대학이 아니라 예술가들의 공방에서 성장한 레오나르도는 이미 1400년대에 기술자들과 건축가들이 연구하기 시작한 에우클레이데스와 아르키메데스의 고대 기하학과 공학 고전들뿐만 아니라 루카 파치올리(1445년경~1517년경)와 피렌체 학자들의 플라톤 철학을 공부하면서 역학의 이론화를 향한 첫걸음을 내디뎠다.

기술의 역사를 깊이 살필수록 레오나르도를 중심으로 펼쳐지는 전경은 점점 더 복잡해지기만 한다. 그만큼 그가 남긴 수많은 설계도들이 창작의 결과인지 혹은 모방의 결과인지 평가하는 일은 어렵고 험난할 수밖에 없다. 여러 문헌의 비교 분석이나 그의 스케치북과 '기계들의 극장'을 구축하는 체계적인 연구서들의 복원은 실제로 특정 발명품들의 발명 시기 혹은 발명 여부를 더욱더 불투명하게 만든다.

15세기에 장인이나 기술자는 발명에 앞서 주로 복사나 모방에 주력했고 당대의 관습에 따라 여러 장치나 부속품들을 조합하면서 기계 분야에 대한 자신들의 재주를 증명해 보였다. 이들의 조합 작업은 현대 역학의 개념적 체계와는 거리가 먼 '인위적인' 혹은 '기계적인' 착상을 토대로 이루어졌다.

레오나르도는 이러한 기계, 도구, 장치, 특히 적절히 고쳐서 나중에 쓸 수도 있을 기계들과의 우연한 만남을 빼놓지 않고 기록으로 남겼다. 그는 이 축적된 기억을 활용해 그의 기술 목록에서 구체적으로 현실화할 수 있는 것이 무엇인지 탐구했다. 자신의 경험을 기록으로 남기면서 레오나르도는 경험을 증명하거나 측량하는 대신 스케치를 통해 하나의 이야기로 만들었다. 레오나르도의 천재성은 그의 시대가 끝내 답을 마련하지 못한 방대한 분량의 기술적 제안을 했다는 데 있다.

레오나르도는 기술자 혹은 건축가에게 일반적으로 요구되던 재능을 누구보다도 탁월하고 완벽하게 발휘했던 인물이다. 르네상스 시대에 건축가는 오늘날처럼 설계도를 그리는 건축 기획자로 그치지 않고 무엇보다 공사장의 감독, 즉 건축 현장에서 '건축에 관한 모든 것을 지시하는' 사람이었다. 레오나르도는 건축 공사장에서 공존하던 여러 기술자 조합과 장인 조합의 모든 기술을 관찰하며 그의 코덱스에 요약했다. 공사장의 기술자가 일련의 질문에 답하는 것과 유사한 방식으로 레오나르도는 도시 건설, 수력공학, 군사기지 건설, 정밀기계에서 공구용 혹은 공사용 기계의 설계에 이르기까지 기술과 건축의 모든 분야에서 타의 추종을 불허하는 천재적인 방식으로 다양한 답변과 해결책을 제시했다. 예를 들어 동판 인쇄용 혹은 유리 분쇄용 자동기계나 원추형 기둥 생산에 쓰이는 압연기, 다양한 원리를 이용한 방적기, 축의 마모 방지 내지 보완 체계 같은 것이 그가 해결책으로 제시했던 기술들이다. 이런 기술적인 제안들은 당시에는 실용화가 사실상 불가능한 경우들이 대부분이었다. 산업혁명 이전의 기계들은 대부분 특정 지역의 특별한 관습에 따라 제작되어 제한된 재료로만 작동하고 특정한 용도로만 기능했기 때문에 발명이나 혁신의 차원에서 분명한 한계를 가지고 있었다. 따라서 이러한 제한된 상황에 특화되어 있던 기술적 영역에서 벗어나기 위해서라도 레오나르도는 인위적이거나 유토피아적인 발명을 통해 혁신을 꾀할 수밖에 없었다.

5.2 유기주의와 기하학적 추상주의: 기계를 관찰하는 두 가지 관점

레오나르도가 남긴 수많은 기계 설계도는 그의 해부학 지식을 비롯해 유기적인 자연의 지칠 줄 모르는 탐구자로서, 역학과 기하학 이론가로서 경험한 세계가 과연 무엇이었는지 생생하게 보여 준다. 뛰어난 화가로서의 재능은 모종의 메시지를 시각적으로 전달하는 그의 탁월한 능력에서 드러난다. 그는 건축물이나 기계를 그리거나 설계할 때 '계획'이라는 순차적 구도에 의존하지 않고 탁월한 원근법과 부등각 혹은 등각 투영법의 조합을 꾀하면서 최대한의 정보를 동시에 제공하는 관점을 선택함으로써 이미지의 유기적인 총체성 유지를 추구했다.

살아 있는 생물을 그릴 때와 마찬가지로, 기계를 시각적으로 묘사한다는 것은 기능적 측면에서 아무런 의미가 없는 미세한 특징들까지 포함시켜 기계의 유기적인 통일성을 재생하는 것을 의미했다. 레오나르도는 기계가 공정을 거쳐 양산된 모형의 실체라는 개념을 가지고 있지 않았다. 그에게 기계는 특정 인물과 마찬가지로 고유의 특징들뿐만 아니라 고유의 물리적 실체를 지닌 독립된 객체였다. 레오나르도가 기계를 그리면서 크기와 비례를 가늠할 만한 척도를 제시한 경우는 거의 없다. 그리고자 하는 기계 모형의 모든 세부 사항을 전체 속에 조화롭게 배치하고 세부 사항들의 관계를 기준으로 비율을 산출하기 위해서는 모형에 대한 총체적인 인식이 필요하며 그러려면 모형에서 척도를 눈으로 직접 산출해 낼 수 있어야 했다. 아울러 기계의 설계도에는 인체 해부도와 상당히 유사한 측면이 있었다. 예를 들어 무기의 설계도는 신체의 근육 구조 묘사와 상당히 비슷한 방식으로 제작되었다.

역학과 기하학 이론가였던 레오나르도는 기계의 본질적인 형태, 즉 기계의 기하학적 구도 속에 숨어 있는 심층 구조를 형상화할 줄 알았다. 레오나르도는 그의 기계 스케치를 두 가지 차원에서, 즉 기계를 하나의 물리적 현실로 보고 세밀한 부분까지 빼놓지 않고 충실하게 묘사하는 방법을 취하거나 또는 기계적 실체를 하나의 균등하고 예리한 특징 묘사로 환원하는 기하학적 추상화를 통해 발전시켰다. 추상화와 일반화는 기계들이 지닌 기능의 항구적이고 절대적인 조건을 정립하거나 추론적인 분석을 통해서만 추적이 가능한 특징들을 묘사하는 데 활용되었다.

레오나르도의 독창성을 단순히 새롭거나 다양한 기계들을 창조할 줄 아는 그의 뛰어난 상상력에서만 발견하려고 한다면 그가 도입한 전적으로 혁신적인 차원이 의미하는 바를 파악할 수 없다. 레오나르도의 독창성은 그가 장인인 동시에 역학과 기하학의 탁월한 이론가였다는 사실에서 발견된다. 그는 전례를 찾아볼 수 없는 방식으로 자연학이나 물리학 이론과 다를 바 없는 기계학의 통일된 관점에서 작업과 실험을 주도할 줄 알았던 인물이다.

당시에 장인은 모방을 토대로 반복 훈련을 통해 기술을 터득했고 체계적인 지침이나 규칙, 비결 등에 부합하는 방식으로 작업을 진행했다. 장인은 이상의 규칙들을 특별한 성찰 없이 습관적으로 재료에 적용시켜 구체화할 줄 알았지만 그 과정이 이루어지는 필연적인 이유를 구체적으로 설명하거나 이론을 제시하는 능력은 가지고 있지 않았다. 반면에 레오나르도는 장인과 기술자 단계에서 벗어나 기계의 제작 공정과 장인들의 작업 과정을 주의 깊게 관찰하면서 과학자로 거듭나는 데 성공했다. 레오나르도는 작업의 지침이나 비결의 토대가 될 수 있는 원리들, 즉 실용적일 뿐 이론화되지 않은 작업 규칙들 속에 숨어 있는 보편적이고 필연적인 법칙들을 탐색했다.

레오나르도의 창조적 천재성은 '바깥에서' 기발한 장치들을 찾아내는 능력이라기보다는 오히려 기계의 여러 요소를 관찰하고 그것들이 기능하는 이유를 '내부에서' 밝혀내는 분석력에 가깝다. 레오나르도는 복잡한 기계를 구축하는 대신 기계를 해체하고 단순화하면서 기계를 구성하는 요소와 기능들을 선별하고 그 요소들에 대한 기초 이론을 구축하려고 노력했다. 기계의 구성 요소들을 기하학적으로 분석하고 묘사하는 방식은 레오나르도를 기점으로 과학적 사고의 필수 요소이자 보편적인 규칙들을 발견하기 위한 핵심적인 방법론으로 발전했다. 그는 여러 기계의 기하학적 형태와 역학적 비율에서 수학적 증명을 통해서만 이성적으로 수긍할 수 있는 일련의 규칙들을 찾아냈다.

5.3 수학 지상주의

레오나르도에게 역학은 '수학의 천국'을 의미했다. 그는 역학이라는 풍성한 정원에서만 수학의 열매를 제대로 맛볼 수 있다고 생각했다. 수학은 그에게 기초 학문이자 궁극적인 앎의 토대였고 축조의 원칙들을 생산하는 학문이었다. 이 원칙을 아는 사람만이 무언가를 만들 수 있었다. 레오나르도에게 앎이란 곧 특정 경험의 원리를 설명할 줄 아는 것을 의미했다. 그에게 이 원리는 곧 수학적 원리를 의미했고 이 원리를 이해하는 사람은 자연법칙을 이해하는 것과 마찬가지였다. 실제로도 수학적 설명을 가장 우선시하는 경향과 함께 공정이 기술로, 기술이 과학으로 발전하는 과정이 시작되었고 이 과정은 갈릴레이와 근대 물리학을 거쳐 절정에 이른다. 레오나르도는 기계와 자연 사이에 구조적인 유사성이 존재하며 양자에 동일한 법칙들이 적용될 수 있는 만큼 자연 자체는 역학적이라는 점을 인정하지 않을 수 없다고 보았다. 결국 기술자의 탐구는 물

리학자의 탐구와 다를 바 없음을 인정해야 한다는 것이었다. 그럼에도 불구하
고 레오나르도는 사물의 역학적이고 수학적인 측면이 모든 것의 절대적인 기
준은 아니라고 보았다. 기계 혹은 수학적 원리가 자연의 뼈대를 구성한다면, 자
연에는 살과 고유의 아름다움이 남아 있었다. 원리들의 추상적인 우주가 과학
자의 몫이라면 자연에 남아 있는 구체적인 형상들, 자연에 숨어 있는 그 무궁무
진한 보물은 다름 아닌 예술가의 몫이었다.

6

레온 바티스타 알베르티

: 호모파베르, 시간, 철학교육

6.1 삶

레온 바티스타 알베르티가 살던 15세기는 무엇보다 이탈리아 영토의 재정비가 이루어졌던 시기다. 이른바 '균형의 정치'로 불리던 정치적 입장이 대세를 이루던 이 시기에 몇몇 지역의 강호 주권국들이 좀 더 확고한 체제를 구축하기 시작했고 그 사이에 소규모의 군주국, 공국, 왕국들이 산재한 상태에서 내부적으로 과두정치 혹은 폐쇄경제의 형태로 권력의 집중화가 구체화되고 있었다.

알베르티는 피렌체에서 막강한 권력을 행사하던 상인 가문에서 태어났다. 하지만 그의 앞길에는 수많은 걸림돌들이 놓여 있었다. 먼저 그는 피렌체가 아닌 제노바에서 태어났다. '촘피Ciompi의 반란' 이후 채택된 '민중적' 정치 노선으로 인해 그의 가문 전체가 피렌체에서 추방당한 뒤 제노바에서 유배 생활을 하고 있었기 때문이다. 또 하나의 걸림돌은 어떻게 보면 더 심각한 문제였다. 알베르티는 서자라는 이유로 가족들에게도 소외당하는 처지에 놓여 있었다. 이 문제는 결국 아버지로부터 유산을 상속받지 못하면서 시작된 일련의 경제적 어려움으로 이어졌고 그의 사회적 위치 상승에도 커다란 걸림돌이 되었다. 끝으로 그의 불행한 운명 역시 하나의 걸림돌이었다. 알베르티는 일찍이 부모를 잃고 고아로 자라났다. 이러한 요인이 그의 고립을 더욱 자극했으리라는 것은 자명해 보인다. 일찍이 시작한 법학 공부에 이어 수학과 인문학에 몰두했지만 이러한 선택을 그의 집안에서는 달갑게 여기지 않았다. 알베르티는 적어도 1432년까지는 베네치아와 파도바와 볼로냐에 머물렀던 것으로 보인다. 파도바에서는 저명한 인문학자 가스파리노 바르치차Gasparino Barzizza의 학교를 다녔고 볼로냐에서는 법학과 문학에 입문했다. 그의 삶이 변화하기 시작한 것은 1432년부터다. 1436년과 1438년 사이에 다시 파도바, 볼로냐, 페라라 등지를 오간 것을 제외하면 알베르티의 삶은 크게 피렌체와 로마에서 보낸 시기로 양분된다. 이 시기들을 결정짓는 중요한 요인은 먼저 알베르티와 그의 가족에게 결정적인 피해를 준 피렌체의 추방령 철회, 그리고 알베르티의 교황청 입성이다. 교황청에서 알베르티는 교황의 문서를 작성하는 서기에 이어 교황청 서기관scriptor apostolicus으로 발탁되었다. 피렌체에서 1444년까지 머문 뒤 로마로 이주한 알베르티는 예술과 건축에 관심을 가지기 시작했고 이러한 관심은 그의 인생 후반기, 즉 15세기 후반에 들어서면서 구체적인 결과로 나타났다.

　알베르티의 작품을 이해하는 데 필요한 가장 기본적인 요소들은 알베르티의 파란만장한 생애와 그가 산 시대의 역사적 배경이다. 먼저 주목할 것은 알베르티가 기나긴 순례의 길에서 르네상스 휴머니즘의 주인공들, 예를 들어 브루니, 발라, 브라촐리니, 비온도Flavio Biondo, 파노르미타, 필렐포 같은 인물들과의 직접적인 만남을 통해 많은 것을 배우고 이들의 정신세계를 수용했다는 사실이다. 역사적 배경이라는 관점에서 볼 때, 알베르티는 피렌체 상인 가문의 부르주아 출신이기 때문에 사회적 휴머니즘에 자연스럽게 접근할 수 있었지만, 바로 그런 이유에서 공국을 비롯한 귀족적 정치체제가 정착되는 분위기로 흘러가던 당시의 정치 상황을 비판적으로 바라보았다. 그는 영토 확장을 시도하던 군주체제의 교황청이 부활하는 상황은 물론 피렌체에서 바로 그의 복귀 시점에 메디치 가문이 패권을 장악하기 시작한 상황 역시 달갑게 여기지 않았다.

6.2 도덕 문학가 알베르티의 작품

알베르티의 저서들은 기발하면서도 다양한 양식으로 쓰였다는 특징이 있다. 그는 방대한 분량의 글을 라틴어나 속어로, 때로는 대화록, 때로는 논문 형태로 집필했다. 기술적이기도 하고 사색적이기도 한 그의 글들은 때로는 진지하고 때로는 흥미진진하다. 사랑이 주제인 책들이 있는 반면 여성혐오를 주제로 쓴 글이 있고, 기회 있을 때마다 쓴 글이 있는 반면 체계를 갖춘 저서를 집필하기도 했다.

알베르티는 키케로, 세네카Lucius Annaeus Seneca, 아리스토텔레스, 크세노폰, 사모사타Samosata의 루키아노스Lukianos와 같은 고대 저자들의 문장들을 양식적인 차원에서뿐만 아니라 내용의 측면에서 차용하는 습관을 가지고 있었다. 하지만 이러한 표절을 활용하는 그만의 독특한 방식, 즉 그가 선택한 문장들의 의미를 뒤섞거나 전복하는 방식 내지 특정 내용을 강조하는 독특함 때문에 알베르티는 에라스뮈스Desiderius Erasmus나 브루노, 라블레François Rabelais, 몽테뉴Michel Eyquem de Montaigne, 볼테르Voltaire, 레오파르디Giacomo Leopardi 등을 중심으로 하는 도덕 문학의 근대적 양식을 예시한 인물로 평가된다.

긍정적인 평가와 부정적인 평가가 교차하는 논제들의 변증적 유희와 모호성이 가장 먼저 부각되기 때문에 알베르티의 작품과 사상의 일관적인 발전 양상을 통시적인 관점에서 추적하기란 어려운 일이다. 하지만 주목할 것은 그의 글들이 항상 그의 삶과 그가 놓인 역사적, 정치적 상황의 영향을 분명하게 드러낸다는 사실이다.

아마도 가장 독창적인 알베르티의 작품은 『저녁 식사를 하면서Intercoenales』일 것이다. 창작 과정에서뿐만 아니라 보급 과정에서도 많은 우여곡절을 겪었고 그가 직접 "저녁 식사를 하면서 편하게 읽을 수 있는 짤막한 글들"이라고 설명한 이 작품의 집필은 1420년대에 시작해 1440년대까지 이어졌고, 보급은 간헐적이고 은밀히 진행되었다. 이 작품은 일종의 '향연' 양식, 즉 소설과 대화록의 중간 형태로 쓰였다. 모두 열한 권에 달하고 알베르티의 여러 친구에게 헌정된 이 작품에서 주로 다루는 주제는 악습과 미덕이다. 수많은 인간 유형과 다양하기 짝이 없는 알레고리를 다루지만 이 모든 것이 때로는 신격화되기도 하고 역사적이거나 신화적인 인물 혹은 인간이나 동물로 대치되기도 한다. 우화적인 성격의 글이나 교훈이 담긴 대화록, 역설 혹은 변론 형태의 글을 번갈아 사용하면서 알베르티가 창조해 낸 것은 하나의 열린 작품이지만 여기서 부각되는 것은 회의주의와 씁쓸한 아이러니로 점철된 철저하게 비관론적인 세계관과 인간관이다. 당시의 사회를 지배하던 것은 미덕과 이성이 아니라 가면 놀이와 가식이었고, 이러한 유희는 알베르티의 작품을 주의 깊게 읽다 보면 때로는 몽상적이고 비정상적이며 잔혹한 꿈으로 드러난다.

양식뿐만 아니라 내용 면에서도 완전히 다른 모습을 보여 주는 책은 『가족의 책들Libri della Famiglia』이다. 1433년과 1436년 사이에 속어로 쓰인 이 대화록에서 부각되는 것은 일반인이 이해하는 '공개된' 알베르티다. 한편으로는 자신을 알리려는 시도가, 다른 한편으로는 피렌체 부르주아 계층이 배우고 활용할 수 있도록 언어적 표현과 도덕적 개념들을 정형화하려는 시도가 구체적으로 이루어진다. 알베르티는 가족의 일원들을 대화자로 등장시키지만 그가 이론적인 동시에 실용적인 방식을 통해 전하려는 내용은 좀 더 넓은 실존적 영역의 사회를 향해 열려 있다. 알베르티가 다루는 결혼과 성 문제를 비롯해 부성, 교육, 청결, 가사, 부의 축적, 우정, 삶의 양식, 정치 등의 문제들은 반목을 종식하기 위해 활동적인 삶과 이성적 기량의 휴머니즘적인 가치가 회복된 이론적 틀 안에서, 아울러 개인적, 가족적, 사회적 관심들의 개별성과 독립성이 인정되는 차원에서 설명된다.

뒤이어 1440년경에 빛을 본 『테오제니우스Theogenius』는 속어로 쓰인 대화록으로, 먼저 『가족의 책들』에서 제시했던 구도에서 완전히 벗어나 냉소적이고 스토아적인 '영웅' 제니파트로Genipatro를 등장시킨다. 화자이자 주인공인 테오제니우스가 세속적인 고행주의자로 칭송하는 이 영웅은 "편리한 행운"으로부터 멀어지기 위해, 아울러 "우리의 공화국과 공화국 시민들이 행운의 파렴치함과 사악하고 부패한 문화의 힘과 이를 높이 사는 정신으로 인해 재난과 불행에 빠지고 말았기에" 도시 생활을 등지는 인물이다. 여기서 『가족의 책들』의 구도는 완전히 전복된다. 제니파트로가 묘사하는 사회적 반목과 갈등은 지속적이고 압도적이며 인간의 영혼이 이 갈등을 견딜 수 있는 유일한 방법은 활동적인 삶으로부터 멀어지는 것뿐이다. 자연을 관조하는 자세와 현자들과 나누는 문학적인 대화를 통해서만 그 무게를 견뎌 낼 수 있다. 모든 유형의 애정, 심지어는 아버지의 사랑조차 실존에 핵심적인 요소가 되지 못한다. 너무 많은 사랑은 고통을 가져올 뿐이다. 인간은 자연적으로 악한 존재이며 인간의 지성은 오로지 인간을 동물보다도 못한 존재로 만드는 데 쓰일 뿐이다. 반사회적이고 인간 혐오적인 관점을 견지하는 알베르티의 대화록에서 주인공 테오제니우스는 그가 정치적 풍랑을 피해 떠나온 도시와 공화국의 부정적인 변화에 주목한다. 물론 주인공의 성찰을 통해 그대로 드러나는 것은 다름 아닌 알베르티 자신의 생각이다. 메디치 가문이 패권을 장악한 피렌체에서 알베르티가 발견한 것은 르네상스 휴머니즘이 정치적, 도덕적 이상으로 정립한 공동선에 적극적으로 참여하려는 의지가 묵살되고 '요행'이 지배하며 부정부패와 쇠퇴를 부추기는 암울한 사회였다. 알베르티는 1441년 피렌체에서 속어 문학을 장려하기 위해 그가 개최한 글짓기 경연 대회 '체르타메 코로나리오Certame coronario'를 기회로 자신의 이러한 비판적 견해가 더욱 견고해지는 것을 느꼈을 것이다. 왜냐하면 플라비오 비온도나 포조 브라촐리니 같은 '라틴' 인문학자들로 구성된 심사위원단이 수상자를 아무도 선출하지 않았고 결과적으로 그의 계획이 수포로 돌아간 것은 코지모 데 메디치의 정치적 영향력 때문이라는 것이 분명했기 때문이다.

알베르티가 『테오제니우스』에서 설파한 비판적이고 비관적인 견해는 대략 10년이 흐른 뒤 알베르티가 교황청 서기로서 니콜라우스 5세의 황제교황주의와 권위주의적인 '갱신renovatio'의 계획을 비판하면서 예기치 못한 형태로 다시 등장한다. 이것이 바로 진정한 기형monstrum 문학의 걸작이라고 할 수 있는 『모모스 혹은 군주에 관하여Momus seu de Principe』다. 1450년경에 라틴어로 쓰인 이 장편소설은 신화적이고 알레고리적인 내용을 담고 있다. 모모스는 루키아노스적인 비평의 신이며 난봉꾼 왕의 파괴적인 힘을 발휘하기도 하고 때로는 프로메테우스 혹은 심지어 「계시록」의 적그리스도로 나타나기도 한다. 모모스는 우주의 질서를 위기에 빠트리며 '독재자' 제우스에게 세상을 멸하고 최고의 철학자들이 설계한 대로 새로운 세계를 건설하자고 제안한다. 당연한 결과이지만 모모스의 계획은 수포로 돌아간다. 이 알레고리적인 소설은 사모사타의 루키아노스를 모형으로 의미의 이중적인 차원, 즉 우주적이고 정치적인 차원과 함께 권력과 인간의 조건에 대해 어느 때보다도 더 비관적인 세계관을 제시한다. 알베르티는 니콜라우스 5세의 군주적 독단과 지나친 '축조 욕망libido aedificandi'을 신랄하게 비판하면서 어떤 신도 발을 들여놓을 수 없는 에피쿠로스와 루크레티우스의 자연적 지평과 인간에게 잔인할 정도로 무관심하면서도 경이로운 동시에 두려움을 선사하는 무한한 세계와 형상의 지평을 묘사했다.

논문 형태로 쓴 『축조 기술에 관하여De re aedificatoria』는 기형 문학임에 틀림없고 같은 시기에 쓴 『모모스 혹은 군주에 관하여』와 비슷한 면들이 있지만 알베르티가 실용성에 기울이는 관심이 무엇인지 보여 준다. 알베르티는 새로운 사회의 축조가 철학적 이론 혹은 군주의 의지에 의해 시작된다기보다는 오히려 물질적 기반에서, 아울러 자연의 형태와 법칙은 물론 인간의 요구와 영혼에 관한 경험적 지식에서 출발한다고 보았다.

알베르티는 물론 지금까지 언급한 작품들보다 더 많은 책들을 집필했고 저술 활동과 병행해 상당히 다양한 분야에서 창작 활동을 이어 갔다. 예를 들어 그림을 직접 그리면서 회화론을 연구하기도 했고 기술 분야에도 관심을 기울이며 네피Nepi 호수에서 고대 로마 시대의 배를 건져 올리는 계획을 세우기도 했다. 그 외에도 알베르티는 모두 알고 있고 여전히 놀라워하는 훌륭한 건축 작품들을 남겼다.

6.3   알베르티의 '영혼들'

알베르티의 다재다능한 면을 좀 더 구체적으로 살펴보기 위해 몇 가지 특징을 기준으로 그의 관심사들을 분류해 보자. 먼저 '축조'에 몰두하는 이론가이자 혁신가로서의 알베르티가 있다. 그는 고대의 지식과 르네상스의 새로운 지식을 집대성하는 데 결정적인 역할을 했다. 이러한 면을 한눈에 알아볼 수 있는 저서들이 바로 『축조 기술에 관하여』, 『회화론De pictura』, 『조각론De statua』, 『수학 놀이 Ludi mathematici』, 『도시의 설계Descriptio urbis』 등이다. 이어서 경제학자이자 교육자로서의 알베르티가 부각되는 저서에 『가족의 책들』과 『가장에 관하여De iciarchia』가 있다. 특히 후자의 경우 사회적인 동시에 개인적이고 사적인 동시에 공적이며 도덕적인 동시에 지적인 차원의 문턱이자 생성 원리인 '가정'을 열성적으로 탐구하고 지지하며 다스리는 가장의 역할에 대해 이야기한다. 아울러 도덕철학자로서의 알베르티가 부각되는 저서들은 『시련으로부터의 탈출Profugiorum ab aerumna』과 『테오제니우스』다. 이 책들을 통해 알베르티는 인간의 선택과 선택의 기반을 이루는 원칙들에 대해 질문을 던지면서 세계와 사회에 대한 관점들을 확대시켰다. 끝으로 모든 이상을 혐오하는 알베르티가 있다. 『모모스 혹은 군주에 관하여』와 『저녁 식사를 하면서』 같은 저서에서 알베르티는 '웃음'을 일종의 의식적인 저항체로, 즉 모든 장르의 경계를 뛰어넘어 자연과 사회와 문화에 주목하며 지적이고 양식적인 권위를 무색케 하는 하나의 무한한 공간 안에서 모든 현실을 모든 단계에서 끌어안고 표상하는 저항체로 제시했다.

알베르티가 지녔던 관심의 풍부함은 결국 체계적인 지식 세계를 강렬히 거부하기 때문에 표면적으로는 모순적으로 보일 수밖에 없는 사유를 탄생시켰다. 이는 어떻게 보면, 알베르티 자신이 『시련으로부터의 탈출』에서 묘사했던 것처럼, 하나의 모자이크를 구성하는 작문 방식 자체에서 비롯되었다고 할 수 있다. 알베르티의 글은 고전과 중세 문학의 융합 과정을 거쳐 발생하는 전적으로 새롭고 파편적인 문장들의 끝없는 조합과도 같다. 따라서 알베르티의 글은 특정한 관점을 뒷받침하기 위해 인용되는 권위 있는 고전문학 작품들의 선집이 아니라 그의 저서 『암호에 관하여De cifriis』의 원형 도표와 유사한 일종의 현기증 나는 수사학 망원경에 가깝다. 『암호에 관하여』에서 표명된 알베르티의 '해석'은 현실 세계의 해독이라기보다는 오히려 세계의 복합성 자체를 표상하기 위한 하나의 유희라고 볼 수 있다. 알베르티에 따르면, 사물들의 의미는 불확실할 수밖에 없으며 인간의 영혼을 탐색할 수 있는 가능성은 모든 가치 판단의 부분적인 가역성을 인식할 때에만 주어질 수 있었다. 하지만 알베르티가 강조하는 이러한 인간적인 '담론'의 수사학적인 차원을 뒷받침하는 것은 스토아철학과 회의주의 철학의 영향에서 벗어나지 않는 미세한 형태의 구조적이고 이론적인 틀이라는 점을 잊지 말아야 할 것이다.

알베르티는 삶의 철학적 원칙들을 지니고 있었고 이 원칙들을 실제로 자신의 삶에 적용하기 위해 노력했다. 알베르티는 누구든 나름대로 다양한 각도에서 추구하는 '행복'이 무엇보다도 중요하다고 보았다. 행복하기 위해서는 우정과 좋은 평판을 발판으로 조화로운 사회생활을 유지하기 위해 노력해야 하며 물리적이고 지적인 능력을 최대한 활용하고 발전시켜야 할 필요가 있었다. 하지만 알베르티는 인생의 덧없음을 통찰하고 모든 정복과 성공의 상대성을 '냉소적인 태도로' 인식하는 것 또한 진정한 행복을 위해 필요하다고 보았다.

알베르티가 중시했던 또 하나의 원칙은 '유용성'이다. 알베르티는 개인의 관심사와 공동체의 관심사가 실제로 분리되지 않는 지점에 유용성이 있다고 보았다. 알베르티에 따르면, 그런 의미에서 인간의 기량은 본질적으로 두 가지 차원에서 유용하다고 할 수 있다. 먼저 본능적이고 비이성적인 성향을 자제할 줄 알고 타인에게 해를 끼치지 말아야 한다는 계명을 존중할 줄 아는 신중함을 겸비했을 때, 아울러 실용적인 차원에서 가능한 한 많은 사람들에게 유익한 일들을 훌륭하게 이루어 낼 수 있을 때 유용하다고 할 수 있다.

따라서 유일하게 확실한 것은 인간의 직업과 행위가 지니는 사회적인 가치였다. 왜냐하면 기량의 이성적인 체계가 어떤 존재론적인 확실성을 보장하는 것도 아니고 업적과 포상 사이에 어떤 필연적인 관계가 존재하는 것도 아니었기 때문이다. 다시 말해 '복 받은 삶'과 '훌륭한 일'은 일치하지 않는 경우가 오히려 더 많았다. 알베르티는 인간의 '훌륭한 기량'이 페트라르카가 생각했던 종교와 문화의 이원론으로는 설명될 수 없으며 이러한 관점은 선善을 그런 식으로 정당화할 수 있다는 환영에서 비롯될 뿐이라고 보았다. 인간의 기량은 오로지 이성에 상응하는 도구에 불과했고 이성적으로는 세상의 모든 것이 변화무쌍하고 상대적일 뿐이었다. 선한 것이 악한 것으로, 이상이 환상으로, 모두가 자랑스러워하던 것이 치욕스러운 대상으로, 아무런 쓸모없는 것이 본질적인 것으로, 지혜가 광기로, 광기가 지혜로 변하는 것이 곧 세상이었다.

그런 식으로 알베르티는 그의 저서에서 현실과 외견, 업적과 보상의 관계가 단절되는 수많은 예들을 인용했다. 존경받는 부자가 파산하고 망명자가 행복한 삶을 영위하는 모습, 한때 존경받고 사랑받던 아버지가 자식들에게 배신당하고 죽는 모습, 충신들의 지극히 현명한 충고를 무시하는 왕의 모습, 악마가 지극히 옳은 말로 성인을 유혹하는 모습, 사형선고를 받은 사람이 역사상 가장 고귀한 자유의 수호자로 떠오르는 모습⋯⋯. 이처럼 세상은 변화무쌍한 사건들의 표면적인 이야기로, 인간의 내면은 환영과 거짓 표상으로 가득 차 있었다. 알베르티에게는 죽음을 향해 달려가는 이 표면적인 현실의 극단적인 불안정성과 일시성을 직시하는 것만이 유일하게 확실한 선善이었다. 이처럼 신성함의 부재와 사회적 가면의 광기를 통찰하는 자에게는 오로지 인간의 삶과 사회에 이성적 질서의 원칙을 세우려는 능동적인 자세와 쓰러진 인류에 대한 인간적인 동정만이 가능했다.

중세에서 르네상스에 이르는
'관찰점' 이론과 기술

/ 고대와 중세의 유산

르네상스는 서구 문화가 오랫동안 지속해 온 광학 연구, 즉 실험적인 동시에 철학적이고 수학적인 성격의 광학 전통을 유산으로 물려받았다. 기하학적인 단계의 광학 분야에서 중요한 성과를 이루어 낸 인물들은 그리스와 아랍의 과학자들이었다. 예를 들어 표면을 강타하는 광선의 반사각이 입사각과 같다는 원칙을 정립하는 데 결정적으로 기여한 이들은 에우클레이데스와 프톨레마이오스였다. 중세 광학에 가장 크게 기여한 인물들은 아랍의 학자들이었고 특히 이븐 알하이삼abū 'Ali al-Hasan Ibn al-Haytham은 거울의 굴곡과 굴절 현상 연구를 통해 발광체의 특성과 빛을 발하는 대신 다른 곳에서 흡수하는 물체들의 특성을 구별해 냈다. 서방 세계에서 가장 주목할 만한 성과를 이루어 낸 인물들 중에는 철학자이자 수학자인 비텔로Witelo와 독일 도미니크수도회의 자연철학자인 프라이베르크의 테오도리쿠스Theodoricus가 있다. 비텔로는 공기, 물, 유리를 통과하는 빛의 굴절각의 원리들을 밝혀냈고 테오도리쿠스는 무지개가 미세한 물방울을 통과하는 빛의 반사와 굴절 현상의 효과라는 것을 밝혀냈다.

중세 학자들은 광학의 물리학적인 측면과 기하학적인 측면의 아리스토텔레스적인 구분법을 그대로 받아들였다. 그리고 광학이 기하학에 속한 학문이라는 아리스토텔레스의 분류법을 기반으로 기하학이 빛의 반사 현상을 설명할 수 있는 반면 원인은 규명하지 못한다고 생각했다. 기하학적 광학과 순수 광학을 분리해서 생각하는 습관은 오래 지속되었고 1600년대에 들어와서야 완전히 사라졌다.

고대 그리스 학자들은 관찰점에 대한 다양한 이론을 가지고 있었다. 주목할 만한 이론은 세 가지다. 첫째, 시선을 발산하는 것은 눈이며 이 시선이 대상을 '포획'한다는 발현 이론(에우클레이데스와 프톨레마이오스의 광학), 둘째, 대상이 이미지의 상을 발산하며 이것이 관찰자의 눈 안으로 들어온다는 내입 이론(에피쿠로스와 루크레티우스의 광학), 셋째, 시선은 매개체, 즉 공기에 의해 생산되고 대상과 눈의 접촉이 바로 이 매개체를 통해 이루어진다는 접촉 이론(아리스토텔레스의 광학)이 있다. 그리스 학자들의 광학 이론은 바로 이 '시선'을 다루는 방법을 기준으로 차이를 보인다. 예를 들어 에우클레이데스의 이론은 기본적으로 수학적인 성격을 띠고 원자주의자들과 아리스토텔레스의 이론은 물리학적인 방식을 따른다.

아랍의 학자들은 그리스의 다양한 '관찰점' 이론들을 조합하면서 독창적인 성과를 이루어 냈다. 예를 들어 이븐 알하이삼은 물리학적, 수학적, 생리학적 관점의 융합을 꾀하면서 내입 이론에 기초를 둔 새로운 '관찰점' 이론을 제시했다. 시선의 메커니즘을 기하학적인 용어로 묘사하면서 이븐 알하이삼은 대상에서 출발해 눈에 도달하는 광선이 바닥에는 대상, 정상에는 눈동자를 지닌 하나의 피라미드 혹은 원뿔 형태를 형성한다고 설명했다. 그런 식으로 광선이 대상의 형태를 재생한다고 보았던 것이다. 이븐 알하이삼의 시각 이론은 이를 수용한 로저 베이컨 Roger Bacon을 거쳐 비텔로와 존 페캄John Peckham의 연구에 직접적인 영향을 끼쳤다.

16세기를 대표하는 수학자 중 한 명인 프란체스코 마우롤리코Francesco Maurolico는 노안에 볼록렌즈가, 근시안에 오목렌즈가 효과적이라는 점을 밝혀냈다. 렌즈와 거울을 연구했던 조반니 바티스타 델라 포르타Giovanni battista Della Porta는 수많은 실험과 경험적 관찰을 통해 오목거울의 초점거리를 비롯해 암실 제작, 확대경 사용 등에 관한 많은 자료들을 남겼다.

/ 시선의 생리학과 빛과 색의 감지

시선의 생리학 분야에서도 라틴 세계는 아랍 과학으로부터 많은 것을 전수받았다. 이븐 알하이삼은 물체가 발산하는 이미지들이 동공에 들어선 뒤 수정체에 의해 재편성된다고 주장했다. 이와는 달리 아베로에스는 이미지의 감지 기관이 수정체가 아닌 망막이라고 보았다. 1500년대에 들어와서 시선의 생리학은 무엇보다도 마우롤리코의 연구와 레알도 콜롬보Realdo Colombo나 지롤라모 다쿠아펜덴테 Girolamo d'Acquapendente 같은 학자들의 해부학 연구에 힘입어 발전했다. 마우롤리코는 수정체가 광선의 방향에 변화를 일으키는 양면 볼록렌즈라고 정의한 뒤 결과적으로 시각의 결함은 수정체의 형태에서 비롯된다는 결론을 내렸다. 콜롬보 같은 파도바의 해부학자들은 구세대의 학자들이 생각했던 것처럼 수정체가 눈의 중앙에 위치하지 않고 눈의 전면에 위치한다는 것을 증명해 보였다. 뒤이어 케플러Johannes Kepler는 『비텔로 이론의 보완Paralipomena ad Vitellionem』(1604년)에서 광선이 각막과 수정체를 통과한 뒤에 망막 위에 전복된 이미지가 형성된다는 사실을 밝혀냈다.

중세철학에서 빛의 연구에 특별한 관심을 기울였던 이들은 아우구스티누스의 플라톤주의를 지지하는 사상가들이었다. 아우구스티누스는 빛이 신의 축복과 유사하고 인간의 정신을 향해 신성한 진실이 발하는 광채와 비슷하다고 보았다. 잉글랜드 학자 로버트 그로스테스트Robert Grosseteste는 물질세계의 모든 변화를 빛의 활동에 기인하는 것으로 추정할 수 있다고 생각했다. 그로스테스트는 한 발광체가 발하는 빛을 '종'이라고 부르면서 이것이 한 지점에서 다른 지점으로 매개체를 통해 증폭되며 물리적 세계에서 발생하는 모든 형태의 원인들이 이 '종'의 전파에 의존한다고 보았다. 그로스테스트의 이론은 이를 수용한 잉글랜드 철학자 로저 베이컨과 페캄뿐 아니라 대부분의 16세기 철학자들에게 지대한 영향력을 행사했다. 프란체스코 파트리치Francesco Patrizi의 신플라톤주의적인 우주론에서도 중심적인 역할을 하는 것은 빛이다. 파트리치는 빛이 물질세계와 비물질세계 사이에 존재하는 중간자적인 실재이며 빛이 채우는 공간만큼이나 무한하다고 보았다.

1500년대에 빛의 전파에 관한 설명은 이 '종'의 전파 이론을 바탕으로 이루어지는 것이 일반적이었지만 프란체스코 마우롤리코는 이를 대체할 수 있는 또 다른 이론을 제시했다. 마우롤리코는 이 이론을 기준으로 발광, 반사, 굴절 현상을 일으킬 수 있는 무한한 광선이 발광체 혹은 반사체의 모든 지점에서 출발한다고 설명했다. 마우롤리코의 이론이 시각적인 '종'의 이론에서 완전히 벗어난 것은 아니지만 광선에 대한 최초의 기하학적 정의를 제시한 것만큼은 분명하다. 이어서 레오나르도 다 빈치는 빛의 전파가 돌을 물속에 던질 때 물결을 일으키는 것과 유사한 방식으로 이루어지며, 전파의 강도는 충격의 힘에 비례하고 충격이 가해진 지점과의 거리에 반비례한다고 보았다.

1500년대에 색 이론은 철학자들과 예술가들의 탐구 대상으로 각광받기 시작했고 이들은 단순한 색과 복합적인 색의 함량과 비율을 찾으려고 노력했다. 일찍이 아리스토텔레스는 물체의 표면을 지배하는 색의 실질적인 존재를 주장하면서 색의 변화가 백색과 흑색의 상이한 함량에서 비롯된다고 설명한 바 있다. 하지만 아리스토텔레스는 일곱 가지 주요 색상의 존재를 주장하면서 양극을 구축하는 흰색과 검은색 사이에 노란색, 빨간색, 보라색, 녹색, 파란색이 위치한다고 주장하기도 했다. 따라서 흰색과 검은색 중간에 위치하는 색들 사이에, 명도의 차이를 바탕으로, 모종의 위계가 존재한다는 생각은 르네상스 시대에 아주 일반적인 것이었다. 하지만 몇몇 혁신적인 이론들을 도입했던 인물들이 있다. 레오나르도 다 빈치는 『코덱스 우르비나스*Codex Urbinas*』에서 여섯 종류의 기본 색상을 고른 뒤 색과 원소의 관계를 정립했다. 다 빈치는 흰색이 빛에 의해 생성되고 빛 없이는 어떤 색도 시각화될 수 없으며 노란색은 땅에서, 녹색은 물에서, 파란색은 공기에서, 빨간색은 불에서, 검은색은 암흑에서 유래한다고 보았다. 한편 지롤라모 카르다노*Girolamo Cardano*는 모든 색에서 흰색과 검은색의 비율을 정확하게 계산해 낼 수 있다고 주장했다. 카르다노는 흰색에 100의 값어치를, 검은색에 0을 부여한 상태에서, 빨간색은 50퍼센트의 흰색과 50퍼센트의 검은색으로 조합되어 있으며 노란색은 65퍼센트의 흰색, 파란색은 76퍼센트의 검은색을 함유한다고 보았다.

/ 원근법

중세에 원근법perspectiva은 '시각'을 연구하는 학문이었고 총체적으로 크기 내지 대상으로부터의 거리를 결정하는 데 필요한 기술, 즉 에우클레이데스의 기하학을 바탕으로 구축되는 기술의 연구를 의미했다. 1400년대 이후로는 '자연 원근법perspectiva naturalis'이라는 말이 광학 혹은 시각을 연구하는 학문 일반을 가리켰고 '인위적 원근법perspectiva artificialis'은 삼차원 공간을 이차원적인 평면 위에 가상으로 복제하는 기술, 즉 사물들의 크기를 거리에 비례하도록 축소하면서 눈이 직접적으로 감지하는 바를 그대로 재생해 내는 기술을 가리켰다.

원근법을 실제로 도입한 인물들은 필리포 브루넬레스키Filippo Brunelleschi와 마사초Masaccio다. 반면에 원근법을 이론적인 차원에서 다룬 인물은 레온 바티스타 알베르티다. 그가 1435년에 집필한 『회화론』은 시각예술의 지적이고 사회적인 위상을 향상할 목적으로 쓰였다. 원근법의 발전에 가장 크게 기여한 글이 있다면 피에로 델라 프란체스카Piero della Francesca가 1474년경에 완성한 『회화의 원근법에 관하여De prospectiva pingendi』일 것이다. 피에로의 글은 원근법만을 전문적으로 다룬 최초의 논문이며 원리를 이해하는 데 도움을 주는 도판들이 함께 실려 있다. 피에로는 중간 계층의 장인들과 예술가들, 즉 학교에서 교육도 받았고 범상치 않은 수학적 지식을 갖춘 지식인들 가운데 한 명이었다. 이러한 환경을 배경으로 탄생한 것이 그의 계산 도표와 정다면체에 관한 논문이다. 원근법에 관한 그의 논문은 화가들을 위한 일종의 매뉴얼로 탄생했고 일련의 원근법 실례와 그 구축 과정을 그대로 보여 주는 도판들이 함께 실려 있다. 피에로 델라 프란체스카는 회화에서 가장 중요한 역할을 하는 것이 기하학이며, 회화의 기하학이 다름 아닌 원근법이라고 보았다. 그는 모양이 같고 크기가 다른 삼각형들 간의 비례 관계를 적용해 원근법적 축약 원리를 정립했다. 피에로에 따르면, 직선 원근법에서 시선이 구축하는 가상적 피라미드의 정점을 관찰자의 눈으로 설정하고 바닥을 그리고자 하는 대상으로 설정했을 때 회화의 도면은 피라미드의 절단면과 일치한다. 원근법에서 단하나의 소실점이 주어질 때 회화의 도면과 수직을 이루는 모든 선은 소실점을 향해 집중되며 도면과 평행을 이루는 모든 선은 일정한 비율로 점점 축소되는 간격에 상응하도록 배치된다. 피에로는 거리의 변화를 동반하는 대상의 축소를 묘사하기 위한 원칙들뿐만 아니라 관찰점의 변화에 따른 비율의 관계, 특히 지표면보다 높은 곳을 바라보는 시점에 유효한 비율 관계를 정립했다.

직선 원근법에 크게 기여한 또 한 명의 예술가는 레오나르도 다 빈치다. 다 빈치는 대상과 회화 도면과 관찰자의 상대적인 위치가 변화할 때 발생하는 요인들을 연구했다. 그는 '대기 원근법'을 처음으로 연구한 학자이기도 하다. 발광체의 위치와 거리에 비례하는 명도와 색상의 변화 양태를 다루는 것이 대기 원근법이며 이를 바탕으로 제작된 작품이 바로 〈암굴의 성모마리아〉다.

이탈리아에 도입된 혁신적인 기술과 이론들이 적용되고 완성 단계에 이른 곳은 오히려 북유럽이다. 1525년 뉘른베르크에서 출판된 알브레히트 뒤러Albrecht Dürer의 『측량을 위한 지침서Underweysung der messung』는 화가들을 위한 일종의 기하학 매뉴얼로 총 네 권으로 구성되어 있으며 평면기하학에서 입체기하학에 이르는 다양한 분야를 다룬다. 뒤러는 이 책에서 예술가들이 원근법을 실제로 활용할 수 있도록 기술화하는 데 주력했고, 바로 그런 이유에서 책 마지막 부분에 대상을 원근법적 차원에서 관찰할 수 있도록 도와주는 몇몇 기구들에 대한 설명을 첨부했다. 이러한 기구들 덕분에 예술가는 전문적인 수학 지식 없이도 원근법을 손쉽게 활용할 수 있었다. 뒤러의 책 1538년 판본에는 돛을 닮은 한 도구의 그림이 실려 있다. 이는 알베르티가 고안한 일종의 격자로 화가에게는 상당히 유용한 도구였다. 알베르티가 그의 『회화론』에서 묘사한 이 도구는 한 액자의 내부 공간을 실로 엮어 그물 조직을 만든 뒤 이를 통해 그리고자 하는 물체를 비춰 보는 데 활용되었다. 이는 그물망 조직을 통해 포착되는 모든 지점을 똑같은 모양의 사각형 종이에 옮겨 그릴 수 있도록 도와주는 아주 편리한 도구였다.

암상자camera oscura의 경우는 기원이 훨씬 더 오래되어 고대로까지 거슬러 올라가지만 초기 르네상스 시대에는 단순한 관심거리나 재미에 불과했고 뒤늦게야 몇몇 예술가들이 벽이나 캔버스에 그리고자 하는 이미지들을 투사하기 위해 사용하기 시작했다. 암상자에 대한 설명을 처음으로 시도한 인물은 레오나르도 다 빈치다. 조그만 구멍으로 들어간 빛이 컴컴한 상자를 통과하면서 바깥에 있는 물체의 전복된 이미지를 반대편 벽에 투사하는 암상자를 다 빈치는 광학 연구와 시선 이론의 탐구를 위해 활용했다.

1500년대에는 철학자 지롤라모 카르다노와 베네치아의 수학자 다니엘레 바르바로Daniele Barbaro가 이미지를 더 또렷하게 만들기 위해 거울과 렌즈를 부착하면서 추가적인 진보가 이루어졌다. 또 다른 형태의 기술적 발전을 가져온 인물은 조반니 바티스타 델라 포르타다. 델라 포르타는 『자연적 마술Magia naturalis』에서 암상자를 일종의 놀라움을 선사하는 데 쓰는 도구로, 자연 속에 숨어 있는 비밀을 알리고 빛이 빚어내는 환영으로 관중을 즐겁게 하기 위한 도구로 소개했다. 1600년대에 들어와서 암상자는 점점 더 작아지고 진보하면서 렌즈의 발달과 함께 지형학자들과 예술가들, 특히 네덜란드 예술가들이 선호하는 기계로 발전했다.

7

마르실리오 피치노와
인문학자들의 헤르메스주의

7.1 마르실리오 피치노와 메디치가의 궁정 철학

필리네 발다르노Figline Valdarno에서 태어난 마르실리오 피치노(Marsilio Ficino, 1433~
1499년)는 피렌체에서 그리스어와 철학, 물리학, 논리학, 신학을 공부했고 에피
쿠로스와 루크레티우스의 철학을 비롯해 플라톤의 철학을 집중적으로 공부했
다. 1462년 코지모 데 메디치가 그에게 선사한 카레지Careggi의 빌라에 자신의 정
신적 스승인 플라톤을 기리며 '플라톤 아카데미'를 설립했다. 피치노는 1463년
에 플라톤의 대화록을 라틴어로 번역하기 시작했고 1484년부터는 플로티노스
의 『엔네아데스Enneades』를 번역했다. 이어서 이암블리코스Iamblichos와 프로클로
스, 포르피리오스와 미카엘 프셀로스Micahel Psellos를 비롯한 그리스 철학자들의
저서와 위僞 디오니시우스의 『신비주의 철학』, 『신의 이름』을 번역했다. 피치노
는 그가 르네상스 철학에 끼친 결정적인 영향을 고려했을 때 이론적인 성찰의
가치를 인정할 필요가 있는 번역서들 외에도, 사변적인 성격의 『플라톤의 신학
Theologia platonica』, 『그리스도교에 관하여De christiana religione』, 『점성술사들의 견해 논

박*Disputatio contra iudicium astrologorum*』, 『삶에 관하여*De vita*』 등을 집필했다.

　피치노의 핵심 저서인 『플라톤의 신학』(1482년)은 성서의 진실과 그리스 철학을 조합할 수 있는 새로운 종교적 정신세계의 기반을 마련하기 위해 집필되었다. 피치노가 플라톤주의를 기반으로 시도한 것은 종교와 철학의 융합이었다. 물론 전적으로 새로운 시도는 아니었지만 그가 이를 현실화하기 위해 채택한 방법만큼은 상당히 독창적이었다. 피치노는 통일성을 추구하며 그것이 와해되지 않은 상태로 남아 있는 고대의 지혜를 탐색했다. 이러한 입장을 고수하며 피치노는 모든 시대, 모든 지역의 모든 '종교적 계시'를 재검토하고 그것들이 공유하는 고대의 자연종교적인 핵심 사상을 탐색했다. 피치노가 그리스도교의 도래 이전의 문헌에 상당한 관심을 쏟았던 것도 바로 그런 이유에서다. 아울러 피치노는 플라톤의 사상을 자신이 추구하던 조합이 좀 더 분명하게 부각되는 이론적 공간으로 이해했다. 이 열정적인 탐사를 통해 조명된 것은 플라톤주의에 내재하는 사랑의 교리, 그리고 세계 안에서 인간이 담당해야 할 역할을 밝히는 데 이 사랑의 교리가 줄 수 있는 조언들이었다.

　피치노가 종교철학의 정립을 시도한 목적은 '인간의 갱신'에 있었다. 구원은 인간을 통해 피조물의 본성이 신에게로 환원되는 갱신의 과정을 의미했다. 결속력을 가진 인간의 영혼은 진정한 의미에서 세계의 조합 가능성이었다. 한편으로는 신을 향해 나아가며 다른 한편으로는 육체 안에 머물면서 자연을 지배하는 것이 인간이었다. 피치노는 인간이 영혼을 다스리는 질서로서의 '신의 섭리'에 참여하고 영혼이 없는 존재들까지 다스리는 질서로서의 '천운'과 육체를 다스리는 질서로서의 '자연'에 참여한다고 보았다. 하지만 인간은 이들 중 어느 것에도 좌우되지 않고 자율적이고 능동적으로 참여하는 존재였다. 피치노는 영혼이 사랑을 통해 중재의 기능을 발휘한다고 보았다. 신은 세계를 사랑하고 창조하는 존재, 인간은 신을 사랑하는 존재였다. 인간은 다름 아닌 '존재'의 생동하는 '통일성'이었고 이를 뒷받침하는 것은 인간을 신과 결속하는 사랑의 구속력이었다. 피치노는 인간이 이성적 발전을 통해, 아울러 '정화'와 무한한 '완성'의 과정을 통해 성화된다고 보았다.

  따라서 우리는 피치노의 플라톤주의가 어떤 결핍에 대한 '의식'으로서의 사랑, 혹은 신성하고 신비로운 진리를 담고 있는 지적 계시의 '탐구'로서의 사랑을 토대로 구축된다고 말할 수 있다. 여기서 분명하게 드러나는 것은 일종의 사제적인 기능을 담당하는 철학자의 관점이다. 하지만 피치노가 이러한 철학적 결론에 도달할 수 있었던 것은 당시의 이탈리아 인본주의 사상에 지대한 영향을 끼쳤던 마술적이고 신비주의적인 지식 덕분이기도 하다.

7.2 고대의 지혜

스콜라학파의 정통적인 지식 세계를 구축하던 고대 문헌들의 한계를 극복하기 위해 신세대 인본주의 인문학자들은 고대의 지혜에 관심을 기울이며 독립된 영역이었던 성서 해석에 동방과 그리스 종교 사상가들의 관점을 접목했다. 이 사상가들은 실존 인물이거나, 아니면 몇몇 작품의 저자로 추정되던 전설적인 인물이었다. 예를 들어 르네상스 시대의 인문학자들이 접할 수 있었던 오래된 문학 작품들 가운데에는 『오르페우스 찬가』나 『칼데아의 신탁』이 있다. 서기 2세기와 3세기 사이에 쓰였고 현혹적이면서 마술적인 언어로 태양신을 노래하는 『오르페우스 찬가』를 르네상스 시대의 사람들은 오르페우스가 직접 쓴 작품이라고 믿었고 서기 2세기에 쓰인 『칼데아의 신탁』 역시 훨씬 더 오래전에 조로아스터가 쓴 작품이라고 생각했다.

  르네상스 시대에 서방 세계에 수입된 또 하나의 중요한 문헌은 『코르푸스 헤르메티쿰Corpus Hermeticum』이다. 1460년 마케도니아에서 이 그리스어 수사본을 들여온 인물은 다름 아닌 코지모 데 메디치였다. 당시에 이 문헌의 저자로 간주되던 헤르메스 트리스메기스토스는 가상의 고대 이집트 현자로서 그리스 철학자들이 도래하기 훨씬 이전부터, 어쩌면 모세보다도 앞서 존재했던 인물로, 혹은 다름 아닌 모세로 추정되던 인물이다. 따라서 이 글들 역시 아주 오래된 지혜의 근간을 이루는 문헌이자 그리스도교의 도래 이전에 널리 보급된 문헌으로 간주되었다. 하지만『코르푸스 헤르메티쿰』은 사실상 서기 1세기 이전으로 거슬러 올라갈 수 없는 시기에 여러 명의 저자들이 함께 집필한 책이다. 이 저자들이 살던 지역은 이집트 문화의 희미한 흔적과 함께 플라톤 철학과 신플라톤주의의 특징들이 풍부하게 남아 있는 그리스 문화권이었을 것으로 추정된다.『코르푸스 헤르메티쿰』이 플라톤과 신플라톤주의의 주요 저서들과 같은 시기에 함께 재발견되었다는 사실을 감안하면, 아울러『코르푸스 헤르메티쿰』에서 플라톤 철학의 흔적과 신플라톤주의와의 유사성이 분명하게 발견된다는 사실을 감안할 때, 르네상스 시대의 신플라톤주의가 이 헤르메스 문헌을 상당히 적극적으로 받아들였으리라는 것은 어느 정도 분명해 보인다.

코지모 데 메디치는 당대의 모든 인본주의 학자들과 마찬가지로 고대 그리스 문헌의 재발견을 열광적으로 지지했던 인물이다. 1463년에 코지모는 피치노에게 그가 얼마 전에 시작한 플라톤 저서의 번역을 중단하고 헤르메스 문헌 번역에 착수할 것을 명령했다. 이러한 사실만 보아도『코르푸스 헤르메티쿰』의 명성이 얼마나 대단했고 15세기의 학자들이 어떤 식으로 이 책을 기적적인 계시의 원천으로 간주했는지 어렵지 않게 짐작할 수 있다.

피치노는『코르푸스 헤르메티쿰』의 라틴어 번역본을 코지모가 사망하기 전인 1464년에 완성했다. 그가 번역한 수사본에 수록된 논문은 열네 편에 지나지 않았다. 피치노는 그의 번역본을 첫 장의 제목대로『피만데르*Pimander*』*라고 불렀다. 이 책은 이미 라틴어로 번역되어 있던『아스클레피오스』와 함께 1471년에 출판되었다. 뒤이어서 피치노의 코덱스에는 들어 있지 않았던 다른 수사본들의 번역문이 추가되면서 수많은 증보판들이 연이어 출판되었다.『피만데르』와『아스클레피오스』모두 모세의 시대에 쓰인 문헌이라고 굳게 믿었던 피치노는『피만데르』가 묘사하는 우주의 창조가 성서에 기록된 그것과 상당히 유사하다는 점에 놀랐다.『피만데르』의 저자가 유대교 전통에서 영향을 받은 것

---

* 그리스어로는 Poimandres. 최근의 연구에 따르면 이 단어는 '태양신 라Ra에 대한 앎'이라는 뜻의 이집트 합성어에서 유래한다.

이 분명했지만 피치노는 두 텍스트 간의 유사성이 오히려 헤르메스 문헌과 「창세기」가 동시대에 쓰였거나 전자가 후자보다 더 오래전에 쓰였을 가능성을 뒷받침한다고 생각했다. 물론 피치노가 「창세기」보다 헤르메스 문헌의 창조 신화를 선호했던 이유는 인간이 신에 의해 창조되었을 뿐만 아니라 신성한 존재로 간주되었기 때문이다. 『피만데르』에서는 인간이 타락한 이유 역시 원죄 때문이 아니라 인간이 자연을 추구하는 경향 내지 자연에 대한 사랑 때문인 것으로 설명된다.

7.3 신비주의적 우주관

헤르메스 문헌이 제시하는 것은 마술적이고 점성술적인 우주관이다. 여기서 별들은 신과 인간 사이에서 중재자 역할을 할 수 있는 악령이나 천사 같은 중간 단계의 근원 실체로 간주된다. 다시 말해 별들은 지상의 사물과 사건에 모종의 영향력을 발휘하는 실체로 여겨졌다. 따라서 행성들의 법칙을 이해한다는 것은 세계를 총체적으로 이해한다는 것뿐만 아니라 모든 인간의 개인적인 운명에 대한 별들의 영향력을 예견할 수 있다는 것을 의미했다. 아울러 별들의 움직임을 미래에 일어날 일들의 '징조'로 해석하거나, 자연의 직접적인 변화가 전제되는 '자연적 마술'이 아니라 '점성술적 마술', 즉 별들의 움직임에 끼치는 영향력의 중재를 바탕으로 자연의 흐름에 변화를 주는 것이 가능했다. 이러한 생각은 대우주(우주)가 소우주(인간)와 교류할 뿐만 아니라 이 교류가 우주적인 친화력을 바탕으로 이루어진다는 믿음, 다시 말해 모든 자연적 사물들이 인력과 저항력의 관계를 바탕으로 존재한다는 믿음을 바탕으로 정립되었다. 친화력이 지배하는 알 수 없는 마력으로 가득 찬 세계에서 산다는 것은 이러한 신비로운 관계를 기호를 통해, 즉 사물들의 외형에 '서명'처럼 새겨진 특징들을 통해 이해한다는 것을 의미했다. 한 인간의 은밀한 특성이 그의 외형에, 심지어는 그가 걷는 방식이나 그의 목소리를 통해 드러날 수 있듯이, 모든 사물의 형태와 특성들은 특정한 자연적 힘과의 관계에서 드러나며 따라서 이 자연적 힘은 바로 사물을 통해 제어되거나 조작될 수 있었다. 이것이 바로 자연과 초자연적인 세계 간의 관계에 대한 피치노의 생각이었다. 그에게 우주적 친화력의 영향에 대응하는 방법은 다름 아닌 치료를 허락하고 건강과 육체적인 힘을 부여할 수 있는 이미지들, 즉 부적talismano이었다.

피치노의 입장을 이해하기 위해서는 그가 직간접적으로 접한 몇몇 저서들, 예를 들어 신플라톤주의 철학자 키레네의 시네시오스Sinesios가 쓴『꿈에 관하여De somniis』와 이암블리코스의『이집트, 칼데아, 아시리아의 신비에 관하여De mysteriis Aegyptiorum, Chaldaeorum, Assyriorum』, 그리고 프로클로스, 프셀로스, 포르피리오스의 글들을 살펴볼 필요가 있다. 피치노는 시네시오스와 이암블리코스의 책을 1498년에 번역했다.

여기서 우주적인 친화력의 기초는 영혼이 감각적인 사물들의 이상적인 흔적을 보유한다는 사실에 의해 주어진다. 앎이 주어지는 것은 우리 안에 마치 두 개의 얼굴을 가진 거울처럼 감각적인 사물과 불변하는 원형을 동시에 반사하면서 비교를 가능케 하는 조화의 원리가 내재하기 때문이다. 조화를 완성하는 것은 '환상적 영phantastikón néuma'이다. 따라서 내부 세계와 외부 세계가 만나 동등함을 확인하는 일종의 공동 구역이 존재한다. 시네시오스에 따르면, "인간과 공모하며 친화적인 관계를 유지하는 이 우주의 부분들은 어떤 매개체를 통해 재조합될 필요가 있다. 이 매개체는 아마도 마법의 주문일 것이다. 왜냐하면 무언가를 의미하는 것에 그치지 않고 그것을 불러일으키기 때문이다." 피치노는『삶에 관하여』의 세 번째 책인『하늘에 비교한 삶에 관하여De vita coelitus comparando』에 이렇게 기록했다. "세계의 감추어진 삶과 세계를 다스리는 정신 속에는 생동감과 지성과 탁월함을 갖춘 천상의 사물들이 존재한다. 아울러 이를 바탕으로 적절한 경우에 활용될 수 있고 우월한 사물에 상응하는 열등한 사물을 매개로 인간이 천상의 실재들을 접할 수 있도록 허락하는 원리가 무엇인지 확인할 수 있다."

점성술적 마술의 근간을 이루는 또 다른 텍스트들, 예를 들어 알 킨디al-Kindi

의 저서는 모든 별뿐만 아니라 모든 원소가 일련의 영향력을 발휘한다는 생각을 확산시켰다. 원소들의 영향력은 별들이나 또 다른 원소들 혹은 영향을 받은 사물들 간의 다양한 관계에 따라 변했고, 그런 식으로 우주를 위에서 아래로, 아래에서 위로 통일시키는 영향력에 힘입어 끊임없는 결속이 이루어질 수 있었다. 여기서 원소들의 영향력은 광채에 휩싸인 물리적인 성격의 영향력으로 간주되지만 르네상스의 플라톤주의에서는 형이상학적 영향력으로, 또는 사랑의 영향력으로 인식되었다. 알 킨디에 따르면, "무언가를 이루고자 욕망하는 인간은 [……] 스스로 외부의 사물들을 움직일 수 있는 힘을 획득한다. 이는 우월한 세계이든 열등한 세계이든 세계가 스스로의 영향력을 발휘해 사물들을 다양한 방식으로 뒤흔드는 것과 마찬가지다." 이 기적을 일으키는 수단이 바로 부적, 즉 유사성 덕분에 우월한 실재에 영향을 끼칠 수 있는 인간적인 도구였다. 『하늘에 비교한 삶에 관하여』에서 피치노는 이렇게 말했다. "어떤 물질적 대상이든 우월한 실재와 접촉할 때에는 [……] 즉각적으로 천상의 영향하에 놓인다. [……] 이러한 예를 우리는 고대의 제사장들, 혹은 마법사들이 신성하거나 굉장한 무엇인가를 그들의 조각이나 번제에 도입했다는 플로티노스의 주장에서 찾아볼 수 있다." 하지만 한 별의 정령이 각인되어 있는 물질적 대상, 즉 부적을 피치노는 대부분의 경우 '이미지'라는 말로 불렀다.

7.4 피치노의 마술

피치노가 실제로 얼마나 많은 시간을 마술에 할애했고 또 사람들에게 권고했는지는 사실상 많은 학자들을 당황케 하는 문제들 중 하나다. 그의 여러 저서를 살펴보면 피치노는 약초와 의약을 활용하는 마술은 유용하고 신성한 것으로 간주하는 반면 부적을 사용하는 마술에 대해서는 부정적인 견해를 가지고 있었던 것으로 보인다. 하지만 어떤 책에서는 그가 부적의 힘을 믿는다고 볼 수밖에 없는 상황이 전개된다. 예를 들어 『하늘에 비교한 삶에 관하여』는 부적을 어떤 식으로 지니고 다녀야 하는지, 특정 천체와 친화적인 약초들을 어떻게 취하는지, 향료와 노래를 곁들인 마법 예식은 어떻게 진행하는지, 축복을 기원하고자 하는 별에 어울리는 옷 색깔은 무엇인지 등에 대한 유용한 정보들로 가득하다.

피치노에 따르면, 그런 식으로 금색 옷을 입거나 태양과 관련된 식물들, 예를 들어 해바라기나 사프란 등으로 치장하고 태양신에게 축복을 기원하는 것이 가능했다. 태양과 깊이 연관되는 동물들도 존재했다. 이들은 닭과 사자와 타조 등이다. 태양과 이 동물들의 유사성을 인식하거나 정립하기 위해 필요한 기준들은 각양각색이다. 금은 색깔이 태양과 비슷하고 타조는 도도함과 꼬리가 펼쳐 보이는 넓은 궤도가, 사자는 갈기가 태양과 비슷하다. 닭이 태양과 연관되는 이유는 해가 떠오를 때 해에게 가장 먼저 인사하는 동물이기 때문이다. 큰곰자리의 기력을 받기 위해서는 곰 모양을 자석에 새겨 메달처럼 목에 걸고 다녀야 했고, 이러한 부류의 예식들이 행해지는 장소 역시 행성 간의 친화력을 고려해서 선택해야 했다.

한편으로는 건강을 위한 식이요법과 이와 관련된 일련의 조언 역시 마술의 일부였다. 피치노는 예를 들어 공기가 신선하고 쾌적한 곳에서 산책하고 몸을 청결하게 유지하는 습관을 기르고 포도주나 설탕을 섭취하라는 조언을 마술의 일부로 간주했다. 왜냐하면 중요한 것은 인간의 정신을 정화하고 세계의 정신, 이어서 천상의 정신에 좀 더 가까이 다가서도록 만드는 일이었기 때문이다.

어떻게 보면 이러한 예식은 애정을 가지고 자신의 몸과 환경을 아름답게 꾸미려는 세련된 정신의 소유자에 의해 완성될 수 있는 일종의 예술적인 표현으로 간주할 필요가 있다. 이처럼 아름다운 형상들의 배치와 감미로운 선율을 생각하는 자세는 분명히 미적인 요소를 내포하기 때문이다.

이것이 바로 고대로부터 '강령theurghia'이라는 이름으로 불려 오던 것, 다시 말해 일련의 종교적 예식을 통해 초자연적인 힘을 불러일으키거나 전달하는 기술이었다. 하지만 르네상스의 마술이 추구하던 것은 어둡고 초자연적인 세계라기보다는 감미로운 자연적 조화에 가까웠다. 이러한 뚜렷한 특징 때문에 르네상스의 마술은 오히려 새로운 과학 정신의 탄생과 어떤 식으로든 연결 지어 생각할 수밖에 없다. 르네상스의 마술이 관심을 기울였는 것은 초자연적인 신비가 아니라 자연의 신비였고 세계를 인간이 원하는 대로 변화시키기 위해 이 신비로운 힘을 지배하려는 것이 마술의 본질적인 의도였다. 피치노의 강령술사가 사랑한 것은 지옥이나 천당이 아니라 지상의 조화였다.

8

피코 델라 미란돌라

: 철학, 카발라, 보편적 화합

8.1 한 인문학자의 성장과 보편적 화합의 기획

조반니 피코 델라 미란돌라(Giovanni Pico della Mirandola, 1463~1494년)는 미란돌라와 콘코르디아Concordia의 공작 잔 프란체스코 피코Gian Francesco Pico와 줄리아 보이아르도Giulia Boiardo의 아들로 태어났다. 이탈리아와 해외 여러 도시에서 공부한 피코는 볼로냐에서 또렷한 목표 없이 교회법을 연구했고 1479년에는 페라라에서 수사학, 시학, 철학, 신학 등을 공부하며 루도비코 카르보네Ludovico Carbone, 로돌푸스 아그리콜라Rodolphus Agricola, 니콜로 레오니체노, 지롤라모 사보나롤라Girolamo Savonarola, 티토 베스파시아노 스트로치Tito Vespasiano Strozzi 등과 교류했다. 이어서 1479년과 1480년 사이에는 피렌체에 머물면서 인본주의 문화를 대표하는 몇몇 유명인들, 예를 들어 피치노, 안젤로 폴리치아노, 제롤라모 베니비에니Gerolamo Benivieni 등과 교류했다. 1480년과 1482년 사이에는 파도바에 머물면서 스콜라학파의 아리스토텔레스 철학과 아베로에스 철학을 니콜레토 베르니아, 아고스티노 니포, 에르몰라오 바르바로 밑에서 공부했다. 이 시기에 피코가 가장 믿고 따랐던 사람들 중에 한 명은 의사 엘리아 델 메디고Elia del Medigo였다. 그는 개인 교습을 통해 피코에게 아베로에스의 사상뿐만 아니라 히브리어와 카발라kabbalah 사상을 가르쳤다. 1485년에는 파리로 이주해 소르본 대학에서 신학 강의를 들었다.

과학의 새로운 이미지로부터 영감을 얻은 피코는 무한한 표현들 속에서 때로는 모습을 드러내기도 하고 때로는 감추기도 하는 유일한 진실에 접근할 방법을 모색했다. 사실상 이러한 입장을 바탕으로 발전했던 것이 이른바 '화합의 철학filosofia della concordia'에 대한 생각이었다. 피코는 많은 사상가들이 인류의 평화와 종교적 화합을 위한 체계를 축조하기 위해 플라톤과 아리스토텔레스, 아베로에스, 이븐 시나, 토마스 아퀴나스, 둔스 스코투스Duns Scotus 등의 사상을 융합하고 이들 사이의 차이점을 극복할 수 있는 철학적 시점을 찾아내기 위해 노력해야 한다고 보았다.

칼데아의 언어와 히브리어를 깊이 터득한 피코는 카발라 문헌들을 열성적으로 연구하면서 카발라를 성서 해석과 세계의 해독을 위한 열쇠로 활용했다. 피코는 카발라만의 은밀한 해석 방식을 통해 앎의 모든 형태를 카발라의 원천적이고 본질적인 체계로 복원시켰다. 카발라는 사실상 또 다른 형태의 계시, 즉 입문자들을 위한 은밀하면서도 신비로운 계시를 내포하고 있었고, 피코는 이를 통해 현실을 읽는 방법과 모든 신앙과 교리, 모든 언어를 하나로 통일할 수 있는 방법을 찾아낼 수 있다고 보았다. 따라서 피코에게 카발라는 가장 고고하고 순수한 형태의 영지gnosis였고 유일하게 진실한 밀교적 지혜인 동시에 그리스도교의 지혜와 계시가 조화를 이루고, 철학자들의 이론과 영원불변하는 진실의 절대적인 현현이 조화를 이루는 지고한 만남의 공간이었다.

8.2 존재론적 신학과 인간의 존엄성

피코의 사상을 구축하는 첫 번째 핵심 주제는 '신에 대한 탐구'다. 피코가 이 주제를 집중적으로 다룬 책은 1490년과 1491년 사이에 쓰였고 사후에 출판된 『실재와 하나에 관하여*De ente et uno*』다. 피코가 가장 우선적으로 다루는 것은 서구 형이상학에서 가장 까다로운 문제, 즉 '**하나**에 대한 **실재**의 우위'에 관한 문제였다. 소요학파 철학자 안토니오 치타디니Antonio Cittadini와의 열띤 논쟁 후에 집필한 이 저서에서 피코는 **실재**에 대한 **하나**의 우위를 지지하는 플라톤주의자들의 입장과 **실재**와 **하나**의 완전한 수렴을 지지하는 아리스토텔레스주의적인 입장의 융화를 시도했다. 이 두 관점의 공통점을 증명하기 위해 피코는 실재의 개념을 세밀하게 분석하면서 실재가 무와 대치할 뿐만 아니라 존재에 참여한다는 설명을 제시했다. 이러한 존재론적인 성찰은 곧장 신학적인 문제의 성찰로 이어졌다.

피코는 신이 존재 자체(Ipsum Esse)이기 때문에 **실재**를 초월하는 **하나**라고 설명했다. 결국 **하나**가 **실재**를 초월한다는 것이 피코의 입장이었다. 그는 사실상 신의 본질이 실재의 개념이나 다양성을 뛰어넘어 오로지 절대적인 통일성의 차원에서만 이해될 수 있기 때문에, 신이 특정한 현실 내지 규정 가능한 모든 현실을 뛰어넘어 존재한다면, 신은 실재가 아니거나 '초월적 실재super ens'일 수밖에 없다고 보았다. 하지만 이런 식으로 얻은 신학적인 지식을 통해 신의 신비로운 면을 이해하는 문제까지 완전히 극복할 수 있는 것은 아니었다.

피코가 존재와 실재 사이의 관계에 대해 논하는 책은 『헵타플루스: 6일 동안의 창조에 관한 일곱 가지 해석*Heptaplus: de septiformi sex dierum Geneseos enarratione*』(1496년)이다. 여기서 피코는 철학적 우주론을 바탕으로 전모를 드러내게 될 창조 이야기의 알레고리적인 해석을 제시한다. 피코에 따르면, 유일신이 창조한 세계는 신처럼 하나이지만, 다양성의 표상이자 다양성 속의 **하나**, 다시 말해 정적이면서 동시에 역동적인 통일성으로서의 **하나**다. 정신적인 현실이었던 지적 세계 혹은 천사들의 세계 곁에는 천상의 세계, 즉 달 위의 세계와 달 아래의 세계가 존재했다. 각각의 세계는 서로 다른 세계의 요소들을 잠재력이 강화되거나 약화된 상태로 보유한다. 이와 관련하여 피코는 하늘과 땅의 완전한 조화에 대해, 혹은 자연적 마술의 탐구 대상인 사물들 간의 완전한 친화력, 혹은 모종의

"동일한 감정을 경험할 수 있는 능력"에 대해 논하는 것이 가능하다고 보았다. 피코는 초기 저술에서 이 자연적 마술이라는 분야의 효과적인 측면을 칭송했지만 뒤이어 이를 점성술과 함께 『예언적 점성술 논박*Disputationes adversus astrologiam divinatricem*』에서 신랄하게 비판했다.

네 번째 세계는 인간과 일치한다. 피코는 그의 『인간의 존엄성에 관한 연설*Oratio de hominis dignitate*』뿐 아니라 『헵타플루스』에서도 인간을 "위대한 기적"으로 칭송했다. 그는 『인간의 존엄성에 관한 연설』에서 인간의 위대함을 좌우하는 것은 인간의 고유한 자유이며 인간이 별이나 천사와 다른 것은 스스로의 운명을 구축할 수 있는 자유의지를 가지고 있기 때문이라고 주장했다. 『헵타플루스』에서 피코는 인간을 피조물의 지배자로 묘사했다. 그는 인간이 감각적인 특성과 지적 특성 및 정신을 스스로 조합하며 그러한 조합 과정을 거쳐 피조물의 모든 단계를 함축적으로 보유하는 총체적 존재라고 보았다. 인간은 천사들의 세계가 끝나는 지점인 동시에 기초적인 세계의 출발점이었고, 불명확하고 무한한 신의 이미지로서 스스로를 정립할 수 있는 부정형의 변화무쌍한 생명체였다. 피코에 따르면, 인간이 자유로운 존재인 이유는 스스로를 규정할 수 있고, 부정형의 본성을 자기규정으로 변화시킬 수 있는 조건이 그에게 주어졌기 때문이다.

자세히 살펴보면 인간의 존엄성은 인간이 세상의 중심이라는 사실에 우선적으로 기인하지 않으며 그가 피조물을 지배한다는 사실에만 기인하는 것도 아니고 단순히 자유롭다는 사실에만 기인하지도 않는다. 피코에 따르면, 인간의 존엄성은 틀림없이 그의 자유에 근거를 두고 있지만 이 자유는 피조물의 세계를 초월하는 하나의 목표를 향해 수직적인 긴장을 유지하며 상승할 수 있고 상승해야만 하는 자유다. 신에게 도달할 수 있는 길은 여러 가지이지만 피코는 이 길들이 내용에 있어서만 다를 뿐 동일한 삼위일체적인 구도와 목적을 지닌다고 보았다.

피코에 따르면, 인간의 위대함은 바로 도덕적 훈련에서 시작해 성찰을 통해, 그리고 사랑의 논리에 따라, 신의 정체와 지고의 행복으로 인도하는 여정을 완

성할 수 있다는 데 있다. 지혜를 통한 구원의 이러한 상승 과정은 변증법, 자연
철학, 신학을 바탕으로 실행되며, 아울러 보편적인 평화의 완성을 보장해야 한
다. 인간의 존엄성이란 어쨌든 보편적 사랑의 질서에 가까이 다가서겠다는 인
간의 의식적인 선택과 일치한다. 존엄성은 지고의 선에 참여를 선포하는 참된
의식이다. 지고의 선에 비해 자연적 행복은 선의 죄에 물든 그림자에 지나지 않
는다.

8.3 『결론』, '로마 논쟁', 재판, 단죄

우주의 화합을 위한 조건이자 모든 영혼을 하나로 묶어 줄 수 있는 조화 원리로
서의 '인류의 평화'는 피코가 가장 많이 다룬 주제들 가운데 하나다. 단 하나의
유일한 진실을 끊임없이 탐구하고 '화합의 철학'에 대한 자신의 생각을 이론화
하면서 피코는 탐구자explorátor의 입장을 취하는 데 머물지 않고 스스로를 토론
자dispūtátor, 즉 탐구를 위해 적절한 논제를 제시할 줄 아는 변증가임을 자처했다.
자유의 절대적 가치를 칭송한 『인간의 존엄성에 관한 연설』은 사실상 '보편적
화합'을 주제로 열릴 예정이었던 '로마 논쟁'의 준비 과정에서 탄생했다. 피코
가 이 '보편적 화합'을 집중적으로 다루며 이론화한 책은 『900개의 논제Novecento
tesi』 혹은 『결론Conclusiones』이다. 1486년 12월 7일에 출판된 이 소책자의 1부는 일
곱 개 장과 402가지의 논제로 세분화되어 있고 당시에 도서나 토론 문화를 통
해 부각되던 여러 철학 학파와 신학 학파들의 이론을 다룬다. 반면에 열한 개
장과 497가지의 논제로 세분화된 2부에서는 피코의 이론적이고 해석학적인 입
장이 표명된다.

　피코의 철학 기획에 대해 당대의 학자들은 강한 의혹을 표명했다. 그의 논문
토론회 추진이 처음에는 교회 지도자들의 지지를 얻었음에도 그에 대한 전반
적인 적대감은 쉽게 가라앉지 않았다. 『결론』은 결국 여섯 명의 추기경과 두 명
의 수도회 총장, 신학자나 교회법학자 가운데 선출된 여덟 명의 전문가로 구성

된 감사단의 검열을 거쳐야만 했다. 교황 인노첸초 8세Innocenzo VIII는 1487년 2월 20일 논문 토론회를 취소하면서, 피코의 논문 가운데 구성 방식에서 비롯되는 묘한 어조로 인해 가톨릭 신앙에 위배되는 듯이 보이는 문장들, 아울러 이단의 냄새를 풍기는 문장들은 교회법을 기준으로 엄격하게 검토되어야 한다는 내용의 칙령을 발표했다. 의심스럽거나 모호한 문장들은 더 이상 신앙을 거스르거나 오해를 불러일으키지 않도록 명료하게 수정되어야 하고 전례를 찾아볼 수 없는 신조어들뿐 아니라 어려운 용어의 과다한 사용으로 인해 의미가 불분명해진 문장들은 간단하고 명료한 표현들로 대치되어야만 했다. 3월 초에 감사단은 피코에게 몇몇 주장들의 취하를 권고했지만 피코가 제시해 온 설명들이 부족하다고 판단한 뒤 일곱 가지 논제에 대한 단죄 선고를 내리고 또 다른 여섯 가지 논제에 대해서는 진정한 신앙에 의거하는지 매우 의심스럽다는 성명을 발표했다. 이어서 열세 가지 논제는 모두 철학과 신학 전통에 위배된다는 이유로, 아울러 위험하고 추문에 가까울 뿐 아니라 이단의 냄새를 풍겨 신실한 신도들의 귀에 가증스럽게 들릴 수밖에 없다는 이유로, 또 세속 철학자들의 오류 혹은 그리스도교 신앙과 거리가 멀거나 적대적인 예술이나 행위를 지지한다는 이유로 단죄 선고를 받았다.

1487년 6월 5일 피코는 교황의 성명 발표를 기다리지 않고 새 글을 발표했다는 이유로, 아울러 불경건한 신학자들의 지지를 역이용했다는 이유로 재판에 회부되었다. 8월 4일 교황은 피코의 즉각적인 체포를 명하면서 동시에『결론』과『변론Apologia』의 출판 및 독서를 금하고 책을 이미 소유한 자들은 30일 이내에 소각할 것을 명령했다. 하지만 교황령의 공식적인 발표는 1487년 12월 15일이 되어서야 이루어졌다. 교황령이 8월에 이미 발표되었다는 소식을 접한 피코는 곧장 자신의 저서들과 문제의 소지가 있는 원고들을 모두 불태워 버렸지만 결국 1488년 1월 6일 리옹에서 체포되었다.

피코는 그의 주장이 부적절했고 이를 뒷받침하기 위해 그가 제시한 논제들의 수가 지나치게 많았을 뿐 아니라 그가 마술사이자 이단이며 따라서 벌을 받아 마땅하다는 비난에 대응하기 위해『변론』(1487년 5월)을 출판했지만 이는 결과적으로 커다란 전략적 실수였음이 드러났다. 교황은 오히려 이 저서에서 복종을 거부하는 저자의 비협조적인 태도를 발견했고 결국 종교재판 법정에 내용 검토를 의뢰했다. 실제로 피코는 『변론』에서 감사관들의 무지와 부족한 논리력 및 사고력을 비판했고 이들이 원래부터 자신에 대해 적대감을 가지고 있었다고 지적했다. 이러한 공개 항변 앞에서 교황청은 어쩔 수 없이 교황령은 무지나 편협함에서 비롯된 결과가 아니며 교리적인 차원의 판단을 근거로 피코가 제시한 철학적이고 신학적인 문제를 완전히 해결할 수 있는 대안을 마련했을 뿐이라고 밝혔다.

1492년 26일 인노첸초 8세의 뒤를 이어 교황에 오른 알레산드로 6세는 이 모든 사건의 재검토를 위해 감사단을 조직했고 상세한 보고서와 함께 사건의 말소를 천명하는 칙령을 발표했다. 피코는 1493년 6월 18일에 모든 혐의에서 벗어났다.

9

피에트로 폼포나치 철학의
위상과 한계

9.1 「사도들의 계율」과 영혼 불멸의 교리

1513년 12월 19일, 제5차 라테란 공의회 여덟 번째 회합에서 공포된 교황 칙령 「사도들의 계율Apostolici regiminis」은 한편으로는 1311년에 열린 비엔 공의회의 가르침에 따라, 지적 영혼이 "본질적으로" 신체의 한 형태이며 개인마다 다르고 불멸한다는 입장을 지지하면서 다른 한편으로는 영혼의 불멸성을 부인하거나 지적 영혼이 모두에게 하나뿐이라고 가르치는 일을 금하고, 하나의 진실은 또 다른 진실과 모순될 수 없다는 원칙에 호소하면서 어떤 종류의 주장이든 신앙에 위배되는 것은 "절대적으로 거짓"이며 "철학을 근거로"도 변호될 수 없다고 규정했다.

　이러한 결정을 지지했던 이들은 스콜라학파 출신의 신학자들과 플라톤의 철학을 그리스도교의 관점에서 해석하며 영혼의 불멸성을 중심 개념으로 택한 피치노의 추종자들이었다. 「사도들의 계율」의 발표로 인해 영혼의 불멸성은 사실상 하나의 교리로 승격되었다. 하지만 이와 함께 부각될 수밖에 없었던 것은 영혼불멸설에 대한 도전이 두 가지 관점에서 이미 오래전부터 진행되어 왔다는 사실이다. 먼저 13세기부터 인류가 잠재적이고 영원하며 분리된 하나의 유일한 지성을 지닌다는 아베로에스주의적인 관점이 확산되었고, 이어서 새로운 라틴어 번역본을 바탕으로 아프로디시아스의 알렉산드로스가 아리스토텔레스의 『영혼에 관하여』를 해석하며 제안한 새로운 관점, 즉 감각적인 실체가 형식과 재료로 구성되는 만큼 인간의 영혼은 신체 기능의 제어 원리에 지나지 않으며 결과적으로 신체와 분리될 수 없고 따라서 부패할 수밖에 없다는 관점이 제기되어 왔다.

볼로냐 대학의 철학과 교수이자 유명한 의사였던 피에트로 폼포나치(Pietro Pomponazzi, 1462~1525년)는 아리스토텔레스의 『영혼에 관하여』에 대한 다양한 해석들을 분석하며 『영혼의 불멸성에 관하여 Trattato sull'immortalità dell'anima』를 집필했다. 폼포나치가 이 책을 출판한 것은 「사도들의 계율」이 발표된 지 불과 3년 만인 1516년이었다. 폼포나치의 책은 「사도들의 계율」이 천명한 영혼의 불멸성이라는 '신앙의 논제'에 헌정되었고 교회의 인쇄 허가 imprimatur까지 받아 출판되었지만 폼포나치의 결론적인 주장은 영혼의 불멸성이 "중립적인 문제"이며, "이성적으로는 규정이 불가능하지만 신의 계시에 의해 결정적으로 해결된 문제"라는 것이었다. 이러한 불가지론적인 입장은 많은 신학자들의 거부 반응을 일으켰다. 신학자들은 토마스 아퀴나스의 입장을 내세우며 영혼의 불멸성은 증명이 가능할 뿐만 아니라 프란체스코회의 둔스 스코투스를 비롯한 여러 신학자가 14세기부터 주장해 온 내용과도 완벽하게 상응한다고 주장했다.

자세히 살펴보면 『영혼의 불멸성에 관하여』는 중세와 르네상스 시대의 철학자들이 특정한 논제를 "정의"하지 않은 채 지지하거나 반박하기 위해 "연습 삼아" 활용하던 형식을 토대로 쓰이지 않았다. 물론 폼포나치는 변증적인 차원에서 상당히 신중하고 예리하게 영혼의 다양한 개념들을 검토하고 다양한 입장들이 제기하는 반론과 이에 대한 논박의 내용을 소개했지만 이러한 견해들에 대한 평가를 피하면서 동등한 것으로 간주하기보다는 이들 가운데 하나만이 이성적으로 옳을 수 있다는 의견을 분명하게 표명했다.

동시대의 학자들 대부분이 폼포나치의 이러한 입장이 일으킬 파문을 예상했다는 것은 결코 우연이 아니다. 베네치아에서는 그의 책을 불태우기까지 했고 아우구스티누스 수도회의 수도사 암브로조 피안디노Ambrogio Fiandino는 폼포나치를 이단으로 몰아세웠다. 폼포나치가 위기를 모면할 수 있었던 것은 오로지 막강한 영향력을 행사하던 추기경 피에트로 벰보Pietro Bembo 덕분이었다. 어쨌든 교황 레오 10세는 그에게 "공의회의 발표 내용과 반대되는" 모든 사항을 수정할 것을 요구했다.

폼포나치는 처음부터 자신은 모든 것을 순수하게 "자연적인" 분석의 차원에서 바라볼 뿐이며 자신의 성찰은 인간의 복합적인 성격, 즉 인간이 부정형의 본성을 지니며 죽을 수밖에 없는 존재와 불멸의 존재 사이에 위치하는 중간자적인 존재라는 사실에 대한 또렷한 인식에서 출발했다고 선포했다.

현실 세계와 영원한 세계의 경계에 위치한 인간의 이러한 '다양하고 이중적인' 성격은 플라톤 철학에서 유래하는 것처럼 보이지만 폼포나치는 플라톤의 영혼 개념에 사실상 아무런 관심도 기울이지 않았다. 폼포나치가 집중적으로 조명한 것은 오히려 아리스토텔레스의 복잡하고 모호한 영혼 이론에 대한 세 가지 상이한 입장들, 즉 아베로에스, 아프로디시아스의 알렉산드로스, 토마스 아퀴나스의 해석학적 입장이었다. 알렉산드로스의 이름은 거의 거론되지 않지만 폼포나치가 다루는 것이 그의 해석이라는 것만큼은 분명하다. 여기서 기억해야 할 것은 폼포나치가 파도바에서 공부하며 성장할 무렵 아베로에스주의에 동조했지만 오랜 시간의 재고 끝에, 적어도 아리스토텔레스를 해석하는 차원에서만큼은, 영혼의 부패성을 인정하는 것이 가장 합리적이라는 결론에 이르렀다는 사실이다.

폼포나치가 『영혼의 불멸성에 관하여』를 통해 제시했던 것은 사실상 아베로에스의 입장뿐만 아니라 토마스 아퀴나스의 해석에 대한 치밀한 비판적 입장이었다. 폼포나치는 토마스 아퀴나스가 주장한 "지성의 단일성" 이론이 철학적인 관점에서 하나의 오류이며 해석학적인 입장에서도 수용될 수 없다고 보았다. 토마스 아퀴나스는 아리스토텔레스가 결코 주장한 적이 없는 사상을 아리

스토텔레스에게서 유래한 것으로 간주했고, 결과적으로 토마스 아퀴나스의 해
석은 단순한 '창작'에 불과하다는 것이 그의 생각이었다. 폼포나치에 따르면,
아리스토텔레스가 가르치고자 했던 것은 비록 비물질적이지만 인간의 감각적
경험에서 유래하는 "이미지"를 인간의 사유가 항상 필요로 한다는 것이었다.
이는 곧 영혼의 어떤 활동도 육체로부터 완전히 자유롭지 못하며, 따라서 지성
이 분리되어 있다거나 불멸한다는 것은 증명이 불가능하다는 것을 의미했다.
폼포나치는 지성을 근원 실체로 간주하면서 온 인류에게 제시된 유일하고 분
리된 실체로 만들어 버린 아베로에스의 사상을 논박한 뒤 동일한 논리를 토마
스 아퀴나스에게도 적용했다. 토마스 아퀴나스는 아베로에스와 달리 지적 영
혼을 신체의 본질적인 형태로 간주했지만 육체가 사망한 뒤에도 영혼이 살아
남는다고 보았다. 폼포나치는 토마스 아퀴나스의 이러한 입장이 진실하지만
사실상 그리스도교 신앙의 표현에 불과하지 이성적 토대를 가지고 있지 않으
며 아리스토텔레스의 사상에 위배된다고 보았다.

폼포나치에게 철학적 모순으로 비칠 수밖에 없었던 것은 영혼이 하나의 형
상이며 육체와 결합하면서 오로지 감각이 제공하는 질료 덕분에 인식능력을
갖추지만, 그럼에도 불구하고 육체와 분리된 실체로 존재하며 그런 식으로 존
재하는 동안 천상의 지성과 견줄 만한 인식능력을 갖추고 더 나아가 육체의 사
망과 부활 후에 영혼이 다시 육체와 결합한다는 생각이었다. 폼포나치는 이러
한 생각들이 "횡설수설"에 불과하며 영혼의 이주에 관한 피타고라스의 '우화'
나 심지어는 "몸을 옷처럼 입었다가 벗는" 라미아Lamia의 '전설'에 가깝다고 보
았다. 아주 극단적인 평가지만 폼포나치는 이러한 관점에 대해 아주 또렷한 생
각을 가지고 있었다. 폼포나치는 영혼불멸성이라는 교리를 아리스토텔레스의
철학을 바탕으로 정초하려는 토마스 아퀴나스의 시도를 중세부터 르네상스에
이르기까지 그리스도교 문화의 가장 커다란 결점을 표상하는 학자들의 성향,
즉 철학과 신학이라는 "이질적인 육수를 뒤섞으려는" 성향의 한 국면으로 평가
했다.

9.2   자연 안에서 인간에게 주어진 위치와 상이한 '유형의' 인간들

폼포나치는 탁월한 논쟁 전략을 통해 표면적으로 상반되어 보이는 아베로에스와 토마스 아퀴나스 간의 뿌리 깊은 유사성을 증명하고자 노력했다. 폼포나치에 따르면, 이들의 입장은 아리스토텔레스의 철학을 '영적'으로 읽으려는 해석학적 오류의 상이한 결과에 지나지 않았다. 이들은 지성과는 거리가 먼 "불멸의 분리된" 운명을 지성에 부여하면서 이것이 인간의 지성을 천상으로 끌어올릴 수 있다고 믿었다. 폼포나치는 자연에 내재하는 점진적 발전의 원리, 즉 하나의 위계 구조가 불연속성을 동반하지 않으며 오히려 인간의 지성이 질료와 완전히 분리되어 있는 천상의 지성에 비해서는 열등하지만 감각적 기량보다는 월등한 일종의 중간자적 형태라는 것을 깨닫게 해 준다고 보았다. 인간의 지성은 질료 안에 완전히 침몰되어 있지도, 질료와 전적으로 분리되어 있지도 않았다. 폼포나치는 인간의 지성이 기관처럼 작동하지 않으며 활동하기 위해 감각적 경험이 제시하는 이미지들을 필요로 할 뿐이라고 보았다.

폼포나치는 영혼이 "유기적이고 자연적인 신체의 최초 행위"라는 아리스토텔레스의 유명한 정의에서 토마스 아퀴나스의 생각과 정반대되는 결론을 도출해 냈다. 폼포나치는 인간의 영혼이 "절대적인 의미에서" 죽을 수밖에 없으며 오로지 "상대적으로만" 영원하다고 보았다. 달리 말하자면 인간의 영혼은 육체의 사망과 함께 소멸될 수밖에 없으며 따라서 "진정으로 죽을 수밖에" 없지만 "부적절하게"나마 불멸한다는 표현이 허용되는 것은 인간이 부패할 수밖에 없는 물질적 세계를 사고 활동을 통해 초월하며 비물질적이고 지적이며 영원한 세계를 인식할 수 있기 때문이다.

폼포나치의 『영혼의 불멸성에 관하여』에서 영혼에 대한 아리스토텔레스적인 관점의 분석이 인간에 대한 좀 더 일반적인 성찰 및 우주 내부에서 인간이 차지하는 위상과 담당하는 기능에 대한 성찰과 병행되는 이유는 여기서 더욱 분명해진다. 플라톤주의와 신플라톤주의에 의해 확산된 인간의 존엄성 개념과 함께 거론되는 폼포나치적인 인간은 '부정형'이며 본성적으로 '이중적'이어서 거의 신적인 단계로 상승할 수 있는 능력을 지닌 동시에 짐승의 단계로 추락할 수 있는 인간이었다. 폼포나치에게 인간은 본성이 없는 존재, 즉 어떤 본성이든 취할 수 있는 존재가 아니라 본성적으로 질료적인 세계와 영적인 세계, 부패할 수 있는 세계와 부패할 수 없는 세계 사이에서 중간자적인 입장을 취하는 존재였다.

폼포나치는 아베로에스뿐만 아니라 토마스 아퀴나스 역시 모든 감각적 실체는 질료와 형상으로 구성된다는 아리스토텔레스의 논지를 진지하게 숙고하지 않았다고 보았다. 폼포나치에 따르면, 인간을 하나의 심신체적인 개체로 고려할 경우 인정할 수밖에 없는 것은 영혼이 신체의 일부이며 영혼의 지적 능력은 결국 신체적 기량에 지나지 않고 신체와 완전히 분리된 상태에서는 어떤 기능도 발휘할 수 없다는 사실이다. 인간의 영혼은 하나의 신체적 형상에 지나지 않으며 몸과 함께 살고 죽는다. 몸과 함께 활동하기 때문에 인간의 영혼은 순수한 앎의 단계, 즉 신성하고 분리된 이성에 속하거나 담론과 거리가 먼 앎의 단계로 발전할 수 없다. 폼포나치는 '인간을 칭송하며' 이것이 가능하다고 주장하는 이들이 인간은 자연이나 동종의 폭력적인 힘에 굴복할 수밖에 없는 연약한 존재라는 사실을 망각한다고 보았다.

그럼에도 불구하고 폼포나치는 인간의 영혼이 비물질적인 "냄새"를 풍기며 "신들"을 닮았다고 보았다. 왜냐하면 인간은 지적 능력뿐 아니라 의지를 실현할 수 있는 힘을 지녔고 따라서 "물질적인 형상들" 가운데 가장 우월하고 고차원적인 존재였기 때문이다. 자연이 '점진적으로 발전하는' 조화로운 유기체임을 확신하면서도 폼포나치는 지성을 겸비한 동물들이 분명히 존재하는 반면 "짐승들보다 못한 지적 능력을 갖춘" 수많은 인간들이 존재한다는 점을 여러 번에 걸쳐 강조했다. 사실상 인간은 하나의 종에 속하지만 개인적인 능력과 기량 혹은 완성도에 있어서 현격한 차이를 보인다. 폼포나치는 개인적인 차이가 잠재적으로는 무한하지만 이와는 상관없이 인간을 크게 세 부류로 구분하는 것이 가능하다고 보았다. 가장 낮은 단계에 지성을 무시하고 오로지 생장과 감각적인 부분만을 발전시키기 때문에 거의 짐승에 가까운 인간들이 있고, 가장 높은 단계에 오로지 지적 활동에만 집중하는 인간들이 있다. 반면에 중간 단계에는 "순수하고 정상적인 보통의" 인간들, 즉 육체적 기능에 모든 것을 내맡기지 않을 뿐 아니라 오로지 지적 활동에만 헌신할 줄도 모르기 때문에 "적절한 선에서 도덕적 가치를 추구하며" 살아가는 인간들이 있다.

9.3 윤리학의 정초와 종교 비판

폼포나치는 다름 아닌 이 위계적이고 유기적인 사회 개념 덕분에 영혼의 부패성 이론을 상대로 제기된 몇몇 문제점들을 해결할 수 있었다. 조심스러워하면서도 은연중에 자신의 개인적 입장을 드러내며 영혼의 부패성 이론을 제시한 폼포나치는 그의 입장이 가져올 수 있는 심각한 윤리적, 정치적, 종교적 결과들을 제시하며 그의 입장을 비판하는 이들을 상대로 체계적인 답변을 시도했다.

인간이 본능적으로 행복과 불멸을 추구한다면 인간은 허황되고 만족을 모르는 존재가 아닌가? 사후 세계를 믿지 않는 사람들을 위한 윤리는 정말 가능한가? 사후 세계에서 주어질 상과 벌에 대한 믿음은 사회적 결속을 위해 꼭 필요하지 않은가? 현실을 초월하는 운명이 없다면, 왜 사람들은 종종 그들의 이타주의를 희생의 단계로까지 몰고 가는가? 이러한 질문에 '최소한의 개연성을 가진' 답변을 제시하기 위해 폼포나치는 단순히 아리스토텔레스적인 요소와 스토아적인 요소를 조합하는 것으로 그치지 않고 아리스토텔레스의 사상에 내재하는 일종의 긴장감에 주목했다. 다시 말해 '이성적 동물'로서의 인간, 즉 철학적 성찰을 통해 스스로의 인식능력을 발전시키면서 지고의 행복에 도달하는 인간과 '정치적 동물'로서의 인간, 즉 사회적 삶을 통해 자기를 실현하는 인간 사이의 긴장감에 주목했던 것이다. 폼포나치는 그런 식으로 인간에게 사후 세계의 삶이 약속되어 있다는 전제를 내세우지 않는 윤리관, 자율적이고 '세속적인' 윤리관을 정초하는 데 성공했다.

폼포나치에 따르면, 모든 인간은 '생산적인' 지성, 즉 기초적인 생산 기능을 관할하는 지성과 '실용적인' 지성, 즉 선과 악을 구별할 줄 알고 도덕적 삶을 관할하는 지성, 그리고 '관조적인' 지성, 즉 순수하게 인식적인 기능을 담당하는 지성을 갖추고 있다. "인류의 목적은 보편적인 차원에서 이 세 가지 지성에 모두 참여하는" 것이지만 인간이 스스로를 보전하지 않으면 이 목적을 달성할 수 없고 덕목은 그의 보전에 필수적인 요소이므로, 폼포나치는 도덕성이 바로 "모두가 추구하는 인간적인" 목적이자 사회공동체의 생존을 위해 기능하는 목적이라고 보았다. 모든 인간은 "실용적인 지성에 전적으로 참여해야" 하는 반면 나머지 두 지성에는 "상대적으로"만 참여할 뿐이다. 도덕성은 따라서 모든 인간이 추구해야 할 목적이자 모두를 행복으로 이끌 수 있는 목표이기도 하다. 다시 말해 이를 목표로 사회 안에서 주어진 자신의 임무를 올바르게 수행하고 "덕목에 상응하는" 삶을 살 때 행복에 도달할 수 있다는 것이다.

　폼포나치에 따르면, 영혼의 부패 가능성은 이러한 목적 달성이 전적으로 지상의 삶 속에서 이루어지는 만큼 이를 가로막는 선입견으로 작용하지 않으며 그런 식으로 행복의 쟁취를 불가능하게 만드는 것도 아니다. 하지만 사람들은 서로 다르고 순수한 도덕성을 모두가 "기꺼이 추구하는" 것은 아니기 때문에 사후 세계에서 주어질 상에 대한 기대와 벌에 대한 두려움은 어떤 식으로든 인간을 올바로 행동하고 규칙을 준수하도록 인도하는 기능을 수행한다. 폼포나치는 바로 그런 이유에서, 진실보다는 유용성을 추구하는 영혼들을 위로하기 위해 "입법자들"이 영혼의 불멸성에 대한 믿음을 전파시켰다고 보았다. 이러한 영혼불멸성은 폼포나치가 플라톤주의적인 요소와 아베로에스주의적인 요소의 융합을 시도하며 몇 번에 걸쳐 지적했던 것처럼 하나의 단순한 "발견"에 불과했고 유모들이 아이들을 달래면서 "자신들에게 유용하다고 생각하는 것"을 하도록 만들기 위해 사용하는 "우화"나 다를 바 없었다. 결국 폼포나치가 그려 낸 것은 인류를 인간의 실질적인 조건, 즉 인간이 물질에 뿌리를 둔 유한한 존재라는 사실을 인식하는 소수의 현명한 인간들을 제외하고는 미래에 가해질지도 모를 벌로 위협하거나 행복에 대한 희망을 심어 주면서 다스릴 필요가 있다는 상당히 비관적인 유아기적 인류의 이미지였다. 하지만 폼포나치의 담론은, 그가 빼놓지 않고 지적했던 것처럼, 무조건 영혼이 불멸한다고 가정하는 "계시 종교"들, 결과적으로 "계율"의 가치 자체에 의혹을 제기하는 결과를 가져왔다.

폼포나치는 『영혼의 불멸성에 관하여』를 마감하면서 영혼의 불멸성을 믿는다고 분명하게 선언했지만 동시에 이를 철학적으로 증명할 길은 없으며 오로지 신앙 고유의 방식으로만 증명이 가능하다고 강조했다. 이것이 그의 솔직한 선언이었는지, 아니면 이단으로 몰릴 경우를 대비해 안전장치를 마련하려는 하나의 정치적 발언이었는지는 불분명하다. 폼포나치는 자신이 믿는 종교의 교리를 이성적 진실로 선전하고 싶어 하지 않는 신실한 신자였나, 아니면 신자를 가장한 불신자였나? 이 질문에 대한 확실한 답은 아마도 존재하지 않을 것이다.

반면에 우리가 알고 있는 것은 우선 이 저서를 둘러싼 논쟁과 의견 대립이 폼포나치의 교수 경력에 어떠한 영향도 끼치지 못했다는 사실이다. 그는 볼로냐 대학에서 아무런 문제 없이 교수 생활을 이어 갔고 교황이 명령한 대로 내용을 수정하는 대신 새로운 글을 발표해 그를 비난하던 학자들의 논지를 옹호하면서 교황 칙령 「사도들의 계율」의 제재에서 벗어나는 데 성공했다. 두 번째는 이러한 복잡한 상황이 결국에는 다름 아닌 그의 연구 활동 혹은 그의 태도에 변화를 가져왔다는 사실이다. 1521년에 아리스토텔레스의 『동물의 신체 부위에 관하여De Partibus Animalium』를 해설하면서 폼포나치는 학생들에게 사람들이 옷으로 쓰기 위해 가죽을 벗기는 동물 신세가 될 뻔했다면서 영혼의 운명에 대해 더 이상 무슨 말을 해야 할지 모르겠다고 밝힌 바 있다. 폼포나치는 다음 해에 『주술에 관하여De incantationibus』와 『숙명에 관하여De fato』를 집필했지만 결국에는 출판을 하지 않기로 결심했다. 르네상스 철학사의 핵심적인 부분을 차지하는 이 두 저서는 모두 폼포나치의 사후인 1556년과 1557년에 개신교 문화권의 도시 바젤에서 출판되었다. 끝으로 폼포나치가 종교에 부여했던 이미지, 즉 종교가 내용의 진실 여부와는 무관하게 뛰어난 정치적 유용성을 갖춘 '우화'에 가깝다는 생각이 근대에 이르기까지 유럽 문화에 지대한 영향력을 행사했다는 점을 기억할 필요가 있다. 그의 진정한 의도가 무엇이었든지 간에 폼포나치는 수 세기에 걸쳐 자유사상가 및 무신론자와 종교의 '모략'을 이론화하는 학자들이 가장 선호하는 저자들 가운데 한 명이었다.

축제, 광대극, 종교극

/ 개선 행진과 공공 축제의 연극적인 성격

오래된 시국市國 형태의 군주국에서 축제와 공연은 통치자들과 종교 지도자들을 성대하게 칭송하는 기능을 가지고 있었다. 군주 가문의 축일이나 가톨릭 축일이 돌아올 때마다 열리던 축제는 군주의 명성을 화려한 의상과 수도사들의 행렬과 장엄한 종교극으로 장식하곤 했다. 1400년대에 열리던 행사들 가운데 장식적인 측면에서 가장 화려했던 것은 당연히 군주의 '개선 행진'이다. 군주의 행진은 그가 도시 안으로 들어와서 수행원들과 함께 개선문 밑을 통과한 뒤 궁전을 향하는 식으로 진행되었다. 나팔과 북소리가 울려 퍼지는 가운데 행렬이 지나가는 길에는 포도주가 흘러내리는 분수와 나무나 꽃으로 만든 장식품들, 신화적인 인물들의 영광스러운 순간들을 재현하는 조각들이 즐비하게 들어서 있었다. 그만큼 개선 행진은 군주의 권력을 전시하는 데 커다란 비중을 차지했다. 군주의 행렬 뒤로는 르네상스 장인들이 역사적이거나 알레고리적인 내용을 주제로 화려하게 꾸민 마차들의 대규모 행렬과 배우들, 기사들, 악사들, 희귀한 동물 등의 행렬이 이어졌다. 역사적으로 가장 유명하고 화려했던 행렬의 예는 아마도 1442년 일곱 덕목을 표상하는 말과 기사들의 뒤를 이어 행운의 여신이 이끄는 금빛 마차를 타고 나폴리에 입성했던 알폰소 데 아라곤Alfonso de Aragón의 개선 행진일 것이다.

전문 기술자의 감독하에 목수와 장인 협회가 체계적으로 기획하고 준비했던 이러한 대규모 축제는 배우와 광대들의 참여뿐 아니라 놀이판, 광대극, 만찬, 불꽃놀이 등을 통해 수많은 대중의 참여를 자극했다. 그런 식으로 축제는 공공 행사의 성격을 매개로 민중의 표현이라는 측면을 확보하게 되었고 이러한 특징은 노래, 독백, 무언극, 광대극 같은 배우 및 광대들의 활동을 통해 면면이 유지되었다.

비록 광대극이나 가면무도회가 무엇보다도 시끄러운 시장과 박람회를 활성화하는 경향이 있었지만 귀족들의 축제가 광대극을 굳이 거부하지 않았던 이유는 우선적으로 이 저급한 세계의 농담과 외설스러운 성격이 결국에는 그들의 권력이 유지하는 안정적이고 위계적인 세계의 일부이자 정반대되는 차원의 우스꽝스럽고 혼돈스러운 특징을 증명해 주었기 때문이다.

/ 대학의 광대극과 풍자극

북유럽의 대학에서 광대극은 광대놀이를 사제들과 학생들이 연기하던 희극 형태로 발전시키고 전통적인 언어 사용의 경직된 틀을 벗어나기 위해 라틴어를 풍자적으로 활용하면서 인기를 끌기 시작했다. 대표적인 예로 작자 미상의 〈부인의 한탄Conquestio uxoris〉은 자신의 독특한 성적 취향에 대해 부인의 이해와 동의를 구하려고 안간힘을 쓰는 동성애자 남편과 이에 대해 불만을 토로하는 부인의 대화를 무대에 올린다.

파도바의 인문학자 시코 폴렌톤Sicco Polenton이 1419년에 선보인 〈양동이Catinia〉라는 제목의 익살극에서는 한 주막을 배경으로 양동이 장수, 생선 장수, 수도승 사이에서 고차원적인 변증법을 저속한 말싸움의 기술로 전락시키는 익살맞고 조소적인 색채의 토론이 벌어진다.

1427년 5월에는 '소년 장사꾼'으로 유명한 팔레르모의 안토니오 베카델리 Antonio Beccadelli와 『쾌락에 관하여』의 저자 로렌초 발라가 교수로 활동하던 파비아

의 학교 학생들이 〈사제 야누스Janus sacerdos〉라는 풍자극을 발표한 바 있다. 이 작품
은 스승과 제자의 관계를 소년애에 집착하는 성관계로 전락시키면서 교회 안에
서 벌어지는 '야누스' 신부의 음란한 행위와 동성애자들의 기괴한 행각을 풍자적
으로 묘사했다.

/ 프랑스의 익살극과 베네치아의 '부인극'

프랑스에서는 15세기 중반에 배신당한 남편이나 바람난 부인, 혹은 타락한 수도
승의 이야기를 다루는 익살극이 유행하기 시작했다. 프랑스 익살극의 걸작으로
알려진 『변호사 파틀랭Maitre Pathelin』이 바로 이 시기에 쓰였다. 이탈리아에서도 파
도바와 베네치아를 중심으로 '마리아치mariazi' 혹은 '몰리아치mogliazzi'라는 이름
의 '부인극'이 성행했다. 부부간의 갈등이나 극적인 타협을 다루는 부인극의 대표
적인 예는 광대극에 가깝고 짧은 이야기 형식으로 구성된 『파도바인의 마리아초
Mariazo da Pava』다. 여기서는 한 남성이 한 처녀에 대한 권리를 주장하는 과정이 그
가 헛간에서 지속적으로 증명해 보인 놀라운 정력을 처녀가 시인하도록 만드는
일종의 법정 판결문 형식으로 소개된다.

이탈리아에서는 변방에 속했지만 프랑스와 상당히 가까운 지역 아스티에서
15세기 말에 활동했던 조반 조르조 알리오네Giovan Giorgio Alione는 아스티 방언으로
쓴 열 편의 익살극을 무대에 올렸다. 이 작품들 가운데 하나인 〈조안 자바티노의
익살극Farsa de Zohan zavatino〉에서는 한 부인의 주위를 맴돌던 호색가 사제가 의혹을
품은 남편에게 걸려들어 몽둥이로 얻어맞는 장면이 연출된다.

/ 피렌체 종교극의 기적과 일상

15세기가 흐르는 동안 이탈리아의 여러 지역에서 유행하기 시작한 극적인 형태
의 '찬미'나 종교극 공연은 그리스도교 의례의 동기들을 초자연적인 세계의 마술
적 구현에 주목하는 시각화 행위로 탈바꿈시켰다. 이 공연들이 제공하는 시각적

즐거움은 감성적이고 지적인 차원에서 뛰어난 교화 기능을 가지고 있었다.

그리스도의 삶을 다루는 이야기 외에도 성서의 일화들을 각색한 이야기와 그리스도교의 이미지에 어울리도록 희생과 기적의 일화로 채워진 성자들의 이야기가 종교극 형태로 공연되었다. 이 이야기들은 현실 세계와 악령이 지배하는 세계의 경계에서 펼쳐졌지만 인간적인 측면을 가지고 있었고 감정에 호소할 뿐 아니라 사실적이면서도 우스꽝스러운 묘사를 활용한다는 특징을 가지고 있었다. 예를 들어 1421년, 어느덧 '공연장'으로 전락한 오르비에토Orvieto 두오모 성당의 관리자들은 종교극 공연을 위해 '배우들, 곡예사들, 이야기꾼들'을 불러 모았고, 그런 식으로 감동을 선사해야 할 '이야기'를 '조롱'의 형식으로 몰고 가면서 영혼을 구해야 할 종교극 공연을 결국에는 '광적인 해소'의 장으로 만들었다.

피렌체에서도 공의회가 열린 1439년 교회의 권위를 회복하기 위해 종교극 공연이 펼쳐졌다. 이 경우에도 작품의 문학적인 수준은 그다지 높다고 볼 수 없었다. 저자들은 전통적인 '찬미'의 6행시를 무시하고 보통 노래나 몸동작을 곁들이는 즉흥시의 11음절, 8행시를 사용했고 관람하는 일반 대중을 고려해 젊은이들로 구성된 공연단에 공연을 의뢰했다.

오래된 종교극들 가운데 주목할 만한 작품은 페오 벨카리Feo Belcari의 〈수태고지〉와 〈아브라함과 이삭〉(1449년)이다. 이 작품들은 무엇보다도 구체적인 사건에 집중하는 대사의 풍부한 표현력을 통해 효과를 기대한다는 특징을 가지고 있었다. 하지만 본질적으로 신학적인 차원에서 영원한 진실을 설파하는 데 소용되던 이러한 특징은 시간이 흐르면서 조연들의 대사나 상세한 일상의 묘사를 통해 희극적 사실주의를 추구하는 경향이 분명하게 드러나는 좀 더 복합적인 양식의 작품들, 예를 들어 베르나르도 풀치Bernardo Pulci의 『발람 이야기Storia di Barlaam』나 안토니아 잔노티Antonia Giannotti의 『굴리엘마 성녀Santa Guglielma』 같은 작품들 때문에 서서히 자취를 감추게 된다.

1491년에는 로렌초 데 메디치의 〈요한과 바울〉이 도시의 무대 위에 모습을 드러냈다. 비평가들은 황제의 명령으로 순교를 당하는 성인들의 이야기가 국가의 존재를 무엇보다도 중요시하는 로렌초의 입장을 그대로 드러낸다고 평가했다.

/ 프랑스의 수난극과 에스파냐의 성극

15세기에 프랑스에서는 부활절과 성탄절 전례에서 유래하는 일련의 수난극이 세속적인 성격의 연극처럼 대규모 형태로 공연되기 시작했다.

성직자 외스타슈 메르카데Eustache Mercadé는 그의 〈아라스Arras의 수난극〉을 통해 장장 2만 5000절에 달하는 시로 그리스도의 생애를 노래했고 구원을 강조하기 위해 내용을 네 부분으로 나눈 뒤 나흘 동안 100명 이상의 인물들을 등장시키면서 공연을 진행했다.

파리의 노트르담에서는 원형 혹은 직선으로 배치된 다수의 무대 위에서 훨씬 더 큰 규모의 수난극이 펼쳐졌다. 1486년 앙제의 대학 학장이 쓰고 무대에 올린 〈수난의 신비Le mystère de la Passion〉는 4만 5000절에 달하며 회화적인 상황을 극대화하고 신학적인 요소와 미사의 요소가 지니는 경직된 성격을 광대극 형태의 막간극을 통해 완화했다.

에스파냐의 성극auto sacramental은 구조가 비교적 간결하고 시간이 흐르면서 신화적인 요인들을 흡수하는 방향으로 나아갔던 반면 '코르푸스 도미니Corpus Domini(그리스도의 성체 성혈 대축일)'는 화려한 마차들과 배우들이 뒤따르는 화려한 행렬로 발전했다.

/ 잉글랜드 '기적극'의 아이러니와 사실주의

잉글랜드에서는 '기적극miracle play'이라는 장르가 일찍이 1425년 〈웨이크필드Wakefield의 기적극〉을 통해 절정에 달하게 된다. 32편으로 구성된 이 기적극은 아담의 창조에서부터 유다의 교수형에 이르는 세계의 역사를 다룬다. 작가는 아이러니와 사실주의, 희극적인 요소와 비극적인 요소를 지혜롭게 조합하면서 익살극에서나 볼 수 있는 재미를 선사한다. 대표적인 예는, 홍수가 일어났을 때 방주에 오르기 싫어 온갖 핑계를 대고 육지에 남은 노아 아내의 일화일 것이다.

〈두 번째 목자Secunda pastorum〉에서 불쌍한 마크Mak는 새끼 양 한 마리를 훔쳐 헛간에 숨긴 사실이 드러나자 마치 아버지가 된 것 같다는 이야기를 꾸며 댄다. 이 일화는 행복한 결말을 맺지만 당대의 농경 사회를 배경으로 그려지는 서민들의 모습이 본래의 신성한 의미를 상실하면서 결국 사실적이지만 우스꽝스럽고 불경한 일화로 전락한다.

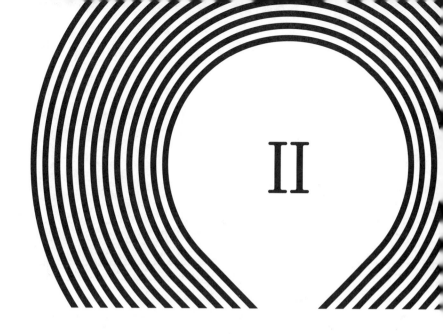

II

근대의 탄생

La filosofia
e le sue storie

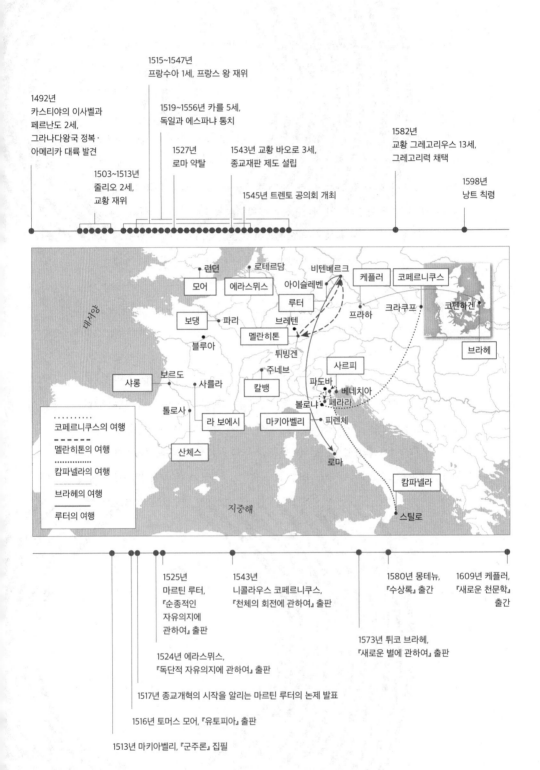

1492년
카스티야의 이사벨과
페르난도 2세,
그라나다왕국 정복 ·
아메리카 대륙 발견

1515~1547년
프랑수아 1세, 프랑스 왕 재위

1519~1556년 카를 5세,
독일과 에스파냐 통치

1503~1513년
줄리오 2세,
교황 재위

1527년
로마 약탈

1543년 교황 바오로 3세,
종교재판 제도 설립

1545년 트렌토 공의회 개최

1582년
교황 그레고리우스 13세,
그레고리력 채택

1598년
낭트 칙령

대서양

런던
모어
로테르담
에라스뮈스
아이슬레벤
비텐베르크
케플러
코페르니쿠스
루터
코펜하겐
보댕
파리
브레텐
프라하
크라쿠프
블루아
멜란히톤
브라헤
튀빙겐
주네브
사르피
샤롱
보르도
칼뱅
파도바
베네치아
사클라
볼로냐
페라라
톨로사
라 보에시
마키아벨리
피렌체
산체스
로마
캄파넬라
스틸로
지중해

코페르니쿠스의 여행
멜란히톤의 여행
캄파넬라의 여행
브라헤의 여행
루터의 여행

1525년
마르틴 루터,
『순종적인
자유의지에
관하여』 출판

1543년
니콜라우스 코페르니쿠스,
『천체의 회전에 관하여』 출판

1580년 몽테뉴,
『수상록』 출간

1609년 케플러,
『새로운 천문학』
출간

1573년 튀코 브라헤,
『새로운 별에 관하여』 출판

1524년 에라스뮈스,
『독단적 자유의지에 관하여』 출판

1517년 종교개혁의 시작을 알리는 마르틴 루터의 논제 발표

1516년 토머스 모어, 『유토피아』 출판

1513년 마키아벨리, 『군주론』 집필

역사의 시기 구분은 학문 분야에 따라 기준이 조금씩 다르다. 예술사에서는 라파엘로가 사망한 1520년을 르네상스가 끝나는 해로 보는 소수의 견해를 제외하면 1400년대와 1500년대의 상당 부분을 르네상스에 포함시키는 것이 일반적이다. 문학사에서는 일부 역사학자들이 르네상스가 최소한 페트라르카와 보카치오로부터 시작된다고 간주하는 반면 철학사에서는 인본주의와 르네상스를 중세의 사상과 대별되는 하나의 새로운 국면으로 이해하는 경향이 있다. 이처럼 명확한 구분을 위한 기준점을 마련하는 것은 언제든지 가능하지만 르네상스의 철학적 사유는 사실상 1400년대에서 1500년대로 넘어오는 동안 시기 구분이 불가능한 몇몇 근본적인 변화를 겪었다.

철학사와는 직접적인 관계가 없지만 철학적 사유에 피할 수 없는 성찰의 과제를 안겨 준 일련의 사건이 바로 이 과도기에 벌어졌다. 예를 들어 1492년에는 아메리카 대륙이 발견되었는데 이 사건은 유럽 문화에 새로운 문명과의 대조라는 쉽지 않은 과제를 안겨 주었다. 이베리아반도의 해방은 유럽의 정치 상황에 새로운 균형을 가져다주었고 에스파냐 영토에서 실행된 유대인 추방 정책은 남부 유럽에 유대 문화와 카발라 문화를 확산시키는 결과를 가져왔다. 1543년에는 코페르니쿠스의 『천체의 회전에 관하여』가 출판되면서 전통적인 우주관을 뒤엎고 태양을 우주의 중심에, 지구를 태양의 변방에 위치시켰다. 더 결정적인 역할을 하게 될 케플러, 갈릴레이, 뉴턴은 뒤이어 등장했지만 코페르니쿠스의 책이 당대에 안긴 문화적 폭풍은 지울 수 없는 흔적과 함께 더 이상 과거로 되돌아갈 수 없다는 의식을 또렷하게 각인시켰다. 1517년에는 루터와 함께 종교개혁이 시작되었다. 종교개혁이라는 충격 역시 당대의 신학과 철학 및 해석학의 기초를 뒤흔들며 개혁을 지지할 것인가 반대할 것인가라는 선택의 기로에 놓이게 만들었다. 물론 1545년의 트렌토 공의회와 함께 새로운 가톨릭교회가 탄생하고 같은 시기에 예수회가 탄생한 것도 이러한 역사적 지진의 결과였다고 볼 수 있다. 이러한 문제들에 대한 성찰의 과제에 응답하면서 토머스 모어나 에라스뮈스 같은 르네상스 철학의 주인공들은 현대와도 전혀 무관하지 않은 다양한 시대적 차원의 비교에 몰두했다. 1500년대를 전후로 유럽의 나라들이 좀 더 구체적인 국가 형태를 갖추기 시작했을 때 당대에 가장 뛰어난 두뇌들은 국가 존립의 정당성을 확보하기 위해 새로운 국가론을 정립하는 데 몰두했다.

그러나 이전 세대의 학자들이 인간과 우주라는 새로운 주인공들의 조화를 꾀했던 반면 이 과도기를 거쳐 등장한 새로운 유형의 인간은 우주의 신비를 풀어내는 데 쓰이는 도구들이 임시적일 뿐이며 실패를 동반한다는 사실을 인식하면서 스스로를 세계와 견주기 시작했고 마키아벨리와 프란체스코 귀차르디니의 가르침처럼, '실용적인 차원에서' 세계를 대하며 '신학 없이' 또렷한 현실 감각을 가지고 행동하기 시작했다.

우리는 1500년대의 철학자들을 우리와 거리가 먼 존재로 느낄 수 있고 그들과 우리가 도대체 무슨 상관이 있는지 의혹을 품을 수 있지만 우리가 지금의 우리로 존재하는 것은 그들이 새로운 시대를 열고 과거와 다른 방식으로 생각해야 한다는 점을 분명하게 가르쳐 주었기 때문이다. 바로 그런 차원에서 우리는 사실상 하나의 은유에 불과한 '르네상스'라는 말을 은유 이상의 의미로 받아들일 수 있다. 아마도 관건은 이 말이 내포하는 '부활'이 아니라 오히려 과거에 이루어지던 담론의 발전 또는 과거와의 단절이나 혁신, 혹은 세계의 구조가 불변하는 것이 아니라 그것을 여러 각도에서 변화시키는 것이 인간의 과제라는 확신이었을 것이다. 누군가 언급했듯이, 르네상스의 정신은 '프로메테우스의 정신'이었다.

1

여행, 탐험, 발견

1.1 근대와 경제의 변동

근대는 아메리카 대륙의 발견과 함께 시작되었다고 보는 것이 일반적이다. 하지만 르네상스 시대 사람들의 입장에서 상황을 바라보면 이러한 명확한 시대구분은 사실상 억측에 불과한 것으로 드러난다. 왜냐하면 크리스토퍼 콜럼버스Christopher Columbus의 첫 번째 여행에 이어서 유럽인들의 세계관이 급격하게 변했던 것도 아니고 신대륙 발견을 통해 이루어질 변화를 감지했던 이들은 극소수에 불과했기 때문이다. 하지만 유럽을 대서양 건너편의 방대한 신대륙과 연결시킨 수많은 여행과 탐험 및 이와 관련된 모든 변화를 총체적인 차원에서 바라보면, 신대륙 발견이 세계관 확장에 끼친 지대하면서도 결정적인 역할을 인정하지 않을 수 없다.

새로운 땅의 발견은 유럽 사회에 근본적인 변화를 일으켰다. 당시의 세계는 여전히 지중해에 집중되어 있었고 잉글랜드나 에스파냐와 같은 나라들은 변방에 불과했지만 신대륙 발견과 함께 이러한 상황은 급격히 변화하기 시작했다.

신대륙과 유럽을 연결하고 하나로 만들려는 복잡한 움직임이 유럽 사회를 이끌기 시작했다.

신대륙과의 외교와 무역은 경제적인 차원에서 어마어마한 규모의 변화를 가져왔고 이러한 변화는 곧이어 사회적, 정치적 차원에도 직접적인 영향을 끼쳤다. 예를 들어 에스파냐는 아메리카에서 막대한 양의 귀금속을 들여왔다. 1501년부터 1530년까지 수입한 은의 양은 7.7톤이었고 1500년대의 마지막 10년 동안에는 290톤으로 늘어났다. 유럽에 놀라운 속도로 보급되기 시작한 어마어마한 양의 금과 은은 우선적으로 황권의 권력 확장을 위한 정복 정책의 지원금으로 쓰였다. 상당한 분량의 귀금속이 아시아에서 들여온 상품들의 대가로 지불되었고 그런 식으로 동방과의 무역 규모를 확장하는 데 일조했다면, 이에 따른 화폐가치의 상승은 물가 폭등을 자극하면서 봉급을 받는 노동자들과 소규모 장원을 경영하던 귀족층에게 직접적인 피해를 안겼다. 또 신대륙 발견은 농경에 도입된 새로운 요소들과 새로운 식생활을 바탕으로 일찍부터 유럽인들의 생활양식에 주목할 만한 변화를 일으켰다. 사탕수수가 신대륙에 도입된 후로는 그때까지만 해도 거의 약으로만 쓰이던 설탕이 일반 가정에서 식료품으로 활용되기 시작했고 옥수수와 감자, 토마토, 카카오 등등의 식재료들이 아메리카 대륙에서 유럽으로 수입되었다.

1.2 새로운 세계관

아메리카 발견이 근본적으로 변화시킨 것은 무엇보다도 유럽인들의 세계관이었다. 많은 부분을 상상력에 의존하던 유럽인들의 세계관은 16세기가 흐르는 동안 좀 더 정확하고 과학적인 성격의 세계관으로 발전했다. 유럽의 지식인들은 세상을 더 이상 중세의 '납작한' 땅으로 인식하지 않았다. 중세의 지식인들은 세계를 사방이 바다로 에워싸인 사각형의 평면 구도에 크기가 비슷한 유럽, 아시아, 아프리카 대륙이 지중해를 중심으로 나뉘어 있고 가장자리에 위치한 네 개의 거대한 기둥이 하늘을 떠받치고 있는 것으로 이해했다. 지구가 둥글다는 생각은 고대인들에 의해 이미 이론화된 바 있지만 고대의 학자들이 천체를 구형이라고 보았던 이유는 무엇보다도 원을 완벽에 가장 근접한 기하학적 형상으로 보았기 때문이다. 반면에 지구가 둥글다는 생각을 좀 더 구체적으로 발전시킨 인물은 13세기 초반에 활동했던 요한네스 드 사크로보스코Johannes de Sacrobosco다. 사크로보스코는 서기 2세기에 활동했던 이집트 알렉산드리아의 위대한 과학자 프톨레마이오스 이론을 참조해『구형의 세계De sphaera mundi』를 집필했다. 수 세기에 걸쳐 최고의 천문학 참고서로 활용된 이 저서에서 그는 프톨레마이오스의 이론을 바탕으로 우주의 구조를 설명한 뒤 공 모양의 땅을 다섯 구역으로 나누어 묘사했다. 너무 추운 두 양극과 너무 뜨거운 중심은 사람이 살 수 없는 곳으로 간주되었고 적당한 온도를 유지하는 두 중간 지대만이 주거가 가능했다.

1400년대 초반에는 다름 아닌 프톨레마이오스의 저서가 몇몇 비잔틴 학자들에 의해 서구에 전해졌고 이와 함께 라틴계 번역자들이『우주 형상도Cosmographia』라고 부르던 책과 지도가 출판되었다. 이 지도는 아마도 원본의 복사본이거나 최소한 프톨레마이오스가 세운 이론과 이와 관련된 정보를 바탕으로 재구성되었을 것으로 추정된다. 지구가 구형이라는 점을 강조하기 위해 반구 모양으로 그린 이 지도에는 대서양이 마치 액자처럼 대륙의 동서 양극을 에워싸고 있고 지도 뒤편에서 아프리카 및 유럽 해안과 아시아 해안을 연결하는 모양새로 그려져 있다. 유럽의 형태는 전체적으로 오늘날의 지도에서 보는 것과 크게 다르지 않은 반면 아프리카 대륙은 짤막하고 두툼한 사각형 모양이다. 대륙의 동쪽으로는 에티오피아가 돌출되어 있는 반면 남쪽으로는 '미지의 땅Terra incognita'이 끝없이 펼쳐진다. 아시아는 비교적 정확하게 묘사된 근동 지역을 제외하고는 북쪽으로나 동쪽으로 어떤 경계선도 표시되어 있지 않으며 남쪽으로는 인도반도 특유의 삼각형 모양이 거의 보이지 않을 정도로 작게 축소되어 있다. 인도양Mare Indicum 한가운데에는 타프로바나Taprobana라는 거대한 환상의 섬이 자리한다. 대륙의 크기 역시 현실과는 많이 다르다. 아프리카는 유럽의 두 배가 조금 넘고 유럽은 아시아의 삼분의 일에 달한다. 익히 알려진 바와 같이 탐험가들이 서방에서 서쪽으로 여행해 동방에 도달하는 것이 충분히 가능하다고 생각했던 것은 사실 유럽 서해안과 아시아 동해안 사이의 거리를 실제보다 훨씬 짧게, 예를 들어 크리스토퍼 콜럼버스처럼 실제보다 삼분의 일이 모자란 것으로 계산했기 때문이다. 아프리카 대륙의 해안과 관련된 문제는 15세기가 거의 다 흐른 뒤에야, 즉 포르투갈 탐험대가 아프리카 대륙이 끝없이 펼쳐지지 않고 대륙의 남단을 선회해 항해를 계속하는 것이 가능하다는 것을 확인한 뒤에야 해결되었다. 15세기의 사람들은 아프리카 대륙이 오스트레일리아와 연결되어 있고 인도양이 대서양과 연결되지 않는 갇힌 바다라고 생각했다. 바스쿠 다 가마Vasco da Gama가 배를 타고 인도 서해안의 코지코드에 도달한 것은 아메리카 대륙이 발견된 지 5년 뒤의 일이다. 여하튼 유럽인들은 인도에 대해 적어도 알렉산드로스 대왕 시대부터 알고 있었고 중국과 일본의 존재에 대해서도 마르코 폴로Marco Polo의 『동방견문록』을 통해 익히 알고 있었다. 하지만 아메리카 대륙의 발견은 이와는 전적으로 다른 규모와 차원의 앎과 충격을 유럽인들에게 전해 주었다.

1.3   콜럼버스의 파견과 교회의 입장

콜럼버스가 아라곤의 왕 페르난도 2세와 카스티야의 여왕 이사벨이 소집한 신학자들에게 그의 항해 계획서를 제출했을 때 대부분의 학자들은 배가 어느 순간 견딜 수 없을 정도로 뜨거운 지대에 진입할 가능성이 크고 적도에 다다르면 세상 바깥으로 추락할 위험이 있기 때문에 항해는 사실상 불가능하다는 결론을 내렸다.

  이러한 잘못된 인식은 1500년대 초에 아메리고 베스푸치Amerigo Vespucci의 탐험 소식이 알려지고 신대륙에 대한 지식이 점차 확산되면서 서서히 무너졌지만 완전히 사라지기까지는 사실상 오랜 세월이 필요했다. 무엇보다도 종교적인 관점에서 심각한 문제들이 제기되었기 때문이다. 먼저 성경에는 모든 인간이 아담의 후손인 것으로 적혀 있지만 아담의 후손들이 그토록 머나먼 미지의 땅에서 살았으리라고는 상상하기 힘들다는 문제가 제기되었다. 또 하나의 까다로운 문제는 그리스도의 말씀이 세상 끝까지 모든 사람에게 전파되었다는 사도 바울의 말(「로마서」 10장 18절)이 모순으로 드러나면서 발생했다. 다시 말해 사도들이 도달할 수 없었던 대서양 저편에서 사는 원주민들의 존재를 어떻게 받아들여야 하는가라는 문제가 발생했던 것이다. 가장 편리한 답변은 이들이 아담의 후손이 아니고 따라서 짐승이나 다를 바 없는 만큼 살상이나 노예화가 가능하다는 것이었다. 실제로 아메리카 원주민들의 학살을 주도한 것은 유럽인들이었고 학살은 집단살해라기보다는 비인간적인 착취를 통해 이루어졌다.

이 까다로운 문제에 대한 힘겹고 고통스러운 논쟁은 오랫동안 지속되었다. 한편에서는 후안 히네스 데 세풀베다Juan Ginés de Sepúlveda 같은 사상가가 원주민의 본질적인 열등성을 주장했고 다른 한편에서는 도미니크회의 수도사 바르톨로메 데 라스 카사스Bartolomé de Las Casas가 원주민들을 변호하는 입장을 취했다. 1550년 황제 카를 5세가 이러한 분쟁을 종식하기 위해 소집한 신학자들은 회의만 거듭했을 뿐 아무런 결론도 얻어 내지 못했다. 교회는 라스 카사스의 입장을 수용하면서 거대한 복음화 계획을 추진했고 정복자들은 원주민들이 자연적으로 열등한 존재라는 확신 속에서 노동력을 착취하는 데 전념했다. 이들은 무엇보다도 광산과 논밭에서 원주민들의 노동력을 착취했고 원주민 생존자들의 수가 줄어들자 결국에는 아프리카에서 노예들을 수입하기 시작했다.

이어서 원주민들의 본성에 관한 어느 정도 긍정적인 견해가 대두되었지만 이는 원주민들에게 어떤 유리한 결과도 가져다주지 못했다. 이 긍정적인 견해를 한마디로 함축하는 것이 바로 '선량한 야만인'의 신화다. 콜럼버스의 수첩에서도 찾아볼 수 있는 이러한 종류의 생각은 이제 막 발견된 원주민들의 자연적인 무고함을 칭송하는 입장에서 시작되었다. 이 '어린 세계'의 거주자들에 대한 이러한 입장을 가장 성숙하고 분명한 방식으로 표명한 인물은 아마도 프랑스 철학자 몽테뉴일 것이다. 몽테뉴는 '그토록 고귀한 발견'이 알렉산드로스 대왕이나 로마인들에 의해 이루어졌다면 에스파냐의 정복자들이 이끈 그토록 잔인하고 야만적인 역사는 기록되지 않았을 거라고 생각했다.

1.4 사회 발전의 상대성

대서양 항해와 아메리카 대륙의 발견은 유럽인들의 세계관을 본질적인 차원에서 변화시켰을 뿐 아니라 문화적 발전의 상대성에 대해 성찰할 기회를 제공했다. 탐험가들과 지도 제작자들, 지리학자들과 편집자 및 백과사전 제작자들이 방대해진 세계를 연구하며 새로운 지식을 보급하는 가운데 학자들은 과학과 예술이 걸어온 복잡한 발전 과정에 대해 질문을 던졌다. 『세계사에 관한 고찰*Considérations sur l'histoire universelle*』의 저자 루이 르 루아(Louis Le Roy, 1510~1577년)는 이렇게 기록했다. "오랫동안 무지의 어둠에 가려 있던 것들이 대략 100년 전부터 모습을 드러내기 시작했을 뿐 아니라 고대인들조차 전혀 몰랐던 많은 새로운 사실들, 새로운 바다와 새로운 땅, 새로운 인간과 새로운 문화와 법이 발견되었다." 사람들 사이에서 가장 중요한 변화들은 다름 아닌 점진적인 문명화의 결과였다는 생각, 그리고 바로 이것이 과거와 현재를 연결하는 하나의 연속성을 드러내며 인간의 역사에 의미를 부여한다는 생각이 싹트기 시작했다. "고대 문명을 총체적인 차원에서 바라보면, 우리가 살고 있는 곳에서 3000년 전에 살았던 고대인들 역시 카스티야와 포르투갈의 탐험가들이 발견한 신대륙의 원주민들처럼 미개하고 야만적이었으리라는 점에 주목하게 될 것이다."

1500년대 말에 한 프랑스 역사가는 "인간 사회의 제도화를 가장 먼저 시도했던 아시아인들의 놀랍고 가장 오래된 문명사회"를 눈으로 직접 목격하기 위해 먼 동방으로 여행을 떠나고 싶어 했다. 하지만 아프리카와 아메리카 원주민들에 대한 사람들의 의견은 달랐다. 아프리카인들은 문명화의 차원에서 거의 미개한 단계에 머물러 있었고 아메리카 원주민들은 초기 고대사회의 결성 단계에서 더 이상 발전하지 못한 상태로 머물러 있었다. 르네상스의 학자들은 비교를

통해 어느 민족의 경우에든, 인간은 고립된 야만인의 상태에서 문명화를 바탕
으로 하는 다양한 사회적 교류를 통해 천천히 뭉치기 시작했다는 결론을 내렸
다. 부르크하르트Jacob Burckhardt가 르네상스에 생명력을 불어넣은 특징들을 검토
하면서 '외부 세계와 인간의 발견'에 특별히 주목했던 것은 결코 우연이 아니다.

엘리트 문화와 서민 문화

엘리트 문화

사회적이고 정치적인 동기 외에 종교개혁을 이끈 주요 요소들 가운데 하나는 진지한 영적 혁신의 의지였다. 종교개혁은 이를 탄생시킨 사회 내부의 구성원들뿐 아니라 유럽 중북부와 독일의 상당히 광범위한 영역에서 그리스도교 신도들의 정신적인 태도를 근본적으로 바꾸어 놓았다.

루터와 칼뱅과 츠빙글리Ulrich Zwingli의 가르침은 강렬한 내면적 믿음과 함께 대중적이고 물질적인 성격의 종교성과 대조되는 성서 중심주의, 즉 외면적인 특성보다는 성서의 말씀을 더 중요시하는 입장을 토대로 전개되었다. 개신교의 지도자들은 다양한 사회계층의 불만족, 특히 로마교회와 교회 체제에 대한 불만을 해석할 줄 알았다. 하지만 이들은 평등을 요구하며 사회정의를 실현하고자 했던 민중적인 요구를 받아들이지 않았고 귀족주의적인 차원에서였지만 나름대로 관용의 개념을 발전시켰던 인문학자들의 입장도 받아들이지 않았다. 개신교는 오히려 여러 각도에서 교리적인 측면과 실천적인 측면에 엄격함을 부여하는 방향으로 나아갔다. 교구 방문을 통해 종교적 정통성을 평가하고 관리하는 체제를 구축했고 전통적인 예배 형태를 세속적인 것으로 평가하며 이를 체계적으로 거부하는 입장을 고수했다.

하지만 반종교개혁파의 가톨릭 지도자들은 오히려 개신교가 세속적이라고 비난하며 신과 신비주의적인 화합을 요구하던 개신교 정신을 이단적인 표현으로 보고 이에 대한 억압정책을 펼쳤다. 가톨릭 지도자들은 개신교로 개종하려는 시대적 움직임에 제재를 가했을 뿐만 아니라 개신교도들이 그리스도교도로 존재하는 방식 자체를 비판했다. 이들의 존재 방식이 이전에는 그리스도의 가르침과 일맥상통하는 것으로 보였다면 이제는 너무 인간적인 요구에만 부응함으로써 로마교회의 권력과 권위를 수호하려는 노력에는 전혀 답하지 않는 것으로 비쳤기 때문이다.

　가톨릭 지도자들이 신학 학교나 귀족들의 예수회 학교 같은 교육제도를 마련하고 도시와 농가에 선교를 통해 교리를 전파하고, 예배 형식을 규제하고, 설교와 고해성사와 종교재판 제도를 통해 신도들의 의식을 지배하고 교회의 위계 구조와 질서를 확립하는 등 도심과 외곽의 효과적인 소통과 소통의 제어 체계를 확립하기 위해 추진한 정책들은 사실상 성직자들 자신과 신도들 모두의 행동 방식과 가치관을 변화시키는 데 결정적인 역할을 했다. 아울러 신앙생활의 새로운 모형이 침투하는 과정은 종교 활동이 사회의 요구와 밀접한 연관성을 유지하며 사회에 필요한 협력 기구로서의 기능을 발휘하던 곳, 예를 들어 병원이나 자선 기구, 수도회 등의 활동에 힘입어 더욱 빠르게 전개되었다. 로마교회는 동시에 종교가 지니는 위로의 차원과 신도들을 삶의 고달픔에서 벗어나게 해야 할 필요성을 강조하며 죄의식을 자극하는 한편 사회적 긴장을 부추기는 그리스도교의 적들을 죄인으로 간주하며 참된 신도는 이들이 끼어들 수 없는 하나의 닫힌 공동체에 소속되어 있다는 점을 끊임없이 강조했다.

　하지만 종교 문화만이 1500년대 사람들의 정신세계와 사고방식에 결정적인 변화의 계기를 마련했던 것은 아니다. 정치권과 사회 전체에서 일어난 일련의 변화가 총체적으로 엘리트 문화와 서민 문화의 분리를 부추겼다. 국가적 중앙집권 체제의 확산과 함께 법은 훨씬 더 통일된 효력을 발휘하기 시작했고 일상적인 습관의 집요함에도 불구하고 봉건적인 계약 관계는 군주와의 종속 관계에 자리를 내주며 하락세를 보였다. 행정과 군사제도의 개편은 결국 권위적이고 위계적인 사회의 등극을 조장했다.

　다른 한편으로는 경제의 시장 중심화와 자본주의의 탄생, 인쇄의 보급이 기존의 균형을 파괴하는 요소로 기능했고 파괴된 질서는 새로운 형태의 균열을 야기했다. 비록 진정한 의미에서의 과학혁명은 17세기에 들어와서야 이루어졌지만 이 분야에서도, 인간은 자연이라는 책을 통해 성장할 수 있을 뿐 아니라 자연을 본질적으로 변화시킬 수 있는 존재라는 믿음 속에서 새로운 미래가 인간에 의해 조작될 수 있다고 확신하는 사람들의 입장과, 반대로 불변하는 원칙이나 전통적인 가치관을 고집하는 사람들의 입장으로 양분되기 시작했다. 상류층의 생활양식에도 변화가 일어났다. 예를 들어 사람들은 의상과 제스처에 세심한 주의를 기울이고 자기 제어에 관심을 쏟기 시작했다. 이러한 변화는 경쟁의식, 동맹, 신뢰 등을 기준으로, 무엇보다도 개혁의 실질적인 주인공이었던 엘리트 계층과 관객으로 이루어진 서민 계층 사이에 생긴 깊은 골을 기준으로 사회가 세분화되고 있었다는 것을 의미한다.

서민 문화

사회구조의 양분화 현상을 배경으로 문화 지도자들과 종교 지도자들의 관계는, 적어도 하층민으로부터 고유의 공간을 빼앗는 데 있어서만큼은, 적대 관계에서 공모 관계로 발전했다. 이러한 시도의 결과는 곧 하층민들의 소외로 이어졌고 일련의 부정적인 평가가, 예를 들어 어리석다거나 심리적으로 불안하다거나 저속하다거나 심지어는 음란하다는 특징들이 하층민들의 문화에 부여되었다. 로마교회의 입장에서 하층민들은 종교의 새로운 국면을 이해하지 못하는 '유럽의 인디언'이나 다를 바 없었다. 따라서 마술적이고 주술적인 형태의 예배 양식이나 믿음은 철저하게 배제되었고 춤이나 연극 공연, 경기 등도 서서히 자취를 감췄다. 시간을 배분하는 전통적인 방식 역시 교회력과 왕가의 축일을 기준으로 변했고 예배 공간에서 부적절한 그림들을 제거하는 정책은 이들의 상상력에도 적잖은 영향을 끼쳤다.

한편 문화 지도자들과 귀족들은 거리와 광장에서 열리는 성대한 축제의 부담을 떠맡는 대신 자신들의 권력을 전시하고 민중의 지지를 얻었다. 개선 행진 혹은 장례 행렬에 쓰이던 거대한 기계들과 설치물들은 교회와 귀족 가문의 권력을 칭송하면서 서민들로 하여금 망연한 관객의 역할을 자처하도록 조장했다.

하지만 서민들의 가치관과 행동 방식을 제어하려는 노력, 이들의 상상력과 세계관, 이들의 문화와 기적 혹은 정의에 대한 생각을 길들이려는 노력은 빈번히 저항에 부딪혔다. 대표적인 예는 지배계층의 정책을 거부하며 일어난 폭동이나 간헐적인 시위뿐만 아니라 보이지 않는 변화들, 예를 들어 고해성사를 거부하는 태도나 교구 성당보다는 교회의 위계적 통제에서 벗어나 있는 기도원을 선호하는 태도에서 찾아볼 수 있다. 같은 차원에서 서민들은 복종을 요구하는 로마교회의 성인들 대신 지역 성인들과 기적을 일으키기도 하는 이들의 힘을 선호했다. 아울러 서민들은 교회의 제안이나 강요를 자신들의 요구나 취향에 걸맞게 수정하기도 했다. 기도나 성사sacramento에 마법의 힘을 부여한다든지 미사를 예배의 시간으로 이해하기보다는 특정 공동체의 정체성을 확인하는 기회로 이해하는 경향이 대표적인 예들이다.

더 나아가서 서민들의 종교 활동은 활발했지만 이러한 현상은 교회의 교리에 대한 확신에 찬 동의와 지지의 결과라기보다는 오히려 선택적 혹은 수동적 순응주의의 결과에 불과했다. 서민들이 사회규범을 수용하던 측면에 대해서도 동일한 이야기를 적용할 수 있다. 그만큼 사회규범이 서민들의 행동 방식과 신념에 얼마나 실질적인 영향을 끼쳤는지 가늠할 수 있는 기준은 불확실할 수밖에 없었다. 확실한 것은 대부분의 서민들에게 중요한 것이 사회규범이나 종교적 계율에 대한 복종보다는 오히려 농산물 수확이나 남녀의 번식능력, 기후, 질병으로부터의 보호 대책이었다는 사실이다. 그런 식으로 지배계층과 피지배계층 간의 단절이 한층 구체화되고 사적인 세계관과 대리적으로 표명되는 세계관 사이에 균열이 생기기 시작했다.

　지배계층의 새로운 체제에 대한 서민들의 저항은 다방면에서 다양한 강도로 이루어졌고 결과적으로 새로운 체제의 침투는 일관성과 통일성을 상실한 채 이루어졌다. 이러한 정황을 배경으로, 새로운 과제를 안고 있던 종교 지도자들과 참여하는 입장에 놓여 있던 공동체 사이의 균열은 더욱 다양해지고 깊어지는 양상을 보였다. 균열은 고위 성직자들과 하급 성직자들, 즉 지도층과는 달리 신도들의 고통과 요구를 통감하고 공유하면서 전통적이고 서민적인 종교 문화를 고집하던 일반 성직자들과 고위층 사이에서 나타났고, 뛰어난 조직력을 갖춘 교회와 사회구조를 기반으로 하는 도시의 시민들과 시골의 서민들 사이에서, 상류층과 전통을 중시하던 서민층 사이에서, 아울러 남자들과 여자들 사이에서도, 다시 말해 자식을 키우는 엄마와 남편을 뒷바라지하는 아내의 입장에서 생길 수 있는 관심으로 인해 교회의 영향에 좀 더 노출되어 있던 여자들과 그렇지 않은 남자들 사이에서 나타났다. 이러한 상황은 고위 성직자들과 평신도 지식인들의 사이가 실제로는 그들이 가르치려는 서민층 앞에서 솔직히 인정할 수 있는 것보다 훨씬 더 가까웠다는 사실을 고려하면 상당히 복잡해진다.

　이 모든 것에서 바로 엘리트 문화와 서민 문화의 분리 지점을 어디에서 찾아야 하는가라는 질문이 떠오른다.

　서민 문화란 과연 무엇을 말하는가? 서민들이 만든 문화, 아니면 서민들을 위한 문화? 원시적인 단계의 존속을 보장하는 문화, 아니면 엘리트 문화와 상반된 문화? 엘리트 문화와 서민 문화를 대조하면서 거론된 것은 구전 문화와 독서 문화, 민속 문화와 지식 문화, 하류층의 문화와 상류층의 문화, 패자의 문화와 승자의 문화, 물질을 삶과 기쁨의 원천으로 보는 저급한 문화와 엄격한 지성주의를 바탕으로 하는 문화의 차이다. 아울러 두 문화 간에 어떤 관계가 존재하는지에 대해서도 다양한 질문들이, 예를 들어 서민 문화가 단지 귀족 문화의 가치를 모방하면서 발생했는가 아니면 두 문화가 동등한 차원에서 서로에게 영향력을 행사하면서 발전했는가라는 질문이 제기되었고, 한편에서는 이들이 상이한 법적 권한을 가진 만큼 서민 문화의 실질적인 패배를 인정해야 할 필요가 있다는 주장도 제기되었다. 하지만 서민 문화의 여러 측면이 항변의 도구는 아니었는가, 반대로 사회구조를 견고히 하는 데 실질적으로 일조했는가라는 문제가 제기된 반면 한편에서는 서민 문화가 구전이나 이미지 혹은 행동 양식을 통해 전달되기 때문에 흔적을 남기지 않으며 따라서 감지하기 힘든 성격을 가진다는 주장도 제기되었다. 결국 서민 문화를 이해하기 위해 필요한 탐구 대상으로 주목받은 것은 신화나 종교 의례, 전설, 사고방식, 상상력, 물질문화, 규율 위반이나 항변의 메커니즘, 종교재판을 받는 이들의 침묵과 불안 속에서 피어오르는 단서 등이다.

결국에는 서민 문화의 정확한 경계를 추적하기가 상당히 힘들다는 것이 밝혀졌다. 따라서 엘리트 문화와 서민 문화의 차이를 논하려면 르네상스 시대 사람들의 정신세계에 아주 다양하고 이질적인 차원의 사유들이 공존했다는 점을 기억해야 한다. 더 나아가서 서민층 대부분이 새로운 체제를 수용했다는 점에 주목할 필요가 있다. 그래야 이 문화적 균열의 규모를 좀 더 구체적으로 이해할 수 있다. 종교와 미신을 구분하는 기준이 얼마나 불확실한지 생각해 보면, 분명히 서민 문화의 경계는 제기되는 문제의 관점에 따라 다양한 방식으로 설정되어야 한다. 서민 문화는 유동적인 연구 대상이지만 그렇다고 해서 덜 구체적이지 않고 오히려 다양하기 짝이 없는 현실에 주목하게 만드는 대체 불가능한 범주다.

2

정치학의 탄생

2.1 변화된 세계

1500년대 초에 세상의 경계가 확장되면서 경제적, 정치적 차원의 국제 교류가 활기를 띠기 시작했고 이전에는 상상할 수 없었던 규모의 자본과 인간의 잠재력이 중요한 요소로 부상했다. 국제사회의 주인공들은 프랑스와 에스파냐 같은 강대국들이었고 이들은 이탈리아를 지배하기 위해 각축전을 벌였다. 다름 아닌 '국가'라는 단어가 구체적인 의미를 획득하면서 활용되기 시작한 것이 바로 이 시기다.

영국과의 백년전쟁을 긍정적으로 마친 프랑스는 빠르게 강대국으로 성장했다. 1481년에는 프로방스와 앙주가 프랑스의 지배하에 들어갔고 이어서 정략결혼을 통해 브르타뉴가 영토에 포함되었다. 같은 시기에 이사벨과 페르난도 2세는 혼인을 통해 카스티야왕국과 아라곤왕국을 하나로 통일했고 1492년에 그라나다왕국을 정복한 뒤 이베리아반도에 존속하던 최후의 이슬람 왕국 나바라를 정복했다. 이들은 이어서 대서양을 건너 아메리카 대륙으로 세력을 확장했다. 프랑스와 에스파냐 두 왕국은 16세기 전반에 줄곧 이탈리아를 쟁탈하기 위해 전쟁을 벌였다.

권력이 집중되고 영토가 통합되는 과정뿐만 아니라 계속해서 요구되던 군사력 보강을 위해 막대한 자금을 쏟아부으며 오랫동안 지속된 전쟁은 결국 새로운 규모의 예산에 상응하는 수익과 체계적인 정책을 요구하기에 이르렀다. 그런 식으로 다름 아닌 '공공의 재산'이 축적되고 다양한 방식으로 활용되는 현상이 일어났다. 16세기에 '국가'라는 용어가 활용되기 시작한 것은 결코 우연이 아니다. 현대적인 의미에서의 '국가Stato'라는 용어는 이탈리아에서 1550년경에 처음으로 등장했고 이어서 빠른 속도록 확산되었다. 프랑스어로 국가를 뜻하는 단어 '에타État' 역시 조금 뒤늦게 활용되기 시작했을 뿐 빠르게 보급되었다. 이는 곧 16세기 전반에 걸쳐 정치를 이해하고 생각하는 방식이 이 새로운 개념에 좌우되었다는 것을 의미한다. '국가'라는 개념은 정치에 대해 니콜로 마키아벨리(Niccolò Machiavelli, 1469~1527년)와 암묵적인 대화를 나누는 장 보댕(Jean Bodin, 1529~1596년)의 모든 이론적인 성찰 속에서 활용된다. 마키아벨리와 보댕은 새로운 시대가 당면한 문제들에 대해 고민하며 전적으로 새로운 정치사상을 탄생시켰다.

2.2   마키아벨리와 정치학

정치학의 탄생은 르네상스 인문학자들이 주도한 고대 문헌의 재발견을 바탕으로 이루어지지 않았다. 아리스토텔레스와 플라톤의 정치학에 대해서는 중세의 신학자들과 철학자들도 그 내용은 익히 파악하고 있었다. 단지 중세의 관점에서는 정치가 지상의 질서를 의미했고 형이상학적인 개념들과 더 깊이 연관되어 있었을 뿐이다.

마키아벨리가 1513년 8월 26일 친구 프란체스코 베토리Francesco Vettori에게 보낸 편지의 한 문구는 사실상 그의 사상 전체에도 적용될 수 있다. "아리스토텔레스가 분열된 공화국에 대해 과연 무슨 이야기를 하는지 나는 알지 못한다.” 마키아벨리는 고전 철학에서 당대의 정치적 현상과 사건들을 읽어 내기 위한 해석의 열쇠를 발견하지 못했고 그것을 원하지도 않았다. 그는 무엇보다도 추상적인 개념들을 믿지 않았다. “많은 이들이 본 적도 없고 들은 적도 없는 공화국과 왕국을 상상했다.” 그는 대신에 “사건들의 실질적인 진실에 주목할”(『군주론Il Principe』, 15장) 필요가 있다고 보았다. 물론 이 ‘실질적인 진실’은 과거에 대한 지식을 무시하지 않는다. 과거의 사건들은 본보기가 될 수 있기 때문이다. 과거는 현재의 경험에 접목되면 의미심장해진다. 어떤 의미에서는 마키아벨리 앞에서 그의 동시대인들과 고대인들의 모든 경험이 역사로 변했다고 볼 수 있다. 다시 말해 과거와 현재는 그의 세계관으로 분석해야 할 하나의 유일한 장으로 융합된다. 마키아벨리가 베토리에게 『군주론』의 집필을 예고하며 1513년 12월 10일에 쓴 유명한 편지에서 설명하는 내용을 살펴보면, 고전에 대한 성찰을 일상에 대한 자신의 관심에 적용하면서 생각을 진전시키는 그만의 독특한 사고방식이 한눈에 들어온다. 현실 세계의 끊임없는 접촉과 과거의 위대한 철학자들이 남긴 저서들의 집요한 독서를 접목한 것이 마키아벨리의 저술에 독창성을 부여했다고 볼 수 있다. 예를 들어 체사레 보르자Cesare Borgia의 예가 교훈이 될 수 있다고 본 마키아벨리는 “신생 군주에게 해야 할 충고로 그의 행동을 예시하는 것 외에 어떤 모범적인 지침이 필요할지 모르겠다”(『군주론』7장)고 설명하면서도 한편으로는 과거의 역사가 남긴 교훈, 무엇보다도 공화국 건설 시기의 로마인들이 남긴 교훈을 잊지 말아야 한다고 강조했다.

마키아벨리는 “샤를에게 공략당하고 루이에게 약탈당하고 페르난도에게 모멸당하고 스위스의 용병들에게 유린당한”(『군주론』12장) 이탈리아의 위기가 오히려 “신중하고 역량이 있는 군주에게 자신에게는 영예를, 모든 이탈리아인에게는 유익을 가져다줄 새로운 정치 질서를 제시할 수 있는 기회”(『군주론』26장)를 제공한다고 보았다.

  하지만 마키아벨리는 이러한 생각을 고뇌 속에서 발전시켜야만 했다. 왜냐하면 긍정적인 계기를 마련한다는 것이 얼마나 어려운 일인지, 프랑스와 에스파냐 같은 강대국에 커다란 변화를 가져온 것과 유사한 혁신을 이루어 낸다는 것이 얼마나 어려운 일인지 통감했기 때문이다. 마키아벨리는 『티투스 리비우스의 로마 역사 첫 10권에 대한 담론Discorsi sopra la prima deca di Tito Livio』(이하 『담론』)에 이렇게 기록했다. "프랑스나 에스파냐에서 그랬던 것처럼, 어떤 지방도 공화국이나 왕국에 완전히 종속되지 않은 상태에서는 진정으로 단결하거나 진정으로 행복했던 적이 없다."(『담론』 1권 12장) 마키아벨리에 따르면 장애물은 이탈리아에 산재한 공국들의 심각한 부패, 아울러 이탈리아를 "분열된 상태로 유지해 왔고 유지하고 있는" 교회의 부패였다.

베네데토 크로체Benedetto Croce에 따르면 마키아벨리가 발견한 것은 "정치의 필요성과 자율성"이었다. 마키아벨리는 정치를 인간의 독립적이고 자율적인 행동 영역으로, 즉 이전 세대의 사상가들에게 지대한 영향을 행사하던 법이나 종교적 계율 혹은 도덕적 계율이나 습관 등에 어떤 식으로든 좌우되지 않는 자율적인 영역으로 간주했다. 마키아벨리는 아리스토텔레스처럼 인간이 정치적 동물이며 따라서 한 민족, 한 국가를 구성하는 개인들의 총체로 고려되어야 한다고 보았다. 마키아벨리의 주요 관심사는 사회, 즉 시민이 속한 공적인 성격의 공동체였다. 그가 개인의 문제를 개인적인 차원에서 다루는 윤리학에 관심을 기울이지 않았던 것도 바로 그런 이유에서였다.

마키아벨리에게 사회를 지탱하는 핵심 요소는 법과 법질서에 의해 유지되는 힘의 균형이었다. 가장 우선적으로 보장되어야 하는 것이 사회라는 생각을 초기 저작에서부터 강조했던 마키아벨리는 피렌체가 약소국이라는 점에 대한 우려를 표명하고 용병 체제가 가져오는 악영향에 주목하면서 '자주 방어' 체제를 제안하고 다수의 지지를 얻어 내는 데 성공했다.

군사력은 두말할 나위 없이 중요한 요소였지만 우리가 오늘날 흔히 '동의'라고 부르는 것 역시 못지않게 중요했다. 마키아벨리는 그가 동경하던 프랑스를 칭송하며 이렇게 말했다. "프랑스는 우리가 알고 있는 우리 시대의 다른 어떤 나라보다도 법에 의해 통치되는 왕국이다."(『담론』 1권 58장) 마키아벨리는 나라가, 특히 신생국가가 "깊이 뿌리내리기" 위해서는 지배층보다 "훨씬 더 정직한 목표"를 가지는 민중을 기반으로 구축되어야 한다고 보았다. "지배층은 억압하려 하고 민중은 억압에서 벗어나려 하기" 때문이다. 하지만 모두에게 적용되는 법의 지배하에 살아가는 "정치적 삶"이 선호할 만한 것인 반면 계율 자체를 영원히 불변하는 것으로 볼 수는 없었다. 따라서 "행복한 지배자란 시대의 특성에 어울리는 정책을 추진할 줄 아는 사람"(『군주론』 25장)을 의미했다. 시대의 변화와 행운의 흐름을 파악하는 것이 다름 아닌 정치가의 역량이었다. 로마인들은 역량만으로는 부족하고 행운이 필요하다고 생각했다. 하지만 마키아벨리는 오히려 로마가 법을 제정하고 법질서를 확립하며 성장할 수 있었고 시민들의 역량으로 획득한 패권을 유지할 수 있었다는 사실에서 행운보다는 역량이 훨씬 더 많은 것을 해낼 수 있다는 점에 주목해야 한다고 보았다(『담론』 2권 1장). 그러나 '정치의 자율성'이 정치가 도덕에 우선한다는 뜻은 아니다. 오로지 "부패한 공화국"에서만 정치는 도덕적 속박에서 벗어나 "조국의 생존을 위해 모든 것이 허락되는 상황"에 의존할 수 있다. 이 특별한 경우에, 즉 "조국의 안전이 관건일 때에는 무엇이 옳고 그른지, 무엇이 자비롭고 무엇이 잔혹한 행위인지, 무엇이 칭송할 만하고 무엇이 치욕스러운 일인지 전혀 고민할 필요가 없다. 그 대신에 모든 배려를 포기하고 조국의 생존과 자유를 수호하기 위한 계획에 전적으로 동참해야 한다"(『담론』 3권 41장). 이러한 입장은 한편 키케로가 강조했던 오래된 원칙, 즉 "백성의 생명이 곧 지고의 법Salus populi suprema lex esto"(『법률론De legibus』 III, 3)이라는 원칙이 그대로 적용된 경우라고 볼 수 있다. 키케로는 이러한 원칙을 천명하고 증오의 대상이 되면서 대가를 치렀지만 한편으로는 현대에 들어와서야 발견된 고대사회의 한 특징, 즉 정치에서 종교적인 차원이 본질적이었다는 점을 직관적으로 깨달았던 인물이다.

그런 식으로 마키아벨리 역시 "문명사회 유지를 위한" 종교의 필요성을 깨달았고 종교는 "없어서는 안 될 중요한"(『담론』 1권 11장) 요소라는 점을 인정했지만, 한편으로는 문화적 열정과 애국심을 자극하던 고대인들의 종교가 튼튼한 국가를 정초하는 데 훨씬 더 적합했다는 시대 비판적인 태도를 취했다. 마키아벨리에 따르면, "우리의 종교는 [……] 세상을 칭송하는 일에 무관심하도록", 결

과적으로 세상에서 벌어지는 일에 무관심하도록 만들면서(『담론』2권 2장) 고유
의 원칙으로부터 멀어지고 말았다. 심각한 위기에 빠진 당대의 종교는 "창시자
가 창건한 대로 온전히 유지되지 못했다"(『담론』1권 12장). 이처럼 종교에 중추적
인 기능을 부여하는 입장은 신앙을 왕국의 체재 유지를 위해 단순한 도구로 활
용하려는 국가 차원의 입장과는 완전히 다르다. 후자의 경우는 당연히 정치제
도의 경신이 아니라 옥좌와 제단의 전통적인 동맹을 바탕으로, 아울러 반종교
개혁을 이끌었던 로마교회의 교육 및 문화 기획을 통해 절대군주의 입지를 다
지려는 목적을 가지고 있었다.

2.3 보댕과 절대적 주권

마키아벨리 연구에 깊이 천착했던 법학자 장 보댕이 정치철학에 몰두한 것은
프랑스가 1500년대 후반에 맞이한 사회적 위기 때문이었다. 프랑수아 1세와 앙
리 2세의 뛰어난 통치 이후 가톨릭교도들과 개신교도들 사이에서 벌어진 내전
의 폭풍 속으로 휘말려 들어간 프랑스를 보댕은 "장교들과 선원들이 모두 지쳐
쓰러져 있는 난파 직전의" 함선에 비유했다. 이들을 구조하기 위해 모두가 달려
들어야 할 판국에서, 보댕은 "딱히 할 수 있는 것이 없었기에, 나름대로 국가에
대한 담론을 계획했다."

  하지만 이러한 총체적 난국 속에서도 프랑스는 정치 및 문화 공동체들 간에
존재하는 결속력이 우려했던 것보다 훨씬 더 튼튼하다는 것을 증명해 보이면
서 이들의 개별성을 강화하는 동시에 이들의 유대 관계와 연대성에 국가적인
성격을 확연히 부여하는 데 성공했다. 바로 이러한 차원에서 프랑스에 생명력
을 부여하며 문화 발전을 주도했던 인물들이 라블레François Rabelais, 롱사르Pierre de
Ronsard와 플레이아드Pléiade파의 시인들, 몽테뉴, 그리고 보댕이었다. 사나운 내란
과 포악한 종교적 갈등 속에서도 하나로 뭉칠 줄 알았던 프랑스인들의 저력을
이해하기 위해서는 귀족층이나 고위 종교 지도자층과는 명백하게 다른 성격의

'제3신분Tiers état'이라는 사회계층이 프랑스에 새로운 힘과 자원을 선사하는 데 결정적으로 기여했다는 점을 기억할 필요가 있다. 상업과 금융 사업을 통해 부를 축적한 이 부르주아 계층은 후손들에게 법학을 가르쳤고, 학위를 취득한 차세대는 새로운 경력을 쌓고 공공기관을 장악하면서 새로운 형태의 권력을 구축하는 데 성공했다. 자신들의 지식과 경제적, 사회적 위치에 대단한 자부심을 지녔던 이들은 거의 국가적 차원의 조직망을 형성하며 정치적, 문화적 발전을 주도했다.

보댕 역시 법학을 공부했고 툴루즈 대학에서 10년간 수학한 뒤 파리의 고등법원 변호사가 되었다. 보댕은 국회에서 자신이 그리스도교 신자라는 사실을 밝힌 바 있다. 물론 의원들 대부분은 이러한 태도가 그의 지적 권위를 손상할 뿐이라고 생각했다. 종교에 관해서는 마키아벨리와 본질적으로 다른 견해를 가지고 있었지만 보댕 역시 종교에 사회적 구속력이 있으며 그것이 파괴되어서는 안 된다고 보았다. 물론 그렇다고 해서 국가론을 체계화한 학자로서의 보댕과 『일곱 현자들의 대화Colloquium heptaplomeres』에서 서로 상이한 종교와 사상을 지닌 일곱 현자들의 대화 형식을 고안해 낸 사상가로서의 보댕 사이에 어떤 모순이 존재하는 것은 아니다. 1561년 한 친구에게 "진정한 종교는 정화된 정신을 지닌 진정한 신을 향해 나아가는 일 외에 아무것도 아니다"라고 썼던 보댕은 1576년 블루아에서 열린 삼부회États Généraux에서 극단적인 해결책을 주장하던 가톨릭 연합의 입장을 논박하며 종교적 평화를 열성적으로 주장했다. 하지만 이어서 보댕이 빈번히 무관심한 태도로 일관했던 것은 아마도 어떤 결정을 내리기 위해 모인 정치 회합에서 자신의 입장을 강하게 주장하는 것과 무질서한 대중 속에서 개인적인 입장을 표명하는 것은 전적으로 다른 일이었기 때문일 것이다.

가톨릭 교단의 강한 반대를 무릅쓰고 보댕이 블루아에서 표명했던 입장은 그의 사상이 지니는 가장 핵심적인 측면, 주권을 정치의 가장 고귀한 표현으로 간주하는 측면과 직접적으로 연관된다. 당시에는 황제파의 정치적 이상이 다시 부각되고 있었고 이러한 현상은 무엇보다도 종교개혁에서 비롯된 종교

적 대립의 문제를, 4세기의 콘스탄티누스 황제가 그랬듯이, 그리스도교 세계의
최고 권력자인 황제 카를 5세가 해결해 주기를 바라는 희망에서 비롯되었다.
1500년대 후반부에는 소국의 군주들에게 세속적인 권한과 영적인 권한을 모
두, 다시 말해 당시에는 황제에게만 부여되던 권한을 부여하려는 경향이 나타
났다. 사실상 절대 권력은 오래전부터 프랑스 왕이 지닌 것으로 간주되어 왔고,
옛말처럼 프랑스 왕은 '그의 왕국에서 능가하는 이가 없는' 존재였다. 보댕 역
시 군주제와 군주의 세습제를 지지했다. 물론 당대에 프랑스가 겪은 정치적 상
황들 때문에 대두된 전제였지만 보댕은 국가에 '위기 상황이 닥쳤을 때' 군주의
특별한 조치가 필요할 수 있으며 군주는 공공의 이익이 개인의 이익에 우선한
다는 사실을 누구보다도, 심지어는 법관이나 판사보다도, 더 확실하게 보여 줄
수 있는 사람이라고 생각했다.

보댕은 군주제와 독재 사이에 분명한 차이점이 있지만 폭동이나 무정부 상
태를 미연에 방지하려면 항구적인 질서유지를 목적으로 강력한 조치가 필요하
다고 주장했다. 군주의 권력이 절대적이어야 하는 것도 바로 그런 이유에서였
다. 보댕이 생각했던 군주의 이미지는 태양왕 루이 14세가 마음에 들어 할 만
한 것이었다. 왜냐하면 군주는 백성들에게 거의 모습을 드러내지 않고 신의 지
혜를 모방하며 그의 위대함에 어울리는 삶을 추구하며 살아가도 무방했기 때
문이다. "위대한 이론가"들이 최선책으로 간주했던 혼합형 정부 체제를 비판하
면서 보댕은 이들이 프랑스의 정치체제를 귀족정치와 민주주의와 군주제가 혼
합된 형태로 보는 우를 범했다고 지적했다. "이러한 견해는 무모할 뿐만 아니
라 범죄적이다. 백성들을 군주의 친구이자 동료로 만든다는 것은 사실상 왕의
권위를 침해하는 범죄에 가깝다."(『6권의 국가론Les Six Livres de la République』 6권 4장) 보댕
이 『6권의 국가론』을 내란이 끊이지 않고 절대주의를 반대하던 이들이 지속적
으로 왕권을 위협하던 시기에 집필했다는 점을 감안하면, 신의 권위에 버금가
는 권위를 군주에게 부여하는 일이 프랑스의 몰락을 막기 위해 절대적으로 필
요하다는 그의 생각이 얼마나 진지했는지 이해할 수 있다. 보댕은 『6권의 국가
론』의 결론 부분에서 국가를 인간에, 군주를 인간의 지성에 비유했다. "왕이 필

요 없는 귀족정치와 민주주의는 물론 계속 유지될 수 있고 아무런 문제 없이 국
가를 다스릴 수 있지만 통합될 수는 없으며 내부적인 결속력을 지닐 수도 없다.
그것은 군주가 존재할 때에만 가능하다. 이때 군주는 인체의 모든 부분을 통괄
하고 조화롭게 유지하는 지성에 비유할 수 있다."(『6권의 국가론』 6권 6장)

　　당대의 프랑스 정치 문화가 보댕의 가르침을 실제로 얼마나 진지하게 받아
들였는지는 확인할 수 없지만 분명한 것은 종교전쟁이 막을 내린 뒤 프랑스 왕
국이 다름 아닌 보댕의 구도를 바탕으로 재건되고 유럽의 여러 군주국에 모범
을 보이며 발전했다는 사실이다.

3

16세기와 17세기의
정치와 유토피아

3.1   토머스 모어의 『유토피아』

철학자이자 잉글랜드의 대법관이었던 토머스 모어(Thomas More, 1478~1535)는 잉글랜드 왕 헨리 8세가 후손을 낳지 못하는 왕비와의 이혼을 정당화하기 위해 로마교황청과 관계를 단절하고 잉글랜드 교회에 대한 모든 권한이 국왕에게 있음을 선포한 '수장령Acts of Supremacy'을 거부하면서 반역죄로 투옥된 뒤 형장의 이슬로 사라졌다.

정치적 부패의 희생양이었던 모어의 유명한 저서 『유토피아』는 유토피아라는 상상의 섬에 평등성을 원칙으로 세워진 완전한 나라에 관한 이야기로, 뢰번Leuven에서 1516년에 『최상의 국가 형태와 새로운 섬 유토피아에 관하여De optimo rei publicae statu deque nova insula Utopia』라는 제목으로 출판되었다. 유토피아utopia는 '아니'라는 뜻의 그리스어 접두어 ou와 '장소'를 뜻하는 tópos의 합성어다. 하지만 모어가 묘사하는 '유토피아'는 정의와 이성을 토대로 하는 이상적인 국가를 상징한다. 따라서 유토피아라는 말은 '존재하지 않는 나라'라는 문자적인 의미

외에도 '좋다'는 뜻의 eu로 시작하는 유토피아eutopia, 즉 '좋은 곳'을 가리키기도
한다.

철학사가 마르게리타 이스나르디 파렌테Margherita Isnardi Parente가 주목했던 것
처럼 모어의 책은 당시에 출판되던 정치철학 저서들과는 전적으로 다른 두 가
지 새로운 요소를 가지고 있었다. 첫째는 흔히 군주가 취해야 할 정치적 행동
의 이상적인 규범을 제시하는 데에 그치던 '군주의 거울speculum principis'이라는 장
르 대신, 그릇된 방식으로 통치되고 난폭한 전쟁이 난무하는 유럽과는 달리 조
화롭고 이성적인 구조를 갖춘 행복하고 이상적인 도시의 청사진을 제시했다는
점이다. 두 번째는 모어가 '군주를 향한 권유'라는 양식 대신 훌륭한 국가에 대
한 이론적이면서도 구체적인 관점을 제시했다는 점, 다시 말해 문제가 많은 현
실이 전복된 상황을 모형으로 최상의 공화국이라는 이상적인 패러다임을 제시
했다는 사실이다.

『유토피아』는 모어 자신과 그의 친구 피터 자일스Peter Giles, 그리고 가상의 포
르투갈 탐험가 라파엘 히틀로데우스Raphael Hythlodaeus와의 대화로 이루어진다.
모어가 핵심적인 역할을 맡기는 인물은 이름이 허풍쟁이라는 뜻을 가지고 있
을 뿐 아메리고 베스푸치와 함께 여행하면서 원주민들과 접촉하는 등 많은 경
험을 쌓은 탐험가이자 라틴어와 그리스어에 능통하며 철학에도 일가견이 있고
정치적인 문제를 날카롭게 분석할 줄 아는 히틀로데우스다.

3.2   유럽의 정치 비판과 완벽한 국가 모형 제시

모어의 『유토피아』는 2부로 나뉜다. 1부는 당대의 유럽 정치체제 및 국가 운영
방식에 대한 날카로운 비판으로, 2부는 유토피아 섬에 세워진 이상적인 공화국
에 대한 묘사로 이루어진다.

모어는 그가 살던 유럽 사회가 뿌리부터 부패한 사회라고 생각했다. 통치자
들은 억압 정치를 일삼았고 정복을 유일한 목적으로 하는 전쟁이 끊이지 않았

다. 그가 올바른 사회의 존재를 아주 먼 곳에, 존재하지 않는 것과 다를 바 없는 섬에서나 가능한 사회로 상상했던 것도 바로 그런 이유에서였다. 히틀로데우스의 입을 빌려 모어는 유럽의 욕심 많고 부패한 군주들을 병을 고치는 대신 더 무시무시한 병을 안겨 주는 무능한 의사에 비유했다. 아울러 모어는 도둑과 살인자의 구분 없이 무조건적으로 적용되던 사형제도를 신랄하게 비판했다. 무엇보다도 한 인간의 삶이 그가 훔친 돈보다는 훨씬 값진 자산이라고 강조했다. 이어서 모어는 모든 범죄가 동일한 정도로 심각한 것은 아닌 만큼 처벌의 차별화가 요구되고, 살인이 절도보다 심각한 범죄임에 틀림없다면 여기에 똑같은 벌을 적용하는 것은 있을 수 없는 일이라고 주장했다.

아울러 모어는 농민들이 농사를 지어야 할 땅에 정책적으로 울타리를 치고 목초지를 만들게 한 조치가 결과적으로는 농부들을 그들의 땅에서 쫓아내고 또 다른 형태의 가난뿐 아니라 도적질과 약탈을 확산시켰다고 비판했다. 서민들의 저속하고 열악한 삶은 결국 정치가들과 지배자들의 탐욕에서 비롯된다는 것이었다. 그는 서민들의 가난이 전쟁을 도구화하려는 정치체제와 가혹한 세금 제도로 인해 더욱 악화될 수밖에 없다고 보았다.

모어는 그가 불평등과 불의의 원인으로 지목했던 사유재산제도를 날카롭게 비판하면서 소수의 법조항만을 바탕으로 어느 누구에게도 부족함이 없도록 자산이 동등하게 배분되는 시민사회를 고안해 냈다. 모어는 이 유토피아 이야기를 뒷받침하기 위해 플라톤의 생각을 근거로 제시했다. 모어는 플라톤이 국가가 생존할 수 있는 유일한 길은 시민들의 평등성이며 재산이 개인의 소유로 남아 있는 한 평등성은 결코 유지될 수 없다는 것을 누구보다도 잘 알고 있었다고 보았다. 사유재산이야말로 시기심과 탐욕을 유발하는 근본적인 원인이며 부를 축적하도록 부추기는 욕망의 용수철이자 분쟁과 가난의 창궐을 조장하는 동기였다. 모어는 자산의 이성적이고 균등한 배분이 필연적으로 모든 유형의 사유재산제도를 완전히 폐지해야만 이루어질 수 있다고 보았다. 탐욕에서 직접적으로 비롯되는 것이 바로 정복을 유일한 목적으로 하는 전쟁이었고 전쟁은 대량 살생과 자산의 탕진, 가난과 분쟁의 창궐로 이어질 뿐이었다. 여기서도 모어는 한 유토피아 국가가 전쟁이 가져다주는 심각하게 불리한 결과와 얻는 것보다 잃는 것이 더 많다는 사실을 바탕으로 정복 전쟁을 포기하는 정반대의 경우를 예로 제시했다.

2부는 유토피아 섬의 묘사로 이루어진다. 이 섬에는 54개의 도시가 있으며 각각의 도시는 네 구역으로 나뉜다. 잉글랜드가 54개의 군으로 나뉘어 있다는 점에서 유사성을 찾아볼 수 있다. 유토피아의 법관은 일 년 동안 공직에 머물 수 있었고 30가구의 구성원들 가운데 한 명이 선거를 통해 선출되었다. 열 명의 법관이 모여 공동체를 형성했고 공동체를 이끄는 수장이 존재했다. 법관들에 의해 선출되는 군주는 종신제였고 국민들이 국회에 제시한 네 명의 인물 가운데 한 명을 선출했다. 모든 도시의 중심에는 시장으로 활용되는 광장이 존재했고 여기서 가족 단위로 제출되는 각양각색의 생산품들이 공평하게 '필요'를 기준으로 배분되었다. 유토피아의 시민들은 공공장소에 모여 같이 식사를 나누었지만 사회의 최소 단위는 가족이었고 이를 유지하는 수단은 위계질서였다. 남자들 가운데 최연장자가 가부장 역할을 했고 아내는 남편에게, 자식들은 부모에게 종속되었다. 모든 시민은 번갈아서 시골로 이동해 2년 동안 머물며 노동에 종사했다. 모두가 각자의 직업을 가지고 있었고 노동시간은 여섯 시간이었다. 남는 시간을 사람들은 공부에 할애했다. 사유재산은 금지되었고 적들이 침공하지 않는 이상 전쟁은 일어나지 않았다.

문학적 유토피아

유토피아는 근대에 들어와서 속출하던 아주 다양하고 이질적인 문학작품들의 주제로 각광받으면서 독립적인 문학 장르로 발전했다. '유토피아'는 다름 아닌 머나먼 미지의 세계, 따라서 현 세상과는 전혀 다른 구도를 지닌 세계로의 여행이나 탐험을 다루는 문학 장르였다. 심지어는 달과 태양을 탐험하기도 하고 때로는 꿈속을 여행하거나 타임머신을 타고 인류의 미래를 방문하는 것이 가능했다. 하지만 시간이 흐르면서 모어에게서 찾아볼 수 있었던 윤리적이고 역사적인 차원의 진지한 유토피아는 점점 사라지고 상상력이 가장 중요한 요소로 부각했다. 결국에는 모어가 그의 『유토피아』를 끝내면서 남긴 "희망하기보다는 욕망할 뿐"이라는 유명한 말이 그대로 실현되었던 셈이다.

  상상의 세계에 주목하는 성향은 일찍부터 정체를 드러냈다. 1611년에 출간된 『랜들 콧그레이브*Randle Cotgrave* 불-영 사전』에서는 유토피아를 '상상의 장소 혹은 나라'로 정의했고 이와 유사한 정의를 1700년대의 프랑스 사전들, 예를 들어 1752년의 『드 트레보 사전*Dictionnaire de Trévoux*』이나 1799년의 『아카데미 프랑세즈 사전*Dictionnaire de l'Académie Française*』에서 찾아볼 수 있다. 이어서 유토피아 개념은, '비판적-유토피아적 사회주의', 즉 본보기가 되는 공동체의 역할에 주목했지만 사회의 실질적인 변화를 꿈꾸었던 생시몽*Claude-Henri de Rouvroy de Saint-Simon*, 푸리에*François Marie Charles Fourier*, 오언*Robert Owen* 같은 사회주의자들의 주장을 통해 다시 등장했다. 하지만 이들의 입장을 여전히 상상력에 의존하는 프롤레타리아 계급의 성숙하지 못한 사회주의에나 어울린다고 주장했다(『공산당 선언*Manifesto of the Communist Party*』 III, 3). 더 나아가서 '유토피아'는 비현실적인 것, 실현 불가능한 것, 꿈, 환상 등으로 전락했고 이러한 현상은 다름 아닌 소련에서 필연적으로 실패할 수밖에 없었던 유토피아 건설 시도를 통해 극명하게 나타났다. 소련은 '유토피아'라는 모형을 사회 체제에 적용하지 말았어야 했다. 물론 소련은 자본을 보유하는 지배계층의 제거를 통해 계급이 없고 모든 면에서 전적으로 평등한 사회를 건설하려는 마르크스의 계획을 기반으로 출발했지만 당의 독재와 스탈린의 독재주의하에서 붕괴되기 시작했고 결국에는 억압적이고 타락한 사회, 유토피아와 정반대인 디스토피아로 전락했다.

그런 식으로 유토피아는 '멋지지만 실현 불가능한' 세계라는 부정적인 개념으로 발전했고 일반 대중뿐만 아니라 지식인들도 '유토피아적'인 것은 곧 실현 불가능한 것으로 이해하기 시작했다. 이러한 현상은 결국 19세기 중반부터 '유토피아'에 맞서 싸우기 시작한 자본주의 및 부르주아사회의 투쟁으로 이어졌다. 사람들은 '유토피아는 죽었다'고 쓰고 외쳤다.

유토피아는 이어서 카를 만하임Karl Mannheim의 『이데올로기와 유토피아Ideologie und Utopie』(1929년)를 통해 처음으로 철학적이고 문학적인 단계를 뛰어넘어 역사적인 요인으로, 파괴적인 동시에 창조적이며 추진력을 지닌 요소로 인지되기 시작했다. 뒤이어 에른스트 블로흐Ernst Bloch 역시 『희망의 원리Das Prinzip Hoffnung』(1954~1959년)에서 유토피아를 인류가 역사 속에서 해방되어 가는 과정의 핵심 요인으로 간주했다. 유토피아는 최근의 연구를 통해 정의 사회 건설을 위한 역사적 차원의 원대한 계획으로 인식되면서 원래의 역사적이고 역동적인 의미를 회복하는 단계에 이르렀다.

유토피아와 정반대인 디스토피아는 오히려 타락한 사회의 모형으로 기능했다. 존 스튜어트 밀John Stuart Mill이 유토피아에 반대하며 처음으로 도입했던 이 디스토피아라는 용어는 이어서 안티유토피아, 반유토피아 등의 용어로 대체되었다. 유토피아 문학에서 이 디스토피아를 모형으로 쓴 작품에는 조너선 스위프트Jonathan Swift의 『걸리버 여행기』나 새뮤얼 버틀러Samuel Butler의 『에레혼Erewhon』 등이 있다. 이런 작품들은 도덕적인 차원에서 교훈이나 본보기로 삼을 수 없는 예들을 제시할 목적으로 쓰이는 것이 일반적이었다. 20세기에 들어와서는 실제로 인류를 위협할 수 있는 위험한 형태의 사회들이 등장했다. 가장 대표적인 예는 소련 사회다. 정체불명의 사회주의가 아이러니하게도 '유일하게 현실적인' 사회주의임을 호소하고 정통성을 자랑하며 억압적이고 공격적인 방식으로 문화를 장악했던 것이 바로 소련 사회다. 반면에 기술적인 차원에서 비인간적인 사회와 부르주아적인 민주주의 사회의 위험에 주목하며 헉슬리Aldous Leonard Huxley는 『멋진 신세계』를, 오웰George Orwell은 『1984』를 출판했다.

라 보에시의 자발적 복종과 우정

『자발적 복종에 관한 담론Discours de la servitude volontaire』(1576년)에서 나타나는 에티엔 드 라 보에시(Étienne de La Boétie, 1530-1563년)의 정치사상에는 하나의 분명하고 구체적인 관점이, '1인의 권력은 비이성적'이라는 관점이 고정되어 있다. 이러한 생각을 바탕으로 라 보에시는 상당히 파격적인 결론을 도출해 냈다. 즉 독재 체제는 정부가 부패하는 과정에서 도달하게 되는 특정 단계의 통치 체계가 아니라는 것이었다. 라 보에시에 따르면, "모든 것이 한 사람의 소유인 통치 체제 안에서 공공의 것이 있다고는 보기 어렵다. 모든 것이 한 사람에 의해 좌우될 때 공화국은 존재하지 않는다." 그가 『자발적 복종에 관한 담론』에서 보여 주는 것은 독재정치에 대한 단순한 거부감이나 푸념이 아니라 정치-사회적인 악의 뿌리, 즉 '자발적 복종'에 대한 인식의 필요성이다. 라 보에시에 따르면, 한 사람의 소유를 보편적 자산으로 보는 돌이킬 수 없는 오류와 독재가 가져오는 불가항력적인 피해 및 학살의 무시무시한 힘이 독재 권력의 본질 속에 실재하지만 이 모든 것은 오로지 또 하나의 어둡고 불가항력적인 힘, 즉 다수의 동의라는 힘이 독재를 허락할 때에만 가능하다. 결국 독재자의 힘은 상부의 명령으로 위임된 것이 아니라 민중에게서, 즉 한 사람의 권력을 창출하는 보편적인 동의에서 온다고 보아야 한다. 그런 의미에서 민중은 스스로에게 부여하는 노예성의 주체인 동시에 배우다. 자발적으로 추상적 보편성의 노예임을 자처하고 스스로를 사슬에 묶는 민중은 결국 인류의 원천적인 통일성과 보편성을 남용하는 존재, 즉 독재자라는 보편적 실체로 육화된다. 라 보에시는 사람들이 더 큰 힘을 지닌 존재에게 어쩔 수 없이 복종하는 것이 아니라 "단 한 사람의 이름에 매료된 상태에서, 거의 현혹된 상태에서" 복종한다고 보았다.

아울러 라 보에시는 정치와 권력의 관계에 내재하는 병적인 요소가 바로 국가의 입장에서 독재자에게 '선사'하는 것들 속에 포함되어 있다고 보았다. 그는 한 나라의 국민이 다방면에서 뛰어난 인물을 발견하고 그가 용기와 지혜를 겸비한 사람이기 때문에 통치자로서의 자질을 갖춘 인물이라 판단하고 그를 믿고 그에게 복종하면서 결국 그에게 "일종의 절대적 권력을 부여하게" 되는 과정에 주목했다. 라 보에시는 여기서 절대 권력이란 바로 더 이상 돌이킬 수 없는 지점을 의미한다고 보았다. 라 보에시는 이렇게 호소했다. "그가 일을 훌륭하게 해내고 있는 곳에서 일을 망칠 수도 있는 곳으로 데려다 놓는 것이 과연 현명한 처사인지 모르겠다." 왜냐하면 훌륭한 사람 역시 정치적 악과 이 악에서 비롯되는 질병에 노출되어 있었기 때문이다. 정치적 질병이란 우정과 신뢰를 바탕으로 하는 출발 시점의 사회 혹은 우정의 정치를 뒷받침하는 평등성의 왜곡과 변질을 의미한다. 라 보에시에 따르면, 독재 정치의 기괴함은 지배자와 피지배자의 관계가 아니라 오히려 기본적인 인간관계가 왜곡되는 과정의 절정에서 본색을 드러낸다. 바로 이 독재의 기괴함이 자유롭게 태어난 '인간의 도시'를 황폐하게 만들고 모두를 사슬에 가두어 버린다. 독재는 자유와 이성의 기나긴 밤을 의미한다. 이 어두움 속에서 "둔감해진 민족"이 "믿기 위해" 스스로에게 거짓말과 미신을 지어내는 것이다.

하지만 질병이 발생하는 경로에는 항상 치료의 가능성 혹은 단서가 남아 있기 마련이다. 라 보에시는 독재자의 힘이 정말 민중의 손과 눈과 귀에 달려 있다면, 독재자의 권력이 정말 민중의 동의에서 비롯된다면, 그렇다면 이 "비인간적이고 부당한" 힘과 완강하게 맞서 싸우고 이에 능동적으로 저항해야 할 필요가 있다고 보았다. 그는 "더 이상 복종하지 않는 것만으로도" 독재를 무너트릴 수 있다고 생각했다.

그는 진흙으로 쌓아 올린 이 거대하고 기괴한 조각상의 파괴와 독재 체제의 불법화 과정이 변질과 왜곡을 통해 이질화된 것을 복원시키는 과정, 인간이 자신의 자연적인 권리를 되찾는 재정복의 과정과 일치한다고 보았다. 그래야만 야수로부터 진정한 인간으로, 즉 자유의 주체로 돌아올 수 있었다. 그는 불평등한 평등성이야말로 보편적 형제애의 진정한 기반이 될 수 있으며 오히려 서로를 타자로 인정할 수 있는 근거가 된다고 보았다.

『자발적 복종에 관한 담론』의 기반을 구축하는 '완벽한 우정'이라는 정치적인 차원의 개념은 몽테뉴의 『우정에 관하여De l'amitié』 마지막 부분에서 '우정의 정치'에 관한 묘사를 통해 드러나는 복합적인 정치 이론의 생성 요소로 기능하게 된다. 『자발적 복종에 관한 담론』의 핵심은 사실상 몽테뉴가 주목했던 것처럼 독재의 잠재성을 무효화할 수 있는 사회적 평화의 탐색이었다. 라 보에시는 공동의 의지와 우정의 신성함을 칭송하면서 우정과 신뢰를 바탕으로 하는 공동의 의지가 곧 정당한 사회의 세포이자 사회의 결속력, 통일성, 평화의 세포라고 주장했다.

『자발적 복종에 관한 담론』에 담겨 있는 메시지를 좀 더 분명하게 이해할 수 있도록 도와주는 것은 바로 몽테뉴의 해석이다. "아무것도 그것의 동종이 존재하는 한 극단으로 치닫지 않는다. 내가 어떤 이를 다른 이와 마찬가지로 사랑하고 이들이 서로를 사랑할 뿐 아니라 내가 그들을 사랑하듯 나를 사랑한다고 믿을 수 있다면 이로써 세상에서 가장 굳건하게 하나로 뭉쳐 있는 것을 더 많은 형제들이 공유할 수 있도록 만드는 셈이다."(『수상록』 I, 28)

4

신세계의 등장을 마주한 철학

4.1 타자

몽테뉴는 그의 『수상록*Les Essais*』(1580년, 1582년, 1588년에 출판된 세 종류의 판본이 있다) 3권 6장, 「마차에 관하여」에서 유럽이 아메리카 대륙을 무력으로 정복하고 약탈한 방식과 과정을 신랄하게 비판한 바 있다. 몽테뉴는 에스파냐 귀족들의 식민지 정복 과정에서 드러난 이들의 지배욕과 소유욕을 묘사하는 데에 그치지 않고 이들이 원주민들을 동화하고 노예화한 방식 자체에 문제점이 있음을 지적했다. 몽테뉴가 주목했던 것들은 1492년의 신대륙 발견과 함께 드러난 상이한 문화의 '차이점'을 주제로 시작된 철학적, 법적, 신학적 논쟁의 가장 핵심적인 문제들이었다. 몽테뉴는 에스파냐를 비롯해 전 유럽과 모든 문명사회의 인간적 특성들을 피정복자인 원주민들 역시 가지고 있다고 주장했다. 그는 아메리카 대륙의 원주민이 본성적으로 유럽인에 비해 결코 뒤처지지 않는 정신적, 지적 능력의 소유자임을 인정할 필요가 있다고 주장했다. 하지만 몽테뉴처럼 신대륙의 원주민들을 긍정적으로 바라보는 관점은 16세기 내내 어떤 주목도 받지 못했다. 사실상 신대륙 발견이 구대륙에 안겨 준 문제는 신대륙의 원주민처럼 절대적으로 다른 '타자'의 법적, 철학적, 신학적 위상의 문제였다. 유럽의 근대화에 결정적인 역할을 한 신대륙 발견과 정복 및 식민지화 과정은 당시의 유럽인들에게 그들이 상상했던 것보다 훨씬 더 크고 이질적인 세계, 절대적으로 새로운 양태의 믿음과 사회적 관례, 전적으로 다른 가치관과 삶의 양식이 지배하는 세계를 펼쳐 보였다.

4.2 크리스토퍼 콜럼버스가 바라본 '타자'

신세계 발견과 복음화를 목적으로 아메리카 대륙을 향해 네 번에 걸친 탐험을 감행하면서 산살바도르섬과 케이맨제도를 발견하고 온두라스, 니카라과, 코스타리카의 땅을 밟았던 크리스토퍼 콜럼버스(1451~1506년)가 원주민들과 유지했던 관계는 극단적으로 형식적이었다. 츠베탄 토도로프Tzvetan Todorov는 그의 『아메리카 정복, '타자'의 문제*La Conquête de l'Amérique: la question de l'autre*』(1984년)에서 콜럼버스가 신대륙의 원주민들을 에스파냐 사람들과 '다를 바 없는' 인간으로, 즉 유럽인과 동일한 생활 습관 및 사회적, 윤리적, 종교적 가치를 수용할 수 있는 잠재력을 가진 인종으로 간주했을 수도 있지만 이들을 '다른' 인간, 즉 열등한 인간으로 보았을 가능성도 충분히 있다고 지적했다. 실제로 콜럼버스는 원주민들이 동화하지 않으면 열등한 존재로 취급할 수밖에 없다는 편협한 사고를 가졌을 뿐 아니라 그의 『항해 일지』를 통해 확인할 수 있듯이 원주민들의 행동을 단순히 선과 악의 이원론적 관점에서만 바라보는 습관을 가지고 있었다. 다시 말해 원주민들이 복종하고 개종하려는 의지를 보이느냐 마느냐에 따라, 혹은 너그럽고 순종적인 태도를 보이느냐 마느냐에 따라 좋고 나쁨을 판단했던 것이다.

　콜럼버스가 경험했던 것처럼, 유럽인들은 신대륙 원주민들과의 문화적 차이를 윤리적이고 종교적인 차원에서, 그리고 지적이고 법적인 차원에서 자신들이 절대적으로 우월하다는 전제하에 경험하기 시작했다. 하지만 이러한 경험은 결국 신대륙 원주민들의 인류학적인 위상과 이들이 과연 '인간으로' 간주될 만한 자격 내지 권리를 가지고 있는가라는 문제를 검토하는 단계로 이어졌다.

4.3 수도사 몬테시노스의 엔코미엔다 반대론

우월성을 주장하는 정복자들의 입장을 적나라하게 보여 주는 것은 법학자 팔라시오스 루비오스(Juan López de Palacios Rubios, 1450~1524년)가 작성했던 '통지서Requerimiento'의 내용이다. 이 문서의 목적은 에스파냐인들의 입장에서 그들의 신대륙 정복 행위를 법적으로 정당화하는 것이었다. 통지서는 원주민들 앞에서 낭독되었고 이들이 통지서의 내용을 수용하면 노예로 전락하는 것을 피할 수 있었다.

'통지서'의 서두를 장식하는 논제는 분명하게 종교적인 색채를 띠고 있었다. 이 문서의 저자는 그리스도가 베드로에게 모든 것을 위임했고, 이어서 베드로가 그의 권력을 교황들에게 위임했으며 다름 아닌 당대의 교황이 에스파냐와 포르투갈의 정복자들에게 아메리카 대륙의 소유를 허락했다는 주장을 펼쳤다. 신이 신대륙 정복과 식민지화를 허락한 만큼, 원주민들이 신의 뜻을 받아들이기만 한다면 정복자들의 입장에서 신대륙을 소유하는 것은 지극히 정당하다는 것이었다. 이러한 논리를 토도로프는 이렇게 평가했다. "원주민들에게는 선택의 기회가 주어졌지만 어떤 경우에든 노예가 되는 것을 피할 수 없었다. 자유의지로 노예가 되거나 강제로 노예가 되는 차이가 있었을 뿐이다."(『아메리카 정복. '타자'의 문제』)

물론 500여 년 전에 원주민들을 향한 정복자들의 횡포와 남용과 폭력과 학대를 거부하는 목소리가 전무했으리라고 보는 것은 틀린 생각이다. 예를 들어 도미니크회의 수도사 안토니오 데 몬테시노스(Antonio de Montesinos, 1475~1540년)는 1511년 12월 21일 히스파니올라섬에서 설교를 통해 정복자들이 원주민들을 잔인하게 취급하는 행위의 도덕적 정당성에 의문을 제기하며 원주민들의 노예화를 강렬히 반대한 바 있다. 몬테시노스의 날카로운 비판은 에스파냐 정복자들의 노예화 정책이 지닌 문제점들을 그대로 노출시켰고 그가 제기한 관점들은 뒤이어 신대륙 원주민들에 대한 철학적, 신학적, 법률적 논쟁의 핵심 논제로 채택되었다.

단상에 선 몬테시노스는 정복자들을 향해 무슨 권리로 원주민들을 노예화하고 무슨 권위로 전쟁을 일으키며 무슨 근거로 비인간적인 노역을 강요하면서 음식조차 제공하지 않느냐고 외쳤다. 정복자들의 폭력성을 신랄하게 비판하면서 몬테시노스가 의도했던 것은 노예제도뿐만 아니라 '엔코미엔다encomienda'에 대한 공개적인 비판과 단죄였다. 엔코미엔다는 에스파냐 정복자들에게 그들이 정복한 영토를 법적으로 양도하기 위한 정책적이고 형식적인 절차였지만 실제로는 지역 원주민들의 착취와 혹사와 노예화라는 결과로 이어지고 있었다.

정복자들의 횡포와 폭력에 반대했던 또 다른 인물은 교황 바오로 3세다. 1537년 6월 2일에 발행한 교서「숭고한 신Sublimis Deus」을 통해 교황은 그리스도교의 보편성이라는 원칙을 내세워 노예제도를 단죄하고 신세계에서 실행되던 노예화 정책을 금지했다. 바오로 3세는 원주민들 역시 진정한 의미에서 인간이며 그리스도교의 신앙을 이해하고 받아들일 수 있을 뿐 아니라 그들의 땅에 대한 그들만의 권리를 자유롭게 행사할 수 있다고 주장했다.

4.4   프란시스코 데 비토리아와 원주민 문제

시간이 흐르면서 신세계의 정복자들과 피정복자들의 관계라는 문제에 법학적, 신학적, 철학적 차원의 이론적 기틀을 제공했던 이들은 살라망카 대학의 학자들이었다. 살라망카학파를 대표하는 인물은 프란시스코 데 비토리아(Francisco de Vitoria, 1483~1546년)다. 도미니크회의 신학자이자 철학자였던 그는 파리에서 신학과 철학을 공부한 뒤 1526년부터 살라망카 대학에서 교편을 잡았고 이곳에서 1532년에 『원주민에 관하여*De Indis*』와 『전쟁의 정당성에 관하여*De Iure Belli*』라는 제목의 강의록들을 출판했다.

『원주민에 관하여』에서 데 비토리아는 원주민과 관련된 문제들이 실정법의 관점이 아니라 자연법의 관점에서 다루어져야 한다고 주장했다. 그는 아리스토텔레스, 아우구스티누스, 토마스 아퀴나스와 같은 사상가들의 글을 인용하면서 신대륙의 원주민들이 비록 그리스도교도가 못 되고 지적 수준이 낮다 하더라도 공공재산 및 사유재산을 소유할 권리를 지니며 그런 의미에서 그리스도교도들이 신대륙의 원주민들을 착취하는 것은 옳지 않다고 주장했다. 원주민들이 세상을 다스리는 일에 선천적으로 재주가 없다고 평가하는 이들을 향해 데 비토리아는 아이러니하게 아리스토텔레스가 토착민들이 자연적인 노예로 태어났다고 가르친 적도 없고, 지적으로 모자란 사람들을 노예로 만들거나 그들의 재산을 빼앗는 일이 옳다고 가르친 적도 없다고 답변했다. 데 비토리아는 신대륙의 원주민들이 본성적으로 지배자보다는 피지배자의 역할을 선호하는 것이 사실이지만 바로 그런 이유에서 자신들의 예속 상태를 선택할 수 있는 권리를 지닌다고 보았다. 무엇보다도 에스파냐의 정복자들이 신대륙에 도착하기 전에는 원주민들 역시 그들의 땅과 재산에 대한 권리를 충분히 행사하면서 살았을 것이 분명했기 때문이다. 데 비토리아는 이어서 신세계 정복을 정당화할 목적으로 부당하게 제시되던 주장들을 상세히 검토하고 비판했다. 예를 들어 그는 교황들의 보편적인 권력이 왕과 정복자들에게 전수되는 것이 지극히 자연스러운 일이라는 '통지서'의 논리가 부당하다고 선포했다.

데 비토리아는 교황의 세속적인 권위가 영적인 권위를 바탕으로만 인정될 수 있으며 그리스도교가 전파되지 않은 땅에서 교황의 권위는 실질적인 효력을 전혀 발휘하지 못한다고 보았다. 아울러 황제라는 존재도 온 세상의 황제를 의미한다고 볼 수 없었다. 인간은 자연법의 관점에서 전적으로 자유로운 존재였다.

데 비토리아는 신세계 정복을 정당화할 목적으로 부당하게 제시되던 또 다른 주장들 가운데 주인이 없는 땅은 치자하는 자가 주인이라는 논리, 탄압이 불가피한 것은 원주민들이 그리스도교 개종을 거부하기 때문이라는 논리, 원주민들이 동족 포식이나 음행, 근친상간 등을 일삼는 '죄인'들이기 때문이라는 논리, 혹은 원주민들 스스로가 에스파냐에 예속되기를 원한다는 논리, 에스파냐 정복자들이 신대륙을 차지하는 것은 신의 뜻이라는 논리 등을 모두 거부했다. 데 비토리아는 분석적으로 이러한 논리들이 아무런 근거도 가지고 있지 않다는 것을 증명해 보였다.

　반면에 신대륙 영토의 소유 내지 공유가 정당화될 수 있는 경우들은 토지 소유가 사람들의 자연스러운 친화와 소통을 바탕으로 이루어질 경우, 여행을 하거나 상행위를 할 수 있는 자유나 권리가 관건인 경우, 혹은 원주민들이 공격해 오거나 탐험가들을 직접적으로 위협하는 적대적인 행동을 취하는 경우 등이었다. 아울러 그 자체로 정당성을 인정할 필요가 있는 것은 그리스도교 포교의 당위성과 원주민들이 에스파냐의 통치를 스스로 수용할 수도 있다는 잠재력의 논리였다. 데 비토리아는 후자의 경우가 충분히 정당화될 수 있다고 보았지만 가능성에 불과한 것을 확실한 사실로 해석해서는 안 되며 무엇보다도 모든 것이 원주민들에게 유익한 방향으로 이루어진다는 조건하에서만 실현될 수 있다는 점을 강조했다.

　『원주민에 관하여』에서 다루어진 논제들은 『전쟁의 정당성에 관하여』에서 언급되는 것들과 밀접한 연관성을 가지고 있다. 후자의 경우에도 데 비토리아가 다루는 것은 전쟁의 원인과 목적의 '부당성'이다.

　데 비토리아에 따르면, 그리스도교도들은 전쟁 행위가 어떤 피해 사실을 근거로 정당화될 수 있을 때에만 전쟁을 일으킬 수 있었다. 아울러 전쟁은 통치자들이 백성들의 자연적인 권리가 위협받았다고 판단했을 때에만 정당화될 수 있었다. 승리를 만끽하기 위한 전쟁이나 통치자들에게 더 많은 권력을 안겨 주기 위한 전쟁은 어떤 경우에든 용납될 수 없었다. 그런 의미에서 전쟁은 오로지 공동체의 안전과 공공재산의 수호를 목적으로 할 때에만 정당하다고 할 수 있었다. 따라서 신세계 정복의 정당성이라는 문제에 대한 데 비토리아의 답변은 원주민들의 삶과 토지에 대한 그들의 권리를 보호할 수 있는 보편적인 '만민법

ius gentium'의 구축 필요성이었다고 볼 수 있다.

4.5 원주민들의 수호자 라스 카사스

도미니크 수도회의 신부 바르톨로메 데 라스 카사스(1484~1566년)는 신대륙 원
주민들과 관련된 문제들을 다루면서 데 비토리아보다 훨씬 더 급진적인 입장
을 취했던 인물이다. 1502년 신대륙에 도달한 라스 카사스는 1510년에 사제로
임명되었고 1544년에 멕시코 치아파스의 주교로 선임되었다.

원주민 문제에 관한 논쟁은 1550년의 이른바 바야돌리드 논쟁을 통해 극단
적으로 치닫게 된다. 라스 카사스가 비판의 표적으로 삼았던 인물은 원주민들
을 정복하기 위한 전쟁의 정당성을 내세우며 원주민들이 정복자들에게 굴복해
야 할 의무가 있다고 주장했던 후안 히네스 데 세풀베다(1490~1573년)다. 이 두
인물 간의 논쟁은 세풀베다가 자신의 입장을 밝히기 위해 출판한 『전쟁의 정당
한 원인에 관하여*Democrates, sive de justi belli causis*』(1544년)의 내용에 라스 카사스가 강
렬한 반대 의사를 표명하면서 시작되었다. 세풀베다는 실제로 신대륙의 원주
민들이 우상숭배자들이며, 결과적으로 죄인이고 야만적이며 지적으로 열등하
기 때문에 에스파냐 정복자들에게 굴복할 수밖에 없는 운명을 타고났다는 식
의 몇몇 전제들을 바탕으로 신세계 정복 전쟁을 정당화했다.

세풀베다에 따르면 원주민들은 그리스도교 신앙을 받아들일 수밖에 없는 처
치에 놓여 있었고, 이것이 곧 그들이 굴복할 수밖에 없는 또 하나의 이유였다.
아울러 원주민들은 인간을 희생양으로 삼아 번제를 드렸기 때문에 정의로울
수 없다는 문제를 안고 있었다. 이 모든 전제를 라스 카사스는 바야돌리드 논쟁
집행부에 제출한 『변론*Apologia*』에서 교부철학과 스콜라철학 및 성경 구절들을
인용하며 치밀하고 신랄하게 비판했다. 중요한 것은 라스 카사스가 몇몇 논제
들을 통해 자연적 이성이라는 개념에 호소하면서 에스파냐 정복자들의 입장과
신대륙 원주민들의 입장을 동일한 차원으로 올려놓는 데 성공했다는 사실이다.

라스 카사스는 모든 인간이 신에 관한 생각 혹은 무언가 완벽한 것에 대한 생각을 가지고 있으며 그 완벽한 존재를 능력껏 나름대로 아끼고 숭배하기 위해 노력한다고 보았다. 따라서 인간을 희생양으로 삼는 번제의 문제는 보편적으로 인정되는 종교적 감성의 측면에서 다루어져야 했다. 라스 카사스에 따르면 신을 숭배하는 방식 가운데 신에게 생명이라는 가장 소중한 자산을 바치는 것보다 더 강렬한 방식은 존재하지 않는다. 그렇다면 번제 자체는 신성하고 자연적인 범주에 속하며 번제의 형태만이 인간적인 법치에 의해 규제될 뿐이다.

라스 카사스가 1550년까지 원주민들의 동화를 꾀하는 입장에서 이들을 변호하는 데 집중했다면 1550년 이후로는 바야돌리드 논쟁과 『변론』의 경험을 토대로 예전의 관점에서 벗어나 문화의 상대성이라는 새로운 관점을 활용하기 시작했다. 다시 말해 그는 종교적 감성 자체의 보편성과 이러한 감성을 표현하는 방식의 상대성을 동시에 인정할 필요가 있다는 점에 주목했다.

그렇다면 근본적으로 상이한 관점들이 동일한 존엄성을 지닌다는 생각과 다양한 관점들의 상대성을 기반으로 인간의 '복합성'에 주목하는 철학적 사고가 라스 카사스와 함께 시작되었다고 볼 수 있다. 의미심장한 것은 이처럼 다양한 관점의 상대성을 인정하는 입장이 특히 오늘날과 같은 다문화 사회에서 중요한 요소로 정착되었다는 사실이다. 라스 카사스가 살았던 시대의 세계관을 고려한다면 당시에 그의 사상은 분명히 급진적이고 전복적으로 비쳤을 것이다. 이러한 특징은 "모두가 서로에게는 야만인"이라는 그의 극단적인 주장에서 그대로 드러난다.

몽테뉴의 '타자'

몽테뉴는 중심이 다양한 우주의 한가운데에 인간을 위치시켰다. 몽테뉴는 '상상력'을 '타인의 입장에 설 수 있는' 기량으로 해석했고 이를 바탕으로 몽상적이지 않고 '또 다른 세계'의 경험에 실재하는 정당하고 평등한 인간관계의 재구성 작업을 통해 시민사회에 적합한 정치학을 구축했다.

　몽테뉴는 신세계의 경험을 통해, 즉 또 다른 공간과 시간과 문화에서 '인간의 또 다른 차원을 목격하고 있는' 인류의 경험을 통해 인간의 새로운 정신세계를 구축할 수 있는 가능성의 의미와 근거와 범례를 발견했다. "이 신대륙의 존재에 대해 어제까지만 해도 우리는 물론 사제나 악령도 모르고 있었는데, 이제 막 발견된 이 신대륙이 인류가 발견할 수 있는 마지막 신세계라고 누가 장담할 수 있겠는가?" 몽테뉴는 이런 질문을 던지면서 오랫동안 진실로 간주되어 왔을 뿐 확실성을 상실한 사실들, 혹은 코페르니쿠스의 우주론을 비롯해 새롭게 발견된 과학적 사실들, 이 모든 것이 부분적으로만 진실이며 잠정적으로만 사실일 수 있다는 점에 주목했다. 오랫동안 스스로를 세계의 중심으로 간주해 온 유럽 사회의 입장에서 '또 다른 세계'는 무수히 많은 상이한 형태의 우주와 역사를 이해하고 수용함으로써 '기량'의 형태로 스스로를 재건할 수 있는 기회를 의미했다.
몽테뉴는 유럽의 미래가 '복수주의pluralismo'에 달려 있다는 것을 직감했고 '정체성과 차이'의 변증법이 예술, 종교, 역사, 정치, 교육, 그리고 삶 속에서 잠재력을 발휘할 수 있다고 보았다. 대조와 비교를 강조하면서 그는 타 문화와의 접촉이 긍정적인 결과를 가져올 수 있을 뿐 아니라 스스로를 알아 갈 수 있는 유일한 기회라는 차원에서 일종의 윤리적인 의무에 가깝다고 주장했다. 사람들이 이야기하는 '전염의 위험성'에 대해서도 몽테뉴는 오히려 정반대의 위험이 존재하며 우리가 '식인종들', 따라서 '절대적으로 다른 타자'에게 정체성이 없는 이성주의와 억측에 불과한 보편적 윤리관이라는 바이러스를 안겨 주었을 뿐이라고 설파했다. 몽테뉴는 보편

성이라는 개념 자체가 복수주의와 관용의 범주를 바탕으로 새롭게 재구성되어야
한다고 보았다.

새로운 인본주의가 소통과 대화의 열린 공간을 의미한다면 이 공간은 타자의 생
각에 대한 이해와 관용을 바탕으로 구축되어야 한다는 것이 몽테뉴의 생각이었다.
이러한 관점에서 몽테뉴는 동물성 역시 '자연적 질서'를 새롭게 인식하기 위한 이
론적이고 윤리적인 재평가의 대상이 되어야 한다고 보았다. 동물성에 관한 몽테뉴
의 독창적인 성찰은 새로운 회의주의 개념과 인류학적 관점의 비평적 차원을 구축
하는 데 크게 기여했을 뿐 아니라 삶의 방식을 철학적으로 이해하는 데 필요한 자
연적 이성의 중요성을 부각하는 데 일조했다. 몽테뉴가 제안한 차원의 삶 속에서
인간은 자연의 목적이 아니며 우주 전체가 인간의 목표에 부합해야 하는 것도 아
니다.

5

철학과 종교개혁

5.1   전통과 개혁

마르틴 루터(1483~1546년)는 인문학을 철저하게 불신했을 뿐만 아니라 고전 문화를 칭송하는 풍토에 대해 공공연히 혐오감을 표명했던 인물이다. 루터에게 고전 문화는 곧 세속적인 성격의 문화를 의미했다. 하지만 종교개혁을 통해 이루어진 초기 그리스도교 사회의 재조명은 사실상 구약 및 신약성경과 사도 바울의 서신 같은 고대 문헌의 연구를 바탕으로 이루어졌다. 따라서 종교개혁과 고대 철학의 관계는 상당히 복잡하다고 할 수밖에 없으며 단순한 배척 관계로 정의되어서는 안 된다. 요하네스 로이힐린(Johannes Reuchlin, 1455~1522년)과 에라스뮈스(1467~1536년)를 추종하는 독일 인문학자들의 스콜라주의에 대한 혐오감은 루터를 통해 절대적인 경멸로 변신했다. 루터와 정통파 루터교도들은 스콜라주의뿐 아니라 교권 및 교회의 체제 자체를 서슴지 않고 비판했다. 하지만 고전 문화와 아리스토텔레스주의를 집요하게 거부하던 단계에서 벗어나면서, 바로 루터의 가장 가까운 조력자였던 필리프 멜란히톤(Philipp Melanchthon, 1497~1560년)

을 통해 고전 문화에 대한 관심을 표명하는 분위기가 조성되었다. 결과적으로 16세기 중반 이후로는 멜란히톤의 제자들과 정통파 루터교도들 사이에서 고전 문화와 철학 및 과학 교육의 문제를 중심으로 격한 논쟁이 벌어졌지만, 대학에서는 다름 아닌 고전 문화의 복원을 바탕으로 과학이 빠르게 발전하는 양상을 보였다.

성경의 중요성과 인간의 이성적 연약함을 강조하는 개신교도들의 신학적 입장은 과학의 발전에 걸림돌이 된다는 해석이 제기되었다. 하지만 실제로 개신교 세계에서는 과학과 기술이 양적인 차원(과학에 종사하는 전문 인력의 증가)에서뿐만 아니라 질적인 차원(기술과 이론의 혁신)에서도 놀랍게 발전하는 현상이 일어났다. 이러한 표면적인 모순의 문제점을 해결하고 개신교 내부에서 바라보던 학문과 종교의 관계를 좀 더 심층적으로 이해하기 위해서는 무엇보다 루터의 주장을 이성적 한계의 관점에서 살펴볼 필요가 있다. 루터는 인간이 신이나 신과 인간의 관계에 대한 앎에 이성적으로 접근할 수 없으며 믿음과 이성의 격차를 인간의 힘으로 좁힐 수 없는 것도 바로 이 때문이라고 보았다. 하지만 루터는 신과 관련된 모든 지식의 취득이 이성적으로 불가능한 만큼 이성의 영역이 세계의 탐구에 국한되어 있다고 주장했다. 결과적으로 루터는 학문의 내용과 범주를 좌우하던 신학적 전제들로부터 인간의 이성을 자유롭게 하고 철학이 신학의 시녀라는 굴욕적인 위상에서 벗어나 자연의 탐구 영역에서 자율적으로 발전할 수 있도록 여건을 마련하는 데 결정적인 역할을 했다.

더 나아가서 루터는 성경에 대한 무조건적인 복종을 요구하지 않았다. 루터는 로마교회의 알레고리적인 성서 해석에 반대하면서도 구약과 신약이 일관적인 가치를 지닌다는 해석에는 동의하지 않았다. 루터에게 신의 말씀은 곧 그리스도를 통한 구원의 천명을 의미했고 따라서 성서의 해석은 그리스도의 존재와 그의 가르침을 토대로 이루어져야 했다. 아울러 루터는 신학적인 해석과 과학적인 해석의 대상으로 동일한 논제가 채택될 수 있다고 보았다. 예를 들어 천문학적 현상은 신의 계시도로, 과학적인 차원의 자연현상으로도 해석될 수 있었다. 루터의 이러한 입장은 과학적 탐구에 상대적인 자율성을 부여하는 요인으로 기능했다. 뒤이어 루터의 비이성주의 신학은 멜란히톤과 칼뱅처럼 인본주의 교육을 받은 개신교 신학자들을 통해 약화되는 추세를 보였다.

5.2   칼뱅

주로 주네브에서 활동했던 장 칼뱅(1509~1564년)은 루터와 함께 1500년대에 그리스도교의 개혁을 이끌었던 주인공 가운데 한 명이다. 칼뱅은 인간의 지적 활동 영역이 두 종류로, 즉 신학과 인문학이라는 영역으로 대별되며 첫 번째 영역에서는 아주 하찮은 능력만을 발휘할 뿐이지만, 기술과 학문 분야에서는 상당히 생산적인 결과를 낳는다고 보았다. 칼뱅은 신에 대한 자연적인 앎의 가능성을 부인하지 않았다.

성서에 대한 칼뱅의 해석적 입장은, 두 가지 측면에서, 종교와 과학 간의 대립을 피할 수 있도록 해 주었다. 첫 번째 측면은 칼뱅이 성서를 해석하면서 교리주의적인 방법론 자체를 의도적으로 회피한 것이다. 실제로 칼뱅은 의혹을 피할 수 없는 곳에서 가장 사실적인 요소들을 지지하는 것으로 만족하는 입장을 취했다. 더 중요한 두 번째 측면은, 성서가 만인이 이해할 수 있는 책이어야 한다는 전제하에, 일반인들이 이해하고 수용할 수 있는 내용만을 선택적으로 활용한 것이다.

이는 결과적으로 성서의 내용과 새로이 발견된 천문학적 진실 사이의 차이점들이 실제로는 그다지 중요하지 않다는 것을 의미했다. 천문학을 공부하고 싶은 사람은 아예 성서를 참조하지 말아야 한다는 것이 칼뱅의 생각이었다. 칼뱅은 오히려 천문학 연구를 적극 지지하고 나섰다. 천문학의 발전이 그만큼 신의 위대함을 훨씬 더 구체적으로 증명할 수 있다고 보았기 때문이다.

칼뱅주의는 사람들이 과학과 기술 분야의 연구 활동에 적극적으로 참여하도록 만든 요인 가운데 하나였다. 결정적인 자극제 역할을 했던 것은 '신의 선택'이라고 불리던 교리, 즉 훌륭한 일을 한다는 것은 곧 신에게 선택받았다는 것을

의미한다는 교리였다. 칼뱅에 따르면, 선택받은 자들이 구원을 받는 이유는 그
들이 좋은 일을 했기 때문이다. 세상과 결탁해서는 안 되지만 세상 안에서 피조
물을 상대로 일하고 행동할 수밖에 없는 것이 인간에게 주어진 조건이었다. 이
러한 윤리적인 차원의 활동주의와 전문적이고 이상적인 차원의 완성주의는 자
연의 실험적 탐구와 기술 분야의 발전에 토대를 마련했다. 칼뱅주의 내부에서
는, 특히 잉글랜드의 청교도들 사이에서, 아리스토텔레스학파와 스콜라학파의
체계주의를 거부하면서 경험적이고 실험주의를 선호하는 성향이 두드러지게
나타났다. 칼뱅주의자들처럼 신의 전지전능함을 주장하면서 동시에 우주의 우
발적인 성격을 인정하는 입장을 토대로 과학을 체계적인 학문이 아니라 실험
과 확률에 의한 학문으로 간주하는 견해가 부각하기 시작했다.

5.3   멜란히톤

필리프 멜란히톤은 북유럽 문화에서 에라스뮈스 다음으로 중요한 역할을 했던
인물이다. 멜란히톤은 문헌학, 법학, 철학, 수학, 점성술 분야의 저서들을 통해
루터의 신학과 휴머니즘 문화 및 이성주의를 조화시키고자 노력했다. 멜란히
톤이 인간의 모든 활동에서 발견하려고 노력했던 것은 다름 아닌 '자연적 이성
lumen naturale'이다. 교육자가 바로 이 '자연적 이성'을 바탕으로 도덕적인 훈련의
규율들을 회복하고 신성한 진실을 이해하기 위한 길을 마련해 줄 수 있다고 믿
었기 때문이다. 루터와 달리 멜란히톤은 이성의 재평가를 시도했다. 멜란히톤
은 타락으로 인해 인간의 지성이 어두워진 것은 사실이지만 이로 인해 인간이
'자연적 이성'을 완전히 상실한 것은 아니라고 보았다. 멜란히톤은 고대 철학자
들이 언급했던 본유적인 원리들이 실제로는 모세의 십계명을 통해 천명된 것
들과 일치한다고 보았다.

    개신교 내부에서 급진적인 개혁을 주장하던 신학자들과 재세례파의 입장을
거부하면서 멜란히톤은 명백하게 논리학과 수학 및 아리스토텔레스 철학의 필

요성을 주장했다. 멜란히톤의 철학을 뒷받침하는 것은 르네상스 인문학자들이 수용했던 아리스토텔레스의 철학, 따라서 스콜라학파 철학자들의 해석과는 전혀 다른 차원의 아리스토텔레스 철학이었다. 멜란히톤은 아리스토텔레스 철학을 플라톤 철학과 조합시키기 위해 노력했다. 그가 강조하고자 했던 것은 자연 탐구의 중요성, 즉 물체들의 운동과 특성 및 생성과 부패의 원인을 이해할 수 있도록, 아울러 신이 자연에 남긴 신의 존재에 대한 흔적을 발견할 수 있도록 도와주는 자연과학의 중요성이었다. 자연과 인류의 역사는 신의 섭리가 구현되는 하나의 무대였다. 멜란히톤은 우주를 다스리며 인류에 대한 관심을 끊임없이 표명해 온 신이 미래에 일어날 특정 사건을 예고하며 어느 순간이든 자연의 일상적인 흐름과 별들의 움직임에 변화를 일으킬 수 있다고 보았다. 멜란히톤이 점성술에 관심을 기울인 것도 바로 그런 이유에서였다. 그는 별들의 움직임을 비롯해 온갖 종류의 초자연적인 현상들을 연구하면서 이러한 현상들을 신의 뜻이 내포되어 있는 일종의 기호로 해석했다.

멜란히톤이 총력을 기울여 도달하고자 했던 목표 가운데 하나는 지식의 모든 영역에 적용할 수 있는 방법론을 정립하고 인간의 지식 세계에 논리적인 질서를 부여하는 것이었다. 그는 신학 이론에 하나의 단순하고 유기적인 질서를 부여하는 데 필요한 방법론이 지성의 본유적인 원칙들을 비롯해 수학과 변증법을 바탕으로 정립된다고 보았다. 멜란히톤에 따르면 변증법은 개념을 설명하는 데 가장 적합한 도구였고 변증법적인 설명은 여러 단계를 거쳐 완성되는 체계적인 구도를 필요로 했다. 바로 그런 의미에서 멜란히톤이 지속적으로 관심을 기울였던 것 중 하나가 교육 체제를 새롭게 정초하는 일이었다. 교육제도를 재정비하면서 멜란히톤은 거의 두 세기 넘도록 교과서로 사용된 다수의 저서들을 집필했다.

자유와 복종: 에라스뮈스와 루터의 논쟁

에라스뮈스의 사유와 루터의 신앙 사이에는 풀릴 수 없는 성격의 오해를 불러일으킨 뿌리 깊은 교리적 차이가 존재한다. 하지만 두 사람 사이의 오해는 사실상 일종의 전복된 이미지를 통해 이중적인 방식으로 진행되었다. 비록 에라스뮈스의 중도적인 입장 때문에 실패로 돌아갔지만 루터의 초기 입장은 가톨릭 신학자들이 오랫동안 이단이자 지나치게 급진주의적인 사고방식의 소유자로 간주해 온 에라스뮈스를 종교개혁에 가담하도록 설득하겠다는 것이었다. 실제로 '루터교도 에라스뮈스'라는 표현은 종교개혁 운동 초기에 에스파냐뿐 아니라 소르본의 가톨릭 신학자들이 부분적으로나마 에라스뮈스를 비판하고 단죄하며 쓴 글들에 자주 등장한다. 에라스뮈스의 사상이 가톨릭 신학자들에게 거부 반응을 일으켰던 가장 중요한 이유는 그가 어떤 면에서는 루터보다도 훨씬 더 급진적인 방식으로 고백과 면죄부 문화, 혼인의 신성한 결속력, 교황의 권위와 관련된 문제들을 신랄하게 비판했기 때문이다. 따라서 에라스뮈스와 루터의 의견이 분명하게 일치했던 부분은 바로 실용적인 측면의 문제들, 예를 들어 면죄부 판매, 이미지 숭배, 아울러 초기 그리스도교의 정신을 잃고 자비와 믿음을 이윤 창출의 탐구로 탈바꿈시킨 로마교회의 권위에 대한 비판적인 태도였다고 볼 수 있다.

　하지만 이러한 유형의 비판적인 태도가 전적으로 새로웠던 것은 아니다. 초기 그리스도교 사회에 주목할 것을 요구하는 입장이나 예배의 외형적인 측면보다는 신앙의 내면적인 세계를 강조하는 태도, 교회의 재산 축적을 비판하는 태도 등은 모두 중세부터, 특히 프란체스코 수도회를 중심으로 이미 공론화되어 왔고 르네상스 시대에 들어와서 학문적 신학의 미묘한 문제에만 집중하는 관행을 거부하며 '고대의 초기 신학'과 고대 신도들의 '자비'가 부활했을 때 다시 심화되었다. 간단히 말하자면 에라스뮈스와 루터의 친화성은 로마교회의 정치적 권위주위에 적대적인 입장을 취하는 시대정신에 절대적으로 부합하는 아주 일반적이고 실질적인 차원의 비판적 태도에서 발견된다.

이런 측면에서 여러 가지 분명한 공통점을 가지고 있었음에도 불구하고 에라스뮈스와 루터는 인간의 자유에 대해 아주 상이한 생각을 가지고 있었다. 자유의 개념에 대한 두 사람의 의견 차이는 양립할 수 없는 상이한 인류학적 사유에서 비롯된다. 에라스뮈스에게 인간은 육체와 영혼으로 구성된 하나의 분명한 실체였던 반면 루터에게 중요한 것은 신과 인간 앞에서 기능적인 차원의 실존적 입장을 분명히 하는 일이었다. 에라스뮈스는 인간이 축복을 통해 신의 역사에 자유롭게 협조한다고 보았던 반면 루터는 환상에 불과한 독단적 자유의지와 전지전능한 신에게 전적으로 의존하는 인간의 내면적 자유를 구별해야 한다고 보았다. 독단적 자유의지에 관한 에라스뮈스와 루터의 논쟁은 사실상 가톨릭교도들과 루터교도들 사이의 분쟁을 조장할 수 있는 민감한 문제에 대해 의견 표명을 자제해 달라는 루터의 요청에도 불구하고 1524년 바젤에서 에라스뮈스가 『독단적인 자유의지에 관하여*De libero arbitrio*』를 출판하면서 시작되었다. 이에 대한 응답으로 루터가 비텐베르크에서 1525년 12월에 출판한 책이 바로 『순종적인 자유의지에 관하여*De servo arbitrio*』다.

인간의 자유에 대한 에라스뮈스와 루터의 의견 대립은 단순히 중도적인 입장과 급진적인 입장의 충돌로 귀결되지 않는다. 에라스뮈스와 루터의 논쟁이 격렬해진 것은 이들이 아주 이질적인 신학적 입장을 표명했기 때문이다. 이들의 분쟁은 어쩌면 두 문화의 경계, 즉 르네상스의 인문주의 문화와 근대 문화의 경계를 표상한다고도 볼 수 있다. 에라스뮈스의 논지는 높은 경지의 인문주의 정신세계를 보여주는 반면 전례를 찾아볼 수 없는 새로운 신학적 주장 앞에서 설득력 있는 대안을 마련하지 못하는 개념적 한계를 동시에 보여 준다. 결국 에라스뮈스와 루터의 대립은 평화를 추구하는 정신과 내면적으로 격양된 정신의 만남이 서로의 의견에 귀를 기울이지 못하면서 가져온 불행한 결과라기보다는 양립할 수 없는 두 종류의 세계관이 충돌하면서 발생한 논리적 결과에 가깝다.

에라스뮈스는 흔히 비관론자라는 비판과 함께 의혹으로 가득한 신앙을 전한다는 비난을 받곤 했다. 실제로 그는 회의주의적인 논증 방식의 장점을 중시했던 철학자다. 물론 그가 피론Pyrrhon의 극단적인 회의주의, 즉 모두의 의견이 동등하다는 판단하에 아무런 의견도 피력하지 못하는 상황에 빠지거나 순수한 판단 보류로 이어지는 회의주의를 주장했던 것은 아니다. 에라스뮈스가 수용했던 것은 오히려 키케로가 발전시킨 플라톤 아카데미의 회의주의였다. 이는 소크라테스의 의혹,

다시 말해 필연적인 결론을 이끌어 낼 수 없는 애매한 문제들에 대한 판단을 보류하는 태도에 충실하려고 노력하는 회의주의다. 회의주의적인 방법론은 다양한 논제들의 장점과 단점을 비교하고 동일한 논제들을 긍정적이거나 부정적으로 평가하는 타당하거나 부당한 결론들을 대조하는 데 있다. 에라스뮈스가 『독단적인 자유의지에 관하여』에서 적용한 것이 바로 이러한 접근 방식이다. 에라스뮈스에 따르면 회의주의적인 태도는 신앙과 모순을 일으키지 않는다. 판단의 보류는 오히려 독실한 신앙의 한 표현일 수 있다. 난해한 문제를 들이대며 신을 탐구할 권리를 주장하기보다는 겸허한 자세로 사랑을 실천하는 독실한 신앙의 솔직한 표현일 수 있는 것이다. 이런 예를 들면서 에라스뮈스는 독단적인 자유의지를 인정하거나 부인하는 논제를 제시하고 이 논제들의 타당하거나 부당한 결론들을 평가했다. 하지만 주목해야 할 것은 에라스뮈스의 담론 자체가 논리적 귀결의 평가라기보다는 성서 해석을 중심으로 전개된다는 사실과 신학의 근본적인 문제들을 상세하게 다루는 대신 상당히 단순화된 형태로만 언급하기 때문에 사실상 대부분의 결론들이 신학보다는 오히려 인류학적인 차원에서 검토된다는 사실이다.

　에라스뮈스는 두 가지 상반된 입장들, 즉 독단적인 자유의지를 인정하는 입장과 부정하는 입장 모두가 결국에는 받아들일 수 없는 결과를 가져온다고 보았다. 예를 들어 펠라기우스주의적인 관점을 지지하는 이들은 죄와 악을 욕망하는 인간의 성향이 신의 축복에 의해 이미 치료되었고 결과적으로 또 다른 축복을 기대해야 할 필요가 없는 만큼 인간은 자신의 독단적인 자유의지에 따라 구원을 추구할 수 있다고 주장한다. 하지만 에라스뮈스는 이러한 주장이 거만한 표현에 지나지 않으며 인류에 고유한 정신적 빈곤을 망각하게 만드는 견해라고 보았다. 반대로 독단적인 자유의지를 부인하는 입장은 세상에서 일어나는 모든 일이 순수한 필연성에 복종한다는 쪽으로 몰고 가는 성향이 짙다. 하지만 에라스뮈스는 그렇다면 인간의 성과를 인정하거나 잘못을 추궁하는 일 자체가 더 이상 아무런 의미 없는 일이 될 것이며 모든 것이 결국에는 이해할 수 없는 신에 의해 결정되는 만큼 도덕적 책임감 역시 환상에 불과할 수밖에 없다고 주장했다.

　에라스뮈스의 전략은 이중적이었다. 다시 말해 한편으로는 독단적인 자유의지를 부정하는 것처럼 보이는 성서의 문장들이 사실은 긍정적인 차원에서 해석될 수 있다는 것을 증명하고, 다른 한편으로는 독단적인 자유의지를 부정하는 논제들이 안고 있는 인류학적이고 도덕적인 차원의 모순을 폭로하는 것이었다. 어떻게 보면 독단적인 자유의지는 신의 섭리가 현실에 끼치는 영향과 인간사의 경쟁 구도를 유지할 수 있는 중요한 요소였다. 달리 말해 인간은 신의 도움을 필요로 하지만 그렇다고 해서 인간이 노력하기를 그만두거나 이룩한 것을 포기하지는 않는다는 것이었다. 에라스뮈스는 신의 예지와 예정설을 혼동해서는 안 된다고 보았다. 여기에 아무런 차이가 없다면 그것은 주인이 종의 퇴폐적인 성격을 이해한 뒤 그가 저지를 죄를 미리 내다본 상태에서 그에게 모종의 과제를 부여하는 것과 다를 바 없었다. 에라스뮈스는 주인이 종을 벌하기 위해 그가 죄를 지으면서 살아가도록 내버려둘 가능성이 있지만 그렇다고 해서, 다시 말해 이 모든 것이 이미 결정되어 있었다고 해서 종에게도 자신의 행위가 죄라는 명백한 사실이, 즉 그의 명백한 자유의지가 어디론가 사라지는 것은 아니라고 주장했다.

반면에 루터는 『순종적인 자유의지에 관하여』에서 인간의 의지가 짐을 실어 나르는 동물의 의지에 불과하다는 비유를 제시했다. 안장 위에 신이 올라타면 의지는 신이 원하는 곳으로 가기 마련이며 사탄이 올라타면 사탄이 원하는 곳으로 가기 마련이다. 어떤 경우에든 마부의 선택은 자유롭지 못하다. 신과 사탄이 영혼의 구원과 저주를 위해 끊임없는 싸움을 벌이기 때문이다. 영혼은 단지 마부의 무게를 거뜬히 혹은 힘겹게 실어 나를 뿐이다. 이는 중세의 해석학자들이 상대적으로만 자유의지를 설명하기 위해 흔히 인용하던 비유다. 하지만 루터는 이 비유를 독단적인 자유의지에 대한 근본적인 차원의 비판을 위해 사용했다.

루터가 비판했던 또 하나의 문제는 에라스뮈스의 문헌학적 성서 해석이다. 루터는 예를 들어 「요한복음」의 "나를 떠나서는 너희가 아무것도 할 수 없다"는 구절에 대한 에라스뮈스의 지나치게 중도적인 해석에 문제점을 제기했다. 에라스뮈스는 이 '아무것도'라는 표현을 절대적인 '무無'로 이해할 것이 아니라 '중요하지 않은 것은 아무것도 할 수 없다'는 차원에서 읽어야 한다고 보았다. '무無'에 지나치게 집중하면 그리스도 없이는 죄도 지을 수 없다는 결론을 내려야 하고 결국에는 죄도 '아무것도' 아닌 셈이 되리라는 것이었다. 루터는 에라스뮈스의 이러한 입장을 냉소적으로 비판하면서 '아무것도'를 독단적 자유의지의 분명한 부정으로 해석했다.

하지만 놀랍게도 에라스뮈스는 그의 『독단적인 자유의지에 관하여』에서 루터의 기본적인 입장을 전혀 비판하지 않았다. 적어도 직접 다루지는 않았고 부차적인 측면들을 그것도 상당히 표면적으로 다루었을 뿐이다. 루터는 『순종적인 자유의지에 관하여』에서 다름 아닌 이러한 토론의 부재를 지적하며 에라스뮈스의 "독실한 호기심pia curiositas"이라는 개념을 불신의 징조로 해석했다. 이러한 사고가 진정한 그리스도인의 과제, 즉 인간이 신에게, 신이 인간에게 할 수 있는 것이 무엇인지 깨달아야 한다는 사실을 잊게 만든다고 보았던 것이다. 루터는 신과 인간의 역할에 대한 정확한 이해 없이 신의 위대함을 찬양하는 것은 불가능하다고 보았다.

　반면에 에라스뮈스는 이러한 신앙의 기반을 하나의 문헌학적 예리함으로 축소시켰다. 만약 르네상스의 휴머니즘과 종교개혁 사이의 경계를 표상하는 에라스뮈스와 루터의 논쟁, 즉 독단적인 자유의지와 순종적인 자유의지 간의 논쟁이 다시 정의되어야 한다는 주장이 나올 정도로 핵심적인 문제라면 그 이유는 에라스뮈스적인 사고와 루터적인 사고의 양립 불가능성이 다름 아닌 개념적인 문제이기 때문이다. 루터가 에라스뮈스와의 전략적 동맹 관계라는 허황된 꿈을 키우는 우를 범한 반면 에라스뮈스는 루터의 성서 해석을 단순히 거만한 설교자의 말로 간주하고 독단적인 자유의지의 부정을 자유의 부정으로 잘못 인식하는 우를 범했다.

　1520년에 출판된 루터의 『그리스도교도의 자유De libertate christiana』는 자유와 독단적인 자유의지가 전적으로 다른 개념이라는 것을 분명하게 보여 준다. 독단적인 자유의지는 엄밀히 말하자면 오로지 신만이 가질 수 있는 의지의 힘이다. 신의 행동이 그 자체로 선한 이유는 신이 의지와 무관한 어떤 규칙들을 따랐기 때문이 아니라 그것이 자유의지에 따른 신의 선택이었기 때문이다. 자유란 원칙적으로 의지의 한 형태다. 따라서 무언가를 결정할 수 있다는 것은 자유의 표현이기 이전에 무언가를 원하지 않을 수도 있다는 잠재적 의지의 한 형태다. 루터에 따르면 에라스뮈스가 독단적 자유의지라고 부르는 것은 사실상 인간이 인간 앞에서 드러내는 행위나 태도에 지나지 않으며 본질적으로 인간의 정치적 잠재력에 가깝다. 루터는 진정한 의미에서의 자유가 오로지 신 앞에서만 주어진다고 보았다. 오로지 신의 전지전능함에 모든 것을 맡길 때에만 인간은 노예인 동시에 주인이 된다. 인간이 이러한 의탁 속에서 사랑으로 신의 뜻을 따를 힘을 얻는다면 신의 계명은 자유롭게 이루어진 셈이다

　결론적으로 모순은 이들의 철학이 서로 달랐기 때문에 발생했다고 볼 수 있다. 에라스뮈스가 인간을 여전히 영혼과 육체로 구성된 실체의 차원에서 다룬다면 루터는 인간의 실체를 무효화하면서 하나의 기능적 구조 속에, 즉 신과 인간 앞에 위치시킨다. 에라스뮈스가 영혼의 기량 중에 가장 주도적인 역할을 하는 것이 이성이라고 생각했다면, 루터는 아우구스티누스의 내면적 인간을 내면적 자유라는 근

대적 개념으로 탈바꿈시켰다. 에라스뮈스의 의지와 충돌하는 것은 루터의 양심이다. 자유에 관한 논쟁이 두 사람 주변의 동맹과 적들을 모두 실망시켰다면 그것은 아마도 이들이 실제로는 서로 다른 이야기를 하고 있었다는 것이 분명했기 때문일 것이다.

6

인간과 우주

6.1 창세기에서 『구형의 세계』와 코페르니쿠스의 새로운 이론까지

중세 초기에는 성서의 「창세기」에서 영감을 얻은 환상적인 성격의 우주론이 강세를 보였던 반면 13세기에는 아리스토텔레스의 저서들을 아랍어에서 라틴어로 옮긴 번역본들과 프톨레마이오스의 『알마게스트*Almagest*』를 요약한 알프라가누스*Alfraganus*의 '안내서'에 힘입어 지구중심설을 바탕으로 하는 우주론이 서유럽에 다시 등장하기 시작했다.

  프톨레마이오스의 우주론에 대한 기본적이고 개괄적인 설명은 13세기 중반에 요한네스 드 사크로보스코가 집필한 『구형의 세계』에서 찾아볼 수 있다. 이 저서는 거의 4세기 동안 천문학 입문을 위한 교과서로 쓰였고 갈릴레이(1564~1642년)가 파도바 대학 교수로 임명되었을 때에도 여전히 대학 교재로 활용되고 있었다. 갈릴레이에게 주어진 임무들 가운데 하나가 바로 이 책의 내용을 학생들에게 설명하는 것이었다.

  『구형의 세계』는 이 책에 실린 우주의 묘사가 우리에게 아주 이질적인 것은

아니라는 느낌을 준다. 왜냐하면 단테가 『신곡La divina commedia』에 남긴 우주의 묘사가 바로 이 우주론을 바탕으로 이루어졌기 때문이다. 단테에 따르면, 먼저 원동력을 제공하는 천구가 있고, 중심을 향해 집중되는 천구들의 조화로운 구도 속에 고정된 별들의 천구, 그 안쪽으로 일곱 행성의 일곱 천구들, 그리고 한가운데에 부동의 지구가 위치한다. 하지만 이러한 묘사는 이 우주론 체계와 어울리지 않는 현상들이 존재한다는 사실을 어떤 식으로든 부각시켰고 이와 관련하여 학자들이 제공한 다양한 종류의 설명들 역시 적잖은 오류들을 담고 있었다.

이어서 다름 아닌 수학자들 간의 논쟁을 계기로 폴란드의 니콜라우스 코페르니쿠스(1473~1543년)가 지구의 '운동'에 대해 언급했던 고대 그리스 사상가들의 글들을 공부하기 시작했고 결국에는 지구의 운동이 우주의 구조에 관한 좀 더 적절한 설명을 제공할 수 있으며 지금까지 반복되어 온 수많은 천문학적 오류들이 사실은 지구를 우주의 중심으로 간주해 왔기 때문에 일어난 것일 수도 있다는 결론을 내리게 되었다. 코페르니쿠스가 새로운 우주론을 소개하며 1543년에 출판한 『천체의 회전에 관하여De revolutionibus orbium coelestium』는 상당히 오랜 세월에 걸쳐 완성되었다. 코페르니쿠스가 직접 남긴 기록에 따르면 그가 앞서 언급한 문제들에 대해 처음으로 관심을 기울인 것은 파도바에서 활동하던 1506년으로 거슬러 올라가며 초안은 1529년과 1531년 사이에 이미 완성했던 것으로 보인다.

코페르니쿠스는 자신이 혁신적인 이론을 구축하는 데 성공했다는 사실을 충분히 의식했지만 출판을 서두르지 않았고 그의 제자였던 게오르크 요아힘 레티쿠스(Georg Joachim Rheticus, 1514~1576년)가 코페르니쿠스의 이론이 집약되어 있는 요약 논문을 배포한 뒤에야 가능성을 조심스럽게 타진한 뒤 출판을 결심했다. 『천체의 회전에 관하여』의 감수와 편집을 맡았던 루터교파 신학자 안드레아스 오시안더(Andreas Osiander, 1498~1552년)는 서문에서 독자들에게 천체들의 실질적인 움직임이나 전대미문의 천문학적 원인을 탐구하는 것은 천문학자의 과제가 아니며, 그에게는 천체들의 위치를 계산하는 데 필요한 전제들을 토대로 자신이 관찰한 현상들을 검토하는 것이 더 중요하고, 그의 가정들이 반드시 사실이거나 사실적이어야 할 필요는 없으며, 그의 실질적 임무는 그저 천문학적 '현상', 즉 '눈에 비치는 것'에 대한 편리하고 간단한 설명을 제시하는 것뿐이라고 설명했다. 신중을 기하면서 저서를 교황에게 헌정했던 코페르니쿠스도 자신이 원했던 것은 오로지 가설을 제시하는 것뿐이었다고 밝혔지만 그의 어조에는 확실히 좀 더 대담한 면이 있었다. 코페르니쿠스는 "수학에 대해 아무것도 모르면서 수학에 대한 의견을 내놓거나 몇몇 성경 구절에 대한 편리하고 왜곡된 해석을 제시하면서 이 책의 가치를 떨어트리려는 이들의 수다"에는 전혀 관심이 없다고 밝혔다. 코페르니쿠스는 아울러 4세기에 활동했던 교부 락탄티우스Lactantius가 "지구의 모양새에 대해 지극히 유치한 견해"를 가지고 있었다는 점을 언급하면서 "과학은 과학자들의 몫"이라고 주장했다. 무모하게도 수십 년이 지난 뒤 똑같은 방식으로 신학과 자연과학을 구분해야 한다고 주장했던 인물이 바로 갈릴레이다.

6.2 코페르니쿠스 이론에 대한 평가와 비평

지구에 관한 새로운 소식들 가운데 지리학적 발견과 관련된 사실들은 큰 문제 없이 수용되는 추세를 보였지만 천문학적 사실들의 경우에는 상황이 전혀 예측할 수 없는 방향으로 흘러갔다. 지구가 공 모양이라는 사실이 수용되기까지 과거의 선입견과 고정관념이 오랫동안 걸림돌로 작용했고 학자들이 기존의 세계관과 드디어 단절이 이루어졌다는 사실을 인정하는 데에도 꽤 오랜 시간이 걸렸다.

근대적인 지식과 함께 전통적이고 낡은 이론이 공존하는 시대, 예를 들어 아프리카와 오스트레일리아가 붙어 있는 프톨레마이오스의 지도나 아메리카 대륙이 없는 지도 혹은 심지어 남반구에 저세상을 그려 넣은 지도 등이 공존하는 시대가 수십 년 넘게 이어졌다. 한편 지리학 분야의 새로운 지식들은 어렵지 않게 수용되었던 반면, 아리스토텔레스나 프톨레마이오스 같은 권위 있는 저자들의 주장에 위배될 뿐 아니라 상식적인 측면에서도 이해하기 어려운 천문학 이론들은 난관에 부딪힐 수밖에 없었다. 예를 들어 지구가 움직인다면 화살을 수직선상으로 높이 쏘아 올렸을 경우 떨어지는 화살을 되찾는다는 것은 불가능하다는 이야기가 도처에서 수도 없이 반복되었다. 별들의 움직임을 아무런 기구 없이 육안으로만 관찰하던 시대에, 우주의 중심이 지구가 아니라 태양이며 지구 역시 다른 행성들과 마찬가지로 태양을 중심으로 공전한다는 사실을 이해하고 받아들인다는 것은 결코 쉬운 일이 아니었다.

따라서 코페르니쿠스가 혁신적인 가정을 세우는 단계에 아무런 어려움 없이 도달했으리라고 보는 것은 잘못된 생각이다. 실제로 코페르니쿠스가 자신의 이론을 발전시킨 방식은 관찰과는 거리가 먼 논리적 추론에 가까웠고, 그가 볼로냐에서 공부할 때부터 습득했던 문헌학의 원칙들을 적용해 고대 문헌을 검토한 뒤 그 결과를 바탕으로 이론적인 결론을 이끌어 내는 것이었다. 그는 이러한 문헌학적 해석으로부터 자신의 이론을 발전시킬 핵심적인 요소들을 이끌어 냈다. 그의 이론은 결국 하늘을 직접 관찰하는 것과는 거리가 멀었다.

한편 코페르니쿠스의 우주는 무한한 공간이 아니라 여전히 고정된 별들의 천구 안에, 즉 "가장 높은 곳에 있으며 그것 자체와 다른 모든 것을 포함하는 첫 번째"(『천체의 회전에 관하여』 1권 9장) 천구 안에 갇혀 있었다. 이 천구의 내부에 위치하는 첫 번째 행성은 "공전주기가 30년에 달하는" 토성이다. 두 번째 행성 "목성은 공전주기가 12년이며, 세 번째 행성은 2년에 한 바퀴를 도는 화성, 그리고 그 뒤를 잇는 네 번째 행성이 바로 1년에 한 바퀴를 도는 지구다. 다섯 번째인 금성은 9개월에 한 바퀴, 여섯 번째인 수성은 80일에 한 바퀴를 돈다. 이 모든 행성의 공전궤도 한가운데에 위치하는 것이 바로 태양이다. [……] 사실 누가 이 모든 것을 동시에 밝힐 수 있는 지점에서 또 다른 지점으로 이 등불을 옮기려 할 것인가? 태양은 마치 옥좌에 앉은 왕처럼 그의 주변을 맴도는 행성들을 지배한다."

개념적인 차원에서 코페르니쿠스의 우주관은 사실상 프톨레마이오스의 그것과 크게 다르지 않았다. 물론 행성들의 공전궤도가 지니는 특징들이 새로운

방식으로 묘사되고 지구가 자전과 공전 운동을 한다는 특징을 지녔지만, 과학
사상사의 거장 알렉상드르 코이레(Alexandre Koyré, 1892~1964년)가 주목했던 것처럼
근대 천문학은 코페르니쿠스가 제안했던 몇몇 원칙들을 오히려 부인하면서 발
전한 것처럼 보인다. 코이레에 따르면, "첫 시작은 균등한 원운동 원리의 거부
였다. 심지어는 행성들이 원운동을 한다는 사실 자체를 무시하고 행성의 공전
궤도와 천구의 존재까지도 거부하는 듯이 보였다." 물론 우주의 중심은 지구가
아니라 태양이라는 생각도 받아들여지지 않았다. 하지만 욘 드레위에르(John. L.
E. Dreyer, 1852~1926년)의 의견은 약간 달랐다. 그는 "열성적인 관찰자가 하늘을 미
세한 부분까지 엄격하게 관찰해 보겠다고 마음만 먹는다면 얼마든지 더 발전
할 수 있는 잠재력을 지닌 것이" 코페르니쿠스의 체계였다고 보았다.

드레위에르가 주목했던 가능성은 다름 아닌 덴마크의 튀코 브라헤(Tycho Brahe,
1546~1601년)를 통해, 그리고 누구보다도 갈릴레이를 통해 구체적인 현실로 드
러났다. 갈릴레이는 두 개의 렌즈가 일정한 간격으로 배치된 망원경이라는 도
구를 활용해(네덜란드에서는 선박을 관찰하기 위해 사용했지만 갈릴레이는 하늘을 관찰하는
데 활용했다) 천체들의 변화를 관찰했고 그 결과를 『별들의 소식 Sidereus nuncius』(1610
년)에 실어 발표했다. 갈릴레이는 그가 발견한 목성의 위성 네 개와 달의 바다,
금성의 위상 변화를 근거로 코페르니쿠스의 생각이 옳았음을 증명했을 뿐 아
니라 우주의 이미지 자체를 바꾸어 버렸다.

반면에 코페르니쿠스의 이론을 거부하는 목소리가 처음으로 들려온 곳은 개
신교 세계였다. 루터는 "지구가 움직인다고 떠들어 대는" 이 신세대의 천문학
자를 맹렬하게 비난했다. "미치광이가 천문학이라는 학문을 위기에 빠트리려
한다. 하지만 성경에 쓰여 있듯이 여호수아가 멈추라고 명령했던 것은 지구가
아니라 태양이다." 한편 사크로보스코를 지지했던 멜란히톤도 코페르니쿠스가
"정직성과 존엄성을 상실한 사람"이며 감각과 성서가 증언하는 바에 위배되는
무의미한 이론을 주장한다고 비난했다. 칼뱅은 「창세기 주해」에서 이와 관련된
문제들을 다루며 이런 질문을 던졌다. "누가 감히 코페르니쿠스의 권위를 성령
의 권위 위에 올려놓겠는가?" 하지만 개신교 교회는 로마의 가톨릭교회와는 달

리 전면적인 탄압의 장치들을 갖추고 있지 못했다. 반면에 로마교회는 코페르니쿠스의 우주론에 대한 공식적인 입장을 즉각적으로 표명하지 않았고 가톨릭 세계 내부에서는 오히려 천문학 토론이 활발해지는 추세를 보였다. 갈릴레이가 코페르니쿠스 이론을 수용하는 자신의 입장이 교황에게 공개되어도 무방하다고 생각했던 것은 바로 이 때문이다.

물론 상황은 다른 방향으로 흘러갔다. 코페르니쿠스의 우주론은 바로 갈릴레이의 관찰을 통해 가정의 단계에서 이론적인 명제의 구축 단계로 발전했고 이로 인해 1616년 교황청의 종교재판 기구는 이 이론을 가톨릭 신앙에 위배되는 것으로 간주하고 단죄 판결을 내렸다. 하지만 태양의 운동 혹은 지구의 부동성을 언급하는 성서의 몇몇 구절들, 따라서 인간의 이해력으로 해독이 가능한 표현이었다고 볼 수 있는 구절들이 신앙을 구축하는 중요한 내용으로 수용되었다면 「창세기」에 내포된 우주론은 왜 프톨레마이오스 우주론과 충돌을 일으키지 않았는가라는 질문이 제기될 수밖에 없었다. 프톨레마이오스 우주론과는 달리 코페르니쿠스의 우주론은 인간과 피조물과 신 사이의 전통적인 관계를 사실상 완전히 전복시켰다. 왜냐하면 지구는 더 이상 우주의 중심이 아니라 다른 별들과 다를 바 없는 행성이었고 「창세기」에서 묘사하는 내용은 아예 무시하거나 알레고리적으로만 해석할 수 있었기 때문이다.

지구가 여러 행성 중 하나에 불과하다면 또 다른 세상에도 생명체가 살 수 있다는 가능성을 인정할 수밖에 없고, 그렇다면 결국 인간의 타락과 구원을 주제로 하는 성서의 이야기 자체가 무의미해질 수밖에 없었다. 더 나아가서 인간은, 우주 속의 지구와 마찬가지로, 피조물의 세계에서 더 이상 중심적인 위치를 점할 수 없었다. 지구도 별들과 동일한 속성을 지니는 만큼 더 이상은 사탄의 세력이 일시적으로나마 우세를 점할 수 있는 타락한 세계로 간주될 수 없었고 하늘 역시 순수함을 잃었기 때문에 더 이상 신이 머무는 곳으로 인식될 수 없었다.

조르다노 브루노는 『무한한 우주와 세계에 관하여 *De l'infinito universo e mondi*』에서 그가 수용한 코페르니쿠스주의가 가져올 결과와 실체에 대해 논한 바 있다. 교회의 입장에서 받아들일 수 없었던 것은 바로 닫힌 우주에서 무한한 우주로 변

신하는 우주관의 진화 과정이었다(브루노뿐 아니라, 전통적인 천문학 이론들을 뿌리부
터 뒤흔들던 신선한 이론에 주목하며 이를 더욱 발전시키려고 노력했던 열성적인 천문학자들 역
시 우주가 무한하다는 생각을 가지고 있었다). 성직자들이 교회가 이를 수용하기 힘들
었던 이유는 교회가 교리를 위협할 수 있는 모든 것과 예외 없이 총력을 기울여
사투를 벌이고 있었기 때문이다.

　1992년 요한 바오로 2세는 이러한 판단이 잘못되었다고 선포했고, 이제 가톨
릭교회에서는 갈릴레이를 교리에 순응하던 신실한 과학자로 간주하는 것이 일
반적이다. 하지만 더 분명하게 이해해야 할 것은 코페르니쿠스에 의해 시작된
천문학 혁명이 당대의 지식인들과 과학자들, 철학자들과 신학자들의 정신세계
에 그만큼 커다란 충격을 안겨 주었고 지식의 정체 현상을 일으키면서 아리스
토텔레스주의를 비롯해 전통적인 철학의 토대를 구축하던 근본 사상에 돌이킬
수 없는 위기를 가져왔다는 사실이다.

　당대의 지식인들이 느꼈을 뿌리 깊은 상실감을 잉글랜드의 시인 존 던(John
Donne, 1572~1631년)은 이렇게 표현했다. "새로운 철학은 모든 것에 의혹을 품었
다. 불이 꺼지고, 태양과 땅이 사라졌다." 더 심각한 것은 사회 자체를 지탱하는
위계질서가 뿌리부터 무너져 내리는 현상이었다. "모든 것이 와해되고, 모든 결
속력과 모든 여력과 모든 관계가 사라졌다. 왕과 백성, 아버지와 아들, 이 모든
것이 기억에서 사라졌다. 이는 모든 인간이 스스로 불사조가 되었다고 생각하
기 때문이다." 무한한 우주의 개념은 실제로 인간을 오래된 예속 상태에서 해방
하고 그에게 높이 날아오르는 법을 가르쳤다.

라블레와 패러디 혹은
거꾸로 뒤집힌 세상

/ 라블레의 삶

프랑수아 라블레의 전기에는 그의 작품들 못지않게 어둡고 알쏭달쏭한 면이 있다. 우선 그가 1483년에 태어났는지 아니면 1493년에 태어났는지부터 불확실하다. 아울러 그가 수도 생활을 선택한 이유도 불분명하다. 사실은 수도 생활을 일찍이 포기하고 의학과 문학으로 진로를 바꿨기 때문이다. 하지만 수도사가 되고자 했던 꿈은 뒤이어 그의 글들을 통해, 특히 종교적 풍자극이나 개신교 복음주의의 색채가 분명하게 드러나는 주장 등을 통해 되살아난다. 그의 삶에 대한 가장 확실한 정보를 얻을 수 있는 곳도 수도원이다. 라블레는 1521년에 퐁트네르콩트Fontenay-le-Comte의 프란체스코회 수도원에서 살았고, 인문학의 거장 기욤 뷔데Guillaume Budé와 주고받은 서신들에 따르면, 이곳에서 언어 공부와 그리스 철학 연구에 몰두했던 것으로 보인다. 라블레가 프란체스코 수도회의 규칙을 위반하며 자신의 독방에 그리스 철학책들을 몰래 숨겨 두었다는 유명한 일화도 이 시기로 거슬러 올라간다. 이 일화가 상징적인 의미를 지니는 이유는 라블레가 처음으로 자신의 삶에 변화를 꾀했던 시기에, 즉 프란체스코 수도회에서 학구적인 성향이 훨씬 더 강한 베네딕트 수도회로 적을 옮겼을 때 그가 가지고 있던 인본주의 인문학에 대한 지대한 관심을 증명해 주기 때문이다. 하지만 이러한 변화도 결국에는 라블레에게 만족스러운 해결책이 되지 못했다.

세상을 발견하기 위해 수도원을 박차고 나온 라블레는 1530년 9월 몽펠리에의 의학대학에 입학했다. 이곳에서 히포크라테스의 『아포리즘』을 연구했고 그리스어 원문과 자신이 발견한 몇몇 수사본을 토대로 이 저서의 주해서를 집필했다.

라블레는 의학에 대한 관심을 뛰어넘어, 해설자 역할에 머물던 중세 학문에 만족하지 않고 그리스어 원문을 바탕으로 근원적인 의미를 집요하게 파헤치며 자연에 대한 사실적인 앎의 세계를 구축하려고 노력했다. 그런 식으로 라블레는 인간을 육체와 영혼의 통일체로 보는 르네상스적인 관점을 지니게 되었고 이러한 관점은 무엇보다도 그의 문학작품에서 분명하게 드러난다.

의학 공부를 미루어 둔 채 라블레는 1532년에 『팡타그뤼엘*Pantagruel*』을 출판했다. 『팡타그뤼엘』은 루이지 풀치Luigi Pulci와 테오필로 폴렌고Teofilo Folengo의 희극적 영웅전 혹은 기사소설들을 패러디한 이야기로, 거인 가르강튀아와 팡타그뤼엘의 모험을 다룬 첫 번째 책이다. 이 책은 두 번째 판본이 출판되었을 무렵 작품의 도덕성을 문제 삼은 검열 기관에 의해 소르본에서 금서로 지정되었다. 하지만 주교 장 뒤 벨리Jean Du Bellay와 함께 로마를 여행한 뒤 라블레는, 구전문학에서 유래한 수많은 전설적인 이야기들을 익명으로 편집한 『가르강튀아 연대기*Chroniques Gargantuines*』의 명성에 주목하면서 가르강튀아를 주인공으로 하는 새로운 이야기들을 쓰기 시작했다. 이어서 1534년에 『팡타그뤼엘의 아버지 가르강튀아의 탁월한 삶*La Vie Inestimable du Grand Gargantua, Père de Pantagruel*』을 출판했지만 이 작품 역시 금서로 지정되었다. 이후에도 라블레가 계속해서 책을 출판할 수 있었던 것은 뒤 벨리 가문의 요청을 받은 왕으로부터 특권을 부여받았기 때문이다. 하지만 라블레의 책들은 반교권주의와 지나치게 혁명적인 사상을 표방한다는 이유로 소르본의 지속적이고 체계적인 제재를 받았다.

앞서 언급한 두 권의 책에 이어 1546년에 출판된 『세 번째 책*Le Tiers Livre*』에서는 이상적인 여인을 찾으려는 한 모험가의 노력이 결국에는 지혜와 행복의 탐구로 전환되는 과정이 그려진다. 라블레가 묘사하는 지혜의 탐구 과정은 소크라테스와의 대화를 연상시키는 성장소설의 구도를 따른다. 『네 번째 책*Le Quart Livre*』은 이전 작품에 나타나는 이상적인 탐구 과정과는 정반대되는 경우를 풍자적으로 다룬다. 팡타그뤼엘과 그의 친구들은 델피의 신탁 사제를 패러디한 '술병의 여신'을 찾아 여행을 떠난다. 그리고 여신으로부터 술과 디오니소스적인 광기에 모든 것을 내맡기라는 모순적이면서도 숙명적인 답변을 듣는다.

　1553년 라블레가 세상을 떠난 뒤 유작으로 『소리 나는 섬*L'ile sonnante*』이 1562년에 출판되었을 때 이 책에는 『다섯 번째 책*Le Cinquième Livre*』의 일화 중 열여섯 가지가 실려 있었다. 모든 일화가 실린 『다섯 번째 책』은 1564년에 출판되었지만 비평가들은 이 책을 익명의 저자가 라블레의 문투와 이름으로 각색했을 공산이 크다고 평가했다.

/ 인간과 세계의 발견을 위한 여행

라블레가 그의 작품에서 집중적으로 다루는 주제들 중 하나는 '인간과 세계의 재발견'을 의미하는 '여행'이다. 유토피아 문학, 고전 서사시의 패러디와 실제 여행의 요소들이 모두 뒤섞여 있는 주인공들의 끝없는 '여행'은 무엇보다도 현실의 위계질서를 전복하고 새로운 질서를 선포하기 위한 영적 모험으로 해석되어야 한다. 혼돈 속에서 태어난 라블레의 거인은 금욕주의와 희생을 중시하는 치명적인 문화에 맞서 기꺼이 학문적 검증과 해방의 길을 걸으면서 자신의 욕망에 자유를 선사하기로 결심한 인간의 모습을 표상한다.

　라블레의 인류학적 낙관주의와 그의 창작 세계가 지니는 놀라운 독창성은 당대의 우상들, 예를 들어 거짓 종교와 부당한 법과 학자인 척하며 인간의 영적 세계를 옥죄는 인간들의 죽은 문화에 대한 그의 잔인한 풍자와 직결된다. 라블레의 주제 및 양식적 선택과 그의 희극적 글쓰기가 지니는 놀라운 생명력은, 러시아의 평론가 미하일 바흐친Mikhail Mikhailovich Bakhtin이 주목했던 것처럼, 중세의 가면극이나 '기괴한 사실주의'에서 유래한다고 볼 수 있다. 가면극이나 사실주의 모두 중세의 희극 문화에 고유한 행복과 해소의 표현이었고 이는 바로 세계의 위계적이고 경직된 측면과 정반대되는 요소들이었다. 바흐친에 따르면 중세의 '기괴한 사실주의'가 지니는 가장 중요한 특징은 현실의 물질적이고 희극적인 측면이나 환희의 순간을 항상 신체적인 차원에서 표현한다는 데 있다. 이러한 구도 속에는 전통적인 가치를 격하하거나 전복하려는 의도가, 다시 말해 고귀하고 영적이며 추상적인 모든 것을 물질적이고 신체적인 단계로 끌어내리려는 의도가 숨어 있었다.

바흐친에 따르면, 라블레의 서사를 특징짓는 수많은 수사적인 요인들, 예를 들어 먹고 마시는 행위와 성행위 묘사에 집중하는 경향, 대중적인 표현이나 거리에서 사용하는 말들, 예를 들어 욕이나 과장된 비유를 선호하는 경향, 그리고 무엇보다도 지배층의 문화나 종교적 입장을 풍자적으로 전복시키는 경향 등은 모두 중세 가면극 문학의 특징이었다. 물론 매혹적인 해석임에는 틀림없지만 바흐친의 주장은 라블레의 문학에서 누구나 알아볼 수 있는 가장 생동적인 측면의 특징이 무엇인지 보여 줄 뿐이며 그의 작품들이 지니는 모든 문학적 가치를 빠짐없이 완벽하게 설명하는 것은 아니다. 결과적으로 비평가들은 라블레의 작품이 지니는 특징들 가운데 쉽게 드러나지 않는 측면들, 예를 들어 라블레도 신플라톤주의나 고전문학이 대변하는 상류층 문화와 밀접한 관계를 유지해 왔다는 점, 작품 내용의 의도적인 모호함, 희극과 형이상학의 실질적인 분리 불가능성 등을 추적했다.

이러한 관점에서 비평가들은 라블레의 이야기가 첫 두 권에서 나머지 두 권을 향해 발전하는 동안 주인공 팡타그뤼엘의 성격 역시 점진적인 변화를 겪었고 희극적 영웅시의 전형적인 특징들이 점차 사라지는 가운데 불변하는 존엄성과 카리스마를 갖춘 왕의 모습으로, 아울러 소크라테스와 에라스뮈스가 제시하는 지혜의 상속자로 발전했다는 점에 주목했다.

/ 라블레의 종교와 불신의 문제

프랑스 역사가 뤼시앙 페브르Lucien Febvre는 16세기에 역사적인 차원의 문제를 근거로 내세우는 '불신'이 일종의 시대착오적인 발상으로 간주되었다는 점에 주목하면서, '무신론자'로 비난받던 라블레가 개신교와 복음주의에 대해 과연 어떤 종교적 입장을 가지고 있었는지 재조명해 볼 필요가 있다고 주장했다. 페브르에 따르면 1542년의 단죄가 라블레에게 특별히 커다란 타격을 안겨 주었던 것은 단죄조치가 『가르강튀아』와 『팡타그뤼엘』의 출판을 도맡았던 개신교 인문학자 에티엔 돌레Étienne Dolet의 체포로까지 이어졌기 때문이다.

아울러 라블레의 여러 작품에는 개신교 교리에 대한 수많은 언급과 거짓 선지자들의 횡포에 맞서기 위해 복음의 안내가 필요하다는 주장이나 내적 기도에 치중하는 광적인 종교 생활을 거부하는 입장, 루터와 에라스뮈스의 사상을 언급하는 내용, 그리고 칼뱅의 비관용적인 태도를 신랄하게 비판하는 내용 등이 실려 있다.

이러한 유형의 특징들을 바탕으로 학자들은 라블레의 반수도원주의 및 풍자적 반교권주의의 가장 의미심장한 예로 간주되는 '텔렘Thélème 수도원의 묘사' 혹은 이 수도원이 욕망의 자유분방한 충족을 원칙으로 세워진 유토피아적인 공간이라는 라블레의 해석이 사실은 에라스뮈스의 저서 『성 히에로니무스의 삶Hieronymi Stridonensis Vita』의 한 문단을 각색해서 발전시킨 경우라는 사실을 밝혀냈다

실제로 텔렘 수도원의 엠블럼을 장식하는 "하고 싶은 대로 하라Fais ce que voudras"는 문장은 아우구스티누스의 "원하는 것을 하라Quod vis fac"에 씌워 놓은 개신교적이고 인본주의적인 차원의 가면에 지나지 않는다. 라블레는, 에라스뮈스가 제안했던 대로, 아우구스티누스가 이 "원하는 것을 하라"는 문장을 독단적 자유의지에 대한 책임을 강조하기 위해 사용했던 것으로 해석했다.

/ 언어

라블레의 집요한 언어 탐색, 활용되는 용어들의 풍부함, 암호나 말장난을 선호하는 성향, 방언들을 뒤섞어 가며 사용하는 경향, 라틴어와 그리스어를 활용하는 경향, 다양한 양식과 장르의 조합을 꾀하는 성향 등은 모두 언어의 기원과 위계, 말과 사물들의 관계에 관심을 기울이던 1500년대 학자들의 활발한 토론 문화에서

유래한다고 볼 수 있다. 언어학적인 차원에서 볼 때, 라블레가 시도했던 것은 말들의 원시적인 의미 혹은 본래의 의미를 되찾고 기호들의 혼돈과 퇴화 이전 상태의 완전성을 되찾는 작업이었다. 우리는 말들의 활용에 주목하는 아리스토텔레스의 입장과 이름을 사물들의 이미지로 보는 플라톤의 입장을 조합하려는 노력 속에서 라블레가 의도했던 언어학적 혼합주의의 정당성을 발견할 수 있다. 라블레는 이름들이 자연적 어원을 복구했을 때 계시적 진리를 밝히는 도구가 될 수 있다고 보았다.

학자들이 주목했던 것처럼 라블레의 언어 활용은 항상 '은유'와 '유머'가 공존하는 차원에서 이루어지며 오로지 이러한 특징을 감안한 독서만이 즉각적으로 유쾌함을 자아내는 요소와 상징적인 표현들이 어우러져 텍스트 자체의 비밀을 드러내는 문장들의 진정한 의미를 깨닫게 해 줄 수 있다. 텍스트에 실재하는 이러한 다양한 차원에 주목할 때에만 가면극과 익살극의 '과장'에 집중하는 바흐친의 '기괴한 사실주의' 해석을 뛰어넘을 수 있다. '유희의 문법'과 '생동하는 표현' 외에도, 라블레의 작품 속에는 입 밖으로 꺼낼 수 없는 말들, 현실 묘사를 위해 필요한 말들을 찾는 것이 불가능한 상황을 표상하는 '침묵의 언어'와 '얼어붙은 말들'의 문법이 존재한다.

7

16세기의 천문학

7.1 아리스토텔레스의 우주론과 프톨레마이오스의 체계

16세기 초반에는 중세 철학자들이 그리스도교 신학에 적합한 형태로 체계화한 아리스토텔레스의 우주관, 즉 부동의 지구가 우주의 중심이며 우주는 고정된 별들의 천구 안에 머문다는 생각이 지배적이었다. 그리고 이러한 생각에는 천체들이 지상의 물체와 전적으로 다른 특성을 지닌다는 관점이 포함되어 있다. 사람들은 천체들이 부패를 모르는 제5원소로 구성되어 있으며 이들의 획일적인 원운동도 바로 이러한 완벽성에 기인한다고 보았다. 획일적인 원운동은 시작과 끝이 없기 때문에 완벽한 것으로 간주되었다. 이와는 달리 지상의 세계는 생성과 부패의 공간이었고 이 생사의 공간을 구성하는 것이 바로 흙, 물, 공기, 불이라는 네 가지 원소였다. 지구를 중심으로 행성들을 포함하는 천구의 운동을 처음부터 관장해 온 것은 '부동의 동자動子'였다. 이 '부동의 동자'는 순수한 운동이기 때문에 동적이지 않고 수동적이며 단지 '정념의 대상'일 때에만 움직일 수 있다는 특징을 지니고 있었다. 그리스도교 철학자들은 이 '부동의 동자'가 어떤 의미에서는 창조주와 일치하며 창조주가 가장 높은 천구에 부여하는 '완성의 욕구'에 의해 움직인다고 보았다. 그렇게 해서 발생한 동력이 이어서 더 낮은 단계의 천구로 전달된다고 보았던 것이다. 아리스토텔레스의 철학에서는 천상과 지상의 대립 관계가 전제되지만 이것이 곧 하늘과 땅 사이에 어떤 인과관계도 존재할 수 없다는 것을 의미하지는 않았다. 아리스토텔레스의 철학과 후세에 좀 더 체계화된 단계의 아리스토텔레스주의 철학은 지상의 운동이 천체들의 움직임에 좌우된다는 해석을 분명하게 지지하는 방향으로 발전했다.

인간 중심의 우주관 모형은 처음부터 행성들이 발하는 빛의 변화 원인을 설명할 수 없었고, 결과적으로 지구로부터의 거리가 변화하는 이유를 설명할 수 없다는 취약점을 가지고 있었다. 아울러 천문학자들은 프톨레마이오스의 모형을 물리학적 차원이 아니라 순수하게 수학적인 차원에서 연구했다. 프톨레마이오스와 후대의 천문학자들은, 적어도 코페르니쿠스가 등장하기 전까지는, '현상을 살리려는' 취지로 연구에 임했고 '외견상' 불규칙해 보이는 별들의 운동에 대해 수학적인 방식으로, 즉 일률적인 원형 운동의 조합을 토대로 '설명'을 제시하기 위해 노력했을 뿐이다. 실제로 당시에는 철학자들뿐 아니라 천문학자들도 천체들의 움직임이 일률적인 원형 운동이라는 확신을 가지고 있었다. 프톨레마이오스의 체계는 '외견상' 불규칙해 보이는 행성들의 운동을 설명하기 위해 주전원, 이심률 같은 일련의 복잡한 수학 공식에 의존했다.

서방의 그리스도교 세계에서도 천문학은 관찰과 수학에 집중하는 경향을 보였다. 천문학은 자유학예의 7학과 중 하나였지만 천체들의 특성에 대한 궁금증을 해결하기 위해 들어야 할 과목은 철학이었다. 인간 중심의 우주론을 주장했던 아리스토텔레스의 관점과 주전원 및 이심률을 바탕으로 하는 프톨레마이오스의 모형 사이에는 관점의 차이에서 비롯되는 모종의 긴장감이 존재했고, 이러한 긴장감은 문제점을 해결하기 위한 학자들의 부단한 노력에도 불구하고 16세기 내내 그대로 유지되었다. 아베로에스와 그를 추종하는 제자들이 오랫동안 프톨레마이오스의 체계를 거부하면서 이것이 아리스토텔레스 우주론의 인간 중심적인 구조와 상충된다고 주장했던 경우는 이러한 긴장감이 쉽게 사라지지 않았다는 것을 증명하는 대표적인 사례다.

반면에 베로나의 의사 지롤라모 프라카스토로(Girolamo Fracastoro, 1478~1553년)는 아리스토텔레스의 인간 중심적인 구도를 지지하면서 아이러니하게도 천체들이 발하는 빛의 외견상 변화가 천구들이 지니는 밀도의 차이에서 비롯된다는 해석을 내놓았다.

르네상스 인문학자들의 노력으로 재발견된 플라톤주의, 스토아주의, 에피쿠로스주의의 위용은 대단했지만 적어도 천문학 분야에서만큼은 그 효과를 아주 천천히 발휘했다. 신플라톤주의 철학자 니콜라우스 쿠자누스(1401~1464년)는 신학적인 성격의 전제들을 바탕으로 우주에는 어떤 고정된 중심도, 어떤 고정된 상태의 한계 지점도 있을 수 없으며 오히려 다양한 지점들이 모두 우주 전체에 반영된다고 주장했다. 따라서 지구는 우주의 중심으로 간주될 수 없었고 절대적인 평정을 유지할 수도 없었다. 이탈리아의 인문학자 첼리오 칼카니니(Celio Calcagnini, 1479~1541년)는 일찍이 1520년과 1524년 사이에 집필한 『하늘은 멈춰 있고 땅은 움직인다*Quod caelum stet, terra moveatur*』는 저서에서 지구가 하루에 한 번씩 자전할 수 있다는 가능성을 제시했지만 이 책은 그의 사후인 1544년에야 출판되었다. 물론 우주론과 관련된 논쟁에서 칼카니니와 그의 저서가 전혀 주목받지 못했던 이유는 그의 책이 오랜 세월이 지난 뒤에야 출판되었기 때문이기도(바로 1년 전에 코페르니쿠스의 『천체의 회전에 관하여』가 출판되었다) 하지만 무엇보다도 저자의 천문학적 지식이 절대적으로 부족했고 그의 책에서 전문적인 차원의 천문학 논제를 조금도 찾아볼 수 없었기 때문이다.

7.2   코페르니쿠스의 체계

코페르니쿠스의 태양중심설 역시 우주가 곧 조화로운 질서를 의미하며 행성들이 획일적으로 원운동을 한다는 전적으로 그리스적인 사고를 수용하면서 구축되었다. 하지만 코페르니쿠스는 프톨레마이오스가 모든 행성을 개별적으로 연구했기 때문에 행성들의 움직임에 대한 통일적이고 일관적인 체계를 제시할 수 없었다고 보았다. 일관성과 통일성은, 코페르니쿠스에 따르면, 태양이 부동의 중심이고 지구가 움직인다는 조건에서만 주어질 수 있었다.

코페르니쿠스는 그의 제자이자 조력자였던 게오르크 요아힘 레티쿠스의 격려와 도움으로 자신이 오랫동안 천착해 온 천문학 탐구의 결과들을 출판하기로 결심했다. 레티쿠스는 코페르니쿠스가 쓴 원고의 요약본을 준비했고 이 논문을 1540년 『서설*Narratio Prima*』이라는 제목으로 출판했다. 『천체의 회전에 관하여』 출판을 계속해서 미루어 왔던 코페르니쿠스의 마음을 바꾸는 데 결정적인 역할을 했던 것이 바로 이 요약본 출간이었다. 하지만 레티쿠스는 코페르니쿠스가 교정과 편집 작업을 완성할 때까지 기다릴 수 없었다. 1542년 라이프치히로 거처를 옮겨야만 했기 때문이다. 『천체의 회전에 관하여』는 결과적으로 루터학파 신학자 안드레아스 오시안더의 편집과 감수로 출판되었다. 오시안더는 자신이 직접 쓴 서문('독자들에게 쓰는 편지')에서 "천문학의 과제는 현상을 살리는 것"이라고 주장했다. 오시안더에 따르면 천문학의 과제는, 코페르니쿠스 이전 시대의 천문학자들이 생각했던 것처럼, 우주의 실체에 관한 이론을 제시하는 것이 아니라 관찰된 사실들의 상관관계를 검토하고 이를 바탕으로 천체들의 운동을 수학적으로 환산해 내는 것이었다. 그는 코페르니쿠스의 제안이 다른 경우와 마찬가지로 가정에 지나지 않고 저자가 이 가정을 진실이라거나 진실에 가깝다고 주장하는 경우도 없으며 단지 다른 가정들에 비해 훨씬 명료하고 편리한 방식으로 제시할 뿐이라고 기록했다. 하지만 오시안더의 서문은 서명 없이 출판되었고 따라서 독자들은 서문을 코페르니쿠스가 직접 쓴 것으로 이해했다.

이 서문을 누가 썼는지 밝혀낸(1609년) 인물은 케플러다. 케플러는 서문에 표명된 천문학적 관점이 코페르니쿠스의 그것과 많이 다르다는 점에 주목했고 코페르니쿠스가 제안한 우주의 새로운 구조는 확실하게 물리적인 성격을 가지고 있으며 단순히 수학적인 가설로 그치지 않는다고 주장했다.

코페르니쿠스는 지동설이 일관적이고 통일된 우주의 이미지를 제공할 수 있는 반면 모든 요소를 서로 분리시켜 생각했던 프톨레마이오스의 체계에서는 통일성을 발견하는 것이 불가능하다고 보았다.『천체의 회전에 관하여』1권에서 코페르니쿠스가 우주의 구조에 대한 간략한 설명을 통해 제시한 지구의 운동에는 세 가지 종류가 있다. 첫 번째 운동은 공전운동이다. 코페르니쿠스는 태양을 중심으로 지구가 공전한다는 사실을 인정하면 많은 행성들의 외견상 비정상적인 운동이 왜 일어나는지 쉽게 규명할 수 있다고 주장했다. 두 번째 운동은 지구의 자전운동이다. 코페르니쿠스는 지구가 자전한다는 사실을 바탕으로 아리스토텔레스의 천문학 체계에서 하늘의 고속 운동에 기인하는 것으로 간주되던 여러 가지 천문학적 현상들이 설명될 수 있다고 보았다. 세 번째 운동은 가설에 가까웠고 결국 후대의 천문학자들에 의해 고려 대상에서 제외되었지만 코페르니쿠스는 이 가상 운동 덕분에 지구가 공전하는 동안 자전축을 항상 똑같은 기울기로 유지할 수 있다고 보았다. 지구의 공전 이론은 행성들의 외견상 비정상적인 운동의 원인을 설명해 줄 뿐 아니라 행성들과 태양 간의 거리, 행성들이 공전궤도를 완주하는 데 걸리는 시간을 알려 줄 수 있었다. 프톨레마이오스의 체계에 따르면, 태양, 목성, 금성은 모두 1년이라는 동일한 공전주기를 지니고 있었다.

코페르니쿠스의 천문학은 프톨레마이오스의 체계와 달리 거리가 멀면 멀수록 공전 시간이 더 오래 걸리는 이유를 용이하게 설명할 수 있다는 장점을 가지고 있었다. 행성들의 속도 혹은 공전주기는 행성과 태양 간의 거리에 비례했다. 코페르니쿠스는 자신이 프톨레마이오스의 천문학에서는 찾아볼 수 없던 질서와 균형을 우주에 부여했다는 사실에 자부심을 느꼈다.

지동설을 지지하며 코페르니쿠스는 다음과 같은 세 가지 기본 논제를 제시했다.

(1) 지동설이 행성들의 겉보기운동을 프톨레마이오스의 우주론보다 훨씬 더 쉽게 설명해 줄 수 있다.

(2) 좀 더 체계적이고 질서 정연한 우주의 이미지를 제공한다.

(3) 빛과 생명의 기원이 되는 태양을 우주의 중심에 위치시킨다.

하지만 분명한 것은 코페르니쿠스가 태양을 우주의 중심에 위치시켰지만 행성 운동의 중심으로 간주하지는 않았다는 사실이다. 지구가 공전하는 궤도의 중심은 태양과 가까운 곳에 위치한 어느 한 지점이며 코페르니쿠스는 바로 이 지점이 행성 운동의 중심과 일치한다고 보았다. 이러한 측면을 고려하면 그의 우주론은 태양중심설이라기보다는 오히려 지동설에 더 가까운 것처럼 보인다. 하지만 코페르니쿠스의 우주론은 그가 『천체의 회전에 관하여』 1권에 소개한 도식적인 설명처럼 그리 간단하지만은 않다. 기존의 관측 자료들을 설명하기 위해 코페르니쿠스는 어쩔 수 없이 이심률이나 '대원과 주전원의 조합' 같은 프톨레마이오스 천문학의 공식들을 활용해야만 했다. 특히 행성들의 속도 변화를 설명할 때 코페르니쿠스는 '대심equante', 즉 프톨레마이오스의 천문학에서 행성 운동을 일률적으로 보이게 만드는 수학적 지점에 의존하고 싶지 않았기 때문에 어쩔 수 없이 '대원과 주전원의 조합'을 활용할 수밖에 없었다. 코페르니쿠스의 주전원은 프톨레마이오스의 그것과는 일치하지 않는다. 무엇보다도 훨씬 작았고 주전원의 공전주기가 행성의 공전주기와 똑같았다. 코페르니쿠스는 지동설에 대한 반론의 근거로 제기되었던 천문학적 시차視差 현상의 부재라는 문제도 감안해야만 했다(천문학적 시차는 관찰 대상을 서로 상이한 지점에서 관찰할 때 일어나는 현상이다. 관찰 시점과 대상의 거리가 멀면 멀수록 시차는 감소한다). 다시 말해, 별들이 지구와 그다지 멀지 않은 곳에 위치한다면 겉보기 시차가 발생해야 할 텐데 발생하지 않는다는 문제가 있었고, 따라서 이러한 현상의 부재를 정당화하기 위해 코페르니쿠스는 우주의 크기를 어마어마한 규모로 확장해야만 했다.

7.3   코페르니쿠스 이후

물론 『천체의 회전에 관하여』의 출판과 함께 코페르니쿠스가 제안한 새로운 우주관이 곧바로 수용되었던 것은 아니다. 16세기에는 코페르니쿠스의 이론을 지지하는 사람들이 그리 많지 않았다. 오히려 대다수의 사람들은 오시안더처럼 코페르니쿠스의 천문학을 일종의 유용한 수학적 모형으로 간주했다. 이들은 코페르니쿠스의 천문학이 프톨레마이오스의 천문학에 비해 훨씬 더 정확하지만 물리적이고 실질적인 차원에서 특별한 의미를 지닌다고는 생각하지 않았다.

루터교파 신학자 멜란히톤 역시 이러한 유형의 해석을 받아들였고 루터교파 대학들도 동일한 입장을 고수했다. 루터교파 비텐베르크 대학의 천문학과 교수 에라스무스 라인홀트(Erasmus Reinhold, 1511~1553년)는 코페르니쿠스가 행성의 운동과 관련하여『천체의 회전에 관하여』에 남긴 수학적 정보들을 자신의 천문학 도표를 만드는 데 활용했지만 태양중심설을 수용하지는 않았다. 반면에 튀빙겐의 천문학과 교수 미하엘 메스틀린(Michael Maestlin, 1550~1631년)은『천체의 회전에 관하여』를 교과서로 채택하면서 결과적으로 그의 제자였던 케플러가 코페르니쿠스의 천문학에 입문하는 데 결정적인 계기를 마련했다.

잉글랜드의 수학자 토머스 디기스(Thomas Digges, 1546~1595년)는 역사상 처음으로 코페르니쿠스 우주론을 지지하는 저서『천체 궤도의 완벽한 묘사A Perfit Description of the Caelestiall Orbs』를 1576년에 출판했다. 디기스는 코페르니쿠스의 천문학이 우주의 진정한 물리적 형상을 묘사한다고 보았고 무한한 우주의 수많은 별들이 태양으로부터 다양한 거리를 유지하며 무한한 공간 속에 머문다고 생각했다. 철학자 조르다노 브루노는 지동설을 가설이 아닌 분명한 사실로 간주했던 인물들 가운데 한 명이다. 브루노는 1584년에 출판된『원인에 관하여De la causa』와『무한한 우주와 세계에 관하여』에서 루크레티우스의 무한한 우주 개념을 전폭적으로 지지한 바 있다. 브루노와 디기스가 생각했던 것은 사실상 질서 정연할 뿐 아니라 명확한 경계를 지녔던 코페르니쿠스의 우주와 상당히 다른 성격의 우주였다. 지구의 자전운동을 증명하기 위한 방법을 처음으로 제안했던 잉글랜드의 윌리엄 길버트(William Gilbert, 1544~1603년)는『자성에 관하여De Magnete』(1600년)에서 지구 자체는 무기력하지 않으며 자전운동의 원인인 '자기력'을 지닌 물체라고 주장했다. 지구를 하나의 거대한 자석으로 정의하면서 길버트는 구형 자석의 회전을 실험적으로 증명해 냈다. 그는 지구가 땅속에 박혀 있는 자석의 힘에 의해 자전축을 중심으로 자전하는 것은 지극히 당연한 일이라고 보았다. 하지만 길버트 역시 지구가 태양을 중심으로 공전한다는 사실은 인정하지 않았다.

7.4   코페르니쿠스와 교회

성서와 지구중심설의 놀라운 결속력은 코페르니쿠스 이론의 전파와 보급을 크게 방해하는 요소들 가운데 하나였다. 로마에서도 코페르니쿠스의 이론은 지구중심설을 지지하는 스콜라철학과 가톨릭 신학의 긴밀한 공모 관계라는 또 다른 장애물을 만났다. 트렌토 공의회를 앞두고 도미니크회의 신학자 조반니 마리아 톨로사니(Giovanni Maria Tolosani, 1470~1549년)는 코페르니쿠스의 이론이 성서의 가르침에 위배된다고 주장한 바 있다. 하지만 그의 주장은 로마에서 커다란 반향을 일으키지 못했다. 개신교 신학자들 사이에서는 코페르니쿠스 이론과 성서의 관계를 이른바 '절충'의 문제로 간주하는 해결책이 유행하기 시작했다. 칼뱅이 지지했던 이러한 해결책의 요지는 성서가 자연적인 문제를 다룰 때 일반인들이 이해할 수 있는 단순한 표현들을 사용하는 만큼 성서의 내용과 과학적 탐구의 결과 사이에 모순이 발생할 때에는 성서보다 과학을 따라야 한다는 것이었다. 에스파냐의 신학자 디에고 데 수니가Diego de Zúñiga의 주장은 훨씬 더 노골적이었다. 그는 『욥기 주해Job Commentaria』(1584년)에서, 성서 기자가 태양이 움직인다고 말할 때에 무엇보다도 중요한 것은 그 문장이 평민들을 위해, 그들이 쉽게 이해할 수 있도록 쓰였다는 사실이라고 주장했다. 더 나아가서 그는 성서에 기록된 "신이 지진을 일으켜 땅을 뿌리부터 흔들고 그 기둥들을 흔드시니"라는 문장을, 코페르니쿠스 이론을 바탕으로, 신이 땅에 운동을 부여한다는 의미로 해석해야 한다고 보았다. 갈릴레이가 코페르니쿠스 이론과 성서의 양립 가능성을 증명하기 위해 직접 인용하기도 했던 수니가의 『욥기 주해』는 1616년 로마교회가 코페르니쿠스의 우주론을 단죄할 때 함께 금서로 지정되었다.

7.5   튀코 브라헤의 체계

16세기를 대표하는 천문학자들 가운데 한 명인 튀코 브라헤(1546~1601년)는 지구중심설을 토대로 발전시켰음에도 프톨레마이오스의 체계와 상반될 뿐 아니라 코페르니쿠스 이론과도 장기간 경쟁 구도를 유지했던 독창적인 우주론을 제안했다. 튀코는 물리적인 이유에서뿐만 아니라 성서의 가르침에도 위배되기 때문에 지구가 움직이는 것은 불가능하다고 보았다. 하지만 튀코는 프톨레마이오스의 체계에서 드러나는 문제점들을 지동설의 수용 여부와 무관하게 해결할 수 있다고 주장했다. 그는 부동의 지구가 우주의 중심이며 24시간마다 모든 별이 지구를 중심으로 회전하고 1년에 한 번씩 태양이 지구를 중심으로 공전하며 모든 행성은 태양을 중심으로 공전한다고 보았다. 그런 식으로 프톨레마이오스의 복잡한 수학 공식에 의존하지 않고도 행성 운동의 불규칙성을 설명할 수 있다고 보았던 것이다. 행성들의 움직임과 화성의 궤도를 관측한 결과를 바탕으로 튀코는 행성들이 단단한 천구 내부에서 움직이는 것이 아니라 단순히 기하학적인 궤도를 그리며 움직일 뿐이라고 주장했다. 튀코의 천문학 저서들이 지니는 중요성은 무엇보다도 시간이 흐르면서 축적된 엄청난 분량의 관측 기록에 있다. 바로 이 기록들을 토대로 케플러는 행성 운동과 관련된 세 가지 '케플러의' 법칙들을 정립할 수 있었다.

7.6   달력의 개혁

1582년 로마교회는 율리우스 카이사르Julius Caesar가 제정했던 율리우스력을 대체하기 위해 새로운 달력을 도입했다. 이 달력이 바로 오늘날 우리가 사용하는 그레고리우스력이다. 율리우스력은 몇 가지 부정확한 점들을 가지고 있었다. 무엇보다도 1년을 365와 1/4일로 환산하는 것이 문제였다. 따라서 달력을 태양년과 조율하기 위해서는 4년마다 하루를 더할 필요가 있었다. 태양년이란 태양이 춘분점을 경과한 후 또다시 춘분점을 경과할 때까지 소요되는 시간, 다시 말해 봄이 시작하는 순간부터 다음 해에 다시 봄이 다시 시작하는 순간까지 소요되는 시간을 가리킨다. 태양년의 길이는 실제로 정확하게 11과 1/4분이 더 길다. 아무런 의미가 없는 차이처럼 보이지만 128년이 지나면 24시간이 된다. 부활절을 정하는 데 어려움이 있었던 것도 바로 이 때문이다. 부활절은 춘분점을 지나 첫 보름달이 뜬 직후의 일요일이어야 했고, 따라서 매년 3월 22일에서 4월 25일 사이에 돌아왔다. 율리우스력은 1582년에 10일 연착을 기록했다. 일찍이 제5차 라테란 공의회(1512~1517년)는 코페르니쿠스에게 달력 검토를 의뢰했지만 결과를 얻지 못했고 결국 달력의 개혁은 그레고리우스 13세(1502~1585년)에 의해 이루어졌다.

핵심적인 역할을 했던 인물은 독일의 예수회 신부 크리스토포루스 클라비우스(Christophorus Clavius, 1538~1612년)다. 클라비우스는 연착된 시간을 보충하기 위해 1582년 10월 4일 다음 날을 5일이 아닌 15일로 공표했다. 더 나아가서 그는 400년을 기준으로 3회에 걸쳐 윤년을 삭제하고 400년간 100회가 아닌 97회의 윤년이 돌아오도록 조치했다. 그는 세기가 시작되는 해마다 윤일을 삭제하고 400년을 주기로 돌아오는 해에만 윤일을 포함시켰다. 좀 더 구체적으로 말하자면 1600년과 2000년은 윤년이지만 1700년, 1800년, 1900년은 윤년이 아니다. 그레고리우스력과 함께 1년은 365일 5시간 49분 12초가 되었다. 태양년에 비해 약간 빠르지만 차이는 26~27초에 지나지 않으며 이는 30세기에 하루 정도, 혹은 만 년을 기준으로 3일 정도에 불과하다.

대부분의 가톨릭 국가들은 새 달력을 1582년부터 사용했다. 반면에 개신교도들은 공식적으로만 수용했을 뿐 상당히 뒤늦게 활용하기 시작했고 독일에서는 1700년부터, 잉글랜드에서는 1752년부터 그레고리우스력을 받아들였다.

논리와 방법

/ 아그리콜라와 멜란히톤

아그리콜라는 유명론을 토대로 구축되는 스콜라학파의 논리학을 극복하기 위해 『변증법적 창작에 관하여De inventione dialectica』(1479년)를 집필했다. 아그리콜라는 이 책에서 아리스토텔레스적인 방법론과 대별될 뿐 아니라 문법과 수사학 등 모든 학문에 적용될 수 있는 보편적인 방법론을 모색했다. "변증법은 무슨 주제이든 개연성을 바탕으로 논하는 기술이다ars probabiliter de qualibet re proposita disserendi." 아그리콜라의 이 유명한 설명에서 드러나는 것은 변증법 자체가 형식적인 성격의 학문이라는 점이다. 실제로 변증법은 다루는 대상의 유형에 좌우되지 않을 뿐 아니라 모든 예술과 학문에 적용될 수 있다는 특징을 가지고 있었다. 아그리콜라에게 '개연성'은 곧 '설득력'을 의미했다. 변증법을 통해 논쟁 기술과 개연적인 방식으로 변론하는 방법을 배울 수 있다면, "변증법의 영역은 이성적이고 방법론적으로 토론할 수 있는 모든 것으로 확장된다고" 볼 수 있었다. 더 나아가서 변증법은 어떤 주제도 선호하지 않으며 단지 "모든 유형의 도전에 대비해 우리를 훈련시키기 위한 무기만을 제공할 뿐이다." 아그리콜라에 따르면 변증법은 토론 주제를 창출해 내는 데 쓰일 뿐 아니라 모든 형태의 지적 원리들을 명료하게 부각하는 데 소용된다. 그런 의미에서 변증법은 중요한 담론 기술이자 학문 자체의 이론이며 형식적인 기초 과정이다. 더 나아가, '창작' 자체도 형식화될 수 있다. 모든 학문이 주장하는 내용의 근원을 탐구하는 만큼 논리적, '변증법적 창작'은 특정 내용을 위한 참조 체계를 구축할 뿐 아니라 '고립된' 특징과 유사성을 바탕으로 형성되는 '공통된' 특징 사이의 상관관계를 정립하는 데 주력한다. 변증법적 사유가 개별적인 사물들의 가공할 만한 다양성 앞에서 무너지지 않기 위해 주목해야 하는 것이 바로 유사성이다.

　하지만 후세가 '방법론의 대가'로 인정한 철학자는 아그리콜라가 아닌 멜란히톤이다. 『철학에 관하여 *De philosophia*』(1536년)에서 그는 학생들과 학자들을 향해 "모든 것을 방법론에 적용시키는 데" 익숙해질 필요가 있다고 주장했다. 『변증법의 문제 *Erotemata dialectices*』(1547년)에서 멜란히톤은 '방법론'을 영혼이 보유하는 지적 기량 중 하나로 정의했다. 방법론이란 "자갈과 잡다한 사물들로 뒤덮여 있어서 혼잡하고 근접이 불가능한 지대에 특정한 논리로 길을 트고, 해결하고자 하는 문제와 관련하여, 이 사물들에 질서를 부여하는 기술이나 학문 혹은 성향"을 의미했다. 멜란히톤은 이러한 설명을 뒷받침하기 위해 '체계'에 대한 제논의 유명한 정의를 예로 제시했다. 제논에 따르면 체계는 "살면서 유용한 목적을 위해 훈련해야 할 확실한 이해 방식" 중 하나였다.

/ 피에르 드 라 라메

르네상스는 기술과 학문이 '자연적으로, 이론을 통해, 훈련을 통해' 습득된다는 견해를 바탕으로 인식의 문제에 접근했다. '성향'은, 아리스토텔레스에 따르면, 누군가의 '고유한 행동이나 열정'일 수 있는 일종의 '기량'이었다. 개인일 경우 '성향'은 성격이나 습관을 바탕으로 하는 '적성 héxis'과 일치하며 공동체일 경우 문화와 관습을 바탕으로 하는 '습성 éthos'과 일치한다. '성향'을 통해 개인의 '능력'은 '소유'의 형태로, '무능력'은 '상실'의 형태로 주어지며 '소유'는 개인의 훈련과 반복을 통해, 혹은 경험과 실천을 통해 이루어진다(『니코마코스 윤리학』 II, 1).

피에르 드 라 라메(Pierre de la Ramée, 1515~1572년)는 멜란히톤의 뒤를 이어 방법론과 '성향'에 관한 담론을 발전시켰다. 장장 14권에 달하는 『형이상학 강의Scholae Metaphysicae』(1566년)를 통해 라 라메는 다름 아닌 플라톤의 이데아 이론을 기반으로 아리스토텔레스 논리학의 파격적인 구조 변화를 시도했다.

라 라메에 따르면, 플라톤은 이데아를 정신의 바깥에 머무는 것으로 간주했지만 아리스토텔레스는 이데아를 오로지 정신과 영혼이 인식하는 종과 범주에 지나지 않는 것으로 간주했다. 라 라메는 바로 여기에 문제가 있다고 보았다. 왜냐하면 지성은 "논리학 내부에서만 통용되지 않고 범주에만 국한되지 않으며 모든 사물과 모든 이름에도" 적용될 수 있었기 때문이다. 아리스토텔레스의 정의에 따르면 형이상학은 존재를 존재 자체로 관찰하고 부차적인 특성들을 탐구하는 학문이었다. 이 경우에도 라 라메는 아리스토텔레스의 정의가 결코 완전할 수 없다고 보았다. 왜냐하면 아리스토텔레스가 『형이상학』 제1권에서 근본적인 원인을 탐구하는 이 형이상학이라는 학문의 완성이 근본 원인들뿐 아니라 "결코 완성 단계에 도달할 수 없는 부차적인 요인들", 예를 들어 삼단논법이나 방법론 등을 바탕으로 이루어진다고 설명했기 때문이다.

결과적으로 라 라메가 추구했던 것은, 다시 말해 파격적인 구조 변화를 꾀했던 것은 '형이상학'이 아니었다고 볼 수 있다. 왜냐하면 그에게는 논리학 자체가 이미 형이상학이었기 때문이다. 라 라메는 논리학과 형이상학의 '사실적인' 해석을 꾀하는 한편, 인간의 정신이 지배하는 영역 자체를 '주제'로 다루고 이에 상응하는 정신 활동의 조건을 검토하는 것이 인간의 과제라는 점에 일찍부터 주목했던 인물이다.

/ 야코포 차바렐라

야코포 차바렐라(Jacopo Zabarella, 1533~1589년)는 라 라메와 상당히 다른 입장을 고수했던 철학자다. 라 라메를 직접적으로 인용하며 그를 비판한 적은 없지만 차바렐라는 그의 저서 『논리학Opera logica』(1578년)에서 논리학을 토대로는 어떤 철학도 구축될 수 없다고 주장했다. 그는 논리학이 그저 인간의 정신 속에 다른 모든 학문 분야의 이론적인 측면을 습득하는 데 필요한 일종의 성향으로만 존재할 뿐이며 이어서 사라지거나 개별적인 학문 안에서 형식적으로 살아남을 뿐이라고 보았다. 차바렐라는 '방법론'이 아리스토텔레스가 정립한 학문 개념의 가장 세련된 표현이라는 점을 인정했지만 방법론이 지니는 본질적으로 도식적인 성격은 공허하다는 점에 주목했다. 그는 논리학과 방법론의 도구적인 성격을 강조했고 어떤 종류의 관계를 매개로 채택하든 이들을 사물의 본질과 연결시키는 것은 크나큰 오류라고 주장했다. 정통파 아리스토텔레스주의 철학자인 차바렐라는 논리학과 자연철학에 집중하는 경향을 보였던 반면 좀 더 절충주의적인 성격의 아리스토텔레스주의 철학자들, 예를 들어 멜란히톤이나 프란체스코 피콜로미니(Francesco Piccolomini, 1523~1607) 같은 철학자들은 논리학과 의미론의 토대를 검토하면서 관념의 정신 외적 요소들에 주목했다. 이러한 방향의 탐구가 윤리학과 문화에 적잖은 영향을 줄 수 있다고 보았기 때문이다. 이에 대해서는 피콜로미니가 열 권으로 구성된 그의 『보편적 도덕철학에 관하여De universa philosophia de moribus』(1584년)에서 상세하게 다룬 바 있다.

차바렐라는 그의 『방법론De methodis』(1578년)에서 파도바 대학의 동료 의학자들이 내세우던 입장을 논박한 바 있다. 그는 논리학에 대해 아무것도 모르는 의학자들이 학생들에게 논리학은 공부할 필요가 없으며 갈레노스가 제시하는 방법론적 도식을 이해하는 것으로 충분하다고 가르치는 것이 문제라고 보았다. 갈레노스의 『의술Ars medicinalis』을 감수했던 니콜로 레오니체노는 나름대로 아리스토텔레스의 증명 이론에 대한 '방법론'의 절대적인 자율성을 주장했던 인물이다. 『체계화된 세 가지 방법론De tribus methodis ordinatis』(1508년)에서 레오니체노는 갈레노스의 '분석'(doctrina resolutiva, 해법 이론)과 아리스토텔레스의 '체계'(doctrina compositiva, 조합 이론)와 플라톤의 '정의'(doctrina definitiva, 정립 이론)를 모두 일종의 방법론으로 소개한 뒤 이 세 가지 방법론을 모두 함축할 수 있는 또 하나의 방법, 즉 '체계화된 이론 doctrina ordinata'을 제시하면서 이를 바탕으로 특별한 문제들을 해결하기 위한 선택적 '방법론modus doctrinalis'과 학문 자체가 지니는 복합적인 체계로서의 '체계론ordo doctrinae'을 구분했다.

차바렐라에게 '체계론ordo'은 특정 학문 분야의 다양한 측면들로 구축되는 체계의 논리를 의미하는 동시에 이미 취득된 지식이나 관점들을 체계화해 더 고차원적인 이해의 단계로 끌어올리는 과정을 의미했다. 반면에 '방법론methodus'은 전제를 결론과 결속시키는 논리적 관계를 바탕으로 정신이 익숙한 사고 영역에서 필요한 사고 영역으로 이동하며 앎의 세계를 확장하는 데 활용할 수 있는 최상의 논리적 도구를 의미했다. 차바렐라는 아울러 "방법이 체계와 구분되는 이유는 우리가 모종의 필연적인 관계를 바탕으로 무언가를 또 다른 것과 연결시키기 위해 사용하는 추론의 힘을 지녔기 때문"(『방법론』Ⅱ, 1)이라고 보았다.

차바렐라에 따르면, 방법론은 삼단논법과 크게 다르지 않지만 근본적인 차이는 삼단논법이 변증적인 논제들, 심지어는 소피스트적인 논리를 수용할 수 있는 반면 방법론은 아리스토텔레스가 『분석론 후서』에서 언급했던 "학문적인 차원에서 명백한 증명만"을 수용한다는 데 있었다. 더 나아가서 방법론은 오로지 두 방향으로만, 즉 결과에서부터 출발해 원인으로 거슬러 올라가거나 원인에서부터 출발해 결과를 설명하는 방향으로만 설정될 수 있었다. 차바렐라는 변증적이거나 수사적인 성격의 논제에 방법론적 존엄성을 부여하려는 모든 시도를 강력하게 거부했다. 변증법과 수사학을 방법론에 비해 훨씬 빈약한 것으로 보았기 때문이다.

차바렐라에 따르면, 진정한 학문의 목적은 설명이 가능한 원칙에서 출발해 문제를 제공한 경험의 차원으로 되돌아오면서 완성된다. "추론적인 성격의 학문에 종사하는 이들 모두가 궁극적으로 추구하는 것은, 무언가를 입증하기 위한 방법론을 동원해, 모종의 원칙들을 인식하는 차원에서 이 원칙들을 토대로 발생한 현상들을 완벽하게 설명할 수 있는 학문의 차원에 도달하는 일이다."(『방법론』Ⅱ, 4)

멜란히톤은 방법론의 문제를 아리스토텔레스의 '변증론'적 관점에서 다루지만 차바렐라는 아리스토텔레스의 '분석론'적 관점에서 다룬다. 차바렐라는 멜란히톤을 한 번도 언급한 적이 없지만 다른 학자들이 제안한 '체계'의 정의들을 평가할 때 멜란히톤이 제시했던 방법론의 정의를 염두에 두고 있었다는 것만큼은 분명하다. "체계를 언급하는 학자들은 한 이론의 체계가 어떤 학문의 다양한 측면들을 어떤 식으로 적절하게 배열하는지 가르쳐 주는 지적인 도구라는 정의에 모두 동의하는 것처럼 보인다."(『방법론』I, 4) 차바렐라는 이러한 정의가 틀린 것은 아니지만 완벽한 것도 아니라고 보았다. 왜냐하면 이 정의를 수용할 경우 체계란 결국 "한 학문의 여러 측면을 배열하되 그것이 어떤 이유에서 적절한 방식으로 이루어져야 하는지 설명하지 못하는" 체계에 불과하다는 것을 인정하는 셈이기 때문이다. 더 나아가서 "우리는 이 배열이 도대체 어디에서 유래하는지 알지 못한다. 이것을 우리가 우연히, 아무런 이유 없이, 오로지 우리의 독단적 의지만으로 만들어 낸다고 할 수 없을뿐더러 이른바 체계를 갖춘 어떤 학문의 다양한 측면들을 어떤 식으로든 따르고 활용하는 이들의 의지에서 비롯된다고도 할 수 없다. 그런 식으로 체계는 결국 체계가 아니거나 아무런 기능도 유용성도 없는 것으로 남게 될 것이다."(『방법론』I, 4)

/ 차바렐라 비판: 영혼과 자연 사이의 논리학

차바렐라의 생각에서 문제점을 발견했던 프란체스코 피콜로미니는 "학문적인 내용의 본질을 토대로 구축되는 것이 바로 학문의 체계"라고 주장했다. 피콜로미니는 우리가 논리학을 배울 때 어떤 체계를 따르기 마련이며 이것이 바로 "자연으로부터 유래하고 우리가 사물들의 본성에서 발견하는 체계"와 일치한다고 보았다.

　　1500년대 말에 차바렐라를 상대로 한층 진지한 논쟁에 뛰어들었던 인물은 멜란히톤과 라 라메의 제자 프리드리히 보이어하우스Friedrich Beurhaus다. 보이어하우스는 『피에르 드 라 라메 변호론Defensio Petri Rami dialecticae』(1588년)에서 '성향'이 지니는 정신 외적 기반의 정당성을 주장했다. 보이어하우스에 따르면, 논리학은 일종의 예술이며 예술은 무언가를 할 줄 아는 앎이다. 자연의 이치에 따라, 예술은 예술가의 성향에 우선한다. 달리 말해 예술은 성향의 시작을 가능하게 만드는 요소이지만 성향 자체와는 일치하지 않는다. 원인은 효과일 수 없으며 예술은 성향의 원인이다. 논리학이 예술이라면 결과적으로 논리학은 성향이 아니며 플라톤적인 관념들 사이에 존재하는 관계의 총체에 지나지 않는다. 이러한 문제들을 아주 단순한 형태로 축약하면서 보이어하우스는 논리학이 정신 외적 체계이지만 성향일 경우에는 심리학과 일치한다고 주장했다. 보이어하우스는 규칙이 책에 쓰여 있지만 그것을 읽는 영혼 속에도 실재한다고 보았다.

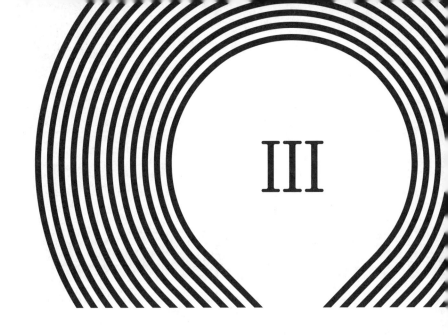

III

16세기와 17세기의
자연과 마술

La filosofia
e le sue storie

1556~1598년
에스파냐, 합스부르크의
펠리페 2세 통치

1558~1603년
잉글랜드,
엘리자베스 1세 통치

1559년
카토 캉브레지 평화조약

1586년
교황
식스투스 5세,
미래를 예측하는
마술 금지령

1571년
피오 5세,
금서 선정 기관 설립

1598년
펠리페 2세 사망

1599년
에스파냐 독재에 반대하는
반란 진압, 캄파넬라 투옥

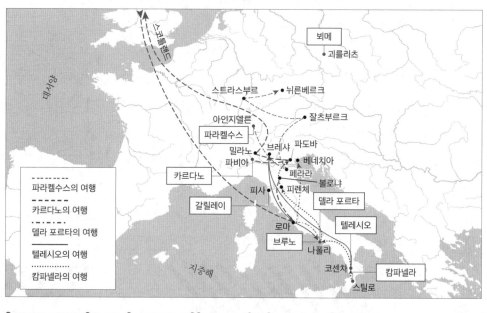

뵈메
괴를리츠

스트라스부르   뉘른베르크

잘츠부르크

아인지델른

파라켈수스

밀라노   브레샤   파도바
파비아   파라   베네치아
카르다노   페라라
         볼로냐
피사   피렌체

갈릴레이   델라 포르타

로마   텔레시오
브루노
    나폴리

코센차   캄파넬라

스틸로

태서양

뵈메

지중해

------- 파라켈수스의 여행
------- 카르다노의 여행
······· 델라 포르타의 여행
······· 텔레시오의 여행
········· 캄파넬라의 여행

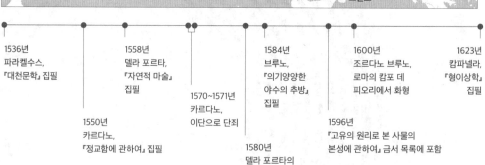

1536년
파라켈수스,
『대천문학』 집필

1558년
델라 포르타,
『자연적 마술』
집필

1584년
브루노,
『의기양양한
야수의 추방』
집필

1600년
조르다노 브루노,
로마의 캄포 데
피오리에서 화형

1623년
캄파넬라,
『형이상학』
집필

1550년
카르다노,
『정교함에 관하여』 집필

1570~1571년
카르다노,
이단으로 단죄

1580년
델라 포르타의
장기 재판 시작

1596년
『고유의 원리로 본 사물의
본성에 관하여』 금서 목록에 포함

르네상스의 철학은 상당히 다양하고 이질적인 주제들을 다룬다는 특징을 지니지만, 겉으로는 아무런 관계도 없어 보이는 주제들이나 저자들 사이에서 지속적으로 등장하며 고리 역할을 하는 몇 가지 요소들을 가지고 있다. 그중 하나가 15세기에 발달해 16세기까지 전승되는 마술의 전통이다.

피치노 같은 철학자들에게 마술이 자연의 흐름 내지 순리를 변화시킬 수 있는 인간의 기량을 의미했다면 1500대에 들어와서 마술은 자연적 사물의 질서를 변화시키거나 향상, 발전시키기 위한 도구로 인식되기 시작했다.

마술사는 더 이상 점괘를 얻기 위해 악령을 부르는 강령술사가 아니라 자연의 힘을 제어하고 조절하는 데 소용되는 '자연적' 마술을 누구보다도 깊이 이해하는 지식인이었다. 예를 들어 파라켈수스는 연금술 혹은 화학을 의학 및 의약품 제조의 토대로 보았고 조반니 바티스타 델라 포르타는 마술을 농사와 마찬가지로 '자연의 변형'을 위해 필요한 실용적인 기술로 간주했다. '서명'과 희귀석의 힘을 믿고 꿈의 해석과 점성술을 굳게 신뢰했던 지롤라모 카르다노는 이러한 기술들이 추론적인 성격을 가지고 있지만 이를 바탕으로 자연에 대한 타당한 가설을 세울 수 있고 인간에게 유익한 방향으로 자연을 변형시킬 수 있다고 보았다. 톰마소 캄파넬라는 자연적 마술의 전통을 나름대로 재해석하면서 마술사를 인간의 인식론적 원리로 작용하는 얇고 유동적인 기운, 즉 '영spiritus'을 변형시킬 수 있는 현자로 간주했다. 이어서 조르다노 브루노는 마술적이고 헤르메스주의적인 문화를 우주의 끊임없는 개방과 함께 이루어지는 무한히 다양한 세계의 발현으로 보았다. 이러한 해석적 경향은 1500년대에 일어난 천문학적, 형이상학적 현기증과 결코 무관하지 않다.

아울러 르네상스 시대에는 영혼과 육체의 관계, 소우주와 대우주의 관계에 대한 새로운 관심이 급증하면서 자연의 법칙과 현상을 관찰할 때 인간의 감각을 중시하는 성향이 두드러지기 시작했다. 이는 물론 르네상스 문화가 실험하던 자연의 새로운 이미지와 결코 무관하지 않다. 르네상스의 학자들은 자연의 실체를 자연의 다양성과 풍부함이라는 관점에서 탐구했고 이러한 시도는 빈번히 아리스토텔레스적인 세계관에 대한 공개적인 비판으로 이어졌다. 자연은 곧 신이 창조한 우주의 총체성 속에서 모든 사물을 결속시키는 조화로운 질서라는 생각이 가장 지배적이었다. 피치노와 피코가 생각했던 것처럼 자연은 결속력과 유사성에 의해 유지되는 실체로 간주되었고 이를 발견하고 이해하는 일은 '유사類似', '상사相似', '서명署名' 등의 개념을 바탕으로 하는 사유, 혹은 인위적인 기억술mnemotecnica의 몫이었다.

르네상스 시대에 자연철학이 중요한 역할을 한 것은 분명하지만, 윤리학적 탐구나 사회적, 정치적 개혁의 시도가 전적으로 등한시되었던 것은 아니다. 윤리학 분야에서 주목할 만한 성과를 이루어 낸 브루노는『의기양양한 야수의 추방』에서 세계의 영혼anima mundi과 인간의 영혼anima hominis 사이에 존재하는 윤리적 상관관계를 조명했고 캄파넬라는『태양의 도시』에서 윤리적인 문제들을 정치적 유토피아와 플라톤의 철학적 관점에서 다루었다.

당시에 활동했던 많은 학자들은 일반적으로 언어 편중주의와 교부철학 및 아리스토텔레스 철학의 건조한 지식 체계에 대해 비판적인 입장을 고수했다. 이들은 삶과 현실에 좀 더 가까운 철학의 필요성을 느꼈고 이러한 요구는 자연스럽게 고전 철학을 복원하려는 노력으로, 예를 들어 당시에는 미지의 분야였지만 브루노의 관심사였던 헤르메스주의를 복원하려는 노력으로 이어졌다. 반면에 텔레시오는 아리스토텔레스의 물리학을 집중적으로 공격하면서 그의 철학이 개념화 과정을 거쳐 일상적인 의미로부터 멀어지는 추상적인 철학에 불과하다고 비판했다. 이러한 철학을 거부하면서 텔레시오는 구체적이고 즉각적

인 실체를 바탕으로 이해가 가능한 의미, 혹은 인간과 사물이 지니는 본성의 의
미를 복원해야 한다고 주장했다.

자연 안에서 기능하는 힘과 법칙들에 대한 궁금증과 탐구의 열정은 르네상
스처럼 과도기적인 시대에, 즉 '아리스토텔레스적인 천문학의 성벽'이 무너지
면서 펼쳐진 새로운 시대에 인간을 가르치고 성장시킬 수 있는 요소로 주목받
기 시작했다. 브루노는 이렇게 기록했다. "이 철학은 감각을 열어젖히고 영혼을
충족시키며 지성을 만개하게 하고 인간을 인간이기에 향유할 수 있는 진정한
행복으로 인도한다."

1

점성술과 별들의 영향력

1.1   하늘의 힘

조반니 피코 델라 미란돌라는 『예언적 점성술 논박*Disputationes adversus astrologiam divinatricem*』(1496년)에서 "별들의 여정을 통해 미래를 내다보는" 점성술이 조작에 불과하며 종교적 계율에 의해 엄격하게 금지되어 있다고 주장하면서 점성술에 대한 본격적인 비판을 감행했다. 피코는 '하늘'이 보편적인 차원에서 '근원'이라는 것을 부인하지 않았지만, 바로 그런 이유에서, 천문학적 현상을 지상에서 수많은 물리적 원인에 의해 발생하는 사건들의 직접적인 원인으로 간주하는 것은 잘못이라고 주장했다.

피코가 점성술을 비판했던 것은 무엇보다도 그것이 인간의 자유의지를 묵살하는 결과를 가져왔기 때문이다. 그는 인간이 자연에 종속되지 않고 신에 종속될 뿐이라고 주장했다. 피코는 천체들의 '합*congiunzione*'에 대한 점성술 이론에 문제가 있다고 지적했다. 이 이론을 지지하는 이슬람의 점성가들뿐만 아니라 서방의 그리스도교도들조차도 종교의 운명 자체가 목성과 토성의 합 현상에 좌우되는 것으로 해석했기 때문이다. 점성술의 근절을 주장하던 피코의 입장은 근본적으로 신학적이었고 토마스 아퀴나스 같은 권위 있는 신학자의 견해를 지지하는 이들도 피코의 날카로운 비판을 피할 길이 없었다. 아퀴나스 역시 별들이 지상에서 일어나는 일에 적잖은 영향을 끼친다고 보았기 때문이다. 아퀴나스는 특히 별들의 움직임이 인간에게도 영혼을 제외한 신체적이고 감성적인 부분에 영향을 끼칠 수 있으며, 이성에 의해 제어될 수 있는 정도의 성향들을 발생시킬 수 있다고 보았다.

하지만 피코의 주장을 적극적으로 받아들이는 이들은 그리 많지 않았다. 무엇보다도 왕들이 점성술과 별점을 통해 미래를 내다보는 습관을 포기하지 않았고 이는 추기경들과 교황의 경우도 마찬가지였다. 교황 바오로 3세가 치비타 Civita의 주교로 임명했던 자신의 점성술사 루카 가우리코(Luca Gaurico, 1476~1558년)는 프톨레마이오스 저서 『알마게스트』의 라틴어 번역자였고 교황의 사망일까지 예견했던 인물이다.

피코의 집요하고 체계적인 비판 이후에도 인쇄 기술의 발달로 인해 식자나 일반인들을 위한 다량의 점성술 서적들, 별점이 실린 연감이나 달력 같은 출판물들이 거의 2세기 동안 지속적으로 보급되었고 실용적이거나 종교적인 성격의 점성술 저서들은 서점을 꽉 채울 정도 대단한 인기를 누렸다. 유럽의 그리스도교 세계를 분열시켰던 종교적 갈등이 여전히 지속되는 가운데 천체들의 합과 '새로운 별들', 아울러 점성술과 예언이 복잡하게 얽혀 있는 책들은 점점 늘어나는 추세를 보였다. 이 서적들은 놀라운 정치적 변화나 인류의 혁신적인 성장 혹은 적그리스도의 출현 등을 예견했고 이러한 예언들 모두 양식적인 차원에서 성서의 예언과 상당히 유사하다는 특징을 가지고 있었다.

트렌토 공의회 이후에야 교회는 점성술과 예언에 의혹을 품고 비판적인 태도를 취하기 시작했다. 1586년과 1631년에 발행된 교황 교서는 점성술을 포함해 미래를 내다볼 수 있다고 주장하는 모든 전문적인 기술을 단죄한다고 천명했다. 교황 교서에 명시된 점성술의 정의는 그것이 무용한 학문일 뿐만 아니라 악마의 행위이거나 어리석은 인간들의 모략에 불과하다는 것이었다. 점성술이 오랫동안 "인간의 자유의지에서 비롯되는 일들을 마치 별에 의해 시작된 것처럼" 간주해 왔다는 평가와 함께 농사, 항해, 정책, 의술 등과 관련된 모든 점성술적 예견은 단죄의 대상으로 간주되었다.

하지만 로마교회는 점성술의 유혹에서 완전히 벗어날 수 없었다. 교황 우르바노Urbano 8세는 직접 점성술의 단죄를 천명하며 칙령을 발표했지만 정작 자신의 죽음과 관련된 소문을 들었을 때에는 톰마소 캄파넬라Tommaso Campanella의 점성술적 예견을 듣고 싶어 했다. 실제로 점성술은 사회의 거의 모든 영역과 다양한 계층의 사람들로부터 지지를 얻었고 의학 및 자연철학과 깊이 연관되어 있었을 뿐 아니라 대학에서 교과목으로 가르치기까지 했던 분야다. 점성술은 천문학의 일부였다. 단순히 별들의 움직임을 관측하는 것이 아니라 점성술에도 일가견이 있고 예견을 할 줄 아는 인물이 바로 천문학자였기 때문이다. 별의 정확한 위치와 움직임에 대한 지식은 점성술사에게도 별들의 영향력을 이해하고 미래에 일어날 일을 예상하기 위해 필수적인 것이었다. 많은 사람들이 어떤 결정을 내릴 때, 혹은 어떤 약을 복용하기 전에, 씨를 뿌릴 때, 건축을 시작할 때, 결혼식을 올리기 전에, 계약서에 서명하기 전에, 전쟁에 나가거나 여행을 떠나기 전에 필요로 하는 것이 점성술사의 의견이었다.

1.2   자연적 점성술과 예지적 점성술

점성술 이론은 상당히 복잡하며 별점 체계는 사람이 태어나는 순간 태양과 행성들이 점하는 위치를 비롯해 수많은 천문학적 요인들을 바탕으로 구축된다. 누가 태어나거나 어떤 사건이 시작되는 순간 동쪽 지평선에서 떠오르는 상승궁의 위치를 확인하는 것이 점성술사의 과제다.

점성술은 크게 자연적 점성술과 예지적 점성술로 구분된다. 전자는 날씨나 인간의 신체, 병의 차도 등에 끼치는 별들의 영향력을 연구하며 주로 농부, 항해사, 의사들이 관심을 가졌던 점성술이다. 반면에 후자는 별들의 움직임을 토대로 미래에 일어날 사건이나 사람 또는 국가의 운명을 예견하는 점성술이다. 예지적 점성술의 가장 대표적인 예는 사람이 태어난 순간 별들의 위치와 관계를 바탕으로 사람의 성격, 성향, 운명에 관한 정보들을 제공하는 천궁도oroscopo 다. 예지적 점성술은 전쟁이나 왕위 계승, 혹은 장거리 여행 등 중요한 결정을 내리는 데 쓰이기도 했다. 이러한 유형의 점성술에 관심을 가졌던 이들은 군주나 군인, 교황, 귀족, 예술가들이었다. 아랍인들 사이에서는 종교의 탄생 같은 중요한 역사적인 사건과 천체들의 합 사이에 필연적인 관계가 있다고 보는 점성술 이론이 유행했다. 이 이론을 바탕으로 사람들은 천체들의 위치나 이동 경로를 문명사회의 변동과 중요한 정치적 변혁의 기호나 원인으로 해석했다.

점성술을 뒷받침하는 철학적 관점들 가운데 하나는 우주 전체를 살아 있는 생명체로 보는 관점, 즉 우주의 모든 세밀한 부분들이 천체에서 유래하는 힘에 의해 생기를 유지한다는 신플라톤주의적인 생각이었다. 이에 따르면, 우주 전체에 생기를 불어넣는 '세계의 영혼'은 신성한 지성과 질료 사이에 존재하는 중간자적인 실재였다. 이와 유사한 생각을 피치노도 가지고 있었다. 피에트로 폼포나치는 『주술에 관하여De incantationibus』에서 개인적인 차원에서든 민족적인 차원에서든 인간에게 일어나는 모든 일과 종교 자체가 엄밀한 점성술적 결정론의 지배하에 놓여 있다고 주장했다. 더 나아가서 그는 흔히 기적이라고 불리는 것들이 모두 사실은 아주 보기 드물고 오랜 시간을 주기로 나타나는 비일상적인 현상이라고 확신했다.

철학자이자 마술사였던 네테스하임Nettesheim의 코르넬리우스 아그리파는 피치노의 신플라톤주의 우주론을 지지하고 예지적 점성술을 신랄하게 비판했지만 천상에서 일어나는 범상치 않은 현상들의 경우에는 이를 바탕으로 미래를 예견하는 것이 가능하다고 생각했다. 왜냐하면 범상치 않은 현상들의 해석 자체를 성서도 인정한 바 있기 때문이다. 파라켈수스Aureolus Philippus Paracelsus는 우주에서 벌어지는 중대한 사건들이 항상 인간의 삶에 뛰어드는 신의 특별한 개입과 연관이 있으며, 그런 의미에서 천상의 기호들은 성서를 완성하는 '신의 글'이라고 보았다.

한편 카르다노는 점성술이 과거의 위상을 되찾아야 한다고 주장했다. 그는 아무런 수학적인 지식 없이 예언을 마음대로 지어내는 수많은 사이비 점성술사들 때문에 점성술의 위상이 심각하게 훼손되었다고 보았다. 그는 점성술이 자연철학의 일부로 성장해야 하고 이를 위해서는 무엇보다도 프톨레마이오스의 『테트라비블로스Tetrabiblos』를 다시 공부할 필요가 있다고 보았다. 아랍 점성술사들과 이들의 제자들은 세상에서 벌어지는 모든 일에, 심지어는 지극히 하찮은 일에도 점성술적인 의미를 부여하려 했고 카르다노는 이것이 큰 오류였다고 지적했다. 프톨레마이오스의 입장을 수용하면서 카르다노는 점성술이 미래에 일어날 사건들에 대한 가설적인 지식을 생산한다고 주장했다. 그는 이러한 전제하에 천체들의 합 이론을 수용하고 천체들의 움직임을 기반으로 인간의 역사 및 종교와 관련된 사건들을 예견하는 것이 가능하다고 보았다.

피코의 영향을 받아 점성술에 거부감을 느꼈던 캄파넬라도 카르다노와 마찬가지로 점성술에 혁신이 필요하다는 점을 깨닫고 가톨릭 교리와 점성술이 양립할 수 있는 가능성을 모색했다. 캄파넬라는 점성술을 불확실하지만 개연성이 있는 앎을 추구하는 학문으로 보았을 뿐 아니라 천체들의 영향력을 독단적 자유의지의 관점에서 다루었다. 캄파넬라에 따르면 별들이 영향력을 발휘하는 영역은 인간의 육체, 다시 말해 동물적인 측면이었다. 캄파넬라는 인간의 영혼이 자유의지에 따라 육체가 원하는 것을 선택할 수도 있고 그것을 거부할 수도 있지만 대부분의 경우 욕망을 따르기 때문에, 점성술의 예견이 대부분의 경우 적중한다고 보았다. 따라서 캄파넬라의 『태양의 도시Città del Sole』가 점성술적인 관점에 대한 설명으로 가득한 것도, 이 이상적인 도시가 별들의 움직임에 따라 기능하도록 만들어진 것도 그다지 놀랄 일은 아니다.

사람들이 흔히 생각하는 것과는 달리 점성술은 코페르니쿠스 천문학의 등장과 함께 사라지지 않았다. 사실상 점성술이 곧 지구중심설을 의미했던 것은 아니며 지구중심설을 거부하는 이들도 얼마든지 점성술과 예언을 수용할 수 있었다. 코페르니쿠스, 튀코, 케플러, 갈릴레이는 모두 점성술을 공부하고 활용했던 학자들이다.

2

조반니 바티스타 델라 포르타

2.1 한 르네상스 마술사의 삶

마술사, 화학자, 발명가였던 조반니 바티스타 델라 포르타는 후기 이탈리아 르네상스를 대표하는 인물들 가운데 한 명이다. 1535년 부유한 집안에서 태어나 가정교사의 교육을 받고 자란 델라 포르타는 고대 문화의 신봉자였던 친형으로부터도 커다란 영향을 받았다. 델라 포르타가 성장했던 나폴리는 이탈리아에서 가장 각광받는 문화도시들 가운데 하나였고 고고학, 의학, 철학, 점성학, 수학 분야의 연구 활동뿐 아니라 윤리관과 세계관의 개혁이 어느 곳에서보다도 활발하게 추진되는 도시였다.

일찍부터 자연과학 분야에 특별한 관심을 기울였던 델라 포르타는 불과 스물세 살의 나이에 네 권에 달하는 『자연적 마술 *Magia naturalis*』(1558년)을 출판했고 1558년부터 거의 20년 동안 유럽 전역을 여행하면서 여러 나라의 학자들과 교류하며 견문을 넓혔다. 풍부한 지식을 겸비한 뛰어난 발명가로 이름이 알려지면서 1579년 추기경 루이지 데스테Luigi d'Este에게 발탁되었고 로마와 베네치아에서 활동하며 '포물면 반사경specchio parabolico' 제작을 지휘했다.

하지만 마술과 점성술 분야에서 활동한 흔적이 포착되고 교회 지도자들의 의혹을 사면서 델라 포르타는 재판에 회부되었다. 1580년부터 시작된 재판이 장기화되는 동안 그의 몇몇 저서들은 검열 기구의 제재를 받았지만 그 외의 책들은 그를 후원하던 군주들과 추기경들의 도움으로 계속 출판되었다.

나폴리에 돌아온 뒤 실험에 몰두하면서도 델라 포르타는 농학과 관상학 논문 및 몇몇 극작품을 집필했고 1589년에는『자연적 마술』의 증보판을 출판했다.『자연적 마술』증보판은 초판본 이상으로 대대적인 성공을 거두었고 엄청난 판매 부수를 기록하면서 다수의 외국어로 번역되었다. 델라 포르타는 자연 현상들 가운데 가장 복잡하고 까다로운 현상들을 연구하는 '자연과학 아카데미Academia Secretorum Naturae'를 나폴리에 설립했다. 1603년 로마에 '린체이 아카데미Accademia dei Lincei'를 설립한 페데리코 체시Federico Cesi가 나폴리를 방문했을 때 델라 포르타는 체시와 상호 협력 관계를 약속했고 1611년에는 그도 린체이 아카데미의 회원이 되었다. 델라 포르타는 갈릴레이의 천문학 관측 결과가 발표되었을 때 자신이 갈릴레이보다 먼저 망원경을 만들어 냈다고 주장하기도 했다. 델라 포르타는 1611년 나폴리에 문학과 학문의 발전을 위해 '오치오지 아카데미Accademia degli Oziosi'를 설립했고 몇 년 뒤인 1615년에 사망했다.

2.2 자연적 마술과 비밀

델라 포르타에게 명성을 안겨 준 것은 무엇보다도 그의『자연적 마술』이었다. 이 책은 백과사전적인 구조를 가지고 있었고 광학, 자기 현상, 화학, 식물학, 동물학 같은 분야의 수많은 정보와 연구 결과들을 포함하고 있었다. '마술'을 다루지만 신비주의적인 성격이나 악령 혹은 주술에 의존하는 경우를 조금도 찾아볼 수 없는『자연적 마술』은, 보이지 않지만 자연 안에 실재하는 힘이나 매개체를 통해 생성되는 것이 무엇인지 명시하려는 뚜렷한 의도와 목표를 가지고 있었다.

델라 포르타에게 마술은 자연철학의 일부였고 다양한 종류의 지식을 활용하는 실용적인 성격의 학문이었다. 마술사의 작업은 농사꾼의 그것과 마찬가지로 자연의 변형을 꾀하는 일이었다. 델라 포르타는 마술사의 일이 자연이 하는 일과 크게 다르지 않으며, 작업에 소요되는 시간과 방법이 다를 뿐, 항상 사물들의 자연적인 질서 속에서 이루어진다고 보았다. 델라 포르타의 '자연'은 이성이 밝혀내는 법칙들에 따라 정돈된 구조를 지니지 않았고, 오히려 지상과 천상의 물체들이 참여하는 '조화 과정'에 의해 결속되는 다양한 현상들의 총체에 가까웠다. 그는 바로 이러한 우주적 '공감'에서 '놀라운 비밀들'의 행적이 유래한다고 보았다. 물체와 천체의 기량을 이해할 때, 마술사는 "자연의 모태 속에 고스란히 숨어 있던 비밀을" 캐낼 수 있었다.

델라 포르타의 『자연적 마술』은 '비밀'이라는 장르의 역사에서도 중요한 위치를 차지한다. 일찍이 중세부터 널리 읽히기 시작한 이 '비밀'들의 선집은 인쇄 기술의 발달로 선풍적인 인기를 끌면서 16세기와 17세기에 대중적인 장르로 도약했다. 지롤라모 루셸리(Girolamo Ruscelli, 1518~1566년)와 레오나르도 피오라반티(Leonardo Fioravanti, 1517~1583년), 그리고 조반니 바티스타 델라 포르타가 이 '비밀'이라는 장르에서 가장 두각을 드러냈던 작가들이다. 이 '비밀의 책'은 비밀스러운 것들뿐 아니라 다양한 분야의 제조법이나 비법을 동시에 다루었고, '비밀'은 흔히 '비법' 혹은 특별히 효율적인 제조법의 동의어로 인식되었다. '비밀의 책'은 보통 다양한 부류의 경험을 토대로 수집한 정보들, 고대와 중세의 문헌에서 유래하거나 구전을 통해 장인들과 전문가들로부터 전해 들은 정보들을 집대성하는 식으로 제작되었다. '비밀의 책'이 다루던 내용은 금속학에서 화학, 의학, 화장품, 요리, 농학, 사냥, 광학, 기계학에 이르기까지 상당히 광범위했다. 일반적으로 실용적인 설명이나 비법의 값어치를 증명하는 것은 철학적이거나 이론적인 원칙들이 아니라 직접적인 경험이나 증언이었다. '비밀의 책'은 대학 바깥에서 탄생했고 대학 바깥에서 보급되었다. 대부분의 책들은 속어로, 궁정의 귀족들, 도시의 중산층, 여인들을 포함하는 상당히 넓은 독자층을 대상으로 쓰였다.

델라 포르타의 『자연적 마술』은 다른 종류의 '비밀'들에 비해 훨씬 더 학구적
인 성격을 지녔고 비법이나 제조법을 제시하는 데 몰두하는 대신 실험적 탐구
과정과 독특한 현상들에 대한 상세한 설명을 더 중요시한다는 특징을 가지고
있었다.

2.3   자연의 관찰과 변형

동시대인들과 마찬가지로 금속의 변형 가능성을 믿었던 델라 포르타는 염료
제조와 다양한 종류의 유리 제조, 화약 제조 등의 제조법이 포함된 실용 화학
연구에 몰두했다. 아울러 델라 포르타는 바닷물에서 식수를 얻을 수 있는 기구
를 고안했고 증류 방식과 과정을 다룰 뿐 아니라 증류 도구들의 상세한 묘사가
포함된 관련 논문을 집필했다.

델라 포르타에 따르면, 증류의 원리를 토대로 통해 물체에서 유효 성분을 추
출하는 것이 가능했고 이를 인간의 실용적인 요구에 따라 활용할 수 있었다. 델
라 포르타는 술에서 '타오르는 물aqua ardens'(알코올)을 만드는 방식, 기름을 추출
하는 방식, 다양한 종류의 용매와 산acido을 만드는 방식 등을 묘사했다. 델라 포
르타의 화학은 이론적인 측면에서 전혀 독창적이지 않았지만 그의 저서에 묘
사된 수많은 실험 과정은 그가 실험에 얼마나 많은 관심과 공을 기울였는지 보
여 준다. 그가 후기 르네상스 시대의 주요 실용 화학자들 가운데 한 명으로 간
주되는 것도 바로 그런 이유에서다.

의학 분야에서 델라 포르타는 특별한 효능이 있는 약품을 만들기 위해 노력
했다. 예를 들어 기억력을 상승시키기 위한 약품이나 달콤한 꿈 혹은 악몽을 꾸
게 할 수 있는 약품, 성적 불능증이나 불임을 방지하는 약품 등을 개발했다.

광학은 델라 포르타가 가장 커다란 업적을 남긴 분야다. 새로운 이론을 창출
하지는 못했지만 그는 수학적인 관점에서 볼록렌즈와 오목렌즈의 특성들을 치

밀하게 연구했고 망원경이나 암실 같은 광학기구들의 제조법을 연구했다. 반면에 그의 수학 탐구는, 무엇보다도 원의 면적을 구하는 문제에 집중되어 있었지만, 상당히 아마추어적인 수준에 머물렀고 당대의 수학에도 그다지 큰 영향을 끼치지 못했다.

델라 포르타는 자연적 마술과 함께 관상학, 즉 신체적인 특징을 탐구해 인간적인 성격의 이해를 도모하는 학문에 관심을 기울였다. 그는 실제로 "영혼이 신체의 움직임과 무관하지 않으며, 이와 마찬가지로 신체도 열정으로 인해 부패한다"고 보았다. 자연과 인간은 하나의 통일된 차원을 구성하고 외부와 내부는 상호 관계에 의해 결속되어 있었다. 델라 포르타는 손금에도, 특히 범죄자들의 손금에 관심을 기울였다. 그는 이러한 기호들이 우연의 흔적이 아니며 인간의 성격을 이해하는 데 중요한 단서가 될 수 있다고 믿었다. 같은 차원에서 점성술에도 관심을 기울였던 델라 포르타는 천체들의 특징과 움직임에서 인간의 삶에 영향력을 행사하는 힘의 단서를 읽을 수 있다고 보았다.

3

지롤라모 카르다노

3.1 『나 자신의 삶에 관하여』

지롤라모 카르다노의 다사다난한 삶에 관한 소식들 대부분은 일흔네 살이 되어 1575년과 1576년 사이에 쓴 자서전 『나 자신의 삶에 관하여*De vita propria*』에서 유래한다. 서자였던 카르다노는 파비아에서 공부를 시작한 뒤 1526년 파도바에서 의학박사 학위를 취득했다. 밀라노에 정착한 뒤 어려운 생활을 이어가다가 친구들과 후원자들의 도움으로 의사 활동을 시작했고 학교에서 수학을 가르쳤다. 무모했지만 지속적인 시도 끝에 1539년 밀라노의 의사협회에 가담했고 이어서 파비아의 의과대학 교수로 임명되었다. 카르다노는 영향력 있는 밀라노 귀족들의 주치의로 활동했는데 이 귀족 가문들 중 하나가 바로 보로메오였다. 1552년에는 스코틀랜드로 건너가 에든버러의 대주교 존 해밀턴John Hamilton을 치료했다. 여행 도중 여러 나라의 철학자 및 의학자들과 교류를 시작했고 결과적으로 그의 명성은 전 유럽에 빠른 속도로 퍼져 나갔다. 이어서 각국으로부터 왕궁 주치의를 맡아 달라는 제안을 받았고 로마에서도 교황의 주치의 제안을 받았지만 그는 파비아 대학에 남아 후학들을 가르치는 데 전념했다. 하지만 그가 가장 아끼는 아들이 아내를 살해했다는 혐의로 사형선고를 받자 고통을 이기지 못하고 도시를 떠나 볼로냐로 이주했다. 그리고 이곳에서도 추기경 카를로 보로메오(Carlo Borromeo, 1538~1584년)의 도움을 받아 의과대학 교수로 임명되었다.

트렌토 공의회 이후 점점 비관용적으로 변해 가던 이탈리아에서 카르다노의 사상과 점성술 이론은 의심을 받기 시작했고 카르다노는 1570년 이단으로 몰려 교수직에서 물러났다. 1571년에 재판을 받았지만 추기경 보로메오가 보석금을 넉넉히 지불하면서 자택 감금형을 선고받는 것으로 그쳤다. 하지만 카르다노는 우여곡절 끝에 로마로 이주하는 데 성공했고 이곳에서 추기경들과 고위 성직자들의 주치의로 활동했다. 새 교황 그레고리우스 13세로부터 연금을 보장받고 로마의 의사협회 일원이 되었지만 1576년에 세상을 떠났다.

3.2 의학

카르다노의 저술은 방대할 뿐만 아니라 내용과 방법론적인 측면에서 상당히 다양하다. 수학 저서로 유명해졌지만 카르다노가 집중적으로 다루었던 것은 의학과 관련된 주제들이다.

카르다노는 당대의 의학적 사고와 시술 방식을 신랄하게 비판했다. 고대 의학 서적의 주의 깊은 독자이자 해석자였지만 카르다노는 이론에 만족하지 않고 오히려 특별한 현상이나 변화들을 관찰하는 데 더 깊은 관심을 기울였다. 그는 의사가 관찰과 실습을 통해 취득한 경험의 소유자여야 하고, 이론적인 지식이 필수적인 것은 사실이지만 실질적으로 도움이 되는 경우는 극히 드물다고 주장했다. 그런 차원에서 카르다노는 위대한 의사이자 해부학자였던 안드레아스 베살리우스(Andreas Vesalius, 1514~1564년)를 높이 평가한 반면 갈레노스 의학의 여러 측면에 대해서는 비판적인 입장을 취했다. 카르다노는 베살리우스의 저서에서 전염병, 의약품, 치료 등과 관련하여 상당히 풍부할 뿐 아니라 직접적인 경험을 바탕으로 검증된 정보들을 집대성했고 건강 상태, 나이, 체질에 따라 차별화된 건강 유지법을 제시했다. 그는 의학이 기호의 해석을 목적으로 한다는 점에서는 점성술과 다를 바 없으며, 따라서 '부검'를 통해 '진단'을 검증해야 할 필요가 있다고 주장했다. 그런 식으로 카르다노는 해부병리학의 활성화에 크게 기여했다.

카르다노는 아울러 꿈의 자연적, 초자연적 원인 탐구와 꿈의 해석에 특별한 관심을 기울였다. 그는 꿈의 경험이 일상적인 경험과 직접적인 연관성이 있으며 자연적이거나 초자연적인 현상들의 무한한 다양성을 이해할 수 있도록 도와준다고 보았다. 카르다노에 따르면, 의학과 철학이 밀접한 관계를 유지하는 것은 추상적인 사고를 거부하고 관찰된 사실들을 선호한다는 공통점이 있기 때문이었다. 카르다노의 가장 대표적인 자연철학 저서 『정교함에 관하여*De subtilitate*』(1550년)는 백과사전적인 성격을 띠고 있었다. 저자는 어마어마한 양의 자연현상들을 관찰하면서 이들에 대한 독창적이고 풍부한 해석을 제공했고 평범하거나 비범한 현상뿐 아니라 근거가 부족한 정보들을 토대로 소개되는 현상들까지 모두 경험적인 탐구 방식을 적용해 검토했다.

이 저서의 기본 주제인 '정교함'은 자연현상의 기이한 발생 경로를 의미하기도 하고 자연을 탐구할 때 인간의 감각과 지각 활동에 방해되는 장애 요소들을 극복하기 위해 필요한 철학적 탐구 방식을 의미하기도 한다. 정교함은 카르다노에게 상당히 복잡하고 난해한 자연현상들을 날카롭게 분석할 수 있는 능력을 의미했다. 한편 이러한 탐구 방식의 등장은 전통 철학과의 단절을 의미했고 관찰과 실험 정신을 가장 우선적인 가치로 부각시켰다. 카르다노가 여행 보고서들, 지리학 저서들, 자연과학 서적들을 집요하게 읽었던 것도 바로 이러한 분야에서 철학적 탐구가 훨씬 더 긍정적인 결과를 이끌어 낼 수 있다고 믿었기 때문이다.

3.3   아리스토텔레스 비판

자연적인 신체의 구성을 연구하면서 카르다노는 아리스토텔레스주의와의 단절을 구체적인 단계로 이끌었다. 카르다노는 무엇보다도 아리스토텔레스의 4원소를 흙, 물, 공기의 3원소로 축소시켰다. 다시 말해 그는 신체를 구성하는 기본 요소에서 불을 제외했다. 그에게 불은 연소되는 공기에 불과했다. 더 나아가서 신체의 기본적인 특징을 네 가지에서 두 가지로, 즉 열기와 습기로 축약시켰다.

카르다노는 무엇보다도 질료의 화학적, 물리적 변화와 혼합체들의 구성에 관심을 기울였다. 그는 우주의 원동력과 에너지의 기원이 태양열인 반면 구체적인 동자動子는 영이라는 미세하고 준準물질적인 실재라고 보았다. 카르다노의 자연적 마술과 점성술 연구의 기반을 이루는 것이 바로 이 '우주 생명론'이다.

카르다노가 비판했던 아리스토텔레스의 단점 중 하나는 아리스토텔레스의 철학이 수 세기에 걸쳐 인간에게 실질적으로 유용한 것은 아무것도 제시한 적이 없다는 것이었다. 뒤이어 프랜시스 베이컨Francis Bacon도 동일한 비판적 입장을 표명한 바 있다. 카르다노는 자연의 변화무쌍한 성격을 강조했고 과학이나 예술도 그 자체로 발전적인 성격을 가지고 있다고 보았다. 카르다노에게 나침판의 발명, 화약과 인쇄의 발명은 고대인들에 비해 근대인들이 훨씬 우월하다는 것을 보여 주는 주는 근거였다.

카르다노의 자연적 마술은 자연의 삶이 상당히 다양한 방식으로 전개된다는 생각과 이 전개 과정은 체계적인 틀에 의존하지 않고서도 난해한 과정을 좇을 줄 아는 탐구자에게만 모습을 드러낸다는 생각을 바탕으로 구축된다. '우주 생명론'과 자연 안에는 공감과 반감이 존재한다는 생각을 바탕으로 카르다노는 '봉인'과 '보석'이 지니는 치료의 힘을 믿었고 이들을 자연적 에너지와 기량의 차원에서 조명했다.

하지만 카르다노는 주술에 대해 비판적인 입장을 취했다. 그는 자연주의적인 관점의 해석을 제시하면서 주술사들이 초자연적인 에너지에 힘입어 원하는 것을 이루어 낸다는 것은 사실이 아니라고 주장했다. 그는 주술사들 대부분이 심각한 문제를 안고 있으며 환영과 환청을 사실로 착각하게 만드는 검은 담즙의 소유자들이라고 보았다.

3.4   다재다능한 과학자

카르다노는 저술 활동의 상당한 부분을 차지하던 점성술을 자연철학의 일부로 간주했다. 그에게 점성술은 절대적인 확실성과 엄격함을 갖추지 못했을 뿐 미신이라고는 볼 수 없는 하나의 독립된 학문이었다. 점성술은 천체들이 세계에 끼치는 영향력을 토대로 미래에 일어날 사건에 대한 합리적이고 개연적인 가정을 세우는 가설의 기술에 가까웠다. 카르다노는 실제로 왕국이나 종교의 탄생과 천체들의 합 이론 사이에 모종의 상관관계가 존재한다는 것을 인정했다. 종교 지도자들이 자신을 불경자로 몰아세우자 카르다노는 그리스도의 신성함과 계율이 천체들의 움직임에 좌우된다는 주장을 펼친 적이 없다고 답변하면서 단지 신이 그리스도의 탄생과 적합한 방식으로 천체들의 합을 예정했을 뿐이라고 주장했다.

16세기에 생산된 가장 중요한 수학 문헌 가운데 하나인 『위대한 기술 혹은 대수학의 규칙La grande arte ovvero le regole d'algebra』(1545년)에서 카르다노는 삼차방정식을 2차항이 없이 축약된 형태로 푸는 규칙이나 삼차방정식의 해법에서 2차항을 제거하는 선형변환 혹은 2차 이상의 방정식이 하나 이상의 근을 허용한다는 법칙 등 대수학 탐구 결과들을 소개했다. 사차방정식의 해법도 카르다노의 연구 결과로 간주되어 왔지만 사실은 그의 제자였던 로도비코 페라리(Lodovico Ferrari, 1522~1565년)가 발견한 것으로 추정된다.

카르다노는 확률론을 가장 먼저 체계적으로 연구한 인물이기도 하다. 『확률 놀이에 관한 책Liber de ludo aleae』에서 카르다노는 정확한 규칙들과 법칙들이 모든 경우의 수를 지배한다는 가정하에 확률 개념을 유리한 경우들과 가능한 경우들의 관계로 정의했다. 아리스토텔레스주의자들 사이에서 토론 주제로 가장 빈번하게 거론되던 탄환 운동의 문제를 다루면서, 카르다노는 탄환의 궤도가, 이를 두 직선의 조합으로 간주하는 일반적인 견해와는 달리, "포물선을 모방한다"는 혁신적인 해석을 제안했다. 더 나아가서 카르다노는 천체들의 경우를 제외하면 '영속 운동'은 불가능하다고 주장했던 학자들 가운데 한 명이다. 아울러 카르다노는 기계들의 기능에 커다란 관심을 기울였고 기계들이 엄격한 원리에 따라 작동한다는 것을 증명해 보이려고 노력했다. 그런 차원에서 카르다노는 두 회전축의 연결을 통해 운동이 전달되도록 하는 이른바 '카르다노 조인트' 외에도 '수평 유지 장치'와 '번호 자물쇠'를 발명했다. 카르다노는 물의 운동에도 많은 관심을 기울였다. 그는 예를 들어 물이 수로를 타고 흘러내릴 때 출발 지점보다 더 높은 곳으로 거슬러 올라갈 수 없으며 수로가 길면 길수록 수면 역시 더 낮아진다는 사실과, 물이 물속보다 수면에서 훨씬 빠르게 흐른다는 것을 발견했다.

뵈메의 신비주의 철학

1575년 괴를리츠 근교에서 태어난 야코프 뵈메Jacob Böhme는 1612년에 처녀작 『여명 *Aurora*』을 발표했다. 그가 직접 언급했던 것처럼 『여명』에는, 결론 없이 모호하고 부정확한 방식으로 표현되었을 뿐, 그가 하고자 하는 이야기의 거의 모든 내용이 함축되어 있다. 일찍부터 뵈메는 신을 이해하는 두 가지 상이한 방식, 즉 영원히 변하지 않은 부동의 존재로 보는 방식과 창조주로 보는 방식이 뚜렷하게 구분되어야 한다고 주장했다. 뵈메가 신을 묘사하기 위해 택한 용어는 문자 그대로 "토대 없음"을 뜻하는 "운그룬트Ungrund"다. 뵈메는 신이 우선적으로 "자기 자신' 안에 있으며 움직임을 향한 어떤 충동도 느끼지 않는 절대적으로 무관심한 존재라고 보았다. 따라서 "토대 없음"이라는 표현은 신을 근본적인 차원에서 "독립적인" 존재로, 그를 지탱하는 "토대"조차 없는 존재로 간주하려는 시도였다고 볼 수 있다.

하지만 신이 이런 존재라면, 신이 세상을 창조했다는 사실은 어떤 식으로 설명해야 하는가? 『신의 본질이 지니는 세 가지 시원始原 *Beschreibung Der Drey Principien Gottliches Wesens*』에서 뵈메는 비록 신이 무언가를 "시작"하지 않았다 하더라도, 따라서 신에 대해 "인간적인 언어로" 이야기하는 것이 불가능하다 하더라도, 신과 그의 창조에 관한 우리의 이야기는 마치 그럴 리가 없다는 듯이 진행될 뿐이라고 주장했다. 다시 말해 신을 부동의 무無로 보는 관점과 신을 피조물과의 관계 속에 머무는 존재로 보는 관점은 신의 두 얼굴에 가깝다는 것이었다. 신의 창조를 설명하기 위한 방법 중 하나로 뵈메는 신성을 바라보는 세 가지 시점을 제시했다. 첫 번째 시점에서 신은 분노, 암흑으로 묘사되며 불에 비교된다. 두 번째 시점에서는 이 불에서 불꽃이 솟아올라 빛을 형성하고 세 번째 시점에서는 신이 물질세계와 함께 드디어 모습을 드러낸다.

뵈메는 신이 "토대 없는" 존재에서 실재하는 존재로 변신하는 문제를 바로크적인 이미지들을 바탕으로 설명했다. 그는 첫 번째 시점의 암흑을 가르면서 등장한 불꽃이 빛을 탄생시켰듯이 창조의 기원은 일종의 "수축" 현상에 있으며 이 현상이 "토대 없는" 존재의 절대적인 공허함 내부에 진정한 의미의 "의지"를 탄생시켰고 그런 식으로 신에게 창조에 대한 의지를 부여했다고 보았다. 이러한 관점에서 신은 "토대 없는" 부동의 무無라기보다 피조물을 창조하면서 스스로 모습을 드러내는 존재로 해석될 수 있다는 것이었다.

불에서 솟아오르는 빛의 이미지를 뵈메는 신의 이중적인 성격을 묘사하는 데 활용했다. 신은 폭력적이고 모든 것을 집어삼키는 불과 맑고 너그러운 빛의 특성을 모두 지닌 존재였다. 뵈메는 이러한 특성들이 극단적으로 상반된 양상을 보일 뿐 실질적으로는 분리될 수 없다고 보았다. 왜냐하면 불은 빛의 생성에 필요하고 빛은 불을 먹고 자라나기 때문이다. 신의 존재 내부에도 근본적으로는 상이한 두 종류의 본질이 공존하지만 이들의 절대적인 분리는 불가능하다.

뵈메가 이러한 "내부적인" 단절을 논리적 차원에서 필수적인 요인으로 해석하고 신의 존재 내부에 긍정적인 가치와 부정적인 가치가 양립한다는 점을 인정하자 일각에서는 후자를 루시퍼의 존재와 일치하는 것으로 보는 견해가 등장했다. 당연한 결과였지만 이러한 해석은 곧장 신학적이고 윤리적인 차원에서 심각한 문제를 일으켰고 뵈메도 이 문제점을 분명하게 의식하고 있었다. 실제로 신의 부정적인 측면이 다름 아닌 자연의 부정적인 측면처럼 필연적인 것으로 인식될 수 있었기 때문이다.

뵈메는 자신의 신비주의 철학을 상당히 복합적이고 알쏭달쏭한 언어로 표현했고 자신이 사용하는 용어나 표현의 의미를 분명히 하려는 설명까지 덧붙이면서 "아무나 나의 말을 이해할" 수 있는 것은 아니라고 고백했다(『여명』 13장 16절). 그는 자신의 말과 폭로 자체가 본질적으로 "타오르는 불"을 닮았고 이 불이 글을 가능한 한 빠르게 써 내려가도록 부추긴다고 해명했다. 뵈메는 무엇보다도 자신이 사용하는 언어가 그의 "모국어"인 "자연적 언어"이며 사물들의 본질과 사물들 간의 관계가 표상하는 의미를 깨닫기 위해서는 바로 이러한 언어가 필요하다고 주장했다.

신체와 병을 다루는 학문

/ 인본주의와 의학

중세 대학에서 의사가 되기 위해 공부하는 내용은 주로 히포크라테스와 갈레노스 같은 고대 의학자들의 책이나 이븐 시나 같은 중세 해석자들의 주해서들이었다. 의사를 양성하는 교육과정이 좀 더 풍부해지고 세분화되는 과정은 치료법 및 해부학 실습의 발달로 식물원과 해부학 시연장이 탄생하면서 시작된다. 의학 수업에 본격적으로 돌입하기 전에 아리스토텔레스의 철학부터 가르치는 구태의연한 학습 과정을 혁신한 것은 르네상스 시대의 의사들이었다. 니콜로 레오니체노, 토머스 리너커Thomas Linacre, 생포리엥 샹피에Symphorien Champier 같은 르네상스 인본주의 의학자들은 무엇보다도 고대 의학을 재검토하고 새롭게 해석하는 데 주력했다. 바로 이 시기에 의사들 사이에서 고대 그리스어를 공부하는 사람들이 늘어났고 당시에는 잘 알려지지 않았던 고대 의학 문헌들이 보급되기 시작했다. 히포크라테스, 갈레노스, 코르넬리우스 켈수스의 저서들이 새로운 판본으로 해설서들과 함께 출판되기 시작했고 대세를 이루던 아랍 의학 서적들은 함께 읽히다가 점점 사라지는 추세를 보였다. 고대의 재발견은 전통 의학에 대한 비판적인 시각을 제시하는 데 크게 일조했다. 시간이 흐르면서 의사들은 심장, 뇌, 간, 신경계, 생식기능에 대한 히포크라테스, 아리스토텔레스, 갈레노스, 이븐 시나의 의견들이 상당 부분 일치하지 않는다는 것을 알아차렸고 이러한 발견은 해부학과 생리학 분야의 독창적인 탐구를 촉진하는 결과로 이어졌다.

고대 의학을 전수하는 데 급급했던 아랍 의사들의 의학적 견해는 르네상스 의학자들의 날카로운 비판을 피할 수 없었고, 결과적으로 아랍 의사들의 주석과 해석에 의존하지 말고 고대 의학을 직접 연구해야 한다는 분위기가 조성되었다. 르네상스 인본주의 의학자들의 목표는 중세를 거치는 동안 퇴보만 거듭해 온 고대 의학의 정수를 복원하는 것이었다. 이들은 갈레노스의 해석으로 인해 오랫동안 은폐되어 왔던 히포크라테스의 중요성과 독창성을 재발견함으로써 히포크라테스의 새로운 이미지를 부각하는 데 성공했다. 이때부터 히포크라테스는 의학의 아버지로 칭송받기 시작했다. 히포크라테스는 치료의 경험과 인간 및 자연현상의 직접적인 관찰을 바탕으로 하는 의학의 창시자로 간주되었고 의학에서 화학의 중요성을 가장 먼저 인식한 인물로 간주되기도 했다. 점차적으로 히포크라테스의 의학과 갈레노스의 의학을 더욱 분명하게 분리해야 한다는 의견이 강하게 대두되었고, 파라켈수스의 제자들처럼 갈레노스의 의학을 거부했던 이들은 스스로를 히포크라테스의 정신적인 후계자로 간주하며 자신들의 의학 이론을 정당화했다.

/ 해부학과 수술

시작 단계에서 수술을 뒷받침하는 기술이나 지식에 불과했던 해부학은 14세기부터 대학의 독립된 학과목으로 채택되기 시작했다. 가장 기본적인 해부학 교과서였던 몬디노 데 리우치(Mondino de' Liuzzi, 1270~1326년)의 『해부학Anothomia』(1316년)은 갈레노스의 의학 이론을 바탕으로 신체의 여러 부분에 대한 해부학적, 생리학적, 병리학적 구도를 제공했고, 거의 200년 가까이 대학에서 교재로 활용되었다. 15세기에 신체의 절개 기술은 이미 해부학 강의의 일부를 차지하고 있었지만 절개 기술 강의는 비교적 불규칙적으로 이루어졌다. 해부용 시체를 구하기가 쉽지 않았기 때문이기도 하지만 무엇보다도 공개적으로 신체의 일부를 절개한다는 것이 사람들에게 혐오감을 불러일으켰기 때문이다. 그리고 대부분의 경우 이방인이나 사형선고를 받아 사망한 이들의 시체를 사용했다. 하지만 학생들이 매장된 지 얼마 되지 않은 시체를 도굴해 해부학 교재로 사용하는 경우도 적지 않았다.

베살리우스 이전 시대의 절개 기술 강의는 해부학 교재를 읽고 설명하는 해부학자와 신체를 절개하는 외과의사로 역할을 분담해서 진행하는 것이 일반적이었다. 의학자 알레산드로 베네데티(1450~1512년)는 과학적인 동시에 윤리적이고 종교적인 차원에서 절개의 중요성을 강조한 바 있다. 절개는 '신의 놀랍고 신성한 재주'가 무엇인지 보여 주는 동시에 인간의 생명이 얼마나 보잘것없는지에 대해 생각할 기회를 제공한다는 것이 그의 생각이었다. 볼로냐 대학의 해부학 교수이자 외과의사였던 베렌가리오 다 카르피(Jacopo Berengario da Carpi, 1460~1530년)는 절개 실습을 직접 집도했던 인물로 인간의 신체를 직접 눈으로 관찰하면서 공부하는 것이 얼마나 중요한지, 아울러 고대 의학자들의 의견에 대한 비판적인 태도를 유지하는 것이 얼마나 필요한지 강조했다. 베렌가리오는 인쇄 기술의 장점을 인식하고 해부학 교재에 화보를 가장 먼저 도입했던 인물들 가운데 한 명이다.

1500년대 초반에는 이탈리아의 파도바, 볼로냐, 피사 대학에서 최초의 해부학 시연장이 개설되었다. 초기에는 유동적이었지만 시연 공간은 서서히 의사들과 해부학자들의 전용공간으로 변신했다. 1500년대 중반에 절개 시연은 이탈리아를 제외한 다른 나라에서 비교적 찾아보기 힘든 광경이었고 1500년 후반에 들어와서야 나무로 만든 원형 시연장이 유럽 전역에 전파되면서 절개 시연을 관람하기 위해 시연장을 찾는 학자들과 학생들의 수가 점점 늘어나기 시작했다.

해부학 화보집의 출판은 해부학 연구를 더욱더 활성화하는 데 결정적인 역할을 했다. 화보집 제작은 의사들과 예술가들의 협력 및 공동 작업을 통해 이루어졌다. 르네상스 시대의 유명 예술가들 가운데 일부는 인간의 신체 및 운동을 더욱 아름답고 정확하게 묘사하기 위해 해부학적 지식이 절대적으로 필요하다는 생각을 가지고 있었다. 해부학 연구에 지대한 관심을 기울였던 레오나르도 다 빈치는 비록 미완성으로 남았지만 화보가 실린 해부학 연구서 출판을 계획했다. 미켈란젤로도 그의 의사 레알도 콜롬보Realdo Colombo와 함께 해부학 교재 제작에 참여했지만 이 교재는 화보 없이 출판되었다. 해부학의 대가 베살리우스의 저서『인간의 신체 구조에 관하여De humani corporis fabrica』(1543년)가 특별히 중요한 의미를 지니는 것은 전통 의학의 이론보다 신체의 직접적인 관찰이 더 중요하다는 점을 분명하게 보여 주었기 때문이기도 하지만 무엇보다도 베네치아의 출중한 화가들을 기용해 엄청난 양의 상세하고 뛰어난 해부학 화보들을 집대성하는 데 성공했기 때문이다. 1500년대 후반에 들어서면서 해부학 연구는 더욱더 활발하게 전개되었고 새로운 사실들이 발견되면서 인간의 신체에 대한 지식도 더욱 풍부해지는 추세를 보였다. 하지만 해부학의 발전은 곧장 갈레노스 의학의 퇴보라는 결과로 이어졌다.

파도바 대학의 해부학 교수 가브리엘레 팔로피오(Gabriele Falloppio, 1522~1562년)는 여성 생식기를 해부학적인 차원에서 상세하게 묘사했고 베살리우스의 동창이었던 에스파냐의 미겔 세르베토(Miguel Serveto, 1511~1553년)와 베살리우스의 해부학 조교수로 활동했던 레알도 콜롬보는 혈액의 폐순환 연구에 크게 기여했다. 세르베토는『그리스도교의 회복Christianismi restitutio』(1553년)이라는 신학적인 성격의 저서를 통해 자신의 의학 이론을 소개했다. 이 책에서 그는 혈관의 피가 심장 오른편에 들어선 다음 갈레노스가 생각했던 것처럼 심실중격interventricular septum의 미세한 구멍을 통해 곧장 좌심실로 이동하는 것은 아니라고 주장했다. 그는 피가 폐를 통과하면서 공기로부터 '신성한 영'을 전달받은 뒤에 좌심실로 향하며 이어서 대동맥으로 흘러 나간다고 보았다. 세르베토와는 별개로 콜롬보도 몇몇 실험을 바탕으로 폐순환 이론을 주장했다. 후안 발베르데Juan Valverde와 안드레아 체살피노 Andrea Cesalpino도 폐순환 이론을 주장했지만 이들 중 어느 누구도 피가 원점으로 되돌아온다는 생각은 하지 못했다. 이들은 혈액순환이라는 개념 자체를 가지고 있지 않았다. 혈액순환 이론을 처음으로(1615년) 주장한 인물은 잉글랜드의 윌리엄 하비(William Harvey, 1578~1657년)다.

전통 의학의 구속에서 벗어나 서서히 독자적인 영역을 구축했던 또 하나의 분야는 수술 의학이다. 수술 의학은 사실상 전염병의 창궐과 오랫동안 지속된 전쟁을 배경으로 발달했고 대학이 전문교육을 통해 외과의사들을 배출하는 체계는 16세기가 흐르는 동안 정립되었다. 이 시기에 활동했던 프랑스의 유명한 외과의사 앙브루아즈 파레Ambroise Paré의 경력은 수술 의학이 16세기에 획득한 중요성과 특수성이 무엇인지 분명하게 보여 준다. 장인 가문에서 태어난 파레는 한 외과의사의 견습생으로 활동하면서 기술을 습득했고 파리의 오텔디외Hôtel-Dieu 병원에서 활동하며 수술 의학과 해부학을 공부했다. 외과의사로 이탈리아전쟁에 참여했고 1552년 국왕 앙리 2세의 외과의로 발탁된 뒤 왕권이 교체된 후에도 계속해서 궁정 외과의로 활동했다. 전쟁터에서 쌓은 경험을 통해 그는 총상의 치료 방식을 혁신하는 데 성공했다. 총상은 중독을 일으킨다는 통념 때문에 이를 방지하기위해 뜨거운 기름을 사용하는 것이 일반적이었다. 하지만 뜨거운 기름 대신, 그는 상처가 썩는 것을 막기 위해 독주나 테레빈유 등을 사용했다. 물론 이 물질들의 방부제 효과를 파레가 구체적으로 이해했던 것은 아니다. 이러한 경험을 바탕으로 파레는 총상이 중독을 일으키지 않으며 따라서 상처를 지질 필요가 없다고 주장했다. 파레는 아울러 절개 기술의 향상에도 크게 일조했고 출혈을 방지하기 위해 상처를 지지는 대신 동맥을 접합했다.

/ 기질과 체질

생리학, 병리학, 치료학을 포함하는 의학 체계는 체질과 기질이라는 고전 의학의 개념들을 바탕으로 구축된다. 기질은 네 가지 특성, 즉 열기, 냉기, 건기, 습기에서 유래한다. 모든 인간은 특정한 기질을 지니고 태어난다. 이 기질은 평생 유지되며 시간이 흐르면서 약간의 변화가 일어날 뿐이다. 젊은이들의 경우에는 열기와 습기가 우세하지만 나이가 들수록 냉기와 건기의 비율이 높아지는 추세를 보인다. 기질은 성별과 환경적인 요인에도 좌우된다. 예를 들어 여성과 북부 민족의 경우에는 냉기와 습기가 우세하게 나타난다.

르네상스 의학이 고전 의학으로부터 물려받은 또 하나의 중요한 개념은 '체질'이며 이는 기질과 밀접한 관계가 있다. 체질은 피, 황색 담즙 혹은 분노, 흑 담즙 혹은 우울증, 점액의 네 가지 경우로 분류된다. 모든 체질에는 그것을 특징짓는 한 쌍의 기질이 상응한다. 피 체질은 열기와 습기가 특징이며, 황색 담즙 체질은 열기와 건기, 흑 담즙 체질은 냉기와 건기, 점액 체질은 냉기와 습기가 특징이다. 중세와 르네상스 시대의 철학자들과 의학자들은 행성과 체질 및 기질 사이에 깊은 연관성이 있으며 흑 담즙 체질에는 토성이, 피 체질에는 목성이, 황색 담즙 체질에는 화성이, 점액 체질에는 금성 혹은 달이 상응한다고 보았다. 아울러 각각의 체질은 고유의 체액을 지닌다. 점액은 무색 혹은 흰색 계통의 다양한 분비물을 포함하는 습하고 차가운 점성의 액체를 가리키고, 황색 담즙은 간이 만들어 내는 담즙, 흑 담즙은 비장 속의 담즙, 그리고 피는 혈액이 아니라 혈액의 일부이며 일정량의 점액과 담즙을 포함하는 체액을 가리킨다. 이 네 종류의 체질과 체액에 좌우되는 것이 기질과 질병이며 질병은 특히 체질들 간의 불균형에서 비롯된다. 정신적인 흐름과 신체적인 흐름의 연관성을 결정하는 것이 체질인 반면 체질이 조직되는 방식에 따라 개인의 기질과 성격이 결정된다. 다시 말해 개인의 성격은 네 가지 체질 가운데 어느 것이 얼마나 우세하느냐에 따라 결정된다. 점액 체질에는 안일한 성격, 황색 담즙 체질에는 쉽게 화를 내는 성격, 피 체질에는 쾌락을 추구하는 성격, 흑 담즙 체질에는 인색하고 우울한 성격이 상응한다. 모든 성격 가운데 가장 병적인 것은 우울한 성격이다. 우울증은 의욕 상실, 낙담, 침묵, 식욕 상실 등의 증상을 동반하는 일종의 병이었다. 우울증은 흑 담즙의 비정상적인 상태 혹은 과다함에서 비롯되며 흑 담즙 체질은 선천적인 경우를 제외하면 흔히 생활 습관에서 비롯되는 것으로 간주되었다.

갈레노스 생리학에 대한 공개적인 비판을 가장 먼저 시작했던 인물은 스위스의 의사 파라켈수스다. 그는 앞서 살펴본 체질 의학의 기초 개념들을 비판하면서 질병을 자연현상으로 간주하고 이를 직접적으로 관찰해야 하며 생리적인 과정을 화학적인 관점에서 해석해야 할 필요가 있다고 강조했다. 파라켈수스와 그의 제자들은 특히 사혈을 위험하고 무용한 것으로 간주했고 갈레노스주의자들의 약학을 비판하며 화학약품의 필요성을 주장했다. 파라켈수스주의자들의 의학 이론과

의술은 이탈리아 대학교수들의 반대에 부딪히면서 먼저 독일과 프랑스, 잉글랜드에 전파되었고 이탈리아에는 1500년 말이 되어서야 보급되기 시작했다.

4

카발라주의, 유이주의, 밀어 탐구

4.1   카발라의 전통

카발라Kabbalah는 유대인들 사이에서 13세기부터 에스파냐와 프로방스를 중심으로 발전하기 시작했다. 카발라가 어떤 식으로 르네상스 인본주의 문화에 적잖은 영향을 끼쳐 왔는지는 피코 델라 미란돌라 같은 사상가의 저서를 살펴보면 알 수 있다. 한편 카발라의 역사를 논의할 때 무엇보다 중요한 사건은 15세기 말에 벌어진다. 1492년 무어인들이 에스파냐에서 추방당했을 때 에스파냐의 왕들은 이슬람교도들이 그때까지 공존을 허락하며 관용을 베풀던 유대인을 함께 추방했고, 이 사건은 결국 유대인들이 유럽 전역에 뿔뿔이 흩어지는 현상을 초래했다. 상당수의 카발라 학자들이 이 시기에 이탈리아와 프랑스, 중부 유럽으로 이주했고 이는 곧 히브리어 교육 문화의 발달과 '그리스도교 카발라'의 탄생으로 이어졌다.

　'토라'의 전통적인 주해서 형태로 출발한 카발라는 이어서 성서를 읽거나 해독하기 위한 해석학적 기술의 형태로 발전했다. 하지만 토라는 카발라 학자에게 해석을 위한 탐색의 단순한 출발점에 불과했다. 왜냐하면 중요한 것은 토라의 말이나 표현속에 숨어 있는 또 다른 토라, 즉 창조 이전부터 존재했고 신이 천사들에게 위탁했던 '영원한 토라'를 재발견하는 일이었기 때문이다. 예를 들어 카발라의 전통 사조 중 하나인 신지학적 카발라의 학자들이 성서 해석을 통해 추적했던 것은 세피로트*의 흔적이었다. 세피로트는 신성한 존재의 발현 과정에서 드러나는 열 가지의 근원 실체를 가리키거나 영혼이 신에게 되돌아가는 경로나 단계 또는 이를 위해 신과 세계 사이에 존재하는 중간자적인 실재, 혹은 신성한 존재의 내면적 특성을 의미했다. 이 세피로트 이론은 헤르메스주의, 영지주의, 신플라톤주의 전통에서 발견되는 다양한 '우주의 사슬' 이론과 유사한 특징들을 지니고 있었다. 아울러 그리스도교-신플라톤주의도 이러한 특징들을 지니고 있었고, 따라서 이전 세대의 신학 사상을 카발라적인 지식으로 보완하는 것이 그다지 어려운 일은 아니었다.

아울러 카발라는 동일한 텍스트에 '노타리콘Notarikon', '게마트리아Gematria', '테무라Temurah'의 기술을 적용해 해석한다는 특징을 가지고 있었다.

　'노타리콘'은 몇몇 단어들의 첫 번째 철자로 새로운 단어를 만드는 기술이다. '게마트리아'는 모든 단어에 일종의 수치를 부여하는 기술이다. 이러한 작업이 가능한 이유는 히브리어의 알파벳 철자들이 숫자를 가리키는 데 사용되기 때문이다. 따라서 단어의 가치는 철자들이 가리키는 숫자들의 합에 의해 결정된다. 결과적으로 수치는 똑같지만 의미가 다른 말들이 발생하기 마련이다. 그런 식으로 얼핏 무관해 보이지만 같은 숫자를 지닌 단어들이 가리키는 사물이나 사상들 사이의 유사 관계를 탐구할 수 있다. '테무라'는 말들을 변형시키거나 혹은 변장하는 기술, 즉 단어를 구성하는 철자들의 순서를 뒤바꿔서 전혀 다른 뜻의 단어를 만들어 내는 기술을 말하며, 그런 식으로 단어들을 해체하고 재구성하

---

* 세피로트Sefirot는 기본적으로 '발현'을 의미한다. 유대인들의 카발라에서 세피로트는 신, 즉 무한한 빛의 존재가 모습을 드러내고 물리적인 세계뿐만 아니라 고차원적이고 형이상학적인 세계를 끊임없이 창조하기 위해 활용하는 열 가지 방식 혹은 도구를 가리킨다.

는 작업을 통해 한 문장 안에 숨어 있는 비밀스러운 메시지를 밝혀낼 수 있다.

아브라함 아불라피아(Abraham Abulafia, 13세기)는 그의 '이름' 해석으로 신비주의적인 성격의 기술을 유행시켰던 인물이다. 그는 토라의 문장이 감추고 있는 '신성한 이름'들의 낭송을 통해, 다시 말해 히브리어 철자들이 제공하는 다양한 이름의 조합 가능성을 실험하면서 신비주의적인 성격의 계시를 얻을 수 있다고 믿었다.

15세기에, 피코 델라 미란돌라는 우연히 카발라의 몇몇 기술들이 신비주의 철학자 라몽 유이의 '아르스 만냐Ars Magna'와 상당히 유사하다는 사실을 발견했다. 실제로 '아르스 만냐'와 카발라의 융합이 이루어지는 것은 16세기에 일어나는 일이다.

마요르카섬에서 태어나 그리스도교, 유대교, 이슬람교가 공존하는 세계에서 성장한 라몽 유이는 모든 민족이 이해할 수 있는 하나의 완벽한 철학적 언어 체계를 꿈꾸었고 이를 통해 무신론자들을 그리스도교도로 개종시킬 수 있다고 믿었다. 그는 자신이 계획한 '아르스 만냐'의 조합을 극대화하기 위해 B에서 K에 이르는 아홉 개 철자를 활용했고 이 철자들의 위치에 따라 '절대적인 원리', '상대적인 원리', '문제', '주제', '덕목', '악덕'이 상응하도록 배치했다. 복잡하고 수학적인 치환과 조합 기술을 통해 유이는 무한한 수의 문장들은 물론 이 문장들을 토대로 삼단논법 유형의 논제들을 생산해 낼 수 있는 단계에 도달했다. 이러한 조합을 만들어 내기 위해 그가 제안했던 방식들 가운데 하나가 바로 유동적 메커니즘이다. 원 모양의 유동적 메커니즘은 중심을 향해 점점 작아지는 세 개의 원이 연접한 상태에서 중심에 고정되도록, 아울러 안쪽에 있는 두 개의 작은 원이 회전하는 동안 세 단어의 조합을 통해 다양한 문장들을 만들어 내도록 고안되었다.**

유이의 기술은 르네상스 시대에 다시 관심을 받기 시작했다. 카발라의 신비를 재발견하려는 노력이 이루어지면서 학자들은 아홉 개의 철자에 A만 추가하

** 『경이로운 철학의 역사』 1권 872쪽 참조.

면 카발라의 10 세피로트와 비교될 수 있다는 점에 주목했다. 유이가 사용했던 B에서 K까지의 철자는, 카발라 학자들이 천사들의 이름이나 신의 특징을 가리 킨다고 보았던 히브리어 철자들과 어렵지 않게 같은 부류의 것으로 간주되었 다. 더 나아가서, 카발라 문헌에서도, 특히 '테무라' 혹은 어구전철anagram이 중요 한 역할을 하는 곳에서도 신성한 알파벳 철자들이 우주 전체를 구성하는 데 활 용되던 모체는 일반적으로 바퀴의 이미지를 지니고 있었다. 한편으로는 카발 라의 '이름들'도 인장에 새길 수 있었고 결과적으로 원형 구조를 지닌 인장들 은 마술과 연금술의 장구한 역사가 흐르는 동안 상당히 대중적인 인기를 누릴 수 있었다. 유이가 이러한 카발라주의적인 요소들을 실제로 인지하고 있었다 고 확실하게 말할 수 있는 근거는 부족하지만 분명한 것은 유이주의와 카발라 사이에 밀접한 관계가 존재한다는 것이 16세기에는 하나의 기정사실로 인식되 었다는 사실이다. 조합 기술에 관한 유의주의 문헌들을 집대성한 책이 1598년 에 출판되었을 때 이 책에는 유이가 직접 쓴 것으로 소개된 「카발라라고 불리 는 것에 대하여De auditu kabbalistico」라는 논문이 들어 있었다. 실제로 유이의 『아르 스 브레비스Ars brevis』를 옮겨 적은 이 논문에는 원문의 내용 외에도 몇몇 카발라 주의적인 관점이 추가로 포함되어 있고, 아마도 그런 식으로 15세기 말에 편집 되었을 것으로 추정된다.

　유이주의와 카발라가 통합된 형태에서 문자들의 순수한 조합 기술을 유도해 낼 수 있는 가능성이 대두되자 이 조합 기술을 백과사전 구축에 활용해 다양한 세계의 이미지들을 조명하려는 시도들이 이루어졌다. 이 분야에서 두각을 나 타냈던 인물은 네테스하임의 하인리히 코르넬리우스 아그리파(1486~1535년)다. 1598년의 『유이 선집』에 실린 아그리파의 『라몽 유이의 아르스 브레비스 해설』 은 언뜻 『아르스 만냐』의 원칙들을 충실하게 요약한 듯이 보이지만 사실은 유 이에게서 찾아볼 수 없는 방대한 차원의 백과사전적 정신과 마술적인 오묘함 이 배어 있는 글이다. 개념들의 무한한 발전 방식을 설명하는 발레리오 데 발레 리스Valerio de Valeriis의 『오푸스 아우레움Opus Aureum』(1589년)에서도 동일한 차원의 긴장감을 발견할 수 있다.

무한한 우주 개념은 조르다노 브루노의 우주관에도 포함되어 있었고 쿠자누스가 주장했던 것처럼 "테두리가 어느 곳에도 없고 중심이 도처에" 있는 우주를 의미했다. 아울러 우주가 무한하다는 생각에는 우주 안에 존재하는 모든 실재가 서명, 이미지, 표징, 상형문자 같은 기호로, 즉 이상적인 측면들의 플라톤적인 그림자로 해석될 수 있다는 생각이 포함되어 있었다. 브루노가 헤르메스 전통에서 발견하거나 심지어는 상상력을 바탕으로 구축했을 수도 있는 이 이미지들이 상대적인 성격을 지녔던 것은 바로 이들과 현실 사이에 자연스럽게 성립되는 상징적인 관계 때문이다. 이 이미지들의 기능은 이전 세대에 유행했던 기억술의 경우처럼 기억을 돕는 것이 아니라 사물들의 본질과 이들의 관계를 밝혀내기 위한 탐색을 용이하게 하는 것이었다.

이 이미지들은 상상력을 자극하는 기능뿐만 아니라, 피치노의 부적처럼, 마술적인 기능을 가지고 있었다. 하지만 한편으로는 마술과 관련된 브루노의 주장들 대부분이 특별한 유형의 지적 활동을 가리키기 위한 메타포에 지나지 않았을 가능성도 충분히 있고 이 이미지들이 그가 고도의 사색을 마쳤을 때 그를 일종의 황홀경으로 인도하기 위한 것이었을 가능성도 얼마든지 있다. 하지만 인장의 마술적인 힘에 관한 그의 주장들이 마술을 아주 구체적으로 다루는『마술에 관하여De magia』(1589년)에 등장한다는 사실을 잊어서는 안 된다.

브루노가 사용한 도판 자료들 가운데 일부는, 분명히 헤스메스주의 전통에서 유래하는 반면 일부는 고대 신화에서 유래하는 이미지들을 비롯해 강령에 사용되는 유형의 도표들, 동물이나 식물의 이미지, 알레고리적인 형상 등 어떤 식으로든 표징 사전에 흔히 등장하는 이미지들로 구성된다.

『관념의 그림자에 관하여De umbris idearum』(1582년)에서 브루노는 다수의 유동적인 고리가 중심을 향해 집중되는 원형 도표를 제시한 바 있다. 각각의 고리에는 라틴어, 그리스어, 히브리어 철자들이 새겨져 있고 철자마다 그에 해당되는 이미지나 사건 혹은 상황 등이 배정되어 있다. 그런 식으로 예를 들어 '향연에 참석한 아폴로' 혹은 '향연장에서 사슬에 묶인 아폴로' 같은 장면의 이미지를 조합해 낼 수 있었고, 또 '한 여인이 소를 타고 왼손에 거울을 든 채 머리를 빗으면서 한 소년이 녹색의 새 한 마리를 손에 들고 있는 모습을 응시하는' 장면처럼 좀 더 복잡한 유형의 이미지도 얼마든지 조합해 낼 수 있었다.

때는 유럽이 바로크라는 세계로 진입하기 직전이었고, 우리는 여기서 조합 대상이 더 이상 알파벳 철자나 신성한 이름이 아니라 수수께끼에 가까운 상형 문자적인 이미지였다는 사실을 확인할 수 있다.

하지만 이 비밀스럽고 상형문자적인 이미지들이 마술적인 힘을 지녔다는 것 은 과장된 평가다. 왜냐하면 최근의 연구를 통해 '철자들이' 마술적으로 활용하 고자 하는 이미지를 기억하는 데 쓰인 것이 아니라 오히려 '이미지들이' 단어들 을 기억하는 데 활용된 것으로 드러났기 때문이다.

다시 말해 브루노가 고안해 낸 장치의 궁극적인 목적은 '기억술', 즉 수많은 종류의 식물, 동물, 광물, 나무와 씨앗 등을 가리키는 수많은 그리스어, 히브리 어, 페르시아어, 아랍어 단어들을 '제한된 수의 이미지'를 바탕으로 기억하는 것이었다.

4.2   그리스도교 카발라

이른바 '그리스도교 카발라'는 유이주의와 함께 발전한 또 다른 형태의 카발라 로, 피코의 경우처럼, 상징적인 숫자나 어구전철을 활용하는 기술이 기본적으 로 유대교 경전이나 신성한 이름에서 그리스도가 메시아라는 단서를 찾아내 는 데 쓰였기 때문에 전적으로 신학적인 의도와 성격을 가졌다. 이러한 정황 속 에서, 처음으로 유대인인 아닌 저자의 카발라 저서, 즉 플라톤의 절대적인 신 봉자였던 철학자 요하네스 로이힐린의 『카발라의 기술에 관하여_De arte cabalistica_』 가 1517년에 출판되었고 1525년에는 신플라톤주의에 영향을 받은 프란체스코 회 사제 프란체스코 조르지_Francesco Giorgi_가 카발라주의, 헤스메스주의, 플라톤과 플로티노스 및 아우구스티누스 철학의 융합을 시도한 『세계의 조화에 관하여 _De harmonia mundi_』가 출판되었다. 아울러 위僞 디오니시우스의 『천상의 위계질서_De_ *coelesti hierarchia*』에서처럼, 중세 철학자들에게 중요한 의미를 지녔던 천사들의 위계도 자연스럽게 카발라의 세피로트와 대등한 것으로 해석되기 시작했다.

유대 문헌학 역시 그리스도교 카발라를 탄생시킨 것과 동일한 정신에 뿌리를 두고 있었다. 중세의 학자들은 히브리어를 읽을 줄 몰랐고 피코 같은 카발라주의자들의 히브리어 수준은 아주 초보적인 단계에 머물러 있었지만 시간이 흐르면서 로이힐린처럼 히브리어를 완벽하게 이해하는 학자들이 점점 증가하는 추세를 보였다. 게다가 16세기에는 아담이 에덴동산에서 사용했던 완벽한 언어를 복원할 수 있다는 생각이 다시 유행하기 시작했는데 이 유토피아적인 생각을 지지하던 대부분의 학자들에게 완벽한 언어는 곧 히브리어, 정확히 말해 고대 히브리어를 의미했다.

히브리어 연구가 활발히 진행되는 가운데 두각을 나타냈던 인물은 기욤 포스텔(Guillaume Postel, 1510~1581년)이다. 당대의 저명한 종교 및 정치 지도자들, 뛰어난 학자들과 교류하며 프랑스 국왕의 참모로 활동했던 포스텔은 외교관 시절에 동방을 여행하면서 강한 인상을 받았고 여행 기간에 아랍어와 히브리어를 공부했을 뿐만 아니라 카발라의 세계에 접근할 수 있는 기회를 얻었다. 1552년에 포스텔은 가장 오래된 카발라 문헌『형성의 서*Sefer Yetzirah*』를 번역했다. 그리스 문헌학 분야에서도 뛰어난 재능을 발휘했던 그는 1539년을 전후로 '콜레주 드 프랑스'의 전신인 '콜레주 드 트루아 랑그Collège des Trois Langues'의 '수학과 외국어의 최고 권위자mathematicorum et peregrinarum linguarum regius interpres'로 선정되었다. 포스텔은『고대 유대인과 히브리어의 기원에 대하여*De originibus seu de hebraicae linguae et gentis antiquitate*』(1538년)에서 히브리어가 노아의 후손들이 사용했던 언어에서 유래하며 히브리어에서 아랍과 칼데아와 인도의 언어가, 그리고 여러 경로를 거쳐 그리스어가 유래한다고 주장했다.『12언어의 알파벳이 지니는 상이한 특성 입문*Linguarum duodecim characteribus differentium alphabetum, introductio*』(1538년)에서는 모든 언어의 어머니가 히브리어라고 주장하면서 민족들을 통합하는 도구로서 언어가 지니는 중요성을 강조했다. 히브리어를 모든 언어의 원형이자 모체로 보는 관점의 기반을 지탱하는 것은 하나를 고집하는 '신성한 경제성'의 원칙이었다.『페니키아 문자에 대해*De foenicum litteris*』(1550년)에서 포스텔은 단 하나의 인류가 존재하고 하나의 세상이 존재하며 하나의 신이 존재하듯, 단 하나의 언어, "최초의 인간에게 신성한 영감을 매개로 주어진 하나의 성스러운 언어"가 존재했을 뿐이라고 주장했다.

『지구의 조화에 관하여*De orbis terrae concordia*』(1544년)에서 포스텔은 언어적 문제에 대한 지식이 모든 민족 간의 범우주적인 조화를 꾀하기 위해 필수적이며, 언어의 통합은 그리스도교의 메시지가 다른 종교를 가진 이들의 믿음까지 포용할 수 있다는 사실을 증명하는 데 필수적이라고 주장했다. 그만큼 중요한 것은 자연적 종교의 원칙들을 되찾고 모든 민족이 공유할 수 있는 본유의 사상들을 발견하는 것이었다.

이것이 바로 유이와 쿠자누스의 정신세계를 뒷받침하는 핵심 사상이었다. 하지만 포스텔은 이러한 생각을 범우주적인 조화가 다름 아닌 프랑스 왕의 지휘하에 이루어져야 한다는 확신을 바탕으로 진척시켰다. 그는 프랑스 왕에게 세계를 지배할 수 있는 자격이 있으며 이는 그가 노아의 후손이기 때문이라고 주장했다. 전통 어원학을 바탕으로 포스텔은 갈리아(Gallia, 프랑스)가 히브리어로 '파도를 극복한 자'를 뜻하며 이는 곧 대홍수에서 살아남은 자를 의미한다고 해석했다.

르네상스 시대에 마술 분야에서 가장 독특한 행보를 보였던 인물 존 디(John Dee, 1527~1608년)의 『상형문자적인 모나드*Monas Hieroglyphica*』(1564년) 역시 그리스도교 카발라주의 문헌 가운데 하나로 분류된다.

방대한 지식의 소유자였던 존 디는 엘리자베스 1세의 참모였고 루돌프 2세가 다스리던 프라하의 카발라와 마술의 세계에 깊이 천착했던 인물이다. 점성술적이고 연금술적인 요소들이 분명하게 부각되는『상형문자적인 모나드』에서 그는 특이하게도 점, 선, 원을 바탕으로 자신이 고안해 낸 모나드, 즉 근원적인 상징의 이미지를 관찰하며 우주론적인 관계의 필연성을 설명하려고 시도했다. 모나드의 이미지를 살펴보면, 지구를 의미하는 점을 중심으로 회전하는 원은 태양을 가리키며 태양의 경로를 가로지르는 반원은 달을 가리킨다. 아울러 태양과 달을 지탱하는 십자가는 세 개의 원소, 즉 두 개의 선과 이들의 교차 지점을 가리키기도 하고 4원소, 즉 선들이 교차하면서 만들어 내는 네 개의 각을 가리키기도 한다. 더 나아가서 8원소의 원리뿐만 아니라 3원소와 4원소의 합을 통해 7원소의 원리를 도출해 낼 수 있다. 아울러 첫 번째 네 숫자들의 합을 통해 10원소의 원리를 얻어 낼 수 있고, 그런 식으로 현란한 대수학적 조합의 생성이 가능해진다. 이러한 수적 원리들로부터 네 가지 기본적인 특성(더위, 추위, 습기, 건조)을 비롯해 점성술적 계시들을 어렵지 않게 도출해 낼 수 있다. 존 디는 스물네 개의 공리를 바탕으로 모나드의 이미지가, 마치 히브리어 철자들로 어구전철을 시도하듯, 일련의 회전, 분해, 역행, 변신 작업을 주도하도록 만들었다. 존 디는 아울러 수비학적numerologico 분석을 시도하면서 이 모나드의 이미지에 카발라의 기본적인 기술 세 가지, 즉 '노타리콘', '게마트리아', '테무라'를 적용했다. 그런 식으로 모나드가 우주의 모든 신비를 밝혀내는 데 일조하도록 만들었던 것이다.

모나드는 알파벳 철자의 생성에도 관여했다. 이와 관련하여 존 디는 서문을 통해 장황한 설명을 늘어놓으면서 문법학자들에게 그의 저서에서는 "알파벳 철자들의 형태와 이들이 알파벳 안에서 차지하는 위치와 상황, 이들의 연관성, 이들의 수학적 가치 등에 대한 설명이" 이루어진다고 주장했다.

1538년의 『고대 유대인과 히브리어의 기원에 대하여』에서 포스텔은 히브리어의 중요성을 증명하기 위해 세계의 모든 '증명'은 점, 선, 삼각형에서 유래하며 문자들뿐만 아니라 소리 자체도 기하학적인 형상으로 축약될 수 있다고 강조한 바 있다. 반면에 존 디는 자신의 논제들을 극단적인 결과로 몰고 가면서 히브리인과 그리스인과 로마인에게 주어진 최초의 신비로운 철자들이 유일신에 의해 형성되었고 이 형태 없는 철자들이 다시 카발라의 점, 선, 원을 통해 생성될 수 있도록 평범한 인간들에게 전수되었다고 주장했다.

4.3 마술적인 이름들

이제 (1) 어떤 대상들의 의도적인 변질이나 특별한 이름들의 호명을 통해 우주의 질서에 영향을 끼칠 수 있다는 생각, (2) 히브리어가 완벽한 언어라는 생각, (3) 세상 자체가 철자들의 조합이 빚어낸 결과라는 생각, 이 모든 것을 총체적인 관점에서 바라보면, 이것들이 본질적으로는 마술적인 이름의 명명에 의존하는 전례典體적인 마술의 다양한 특징이라는 사실을 발견하게 된다.

아그리파가 몇몇 이름의 호명이 마술의 실행에 필요하다고 주장했던 것은 사물들의 자연적 기량이나 힘이 무엇보다도 대상에서 감각으로, 이어서 감각에서 상상력으로, 상상력에서 정신으로, 그리고 이 정신이 말과 목소리로 표현된다고 보았기 때문이다. 그는 히브리어를 가장 신성한 언어로 간주했다. 역사적 기원이 신성할 뿐만 아니라 히브리어의 철자와 사물과 숫자 사이에 정립된 관계가 완벽했기 때문이다.

히브리어가 어떤 '힘'을 갖춘 언어라는 생각은 고대 히브리어가 천상의 존재들이 이해할 수 있는 유일한 언어였다는 카발라 전통 사상에서 유래했다. 따라서 히브리어는 단순히 '말만' 하는 것이 아니라 '행동'하고 초자연적인 힘을 구현하는 언어였다.

아그리파가 신성하거나 악마적인 이름들의 호명 못지않게 중요하다고 생각했던 것은 "악령이나 그와 유사한 지적 존재들이 그들만의 언어 혹은 그들이 다스리는 세계의 언어를 말하다가도 히브리어로 말하는 이들을 상대할 때에는 히브리어만 사용할 줄 안다"는 원리였다. 아그리파는 영들의 이름도 정확하게만 부를 줄 안다면 우리가 원하는 대로 다스릴 수 있다고 보았다.

언어가 대화와 소통의 수단이 아니라 순수한 힘으로만 기능할 뿐이라면 이 언어는 알 필요조차 없다는 것이 아그리파의 의견이었다. 아그리파에 따르면, 이 마술적인 말들이 이질적인 음성과 의미를 지녔지만 우리가 '이해하는' 말들보다 더 큰 힘을 발휘하는 이유는 초자연적인 존재들의 경우 완벽하게 이해할 수 있는 이 말들의 알쏭달쏭함이 우리를 어리둥절하고 두렵게 만들기 때문이었다.

바로 그런 이유에서 이 언어는 더 이상 정통 히브리어일 필요가 없었다. 그것과 유사하다는 것으로 충분했기 때문이다. 이는 곧 르네상스 시대의 마술이 종류와 유형을 막론하고 항상 어렴풋이 히브리어적인 뉘앙스의 용어들을 남용하는 현상으로 이어졌다. 히브리어를 라틴어로 음역하는 과정이나 편집 과정에서 발생하는 오류 역시 원어와는 거리가 먼 히브리어 용어들이 난무하는 현상의 원인 가운데 하나였다. 아그리파의 저서 역시 이러한 정체불명의 히브리어 단어들로 가득했고 그의 '신비로운 조합'은 종종 히브리어 철자의 형상 자체를 추상화하는 형태로 나타났다. 그런 식으로, 선한 영을 격려하고 악한 영을 제압하기 위해, 성경의 문구들이 실린 다양한 형태의 부적들이 탄생했다.

4.4 비밀스럽고 마술적인 언어

밀어密語 탐구 분야에서 카발라주의와 신유이주의의 한 독특한 조합을 통해 탄생한 일종의 언어 은폐 기술을 '스테가노그래피steganografie'라고 부른다. 이 매력적인 분야를 창시한 인물의 이름은 요하네스 트리테미우스(Johannes Trithemius, 1462~1516년)다.

트리테미우스는 정치적이고 군사적인 용도로 일련의 암호문들을 고안해 냈다. 이들 가운데 하나가 바로 유이의 원형 도표와 상당히 유사한 형태를 지니고 있었다. 트리테미우스는 바깥 원에 일련의 철차들을 새겨 넣고 안쪽 원에 또 다른 철자들을 새겨 넣어 원들의 회전을 통해 암호화된 메시지가 대체될 때 드러나는 내용이 바로 전달하고자 하는 메시지와 일치하도록 만들었다.

하지만 이러한 과정에 상징성을 부여하고 싶었는지 트리테미우스는 감추어진 메시지의 해독 작업을 시작하기 전에 몇몇 천사들의 이름을 주문으로 외워야 한다고 강조했다. 이 이름들은 당연히 히브리어의 뉘앙스를 지닌 음절들로 구성되어 있었다. 물론 주문은 오히려 기억술에 가까웠고 아마도 사용해야 할

암호를 기억하는 데 필요했을 것으로 보인다. 하지만 트리테미우스가 발전시
킨 기억술의 텍스트들은 히브리어의 뉘앙스를 지닌 난해한 문장들로 구성되었
고 이러한 측면은 그가 전례적인 성격의 마술에도 깊이 천착했다는 것을 보여
준다.

1606년에 출판된 『스테가노그라피아Steganografia』의 첫 두 권에서는 카발라주
의에 대한 언급을 순수한 메타포의 차원에서 읽고 이해할 수 있는 반면 세 번째
책에서는 전례적인 성격의 마술을 적극 활용하는 성향이, 예를 들어 천사들의
이름을 주문으로 외우면서 부적을 만들거나 전례를 집도하는 인물이 자기 이
름을 장미즙이 섞인 잉크로 자신의 이마에 새겨 넣는 경우를 통해 더욱 분명하
게 드러난다. 트리테미우스는 직접적인 언급을 피했을 뿐 유이주의와 카발라
주의에서 유래하는 조합 기술 및 몇몇 어구전철 기술들을 분명하게 숙지하고
있었고, 아울러 전례적인 성격의 마술에도 조예가 깊었던 것으로 보인다.

이러한 암호문과 조합 기술의 발전은 신비로운 알파벳 목록의 창작이나 전
파로 이어졌다. 하지만 이 모든 것이 비밀스럽고 은밀한 형태로 소개되었다는
점은 아마도 마술과 카발라와 유이주의의 관계를 오히려 견고히 하는 데 일조
했을 것이다.

마술 문화와 헤르메스주의

르네상스 시대에 들어서면서 인간은 중세를 지배하던 종교적 세계관을 벗어던지고 스스로의 자율성을 발견하는 데 성공했다. 피코 델라 미란돌라의 『인간의 존엄성에 관하여De Hominis Dignitate』를 살펴보면 르네상스가 과연 어떤 식으로 지구를 우주의 중심이라는 왕좌에서 끌어내리고 인간의 존재를 모든 사물의 척도로 제시했는지 이해할 수 있다. 하지만 르네상스는 나름대로 고유한 형태의 종교와 신비주의적 사고를 발전시켰다. 르네상스적인 인간은 그가 살고 있는 세계가 신비롭고 보이지 않는 힘으로 가득 차 있다고 믿었다.

점성술, 마술, 연금술, 점복, 카발라 등에 의존하는 경향은 중세보다 르네상스 시대에 훨씬 더 뚜렷하게 나타났다. 중세에 이러한 신비주의적인 성향은 교회의 압력으로 인해 문화의 무대 바깥으로 밀려나 있었다. 르네상스 시대의 마술 문화와 헤르메스주의는 본래의 내용이나 유형과 상당히 다른 특징들을 지니고 있었다. 다시 말해 마술이나 헤르메스주의는 어떤 식으로든 새로운 과학 정신의 탄생과 직접적으로 연관되어 있었다. 르네상스 시대의 '마술사'는 더 이상 나쁜 의도로 악령을 불러내는 고대의 강령술사가 아니라 '자연적 마술'의 신봉자, 즉 자연의 힘을 지배할 수 있고 세계를 인간의 요구에 따라 변화시킬 수 있는 힘을 가진 인물이었다.

헤르메스주의적인 지식과 점성술

15세기에 번역된 수많은 그리스 저서들 중에는 당대의 인문학자들이 사실보다 훨씬 더 오래된 것으로 간주했던 책들이 있다. 서기 2세기에서 3세기 사이에 쓰였지만 사람들이 오르페우스가 직접 쓴 것으로 믿었던 『오르페우스 찬가』, 서기 2세기경에 쓰였지만 훨씬 더 오래전에 조로아스터가 쓴 것으로 간주되던 『칼데아의 신탁』, 그다지 오래된 책이 아닌데도 고대 이집트 상형문자의 비밀이 담겨 있다고 믿었던 호라폴론Horapollon의 『상형문자Hieroglyphica』(처음으로 화보를 실은 책은 1543년에야 출판되었다), 그리고 『코르푸스 헤르메티쿰』이 이러한 부류의 책들이다. 특히 신화적인 인물 헤르메스 트리스메기스토스의 저서로 간주되던 『코르푸스 헤르메티쿰』은 1460년에 수입된 그리스어 수사본을 피치노가 번역한 뒤로 1614년이 되어서야 이삭 카소봉Isaac Casaubon이 이집트 문화에 영향을 받은 후기 헬레니즘 시대의 문헌이라는 사실을 밝혀냈다. 하지만 대부분의 학자들은 이 문헌의 정통성을 부인하는 대신 계속 신뢰했고 심지어는 헤르메스를 모세와 동일 인물로 간주하기까지 했다. 『코르푸스 헤르메티쿰』을 바탕으로 구축된 헤르메스주의가 제시했던 것은 마술적이고 점성술적인 세계관이다. 천체들의 움직임이 지상에서 벌어지는 일에 지대한 영향을 끼치는 만큼, 별들의 법칙을 이해하면 이러한 영향 혹은 변화를 예견할 수 있을 뿐 아니라 세계의 흐름에 방향성을 부여하는 것도 얼마든지 가능하다는 것이었다. 16세기에 들어서면서 학자들은 이러한 예견의 기술적인 측면을 연구하기 시작했다. 대표적인 예는 요하네스 폰 하겐Johannes von Hagen의 『수상학, 관상학, 점성술 분야의 예견 기술 입문Introductiones apothelesmaticae in chyromantiam, physiognomiam, astrologiam naturalem』(1522년)이다.

천체들이 행사하는 영향력 자체에 방향성을 부여할 수 있다는 생각은 대우주로서의 우주와 소우주로서의 인간 사이에 친화력이 존재한다는 생각에서 비롯되었다. 이러한 전제를 바탕으로 학자들은 점성술을 통해 천체들의 조직적인 영향력에 대응하는 것이 가능하다고 보았다.

피치노에게 이러한 친화력을 바탕으로 움직이는 우주의 흐름에 능동적으로 대응하기 위한 수단은 부적, 즉 치료나 건강에 관여하는 이미지였다. 그의 『하늘에 비교한 삶에 대하여De vita coelitus comparanda』는 실제로 부적을 어떻게 사용해야 하는지, 별들의 영향을 유도할 수 있는 일련의 식물은 어떤 식으로 섭취해야 하는지, 유향과 노래를 곁들인 마술 의례를 어떤 식으로 진행해야 하는지 지시하고 권고하는 말들로 가득하다.

반면에 피코 델라 미란돌라는 마술의 힘을 인정하고 마술의 세계가 지상의 현상과 천상의 현상 사이에 친화력이 존재한다는 사실을 전제로 존재한다는 점을 인정하면서도 점성술적 지식에 대해서는 비판적이고 부정적인 입장을 고수했다. 물론 이러한 모순은 피코의 비판적인 태도가 점성술적 결정론을 거부하는 입장에서 비롯되었다는 것을 이해하면 인상에 불과한 것으로 드러난다. 피코는 인간이 오히려 점성술적 결정론을 거부하기 때문에 마술의 힘으로 우주의 신비한 흐름에 대응할 수 있다고 보았다.

유사와 서명

친화력이라는 원리와 신비로운 힘이 모든 것을 지배하는 세계에 산다는 것은 사물들 사이의 신비로운 관계를 기호에 따라, 즉 사물들의 외관에 각인된 특징들을 통해 인식한다는 것을 의미했다. 바로 이러한 관점을 토대로 발전했던 것이 르네상스의 서명 이론ars signata이다.

파라켈수스에게 서명 이론은 어떤 식으로 모든 사물에 '진정한 이름', 즉 사물들의 특성과 기량과 힘을 동시에 가리키는 이름을 부여할 수 있는지 설명하는 이론을 의미했다. 실제로 서명 이론이 직접적으로 관여하는 것은 '이름'이라기보다는 사물들의 특성 내지 기량을 증명하는 측면들이다. 예를 들어 사슴의 뿔은 서명으로 간주된다. 왜냐하면 뿔로 사슴의 나이를 알아볼 수 있기 때문이다. 그런 식으로 돼지의 혀에서 돌출 부위가 발견되면 돼지의 건강을 의심할 수 있고 구름의 색깔을 보고 기후의 변화를 예상할 수 있다. 중요한 것은 의학이나 기상과 관련된 징후들뿐만 아니라 훨씬 모호하고 정의하기 힘든 특성들까지 설명할 수 있는 기호들을 알아보는 일이다.

의사로서 파라켈수스는 모든 자연적 대상이 어떤 특정 조건, 이를 테면 질병이나 회복의 원인이 될 수 있는 조건과 유지하는 본질적인 관계의 특징에 주목하면서 이 특징을 서명으로 간주할 수 있다고 보았다. 한 인간의 깊은 내면 역시 그의 외면을 통해, 심지어는 그의 걸음걸이나 목소리를 통해서도 표출될 수 있었다. 바로 그런 이유에서 서명 이론은 관상학, 수상학, 면상학처럼 얼굴, 손바닥, 이마의 특징들이 어떤 식으로 한 인간의 본성과 운명을 결정하는지 연구하는 학문들, 혹은 식물들의 서명을 연구하는 '식물 성격학phytognomonica'과 직접적인 연관성을 가지고 발달했다. 이러한 측면들은 예를 들어 카르다노의 『사물의 다양성에 관하여De rerum varietate』(1557년)와 『면상학Metoscopia』(1658년), 델라 포르타의 『인간 관상학De humana physiognomia』(1586년)과 『식물 성격학phytognomonica』(1583년), 그리고 1504년 초판 발행 이후 16세기 내내 꾸준히 새로운 내용과 제목으로 증보판을 소개했던 바르톨로메오 델라 로카Bartolomeo della Rocca의 『수상학과 관상학의 부활Chyromantie ac physionomie *anastasis*』 등에서 확인할 수 있다.

『자연적인 사물들의 서명에 관하여*De signatura rerum naturalium*』(1587년)와 『영원한 지혜의 원형극장*Amphitheatrum sapientiae aeternae*』(1595년)의 저자 하인리히 쿤라트Heinrich Khunrath와 파라켈수스의 서명 개념을 발전시킨 야코프 뵈메는 서명 이론을 신지학적인 차원에서 다루었다. 특히 뵈메는 서명을 사물에 침투하는 신성한 힘의 단서로 해석했고 이 서명은 신비주의적인 관점에서 계몽된 정신에 의해서만 인지될 수 있다고 보았다.

서명 이론을 더 세분화된 방식으로 발전시킨 인물은 르네상스 마술의 가장 대표적인 저서 『비술 철학*De occulta philosophia*』(1531년)의 저자 네테스하임의 코르넬리우스 아그리파다. 아그리파는 우주에 세 종류의 세계, 즉 기초적인 세계, 천상의 세계, 지적인 세계가 존재하고, 아울러 우월한 존재가 하등한 존재에 영향력을 행사하며 그것을 지배하는 만큼 신성한 존재가 자신의 전지전능함을 천사들, 하늘, 별들, 원소들, 동물들, 식물들, 금속들, 광물들을 통해 우리에게 펼쳐 보인다고 생각했다.

따라서 우리가 이 단계를 거꾸로 '거슬러 올라가' 모든 사물의 기원인 원천적인 세계에 도달할 수 있고 가장 고귀한 사물들의 본질적인 특성뿐 아니라 훨씬 더 효과적인 또 다른 특성들을 이해하는 데 성공할 수 있다고 본 것이다.

바로 이러한 목표를 달성하기 위해 필요한 것이 사물들을 대상으로 하는 '자연적인 마술', 별들의 영향력을 일정한 방향으로 이끌기 위한 '점성술적 마술', 그리고 천사들을 부르기 위한 '전례적인 마술'이었다.

서명 및 우주적 친화력과 관련하여, 아그리파는 태양의 서명이 불, 불꽃, 피, 생명력, 지나치게 쓰거나 단 맛, 금빛 색상과 광채에, 아울러 광물들 가운데 태양의 불꽃을 닮았고 간질 치료와 해독에 쓰이는 수산화철에, 또 해바라기처럼 해가 뜨면 고개를 들고 해가 지면 고개를 숙이는 모든 식물에 각인되어 있다고 보았다. 실제로 유사한 것들이 친화적이라는 것은 지극히 자연적인 사실이었다.

하지만 서명은 단순히 자연적인 사실로 그치지 않았다. 왜냐하면 인위적인 기술의 효과일 수 있기 때문이다. 예를 들어 피치노도 그의 부적 기술에 동일한 서명 이론을 원칙으로 적용했고 마술이 실제로 가능한 것은 여러 가지 인위적인 기술이 동원되기 때문이라고 보았다. 마술의 전례는 카발라와 자연적 마술, 밀어 탐구, 우주의 친화력 이론, 천사들의 개입을 요청하는 주문 같은 여러 가지 요소들의 융합을 통해 이루어졌다.

더 나아가서 서명은 의학의 개념적인 도구로 쓰이기도 했다. 예를 들어 파라켈수스학파의 의학자 오스발트 크롤Oswald Croll은『사물들에 내재하는 서명에 관하여De signaturis internis rerum』(1609년)에서 양귀비의 모양새가 머리 혹은 뇌를 닮았기 때문에 양귀비즙이 뇌와 관련된 다양한 질병의 치료에 유용하고, 또 나무에서 자라는 가느다란 이끼는 머리카락과 닮았기 때문에 이끼의 즙이 머리카락을 관리하는 데 유용한 약재로 쓰일 수 있다고 보았다.

그러나 서명에 관한 16세기의 방대한 문헌을 어떤 식으로 연구하든 드러날 수밖에 없는 것은 이 개념이 지닌 근본적인 모호함이다. 서명은 악순환적인 개념이다. 우주적인 친화력은 다름 아닌 서명의 개념을 통해 부각되고 정립되지만 서명은 유사의 일종이며 이 유사성의 정체는 우주적인 친화력이 존재하거나 영향력을 발휘할 수 있다는 확실한 근거가 있을 때에만 확인될 수 있기 때문이다. 아울러 유사성은 그 자체로도 모호한 개념이다. 어떤 사물이든 그것의 닮은꼴은 바라보는 각도에 따라 끝없이 변화할 수 있다.

이 위대한 '우주적 친화력' 이론에 누구보다도 진지한 믿음을 가졌던 인물은 조르다노 브루노다. 하지만 16세기에는 서명 이론에 비판적인 입장을 취하는 저자들이 드물지 않았다. 예를 들어 안드레아스 리바비우스Andreas Libavius는『화학 서간문 제3권Epistolarum chymicarum liber tertius』(1599년)에서 어떤 식물의 외형이 그것의 약효를 가리키는 단서라면 사실상 양귀비뿐 아니라 사과나 배추도 두통을 해결할 수 있어야 한다고 주장했다.

기억술과 극장으로서의 세계

이 유사성이라는 모호한 개념이 지배해 온 또 하나의 분야는 기억술이다. 고대로부터 전해 내려오는 이 기억술을 바탕으로 르네상스 문화는 세계를 '무대'로 고려하기 시작했다.

고대에서 중세에 이르기까지 기억술은 다양한 형태의 발전 경로를 거쳐 전수되었다. 인쇄된 책이 존재하지 않았고 지식을 기록으로 남길 만한 적절한 도구도 없었을 당시에, 기억술은 선생과 연설가를 포함한 다양한 부류의 사람들에게 상이한 종류의 개념들을 비롯해 사물들, 규칙들의 목록과 체계를 기억할 수 있게 해 주었다. 일반적으로 기억술은 다음과 같은 유형의 절차를 통해 전개되었다. 예를 들

어 길이나 광장, 복도, 계단 등을 구분할 수 있도록 건물, 도시, 영토 같은 공간 구조
의 모양새를 먼저 머릿속에 그리거나 새겨 넣은 다음 '지대'라고 불리는 이 기초적
인 공간들 하나하나에 기억하기 쉬운 사물들, 혹은 익숙한 사물이나 괴물, 놀라웠
던 사건들, 기억 속에서 쉽게 지워지지 않는 역사적 사건 등의 '이미지'를 중첩시켰
다. 이어서 이 '이미지'들 하나하나에 기억하고자 하는 말이나 개념들을 배치한 뒤
최종적으로 이 '지대'와 '이미지'들의 구도가 일관성을 갖추도록 혹은 이 구도가 기
억하고자 하는 것들의 구도에 근접하도록 만들었다.

그런 식으로 인위적인 대상들의 형상은 아무런 상관이 없는 알파벳 철자들을
가리키도록, 예를 들어 압생트가 알로에를, 일련의 행성이 천사들의 계보를 가
리키도록 배치될 수 있었다. 반대로 어떤 이름의 첫 번째 철자가 개별적인 알파벳
철자로 기억되고 이름이 가리키는 사물은 이미지를 통해 기억되도록, 예를 들어
Asino(당나귀), Elefante(코끼리), Rinoceronte(코뿔소)의 이미지들을 함께 떠올리면서
'Aer'이라는 단어를 기억하도록 만들 수 있었다.

기억술을 다루는 르네상스 시대의 가장 흥미로운 저서들 가운데 주목할 만한
것은 줄리오 카밀로Giulio Camillo의『극장이라는 발상L'Idea del theatro』(1550년), 굴리엘
모 그라타롤로Guglielmo Gratarolo의『기억의 회복에 관하여De memoria reparanda』(1553년),
루도비코 돌체Ludovico Dolce의『기억력 증진과 보존 방법에 관한 대화Dialogo nel quale
si ragiona del modo di accrescere e conservare la memoria』(1562년), 제롤라모 마라피오토Gerolamo
Marafioto의『인위적 기억에 관하여Artificiosae memoriae libellus』(1570년), 코즈마 로셀리
Cosma Rosselli의『인위적 기억술 사전Thesaurus artificiosae memoriae』(1579년) 등이다.

하지만 무엇보다도 중요한 문헌은 페트루스 폰 로젠하임(Petrus von Rosenheim,
1380-1470년)의『기억술Ars memorandi』이다. 이 저서의 판본에는 인쇄 기술이 발명되기
전에 제작된 다양한 종류의 수사본과 목판화본 외에도 화보 없이 출판된 1400년
대의 인쇄본들이 존재하고, 이어서 루카스 크라나흐Lucas Cranach의 작품으로 추정
되는 기괴한 기억술 이미지들과 함께 1502년에 출판된 새로운 화보집 판본이 존재
한다.

고대와 중세에 기억술이 단순히 무언가를 잘 기억하는 기교에 지나지 않았다면
르네상스 시대에는 앎의 세계를 체계적으로 소개하고 기획하기 위한 방법론, 혹은
잠재적인 형태의 지식까지 포함하는 어마어마한 분량의 백과사전을 구축하거나
『극장이라는 발상』의 저자 줄리오 카밀로 혹은 조르다노 브루노의 경우처럼 세계

의 '무대'를 구축하기 위한 방법론으로 채택되었다. 코즈마 로셀리 역시 그런 식으로『인위적 기억술 사전』에서 복잡하기 이를 데 없는 '지대'들의 체계를 구축하고 행성들의 체계와 천상의 위계와 지옥의 극장을 만들어 냈다.

'유사'가 비슷한 개념에 '이미지' 혹은 '지대'를 부여하는 방식은 상당히 다양한 종류의 규칙들을 바탕으로 전개되었다.『극장이라는 발상』만 펼쳐 보아도 '유사'라는 범주하에 얼마나 이질적인 수사학적 요소들이 무질서하게 뒤섞여 있는지 확인할 수 있다. 켄타우로스가 경마에 비유되는 경우처럼 형태학적인 차원의 유사를 비롯해, 싸움을 벌이는 두 마리의 뱀이 군사기술을 상징하는 경우처럼 행위가 기준으로 적용되는 유사, 불카누스를 불을 다루는 기술에 비유하는 경우처럼 역사적이거나 신화적인 근접성이 기준으로 적용되는 유사, 비단을 만드는 누에고치를 의상 담당자에 비유하는 경우처럼 원인이 기준인 유사, 가죽을 잃은 마르시아스를 도살에 비유하는 경우처럼 효과가 기준인 유사, 파리스를 공회당에 비유하는 경우처럼 행위자와 행위의 관계가 기준인 유사, 향유 항아리를 든 소녀가 향수 가게에 비유되는 경우처럼 행위자와 목적의 관계가 기준인 유사, 불을 선사한 프로메테우스가 기술적인 인간을 상징하는 경우처럼 환칭antonomasia이 기준으로 적용되는 유사 등 수없이 많은 기준이 존재했다. 다시 말해 하늘을 향해 활을 쏘아 올린 헤라클레스가 천문학에 비유되는 경우와 닭을 든 메르쿠리우스가 시장에 비유되는 경우는 동일한 기준을 따르지 않는다.

코즈마 로셀리는 유사를 통해 성립되는 상관관계를 나열하면서 인간을 대우주의 소우주적인 이미지로 보는 본질적인 차원의 유사, 열 손가락을 십계명에 비유하는 양적 차원의 유사, 아틀란티스를 천문학자로, 사자를 우월한 존재로, 키케로를 수사학으로 보는 환유적인 유사, 동물로서의 개를 별자리의 개에 비유하는 동음이의어적 유사, 바보를 현자에 비유하는 대조와 아이러니 차원의 유사, 티투스가 스스로를 우러러보며 사용한 거울이 티투스에 비유되는 경우처럼 흔적이 기준인 유사, 아리스타를 아리스토텔레스로 보는 이름의 유사성이 기준인 유사, 표범으로 동물을 가리키는 종적인 차원의 유사, 독수리를 유피테르로 보는 상징적인 차원의 유사, 파르티아 사람들을 화살로 보는 민족적인 차원의 유사, 개미를 신의 섭리로 이해하는 경우처럼 상형문자가 기준으로 적용되는 유사 등을 언급했다.

이처럼 르네상스 시대의 사람들은 '지대' 및 '이미지'들의 형태와 세계의 형상 및 사물 사이의 상관관계를 정립하기 위해 노력했고 엄격한 유사의 논리학을 발전시키는 대신 '유사의 사슬'을 창출하면서 모든 것이 만물의 기호가 될 수 있다는 생각으로, 혹은 헤르메스주의적인 해석학적 유희를 바탕으로, 유사 관계를 더욱더 변화무쌍하게 발전시켰다. 하지만 기억술과 우주적 친화력 이론에는 모두 사물들 간의 관계나 비교의 가능성을 정립하는 데 있어서 극도로 유연하고 우유부단하다는 공통점을 지니고 있었다. 이 끝없는 비교의 악령은 과학이 르네상스의 마술 세계에서 벗어나 측량이 불가능한 '질'적 차원 대신 측량과 제어가 가능한 '양'적 차원을 기반으로 근대적인 단계에 도달하기 위해 반드시 몰아내야 할 것들 가운데 하나였다. 하지만 도처에서 기호와 상징과 유사성을 발견하려는 성향은 르네상스 시대의 예술가들에게만큼은 분명히 영감으로 작용했던 요소다.

근대의 문턱

: 연금술에서 화학으로

5.1   중세에서 근대에 이르는 연금술의 주제와 교리와 이미지

1400년대에 쓰인 연금술 저서들은 대부분 이론보다는 실험과 실습을 중시하는 성향이 짙었다. 바로 이 시기에 제작된 상당한 양의 연금술 수사본들이 유럽 곳곳으로 보급되기 시작했고, 니콜라우스 쿠자누스, 바실리오 베사리오네, 니콜로 레오니체노와 같은 저명한 인문학자들은 서재에 상당량의 연금술 서적들을 보유하고 있었다. 당시에 연금술 서적이 활발하게 보급되었다는 사실은 연금술 실험이 아주 일반적인 문화 현상 중 하나였고 유럽 사회의 여러 분야에서, 특히 의학 분야에서 연금술에 대한 관심이 지대했다는 것을 증명한다. 이러한 현상은 연금술을 다루는 저서들의 설명 방식이 상당히 모호한 성격을 띠었음에도 불구하고 오랫동안 지속되었다. 아울러 이 시기에는 연금술 수사본에 화보를 곁들여 만든 책들이 유행하기 시작했다. 하지만 화보에 사용된 이미지들은 상징적인 의미를 지닌 것들이 대부분이었고 실습에 유용한 정보를 제공하는 것들은 찾아보기 힘들었다. 다른 학문 분야와 마찬가지로 연금술에서도 역사학적, 문헌학적 접근 방식이 발전했고 그런 식으로 참고 문헌과 편집에 따른 판본들이 생겨났다.

연금술 저서와 연금술에 바탕을 둔 세계관이 상류사회 바깥으로까지 확산되는 현상은 무엇보다도 라틴어에서 속어로 번역되거나 속어로 집필된 수많은 저서들의 보급과 함께 일어났고 동시에 연금술 학습자들의 수가 확연히 증가하는 결과를 가져왔다. 이러한 상황에서 연금술 비밀이 파렴치한 인간들의 손에 들어갈 경우 악용될 수도 있다는 우려가 대두되었고 적잖은 수의 저자들이 진정한 연금술사와 사기꾼에 가까운 마술사를 엄격히 구분해야 할 필요가 있다고 주장하기 시작했다. 아울러 연금술에 대한 사회적 관심의 증대는 우려를 표명하던 정치권의 개입과 교회 지도자들의 즉각적인 단죄 조치로 이어졌다. 일찍이 1317년에 교황 요한 22세가 교령으로 연금술을 단죄한 바 있지만, 1399년에는 아라곤왕국의 종교재판관 니콜라우 아이메리크Nicolau Aymerich가 『연금술사 논박Tractatus contra alchimistas』을 통해 '자연'이 하는 일과 '기술'이 하는 일은 전적으로 다르다는 점을 강조하면서 오로지 신만이 금을 은으로, 은을 납으로 변형시킬 수 있다고 천명했다. 아이메리크는 연금술사를 위조자로, 더 나아가서 강령술사로 간주해야 한다고 주장했다. 정치권과 통치자들은 금속의 변형을 저지하기 위해, 그리고 무엇보다도 이를 관할하기 위해 개입했다. 1380년에는 프랑스의 왕 샤를 5세가 연금술 실험을 금지했다. 1403년에는 잉글랜드의 헨리 4세가 금속의 변형을 단죄했고 1488년에는 베네치아의 원로원이 이와 유사한 칙령을 발표했다.

하지만 금지령은 연금술 문화에 종지부를 찍지 못했다. 연금술 문화는 계속 번창하며 지방으로 확대되었고 결과적으로 연금술사들의 활동에 대한 정부의 제재 조치도 더욱 강화되는 추세를 보였다. 잉글랜드의 연금술사 조지 리플리George Ripley에 따르면 연금술사들은 런던에서 잦은 만남을 가졌고 심지어는 웨스트민스터 사원에서도 모임을 가졌던 것으로 보인다. 백년전쟁이 끝난 1453년 이후로는 금속 변형의 허가를 촉구하는 잉글랜드 연금술사들의 수많은 청원서가 왕에게 발송되었다.

15세기에는 연금술과 관련된 이콘화icon畵 제작이 활발하게 이루어졌고 이전 세대에 제작된 연금술 저서의 영향으로 실용적이기보다는 이론적이고 상징적인 내용을 담는 경우가 대부분이었다. 화려하게 장식된 수많은 양피지 코덱스들의 존재는 당대의 부유한 의뢰인들이 이 분야의 이콘화에 지대한 관심을 가졌을 뿐 아니라 연금술이 유럽 전역에 걸쳐 궁정에서도 아주 일반적인 문화였다는 것을 증명한다. 하지만 연금술사들이 처한 상황은 상대적으로 불안정했다. 실험이 실패할 경우 결과를 받아들여야만 했고 결과를 떠나서 작업 내용이 위조자나 사기꾼의 그것과 혼동되는 경우가 비일비재했다. 그래서 놀라운 기술이나 비밀을 지녔다는 소문과 함께 위협을 받기 일쑤였다. 결과적으로 연금술사들은 간헐적으로 찾아오는 행운이나 다른 연금술사들과의 만남을 꾀하면서 방랑자의 삶을 살았다.

14세기 말엽에 라틴 세계에는 두 종류의 연금술이 존재했다. 하나는 금속의 변형을 목적으로 하는 금속학적 연금술이고 다른 하나는 생명을 연장하는 데 필요한 묘약elisir의 제조와 증류를 통한 에센스 제조를 목적으로 하는 의학적 연금술이다. 금속학적 연금술을 이론적으로 뒷받침하던 가장 중요한 문헌은 파올로 디 타란토Paolo di Taranto가 13세기 말에 집필한 『완성법 대전Summa Perfectionis』이다. 의학적 연금술 분야에서 연금술사들은 묘약의 경우 주로 라몽 유이와 아르나우 데 빌라노바Arnau de Vilanova의 저서를, 에센스 증류의 경우 주로 장 드 로크타이야드Jean de Roquetaillade의 저서를 참조했다. 물론 실제로는 연금술을 다루는 상당히 다양한 장르와 성격의 저서들이 존재했다. 상징적인 성격의 책을 비롯해 처방전 모음집, 서간문, 매뉴얼, 해설서, 혹은 권위 있는 저서에서 발췌한 '어록'이나 아포리즘 모음집 등이 존재했고, 이어서 이러한 모음집들을 집대성한 대전들이 연금술의 경전으로 활용되었다. 1400년대에 도입된 새로운 유형의 연금술 저서는 가운데 하나는 라틴어뿐만 아니라 여러 유럽어로 쓰인 시적인 양식의 연금술 저서였다. 이처럼 운문으로 쓰인 저서들 가운데 주목할 만한 것은 유이의 연금술 이론을 지지했던 조지 리플리의 『연금술의 합성Compound of Alchemy』과 토머스 노턴Thomas Norton의 『연금술의 순서Ordinal of Alchemy』, 그리고 이탈리아의 연금술사 조반니 아우렐리오 아우구렐로Giovanni Aurelio Augurello의 『금의 변형Chrysopoeia』 등이다. 특히 아우구렐로는 후대의 학자들이 수많은 연금술 저서에서 언급하게 될 연금술과 신화와 철학 사이의 상관관계를 정립함으로써 인본주의 문화에 연금술을 도입했던 인물이다. 비록 대학의 정규 과목으로 채택된 적은 없지만 연금술은 자연철학자들 사이에서 빼놓을 수 없는 토론 주제였다. 하지만 피에트로 폼포나치(1462~1525년)는 아리스토텔레스의 『기상학』에 관한 대학 강연에서 연금술의 위상에 대해 논하며 금속의 변형이 불가능한 것은 아니지만 연금술이 정치와 경제에 끼치는 악영향을 피할 길이 없는 만큼 연금술 문화의 보급을 다시 한 번 진지하게 검토해 볼 필요가 있다고 주장했다.

15세기에 활동했던 연금술사들의 연구는 무엇보다도 위僞 제베르Geber와 위僞 유이 같은 위대한 스승들의 이론을 바탕으로 이루어졌고 다양한 종류의 이론들을 혼합하는 경우도 드물지 않았다. 이러한 정황에서 새로운 저서들을 옛 스승의 이름으로 출판하는 경우가 없지 않았지만 실제로는 본인의 이름을 활용하는 경우가 더 많았다. 한편으로는 연금술 저서들의 보급이 증가하면서 예전과는 달리 이론적인 측면의 정통성이 저하하는 양상을 보였다. 결과적으로 제베르와 라몽 유이, 아르나우 데 빌라노바의 이론이 다시 보급되고 장 드 로크타이야드의 이론 역시 한층 체계화된 형태로 복원되는 현상이 나타났다. 전통적인 연금술 이론의 복원과 함께 유이의 묘약 제조 이론이나 에센스의 증류 이론 외에 금 콜로이드, 현자의 돌, 철학자들의 수은 등과 관련된 이론들, 아울러 '치료', '의약', '변형 기술', '장인적인 기술'을 추구하는 연금술의 전통적인 목적론들도 다시 모습을 드러냈다.

15세기의 연금술을 특징짓는 요소들 중 하나는 증류 이론이 점점 더 중요한 위상을 차지하며 부각하기 시작했다는 점이다. 장 드 로크타이야드도 일찍이 연금술과 의학에서 증류 이론이 차지하는 중요성을 강조한 바 있다. 순수하게 제약을 목적으로 하는 증류 이론이 모색하는 것은 순수하고 가벼운 부분을 불순물로 가득한 무거운 부분과 분리하는 기술이었고, 순수하게 연금술적인 차원의 증류 이론이 모색하는 것은 변형 대상으로 채택된 물질을 완전히 새롭고 순수한 물질로 뒤바꾸는 기술이었다. 제약을 목적으로 하는 증류 기술은 증류 기alembicus나 하나 혹은 하나 이상의 개방된 구멍을 지닌 병을 사용했지만 연금술에 주력하는 증류 기술은 액체나 가스가 새어 나가지 못하도록 밀폐된 병을 사용했다. 물론 증류사와 연금술사의 구분이 이러한 실용적인 차원의 구분과 반드시 일치했던 것은 아니다.

1400년대 말기와 1500년대 초반 사이에는 독일을 중심으로 증류 기술과 관련된 수많은 저서들이 출판되었고 이들 가운데 상당수가 연금술 이론과 실험적 방법론을 진지하게 다루었다. 예를 들어 1416년과 1419년 사이에 독일 속어로 집필된 『성삼위일체의 책Buch der heiligen Dreifaltigkeit』이나 『여명의 탄생Aurora Consurgens』은 실용적일 뿐 아니라 상징적이고 종교적인 내용을 담고 있었다. 특히 『여명의 탄생』에서는 성서의 예언서나 지혜서의 구절들, 예를 들어 "내게로 오라 너희들의 눈이 밝아지리라. [……] 아들들아, 내게 오라, 너희에게 신의 학문을 가르치리라" 같은 문장들이 활용되는 경우를 찾아볼 수 있다. 이 책에서 금속의 변형은 실용적이고 실험적인 특성을 뛰어넘어 상징적인 의미를 지닌다. 다시 말해 금속의 변형은 죄인으로서의 인간이 영적 완성의 단계를 향해 나아가며 변화하는 과정을 상징한다. 종교적이고 연금술적인 알레고리의 등장을 알린 이 두 저서에서 강조되는 것은 말과 이미지의 밀접한 관계다. 그리고 이러한 결속력은 르네상스의 연금술을 통해 더욱더 견고해진다. 연금술과 관련된 이미지들의 세계에는 추상과 사실, 상징주의와 실용적인 목적이 공존한다. 연금술을 다루는 이콘화에는 해와 달, 나무, 용, 꼬리를 문 뱀, 유니콘, 공작새, 우물, 헤르마프로디토스, 독수리 등의 이미지들이 자주 등장하며 이 이미지들은 금속을 표상하거나 금속의 변형 혹은 완성 내지 정화 과정을 표상한다. 이미지들의 의미는 고정되어 있지 않고 변화무쌍하며 상이한 문화적, 이론적 문맥에 따라 다르게 해석될 수 있다. 『여명의 탄생』과 『성삼위일체의 책』은 연금술의 여러 실험 단계를 상징하는 세밀화들을 포함하고 있다. 『성삼위일체의 책』에서 찾아볼 수 있는 한 이미지에는 손이 묶인 채 무릎을 꿇고 처형을 기다리는 한 나병 환자와 역시 나병에 걸린 사형집행인의 모습이 담겨 있다. 우리는 이 이미지가 '증류'를 상징적으로 표상한다고 해석할 수 있다. 『여명의 탄생』에 실린 한 이미지에는 머리가 해 모양인 남자와 달 모양인 여자가 각각 사자(남자)와 그리핀(여자)을 타고 싸우는 모습이 담겨 있다. 우리는 이 전투 장면을 연금술의 두 가지 기본 요소, 즉 유황(사자)과 수은(그리핀)의 대립을 상징하는 것으로 해석할 수 있다.

5.2   사보나롤라에서 피치노에 이르는 연금술과 의학

1300년대 말에 연금술은 의학과 밀접하게 연관되어 있었고 이러한 정황을 배경으로 의사들은 에센스와 묘약, 금 콜로이드 등에 관심을 기울이기 시작했다. 바로 그런 이유에서 파도바의 의사 미켈레 사보나롤라Michele Savonarola는 비록 연금술을 다루는 이론 서적들의 애매모호함과 비밀스러운 성격에 대해 부정적인 견해를 가지고 있었지만 유이의 글로 추정되던 연금술 저서들의 가르침을 그대로 따른다고 인정했다.

사보나롤라는 금 콜로이드가 키메라에 가깝지만 금속의 변형과 관련하여 장점을 가지고 있으며 무엇보다도 인간의 삶을 연장하는 묘약의 재료가 될 수 있다고 확신했다. 연금술에 대해 적잖은 의혹을 품고 있었음에도 불구하고 약의 제조와 관련된 그의 저서들을 살펴보면 연금술에 대한 그의 지대한 관심이 어디에서 비롯되었는지 분명하게 드러난다. 무엇보다도 그는 연금술을 통해 제조된 물질들을 의학 분야에 활용하는 방법과 무기물에서 축출한 의약품의 활용에 관심을 기울였다. 많은 의학자들이 금 콜로이드의 제조법 연구에 몰두했던 것은 14세기와 15세기에 창궐한 흑사병의 위협에서 벗어나고자 하는 의식이 크게 작용했기 때문이다.

당대의 학자들은 금 콜로이드의 치료 효능이 금의 완벽함과 썩지 않는다는 특징에서 비롯될 뿐 아니라 생명의 원동력인 태양과의 결속력 및 생명력의 원천인 심장과의 결속력에서 비롯된다고 보았다. 피치노는 『삶에 관하여』에 이렇

게 기록했다. "금은 만인이 다른 모든 것에 비해 높이 평가하는 물질이다. 가장
완벽하게 정화되어 있고 부패에 대한 면역력이 뛰어나며 자연적인 열기를 억
제할 수 있다." 금 콜로이드는 치료 효능을 지녔을 뿐 아니라 삶을 연장하는 데
활용될 수도 있었다. 따라서 피치노는 연금술의 의학적인 활용을 권장하는 것
으로 그치지 않고 금에서 추출한 '영spiritus'이 금속을 변형하고 활성화할 수 있다
고 주장했다.

피치노의 제자 루도비코 라차렐리Ludovico Lazzarelli는 연금술과 헤르메스주의의
융합을 시도하면서 헤르메스를 마술과 연금술의 창시자로 승격시켰다. 라차렐
리에 따르면 연금술은 금속의 변형을 완성하고 병의 치료를 위해 강력한 약을
제조한다는 이중의 목적을 가지고 있었다. 그는 연금술의 유용성을 강조하는
데에 그치지 않고 연금술에 윤리적이고 종교적인 의미를 부여했다. 예를 들어
그는 연금술을 통해 제조된 약품들이 신의 선물인 만큼 가난한 자들에게 무상
으로 제공되어야 한다고 주장했다.

5.3   연금술과 철학

중세의 연금술은 아리스토텔레스의 자연철학에 속하는 4원소(공기, 물, 흙, 불) 이
론과 네 가지 특성(건조, 습기, 더위, 추위)의 이론을 수용하면서 발전했다. 이어서
아랍 연금술을 통해 아리스토텔레스의 4원소에 금속의 조합을 결정짓는 유황
과 수은이 추가되었다. 아울러 신플라톤주의의 탄생과 함께 르네상스의 연금
술에는 새로운 개념들, 특히 '영'이라는 개념이 도입되었다. 신플라톤주의 철
학자들은 우주에 반신적인 실재, 즉 세계의 영혼과 물질적 세계 사이에서 중간
자 역할을 하는 '영spirito'이 존재한다고 보았다. '영'은 형상이 없을 뿐 비물질적
이라고 볼 수 없는 실체였고 지상의 모든 자연적 사물에 깃들어 있는 천상의 기
운이었다. 연금술사들은 이러한 개념을 받아들였지만 이어서 상당히 이질적인
해석들을 내놓았다. 몇몇 연금술사들은 '영'을 철학적 수은과 일치하는 것으로,

또 어떤 이들은 증류를 통해 추출한 에센스와 동일한 것으로 간주했다.

파라켈수스와 그의 제자들이 제시한 우주론에서도 '영'의 개념은 핵심적인 부분을 차지했다. 파라켈수스의 제자인 페트루스 세베리누스Petrus Severinus는 지상에서 진행되는 생성과 부패의 과정 및 유기적인 생명체들의 기능이 아리스토텔레스의 4원소에 좌우되지 않으며 고스란히 '영'에 의해, 다시 말해 천상에서 유래하는 실체이자 원소에 머물지 않는 '영'에 좌우된다고 주장했다. 파라켈수스와 그의 제자들은 아리스토텔레스의 4원소와 네 가지 특성의 이론을 논박한 뒤, 물체가 세 가지 화학적 근원 요소, 즉 소금과 유황과 수은에 의해 형성된다는 새로운 연금술 이론을 제시했다. 하지만 이 세 가지 근원 요소의 위상에는 약간 모호한 면이 있다. 왜냐하면 파라켈수스는 이 요소들이 소금과 유황과 수은 자체를 가리키는 것이 아니라 이들의 본질을 의미하며 물체가 지니는 모든 감각적 특성이 바로 이 순수한 실체들에 좌우된다고 보았기 때문이다. 예를 들어 특정 물체가 연소성이 뛰어난 이유는 다른 물체들에 비해 유황을 더 많이 함유하기 때문이며 고체가 단단한 것은 소금 같은 결정체를 많이 지녔기 때문이었다. 파라켈수스는 유동성과 휘발성도 수은에서 유래한다고 보았다. 파라켈수스의 화학적 구도 속에서 아리스토텔레스의 4원소는 물체를 구성하는 궁극적인 요소로서의 전통적인 기능을 상실하고 부차적인 요소로 전락한다. 여기서 4원소는 물체를 구성하기 위해 근원 요소를 적용해야 할 질료로 제시된다.

5.4   연금술, 종교, 신화학

금속의 변형을 일종의 정신적인 정화 과정으로 보았던 중세 연금술은 종교, 즉 그리스도교와 밀접한 관계를 유지하며 발전했다. 무엇보다도 중요한 것은 이 정신적인 정화의 일부를 차지하는 연금술사의 자세였다. 아울러 모든 종류의 금속을 금으로 변형할 수 있는 현자의 돌은 구원자 예수그리스도에 비유되곤 했다. 이러한 종교적인 성격의 관점들이 중요성을 상실하기 시작한 것은 16세기가 되어서야 일어나는 일이다.

파라켈수스와 그의 제자들이 남긴 글에서도 연금술과 성서의 연관성을 필연적인 것으로 간주하는 성향은 분명하게 나타난다. 「창세기」를 연금술적인 차원에서 해석한 파라켈수스에게 세계의 창조 과정은 곧 이질적인 실체들이 무분별한 혼돈 상태에서 화학적으로 분리되는 과정을 의미했다. 파라켈수스주의의 신봉자였던 신지학자 하인리히 쿤라트는 우주 전체를 창조주의 연금술적인 작업의 결과로 정의했고 물질의 변형 자체를 영적 차원의 변형으로, 즉 인간과 자연의 정화 과정으로 해석했다. 르네상스 시대의 철학자들과 연금술사들은 연금술, 즉 금속의 변형이나 생명을 연장시키는 묘약의 제조 기술이 고대 이집트에서 유래하는 지혜의 일부였고 이러한 지혜의 흔적들이 바로 『코르푸스 헤르메티쿰』 속에 남아 있다는 생각을 공유했다. 인문학자 아우구렐로는 1515년에 라틴어로 출판한 운문 형식의 『금의 변형』에서 고대 신화에 대한 연금술적인 관점의 해석을 제시한 바 있다. 독일의 연금술사 미하엘 마이어Michael Maier 역시 연금술을 바탕으로 그리스신화를 읽으면서 금속의 변형 기술을 암호화된 방식으로 묘사한 것이 바로 고전 신화라는 해석을 제시했다.

5.5 연금술과 화학 사이에서

16세기에 연금술과 화학의 경계는 여전히 불분명한 상태였다. 한 전문가가 금속의 변형과 특별한 효능을 지닌 의약품 제조 외에도 증류 작업이나 잉크 및 유약 제조를 겸하는 경우가 많았다. 연금술의 위상에도 모호한 면이 있었다. 무엇보다도 대학에서 배울 수 있는 과목과는 거리가 먼 분야였고 그만큼 실용적인 측면이 강했던 반면 다양한 분야에서 유래하는 이론들을 적극적으로 수용하는 경향이 있었다. 예를 들어 르네상스 시대의 연금술사들은 신플라톤주의 철학과 헤르메스주의에 커다란 관심을 가지고 있었다. 결과적으로 상징적이고 밀교적인 성격의 전통 연금술 외에도 화학을 기반으로 의학과 약학을 체계화한 파라켈수스의 연금술이 함께 발전하는 양상을 보였다. 유럽 사회에서는 상당히 다양한 분야의 지식인들, 예를 들어 장인들, 인문학자들, 교회 지도자들, 군주들이 연금술에 관심을 기울였다. 특히 군주들은 전쟁이 국고를 축내던 시기에 금을 만들어 주겠다고 호언장담하던 연금술사들의 말을 귀담아듣지 않을 수 없었을 것이다. 르네상스 시대에도 연금술사들은 중세에 그랬던 것처럼 탐구 활동과 실험을 지원할 수 있는 후원자를 찾아다녔고 상징적인 언어를 사용하거나 모든 것을 비밀에 부치는 습관도 그대로 유지했다. 연금술사가 경력을 쌓기 위해 선호하던 작업 공간은 당연히 향수의 증류뿐 아니라 약품 제조를 위해 실험실을 갖춘 궁정이었다.

하지만 연금술 저서의 대대적인 보급과 연금술 문화의 확대는 동시에 연금술의 위상과 정당성의 문제에 대한 중세의 논쟁을 부활시켰다. 시에나의 반노초 비린구초Vannoccio Biringuccio는 연금술에 대해 비판적인 입장을 고수했지만 연금술의 가치를 부인하지는 않았다. 그는 위조자들과 강령술사들이 벌을 받아 마땅하지만 연금술의 실패가 방법론의 부재에서 비롯된 만큼 제어가 가능한 제조 공정과 연금술 고유의 인과율을 찾아낸다면 원하는 결과를 얻을 수 있다고 보았다. 비린구초는 연금술로 금을 만드는 일이 실패로 돌아갔을 뿐 효과가 뛰어난 의약품이나 염료, 향수 등 인간의 편리를 위해 생산되는 제품들의 '새롭고 멋진 효능'이 다름 아닌 연금술사들의 화덕에서 탄생한다고 생각했다.

피렌체의 학자 베네데토 바르키(Benedetto Varchi, 1503~1565년)는 『연금술은 진리인가 아닌가라는 문제Se l'archimia è vera o no questione』에서 연금술의 진실성과 정당성에 대해 언급한 바 있다. 그는 연금술을 세 종류로, 즉 진정한 연금술, 소피스트적인 연금술, 허황된 연금술로 구분했다. 금속의 본질적인 변형을 꾀하는 "진정한 연금술"은 "자연을 아끼고 다스릴 줄 아는" 연금술사의 몫이었다. 반면에 위조자들이 다루는 "소피스트적인 연금술"은 물질의 속성만 변화시키기 때문에 사회에 유해하며 따라서 금지 대상이었다. 끝으로 "허황된 연금술" 역시 자연을 "이기고 초월할 수 있다"는 생각으로 만병통치약을 만들면서 영생을 선사하겠다는 허황된 주장을 펼치기 때문에 단죄 대상이었다.

르네상스 시대의 백과사전에도 학문과 기술을 분류하면서 연금술의 위상을 검토한 기록이 남아 있다. 관건은 연금술을 하나의 학문으로 간주해야 하는가 아니면 실용적인 기술로 간주해야 하는가라는 문제였다. 이는 물론 연금술이 이론적인 부분과 실용적인 부분으로 나뉘어 있었기 때문에 쉽게 해결할 수 없는 문제였다. 하지만 스위스의 자연과학자 콘라트 게스너(Conrad Gessner, 1516~1565년)는 연금술이 본질적으로는 실용적인 학문이고 불을 다루는 기술에 속하며 연금술사들은 사실상 단순하고 무식한 장인에 불과하다고 보았다. 연금술은 명백한 증명을 토대로 구축되는 철학적인 지식과 사실상 아무런 관계도 없다는 것이었다.

연금술에 대한 파라켈수스의 입장에 직접적인 영향을 끼쳤던 것이 바로 연금술의 이러한 실용적인 성격이었다. 파라켈수스는 금속의 변형을 무시하고 특별한 효능을 지닌 의약품 제조에만 주력하는 연금술이 새로운 의학의 토대가 될 수 있으며 그런 식으로 의학이 책에만 의존하는 전통 의학의 틀에서 벗어날 수 있다고 보았다. 파라켈수스는 실용적인 기술과 관찰과 화학적 분석에 특별한 의미와 위상을 부여함으로써 의학과 지식의 개혁을 꾀했다.

16세기 말에는 전통 의학의 대변자들과 파라켈수스를 추종하던 화학자들 간에 논쟁이 벌어졌고 같은 시기에 화학을 정규 과목으로 채택하려는 최초의 시도가 이루어졌다. 이 일에 앞장섰던 독일의 의사 안드레아스 리바비우스는 아리스토텔레스주의와 갈레노스주의를 철학적인 성격의 화학 이론으로 대체하고자 했던 파라켈수스주의자들에 대해 비판적인 입장을 취했다. 리바비우스는 무엇보다도 화학자들이 사용하는 용어들의 모호함을 지적했고 이처럼 불분명한 방식으로 대학 문화를 혁신하고 새로운 철학을 창건하겠다는 그들의 주장이 허황된 꿈에 불과하다고 주장했다. 리바비우스는 비판에 그치지 않고 그의 입장에서 의미심장할 수밖에 없는 제목의 저서 『연금술Alchimia』(1597년)을 통해 화학과 연금술의 주요 공정들을 체계화하려고 노력했다. 리바비우스가 의도했던 것은 화학을 파라켈수스주의자들이 도입한 불순한 사상으로부터 해방하고 대학 사회가 화학에 대해 가졌던 선입견과 반감을 극복하는 것이었다. 비밀스

러운 용어와 묘사들, 철학적 혹은 신학적 편견이 그가 당대의 화학 문화에서 제
거하고자 했던 요인들이다. 리바비우스는『연금술』을 통해 주요 논제들을 집대
성하고 더 이상 모호하거나 은유적이지 않은 용어들의 체계를 정립했다. 파라
켈수스주의자들과는 달리 리바비우스는 화학이 갈레노스의 의학과 아리스토
텔레스의 자연철학에 속한다고 보았다.

5.6 실용 화학과 약학

실용 화학 분야의 저서들, 특히 증류 이론을 다루는 책들은 인쇄 기술의 발달에
힘입어 독일을 중심으로 빠르게 보급되었다. 이 분야의 책들은 뉘른베르크의
의사 필리프 울스타트Philipp Ulstadt의 저서 『철학자의 하늘Coelum philosophorum』(1525
년)처럼 기본적으로 향수, 에센스, 약주, 용매 등의 제조법을 비롯해 연금술에서
사용되는 도구나 기구를 수많은 화보와 함께 상세하게 묘사한다는 특징을 지
녔다.

한때 구전이나 수사본을 통해 전수되던 기술적이고 실용적인 성격의 유약
및 세라믹, 유리 제조법이 인쇄본 발간을 통해 알려졌고 이 저서들 역시 실용
화학 못지않게 널리 보급되는 행운을 누렸다. 대표적인 예는 비린구초의『불꽃
놀이Pirotechnia』, 그리고 프랑스의 도예가 베르나르 팔리시(Bernard Palissy, 1510~1589
년)의 저서들이다. 특히 팔리시의 저서들은 기계적이고 실용적인 기술의 세계
가 책에만 의존하는 대학의 지식 세계 못지않게 존엄하며 중요하다는 사실을
알리는 데 크게 일조했다. 실용적인 성격의 도서들이 대대적으로 보급되는 현
상은 곧 불을 다루는 기술 및 화학 실험을 지적이고 사회적인 측면에서 재평
가하는 단계로 이어졌다. 화학은 전통 의학과의 대조가 야기하던 반감을 극복
하면서 약학을 구성하는 학문으로 자리 잡았고 증류를 통해 혼합물을 정제하
거나 유효 성분을 추출하는 작업 역시 지극히 정상적인 과정으로 수용되기 시
작했다. 식물성이나 동물성 의약품 외에도 광물과 금속을 활용한 약품들이 널

리 쓰였고 화학자들은 황화수은, 명반, 안티몬, 금, 납, 수은 등을 보조적으로 혹은 성분으로 약품 제조에 활용했다. 하지만 이러한 실태는 갈레노스학파 의사들의 강렬한 반발을 자아냈고 1566년 파리의 의과대학에서는 구토를 유발하는 안티몬 성분의 활용을 공식적으로 금지시켰다. 반면에 독일에서는 의학과 약학에 화학을 적용하자는 입장이 비교적 긍정적으로 수용되는 경향을 보였고 약종에도 화학자들이 제조한 새로운 약품들이 등장하기 시작했다.

6

르네상스 궁정의 문인들

6.1 인본주의의 이미타티오와 에물라티오

프란체스코 귀차르디니Francesco Guicciardini가 고통스러워하며 남긴 기록처럼 "끝없는 재난과 소름 끼치는 사건"들의 원흉이었던 샤를 8세의 원정을 계기로 1494년부터 이른바 '이탈리아전쟁'이 시작되었다. 아이러니하지만 이 비극적인 시대는 동시에 놀라운 문화적 발전의 시대였다. 1500년대가 흐르는 동안 보편적 인본주의를 향한 르네상스의 거대한 환상은 서서히 빛을 잃었지만 근대적인 의미에서 국가적 차원의 문학 세계가 형성되기 시작했고 이러한 현상은 시기와 결과를 달리하며 이탈리아에서 유럽 각국으로 퍼져 나갔다. 아리스토텔레스의 『시학』에 대한 새로운 관심과 기나긴 역사를 자랑하는 수사학 전통에 힘입어 탄생한 새로운 형태의 비평적 관점은 유럽 각국의 문학이, 그리스어와 라틴어 고전문학을 모형으로, 고유의 특성에 집중할 수 있는 이론적 근거를 제공했다. 이미타티오imitatio, 다시 말해 여러 나라의 새로운 언어에 고전문학 및 고전 언어를 모형으로 제시하는 이론은 에물라티오aemulatio, 즉 경쟁 및 극복의

원리와 함께 수용되었다. 1400년대의 이탈리아 인본주의가 부르짖었던 '고전
으로의 복귀'는 전적으로 새로운 근대적 경험의 패러다임으로 부각했다. 하지
만 유럽 각국의 상이한 언어적, 문화적 현실에서 르네상스는 일관적이기보다
는 상이한 방식으로 발전했고 중세 문화가 붕괴하는 과정뿐만 아니라 중세의
생활 습관과 신념이 끈질기게 생존하는 과정도 나라마다 상이한 방식으로 전
개되었다.

6.2   언어의 표준화

르네상스는 모든 측면에서 이탈리아적인 현상이었다. 적어도 르네상스가 최고
조에 달했던 짧은 시기에 르네상스는 이탈리아의 것이었다. 하지만 1527년에
일어난 '로마 약탈' 사건은 교황 레오 10세 때부터 시작된 정치적, 문화적 통일
의 원대한 꿈에 종지부를 찍었고 문인들을 영속적인 불안과 정신적인 힘의 결
핍 상태로 내몰았다. 하지만 패권을 장악하기 위해 침입한 외부 세력과의 전쟁
에 폐허가 되었음에도 불구하고 이탈리아반도는 문화 중심지로서 위상을 잃지
않았고 덕분에 근대문학의 이론적 기반을 마련하기 위한 노력도 지속적으로
이루어졌다. 예술과 문학 분야에서 정상에 오른 이탈리아로부터 르네상스 운
동은 유럽 전역으로 전파되었고 뒤이어 유럽 각국의 고유한 문화적 정치적 현
실에 따라 르네상스의 지역별 특성을 획득하는 단계로 나아갔다. 특히 인쇄 기
술의 확산과 더불어 또렷한 현실로 드러나기 시작한 언어의 표준화 현상은 유
럽 각국의 근대문학을 탄생시키는 데 결정적인 역할을 했다. 이탈리아에서는
페트라르카의 문학을 모형으로 벰보Pietro Bembo가 제시한 문학적 해결책이 언어
의 표준화에 크게 기여했고 이는 이탈리아 특유의 정치적 분열과 공국들의 국
수주의에 대한 일종의 보상으로 작용했다. 반면에 프랑스, 에스파냐, 잉글랜드
에서 언어의 표준화는 다름 아닌 절대 국가의 체제 형성과 밀접한 관계 속에서
이루어졌다. 독일에서는 현대 독일어의 근간을 이루는 문어체의 창시자 루터

의 설교가 독일어의 표준화에 결정적으로 기여했다.

정치적, 종교적, 언어적 정체성을 획득하려는 노력은 1500년대의 총체적인 분열뿐 아니라 1400년대 말부터 균열을 조장하며 균열을 조장하며 결국 서구 그리스도교 세계를 양분시킨 종교개혁 운동의 충격에 대한 일종의 문화적 대응이었다. 하지만 종교적 불안감은 종교개혁을 주도하는 '이단자'들과 이에 대응하는 로마교회의 대립을 계기로 1500년대 내내 지속되었다. 1500년대 후반에는 트렌토 공의회와 가톨릭 개혁에 의한 정치와 종교의 재정립 운동이 주도적인 역할을 했지만 혁신에 대한 첫 세대의 갈망은 서서히 갈망 자체의 요구로, 혁신은 하나의 억압적인 장치로 전락하고 말았다. 결국 전통의 유지를 위해서도 특별한 혁신의 노력이 요구되었고 루터와 칼뱅의 도전 앞에서 구체제가 와해된 만큼 현실적인 대안이 필요했다.

1500년대 후반부터 가톨릭 개혁파의 엘리트 계층을 구축했던 예수회의 성직자들은 의식의 개혁과 훈련뿐 아니라 후세대 지도자들을 양성하기 위한 교육기관과 대학 설립을 통해 문화적 재정복을 시도했다. 에스파냐에서 동부 유럽에 이르는 넓은 지역에 분교를 설립한 예수회의 교육정책은 순수하게 문학적인 차원의 고전적 도덕주의를 제안했지만 문학의 감각적인 측면을 완전히 무시하지 않고 이미지와 메타포에 대한 이해를 사상 교육과 병행하는 데 주목했다. 예수회의 창시자인 이냐시오 데 로욜라Ignacio de Loyola 역시 형이상학의 감각적인 질료화가 필요하며 형이상학의 '공간 구성compositio loci'을 통해 이를 내면적으로 시각화할 필요가 있다고 보았다. 그런 식으로 예수회의 문화는 르네상스와 함께 시작된 근대적인 의식의 내면적인 분석에 길을 열었고 16세기가 흐르는 동안 위대한 두 명의 문인, 몽테뉴와 타소Torquato Tasso를 탄생시켰다. 몽테뉴가 페리고르Périgord의 고성 꼭대기에서 인간 주체의 유동적인 우주를 탐구했다면 타소는 페라라에 있는 그의 '감옥'에서 정반대되는 세계, 즉 분열의 위협과 실존적 우울증을 연구했다. 철학자들뿐만 아니라 의학자들의 연구 분야이기도 했던 우울증, 즉 멜랑콜리아의 세계는 내면적 굴곡과 고갈의 사투르누스적인 세계였다. 인간의 의식은 '체질'의 특성과 체질들 간의 분열을 전제로 분석되었다. 이 체질에 의해 형성되는 것이 바로 인간이라는 소우주, 즉 대우주의 심리적 거울로 존재하는 인간이었다. 코페르니쿠스의 새로운 세계관은 아리스토텔레스주의와 플라톤주의가 어느 정도 자유분방한 방식으로 제공하던 인간의 이미지를 여전히 변화시키지 못한 상태였다. 라파엘로와 아리오스토의 '아폴로적인' 고전주의 곁에는 동시에 '디오니소스적인' 고전주의, 즉 열정과 감정의 극적인 움직임과 '나'의 깊고 신비로운 내면의 탐구에 몰두하는 고전주의가 존재했다. 바로 이러한 차원에서 쓰인 작품이 영웅적이지만 내면적 성찰에 집중하는 타소의 소설 『해방된 예루살렘Gerusalemme Liberata』이다. 여기서 화자의 목소리는 그가 이야기하는 사건에 '참여'하며 은밀하고 비극적인 정서를 자아낸다.

6.3 문학적 고전주의와 비평적 성찰

타소의 문학과 비평은 아리스토텔레스의 가르침에 대한 신뢰와 근대인들의 '무관심한' 취향을 중재하기 위해 오랫동안 진행되어 온 토론과 탐구의 총체이자 절정이었다. 플레이아드파의 시인들과 피에르 드 롱사르의 문학적 실험 역시 같은 맥락에서 이루어졌다고 볼 수 있다. 거의 모든 장르에서 1500년대의 문인들이 선호했던 것은 새로운 지적 취향을 겸비한 고전주의였다. 지중해의 신화 및 신봉건주의 구축이라는 역사적 과정을 배경으로 부활한 서사시는 '영웅', '영예', '전쟁' 같은 주제들을 새로이 등장시켰을 뿐 아니라 다름 아닌 호메로스와 베르길리우스의 고전문학을 새로운 방식으로 정의하면서 헬레니즘 문학과 기사문학에서 유래하는 모험적이고 감정적인 요소들을 가미하는 데 성공했다.

  한편 비평의 영역에서는 아리스토텔레스의 시학이 르네상스 문화에 도입되고 부각되는 과정에서, 다시 말해 1498년에 조르조 발라에 의해 『시학』이 번역되고 1548년에 최초의 해설서가 등장하면서 이루어진 활발하고 구체적인 토론이 근대적인 의미의 비평적 정신을 정초하고 경험의 다양성에 부응할 수 있는 아리스토텔레스 철학의 패러다임을 부활시키는 데 크게 기여했다.

다양성과 다채로움을 혐오하던 플라톤의 모호하고 교리적인 성격의 미학과 호라티우스에서 유래하는 시학 이론을 상대로 논리적이고 타당한 기준과 또렷하고 명쾌한 분류법을 제시했던 아리스토텔레스의 시학이 승리를 거두었던 셈이다. 잔 조르조 트리시노Gian Giorgio Trissino, 스페로네 스페로니Sperone Speroni, 로도비코 카스텔베트로Lodovico Castelvetro 등의 새로운 문헌학 이론이 크게 기여한 바는 과거의 재발견 내지 부활에 중요성을 부여하면서 다름 아닌 아리스토텔레스『시학』의 개선을 추진했다는 점이다. 아리스토텔레스의 문학 이론은 근대인들의 세계와 취향에 잘 어울렸고 시와 삶, 말과 행동의 관계 혹은 뒤얽힘을 풀어낼 수 있는 비평적 기준을 마련해 주었다. 그런 의미에서 1500년대는 문헌학의 세기였다고도 볼 수 있다. 문헌학은 이 시기에 더욱 엄격하고 구체적인 체계를 갖추기 시작했고 일찍이 놀라운 발전을 이룩해 낸 프랑스, 잉글랜드, 독일 인문학자들의 세대를 뒤이어 고전문학뿐 아니라 성서 및 성서 해석학에도 관심을 기울였다. 르네상스의 비평적 이성은 그런 식으로 성서에 담긴 신성한 언어의 역사적 진실성에 대해 비판적인 태도를 취하면서 의식의 자유와 명확성을 요구하기 시작했다.

동일한 차원에서 1500년대의 문학 이론은 몇몇 주제의 개념적 범위를 확장시켰다. 예를 들어 '모방mimesis'은 단순히 문학적인 차원의 현상이 아니라 인간 감정의 모든 영역에 관여하는 개념으로 발전했고 '정화chatarsis'는 이미지와 이를 관찰하는 의식의 인간적인 동일화 과정으로, '경이'는 전복의 구도에 상응하는 예측 불가능성의 장관과 위엄을 표상하는 감정으로 발전했다. 이에 못지않게 날카로운 시각으로, 문인들은 시의 도덕적이고 인식론적인 특성에 대해, 시적 보편성과 역사적 특성 사이의 존재론적 간극에 대해, 이상화된 진실과 이성적 근거의 힘겨운 화합에 대해 논의했고 그런 식으로 훨씬 더 폭넓은 '분류 체계'를 구축하면서 아리스토텔레스의 문학 이론이 제시한 장르들, 즉 서사시와 비극 외에도(극적인 요소는 역사에서도 발견할 수 있다는 생각이 싹트면서 극작가들은 동시대의 현실 자체를 극적인 분열과 고통의 공간으로 해석할 수 있었다) 새로운 형태의 문학 장르들, 예를 들어 소설이나 희비극과 같은 장르들을 문학 체계에 포함시켰다. 그런 식으로 옛 장르에는 새롭게 조합된 형식과 서술 방식이 추가되었고 상상력의 세계에는 역사와 더불어 역사적이고 사실적인 진실의 세계가 합류했다. 연극은 그런 식으로 한 나라의 과거와 현재의 역사가 투영되고 탐색되는 장르로 자리 잡기 시작했다.

6.4   시적 언어와 문학적 산문

벰보는 일찍이 1520년대에 시적 언어와 문학적 산문의 정형화를 시도한 바 있다. 당시에는 영향력이 미약했던 아리스토텔레스의 시학을 플라톤적이고 키케로적인 시학으로 대체하면서 벰보는 문학 양식의 체계화를 시도했다. 벰보는 『속어에 관한 산문*Prose della volgar lingua*』에서 단순화, 집중화, 강화라는 세 단계의 과정을 토대로 페트라르카와 보카치오의 작품을 각각 시와 산문의 절대적 원형으로 제시하면서 문학적 형식에 질서와 체계를 부여했다. 벰보의 이러한 시도로 문어와 구어, 문학과 실용적 언어 활용 사이의 모든 실질적인 삼투 가능성은 결정적으로 사라지는 듯이 보였다. 벰보의 시도는 언어적 차원에서뿐만 아니라 수사학 영역에서도 커다란 영향을 끼쳤지만 그의 의견에 반대하는 입장이 전혀 없었던 것은 아니다. 무엇보다도 한때 '반르네상스' 혹은 '비르네상스'라는 이름으로 불리던 문화적 입장, 즉 언어의 복합적인 활용과 양식의 복수주의 및 실험주의를 추구하는 입장이 존재했다. 이처럼 문학 형식들의 응집을 추구하는 경향 역시 시간이 흐르면서 나름대로 영향력을 발휘했지만 결국에는 세계문학의 지형도 자체가 넓어지면서 문제는 더 이상 선택을 통한 극복이 아니라는 점이 분명해지기 시작했다. 이는 아울러 생명력, 에로스, 열정으로서의 예술에 비해 자연의 우위를 강조하는 플라톤 시학의 비평적 입장이 여전히 살아남아 있었기 때문이기도 하다. 어떻게 보면 카스틸리오네Baldassarre Castiglione가 『궁정인*Cortegiano*』에서 제시했던 완벽한 신사의 이상적인 모습 역시 궁정이라는 세속 사회, 즉 궁정인의 변화무쌍한 정치적 태도와 입장이 전면에 부각되는 세계로 전이된 일종의 플라톤적인 신화였다.

카스틸리오네에 따르면 르네상스의 향연이라는 유희의 세계에서 궁정인은 '세련미'라는 지침과 계율에 의해 제어되는 자신의 임무에 적응해야 하고 이를 목적으로 완벽한 일관성을 유지하기 위해 필요한 자신의 가면을 스스로 창출하는 인물이었다. 왜냐하면 그의 모든 행동과 제스처가 권력의 위계를 상징하는 '세련미'라는 계율의 특권적 성격을 재생했기 때문이다. 따라서 이 표면적인 세계의 무대를 지탱하는 것은 주체와 주체가 때에 따라 취하는 역할의 완벽한 일치였던 반면, 자연스러운 것과 인위적인 것, 사심 없음과 위선, 진실과 기만의 까다롭고 유동적인 균형 속에서 주어지는 이 역할 놀이에 가장 적합한 행동 지침으로 부상한 것은 '집요하고 인위적인 무관심'의 원리였다. 그런 식으로 궁정인은 스콜라주의적인 계율을 모두 거부하고 오히려 상반되는 입장들의 분쟁 속에서 자신의 쾌락주의적인 동기들을 구체화할 수 있는 풍부하고 플라톤적인 대화에 스스로를 내맡길 수 있었다. 하지만 이 너그럽고 자유분방한 꿈이 문화적 색채와 정치적 상황의 변화를 겪으면서 남긴 것은 오로지 사회적 관계를 '삶의 형식'으로 해석하는 태도, 즉 카스틸리오네의 '집요하고 인위적인 무관심'의 원리에서 기만과 경쟁의 기준을 발견하고 어둡기만 한 공간에서 이른바 '정직한 기만'을 수용하기에 이른 이데올로기뿐이었다. 결과적으로 '대화'를 대체하며 등장한 것은 좀 더 평범하고 일상적인 성격의 현실에 주목하는 상세한 매뉴얼 형식의 서술이었다. 예를 들어 조반니 델라 카사(Giovanni Della Casa, 1503~1556년)의 『갈라테오 혹은 품행에 관하여*Galateo overo de' costumi*』는 품행에 관한 상세하고 친절한 설명서였고 위기에 빠진 귀족 사회의 취향에 훨씬 더 어울리는 작품이었다. 르네상스가 이미 저물어 가던 시기에 상당한 인기를 끌었던 스테파노 과초(Stefano Guazzo, 1530~1593년)의 『시민 문화에 관한 대화*Civil conversazione*』는 궁정에서뿐만 아니라 '부르주아' 계층에서도 쓰일 수 있는 대화 방식을 제시하면서 귀족 계층과 평민 계층의 병합을 예견하기까지 했다.

그러나 귀족들의 궁정은 대화와 축제의 공간이었을 뿐 아니라 무엇보다도 정치와 권력의 무대였다. 따라서 완전한 '궁정인'에 대한 사회학적 성찰 못지않게 중요한 것은 이상적인 군주의 정의와 분석이다. 르네상스는 다름 아닌 마키아벨리와 귀차르디니의 등장으로 현실 속의 분쟁과 법에 주목하는 새로운 정치학과 근대의 역사학이 정립된 세기였다.『군주론』을 쓴 마키아벨리의 엄격하고 투철한 사유와 새로운 방법론은 '새로운 것들에 대한 경험'을 통해 '고대인들의 가르침'을 개혁하고 인본주의적인 모방 개념을 때에 따라 역사적 패러다임과 '실질적인 진실'의 비교에 주목하는 하나의 비평적 탐구로 탈바꿈시켰다. 하지만 이성만으로는 '행운'을 상대로 '기량'의 승리를 보장할 수 없었다. 마키아벨리는 인간의 이성이 날카롭고 확고하지만 항상 켄타우로스의 표징이 의미하는 충격과 활력과 생성의 맹렬함을 필요로 한다고 보았다. 마키아벨리에게는 정치적 투쟁의 동물적인 얼굴뿐 아니라 인간의 이중적인 본성을 표상하는 것이 바로 켄타우로스였다.

마키아벨리의 생동주의와는 달리 귀차르디니의 '인간'은 자신의 특수성을 행운, 즉 우연이라는 위협으로부터 수호하기 위해 몸을 숨기며 아무런 보상도 없는 비관론의 황량한 지평에 머무는 듯이 보인다. 그럼에도 불구하고 모든 보편적 진리를 거부하는 귀차르디니의 단호한 반인본주의로부터 바로『이탈리아의 역사Storia d'Italia』라는 위대한 해석학적 시도가 탄생했다. 마키아벨리의『군주론』이 국가의 존재 이유를 탐구하는 후세대 이론가들에게 독립된 학문으로서의 정치학을 선사했다면 유기적 구조와 빼어난 논리적 서술 양식을 지닌 귀차르디니의『이탈리아의 역사』는 후세대들의 입장에서 뛰어넘기 힘든 높은 수준의 역사 기록을 유산으로 남겼다. 1500년대부터는 아메리카 대륙과 아시아에 대한 탐험가들 혹은 선교사들의 보고서와 풍부한 정보 덕분에 역사의 탐구 영역 자체가 새로운 공간과 대상을 향해 확장되기 시작했다. 믿음의 전파를 더 중요하게 생각했던 선교사들도 민속학에 가까운 연구 보고서들을 제시했고 지중해에 집중된 그리스도교 세계와 전혀 다른 형태의 전통 내지 문화를 소개하면서 독특한 형태의 문화적 혼합주의를 탄생시켰다. 혼합주의의 흔적은 예를 들어 예수회의 설교 기록에서 찾아볼 수 있다.

1500년대에 플라톤의 사상은 아리스토텔레스의 철학에 의해 대치되지 않았고 플라톤주의와 아리스토텔레스주의는 다양한 형태로 공존하는 양상을 보였다. 아울러 엄격한 체계를 갖춘 비관론이 등장하면서 여러 철학 학파들이 다양한 방식으로 화합concordiae을 도모하는 현상이 일어났다.

이러한 분위기 속에서 탄생했던 것 중 하나가 본질적으로 말과 이미지 간의 유사성을 탐구하는 기억술이다. 기억술의 성공은 1600년대까지 지속되었고 관련 분야인 표징emblema과 표어impresa의 발전으로 이어졌다. 최초의 표어 편람은 1555년에 발간된 파올로 조비오Paolo Giovio의 『사랑과 전쟁의 표어에 관한 대화Dialogo dell'imprese militari et amorose』다. 표징과 표어에서는 감추어진 지혜의 신비주의와 수사학적인 차원의 분석적 이성주의가 모두 은밀하고 세련된 정치적 유희의 도구로 활용된다.

하지만 상이하고 다양한 사상들의 융합 과정은 무엇보다도 과학 분야의 백과사전주의에서 더욱 분명하게 드러난다. 코페르니쿠스의 『천체의 회전에 관하여』는 1500년대 중반에 확고부동한 아리스토텔레스와 프톨레마이오스의 우주관을 무너트리고 수학을 자연 탐구의 도구로 보는 새로운 과학적 체계를 정립했지만 자연 세계의 범주화와 연구 과정에서 부각되는 직접적인 경험을 재평가하는 경향은 헤르메스주의, 신비주의, 신플라톤주의의 개념들이 다시 부상하는 경향과 교묘하게 결속되어 있었다.

라파엘로와 미켈란젤로 이후 이른바 마니에리즈모Manierismo라는 양식을 등장시킨 회화 분야에서처럼 문학을 비롯한 다양한 문화 영역에서도 세련된 양식과 과장된 내면화를 특징으로 하는 동일한 이름의 양식과 취향이 등장했다. 분명한 것은 '주체'가 새로운 표현 형태를 찾고 있었고 이를 위해 전통 및 제도화된 가치관과 새롭고 자유분방한 소통을 시도했다는 점이다. 아마도 가톨릭 반종교개혁파의 '질서'라는 원칙을 거부하며 등장한 '개인적인' 종교관의 문제 역시 이 모든 것과 아주 무관하지는 않았을 것이다.

이러한 긴장 속에서 후기 르네상스 문학은 시에 새로운 의미를 부여하고 연극뿐 아니라 소설이라는 새로운 장르를 통해 극적인 성격을 부각하면서 고유의 창작 공간을 탐색했다. 근대문학의 탐색은 고대 서사시와의 조화 및 불화 속에서 이루어졌지만 후자의 경우에도 근대는 풍부한 사상과 주제로 가득한 '과거'라는 박물관과의 관계를 결코 게을리하지 않았다. 이 모든 것을 상징하며 하나의 패러다임으로 간주되는 인물이 바로 조르다노 브루노다. 마술적이고 코페르니쿠스적인 우주론을 이론화한 브루노는 이단으로 몰려 서기 1600년에 화형을 당했지만 같은 시기에 이미 마술과는 거리가 먼 수학적 언어와 갈릴레이의 새로운 과학이 태동하고 있었다.

7

16세기와 17세기의 우주론 논쟁과
인간중심주의의 위기

7.1 '닫힌 세계'에서 '무한한 우주'로

1936년에 사상사가 아서 러브조이(Arthur Onken Lovejoy, 1873~1962년)는 근대 우주론이 제시한 가장 혁신적인 다섯 가지 논제, 즉 (1) 태양계의 다른 별들에 생명체가 살고 있으리라는 생각, (2) 우주를 에워싸는 '외벽'이란 존재하지 않으며 별들이 아리스토텔레스가 생각했던 것처럼 천구에 고정되어 있지 않고 오히려 우주에 끝없이 흩어져 있다는 생각, (3) 이 별들이 태양계와 유사한 행성계들의 중심을 형성한다는 생각, (4) 다른 행성에도 이성적인 생명체가 존재할 수 있다는 생각, (5) 우주는 무한하다는 생각의 기원이 니콜라우스 코페르니쿠스에 의해 시작된 천문학 혁명이 아니라 하나의 철학적인 테제, 즉 어떤 종류의 잠재적 존재 가능성도 실행되지 않은 채 남아 있을 수 없다는 '근거 충족'의 원리였다고 주장했다.

20년이 지난 후 저명한 과학사학자 알렉상드르 코이레(Alexandre Koyré, 1892~1964년)는 16세기와 17세기 사이에 우주론 분야에서 일어난 가장 중요한 변화가 "닫

힌 세계에서 무한한 우주로" 확장되는 우주 개념의 변화였고, 이러한 변화는 본
질적으로 우주 공간의 "기하학적" 개념을 수용하면서 일어났다고 주장했다. 러
브조이와 코이레의 책들은 과학 사상사 분야의 탁월한 고전임에 틀림없지만
최근의 연구 결과를 바탕으로 이들의 이론은 부분적으로나마 수정이 필요하
며 특유의 명쾌함에도 불구하고 어느 정도는 편파적이고 지나치게 획일적이라
는 사실이 드러났다. 특히 중세를 다루는 학자들은 아리스토텔레스적인 '닫힌
세계'의 해체가 니콜라우스 쿠자누스나 마르첼로 스텔라토Marcello Stellato가 등장
하기 훨씬 이전부터 시작되었고 '세계의 다양성'과 '무한한 우주 공간'의 이론
적인 가능성에 대해서는 일찍이 13세기부터 토론이 이루어졌다는 점에 주목했
다. 1500년대와 1600년대 사이에 이루어진 우주론 논쟁에 대해서도 학자들은
상당히 세부적이고 풍부한 내용의 연구 결과를 제시했다.

　이 우주론 논쟁에서 결정적인 역할을 했던 인물이 조르다노 브루노라는 사
실은 러브조이와 코이레뿐만 아니라 현대의 학자들 역시 전적으로 동의하는
부분이다. 브루노는 고대의 원자주의로 거슬러 올라가는 요소들과 코페르니쿠
스의 새로운 이론에 대한 그만의 독창적인 해석을 조합하면서 중심이 없고 무
한하고 일률적인 우주의 이미지를 열정적으로 지지했던 인물이다. 하지만 분
명히 짚고 넘어가야 할 것은 근대에 들어와서 '세계의 다양성'과 '우주의 무한
성'의 밀접한 관계에 주목했던 저자들은 극소수에 지나지 않았다는 사실이다.
대부분의 저자들은 첫 번째 가설만 수용하면서 두 번째 가설과는 거리를 두었
고 이는 조르다노 브루노가 철학적이고 신학적인 차원에서 초래했던 위험천만
한 결과를 피하기 위해서였다. 게다가 코페르니쿠스뿐만 아니라 1600년대를
대표하는 브라헤, 케플러, 갈릴레이 같은 천문학자들이 우주의 질서정연함과
유한성을 지지하면서 우주의 무한성을 빈번히 부인했다는 사실을 감안하면 새
로운 우주의 이미지와 엄밀한 과학 탐구의 관계는 표면적으로 드러나는 것보
다 훨씬 더 밀접하고 긴밀했을 가능성이 크다.

7.2 우주론 모형의 다양성

이 시대의 우주론을 논하면서 가장 먼저 주목해야 할 것은 근대 철학과 과학의 용어들 가운데 '세계'라는 단어 자체가 상당히 모호한 의미로 사용되었다는 사실이다. 이 모호함은 고대와 중세가 흐르는 동안 '세계'라는 용어를 중심으로 축적된 의미의 단층 현상에서 비롯된다. 플라톤과 아리스토텔레스에게 '세계'는 곧 '모든 것'을 의미했다. 아리스토텔레스는 특히 『우주론』에서 여러 종류의 논제들을 제시하며 세계의 통일성을 주장했다. 하지만 데모크리토스와 에피쿠로스, 루크레티우스로 거슬러 올라가는 원자주의 전통은 수많은 세계가 동시에 혹은 순차적인 방식으로 존재할 수 있다고 보았다. 이들은 심지어 인간의 세계와 비슷한 세계들이 무한히, 아울러 텅 빈 공간 혹은 무형의 질료를 가진 공간에 의해 분리된 채 존재할 수 있다고 생각했다. 조르다노 브루노는 어떤 천체를 중심으로 회전하는 행성들의 체계를 지칭하기 위해 '세계'라는 용어를 사용했지만 17세기에는 상당수의 저자들이 이 용어를 '생명체가 사는' 지구 혹은 다른 행성들을 가리키기 위해 사용했다. 결과적으로 공존할 수밖에 없었던 다양한 형태의 우주론 모형들을 여기서 네 가지 유형으로 분류해 보자.

첫 번째 모형을 제시했던 학자들은 마르첼로 스텔라토와 프란체스코 파트리치(1529~1597년)다. 코페르니쿠스의 태양중심설을 거부하고 지구중심설을 지지했던 이들은 별들이 고정되어 있다고 생각했지만 엄밀한 의미에서 물리적인 차원의 우주를 뛰어넘어 일률적이며 삼차원적인 부동의 또 다른 세계가 무한히 확장되는 형태로 존재한다고 믿었다. 이들은 이 지대가 허공이 아니라 신성한 무한성의 발현이자 일종의 형이상학적 공간이며 빛으로 가득한 이 공간에 바로 인간의 가장 완벽한 지성이 머문다고 보았다.

두 번째는 앞서 언급한 브루노와 그의 제자들이 제시했던 모형이다. 무엇보다도 이들이 거부했던 것은 '달 아래'의 세계라는 생성과 부패의 공간을 '천상'의 세계, 즉 지상의 물질세계와는 질적으로 다른 질료의 공간과 분리시킨 아리스토텔레스의 구분법이다. 우주가 지니는 질료의 동질성과 공간의 통일성을 주장했던 브루노와 그의 제자들은 우주를 아래와 위로 나누는 구분법이 절대적인 의미를 지닐 수 없으며 우주에 하나의 중심이 존재하는 것도 아니라고 생각했다. 원자주의에 영향을 받은 이들은 태양과 별들, 지구와 행성들 사이에 존재하는 유사성에 주목했고 다수의 우주계가 무한한 공간에 펼쳐진다고 주장했다.

세 번째는 지구와 행성들, 태양과 별들 사이에 존재하는 유사성을 인정하면서도 우주의 무한성을 분명하게 거부했던 이들의 모형이다. 이들은 브루노가 제시했던 논제들 가운데 가장 진보적이고 혁신적인 것을 거부한 채 천문학 혁명의 성과를 수용했고 결과적으로 우주의 크기가 과거에 생각하던 것보다 훨씬 크다는 사실, 우주를 구성하는 영역들 간의 존재론적 이질성을 부인하는 입장, 지구에서와 마찬가지로 다른 행성에도 지성을 갖춘 생명체들이 존재할 수 있다는 생각 등을 받아들였다.

그런 의미에서 독특할 수밖에 없는 것은 데카르트(René Descartes, 1596~1650년)의 입장이다. 그는 질료와 확장성을 동일한 것으로 간주하면서 허공의 존재와 공간의 유한성을 모두 부인했다. 데카르트는 "우주를 구성하는 확장된 질료에 한계가 없다"고 주장하면서도 경계를 부여할 수 없는 만큼 우주는 '부정형'이며 순수한 '긍정'의 차원에서 우주의 '무한성'을 주장하는 것은 옳지 않다고 주장했다. '무한성'은 신에게나 적용될 수 있는 특성이라는 것이 그의 생각했다.

네 번째 모형을 제시한 인물은 케플러다. 세계가 기하학자와 다름없는 신에 의해 창조되었다고 믿었던 케플러는 신이 별들을 불규칙하게 배치했을 리가 없으며 우주에 정확하고 이성적인 질서를 부여했기 때문에 우주 공간이 무한하다는 것은 있을 수 없는 일이라고 보았다. 우주가 무한하다면 우주의 "모든 지점이 우주의 중심인 동시에 어떤 지점도 중심이 될 수 없었기" 때문이다.

우주의 무한성 이론에 반대하며 케플러는 무한성이라는 개념 자체가 하나의 모순이라는 점을 강조했을 뿐 아니라 18세기와 19세기 사이에 에드먼드 핼리(Edmond Halley, 1656~1742년)나 하인리히 올베르스(Heinrich Wilhelm Matthias Olbers, 1758~1840년) 같은 천문학자들이 다루게 될 '밤하늘의 모순'과 유사한 문제점을 제기했다. 케플러는 우주에 수백, 수천만 개의 별과 행성계가 존재한다면 "왜

그 수많은 태양들이 모두 함께 발하는 광채가 우리의 태양을 능가하지 못하는 가?"라는 질문을 던졌다. 브루노가 제시했던 태양과 별들 사이의 유사성을 거부하고 태양계의 특수성과 탁월함을 강조하면서 케플러는 별들 사이의 거리가 별들과 태양 사이의 거리보다는 훨씬 가깝다고 주장했다. 하지만 그는 태양계의 바깥과 태양 세계에 생명체들이 존재할 가능성이 충분히 있다고 보았다.

7.3   인간중심주의 비판

천문학 혁명은 많은 이들에게 커다란 상실감을 안겨 주었다. 수 세기에 걸쳐 인간에게 중심적인 역할을 부여해 온 자연적 세계관이 무너지고 동시에 신의 피조물들 사이에서 인간에게 특권을 부여해 온 종교적 세계관이 위기를 맞았기 때문이다. 하지만 이러한 평가의 과도한 단순성을 지적하면서 학자들은 지구중심설이 반드시 인간중심주의와 일치하는 것은 아니며 고대와 중세의 지구중심설은 오히려 우주에서 가장 열악하고 열등한 지대로 밀려난 인간의 굴욕적인 측면을 상징하기도 했다는 점과 태양중심설의 수용이 곧 자연 세계에서 인류의 역할이 감소된다는 것을 의미하지는 않는다는 점을 강조했다. 실제로 갈릴레이는 『대화록*Dialogo*』에서 지구를 하나의 행성으로 간주하는 일은 지구를 더욱 "고귀하게 만들고 완성한다"는 것과 "천상의 천체들과 유사한 것으로" 고려한다는 것을 의미한다고 기록했다. 반면에 케플러는 갈릴레이가 망원경을 통해 새로운 천체들을 발견했다는 소식을 접한 뒤 우려를 표명했다가 한층 우호적인 입장으로 돌아섰지만 갈릴레이의 『별들의 소식*Sidereus Nuncius*』에 소개된 새로운 천문학적 사실들이 브루노의 주장을 지지하는 데 사용되어서는 안 된다고 강조했다. 케플러는 인간이 세계의 중심에 설 만한 자격이 없고 신이 태양에 부여한 자리이자 생명과 열기의 원천인 우주의 중심을 차지할 수 없기 때문에 지구에 머물지만 이는 오히려 지구가 행성들 사이의 중간 지대에 위치하기 때문이라고 보았다.

케플러는 이러한 위치가 '관찰자로서의 피조물'인 인간에게 완벽하게 어울릴 뿐만 아니라 브루노의 무한한 우주 공간에서 미아가 되지 않고 천체들의 움직임을 관찰할 수 있는 최상의 위치라고 보았다.

새로운 천문학적 발견과 이론들은 지구중심설을 비롯해 우주가 존재론적 차원에서 상이한 세계에 속한다고 보는 우주적 위계질서의 관점을 포기하도록 유도하면서 우주가 오히려 동질의 질료에 의해 구축된다는 생각을 확산시켰다. 새로운 천문학은 태양계 혹은 다른 행성계의 행성들이 생명체를 수용할 수 있다는 가설에 개연성을 부여했고 인간중심주의를 거부하는 이들에게, 다시 말해 인간의 관점이 예외성을 가진다는 생각에 의혹을 품고 우주 전체가 오로지 인간만을 위해 존재한다는 생각을 거부하는 이들에게 강렬한 논리적 근거들을 제공했다. 심지어는 우주의 무한성과 세계의 다양성 및 외계인들의 존재에 대한 뚜렷한 입장 표명을 꺼렸던 갈릴레이조차, 비록 달에는 비가 내리지 않는다는 경험적 사실을 바탕으로 달에 우리와 유사한 형태의 생명체들이 존재한다는 의견을 배척했지만, "우리와는 너무나 다르고 상상조차 하기 힘든 존재들이 있을 수 있다는 가능성"을 완전히 제외하지는 않았다. 왜냐하면 "그것이 다름 아닌 전지전능하신 창조주와 자연의 풍부함이 추구하는 바로 비쳤기 때문이다." 아울러 갈릴레이는 우주의 크기에 대해 논하면서 "우주가 신의 절대적이고 무한한 능력보다는 자신들의 보잘것없는 추론에만 합당하도록 창조되었다고 믿는" 이들을 신랄하게 비판했다.

의미심장한 것은 이러한 갈릴레이의 의견뿐만 아니라 동시대에 활동했던 많은 학자들의 글에서 인간중심주의를 거부하고 우주의 광활함과 풍부함 및 자연의 다양성을 강조하는 경향이 뚜렷하게 종교적인 색채를 띠면서, 신의 전능함과 그의 측량할 수 없는 지혜를 찬미하기 위한 기회이자, 신이 세계를 창조한 유일하고 궁극적인 목적이 곧 인간이라는 억측의 허황됨을 증명하기 위한 기회로 사용되었다는 사실이다. 이 부분에 대해서만큼은 아주 다양한 성격의 과학자들과 철학자들, 예를 들어 갈릴레이와 캄파넬라, 데카르트와 프랑스 및 네덜란드의 데카르트주의자들 사이에서 또렷한 의견 일치를 확인할 수 있다. 하지만 인간중심주의에 대한 비판이 단순히 과학 옹호론이라는 편리한 입장을 통해서만 전개되었던 것은 아니다. 브루노의 정신적 유산과 원자주의 전통에 좀 더 민감하게 반응했던 학자들 사이에서 인간중심주의 비판은 종종 아주 이질적인 뉘앙스를 풍기면서 우주 공간의 무한함이라는 주제를 시간의 무한함이라는 주제, 결과적으로 질료의 영원성이라는 주제와 연결시키는 경향을 보였다. 이러한 성향은 신도들의 입장인 유신론적인 관점뿐만 아니라 심지어 세속인들의 입장인 무신론의 관점을 통해서도 표출되었다.

1600년대에는 생명체가 살 수 있는 다양하고 이질적인 세계를 다루는 독특한 문학 장르가 굉장한 성공을 거두면서 발전했다. 대표적인 예로 존 윌킨스 John Wilkins의 『신세계의 발견*Discovery of a New World*』(1638년), 마거릿 캐번디시Margaret Cavendish의 『눈부신 세계라는 새로운 세계에 관하여*Description of a New World called the Blazing-World*』(1666년), 시라노 드 베르주라크Cyrano de Bergerac의 『달과 태양의 나라와 제국들에 대한 우스꽝스러운 이야기*Histoire comique des états et empires de la Lune et soleil*』(1656년), 베르나르 드 퐁트넬Bernard de Fontenelle의 『세계의 다양성에 관한 대화*Entretiens sur la pluralité des mondes*』(1686년) 등을 들 수 있다. 과학적 지식과 정보 및 우주를 떠돌아다니는 '공상과학적인' 이야기들이 철학적 성찰과 마구 뒤섞여 있는 이 복잡한 글들은 모두, 시라노가 말했듯이, 태양이 "오로지 자기만을 위해 뜬다"고 생각하는 인간의 "혐오스럽기 짝이 없는 자부심"을 폭로한다는 공통점을 가지고 있었다.

인간이 피조물을 다스리는 주인이 아니며 자연에 의해 끝없이 생성되는 수많은 존재들 가운데 하나일 뿐이라는 생각은 종교적인 차원에서 심각한 문제를 일으킬 수 있었다. 단지 1500년대에 활동한 대부분의 철학자들과 과학자 및 문인들이 이러한 문제들을 노출하지 않으려고 최대한 신중을 기했을 뿐이다. 하지만 우주에 특권적인 영역이 존재하지 않으며 아울러 지구와 인간이 우주의 중심을 점유하지 않는다는 사실의 인식은 실제로 그렇다면 인간이 신학적인 차원에서도 중심적인 역할을 할 수 있겠는가라는 심각한 의혹과 질문들을 불러일으켰다. 지구가 광활한 하늘을 장식하며 끝없이 펼쳐지는 수많은 천체들 가운데 하나에 불과하다면, 그런 지구가 타락과 구원이라는 종교적 드라마의 무대라는 것은 도대체 무슨 의미인가? 무엇보다도, 인간이 우주에 존재하는 유일한 지적 피조물이 아니라면 왜 신은 인간을 구원하기 위해 인간이 되는 방식으로 자신의 모습을 드러냈는가? 외계인의 존재를 둘러싼 논쟁은 무엇보다도 아메리카 대륙의 발견과 함께 대두되었던 인류다원설이나 아담 이전의 인간 존재에 대한 새로운 질문들을 불러일으켰다. 하지만 아메리카 원주민들의 경우 이들의 인간적인 특성들을 증명하는 정확한 보고서가 있었던 반면 외계인들의 경우에는 이들의 특징을 규명할 수 없다는 점 때문에 상당히 다양한 가설들이 등장했다. 일찍이 캄파넬라는 1616년 『갈릴레오 옹호론Apologia pro Galileo』에서 다른 행성에 지적인 존재들이 있을 수 있다는 가정에서 비롯되는 종교적 문제에 대해 세 가지 해결책을 제시한 바 있다.

캄파넬라는 먼저 이들이 아담의 후손은 아닌 만큼 죄를 모른다고 할 수 있고, 또 죄를 지었다 하더라도 모두를 위해 지상에 인간으로 오신 그리스도의 희생을 통해 용서를 받았다고 할 수 있고, 끝으로 이 외계인들이 인간과 닮은 점은 전혀 없으므로 사실상 이들의 구원에 대해 이야기한다는 것은 아무런 의미가 없다고 주장했다.

이들 가운데 가장 큰 인기를 끌었던 것이 바로 세 번째 해결책이라는 사실은 결코 우연이 아니다. 크리스티안 하위헌스(Christiaan Huygens, 1629~1695년)는 그의 유작 『우주의 관찰자Kosmotheoros』(1698년)에서 자연법칙의 통일성이라는 원리로부터 외계인들이 우리 인간과, 물리적으로나 문화적으로, 상당히 비슷할 수밖에 없다고 주장했던 반면 말브랑슈(Nicolas Malebranche, 1638~1715년)의 영향을 받은 한 무명 철학자는 『무한한 피조물에 관하여Traité de l'infini créé』라는 저서에서 신성한 말씀의 강생은 모든 행성에서 발생할 수 있는 현상이라고 대담한 주장을 펼쳤다.

8

베르나르디노 텔레시오

8.1 자연 세계의 힘과 원리

1509년 코센차의 귀족 집안에서 태어난 베르나르디노 텔레시오Bernardino Telesio는 훌륭한 고전 교육을 받으면서 성장했다. 일정 기간 파도바 대학에서 공부하고 베네딕트회 수도원에서 명상에 집중하는 은둔 생활을 마친 뒤 디아나 세르살레Diana Sersale와 결혼했다.

1563년에 텔레시오는 아리스토텔레스 철학을 가르치던 저명한 교수 빈첸초 마지Vincenzo Maggi를 찾아가 자신이 일찍부터 출판을 계획 했던 저서의 평가를 의뢰했다. 마지의 긍정적인 평가에 용기를 얻어 텔레시오가 1565년에 출판한 책이 바로 『고유의 원리로 본 사물의 본성에 관하여De rerum natura iuxta propria principia』다. 1586년에는 이 저서의 최종본이 나폴리에서 출판되었다. 텔레시오는 1588년 코센차에서 생을 마감했다.

1596년에는 텔레시오의 『고유의 원리로 본 사물의 본성에 관하여』를 비롯해 그의 『동물은 보편적으로 하나의 유일한 영혼과 실체에 의해 지배된다Quod animal *universum ab unica animae substantia gubernatur*』와 『꿈에 관하여*De somno*』가 교황 클레멘스 8세의 금서 목록에 포함되었다.

텔레시오의 글들은 굉장히 복잡하고 복합적인 성격을 지녔다. 무엇보다도 출판한 책을 통해 자신이 주장했던 내용에 결코 만족하지 못했을 뿐 아니라 교회 지도자들과 논쟁자들의 비판에 대한 두려움에서 벗어나지 못했기 때문에 텔레시오는 자신의 글을 수정하고 보완하는 작업에 끊임없이 매달렸다. 이러한 특징은 그의 주요 저서인 『고유의 원리로 본 사물의 본성에 관하여』의 경우에 더 분명하게 드러난다. 이 책은 출판된 판본만 세 종류에 달하며 편집 과정에서 발생한 중간 단계의 교정본들 역시 상당수에 달한다. 하지만 끊임없는 수정 작업을 거쳤음에도 불구하고 텔레시오의 철학은 기본적인 입장과 특징을 그대로 유지하는 일관성을 보여 준다.

텔레시오의 철학적 목표는 아리스토텔레스적인 세계관을 극복하는 것이었다. 자연 세계에서 작용하는 것은 본질적인 형상이나 원인 혹은 아리스토텔레스적인 특성이 아니라 오히려 두 가지 원리 혹은 기초적 기운, 즉 신이 세상의 창조를 시작하면서 만들어 낸 열기와 냉기였다. 열기와 냉기의 원천적인 실체는 다름 아닌 태양과 지구다. 텔레시오에 따르면 태양은 뜨거운 불의 실체인 만큼 고유의 기량을 바탕으로 움직이며 부동의 동자 혹은 아리스토텔레스의 동적 지성에 의존하지 않는다. 반면에 냉기의 원천인 지구는 움직일 수 없으며 우주의 중심에서 무기력하게 멈추어 있을 뿐이다. 결과적으로 텔레시오의 철학에서 코페르니쿠스 이론을 위한 공간은 전혀 마련되어 있지 않았다.

이 두 종류의 우주적 기운은 형체가 없으며 고유의 영향력을 발휘하기 위해 질료를 필요로 한다. 텔레시오는 이 질료가 바로 물질세계이며 그 자체로는 무기력한 질료가 열기와 냉기에 의해, 패권 쟁취를 위한 이들의 영원한 대립 및 자생력을 원리로 유지되는 조화 속에서, 수많은 변형을 겪는다고 보았다. 열기는 질료를 밝고 따뜻하고 가볍게 만들거나 확장하고 활성화하는 힘이지만 냉기는 질료를 응축시키고 무겁게 만들고 고정하는 힘이다.

바로 이 대립자들이 알력 가운데 유지하는 균형으로부터 자연은 생성의 힘

과 삶 자체의 가능성을 얻는다. 천상의 열기는 지상에 전파되고 이 두 원리의
극단적인 대립으로부터 살아 있는 생명체들의 생성을 비롯한 모든 현상이 유
래한다. 생명체들의 차이점들, 예를 들어 체질이나 생명력의 차이는 이들이 흡
수한 열량과 운동량에 비례한다.

텔레시오는 따라서 자연에 본질적인 통일성과 지속성이 존재한다고 보았다.
예를 들어 통일성과 지속성은 천체들이 불의 일종이며 불변하는 것도, 에테르
도 아니라는 점을 감안할 때 하늘과 땅 사이에 실재하며, 무기물과 동물과 인간
의 차이를 근본적인 차이로 볼 수 없다는 점을 감안할 때 다양한 실체들 사이에
도 실재한다.

8.2   영과 영혼 사이의 인간

텔레시오에 따르면, 지상에서 가장 우월한 존재로 간주되는 인간 역시 이 자연
적인 차원에서 벗어나지 못한다. 인간의 신체적인 특성뿐 아니라 지식을 습득
하는 방식과 정서의 메커니즘 역시 좀 더 보편적인 우주적 과정의 결과이자 표
현이다. 지상의 모든 실체에게 일어나는 것과 마찬가지로 인간의 경우에도 천
상의 열기가 질료에 침투하고 그 안에 집결하면서 생동하는 유기체의 구조를
부여한다. 이러한 전제에서 출발해 텔레시오는 다름 아닌 영spiritus의 개념에서
인간의 지식 습득 과정에 대한 설명의 궁극적인 기준을 발견했다.

텔레시오에 따르면 영은 자연 안에 존재하는 모든 생명체의 감각, 즉 변화를
감지할 수 있는 능력이 가장 날카롭고 구체적인 방식으로 모습을 드러내는 공
간이었다. 아울러 영은 열기의 극단적인 축약을 통해 생성되는 얇은 물질적 실
체로 운동력을 지니며 신체에까지 확장되고 따라서 소멸될 수밖에 없는 특성
을 지니고 있었다. 텔레시오는 이 실체가 인간의 생장 기능을 주관하며 감각의
도구로 기능할 뿐 아니라 상상력에서 기억력에 이르는 모든 인식 활동의 도구
로도 활용되며 전통적인 영혼anima의 기능까지 담당한다고 보았다.

하지만 이러한 구도를 따를 경우 인간의 독특한 특징들이 무효화될 위험이 있었기 때문에 텔레시오는 영혼과 영의 개념에 신이 직접 각인한 초월적이고 불멸하는 영혼의 이미지를 부여했다. 다시 말해 그는 두 번째 영혼이 존재한다고 보았다. 이 영혼은 어떤 인식 기능도 발휘하지 않으며 실천적이고 윤리적인 차원에만 관여한다는 특성을 지니고 있었다. 텔레시오는 인간이 자연적 삶의 차원을 뛰어넘어 초월적이고 영원한 가치를 추구하는 경향이 바로 이 두 번째 영혼에서 유래한다고 보았다.

8.3   지식에서 윤리로

윤리학이라는 민감하고 불확실한 영역에서도 텔레시오는 자신만의 자연주의적 입장을 고수했다. 『고유의 원리로 본 사물의 본성에 관하여』의 마지막 장에서 텔레시오는 인식론적 전제들을 윤리학적인 차원으로 발전시켜 영혼이 지배하는 도덕적 기량과 악습의 현상학을 구축했다. 텔레시오에 따르면, 영은 사물들과 접촉하면서 좋거나 나쁜 느낌을 경험한다. 모든 실체는 자신의 존재를 보호하거나 완성하는 사건이나 현상들을 좋은 느낌으로 받아들이지만 파괴나 피해를 조장하는 현상들은 아예 거부하거나 나쁜 느낌으로 받아들인다. 이처럼 인간의 선택과 행위에 방향성을 부여하기 위해 자유와 영속을 추구하는 영혼의 성향은 다름 아닌 도덕적 기량 혹은 덕목으로 설명된다. 다시 말해 덕목이란 텔레시오가 문화적 현실이 아니라 자연적인 현실로 해석하는 유용함이나 유익함을 예측하거나 헤아릴 줄 아는 기량이라고 할 수 있다. 아리스토텔레스가 『니코마코스 윤리학』에서 제시한 결론들을 논박하면서 텔레시오는 도덕적 기량이 교육이나 경험 혹은 학문을 통해, 또는 어떤 윤리적 기준을 바탕으로 구축되거나 구체화되지 않는다고 강조했다. 그는 오히려 영혼의 순수함이 각 개인의 기질이나 도덕적 소양, 심지어는 여러 민족의 생활 문화나 성향의 구도를 결정짓는다고 보았다.

텔레시오의 윤리적 이상은 절제와 중용, 동등한 인간관계의 구축과 연관되어 있다. 그렇다면 텔레시오의 '영혼'이 "자연적인 조건과 영혼의 기량을 바탕으로" 현실화할 수 있는 선善은, 필연적으로 "일시적"이며 때로는 "불안"하지만, 신의 구원과 불멸의 약속이 보장하는 '진정한 선'과 조화를 이룬다고 볼 수 있다.

텔레시오의 철학에서, 생존의 법칙을 비롯해 자연 세계의 목적이 실재하는 궁극적인 이유는 완벽하고 완전한 신의 창조 행위, 즉 인간이 칭송하고 관조할 수 있을 뿐 침투하는 것이 불가능한 신의 창조적인 지혜 안에서 발견된다. 텔레시오에 따르면 조물주의 감추어진 설계도를 엿보기 위해 감각적인 지식의 경계를 무너트리는 것은 인식론적 차원에서는 물론 윤리적인 차원에서도 절대적으로 불가능한 일이다.

8.4 텔레시오 이론의 영향과 수용

텔레시오의 자연주의는 이탈리아 철학자들의 즉각적인 관심과 함께 열띤 토론과 적지 않은 논쟁을 불러일으켰다. 그의 철학을 신랄하게 비판하는 이들 역시 대학에서, 로마의 학자들 사이에서, 그의 고향 코센차에서 어김없이 나타났다.

자신의 글을 끊임없이 수정하고 보완하는 고된 작업과 반대자들과의 이론적 타협을 위해 기울인 지속적인 노력에도 불구하고 1590년대에 들어서면서 그의 저서들은 교황 클레멘스 8세 재위 당시의 문화를 특징짓던 아리스토텔레스주의와 토마스주의의 엄격한 평준화 경향과 경직된 제한 정책의 직접적인 영향을 받기 시작했다. 한층 세분화된 선별 기준을 마련하면서 좀 더 안정된 체제를 갖춘 종교재판 기구들은 검열과 처벌의 범위를 확장하면서 종교적이고 교리적인 차원의 이단뿐 아니라 문화적으로 불화를 조장하는 모든 행위의 처벌을 모색했다. 그런 식으로 정통파 철학자들과 과학자들이 주도하는 엄격한 검열이 시작되었고, 검열 자체는 이들의 사상과 이론을 성서가 명령하는 바와 일맥상통하고 신학적 계율과 교육적 지침에 부응하는 내용으로 제한하고 포장하는 결과를 가져왔다. 이러한 관점에서 텔레시오의 저서들이 금서로 지정되는 데 결정적인 역할을 한 것은 그의 반아리스토텔레스주의적인 성향과 그의 철학이 지니는 유물론적이고 내재주의적인 성격이었다고 볼 수 있다.

그러나 교회의 제재와 금지령에도 불구하고 텔레시오의 철학을 통해 부각된 자연적 구도의 구체성과 그가 이론적 권위를 거부하는 태도는 당대의 지식인들에게 뿌리칠 수 없는 매력으로 다가왔다. 『고유의 원리로 본 사물의 본성에 관하여』를 읽은 초기의 독자들은 고대에 대한 향수를 불러일으키도록 의도적으로 고안된 텔레시오의 철학적 언어가 소크라테스 이전 시대의 자연철학을 복원하려는 명백한 의도에서 비롯되었다는 것을 이미 간파하고 있었다.

브루노와 캄파넬라 역시 텔레시오의 철학을 연구했고 그가 아리스토텔레스의 권위를 무너트리는 데 결정적인 역할을 했을 뿐만 아니라 전적으로 새로운 자연철학을 구축하는 데 초석을 놓았다고 평가했다. 특히 캄파넬라는 『고유의 원리로 본 사물의 본성에 관하여』와 텔레시오의 '우주적 감각' 이론을 진정한 의미에서의 계시로 받아들였다. 반면에 브루노는 자신의 『원인에 관하여*De la causa*』에서 "정당하기 이를 데 없는 텔레시오"의 천재성과 긍정적이고 생동하는 자연 및 자연 안에서 기능하는 힘의 개념을 바탕으로 아리스토텔레스와 "영예로운 전쟁"을 벌인 텔레시오를 칭송하며 존경을 표했다.

캄파넬라가 텔레시오에게 부여한 "개혁자들의 시조"라는 이미지는 오랫동안 유지되었고 특히 이탈리아 남부에서 크게 유행했다. 이탈리아에서 텔레시오는 문화적 혁신의 가장 모범적인 스승이자 특별히 이탈리아적인 철학적 자유를 상징하는 인물로 기억된다.

9

조르다노 브루노

9.1 그림자의 형이상학

1582년에 출판된 『관념의 그림자에 관하여』를 통해 조르다노 브루노(1548~1600년)는 프랑스 파리의 독자들에게 자신을 뛰어난 메르쿠리우스로 소개하면서 고대 철학의 부활을 예견했다. 헤르메스주의에서 유래하는 역사철학적 관점의 흔적이 분명히 남아 있지만, 이 메르쿠리우스라는 강렬한 인물의 선택은 무엇보다도 고대 문화를 널리 보급하는 데 일조했던 피치노의 영향으로 신화적 인물에 익숙해진 독자들의 민감한 반응을 얻어 내기 위해 이루어진 것으로 보인다. 하지만 시간과 야만의 파괴력과 투쟁하는 메르쿠리우스를 생생하게 묘사하는 장면에는 브루노가 당시에 '유한'과 '무한'의 관계를 집요하게 파고들며 구체화하려고 노력했던 사유에 시선을 집중시키려는 의도가 동시에 포함되어 있었다.

브루노가 주제를 간접적으로만 다루는 『관념의 그림자에 관하여』에서 오히려 부각되는 것은 아리스토텔레스주의자들과의 논쟁, 즉 '기억술ars memoriae'이 진실을 가로막고 사유를 '귀신'과 '꿈'으로 가득한 허구적인 세계에 가둘 뿐이라고 주장하던 이들과의 생생한 논쟁이다. 궁극적으로는 인간의 정신이 스스로의 힘으로든 신의 축복으로든 진실을 고유의 영역이자 기반으로 삼을 수 있다는 아리스토텔레스주의자들의 견해를 논박하면서 브루노는, 신비주의 경험을 뒷받침하는 다양한 이미지들과 오리게네스의 「아가雅歌」 해석을 통해 "존재"와 "행위"의 결속력을 집중적으로 조명함으로써 "우선적인 진실" 혹은 "우선적인 선善"과 즉각적인 관계를 정립할 수 있다는 모든 견해의 해체를 시도했다. 브루노는 인간이 뿌리 깊은 한계에 의해 "존재essere"와 "본질essenza"에 각인되어 있으며 결과적으로 대립자들이 충돌하는 유한한 지평, 즉 "그림자"에 종속될 수밖에 없다고 보았다. 따라서 인간이 진실에 다가설 수 있는 길은 자연에서 싹터 인간의 정신 안에서 증식하고 환상에 의해 형성되는 변화무쌍한 형태들을 통해서만 열릴 수 있었다. 브루노는 아리스토텔레스주의 비평가들이 '귀신'의 일종으로 간주하던 '이미지', '형상', '환영' 등이 단순히 기억력 훈련을 위한 도구로만 사용되지 않고, 그가 『이미지의 구성에 관하여De imaginum compositione』(1591년)에서 강조했던 것처럼, 유한과 무한의 조화를 유도하는 유일한 소통 관계의 부호로 기능한다고 보았다. 물론 이러한 관찰을 통해 브루노가 주목했던 것은 인간의 지식에 고유한 근사치적인 성격이 아니다. 그에게 중요한 것은 오히려 인간의 정신적인 지평을 선과 악, 진실과 거짓, 빛과 어둠 같은 대립자들이 생생하고 변화무쌍한 소용돌이 안에서 서로에게 한계를 부여하며 서로를 끊임없이 비교하는 힘의 공간으로 정의하는 일이었다. 브루노의 '그림자' 은유는 불투명한 확장 속에서 교류하는 대립자들의 본질을 단순하고 벌거벗은 상태로 파악하는 것이 어떤 식으로든 불가능하다는 점을 분명하게 보여 줄 뿐 아니라 절대성이 자연 안에서 모습을 드러내는 독특한 방식의 특징들을 효과적으로 설명해 준다. 물리적인 그림자와 유사하게, 브루노의 '깊은 그림자'는 인간을 구성하는 요소인 동시에 인간의 활동 공간이며 보이지 않는 빛의 기호이자 자식이다. 브루노는 이 빛이 가려져 있을 뿐, 어둠의 표면적인 혼돈으로부터 벗어나 원천적인 빛에 다가선다는 생각으로 그림자의 유희에 기꺼이 뛰어드는 사람의 눈앞에 분명히 모습을 드러낸다고 생각했다. 브루노는 인식론적인 차원에서 존재론적인 차원으로 움직이며 그림자처럼 대립자들의 충돌과 변화 속에서 원리의 충만함을 드러내는 보편적인 실체의 특성에 주목했다. 브루노는 이러한 탐구의 절실한 필요성을 『건축의 개요와 유이의 조합 기술에 관하여*De compendiosa architectura et complemento artis Lullii*』(1582년)에서 표명한 바 있다. 여기서 브루노는 신성한 무한성 및 '절대적인 것'과 '상대적인 것'의 관계라는 이중적인 주제에 대해 상세한 설명을 제시했다. 이 책은 유이의 상관성 이론에 대한 브루노의 관심이 이 시기에 실체와 우연성, '신'과 '세계'의 관계에 집중하는, 좀 더 높은 차원의 담론으로 확장되었다는 것을 보여 준다. 브루노가 여전히 이러한 관계에 대해 질문을 던지면서 집필한 책이 『키르케의 노래*Cantus Circaeus*』와 『촛불을 든 사람*Candelaio*』(1582년)이다. 전자는 키르케가 마법을 사용해 인간의 탈을 쓴 짐승들을 쫓아내는 이야기, 후자는 선과 악을 아주 단순한 방식으로조차 구분할 줄 모르고 '배신을 일삼는 행운'과 행운의 변화무쌍함에 좌우되는 동물적인 인간성을 주제로 다룬다. 여기서 인용되는 상징과 이야기들을 통해 또렷하게 드러나는 것은 인간의 기술이 자연의 흐름 속에 이성적 원리를 도입함으로써 역사를 예측할 수 있는 것은 아니며 오히려 예측이 불가능하기 때문에 전적으로 새로운 결과를 낳는다는 브루노의 신념이다. 그는 시간이 역사 안에 지속적으로 끌어들이는 퇴폐주의에 제동을 거는 것이 바로 인간의 기술이라고 생각했다.

9.2 질료, 삶, 인간사

브루노가 1583년 잉글랜드에서 출판한 『봉인의 봉인*Sigillus sigillorum*』은 그가 프랑스에 있는 동안 신플라톤주의의 보편적 지성에 영감을 받아 여러 시기에 걸쳐 집필한 글들을 편집해서 만든 기억술에 관한 저서다. 피치노의 글에서 직접적인 영향을 받은 브루노는 우주와 지식의 질서와 균형을 묘사하면서 통일된 원천으로부터 복합적인 삶과 지식의 형태로 발전하는 '상승'과 '하강'의 이중적인 움직임을 추적했다. 하지만 그의 탐구 자체는 세계를 설명하는 차원에서 인간사의 흥망성쇠를 좌우하는 원리를 탐색하는 방향으로 나아갔다. '삶'과 '지식'을 존재의 가장 기초적인 단계에서 조합함으로써 우위와 하위, 생물과 무생물같은 전통적인 구분법의 의미를 무색하게 만든 브루노는 이러한 개념들이 구성의 차별화에 따라 상이한 방식으로 표현될 뿐 사실은 언제나 하나이며 동일한 힘의 '이름'이거나 '정의'에 지나지 않는다고 보았다. 이러한 주제들을 코페르니쿠스의 이론과 지리학적 발견에 의해 열린 새로운 이론적 지평에서 발전시킨 저서가 『재의 수요일의 만찬*Cena de le Ceneri*』(1584년)이다. 태양중심설을 열정적으로 지지하는 브루노의 입장은 그가 옥스퍼드에서 코페르니쿠스의 이론을 주제로 몇몇 강의를 진행한 뒤 표절 시비에 휘말려 느닷없이 교수직을 박탈당한 사건과 결코 무관하지 않다. 이성적 탐구의 자율성을 지속적으로 강조하는 성향 역시 어느 정도는 교육기관 및 교회 지도자들의 브루노에 대한 비관용적이고 편협한 처사에서 비롯되었다고 볼 수 있다. 브루노는 과학과 종교의 고유영역과 언어를 정의하면서 '진실'과 '법'을 혼동하는 것은 커다란 오류이며 성경을 들먹이며 물리학 이론을 거부하는 것만큼 어리석은 일은 없다고 설파했다. 하지만 코페르니쿠스의 세계관에서 탁월한 철학적 가치를 발견한 브루노의 관점은 훨씬 깊고 오래된 이론적 뿌리를 지니고 있었다. 지구의 자전 이론은 천상의 부패하지 않는 실체와 지상의 혼란한 질료적 세계를 분리시킨 아리스토텔레스의 추상적인 구분법을 사실상 무효화한 셈이었고, 존재론적 범주의 차원에서는 구분이 불가능한 '해'와 '땅'과 '천체'들이 곧 살아 있으며 부패하지 않는 유일한 '질료적 실체'의 차별화된 부분들에 불과하다는 브루노의 논리를 입증하는 셈이었다. 운동, 변신, 변환과 같은 현상들은 파손된 자연의 불완전성을 증명하는 것이 아니라 오히려 질료가 "가능한 한 모든 부분에 부합하도록 모든 것을 생성하고, 영겁의 동일한 순간과 시간이 아니라면 적어도 영겁의 상이한 순간과 시간 안에서, 지속적으로 변천을 겪으며 모든 것으로 존재하게 되는" 끝없는 과정에 부합하는 것이었다(『재의 수요일의 만찬』).

우주의 변천에 대한 장대한 묘사를 통해 부각되는 것은 무엇보다도 브루노의 철학에서 가장 핵심적인 부분, 즉 질료를 무의미한 형식들의 '소굴'이 아니라 개인과 세계의 출발 '원리'로 탈바꿈시키면서 질료의 개념 자체를 새로운 용어로 정의하는 과정이다. 브루노가 이러한 문제를 집중적으로 다룬 책이 바로 『원인에 관하여』(1584년)다. 여기서 브루노는 '질료'와 '객체'의 관계를 바탕으로 육체와 정신의 기반을 이루는 풍성한 보편적 실체를 정의하기에 이른다. 브루노는 존재론을 가장 중요하게 생각하는 아리스토텔레스의 입장을 진지하게 논박하면서 '힘'의 개념을 바탕으로 그만의 논리를 발전시켰다. '행위'는 사실상 이미 존재하는 힘의 결과로서가 아니면 이해될 수 없는 것이었다. 브루노는 세계에 대해 설명하는 순간에만 가치를 부여하는 철학자들의 오류를 지적하면서 이들이 침대의 존재는 무엇보다도 침대를 구성할 수 있는 실체, 즉 의자, 대들보를 비롯해 나무로 만들어질 수 있는 모든 것의 실체 속에 있다는 것을 이해하지 못한다고 주장했다(『원인에 관하여』 IV).

쿠자누스에서 유래한 것이 분명한 이론적 전략을 극단적인 결과로 몰고 가면서 브루노는 질료가 신의 본질의 일부이며 원천적인 행위의 충만함이 절대적인 질료의 힘에 상응한다는 결론을 내렸다. 그리고 이러한 사유는 질료의 개념과 관련된 모든 용어 체계에 본질적인 변화를 가져왔다. 아리스토텔레스의 비뚤어진 시선과 그의 인위적인 구분법을 고려하지 않더라도, 질료가 다양한 형태의 변화를 지탱하는 기반으로 기능한다는 생각 자체는 사실상 모든 현실이, 형체의 유무와는 무관하게, 질료의 바깥에서 어떤 구체적인 실체도 가질 수 없다는 결론으로 이어진다. 파리에서 연구했던 '그림자'와 마찬가지로 '질료'는 세계의 생동하는 다양성과 무궁무진함의 소통을 위한 고리로 드러난다. 브루노가 『무한한 우주와 세계에 관하여』(1584년)에서 연구한 무한한 우주와 셀 수 없는 세계의 개념은 바로 '질료'가 소통의 수단이라는 신념에서 유래한다.

9.3 진리와 법

질료 이론과 유기적인 관계를 유지하면서도 정치적인 성격이 또렷하게 드러나는 『의기양양한 야수의 추방*Spaccio della bestia trionfante*』(1584년)은 인간의 존엄성과 관련된 모든 인본주의적 전제를 해체하면서 사회의 목표와 자연에 대해 다시 생각해 볼 것을 종용한다. 유럽의 위기에 대한 날카로운 관찰을 바탕으로 각 나라의 생존과 역사를 진실의 영원한 리듬이라는 관점에서 바라보며 브루노는 철학을 기반으로 구축될 뿐 아니라 폭력적인 종교전쟁의 실질적인 대안으로 기능할 수 있는 정치적이고 종교적인 개혁의 담론을 발전시켰다. '무한성'을 매개로 '유한성'을 이끌어 내는 움직임을 관찰하면서 브루노는 자연의 형체 없는 동질성을 파괴할 수 있을 뿐 아니라 인간의 혈통과 직분과 부의 장벽을 초월해 개인의 능력을 칭송할 수 있는 법의 훌륭한 역할에 높은 가치를 부여했다. 브루노는 법이 인간세계에 신의 절대적인 지혜를 투영하면서 공동체의 경험과 지혜를 습득하고 기량을 향상하는 훈련을 통해 인간에게 개혁을 명하고 이들을 진정한 의미에서 '지상의 신'으로 탈바꿈시킨다고 보았다.

브루노의 세계관에서 인간의 위대함과 존엄성은 운명처럼 이미 결정된 무엇으로 간주되지 않는다. 브루노는 인간의 존엄성이 정신과 손의 예측할 수 없는 수확의 일종이며, 인간에게 "자연과 법에 따라 행동할 수 있도록 허락할 뿐만 아니라 자연의 법칙을 뛰어넘어 [……] 또 다른 형태의 자연, 또 다른 과정, 또 다른 질서를 구축할 수 있도록" 허락하는 힘의 자유로운 발현 속에서 모습을 드러낸다고 보았다(『의기양양한 야수의 추방』). 브루노는 '지성'과 '손'의 관계를 뛰어넘어 육체와 운명을 연결시킴으로써 과연 어떤 식으로 법과 종교가 인간이 지닌 무분별한 잠재력의 재분배를 통해 인간을 질서와 문명의 창조자로 만들 수 있는지 보여 준다.

마키아벨리의 성찰을 참조한 경향이 분명한 어조로, 브루노는 신들에게 바치는 제의들이 시민들의 기량을 배가하고 자연에 대한 지식을 풍부하게 만드는 데 일조하던 이집트나 로마의 출중한 예와 정반대되는 경우가 바로 겸손과 무지와 수동적인 복종을 지고의 가치로 칭송하는 백해무익한 그리스도교 성직자들의 설교라고 설파했다. 브루노에 따르면 종교개혁은 바로 이러한 상황이 낳은 지극히 당연하고 피할 수 없는 결과였다. 브루노는 루터를 고대의 예언서에 나오는 '사악한 천사'로 묘사했다. 그는 루터가 인간의 훌륭한 행위에 주목하지 못하는 장님이나 다를 바 없는 신의 비정상적인 이미지를 강요하면서 법과 진실 간의 관계를 완전히 단절시켰고, 종교의 사회문화적인 기능을 제거함으로써 불화의 폭풍을 불러일으켰다고 보았다. 브루노는 날카롭고 총체적인 분석을 통해 유대-그리스도교 전통 전체에 함축되어 있는 퇴폐주의의 원칙을 폭로하면서 성육신의 교리 자체를 비판했다. 이 교리의 구도 속에서는 '유한'과 '무한'의 실질적인 관계가 서로 화합할 수 없는 두 실체의 어설픈 중첩을 통해 뒤틀려 있으며 생명의 영원한 번식이 아니라 오로지 그리스도의 유일하고 반복될 수 없는 생애를 통해서만 구체화된다는 것이 그의 생각이었다.

그러나 브루노의 종교적 성찰이 이러한 비판적인 내용만 다루는 것은 아니다. 『의기양양한 야수의 추방』 마지막 부분에서 브루노는 「산상수훈」의 해석을 통해 박애와 개인적인 평화의 가치를 수호하고 종교와 철학과 문화의 균형을 유지할 수 있는 정치와 교육의 개혁안을 제시했다. 브루노는 이와 유사한 주제들을 좀 더 집중적으로 다루는 일련의 저서를 집필했다. 『조합 기술의 등불De lampade combinatoria』(1587년), 『고별 연설Oratio valedictoria』(1588년), 『위로의 연설Oratio consolatoria』(1588년) 등의 저서에서 브루노는 자유와 관용의 가치를 칭송하고 복음서에 기초하는 윤리의 중요성을 강조했다. 물론 이러한 주제가 전적으로 새로웠던 것은 아니다. 피렌체의 신플라톤주의에서 에라스뮈스에 이르는 이탈리아와 유럽 지성인들의 기본적인 철학적 태도에 주목하면서 브루노는 이를 새로운 방식으로, 즉 '세속화'를 통해 자신의 가장 핵심적인 철학적 주제 가운데 하나인 '박애charity'와 결합시켰다. 그런 식으로 브루노는 『30개의 형상을 위한 등불Lampas triginta statuarum』(1587, 1591년)에서 어떤 신학적 범주와도 무관한 '박애' 개념을 대립되는 실재들의 변증법을 기반으로 발전시켰다. '박애'란 질료의 심장 자체에서 시작되는 과정, 즉 질료를 모든 것으로 존재하도록, 결과적으로 모든 형태에 스스로를 내맡기도록 종용하는 '결코 충족될 수 없는 의지'에서 출발하는 과정의 비범하면서도 지극히 자연스러운 결과였다. 질료에서 유래하며 질료에 의해 존재론적으로 각인된 자연적 실재들이 추구하는 것은 결국 조화다. 원천적인 실체 안에 갇혀 있는 욕망은 대립되는 실재들이 꾀하는 투쟁과 결속뿐 아니라 단순한 객체들의 자연적이고 투영되지 않는 조합을 통해서도 모습을 드러낸다. 분쟁 속에서도 자연스럽게 조화와 화합을 추구하는 인간의 의지를 지배하는 것이 바로 이 원천적인 욕망이다. 이러한 차원에서 '박애'는 모든 인간이 지닌 이성적 의지의 완성을 표상한다고 볼 수 있다. 브루노는 '박애'를 기반으로 분리가 아닌 조화의 원리로 정립되는 하나의 종교가 탄생할 수 있다고 보았다.

그러나 정치가 주재하는 인간과 신들의 결속력은 인간과 진실의 관계와는 극적인 대조를 이룰 수밖에 없었다. 다시 말해 장구한 시간에 걸쳐 축적된 지식과 법을 토대로 복잡하게 얽힌 역사의 바깥에서, 아울러 인간에게 주어진 지극히 짧은 시간을 전제로 진실과의 즉각적이고 직접적인 관계를 정립한다는 것이 인간에게 과연 가능한 일인가라는 문제에는 해답이 있을 수 없었다. 브루노가 『관념의 그림자에 관하여』에서 이미 언급한 바 있는 이 문제를 다시 심도 있게 다룬 책이 바로 대화록 『영웅적 광기에 관하여 *Degli eroici furori*』(1585년)이다. 이 책에서 브루노는 인간사의 흥망성쇠라는 악순환의 파괴를 시도하며 우연성을 무한성 안으로 인도하는 극단적인 경험에 대해 이야기한다. 브루노에 따르면, 사냥꾼 악타이온의 신화 속에 감추어져 있는 것은 근본적인 내면적 개혁의 진통 속에서 지성과 의지의 조화를 토대로 악타이온에게 갑작스러운 깨달음을 전달하는 상상의 구도다. 이는 신비주의적인 환영이나 피치노의 신성화deificatio와는 거리가 멀다. 정신의 극단적인 집중은 브루노의 '광인'에게 어떤 보상도 제공하지 않는다. 브루노에 따르면, 그의 광적인 영웅이 신의 뜻에 따라 목격하는 것은 절대적인 통일성이 아니라 그것의 '그림자', 즉 자연의 생동하는 총체를 상징하는 '디아나Diana'에 불과하다. 여기서 우리는 브루노가 『관념의 그림자에 관하여』에서 그늘에 앉아 있는 「아가」의 여주인공에 대해 언급했던 내용이 재차 강조되고 있음을 볼 수 있다. 브루노는 인간이 역사의 흥망성쇠라는 지평에서 어떤 식으로든 탈출하지 못한다고 보았다.

9.4 고대의 지식과 세계의 새로운 이미지

우주와 자연의 개념 및 우주와 역사 속에 위치하는 존재로서의 인간을 주제로 다룬 철학적 대화록을 집필한 데 이어 브루노는 존재론적인 차원에서뿐만 아니라 인식론적인 차원에서 전적으로 새로운 문제에 주목했다. 『캉브레 논쟁Acrotismus Camoeracensis』(1588년)의 전투적인 어조 또는 『형이상학 용어 대전Summa terminorum metaphysicorum』(1591년)의 해설적이고 백과사전적인 요약의 형태로 아리스토텔레스의 철학적 입장을 재차 논박하면서 브루노는 순수한 경험으로 축약될 수 없고 추상적인 도식으로도 귀결되지 않으며 오히려 보편적 질료의 구성 요소들이 환원될 수 없다는 점을 인식하고 이 환원 불가능성의 가치를 인정하는 지식의 특징들을 묘사하는 데 주력했다. 이러한 성찰을 바탕으로 프랑크푸르트에서 출판한 『삼중의 극소 단위와 기준에 대하여De triplici minimo et mensura』, 『모나드와 수와 형상에 관하여De monade, numero et figura』, 『셀 수 없고 광활하며 형언할 수 없는 것에 관하여De innumerabilibus, immenso et infigurabili』를 통해 브루노는 삼중의 극소 단위, 즉 '형이상학적', '물리적', '기하학적' 단위를 기반으로 자연적 삶을 정립하기 위한 미립자 이론에 집중했고 이를 바탕으로 수학의 오류, 즉 무한한 분류 가능성이라는 원칙을 내세우고 형식적 계산의 추상성을 무기로 사물의 내재적 개별성을 파괴하는 오류를 폭로하려고 노력했다. 수학의 이러한 맹점들을 논박하며 브루노는 자연의 무한한 변화 가능성이, 어떤 차원에서든, 정체성의 구축을 허락하지 않는다고 보았다. 브루노에 따르면 전적으로 동일한 두 인물이 존재하거나 하나의 정체를 구축할 수 없고 이들이 동일한 경험을 하는 것도 가능하지 않았다. 반대로 다양하고 상이한 것들을 허구적인 동일성 안에 가두면서 정신과 세계를 분리시키는 것이 바로 수학자들이었다. 브루노는 아리스토텔레스의 입장뿐 아니라 세 종류의 세계를 주장한 피치노의 형이상학 및 코페르니쿠스 이론의 무한히 혁신적인 측면을 정확하게 파악하지 못한 해석자들의 입장을 엄중하게 비판하면서, 존재의 다양한 단계에서 발생하는 관계의 복수적인 성격을 강조하고 이를 토대로 무한한 질료적 삶의 존재와 우주의 무한함을 주장했다.

바니니의 무신론

17세기에 프랑스에서 무신론을 주장하는 행위는 종교적이고 정치적인 차원에서 심각한 위법행위에 속했다. 왕이 사실상 신성한 존재로 간주되던 당시에 신의 존재를 부인하는 것은 군주의 권위를 침해하는 행위나 마찬가지였기 때문이다. 이러한 시대와 문화적 정황을 배경으로 활동했던 인물들 중 한 명이 바로 줄리오 체사레 바니니Giulio Cesare Vanini다.

1585년, 타우리사노Taurisano의 한 부유한 가정에서 태어난 바니니는 나폴리 대학에서 법학을 공부한 뒤 파도바로 이주해 카르멜회 신학대학에서 신학 공부를 시작했다. 여전히 밝혀지지 않은 불분명한 죄목으로 노역을 선고받아 캄파니아주의 돌사막으로 유배될 위기에 놓였지만 바니니는 베네치아로 도주해 은둔 생활을 시작했다. 베네치아에 머물며 성공회 신도로 개종했지만, 기대했던 바와 다르다는 것을 깨닫고 은밀하게 가톨릭 세계로 복귀를 시도하던 도중 검거된 바니니는 다시 한 번 도주를 감행한 뒤 기나긴 방랑 생활에 들어갔다. 런던과 브뤼셀을 거쳐 파리에 도착한 바니니는 가톨릭교회와 모든 관계를 끊고 상류사회와 귀족들의 후원과 보호를 도모하며 자유사상가들과 교류를 시작했다. 그가 1616년 파리에서 출판한 『자연의 경이로움에 관하여De admirandis naturae』는 그의 저서들 가운데 무신론을 표명하는 입장이 가장 또렷하게 드러나는 책이다. 이 책은 파리에서 커다란 성공을 거두었지만 결국 소르본의 신학대학에서 단죄 선고를 받았다. 파문과 함께 사제복을 벗은 바니니는 툴루즈에서 은둔 생활을 시작했지만 머지않아 경찰에 검거되었고 무신론자라는 죄목으로 감옥 생활을 하다가 결국 1619년 2월 형장의 이슬로 사라졌다. 그를 형장으로 데려가려는 간수들에게 바니니는 이렇게 말했다고 전해진다. "기쁜 마음으로 철학자답게 죽으러 갑시다."

신화적 인간중심주의의 파괴를 선언한 바니니는 플라톤주의의 원칙 및 그리스도교의 교리에 내재하는 플라톤주의와, 우주가 가장 높은 곳에 위치하는 신의 주재로 조화를 유지하는 유한한 세계라는 사상에 총체적인 비판을 가하면서 이탈리아 르네상스, 자연주의, 박학博學주의, '고대의 복원' 사상에 고유한 주제들을 발전시켰다. 바니니는 운동과 부동이라는 기초적인 원리를 기반으로 자율성을 지닌 질료적 자연 개념을 이론화했다. 이러한 자연주의적 관점에서 창조자로서의 신이나 목적론적인 차원에서 인간을 보호하고 인도하는 전능한 신의 공간은 존재하지 않았다. 바니니는 우주가 자율적이고 영원하며 시작도 없고 끝도 없으며 완벽하고 다름 아닌 고유의 불완전성 때문에 더 완벽할 수 있는 잠재력을 지닌다고 보았다. 모든 것이 곧 생동하고 생동하게 만드는 질료인 이상 위계질서도 없고 현실의 위상도 존재하지 않는다는 것이었다. 이러한 상황에서 바니니의 사상이 강력하게 반신학적인 내용을 지니며 이를 통해 종교 사상과 종교적 범주의 해체를 유도했다는 것은 당연한 결과다. 다시 말해 바니니의 사상을 받아들인다는 것은 신의 존재를 지지하는 전통적인 논제들, 신학적인 교리들, 성서의 내용과 이야기들, 천사들의 위계 및 초월적 세계에 대한 믿음 등을 모두 체계적으로 파괴하고 신과 세계의 모든 관계를 부인한다는 것을 의미했다. 바니니는 기적이나 예언, 설교와 주술, 천사나 신의 현현 등은 모두 거짓이며 철학자가 파헤치고 폭로해야 할 허구에 불과하다고 보았다. 그의 사상은 반교리적인 이성과 1600년대 중반의 급진적 계몽주의에서 느낄 수 있는 자유롭고 개방적인 사고방식에 호소하면서 중세와 르네상스를 지배하던 모든 개념적 도구들을 위기에 빠트렸다. 계몽주의 사상은 실제로 바니니의 급진적인 사상에서 지대한 영향을 받았다. 그의 사상은 1600년대 중반 이후 무엇보다도 『부활한 테오프라스토스Theophrastus redivivus』처럼 바니니의 글을 끊임없이 인용하는 이름 없는 저자들의 책을 통해 전파되었다.

10

톰마소 캄파넬라

10.1   청년기, 음모

1599년 8월 10일, 이름을 밝히지 않은 두 시민이 나폴리의 총독에게 도시 안에서 사람들이 반란을 일으키기 위해 음모를 꾸미고 있다는 소식을 알렸다. 도미니크회의 몇몇 수도사들이 나폴리의 '사악한' 에스파냐 군주를 몰아내기 위해 민중을 선동하며 반란을 도모하고 있다는 것이었다. 추기경들을 비롯해 귀족들과 무법자들이 음모에 가담했고 이들 중 몇몇은 터키 해군을 개입시키기 위한 협상에 성공했다는 소식까지 들려왔다. 반란에 가담한 모두의 정신적인 지주였고 모든 계획을 주도했던 인물은 이제 막 30대에 들어선 도미니크회 수도사, 톰마소 캄파넬라였다.

칼라브리아주의 수도원에서 기초 교육을 받은 캄파넬라는 진리를 아리스토텔레스의 저서와 철학책에서 찾을 것이 아니라 자연 세계의 직접적인 탐구를 통해 찾아야 한다는 베르나르디노 텔레시오의 사상에 동조하면서 적잖은 난관에 부딪히고 논란에 휩싸이는 등 파란만장한 청년기를 보냈다. 1589년, 텔레시오를 직접 만나겠다는 일념하에 코센차를 방문했지만 캄파넬라가 할 수 있는 일은 며칠 전에 세상을 떠난 노철학자의 시신 앞에서 추모의 시구를 읊는 것뿐이었다. 캄파넬라는 '책략의 독재자'였던 아리스토텔레스를 상징적으로나마 '살해'한 공로가 텔레시오에게 있다고 주장했다. 그는 텔레시오가 철학적 진리에 내재하는 자유와 양립할 수 없는 모든 종류의 권위적 원칙과 거짓 교리를 앎의 영역에서 씻어 내기 위해 어쩔 수 없이 일종의 부친 살해를 감행했다고 보았다.

젊은 시절 캄파넬라는 불안감을 떨쳐 버리지 못했지만 많은 사람들과 교류하며 새로운 지식을 섭렵하기 위해 부단히 노력했다. 나폴리에서 여러 부류의 지성인들과 교류하는 동안 캄파넬라는 '자연적 마술' 분야에서 가장 유명하고 뛰어났던 인물 조반니 바티스타 델라 포르타를 만났다. 다름 아닌 델라 포르타와의 대화를 바탕으로 캄파넬라는 그의 주요한 저서들 중 하나인 『사물들의 의미와 마술에 대하여*Del senso delle cose e della magia*』(1604년)를 집필했다. 그는 이 저서를 피렌체의 군주 페르디난도 1세에게 헌정했지만 그가 기대했던 것과는 달리 토스카나에 정착하는 데 아무런 지원도 받지 못했다. 이어서 파도바로 이주한 캄파넬라는 이곳에서 갈릴레오 갈릴레이를 만났다. 이제 막 학문의 길을 걷기 시작한 두 청년의 만남은 그리 오래가지 못했지만 이들의 지적 여정만큼은 세월이 한참 지난 뒤 같은 입장을 취하는 국면을 맞이하게 된다.

반아리스토텔레스주의적인 성향으로 인해 전통 철학과 양립할 수 없는 것처럼 보이던 텔레시오의 철학을 지지한다는 이유로 종교재판관들의 의혹을 받기 시작한 캄파넬라는 이 의혹이 사실로 각색되면서 결국 로마의 종교재판소에서 배교자로 단죄 선고를 받고 고향으로 되돌아갔다. 고향 칼라브리아에서 돌아온 캄파넬라는 경제적 침체와 권력 남용, 피비린내 나는 복수극과 불의가 지배하는 지역사회의 퇴폐적인 상황을 목격하게 된다. 하지만 펠리페 2세가 40년의 긴 세월을 통치한 뒤 사망한 1598년에 캄파넬라는 변화를 예감하고 설교를 통해 개혁의 시기가 다가오고 있으며 17세기가 임박하자 이를 증명이라도 하듯 천상과 지상에서 비일상적인 기상 현상들, 혜성의 등장과 지진과 홍수 등이 일어났다고 설파했다. 혁신에 대한 믿음은 자연스럽게 이성적 원칙들을 토대로 사회와 정치적 질서를 재정립해야 한다는 요구로 이어졌고 이러한 요구는 그리스도교 세계의 근본적인 혁신을 예고하는 수많은 예언의 목소리에도 부응하는 것이었다.

앞서 언급한 반란은 1599년에 일어났고 나폴리 총독이 군대를 거느리고 수많은 시민들을 검거하거나 처형하면서 짧은 시간에 진압되었다. 수감자들 사이에는 캄파넬라도 들어 있었다. 하지만 캄파넬라는 정신병자에게 사형을 내릴 수 없는 점을 이용해 마치 정신병자인 것처럼 연기를 시작했고, 결국 광인이 아님을 고백하라고 강요하며 장장 열한 시간에 걸쳐 지속된 고통스러운 고문을 견뎌 낸 뒤 사형을 면했다. 캄파넬라는 그의 유명한 책 『태양의 도시』마지막 부분에서 이 사건을 언급하며 인간의 의지는 자유롭고 어떤 극단적인 육체적 고통에도 굴복하지 않는다고 선언했다.

거의 30년에 달하는 세월을 감옥에서 보내며 동안 캄파넬라는 지식의 백과사전적 체재를 새롭게 구축하겠다는 원대한 계획을 달성하기 위해 자신의 철학적이고 형이상학적인 원칙들을 바탕으로 의학에서 점성술, 윤리학에서 신학에 이르는 지식의 거의 모든 분야를 검토하고 개선하는 데 주력했다. 특히 형이상학을 다루면서 그는 『이성적 철학Filosofia razionale』(1614년), 『사실적 철학Filosofia reale』(1619년), 『형이상학Metafisica』(1623년) 등 여러 권의 저서를 집필했다. 『형이상학』에 대해 상당한 자부심을 가졌던 캄파넬라는 이 책을 주저하지 않고 "철학자들의 성경"이라 불렀다.

10.2 자연철학

백과사전적 저서들을 집필하는 과정에서 가장 중요한 부분을 차지했던 것은 자연철학이다. 텔레시오의 철학에서 영감을 얻어 자신만의 자연철학을 발전시킨 캄파넬라는 세계가 무형의 질료를 대상으로 하는 열기와 냉기의 활동에 기원한다고 보았다. 능동성과 확산성을 지녔지만 형체가 없는 열기와 냉기라는 원천적인 기운이 모든 형상과 형태를 수용하고 변화에 적합한 무형의 질료에 적용되면서 생성되는 것이 곧 세계였다. 열기와 냉기라는 두 원리의 원천적인 실체가 바로 뜨겁고 밝은 태양과 차갑고 어두운 지구였다. 모든 실재는 이 두 원리의 충돌에서 유래한다. 이 원리들은 신이 세상이라는 놀라운 작품을 생성하고 정돈하며 그 안에서 자신의 생각과 무한한 창조적 지혜를 표현하기 위해 사용하는 일종의 도구였다. 이 세계라는 무대의 중심에서 핵심적인 역할을 하는 것은 천상의 열기였다. 세계의 영혼과 일치하는 이 열기는 현실을 구성하는 모든 미세한 조직체에 녹아들며 모든 존재에 소통 가능성과 생명력을 부여하는 일종의 뜨거운 바람이었다.

캄파넬라가 그의 『시집Poesie』에서 표현했던 것처럼 세계는 하나의 "위대하고 완벽한 동물"이자 하나의 생동하는 유기체였고 이를 구성하는 모든 분신들은 생존을 위한 나름대로의 감각을 갖추고 있었다. 모든 실체는 정도와 방법을 달리하며 스스로의 생명에 유익하고 긍정적으로 작용하는 것과 생명을 위협하고 파괴하기 때문에 거부하거나 피해야 할 것을 나름대로 구분할 줄 알았다. 몇몇 실체들은 천체나 빛의 경우처럼 날카롭고 순수하다는 특징을, 어떤 실체들은 광물이나 금속처럼 질료의 무게로 인해 둔탁하고 어둡다는 특징을 지녔다.

훨씬 더 복합적인 유기체들은 더 나아가서 '영spiritus'이라는 특징을 가지고 있었다. 캄파넬라는 이 영을 태양열이 생산해 낸 질료의 극단적인 축약에서 유래하는 뜨거운 '바람'으로 간주했다. 캄파넬라에 따르면 뇌에 머무는 영은 그곳에서부터 얇디얇은 신경 회로를 따라 움직이며 감각기관을 통해 외부 세계와 접촉하면서 일련의 변동 사항들을 기록한다. 이 변화의 기록으로부터 모든 열정과 지식이 유래한다.

물론 자연은 모든 부분이 고유의 감각을 갖춘 하나의 유기체라는 캄파넬라의 생각과 자연을 수학적인 언어로 쓰인 한 권의 책에 비유했던 갈릴레이의 의견 사이에는 커다란 차이가 있는 것이 분명하다. 하지만 캄파넬라는 갈릴레이를 파도바에서 만난 이후로 그에 대한 우정 어린 존경심을 잃지 않았고, 비록 갈릴레이의 몇몇 이론을 비롯해 모든 원자주의적이고 데모크리토스적인 현실 해석과 거리를 두었지만, 갈릴레이의 천문학적 발견과 연구 성과에는 끊임없는 관심을 기울였다. 1616년, 코페르니쿠스 이론에 대한 종교재판이 진행되는 동안 캄파넬라는 『갈릴레오 옹호론』을 집필했다. 이 책은 사실상 텔레시오의 이론과는 양립할 수 없었던 태양중심설의 옹호론이라기보다는 철학의 자유를 주장하는 용감한 선언문에 가까웠다. 여기서 캄파넬라는 인간이 쓴 책들이 항상 수정을 필요로 하는 만큼 인간의 책을 보완하기 위해 자연을 성경 못지않게 신성한 한 권의 책으로 이해하고 '읽는' 갈릴레이의 입장이 더할 나위 없이 정당하다고 주장했다. 캄파넬라는 철학과 과학 및 신학의 관계를 정의하면서 문제의 핵심이 아리스토텔레스의 철학에 부여된 부당한 교리적 가치에 있고, 모든 인간적 교리와 마찬가지로 아리스토텔레스의 철학 역시 신대륙 발견과 천문학적 발견을 바탕으로 수정되하거나 포기해야 할 부분을 분명히 가지고 있으며 이를 받아들인다고 해서 신학이 위기에 처하는 것은 결코 아니라고 설파했다.

10.3   정치사상

캄파넬라의 성찰이 다른 어떤 곳에서보다 더 생동감 있게 표현되는 영역은 두말할 필요 없이 정치다. 캄파넬라의 정치사상은 다양하고 이질적인 형태로 표현되지만 기초적인 동기나 반복적으로 등장하는 몇몇 주제들을 어렵지 않게 식별해 낼 수 있다. 이 주제들 가운데 가장 핵심적인 것은 폭력과 분쟁이 지배하는 분열된 현실에 통일성과 이성적 질서를 부여하기 위해 필요한 원리들을 추적하는 일이었다.

감옥 생활 초기에 겪었던 고통의 끔찍한 기억들을 극복한 뒤 캄파넬라는 콜럼버스의 한 선원과 구호기사단의 한 기사가 나누는 '시적 대화' 형식으로 그의 유명한 저서 『태양의 도시』(1602년)를 집필했다. 캄파넬라는 다름 아닌 위대한 자연을 모형으로 어떤 면에서는 플라톤이나 토머스 모어가 제시했던 국가보다 훨씬 더 우월한 형태의 '철학적 공화국'을 제시했다. 캄파넬라는 아울러 자연을 신의 지혜 혹은 내재적인 '예술'의 표현으로 간주할 때 이러한 해석이 다름 아닌 자연으로부터 멀어져 정의롭지 못하고 불행한 현실 사회에 대한 비판과 병행되어야 한다고 보았다. 결과적으로 모든 측면에서 자연을 참조하는 이러한 경향이야말로 캄파넬라의 유토피아를 이해하는 열쇠라고 볼 수 있다.

자연을 고스란히 하나의 생동하는 유기체로 간주할 수 있다면 사회공동체 역시 이를 구성하는 여러 부분과 분신들이 다양하고 차별화되어 있으며 다양한 기능을 수행할 뿐 하나의 통일된 전체를 보완하고 구축하며 공동선에 부응하기 때문에 공화국이라는 유기체로 간주할 수 있었다. 캄파넬라가 제시한 것은 무엇보다도 공동의 사랑을 토대로 하는 사회였다. 그는 이기주의적인 자기애가 아니라 개인의 소유와 모든 재산, 모든 활동, 모든 관계, 심지어는 자신의 자식들까지도 공동의 소유인 사회, 따라서 가족 단위로 형성되는 경계를 사회적 가족이라는 더 큰 공동체 안에서 무너트릴 수 있는 사회를 꿈꿨다.

캄파넬라는 어떤 직업도 천하다고 볼 수 없고 공동선에 기여하는 모든 직업이 동등한 존엄성을 지닌다고 보았다. 이러한 관점에서 캄파넬라가 신랄하게 비판했던 것이 바로 아리스토텔레스의 입장, 즉 완전한 시민권을 가진 시민의 범주에서 장인들과 농부들을 비롯해 손을 사용하는 직업에 종사하는 모든 이들을 제외하고 정신노동을 절대적으로 선호하는 입장이었다. 캄파넬라는 각자가 자신에게 주어진 물리적인 힘과 기량에 따라 각자의 임무를 다할 때 노예제도는 더 이상 필요 없으며 노동에 부여된 새로운 존엄성이 귀족이라는 개념 자체를 부조리한 것으로, 아울러 무위를 의미하는 대신 인간과 사회 자체를 병들게 하는 혐오스러운 요인으로 전락시킬 것이라고 확신했다.

캄파넬라가 제시한 새로운 도시의 가장 혁신적인 측면 중 하나는 지식과 앎의 습득 과정이다. 다양한 이야기를 담고 있는 벽화가 지식을 빠르고 직접적이며 효과적으로 전달하듯이 지식은 더 이상 인간의 '죽은' 책들을 통해서가 아니라 '생생한 자연'의 독서를 통해 이루어져야 한다는 것이 캄파넬라의 생각이었다.

캄파넬라의 정치사상에서 가장 복잡하고 논쟁적인 측면은 종교와 정치의 관계에 대한 성찰 및 마키아벨리 비판을 통해 나타난다. 먼저 캄파넬라는 마키아벨리의 철학이 가진 한계, 즉 그가 우연성에 의해 복잡하게 얽혀 있는 방대한 인간사에서 오로지 '정치적'인 면만 고려함으로써 정치적 현실 자체에 대해 상당히 협소한 시각을 제시한다는 점에 주목했다. 캄파넬라는 진정한 분별력이 아니라 경험과 책략만을 기반으로 하는 마키아벨리의 가르침이 필연적으로 허술하고 임시방편적일 수밖에 없으며 그가 말하는 '영웅'들의 수치스럽고 헛된 죽음이 증명하듯 실패할 수밖에 없는 운명에 처해 있다고 보았다. 아울러 캄파넬라는 인간 사회에서 가장 강력한 결속력을 지닌 것이 종교라는 입장의 재해석을 시도했다. 캄파넬라가 『무신론의 승리*Ateismo trionfato*』 혹은 『반마키아벨리주의*Antimachiavellismo*』에서 주장했던 것처럼 결속력이란 공평하기만 한 정치적 도구와는 거리가 멀었고, 종교란 국가론 지지자들이 주장하는 것처럼 권력을 쟁취하고 유지하기 위해 제사장들이 고안해 낸 유용한 '허구' 혹은 인간의 창조물이 아니라 오히려 세계와 인간 안에 내재하는 자연적인 기량에 가까웠다.

그리스도교 세계의 연합과 재건 방식을 검토하고 세속적인 권력과 교회의 권력, 정치와 종교의 관계를 다시 정의하면서 캄파넬라는 유일한 '목자'가 이끄는 유일한 '양떼'의 통일에 기여할 보편적 군주제를 제안했다. 한때는 모든 민족을 단일한 신앙으로 통일해야 할 임무가 에스파냐의 왕에게 있다고 주장했지만 캄파넬라는 1630년대부터 이 임무를 프랑스 왕에게 부여했다. 나폴리의 옥중 생활을 마치고 로마에 머물던 시기(1626~1634년)에 캄파넬라는 이미 리슐리외*Armand Jean du Plessis de Richelieu*의 정치적 입장, 즉 한 개인의 이기주의적인 권력 쟁취가 아니라 국가의 성장을 꾀하며 국가적 결속력의 와해를 도모하는 당파들과 대적하는 입장을 지지하며 대화록을 집필했다.

이 대화를 『베네치아인과 에스파냐인과 프랑스인의 정치적 대화*Dialogo politico tra un Veneziano, Spagnolo e Francese*』(1632년)에서 캄파넬라는 에스파냐의 군주제와 프랑스의 군주제를 치밀하게 비교한 뒤 프랑스가 어려운 상황과 정치적 불화에도 불구하고 점차적인 성장의 단계를 밟은 반면 에스파냐는 총체적인 파국의 조짐을 드러내면서 걷잡을 수 없는 쇠퇴를 길을 걸었다고 진단했다. 캄파넬라는 1634년부터 파리에 머물면서 동일한 주제의 담론을 발전시켰다. 그는 에스파냐의 쇠퇴가 불의와 정치인들의 거만함, 잔인함, 종교 지도자들의 위선 같은 악습을 비롯해 경제 운영의 실패와 민중적 지지의 부재에 기인한다고 분석했다. 캄파넬라는 프랑스와 에스파냐를 비교했을 때 프랑스가 객관적으로 우월하며 훨씬 더 많은 국민과 풍부한 자원, 더 튼튼한 경제와 더 활동적인 지적 자원을 가졌다고 판단했다. 그는 따라서 프랑스인들이 스스로의 우월성을 인식하고 '전 세계의 자유'를 이끄는 선두 주자로서의 책임감을 가져야 한다고 주장했다.

미래의 태양왕이 1638년에 탄생했을 때 일흔 살이던 캄파넬라는 그가 사랑하던 예언적 관점에서 인간들이 한 아버지의 아들인 만큼 서로를 형제로 인식하는 새로운 세계가 머지않아 도래하리라는 희망을 표명하며 『목가*Ecloga*』를 발표했다. 1년 뒤인 1639년에 캄파넬라는 임박한 일식의 불길한 예감을 뿌리치지 못한 채 세상을 떠났다.

캄파넬라의 자연적 마술과 점성술

고대의 지혜 혹은 자연적 마술

캄파넬라는 수많은 저서들 가운데 일부를 르네상스 시대에 크게 유행했던 자연적 마술과 점성술에 할애했다. 『사물들의 의미와 마술에 대하여』의 4권은 캄파넬라가 고대의 지극히 고귀한 지혜라고 불렀던 자연적 마술을 다룬다. 그는 자연적 마술이 미신에 의존하기 시작하면서 쇠퇴의 길을 걸었다고 보았다. 자연적 마술이란 관조적이면서 동시에 실용적인 학문으로 자연에 내재하는 가장 비밀스러운 힘을 이해하고 인간의 삶을 개선하기 위해 그 힘을 활용하는 기술이었다. 이는 끔찍한 제의를 통해 악령의 개입을 요청하는 검은 마법과는 전적으로 다른 것이었다.

캄파넬라는 고대의 자연적 마술을 복원하고 이 분야의 존엄성을 회복하기 위해 마술의 오랜 전통을 감각senso과 영spiritus의 개념을 바탕으로 재해석하면서 광물과 식물, 동물 속에 숨어 있는 특성들에 대한 자연적인 설명과 자연적 실재들 사이에 존재하는 친화성과 적대성, 호감과 반감의 관계에 대한 설명을 제시했다. 캄파넬라에 따르면 고대의 마술사는 음식과 음료, 기후와 소리, 생성과 질병의 비밀을 이해하고 기력을 회복시킬 수 있는 적절한 치료법이나 대안을 제시할 줄 아는 현자에 가까웠다. 아울러 마술사는 자연에 내재하는 조화와 친화성의 원리들을 바탕으로 인간의 영에 특정한 '기운passione', 예를 들어 고통이나 기쁨, 사랑과 미움, 희망과 두려움의 기운을 각인할 수 있는 능력을 가지고 있었다.

캄파넬라에 따르면, '감각'의 이론은 언뜻 기적처럼 보이는 여러 가지 현상들을 설명해 준다. 예를 들어 누군가에게 살해당한 자의 시체가 가까이 다가오는 가해자 앞에서 피를 흘리는 현상은 시체의 피 속에 일정 양의 감각이 여전히 남아 있고 이 감각이 가해자가 다가올 때 다시 깨어나기 때문에 일어나는 것으로 풀이된다. 모든 마술 서적에 등장하는 유명한 북 이야기도 같은 방식으로 설명된다. 즉 양가죽으로 만든 북이 늑대 가죽으로 만든 북이 울릴 때 찢어지는 것은 양이 살아 있었을 때 늑대에게서 느낀 공포가 되살아나면서 일어나는 현상이다. 아울러 광견이나 거미에 물린 사람의 몸에서 일어나는 변화, 즉 본격적인 변신의 현상들 역시 동일한 원리들을 바탕으로 해석하는 것이 가능했다. 공격당한 사람의 몸속에 날카로운 정령과 체액이 스며들 때 당사자의 성격과 상상력에 변화가 일어나는 이유는 그를 공격한 동물의 정령이 그의 신체 조직을 지배할 수 있기 때문이다.

아울러 캄파넬라는 예언이나 전조와 같은 비일상적인 현상들에 대해서도 자연적인 차원에서 설명이 가능하다고 보았다. 그는 모두의 영혼이라고 할 수 있는 공기가 각 개인의 신체 속에 갇혀 있는 다양한 영과 접촉하면서 이 영들 간의 소통을 가능하게 만든다고 보았다. 캄파넬라에 따르면 섬세한 영의 소유자는 공기의 아주 미세한 움직임도 감지할 수 있고 공기의 미세한 움직임이 머지않아 일어나게 될 일들을 예고하기 때문에 미래도 예측할 수 있었다. 맑은 공기는, 특히 바람이 불지 않거나 비가 오지 않을 때, 고유의 기운과 인상을 더 효과적으로 전달했다. 특히 잠든 사람에게는 훨씬 더 효과적이었다. 그를 산만하게 만들거나 괴롭히는 일이 없기 때문에, 이러한 평온한 상황에서 미래를 꿈꾸는 일이 일어날 수 있다고 보았던 것이다.

점성술

초기에는 점성술을 인정하지 않았고 중세의 아랍 서적들을 통해 허구적이고 미신적인 수많은 점성술 이론들이 도입되었다고 생각했지만 캄파넬라는 그 가운데에서 상당히 높은 경지의 지혜를 발견할 수 있다고 생각했다. 그는 일상의 변화와 연관된 천체들의 특징에 커다란 관심을 가졌다. 캄파넬라는 예를 들어 목성과 토성의 합과 같은 현상들을 예수그리스도의 탄생이나 신성로마제국의 도래처럼 근본적인 종교적, 정치적 혁신을 예고하는 사건으로 간주했다.

물론 개인의 천궁도와 연관되는 점성술도 그의 관심사 중 하나였다. 캄파넬라에 따르면 가장 민감한 문제는 천체들의 변화와 연관되는 인간의 선택이었다. 하지만 캄파넬라는 결정주의적인 입장과 거리를 두면서 천체들의 변화가 오로지 개인의 신체에만 영향을 끼치며 그의 비물질적이고 신성한 영혼에는 아무런 영향도 끼치지 못한다고 주장했다. 결과적으로 인간은 언제나 모든 것을 자유롭게 선택할 수 있고 '현자는 별들을 지배한다'는 말이 있듯이 이성적으로 자신의 성향과 열정을 다스릴 수 있다고 보았다.

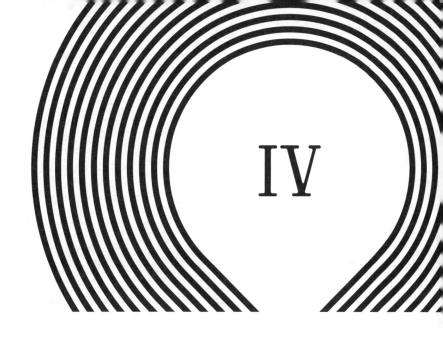

IV

17세기,
확신과 불안 사이에서

La filosofia
e le sue storie

1545~1563년
트렌토 공의회

1592년 셰익스피어,
런던에서 유명 극작가로 등극

1599~1602년
카라바조의
첫 번째 공개 후원

1624~1642년
리슐리외,
프랑스 루이 13세의 재상으로 임명

1660년
스튜어트가의
왕정복고

1685년
퐁텐블로 칙령

1661~1715년
루이 14세 재위

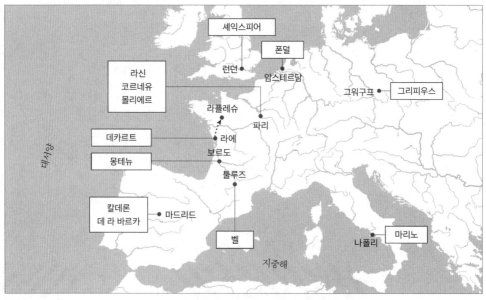

셰익스피어

폰덜

라신
코르네유
몰리에르

데카르트

몽테뉴

칼데론
데 라 바르카

런던

암스테르담

그워구프 — 그리피우스

라플레슈

파리

라에

보르도

툴루즈

마드리드

벨

나폴리 ● 마리노

대서양

지중해

1636년 아타나시우스 키르허,
『콥트 혹은 이집트의 전령』 출간

1623년 갈릴레오 갈릴레이,
『분석자』 출간

1617~1621년 로버트 플러드,
『소대우주와 소우주의 역사』 집필

1614년 장미십자회, 선언문
『장미십자회의 명성』 출간

1597년 프란시스코 수아레스,
『형이상학 논쟁』 집필

17세기는 무질서와 불안정, 전쟁과 혁명, 절대주의와 체제 전복, 경제 침체와 상업의 갑작스러운 성장, 고전주의와 바로크, 이성주의와 정신적 혼란의 세기였다. 독일, 스웨덴, 프랑스 같은 유럽의 강대국들이 30년간 치른 피비린내 나는 종교전쟁은 1648년 베스트팔렌조약과 함께 막을 내렸고 프랑스의 승리와 에스파냐의 몰락과 신성로마제국의 해체라는 결과를 가져왔다. 가톨릭교회와 개신교 사이의 균열은 회복되는 추세를 보였지만 교회는 국가들 사이에서 새로운 입지를 마련해야 했다. 찰스 1세의 사형선고와 함께 절정에 달한 잉글랜드 혁명은 군주의 권력이 신에게서 오는 만큼 신성하다는 생각 자체를 위기에 빠트렸다.

　대부분의 유럽 국가에서는 인구가 급격히 줄어들고 경제가 침체하는 현상이 일어났다. 가난한 농부들이 무리를 지어 도시로 모여들었고 몇몇 도시에서는 카페들이 최초로 문을 열었다. 사람들이 의견을 교환하는 새로운 사회 공간으로 자리 잡은 카페는 이어서 살롱의 형태로 발전했다. 바로 이 공간에서 '문필공화국Répulique des Lettres', 즉 다양한 분야에 관심을 지녔고 문학과 예술뿐 아니라 과학과 음악 및 독서의 취향에 대해 수준 높은 토론을 나눌 줄 아는 '교양인honnête homme'들의 사회에 대한 생각이 싹트고 자라났다.

　17세기는 불안과 혼란의 세기인 동시에 인간이 우주 속에서 자신의 위치를 재정립하기 위해 새로운 관점을 탐색하던 시기였다. 이미 16세기부터 코페르니쿠스의 태양중심설이 유럽인들의 정신세계를 충격으로 몰아넣었지만 이 이론은 17세기 초에 들어와서야 실험을 통해 검증되고 받아들여지기 시작했다.

일찍이 마갈량이스Magalhães가 항해로 세계 일주라는 위업을 이룬 상태였고 탐험가들이 새로운 땅과 민족들에 대한 소식을 전해 오면서 유럽인들은 그들이 보편적이라고 믿었던 자신들의 사고방식과는 전혀 다른 생각과 생활양식과 판단력을 지닌 사람들이 아메리카 대륙을 비롯해 중국에 이르기까지 세계 곳곳에 존재한다는 사실을 인식하고 받아들이기 시작했다.

예술 분야에서는 카라바조가 전적으로 인간적이며 세속적인 빛의 세계를 펼쳐 보이면서 영혼을 파고드는 회화를 선보였다. 갈릴레이가 망원경으로 하늘을 열어젖혔고 마리노가 시의 공간을, 보로미니가 건축의 공간을 폭발적으로 확장시키는 가운데 음악에서는 푸가의 기술이 발전했다. 현미경을 활용한 실험들이 이루어지면서 사람의 눈으로 확인할 수 없는 곳에 인간이 감지할 수 없는 또 다른 실체들이 존재한다는 사실이 밝혀졌다.

새로운 모습으로 등장하는 세계 앞에서 전율을 느끼던 17세기의 인간을 파스칼은 무한히 큰 세계와 무한히 작은 세계 사이에서 방황하며 '고민하는 갈대'에 비유했다.

땅과 하늘이 확장되고 심연이 열리면서 모든 것이 불확실해졌지만 17세기가 흐르는 내내 불변하는 특징으로 남은 것은 전통적인 사유와 견해의 가치를 무효화하고 대체할 수 있는 새로운 사고방식을 모색하는 경향이었다. 결과적으로 세계의 주인공으로 떠오른 것은 사고의 주체와 주체의 불안이었다. 회의주의의 그늘 밑에서 17세기에는 국가의 이념, 그리고 더욱 분명하고 논리적인 사고방식과 더불어 가장과 은폐를 칭송하는 경향이 존재했다. 대학에서 가르치던 학문은 중세 말기에 아리스토텔레스주의의 열풍을 통해 정립된 체계적이고 엄격한 성격을 그대로 계승했던 반면 전혀 새로운 형태의 교육기관들과 상업적인 서점들이 생겨나기 시작했다.

이러한 정황에서 의혹과 불안이 지배하던 17세기의 희박한 신념들 가운데 하나를 구축하며 점점 또렷하게 부각했던 것이 바로 '표현의 자유'에 대한 의식이다.

17세기가 과학의 세기였다는 것은 분명하지만 동시에 거대한 유토피아의 세기였다는 사실 또한 그에 못지않게 중요하다. 이성의 분열과 함께 폭발적으로 부각한 대조와 분쟁 속에서도 17세기는 분명 유럽의 지성인들을 세계의 경계 바깥으로 인도했던 상상의 시대였다.

1

세상은 극장이다

1.1 셰익스피어와 코르네유의 삶이라는 무대

"세상은 하나의 무대다. 여성들과 남성들은 오로지 무대 위에 등장했다가 퇴장하는 배우에 불과하다. 모두가 각자의 삶을 살면서 다양한 역할을 연기한다. 인생은 모두 7막이다. 먼저 인간은 유모의 팔에 안겨 우는 어린아이로 등장한다. 이어서 아무런 의욕 없이 학교로 느릿느릿 걸어가는 불만투성이 학생으로 살다가, 사랑에 빠져 풀무처럼 한숨을 쉬는 연인으로, [······] 다음에는 콧수염을 달고 손을 빠르게 움직이는 병사로, [······] 이어서 볼록한 배와 깨끗이 가다듬은 수염에 엄한 눈초리로 판결을 내리는 판사로, [······] 이어서 안경을 코에 걸고 헐렁한 바지에 실내화를 신은 사람의 모습으로 살아간다. [······] 그리고 이 분주하면서도 이상한 이야기의 마지막을 장식하는 것은 두 번째 유아기, 즉 기억이 쇠퇴하고, 치아도 없고 시력도 떨어지고 입맛도 없는 시기, 아무것도 없는 시기다." (『뜻대로 하세요 *As you like it*』 2막 7장)

이런 생각을 했던 사람은 셰익스피어 William Shakespeare다. 그러나 인생이 연극

무대와 닮았다는 생각은 극작품 속에서뿐만 아니라 1500년대와 1600년대에 활
동했던 여러 저자들의 글에서도 흔히 찾아볼 수 있는 주제였다. 복잡다단한 삶
의 여정을 표상하려는 연극의 포부에 그대로 상응하는 것이 바로 삶은 곧 연극
이라는 이중적이고 복합적인 비유, 거울 속의 거울이라는 이미지였다. 이 비유
를 당시에 유행시킨 것은 다름 아닌 연극의 발달과 성공이었다. 코르네유Pierre
Corneille는 연극이 "모든 재능에 대한 사랑이며 파리에서 나누는 대화의 주제이
자 우리에게 가장 값어치 있는 유회이며 민중의 기쁨"이라고 보았다.

현실에서 일어나는 모든 것, 행운과 불행, 사랑과 증오가 어느 순간 마술처럼
순수한 연극으로, '행복한 결말'을 예상케 하는 환영으로 변할 수 있었다. 코르
네유가 기록했던 것처럼 모든 "배우들은 그들이 연기하는 역할이 배신자든 배
신당한 사람이든, 죽은 자든 산 자든 간에, 연극이 끝난 뒤 모두 처음처럼 친구
로 돌아간다."(『극적 환영 L'illusion comique』 5막 5장)

삶은 대부분의 경우 그다지 즐겁지 않은 하나의 드라마였다. 『극적 환영』처
럼 행복한 결말을 예상할 수 있는 경우는 상당히 드물었다. 세상은 배우들이 선
택하지 않은 무대였고 이 무대에서는 대사도 오로지 일부만을 변형시킬 수 있
다는 조건으로 주어졌다. 끝없이 인생의 무대 위로 등장한 뒤 영영 사라져 버리
는 것이 인간이었다. "인간은 세상이라는 무대 위에 올라 자신을 뽐내기 위해
흥분하는 불쌍한 존재다. 그에게 주어진 시간이 끝나면 더 이상 아무 말도 하지
않는다. 그건 한 백치가 이야기하는 우화에 불과하다. [……] 그건 아무것도 의
미하지 않는다."(『맥베스 Macbeth』 5막 5장)

1.2 세상은 극장이라는 은유의 여정과 의미

그렇다면 무대, 배우, 대본, 무엇보다도 작품의 저자 같은 세밀하기 이를 데 없
는 요소들을 기준으로 인생이 무대 위에 올라 대사를 읊는 것과 흡사하다고 상
상하는 것은 어떤 의미를 지니는가?

무대는 곧 세계, 세계는 곧 무대라는 이중적인 개념은 아주 오래된 기원을 지니며 시간이 흐르면서 서서히 발전했다. 플라톤은 『국가』(604bc)와 『법률』(644e, 645b, 803b-c)에서 인생을, 그가 아끼지도 않았고 도덕적으로 유해하다고 판단했던 드라마라는 장르에 비유했다. 스토아학파 철학자들은 이러한 생각의 윤리적인 면을 중시했고 이 은유를 확대해 인간의 과제는 그에게 주어진 역할을 잘 소화하기 위해 대사를 잘 읊는 것이며 그의 역할을 선택하는 것은 다른 이들의 과제라는 생각으로까지 발전시켰다. 스토아철학자들에게 대사를 잘 읊는다는 것은 곧 이성을 추구한다는 것을 의미했다.

이어서 근본적이지는 않지만 미세한 변화가 그리스도교 문인들 사이에서 일어났다. 기억하는 사람은 많지 않지만 고대의 저자들과 17세기의 저자들 사이에서 분명하고 독창적인 방식으로 중재자 역할을 했던 인물은 피에르 아벨라르의 제자이자 고대인들의 '우아한 말과 이미지'들을 사랑했던 '중세'의 철학자 솔즈베리의 존John of Salisbury이다. 인간의 공존과 정부에 관한 정치학이자 윤리학 저서인 『정치가론Policraticus』(1159년)에서 솔즈베리의 존은 페트로니우스Petronius의 『사티리콘Satyricon』을 인용하며 세계는 곧 무대라는 은유를 셰익스피어와 코르네유를 떠올리게 하는 몽상적인 성격의 표현과 성찰로 더욱더 풍부하게 발전시켰다.

무대로서의 세계라는 이미지가 어느 곳에서보다 강하게 부각되는 바로크 극장의 달인들은 솔즈베리의 존이 발전시킨 주제를 소규모 백과사전들의 무미건조한 정의를 통해 간접적으로나마 알고 있었을 것으로 추정된다. 이 백과사전들은 1200년대에 제작되었지만 수 세기가 지난 후에도 명맥을 유지했고 대부분 1500년대에 제작된 판본으로 유통되었다.

반면에 셰익스피어를 비롯한 여러 저자들을 통해 이 주제는 연극의 철학적 매력을 설명하고 저자의 윤리적 관점을 표명하는 놀라운 패러다임으로 발전했다. 솔즈베리의 존 역시 일찍이 "인생은 희극보다는 비극에 더 가깝다. 모든 것이 달콤한 상태에서 쓴 상태로 변하고 기쁨 뒤에 애도가 오기 때문"이라고 설명하면서 인간의 행위는 "익살스러운" 행운에 의해 지배되며 아무런 의미도, 결론도 없고 무미건조하며 반복적일 뿐이라고 기록했다. 다름 아닌 자연적 사건들이 무의미하게 주기적으로 반복되는 정황을 배경으로 인간은 "스스로를 잊은 채", "관객인 동시에 배우로서" 그에게 주어진 대사를 읊는다고 보았던 것이다.

세계가 곧 무대라는 은유는 어떤 익명의 저자를, 예를 들어 신이나 자연, 우연, 또는 대사를 읊는 인간과 일치하지 않는 누군가를 혹은 무언가를 전제하도록 만든다. 그는 운명의 구도를 소유하고 지배하는 저자인가? 아니면 이해나 해독이 불가능한 어떤 힘이 임의로 역할들을 부여하고 이를 의식하지 못하는 배우들에게 삶의 무의미라는 씁쓸한 고통을 선사하는 것인가?

첫 번째 경우 세계는 해석이 가능하고 다름 아닌 책으로서의 의미를 지닌다. 세계가 한 권의 책이라는 생각은 중세에서 1600년대까지, 예를 들어 아우구스티누스에서 니콜라우스 쿠자누스와 갈릴레오 갈릴레이까지 면면이 이어져 내려오는 또 하나의 은유다. 반면에 두 번째 경우는 세상을 잠시 살다가 갈 뿐인 인간들에게 세계에 대한 암울하고 혼란스러운 이미지만 선사할 뿐이다.

1.3   위장과 은폐 사이에서

삶의 드라마를 쓰는 저자의 신비로운 정체는 사실 세상이 하나의 극장이라는 17세기 및 고대의 은유에 숨어 있는 여러 가지 비밀들 중 하나에 불과하다. 솔즈베리의 존이 그리스도교도였던 만큼 당연히 좀 더 긍정적인 답변과 관점을 그에게 기대할 수 있겠지만 아이러니하게도 그는 보에티우스가 『철학의 위안』 2권에 남긴 말과 성서의 「전도서」가 제시하는 슬픈 철학에 동의했다. 「전도서」에는 이런 구절이 있다. "사람이 하늘 아래서 아무리 수고한들 무슨 보람이 있으랴. 한 세대가 가면 또 한 세대가 오지만 땅은 영원히 그대로다. 떴다 지는 해는 떴던 곳으로 되돌아가고 남쪽으로 불다가 북쪽으로 부는 바람은 돌고 돌아 제자리로 돌아간다."(「전도서」 1장 3~6절) 솔즈베리의 존은 이렇게 말했다. "사람들은 줄을 지어 세상을 떠난다. 광폭한 전쟁의 기술자들, 하늘의 새들과 놀던 이들, 금을 지키고 집을 짓던 자들은 이제 어디에 있는가?"

이 중세 철학자의 성찰은 전통적인 의미의 그리스도교와는 거리가 먼 비관주의로 점철되어 있다. 하지만 자유의 본질적인 부재에 대한 씁쓸한 인식이 지배하는 그의 사상을 통해 드러나는 것은 세상에 만연한 위선과 허구다. 이 위선과 허구는 물론 존처럼 궁정에서 생활하며 왕좌의 발밑에서 벌어지는 온갖 범죄와 불의를 공포에 사로잡힌 눈으로 관찰하던 사람에게는 소름 끼칠 정도로 '정상적'인 것이었다. 그의 입장은 어떻게 보면 종교적 형식주의에 지쳐 있던 17세기 유럽의 궁정 문화를 그대로 투영한다. 바로크 극작가들이 왕궁에서 벌어지는 사건들, 살인과 강간, 모반과 근친상간, 권력 남용과 찬탈의 드라마를 모호하고 알쏭달쏭한 표현으로 채색했던 것도 같은 맥락에서 이해할 수 있다. 세상이 하나의 무대라는 은유는 비극적인 분위기를 칭송하고 영웅의 고독과 우수 혹은 절망을 독립적으로 부각하면서 아이러니하게도 세상의 무의미함에 결정론적인 성격을 부여했다. 하지만 이러한 측면은 그리스도교 전통뿐만 아니라 인간과 인간의 자유를 칭송하던 르네상스 인문학자들의 영웅적인 어조와도 거리가 먼 것이었다.

몽테뉴는 『수상록』을 통해 세상은 연극 무대라는 고대 은유를 다루면서 '가면', '기만', '표면', '위장'과 같은 용어들을 그가 살던 시대의 부정적인 특징들을 묘사하는 데 활용했다. "은폐는 이 세기의 가장 놀라운 특성들 중 하나다. [……] 인간의 거의 모든 직업에 양분을 공급하는 것은 기만이다." 따라서 세상이 함정과 기만으로 가득한 무대라면 이 무대를 버리고 가능한 한 멀리 떨어진 곳에 은신처를 마련할 필요가 있었다. 몽테뉴에게는 이곳이 바로 페리고르Périgord에 있는 '책들의 탑'이었다.

1600년대에 연극을 최고의 예술로 칭송하면서 동시에 인생을 무의미하고 창백한 드라마로 채색하던 이 은유가 널리 유행하면서 이 은유의 특징으로 부각된 것은 기만과 숙명적인 수동성이었다. 이러한 측면을 무엇보다도 잘 표현하는 것은 햄릿의 말이다. "인생은 우리 각자가 대사를 읊어야 하는 역할에 지나지 않는다."(『햄릿Hamlet』 1막 2장)

17세기의 음악과 음악가들

/ 새로운 양식과 새로운 장르

유럽 음악사에서 17세기는 상당히 중요하면서도 혼란스러운 시대였다. 이전 세기로부터 물려받은 전통음악이 천천히 힘을 잃었을 뿐 아니라 새로운 장르와 양식, 새로운 작곡법의 등장과 함께 음악을 생각하고 '소모'하는 방식도 급격하게 변화했기 때문이다.

사회 곳곳에서 일어나던 뿌리 깊은 변화에 주목하고 다양한 양식들을 실험하면서 17세기의 음악가들은 새로운 음악적 감수성과 새로운 사회적 위치를 획득하기 위해 고군분투했다. 16세기로부터 물려받은 대위법의 변화와 확장을 꾀하면서 이들은 유럽의 음악 문화를 오랫동안 특징짓게 될 또 다른 음악적 표현들을 탐색하기 시작했다.

클라우디오 몬테베르디Claudio Monteverdi 같은 작곡가의 다양한 작품들이 탄생한 배경만 살펴보아도 이 시기의 음악과 음악가들의 삶을 좌우하던 '혁명'이 어떠한 과정과 결과들로 이어졌는지 파악할 수 있다. 예를 들어 이 시기에 여러 성부聲部를 지닌 마드리갈의 갑작스러운 성공과 갑작스러운 퇴보 현상이 일어났고 오페라가 기획 형식을 갖추기 시작한 반면 단성부의 음악을 바탕으로 하는 멜로드라마와 세속 칸타타가 탄생했다.

17세기의 음악가들은 16세기의 음악 문화를 지배했던 대위법적인 구도와 음악의 개념적, 실질적 중첩을 더 이상 수용할 수 없는 입장에 놓여 있었다. 이들은 음악을 구성하면서 실험적으로든 개념적으로든 새로운 장르의 차별화된 발전을 꾀해야 할 필요성을 느꼈고 그런 식으로 찾아 나선 상이한 양식적 특성들은 양식이란 개념 자체의 변화와 양식의 발전이라는 결과로 이어졌다.

피에트로 델라 발레Pietro Della Valle는 『과거의 음악에 뒤지지 않으며 오히려 월등한 우리 시대의 음악에 대하여Discorso della musica dell'età nostra, che non è punto inferiore, anzi è migliore di quella dell'età passata』에서 음악과 대위법적인 구도의 중첩이라는 오랜 습관을 극복한 이 새로운 음악적 '감수성'이 무엇인지 분명하게 밝힌 바 있다. 이 '감수성'을 바탕으로 당대의 음악가들은 음악을 세 가지 요소, 즉 '대위법', '소리', '노래'로 구분했다. 이러한 요소들이 분리된 상태로 부각되면서 곡을 쓰고 연주를 하는 방식 자체가 세분화되고 다양해지는 경향을 보였고 이는 결과적으로 음악을 '작곡', '연주', '감상'이라는 세 요소로 분리해서 이해하는 관점을 탄생시켰다.

이러한 개념적 구도 속에서 음악가들은 문학적 텍스트 혹은 가사를 새로운 방식으로 받아들였고 직접적인 표현을 추구하면서 노래를 통해 시적 언어들이 지니는 '은밀한' 음악성을 부각하고 시어의 의미와 감성을 확장시키려고 노력했다. 대위법적인 구도 속에서도 작곡가들은 '노래'를 쓰면서 더 이상 유사한 음성적 가치와 의미를 지닌 선율로 난해한 구조를 구축하는 데 몰두하지 않았고 기하학적 규칙에 따라 반응하는 성부들의 추상적 유희에도 더 이상 관심을 기울이지 않았다. 이들은 오히려 소통하고자 하는 음악적 표현을 주제로 표명하며 그것을 화성 조직 안에서 주인공으로 부상시키려는 야심 찬 계획에 뛰어들었고 주제를 뒷받침하는 '부차적인' 성부들을 창작하는 데 몰두했다. 이 배경음악은 '반주'의 형태로 정형화되지 못했을 뿐 주제에 분명히 종속되는 형태를 취하기 시작했다.

그런 식으로 음악은 시어들을 '해방'시키면서, 의식적으로든 무의식적으로든, 하나의 내면적이고 감성적인 '색깔'의 세계를 출범시켰다. 이는 인위적인 모방의 습관을 버리면서 시작된 자연적 모방의 탐구 결과였다고 볼 수 있다. 이 새롭고 자연스러운 '색깔'의 음악은 마음이 저리게 만드는 잠바티스타 마리노Giambattista Marino나 토르콰토 타소의 관능적인 텍스트뿐만 아니라 성서의 텍스트를 장식하는 데 이용되기 시작했다.

/ 선법음악에서 조성음악으로

문학 텍스트의 시적 가치에 주목하는 새로운 음악적 감수성의 성공은 오랫동안 유럽 음악을 지배해 왔던 선법음악의 점진적인 퇴보라는 결과를 가져왔다. 새로운 음악을 탐구하면서 작곡가들은 '조성調性'이라는 중력의 세계로부터 멀어졌다가 다시 되돌아오는 그 감동적인 여정과 이 여정이 허락하는 표현의 가능성에 주목했고 이를 통해 과거의 청중이나 연주자들이 들어 본 적도 없고 예측도 할 수 없는 감성적이고 자극적인 표현으로 청중의 영혼에 호소할 수 있었다.

음악이 서서히 선법음악에서 조성음악으로, 따라서 선법적인 감수성에서 조성적인 감수성의 세계로 발전하는 과정은 단순히 가사에 생명을 불어넣기 위해 감성적인 차원에서 좀 더 새롭고 풍부한 음악이 필요하다는 요구를 바탕으로만 전개되었던 것은 아니다. 이러한 발전과 변화는 무엇보다도 성부들 간의 전적으로 새롭고 조화로운 조응 방식이 구축되기 시작하면서 구체화되었고 이어서 평균율 도입, 장-단조 체계의 정립, 화성이 핵심적인 요소로 부각되는 현상 등을 통해 완성되었다.

선법적인 감수성에서 점점 멀어지는 과정은 선법음악에 고유한 잠재적 선율의 상실을 가져왔지만 동시에 새로운 표현의 가능성 및 다양하고 예측할 수 없는 장르들의 발전 가능성을 제시했다. 하지만 선법음악이 조성음악으로 변화하는 과정은 포착하기가 쉽지 않은 경로들을 통해 전개되었다. 예를 들어 지롤라모 프레스코발디Girolamo Frescobaldi의 음악은 구조적인 차원에서는 본질적으로 선법음악에 가까웠지만 그 안에 조성음악의 특징과 화성음악적인 개념을 향해 움직이는 일련의 '전복적인' 요소들을 지니고 있었다.

/ 유럽의 음악과 새로운 양식들

이러한 복합적인 변혁의 과정 속에서 17세기는 칸타타, 아리아, 오라토리오를 핵심 장르로 등극시키고 결정적으로 이탈리아 멜로드라마를 탄생시키면서 음악의 근대화를 이룩해 냈다. 마드리갈은 몬테베르디를 통해 절정에 달했지만 그와 함께 고유의 역사에 종지부를 찍었고 종교음악은 반종교개혁파의 계율 문화와 독실한 신앙심을 표현하거나 종교개혁파의 '혁신'적인 특징을 표명하며 발전했다. 한편으로는 쳄발로와 오르간을 사용하는 기교적 즉흥곡 양식이 유행하기 시작했고 이탈리아에서는 프레스코발디가, 네덜란드에서는 얀 피터르스존 스베일링크 Jan Pieterszoon Sweelinck가 두각을 나타냈다. 기악음악은 여흥을 위한 장르로 분명하게 분류되는 경향을 보였고 이러한 현상은 춤곡이 발전하는 과정에서 더욱 분명하게 드러났다.

독일에서는 하인리히 쉬츠Heinrich Schütz와 디트리히 북스테후데Dietrich Buxtehude를 통해 루터파의 새로운 음악 전통이 정립되었다. 물론 이 전통을 시작했던 인물은 작곡보다는 편곡에 집중했던 루터 자신과 초기의 종교개혁파 음악가들, 예를 들어 요하네스 발터Johannes Walter, 미하엘 프레토리우스Michael Praetorius 같은 인물들이다. 하지만 이들은 모두 1620년대 이전에 세상을 떠났고 독일의 멜로드라마는 17세기 말이 되어서야 라인하르트 카이저Reinhard Keiser와 함께 탄생하게 된다.

프랑스에서는 추기경 마자랭Jules Raymond Mazarin이 창출한 정치적, 문화적 배경 속에서 이탈리아 출신의 장바티스트 륄리Jean-Baptiste Lully가 이탈리아의 멜로드라마를 파리에 이식시키면서 프랑스만의 독창적인 음악 전통을 정립하는 데 성공했다.

잉글랜드에서는 다성음악이 위기를 맞이하면서 민족적인 성격이 강한 단선율의 아리아가 발달했다. 부분적으로만 이탈리아의 영향을 받았다고 볼 수 있는 잉글랜드 멜로드라마의 특징들 대부분은 가면극 전통에서 유래한다. 잉글랜드 고유의 음악 전통은 헨리 퍼셀Henry Purcell에 의해 정립되었다고 볼 수 있다.

/ 위기와 패권 사이의 이탈리아

이탈리아는 현악기 제작 분야에서 타의 추종을 불허하던 나라다. 현악기들은 주로 가스파로 다 살로Gasparo da Salò와 마지니Giovanni Paolo Maggini가 활동했던 브레시아와 아마티Amati 가문, 과르니에리Guarnieri 가문, 안토니오 스트라디바리Antonio Stradivari가 활동했던 크레모나를 중심으로 생산되었다. 이탈리아 국외에서 명성을 떨쳤던 인물은 티롤 출신의 야코프 스타이너Jacob Stainer로, 그가 활동했던 오스트리아와 독일 지역에서도 수준 높은 악기들을 만들어 냈다. 반면에 프랑스, 네덜란드, 잉글랜드에서는 어느 누구도 이탈리아와 독일만큼 훌륭한 악기를 만들어 내지 못했다.

하지만 17세기에 이탈리아는 총체적 위기에 빠져 있었다. 종교재판 기구의 억압정책이 지식인들의 활동을 가로막았고 이탈리아 경제의 핵심이었던 이탈리아 남부의 쇠퇴가 경제적, 정치적 정체 현상을 일으키면서 결과적으로 문화적인 측면 역시 점차적으로 소외되는 양상을 보였다. 이탈리아가 문화와 예술 분야에서 특별한 위치를 차지하고 있었다는 것은 분명한 사실이지만 철학자들과 예술가들의 실질적인 활동 공간은 사실상 이탈리아에서 중부 유럽으로 서서히 바뀌고 있었다. 주해와 용어 해설이 주를 이루던 이탈리아의 낡고 화석화된 학문적 경향 역시 문헌의 합리적인 활용을 중시하는 새로운 문화적 성향에 자리를 내주어야만 했다.

창조적인 측면에서뿐만 아니라 경제적인 측면에서 문화의 중심지가 이탈리아에서 중부 유럽으로 이동하는 현상은 음악의 학문적 발전이라는 긍정적인 결과로 이어졌다. 새로운 문화적 경향과 사회적, 경제적 조건을 바탕으로 음악에 대한 이론적이고 과학적인 성찰이 이루어졌고 데카르트처럼 자연현상을 이론화하려는 경향 역시 마랭 메르센Marin Mersenne이나 아타나시우스 키르허Athanasius Kircher 같은 학자들의 음악적 성찰에 커다란 영향을 끼쳤다.

그러나 유럽 음악의 새로운 무대에서 가장 중요한 위치를 차지한 것은 멜로드라마였고 멜로드라마의 중심지는 이탈리아였다. 17세기에 이탈리아의 음악 세계를 지배했던 멜로드라마는 새로운 음악 '장르'로서뿐만 아니라 음악을 생산해 내고 소모하는 새로운 방식과 문화로서 빠르게 유럽을 정복했다. 이러한 음악 문화는 더 이상 귀족적이지 않고 종교적이지도 않은 부르주아적인 음악 '체계'를 구축하는 데 결정적인 역할을 했고 멜로드라마의 '성공'은 귀족들의 성이 아니라 극장이라는 공공장소를 새로운 음악 문화 공간으로 부상시켰다. 이름을 대는 대신 표를 사서 입장하는 극장이 가장 먼저 개장된 곳은 베네치아다.

1500년대에 이탈리아는 전 유럽의 음악가들에게 뿌리칠 수 없는 매력을 발산하는 나라였다. 수많은 음악가들이 이탈리아를 찾았던 것은 이곳이 문화의 중심지였기 때문이기도 하지만 무엇보다도 직업을 얻을 수 있었기 때문이다. 반면에 1600년대에는 정반대의 현상이 일어났다. 이는 유럽의 다른 나라들이 음악가로서 활동할 수 있는 기회를 더 많이 제공했기 때문이기도 하지만 사실은 이탈리아에서 뛰어난 음악가를 많이 배출했기 때문에 일어난 현상이라고 볼 수 있다. 다시 말해 17세기의 이탈리아는 음악가들을 수출하는 나라였다.

17세기에는 출판업의 발달과 함께 음악 출판 사업도 중부 유럽에서, 특히 독일과 프랑스와 잉글랜드에서 활기를 띠기 시작했다. 반면에, 16세기에는 선두를 달렸던 이탈리아의 음악 출판은 17세기에 심각한 위기에 빠져 있었다. 전반적으로 음악 출판 사업은 개신교도들의 기업 정신과 새로운 인쇄업자들의 출현, 시장의 확장에 힘입어 커다란 호황을 누렸다.

2

17세기의 '문필 공화국' 혹은
이미지와 말 사이에서

2.1   바로크 문화

오늘날 1600년대의 문화를 가리키기 위해 사용하는 '바로크baroque'라는 용어의
기원에 대해서는 두 가지 견해가 존재한다. 이 용어를 '울퉁불퉁한 진주'라는
뜻의 포르투갈어 barroco나 에스파냐어 barrueco에서 유래한다고 보는 견해가
있는 한편, 전적으로 형식적이고 비생산적인 삼단논법의 한 형태를 지칭하는
용어 baroco에서 유래한다고 보는 견해가 있다.

  하지만 두 가지 경우 모두 바로크라는 용어는 무언가 부정적인 것을 가리킨
다. 실제로 1700년대부터 프랑스와 이탈리아에서 '바로크'는 무엇보다 예술과
건축 분야에서 기이하고 색다른 것을 가리키는 용어로 사용되었다. 1800년대
말에 인상주의와 상징주의가 등장하면서 바로크라는 용어는 르네상스적인 구
도와 취향의 근본적인 변화를 가리키는 용어로 사용되기 시작했다. 그런 식으
로 이 용어는 불변하는 규칙들을 고집하는 고전주의적 편견에서 벗어나 문학
과 이미지를 통한 세계관의 역사적 현실을 표상하는 근대적인 사조의 개념으

로 발전했다.

문학과 관련하여 우선적으로 주목해야 할 것은 17세기 초반부터 문학이 새로운 것에 열광하는 경향을 보였다는 사실이다. 낡은 우주론과 마찬가지로 과거의 문학 역시 변화를 겪을 수밖에 없었고 문학의 유산은 탐색을 위해 마련된 하나의 거대한 박물관인 동시에 이전 시대와는 전적으로 다른 근대적 감수성과 야심으로 재구성해야 할 세계로 인식되기 시작했다. 아울러 바로크는 17세기 문학의 일반적인 특징을 가리키는 용어로 정착했다. 바로크라는 용어는 극단적으로 세련된 표현에 집착하면서 인위적인 조작도 마다하지 않는 양식뿐 아니라 르네상스 시대와는 달리 은유를 가장 핵심적인 표현 도구이자 역동적인 원리로 활용하는 감수성이나 표현 기술을 가리켰다.

은유를 통해 바로크는 현실 속의 사물과 사전이 정의하는 사물들 사이에서 새로운 상관성과 유사성을 발견했고 그런 식으로 '날카로움'과 위트와 기지에 공간을 마련하면서 우주를 상상의 구도 안에 재구성했다.

모방을 대체하며 '변신' 혹은 '위장'이 등장했다. 결과적으로 생산되는 것은 변신과 유사의 유희로 가득한 '복사된 세계', 에마누엘레 테사우로Emanuele Tesauro의 말처럼 "경이로 가득한 연극 무대"였다. 은유는 광학 장치와 다를 바 없는 기능, 다시 말해 말들의 굴절을 통해 표면적인 것들의 모순을 관찰하고 폭로하는 기능을 발휘했다.

'기교'와 '경이'의 시학에 반대하던 이들은 고전주의와 과학적 이성에 호소하는 경향을 보였다. 하지만 은유라는 장치 역시 과학적 이성을 향한 열정과 언어라는 변화무쌍한 거울 속에서 앎을 추구하는 가운데 탄생했다는 점을 기억할 필요가 있다.

전례를 찾아볼 수 없는 '경이'를 탐색하면서 바로크양식의 시는 장르들 사이의 양식적인 차이를 무시하고 전통적인 시적 주제들의 변화를 꾀하고 그 영역을 확장했다. 한편으로는 일상적인 동시에 예외적인 상황이나 형상을 등장시켰고 다른 한편으로는 자연적이거나 인상적인 측면들, 희귀한 사물이나 도구들, 예를 들어 시계나 컴퍼스, 망원경, 우물, 자동기계 등을 활용했다. 그런 식으로 자연과 예술은, 그리고 예술과 더불어 기술은, 영속성과 변화를 동시에 칭송하는 일군의 전형적인 이미지와 화려한 구상 모형을 제시했다. 이러한 상투적인 형상들 사이에서 다름 아닌 문학을 초월하고 존재론적인 성찰을 자극하며 두각을 나타낸 것이 인생을 연극 무대 혹은 세상을 책으로 보는 우주론적 차원의 은유들이었고, 바로 이것들이 근대적 인간의 실존적인 측면을 표상하는 은유로 발전했다.

불행과 분쟁으로 복잡하게 뒤섞인 인생사는 장엄한 연극 무대로, 어떤 미로의 완성되지 않은 지도로, 해독해야 할 책의 기호와 그림으로 부상했다. 이는 오랜 확신과 새로운 확신 사이에서 분열을 경험했던 한 혼잡한 세기의 인류학과 문화 전체를 특정짓는 극적인 시각화 과정의 결과였다.

2.2   표징

1600년대를 지배했던 은유의 문화는 '표징적emblematica'이라고 불러야 할 정신세계와 결코 분리할 수 없는 밀접한 관계를 가지고 있었다. 르네상스 시대가 막을 내리면서 점차적으로 유행하기 시작했던 것들 중 하나가 표어impresa와 표징emblema이다. 어떤 개념을 설명하는 짤막한 경구와 함께 이를 표상하는 사물들을 회화적으로 표현한 것이 표징이다. 반면에 표어는 모두에게 유익한 교훈의 구성을 목표로 하지만 항상 어떤 특별하거나 중요한 인물을 연관시킨다는 특징을 지닌다. 이 인물은 이미지 혹은 모토를 통해 은유적으로 지시되고 이로써 시각적인 동시에 담론적인 성격의 언어가 어떤 의미를 전달하기 위해 구축된다. 여기서 우리는 표징이 우리 시대의 광고 표지에서 볼 수 있는 것처럼 생생하고 감각적인 이콘화를 제시함으로써 꾀하는 상징적인 시각화 경향을 엿볼 수 있다. 그러나 표징은 우선적으로 궁정 사회와 축제 문화의 일부였고, 예의범절과 관련된 모종의 윤리적 규범과 함께 무엇보다도 우주가 여전히 신성한 이미지를 통해서만 인간에게 진실을 전달한다는 생각과 결속되어 있었다.

과학자들이 더 이상 인간중심적이지 않은 침묵 속의 우주를 발견하고 있었던 반면 예술가들은 소통을 목적으로 하는 표징과 문장紋章의 수사학을 통해 모든 것이 인간이라는 소우주의 표상이자 은유라는 믿음을 표명했다. 따라서 무신 론자들과 자유사상가들을 비판하던 그리스도교와 가톨릭교회의 옹호론자들이 세계와 예술 작품의 놀라운 구도 안에 존재하는 신의 섭리를 정립하기 위해 '자 연적 관찰'의 시점과 표징의 융합을 꾀했다는 것은 그다지 놀라운 일이 아니다.

2.3   바로크의 극적인 성향

17세기의 시각 문화를 연극 문화와 분리해 생각한다는 것은 거의 불가능한 일 이다. 이 시기에는, 문화와 사회계층의 세분화와 문화적 다양성에도 불구하고, 과장되고 극적인 성격을 지녀야 한다는 법칙과 하나의 위계적인 체계 속에서 일종의 무대효과를 발휘해야 한다는 강박관념이 모든 것을 지배했다. 인생이 연극 무대라면 인간은 그에게 주어진 '자아'의 역할을 연기하는 배우였다. 이러 한 확신은 내면적 성찰을 통해 주어지지 않았고 오히려 사건들이 전개되는 정 황을 통해, 예를 들어 전쟁이 끊이지 않고 끝없는 반전이 계속되던 위기의 시 대, 분쟁과 혁명의 시대에 벌어지던 사건들이 사람들의 사고에 각인되면서 주 어졌다. 그런 식으로 17세기에, 자기 운명과 맞서 싸우는 인간의 비극적인 언어 와 희극의 생동감 있는 언어 사이에서 근대적인 의미의 연극이 탄생했다. 셰익 스피어에서 칼데론 데 라 바르카Pedro Calderón de la Barca, 그리피우스Andreas Gryphius에 서 폰델Joost van den Vondel, 코르네유에서 라신Jean Baptiste Racine에 이르기까지 인간이 라는 드라마는 권력과 사랑의 무시무시한 대조 속에서, 환영과 현실의 극단적 인 대립 속에서, 욕망과 죄의 공포 및 침묵할 수밖에 없는 위대한 존재의 고뇌 속에서 탐색되고 표현되었다.

문장의 반대명제와 모순들은 수사학의 연구 대상이었다. 하지만 이제 반대 명제와 모순들은 인간이라는 실존적인 구문 안으로 자리를 옮겨, 유령을 향한 인간의 열정이 무대 위에서 몸과 말로 꿈틀거리는 과정을 다스린다. 뭐랄까, 문학적 조합의 유희로부터 삶과 삶의 표상을 다루는 조합의 유희로 전이가 이루어진 셈이다.

연극은 이제 인간이 에스파냐의 성극(聖劇, autos sacramentales)에서처럼 초월성에 의존하든, 혹은 잉글랜드의 사극(史劇, history play)에서처럼 신비롭기만 할 뿐 지극히 사실적인 현실에 의존하든 간에 인간이라는 존재 자체의 척도로 부각된다.

바로크의 극적인 성향은 궁정과 도시와 광장을 무대로 하는 설교에서도 나타났다. 때는 트렌토 공의회에서 통과된 개혁안을 토대로 가톨릭 세계가 반격을 위해 각고의 노력을 기울이던 시기였다. 이를 위한 선전의 열기가 모든 분야의 예술에 침투했고 건축은 감정 개입을 위한 강렬한 수사적 공간으로 자리 잡았다. 그런 식으로, 대학에서 활동하는 뛰어난 지성인들의 '예리한' 수사학에 맞서 좀 더 직접적이고 온건적이며 의도적으로 극적인 구도를 펼쳐 보이며 감동을 선사하려는 담론과 설교가 강세를 보이기 시작했다. 설교를 듣는 이들은 문인들뿐 아니라 아주 평범한 사람들, 도시나 시골에서 사는 일반 대중이었다.

설교자는 이제 설교자로 그치는 것이 아니라 선교자의 역할까지 담당했고 특히 예수회 신부들을 중심으로 아시아와 아메리카에서의 선교 경험을 극적으로 묘사하는 새로운 서사가 등장했다. 그런 식으로 더 이상 전설로만 머물 수 없는 머나먼 이국적 세계들의 숭고함이 성서적 숭고함의 신성함과 하나가 되었다. 이것이 바로 신부 니콜라 코생Nicolas Caussin이 『신성한 설득력과 인간적인 설득력에 대하여De eloquentia sacra et humana』(1619년)에서 생생하게 묘사했던 부분이다.

2.4   소설과 과학의 보급

분열과 혼란 속에서 유럽의 17세기 문학이 다양한 장르와 양식의 위계적인 체계를 구축했다면 이 가운데 아주 특별하고 놀라운 역할을 했던 것은 소설이다. 소설은 서사시와 어깨를 나란히 하며 의기양양하게 산문의 유동적이고 열린 구조를 전투적으로 활용하며 인간의 실존적 불행을 극적으로 표현해 내는 데 성공했다. 그런 의미에서 세르반테스Miguel de Cervantes는 이러한 특징의 수호자 역할을 한 천재였다고 볼 수 있다. 바로크 소설은 영웅적이고 감성적이며 해학적이자 목가적이고 역사적인 동시에 백과사전적이며 유토피아적이었다. 그런 차원에서 바로크 소설은 상하 구조를 토대로 차별화된 삶의 양태들을 다각도에서 보여 주는 하나의 거울로 기능했다.

허구적이지만 현실성이 뛰어난 묘사를 통해 부각되는 모험과 역경은 주인공들의 성격 형성 혹은 운명의 서술에 상당한 구체성을 부여했다. 이러한 성격의 문학을 수용하는 다양한 유형의 독자층, 예를 들어 여성 독자층이나 극작품과 소설을 선호하는 독자층이 형성된 것도 이 시기의 일이다. 아울러 바로크 소설은 갈릴레이처럼 세계를 관찰하기 위해 다양하기 짝이 없는 관점을 활용하는 논리학의 문학적 표현이라는 해석이 존재한다. 바로 그런 이유에서 바로크 소설을 상징하는 공간은 바로 '거리'라는 만남의 공간이자 복합적인 현실에 대한 지식의 습득 공간이었다. 바로 그런 의미에서 모험담을 들려주던 여행가들과 소설가들이 함께 거론되던 것은 그다지 놀라운 일이 아니다.

소설은 전기傳記문학을 비롯해 신비주의적인 성향의 내면적 성찰에 집중하는 장르, 즉 영혼이라는 공간을 누비며 인간의 내면을 여행하는 장르의 확산에 크게 기여했다. 이러한 측면에서 소설 못지않게 발달했던 것이 바로 인간을 다루는 학문이었다. 예를 들어 아리스토텔레스의 윤리학을 전적으로 근대적인 차원에서 재구성하고 인간의 행동 방식을 다루기 시작한 해석학적 인류학이나 신학적 스토아주의, 수사학적 개연론 등이 자연철학이나 수학 못지않은 위용을 떨쳤다.

왕국이 절대국가의 형태를 띠기 시작하면서 인간은 뚜렷한 의식 못지않게 뚜렷한 의혹을 품은 배우로 인식되기 시작했다. 발타사르 그라시안Baltasar Gracián이 『신탁, 신중한 지혜의 편람Oráculo Manual y Arte de Prudencia』(1647년)에서 경고했듯이 이제는 인간의 '악의malizia'와 '투쟁milizia'하는 것이 곧 인생이었고 가면 뒤에 숨어 있는 열정과 탐욕의 유희, 언제 어디에서 모습을 드러낼지 알 수 없는 책략의 비밀과 교묘함을 해독할 수 있어야만 했기 때문이다.

지혜는 어쨌든 이 환멸을 통한 각성 속에, 아울러 의식의 자유를 수호하기 위한 '정직한 은폐'의 치밀한 기술 속에 들어 있었다. 도덕적 교훈과 지혜를 다루는 17세기의 책을 읽어 보면 카라바조Michelangelo Merisi Caravaggio를 떠올리게 하는 극단적이고 맹렬한 대조 속에서 빛과 그림자의 현기증 나는 소용돌이를 그려 내는 바로크회화를 떠올리지 않을 수 없다. 이 책들의 간결한 서술 방식을 고려하면 이러한 '인상'은 훨씬 정확하고 강렬해진다. 이 지혜서들은 흔히 논문적인 성격의 짧은 산문이나 반대명제를 짧고 명료하게 제시하는 방식의 산문으로 구성되고 세네카의 글을 떠올리게 하는 간단명료한 양식을 가지고 있었다. 17세기 초에는 문학도들 사이에서 논쟁의 대상이 되기도 했지만 이러한 양식은 분명히 삼십년전쟁을 배경으로 하는 유럽의 또 다른 바로크적 특징이었다.

아리스토텔레스주의적인 백과사전의 언어나 이 언어의 마술적이고 자연철학적인 요소들과는 전혀 다른 논리적인 성격의 산문 양식이 갈릴레이와 뉴턴Isaac Newton의 학문 세계로부터 탄생했다. 이 양식은 장식적 예리함을 중시하는 유희적인 성격의 문화와 유비적인 박학주의의 기능성 문화에 맞서 무미건조하지만 자연적이고 객관적인 서술 방식, 따라서 장인들도 얼마든지 활용할 수 있는 형태의 글쓰기를 제시했고 로마와 파리의 과학 아카데미에서도 바로크적인 장식의 화려함을 멀리하고 논리적 명백함을 추구하는 성향의 산문 양식을 인정하기 시작했다. 데카르트가 등장하기 전에 일종의 '방법 서설'로 기능했던 『분석자Saggiatore』의 저자 갈릴레이는 어떻게 열정적인 대화의 다양한 담론을 기반으로 진실의 수사학이나 탐색적인 정신의 아이러니가 실험이나 증명의 내용을 정확하게 설명할 수 있는지 보여 준다. 과학적인 성격의 논쟁은 자연적인 양식의 우아함을 높이 평가하면서 서간문, 요약문, 소식, 대화 형식의 반론, 일지 같은 새로운 장르의 산문들을 탄생시켰다. 어떻게 보면, 바로 그런 의미에서 예수회의 결의론을 거부하며 『시골에 보내는 편지Les Provinciales』를 쓴 파스칼도 얼마든지 과학자로 간주될 수 있다. 단지 이 경우에 부각되는 것은 자연적인 양식의 우아함보다는 잔인하게까지 느껴지는 명료함과 불굴의 풍자로 무장한 아이러니일 뿐이다.

2.5   바로크의 고전주의

17세기 초반부터 은유의 기교적 예리함을 칭송하는 문화가 유행하자 일각에서
는 이러한 성향을 취향의 부패로 비난하며 일종의 윤리적 고전주의를 제시하
기 시작했다. 여성적 나약함을 거부하고 남성적 왕성함을 선호하는 이 고전주
의적 관점에 따르면 '기교' 혹은 '재능'만 중요한 것이 아니라 이를 뒷받침할 수
있는 '평가'가 필요했다. 그런 식으로 유지되어야 하는 것이 이른바 '품위'였다.
추상과 감각에 의존하는 지성주의의 수사학을 거부하는 새로운 성향의 문인들
은 효과와 열정의 시학을 선호하면서 오히려 인간의 내면을 하나의 무대로 간
주했다. 이들은 스토아주의와 이냐시오 데 로욜라의 『영성 수련Exercitia spiritualia』
을 문학의 모형으로 선택했다. 그런 식으로 잠바티스타 마리노의 『아도네Adone』
나 코르네유의 『르 시드Le Cid』에 대한 논쟁적인 성격의 토론이 진척되는 가운데
곳곳에서 호라티우스나 핀다로스를 이상적인 시인으로 내세우거나 교훈시 혹
은 서정시를 칭송하며 극적인 내용을 다루는 사조들이 생겨났다. 이러한 정황
에서 탄생한 작품들 가운데 가장 뛰어난 책은 아마도 청교도적 고결함과 숭고
함의 미학을 간직한 밀턴John Milton의 『실낙원Paradise Lost』일 것이다.

하지만 바로크적 고전주의가 가져온 실질적인 결과는 루이 14세의 오랜 통
치 기간(1643~1715)과 일치하는 '위대한 세기Grand Siècle'의 문학, 즉 몰리에르
Molière, 라신, 보쉬에Jacques-Bénigne Bossuet, 부알로Nicolas Boileau를 중심으로 형성된 문
학 세계라고 볼 수 있다. 물론 이러한 평가는 이들의 문학이 절대군주제의 질서
와 광채의 일부로 간주될 수 있을 때 가능하다.

고전주의는 이러한 경로를 거쳐 자연과 진실을 기반으로 하는 아름다움의
직관에 도달함으로써 유럽에 '감성과 이성의 문학'을 위한 길을 예비했다. 하지
만 라신의 고귀하고 순수한 구어에 귀를 기울이는 것만으로도 우리는 17세기

의 긴장감과 내면적 고통이 과연 무엇이었는지 어렵지 않게 발견할 수 있다. 이 고통은 신격화, 폐허, 에로스, 슬픔, 은총, 검은 우울, 태양, 끝없는 암흑 등의 이미지를 통해 표현된다. 무대 위에서뿐만 아니라 도서관 혹은 서재의 고독 속에서도 17세기는 진정한 의미에서 모순과 천재의 세기였다.

바로크
혹은 이성의 그림자

/ 위대한 세기

17세기에 유럽은 지중해 지역의 쇠퇴와 유럽의 경제 위기와 페스트와 기근에도 불구하고 미술 분야에서만큼은 위대한 세기로 불릴 정도로 놀라운 업적을 이루어 냈다. 이탈리아는 정치 무대에서 점차적으로 힘을 잃었지만 그렇다고 해서 문화와 예술 분야에서까지 리더십을 상실했던 것은 아니다. 예를 들어 17세기의 로마는 근대적인 의미에서 수도로서의 구도를 갖춘 최초의 유럽 도시였다. 로마가 고대도시에서 근대국가의 수도로 변신하는 과정은 런던과 파리가 구조적인 차원에서 착수한 도시 개발에도 지대한 영향을 끼쳤다.

　루이 14세가 1665년 잔 로렌초 베르니니Gian Lorenzo Bernini를 파리로 불렀을 때 "베르니니는 파리에서 눈에 띄는 건 굴뚝밖에 없으며 마치 빗살을 보는 것 같다고 했다. 그는 로마가 아주 다른 모습을 하고 있으며 베드로 성전과 캄피돌리오Campidoglio 궁전, 파르네제Farnese 궁전, 산 마르코San Marco 궁전, 콜로세움, 콜론나Colonna 궁전 [……] 등이 화려함과 웅장함을 자랑하며 곳곳에 세워져 있다고 덧붙였다." 사실상 로마는 다름 아닌 바로크건축의 유산으로 남게 될 대규모 광장과 궁전들, 기념비적인 거리들을 만들면서 도시 공간에 새롭게 근대적인 구도를 가장 먼저 부여했던 도시다. 로마의 건축은 본질적으로 도시적이었고 절대국가의 심장을 의미하는 수도의 이데올로기적인 가치를 표상했다.

국가가 구체적인 현실로 등장하기 이전 상태의 이탈리아에서 로마는 교황청의 전폭적인 후원을 받으며 수도로서의 면모를 갖추기 시작했다. 로마는 더 이상 여러 공국들 가운데 하나가 아니라 가톨릭 세계의 중심이자 가톨릭 세계의 정치가 집중되는 공간이었고 트렌토 공의회 이후 가톨릭 세계의 확장 전략에 따라 교회의 선전 도구로 기능하며 화려한 무대의 모습을 지닌 도시로 발전했다.

자연주의, 고전주의, 바로크 같은 17세기의 예술 사조들은 동일한 속도나 강도로 발전하지 않았다. 초기에 좀 더 급진적인 입장을 표명했던 이들은 카라치Annibale Carracci처럼 '고전 예술'과의 새로운 관계를 제시하거나 카라바조처럼 '현실'과의 새로운 관계를 제시했지만, 카라바조의 죽음(1610년)과 교황 우르바누스 8세(1623년 즉위)를 배출한 바르베리니Barberini 가문의 문화 독점주의로 인해 작품 위탁과 지원이 줄어들면서 카라바조를 추종하는 화가들이나 자연주의 화가들은 로마에서 자취를 감추기 시작했다. 결과적으로 1630년대부터 카라바조의 화풍은 로마를 벗어난 곳이나 유럽의 특정 지역, 예를 들어 위트레흐트Utrecht 화파가 탄생한 네덜란드나 에스파냐, 특히 세비야에서 명맥을 유지했다.

반면에 고전주의의 미래는 그리 어둡지 않았다. 카라치에서 니콜라 푸생Nicolas Poussin, 귀도 레니Guido Reni, 알레산드로 알가르디Alessandro Algardi, 시몽 부에Simon Vouet, 외스타슈 르 쉬외르Eustache Le Sueur에 이르는 예술가들, 조반니 바티스타 아구키Giovanni Battista Agucchi, 조반니 피에트로 벨로리Giovanni Pietro Bellori, 앙드레 펠리비앙André Félibien 같은 이론가들, 카시아노 달 포초Cassiano dal pozzo 같은 후원자들을 통해 이상적이고 고전적인 아름다움의 신화는 공적이고 공인된 취향의 성격을 띠면서 이른바 '위대한 취향grand goût'이라는 이름으로 불리는 영예를 거머쥐었다. 고전주의의 철옹성을 손꼽으라면 프랑스의 경우 장바티스트 콜베르Jean-Baptiste Colbert가 1648년에 세운 아카데미, 잉글랜드의 경우 이니고 존스Inigo Jones의 신팔라디오주의, 이탈리아의 경우 너무나 견고해서 자연주의나 바로크의 정신이 스며들 수 없었던 볼로냐 문화를 들 수 있을 것이다.

끝으로, 바로크의 승리는 카라바조 화풍의 결정적인 퇴보와 함께 주어졌다. 바로크 문화의 확산을 용이하게 만든 것은 종교적, 정치적 전언을 직접적이고 효과적으로 전달하는 이미지, 색상, 환영주의 같은 시각적 소통의 경로들을 강조하는 성향이었다. 그런 식으로 바로크는 교황과 수도회들이 관할하고 오스트리아와 에스파냐 왕조가 다스리는 지역에서 승리를 거두며 17세기 내내 위용을 과시했다. 바로크의 건축과 장식 문화가 가장 오래 지속된 곳은 가톨릭이 지배하던 폴란드와 오스트리아와 바이에른이었다. 오스트리아의 도나우강을 따라 마치 무대 장식처럼 들어선 장크트플로리안Sankt Florian과 멜크Melk의 수도원은 모두 18세기에 접어든 지 한참 지난 뒤에 야코프 프란타우어Jakob Prandtauer가 세운 건축물로, 바로크건축에서 가장 뛰어난 예로 평가받는다.

기술과 작업 과정의 차원에서 '재능', '창조성', '상상력'을 높이 사는 경향은 오랜 전통의 권위에 대항하는 바로크 실험주의의 기반이었다. 프란체스코 알가로티Francesco Algarotti가 주목했던 것처럼 '진정한 규칙은 규칙의 파괴에' 있었다. 이러한 성향을 기반으로 바로크 예술가들은 기술이 기술에 머물지 않고 예술가가 미처 예상하지 못한 해결책들을 제시하며 창조 과정에 결정적인 영향을 끼치는 중요한 요소라는 점을 깨달았다. 사실상 재료를 바탕으로 하는 표현 가능성의 탐구를 바탕으로 예술적 언어에 근본적인 혁신을 가져온 것이 바로 바로크였다. 그런 식으로 건축에서 석고stucco 장식을 적극적으로 활용한다든지 다색 대리석, 청동, 귀금속, 진주 등 반고전주의적인 성향의 재료를 활용하는 방식과 함께 작품을 정제되지 않은 상태로 방치하면서 표현 효과를 극대화하는 방식, 렘브란트Rembrandt van Rijn의 에칭처럼 전적으로 새로운 효과를 노리거나 '미완성'이라는 측면을 활용하는 작업 방식 등이 발달했다.

/ 공간의 인식, 카라바조에서 바로크까지

17세기 시각 문화의 기저에는 르네상스의 예술가들이 이해하던 것과는 다른 차원의 공간 개념이 자리 잡고 있었다. 르네상스 시대의 공간 개념을 지배하던 원근법은 '인간이 곧 만물의 척도'라는 개념을 토대로 구축되는 비율 체계와 에우클레이데스의 기하학적 원칙들을 적용해 실제 공간을 그림이라는 가상공간으로 확장시켰다.

하지만 인간이 우주의 중심이라는 생각은 코페르니쿠스, 케플러, 갈릴레이의 연구와 발견으로 모든 근거를 상실했고 이러한 변화는 충격과 함께 당대의 문화와 예술가들의 감수성에 지대한 영향을 끼쳤다. 혼란스러운 상황이 이어지고 상대주의가 대두되면서 예술가들은 카라바조나 엘스하이머Adam Elsheimer처럼 세상 및 사물과 새로운 관계를 모색했다.

공간의 인식을 좌우하는 것은 더 이상 원근법적 원칙이 아니라 다양한 경험이었고 이는 우선적으로 시야의 축소라는 결과를 가져왔다. 예를 들어 카라바조는 감각적인 측면에서 즉각적으로 와닿는 것만 형상화한다는 원칙을 고수했다. 그는 먼 곳에 있는 사물들의 묘사나 밝지 않은 세밀화를 거부했고, 무엇보다도 일반적인 경험의 범주에 속할 수 없는 '기적'을 그리지 않았다. 바로 그런 이유에서 카라바조의 천사들은 하늘을 날아다니지 않는다.

카라바조의 그림 〈사울의 개종Conversione di Saulo〉(1601년)은 한 로마 병사 앞에 초월적 존재, 즉 예수그리스도가 나타난 장면을 극단적으로 축약해서 이야기의 뼈대만을 회화화한 작품이다. 사실은 병사가 말에서 떨어지는 장면을 극적으로 표현한 것에 지나지 않는 이 그림에서 주인공은 르네상스 시대의 인간중심주의적인 관점과 달리 더 이상 작품을 지배하지 않는다. 전통적인 구도가 완전히 전복되어 있는 이 그림은 제목을 차라리 〈말의 개종〉이라고 불러도 무방할 정도로 말의 육중한 형상이 시각적이고 공간적인 차원에서 일면을 지배한다.

측량이 가능한 공간 안에서 현실에 대한 광학적 인식을 칭송하는 면이 카라바조의 자연주의에 있었다면, 1630년대부터 바로크양식은 인간과 인간의 의지와는 무관한 법칙들이 지배하는 무한하고 측량이 불가능한 우주를 발견하게 된다. 바로크양식의 성당 혹은 궁전들의 천장 벽화는 르네상스와는 달리 현실 공간을 확장하려는 성향이 없으며 오히려 환상적이고 폭발적이며 역동적인 공간을 '믿기 어려울 만큼 현실적으로' 표현하는 데 집중한다.

바르베리니 궁전에서 피에트로 다 코르토나Pietro da Cortona는 교황 우르바누스 8세의 바르베리니 가문을 신격화하면서 지상의 영광을 상징하는 형상들, 예를 들어 교황의 가문을 상징하는 거대한 금빛 벌과 가톨릭교회를 상징하는 형상들을 조합하며 일종의 향연인 동시에 설교로도 기능할 수 있는 총체적 장식품을 만들어 냈다. 이 장식적 장치의 문학적 주제를 제공했던 인물은 프란체스코 브라촐리니Francesco Bracciolini다. 하지만 호교론의 그 복잡한 알레고리들을 시각적인 언어로 번역해 낸 작업은 17세기 초반의 시각예술과 문학의 차이를 거의 구분하지 못하게 할 정도로 창조적이고 완벽했다.

과장되고 폭발적이면서 기적적으로 통일적인 이미지를 선서하는 바르베리니 궁전의 천장 벽화는 절대군주제를 칭송하는 모든 알레고리화의 원형이었다. 이를 모형으로 제작된 것들 가운데 가장 대표적인 예는 베르사유 궁전의 갤러리를 장식하는 샤를 르 브룅Charles Le Brun의 벽화 〈태양왕의 호화〉다. 프랑스라는 공동체의 정체성을 군주의 존재와 일치시키는 이 작품이 제시하는 것은 다름 아닌 과거의 위대함과 미래의 번영에 대한 약속의 이미지였다.

/ 예술과 종교

바로크양식의 확산은 기본적으로 가톨릭 국가에서 이루어졌다. 반대로 종교개혁의 영향이 두드러진 지역에서는 교회의 예술 후원과 성화들을 거부하는 경향이 강했다. 가톨릭 세계가 실제로 주도한 것은 '이미지'의 부활이었다. 달리 말하자면 바로크가 창출한 수많은 작품들을 통해 실현된 '이미지'의 승리는 교황청이 반종교개혁 운동의 정체기에서 벗어나 교황의 영향력 확장을 위해 펼치기 시작한 새로운 전략의 국면과 일치한다.

결정적인 계기를 마련했던 인물은 교황 우르바노 8세다. 독재에 가까울 정도로 독자적인 정책을 펼치면서 우르바노 8세는 승리의 이미지를 효과적으로 전달하기 위해 단순하면서도 과도하게 풍부한 예술 양식을 선택했고 인도와 일

본, 아메리카 대륙에서는 에스파냐와 포르투갈의 '식민지 예술'처럼 투명한 상
징주의를 가톨릭의 선전 도구로 활용하기도 했다.

잔 로렌초 베르니니, 프란체스코 보로미니Francesco Borromini, 페테르 파울 루벤스
Peter Paul Rubens, 안토니 반 다이크Anthony van Dyck, 피에트로 다 코르토나, 조반니 바티
스타 가울리Giovanni Battista Gaulli, 안드레아 포초Andrea Pozzo 같은 예술가들은 물론 예
수회를 비롯한 여러 수도회의 지도자들까지도 명상과 성찰의 대상이 될 수 있는
그림의 표현력을 중시하는 대신 이미지가 불러일으킬 수 있는 감각적이고 감성
적인 차원의 상상력과 충동을 중시하기 시작했다.

베르니니는 침상에서 임종을 맞이하는 〈복녀福女 루도비카 알베르토니Beata
Ludovica Albertoni〉의 고통과 마치 무대에 올린 듯한 어질러진 침대를 놀라운 감성과
호소력으로 표현하면서 항상 정적인 예술로 평가되던 조각에 회화성과 역동성이
라는 새로운 가치를 부여했다. 대리석은 어느 정도 투명하면서도 둔탁하고 풍부
한 표현력은 물론 회화와 경쟁할 수 있는 잠재력을 지녔기 때문에 모든 예술의 통
합이라는 바로크적인 이상을 실현할 수 있는 재료였다.

하지만 칼뱅주의의 본거지였던 네덜란드처럼 개신교의 영향하에 놓여 있던 지
역에서는 전혀 다른 상황이 전개되었다. 그만큼 당시에는 종교가 유럽의 문화 지
형도에 지대한 영향력을 행사하고 있었다. 네덜란드에서는 현실 세계의 구체적
이고 즉각적인 가치를 추구하는 부르주아 계층의 근대적인 성향과 현실 자체에
대한 지대한 관심이 우위를 점하면서 바로크양식의 전형적인 특징인 인위성이나
환상, 은유, 역동성 등의 특징들은 뒷전으로 밀려나고 말았다. 바로크적인 특징들
은 오히려 가톨릭 국가였던 벨기에의 호화로운 장식적 예술 세계를 지탱하는 양
분으로 작용했다.

200만이 채 안 되는 인구가 밀집해서 살아가던 엠스Ems강과 스헬더Schelde강 사
이의 땅에서는 유럽보다 훨씬 앞서 세속적이고 사실주의적인 예술이 우위를 점
하기 시작했고 기본적으로 부르주아사회의 실내장식에나 어울릴 만한 조그만 크
기의 그림들을 그리기 시작했다. 루브르 박물관에 소장되어 있는 요하네스 페르
메이르Johannes Vermeer의 20센티미터밖에 되지 않는 걸작 〈레이스 뜨는 여인〉은 방

하나와 가구, 무의미한 제스처에 대한 화가의 편파적이지 않은 시선을 그대로 반
영한다. 여기에서 중요한 것은 인물이 아니다. 중요한 것은 사물들의 신비에 대한
시학과 방울 맺힌 빛의 광채와 마술적인 시선이다.

/ 장르들의 독립

로마에서 열린 유명한 재판에서 카라바조는 멋진 꽃 그림을 그리는 데에도 사람
을 그리는 것 못지않게 많은 양의 작업이 필요하다고 천명한 바 있다. 이러한 주
장은 상당히 논쟁적인 성격을 띠고 있었다. 왜냐하면 그림의 질이 아니라 내용만
중시하는 경향과 회화 주제의 '존엄성'을 핵심으로 간주하는 가치 체계를 문제 삼
았기 때문이다.

　이러한 가치 체계에서 가장 높은 평가를 받는 것은 성서나 신화의 내용을 주제
로 다루는 회화였다. 반면에 초상화, 풍경화, 정물화 같은 장르는 상대적으로 '존
엄성'이 낮았기 때문에 사회적 위치가 그다지 높지 않은 전문가들에게 작업을 위
탁하는 것이 보통이었다.

　17세기에 들어와서야 회화의 다양한 '장르들'은 평등성을 획득하게 된다. 이러
한 변화를 증언하는 그림들 가운데 예를 들어 루이 르 냉Louis Le Nain이 그린 농부
들의 저녁 식사 장면은 〈엠마오의 만찬Cena in Emmaus〉 못지않게 신성한 분위기를
전달한다. 아울러 일상적인 주제들, 심지어는 저속하기까지 한 주제들을 촛불 혹
은 붉은빛에 반사시켜 높은 영적 온도와 사물들의 숭고함을 표현하는 조르주 드
라 투르Georges de La Tour의 회화 역시 이러한 변화의 증거라고 볼 수 있다. 촛불 하
나, 의자 하나, 옷을 풀어 헤친 여인, 이것들이 바로 드 라 투르의 〈이 잡는 여인La
Femme à la puce〉에 등장하는 전부다. 그의 그림에서 화가가 하고자 하는 이야기는 극
단적으로 축약되고 이미지는 극단적인 형태로 양식화된다. 일상의 사물들은 사
물 자체로서의 명백함을 잃고 순수한 형상으로, 공간에 머무는 태고의 기하학으
로 부상한다.

　수 세기에 걸쳐 유지되어 온 위계로부터의 탈출은 카라바조의 직관으로부터

시작되었지만 이어서 네덜란드의 회화 전통을 통해 결정적으로 본격화되었고 회화의 '역사적인 관점'이 사라지면서 결과적으로 장르들 간의 차이마저 사라져 버렸다. 이런 성향은 19세기의 미학에 직접적인 영향을 끼쳤고 졸라Émile Zola는 마네Édouard Manet의 그림을 해석하면서 결국 "주제란 그림을 그리기 위한 변명에 불과하다"고 천명했다.

책, 인쇄, 지식의 자유로운 보급

매체로서의 인쇄

프랜시스 베이컨이 근대의 출발을 알린 세 가지 발명품으로 지목했던 인쇄와 나침반과 화약 중에서 가장 중요한 위치를 차지하는 것은 인쇄다. 청교도 역사가 존 폭스John Foxe는 이렇게 말했다. "주께서 당신의 교회를 위해 일을 시작하셨다. 그의 막강한 적들을 칼로만 대적하지 않고 인쇄의 기술로 물리치기 시작한 것이다. [……] 따라서, 교황이 학문과 인쇄를 금지시키든가 아니면 인쇄가 교황보다 옳았다는 것을 보여 주게 될 것이다." 물론 기존 질서를 지키려는 보수주의자들 사이에서도 인쇄에 대한 기대와 관심은 지대했다. 1세기가 지난 뒤 찰스 2세가 인쇄 관장으로 임명하면서 출판의 검열을 맡았던 로버트 레스트레인지Robert L'Estrange 경은 인쇄 자체가 잉글랜드를 커다란 고통 속으로 몰아넣은 대부분의 혼란에 책임을 져야 하지만 현명하게 활용하기만 한다면 자연적인 질서를 되찾는 도구로 활용될 수 있다고 확신했다. "인쇄는 사람들을 미치게 만들었다. 이제는 다시 정신을 되찾도록 만들어야 한다."

물론 인쇄의 역할에 대한 전통주의자들이나 급진주의자들의 근심과 열광을 비롯해 후세의 역사가들과 매체 전문가들의 우려와 과찬 역시 모두 과장된 것이었음에 틀림없다. 17세기에 인쇄는 사실상 18세기 이후에야 얻게 될 이른바 제4의 권력을 발휘하기에 여전히 역부족이었다. 무엇보다도 유럽 대부분의 국가에서 책을 읽고 쓸 줄 아는 사람들 수가 형편없이 적었기 때문이다.

따라서 인쇄의 비중과 역사적 가치는 문화적 발전의 차원에서 옛 매체와 새로운 매체가 서로 대응하는 복수적인 체계의 총체적 기능이라는 관점에서 평가되어야 한다. 실제로 17세기의 문화를 지배한 것은 전통적인 구어의 이미지와 소리의 세계였다. 정보와 지식의 전달 및 소통의 차원에서는 책이나 팸플릿보다 연극이나 건축, 회화, 음악, 종교의식을 비롯해 소식과 의견을 교환하던 시장이나 살롱, 음식점, 방앗간, 카페, 유곽 등이 훨씬 더 중요한 역할을 했다. 물론 각양각색의 웅변가들과 설교자들의 존재도 빼놓을 수 없다. 근대 유럽에서는 아마도 이들이 대중적으로 가장 설득력 있는 매체였을 것이다. 잉글랜드의 왕 찰스 1세는 이렇게 말했다. "평화로운 시대에 사람들은 칼보다 설교에 더 귀를 기울인다." 물론 찰스 1세 역시 그의 말 속에 숨은 진실을 충분히 깨닫고 있었던 것은 아니다.

경쟁이라기보다는 오히려 다양한 종류의 매체들, 예를 들어 구전과 글 사이의 교묘한 조합이 일종의 시너지 효과를 일으켰고 팸플릿이나 포스터들은 옳은 소식이든 그른 소식이든 정보의 유통 자체를 용이하게 만들었다. 카페나 살롱은 정치적 성격의 계약이나 출판 및 공연 계약을 위한 시장 역할을 했고 설교나 연설의 출판물들은 인쇄업자들에게 절호의 사업 기회를 제공했다.

인쇄와 대중성

17세기가 흐르는 동안 인쇄는 가장 역동적이고 혁신적인 매체로 등극했고 독자층 및 대중적인 영역의 형성 및 확장에 결정적인 계기를 마련했다. 다시 말해 공공의 관심을 불러일으킬 수 있는 담론에 극소수의 엘리트 계층뿐만 아니라 일반인도 접근할 수 있는 기회가 인쇄의 발전이 가져온 새로운 소통 경로를 통해 주어졌다.

인쇄는 자연스럽게 가공할 만한 선전 도구를 제공했다. 17세기의 유럽 국가들을 뒤흔들었던 정치적, 종교적 위기는 사실상 전단지와 소책자, 논문과 팸플릿의 폭발적인 확산에서 비롯되었다. 예를 들어 프랑스에서는 1614~1617년의 대침체기에 1200권 이상의 팸플릿이 출판되었다. 놀라운 규모의 출판이었지만 이 기록은 프롱드의 난이 일어났을 때 1648년에서 1652년 사이에 왕국을 위기에 빠트린 '마자랭 풍자'가 5000부 넘게 대대적으로 배포되면서 깨지고 말았다. 잉글랜드 혁명의 경우 매체의 역할은 더욱 놀라웠다. 잉글랜드에서는 17세기 중반에 1만 5000부가 넘는 책자들의 홍수가 정치적, 종교적 분쟁을 자극하는 데 결정적인 역할을 했다. 이 숫자는 당시에 잉글랜드에서 글을 읽을 줄 아는 인구의 비율이 상당히 증가했다는 것을 의미한다. 문맹률의 저하는 실제로 정치적 투쟁의 형식 자체에 근본적인 변화를 가져왔다. 기회가 주어질 때마다 발행되던 팸플릿 외에도 잉글랜드에서는 정기간행물 출판이 전례를 찾아볼 수 없는 중요한 역할을 담당했다. 당시에 가장 커다란 영향력을 행사했던 신문은 주로 정치와 국회 소식을 다루던《머큐리어스 브리태니커스Mercurius Britannicus》다. 이에 맞서《머큐리어스 올리커스Mercurius Aulicus》가 등장했고 이어서《머큐리어스 브리태니커스》의 창시자인 마차몬트 네드햄Marchamont Nedham이 재고 끝에《머큐리어스 프래그마티커스Mercurius pragmaticus》를 출범시켰다. 이처럼 소책자들과 신문들이 대량으로 보급되는 현상 때문에 탄생한 것이 바로 '공공'이라는 범주였다. 이 범주는 단순히 부르주아 계층을 가리키는 것으로 그치지 않고 적어도 도시에서는 훨씬 더 넓은 사회계층을 잠재적으로 포함하고 있었다.

1660년에는 왕정복고를 통한 스튜어트왕조의 부활이 오랫동안 지속된 혁명과 '코먼웰스Commonwealth' 시절의 출판과 저널리즘의 열기를 차갑게 식어 버리도록 만들었다. 이어서 1665년부터 발행된《런던 가제트London Gazette》는 공공연한 독점 체제를 유지하며 이전 세대의 복수주의를 완전히 대체하는 듯이 보였다. 하지만 모든 상황이 그렇게 간단히 혁명 이전 상태로 되돌아갔던 것은 아니다. 1678년, 가톨릭 신도들을 배제해야 한다는 의견이 잉글랜드 국회에 법안으로 제출되면서 결과적으로 제임스 2세의 왕위 계승권을 박탈해야 한다는 주장이 대두되었고 이로 인해 시작된 이른바 '배제의 위기Exclusion Crisis'와 결과적으로 야기된 정치적 긴장에 대해 신문사들은 즉각적인 반응을 보였다. 1679년과 1681년 사이에 배제를 지지하는 측에서 출판한 팸플릿의 부수만 600만에서 1000만 부에 달한다.

검열과 관보

프롱드의 난과 잉글랜드 혁명을 비롯한 심각한 사회적 위기와 함께 열린 자유의 공간이 거의 폐쇄되는 지경에 달했던 현상은 표현의 자유를 획득하는 과정이 결코 순탄하지 않았고 그다지 규칙적이지도 않았다는 것을 보여 준다. 표현과 소통의 자유를 부르짖던 짧지만 강렬했던 순간들을 정의하기 위해 역사가들이 "공공이라는 일시적 영역" 같은 표현을 사용했다는 것은 결코 우연이 아니다. 17세기를 지배했던 성향은 사실상 더 많은 자유를 확보하는 방향으로 나아가기보다는 오히려 저자들과 출판가들의 작업에 훨씬 더 엄격한 검열을 가하는 쪽으로 기울어져 있었다. 이러한 상황의 윤곽은 이미 16세기부터 분명하게 드러나 있었고 1559년에 도입된 도서 검열 제도가, 적어도 유럽의 가톨릭 세계에서는, 이 제재 과정의 분수령이었다고 볼 수 있다. 표현의 자유를 찬양한 가장 고귀한 저서들 가운데 하나로 손꼽히는 밀턴의 『아레오파지티카*Areopagitica*』(1644년)는 어쨌든 하나의 고립된 목소리로 남는다.

도서 검열의 강화가 유럽만의 특징은 아니었지만 검열을 가장 효과적으로 활용하면서 제도의 단계로까지 끌어올린 것은 유럽의 가톨릭 세계였다. 출판문화는 결국 전통과 정통성을 중시하며 종교적인 내용의 도서들, 예를 들어 스콜라철학자들과 교부들의 저서들, 경건 훈련을 위한 저서 등을 선택하는 방향으로 나아갔다. 이러한 저서들을 교회의 바깥 세계로 보급하는 과정에 관심을 기울였던 것은 뛰어난 인쇄 기술을 자랑하던 출판사들, 따라서 더 심한 검열에 노출되어 있는 출판사들이었다. 화려한 고급 서적들을 생산해 내는 출판문화는 결과적으로 보수주의적인 성격을 띠었던 반면 철학과 과학 서적들을 발간하면서 학문의 발전을 실질적으로 도모했던 이들은 저급한 수준의 인쇄 기술로 만족할 수밖에 없었던 출판사들 또는, 갈릴레이의 책을 보급했던 이들처럼, 불법 출판사들이었다. 하지만 교회만 인쇄와 검열에 관심을 기울였던 것은 아니다. 형성 단계에 있던 국가나 공국들 역시 인쇄 기술의 통제와 잠재력의 활용에 관심을 기울였다. 검열의 강화와 인쇄 기계 생산은 인쇄의 통제와 지배라는 사실상 동일한 목표를 위해 소용되던 전략들이다. 대표적인 예는 리슐리외가 1640년에 창설한 왕립 인쇄소Imprimerie Royale다. 한편으로는 출판 활동을 경제적인 측면에서 관리하는 또 다른 형태의 제어 장치가 기업이나 조합에 독점권을 허가하는 방식으로 도입되었다. 예를 들어 잉글랜드에서는 1557년에서 1696년까지 '런던 서적상 조합London Stationers Company'이 출판을 독점한 적이 있다. 국가가 직접적으로 장려하는 정기간행물들, 예를 들어 리슐리외의 후원으로 1631년에 창간된《가제트 드 프랑스Gazette de France》같은 간행물들의 출현도 위와 동일한 형태의 전략이었다고 볼 수 있다.

네덜란드 왕국, 자유의 공간

다양한 신학적 입장들 간의 대립 현상과 절대주의가 지배하던 유럽에서도 네덜란드연방공화국과 암스테르담만큼은 자유의 공간을 상징했다. '자유'는 '번영'과 함께 왜 17세기가 네덜란드인 출판 사업자들에게도 황금의 세기였는지 설명해 준다. 위대한 네덜란드 화가들에게 행운을 가져다주기도 했던 부르주아 부유층은 넓은 시장을 구축하며 출판산업에 활기를 불어넣었다. 17세기에 유럽에서 출판된 서적들의 절반이 암스테르담을 비롯한 네덜란드 도시들의 인쇄소에서 쏟아져 나왔다. 1699년 암스테르담에서는 273곳의 책방에서 책을 팔았고 출판산업과 관련된 분야에 종사하던 사람들은 총 3만 명에 달했다. 이 독특한 분야에서도 네덜란드인들은 유럽 곳곳에서 이주해 온 사람들의 노동력을 활용할 수 있었다. 특히 1685년의 퐁텐블로 칙령 발표 이후 프랑스를 탈출한 프랑스 개신교도들이 상당히 많았고, 여전히 에스파냐가 점령하던 네덜란드 남부 지역에서도 상당수의 피난민들이 이주해 왔다. 이 이민자들 가운데 한 명이 바로 인쇄 기술자 로데베이크 엘제비르Lodewijk Elzevier였다. 루뱅 출신인 엘제비르는 대학이 있는 도시 레이던으로 이주했다. 엘제비르 가문은 그들이 세운 출판사를 레이던의 본사 외에도 헤이그와 위트레흐트, 암스테르담에 지사를 둔 17세기의 가장 중요한 네덜란드 출판사로 성장시켰다. 이른바 '12면 형식'*을 처음으로 도입한 것도 엘제비르 가문이다. 처음에는 학자들의 거센 반대에 부딪혔지만 이 기술은 머지않아 다루기 쉽고 상대적으로 가격도 높지 않은 양질의 책을 원하는 시장의 요구에 부응했다. 네덜란드가 출판문화의 놀라운 발전을 이룩할 수 있었던 것은 종이 생산 분야에서 이루어진 몇몇 기술적인 혁신 때문이기도 하다. 네덜란드인들은 종이 생산을 위해 풍차의 에너지를 활용했을 뿐 아니라 해머를 활용하는 구식 분쇄기를 대체하기 위해 실린더를 활용하는 회전형 분쇄기를 도입함으로써 종이의 질을 향상시켰다.

네덜란드가 최고의 해상무역국으로 성장할 수 있었던 것도 인쇄의 특수한 분야, 즉 지도와 지도책 제작 기술의 발전과 연관이 있다. 예를 들어 16세기 후반부터 목판화를 대체하기 시작한 동판화의 보급으로 훨씬 더 세밀한 묘사와 이미지의 재생산이 가능해졌다. 이러한 기술 발전은 사회의 발전에 직접적으로 기여했을 뿐 아니라 소비 민주화를 위한 도구였고 근본적으로는 소비 민주화 자체의 결과였다. 동판화는 유명한 회화 작품들을 가능한 한 정확하게 재생해 냄으로써 훨씬 더 많은 사람들이 예술에 접근할 수 있는 길을 열었다. 실제로 루벤스나 푸생 같은 예술가들은 책의 화보 제작에 직접적으로 관여하기도 했다.

---

* '12면 형식formato in dodicesimo'은 12면이 인쇄된 종이를 면 단위로 접어서 책의 한 묶음을 만드는 방식을 말한다.

정기간행물과 신문

자유와 풍요를 바탕으로 네덜란드인들은 정기간행물의 출판 기술 분야에서도 커다란 발전을 이룩했다. 물론 네덜란드가 정기간행물을 처음으로 발행한 나라는 아니다. 보통 세계 최초 일간지로 지목되는 신문은 1609년 독일의 아우크스부르크에서 발행되기 시작한 《아비사 렐라치온 오더 차이퉁Avisa Relation oder Zeitung》이다. 독일에서는 박람회의 중심지였던 프랑크푸르트에서도 1615년부터 《프랑크푸르터 주르날Frankfuter Journal》이 발행되었다. 하지만 정기간행물이 부르주아뿐만 아니라 서민층을 포함하는 훨씬 더 넓은 사회계층, 즉 모든 시민이 참여해 공공의 관심사들을 비교할 수 있는 공간이라는 점을 감안하면, 사실상 폭동이나 혁명 같은 비상사태에만 관심을 쏟는 이른바 '일시적 독자층'을 진정한의 '고정 독자층'으로 변화시킬 수 있는 사회적, 정치적 여건이 마련된 곳은 네덜란드뿐이었다.

1618년부터 발행된 네덜란드 신문들은 《이탈리아, 독일의 신문Courante uyt Italien, Duytschland, &c.》,《다양한 지역의 소식Tydinghen uit verscheyde quartieren》등의 이름을 가지고 있었다. 이 이름들에서 분명히 드러나는 것은 네덜란드 독자들의 관심이 지역 소식에 국한되지 않고 유럽과 세계를 향해 열려 있었다는 사실이다. 이는 분명히 암스테르담이 얻은 세계도시cosmopolita로서의 명성이 그대로 반영된 결과라고 볼 수 있다. 베네치아 못지않게 암스테르담은 세계의 도시였다. 프랑수아 페늘롱 François Fénelon이 기록했던 것처럼, "암스테르담에 들어서면 이 도시가 어떤 특정 민족에게 속한다기보다는 모든 민족이 공유하는 도시이자 상업 중심지라는 느낌을 받는다." 잉글랜드의 언론 제재가 심했던 탓도 있지만, 실제로 최초의 잉글랜드 신문이 발행된 곳은 암스테르담이다.

주목해야 할 것은 이 초창기의 신문들이 제공하던 소식과 정보가 단순히 먼 나라에 대한 궁금증을 만족시키는 데에 그쳤던 것은 아니라는 점이다. 당시에도 오늘날과 마찬가지로, 외국의 정치적 상황과 시장의 흐름에 대한 시기적절하고 믿을 만한 정보를 보유하는 것은 경제를 움직이는 사업가들이나 금융가들뿐만 아니라 동인도회사나 서인도회사에 저축한 돈을 투자하던 엄청난 수의 소액 투자자들에게도 절대적으로 중요한 일이었다.

한편 정보 제공이 주목적이었던 신문은 초창기부터 제작 단계에서 일련의 문제점을 안고 있었고 결과적으로 기술적이고 체계적인 측면의 혁신이 필요했다. 간행이 정기적으로 이루어져야 한다는 점 자체가 빠른 속도의 작업을 요했고 집필과 인쇄를 거쳐 보급에 이르는 공정이 모두 불과 며칠 사이에 완성되어야만 했다. 인쇄만 고려했을 때에도, 신문은 책의 형태나 표지 같은 특징적인 면들을 포기할 수밖에 없었고 결국에는 한 페이지를 여러 공간으로 세분화한 뒤 다양하면서도 집약된 내용의 글들을 싣는 방향으로 나아갔다. 오늘날의 신문 구성 방식은 바로 이러한 과정을 거쳐 정형화되었다.

출판과 '문필 공화국'

유럽인들이 자국에서 일어나는 일과 정치뿐 아니라, 잉글랜드의 관보《The news from most part of Christendom》의 이름에서 읽을 수 있듯이, '대부분의 그리스도교 세계'에서 일어나는 사건들에 지대한 관심을 기울였던 것은 지속적으로 증가하는 유럽 국제사회의 교류와 상호 의존성의 중요성을 뚜렷이 인식하고 있었기 때문이다. 신문은 대중적인 의견을 형성하고 좌우하는 도구로도 기능했다. 이러한 현상은 교파와 국가의 경계가 구체적인 윤곽을 드러내는 과정과 대립되는 양상을 보였지만 이는 물론 표면적인 인상에 불과했다.

  이 엘리트적인 성격의 세계도시주의가 지닌 또 한 가지 특징을 우리는 교파와 국적을 초월하는 철학자들과 과학자들의 공동체, 이른바 '문필 공화국'이라는 소규모 공동체의 이름에서 발견할 수 있다. 바로 이 철학자들과 과학자들을 대상으로 또 다른 형태의 정기간행물, 즉 과학적인 내용과 철학적이고 문학적인 성격의 글들을 소개하는 간행물들이 발행되기 시작했다. 1665년에는《주르날 데 사방Journal des Savants》이 파리에서 모습을 드러냈고 곧이어 잉글랜드 로열소사이어티의《철학회보Philosophical Transactions》가 발행되기 시작했다. 이탈리아에서도 이와 유사한 시도가 1668년 로마에서 파리의《주르날 데 사방》을 모형으로 만든《문인들의 신문 Giornale de' letterati》을 통해 이루어졌다. '문필 공화국'의 황금시대로 간주되는 16세기 후반과 17세기 초반에 학문적인 성격의 정기간행물은 진정한 문화 유통의 도구이자 경로로 정착했다.

  도서 문화의 관점에서 바라본 17세기 유럽만의 특징 가운데 하나는 지식의 체계화를 위한 도구이자 권위를 상징하던 왕립 도서관, 수도원 도서관, 사설 도서관의 설립 혹은 대대적인 확장이다. 대표적인 예는 교황 클레멘스 8세의 명령으로 하이델베르크 '궁정 도서관Biblioteca Palatina'의 소장 도서들 대부분과 우르비노Urbino 공국 도서관의 소장 도서들을 모아 재정비한 바티칸 도서관, 1603년 페데리코 보로메오Federico Borromeo의 주도로 설립되기 시작한 암브로시아나Ambrosiana 도서관, 리슐리외와 마자랭의 도서관, 그리고 이 시기에 재정비된 여러 절대군주국의 궁정 도서관 등이다.

대중적 출판과 불법 출판

17세기에는 나름대로 중요한 역할을 한 특이한 형태의 책들이 존재했다. 다양한 내용으로 다양한 유통 경로를 통해 일반 서민들에게 보급되던 이 책들은 연감이나 알파벳 교본, 또는 대중문학의 매체로 기능하던 소책자 등이다. 대중문학을 소개하던 책들 가운데 가장 커다란 성공을 거두었던 것은 17세기 초에 우도Oudot 출판사의 기획으로 트루아Troyes에서 출판되기 시작된 푸른색 표지의 '비블리오테크 블뢰Bibliothèque bleue' 총서다. 유럽의 나라들은 나름대로 이러한 유형의 책자들을 보유하고 있었다. 예를 들어 잉글랜드에는 단돈 2~4펜스에 팔리던 '챕북chapbook'이 존재했다. 기록에 따르면 1664년에 찰스 티아스Charles Tias 책방은 10만 부에 달하는 챕북을 창고에 보관하고 있었다.

　소책자로 보급되던 대중문학은 정의하기가 모호하고 어떤 면에서는 정의하는 것 자체가 무의미하기도 하다. 무엇보다도 반드시 일반 대중을 위해 쓰였던 것은 아니기 때문이다. 실제로는 문학과 거리가 먼 전혀 다른 내용의 책들을 더 많은 독자들에게 보급하기 위해 좀 더 낮은 가격의 문고판으로 만든 경우가 가장 많았다. 이런 책들을 항상 일반 대중이 읽었던 것은 아니다.

　한편 가장 많이 팔리고 큰 인기를 끌었던 장르는 기사소설, 연감 혹은 대단한 용기를 필요로 하는 소설, 다시 말해 포르노그래피 소설 등이었고 이 책들은 책방과는 전혀 다른 유형의 비정상적인 보급 경로를 통해 유통되었다. 유통의 상당 부분을 도맡았던 노점상들은 특히 금서의 경우 상당히 두꺼운 독자층을 상대로 적발될 위험까지 감수하면서 '망토 밑으로' 책을 팔았다. 금서들은 종종, 파스칼의 『시골에 보내는 편지』처럼, 비밀리에 인쇄되기도 했다. 하지만 불법 인쇄는 위험천만한 모험에 가까웠다. 왜냐하면 인쇄소는 검열에 노출되어 있었고 적발될 공산이 컸기 때문이다. 감시하기가 훨씬 어려웠던 것은 국경이 불분명한 탓에 별다른 어려움 없이 밀수로 들여오던 수많은 물자들 틈에 끼어 있는 책들이었다. 따라서 불법으로 출판되는 책들은 외국에서 책을 출판한 뒤 밀수를 통해 들여오는 것이 더 일반적이었다. 예를 들어 이탈리아의 역사학자 파올로 사르피Paolo Sarpi의 『트렌토 공의회의 역사Storia del Concilio di Trento』는 런던에서 출판되었다.

세계 속의 출판

유럽인들이 신대륙으로 이주하면서 인쇄 기술을 유럽 바깥 세계로 전파하는 과정은 지극히 자연스럽게 이루어졌다. 아메리카 대륙의 에스파냐 점령지에서 인쇄는 무엇보다도 교회의 요구에 부응했다. 이 지대에서는 멕시코시티와 리마, 쿠엥카, 산티아고 데 과테말라 등이 도서 보급의 중심지 역할을 했지만 에스파냐 본토의 제재 정책으로 인해 정치적이고 종교적인 차원의 출판 검열이 상당히 엄격하게 이루어졌다. 반면에 잉글랜드 점령지에서 출판 활동은 훨씬 더 활발하게 이루어졌다. 1620년 메이플라워호를 타고 건너온 선교사들이 매사추세츠에서 처음으로 인쇄기를 가동시켰고 17세기가 흐르는 동안 보스턴(1674년), 필라델피아(1685년), 뉴욕(1693년), 제임스타운(1682년) 등에 인쇄소가 설립되었다. 1663년에는 인디언어 번역본 성서가 출판되기도 했다.

아시아에서는 포르투갈의 기술자들이 이미 16세기에 고아를 비롯한 몇몇 지역에 인쇄소를 세운 것으로 전해지며 목판화 기술이 발달했던 중국에도 유럽의 선교사들에 의해 활자가 도입되었다. 일본에서도, 1638년 유럽 문화의 침투를 거부하는 폐쇄정책이 실행되기 전까지, 종교 서적을 비롯한 다양한 서적들이 인쇄되었다.

유럽인들이 직접 지배하거나 이들이 모여 살던 지역 바깥에서 인쇄 기술은 더디게 발달하거나 아무런 진보도 이루어 내지 못했다. 러시아에서는 표트르 1세의 왕국이 출범한 뒤에야, 그것도 정부의 엄격한 감시와 관리하에서, 최초의 인쇄소가 설립되었다.

무슬림 세계의 상황은 훨씬 더 열악했다. 술탄처럼 종교적인 이유로 인쇄를 거부하는 목소리가 상당히 컸기 때문이다. 하지만 순수하게 정치적인 이유에서 술탄의 정책에 반대하는 입장도 존재했던 것으로 보인다. 로열소사이어티의 서기관 헨리 올덴부르크Henry Oldenburg가 주목했던 것처럼, "술탄은 백성들의 입장에서 지식의 적이 아닐 수 없다. 왜냐하면 백성들이 무지할수록 자신에게 유익하다고 생각하기 때문이다. 결국 그는 인쇄를 받아들일 수 없을 것이다. 왜냐하면 인쇄와 지식이, 특히 대학에서 가르치는 지식이, 그리스도교도들의 분열을 일으키는 주요 원인이 되리라고 보기 때문이다."

3

몽테뉴에서 벨에 이르는
근대 회의주의

3.1 의혹의 시작: 몽테뉴와 산체스

16세기에 루터의 종교개혁을 시점으로 시작된 뜨거운 신학 논쟁이 계속되는 가운데 가톨릭교도들은 개신교도들이 종교에 관한 회의주의적 입장을 지지한다고 주장하기 시작했다. 이러한 정황에서 고대의 회의주의 철학자 섹스투스 엠피리쿠스Sextus Empiricus가 남긴 저서들의 라틴어판 출판 계획이 서서히 현실화되는 조짐을 보였다. 섹스투스 엠피리쿠스는 회의주의학파의 시조인 피론의 가르침을 기록으로 남긴 헬레니즘 시대의 철학자다. 르네상스 인문학자들의 노력으로 뒤늦게 부활한 고전들 중 하나인 섹스투스 엠피리쿠스의 『피론 철학 개요Pyrrhoniae Hypotyposes』는 칼뱅주의 학자이자 출판가였던 앙리 에스티엔Henri Estienne에 의해 1562년 라틴어로 출판되었다. 반면에 섹스투스 엠피리쿠스의 『수학자 논박Adversus Mathematicos』은 1569년 가톨릭 학자 장티안 에르베Gentian Hervet에 의해 편집되었고 『원리princeps』는 1621년이 되어서야 그리스어 판본으로 출판되었다. 한편 또 하나의 회의주의학파, 즉 아르케실라오스Arkesílaos와 카르네아데스Karneades의 네오아카데미학파에 대한 정보는 키케로와 아우구스티누스의 저서들을 통해 전해진다.

복원된 섹스투스 엠피리쿠스의 저서들은 전문적인 문헌학자들과 철학자들을 비롯해 수많은 문화인들의 관심을 불러일으켰다. 예를 들어 미셸 드 몽테뉴는 섹스투스 엠피리쿠스의 『피론 철학 개요』 1562년도 판본을 소장하고 있었다. 몽테뉴는 이 책에서 상당수의 피론주의 핵심 용어 혹은 문장들을 그대로 차용해서 활용하곤 했다. 예를 들어 몇몇 문장들은 「레이몽 세봉의 변호Apologie de Raimond Sebond」(『수상록』 가운데 가장 긴 2권 12장)에 인용되기도 했고 또 그가 책을 읽고 명상하며 글을 쓰기 위해 머물던 탑의 도서관 대들보 위에도 새겨져 있었다. '새로운' 회의주의의 사도로서 몽테뉴가 지니는 중요성을 간과한다는 것은 불가능하다. 무엇보다도 그의 『수상록』이 유럽에서 전대미문의 성공을 거두었고 또 이 책이 상당히 다양한 계층의 독자들을 대상으로 쓰였기 때문이다. 프랑스어로 쓰인 수상록은 유럽 각국어로 빠르게 번역되었고 특히 영어로는 셰익스피어의 친구였던 존 플로리오John Florio의 번역으로 출간되었다(1603년). 원어의 경우, 첫 두 권은 1580년에, 두 번째 판본은 1583년에, 세 권으로 구성된 세 번째 판본은 1588년에 출판되었다. 진정한 '회의주의자', 즉 판단의 보류에 집중하는 피론주의자와 '교리주의자', 즉 네오아카데미학파처럼 궁극적으로는 아무것도 모른다고 주장하는 부정적인 교리주의자를 구분한 것 외에도, 몽테뉴는 회의주의의 핵심적인 개념들을 재정립하면서 '현상', '기준', '판단 보류epoché', '현상들의 등가성isostheneia', '불안의 부재ataraxia', '냉담apatia', 악순환 혹은 '순환론diallelos' '무한 소급' 같은 개념들을 소개했다.

몽테뉴는 『수상록』에서 '회의'를 진지한 철학적 주제로 간주함으로써 '회의' 자체를 근대 지식인들의 요구에 부응하는 유용한 개념으로 만들었다. 그가 새로운 경향의 회의주의에 도입한 중요한 요소들 가운데 하나는 '외형'이라는 개념이다. 당시에는 그다지 일반적이지 않았던 '현상'이라는 말 대신 '외형'이라는 표현을 사용하면서 몽테뉴는 이 용어를 '환상'이라는 개념, 즉 감각적 표현이라는 차원과 밀접한 관계 속에서 발전시켰다. 단순한 용어상의 선택으로 그치지 않는 이 두 개념은 몽테뉴의 피론주의 해석에 결정적인 영향을 끼쳤다. 이 개념들이 구축하는 현상학적 구도에 따르면, (1) 우리는 오로지 현실의 외형만을 감각적인 차원에서 이해할 수 있을 뿐이며, (2) 따라서 회의주의의 기본적인 관점은 인식 대상을 외형과 현실로 구분하는 이분법적 관점, 즉 인식이 가능한 외형이 있고 전통 형이상학이 탐구하는 본질이나 실체를 내포하기 때문에 근본적으로는 인식이 불가능한 현실이 있다고 보는 관점이다.

　이러한 이분법이 즉자적 현실을 인정하는 교리적인 성격의 존속을 수반하는 만큼 본래의 '근본주의적인' 피론주의 정신에 완전히 부응하는 것은 아니라는 점이 분명하게 드러나지만 그렇다고 해서 이 '현상학적' 성격의 고대 회의주의가 근대적인 색채를 띠고 부활했으며 그런 식으로 근대 유럽 문화에 입성했다는 것을 무효화하는 것은 아니다. 몽테뉴는 그런 식으로 '현실'과 '외형'의 결속력을 무너트리고 우리의 모든 지식을 현실과 외형의 경계를 기준으로 범주화했다. 몽테뉴가 제시하는 초상화의 딜레마 역시 바로 이러한 차원에서 이해해야 한다. 소크라테스의 초상화가 그의 본모습과 일치한다고 어떻게 확신할 수 있는가? 우리가 확인할 수 있는 것이 초상화뿐일 때, 즉 실체가 아닌 외형, 현상이나 환상뿐일 때 그것이 실체와 일치한다고 어떻게 확신할 수 있는가? 이러한 모순적인 상황이 자극하는 것은 다름 아닌 기준의 탐구다. 외형과 현실이 분리되어 버린 만큼 이들의 연관성을 보장할 수 있는 '제3의' 기준이 필요한 것이다. 하지만 새롭게 등장하는 분리 현상으로 인해 또 하나의 기준이 요구되고, 그런 식으로 새로운 형태의 소급을 필요로 하는 상황은 끝없이 계속된다. 이러한 악순환은, 주관적인 명료함에 대한 교리주의적인 집착과 마찬가지로, 단순히 기준과 소급의 모순을 회피하려는 좋지 못한 방법론적 습관에서 비롯된다. 이러한 사고'방식들'은 모두 지식 자체를 아무런 기반도 발견할 수 없는 끝없는 모색으로 만들어 버린다.

　회의주의를 의혹의 철학으로 보는 몽테뉴의 관점 역시 근대 문화에 지대한 영향을 끼쳤다. 그리스 철학적인 관점에서 불안의 부재나 마음의 평화는 사물들에 대한 평가나 지식이 아니라 판단의 보류에서 오는 것이었다. 반면에 몽테뉴는 판단의 보류가 아닌 의혹을 회의주의적 탐구의 결정적인 요인으로 간주했고 이러한 관점은, 결국 의혹이 근본적으로는 평온과 거리가 먼 불안과 혼란을 의미했기 때문에, 아주 상이한 결과들을 가져왔다.

이러한 정황에서 '의혹'은 근대 철학의 주요 개념으로 급부상했고 '회의주의'의 동의어로 발전했다. 고대 그리스에서 '의혹'과 '회의'는 전적으로 무관한 개념들이었다. 반면에 「레이몽 세봉의 변호」를 살펴보면 회의와 의혹 사이에 정립된 새로운 형태의 동의성이 얼마나 날카로운 침투력을 가졌는지 확인할 수 있다. 실제로 몽테뉴는 '소크라테스의 무지'에서 유래하는 '나는 모른다'와 의혹에서 유래하는 '나는 의심한다'라는 극단적으로 대조적인 표현들을 회의주의의 함축적인 표어로 활용했다.

몽테뉴의 해석은 회의주의를 윤리적인 관점에서 재평가하기 때문에 중요한 의미를 지닌다. 고대와 근대의 모든 전통 철학이, 디오게네스 라에르티오스Dioghenes Laertios와 카리스토스Karystos의 안티고노스Antigonos에서 데카르트에 이르기까지, 회의주의 자체의 체득 불가능성과 '실천 불가능apraxia'을 강조해 왔던 것과는 달리 몽테뉴는 회의주의를 통해 '인간 본성의 가장 고귀한 단계'가 완성된다고 보았다. 몽테뉴에 따르면, 네오아카데미학파의 회의주의자는 판단을 하는 순간 그의 눈앞에 펼쳐지는 개연성의 다양함 때문에 주저하며 망설일 수밖에 없는 상황에 놓이지만 피론주의자는 반대로 "평온을 유지하며, 흔들림 없는 요지부동의 자세를 유지한다." 다시 말해, "지식의 다채로움과 견해의 분분함에 동요되는 법 없이 평온한 삶의 조건인 불안의 부재ataraxia 상태에" 도달할 수 있다. 피론의 회의주의자와 몽테뉴는 일상의 삶 속에서 섹스투스 엠피리쿠스가 언급했던 네 가지 실천적인 원칙들을 준수한다. 네 가지 원칙이란 자연주의, 애정의 필연성, 법과 관습의 전통, 예능을 통한 지혜의 습득을 말한다. 몽테뉴는 이러한 원칙들이 선이나 덕에 관한 어떤 교리에 의존하지 않고 그 자체로 평범하고 정상적인 삶을 보장하기에 충분하다고 보았다. 바로 그런 이유에서 그는 디오게네스 라에르티오스가 피론을 "어리석고 무기력하며 야생적이고 비사회적인 방식으로 사는" 인간으로 묘사하며 취했던 입장에 논쟁적인 자세로 대응했다. 몽테뉴는 반대로 피론이 "살면서 대화하고 생각하고 모든 쾌락과 자연이 제공하는 모든 편리를 누릴 줄 아는" 아주 모범적인 인물이었다고 주장했다.

하지만 피론주의를 삶의 기술로 보는 견해는 몽테뉴 이후 점차적으로 자취를 감추었고 피론주의 고유의 특징이었던 윤리적인 성격의 교훈들 역시 그 의미를 상실했다. 앞으로 보게 되겠지만, 이는 무엇보다도 데카르트의 등장과 함께 인식론적 문제, 즉 지식의 타당성을 논의하는 경향이 우위를 점하기 시작했기 때문이다. 『수상록』의 2권 12장 「레이몽 세봉의 변호」는 아마도 윤리적인 측면과 인식론적인 측면 사이의 균형이 유지되는 마지막 근대적 텍스트일 것이다. 17세기가 흐르는 사이에 회의주의는 결국 이론적인 차원에서만 사유될 수 있을 뿐 삶의 규범으로는 적용될 수 없다는 생각이 일반적인 견해로 자리 잡았다.

하지만 피론주의가 르네상스 회의주의자들의 유일한 선택 사항이었던 것은 아니다. 몽테뉴를 선호하는 학자들은 간과하는 경향이 있지만, 회의주의의 역사가 걸은 또 다른 길을 보여 주는 인물은 프란시스코 산체스(Francisco Sanches, 1551~1623년)다. 산체스의 회의주의는 네오아카데미학파의 '인식 불가능성 acatalessia'에서 지대한 영향을 받았다. 이러한 점은 그의 저서 『아무것도 알 수 없다는 것 Quod nihil scitur』(1581년)의 제목에서도 분명하게 드러난다.

그러나 산체스의 책은 사실 영혼의 성찰적 지식이라는 주제와 이를 둘러싼 후기 스콜라주의 논쟁에서 출발한다. 의사 출신이었던 포르투갈인 산체스는 이 논쟁에서 영혼 혹은 정신의 내면적 상황이라는 개념을 도출해 냈고, 바로 이 내면적 상황 속에서는 표상과 현실, 혹은 외형과 본질이 명확히 구분되지 않는다고 설명했다. 산체스에 따르면, 외형과 본질의 구분을 기점으로 기준의 끝없는 탐구를 촉발하는 것이 바로 회의주의자의 역할이었다.

산체스가 수용한 지나치게 비극적인 측면들, 예를 들어 그가 탈출이 불가능한 미로의 경험이나 미노타우로스와의 파괴적인 만남을 묘사하며 설명하는 지식의 절망적인 측면들을 제외하면, 그가 사물들의 '다양성'이나 견해의 '분분함'과 '혼란스러움'에 대해 성찰하는 부분은 뒤이어 데카르트가 『방법 서설

Discours de la méthode』에서 자신의 "고통스러운 철학적 여정이 우리가 표명하는 의견의 다양함"을 바탕으로 이루어졌다고 설명하는 부분과 일맥상통한다.

"감각이 기만할 때 정신은 무엇을 하는가?" 데카르트에게는, 정신 안에서 감각을 무디게 하고 진정한 기만의 형태로 총체적인 불확실성을 조장하며 창궐하는 "실패의 예감"에 맞서기 위해 필요한 것이 바로 모든 선입견으로부터 자유로운 정신이었다. 데카르트가 『방법 서설』에서 집중적으로 다루었던 문제들 가운데 하나가 바로 이것이다. 결론적으로 산체스의 회의주의적인 방법론은 경험적이고 감각적인 앎의 총체적으로 실망스러운 결과를 고려한 뒤 경험주의를 결정적으로 배척하는 관점의 긍정적인 측면에 대해 일련의 근거들을 제공했다고 볼 수 있다. 산체스는 아리스토텔레스에 대해 상당히 비판적인 견해를 가지고 있었다. 『아무것도 알 수 없다는 것』에서 산체스는 아리스토텔레스 역시 우리와 같은 인간이었고, 자신을 "자연의 가장 예리한 관찰자들 가운데 한 명"으로 소개하지만 사실은 많은 것을 모르고 있었고 때로는 스스로를 속이기까지 했다고 설명했다. 산체스는 "진리의 공화국"에서만큼은 스승의 말을 맹신하는 대신 경험과 논리를 중시하며 의심하는 편이 더 낫다고 생각했다. 이러한 산체스의 사상은 당대의 문화에 지대한 영향을 끼쳤다. 이는 그의 시대가 회의주의 사유를 통해 아리스토텔레스적인 방법론과 이 방법론이 수반하는 '사물에 대한 완벽한 앎'으로서의 학문 개념에서 벗어나는 것을 가장 우선적인 목표로 삼았던 시대라는 점을 감안하면 더욱 분명해진다.

3.2　피에르 샤롱의 회의주의 현자와 근대적 주체의 탄생

피에르 샤롱(Pierre Charron, 1541~1603년)은 17세기 초반에 인지도가 상당히 높았던 회의주의 철학자들 가운데 한 명이다. 샤롱이 그의 『지혜에 관하여*De la sagesse*』(1601년 초판, 1604년 증보판 출간)에서 시도한 것은, 몽테뉴의 『수상록』에 이미 수록되어 있었지만 실천적인 측면에서 길잡이 역할을 할 수 있는 형태를 갖추기 위

해 정돈과 체계가 필요했던 '지혜들'의 매뉴얼을 만드는 일이었다. 샤롱의 시도
는 성공을 거두었고 그의 저서는 당시의 프랑스 '교양인'들이 추구하던 새로운
문화에서 빼놓을 수 없는 지표로 기능했다.

어쨌든 『지혜에 관하여』가 몽테뉴의 지나치게 개인적이고 단편적인 성찰을
좀 더 체계적인 형태로 제시한 것에 불과하다고 보는 것은 잘못된 생각이다. 샤
롱은 다름 아닌 회의주의적인 관점의 색다른 측면을 보여 준다. 물론 덕목의 자
율성을 스토아주의적인 관점에서 재평가하는 샤롱의 작업은 미신뿐 아니라 도
덕관념을 신앙에 종속시키는 태도에 대한 신랄한 비판으로 이루어졌지만 그가
제시한 회의주의 현자의 이미지만큼은 새롭고 독창적이다. 다시 말해 샤롱의
저서에서 회의주의자는 상당히 활동적인 성격의 주인공으로 묘사된다. 이는
헬레니즘 시대의 섹스투스 엠피리쿠스나 몽테뉴의 『수상록』에서만큼은 찾아
볼 수 없던 특징들이다.

고대 그리스인들에게 '판단 보류'는 학자가 탐구의 마지막 단계에서 취할 수
있는 수동적인 태도에 지나지 않았다. 다시 말해 학자의 의지와는 무관하게 일
련의 인과관계, 예를 들어 상반되는 관점들의 대립이나 유사한 관점들의 등가
성이 불러일으키는 혼란에서 비롯되는 보류에 불과했다. 반면에 몽테뉴는 회
의주의적 보류를 통해 지성과 감성이 스스로에게 일종의 패배 의식을 부과한
다 보았고 바로 이 패배 의식이 부정적인 색깔을 띨 뿐 아니라 이성 자체가 하
나의 도구라는 사실, 다시 말해 모든 것을 다스린다기보다는 마치 "납으로 만들
어서 어떤 크기로든 마음대로 늘리고 줄이거나 접었다 펼 수 있는 도구"에 불과
하다는 것을 증명한다고 보았다. 근대는 그런 식으로 고대인들의 '판단 보류'가
지니는 '수동성'과 이성적 기능 자체에 대해 부정적인 견해를 피력하면서 첫발
을 내디뎠다.

이와는 달리 샤롱은 회의주의적 이성의 '긍정적'인 성격을 강조하면서 이성
이 모든 것을 다스릴 수 있다고 주장했다. 그는 이 이야기가 세상의 법이나 견
해와 거리를 유지하며 살아가는 현자의 내면적이고 따라서 제한된 세계에도
똑같이 적용될 수 있다고 보았다. 샤롱은 이성이 지혜의 세속적인 영역에서 좀

더 완전한 영향력을 발휘하며 '모든 것을 판단'하고 동기가 부족한 곳에서도 '동의'를 얻어 낼 수 있다고 보았다. 샤롱에 따르면 다름 아닌 '정신의 보편성'을 수호하는 것이 이성이었다. 바로 그런 이유에서 회의주의 현자는 국가나 교회나 철학 학파처럼 닫힌 체제에 고유한 계율의 한계에 제약되지 않는다. 샤롱은 아울러 '의혹'에 능동적인 역할을 부여했다. 샤롱은 '판단 보류'를 서로 상이한 의견들의 인식 불가능한 수렴점으로 간주하거나 전통적인 '등가성isostheneia'의 차원에서 무게를 지닌 두 실체 사이에 멈추어 있을 뿐 어느 쪽에서도 움직임을 예견할 수 없는 천칭의 침으로 고려하지 않고, 오히려 상식과 선입견의 복잡한 그물망에서 벗어나려는 의욕적이고 역동적인 움직임으로 간주했다. 그는 이러한 시도 자체가 자의식과 성찰을 기반으로 하는 판단의 훈련을 필요로 한다고 보았다. 결국 고대의 회의주의자가 이질적인 현상들의 대조적인 측면이나 부조화에 의혹을 품었다면 샤롱 이후의 회의주의자는 이성적 근거가 전혀 없거나 오로지 습관 혹은 권위나 전통에 의해서만 정당화될 수 있는 모든 종류의 신념이나 상식에 의혹을 품었다고 볼 수 있다.

샤롱은 분명히 근대적 주체가 탄생하는 데 결정적인 역할을 한 철학자들 가운데 한 명이다. 내면과 외면의 구분, 의혹의 능동성 수용, 회의주의 현자에게 주어지는 판단의 '비평적' 기능과 '보편화' 기능 등을 통해 샤롱의 회의주의는 우리가 이해하는 대로의 지성인, 다시 말해 스스로 판단할 권리를 내세우며 자율적으로 사고하는 현대적 지성인이 탄생하는 데 막대한 영향을 끼쳤다.

3.3 사르피와 캄파넬라, 이루어지지 않은 유럽 사상과의 만남

파올로 사르피(1552~1623년)나 톰마소 캄파넬라(1568~1639년) 같은 탁월한 지성인들의 저서들이 남아 있지 않았다면 우리는 반종교개혁 운동과 르네상스 말기 사이에 회의주의 사상이 이탈리아에 도입된 경로에 대해 아무런 정보도 얻지 못했을 것이다. 철학적인 저서들뿐 아니라 생전에 출판한 적이 없는 윤리학적인 성격의 단상 속에서도 사르피는 몽테뉴와 샤롱의 글들을 해석하면서 무엇보다도 실정법이 보편적 정의의 원칙으로 환원될 수 없다는 점에 주목했다. 아울러 사르피는 영혼이 실재에 움직임을 부여하는 동시에 실재의 인상을 감각적으로 전달받아 수동적으로 대응하기 때문에 내면적이고 능동적인 담론이 그릇된 관념을 형성할 때에는 이 관념들이 잘못된 견해와 환상에 가까운 생각, 그릇된 신념, 혹은 고통스러운 결과를 초래할 수 있는 일관성 없는 행동을 유발한다고 보았다. 결과적으로 그는 행복한 삶을 영위하는 기술이 회의주의적인 불신과 에피쿠로스적인 지혜의 조합에 달려 있다고 보았다. 사르피는 이렇게 말했다. "어떤 견해도 무시하지 마라. 당신이 동일한 견해를 지지하는 일이 벌어질 수 있기 때문이다. 어떤 견해도 전적으로 지지하지 마라. 그 견해가 당신을 경멸하고 그 혐오스러운 견해를 다시 지지해야 하는 일이 벌어질 수 있기 때문이다. 인간의 병폐는 학문적인 견해에 있다. 사람들이 진실이라고 주장하는 견해를 좇지 말고 멋지다거나 유용하다고 말하는 견해를 좇아라." 특히 윤리적, 종교적 신념에 대해 사르피는 내면과 외면의 분리라는 원칙과 함께 그가 아끼던 프랑스 저자들이 이론화한 '가면의 윤리'를 그대로 수용하면서 이렇게 말했다. "속으로는 이성에 따라 살고 판단하라. 겉으로는 일반적인 견해에 따라 살고 말하라."

  사르피가 파도바에서 톰마소 캄파넬라를 만난 것은 1593년이다. 사르피가 데카르트의 『방법 서설』 이전의 회의주의에 대한 방대한 연구를 시작하는 데 결정적인 계기를 마련해 주었던 것이 바로 캄파넬라와 그의 저서 『형이상학』 1권이다. 『형이상학』은 캄파넬라가 1602년에 완성한 뒤 몇 번에 걸쳐 수정을 가하며 공을 들였던 저서다. 캄파넬라는 아리스토텔레스의 인식론을 분석하고 비판하면서 그의 인식론이 현실에 적용될 수 없는 학문적인 앎의 개념을 기반으로 구축되기 때문에 회의주의적인 관점에서 난관에 부딪힐 수밖에 없다는 것을 증명해 보였다. 캄파넬라가 서두에서 조목조목 분석하는 회의주의적 의혹dubitationes의 목록은 열네 가지에 달한다. 예를 들어 캄파넬라에 따르면, 인간의 "어떤 감각도 사물들을 있는 그대로 인지하지 못한다." 더 나아가서 이러한

'불건하고 그릇된' 인상들이 앎의 체계 전체를 떠받치는 토대로 기능하기 때문에 개인도 "그의 감각이 인지하는 바에 따라 자신의 철학을 구축할" 수밖에 없는 상황에 놓인다. 아울러 캄파넬라는 일찍이 섹스투스 엠피리쿠스와 키케로가 다루었던 몇몇 주제들, 예를 들어 꿈과 현실의 구분이 불가능하다는 생각, 지혜와 광기의 대조 또는 에우리피데스에게서 차용한 삶과 죽음의 극단적인 대조 등에 특별한 관심을 기울였다. 이어서 이 주제들을 화두로 내세우며 본격적으로 다룬 인물이 바로 데카르트다. 하지만 캄파넬라는 이 주제들을 최대한 광범위하게 다루면서 여기에 독특한 의미, 즉 앎은 곧 '열정passio'이라는 원리를 부여했다. 사실상 회의주의자들에게 안다는 것은 바로 주체가 객체로 '이질화'되기 직전 단계까지 지속되는 극단적인 형태의 '변이trasmutazione'를 의미했다. 회의주의자란 바로 이 '이질화' 과정을 용이하게 하기 위해 '광기'와의 근접성을 강조하며 인간의 앎에 근원적인 의혹의 그림자를 투영하는 존재였다. 캄파넬라가 몇 가지 '의혹'의 주제로 인간적인 '착란'을 다루는 것은 결코 우연이 아니다. "우리가 잠을 자고 착란을 일으키고 죽음의 영역에 머문다는 사실"은 여러 가지 징후를 통해, 무엇보다도 철학적 '착란'을 통해, 아울러 도덕과 종교의 기반을 이루는 '원리'들의 교리 속에서 발견되는 결코 덜 광적이라고 할 수 없는 대립과 부조화를 통해 확인된다.

　캄파넬라가 이 마지막 주제를 다루며 쓴 글은 윤리적 회의주의가 생산해 낸 수많은 담론의 탁월한 요약이라고 할 수 있다. 반면에 여러 종교들 간의 반목과 기괴한 형태의 믿음들에 대한 그의 성찰은 훗날 등장하게 될 자유사상가들이나 초기의 이신론자들, 다시 말해 신학적 분쟁에서 좀 더 명료한 회의주의적 관점을 도출해 냈던 이들의 주장과 논조를 떠올리게 한다. 예를 들어 캄파넬라는 이런 문제를 제기했다. "모두가 자신들의 종교를 통해 구원받을 수 있고 온 세상이 벌을 받으리라고 믿는다. 답은 둘 중 하나다. 신은 모든 종교를 마음에 들어 하거나 아니면 이런 것들에 전혀 신경을 쓰지 않는다. 이 경우에도 모든 것은 착란에서 시작된다."

　캄파넬라의 저서에서 '하나의 완전한 회의주의 이론'을 발견했던 에른스트 카시러Ernst Cassirer는 회의주의를 텔레시오적인 성향의 감각론에 기초한 인식론과 이를 보완하며 완성하는 플라톤적이고 아우구스티누스적인 형이상학, 즉 이데아 이론과 자의식의 확실성에 집중하는 형이상학 사이의 '분쟁'이 낳은 결과라고 보았다. 하지만 르네상스 철학의 마지막 걸작으로 평가되는 캄파넬라의 저서는, 널리 알려질 기회만 잃지 않았다면, 회의주의 철학에 얼마든지 새로운 길을 열어 줄 수 있었을 것이다. 프랑스 과학자 마랭 메르센(Marin Mersenne, 1588~1648년)은 1624년에 출판을 목적으로 캄파넬라의 『형이상학』 수사본을 입수했지만 책을 펴내는 대신 상당량의 텍스트를 번역해 자신의 반회의주의적인 저서 『과학의 진실La vérité des sciences』(1625년)에 포함시켜 출판했다. 메르센은 이어서 그의 친구 데카르트에게 캄파넬라의 『형이상학』을 읽어 보라고 권했지만 데카르트는 『사물들의 의미에 관하여De sensu rerum』와 또 다른 저서들을 통해 캄파넬라를 익히 알고 있었음에도 불구하고 자신의 사상과 사실상 가장 근접했던 책의 독서 제안을 거부하고 말았다. 회의주의 논쟁의 한복판에서 기회가 주어졌을 뿐 근대사상과 캄파넬라와의 만남은 메르센의 표절과 데카르트의 편견으로 인해 이루어지지 못했다.

3.4   회의주의의 유용성: 데카르트와 의혹의 인식론적 전개

먼저 캄파넬라와 함께, 이어서 데카르트를 통해 부각되기 시작한 것은 회의주의가 원래 추구했던 도덕적인 측면이 아니라 회의주의의 인식론적인 측면이다. 회의주의의 근대적인 이미지를 결정지은 데카르트의 『방법 서설』(1637년)과 『형이상학적 성찰Meditationes de prima philosophia』(1641년)에서 회의주의 논제들은 "더 이상 의혹을 품는 것이 불가능하기 때문에" 확실한 것으로 드러나는 명료함에 도달하기 위해 앎이 필요로 하는 변증적 근거로 소개된다. 데카르트와 함께 회의주의는 고대 회의주의자들이 상상조차 할 수 없었던 경지에 도달했다. 역사상 처음으로 외부 세계의 존재라는 문제, 예를 들어 자기 자신의 신체마저도 외부 세계로 간주하는 문제가 분명한 방식으로 제시되었고 이는 곧 직관적 사실주의의 위기라는 결과로 이어졌다. 데카르트는 아울러 회의주의 자체의 '실천불가능성'을 강조하고 회의주의를 순수하게 관념적인 문제로 제한하면서 '판단의 보류'가 원래 지녔던 도덕적 목적을 회의주의와 분리시켰다. 그는 회의주의의 극단적인 입장이 사실상 단 하나의 확실성, 즉 절대적일 수밖에 없는 형이상학적 확실성의 탐구에 종속될 뿐이라고 보았다.

데카르트는 『방법 서설』과 『형이상학적 성찰』 및 『자연적 이성을 위한 진리의 탐구Recherche de la vérité par la lumière naturelle』에서 의혹의 여정을 상세하게 묘사했다. '새로운 피론주의자들'과 마찬가지로 데카르트에게도 회의주의적 의혹의 첫 단계를 구축하는 것은 다양한 문화와 철학자들의 의견 속에서 발견되는 '불균형'의 경험이었다. 다음 단계를 구축하는 요인으로 데카르트는 섹스투스 엠피리쿠스에서 몽테뉴, 산체스, 샤롱으로 이어지는 회의주의 전통에 일종의 양분으로 기능했던 여러 종류의 '불확실'성을 제시했다. 예를 들어 회의주의자가 경험하는 감각의 오류에 대해 데카르트는 "한 번 속인 적이 있는 사람을 전적으로는 신뢰하지 않듯이, 신중해야 할 필요가 있다"고 주장하면서 회의주의자는 사람들이 "아주 간단한 기하학 문제를 다루면서도 착란과 반리에 빠진다는 사실"의 불가해성이나 "꿈과 현실의 명확한 구분을 허락할 만한 확실한 기호나 결정적인 단서는 사실상 존재하지 않는다는 의혹" 등을 경험한다고 설명했다.

회의주의를 다루는 데카르트의 철학적 전략을 보다 구체적으로 보여 주는 것은 의혹의 다음 단계다. 즉, 그의 전략은 다름 아닌 의혹의 형이상학적 확장에 있다. 이러한 특징은 고대 회의주의에서는 결코 찾아볼 수 없는 요소였다. 형이상학적 확장을 통해 사고의 기반으로 정립된 '불확실성' 자체에서 유래하는 것이 바로 가장 기초적인 진실, 즉 "나는 생각한다, 고로 존재한다cogito ergo sum."의 '확실성'이다. 데카르트는 '의혹' 자체를 감각에 기초하는 개념들뿐 아니라 지적인 성격의 개념들 역시 기만과 허구의 세계를 지지할 뿐이라는 식의 의혹으로 발전시키면서 이러한 의혹의 타당성을 설명하기 위해 '신이 허구적인 세계를 창조했을 가능성의 논리'를 제시했다. "모든 것을 할 수 있고 나를 지금의 모습대로 창조한 신이 존재한다면, 이제 누가 내게 이 신이 어떤 땅도 존재하지 않고 어떤 하늘도, 어떤 지평도, 어떤 형체도, 어떤 질량도, 어떤 공간도 존재하지 않는 방식으로, 그럼에도 불구하고 내가 이 모든 것을 느끼고 감지할 수 있도록, 내 눈에 들어오는 그대로 실재하는 것처럼 보이도록 세상을 창조하지 않았다고 장담할 수 있는가?" 이 가설과 함께 데카르트의 '불확실성'은 감각이나 경험과는 거리가 먼 수학적 확실성의 영역으로까지 확대되었다. "신이 내가 덧셈을 하거나 사각형의 면을 셀 때마다 나 자신을 속이도록 세상을 만들었다면?" 이러한 가설들을 통해 '의혹'은 상당히 광범위한 '형이상학적' 영토를 확보하게 된다.

데카르트적인 차원에서 의혹이 간섭하는 것은 사실상 지적 주체의 기원과 주체를 시점으로 구축되는 원인들의 본질이다. 그런 차원에서, 인간을 창조한 신의 '기만'을 가정하는 입장이야말로 가장 고차원적인 회의주의를 구축한다고 볼 수 있다. 이 가정은, 수학적 사고의 개연성에 불확실성의 그림자를 투영하면서, 일반적으로 통용되는 의미론의 형이상학적 원칙들, 즉 우리의 생각이 외부 세계에 대한 경험에서 비롯되며 이 외부 세계가 개별적으로 존재한다는 확신을 위기에 빠트렸다. 데카르트는 전혀 인위적이지 않은 관념들 역시, 심지어는 여기에 상응하는 물리적 현실이 존재하지 않는 경우에도, 전지전능한 신이 우리의 머릿속에 주입했을 가능성이 있지 않은가라고 물었다. 『형이상학적 성찰』의 결론 부분에서 데카르트는 '모든 것을 할 수 있는 신'의 개념에, '의혹'을 지지하는 극단적인 가설의 형태로, '전능한 신 못지않게 교활하며 모든 기량을 발휘해 나를 기만하는 사악한 천재'의 형상을 도입했다. 이 가설이 참일 경우 가져올 결과는 물리적인 세계의 총체적인 해체다. 다시 말해 하늘과 땅은 물론 '모든 외부 사물들'이 '환영과 속임수'로 판명될 것이다. 결과적으로 지적 주체는, 자신의 신체 역시 결국에는 속임수에 불과하기 때문에, 사물들의 모든 의미를 빼앗기게 될 것이다.

『버만과의 대화Entretien avec Burman』에서 데카르트는 고대의 회의주의 철학에 비해 자신의 전략이 훨씬 독창적이라는 점을 충분히 의식하고 있었던 것으로 보인다. '사악한 천재'가 언급되는 문장을 인용하면서 데카르트는 이렇게 기록했다. "나의 의도는 인간을 의혹의 절정으로 몰아 최대한 우유부단한 존재로 만드는 것이다. 그런 식으로 회의주의자들의 일상적인 의혹을 제시하는 것에 머물지 않고 가능한 한 모든 의혹을 제시함으로써 의혹을 뿌리째 뽑으려는 것이다."

데카르트의 경우 중요한 것은 의혹 자체가 아니며, 명확함을 발견할 때조차도 이를 집요하게 놓치고 마는 이들의 '의혹하기 위한 의혹'과도 거리가 멀다. 데카르트는 고대의 회의주의자들이 올바른 의도로 의혹을 끝까지 견뎌 낼 수 있었다면 이들 역시 결국에는 의혹을 극복할 수 있었을 것이라고 보았다. 데카르트가 '의혹'을 심도 있게 분석하고 연구하기 시작했던 것도 바로 그런 이유에서였다. "피론주의자들은 회의주의적 성찰을 통해 결국 아무런 확실성도 얻지 못했지만, 이들의 실패가 곧 확실성의 획득이 불가능하다는 것을 의미하는 것은 아니다." 실제로 데카르트는 의심할 수 없는 가장 기본적인 확실성, 즉 '나'는 생각하므로 존재한다는 확실성을 기반으로 자아와 신과 외부 세계에 대한 지식의 모든 가치를 복원할 수 있는 논리를 발전시켰다. 결정적으로 중요한 역할을 했던 것은 신의 존재와 그의 선한 의지를 증명하는 과정, 무엇보다도 우리의 옳은 생각들, 즉 생각의 객관성과 명료성을 보장하는 존재로서의 신의 진실성을 증명하는 과정이었다.

데카르트는 '회의'를 활용하고 설명하는 방식에 실질적인 변화를 가져왔고 이러한 변화는 다름 아닌 회의주의의 윤리적 차원에 대한 평가에 적잖은 영향을 끼쳤다. 윤리적인 차원에서, 데카르트는 회의주의가 안정과 확실성이 보장되는 결정론적인 사고를 특별히 강한 의지와 결정력이 요구되는 현실 속에서 거부하는 태도라고 보았다. 더 나아가서 데카르트는 회의주의가 윤리관의 방향성을 제시하는 데 전적으로 부적절한 사조라고 생각했다. 그런 식으로 근대에 들어와서 다방면으로 커다란 영향을 끼치게 될 '관점의 전복'이 이루어졌고 다름 아닌 데카르트와 함께 회의주의를 지고의 실천적 지혜로 보는 관점의 결정적인 퇴보가 시작되었다. 데카르트는 회의주의를 실천철학으로 간주하려는

모든 시도가 괴상망측하고 무의미할 뿐 아니라 심지어는 허구적이라는 견해를
가지고 있었다. 회의주의자들의 '교리 없는 삶'에 대한 꿈은 그런 식으로 근대
인들에게 이해할 수 없는 것으로 남았고, 회의주의에 대해서는 의혹으로부터
형이상학적 확실성에 이르는 과정의 필수 요소로서 회의주의가 지니는 이론적
인 정당성만이 잠정적으로 인정되었다.

3.5   의혹의 모든 한계를 벗어나는 회의주의자들: 자유사상가들과 데카르트

현대에 들어와서 데카르트의 철학을 고대의 회의주의 사상과 비교하려는 수많
은 시도들이 있었지만 이러한 차원에서 이루어진 데카르트의 텍스트 분석은
실망만 안겨 주었을 뿐이다. 데카르트는 회의주의를 아주 일반적이고 보편적
인 차원에서만 다루었던 것으로 드러났다. 대부분의 경우 특정 인물의 언급 없
이 간단히 '회의주의자'라는 용어만 사용했고 아주 드문 경우에 한해서만 '아카
데미학파' 혹은 '피론주의자'들을 언급했을 뿐이다. 반면에 예수회 학자 피에르
부르댕Pierre Bourdin과의 논쟁 기록을 살펴보면, 데카르트에게 결정적인 것은 '근
대' 회의주의자들과의 대립, 특히 1630년대에 프랑스에서 회의주의와 고전주
의를 무기로 당대의 철학적, 종교적, 도덕적 신념들을 비판하던 자유사상가들
과의 대립이었던 것으로 드러난다. 이는 데카르트가 회의주의에 접근하는 방
식이 왜 그토록 극단적이었는지 잘 설명해 준다.

 '의혹'을 과도한 방식으로 활용한다는 비난에 답하면서 데카르트는 예수회
신부에게 자신이 원하는 것은 "무신론을 지지하는 회의주의자들의 오류"를 지
적하고 '의혹'에 대한 성찰을 극단적인 단계로 몰고 가면서 "의혹의 모든 한계
를 벗어나는 회의주의자들"을 추적하고 논박하는 일이라고 설명했다. 고대의
회의주의자들에 대해 거의 신통치 않다는 투의 평가를 내린 것과는 대조적으
로 데카르트는 근대의 회의주의자들이 "어느 때보다도 유행하는" 철학을 대변

하는 지성인들이며, 따라서 진지한 고려의 대상이 될 수 없다거나 조롱과 악담을 마음 놓고 퍼부을 수 있는 "폐지된 집단"과는 거리가 멀다고 보았다.

"오늘날의 회의주의자들"에 대해 데카르트가 묘사하는 특징들은 대표적인 자유사상가들 중 한 명인 프랑수아 드 라 모트 르 바이에르(François de La Mothe Le Vayer, 1588~1672년)의 그것과 거의 완벽하게 일치한다. 1630년에 르 바이에르는 오래전에 쓰인 책으로 위장하기 위해 집필 연도를 1506년으로 소개하면서 오라시우스 투베로Orasius Tubero라는 필명으로 『고대인들을 모방하며 쓴 네 편의 대화록Quatre Dialogues faits à l'imitation des anciens』이라는 책을 출판했고 다음 해에 『동일한 저자가 쓴 다섯 편의 대화록Cinq autres Dialogues du mesme autheur』을 출판했다. 이 대화록에서 르 바이에르는 물리학, 윤리학, 논리학 분야의 교리주의 철학이 도입했던 모순적인 논제들을 날카롭게 비판하고 다양한 지역과 시대의 문화와 종교, 윤리관과 정치제도 등을 비교하면서 상대주의적인 관점을 도출해 낸 뒤 이를 바탕으로 인간에게는 사실상 불변하는 진실을 발견할 수 있는 이성적 능력이 주어지지 않았다는 회의주의적인 결론을 이끌어 냈다. 자유사상가들의 회의주의는 반지성주의적인 허무주의의 결과가 아니라 17세기에 전개된 새로운 지식 세계에 대한 지적 호기심의 결과였다. 르 바이에르는 일반적인 '상식'뿐만 아니라 권위를 내세우는 잘못된 경향으로 인해 경직된 교리주의적 철학의 협소한 세계관에 자연의 방대함을 대립시켰다. 그에게 교리주의는 "인간 정신의 거만함과 경솔함"의 표현에 지나지 않았다. 그에게는 교리주의가 마치 "자연은 인간의 지식 외에 어떤 연장성도 가지고 있지 않는다"고 주장하거나 "자연의 행동반경은 전통적인 지식 세계의 한계 외에 다른 어떤 다른 한계도 지니지 않는다"고 설파하는 것처럼 보였다. 철학의 '학파'와 '권위주의'의 악순환을 타파하기 위해 르 바이에르는 주저하지 않고 세계가 무한히 복수적이라는 불편한 가정을 내세우거나 시간의 무한성에 주목하는 세계관을 제시했다.

그러나 교리주의 비판 못지않게 중요한 것은 르 바이에르의 종교 비판이다. 비록 그의 저서들 속에서 '그리스도교적인 피론주의', 즉 회의주의를 신앙의 기반으로 활용하는 경향의 문장들이 많이 발견되는 것은 사실이지만, 그의 대화록들을 통해 드러나는 것은 오히려 '세속적인' 경향, 다시 말해 1630년대 파리의 자유사상가들이 회의주의를 통해 표명했던 뚜렷하게 반종교적인 성향이다. 특히 대화록 『회의주의 철학에 관하여De la philosophie sceptique』에서 르 바이에르는 섹스투스 엠피리쿠스의 저서에서 차용한 '현상'이란 개념을 새롭게 발전시킨 뒤 『신성에 관하여De la divinité』에서 이 개념을 종교와 관련된 모든 현상에 적용했다. 그는 천문학자들이 별들의 움직임을 관찰하면서 '가설'을 세우고 '현상을 설명하듯이' 종교 역시 인간의 윤리에 똑같은 방법을 적용한다고 보았다. "신과 종교에 대해 우리가 이해하는 모든 것은 출중한 인간들이 윤리와 경제와 사회에 대한 그들의 담론으로 죽을 수밖에 없는 인간들의 행위와 생각이 무엇이며 문화적 현상이 무엇인지 설명하고, 이들에게 가능한 한 모순이 없는 삶의 규범을 선사하기 위해 이성적으로 고안해 낸 것에 지나지 않는다." 르 바이에르는 끝내 다음과 같은 결론을 내린다. "사실상 이런 식으로 고안된 종교는 도덕적 현상들phainomenes morales을 비롯해 의심스러운 윤리학의 모든 표피적인 성격을 설명해 주는 하나의 독특한 체계에 지나지 않는다."

이러한 문장들을 토대로 우리는 데카르트가 왜 '무신론을 지지하는 회의주의자들의 오류'를 논박할 필요가 있다고 지적했는지 어렵지 않게 이해할 수 있다. 데카르트는 자유사상가들이 '신'이나 '영혼'처럼 증명할 수 없고 확인도 불가능한 실재들을 거부하고 '현상'을 '기준'으로 정립하는 데에만 집중하면서 종교에 회의주의를 아주 독창적인 방식으로 적용했고, 그런 식으로 고대 회의론자들의 순응주의적인 태도를 극복하면서 교리주의에 빠진다는 비난에서도 벗어났다고 보았다.

여기서 드러나는 것은, 이러한 정황을 배경으로 회의주의를 극단적인 결과로 몰고 간 뒤 이를 해체하려는 데카르트의 의도다. 뒤이어 키르케고르Søren Aabye Kierkegaard가 근대 철학의 엠블럼으로 간주하게 될 "모든 것을 의심해야 한다de omnibus est dubitandum"는 말을 자신의 모토로 수용했던 데카르트는 당대의 자유사상가들이 원래의 계획에 충실하지 못했다는 사실, 즉 끝까지 의혹하는 데 실패했다는 점을 지적하면서 이들이 형이상학적 확실성을 추구했지만 사실은 그

주변을 맴돌았을 뿐이라고 비판했다. 더 높은 단계의 의혹은 더 높은 단계의 진실에 접근할 수 있어야 한다는 것이 데카르트의 생각이었다.

3.6　피에르 벨의 회의주의와 관용

하지만 데카르트가 제시한 확실성은 그리 오래가지 못했고 17세기 후반에 들어서면서 다름 아닌 데카르트에 의해 논쟁의 대상으로 떠오른 새로운 문제들을 논의하며 또 다른 형태의 회의주의가 두각을 나타냈다. 이 포스트-데카르트 시대의 회의주의를 대표하는 인물은 두말할 필요 없이 피에르 벨(Pierre Bayle, 1647~1706년)이다. 프랑스인이었지만 종교적인 이유로 로테르담에서 망명 생활을 했던 벨은 아주 독특하고 자유로운 성격의 지성인이자 언론인이었다. 가장 널리 알려진 벨의 저서는 역사적 주제와 신학적이고 철학적인 문제들을 다룬 『역사-비평적 사전Dictionnaire historique et critique』이다(초판 1697년, 증보 결정판 1702년). 벨은 이 저서에서 극단적인 회의주의와 극단적인 신앙주의가 성공적으로 조합된 형태의 관점을 제시했다. 벨이 피론주의의 주제들을 적용한 곳은 종교개혁 이후에 형성된 근대 그리스도교의 신학적 논쟁이라는 영역이었고 이는 그리스나 로마의 회의주의자들이 고민하던 평온한 성격의 고전주의 논쟁과는 전적으로 다른 것이었다. 벨은 데카르트와 데카르트주의자들을 '교리주의자'로 평가하면서 이들이 단순한 지적 명료함을 의심할 수 없고 불변하는 진리의 기준으로 확대 해석한다고 지적했다. 데카르트주의자들뿐 아니라 개신교 및 가톨릭 신학자들 역시 벨의 이러한 비판적 시각에서 벗어날 수 없었다. 벨은 회의주의를 현상에 대한 지식으로 수용하는 것이 가능하기만 하다면 반신학적이고 반형이상학적인 성격의 회의주의 역시 데카르트를 대체하며 등장한 뉴턴의 새로운 학문과 아무런 문제 없이 공존할 수 있다고 주장했다. 벨은 물리학과 마찬가지로 정치학이나 윤리학도 "이성의 한계 안에서 개연성을 지닌 가설을 세우고 경험을 탐구 대상으로 수용"함으로써 성장할 수 있다고 보았다. 과학과 윤리학 모두 절대적 "확실성" 없이 단순한 '개연성'만을 토대로 생존할 수 있다는 것이 그의 생각이었다. 벨은 "오로지 종교만이 피론주의를 두려워할 만한 이유를 가지고" 있으며 이는 신앙이 "확실성"과 "뚜렷한 확신"을 요구하기 때문이라고 보았다. 『역사-비평적 사전』의 항목 중 하나인 「피론」의 단상 B에서 벨은 이렇게 말했다. "아르케실라오스Arkesílaos 같은 회의주의자가 되살아난다면 우리 신학자들에게는 고대 그리스의 교리주의 철학자들이 느꼈던 것보다 천배는 더 두려운 존재가 될 것이다."

　하지만 회의주의나 회의주의와 신앙의 관계에 대해 벨의 『역사-비평적 사전』이 항상 일관된 설명만 제시하는 것은 아니다. 물론 칼뱅주의 신학자들의 비판에 답하는 「피론주의자들에 대한 해명Eclaircissement sur les pyrrhoniens」처럼 좀 더 체계적인 글에서 벨은 회의주의의 호교론적인 기능을 강조했고 이는 회의주의가 결국 이성적 설명이나 증명이 불가능한 '믿음'을 있는 그대로 받아들이도록 만드는 데 유용했기 때문이다. 하지만 다른 곳에서 벨의 평가는 좀 더 모호하고 복합적인 성격을 드러낸다. 예를 들어 「피론」의 단상 C에서 벨은 칼뱅의 호교론과 파스칼의 자유사상 비판, 자유사상가 르 바이에르의 그리스도교적 회의주의를 모두 동등한 차원에서 다룬다. 반면에 르 바이에르의 다른 문장들을 인용하면서 벨은 "피론주의와 이보다 더 반대되는 것은 없을" 것이라는 평가를 내렸다. 악의 문제를 다루는 글에서도 벨은 신앙과 이성, 성서의 내용과 철학적 논제 사이의 화합 불가능성을 주장하는 것으로 그치지 않았다. 신학적인 입장의 이성적 수호를 포기하는 신앙주의에 주목하는 것으로 그치는 듯이 보이지만 벨은 사실상 해결이 불가능한 악의 문제, 자유의 문제, 예정된 운명의 문제 등을 이성적으로 설명할 수 있다고 주장하는 모든 신학자를 신랄하게 비판했다. 예를 들어 벨은 죄와 구원, 상과 벌을 다루는 신학적인 교리들의 경우, 모순은 이러한 내용을 이해할 만한 지혜가 부족한 상황이나 신앙주의의 경우처럼 이성적 한계를 인정하는 성향에서 발생하지 않고, 오히려 이 교리와 관련된 내용의 수용을 방해하는 정반대 논리들을 적극적으로 활용하기 때문에 발생한다고 보았다. 반면에 벨이 루터를 비롯해 개신교를 대표하는 인물들의 입장을 논할 때에는 여전히 신앙과 이성의 엄격한 분리를 강조하면서 당대의 문화를 근원적인 '선택 불가능성' 앞으로 몰고 가려는 듯이 보인다.

이러한 내용이 회의주의에 대한 벨의 극적인 해석이라면 『역사-비평적 사전』에 수록된 다른 글들은 회의주의에 대한 비평적이고 거의 방법론적인 차원의 평가에 가깝다. 벨은 회의주의자가 "어느 한쪽을 거부하지도 않고 수용하지도 않기" 때문에 일반적으로 교리주의자들이 피하지 못하는 "불편한 어려움"과 "심각하고 무거운 비난, 보복이나 인신공격 등을" 피할 수 있다고 보았다. 회의주의자들은 논쟁 상대가 확실성의 차원을 포기하고 단순한 개연성의 한계 안에 머물 때 스스로를 승자로 간주할 수 있었다. 더 나아가서 회의주의자가 '실천 불가능성'에서 비롯되는 비행동주의 혹은 정적주의에 빠질 수밖에 없다는 전통적인 비난에 대해서도 벨은 현명하게 삶의 양식이란 "사물들의 본질에 대한 추상적인 판단"을 기다릴 필요 없이 "표면적인" 방식만으로도 구체화될 수 있다는 답변을 제시했다. 이처럼 피론주의라기보다는 학문적인 성격의 회의주의에 집중하는 벨의 저서에서 의혹과 신앙의 관계는 필연적인 양자택일이나 배척 관계의 문제로 제시되지 않는다. 구체적으로 설명하면 벨은 의혹을 개연적일 뿐 아니라 잠정적이며 어떤 식으로든 수정이 가능한 확실성만 신앙에 부여하며 지속적으로 유지해야 할 신중한 관리자적 태도로 제시했다. 이러한 신념에 회의주의자들이 부여하는 진실 혹은 현실의 가치는 교리주의자들이 말하는 그것과는 전혀 다르다. 다시 말해 데카르트의 확실성처럼 '실패를 모르는 기준'에서 유래하지 않으며 주관적이고 직관적인 필연성에서 유래한다.

벨이 신학을 다루는 글에서는 극단적인 신앙주의의 흔적 외에도 훨씬 중도적인 형태의 회의주의 양식을 엿볼 수 있다. 벨은 종교적 신념에 하나의 가설에 지나지 않는 견해의 위상을 부여한다. 다시 말해 자연적이거나 문화적인 현상을 설명하거나 수호하는 데 그칠 뿐인 견해의 위상을 부여함으로써 결과적으로는 모든 신학적 체계를 동등하게 가능한 것으로 만들어 버린다. '무한한 도구를 겸비한 무한한 지혜'에 견줄 수 있을 때 모든 신학적 체계는 개연성을 획득한다고 보았던 것이다. 벨은 회의주의가 범주론적인 주장의 적임에는 틀림없지만 한계를 이해하는 중도적인 형태의 신앙과 조화를 이룰 수 있으며, 회의주의를 수용하는 신앙은 여러 가지 상이한 형태의 종교관을 비롯해 벨이 정치적일 뿐 아니라 철학적이고 윤리적인 정당성을 인정하는 무신론자들의 믿음까지도 포용할 수 있다고 보았다.

4

헤르메스주의 전통

4.1 장미십자회

1614년 독일에서 출판된 한 무명작가의 책에는 마지막 부분에 「장미십자회
의 명성Fama Fraternitatis R.C.」이라는 제목의 글이 실려 있었다. 이 글은 일종의 비
밀결사인 장미십자회의 존재를 알리고 지식의 개혁과 인류의 도덕적 혁신을
도모하려는 회원들의 의지를 천명하기 위해 작성된 일종의 성명서였다. 여기
서 저자는 1400년대에 살았던 전설적인 기사 크리스티안 로젠크로이츠Christian
Rosencreutz의 삶과 꿈에 대해, 아울러 그가 어떻게 동방을 수없이 순례하며 아랍
과 유대 현자들로부터 신비로운 계시를 받을 수 있었고, 어떤 식으로 오랫동안
꿈꿔 왔던 정의롭고 이상적인 사회를 건설하기 위해 장미십자회를 창설했는지
에 대해 이야기한다.

　　1615년에는 존 디의 책『상형문자적인 모나드』의 일부가 실린 한 편의 오컬
트 철학 논문과 함께 장미십자회의 두 번째 성명서 「장미십자회의 고백Confessio
Fraternitatis R.C.」이 출판되었다. 동일한 메시지를 「장미십자회의 명성」에서보다 훨

씬 더 열정적으로 전달하는 이 성명서는 영원한 진실을 깨달은 인간의 기여를 통해서만 구현될 수 있는 행복하고 부유하고 정의롭고 지혜로운 사회가 언젠가는 도래하리라고 예견하면서 장미십자회가 계획하는 더 나은 사회를 정초하기 위해 유럽의 신실하고 현명한 지식인들의 협조가 필요하다고 촉구했다.

독일뿐 아니라 유럽에 빠른 속도로 보급된 이 두 편의 성명서는 이 조직의 비밀결사적인 성격을 강조하면서 회원들은 공개적으로 모습을 드러낼 수 없고 장미십자회의 진리도 무식하고 부정직하고 위선적인 인간들에게는 공개될 수 없으며 오로지 소수의 선택받은 자들만이 장미십자회의 이상을 널리 전파하고 구현하는 데 필요한 앎의 세계에 접근할 수 있다고 강조했다.

이 성명서가 묘사하는 정의롭고 계몽된 사회는 평화, 형제애, 박애 같은 그리스도교적 이상이 지배하는 사회였다. 아울러 소수의 지성인들이 이 행복한 사회를 건설하기 위해 받아들여야 하는 것은 본질적으로 하나의 자연철학, 다시말해 아리스토텔레스와 갈레노스의 낡은 이론을 거부하고 마술과 점성술, 연금술과 파라켈수스주의를 수용하는 복잡하고 헤르메스주의적인 우주 해석이었다.

르네상스에서 유래하는 마술과 헤스메스주의 전통 속에서 발전한 자연철학의 관점에 따르면, 천체들은 지상의 사물과 인간의 삶에 직접적인 영향력을 행사하는 실체였다. 우주에 의해 구축되는 대우주의 운동, 힘, 법칙과 인간에 의해 형성되는 소우주의 운동, 힘, 법칙 사이에는 일종의 친화력과 상응 관계가 존재했다. 대우주를 지배하는 법칙들을 이해할 때 대우주가 소우주에 어떤 영향을 끼치는지 예견할 수 있을 뿐 아니라 이를 일정한 방향으로 인도하는 것이 가능했고, 이러한 상관관계를 바탕으로 사물들 간의 관계 및 사물들의 '서명', 즉 사물들이 천체들과 유지하는 형식적인 유사성 속에 각인되어 있는 천상의 실재를 발견할 수 있었다. 세계는 이 서명 같은 상징들로 뒤덮여 있었고 따라서 감춰진 진실을 깨닫기 위해서는 이 상징들을 해석할 줄 알아야 했다.

1600년대에 대우주와 소우주의 조화를 보다 구체적이고 체계적으로 이론화한 연구서들 가운데 주목할 필요가 있는 저서는 파라켈수스주의 의학자 로버

트 플러드Robert Fludd가 1617년과 1621년 사이에 출판한 전집『대우주와 소우주
의 역사Utriusque Cosmi, maiores scilicet et minores, metaphysica, physica atque technica Historia』다. 이 기
념비적인 저서의 출판에 앞서 저자는 장미십자회의 입장을 지지하고 변호하는
일련의 글을 출판한 바 있고 1621년 이후에도 의학, 모세 철학, 연금술 등을 주
제로 방대한 분량의 논문들을 집필했다.『대우주와 소우주의 역사』가 다루는
내용에는 마술과 르네상스 카발라, 파라켈수스의 연금술, 그리고 존 디에 의해
도입된 몇몇 새로운 관점들이 포함되어 있었다.

4.2 유럽의 반응

장미십자회 성명서의 등장은 유럽 전역에서 관련 출판물들의 대홍수를 야기했
다. 비밀결사를 지지하는 지식인들, 종교인들, 학자들은 보통 무명으로 발표하
던 출판물들을 통해 이 단체가 결국에는 정체를 드러내야 할 필요가 있다고 주
장하기도 하고, 때로는 단체에 소속되기를 바라거나 성명서가 밝힌 계획의 변
화나 발전을 요구하는 등 상당히 다양하고 이질적인 주장과 입장을 선보였다.
어느 누구도 공개적으로 자신이 장미십자회의 회원임을 밝히지는 않았지만 많
은 이들이, 예를 들어 로버트 플러드나 미하엘 마이어처럼, 비밀결사에 소속되
고 싶다는 의사를 밝혔다. 물론 이 경우에도 장미십자회의 답변은 어떤 식으
로든 발표되거나 전달되지 않았다. 어떤 이들은 장미십자회의 두 성명서가 요
한 발렌틴 안드레Johann Valentin Andreae를 중심으로 하는 개신교도들의 모임 내부
에서 작성되었을 것이라고 추정했다. 안드레는 장미십자회의 세 번째 성명서
로 간주되던『크리스티안 로젠크로이츠의 화학적 혼인Chymische Hochzeit Christiani
Rosencreutz』의 저자였다. 아울러 첫 번째와 두 번째 성명서의 저자로 지목되던 인
물들은 모두 성명서 집필을 부인하거나 성명서는 일종의 문학적 유희라는 모
호한 답변을 내놓았다.
　한편 열광적인 지지의 분위기와는 달리 장미십자회의 주장이 이단이며 윤리

적이고 종교적인 차원에서 위험하다고 보는 비판적인 입장이, 특히 프랑스에서 대두되었다. 장미십자회의 주장을 신랄하게 비판했던 이들은 예수회 학자 프랑수아 가라스François Garasse, 자유주의 사상가 가브리엘 노데Gabriel Naudé, 그리고 메르센, 가상디Pierre Gassendi 같은 철학자들이었다.

파리에서 조성된 이러한 적대적인 분위기 속에서 1623년에는 장미십자회의 회원들이 파리에 숨어 산다는 소식과 함께 명단을 공개하는 내용의 벽보가 전시되었고 이 명단에는 데카르트의 이름이 포함되어 있었다. 데카르트는 공개적으로 자신이 장미십자회와 아무런 상관이 없다고 선포했다. 파리에 모습을 드러낸 데카르트는 장미십자회의 회원들이 공공연한 '투명인간'들인 만큼 자신이 도시에 나타났다는 것은 곧 장미십자회의 일원이 아님을 증명한다고 주장했다.

4.3 위대한 화합에 대한 기대

장미십자회의 성명서를 통해 표명된 유토피아적이고 계몽주의적인 정신은 두 가지 주목할 만한 특징을 가지고 있었다. 하나는 앞서 살펴본 것처럼 르네상스 신플라톤주의의 마술 및 오컬트 철학과 관련된 지식에 관심을 기울였다는 점이며 다른 하나는 여러 민족, 다양한 교파들 간의 보편적인 화합에 대한 희망을 표명했다는 점이다. 특히 후자의 경우는 당대에 종교전쟁과 정복 전쟁으로 온 유럽이 위기에 빠졌던 만큼 특별한 중요성을 지닐 수밖에 없었다.

종교적 분쟁과 전쟁을 종식하기 위해 보편적 화합을 추구하는 장미십자회의 이상은 모든 그리스도교 교파의 통합을 추구하는 화해신학이나 캄파넬라의 『태양의 도시』를 모형으로 다양한 형태의 이상적인 공화국을 탐색하는 천년왕국설적인 경향과 일맥상통하는 면을 가지고 있었다. 요한 발렌틴 안드레 역시 이러한 관점에서 1619년에 출판한 『그리스도교도시Christianopolis라는 공화국 묘사』를 통해 그리스도교가 적그리스도에게 억압받는다는 사실을 상기시키면서 루터 이후에도 새로운 종교개혁이 필요하며 '그리스도교도시'라는 이상적인 국가의 건설을 위해서는 새로운 개혁이 필수적이라고 주장했다. 얀 아모스 코멘스키Jan Amos Komenský의 범지학pansofia적인 이상도 이러한 구도에 직접적인 영향을 받았다. 코멘스키는 인류가 추구해야 할 완전한 앎이 다양하고 이질적인 학문 분야들의 융합을 동반하며 이러한 앎의 통합이야말로 민족들의 화합과 우주의 평화를 쟁취하는 데 가장 기본적인 요건이라고 보았다. 장미십자회의 발전 과정을 지켜보았던 코멘스키는 『세계의 미로Labyrint světa a ráj srdce』에서 장미십자회의 이상이 무엇이며 성명서의 출판이 불러일으킨 놀라움과 신선함이 무엇인지, 반대로 이에 대한 부정적인 반응과 비판의 내용은 무엇인지, 결과적으로 장미십자회를 열성적으로 지지하던 초기의 분위기가 점점 수그러드는 과정은 어땠는지, 장미십자회의 출현과 함께 새로운 시대의 출범을 기다렸던 이들의 실망은 무엇이었는지 설명했다.

4.4   주요 문헌의 복원

장미십자회의 계획에 포함되어 있던 혁신의 요구는 르네상스 시대에 재발견된 그리스 헤르메스주의 문헌의 전형적인 주제들에 대한 관심의 증폭과 함께 더욱 부각되는 양상을 보였다. 이 그리스 문헌들 가운데 가장 커다란 영향력을 발휘했던 『코르푸스 헤르메티쿰』은 1460년에 피렌체로 들여와 피치노에 의해 라틴어로 번역되었고 1500년대의 르네상스 신플라톤주의 학자들에게 중요한 참고 문헌으로 활용되었다. 하지만 1614년 문헌학자 이삭 카소봉은 양식적-문헌학적 분석을 통해 이 작품이 사실은 그리 오래되지 않은 헬레니즘 시대의 문헌이며 문헌학적인 차원에서 일관성이 없고 무엇보다도 한 명이 아닌 여러 명의 저자에 의해 쓰였다고 주장했다. 이 문헌학적 발견은 헤르메스주의 전통의 퇴보에 결정적인 영향을 끼쳤다. 하지만 르네상스 헤르메스주의는, 문헌학과 무관할 경우, 1600년대에도 마술 분야에서 빈번히 인용되곤 했다.

4.5 키르허, 이집트, 중국

르네상스의 헤르메스주의 전통은『코르푸스 헤르메티쿰』이외에도 이집트 상
형문자에서 헤르메스 트리스메기스토스의 진실을 발견하려고 노력했다. 1500
년대에 몇 번에 걸쳐 증보판이 출판되고 여러 언어로 번역된 호라폴론의『상형
문자』는 1419년 그리스의 안드로스섬에서 발견되었다. 당시에 학자들은 이 책
이 아주 오래전으로 거슬러 올라간다고 믿었지만 실제로는 상형문자 해독을
다루는 헬레니즘 시대의 저서임이 밝혀졌다. 최근의 연구 결과에 따르면 이 책
은 오히려 훨씬 뒤인 기원후 5세기경에 집필된 것으로 보인다. 게다가 이 책의
저자는 상형문자를 순수하게 표의적인 언어로만 해석하거나 상징적인 방식으
로 신비로운 의미 혹은 신성한 기원의 보편적이거나 영원한 진실을 가리키는
언어로 정의하는 오류를 범하고 있었다. 하지만 1500년대의 헤르메스주의자들
에게 호라폴론의『상형문자』는 성경과 다를 바 없는 책이었고, 상형문자에 담
긴 여러 가지 의미를 해독하는 데 꼭 필요한 중요한 문헌이었다.

　상형문자의 신비주의적인 해석과 헤르메스주의 이론은 예수회 신부 아타나
시우스 키르허의 독특한 신비주의 철학을 뒷받침하는 기본적인 요소들이었다.
온갖 종류의 신비주의에 매력을 느꼈던 키르허는 상당한 분량의 저서들을 집필
하면서 밀교적인 지식과 헤르메스주의적인 관점을 외국 문화에 적용하며 문화
적 접목을 시도했다. 외국어와 외국 문화에 대한 정보들을 키르허는 주로 동방
에서 선교 활동을 하고 돌아온 예수회 신부들의 보고서를 통해 얻을 수 있었다.

　키르허는 이집트 문화와 언어에 대해서도 상당히 많은 양의 글을 남겼다. 상
형문자를 기본적으로 잘못 해석했다는 단점이 있지만 후세대는 그를 기꺼이
이집트 문화 연구의 아버지로 받아들였다. 그 이유는 무엇보다도 그가 엄청난
분량의 정보를 제공했을 뿐 아니라 놀라운 양의 상형문자 전사본, 예를 들어
1636년의『콥트 혹은 이집트의 전령 Prodromus Coptus sive Ægyptiacus』, 1643년의『이집트
어의 재구성 Lingua Ægyptiaca restituta』, 그리고 1652년과 1654년 사이에 네 권에 걸쳐
출판된 방대한 분량의『이집트인 오이디푸스 Œdipus Ægyptiacus』등을 남겼기 때문

이다. 이 저서들 속에서 키르허는 상형문자를 르네상스-헤르메스주의적인 방식으로 해석하면서 이를 순수하게 표의문자로 간주하는 결정적인 실수를 범했다. 다시 말해 상형문자는 어떤 개념이나 관념을 직접적으로 표상하는 기호이며 음성문자를 전혀 포함하지 않는다고 해석했던 것이다. 19세기에 들어와서 장프랑수아 샹폴리옹Jean-François Champollion이 밝혀낸 것처럼 상형문자는 단순한 표의문자와는 다르며 이미지들을 간단한 음성기호로 활용한다.

　더 나아가 키르허는 헤르메스 트리스메기스토스가 자신의 신성하고 영원한 진실을 상형문자로 인간에게 알리려 했고 따라서 헤르메스에 의해 아주 오래전에 각인된 원천적인 의미를 이집트어에서 재발견할 수 있다고 보았다.

　키르허가 관심을 기울이며 탐구에 몰두했던 또 하나의 주제는 중국 문화다. 16세기에는 탐험가들과 선교사들뿐 아니라 대부분의 유럽 지성인들이 중국에 커다란 관심을 가지고 있었다. 왜냐하면 그리스도교가 전파되지 않은 상태에서 고유의 문화를 발전시킨 독특한 예였을 뿐만 아니라 성서보다 훨씬 오래된 연대기를 가졌기 때문이다. 당대의 신학자들, 철학자들, 과학자들의 커다란 고민거리 중 하나였던 이 문제를 두고 키르허는 『중국의 기념비China monumentis』에서 중국 문명이 이집트 문명에서 유래하며 아주 오래전에 이집트 식민지를 기반으로 성장했다는 해석을 제시했다.

　키르허는 따라서 중국 문명의 모든 지식이 헤르메스 트리스메기스토스의 원천적인 계시에서 유래한다고 보았다. 『노아의 방주Arca Noë』에서 그는 중국의 표의문자가 이집트의 상형문자에서 유래했고 상형문자를 중국에 도입한 인물이 바로 노아의 아들 함이며 함은 글과 마술의 발명자인 조로아스터와 사실상 동일 인물이라고 주장했다.

　헤르메스주의 외에도 키르허는 상당히 다양한 학문 분야에, 예를 들어 지리학(『지하세계』), 음악(『뮤즈의 예술』), 기계학, 새로운 과학 도구(현미경을 가장 먼저 흑사병 연구에 활용했던 인물로 추정된다), 천문학, 물리학(『자기학』), 의학(『전염병의 물리-의학적 탐구』) 등에 관심을 기울였다. 하지만 당대의 저명한 과학자들과 교류하며 천문학과 물리학의 새로운 발견에 주목했음에도 불구하고 키르허는 여러모로 이전 세기의 과학 개념에서 벗어나지 못했다는 평가를 받는다. 예를 들어 키르허는 갈릴레이와 케플러의 태양중심설을 받아들이지 않았고 튀코 브라헤의 가설만 수용했다.

존재론, 자유, 형이상학 혹은
스콜라주의 전통

/ 스콜라주의 전통과 가톨릭 형이상학

1545년에 시작해 1563년까지 지속된 트렌토 공의회를 전후로 에스파냐에서 탄생한 이른바 '2세대 스콜라주의'라는 사조는 예수회 신부들의 노력으로 유럽 전역에 전파되었지만 1600년대에 들어서면서 이론적인 영향력을 상실하고 대학 강의실에서만 명맥을 유지하는 단계로 접어들었다. 결국 이 사조는 에스파냐와 포르투갈, 이탈리아와 벨기에의 가톨릭 대학 신학과를 터전으로, 아울러 개신교가 지배하던 지역의 대학 철학과를 터전으로 발전했다.

대학에서 주로 가르치던 과목은 아리스토텔레스의 철학과 형이상학이었다. 이탈리아의 파도바와 북유럽에서는 아리스토텔레스의 과학 저서들을 비롯해 『니코마코스 윤리학』을 교재로 사용하기도 했다. 철학을 공부하려면 기본적으로 고대 언어들에 대한 지식이 필요했다. 특히 고전 라틴어를 익혀야 했고 아리스토텔레스의 저서들을 그리스어 원어로 완벽하게 읽을 줄 알아야 했다. 토마스 아퀴나스 역시 읽어야 할 책들의 중요한 저자들 중 한 명이었고 그의 저서들에 대한 당대의 해설서들 또한 필독서로 간주되었다. 이 해설서들은 시간이 흐르면서 좀 더 구체적인 체계를 갖추었고 '아퀴나스 해석'은 결국 대학에서 기초 과목으로 채택되었다.

중세 신학과는 달리 17세기의 스콜라주의 학자들은 신학의 근원에 대해 의혹을 제기하지 않았다. 이들은 신학을 하나의 학문으로 간주해야 하는지, 신학은 형이상학과 명백하게 다른 것인지, 그렇다면 신학에서 탐구하는 대상은 무엇인지에 대해 더 이상 의문을 제기하지 않았다. 물론 14세기에 집필된 철학서들은 17세기에도 계속 보급되었고, 17세기에 논의되던 데카르트의 실존적 확실성에 대한 문제, '신의 기만'이나 '사악한 천재' 같은 핵심 논제 역시 중세의 그레고리오 다 리미니(Gregorio da Rimini, 1300년경~1358년)나 14세기의 오컴주의자들에게서 유래하는 것들이었다. 그러나 17세기 가톨릭 스콜라주의 학자들의 주된 관심은 형이상학이었다. 이들은 아리스토텔레스의 '움직이지 않고 영원한' 우주 모형을 기반으로 창조의 역동성과 가능성에 대해 성찰했다.

이 문제에 대해 가톨릭 스콜라주의자들이 던졌던 질문들은 다음과 같은 두 가지 유형으로 요약할 수 있다. (1) 인식론적인 측면에서, 어떻게 '피조물'이라는 개념을 바탕으로 '존재'에 대해 말하고 이해하는 것이 가능하며, (2) 존재론적인 측면에서, '본질'과 '존재' 사이에 어떤 차이가 있을 수 있는가?

이러한 접근 방식을 도입했다고 볼 수 있는 인물은 프란시스코 수아레스(Francisco Suárez, 1548~1617년)다. 그의 혁신적인 저서 『형이상학 논쟁Disputazioni Metafisiche』에서 수아레스는 형이상학을 더 이상 아리스토텔레스의 철학에 대한 해석의 형태로 다루지 않고 제기된 문제와 해결책에서 도출된 결론들을 하나의 체계 안에 구축하는 방식을 채택했다.

17세기 내내 수아레스의 『형이상학 논쟁』은 대학교수들이 가르치던 형이상학의 표상이자 척도였다. 수아레스는 '존재'의 가장 중요한 특징이 존재할 수 있는 가능성이며 '존재'에 대한 언급이 가능한 것은 이른바 "내재적 특성의 유사" 덕분이라고 보았다. '유사'가 기본적으로 적용되는 영역은 이른바 '초월적인' 개념들, 예를 들어 '통일성', '선의', '진실' 같은 용어들의 영역이며 이 개념들은 존재가 표현될 수 있는 모든 방식 속에 유사한 방식으로 실재하는 특성들의 표현이다. '특성'을 부여할 수 있다는 것은 한 용어가 상이한 의미를 부여하며 이 현실 혹은 저 현실을 가리킬 수 있다는 것을 의미한다. '내재적'이라는 말은 동일한 용어가 여러 가지 사물에 적용될 수 있으며 그 이유는 여러 사물이 형태만 다를 뿐 동일한 현실을 내포하기 때문이라는 것, 다시 말해 여러 사물에 동일한 특성이 내재하기 때문이라는 것을 의미한다.

가톨릭의 형이상학은 수아레스가 선택한 방식, 즉 실재를 있는 그대로 탐구하는 존재론을 특별히 선호하는 경향을 보였다. '존재론ontologia'이라는 용어의 어원은 그리스어에 있지만 이 용어가 처음 등장한 것은 17세기다.

예수회 신부 페드로 우르타도 데 멘도사(Pedro Hurtado de Mendoza, 1579~1641년)는 '실재'가 초월적이며 이를 하나의 개념으로, 즉 추상적인 방식으로 고려할 때에는 개념적 내용 자체와 동일하고 일률적이지만 궁극적으로는 실재의 현실, 즉 개별적인 실재들에 의해 정립되는 다양한 차이로 '축약'된다고 주장했다. '유사'를 지탱하는 것이 바로 이러한 관계였다. 그는 아울러 본질과 존재의 차이가 기본적으로는 인식론적 차이에 불과하며 본질을 개별적 존재와 분리해서 생각한다는 것은 어떤 식으로든 불가능하다고 보았다.

17세기의 철학 논쟁을 통해 널리 알려진 로드리고 데 아리아가(Rodrigo de Arriaga, 1592~1667년)는 형이상학적 차원에서 실재와 피조물의 분리는 순수하게 개념적일 뿐이라고 주장했다. 그는 '유사' 혹은 '일의성'에 대해 논의하는 것이 아무런 의미가 없으며 이들은 동일한 실재의 상이한 이름에 불과하다고 보았다.

끝으로, 토마스주의를 지지하던 몇몇 급진적인 사상가들은 신의 존재와 피조물의 존재 사이에 비율상의 유사성이 존재한다고 주장했다. 이 이야기는 다양한 사물들 사이의 관계성을 바탕으로 여러 사물에 한 용어를 부여할 수 있다는 입장과 일맥상통한다.

/ 몰리나와 바녜스, 은총에 관한 논쟁

후기 스콜라주의를 특징짓는 역사적인 요소들 가운데 하나는 예수회와 도미니크

회 사이에서 벌어졌던 교리 논쟁이다. 가장 치열했던 것은 1500년대 말에서 1600
년대 초반 사이에 벌어진 신의 은총과 인간의 자유에 관한 논쟁이다. 이 논쟁을
이론적으로 뒷받침했던 것은 중세 스콜라주의의 신학 전통, 그리고 독단적 자유
의지에 관한 루터와 에라스뮈스의 논쟁이다. 예수회는 자연적 이성의 자율성 및
신의 은총이라는 차원과 이성의 연속성을 수호한다는 입장을 표명했고 이는 도
미니크회의 반발을 불러일으켰다. 도미니크회의 신학자들은 오로지 신의 은총만
이 인간의 행위와 영혼의 구원 여부를 결정지을 수 있다고 주장했다.

인간의 '자유의지'와 '신의 도움'에 대한 논쟁은 루이스 데 몰리나(Luis de Molina,
1536~1600년)가 1588년 그의 『독단적 자유의지와 은총이란 선물의 조화 *Concordia
del libero arbitrio con il dono della Grazia*』를 출판하면서 시작되었다. 몰리나의 저서에서 부
각되었던 것은 일련의 철학적인 문제들, 예를 들어 신의 예지와 자유의 본성, 인
간의 자유를 뒷받침하는 조건, 이 두 차원의 양립성 같은 문제들이었다. 몰리
나가 시도한 것은 기본적으로 도미니크회 신학자 도밍고 바녜스(Domingo Báñez,
1528~1604년)의 주장에 대한 근본적인 차원의 비평이었다. 바녜스는 특정 행동을
취하는 인간의 자유의지에 직접 관여하며 원인으로 존재하는 것이 신이라고 보
았다. 인간의 독단적인 자유의지는 인간의 선택에 내재하는 불확실성과의 관계
하에서만 생각할 수 있으며 신의 예지 앞에서는 하나의 필연성에 불과하다는 것
이 그의 생각이었다. 그는 이 두 차원이 완벽한 조화를 이룰 수 있다고 보았다. 왜
냐하면 신의 섭리라는 영역 바깥에서는 자유가 주어질 수조차 없고 다름 아닌 신
의 뜻이 인간에게 자유로운 활동을 허락했기 때문이다.

이와는 달리 『독단적 자유의지와 은총이란 선물의 조화』에서 몰리나는 인간의
모든 행위를 결정짓는 유일한 원동력으로서의 신의 개입을 인정하지 않고 신의
개입을 인간의 자유의지와 협력하는 동력으로 간주했다. 신이 창조한 인간은 자
신의 의지대로 결정할 수 있는 존재였다. 몰리나에 따르면, 인간은 자유의지에 따
라 행동하지만 이 행동의 결과를 결정짓는 것은 신이다. 아울러 인간의 자유와 신
의 예지가 양립할 수 있는 이유는, 신이 비록 인간의 자유의지에 따른 행동을 혼
자서 결정하지 않지만 인간의 모든 선택을 가상적인 형태로 인지하는 만큼 인간

에게 결정되어 있는 운명을 부여하지 않고서도 이를 필연적으로 예상할 수 있기 때문이다.

반면에 프란시스코 수아레스는 중도적인 입장을 취했다. 그는 신이 누가 구원을 받을지 미리 결정하지만 그의 예지가 '은총'을 선사할 줄 아는 만큼 결국에는 이 은총이 인간에게 구원을 얻을 수 있는 자격을 허락한다고 보았다. 그런 식으로 신이 은총을 현실화함으로써 인간의 자유와 '일맥상통하는 방식으로' 구원을 실현한다고 보았던 것이다.

이 문제에 대해서는 콜레조 로마노Collegio romano에서 '신학 논쟁'을 담당하던 교수 로베르토 벨라르미노(Roberto Bellarmino, 1542~1621년) 추기경 역시 의견을 피력한 바 있다. 그는 어떤 경우에든 문제의 핵심, 즉 인간의 자유와 신의 은총 사이에는 결속력이 필요하다는 점을 놓치지 말아야 한다고 강조하면서 이 결속력을 보장하기 위해서는 논쟁을 부추기는 불화를 극복할 필요가 있다고 주장했다. 벨라르미노의 태도는 개신교도들의 거센 비판이 가톨릭의 입지를 약화할 수도 있다는 가톨릭교회 지도자들의 우려를 그대로 드러낸다. 한편 바녜스의 지지자들이 몰리나의 저서를 재판에 회부하기 위해 종교재판위원회(1597년)의 구성을 추진했지만 문제는 해결되지 않았다. 이들 간의 논쟁은 계속해서 악화되는 양상을 보이며 오랫동안 지속되었고 1611년이 되어서야 이와 관련된 모든 출판을 금지하는 로마 종교재판소의 칙령이 발표되면서 공식적으로 막을 내렸다. 하지만 이 논쟁의 전통은 완전히 사라지지 않고 형이상학의 보이지 않는 기반으로, 특히 에스파냐처럼 가톨릭 성향이 강한 나라에서 살아남았다.

/ 루터와 칼뱅학파의 형이상학

루터와 멜란히톤의 비판과 거부에도 불구하고 아리스토텔레스의 저서를 읽고 탐구하는 전통은 북유럽에서도 그대로 유지되었다. 가톨릭 형이상학이 커다란 영향력을 행사했던 곳 중 하나가 바로 북유럽이었기 때문이다. 유럽은 신학적인 관점에서 남과 북으로 분명하게 나뉘어 있었지만 이 같은 분리 현상은 학문적이고 이론적인 교류의 차원에서는 그다지 뚜렷하지 않았다. 루터와 칼뱅을 지지하는 상당수의 개신교 신학자들이 이탈리아에서 유학했고, 그에 못지않게 많은 이탈리아 학자들이 북유럽으로 이주해 파도바에서 이루어진 아리스토텔레스 철학의 연구 성과를 전파하는 데 일조했다.

개신교 대학의 형이상학 연구는 존재를 있는 그대로 탐구하는 학문 '형이상학'과 신을 탐구하는 학문 '신학'의 명확한 분리를 고집한다는 특징을 가지고 있었다. 이러한 방식의 탐구 경향이 구체화되고 세분화되는 내내 교과서 역할을 했던 것은 바르톨로메우스 케커만(Bartholomeus Keckermann, 1572~1609년)의 『형이상학 요강要綱Scientiae metaphysicae compendiosum systema』이다. 이 책에서 케커만은 형이상학을 '실재와 차별화'의 관계가 아니라 '본질과 속성'의 관계를 바탕으로 설명했다. 반면에 스콜라주의를 지지하는 루터학파의 창시자이자 로스토크에서 교수로 활동했던 코르넬리우스 마르티니(Cornelius Martini, 1568~1621년)는 철학을 공부하는 것이 신학에 유용할 뿐 아니라 지식이야말로 정신을 영광으로 인도하는 길이라고 가르쳤다.

네덜란드에서는 칼뱅학파의 스콜라주의와 가톨릭 스콜라주의가 모두 강세를 보였고 스콜라주의를 데카르트의 새로운 철학과 상반되는 것으로 보는 경향이 강하게 나타났다. 데카르트의 『형이상학적 성찰』에 대한 지대한 관심과 탐구의 노력 역시 이러한 차원에서 이루어졌다고 볼 수 있다.

데카르트 철학에 처음으로 반론을 제기했던 인물은 네덜란드 스콜라주의를 대표하는 신학자 요하네스 카테루스(Johannes Caterus, 1597~1641년)다. 하지만 이 네덜란드 신학자와 데카르트 사이의 논쟁은 듣지 못하는 이들의 대화나 다를 바 없었다. 카테루스는 『형이상학적 성찰』을 읽으면서 데카르트를 아무렇지도 않게 토마스 아퀴나스와 비교했지만 사실상 데카르트의 철학이 스콜라주의자들과 정반대되는 입장을 형성했던 이유는 전자가 과학적 경험과 형이상학적 경험의 구분을 바탕으로 구축되었던 반면 후자는 이 두 영역의 통합을 꾀했기 때문이다.

/ 논리학

17세기에 대학에서 가르치던 논리학은 언어의 철학적 분석에 치중하는 경향이
강했고 바로 그런 이유에서 형식논리학의 발전은 사실상 기대하기 힘들었다. 논
리학 강의에 주로 사용되던 원전은 아리스토텔레스의 『오르가논』이었던 반면 14
세기에 형성된 형식논리학의 위대한 유산은 망각되거나 잘못된 방식으로 전수되
었다.

   논리학의 기초는 무엇인가라는 문제를 두고 대부분의 17세기 학자들은 논리
학이 지성에 의해 형성되는 개념들을 토대로 이루어지며 '심리논리학적인' 기반
을 지닌다고 생각했다. 따라서 문장 안의 용어들이 사물에 어떤 식으로 관여하는
가라는 문제보다는 말들과 소통 혹은 개념적 이해의 관계를 더 중시했다. 대부분
의 논리학자들은 의미 작용과 '가정suppositio'을 구분하지 않았다. '가정'은 중세 스
콜라주의 논리학에서 한 용어가 한 문장에서 무언가를 가리키며 수행하는 대체
기능을 의미했다. 하지만 17세기의 논리학자들에게 '가정'은 단지 무언가의 이름
을 사용하는 것에 불과했다.

   이와 상반되는 해석을 제기했던 인물은 성 토마스의 주앙(João de São Tomás,
1589~1644년)이다. 토마스 아퀴나스의 사상을 총망라하며 세밀하게 설명하는 그
의 저서 『토마스주의 철학 강의Cursus philosophicus thomisticus』에서 주앙은 한 용어가 문
장 밖에서 보유하는 특성을 '자연적 가정'이라는 토마스 아퀴나스의 개념을 토대
로 설명했다. 이 개념은 보편적인 진리를 다루는 문장과 관련하여 특별한 중요성
을 지닌다. 예를 들어 '베드로는 인간이다'라는 문장은 감각적 실재를 바탕으로
확인할 수 있는 문장이 아니다. 이 문장은 오히려 '자연적 가정'을 통해, 즉 이 문
장이 지칭하는 존재가 무시간적이라는 사실을 토대로 확인된다. 다시 말해 '베드
로'라는 이름은 한때 존재했던 '인간' 베드로를 가리킨다. 성 토마스의 주앙은 더
나아가서 현대의 언어철학을 떠올리게 하는 상당히 세분화된 기호 이론을 발전
시켰다.

근대의 형이상학

존재론과 형이상학

'존재론'과 '형이상학'이라는 용어는 모두 아리스토텔레스가 처음으로 연구한 학문을 지칭하는 철학 용어로 활용되지만 이 용어들을 아리스토텔레스가 직접 사용했던 것은 아니다. 널리 알려진 바와 같이 '형이상학Metafísica'은 아리스토텔레스가 제1철학이라고 부르던 학문, 즉 '자연phýsis'에 속하는 원리들뿐 아니라 자연을 초월하는 원리들을 바탕으로 존재 자체의 우선적인 원인을 탐구하고 밝혀내는 학문을 설명하며 쓴 책에 고대의 편집자들이 부여했던 이름이다. '형이상학'이라는 제목을 가장 먼저 사용한 인물은 기원전 1세기 로도스의 안드로니코스Andrónikos이며 물리학physica 뒤에meta 온다는 뜻이다.

반면에 '존재론ontologia'이란 용어는 야코프 로하르트Jacob Lorhard가 1606년에 출판한 『8종 학과Ogdoas scholastica』에 처음으로 등장하는데, 어떤 특별한 형태의 실재가 아니라 실재 일반on-óntos을 탐구하는 학문, 즉 아리스토텔레스가 '실재로서의 실재'라고 부른 것을 탐구하는 학문을 가리킨다. '존재론'이라는 용어 자체는 원래 형이상학 분야에서 '영혼', '세계', '신'과 같은 특별한 실재들을 다루는 특수 형이상학과 실재로서의 실재를 다루는 일반 형이상학을 구분할 목적으로 사용되었다.

근대의 형이상학

고대와 중세 이후 철학적 학문으로서의 형이상학을 근대에 들어와서 재개한 인물은 예수회 신학자 프란시스코 수아레스다. 수아레스는 아리스토텔레스의 『형이상학』에서 영감을 받아 집필한 『형이상학 논쟁』에서 형이상학을 존재 일반에 관한 학문, 즉 부정형의 추상적이고 보편적인 본질(초월적 존재론)을 다루는 학문으로 보았다. 이 보편적 본질이 특별한 방식으로 정형화된 형태가 바로 다양한 현실이었고 이 현실을 구성하는 것은 기본적으로 무한한 존재, 즉 신과 유한한 존재, 즉 피조물이었다. 그런 식으로 신은 존재 이유가 완전한 방식으로 설명되는 특별한 실체로 간주되었고 형이상학은 존재를 대상으로 하는 일반 형이상학과 신을 대상으로 하는 특수 형이상학으로 분리되는 양상을 보이기 시작했다.

데카르트와 라이프니츠Gottfried Wilhelm Leibniz가 각각 『형이상학적 성찰』과 『형이상학에 관한 담론Discours de metaphysique』을 통해 특수 형이상학, 즉 영혼과 신을 다루는 학문으로서의 형이상학을 발전시킨 반면, 크리스티안 볼프(Christian Wolff, 1679~1754년)는 그가 '존재론'이라고 부르는 일반 형이상학과 영혼을 다루는 이성적 심리학으로서의 특수 형이상학, 세계를 다루는 이성적 우주론, 신을 대상으로 하는 이성적 신학을 구분했다. 이러한 분류법을 바탕으로 칸트(Immanuel Kant, 1724~1804년)는 일반 형이상학을 모든 지식의 가능한 조건을 탐구하는 학문으로, 특수 형이상학을 어떤 경험적 바탕도 없는 학문으로 이해했다.

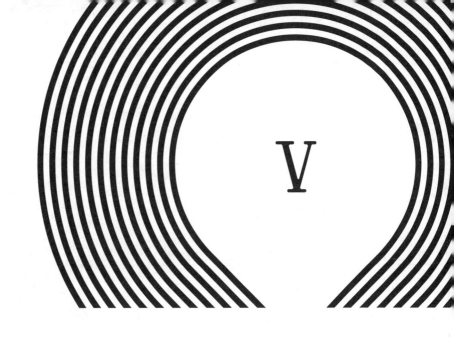

V

철학과
방법론

La filosofia
e le sue storie

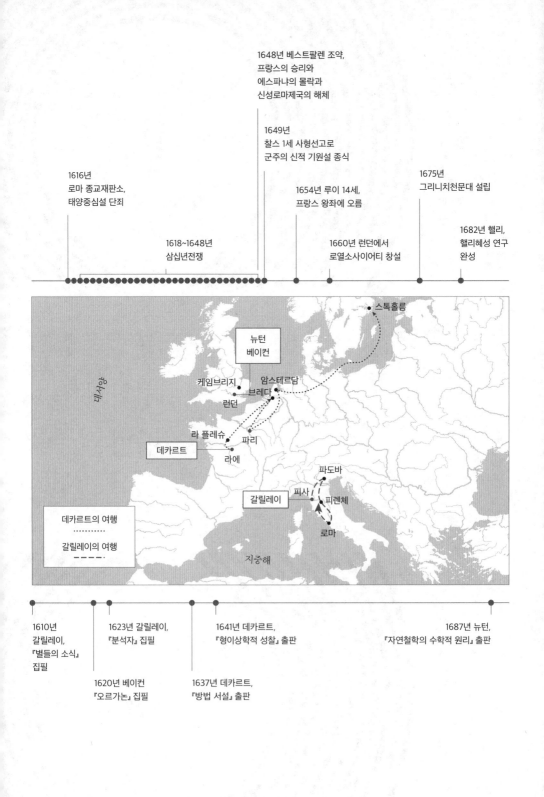

1648년 베스트팔렌 조약,
프랑스의 승리와
에스파냐의 몰락과
신성로마제국의 해체

1649년
찰스 1세 사형선고로
군주의 신적 기원설 종식

1616년
로마 종교재판소,
태양중심설 단죄

1675년
그리니치천문대 설립

1654년 루이 14세,
프랑스 왕좌에 오름

1682년 핼리,
핼리혜성 연구
완성

1618~1648년
삼십년전쟁

1660년 런던에서
로열소사이어티 창설

뉴턴
베이컨

케임브리지
런던

암스테르담
브레다

스톡홀름

대서양

라 플레슈
파리

데카르트

라에

파도바

피사

갈릴레이

피렌체

로마

데카르트의 여행 ·············
갈릴레이의 여행 — — — ·

지중해

1610년
갈릴레이,
『별들의 소식』
집필

1623년 갈릴레이,
『분석자』 집필

1620년 베이컨
『오르가논』 집필

1641년 데카르트,
『형이상학적 성찰』 출판

1637년 데카르트,
『방법 서설』 출판

1687년 뉴턴,
『자연철학의 수학적 원리』 출판

16세기는 코페르니쿠스의 발견이라는 폭풍이 몰아친 세기였다. 하지만 17세기 초반에 들어서면서 코페르니쿠스의 이론은 서서히 정립되는 양상을 보였고 실험을 통해 증명되거나 점점 더 효과적으로 발전하는 과학적 방법론의 구체화를 통해 보다 뚜렷한 윤곽을 드러내기 시작했다. 갈릴레이는 망원경을 사용해 토성의 고리, 목성의 위성 같은 전대미문의 천문학 현상들을 관찰했고 완벽을 상징하던 태양 같은 천체에도 흑점 같은 결함이 있다는 것을 발견했다. 학자들은 당대에 상식으로 간주되던 견해들을 뒤엎기 위해 새로운 탐구 방식을 모색했고 의혹을 논리적 사고의 약점이 아닌 강점으로 간주하기 시작했다. 데카르트는 있는 그대로의 모습으로 분명하게 인식될 수 없다면 어떤 것도 사실로 받아들이지 않겠다는 굳은 신념으로 철학에 임했다. 데카르트처럼 학자들은 방법 자체가 '이성적'이라는 생각을 바탕으로 사유 자체의 메커니즘 속에서 우주의 질서를 해명할 수 있는 법칙을 발견하기 위해 노력했고 결과적으로 인간은 본유적인 원리를 바탕으로 세계를 인지하고 이해한다는 생각이 싹트기 시작했다. 혹은 방법론을 '경험적'으로 해석하며 프랜시스 베이컨처럼 경험과 실험에 의존하기도 했고 "나는 가설을 세우지 않는다 hypotheses non fingo"고 말한 뉴턴처럼 순수하게 연역적이거나 관찰과 실험의 결과를 바탕으로 하지 않는 모든 이론을 거부하기도 했다. 17세기에 이성주의와 경험주의의 대립 현상이 두드러지게 나타났던 것도 바로 이러한 이유에서였다. 그러나 이러한 구분은 종종 지나치게 획일적인 것으로 드러난다. 예를 들어 갈릴레이는 분명히 경험주의적 관점에서 하늘을 관찰했고 훨씬 더 명백하게 경험주의적인 차원에서 무거운 물체의 낙하를 연구했지만, 동시에 전적으로 이성주의적인 차원에서 우주가 숫자로 쓰여 있으며 수학이 우주의 법칙을 표상할 수 있다고 믿었다. 하지만 관건이 인식과 지식의 문제일 때 이성주의자들과 경험주의자들은 확연히 대립하는 양상을 보였다.

　과학적 발견의 명백하고 새로운 결과에도 불구하고, 사람들은 세계를 눈에 보이는 현상들만의 거대한 극장으로, 지식을 시각적인 명료함에 좌우되는 영역으로 간주했다. 사실상 동일한 유형의 관점과 감수성이 17세기의 가장 환상적이고 인위적인 표현들을 지배했다. 시각적인 세계의 경이로움에 대한 학구적이고 철학적인 차원의 열광은 표면적인 것과 속임수를 높이 사는 경향으로 이어졌다. 대조적이고 상반되는 것들을 통한 수사적 유희와 환영, 왜곡된 표현들, 빛과 그림자의 유희 등이 과도하게 발전했고 지극히 진지한 과학자들도 뉴턴처럼 마술에 연연하는 모습을 보였다. 하지만 이 모든 것은 인지력의 다양성을 실험하는 방법인 동시에 세상을 바라보는 다채로운 관점으로 기능했다.

　17세기의 사유를 지배했던 것은 무엇보다 우주를 더 이상 전통적인 지식에 얽매이지 말고 전적으로 새롭게 정의하기 위해 새로운 탐구 방식을, 그것이 이성적이든 실험적이든 간에, 찾아내야 한다는 생각이었다. 공동 연구 역시 이러한 새로운 방법론 가운데 하나였고 방법론과 실험도 다방면에서 협력 관계를 유지했다. 탐구가 발견과 실험을 바탕으로 진행되는 만큼 탐구의 결과들도 비교와 토론을 거쳐 검증되어야 했다. 정치권과 교회 지도자들은 새로운 지식과 사상의 전파를 방해하거나 장악하기 위해 수단과 방법을 가리지 않았다.(이러한 간계의 희생자들이 바로 갈릴레이와 데카르트였다) 하지만 과학자들과 철학가들은 끊임없이 서신을 주고받으면서 서로에게 자신들의 연구 결과를 알렸고, 사실상 이러한 소통의 문화가 무르익으면서 과학 아카데미들이 탄생했다.

　아울러 17세기는 과학과 과학 서적 출판에 종사하는 유럽인들의 수가 놀랍게 증가한 세기였다. 과학과 기술은 경제적인 차원에서도 높은 위상을 확보하며 유럽 지성인들의 삶 속에서, 특히 탐구 및 실용 과학과 연관된 분야들, 예를 들어 금속학, 정밀기계 제작, 실용 화학, 지도 제작, 대포 제작 같은 분야에서 중요한 역할을 담당했다. 체계적인 관찰과 실험적인 탐구는 망원경이나 현미경처럼 새롭고 좀 더 진보한 도구들을 활용하면서 발전했다. 실험의 발달과 함께 수학을 실용 과학에 적용하려는 경향이 생겨났고 다양한 현상들에 대한 상세한 정보를 얻기 위해 측량과 관찰 기록을 선호하는 경향이 나타났다. 통계학의 탄생과 분석 기하학 및 미적분학의 성공 덕분에, 아울러 운동 현상 및 빛의 특성을 수학적 언어로 환산하려는 경향 덕분에 수학은 완전히 새로운 방향으로 발전할 수 있었다. 이러한 과정은 1687년 뉴턴의 『자연철학의 수학적 원리』출판과 함께 정점에 달했다.

1

베이컨에서 뉴턴에 이르는
철학과 과학의 방법론

1.1 근대적인 문제로서의 과학적 방법론

'방법론'이라는 문제는 근대의 교차로였다. 이 교차로를 기점으로 근대적인 과학과 철학의 모든 길이 때로는 평행선을 그리고 때로는 어긋나며 뻗어 나갔다. '방법'이라는 말 자체는 오래되었지만 '방법론'은 전적으로 근대적인 문제였다. 플라톤에서 유래하는 이 용어는 모든 것이 이루어진 뒤에, 다시 말해 모든 것이 구체화되고 데카르트의 『방법 서설』(1637년)이 출판된 뒤에 영광의 순간을 맞이했다. 그 이전에 과학적 방법론은 진실에 도달하기 위한 과정이 아니라 프랜시스 베이컨처럼 '새 오르가논', 즉 새로운 논리학에 대해 이야기하거나 일련의 연구 과정, 예를 들어 갈릴레이가 언급했던 '의미 있는 경험' 혹은 '증명'에 대해 이야기하는 담론에 가까웠고 이어서 이러한 경험들이 모여 '방법적'이라고 평가할 수 있는 과학적 지식의 세계를 창출해 냈다. 하지만 이처럼 결코 한 인물의 공으로 돌릴 수 없는 다수의 업적은 데카르트의 저서가 승리를 거머쥐면서 정당한 평가를 받지 못한 채 뒷전으로 밀려나고 말았다. 방법론적 체계의 형성에 일조한 과학자들 모두의 업적은 결코 획일적이지 않았고 오히려 강한 대립과 뚜렷한 차이가 특징이었음에도 불구하고 과학의 도래를 하나의 승리로 묘사하는 일상적인 수식어에 묻혀 과소평가되고 말았다. 과학은 베이컨의 것이었던 동시에 갈릴레이와 데카르트의 것이었고 결국 뉴턴의 것으로 천명되었지만 이들 사이의 대립이 실제로 얼마나 대단한 것이었는지에 대해서는 간과하는 것이 여전히 일반적이다.

근대과학의 도래는 빠른 속도로 이루어졌지만 설명이 불가능한 기적과는 거리가 멀다. 아리스토텔레스의 과학 개념이 위기를 맞는 과정은 오히려 길고 험난했다. 과학혁명의 주인공들은 아리스토텔레스주의와 스콜라주의를 비난하며 다양한 표현을 사용했다. 베이컨은 경험주의자들을 개미에, 이성주의자들을 거미에 비유했고 갈릴레이는 아리스토텔레스주의자들이 별들을 관찰하는 것보다 독서를 선호한다고 지적했다. 데카르트는 대학에서 교수들이 가르치던 모든 내용의 혐오스러운 공허함을 끊임없이 비판했다. 그럼에도 불구하고 아리스토텔레스주의는 16세기까지 대학의 교과과정을 통해 명맥을 유지하며 잠재력을 과시했다. 과학적 방법론은 이미 14세기부터, 특히 기계학과 실용 과학 분야에서 다양한 형태로 발전했지만 인식론적 구도 자체에 변화가 일어나기 위해서는 아리스토텔레스주의 전통과의 인식론적 단절이 필요했다. 이 단절은 17세기 초가 되어서야 구체적인 현상으로 드러나기 시작했다.

1.2 베이컨 혹은 귀납법과 자연의 지배

과학적 방법론을 처음 제시한 인물로 널리 알려진 베이컨의 저서에서 '방법적'이라고 평가할 만한 과학적 발견의 흔적을 찾아볼 수 없다는 것은 상당히 아이러니한 일이다. 아울러 그가 근대과학의 가장 혁신적인 분야였던 천문학을 멀리했다는 점이나 코페르니쿠스 이론을 지속적으로 거부했다는 사실에서 우리는 그가 당대 유럽 문화의 지배적인 성향과 어떤 면에서는 상반되는 방향으로 나아갔음을 엿볼 수 있다. 그럼에도 근대 유럽 문화에서 베이컨이 확고부동한 위치를 점할 수 있었던 것은 경험과 과학의 밀접한 연관성, 따라서 과학과 기술, 과학과 사회의 밀접한 연관성에 대한 그의 뚜렷한 인식 때문이었다. 베이컨에 따르면 과학은 사물들에 대한 순수하고 관조적인 성찰이 아니라 자연을 직접 관찰함으로써 자연에 개입하기 위한 도구들을 자연으로부터 얻어 내는 학문이었다.

베이컨의 방법론은 『새 오르가논 *Novum Organum*』(1620년)의 상당 부분을 차지하는 귀납법 설명을 통해 전모를 드러낸다. 베이컨에 따르면 귀납법은 경험적인 사실을 관찰하는 단계에서 일정 현상을 설명할 수 있는 추상적이고 보편적인 원리들을 표명하는 단계에 이르는 논리적 여정을 말한다. 베이컨은 귀납법의 아리스토텔레스주의적인 구도와 자신의 관점이 상당히 다르다고 강조하면서 근본적인 차이점은 아리스토텔레스도 인정한 바 있는 경험을 좀 더 중시하는 데 있지 않고 경험에서 출발해 앎의 일반적 원칙으로까지 거슬러 올라가는 방법에 있다고 설명했다. 베이컨은 아리스토텔레스주의자들의 천진난만한 감각주의가 선험주의적인 이성주의 못지않게 위험하다고 보았다. 사실상 이 두 극단적인 입장의 중재를 도모하는 것이 17세기에서 18세기에 이르는 모든 방법론적 성찰의 핵심이었다. 따라서 베이컨에게 중요한 것은 경험적 사실을 추상화한 뒤 근본적인 원리를 향해 곧장 '날아가는' 것이 아니라 이를 일련의 방법론적 과정을 통해 참을성 있게 연구하는 것이었다.

베이컨은 개미처럼 질료를 모으는 데만 열중하거나 거미처럼 경험과는 무관하게 혼자만의 힘으로 성찰의 거미줄만 짜는 것은 과학자의 일이 아니라고 보았다. 오히려 경험 자체에 대해 질문을 던지면서 이를 활용해 벌처럼 무언가 새로운 것을 만들어 내는 것이 과학자였다. 베이컨은 과학자가 정형화된 지식을 맹신할 수 없으며 현혹적이지만 보잘것없고 정신을 황폐하게 만드는 '우상'을 믿을 수도 없다고 보았다. 뭐랄까, 베이컨의 실험 정신은 무언가를 계획하고 구축하려는 성향을 지닌다. 이것이 바로 그의 사유를 이전 세대의 다양한 경험주의와 구별 짓는 요소라면 이를 가장 잘 드러내는 것은 그가 『새 오르가논』에 상세하게 예시한 바 있는 전적으로 새로운 실험 모형이다. 대표적인 예들 가운데 하나는 베이컨이 귀납적인 과정을 상세히 묘사하면서 열기의 기초 요소들을 탐구하는 열기의 '형태' 실험이다. 베이컨의 귀납법은 단순히 경험적인 사실들을 망라하는 데에 그치지 않고 열기를 결정짓는 요인들의 실재 혹은 부재를 조명하는 특별한 도식을 활용하며 구체화된다. 무엇보다도 제외 기능이 중요하다. 즉 귀납법은 원인을 규명하려는 현상이 현상의 일부를 차지하는 어떤 특정 요인의 부재와 무관하게 발생할 경우 그 요인을 제외하는 기능을 한다. 이에 못지않게 중요한 것은 '결정적인 실험'이라는 개념이다. 이는 동일한 현상을 설명하는 다양한 이론들 사이의 불균형을 확실하게 해결할 수 있는 실험을 가리킨다.

이런 식으로 베이컨이 제시한 것은 실험적 방법론의 모형이었다. 베이컨의 방법론은 여전히 기초적인 단계에 머물러 있었지만 17세기가 흐르는 동안 과학의 여러 분야에서, 특히 천문학적 발견이 애초에 영향을 끼치지 못했던 화학이나 지리학, 생물학 같은 분야에서 다양한 형태로 발전했다. 그의 방법론 못지않게 지대하고 결정적인 영향력을 발휘했던 것은 '자연의 지배'라는 개념이다. 이는 곧 과학의 우선적인 목표가 자연을 지배하는 데 있으며, 중요한 것은 자연적 사물에 대한 단순하고 수동적인 지식이 아니라 새로운 것을 만들어 내는 자연적 창조의 차원이라는 것을 의미한다. 베이컨의 사유에는 프로메테우스적인 영감이 깃들어 있었다. 자신의 방법론적 구도가 지니는 실용적인 측면의 필연성을 직감했던 베이컨은 과학적 탐구가 다방면에서 다수가 기울이는 노력의 통합을 통해 대규모의 공공사업으로 발전할 것이며 그런 의미에서 국가의 경제적 지원을 필요로 하게 되리라고 예견했다. 사실상 경험과 과학의 결속, 결과적으로 과학, 기술, 정치, 사회 간의 결속은 이미 구체적으로 현실화되고 있었다. 이어서 근대와 현대의 역사는 이러한 결속과 통합의 과정을 계속해서 강화하고 더 이상 분리시킬 수 없는 것으로 만들게 된다.

1.3 갈릴레이와 우주라는 책

갈릴레오 갈릴레이(1564~1642년)와 함께 시작된 진정한 의미의 과학혁명은 훨씬 더 발달된 방법론적 성찰과 혁신을 향한 응집력을 바탕으로 불과 몇 년 사이에 아리스토텔레스주의적인 자연철학의 구도를 완전히 뒤엎는 데 성공했다. 물론 이러한 변화를 뒷받침하는 개별적인 요소들은 사실 이전 세대에 이미 구체적인 현실로 드러나 있었다. 수학의 부활과 실용 과학의 발달, 장인들의 세계와 이들이 사용하는 기계들에 대한 관심의 증가, 과학적 탐구의 경험적인 측면과 실험의 중요성 부각 등을 예로 들 수 있을 것이다. 하지만 갈릴레이는 이러한 다양한 요소들을 더 이상의 분리가 불가능하도록 융합하면서 관점의 변화에 따라 뒤바뀔 수 있는 여지가 결코 용납되지 않는 체계를 구축하는 데 성공했다.

  갈릴레이는 현실의 수학적 구조에 대한 순수하게 플라톤적이거나 피타고라스적인 관점만으로는 새로운 자연과학의 길을 마련하기 힘들다고 생각했다. 물론 갈릴레이가, 『세계의 양대 체계에 관한 대화 *Dialogo sui massimi sistemi del mondo*』 (1632년)의 서두에 언급했던 것처럼, 이 고대 철학자들의 가정과 관점로부터 정말 아무것도 얻을 수 없다고 생각했던 것은 아니다. 갈릴레이의 입장에서 결정적인 것은 무엇보다도 수학이, 그만의 실험주의적인 차원에서, 탐구와 함께 경험적인 증명의 경로를 거쳐야 한다는 것이었다. 갈릴레이에게 실험이란 실험을 통해 재구성이 가능한 특정 현상들을 분리시켜 이 현상들로부터 그것과 관련된 수학적 법칙을 도출하는 과정을 의미했다. 실험은 단순해야 했다. 왜냐하면 자연법칙이란 단순하고 보편적이며 반복 적용이 가능하고, 왜곡과 수량화가 가능했기 때문이다. 이러한 특징들은 모두, 갈릴레이를 통해, '과학적'이라고 불릴 수 있는 모든 실험의 특징으로 자리 잡았다.

  갈릴레이가 가져온 혁신은 아리스토텔레스와 아리스토텔레스주의가 수학과 물리학 사이에 선을 그으며 설치한 장벽을 허물면서 이루어졌다. 수학은 정확하지만 추상적인 과학이었고, 물리학은 실제의 사물들을 다루지만 바로 그런 이유에서 불완전할 수밖에 없고 인식론적인 차원에서 근사치에 의존해야 한다는 특징을 가지고 있었다. 하지만 결정적인 역할을 하는 것은 수학이었다. 갈릴레이는 그 이유로 수학의 다음과 같은 특징들을 제시했다.

(1) 수학은 참된 논리의 모형으로 기능한다.

(2) 수학은 과학적인 언어뿐만 아니라 탐구해야 할 대상 자체를 제공한다.

(3) 수학은 자연적 사물들의 실질적인 본질을 구축한다.

첫 번째 특징을 설명하는 갈릴레이의 입장은 사실상 16세기에 아주 일반적이었던 과학자들의 성향, 즉 수학의 절대적인 우위를 인정하는 성향에서 크게 벗어나지 않는다. 이러한 입장은 당대의 몇몇 아리스토텔레스주의 철학자들에게서도 찾아볼 수 있다. 예를 들어 예수회 수도사들이 공부하던 『교과과정*Ratio studiorum*』의 저자 크리스토포루스 클라비우스 역시 수학을 가장 중요한 학문으로 간주했다.

두 번째 특징 역시 물리적 현상을 좀 더 명확하게 이해하는 데 필요한 추상적이고 수학적인 모형을 찾는다는 점에서 과학 지식의 전통적인 구도와 일맥상통하는 면이 전혀 있다.

하지만 세 번째 요소를 설명하기 위해서는 지금까지 언급한 배경과 완전한 결별을 고해야 한다. 이 세 번째 요소야말로 갈릴레이가 그의 『분석자』(1623년)를 통해 이루어 낸 진정한 의미의 진보라고 할 수 있다. 『분석자』에서 갈릴레이는 먼저 우주를 '수학적 언어로 쓰인' 한 권의 책으로 정의한 뒤, 질료나 몸체를 지닌 실체의 특징들 가운데 우리가 인식할 수 있는 유일한 것은 질료의 기하학적이고 수량화가 가능한 특징들이지 주관적인 감각을 통해 즉각적으로 감지되는 냄새나 색깔이나 맛과 같은 특징들이 아니라고 설명했다. 갈릴레이가 말하는 '의미 있는 경험'이 정말 의미 있는 경험이 되기 위해서는 감각의 표면적인 차원에서 벗어날 필요가 있었다. 더 나아가서 실험적으로 사물들의 수학적 뿌리를 발견하고 양과 수치들 간의 불변하는 관계성을 찾아낼 수 있어야 했다. 갈릴레이는 그래야만 인간의 지성이 신의 지성과 대등한 단계에 도달할 수 있다고 보았다. 다시 말해 갈릴레이는 인간이 이해하는 수학보다 신의 입장에서 바라보는 수학이, 단지 인식 주체가 신이라는 이유 하나만으로, 더 우월하거나 진실해지는 것은 아니라고 보았다. 갈릴레이에게 신과 인간의 유일한 차이는 신이 인간과는 달리 사물들 간의 모든 관계를 인식하고 따라서 인간이 헤아릴 수 없을 정도로 무한히 연장된 지식을 가졌다는 것뿐이었다. 바로 그런 이유에서 갈릴레이는 인간의 지적 한계가 자료의 분석과 현상의 지속적인 관찰과 현상의 원인에 대한 끊임없는 탐구를 필연적인 것으로 만든다고 보았다.

갈릴레이는 어떤 형식적인 차원의 방법론도 이론화하지 않았다. 그의 방법론을 해석하는 데 동원되는 모든 종류의 미사여구들을 정작 갈릴레이는 알지 못했고, 바로 그런 이유에서 이 미사여구들은 대부분 시대착오적이라고 볼 수 있다. 갈릴레이의 방법론은 사실상 과학적이고 직접적인 탐구와 다를 바 없으며 어떤 측면에서는 탐구 자체에서 탄생한다고 볼 수 있다. 그런 의미에서 천문학자 갈릴레이의 방법론은 물리학자 갈릴레이의 방법론과 다르다. 왜냐하면 실험의 실질적인 조건이 다르고 지식의 발전 양상은 물론 수학적 모형을 적용할 수 있는 가능성의 형태가 다르기 때문이다. 물론 갈릴레이는 항상 추상화보다 경험이 더 중요하다고 생각했고 따라서 실험이 수학적 논리를 필연적인 것으로 만들고 유사한 경우들에 대한 추론을 허락한다고 보았다. 하지만 실제로는 실험이 이론을 바탕으로 탄생하는 경우나 유명한 '사고실험'처럼 이론과 실험의 구분이 불분명한 경우가 종종 발생했다. 바로 그런 이유에서 학자들은 갈릴레이가 상상했고 묘사했던 수많은 실험이나 경험의 실질적인 실현 가능성에 대해 빈번히 의혹을 품었다. 사실상 갈릴레이의 체계는 하나의 열린 구조를 가지고 있었고 뿌리 깊은 모순과 문제점들을 안고 있었다. 현실의 수학적인 구조에 대한 확실성은 무엇을 근거로 하는가? 현실의 순수하게 기하학적인 차원으로부터 아무런 영향도 받지 않는 중력이나 동력 같은 엄격하게 물리적인 특성을 인정하면서 어떻게 물체들이 기하학적 형상으로 축약된다고 말할 수 있는가? 수학과 물리학의 오랜 경계가 무너진 뒤에, 필요한 것은 이들의 융합이 어떻게 가능한지 깨닫는 일이었다.

1.4 데카르트의 꿈

데카르트는 처음부터 대가다운 생각을 했다. 그는 방법론을 과학의 이 분야 혹은 저 분야에서 효용성을 발휘하는 탐구 과정들의 순수한 총체가 아니라, 추상적인 형이상학적 성찰에서 윤리학과 의학에 이르는 모든 탐구 분야에 적용될 수 있는 법칙들의 총체로 이해했다. 데카르트의 전기 작가 아드리앙 바예Adrien Baillet가 소개한 바 있는 데카르트의 '꿈'에서 확인할 수 있듯이 그의 이상은 원래 '과학의 통합'이었다. 단지 이 표현의 의미를 정확하게 정의하는 단계에 이르기까지 오랜 세월이 걸렸을 뿐이다. 데카르트가 『지성의 지도를 위한 규칙 *Regulae ad directionem ingenii*』(1628년경)에서 이를 정의하는 순간은 근대 철학의 전환점이 마련되는 순간이었다. 데카르트는 다양한 종류의 자연현상이나 지적 현상에 앞서 인간의 정신 자체를 철학적 탐구의 대상으로 삼았다. 이로써 철학의 역사상 가장 야심 찬 목표, 즉 방법론적인 동시에 형이상학적인 단 하나의 원리 아래 인간의 모든 지식을 통일시키겠다는 목표가 세워졌던 셈이다. 이 기초적인 원리를 구축하는 것이 다름 아닌 "나는 생각한다, 고로 존재한다"는 표현이다. 이 원리로부터 모든 지식이 유래하며 신의 존재를 증명하는 과정 역시 이 원리에서터 출발한다.

그런 의미에서, 『방법 서설』(1637년)에 제시된 유명한 법칙들의 역할은 어떤 식으로든 축소된다고 볼 수 있다. 데카르트는 '방법'이 철학 내부에서 탄생하며 정립된다고 보았다. 따라서 『방법 서설』을 읽은 많은 동시대인들이 의혹을 제기했던 세세한 규칙들이 제시하는 것은 사실상 진실에 도달하기 위해 필요한 과정의 아주 기초적인 설명에 지나지 않는다.

데카르트가 제시한 네 가지 규칙들은 (1) 분명한 지식만을 수용할 것, (2) 복합적인 문제들을 간단한 문제로 분해할 것, (3) 문제들을 분석할 때 가장 단순한 것에서 시작해 좀 더 복잡한 단계로 올라가는 논리적인 순서를 밟을 것, (4) 가능한 한 모든 경우를 하나도 빠짐없이 검토할 것을 규정한다.

데카르트는 철학이 다른 모든 학문 분야와 마찬가지로 첫 단계에서는 아무런 도구도 지닐 수 없기 때문에 무언가를 생산해 내고 완성하는 단계에 이르려면 잠정적으로나마 몇 가지 도구를 스스로 창출해야 한다고 생각했다. 이상의 네 가지 규칙들은 바로 철학의 초기 단계에 필요한 도구로 기능하며 다음 단계에서 철학은 이 규칙들을 초월하며 발전한다. 데카르트도 그의 후속 저서『형이상학적 성찰 *Meditationes de prima philosophia*』(1641년)에서는 이 규칙들을 언급조차 하지 않는다.

결과적으로는 데카르트가 그의 미완성 저서『세계 *Le monde*』(1630~1633년)와『철학의 원리 *Principia Philosophiæ*』(1644년)에서 제시한 '물리학'의 체계 역시, 기본적인 가정의 측면에서는, 추상적인 방법론적 전제가 아니라 전격적인 형이상학적 전제에 좌우된다. 이 전제들은 (1) 질료를 연장된 실체 혹은 순수하게 기하학적 연장으로 보는 관점, (2) 결과적으로 '텅 빈 공간'과 모든 미지의 힘을 부인하는 관점, (3) 모든 사건을 질료들 사이에서 이루어지는 운동의 순수한 교환으로 환원하는 관점이다. 이 운동의 교환 자체를 데카르트는 질료의 일률적인 운동으로 이해했고, 여기서 다름 아닌 관성의 법칙과 운동량 보존의 법칙이 유래한다.

질료를 연장된 실체로 보는 데카르트의 관점은 우주의 수학적 구조라는 관점을 고안해 낸 갈릴레이의 직관에 형이상학적인 토대를 마련해 주었지만 데카르트의 기계주의적인 환원주의 riduzionismo는 르네상스 물리학의 모든 '미지의' 에너지는 물론 중력마저도 지구 주변의 미립자들이 대기권 안에서 무거운 물체들을 아래로 짓누르며 일으키는 '소용돌이'의 단순한 효과로 환원시켰다.

데카르트의 야심 찬 방법론적 구도는 새로운 과학적 발견에 대한 열광과 기대를 바탕으로 탄생했다. 데카르트는 물리학과 형이상학과 과학기술이 공유할 수 있는 구도를 발견했다고 믿었고 이 분야들의 동맹이 근대의 발전에 결정적으로 기여하리라고 믿었다. 데카르트의 물리학은 사실상 순수하게 관조적인 성격의 성찰이 아니라 증명을 위해, 아울러 설명의 모형과 실질적인 적용 방식을 발견하기 위해 경험의 세계로 되돌아가는 물리학이라고 볼 수 있다. 사실상 현상 속에 숨어 있는 자연의 메커니즘이 무한할 수 있다는 점을 감안한다면 오로지 경험만이 자연현상을 뒷받침하는 실질적인 '질료의 변화' 과정이 무엇인지 이야기해 줄 수 있었다. 데카르트는 그런 의미에서 인간이 창출한 기계장치들 역시 인간이라는 '기계'가 어떻게 작동하는지 이해하는 데 커다란 도움을 줄 수 있다고 보았다. 데카르트는 신체를 일종의 자동기계로, 심장을 타지 않는 불로 이해했다. 데카르트는 물리학 탐구가 기계에 대한 지식들을 조합하는 단계로 이어질 수 있고 이를 바탕으로 기계를 제작하는 데 기여할 뿐 아니라 기계의 정확성을 지속적으로 향상시키면서 결국에는 인류를 노동과 병, 어쩌면 죽음에서 벗어나게 할 수 있는 잠재력을 가지고 있다고 보았다.

1.5 "나는 가설을 세우지 않는다"

17세기 후반에 들어서면서 데카르트주의가 위기를 맞이한 이유는 여러 가지이지만 가장 중요하고 또 데카르트주의자들의 입장에서 가장 받아들이기 어려웠던 것은 뉴턴과 그를 추종하는 학자들의 등극이 초래한 데카르트적인 과학 개념의 패배였다고 볼 수 있다. 단순히 관성의 법칙을 토대로 구축된 데카르트의 물리학은 중력을 바탕으로, 혹은 일정한 거리를 두고 떨어져 있는 물체들 간의 역학이라는 개념을 바탕으로 구축된 물리학에 자리를 양보할 수밖에 없었다. 이러한 차원의 물리학을 데카르트는 상상조차 할 수 없었다. 실제로 그는 자기 현상을 정당화하기 위해 거울 이론에 매달려야만 했다.

　방법론적인 차원에서도 뉴턴의 탐구는 데카르트와 정반대되는 방향으로 나아갔다. "나는 가설을 세우지 않는다"고 천명했던 뉴턴은 자신이 유일하게 귀납법에만, 다시 말해 경험적인 성격의 정보들을 과학적인 방법으로 여과한 뒤 본질적인 요인들을 추출하는 작업에만 의존한다고 주장했다. 뉴턴의 이러한 입장은 베이컨의 입장과 상당히 유사해 보인다. 하지만 뉴턴의 귀납법은 베이컨의 그것과는 달리 이미 성숙한 단계의 과학적 체계를 전제로 한다. 뉴턴이 출발선상에서 검토한 현상들은 직접적인 관찰을 통해 설명되는 단순한 자연현상이 아니라 이미 정립 단계에 있는 수학적인 법칙들, 즉 케플러의 행성 이론과 갈릴레오의 낙하하는 물체 이론이었다. 『자연철학의 수학적 원리*Philosophiae* naturalis principia mathematica』(1687년)에서 뉴턴은 이 두 종류의 이론 체계를 만유인력이라는 법칙으로 통합하는 천재성을 발휘했고 이어서 이 법칙으로부터 다른 모든 물리학 공리들을 추출해 냈다. 그런 식으로 뉴턴은 적어도 아인슈타인이 등장하기 전까지 군건히 유지될 물리학 체계를 정립하는 데 성공했다.

이 과정에서 더욱 구체적인 윤곽을 드러낸 것은 바로 경험의 방법론적인 역할이다. 뉴턴에 따르면, 경험은 탐구의 첫 순간을 의미한다. 바로 경험으로부터 탐구 대상인 최초의 정보들이 유래하고 이 정보들에 대한 수학적인 해석을 토대로 가장 기초적이고 보편적 원리들이 탄생한다. 이 원리들은 이어서 또 다른 현상들을 설명하는 데 쓰이며 다름 아닌 이 현상들을 바탕으로 검증되거나 수정된다. 이 원리들이 적용되지 않는 이질적인 현상들이 존재할 수 있지만, 이질성은 이 원리들이 틀렸다는 것을 의미하지 않으며 원리들의 적용 범위를 예시할 뿐이다. 이러한 특징은 『자연철학의 수학적 원리』에서도 분명하게 나타난다. 다시 말해 탐구의 기본적인 출발점으로 채택된 케플러의 행성 이론은 결론 부분에서 바로 이 이론을 통해 정립된 만유인력의 법칙을 바탕으로 수정되고 재해석된다. 사실상 악순환과는 거리가 먼 이 역동적인 성격의 방법론은 이어서 근대적인 의미의 과학적 탐구와 지식의 모형으로 정립된다. 선험적인 차원에서 영원히 불변하는 물리학 체계를 구축할 수 있다고 믿었던 데카르트와 달리 뉴턴은 과학적 탐구가 끊임없이 완성 단계에 근접해 가는 과정이며, 이 과정은 경험적인 지식의 축적과 함께, 아울러 측량과 분석 도구들의 기술적인 발전 및 앎의 확장된 지평에 대한 구체적인 관점을 제시할 수 있는 다방면의 해석과 함께 이루어진다고 보았다. 뉴턴이 제시한 과학적 방법론의 승리는 데카르트의 그것과는 다른 결과를 가져왔다. 뉴턴의 방법론은 그의 세계관에 내재하는 신학적 전제 때문에, 그의 이론을 무신론의 위협에 맞서기 위한 하나의 보루로 해석했던 추종자들로부터 열렬하고 즉각적인 지지를 얻었지만, 시간이 흐르면서 결국에는 경험과 경험적 검증을 고집하는 성향 때문에 오히려 철학에 대한 과학의 독립성을 강조하고 과학과 기술의 밀접한 연관성을 보다 분명하게 조명하는 결과를 가져왔다.

새로운 과학의 이해와 소통

과학의 언어들

근대에 새로운 과학을 소개하는 서적들의 출판과 배포가 대학이라는 울타리 바깥에서 이루어졌기 때문에 학문을 주관하는 언어가 라틴어에서 유럽 각국의 언어로 대체되었다는 견해는, 사실상 아무런 근거가 없는 이야기임에도 불구하고, 아주 일반적인 상식이 되어 버렸다. 하지만 근대 라틴어는 과학의 소통 과정에서 나름대로 중요한 역할을 했고 케플러의 천문학 저서들, 윌리엄 하비William Harvey의 의학 논문, 크리스티안 하위헌스의 물리학과 수학 논문, 뉴턴의『자연철학의 수학적 원리』같은 17세기의 몇몇 중요한 저서들이 모두 라틴어로 출판되었다. 라틴어는 19세기에 들어와서야 유럽 각국의 언어로 대체되었다고 볼 수 있지만 카를 프리드리히 가우스Karl Friedrich Gauss 같은 수학자는 1801년에 출판한 저서『정수론 연구 *Disquisitiones arithmeticae*』를 쓰면서 여전히 라틴어를 고집했다.

근대에 라틴어가 이미 일종의 '죽은 언어'였다고 보는 것은 잘못된 생각이다. 왜냐하면 오히려 근대에 들어와서 놀라운 생동감을 획득했기 때문이다. 이론적이고 실용적인 성격의 혁신을 묘사하기 위해 새로운 단어들을 도입하면서 과학과 기술 분야의 라틴어 용어들은 더욱더 정교하고 풍부해지는 양상을 보였다. 의사들과 과학자들이 라틴어를 선택한 데에는 여러 가지 이유가 있었다. 라틴어는 무엇보다도 여러 나라에서 다양한 언어를 사용하는 학자들이 모두 읽을 수 있었기 때문에 저서의 보급을 용이하게 하고 정보의 소통을 보장한다는 장점을 가지고 있었다. 17세기 프랑스에서 라틴어는 여전히 과학 분야의 공용어였고 라틴어가 프랑스어로 대체되는 과정은 아주 천천히 진행되었다. 철학과 과학 분야의 저자들은 데카르트처럼 라틴어와 모국어를 번갈아 사용하는 경우가 많았다. 데카르트는『철학의 원리』를 라틴어로 집필했고 자신의 친구 한 명에게 프랑스어로 번역을 의뢰했다. 로버트 보일Robert Boyle은 자신의 저서를 모두 영어로 집필했지만 몇몇 저서의 라틴어 번역 본을 출판해 유럽 전역에 보급했다. 뉴턴 역시 책을 영어와 라틴어로 동시에 출판 하는 방식을 취했다. 뉴턴은 『자연철학의 수학적 원리』를 라틴어로 집필했고 『광학 *Opticks*』을 영어로 집필한 뒤 그의 조력자였던 새뮤얼 클라크Samuel Clarke에게 라틴 어 번역을 의뢰했다.

라틴어는 유럽 과학자들의 공용어였고 이들이 서신을 주고받으면서 사용한 언 어 역시 라틴어였다. 이들이 라틴어를 선호했던 또 하나의 이유는 라틴어가 학문의 전통과 권위를 상징하는 언어였기 때문이다. 학문의 존엄성을 보존하고자 할 때, 예를 들어 사회적 지위가 낮은 의사들의 실용 의학과 엄격하게 구분될 필요가 있 는 고급 의학 서적들을 출판할 때, 라틴어를 사용했다. 게오르크 바우어Georg Bauer 는 그의 주저인 『금속에 관하여*De re metallica*』를 집필하면서 금속학에 권위와 명성 을 부여하기 위해 라틴어를 사용했다. 학자들이 라틴어를 선호할 수밖에 없었던 이유는 사실 근대 언어에 기술 용어가 부족했기 때문이다. 이러한 현상은 특히 해 부학에서 극명하게 나타난다. 가장 중요한 해부학 문헌들, 예를 들어 몬디노 데 리 우치Mondino de' Liuzzi, 안드레아스 베살리우스, 마르첼로 말피기Marcello Malpighi의 해 부학 저서들은 모두 라틴어로 쓰였다.

물론 라틴어가 과학 분야에서 중요한 역할을 했다는 사실은 근대 언어들의 역할 이 그만큼 덜 중요했다는 것을 의미하지 않는다. 근대 언어들이 활용되기 시작한 것은 나름대로 중요한 사회현상들 가운데 하나였다. 이러한 현상은 분명히 과학 지 식의 생산지가 대학이라는 울타리 바깥으로 확장되고 다양해지면서 나타나기 시 작했고, 아울러 과학에 종사하는 인구가 늘어나고 이들의 사회적 지위가 향상되었 기 때문에, 혹은 과학에 종사하지 않더라도 과학 지식, 도구 사용법, 실험 과정 등 이 소개되는 기술적인 성격의 책을 필요로 하는 사람들의 수가 증가했기 때문에 일어났다. 근대 언어는 '새로운' 학문 분야나 실용적인 분야 혹은 역사가 짧아서 라 틴어와 호환이 불가능한 용어 체계를 지닌 분야, 예를 들어 실용 화학 같은 분야에 서 주로 활용되었다. 하지만 근대 초기에 집필된 기술과 과학 서적들의 생산과정에 서 근대 언어들은 어떤 식으로든 라틴어와 긴밀한 관계를 유지하며 발전했다.

당시에는 세속어로 불리던 근대 언어를 기술 서적에 가장 먼저 활용한 경우는 카탈루냐어를 사용하는 지역에서 14세기 초에 출판된 의학과 연금술 분야의 문헌 들이다. 가장 대표적인 예는 라몽 유이의 저서와 유이가 쓰지는 않았지만 그의 이

름으로 유포되던 책들이다. 잉글랜드에서 세속어의 도입 과정은 비교적 느리게 진
행되었고 15세기 말이 되어서야 연금술 분야에서 토머스 노턴Thomas Norton의 『연금
술 규칙Ordinall of Alchimy』이 출판되었다. 16세기 초에 과학을 다루는 책들이 영어로
출판되는 경우는 상대적으로 드물었고 실용 의학과 지형학, 점성술 분야의 책들이
주를 이루었다. 잉글랜드에서 영어로 쓰인 과학 서적들의 수가 증가하기 시작한 것
은 엘리자베스 여왕 시절이다. 이 시기에 상당수의 응용수학 서적들, 천문학, 항해
학, 의학, 자연사 분야의 책들이 영어로 쓰이기 시작했다. 1570년에는 수학적 지식
에 대한 사회의 지속적인 요구에 부응하며 존 디의 서문과 함께 에우클레이데스의
책이 영어로 번역되었다. 대학 바깥에서 과학 서적의 수요가 증가함에 따라 번역가
들의 활동 역시 활발해지는 양상을 보였다. 동물학자 콘라트 게스너의 저서들을 비
롯해 레오나르도 피오라반티Leonardo Fioravanti와 파라켈수스 및 그의 제자들이 집필
한 의학 저서들, 그리고 독일어로 쓰인 수많은 실용 화학 논문들이 영어로 번역되
었다. 과학 및 기술 서적들의 출판과 함께 1630년부터 활기를 띤 출판산업은 청교
도혁명 시기에 화학과 수학 및 의학, 농학 분야의 서적들이 늘어나고 특히 영어로
쓰인 책들의 수가 급격히 증가하면서 절정의 호황을 누렸다. 1620년과 1660년 사이
에 잉글랜드에서는 책을 읽고 쓸 줄 아는 인구의 수가 놀랍게 상승했고 만인 교육
에 대한 청교도들의 지대한 관심 덕분에 과학과 기술에 대한 관심과 열정도 동시
에 증가하는 추세를 보였다. 과학 서적들은 더 이상 엘리트 계층에 국한되지 않고
훨씬 더 넓은 계층의 독자들을 대상으로 출판되기 시작했다.

　독일어권에서 일어난 가장 흥미로운 현상은 16세기 전반부터 기술 서적들이 근
대 독일어로 출판되기 시작했다는 점이다. 독일어는 주로 증류법이나 금속 감정,
연금술 등의 분야에서 보통은 이론적인 체계를 갖추지 않은 실용적인 목적의 소
논문을 집필하는 데 사용되었다. 여기서 언어의 선택이 특별한 정치 문화적 의미
를 지니는 파라켈수스의 경우에 주목할 필요가 있다. 스위스 출신의 의사 파라켈
수스는 전통 의학을 거부하면서 스위스의 독일어 방언으로 강의하고 자신의 화학
과 의학 저서들을 독일어로 출판했다. 이러한 선택은 체제 비판적인 성격을 강하게
지니고 있었고 르네상스 시대로부터 전해 내려오는 전통 의학에 대한 일종의 도전
으로 인식되었다. 파라켈수스가 독일어를 선호했던 이유는, 대학과는 거리가 멀지
만 실용적인 측면에서 상당히 뛰어난 기술을 가진 장인들의 세계에서 유래하는 독
특한 지식들의 의미를 독일어가 전달할 수 있었기 때문이다. 17세기에 활동했던 독

일의 화학자들 역시 프랑스 화학자들과 마찬가지로 대학과는 거리가 멀었고 라틴어 대신 모국어로 책을 썼다.

이탈리아에서는 르네상스 인문주의 전통이 세속어로 쓰인 과학 서적들의 유행을 방해하지 않았다. 인문학자 크리스토포로 란디노Cristoforo Landino가 17세기 후반에 세속어, 즉 이탈리아어로 번역한 플리니우스의 『자연사』는 식물과 동물의 다양한 이름들이 이탈리아어로 정착되는 데 크게 기여했다. 인쇄본으로 출판되기 시작한 과학 서적들 중에는 수학자 루카 파치올리Luca Pacioli의 『산술, 기하학, 비율과 비례 대전Summa de arithmetica, geometria, proportioni e proportionalita』(1494년)이 세속어로 쓰였다. 레온 바티스타 알베르티와 마찬가지로 레오나르도 다 빈치 역시 과학 기술 분야의 소통 도구로서 세속어가 지니는 잠재력을 강조한 바 있다. 레오나르도 다 빈치는 세속어를 사용하면서 그가 성장했던 공방에서 장인들이 사용하던 풍부한 용어들을 적극 활용했고 어쩔 수 없는 경우에만, 예를 들어 해부학 저서들의 경우에, 그리스어나 라틴어, 아랍어에서 유래하는 용어들을 사용했다. 다 빈치는 용어상의 공백을 메우기 위해 은유법을 활용하거나 기존의 용어에 기능 또는 형태의 유사성을 토대로 새로운 의미를 부여하면서 지어낸 신조어들을 사용하기도 했다.

시에나 출신의 기술자 반노초 비린구초(1480~1537년)의 『화약 제조법Pirotechnia』은 세속어로 쓰였고, 구전을 통해서만 전해지던 화약 제조 기술을 체계적으로 정리한 최초의 문헌으로 간주된다. 르네상스 기술자들의 작업실을 배경으로 탄생한 만큼 비린구초의 『화약 제조법』은 실용적인 목적을 가지고 있었다. 이 책뿐 아니라 수학자 니콜로 타르탈리아Niccolò Tartaglia, 아고스티노 라멜리Agostino Ramelli의 탄도학과 역학 분야의 저서들 역시 이탈리아어 과학기술 용어 형성에 크게 기여했다. 갈릴레이가 대학에서 활동했던 경험을 무시하고 세속어를 선택했던 것은 과학자들과 철학자들에게만 국한되지 않는 더 넓은 독자층을 원했기 때문이다. 갈릴레이는 세속어를 사용하면서 역학의 핵심적인 용어들을 엄격하고 정확하게 정의하는 한편 과학용어들을 체계적으로 검토하고 수정하는 데 결정적으로 기여했다. 사물이나 자연현상 또는 도구나 발명품의 명명을 위해 새로운 단어가 필요할 때 갈릴레이는 라틴어나 그리스어의 조합 내지 번역에 의존하는 대신 일상적인 용어의 조합을 선호했다. 예를 들어 '망원경'을 가리키기 위해 갈릴레이는 그리스어에서 유래하는 'telescopio' 대신 'cannocchiale'라는 단어를 선호했다. Cannocchiale는 튜브를 뜻하는 'canna'와 렌즈를 뜻하는 'occhiale'의 합성어다.

과학적 산문의 장르와 형태

17세기가 흐르는 동안 과학 서적들은 새롭고 다양한 장르로 세분화되는 경향을 보였다. 예를 들어 관찰과 실험의 결과들을 정리한 모음집 혹은 공기의 신축성이나 태양의 흑점 같은 특정 주제를 다룬 논문 유형의 글들이 등장했다. '실험Esperimenti', '경험Esperienze', '연습Esercitazioni', '관찰Osservazioni', '에세이Saggi', '자연사Storie naturali' 같은 제목이 붙은 저서들은 어떤 완성된 체계를 제시하는 대신, 특정 현상들을 다루면서 이들의 특성을 더욱 적절하게 묘사하는 화보나 도표 등을 곁들이고 탐구 방식 자체에 대한 상세한 정보까지 제공하는 독특한 성격의 양식을 구축했다. 이러한 장르의 글들을 통해 다양한 실험의 결과들, 특정 천체에 관한 천문학적 관찰의 결과들, 새로운 기구들의 분석 결과 등이 첨단의 과학적 발견이나 연구 성과 혹은 새로운 발명품 등을 소개하기 위해 빠른 속도로 출판되었다. 학자들이 주고받던 '서간문' 혹은 '서간문' 형식으로 쓰인 과학 에세이, '토론disputationes', '변론', '가설', '모순' 같은 장르의 글들도 점점 더 늘어나는 추세를 보였다. 생생한 탐구 현장에서, 아울러 저자들 간의 협력 관계 혹은 학구적인 논쟁을 바탕으로 탄생한 이러한 장르의 글들은 독자들에게 동일한 주제에 대한 상이한 관점과 잠정적인 해결책들을 소개하고 실험으로 증명된 새로운 사실들을 토대로 기존의 이론이나 법칙에 의혹을 제기했다.

이처럼 과학적 산문이 양식적으로 변화하는 과정의 시발점을 우리는 일찍이 1500년대에 확산되기 시작한 일련의 의학 서적들, 예를 들어 '관찰Observationes', '역사Historiae', '모순Paradoxa', '훈련 Exercitationes', '처방Curationes' 같은 제목이 붙은 저서들을 통해 분명히 확인할 수 있다. 이러한 책들 역시 이론적이고 구조적인 측면보다는 관찰과 실용성을 강조하는 특징을 지녔다. 아울러 1500년대에는 과학기술을 다루는 '대화록'이라는 장르가 유행하기 시작했다. 널리 알려진 예들 가운데 하나는 갈릴레이의 『세계의 양대 체계에 관한 대화』다. 이 '대화록' 서두에서 갈릴레이는 대화라는 양식을 선택한 이유에 대해, 대화가 "주요 논제에 비해 결코 덜 흥미롭다고 할 수 없는 일탈"을 허락해 준다고 설명하면서 자신의 선택을 정당화했다. 갈릴레이의 '대화록'에 등장하는 세 인물들의 역할은 각각 설명을 촉구하고 의혹을 제시하고 설명 자체를 훨씬 더 설득력 있고 효과적으로 제시하는 것이었다. 대화록이라는 장르를 사용했던 또 다른 인물은 『회의주의적 화학자The Sceptical Chymist』(1661년)

의 저자 로버트 보일이다. 이 책에서 저자는 전통적인 화학 이론에 이의를 제기하는 카르네아데스(Karneades, 보일의 대변자), 아리스토텔레스의 이론을 지지하는 테미스티오스Themistios, 파라켈수스의 제자 필리포노스Philoponos, 그리고 상식을 대변하는 엘레우테리오스Eleutherios를 주인공으로 등장시킨다. 갈릴레이의 대화록에 비해 생동감은 떨어지지만 보일의 대화록은 시간의 흐름에 따라 전개되지 않고 무엇보다도 저자의 구체적인 의도, 즉 '화학 사상'을 체계적으로 소개하는 대신 실험을 바탕으로 '화학조성'과 관계되는 전통적인 이론들을 논박하려는 의도에 부응하도록 짜여졌다.

과학적 산문이 취하기 시작한 새로운 장르와 형식은 무엇보다도 이론적이고 체계적인 성격의 전통 서술 양식뿐 아니라 아리스토텔레스 문헌의 '해설'이라는 낡은 장르를 대체하려는 경향을 보였다. 하지만 과학적 산문의 구도 설정 및 장르 선택과 관련하여 작문 양식에 갑작스럽고 근본적인 변화가 일어났으리라고 보는 것은 잘못된 생각이다. 계속해서 줄어드는 추세를 보였지만, 체계적인 형식을 갖춘 과학 서술의 전통적인 장르들이 결정적으로 사라졌던 것은 아니다. 예를 들어, 데카르트의 『철학의 원리』나 뉴턴의 『자연철학의 수학적 원리』에서 볼 수 있는 '원리Principia'라는 장르, 에우클레이데스의 『원론Stoicheia』을 모형으로 하는 '요소Elementi'(토머스 홉스Thomas Hobbes), 또는 조반니 알폰소 보렐리Giovanni Alfonso Borelli의 『동물의 운동에 관하여De motu animalium』(1680년) 같은 이른바 '아리스토텔레스 유형'의 장르가 여전히 통용되고 있었다.

소통 방식의 혁신은 결과적으로 과학 및 기술과 관련된 지식들을 전파하는 데 선봉장 역할을 하게 될 정기간행물의 탄생으로 이어졌다. 특히 로열소사이어티(1665년)의 《철학회보Philosophical Transactions》는 학자들의 연구 결과와 학문적인 발견 및 발명과 관련된 소식을 빠른 속도로 전파했고 그런 식으로 수 세기 동안 모든 간행물이 유지하게 될 소통 양식의 모형으로 자리 잡았다. 상당히 전문적인 잡지들의 경우를 포함해서 대부분의 간행물들이 과학 신간 및 건축, 고고학, 화폐학과 관련된 흥미로운 소식들을 포함했던 만큼 학술지들은 과학자들이나 의사들에 국한되지 않는 훨씬 더 넓은 독자층을 확보하고 있었다고 볼 수 있다.

파리에서는 로열소사이어티의 《철학회보》가 등장하기 몇 달 전에 데니 드 살로(Denis De Sallo, 1626~1669년)가 《학자들의 저널Journal des Sçavans》을 발간하기 시작했다. 제1호에서 편집자가 밝혔듯이 잡지의 목적은 지식인들의 세계에서 일어나는 일에 대한 정보를 제공하는 것이었다. 《학자들의 저널》은 서평을 주로 실었지만 동시에 해부학적 발견과 천문학적 관찰, 새로운 실험 도구 등에 관한 정보들을 제공했다. 몇 년 동안 《학자들의 저널》은 파리 '왕립 과학 아카데미Académie Royale des Sciences'의 공식 회보 역할을 했고 2대 편집장을 지낸 수도원장 장 갈루아Jean Gallois 역시 아카데미의 서기관이었다.

암스테르담에서는 1684년에 《문필 공화국의 소식Nouvelles de la République des lettres》이 피에르 벨의 감수하에 발간되기 시작했다. 이 간행물은 철학, 과학, 역사 분야의 저서들과 문학작품에 대한 서평 외에도 학술 활동 및 연구 성과에 관한 소식들을 제공했다.

로마에서는 1668년부터 1681년까지 《문인들의 신문Il Giornale de' Letterati》이 프란체스코 나차리(Francesco Nazzari, 1634~1714년)의 감수와 추기경 미켈란젤로 리치Michelangelo Ricci의 후원으로 발행되었다. 《문인들의 신문》은 상당히 다양한 주제들을 다루면서 유럽의 과학과 관련된 소식들을 제공했고 파리에서 발행되던 《학자들의 저널》 기사들을 일부 번역해서 소개하기도 했다.

문학과 새로운 과학

과학을 주제로 다루는 문학작품을 우리 현대인은 지극히 자연스럽게 받아들이지만 문학과 과학의 관계가 항상 가까웠던 것은 아니다. 과학과 문학의 만남이 이루어지기 시작한 것은 15세기와 16세기 사이에 일어나는 일이다. 이 만남의 발전상은 15세기 말에 조반니 폰타노Giovanni Pontano가 과학을 주제로 쓴 시들을 필두로 16세기 프랑스에서 유행한 '과학 시'로 이어지는 경로를 통해 추적할 수 있다. 피에르 드 롱사르를 중심으로 모인 플레이아드파의 시인들 사이에서는 우주론을 다루거나 자연주의적인 성격의 시를 쓰는 이들이 등장했고 이들 중 한 명인 퐁투스 드 티아르Pontus de Tyard는 코페르니쿠스의 이론에 지대한 관심을 가지고 있었다.

잉글랜드에서는 존 던이 천문학과 케플러의 저서들을 연구했고 예수회를 비난하며 쓴 철학적 풍자시 『이냐시오와 그의 비밀회의Ignatius His Conclave』(1611년)에서 갈릴레이를 인용하기도 했다. 『세계의 해부학An Anatomie of the World』(1611년)이라는 시에서 존 던은 아리스토텔레스 물리학과 지구중심설을 바탕으로 하는 세계관의 몰락을 목격하며 길을 잃은 인간의 모습을 다음과 같이 표현했다. "새로운 철학은 모든 것에 의혹을 품었다. 불이 꺼지고, 태양과 땅이 사라졌다. 인간의 어떤 지성도 이것들을 어디서 되찾아야 하는지 가르쳐 주지 못한다. 하늘과 천체에서 수많은 새로운 사실들을 접한 인간들은 자연스럽게 이 세상이 끝났다고 고백한다. 그리고 세상이 다시 원자로 잘게 부서지는 모습을 바라본다. 모든 것이 와해되고 모든 일관성이 사라지고 말았다."

시인이자 저술가인 존 밀턴은 이탈리아에 머무는 동안 갈릴레이를 찾아간 적이 있다. 훗날 밀턴은 『실낙원』(1667년)에서 갈릴레이와의 만남을 암시하며 무한한 세계로 가득한 무한한 우주를 묘사했다. 밀턴 역시 지구를 중심에서 밀어낸 우주관이 가져올 결과에 관심을 기울였다. 『실낙원』 8장을 살펴보면, 아담이 지구중심설에 대한 의혹을 감추지 못하고 대천사장 라파엘에게 창조된 세계의 광활함에 비하면 지구는 하나의 원자에 지나지 않는다고 고백하는 내용을 읽을 수 있다.

철학자이자 극작가인 시라노 드 베르주라크의 환상소설 『다른 세상 혹은 달의 나라와 제국 L'autre monde ou Les états et empires de la lune』(1657년)과 『해의 나라와 제국 Les états et empires du soleil』(1662년)에서 '상상의 여행'은 우주의 무한성과 영원성, 세계의 복수성과 질료의 원자론적 구조를 지지하기 위한 도구로 활용된다.

파리 왕립 과학 아카데미의 종신 서기관이었던 베르나르 르 보비에 드 퐁트넬(Bernard Le Bovier de Fontenelle, 1657~1757년)은 『세계의 복수성에 관한 대화 Entretiens sur la pluralité des mondes』를 발표하면서 유럽 전역에 자신의 이름을 알렸다. 이 책은 1686년에 처음 출판된 뒤 저자가 사망할 때까지 인쇄된 판본만 장장 33쇄에 달한다. 네 번째 판본부터 엿새에 걸쳐 나눈 대화의 형식으로 소개되는 이 저서는 한 과학자와 새로운 천문학에 지대한 관심을 가지고 있던 한 후작 부인 사이에 오가는 대화 내용, 특히 과학자가 후작 부인에게 제시하는 새로운 천문학적 관점들, 태양중심설, 갈릴레이의 새로운 이론들, 데카르트의 소용돌이 이론 등에 대한 설명으로 구성된다. 대화의 주인공으로 여인을 선택했다는 점은 새로운 천문학적 개념들을 우아하면서도 직접적인 방식으로, 전문가는 아니지만 의식이 있는 독자층에게 널리 소개하려는 저자의 의도를 분명하게 보여 준다.

2

프랜시스 베이컨

2.1 베이컨의 성장과 마술, 변증법, 수사학

프랜시스 베이컨(1561~1626년)의 철학이 형성되는 과정은 그가 1618년 대법관의 자리에 오르기까지 정치가로서 경력을 쌓아 가는 과정과 일맥상통한다고 볼 수 있다. 예를 들어 그가 법학과 관련된 저서들을 집필하던 시기는 1600년대 초반, 즉 베이컨 철학의 중심 주제들이 처음으로 구체화되는 시기와 일치한다. 순수하게 철학적인 관점에서, 베이컨의 사유에 절대적인 영향력을 행사한 철학 전통은 기본적으로 두 가지다. 한편에는 마술 및 헤르메스주의와 르네상스 시대의 연금술이 있고 다른 한편에는 전통 논리학과 수사학이 있다.

전자의 경우, 베이컨의 사유는 서로 모순되는 두 가지 지표의 조합을 토대로 구축된다. 그는 먼저 마술과 연금술의 전통 문헌들을 신랄하게 비판하며 이를 무비판적인 경험주의의 결과로, 아울러 '세계의 정신'처럼 고전적이고 신화적인 개념을 토대로 진행된 본격적인 신비화의 결과로 간주했다. 하지만 그는 동시에 마술의 '갱신된' 이미지를 긍정적으로 바라보았다. 베이컨은 새로운 개념의 마술을 자연주의적이고 실용적인 지식 체계로, 즉 우발적인 성격을 지녔지만 인간에 유용한 발견이나 지식을 체계화할 수 있는 분야로 간주했다. 다시 말해 마술을 인쇄나 화약 혹은 나침판처럼 순수한 경험을 바탕으로, 즉 '우발적'으로 탄생한 지식이나 기술을 오히려 '체계적'인 방식으로 정립할 수 있는 '앎'이라고 보았던 것이다.

한편 논리학과 수사학의 경우에도 베이컨이 전통 철학과 유지하는 관계는 독특하고 복잡한 측면을 지니고 있었다. 베이컨은 논리학을 전통적인 수사학적 분류법, 예를 들어 '발견inventio', '판단judicium', '기억memoria' 등의 기술에 따라 세분화했다. 전통 수사학에서 '발견'의 기술은 담론의 주제와 논제를 설정하는 과정을 가리킨다. 하지만 베이컨은 이 용어의 의미를 확장시켜 '발견'에 전통적인 '주제'외에도 '기술arti'의 탐색 방식을 포함시켰다. 베이컨이 『새 오르가논』의 2권 전체를 할애해 설명하는 이 후자의 방식이 바로 자연철학의 가장 중요한 방법론, 즉 귀납법이다. 반면에 '기억의 기술ars memoriae'에 관한 16세기 문헌들이 베이컨에게 끼친 영향은 '기억'뿐만 아니라 자연과학의 자료들을 주의 깊게 선별하고 분류하는 과정에서 확연하게 드러난다.

2.2 베이컨의 백과사전

생애의 마지막 20년 동안 베이컨은 지식의 분류라는 문제에 지대한 관심을 기울였다. 이 문제를 다룬 주요 저서는 『학문의 진보Advancement of Learning』와 이 책의 방대한 수정 증보판으로 집필한 『학문의 존엄성과 성장에 관하여De dignitate et augmentis scientiarum』다. 베이컨이 이 저서들을 통해 제시하는 것은 학문과 기술의 모든 분야를 총망라할 수 있는 앎의 지형도 내지 '학문의 계보arbor scientiarum'다.

베이컨은 지식의 모든 분야를 백과사전적인 차원에서 점검하는 일이 앎의 총체적인 혁신을 위해 필요하다고 보았고 그의 이러한 생각은 1620년 『대혁신Instauratio magna』의 출판과 함께 체계적인 방식으로 드러나기 시작했다. 베이컨은 학문의 체계적 분류라는 과제가, 취득한 지식들 가운데 보전해야 할 것과 폐지해야 할 것, 무엇보다도 연구하거나 발전시켜야 할 대상의 이미지들을 제시하는 데 있다고 보았다.

베이컨이 채택한 분류 체계는 이성적 영혼의 기량을 세 종류, 즉 '기억', '상상', '이성'으로 나눈 아리스토텔레스의 분류법을 따른다. 베이컨은 이 세 가지 기량에 백과사전의 특정 분야가 상응하며 그런 식으로 '기억'은 자연의 역사에 대한 지식을, '상상'은 시적 혹은 문학적 지식을, '이성'은 철학적 지식을 각각 담당한다고 보았다. 베이컨의 백과사전을 구축하는 세 가지 핵심 개념이 바로 역사, 시, 철학이다.

자연의 역사와 관련하여 베이컨이 도입한 새로운 관점 중에 주목할 만한 것은 두 가지다. 이 관점들은 앎의 개념과 자연현상 탐구에 직접적인 변화를 가져왔다는 점에서 상당히 중요하다. 먼저, 베이컨은 자연사를 '서사적'인 자연사와 '귀납적'인 자연사로 구분했다. 자연사는 따라서 플리니우스의 『자연사』처럼 자연에 관한 정보의 개별적인 집대성으로 고려될 수도 있고 자연의 법칙과 원리들을 발견하기 위해 '귀납적'으로 발전시켜야 할 정보들의 원천으로 고려될 수도 있다. 아울러 베이컨은 자연사에 기술과 실험의 역사가 포함되어야 한다는 획기적인 관점을 제시했다. 이는 곧 있는 그대로의 자연현상과 자연의 인위적인 활용 빛 변형이 동일한 개념적 차원에서 고려될 수 있다는 것을 의미했다.

시와 상상력의 영역에 도입된 새로운 요소는 베이컨이 시적 '비유'에 부여한 중심적인 역할, 다시 말해 고대 우화에 대한 알레고리적인 해석의 중요성이다. 이 중요성은 베이컨이 과학적 지식의 소통 영역을 일반적인 차원으로 확대하기 위해 논리학 분야에서도 '은유'나 '유사' 같은 수사법을 도구로 사용할 필요가 있다고 강조했던 것과 같은 맥락에서 이해되어야 한다.

『대혁신』의 출판을 통해 베이컨은 자연철학의 혁신을 위한 아주 복합적이고 세분화된 계획을 제시했다. 총 6부로 구성된 이 저서의 요지를 간략하게 기술하면 다음과 같다.

(1) 과학 분야의 분류: 여기서 베이컨이 강조하는 것은 과학 분야를 세분화할

때 요구되는 백과사전적인 구도의 중요성이다. 이 구도를 바탕으로 백과사전 내부에서 연구가 부족하고 발전이 필요한 분야들이 다름 아닌 탐구를 요하는 학문으로 부각될 수 있어야 한다는 것이 베이컨의 생각이었다. 이러한 생각을 그는 일찍이 1605년에 출판된 『학문의 진보』, 이어서 1623년에 출판된 『학문의 존엄성과 성장에 관하여』에서 표명된 바 있다.

(2) 새 오르가논: 여기서 베이컨이 제시하는 것은 하나의 방법론, 혹은 원리의 '발견' 과정이다. 이 방법론은 '자연의 해석'에 필요한 원칙이나 원리들을 제시할 수 있는 하나의 논리적인 귀납법과 일치한다.

(3) 자연과 실험의 역사: 17세기에 '자연사'는 이 말이 18세기부터 천천히 취득하게 되는 자연 세계의 분류학적 분석이라는 의미를 전혀 가지지 않았다. 베이컨에게 자연사는 정보의 직접적 관찰이나 실험 같은 직접경험 혹은 독서 같은 간접경험으로 얻은 정보를 집대성해 놓은 것에 지나지 않았다. 다시 말해 이러한 정보들은 귀납법을 활용하는 논리적 연산의 대상에 지나지 않았다. 베이컨은 자연사에 인위적인 기술이 포함된다고 보았다. 베이컨의 분류법에 따르면, 예를 들어 인쇄 기계의 역사와 열역학의 역사는 동일한 영역에 속한다.

(4) 지성의 위계: 여기서는 2부의 내용이 좀 더 심도 있게 논의되며 『새 오르가논』과 자연사의 내용을 바탕으로 자연 해석의 예들이 제시된다.

(5) 제2철학의 예행: 이 부분은 베이컨의 계획 전체를 완성하기 위한 잠정적인 성격의 준비 단계에 해당한다. 관건은 구체적으로 귀납 과정에 적용하는 것이 아직은 불가능한 분석 결과들을 모으는 일이다. 다시 말해 '가정'에 해당하는 이 '예행'은 일종의 직관적인 관찰이며 이것의 사실 여부에 대한 판단은 귀납적 논리의 결과가 모습을 드러낼 때까지 보류할 필요가 있다. 주목할 것은, 베이컨이 중간 단계의 탐구 결과와 무엇보다도 가정의 기능에 커다란 관심을 기울였다는 사실이, 철학사에서 베이컨에게 부여하는 경험주의 신봉자 이미지와는 결코 어울리지 않는다는 점이다.

(6) 제2철학 혹은 실용 과학: 이 부분은 『대혁신』의 대관식, 즉 '학문'과 '잠재력'(이론을 실재에 적용할 수 있는 능력)이 완전히 통합되는 과학 지식의 최종 단계에

해당한다. 베이컨은 이러한 목표가 한 개인 혹은 한 세대의 학자들에 의해 달성될 수 없다는 것을 잘 알고 있었다. 베이컨은 심지어 이 목표의 본질이 '현재에는' 개념적으로 포착될 수 없는 성격의 것이라고 보았다. '학문의 진보'가 공동의 연구와 오랜 시간을 필요로 한다는 점을 인식한 것이 17세기 자연철학의 새로운 특징이었다면 이러한 인식 자체는 아울러 18세기와 19세기에 이루어지는 보다 완전한 과학 발전의 시작이었다고 볼 수 있다.

2.3 『새 오르가논』

『대혁신』과 마찬가지로 1620년에 출판된 『새 오르가논』의 핵심 개념은 귀납법이다. '새'라는 형용사는 아리스토텔레스의 논리학 저서 『오르가논』과의 차이를 강조하기 위해 쓰였다. 이 저서는 두 부분으로 나뉘며 각각 베이컨이 의도하는 과학철학의 비평적인 내용pars destruens과 건설적인 내용pars construens을 다룬다.

베이컨은 자연에 대한 단순한 지식뿐 아니라 무언가를 만들어 낼 수 있는 힘과 실용성을 갖춘 앎, 다시 말해 '자연에 대한 인간의 지배력'을 보장할 수 있는 앎을 확보하기 위한 기본적인 조건이 두 가지라고 보았다.

첫째, 지성의 기능과 발달을 방해하는 우상idola, 즉 선입견으로부터 자유로워질 필요가 있다.

둘째, 관찰과 실험을 통해 드러나는 특정한 사실들의 분석에서 보편적인 규칙으로, 보편적 규칙에서 새로운 관찰과 실험의 세계로 인도하는 논리적 과정을 따라야 한다. 훌륭한 '자연의 해석'을 허락하는 것이 바로 베이컨이 '귀납법'이라고 부르는 이 논리적 과정이다.

첫 번째 조건과 관련하여 베이컨은 자연철학자가 피해야 할 우상을 네 종류로 구분했다.

(1) 종족의 우상idola tribus: 이 오류는 다양한 유형의 한계를 지닌 인간의 정신적 본질 자체에서 유래한다. 감각에 의존하는 인간의 정신은 규칙성이 없는 곳

에서 규칙을 발견하려 하고 당장은 제어할 수 없는 결과를 구체적으로 예상하는 성향을 지녔다.

(2) 동굴의 우상idola specus: 한 개인의 성격이나 습관 혹은 그가 받은 교육에서 비롯되는 오류를 말한다.

(3) 광장의 우상idola fori: 모호함과 난해함 및 온갖 모순을 만들어 내는 공동체적 언어 습관에서 비롯되는 선입견을 말한다. 베이컨은 자연철학이 요구하는 언어적 개혁을 통해 아담이 에덴동산에서 사용하던 언어의 '순수함'을 복원하고 귀납법의 결과를 바탕으로 사물에 새로운 이름을 부여할 필요가 있다고 보았다.

(4) 극장의 우상idola theatri: 전통이 부여하는 권위를 바탕으로 진리인 것처럼 전해 내려오는 고대의 잘못된 철학이나 미신을 말한다. 이러한 부류의 선입견은 연구 대상에 대한 자율적인 사고를 방해한다.

이 우상의 이론이 바로 『새 오르가논』의 비평적인 부분을 차지한다. 정확한 분석을 통해 이러한 우상으로부터 정화가 이루어진 다음에는 진정한 자연 해석이 가능해진다. 베이컨에게 자연을 해석한다는 것은 분석되는 대상, 예를 들어 열기, 냉기, 색상, 소리, 밀도 등의 '본질'이나 특성의 '형태' 혹은 정의를 제공한다는 것을 의미했다.

어떤 본질이나 특성은 출발선상에서 어떤 현상이 특별한 관계를 지속적으로 유지하며 구축하는 한층 고차원적인 특징을 말한다. 예를 들어 열량은 운동의 한 독특한 특성이다. 다양한 형태의 특성들을 발견하기 위해 베이컨이 제시하는 방법론은 다음과 같은 단계를 거친다.

(1) 자연사에서 추출한 자료를 활용해 세 가지 도표, 즉 '실재'와 '부재'와 '정도'의 도표(tabulae praesentiae, absentiae, graduum)를 작성한다.

(2) 본질과 무관한 특성들을 고려의 대상에서 '제외'한다.

(3) '첫 번째 수확', 다시 말해 실험 결과들의 일관성을 확인하기 위한 가정을 세운다.

(4) 양가적인 설명의 병패를 종식시킬 수 있는 '결정적인' 실험을 위해 다양

한 논리적 기능을 지닌 특별한 예들을 활용한다.

'실재의 도표'는 자연 안에서 독특한 특성으로 실재하는 것들의 목록을 작성하는 단계다. 이 작업의 목표는 예를 들어 열기의 특성을 가진 모든 경우의 실재들을 구체적으로 찾아내는 일이다.

'부재의 도표'는 이전 도표에서 작성된 경우들과 모든 면에서 유사하지만 관건이 되는 특성이 부재하는 것들의 목록을 말한다. 이 작업의 목표는 '실재의 도표'를 작성하는 목표와 정반대다. 예를 들어 열기의 조건에 부합하는 특성들을 찾으려고 노력하는 대신 열기의 부재에 부합하는 특성들을 찾는다.

'정도의 도표'는 다루어지는 특성의 강도가 강하거나 약한 경우들의 목록을 말한다. 베이컨은 '열기'의 경우에서 볼 수 있듯이 특성 자체가 감소하거나 증가함에 따라 특성의 형태 역시 지속적으로 감소하거나 증가한다고 보았다.

이 도표들이 작성된 뒤에 이어지는 것은 제외 과정이다. 즉 한 특성이 실재하는 경우에 부재하는 특성들, 혹은 부재할 때 실재하는 특성들, 또는 강도가 줄어들 때 증가하는 특성들을 제외할 필요가 있었다. 제외 과정을 마친 뒤에는 형식을 확인하는 첫 번째 시도가 이루어졌다. 베이컨은 이 잠정적 시도를 '최초의 해석', '최초의 수확' 등으로 묘사했다.

2.4 '파라켈수스적인' 하늘 혹은 「우주론」

어떤 형태의 귀납법과도 가깝다고 볼 수 없는 해결책들을 선택하면서 베이컨은 『새 오르가논』에서 표명했던 방법론의 한계를 초월하는 상당히 복합적인 우주론을 발전시켰다. 베이컨의 천문학은 「우주론*Thema Coeli*」(1612)이라는 제목의 짧은 글에 응축되어 있다. 이 글에서 베이컨은 지구중심설을 바탕으로 하는 천체들의 운동 이론을 르네상스 시대의 의사이자 마술사인 파라켈수스의 이론과 상당히 흡사한 화학 이론을 토대로 설명했다.

베이컨은 우주에 두 종류의 기초 요소와 하나의 매개체가 존재한다고 보았다. 이 기초 요소들은 유황과 수은이고, 매개체는 소금이다. 여기서 분명하게 드러나는 것은 다름 아닌 유황, 수은, 소금을 중심으로 하는 파라켈수스 기초 요소 이론과의 유사성이다. 이 물질들은 각각 네 종류의 상이한 요소들을 바탕으로 설명되며 따라서 열두 개의 단위를 토대로 하나의 구도가 형성된다.

다양한 물질들은 기본적으로 두 가지 기준에 따라, 즉 (1) 촉지觸知가 가능하고 밀도가 높고 무겁고 수동적인 물질과 촉지가 불가능하고 밀도가 낮고 가볍고 능동적인 영적spiritus 물질 간의 구분이라는 기준 그리고 (2) 지하, 지상, 월하月下, 천상으로 분류되는 우주에서의 위치라는 기준에 따라 구분된다. 촉지가 가능한 물질과 촉지가 불가능한 프네우마pneuma적인 물질은 우주의 양극에 배치된다. 즉 지구의 중심은 순수하게 촉지가 가능한 물질로 구성되어 있지만 행성들과 고정된 별들은 순수하게 촉지가 불가능한 물질로 구성되어 있다. 반면에 지구의 표면은 촉지가 가능한 물질과 프네우마적인 물질이 다양한 방식으로 뒤섞여 있고 월하와 천상은 모두 프네우마적인 물질들로 구성된다. 아울러 별들의 '불' 역시 행성들을 구성하는 물질이며 '에테르'는 행성들이 움직이는 공간을 구축한다.

베이컨의 이러한 화학적 우주론은 그의 천문학과 직결된다. 베이컨이 지지한 것은 행성들이 지구와 가까울수록 이들의 운동 속도가 감소하는 형태의 지구중심적인 천문학 체계였다. 이는 프톨레마이오스의 주전원설과 이심원설을 거부하며 아리스토텔레스의 천문학을 바탕으로 12세기의 아랍 천문학자 알페트라지우스Alpetragius가 정립한 우주론의 일종이었다. 베이컨은 자신의 화학적 우주론을 바탕으로 알페트라지우스의 체계에 물리적인 차원의 정당성을 부여하고자 했다. 베이컨에 따르면 행성들의 공전속도가 지구와 가까워지면서 감소하는 이유는 행성들을 구성하는 프네우마적인 물질의 점진적인 부패 현상 때문이었다. 즉 지구와 가까울수록 프네우마적인 물질이 촉지가 가능한 물질로 변하기 때문이라고 본 것이다. 베이컨은 이런 식으로 우주론 체계에 대해 화학적인 설명을 제시한 유일한 철학자다. 그의 화학적 우주론은 르네상스의 마술과 연금술이 17세기에 행사한 지대한 영향력의 흔적을 분명하게 보여 준다.

베이컨이 세상을 떠난 뒤 그의 비서 윌리엄 롤리William Rawley가 1627년에 출판한 베이컨의 두 권의 저서, 즉 자연사와 관련된 1000가지 실험을 열 단계로 나누어 설명한 『숲 속의 숲 Sylva Sylvarum』과 유토피아적인 내용을 다룬 미완성의 『새로운 아틀란티스 New Atlantis』는 모두 커다란 성공을 거두었다. 특히 두 번째 책에서 베이컨이 묘사한 과학자들의 공동체 '솔로몬의 집'은 '로열소사이어티'가 탄생하는 데 결정적인 역할을 했다.

이 두 저서의 관계는 비교적 분명하다. 첫 번째 책이 제2철학의 기초를 이루는 자연사의 방대한 정보들을 수록하고 있는 반면 두 번째 책은 이러한 지식을 활용할 수 있는 공동체에 대한 문학적인 묘사를 제공한다. 실제로 이 저서의 핵심 주제 '솔로몬의 집'이 묘사되는 부분에는 자연철학이 실현되고 확장되는 과정에 대한 베이컨의 생각이 고스란히 반영되어 있다. 이 공동체의 목적은 과학의 '잠재력' 혹은 실용적 기량을 통해 '원인들에 대한 앎'을 밝혀내는 것이었다.

'솔로몬의 집'은 실험과 기술적 탐구를 위한 다양한 공간으로 무질서하게 채워져 있다. 예를 들어 여기에는 지리학 및 천문학 관측을 위한 공간과 비행 연구를 위한 작업실, 치료법, 기상학, 농학, 식료품 생산, 약학, 음향학, 수학 등을 연구하고 실험하는 공간이 마련되어 있다.

'솔로몬의 집'에 머무는 형제들 사이의 분업에는 귀납법적인 연구 과정이 그대로 반영된다. 이들의 작업은 기존의 정보들을 모으는 단계, 혁신을 위한 실험의 단계, 실험 결과를 분류하고 분석해서 '공리'를 추출하는 단계, 실험을 이론적 차원에서 실용적 차원으로 끌어올리는 단계, 자연을 해석하는 단계로 나뉘어 진행된다. 베이컨은 아울러 과학의 교수법과 습득 과정을 다루면서 교육과정의 모형을 제안하기도 했다. 베이컨의 계획은 유토피아적이었지만 이를 토대로 근대의 가장 유명하고 영향력 있는 과학 기관 '로열소사이어티'(1660년)가 탄생했다.

3

갈릴레오 갈릴레이

3.1 배움과 가르침

갈릴레오 갈릴레이는 1564년 피사에서 유명한 음악가 빈첸초 갈릴레이Vincenzo Galilei의 아들로 태어났다. 갈릴레이는 1580년, 의학을 공부할 목적으로 피사 대학의 인문학과에 입학했다. 이곳에서 아리스토텔레스 철학을 공부했지만 졸업을 포기하고 연구를 그만둔 뒤 개인교습을 통해 수학을 공부하기 시작했다. 에우클레이데스와 아르키메데스의 수학을 연구한 갈릴레이는 이어서 아무런 학위나 자격증 없이 공개적으로 수학을 가르치고 다양한 주제로 강의를 했다. 예를 들어 단테의 『신곡』 중 「지옥」도 강의 주제 가운데 하나였다.

동시대인들로부터 뛰어난 수학적 재능을 인정받은 갈릴레이는 1589년에 피사 대학의 수학과 교수로 임명되었다. 처음 몇 년 동안의 강의 경험을 토대로 집필한 저서가 『운동에 관하여De motu』다. 이 책에서 갈릴레이는 아르키메데스의 무게 이론을 지지하고 가벼운 물체와 무거운 물체를 구분하는 아리스토텔레스의 관점을 논박했다.

피사에서의 교수 생활과 급여에 만족하지 못한 갈릴레이는 1592년 파도바로 이주했다. 파도바에서도 급여는 그리 높지 않았고 강의 시간에도 전통적인 주제를 다루어야 했지만 파도바 근교의 베네치아가 피사보다는 그의 능력을 발휘할 수 있는 기회와 여건을 훨씬 더 많이 제공했다. 예를 들어 갈릴레이는 장교 교육과정을 준비하던 젊은 귀족 자제들에게 개인교습으로 수학을 가르쳤고 베네치아공화국의 기술 고문으로 활동하면서 정부에 선박 제조 및 수력학과 관련된 전문 의견을 제공했다. 1597년에 갈릴레이는 군사용 컴퍼스를 발명했다. 이 컴퍼스는 주로 구경 혹은 둥근 물체의 지름 측정, 특히 크기에 따라 다양한 위력을 발휘하는 대포알 측정, 그리고 영토 측량에 사용되었다.

갈릴레이는 이 컴퍼스의 발명으로 엄청난 수익을 올렸다. 이 시기에 갈릴레이가 집필한 논문이 바로 『기계역학 *Le mecaniche*』이다. 이 논문에서 갈릴레이는 간단한 기계들의 기능을 천칭에 비교하며 무게와 속도의 원리를 바탕으로 설명했다. 갈릴레이가 파도바에 머무는 동안 집필한 또 다른 논문들의 내용뿐만 아니라 귀족 청년들에게 개인교습으로 가르치던 내용에는 군사기지 건설과 성벽 건설 및 지리학 같은 분야도 포함되어 있었다. 같은 해인 1597년, 케플러로부터 『우주론적 신비 *Mysterium cosmographicum*』 한 권을 선사받은 갈릴레이는 감사를 표하며 쓴 편지에서 허심탄회하게 자신이 코페르니쿠스 우주론의 지지자임을 밝혔다. 당시에 갈릴레이는 진자운동에도 관심을 기울였다. 일화에 따르면 갈릴레이는 학생 시절에 피사의 대성당 안에서 흔들리는 등의 움직임을 관찰하며 처음으로 진자의 등시성 원리를 발견했다고 전해진다. 진자의 등시성 원리란 진자가 왕복운동을 하는 데 걸리는 시간이 진자가 그리는 아치의 크기와는 무관하게 항상 동일하다는 원리다. 갈릴레이의 또 다른 관심사는 무거운 물체의 낙하였다. 갈릴레이는 물체의 낙하 현상을 바탕으로 첫 수학 이론을 발전시켰고 연구 결과를 1604년 그의 친구 파올로 사르피에게 알렸다. 갈릴레이는 사르피와 함께 낙하 거리가 낙하 시간의 제곱에 비례한다는 사실을 밝혀냈다.

갈릴레이는 종종 망원경 발명가로 언급되지만 사실은 망원경을 처음으로 과학적 탐구에 활용했을 뿐이다. 망원경의 발명 소식이 들려오기 시작한 것은 1608년이다. 하지만 당시에 망원경은 멀리서 배를 관찰하는 데에만 쓰였다. 1609년에는 잉글랜드에서 토머스 해리엇Thomas Harriot이 망원경으로 달 표면을 관찰했고 이를 지도로 만들었다. 갈릴레이는 1609년 8월에 망원경을 제작했고 이를 베네치아공화국에 선사했다. 이에 대한 보상으로 갈릴레이를 위한 상당한 수준의 급료 인상 조치가 이루어졌다. 1609년 겨울과 1610년 봄 사이에 갈릴레이는 대략 20배의 확대가 가능한 망원경을 사용해 처음으로 달 표면을 관찰했다. 달 표면은 지구 표면과 상당히 비슷했고 산과 계곡을 가지고 있었다. 이러한 사실은 천상의 세계가 불변한다는 아리스토텔레스의 주장을 뒤엎을 수 있는 강력한 증거가 될 수 있었다. 같은 시기에, 갈릴레이는 목성의 가장 커다란 네 위성을 관찰했고 이어서 이들의 공전주기를 정확하게 계산해 냈다. 1610년에 『별들의 소식 Sidereus Nuncius』을 출판한 갈릴레이는 이 책을 피렌체의 군주 코지모 데 메디치 2세에게 헌정하고 코지모를 칭송하며 목성의 위성들을 '메디치의 별'이라고 불렀다. 갈릴레이는 같은 해 여름에 파도바를 떠나 피렌체로 이주한 뒤 군주의 '철학자이자 수학자'로 임명되었다. 『별들의 소식』에서 갈릴레이는 달 표면이 "불규칙하고 울퉁불퉁하며 동굴과 돌출 부위로 가득하고 지구의 표면과도 크게 다르지 않다"고 묘사했다. 갈릴레이는 아울러 은하수가 사람들이 생각하던 것처럼 "태양과 별들의 빛을 반사하는 가장 밀도 높은 부분이 아니라 오히려 무수히 많은 별들이 수북이 모여 있는 것에 불과하다"고 설명했다. 프톨레마이오스의 체계와 부합하지 않는 금성의 위상 변화를 발견해 낸 갈릴레이는 별들의 크기가 굉장히 다양할 뿐만 아니라 별들 사이의 거리도 굉장히 멀다는 사실을 밝혀냈다.

1611년 자신이 "관찰한 새로운 사실들을 모두가 직접 확인할 수 있도록" 로마를 방문한 갈릴레이는 4월 11일 몇몇 예수회 과학자들과 페데리코 체시Federico Cesi를 비롯한 린체이 아카데미* 회원들이 산 판크라치오San Pancrazio에서 개최한 모임에 참석했다. 새로운 천문학적 발견에 대한 토론의 장으로 마련된 이 모임에 참석함으로써 갈릴레이는 자신의 이론을 세상에 알리는 여정의 첫발을 내디뎠다. 새로운 진리를 소개하고 자신의 이론적 입장을 발표하면서 갈릴레이는 성공을 거두는 듯이 보였다. 예수회 과학자들이 소극적으로나마 그의 이론과 과학적 성과를 인정해 주었기 때문이다. 갈릴레이는 1611년 4월 25일 그의 경력에 결정적인 영향을 끼치게 될 린체이 아카데미의 회원으로 추대되었다.

3.2 과학과 성경 혹은 갈릴레이와 교회

1612년에는 피렌체에서 코페르니쿠스의 이론을 반대하는 신학적 입장들이 구체적으로 표명되기 시작했고 1613년에는 대공의 궁정에서 코페르니쿠스를 비난하는 논쟁이 벌어졌다. 피사에서 수학을 가르치던 베네데토 카스텔리Benedetto Castelli로부터 이 소식을 전해 들은 갈릴레이는 과학과 성서의 관계에 대한 자신의 의견을 표명하기로 결심했다. 갈릴레이가 자신의 의견을 적어 카스텔리에게 발송한 서간문은 이어서 필사본 형태로 여러 사람들에게 전파되었다. 갈릴레이는 유사한 내용의 편지들을 피에로 디니Piero Dini와 로렌의 크리스티나Cristina di Lorena에게도 발송했다.

서간문을 통해 갈릴레이가 주장했던 것은 신학과 과학의 엄격한 분리 및 코페르니쿠스의 입장과 성서의 양립 가능성이었다. 갈릴레이는 성서는 틀리지 않지만 성서를 해석하는 인간은 틀릴 수 있으며 가장 커다란 오류는 성서를 문자 그대로 해석한 뒤 그 의미만을 고집하는 것이라고 보았다. 그런 식으로 인간적인 뜻을 신에게 부여하는 오류를 범한다고 보았던 것이다. 갈릴레이는 문자 그대로의 해석과 전적으로 다른 해석의 필요성을 강조하면서 자연과학의 문제를 다룰 때 성서는 자연보다 더 큰 권위를 가질 수 없다고 주장했다. 갈릴레이는 이렇게 기록했다. "성서는 우리가 어떻게 해야 하늘나라에 갈 수 있는지

---

* 로마에 본부를 두고 있는 '린체이 아카데미L'Accademia dei Lincei'는 세계에서 가장 오래된 아카데미로, 과학의 발전을 도모하는 만남의 공간을 마련하기 위해 1603년 페데리코 체시Federico Cesi와 프란체스코 스텔루티Francesco Stelluti 등에 의해 창설되었다. '린체이'라는 이름은 스라소니를 뜻하며 과학에 종사하는 이들이 가져야 할 명민함을 상징한다.

를 가르쳐 주지, 하늘나라가 어떻게 작동하는지를 가르쳐 주지는 않는다." 갈릴
레이는 성서가 신의 뜻에 따라 쓰였듯이 자연 역시 신의 섭리가 지배한다고 보
았다. 하지만 성서와 자연 사이에는 분명한 차이점이 존재했다. 갈릴레이가 로
렌의 크리스티나에게 쓴 편지에 기록한 것처럼, 성서는 인간이 부족한 이해력
으로 성서의 내용에 접근하는 것을 용서하지만 "냉혹한" 자연은 인간의 편의
를 위해 고유의 원칙과 방식을 포기하지 않는다. 따라서 갈릴레오의 "타당한 경
험"과 "일련의 증거"가 보여 주는 것은 성서의 내용을 근거로 자연에 대한 의혹
을 제기할 수 없다는 사실이다. 성서의 내용은 문자 그대로 해석할 때 오히려
자연의 원리와 정반대되는 주장을 펼치는 듯이 보인다. 대표적인 예는 여호수
아가 전쟁을 승리로 이끌 시간을 벌기 위해 태양에게 멈출 것을 명하는 성서의
일화(「여호수아」 10장)다. 지동설과 정반대되는 입장을 뒷받침하는 이 일화와 관
련하여 갈릴레이는 과학이 신학과 무관하다는 것을 주장하는 데에 그치지 않
고 프톨레마이오스의 이론보다 코페르니쿠스의 이론이 성서의 내용에 훨씬 더
부합한다고 주장하기까지 했다. 카스텔리에게 보낸 갈릴레이의 서신은 많은
이들에게 읽히면서 긴장감을 유발했다. 도미니크 수도회의 신부 톰마소 카치
니Tommaso Caccini는 1614년 12월 21일 설교에서 갈릴레이를 공개적으로 비난했고
1615년에는 역시 도미니크 수도회의 니콜로 로리니Niccolò Lorini가 도서 검열 기
구Congregazione dell'Indice에 갈릴레이를 고소했다.

　로마교회의 대변인 로베르토 벨라르미노Roberto Bellarmino 추기경은 1615년 성
명을 통해 코페르니쿠스의 체계는 오로지 하나의 천문학적 가설로만 받아들일
수 있으며 세계의 물리적 현실에 대한 실질적인 설명으로 인정될 수 없다고 밝
혔다. 이어서 1616년에 교황청은 다음과 같은 교령을 선포했다. "태양이 세계의
중심이기 때문에 공간운동을 하지 않는다는 주장은 오류이며 철학적으로 모순
적이고 형식적으로 이단적이다. [……] 지구가 세계의 중심이 아니며 부동의 상
태로 머물러 있지 않고 오히려 자전운동을 한다는 주장 역시 틀렸으며 철학적
으로 모순적이고 신앙에 위배된다." 벨라르미노는 갈릴레이에게 코페르니쿠스
의 우주론을 지지하거나 변론하지 말고, 구전으로든 문서를 통해서든 가르치

지 말라고 경고했다. 그는 코페르니쿠스의『천체의 회전에 관하여』를 "수정본이 나올 때까지" 금서 목록에 포함시켰다.

갈릴레이는 도서 검열 기구의 코페르니쿠스 반대 정책으로 인해 오랫동안 침묵할 수밖에 없었지만 당시에 열리던 천문학 토론에는 빠지지 않고 참석했다. 1623년에는『분석자』를 출판했고 이 책을 그의 친구이자 같은 해에 우르바노 8세라는 이름으로 교황에 오른 마페오 바르베리니Maffeo Barberini에게 헌정했다. 이 저서에서 갈릴레이는 예수회 소속 천문학자 오라치오 그라시Orazio Grassi의 혜성에 관한 이론을 강하게 비판하는 한편, 원자주의적인 물질 이론을 제안했다. 이 이론에 따르면 오로지 기하학적이고 역학적인 특성만을 사실로 간주할 수 있으며 감각적인 특성들, 예를 들어 달거나 쓴 느낌, 덥거나 추운 느낌은 사실 우리가 특성들의 실체라고 믿는 물체들이 뿜어내는 미세한 입자와 우리의 감각기관이 일으키는 상호작용의 결과에 불과하다. 이러한 해석을 따를 때 인정하지 않을 수 없는 것은 감각의 주체를 제외할 때 이 특성도 같이 사라진다는 사실이다. 갈릴레이는 이 특성들이 사실상 이름에 불과하다고 설명했다.『분석자』에서 갈릴레이가 소개하는 '자연의 책'은 숫자로만 쓰여 있으며 숫자를 통해서만 해독이 가능하다. 아리스토텔레스주의자들과 달리 갈릴레이는 수학에 물리학의 기초라는 역할을 부여했다.

갈릴레이가『분석자』를 집필하고 출판하는 과정에는 린체이 아카데미 회원들이 기여한 바가 크다. 이들은 추기경 바르베리니와 그가 교황 우르바노 8세로 추대되기 이전부터 좋은 관계를 유지했고, 교황으로 임명된 후에는 코페르니쿠스의 우주론에 대해 좀 더 자유롭게 토론할 수 있는 기회와 희망을 얻었다. 이를 계기로 갈릴레이는 일찍이 1610년부터 계획해 온 우주론 저서의 집필을 재개했다. 그가 염두에 두었던 책 제목은 '밀물과 썰물 현상에 관한 대화Dialogo sul flusso e reflusso dei mari'다. 실제로 갈릴레이는 조수潮水 현상이 지동설의 결정적인 근거가 된다고 믿고 있었다. 책의 최종 제목이『세계의 양대 체계에 관한 대화』로 결정된 것은 교황 우르바노 8세가 이 제목을 선호했고 '밀물과 썰물'에 대해서는 제목에서든 책 속에서든 언급하지 말 것을 요구했기 때문이다.

하지만 대화록을 살펴보면, 코페르니쿠스의 체계를 지지하는 논제들은 외견상 가설의 형태로 제시될 뿐 토론의 결과는 분명하게 항상 코페르니쿠스의 의견이 옳다는 쪽으로 기울어진다. 이 대화록은 1630년에 완성되었지만 검열 기관의 허가를 얻기 위해 2년간의 복잡한 협정 과정을 거친 뒤에야 출판되었다. 토스카나의 대공 페르디난도Ferdinando 2세에게 헌정된『세계의 양대 체계에 관한 대화』는 나흘간에 걸쳐 세 명의 대화자들이 나누는 토론의 형태로 진행된다. 갈릴레이는 코페르니쿠스 우주론을 지지하는 필리포 살비아티Filippo Salviati와 날카로운 관점의 소유자인 아마추어 과학자 조반 프란체스코 사그레도Giovan Francesco Sagredo, 그리고 저명한 아리스토텔레스 해설가를 떠올리게 하는 상상의 인물 심플리치오Simplicio를 대화자로 등장시킨다.

첫째 날에는 지상의 물체와 천상의 물체를 구분하는 아리스토텔레스의 관점에 이어 지구의 운동과 역학의 문제가 논의된다. 둘째 날에는 지구의 자전, 셋째 날에는 태양을 중심으로 하는 지구의 공전, 넷째 날에는 이 두 운동을 인정할 때에만 설명이 가능해지는 바다의 조수 현상이 논의된다.

갈릴레이는 아리스토텔레스주의적인 관점을 논박하며 운동의 상대성과 역학적 체계를 토대로, 즉 참조가 가능한 외부 요인이 부재하는 체계 안에서는 무언가가 정지 상태에 있는지 혹은 일률적으로 직선운동을 하는지 결정할 수 없다는 원리를 바탕으로 운동의 새로운 개념을 제안했다. 갈릴레이에 따르면, 지구의 자전만이 지구중심설의 문제점 중의 하나, 즉 천구는 서쪽을 향해 움직이는 반면 별들은 동쪽을 향해 움직인다는 문제를 해결할 수 있었다. 반면에 지구의 자전을 부인하는 의견들이 존재했다. 대표적인 예는 지구가 움직일 경우 탑에서 돌을 떨어트리면 수직선상이 아니라 서쪽으로 밀려난 지점에 떨어져야 할 텐데 실제로는 그런 현상은 일어나지 않는다는 견해나, 서쪽을 향해 쏜 탄환이 동쪽을 향해 쏜 것보다 더 먼 거리를 날아갈 것이며 이는 탄환이 비행하는 사이에 지구가 동쪽으로 움직인 거리를 탄환이 실제로 날아간 거리에 더해야 하기 때문이라는 의견이다. 이러한 반론에 갈릴레오는 관성과 하나의 고립된 체계 안에서 일어나는 운동의 독립성 이론을 바탕으로 답변을 제시했다. 지동설을 부인하기 위해 제시되는 새들의 비행 같은 예들이 부적절하다는 점을 지적하며 갈릴레이는 지구상에서 일어나는 일들이 항해하는 배 내부에서 배의 가속이나 감속에 아무런 영향도 받지 않고 일어나는 일들과 유사하다는 의견을 제시했다. 일률적인 속도로 항해하는 배 안에서 걷는 사람들의 움직임이나 떨어지는 물방울 혹은 어항 안에서 헤엄치는 금붕어의 움직임은 배가 움직인다는 사실로부터 어떤 영향도 받지 않는다는 것이었다.

넷째 날의 대화에는 1616년 밀물과 썰물에 대해 쓴 책의 내용이 대부분 다시 인용되며 지구의 운동을 증명하는 다름 아닌 '조수 현상'이 소개된다. 갈릴레이는, 물론 틀린 생각이었지만, 밀물과 썰물이 지구의 자전과 공전의 조합에서 유래하는 가속과 감속 현상 때문에 발생한다고 보았다.

갈릴레이의 『세계의 양대 체계에 관한 대화』가 지닌 명백하게 코페르니쿠스적인 성격은 교황의 눈을 피할 길이 없었고 갈릴레이는 결국 로마로 소환되어 재판을 받았다. 1633년 6월 22일 유죄판결을 받은 갈릴레이는 천문학과 관련된 그의 모든 주장을 철회한다는 조건으로 '형식적 수감' 형을 선고받았다. 그의 옥살이는 곧장 자택 구금으로 대체되었고, 갈릴레이는 시에나에 머물다가 이주한 아르체트리Arcetri의 빌라에서 생의 마지막 시간을 보냈다.

3.3 유죄판결 이후의 역학

아르체트리에서 머무는 동안 병에 시달리면서도 갈릴레이는 역학 연구에 매달렸고 이곳에서 17세기의 중요한 과학 문헌들 가운데 하나인 『두 종류의 신과학에 관한 수학적 논증과 증명Discorsi e dimostrazioni matematiche intorno a due nuove scienze』(1638년)을 집필했다. 이 저서는 로마교회의 검열을 피해 네덜란드의 레이던에서 출판되었다. 역학과 물체의 저항을 다룬 이 저서에서 갈릴레이는 낙하하는 물체의 가속도와 관련하여 일정한 가속도가 일정한 시간 내에 발생한다는 법칙, 다시 말해 가속도는 시간과 비례한다는 법칙을 정립했다.

균등한 가속운동은 널리 알려진 '경사면의 실험'을 통해 설명된다. 시간과 운동 사이의 밀접한 관계를 토대로, 아울러 균등한 운동이란 일정한 시간 안에 일정한 구간을 이동할 때 발생하는 운동이라는 점을 바탕으로, 갈릴레이는 균등한 가속운동이란 일정한 시간 안에 일정한 가속도로 움직이는 운동이라는 결론을 내렸다. 갈릴레이는 균등한 가속운동이 가속운동의 평균속도로 균등하게 움직이는 운동과 대등하며 후자로 환원될 수 있다고 보았다. 갈릴레이가 제시하는 자연적 가속운동의 정의가 전제하는 것은 정지 상태에서 출발하는 속도의 지속적인 증가다. 다시 말해, 추락하는 물체는 주어진 시간 안에서 무한히 느린 속도로 무한한 단계를 거쳐 움직이며 속도의 변화는 아주 짧은 순간들 사이에서 발생한다는 것을 전제한다.

저명한 과학사가 루도비코 제이모나트Ludovico Geymonat가 언급했던 것처럼 갈릴레이의 『두 종류의 신과학에 관한 수학적 논증과 증명』이 '순수과학으로의 회귀'를 암시하는 것은 분명하지만 이에 못지않게 분명한 것은 갈릴레이의 마지막 역학 탐구가 사실상 지동설에 반대하는 의견들을 논박하고 그가 제시했던 논제들을 이론적으로 증명하며 코페르니쿠스의 천문학 체계를 정당화한다는 사실이다.

17세기의 학문과 갈릴레이

1610년 봄, 갈릴레오 갈릴레이는 파도바 대학을 떠나 피렌체의 군주 코지모 데 메디치 2세의 궁정에 입성하기로 결심했다. 갈릴레이가 자신의 혁명적인 천문학 연구 결과를 발표하기 위해 출판한 『별들의 소식』을 헌정한 인물이 바로 코지모 2세였다. 갈릴레이는 5월 7일 피렌체의 서기관에게 보낸 편지에서 이러한 결심을 언급하며 앞으로는 교수직을 포기하고 오로지 연구 활동에만 전념할 것이며 두 가지 방향으로 연구를 진행할 계획이라고 밝혔다. 첫 번째는 '전적으로 새로운 과학'을 정립하는 것이었고 두 번째는 출판을 계획 중인 한 저서의 집필에 몰두하겠다는 것이었다. 이 책의 제목이 바로 『우주의 체계 혹은 구조, 철학과 천문학과 기하학으로 가득 찬 광대한 개념에 관하여 *De Systemate seu constitutione universi, concetto immenso e pieno di filosofia, astronomia et geometria*』다. 이 편지는 갈릴레이가 1610년에 이미 두 편의 주요 저서, 즉 1632년에 출판한 『세계의 양대 체계에 관한 대화』와 말년에 출판한 『두 종류의 신과학에 관한 수학적 논증과 증명』을 완성하려면 무엇을 어떻게 탐구해야 하는지 아주 뚜렷하고 구체적으로 의식하고 있었다는 사실과 갈릴레이에게는 '우주의 체계'가 단순히 천문학적인 차원에 머물지 않는 '철학적인' 차원의 문제였다는 점을 분명하게 보여 준다. 따라서 갈릴레이가 메디치가의 관리들에게 높은 임금을 요구하면서도 강의는 하지 않겠다는 조건을 내걸었을 뿐 아니라, 아주 구체적으로 '피사 대학의 수석 수학자, 토스카나 군주의 수석 수학자 겸 철학자Primario Matematico dello Studio di Pisa e Primario Matematico e Filosofo del Granduca di Toscana'라는 거창한 직함을 요구했을 때에는 그럴 만한 충분한 이유가 있었던 셈이다.

갈릴레이가 정통한 '철학자'로 인정받고 싶어 했던 이유는 무엇보다도 그가 망원경으로 관찰한 내용들이 코페르니쿠스 체계를 뒷받침하는 결정적인 근거라고 확신했을 뿐만 아니라 코페르니쿠스의 이론이 가설로서 충분한 개연성을 갖추었고 이성적 논리와 경험적 근거를 바탕으로 입증될 수 있다고 자부했기 때문이다. 갈릴레이의 동시대인들은 이러한 확신을 도가 지나친 것으로 평가했겠지만, 분명한 것은 그의 달 표면 관찰이 아리스토텔레스 우주론의 기본적인 전제들 가운데 하나를, 즉 '달 아래'의 지상을 구성하는 4원소와 천상의 세계를 구성하는 제5원소의 구분이라는 원칙을 심각한 위기에 빠트렸다는 사실이다. 갈릴레이가 발견한 목성의 위성들도 결국에는 모든 천체가 지구를 중심으로 일률적인 원운동을 한다는 생각 자체가 틀렸다는 것을 증명해 보였고, 금성의 궤도도 아리스토텔레스나 프톨레마이오스의 지구중심설적인 관점에서는 설명될 수 없는 현상이며 태양중심설적인 관점에서만 설명될 수 있다는 것이 드러났다.

1611년 로마를 방문했을 때 갈릴레이는 승리를 만끽하고 있었다. 린체이 아카데미의 회원들뿐 아니라 수많은 고위 성직자들과 예수회 학자들이 갈릴레이의 입장을 공개적으로 지지했기 때문이다. 무엇보다도 갈릴레이는 '현상을 살리는 데' 급급하며 관찰 기록에 대한 이론의 타당성을 발견하는 것으로 만족하는 '수학적 천문학'과 실질적인 천체 운동의 재구성을 추구하는 '물리학적 천문학'의 오랜 반목 현상을 완전히 극복할 수 있다고 굳게 믿었다. 갈릴레이는 아리스토텔레스의 그리스 해설가들이 도입한 뒤 중세에 하나의 원칙 혹은 기준으로 정립된 이 '수학적 천문학'과 '물리학적 천문학'의 구분법이 인식론적인 차원에서 오류뿐만 아니라 위험한 요소까지 안고 있다고 평가했다. 왜냐하면 지식인들 일부가 이러한 구분법을 근거로 '코페르니쿠스 자신도 지동설을 사실로 여기는 것은 아니라는' 이야기를 퍼트렸기 때문이다. 조르다노 브루노나 케플러와 마찬가지로, 갈릴레이는 코페르니쿠스의 『천체의 회전에 관하여』에 대한 이러한 해석이 억측에 불과하다고 보았다.

하지만 갈릴레이는 태양중심설의 사실주의적 해석을 고집하면서 결국 교회 지도자들과 충돌할 수밖에 없는 상황에 처하고 말았다. 1613년에서 1615년 사이에 쓴 이른바 '코페르니쿠스주의 서간문'에서 갈릴레이는 신이 남긴 두 권의 책, 즉 '성서'와 '자연' 사이에는 어떤 식의 모순도 존재할 수 없다고 밝혔지만, 이어서 성서의 내용 중에 이성과 경험이 증명하는 '자연적 사실'과 위배되는 문장들이 발견될 경우 이것들의 본래 의미를 밝히는 것은 신학자들의 몫이며 이는 성서가 신학적, 도덕적 진실을 다루지 않을 때 편의상 비유나 통속적인 편견에 의존하는 경우가 있기 때문이라고 주장했다. 이것이 바로 갈릴레이를 비롯해 대부분의 코페르니쿠스주의자들이 의존했던 이른바 '편의상의 해석'이다.

하지만 반종교개혁 운동이 한창 진행 중이던 당시에 성서의 문자적 의미를 문제 삼는 것은 상당히 위험한 일이었다. 도미니크 수도회의 톰마소 카치니와 니콜로 로리니가 코페르니쿠스의 이론이 성서의 내용에 명백히 위배된다고 밝힌 이후 교황청은 1616년에 부동의 태양이 우주의 중심이라는 주장은 억측에 불과하고 "형식적으로 이단"이며 지동설 역시 "최소한 오류"라고 천명했다. 이어서 도서 검열 기구는 『천체의 회전에 관하여』를 "수정본이 나올 때까지" 금서로 지정한다고 밝혔고 성서의 '우주론'과 태양중심설의 완벽한 양립 가능성을 주장했던 안토니오 포스카리니Antonio Foscarini의 해석을 이단으로 단죄했다. 하지만 갈릴레이는 직접적인 피해를 입지 않았고 교황 바오로 5세와 추기경 로베르토 벨라르미노의 뜻에 따라 개인적으로 경고를 받았을 뿐이다. 게다가 갈릴레이가 생각을 바꾸었다는 소문이 나돌자, 추기경은 심지어 자신이 갈릴레이에게 코페르니쿠스의 이론을 그저 "지지하거나 변론하지 말라고" 당부했을 뿐이며 도서 검열 기구의 결정을 단순히 전달했을 뿐이라는 내용으로 성명서를 발표하기까지 했다.

그러나 자신의 안전을 도모하려는 갈릴레이의 노력과 그의 명성이 훼손되는 일은 일어나지 않았다고 주장하던 동료 학자 및 후원자들의 지지에도 불구하고 1616년에 발표된 일련의 성명은 그에게 분명한 패배를 의미했다. 코페르니쿠스의 이론을 지지하면서 갈릴레이는 교회가 그를 반대할 수밖에 없는 입장에 서도록 만들었다. 교회의 지도자들은 태양중심설이 자연철학에서 진실로 간주될 수 없으며 오로지 '현상을 살리기 위한' 수학적 가설로만 수용될 수 있다고 천명했다. 그리고 이것이 바로 벨라르미노를 비롯한 예수회 학자들의 공식적인 입장이었다.

/ 『분석자』에서 『세계의 양대 체계에 관한 대화』로

1623년 갈릴레이가 혜성의 문제에 관한 입장을 밝히기 위해 출판한 『분석자』는 논쟁적인 차원에서는 효과적이었지만 과학적인 차원에서, 특히 혜성이 물리적인 실체가 아니라 빛의 굴절 현상이라는 견해의 근거를 제시하는 측면에서 꽤 미흡했을 뿐 아니라 전략적인 차원에서도 상당히 비생산적이었다. 실제로 갈릴레이가 콜레조 로마노의 예수회 학자 오라치오 그라시를 표적으로 삼아 발전시킨 날카로운 비판은 갈릴레이에 대한 예수회 학자들의 적개심을 한층 더 자극하는 결과로 이어졌다.

게다가 『분석자』에는 갈릴레이의 철학 및 인식론의 핵심적인 개념들이 상당 부분 소개되어 있었다. 특히 그라시와의 논쟁에서 비롯된 '열기'의 기원에 대해 자신의 생각과 입장을 밝히면서 갈릴레이는 열기가 물체들의 내재적인 특성이라는 관점을 부인하고 미립자적인 질료의 개념을 제시했다. 이 개념을 설명하면서 갈릴레이는 '원자'에 대한 언급을 피하고 "최소한의 입자"나 "최소한의 질량" 같은 표현들을 사용하면서 문제의 소지를 남기지 않기 위해 최선을 다했지만, 결국 그의 주장은 철학자들과 신학자들의 논쟁에 또 다른 빌미를 제공하고 말았다. 갈릴레이는 더 나아가서 물체의 일차적인 특성과는 달리 소리, 색깔, 향기, 맛 같은 부차적인 특성들이 독립적인 실체를 가지지 않으며 우리의 감각을 자극하는 또 다른 차원, 양, 형태의 미립자들이 반응하면서 발생한다고 주장했다.

이는 결과적으로 과학의 목적 자체가 근본적인 차원에서 다시 정의되어야 한다는 것을 의미했다. 다시 말해 지각 주체만을 위해 존재하는 것들, 즉 부차적인 특성들이 물리적인 차원의 과정에서, 즉 공간 안에서 일어나는 물체의 객관적 운동 과정에서 유래하는 것이라면, 과학이 양적 분석을 통해 이해하려고 노력해야 하는 것은 바로 이 과정이라는 것을 의미했다. 『분석자』에 등장하는 한 유명한 구절에서 읽을 수 있듯이, 자연은 "수학적 언어로 쓰인 한 권의 책이다. 삼각형과 원을 비롯한 기하학적 형상들이 이 수학적 언어의 철자들을 구성한다. 이들 없이는 인간적인 말의 이해 자체가 불가능하다." 이처럼 현실을 기본적으로 기계주의적인 관점에서 바라본다는 것은 한편으로는 아리스토텔레스주의자들의 "통속적인" 경험주의와 "질적" 탐구를 기반으로 성립되는 물리학적 설명이 불필요하다는 것을 의미했고 다른 한편으로는 자연이 어떤 질서에 지배되며 이 질서가 적어도 부분적으로는 "이성적 이해가 가능한" 수학적 유형의 질서라는 것을 의미했다. 갈릴레이가 자연을 한 권의 책에 비유한 뒤 곧장 "신실한 가톨릭 신자"로서, 비록 지동설이 오류라는 견해를 지지할 수밖에 없지만, 자신의 가장 커다란 꿈은 "우주의 진정한 구조를 이해하는" 일이라고 밝혔던 것도 바로 그런 이유에서였다.

　『분석자』가 출판된 1623년은 마페오 바르베리니가 우르바노 8세라는 이름으로 교황에 오른 해이기도 하다. 오랫동안 갈릴레이의 지지자였고 후원자였던 바르베리니는 식탁에서도 『분석자』를 낭독시킬 정도로 이 책의 지적 수준과 문학적 고상함에 심취했던 인물이다. 물론 이는 새 교황이 코페르니쿠스 이론을 지지하는 갈릴레이의 입장에 동조했다는 것을 의미하지 않는다. 오히려 1616년, 그가 아직 추기경이었을 때, 바르베리니는 갈릴레이의 입장에 대해 몇 가지 이의를 제기한 적이 있다. 그의 신학 고문이었던 아고스티노 오레지Agostino Oreggi의 기록으로 전해지는 것들 가운데 가장 번뜩이는 이견은 다음과 같다. 즉 태양중심설이 천문학 현상에 대한 객관적인 설명을 제공한다하더라도, 지구를 움직일 줄도 모르는 사람들이 지구가 움직인다는 견해를 지지한다는 것은 곧 이들이 묘사하는 천체들의 운동을 신이 무한한 지혜와 힘으로 주도한다는 이야기이므로, 태양중심설을 진리로 주장하는 것은 결국 신의 전지전능함에 한계를 부여하는 일이 아니겠냐는 것이었다. 이러한 반론은 신의 능력potentia Dei에 관한 중세의 신학적 성찰에 뿌리를 두고 있었지만 결론만큼은 뚜렷하게 회의주의적인 성격을 지니고 있었다. 다시 말해 현실과 동일한 차원의 세계를 신이 우리가 이해할 수 없는 무수한 근거를 바탕으로 끝없이 창조해 낼 수 있는 만큼, 검증을 거친 어떤 과학 이론도 세계의 실질적인 구조에 대한 확실한 앎은 결코 제공할 수 없다는 것이었다. 1625년 로마에 몇 달간 머물면서 새 교황을 여섯 번이나 만났던 갈릴레이도 한 편지에 우르바노 8세가 코페르니쿠스의 우주론을 "이단"으로는 간주하지 않았지만 "위험한" 동시에 "필연적인 진실로 증명될 가능성이 전혀 없는" 이론으로 보았다는 의견을 남긴 바 있다. 이러한 생각 자체가 그에게는 커다란 장애물이 될 수 있었음에도 불구하고 갈릴레이는 시간이 무르익어 코페르니쿠스의 우주론 수용에 유리한 상황이 전개되기를 바라면서, 1629년 엘리아 디오다티Elia Diodati에게 보내는 편지에 언급했던 것처럼, "코페르니쿠스 체계의 방대한 근거들"이 포함된 『세계의 양대 체계에 관한 대화』를 다시 집필하기 시작했다.

/ 『세계의 양대 체계에 관한 대화』와 우르바노 8세의 논제

갈릴레이는 출판을 허가받기 위해 장기 투쟁을 벌이면서 몇몇 문단을 수정하고 새로운 문장을 추가한 뒤 처음에 생각했던 것과는 다른 제목 '세계의 양대 체계에 관한 대화'를 고안해 냈다. 특히 갈릴레이는 교황청 교수 니콜로 리카르디Niccolò Riccardi와의 합의를 통해 결론 부분에서 우르바노 8세가 제기했던 신학적인 차원의 반론이 언급되어야 한다는 조건을 수락했을 뿐 아니라 '신중한 독자들을 위한' 서문에서도 자신이 1616년의 칙령을 숙지한 뒤 "코페르니쿠스의 이론을 순수하게 수학적인 가설로 받아들였고" 이를 지지하는 데 사용된 논제들은 "자연적 필요성 때문이 아니라 천문학적 편리를 위해 소용되었을" 뿐이라고 밝히기로 약속했다. 하지만 갈릴레이는 의중을 은폐하기 위한 메타포들을 절묘하게 활용하면서 『세계의 양대 체계에 관한 대화』를 사실상 태양중심설의 진실을 증명하기 위한 논증으로 전개시켰다. 실제로 갈릴레이가 제시했던 것은 단순화된 형태의 코페르니쿠스 천문학이었고 케플러가 1609년 『새로운 천문학Astronomia nova』에서 타

원궤도 이론으로 명쾌하게 해결했던 행성운동의 문제들을 언급하는 대신 단순한 태양 중심의 원형궤도를 모형으로 활용했다. 반대로 갈릴레이가 좀 더 깊이 파고 들었던 점들은 크게 세 가지다. 먼저 갈릴레이는 아리스토텔레스의 우주론이 그 자체로 모순적일 뿐 아니라 좀 더 정확한 관찰을 바탕으로 하는 천문학 정보에 더 이상 적용될 수 없으며 사실상 '달 위'와 '달 아래' 세계의 구분은 어디에도 어울리지 않는다는 점을 강조했다. 두 번째는, 따라서 지상의 세계나 천상의 세계 모두에 적용될 수 있는 단 하나의 물리학이 필요하다는 것이었다. 세 번째로, 갈릴레이는 밀물과 썰물 현상에 대한 복잡한 설명을 제시하면서 이 현상이 지구가 움직이고 있다는 것을 증명하는 '물리적' 근거라고 주장했다.

이러한 주장들을 토대로 갈릴레이는 '운동'을 아리스토텔레스주의자들이 생각했던 '과정'으로 보는 대신 일종의 '상태'로 보는 새로운 관점과 운동의 상대성 원리 같은 혁신적인 물리학 원칙들을 도입했을 뿐 아니라 그가 추구하는 것은 여전히 과학적 사실주의라는 점을 분명하게 보여 주었다. 다시 말해, 이 책의 '대화'에 참여하는 등장인물들의 '의도적인' 신중함에도 불구하고, 갈릴레이가 프톨레마이오스 우주론과 코페르니쿠스 우주론의 절묘하고 애매한 비교 끝에 선호하는 것은 사실상 코페르니쿠스 이론이라는 것이 분명하게 드러난다. 세 번째 대화에서도, 요구되는 것은 오로지 "프톨레마이오스의 입장과 코페르니쿠스의 입장이 [……] 서로에게 기반이 될 수 있는 자연적, 천문학적 근거를 제시하는 것뿐이며 무엇이 옳은지는 또 다른 근거들을 바탕으로 결정해야" 하지만, 갈릴레이는 곧이어 이러한 "결정이 결코 모호해서는 안 되며, 그 이유는 이 두 체계들 가운데 어느 하나만이 필연적 진리이며 다른 하나는 필연적 오류이기" 때문이라고 설명했다.

어김없이 도서 검열관들의 주목을 끌었던 이 표현들은 상대적으로 갈릴레이의 뛰어난 전략이 무엇이었는지 보여 주지만 갈릴레이의 이른바 '교리주의'에 의도적으로 주목하거나 집착했던 이들은 이러한 전략을 간파할 수 없었다. 왜냐하면 갈릴레이가 코페르니쿠스주의의 진실을 아무런 '근거' 없이, 즉 교리적인 차원에서 변호해 왔고 인식론적인 차원에서는 그를 비판하던 교회의 지도자들보다 훨씬 더 순진했다고 보았기 때문이다. 하지만 갈릴레이가 발휘한 전략적인 차원의 천재성은 두 천문학 체계, 즉 프톨레마이오스 체계와 코페르니쿠스 체계 간의 선택을 명백하게 모순되는 두 문장, 즉 '지구는 움직이지 않는다'와 '지구는 움직인다' 간의 좀 더 단순한 선택으로 환원시켰다는 데 있다. 그런 식으로 갈릴레이는 사실상 코페르니쿠스 이론의 반대자들이 의존하던 '두 가설의 대등성'을 자연스럽게 거부하고 배중률을 적용할 수 있는 위치에 서게 된 것이다. "인간적인 학문의 영역 안에 머물기 때문에"라는 조항을 집어넣으면서 갈릴레이는 교황이 표명했던 신학적 차원의 우려와 일관성을 유지하며 세계의 실질적인 구조는 과학을 통해 발견되는 것과 다를 수 있다는 점을 인정했다. 하지만 갈릴레이는 이러한 가능성을 검토하는 것이 이론의 이성적 평가를 뛰어넘는 일이라고 보았다. 이성적 평가란 어떤 이론을 뒷받침하는 '결정적인' 논제들을 참으로 고려하고 의심의 여지가 있는 논제들을 거짓으로 간주하는 평가를 말한다. 갈릴레이는 지구의 부동성을 지지하는 논제들이 모두 의심스러운 반면 실제로 관찰을 통해 발견되는 천문학적 현상들은 지동설을 바탕으로만 설명될 수 있기 때문에 지동설을 과학적인 차원에서 참으로 간주할 수 있다고 보았다.

『세계의 양대 체계에 관한 대화』의 결론 역시 이러한 관점에서 해석되어야 한다. 중요한 것은 갈릴레이가 교황청 교수의 명령대로 교황 우르바노 8세의 견해를 첨가했지만 이 의견을 다름 아닌 아리스토텔레스주의의 대변자 심플리치오가 피력하도록, 아울러 자신의 의견을 대변하던 살비아티가 교황의 의견을 반박하도록 만들었다는 사실이다. 실제로 교황 및 그의 측근들과 검열관들의 분노를 샀던 것은 바로 이러한 역할의 구도였다. 물론 교황의 입장에서 애지중지하던 반코페르니쿠스 논리를 갈릴레이가 심플리치오라는 인물의 입에, 즉 1632년의 고소인 측 표현대로 "모든 것을 끝낼 수 있는 치료약을 한 어리석은 인물의 입에 올리면서" 자신을 희롱했다는 사실을 깨닫고 자존심이 상한 나머지 복수를 계획했으리라는 해석이 존재하지만, 교황의 복수심이 1633년 갈릴레이가 재판에 회부되고 유죄판결을 받는 데 직접적인 원인을 제공했다고 보는 것은 편협한 해석일 것이다. 이는 분명 간단히 심리적인 차원에서 해결될 수 없는 성격의 문제였다. 갈릴레이와 우르바노 8세의 갈등은 사실상 이론적인 차원의 뿌리 깊은 견해 차이에서 비롯되었다고 보아야 한다. 앞서 살펴본 것처럼, 교황의 반론에 대처하며 갈릴레이는 상당히 복잡하고 예리한 전략적 논증을 통해 결론을 이끌어 냈다. 그의 책에서 갈릴레이는 "신의 전지전능함"이라는 표현을 끊임없이 인용했지만 이는 반코페르니쿠스 이론을 지지하기 위해서가 아니라 오히려 그의 플라톤주의적인 우주 형성 이론이 지니는 물리학적 차원의 어려움을 극복하고, 무엇보다도 아리스토텔레스와 프톨레마이오스의 지구중심설과 인간 중심의 우주관을 비판하고 태양중심설의 타당성을 변호하기 위해서였다. 더 나아가서 갈릴레이는 "신의 전지전능함"이라는 신학적 주제를 근거로 물리학과 우주론을 순수하게 "상상된" 상황이나 "초자연적으로만 가능한" 상황의 "분석"으로 변질시켜서는 안 된다고 주장했다. 초자연적인 상황을 분석하는 경향은 14세기와 15세기 자연철학의 전형적인 방법론적 특징이었고 이러한 경향이 17세기까지 명맥을 유지했던 것은 몇몇 예수회 학자들 때문이었다. 갈릴레이가 그의 책 두 번째 대화에서 세밀한 비판을 위해 주목했던 것이 바로 예수회 학자 크리프토퍼 샤이너Christopher Scheiner의 『수학 탐구Disquisitiones mathematicae』다.

우르바노 8세의 반론에 대한 갈릴레이(살비아티)의 답변을 당대의 검열관들은 '차갑다'고 평가했고 현대의 역사가들은 '솔직하다', '아이러니하다', '부적절하다'는 식의 상당히 분분한 의견을 내놓았지만, 갈릴레이의 변론은 사실상 자신의 견해가 교황의 그것과는 거리가 멀다는 점을 조심스러울 뿐 명백하게 밝히고 있었다. 갈릴레이는 교황의 반론이 "놀랍고 정말 천사 같은 이론"이라고 칭송하면서도 이 이론 못지않게 "신성한 또 다른 이론"으로 보완되어야 한다고 보았다. 또 다른 이론이란 "여기서 우리가 신의 손으로 만들어진 작품을 되찾을 수 있는 것은 아니지만 우리가 세계의 구조에 대한 탐구와 토론을 계속할 수 있는 것은 인간의 정신적 노력이 무산되지 않도록 혹은 그가 게을러지지 않도록 하려는 신의 섭리"라고 보는 이론을 말한다. 갈릴레이는 여기서 수많은 코페르니쿠스주의자들이 '철학의 자유'를 주장하기 위해 사용하던 「전도서」 3장 11절, "하나님이 하시는 일의 시종始終을 사람은 측량할 수 없게 하셨다"는 구절을 인용했다. 갈릴레이는 이 구절을 신이 우리가 "신의 손으로 만들어진 작품을 되찾을 수" 있다고 보장하지 않을 뿐 세계의 구조에 대한 탐구는 계속되어야 한다고 말하는 일종의 권고로 해석했다.「전도서」3장 11절에 대한 이런 식의 해석은 당시에 전혀 소개된 적이 없지만 갈릴레이는 이러한 관점을 아마도『구형의 세계』에 대한 크리스토포루스 클라비우스의 주해서에서 발견한 것으로 보인다. 당대에 가장 영향력 있는 예수회 수학자이자 천문학자였던 클라비우스는 코페르니쿠스의 이론에 반대했지만 천문학 이론을 사실주의적인 차원에서 이해했던 인물이다. 따라서 교황의 신학적 반론에 대한 갈릴레이의 답변에는 클라비우스의 이름만 언급되지 않았을 뿐 그의 성서 해석대로 과학적 탐구는, 허망하더라도, "신이 우리에게 허락하고 명령한" 하나의 '훈련'이라는 과감한 주장이 암묵적으로 함축되어 있었다고 볼 수 있다.

4

르네 데카르트와
'이성의 규칙에 따른' 철학

4.1 철학과 철학자의 고독한 삶

"모든 철학은 한 그루 나무와 같다. 나무의 뿌리는 형이상학metafisica과 같고 줄
기는 물리학fisica, 줄기에서 뻗어 나간 가지들은 기타 학문과 같다. 학문은 기본
적으로 세 부류, 즉 의학, 역학, 윤리학으로 나뉜다. 이들 가운데 가장 고차원적
이고 가장 완벽한 학문인 윤리학은, 다른 모든 학문에 대한 앎이 가능하다고 가
정했을 때, 최고 단계의 지혜를 의미한다."

이상은 데카르트가 그의 친구 클로드 피코Claude Picot 수도원장에게 보낸 서간
문의 일부다. 『철학의 원리』의 프랑스어판 서문으로 쓰이기도 했던 이 서신에
서 확연하게 드러나는 것은 철학적 여정의 최종 단계에 도달한 데카르트의 생
각이다. 수많은 독서와 연구를 거듭한 뒤 자신이 이룩한 연구 성과의 타당성과
유용성에 대해 뚜렷한 확신을 가지게 된 데카르트는 자신의 사유를 엄격하게
제1원인에 관한 연역을 바탕으로 정립된 '진정한' 철학의 형태로, 아울러 고대
철학의 '지혜'라는 숭고한 이름으로 소개할 수 있다고 느꼈다.

데카르트의 사상은 그의 철학에 대한 도식적인 해석에 비해 훨씬 더 풍부하며 그의 철학을 뒷받침하는 구조적 체계보다 훨씬 덜 엄격한 것이 사실이다. 하지만 자신이 평생 추구해 온 '이성의 규칙에 따른' 철학을 설명하기 위해 데카르트가 제시하는 것은 지식의 방법론적 일관성을 상징하는 '나무'라는 이미지다.

이처럼 일관성과 명료함을 특징으로 하는 데카르트 철학의 힘은 다름 아닌 이성에 전적인 책임을 부여하는 입장에서 발견된다. 데카르트적인 이성은 탐구 영역을 명시하면서 탐구의 권리를 침해가 불가능한 것으로 천명하고 인간의 경험과 기량을 바탕으로 구체화되는 지식의 본질적인 가치를 수호하는 동시에, "우리를 자연의 주인이자 소유자로 만들기 위한" 기술 개발을 가능하게 하고 정당화한다는 차원에서 유용하며 진리를 정립한다는 차원에서 확고부동한 이성이다.

데카르트에게 인간의 정신은 평평한 거울이 아니라 유연한 밀랍 혹은 백지에 가까웠다. 인간의 정신은 무엇보다도 '자유'였고, 하나의 가치이자 선, 아니 '지고의 선'이었다. 이 지성의 힘, 무언가를 이해할 수 있고 만들 수 있고 변화시킬 수 있는 힘이 바로 인간의 의지와 '자연적 이성'*의 발전을 이끌며 과학을 통해 자연의 점진적인 지배 가능성을 제시하고 철학의 역할과 위상을 새롭게 정의할 수 있는 힘이었다. 데카르트에게 과학의 임무는 감각과 상상력에 의존하는 혼돈스러운 이미지들을 이성적으로 뚜렷하게 개념화하고 다양한 유형의 현상들을 지적으로 "단순하고 명료한 사슬"의 질서 속에 정립하는 것이었다. 반면에 철학의 임무는 "나는 생각한다"고 말하는 주체의 '정초하는 힘'을 토대로 진정한 지식의 확실성과 가치를 보장하고 이성에 우선하거나 이성 밖에 머무는 다른 모든 경험의 무의함을 확인하는 것이었다.

데카르트의 독창성은 그의 철학이 사유 주체의 완전무결한 실재와 지속적인 관찰에 의존할 뿐 사실상 방법론적 차원의 규칙이 지배하는 질서를 요구했

• '자연적 이성lumen naturale'은 문자 그대로 '자연의 빛'을 뜻하며 진리를 깨달을 수 있는 이성적 인간의 자연적인 기량을 가리킨다. 계시나 '은총'에 의한 깨달음을 가리키는 'lumen gratiae'와 반대되는 개념이다.

다는 데 있다. 즉 과학에서 탐구의 다양한 전략으로 활용하며 형이상학에서 기원의 발견이자 근원적 시원으로 간주하는 방법론적 규칙의 필연성을 정립했던 것이다. 이에 못지않게 독창적인 것은 데카르트가 감각적인 세계의 복합성을 장애물이나 이론적 '패배'의 근거로 간주하는 대신 새로운 사유를 시도해야 하는 철학적 의무로 받아들이고 한계를 감추지 않는 자세에 충실했다는 점이다. 그는 철학적 난관이 "이성적 사고와 지적 경험에 힘입어" 사고하는 인간의 지적 통일성을 오히려 모든 측면에서 간파할 수 있는 기회와 완전한 인간상을 굴욕적이지 않고 명료한 방식으로 추구하는 좀 더 상세한 지적 질서에 대한 성찰의 기회를 제공한다고 보았다.

이러한 측면은 데카르트가 출판을 계획했던 책의 가제 '나의 정신의 역사'에서 마지막 저서의 제목『자연적 이성을 위한 진리의 탐구』에 이르기까지 그가 쓴 책들의 제목 대부분이 그의 철학을 진리의 탐구자 입장에서 서술하는 정신사인 동시에 진리를 지속적이고 체계적으로 탐구하고 구축하고 전파하려는 계획의 발전 과정으로 소개한다는 사실에서 보다 분명하게 드러난다.

데카르트의 전기는 철학사적 관점에서 중요한 의미를 지닌다. 그는 지적 형성 과정의 아주 흥미로운 예를 철학에 선사함으로써 철학적으로 하나의 입장을 취한다는 것이 무엇인지, 아울러 한 인간의 구체적인 경험이 어떻게 한 철학자의 이론적인 경험과 일치할 수 있는지 보여 주었다.

1596년 프랑스에서 태어난 데카르트는 문화적으로든 철학적으로든 세계시민주의적인 시대의 아들이었고, 모든 구속에서 벗어난 자유를 삶의 조건으로 선택한 인간이자 '진리의 탐구'를 사유의 과제로 보고 철학의 근본적인 혁신을 꾀하며 원리의 차원에서 진실하고 증명의 차원에서 견고하며 결과의 차원에서 유용한 철학을 구축했던 철학자다. 데카르트는 항상 진지하고 신중한 태도를 유지하며 실패나 비난에도 결코 흔들리지 않는 강인한 의지의 소유자였다. 때로는 가면을 쓰기도 하고 모두에게 자신을 감추기도 했지만("나는 가면을 쓰고 나아간다Larvatus prodeo"와 "눈에 띄지 않게 산 사람이 잘 산 사람이다Bene vixit, bene qui latuit"는 모두 데카르트의 모토였다) 데카르트는 열린 마음으로 많은 친구들과 친분을 유지하며

살았다. 때로는 공공연히 적을 만들기도 했지만 평상시에는 이성과 독단적 자
유의지의 올바른 사용이라는 이상적인 원칙을 준수하며 평온하고 만족스러운
삶을 살았다. 데카르트는 이러한 원칙들을 정당한 방식으로 자기 자신과 '타자'
를 존중하고 사물들의 가치를 평가하기 위한 조건으로 간주했다.

데카르트의 "달콤하면서도 무고無辜한" 삶 속에서 이루어진 현실적인 결정들
은 사실상 그의 이론적 선택과 일치한다. 예수회의 제자로 인문주의 교육을 받
았지만 변론 일색의 대학 문화에 염증을 느낀 데카르트는 오히려 수학적 증명
이 지니는 확실성에 매력을 느꼈다. "세계라는 위대한 책"을 공부하는 동안 인
간사라는 희극의 관객에 불과했던 데카르트는 일찍부터 자신의 입장 표명에
필요한 분명한 방향성을 탐색하는 데 몰두했다. 그의 삶에 결정적인 전환점이
되었던 자연학자 이삭 베크만(Isaac Beeckman, 1588~1637년)과의 만남(1618년)을 통해
그는 자연의 물리적이고 역학적인 세계에 눈을 뜨고 모든 지식이 뿌리 깊게 결
속되어 있다는 사실을 깨달았다.

1619년 11월 10일, 꿈속에서 "놀라운 과학의 기초"를 발견한 신비로운 경험
은 청년 데카르트를 진리의 탐구자이자 이성적 질서의 철학자로 탈바꿈시켰
다. 당시의 경험을 떠올리며 데카르트는 이렇게 기록했다. "그래서 나는 연구를
해야겠다고, 내가 선택한 길을 걷는 데 내 정신의 모든 힘을 쏟아붓겠다고 마음
먹었다."

이날 이후로 "진리의 탐구"는 그에게 하나의 지상명령이 되었고 이 과제는
곧 이론적인 차원에서 지식 체계의 근본적인 수정이라는 구체적인 작업의 형
태로, 개인적인 차원에서는 무명과 평화와 고독의 조건, 즉 "일선에서 물러난"
삶의 자유로운 상황을 확보하려는 지속적인 노력으로 이어졌다.

따라서 데카르트의 전기는 지식 체계의 재정립이라는 야심 찬 계획을 실현하
기 위해 연구와 명상과 집필에 집중할 수 있는 그만의 공간과 평온한 안식처를
찾아다니는 한 지성인의 이야기로 요약될 수 있다. 독일에서 시작된 춥고 고독
한 시간들은 네덜란드의 "일선에서 물러난 외로운" 시간과 "완벽한 자유"의 이
론을 완성하기 위한 평온한 "사막"(1629~1649년)으로, 이어서 스웨덴에 있는 크

리스티나 여왕 궁전의 얼음장 같은 고독의 시간(1649~1650년)으로 이어졌다.

스톡홀름에서 혹독한 겨울을 보내는 동안 걸린 폐렴을 이기지 못하고 데카르트는 1650년 2월 11일 새벽에 세상을 떠났다. 그의 전기 작가 아드리앙 바예에 따르면 데카르트는 전혀 "불안해하거나 두려워하지 않고" 임종을 맞이했다. 그의 시선에는 자신이 경험한 "인생과 인간에 만족하고 신의 뜻에 모든 것을 맡기며" 떠난다는 확신이 담겨 있었다. 그의 죽음은 자신의 철학적 원리들을 마지막으로 실천한 순간이었고 "이성의 규칙에 따라selon la règle de la raison" 살다 간 한 인간의 극단적인 증언이었다. 데카르트가 직접 언급했던 것처럼 그의 "도덕적 입장 중 하나는 죽음을 두려워하지 말고 삶을 사랑하라"는 것이었다.

4.2 '이성적 규칙에 따른' 철학

철학자 데카르트의 명성은 드높았고 그만큼 그의 철학에 대한 당대의 지성인들의 관심 역시 상당히 오랫동안 지속되었다. 방대한 분량의 저서를 집필한 데카르트의 왕성한 저술 활동에 촉진제 역할을 했던 것은 무엇보다도 그의 친구들과 학자들, 예를 들어 귀에 드 발자크Jean-Louis Guez de Balzac나 마랭 메르센, 콘스탄테인 하위헌스Constantijn Huygens 같은 인물들, 그리고 이들 못지않게 커다란 영향력을 행사한 보헤미아의 엘리자베스 왕녀나 스웨덴의 여왕 크리스티나 같은 유명인들이었다. 데카르트는 그의 저서들을 다양한 장르와 언어로 집필했는데 이는 그의 책을 읽는 독자층이 '문필 공화국République des Lettres'의 새로운 주인공으로 부상하던 기술자들, 장인들, 여인들, 아마추어 과학자들에서 철학자들, 신학자들에 이르기까지 상당히 넓고 세분화되어 있었기 때문이다.

근대 철학의 출발점으로 간주되는 만큼 과학과 철학 분야에서 널리 읽히고 높이 평가되는 데카르트의 저서들은 그의 철학을 권위적이고 폐쇄된 이성주의로 정의하는 낡은 철학사적 관점의 정형화된 설명보다는 훨씬 덜 체계적이며 훨씬 더 다양하게 세분화되어 있다. 아울러 그의 저서들은 실현되지 못한 계획들, 미완성 문장들, 상당히 독창적이고 복잡한 편집 구조를 지닌 글들로 채워져 있다. 예를 들어 『방법 서설』은 세 편의 과학 에세이, 즉 「굴절광학Dioptrique」, 「기상학Météores」, 「기하학Géométrie」을 부록으로 싣는 독특한 편집 방식을 취했고 반론과 답변을 주고받는 토론의 주인공으로 당대의 철학자들을 등장시키는 『형이상학적 성찰』은 오늘날의 블로그 혹은 형이상학 포럼을 연상시킨다.

　　청년기부터 데카르트는 물리학, 역학, 수력학, 기하학, 방법론, 형이상학 등 상당히 다양한 분야에 관심을 기울였고 무엇보다도 개인적인 용도로 이 분야들에 대한 수많은 글과 단상들을 기록으로 남겼다. 초기 저작에는 『음악 개론 Compendium Musicæ』(1618년)과 지금은 소실된 소규모의 '형이상학 논문'(1629년), 그리고 방법론을 다룬 미완성 저서 『지성의 지도를 위한 규칙』(1628년경)이 있다. 이 책은 다층적 구조를 지닌 난해한 글이지만 작업 일지와 이론적 전개와 전통 철학과의 대조를 번갈아 활용하는 실험적인 장르를 개척했다는 차원에서 중요한 의미를 지닌다.

　　철학적 완성 단계에 이르러서도 데카르트는 다양한 방식으로 세분화된 내용의 저술들을 집필했다. 전례를 찾아볼 수 없는 형태의 글을 고안하거나 단상들을 조합하는 등 다양한 시도를 통해 데카르트는 전적으로 새로운 내용과 '서설', '에세이', '성찰' 같은 독특한 장르들을 실험하면서 그의 철학 세계를 구축하는 걸작들을 탄생시켰다. 집필을 마친 뒤 출판하지 않은 책도 있다. 빛에 관한 논문 『세계』(사후 1664년 출판)는 역학과 코페르니쿠스의 우주기원론을 폭넓게 다룬 책이지만 데카르트는 갈릴레이의 단죄 판결(1633년) 소식을 접하고 우려 끝에 출판을 포기하고 말았다. 동일한 이유로 사후에 출판된 『인간에 관하여Traité de l'Homme』(프랑스어 판본 1642년, 라틴어 판본 1664년 출판)는 『세계』의 연장선상에서 쓰였으며 『세계』에서 표명된 자연 세계의 '역학'을 방법론적인 차원에서 인간의 신체에까지 적용해 인간의 몸이 물리학적 원칙만으로도 충분히 이성적으로 설명될 수 있다는 점에 초점을 맞춘 책이다. 『방법 서설』(1637년)과 '에세이'들의 경우 전자는 고대 철학자들의 책을 굳이 읽을 필요가 없는 평범한 독자들처럼 자연적 이성만을 사용하는 모두를 위한 책이며 후자는 과학자들과 장

인들을 대상으로 쓴 글이다. 소르본 대학의 학장과 박사들에게 헌정된『형이상
학적 성찰』은 진리와 진리의 기반을 탐구하는 순수 지성의 모범적인 여정을 경
험하고자 하는 독자들을 위해 쓰였다.『형이상학적 성찰』과 마찬가지로 라틴어
로 쓰인『철학의 원리』(1644년)는 보헤미아의 왕녀 엘리자베스에게 헌정되었고
데카르트가 철학자의 입장에서 그의 철학을 배우기 원하는 학생이나 가르치기
원하는 교수들을 위해 쓴 일종의 철학 '대전summa'이다.『철학의 원리』가 결론
부분에서 강조하는 것은 지식의 실용성과 정신을 치료하는 의학으로서의 윤리
관이다. 이 윤리관을 본격적으로 다룬 저서가 바로『영혼의 정념에 관하여Traité
des Passions de l'âme』(1649년)다. 이 저서에서 가장 성숙한 단계의 철학을 펼쳐 보인 데
카르트는 인간의 열정을 영혼과 육체의 결속 현상으로 설명했다.

4.3 보편수학

"대부분의 인간이 버리지 못하는 악습 가운데 하나는 좀 더 어려워 보이는 것
을 더 아름답게 느낀다는 것이다." 하지만 진리를 추구하는 철학은 이러한 성
격의 경이를 거부하고 이성적 방법론에 따라 "정신의 눈"이 분명하게 이해하는
사유의 투명성에 도달하려고 노력한다. 이것이 바로 데카르트가『지성의 지도
를 위한 규칙』에서 강조했던 이성적 방법론의 특성이다. 하지만 이는 그의 철
학 전체에서 나타나는 특징이기도 하다. 데카르트의 철학은 능동적이면서 평
정을 유지할 줄 아는 이성의 자원과 자유의지를 토대로 구축되는 명료함의 철
학이다.

철학을 시작할 때부터 데카르트는 반항아였다. 그는 수많은 이들이 동의하
는 것을 받아들이지 않았고 전통의 무게와 선생들의 권위와 책의 중요성을, 그
가 청년기에 적었던 것처럼 "잉크로만 빽빽하게 채워진 종이"를 거부했다. 공
공연히 고대 철학자들의 주장을 논박하고 모방의 교리를 비판하면서 데카르트
는 모방과 정반대되는 창조의 본질적인 가치에 주목하며 '지극히 데카르트적

인' 이론의 구축을 시도 했다. 그런 식으로 고전적 존재론과 존재론이 수반하는 모든 제1원인 및 궁극적 목적에 요구되는 사항들을 부인하고, 아울러 르네상스적인 자연주의와 사물들의 의미에 호소하는 자연주의적 경향을 전적으로 거부하면서 데카르트는 처음부터 '존재'와 '자연'을 포기하고 '인간의 이성'을 원칙으로 내세우며 이성적 인간을 모든 진리의 보편적 기준이자 모든 학문의 기초가 되는 확실성과 타당성의 유일무이한 관리자로 정의했다.

지성의 지도를 위한 '규칙 1'에 따르면, "모든 학문은 확실하고 분명한 "하나"의 지식이다." 즉 학문 자체는 대상이 다양할 뿐 "하나"이며 형식적인 구조의 차원에서 보편적이라는 것이다. 데카르트에 따르면 지성을 지도하는 "규칙들"은 "자연적 이성lumen naturale"의 철학적 입장과 주장을 단순히 철학적인 정의로만 간주하지 않고 동시에 실천적인 명령으로 간주한다. 다시 말해 "자연적 이성"의 철학을 지성 고유의 활동들, 예를 들어 분명하고 차별화된 개념의 즉각적인 명료함 속에서 가장 단순한 요소들을 식별해 내는 "직관력", 필연적인 관계의 확실성 속에서 실질적인 지식들 간의 결속력을 구축하는 "연역적 사고", 다양하고 무질서한 경험적 세계를 일관적인 개념의 통일성과 명료함 안에 함축시키는 "귀납적 사고" 등에 호소하는 실천적인 명령으로 보는 것이다.

데카르트에 따르면 책을 읽지 않는 사람도 활용할 수 있는 전적으로 자연적인 지성의 활동에 힘입어 이성은 진리의 전시 가능성을 지배하고 관리하며 다른 모든 것과 차별화된 방식으로 진리를 확인할 수 있다. 다시 말해 절대적인 확실성과 무지無知 사이의 모든 중간 단계를 부인하고 거짓과 불확실성뿐 아니라 의혹에 의해 거짓으로 평가될 수 있는 개연성까지도 부인함으로써 진리를 확인하는 것이다. 의혹과 확실성의 관계는 철학적 탐구에 필수적인 요인이며 이러한 의혹을 흔히 '진리에 봉사하는 방법론적 의혹'이라고 부른다. 아울러 이성은 탐색과 교육의 전략을 세우고 진리 자체의 확인 구도를 설정하며 이를 위해 한계를 설정하고 한계 설정을 위한 "계열", "사슬", "결속" 같은 일련의 장치들을 고안해 낸다. 그런 식으로 정립되는 것이 바로 보편수학Mathesis universalis 이론이다. 데카르트가 "질서와 기준을 연구하는 보편적인 학문"으로 정의한 보편

수학은 체계화를 위한 세분화된 기술에 있어서만 복수적일 뿐 항상 "하나"이며 "보편적인" 것으로 적용된다. 보편수학은 실제로 학문적 담론의 방법론적 규칙에 의해 생성되는 "이성의 사슬"을 토대로 적용된다. 이 사슬의 가장 대표적인 예는 두말할 필요 없이 수학이다. 수학은 "정신의 눈"에 확연하게 드러나고 시간에 구애받지 않는 대상의 증명을 통해 필연성을 증명한다. 거짓과 불확실성과 자연적 이성의 의혹에서 자유로운 것이 바로 수학이다.

4.4 방법론의 '네 가지 규칙'과 세 편의 에세이

데카르트의 '방법'은 교리가 아니며 형이상학이나 해석학 또는 기술과도 거리가 멀다. '방법'은 진리를 탐구하고 진리를 발견하는 바로 그 순간에 그것을 정당화하는 여정인 동시에 지식의 자연적 질서를 분명하게 드러내는 단순하고 간략하고 뚜렷한 규칙들을 토대로 확실성을 확보하기 위한 훈련이다. 잊지 말아야 할 것은 데카르트의 방법론이 『방법 서설』에 명시된 것처럼 "이론보다는 실제를 토대로 구축된다"는 점이다. 방법론의 가치는 따라서 그것을 개념적으로 정립하는 정의나 그것을 구성하는 규칙들이 아니라 방법론의 적용에 뒤따르는 결과를 기준으로 평가되어야 한다. 다시 말해 평가 기준은 실질적인 '진리'이며 데카르트가 이 실질적인 기준으로 제시하는 것이 바로 광학, 자연철학, 기하학 분야의 방법론을 탐색 전략으로 활용하며 이를 실험하고 적합성을 증언하기 위해 쓴 에세이 「굴절광학」, 「기상학」, 「기하학」, 아울러 방법론의 효과와 보편성을 증명하기 위해 삽입한 4부의 「형이상학」이나 5부의 「코페르니쿠스 물리학」 등이다.

사실상 이 과학 '에세이'들의 서문 형식으로 쓰인 『방법 서설』은 시간이 흐르면서 별개의 철학 저서로 잘못 수용되며 부당한 독립성을 취득했지만, 여기서 데카르트는 『지성의 지도를 위한 규칙』에서 이미 제시하고 설명한 바 있는 학문의 조건들을 좀 더 간결한 방식으로 요약하면서 진정한 지식의 이론적 설명

보다는 그것의 실용적인 설명에 집중한다. 특정 연구 과정에 대한 개인적인 성
찰의 형식으로 소개되는 방법론의 '네 가지 규칙'이 제시하는 것은 과학적 탐
구를 위한 일종의 실용 논리학이다. 첫 번째 규칙에서는 "명백성"을 진정한 지
식의 고유한 특성으로 정의하면서 "뚜렷함"이나 "차이"와 같은 인식의 필요충
분조건들을 열거하고 "의혹"을 제어 도구로 제시한다. 두 번째 규칙에서는 "명
백성"을 확보하기 위한 실질적인 조건으로 복합적인 것을 간략하게 축약하고
문제점들을 본질적인 요소로 해부하는 과정을 제시한다. 세 번째 규칙에서는
지식 세계의 질서를 단순명료함과 연역에 따라 일률적인 구조를 취득하며 정
립되는 진실들의 배치로 정의한다. 마지막으로 네 번째 규칙에서는 명백한 개
념들의 "완전한 열거"와 분명하고 차별화된 용어들의 "총괄적인 검토"를 통해
"추론의 사슬"이 검증되어야 한다고 규정한다. "이론적이기보다는 실용적인"
성격의 이 네 가지 규칙들은 진실에 대한 철학자의 "확고부동한" 신념을 비롯
해 자연적 이성을 합리적으로 활용하고자 하는 그의 신중함을 바탕으로 진실
의 탐구에 방향성을 부여하기 위해 만들어진 일종의 실천 규범이다.

　　세 편의 에세이는 이 규범들이 적용된 실례인 동시에 이를 통한 규범의 증명
이기도 하다. 후세대들은 이 에세이들을 『방법 서설』과 분리시켰고 결과적으
로 전혀 읽히지 않거나 세월이 흘러 효용성을 잃어버린 과학 서적으로 전락시
켰지만 에세이에서 데카르트가 시도한 것은 "이성적 규칙에 따른" 철학을 그가
오랜 세월에 걸쳐 연구한 방법론의 실질적인 결과들을 바탕으로 설명하는 것
이었다.

　　「굴절광학」은 기하학적 광학, 생리학적 광학, 기호학, 심리철학 등을 다루는
복합적인 성격의 에세이다. 이 책에서 데카르트는 빛을 유동적인 매체 내부에
서 일어나는 운동의 즉각적인 전파 현상으로 설명했다. '굴절의 법칙'이 바로
이 에세이를 통해 소개되었다. 자연법칙들의 체계인 동시에 감각적 세계의 기
호체계인 자연주의적 기하학을 바탕으로 데카르트는 눈은 "못 보지만 영혼이
보는" 곳에서 '감지하는 주체"와 "감지된 대상" 사이의 개념적 대조를 활용하는
독창적인 시각이론을 발전시켰다.

물리학 에세이 「기상학」에서 데카르트는 코페르니쿠스에 대한 가장 중도적인 입장의 논제들 가운데 하나였고 스콜라주의의 전형적인 토론 주제였던 '달 아래의 현상'에 방법론을 적용한 뒤 이를 과학적인 차원의 기상학으로 탈바꿈시켰다. 데카르트가 무지개에 관한 중요한 연구를 소개한 책이 바로 이 에세이다. 대조와 비판을 목적으로 전략적인 차원에서 쓴 이 도전적인 에세이에서 물리학은 지상의 사물들을 다루는 차원에서 전적으로 데카르트주의적인 물리학, 즉 질료와 운동의 기하학이라는 차원의 물리학으로 발전한다.

탁월한 방법론적 저서이자 담론으로 번역된 '방법' 자체라고 할 수 있는 「기상학」에서 데카르트의 방법론은 "천상의 현상들"을 경이로운 기술의 차원으로부터 "원인을 추적하는" 철학적 설명의 차원으로 옮겨 놓는다. 방법의 정립은 자연현상들의 분류로 이어지고 현상들 간의 필연적인 구속력을 기준으로 특성들의 계열이 구축된다. 예를 들어 바람, 구름, 비, 우박, 눈, 폭풍, 천둥, 번개와 같은 기상현상들은 모두 태양열에 달궈진 질료가 응축되거나 희박해지는 과정에서 비롯되는 것으로 설명된다. 아울러 데카르트는 다양한 자연현상들의 무한한 재생을 허락하는 '기술'에 대해서도 언급했다. 데카르트는 예를 들어 분수가 물을 뿜어내며 무지개를 만들어 내는 현상에는 분명한 원인이 있지만 이를 이해하지 못하는 사람들에게는 이 현상이 경이로울 수밖에 없다는 점을 강조했다. 데카르트가 주목했던 대로, 과학이 무지에서 비롯되는 경이를 종식시킨 바로크 시대에, 상상력은 기술적 이성에 종속되어 기술 세계를 위해 활용되기 시작했다.

끝으로 데카르트가 남긴 탁월한 과학 문헌이자 근대 해석기하학의 토대를 마련한 「기하학」은 해석기하학에 관한 강의가 아니라 기하학 형상들을 구성하고 축조하는 일종의 실습장처럼 소개된다. 하지만 「기하학」 역시 역사와 전통의 무게로부터 자유로운 방법론적 에세이이며 진리의 통일성, 보편성, 항구성을 탐구하는 데만 집중한다는 특징을 지닌다. 다름 아닌 방법론이라는 특수한 학문 덕분에, 다시 말해 기하학의 대수학적 적용, 기하학적 직관력과 연역 사슬의 구축을 바탕으로 이해하는 방식, 방정식 구축 등을 통해 데카르트는 수학적

인식을 기억과 상상력의 영역에서 지성의 영역으로 가져올 수 있었다.

데카르트는 완성도는 떨어지지만 이성의 명료함과 결과의 중요성에 대한 이해를 도모하기 위해 중요하고 의미 있는 또 다른 방법론적 에세이들, 즉 소규모의 물리학과 의학 에세이들을 『방법 서설』에 삽입했다. 데카르트는 4부의 「형이상학」에서 구체적이고 분명하게 설명한 바 있는 '연장' 개념을 토대로 5부에서 이 분야들을 일종의 '몸체 과학'으로 소개했다. 데카르트가 제시한 것은 자연을 기하학적인 관점에서 바라보는 물리학, 즉 수학적 원칙들이 엄연한 '자연법칙'의 자격으로 물리적인 현실성을 획득하는 물리학이다. 이러한 관점에서 데카르트는 "새로운 세계"라는 비유를 통해 형식과 감각적 특성을 기반으로 구축되는 구세대의 아리스토텔레스적인 세계관을 근대 물리학의 방대한 "기계역학적인" 세계관으로 탈바꿈시킴으로써 최초의 비종교적인 우주생성론을 구축했다. 의학 역시 기계학적인 차원에서 설명된다. 인간의 신체는 '하나의 동상 혹은 흙으로 빚은 기계' 내지 '자동기계', 즉 형상과 크기와 운동을 통해 이성적으로 파악할 수 있는 실체로 간주된다.

비록 이러한 관점이 생명체의 이해라는 거대한 목표에 비해 너무 축약되어 있고 또 후학들의 비판을 피하지 못한 몇몇 이론적인 결과의 비상식적인 측면들, 예를 들어 동물이 자동기계적인 특성을 지닌다는 주장이나 이 주장에서 비롯된 동물의 영혼에 관한 논쟁이 확연하게 모순적인 것은 사실이지만, 그럼에도 불구하고 데카르트의 '몸체-기계' 모형은 기술의 발전을 위해 상당히 유용한 것으로 드러난다. 왜냐하면 이 모형 자체가 이성적 원리의 우위를 합리화하고 이 원리를 바로 유기체와 무기체 모두에 적용하는 산업화의 무한한 가능성을 정당화하기 때문이다. 결과적으로 동물의 영혼에 관한 논쟁과 이 논제의 더욱 사실적이고 실질적인 의미를 발견할 수 있는 곳은 다름 아닌 실천이성과 기술적인 이성의 지평이라고 볼 수 있다. 이러한 측면은 인간의 이성이 자연을 지배한다는 데카르트의 사유가 결국에는 옳았을 수도 있다는 생각을 하게 만든다.

4.5 물리학의 기초

'에세이'들을 통해 이루어 낸 결과의 중요성과 풍부함에도 불구하고 데카르트에게는 '원리'의 문제가 완전히 해결되지 않은 채 남아 있었고 이 사실을 그는 누구보다도 뚜렷하게 의식하고 있었다. '에세이'에서 표명된 '과학'은 절대적 일관성을 유지할 뿐 본질적으로는 가정과 연역을 기반으로 정립되기 때문에 경험과 실험을 통한 검증이 필요한 학문이었다. 이 과학의 "감성적 확실성"은 탐구에 몰두하는 과학자의 작업 자체를 정당화하기에는 충분하지만 그 이상을 만족시킬 수 없었다. 데카르트는 더 많은 것을 원했다. 방법론에 의해 정립된 이성의 질서를 위배하거나 논박하지 않았지만 데카르트는 이 과학적 앎이 아무리 엄격하다 해도 사실은 신비로운 우주의 환영에 대해 이야기하는 한 뛰어난 지성의 우화에 지나지 않을 수 있다는 좀 더 근원적인 문제를 제기했다.

엄격하게 기하학적인 구조를 지녔을 뿐 어쩔 수 없이 가정을 기반으로 우주론을 구축하고 이론화했던 데카르트에게 '진리의 문제'와 진리가 사실과 일치하는지의 문제는 중요할 수 밖에 없었다. 그 이유는 무엇보다도 그의 시대가 '과학혁명'의 여명기였기 때문이다. 벨라르미노가 갈릴레이에게 권고했던 것처럼, 물리학적 탐구를 "절대적인 차원이 아니라 가정을 기반으로ex suppozione e non assolutamente" 추론의 중립성이라는 틀 안에서 유지해야 했음에도, 새로운 과학은 수학의 엄격함과 정확성에 의존하면서 수학적인 우주론을 구축하기 위해, 아울러 진리와 진리의 사실성 이론을 정립하기 위해 매진했다. 결과적으로 중요한 성과를 이루어 냈지만 새로운 과학은 어느 정도의 개념적 모순들을 안고 있었고 실험과 탐구를 통한 변화의 가능성을 예고하고 있었다.

아울러 '진리의 문제'는 보편수학의 이론화를 통해 '진리의 탐구'를 추구하는 입장에서도 나름대로 중요한 문제였다. 다름 아닌 '회의주의의 위기'가 이성에 관한 전통적인 이론들의 기반을 송두리째 뒤흔들고 있었기 때문이다. 이 위기가 가져온 것이 바로 고대 회의주의의 부활이었고, 이에 부응하며 새롭게 번역된 고대 서적들과 극단적으로 회의주의적인 신학의 영향에 힘입어 회의주의자들은 이론적인 비평과 사회적 전복의 요구를 수용하며 근본적인 혁신을 준비하고 있었다.

정치적, 사회적 분쟁이 만연하던 시대에, 한편에는 진리를 해석하는 기준의 변증적인 순환으로 인해 아무런 기준도 마련하지 못하는 지나치게 나약한 이성의 어려움이, 다른 한편에는 진리의 극단적인 사실주의로 인해 한계를 잃어버린 지나치게 강한 이성의 어려움이 존재했다. 데카르트는 이 극단적인 사실주의가 '무한성'의 모호한 해석에서 비롯된 혼란을 토대로 구축되었다고 보았다. 진리의 위상과 진리에 접근하는 방법의 문제는 사실 데카르트 철학에서 가장 추상적이고 보편적이며 근원적인 부분이 지니는 '문제들 중의 문제'였다. 왜냐하면 진리가 『지성의 지도를 위한 규칙』에서 인식론적으로 설명되고 『방법서설』에서 '이성의 단계로' 축약된 뒤로는 존재론적 적합성이라는 전통적인 기준에서 벗어나기 시작했고 결과적으로 사유의 진정한 대상인 진리의 사실성에 대한 담론 자체가 문제점을 드러내기 시작했기 때문이다. 사유의 대상인 진리가 무엇이든 간에, 그것이 수학적 진리이든, 논리학적 진리이든, 혹은 도덕적 가치의 명백함이든, 형이상학적 진리이든 간에, 진리의 사실성이 의혹의 대상으로 대두되었다.

이 문제에 대한 데카르트의 답변은 형이상학적이었다. 그것은 진리의 기반에 대한 형이상학적 성찰, 즉 모든 진정한 지식의 원천적 내면을 향한 이성적 호소와 창조의 진정한 의미에 대한 철학적 발견의 형태로 주어졌다. 형이상학을 토대로 데카르트의 '이성'은 의혹의 대상이 될 수 없는 유일한 경험으로 정립된다. 이 이성은 무한하고 무한히 완벽한 신이 창조한 진리에 충실할 뿐 아니라 지성의 부인할 수 없는 특징들을 식별할 줄 알고 피조물의 한계 혹은 무한성이 유한한 존재에게 부여하는 한계를 인정할 줄 아는 주체의 이성이다. 데카르트에게 과학적 진리를 생각한다는 것은 단순히 방법론적 과정을 적용하거나 평가하는 것이 아니라 오히려 비물질적인 '자아'의 원천적인 진리를 명백하게 표명하며 인간의 이성과 진리 자체를 창조한 신의 동의에 주목하는 사색 행위를 의미했다.

　이러한 영혼의 형이상학을 염두에 둔 상태에서 데카르트는 영원한 진리의 자유로운 창조라는 논제로 과학의 선험주의를 이론화하고 이 진리가 자연법칙의 물리적 현실성을 획득하는 구도의 우주론적 '우화寓話'를 제시했다. 데카르트는 『방법 서설』의 4부에서 이 영혼의 형이상학이 완전한 형태를 갖추지 못했다고 밝힌 바 있고 이에 대한 설명 역시 난해한 문제들을 생략한 채 일반적인 담론의 형태로 제시되었다. 그만큼 영혼의 형이상학은 분명한 한계를 지니고 있었다. 하지만 형이상학적 질서가 요구되면서 드러난 것은 오히려 해결해야 할 문제점들에 대한 의혹의 사슬, 다시 말해 감각적인 지식이 일으키는 혼동이나 수학적 사고의 불확실성, 꿈의 환영 등에 대한 점점 더 깊은 의혹으로 형성되는 오류의 사슬이었다. 여기서 마지막 의혹의 대상으로 등장한 것이 사유 주체의 존재이며 결과적으로 부각된 것이 바로 "나는 생각한다, 고로 존재한다Je pense, donc je suis"라는 원천적인 진리의 명백성이다. 이 진리는 분명하고 차별화된 모든 지식의 원형이며, "우리가 분명하게 구분하고 인식하는 것들은 모두 사실이다"라는 표현에서 드러나듯이, 진리의 "보편적인 규칙"을 통해 "사유의 주체"를 과학의 토대로 정초할 수 있다는 것을 보여 준다. 여기서 인간의 영혼은, 비물질적이라는 특성을 지닌 만큼, 감각으로부터 전적으로 자유로워야 하는 과학을 이끌 수 있는 기량을 가진 것으로 드러난다. 그런 식으로 이제 "나는 생각한다, 고로 존재한다"라는 진리의 첫 번째 고리는 주체의 훨씬 더 복잡하고 다양한 형태의 진리와 결속된다. 예를 들어 인간의 정신은 무한성에 대한 선험적인 사유를 토대로 무한하며 무한히 완벽한 신의 존재를 설명할 수 있다. 데카르트는 신이 지속적인 창조를 통해 사물의 "사실적인" 위상을 보장한다면 그 근거는 바로 인간이 그 사물을 "사실이라는 개념"을 통해 인식한다는 점에 있다고 보았다.

　그러나 데카르트는 『방법 서설』의 형이상학이 지니는 여전히 "모호한" 성격에 만족할 수 없었다. 그는 이러한 모호함이 글을 프랑스어로 썼기 때문에 생략하거나 단순화할 수밖에 없었던 표현들로 인해 충분히 발전시키지 못한 논제들의 간결함에서 비롯된다는 것을 잘 알고 있었다. 비평가들 역시 빼놓지 않고 문제점을 제기했다. 이들은 전통적인 존재론과 신학을 포기하고 사유 주체에 절대적 권위와 우위를 부여한 데카르트의 형이상학을 결코 용서하지 않았다. 이 비평가들에게 데카르트의 형이상학은 또 다른 형태의 무신론 혹은 회의주의에 지나지 않았다.

4.6 형이상학적 성찰

이러한 문제의 심각성을 인식했던 데카르트는 또 다른 형이상학 저서를 라틴어로 집필하면서 형이상학에 가장 어울린다고 판단한 '성찰'이라는 장르를 활용했다. 신중하면서도 집중력을 발휘할 줄 알고 표현을 남발하지 않으면서도 필요한 곳에서 확신을 전달할 줄 아는 사유에 가장 잘 어울리는 장르, 이해하기가 쉽지는 않지만 심사숙고해서 쓰기 때문에 증명의 차원에서는 충분한 설득력을 지닌 장르가 바로 '성찰'이었다. 그런 식으로 지성의 교육과 과학의 재정립을 위해 전적으로 새로운 장을 펼쳐 보인 『형이상학적 성찰』은 진실의 탐구과정을 통해 설득의 기술을 과학적 발견의 논리로, 개인적인 경험을 이론적 실험으로 발전시켰다.

　무엇보다도 "불신자들과 불경한 자들을 설득하기 위해" 라틴어로 쓴 『형이상학적 성찰』에서 데카르트는 프랑스어로 쓴 『방법 서설』의 형이상학적 문제점들을 보완하며 철학과 형이상학의 "의심할 수 없는" 제1원리들을 탐색하기 위해 모든 종류의 의혹들, 의도적이거나 그럴싸하거나 허구적이거나 과도한 형태의 의혹들을 과감하게 제시했다. 데카르트는 사람들이 감각적으로 인식하는 사물들의 지식에 대한 자연적 의혹이나 지식 세계를 지나치게 정상적인 것으로 보는 경우의 오류들을 예시하면서 '사실'이 지니는 의미 자체의 불확실성을 노출시켰다. 예를 들어 '광기'라는 주제는 앎의 대상과 앎 자체의 관계에 근본적인 변화를 가져올 수 있었다. 데카르트는 이 '광기'에 대한 담론을 너무 이질적이라는 이유로 더 이상 진척시키지 않았지만, 정상성의 기준은 과연 무엇인가라는 질문을 던지면서 일상생활의 커다란 부분을 차지하는 '꿈'의 담론을 발전시켰다. '꿈'은 '광기'와는 달리 아주 일반적인 현상이기 때문에 진실의 탐구에 훨씬 더 심각한 문제점을 제기할 수 있었고 '광기'의 담론을 보편화하거나 과장을 통해 확장시킬 수 있는 잠재력을 가지고 있었다. 사실 "꿈과 다를 바 없는 삶"이라는 가정, 즉 이 삶은 "꿈인가 생시인가?"라는 문제는 바로크 연극의 핵심 주제들 가운데 하나였고, 경이를 조장하며 '사실'의 의미 자체를 불확실하게 만든다는 특징을 가지고 있었다.

지금까지 살펴본 것은 주체와 객체, 즉 주체와 주체의 육체 사이에서 일어나는 균열과 함께 발생할 수 있는 성격의 '의혹'이었다. 하지만 『형이상학적 성찰』에서 데카르트는 이러한 종류의 의혹을 예시하는 데에 그치지 않고 신체의 존재라는 단계, 즉 감각과 상상력의 단계를 뛰어넘어 지적 본성의 단계에 도달하기 위한 독창적인 분석을 감행했다. 데카르트가 분석의 예로 제시한 가장 극단적인 경우의 의혹은 '기만적인 신'이라는 가정으로 표출되었다. 즉 정신의 자연적인 결함 내지 이성의 근본적인 불확실성을 인정할 때 과장된 방식이지만 성립될 수 있는 것이 바로 '기만적인 신'이라는 가정이었다. 이러한 가정이 성립될 수 있었던 것은 우리 존재의 기원에 관한 문제가 데카르트에게는 본질적으로 형이상학적 문제였기 때문이다. 이러한 종류의 분석 실험은 '사악하고 영리한 천재'라는 또 다른 가정으로 이어졌다. 데카르트는 이 천재를 진실과 허구가 환상적으로 뒤섞여 있는 기만적인 세계에 인간을 종속시킬 수 있는 힘을 지닌 존재로 소개했다. 데카르트는 이 존재를 비이성적인 실체의 의도적인 허구성 혹은 인위적인 방법론적 장치로 간주하면서 물질세계의 본질과 존재의 불확실성을 강조했다.

그러나 이러한 의혹의 가설들을 물리치고 승리를 거두며 불변하는 진리로 부상하는 것은 결국 즉각적으로 기능하는 원천적인 진리, 즉 "나는 있다. 고로 현존한다"이다. 사유가 개별적인 주체의 입장에서 직접 발화하는 이 진리에 필연적으로 부합하는 것이 바로 존재하는 것은 기만적인 신이 아니라 진리의 원천이자 진리에 부합하도록 창조된 자연적 이성의 원천, 즉 조물주 신이라는 진리다. 이것이 바로 '의심할 수 없는' 형이상학의 가장 중요한 비물질적 원리다. 이를 뒷받침하는 이성의 확실성과 명백성 덕분에 데카르트는 당대의 철학적 오류와 불경함의 뿌리였던 무신론, 유물론, 경험주의, 회의주의, 스콜라주의에 맞서 싸울 수 있었다.

4.7 '모든 철학은 한 그루 나무와 같다'

데카르트는 "완벽한 자연과학"에 관한 계획을 『철학의 원리』를 통해 완성했다. 여기서 데카르트는 형이상학의 단계에 도달한 "원칙들의 이론"을 잠재적 실재의 수학이 필연적이고 사실적인 실체의 물리학으로 전이하는 과정의 조건으로 제시했다. 이 저서에서 형이상학의 선험적 원리들을 토대로 구축된 일반물리학은 세계의 진정한 이성적 구조라는 형태를 취한다. 이 이성적 구조를 뒷받침하는 것이 바로 인간의 신체라는 명백하고 구별된 개념의 객관적 진리가 지니는 진실성과, 신이 불변하는 규칙들 속에 질료를 창조하며 부여한 수학적 법칙의 현실이 지니는 사실성이다. 여기서 데카르트의 물리학은 제1철학의 하부구조를 구축하는 형이상학을 통해 철학적 물리학의 형태로 완성된다. 이 물리학, 즉 자연법칙들에 대한 이성적 지식은 데카르트의 형이상학에서 이성의 원리로 정의되며 '원인은 곧 이유causa sive ratio'라는 방정식에 따라 원인으로 기능하기도 하는 분명하고 진실하고 사실적인 원칙들을 토대로 구축된다.

『철학의 원리』는 모든 "진실한 원인들"을 열거하며 하나의 대전 형식으로 집필되었고 특히 1부는 『형이상학적 성찰』과 "거의 동일한 것들"을 다루지만, 통일성과 체계를 갖추고 "쉽게 가르칠 수 있는 형태로" 쓰였다. 데카르트는 자신의 이론적 체계를 "모든 철학을 대변하는 한 그루 나무"로 구축하는 데 성공했다고 믿었고 이에 대한 자부심을 굳이 감추지 않았다. "누가 이 같은 계획을 실현하는 데 성공한 적이 있는지 솔직히 모르겠다."

4.8 하나의 육체와 하나의 영혼을 가진 단 하나의 페르소나

『형이상학적 성찰』이『철학의 원리』보다 더 많은 이야기를 하는 것은 아니지만 분명히 더 하는 이야기들이 있다. 『형이상학적 성찰』은 신체의 물리학을 정초하는 비물질적 제1원리들을 형이상학적인 차원에서 발견하는 데 머물거나 탐구 대상인 '연장'을 분명하게 인증하는 데에 그치지 않는다. 저자는 오히려 분석적 방법론에 의해 정립된 원인들의 질서를 탐구하는 방향으로 나아간다.『방법 서설』의「형이상학」에서는 볼 수 없었던 독창적인 방식으로, 데카르트는 사실상 페르소나의 개별적 통일성이라는 주제를 발전시켰다. 데카르트는 무엇보다도 모든 인간에게 "너무나 명백해서" 각자가 "철학적 사고에 의존하지 않고도 확인할 수 있는" 경험을 토대로 인간이 "사실적인 삶"을 살아갈 수 있다는 점과, 인간은 더 이상 플라톤주의적인 이원론을 통해 설명될 수 없으며 육체와 영혼이 "단 하나의 총체"를 구성하는 존재로 간주되어야 한다는 인류학적 관점을 강조했다.

엘리자베스 왕녀는 데카르트에게 그가 '실체의 분별'을 상징하는 철학자인 반면『형이상학적 성찰』에서는 영혼과 육체의 '결합'에 대해 이야기한다는 점을 지적하며 이 모순을 해결해 달라고 요청한 바 있다. 형이상학적 이원론의 이론가였던 데카르트는『열정에 관하여』를 통해 기능적 이원론의 관점에서 신체 운동의 지적 이해를 관할하는 자연적 원리를 강조하며 엘리자베스 왕녀에게 항상 적극적인 주체의 입장에서 확신을 가지고 행운과 운명으로부터 자유롭고 감성적인 측면에서든 물질적인 측면에서든 독립성을 유지하며 살아 있는 페르소나로서 행동할 것을 권고했다. 데카르트에 따르면 인간의 완성은 "이성을 항상 최대한 활용하려는 확실하고 지속적인 의지"와 "이성의 힘으로 가능한 어떤 것도 포기하지 않으려는 굳은 의지"에 달려 있었다.

영혼의 정념

스웨덴의 크리스티나 여왕에게 헌정된 『영혼의 정념에 관하여』(1649년)는 방법론에 관한 성찰에서부터 『형이상학적 성찰』을 거쳐 윤리적인 성찰에 이르기까지 데카르트가 인간의 본성을 탐구하며 밟아 온 기나긴 여정의 마지막 단계를 장식하는 결론이라고 볼 수 있다. 이 저서에서 데카르트는 하나의 혁신적인 관점을 제시하며 서양 심리학과 윤리학에 새로운 지평을 열었다. 다시 말해 데카르트는 윤리적인 문제를 도덕학자가 아닌 과학자로서, 즉 물리학자로서 다루겠다고 선언했다. 데카르트에게 정념情念은 정신의 기이한 변형이나 왜곡이 아니라 육체가 정신세계에 영향을 끼칠 때 발생하는 지극히 자연적이고 인간적인 현상이었다. 육체적 변화는 정신적 변화로 이어질 수 있었고 따라서 육체의 병과 정신의 병을 모두 치료하는 것이 가능했다. 이러한 그의 의학적 관점이 혁명적이었듯 그의 심리학도 상당히 독창적인 측면을 가지고 있었다. 데카르트의 제안과 바뤼흐 스피노자Baruch Spinoza의 성찰을 통해 오늘날까지 전해지는 이 심리학적 관점이란 곧 정념의 출발점이 되는 생리학적 특징이나 메커니즘에 대한 지식을 바탕으로 정념의 과학을 정립하는 것이 가능하다는 관점이었다. 이러한 관점에서 정념, 즉 열정은 영혼이 부패한 형태나 흔히 그리스도교에서 말하는 원죄의 증후가 아니라 과학적 탐구가 가능한 단순한 물리-심상학적 현상에 불과했다. 데카르트는 열정이 죄가 아니라 그 자체로 훌륭한 것이며 우리가 지상에서 누릴 수 있는 모든 행복이 바로 이 열정에서 유래한다고 보았다. 어려운 점이 있다면 그것은 열정을 다스릴 줄 알아야 한다는 것이었고 데카르트는 이것이 원칙상 충분히 가능하다고 보았다. 그는 열정을 다스리기 위한 일련의 심리적이고 실용적인 훈련 방식을 제시했다. 이 주제 혹은 저 주제에 대한 관심에 방향성을 부여할 수 있는 인간의 능력을 높이 사면서 데카르트는 '자기 존중'이 기량과 행복의 원천이라고 주장했다. '자기 존중'이란 자신이 훌륭한 일을 위해 최선을 다했다는 사실에 대한 사심 없는 의식을 바탕으로 영혼에 만족감을 선사하는 일종의 '행위'였다. "나는 생각한다, 고로 존재한다"의 개인주의적인 철학과 일관성을 유지하면서 데카르트는 행복의 조건에 대한 개인적 차원의 탐색이 핵심적인 역할을 하는 윤리관을 제시했다.

수학과 기하학

데카르트와 피에르 페르마Pierre Fermat의 독립적인 연구 결과로 이루어진 '해석기하학geometria analitica'의 도입은 수학적 사고에 중요한 이론적 차원의 변화를 가져왔다. 해석기하학은 공식을 통해 모든 유형의 기하학적 문제들을 대수학적인 문제로 환원할 수 있는 전적으로 새로운 탐구 방식을 제시했다. 해석기하학은 점, 선, 평면 같은 고전적인 기하학적 개념들, 그리고 이들 사이의 관계를 대수학적인 용어로 번역하기 때문에 모든 기하학적 문제들을 일률적으로 다룰 수 있다는 장점을 가지고 있었다. 반면에 전통 기하학은 유일하게 연역이라는 유일한 방법론에 의존하며 다양하고 이질적인 문제들을 해결하기 위한 통일적인 방법론을 가지고 있지 않았다. 해석기하학의 도입으로 인해 연역은 오히려 대수학적 알고리즘의 예외적인 영역으로 분류되었다.

기하학적인 관계를 대수학적 실재들 간의 관계로 환원하는 작업은 방법론의 확장을 도울 뿐 아니라 기하학적 실재들 사이에 존재하는 새로운 특성과 새로운 관계의 탐색을 가능하게 만든다. 특정 곡선이 어떤 대수학 방정식에 상응할 경우 간단한 대수학적 산술 과정 혹은 계산 방식으로 곡선 자체 안에 숨어 있는 은밀한 특성들을 밝혀낼 수 있다. 예를 들어 계수의 단순한 변화를 바탕으로 처음에는 보이지 않던 관계를 밝혀낼 수 있다.

해석기하학의 기본 원칙들을 확인할 때 하나의 패러다임이 될 수 있는 경우를 살펴보자. 데카르트 좌표계의 축 x와 y가 주어질 때 직선 r은 'x=1, y=1', 'x=2, y=2', 'x=3, y=3' 같은 좌표 선상의 기하학적 점들의 공간과 일치한다. 따라서 방정식 x=y는 우리가 방금 정의한 직선을 정확하게 묘사한다고 볼 수 있다. 반면에 방정식 x=2y는 'y=1, x=2', 'y=2, x=4', 'y=3, x=6' 등의 좌표들을 제시한다. 따라서 계수 2는 하나의 변수를 제공하며 이 변수는, 도식적으로, 직선 r와 기울기가 다른 또 하나의 직선으로 번역된다.

결국 본질적인 차원에서, 에우클레이데스적인 공간 안에 추상적으로 고립되어 있으며 움직이지 않는 기하학적 실재들의 갇힌 세계는 더 이상 존재하지 않는다.

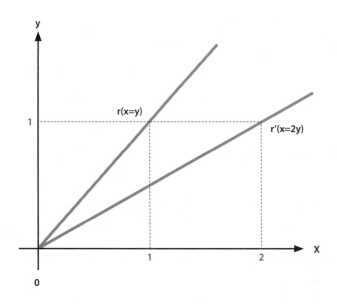

이러한 측면이 중요할 수밖에 없는 것은 그리스 수학자들이 정확하고 구체적인 해답을 발견하지 못한 채 오랫동안 고민해 왔던 고전기하학의 특정 문제들을 새롭고 치밀한 방식으로 다룰 수 있는 총체적인 탐색 방식의 기반이 바로 해석기하학에 의해 마련되었기 때문이다.

해석기하학은 분명히 근대 수학 탐구의 가장 풍부하고 핵심적인 영역들 가운데 하나다. 이러한 중심적인 위치에서 해석기하학은 미적분학을 비롯해 중요한 17세기 수학 분야들의 발전에 크게 기여했다. 실제로 상당수의 새로운 수학 개념들은 다름 아닌 해석기하학의 방법론을 기준으로 기하학적 문제들을 해결해야 할 필요에 의해 탄생했다.

해석기하학이 특히 17세기 후반에 크게 발전하는 양상을 보인 반면 '사영기하학geometria proiettiva'은, 17세기에 탄생했는데도, 그다지 뚜렷한 발전을 이루지 못했다. 사영기하학의 기본 개념들은 프랑스의 수학자 지라르 데자르그(Girard Desargues, 1591~1661년)가 1639년에 출판한 그의 『원뿔을 한 면으로 절단했을 때 일어나는 효과에 관한 연구 계획Brouillon project d'une atteinte aux evenemens des rencontres du Cone avec un Plan』을 통해 정립되었다. 데자르그는 르네상스가 축적한 원근법 개념들을 검토하며 발전시키는 데 주력했다. 널리 알려진 것처럼 원은 비스듬히 바라보면 타원으로 인지된다. 또 다른 예로, 원기둥 모양의 전등갓이 발하는 빛을 벽에 비출 경우 전등갓을 얼마나 기울이느냐에 따라 빛의 형상은 원을 그릴 수도 있고 타원을 그릴 수도 있다. 타원의 크기와 모양새는 빛이 원뿔을 가로지르는 기울기에 따라서도 달라진다. 하지만 데자르그는 몇몇 특성들이 이러한 변화 속에서도 불변하는 상태로 남아 있을 수 있다는 점에 주목했다. 예를 들어 원뿔의 절단면은 빛을 비추는 횟수와 상관없이 언제나 원뿔의 절단면으로 남는다. 데자르그의 이러한 탐구는 17세기 수학사에서 상당히 독특한 경우로 남아 있다. 당대의 수학자들은 그의 글을 읽으면서 적잖은 당혹감을 느꼈지만 이들이 전반적으로 사영기하학에 관심을 기울이지 않은 이유는 기하학이 다른 영역에서, 특히 해석기하학에서 커다란 성공을 거두고 있었기 때문이다.

확률 계산은 17세기의 수학자들이 창조해 낸 또 하나의 피조물이며 창조주의 이름은 피에르 페르마와 파스칼이다. 물론 이들이 확률을 가장 먼저 다루었던 것은 아니다. 일찍이 루카 파치올리와 지롤라모 카르다노도 15세기와 16세기 사이에 확률을 다룬 적이 있지만 확률의 수학적이고 이론적인 기반은 본질적으로 페르마와 파스칼의 성찰에 의존한다. 확률 계산에 대한 관심을 증폭시킨 중요한 요인들 가운데 하나는 보험회사의 성장이었다. 하지만 카드와 주사위 게임의 전문가들이 제시했던 구체적인 문제들이 분석되고 해결되는 과정 역시 확률에 대한 관심을 고조하는 데 크게 일조했다. 1654년 게임에 굉장한 매력을 느꼈던 귀족 출신의 학자 앙투안 공보Antoine Gombaud는 파스칼에게 주사위 놀이의 확률과 관련된 문제를 제시했고 파스칼은 이 문제를 해결하기 위해 페르마와 서신을 교환하기 시작했다. 이들은 편지를 주고받으면서 확률이론의 몇몇 기초적인 개념들을 정립하는 데 성공했다. 파스칼과 페르마는 자신들의 연구 결과를 체계화하지 않았지만 이들의 연구에서 영감을 얻은 네덜란드의 학자 크리스티안 하위헌스가 1657년, 확률을 이론적으로 체계화한 최초의 논문『확률 놀이의 논리에 관한 책 *Libellus de ratiociniis in ludo aleae*』을 발표했다. 이 책에서 하위헌스를 통해 처음으로 '기댓값' 개념이 도입되었다. 1671년에는 네덜란드의 정치가이자 수학자인 얀 더 빗 (Johan de Witt, 1625~1672년)이『종신연금에 관하여*Waerdye van lyf-renten naer proportie van los-renten*』라는 책을 출판하면서 오늘날 우리가 '수학적 희망'이라고 부르는 개념을 도입했고 연령별 생존확률에 대한 정보를 바탕으로 보험의 연간 상여금을 결정하는 도표를 만들었다.

'로그 계산'은 1614년 스코틀랜드의 수학자 존 네이피어(John Napier, 1550~1617년)의 책『로그의 놀라운 규칙들에 대한 설명*Mirifici logarithmorum canonis descriptio*』이 출판되면서 탄생했다. 네이피어는 굉장히 복잡한 계산을 빠르게 해결하고 계산을 단순화하기 위해 지수함수의 역함수를 활용하는 데 몰두했다. 스위스의 수학자 요스트 뷔르기(Joost Bürgi, 1552~1632년)도 나름대로 네이피어와 동일한 결론에 도달했지만 그의 연구 결과가 실린『대수학과 기하학 발전의 경로*Arithmetische und geometrische Progress Tabulen*』는 케플러의 집요한 권유로 1620년이 되어서야 출판되었다. 네이피어의 저서와 이론은 17세기 수학자들에게 지대한 영향을 끼쳤지만 이를 가능하게 만든 것은 무엇보다도 '로그 계산'의 대대적인 확산에 결정적으로 기여한 잉글랜드 수학자 헨리 브리그스Henry Briggs의 노력과 영향력이었다. 브리그스는 중요한 저서『로그 산술*Arithmetica Logarithmica*』(1624년)의 저자이기도 하다.

로그 계산은 무엇보다도 천문학자들 사이에서 빠르게 확산되었다. 복잡하고 방대한 분량의 정보를 계산하는 데 필요한 시간을 단축하기 위해 이 로그라는 강력한 무기를 활용할 수 있었기 때문이다.

17세기에는 수학에서 전적으로 새로운 영역들이 창출되었을 뿐 아니라 이미 이전 세기에 정립된 분야들도 새로운 연구 결과를 바탕으로 더욱더 풍부해지는 추세를 보였다. 이들 가운데 하나가 바로 정수론이었고 이 분야에서 타의 추종을 불허했던 인물은 피에르 페르마다. 페르마의 정수론 연구 결과는 사후 1670년이 되어서야 출판되었고, 정확히 말해 페르마가 읽고 공부했던 디오판토스의 저서 『산술Arithmetica』의 1621년도 라틴어 판본이 재출간되면서 모습을 드러냈다. 바로 이 라틴어 판본의 여백 곳곳에 페르마의 연구 결과가 기록으로 남아 있었던 것이다. 하지만 많은 정리들이 요약되어 있었을 뿐 이에 대한 해법은 찾아볼 수 없었다. 18세기의 수학자들이 뒤늦게 해법을 찾아내기 시작했지만 한 가지만큼은 해결할 수가 없었다. 이른바 '페르마의 마지막 정리'로 불리는 이 문제는 오랫동안 수학자들에게 일종의 도전으로만 남아 있었고 1994년이 되어서야 잉글랜드의 수학자 앤드루 와일스Andrew Wiles가 해법을 찾아냈다.

페르마의 마지막 정리에 따르면, 방정식 $x^n + y^n = z^n$을 충족하는 4개의 양의 정수 a, b, c, n(n은 3 이상)을 찾아내는 것은 불가능하다. 이 정리에 대해 페르마는 이런 말을 남겼다. "이것을 증명할 수 있는 정말 놀라운 방법을 발견했지만 책의 여백이 너무 좁아 그 내용을 기록하지 못한다." 하지만 수학의 역사를 연구하는 학자들 사이에서는 페르마가 언급한 '놀라운 해법'이 틀린 해법이었으리라는 견해가 일반적이다. 실제로 와일스가 찾아낸 해법은 17세기의 수학자들이 결코 상상할 수 없던 수학적 지식과 개념들을 요구하는 것이었다.

17세기에 이루어진 대수학의 발전 과정과 관련하여 기억해야 할 것은 가장 중요한 발전들이 주로 17세기 초반에 이루어졌고 해석기하학이 탄생한 이후로는 대수학 연구가 해석기하학과의 밀접한 관계 속에서 전개되었다는 사실이다. 이 시기에 수학자들은 새로운 문제점들을 제기하면서 새로운 규칙들을 발견해 냈고 대수학의 표기법 향상에도 지속적인 관심을 기울였다.

예를 들어 잉글랜드의 수학자 토머스 해리엇(1560~1621년)은 1631년에 출판한 『대수학 방정식의 해결을 위한 분석 기술의 실습*Artis analyticae praxis ad aequationes algebraicas resolvendas*』에서 계수와 근 사이의 관계를 규명했다. 더 큰 수와 더 작은 수를 가리키기 위한 기호를 도입한 인물도 해리엇이다. 잉글랜드의 수학자 윌리엄 오트레드(William Oughtred, 1575~1660년)는 『수학의 열쇠*Clavis Mathematicae*』(1631년)에서 산술 결과를 가리키기 위한 기호 ×를 도입했다. 프랑스 수학자 알베르 지라르(Albert Girard, 1595~1632년)는 『대수학의 새로운 발명*Nuova invenzione in algebra*』(1629년)에서 근과 계수의 관계 자체를 대수학 이론의 토대로 정립했고 근과 계수에 최대한의 보편성을 부여하기 위해 허수 개념을 수용했다. 그런 식으로 방정식의 차수와 근의 개수는 일치한다는 원칙을 발표했고 거듭제곱근의 계산 규칙을 정립했다. 데카르트 역시 새로운 기호와 표기법들을 활용하면서 대수학 방정식의 변형 및 해법과 관련된 계산상의 규칙들, 예를 들어 여전히 그의 이름으로 불리는 '데카르트의 부호 법칙'을 정립했다.

5

아이작 뉴턴

5.1 청년기의 저술과 '경이로운 시간들'

1642년 12월 25일 링컨셔에서 태어난 아이작 뉴턴은 1661년 케임브리지의 트리니티 칼리지Trinity College에 입학했다. 뉴턴은 일찍부터 원자론을 수용하며 수학 연구에 몰두했다. 1665년 여름 흑사병이 퍼지면서 케임브리지를 떠났다가 1667년에 돌아온 뉴턴은 그해에 트리니티 칼리지의 선임 연구원으로 임명되었다. 이는 곧 그가 잉글랜드 성공회의 교리를 따르고 평생 독신으로 살아야 한다는 것을 의미했다. 1669년에는 대학 내부에 화학 실험실을 개설했고 굴절망원경을 제작했다.

뉴턴이 처음으로 시도한 데카르트의 물리학 및 상대적 운동 이론 비판은 1660년대 후반에 쓰인 『유동체의 중력과 균형추에 관하여 *De gravitatione et aequipondio fluidorum*』라는 제목의 필사본 원고에 수록되어 있다. 이 글에서 뉴턴은 절대적 운동과 절대적 공간의 존재를 주장했을 뿐 아니라 철학자 헨리 모어Henry More의 성찰에서 유래하는 철학적이고 종교적인 성격의 논제들을 바탕으로 데카르트의

'연장된 실체res extensa'와 '사유하는 실체res cogitans'*의 구분법 및 질료는 곧 확장이
라는 관점을 비판했다. 뉴턴은 데카르트의 철학이 질료를 신의 존재와 무관한
것으로 만드는 만큼 무신론으로 귀결될 수밖에 없다고 보았다. 1669년 뉴턴은
미분법과 적분법에 대한 수학 논문을 집필했지만 출판은 하지 않았고 같은 해
에 케임브리지의 루커스 수학 석좌교수로 임명되었다.

케임브리지에서 가진 일련의 광학 강의에서 뉴턴은 빛의 굴절 현상으로 생
산되는 색상들이 빛 자체의 변형에서 비롯된다는 통상적인 이론을 실험적인
차원에서 논박했다. 뉴턴은 빛이 본질적으로 다채로운 성격을 지니며 백색 광
선을 구성하는 여러 가지 요소들은 상이한 굴절률을 가진다고 주장했다. 뉴턴
은 1672년 로열소사이어티에 빛과 색에 관한 보고서를 제출했고 이 글은 이어
서 《철학회보》를 통해 공개되었다. 이 보고서에서 뉴턴은, (1) 색은 빛의 고유
한 특성이다, (2) 각각의 색상은 특정한 굴절 가능성을 가지고 있다, (3) 백색은
프리즘 실험을 통해 증명된 모든 원색으로 구성된다고 주장했다. 빛과 색에 대
한 뉴턴의 보고서를 두고 학계에서는 다양한 반응을 보였고 이 중에는 로열소
사이어티의 실험 관리자였던 로버트 훅(Robert Hooke, 1635~1702년)의 혹독한 비판
도 섞여 있었다. 이에 마음이 상한 뉴턴은 자신의 연구 결과를 앞으로는 공개하
지 않겠다고 결심했다. 물론 번복할 수밖에 없는 결심이었지만, 훅에 대한 뉴턴
의 적개심만큼은 쉽게 사라지지 않았다. 왜냐하면 이어서 훅이 만유인력의 법
칙을 자신이 먼저 발견했다고 주장했기 때문이다.

1671년 뉴턴은 무한소의 연산 원칙들을 설명하는 『유분법과 무한급수에 대
하여 The method of fluxions and infinite series』를 집필했고 이 책은 사후인 1763년에 출판되
었다. 뉴턴은 미분법과 적분법을 누가 먼저 발견했는지 가리기 위해 고트프리
트 빌헬름 라이프니츠(Gottfried Wilhelm Leibniz, 1646~1716)와 열띤 공방을 벌이기도

• 데카르트는 현실을 '사유하는 실체'와 '연장된 실체'로 구분했다. '사유하는 실체'는 심리적 현실을 가리키
며 자유롭고 의식적이라는 특성을 가지는 반면, '연장된 실체'는 공간을 차지한다는 의미에서 물리적인 현
실을 가리키며 한계를 가지고 무의식적이다. 이러한 구분은 Cogito에서, 즉 인간의 사고가 존재를 전적으로
확신할 수 있는 것과 그렇지 못한 것을 구분해야 할 필요성에서 유래한다.

했다. 과학사에서 가장 치열했던 것으로 손꼽히는 이들의 논쟁은 서로의 부정직함을 탓하는 원색적인 비방과 표절 시비로 이어지기까지 했다.

5.2 『자연철학의 수학적 원리』

뉴턴의 저서들 가운데 가장 중요하고 널리 알려진『자연철학의 수학적 원리』는 세 부분으로 나뉜다. 1부는 운동하는 물체에 대한 일반적인 동역학 원리들을 다루며 2부는 유동체에 대한 역학 및 파동 이론을, 3부는 우주 전체에 적용되는 역학 원칙들을 다룬다.『자연철학의 수학적 원리』에서 뉴턴은 지상의 물리학과 천상의 물리학을 융합하는 데 성공했다. 자연현상들을 수학적 법칙으로 환원하는 것이 가능하다고 믿었던 뉴턴은 하나의 유일한 법칙, 즉 만유인력의 법칙을 바탕으로 물체들의 낙하운동뿐만 아니라 천체들의 회전운동까지 설명할 수 있다고 주장했다.

1부에서 뉴턴은 역학의 가장 기본적인 개념들, 즉 질량, 운동량, 힘을 정의했다. 여기서 처음으로 무게와 구분된 질량은 부피에 밀도를 곱한 결과로 정의되고, 운동량은 속도에 질량을 곱한 결과로 정의되었다. 질료에 내재하는 힘은 일률적인 직선운동 혹은 정지 상태에 머물 수 있는 힘을 의미했고, 질료에 각인되는 힘은 한 물체를 일률적인 직선운동 혹은 정지 상태에서 벗어나게 하는 힘을 의미했다.

이어서 뉴턴은 절대적인 시간과 공간 및 운동을 상대적인 시간, 공간, 운동과 구분했다. 헨리 모어와 마찬가지로 뉴턴은 절대적인 시간과 절대적인 공간이 창조주처럼 불변하며 우주의 사물들과는 무관하게 독립적으로 존재한다고 보았다. 절대적인 시공간과 상대적인 시공간의 구분을 근거로 뉴턴은 절대적인 운동의 가능성을 주장할 수 있었다. 예를 들어 뉴턴은 지구와 행성들의 '절대적인' 공전운동과 이 운동의 중심인 태양의 '상대적인' 부동성을 주장했다.

아울러 뉴턴은 일련의 운동법칙을 소개했다. 첫 번째는 관성의 법칙이다. 이 법칙에 따르면 모든 물체는 변화를 일으킬 만한 외부의 충격이 전달되지 않는 한 일률적인 직선운동 혹은 정지 상태를 그대로 유지한다. 힘의 개념을 발전시킨 두 번째 법칙에 따르면 운동의 변화는 각인된 힘에 비례하며 그 힘이 각인되는 방향의 직선상에서 일어난다. 세 번째는 '작용과 반작용의 법칙'이다. 이 법칙에 따르면 모든 작용에는 그것과 똑같지만 정반대되는 반작용이 상응한다. 이는 하위헌스가 묘사했던 충돌 과정을 역학적인 차원에서 규칙화한 것으로 볼 수 있다.

『자연철학의 수학적 원리』3권은 지상의 역학적 원칙들이 천체의 운동에 적용되는 경우들을 다룬다. 뉴턴은 케플러의 법칙을 바탕으로 두 물체가 우주에서 서로를 끌어당기는 힘은 이들의 질량의 곱에 비례하고 거리의 제곱에 반비례한다고 주장했다. 뉴턴은 아울러 달이 지구를 중심으로, 행성들이 태양을 중심으로 궤도를 그리며 움직이도록 만드는 힘이 지상에서 물체의 낙하운동을 가능하게 만드는 것과 동일한 힘이라고 주장했다.

만유인력의 기원에 대해 과학자들과 신학자들은 각양각색의 해석을 내놓았다. 「빛의 특성을 설명하기 위한 가설Hypothesis explaining the properties of Light」(1675년)에서 뉴턴은 만유인력이 우주 전체에 퍼져 있는 에테르의 응축 현상에서 비롯되었으리라는 가설을 제시했고 1679년 로버트 보일에게 보내는 편지에서도 에테르가 만유인력의 원인일 수 있다는 표현을 사용했다.『자연철학의 수학적 원리』의 출판 이후 뉴턴은 트리니티 칼리지의 학장 리처드 벤틀리Richard Bentley에게 보내는 편지에서 에테르는 질료의 '본질적인' 요소로 간주될 수 없으며 신에게서 직접 유래한다는 의견을 제시했다. 반면에『자연철학의 수학적 원리』의 증보판 서문에서 로저 코츠Roger Cotes는 만유인력이 '확장'이나 '침투 불가능성'과 마찬가지로 모든 물체들의 본질적인 특성이라고 설명했다.

5.3   『광학』

『광학』(1704년)은 세 부분으로 나뉘어 있으며 『자연철학의 수학적 원리』에 비하면 훨씬 쉽게 읽을 수 있는 책이지만 1700년대에 막대한 영향력을 발휘하면서 새로운 실험 철학의 모형으로 간주되었다. 이 책에서 뉴턴은 빛의 미립자적인 본성을 주장한 뒤 "이성과 실험을 바탕으로" 빛의 본질과 특성에 대한 설명을 제시한다. 1부에서는 빛의 반사, 굴절, 분산, 백색 광선의 회절현상을 다루며, 2부에서는 무엇보다도 박막에 의한 빛의 간섭현상, 즉 원을 형성하기 때문에 이른바 '뉴턴의 고리'라고 불리는 현상을 소개한다. '뉴턴의 고리'는 평면 유리 위에 볼록렌즈를 올려놓고 벌어진 틈 사이에 얇은 공기층이 형성될 때 렌즈의 접촉면을 중심으로 동심원을 형성하는 얇은 고리들이 발생하는 현상을 말한다. 익히 알려진 현상이었지만 뉴턴의 업적은 이 현상을 실험 대상으로 보고 수학적인 설명을 제시했다는 데 있다. 3부에서는 자연적인 사물들의 색상을 다룬다. 4부를 계획했지만 완성하지 못한 채 3부의 마지막 부분에서 뉴턴은 일련의 '질문Queries'을 제시했다. 초판에서는 여섯 개에 달하던 질문이 새뮤얼 클라크가 편집한 1706년의 라틴어 판본에서는 스물세 개로 늘어났고 1717년의 영어 판본에서는 서른한 개로 늘어났다. 이 '질문'들은 뉴턴이 실험적인 차원에서 답을 제시하지 않는 일련의 문제 혹은 가설들을 다룬다. 예를 들어 뉴턴은 아주 가까운 거리에서 반응하는 미립자들 간의 친화력과 저항력이 존재할 수 있으며 이들이 발효 현상이나 응집 현상, 모세관 현상 같은 화학 현상이나 전기 현상의 발생 원인일 수 있다는 가능성을 제기했다.

연금술과 신학 혹은 뉴턴과 비학

화학과 연금술은 뉴턴의 연구에서 상당히 커다란 부분을 차지했던 분야들이다. 특히 연금술은 그의 서재에 꽂혀 있던 꽤 많은 분량의 연금술 서적과 독서 후에 남긴 기록들을 통해 알 수 있듯이 뉴턴이 상당히 깊이 파고들었던 학문이다. 그는 연금술과 관련된 방대한 분량의 필사본 원고들을 남겼다. 이 가운데 유일하게 출판된 『산성에 관하여De natura acidorum』(1692년)에서 뉴턴이 시도했던 것은 연금술적인 개념들을 화학적인 용어로 전환 혹은 번역하는 일이었다. 뉴턴은 산성의 미립자들이 일종의 인력引力을 가지고 있어서 수많은 물질들을 용해하고 감각기관을 자극한다고 보았다. 예를 들어 여러 물질이 함유하는 유황의 미립자들은 인력의 유효성분으로 간주되었다. 그뿐 아니라 뉴턴은 필사본 원고에서 '영spirit'이 삶을 생성하는 실체와 일치할 수 있다는 생각과 금속이 일종의 생물학적인 과정을 통해 생성되었다는 생각을 진지하게 발전시켰다.

뉴턴은 아주 먼 옛날 인간에게 훌륭한 지혜가 있었지만 이것이 널리 전파되면서 퇴보할 위험에 놓이자 이때부터 이를 은밀하고 상징적인 방식으로 전수하기 시작했다는 확신을 가지고 있었다. 그의 연금술 탐구는 다름 아닌 이러한 확신을 바탕으로 이루어졌고 결과적으로 연금술의 상징을 해독한다는 것은 곧 고대인들의 지혜를 밝혀낸다는 것을 의미했다. 예를 들어 뉴턴은 원자론적인 질료 이론이 고대 이집트에서 유래한다고 보았다.

뉴턴이 이러한 '비학祕學' 연구와 물리학 및 수학 연구를 병행했다는 사실은 오랫동안 뉴턴이 앓았을지도 모르는 일종의 정신분열증에 대해 궁금증을 불러일으켰다. 결과적으로 형성된 뉴턴의 이미지는 새로운 과학적 발견을 추구하는 혁신적인 정신세계와 전통을 포기할 줄 모르는 고집스러운 정신세계 사이에서 갈등하는 한 사상가의 이미지였다. 이러한 측면은 실제로 어떻게 뉴턴이 자연은 비밀스러운 힘에 의해 움직인다는 '전통적인' 성향의 관점을 바탕으로 다름 아닌 만유인력이라는 '과학적으로 증명된' 개념에 도달할 수 있었는지 효과적으로 설명해 준다.

한편으로는 뉴턴이 관심을 기울였던 교회의 역사와 신학 연구에 관한 정보들도 상당히 알쏭달쏭한 면들을 지니고 있다. 물론 뉴턴이 잉글랜드 사회에서 로열소사이어티의 회장과 조폐국장, 국회의원 같은 중책을 맡았던 만큼 이 분야에 대해서는 신중을 기할 수밖에 없었다는 사실을 기억할 필요가 있다. 뉴턴은 교회의 역사나 신학에 대한 의견을 개인적으로 존 로크John Locke, 윌리엄 휘스턴William Whiston, 새뮤얼 클라크 등에게 피력했다. 하지만 뉴턴이 신중을 기했던 것은 자신의 종교관이 상당히 이단적이라는 점을 의식했기 때문이기도 하다. 그는 실제로 가톨릭교회의 미신적이고 우상숭배적인 측면에 대해 날카로운 비판을 아끼지 않았고 삼위일체설을 부인하는 성격의 생각들을 표명하곤 했다. 면밀한 탐구를 바탕으로 그는 그리스도교 교회가 원래는 삼위일체 교리와 거리가 먼 아주 단순한 형태의 신앙을 가르쳤고, 삼위일체 교리는 실제로 서기 4세기의 니케아 공의회 이후에야 교묘하게 도입되었다는 결론을 내렸다.

17세기 철학의 사고실험

/ 하나의 까다로운 개념에 대한 역사적, 인식론적 논쟁

'사고실험esperimento mentale'은 그다지 모호한 개념이 아니지만 정확하고 일관적인 정의를 내리기는 쉽지 않다. 이 사고실험이 무엇인지 파악하기 위해서는 오히려 무엇이 아닌지를 먼저 검토하는 편이 훨씬 수월하다. 우선 사고실험은 전통적인 형태의 과학적 실험과 다르며 단지 몇몇 특징들을 공유할 뿐이다. 더욱이 사고실험은 비교학과도 다르고 메타포나 어떤 추상적인 것에 대한 구체적인 설명과도 다르다. 이들을 유사한 것으로 볼 경우 결국에는 모든 형태의 이성적 논리가 일종의 사고실험으로 간주될 수 있기 때문이다. 더 나아가서 사고실험은 현실과 정반대되는 상황을 가설로 내세우는 경우와도 구별되어야 한다. 다시 말해, 근거가 부족하다는 이유로 현실의 어떤 요소들이 눈에 보이는 것과는 전혀 다른 방향으로 진행되었을 수도 있다고 주장하면서 과학적 상상력을 바탕으로 또 다른 현실을 주장하는 경우와 구별되어야 한다. 사고실험은 단순히 상상력에만 의존하는 실험이 아니며 가상된 사실 자체가 실험의 대상이 되는 경우와도 거리가 멀다. '사고'라는 말은 실험이 진행되는 방식을 수식하지, 실험의 적용 영역을 수식하지 않

는다. 이는 사고실험의 영역에 심리적인 차원이 이미 포함되어 있다는 점을 감안하면 좀 더 분명해진다. 그렇다면 심리학은 오히려 물리학과 함께 사고실험이 집중적으로 시도된 영역들 가운데 하나였다고 볼 수 있다.

최근 들어 사고실험이 상이한 영역에서 발휘했던 기능을 바탕으로 이를 다양하게 분류하는 작업이 이루어졌지만 사고실험에 관한 한 가장 근본적인 질문은 여전히 인식론적 가치에 관한 질문으로 남아 있다. 예를 들어, 사고실험은 어떤 식으로 새로운 실험 결과나 정보의 도움 없이 새로운 형태의 지식들을 제시할 수 있는가? 사고실험은 경험을 바탕으로 이루어진다고 보아야 하는가, 아니면 선험적인 형태의 논제로 고려되어야 하는가? 여러 가지 답변이 가능하고 토론의 장은 열려 있지만, 중요한 것은 과학혁명의 세기였던 17세기에 사고실험이 철학과 과학 분야에서 이미 핵심적인 위치를 점하고 있었다는 사실이다.

17세기와 18세기 초반까지 이 사고실험들이 어떤 역할을 했는지 구체적으로 살펴보기 전에, 사고실험이 역사적으로 해석되어 온 방식뿐 아니라 어떤 유형의 사상을 통해 사고실험이 도입되었는지 살펴볼 필요가 있다.

사고실험의 개념에 대해 가장 먼저 의견을 피력했던 인물들은 피에르 뒤엠(Pierre Duhem, 1861~1916년)과 에른스트 마흐(Ernst Mach, 1838~1916년)다. 뒤엠은『물리학 이론. 물리학의 대상과 구조 La Théorie physique. Son objet, sa structure』(1906년)에서 사고실험에 의존하려는 성향을 비판하며 과학의 탐구와 교육 현장에서 사고실험이 추방되어야 한다고 주장했다. 반면에 긍정적인 평가를 제시했던 마흐는『역학의 발달. 역사적 비판적 고찰 Die Mechanik in ihrer Entwicklung historisch-kritisch dargestellt』(1883년)과『인식과 오류 Erkenntnis und Irrtum』(1905년)에서 실질적인 실험과 사고실험 사이에는 방법론적인 측면에서 일종의 연속성이 존재하며 둘 다 오랜 세월에 걸쳐 축적된 경험적인 성격의 지식을 바탕으로, 아울러 실현 불가능한 상황들을 본능적으로 피하려는 지적 성향을 토대로 이루어진다고 보았다.

과학사의 관점에서 사고실험의 위상과 역할에 대해 좀 더 구체적인 의견을 제시한 인물들은 알렉상드르 코이레와 토머스 쿤(Thomas Kuhn, 1922~1996년)이다. 이들의 성찰은 모두 갈릴레이를 중심으로 전개된다는 공통점을 지녔다. 코이레는 갈릴레이의 사상에서 선험적 논리가 상당히 중요한 역할을 한다는 점에 주목했고 여기서 갈릴레이의 사고실험을 해석하기 위한 열쇠를 발견했다. 예를 들어 마찰이 없는 운동을 이상적인 운동으로 간주하게 되는 과정 자체가 선험적 논리를 바탕으로 이루어졌다고 본 것이다. 반면에 쿤은 사고실험 자체를 과학의 발전에 필요한 추진력의 일종으로 간주했다. 쿤은 무엇보다도 과학의 혁명적인 변화가 이루어지는 단계에서, 다시 말해 이론적이고 인식론적인 차원의 재정비와 구조 조정이 진행되는 단계에서 사고실험이, 필연적으로 개념적이라는 고유의 특성 덕분에, 현실을 바라보는 해석학적 관점을 재정립하거나 이른바 '정상적'인 것으로 고착된 기존의 과학적 방법론에 객관적인 의혹을 제기하는 데 더할 나위 없이 중요한 역할을 한다고 주장했다. 쿤은 갈릴레이가 아리스토텔레스의 평균속도와 순간속도 개념을 극복한 것이 바로 이러한 예라고 보았다.

과학 지식의 발전 과정과 관련하여 인식론적 연속성을 주장하는 이들과 불연속성을 주장하는 이들 사이에서 벌어졌던 논쟁의 핵심은 다름 아닌 이 사고실험 문제였다.

/ 사고실험의 세기와 전례들

덴마크의 물리학자 한스 크리스티안 외르스테드(Hans Christian Ørsted, 1777~1851년)가 처음으로 사용한 '사고실험'이라는 표현은 1800년까지만 해도 존재하지 않았지만 이와 유사한 용어들이 사용된 경우를 게오르크 크리스토프 리히텐베르크(Georg Christoph Lichtenberg, 1742~1799년)나 노발리스(Novalis, 1772~1801년) 같은 저자들의 책에서 찾아볼 수 있다. 이는 곧 1600년대에 이미 갈릴레이(1564~1642년), 데카르트(1596~1650년), 로크(1632~1704년), 뉴턴(1642~1727년), 라이프니츠(1646~1716년) 같은 인물들에 의해 시작된 방법론의 중요성을 1700년대에 들어서면서 뒤늦게나마 좀 더 뚜렷하게 인식하기 시작했다는 것을 의미한다.

하지만 사고실험의 기초적인 예들은 고대 철학에서도 얼마든지 찾아볼 수 있다. 예를 들어 제논의 역설들, 특히 '아킬레스와 거북이'의 역설이나 '화살'의 역설은 상식의 확실성이나 논리적 원칙에서 의도적으로 벗어난다는 특성을 감안했을 때 사고실험의 원형이라고도 볼 수 있는 경우들이다. 루크레티우스가 『만물의 본성에 관하여』 1권에서 우주의 무한성을 증명하기 위해 제시했던 가설도 좋은 예가 될 수 있다. 루크레티우스에 따르면, 우주공간의 극단에서 한계 지점을 향해 화살을 쏘았다고 가정할 때 화살이 한계 지점을 통과하면 사실상 한계는 없는 셈이지만 화살이 무언가에 부딪혔을 때에도 화살을 멈추게 한 장애물이 우주공간 내부에 머물러 있어야 하는 만큼 장애물의 맞은편에도 또 다른 공간이 존재한다고 볼 수밖에 없다. 따라서 어떤 식으로든 우주공간에는 한계가 없다는 것을 인정하지 않을 수 없다는 것이 루크레티우스의 생각이었다.

어떻게 보면 고대인들의 가르침을 독특한 형태로 수용하고 발전시킨 중세야말로 17세기의 사고실험이 중요한 역할을 할 수 있는 풍부한 여건을 마련한 세기였다고 할 수 있다. 다시 말해, 17세기의 사고실험에 주목했던 사상가들은 중세철학을 비판적인 시각으로 바라보았지만 이들이 정작 사고실험 자체의 발전을 위해 적극적으로 수용한 이론들은 모두 중세에 발전한 이론들이었다.

예를 들어, 중세에는 다양한 형태의 아리스토텔레스주의가 대부분의 자연적 묘사와 철학 및 신학적 성찰을 뒷받침하는 기반이었지만 갈릴레이의 사고실험이 문제 삼았던 것은 다름 아닌 아리스토텔레스 물리학의 운동과 중력 개념이었다. 반면에 사고실험은 중세 논리학으로부터 많은 것을 물려받았다. 이 가운데 하나인 논증 기술은 논리적인 모순 또는 이론적이거나 의미론적인 차원의 비일관성을 폭로하는 데 쓰였다. 대표적인 예로 '해결 불능 명제insolubilia', '궤변sophismata', '해명exponibilia'을 통한 논증 방식을 들 수 있다. 이러한 사고 훈련을 바탕으로 발전했던 것이 바로 '담론을 바탕으로 하는de virtute sermonis' 인식론적 유형의 논증 방식이다. 이러한 논증적인 사고방식은 특히 중세 말기에 진리는 하나가 아니며 세계에는 여러 유형의 진리가 존재한다는 생각이 널리 확산되고 신학, 형이상학, 아리스토텔레스의 자연철학 같은 탐구 분야들이 분리되는 현상이 일어나면서 더욱 발전했다.

하지만 이러한 논증 기술을 뒷받침하던 이른바 '신의 절대적인 능력potentia Dei

absoluta', 즉 어떤 계율이나 자연적 질서에도 구속되지 않는 능력과 상상력에 호소하는 경향을 지나치게 강조함으로써 중세의 상상력과 근대의 과학적 상상력 사이에 어떤 강렬하고 직집직인 연속성이 실재한다고 상정하는 일은 피해야 한다. 무엇보다도 갈릴레이와 뉴턴은 이와 다른 방식으로, 즉 근대과학을 특징짓는 과학적 사실주의에 훨씬 가까운 방식으로 사고했다. 갈릴레이가 『세계의 양대 체계에 관한 대화』에서 순수하게 상상력에 의존하는 사고방식과 이를 논리적인 차원에서 활용할 수 있는 '신의 절대적인 능력'에 호소하는 입장을 살비아티(갈릴레이)가 아닌 아리스토텔레스주의자 심플리치오에게 부여했던 것도 바로 그런 이유에서였다고 볼 수 있다. 그런 의미에서 갈릴레이의 이상적인 사고실험들은 현실의 한계에 근접한 경우들, 다시 말해 현실적으로 검증하기 어렵지만 그것이 절대적으로 불가능한 것은 아닌 경우들이었다고 볼 수 있다. 이 사고실험들은 세상에서 벌어지는 사건들의 신학적 기반을 확고히 하는 데 필요했던 것이 아니라 현실 세계와 가상 세계의 경계를 조명하는 데 주력하면서 세계를 과학적인 방식으로 이해할 수 있는 방식과 관점을 구축하는 데 필요했다.

중세의 상상력을 17세기의 이상과 어떤 식으로든 결속시키는 이 연속성 혹은 불연속성의 선상에서 또 다른 형태의 전이 현상, 즉 니콜 오렘(Nicole Oresme, 1323~1382년)이나 14세기 잉글랜드의 '연산자들calculators'처럼 상상력을 바탕으로 수학을 활용하는 방식에서 수학을 자연이라는 책이 쓰이는 데 사용된 언어로 보는 전혀 다른 차원의 개념으로 전이되는 현상을 찾아볼 수 있다. 사실상 이러한 새로운 수학 개념을 바탕으로 유일하게 진실한 자연적 사실을 묘사하기 위해 이상적인 개념과 이상적인 상황의 활용을 가장 먼저 정당화했던 인물은 다름 아닌 갈릴레이다.

/ 기계학적 물리학에서 지식의 기계학으로

이 새로운 사고방식, 새로운 과학적 세계관의 출범을 알려던 것은 기계학적 물리학, 즉 역학이다. 하지만 흥미로운 것은 이 '역학'이란 이름의 물리학 분야에 적용되는 '이상적인' 방법론이 뒤이어 일련의 사고실험을 바탕으로 완전히 다른 분야, 즉 '지식'을 탐구하는 분야로까지 확장된다는 사실이다.

17세기에는 시간이 흐르면서 물리적인 세계와 가상의 세계라는 극단적으로 상반되는 영역에서 고유의 지평을 발견하는 사고실험의 이중적인 탐색 경로가 형성되었고 이러한 현상의 중요성은 사고실험이 물리학과 심리학이라는 방대한 영역에서 가장 널리 활용되었다는 사실을 통해서도 여실히 드러난다.

몇 가지 예를 들어 보자. 출발점은 갈릴레이다. 물체들의 운동과 관련하여 갈릴레이는 아리스토텔레스 철학에서 유래하는 전통적인 관점을 전복시켰다. 다시 말해 움직이지 않는 상태를 사물의 자연적인 상태로 보고 운동은 항상 어떤 외부적인 힘에 의해 발생한다고 보는 관점을 뒤엎으며 갈릴레이는 외부 요인의 개입이 변화를 일으키지 않는 이상 물체는 부동의 상태나 일률적인 직선운동을 그대로 유지한다고 주장했다. 이것이 바로 널리 알려진 관성의 법칙이다. 『세계의 양대 체계에 관한 대화』에서 이 법칙을 갈릴레이는 완벽하게 곧은 평면 위를 완벽하게 둥근 공이 굴러가는 이상적인 상황을 상상하면서 발견했다. 공기를 포함해서 마찰을 일으키는 모든 요인이 사라진 뒤에는, 즉 갈릴레이의 표현대로 "물체의 방해 요소들을 제거한" 뒤에는, 평면이 수평을 유지할 경우 어떤 외부적인 힘이 개입하지 않는 이상 공은 운동을 계속할 것이며 평면이 무한할 경우 변화 요인이 없는 이상 공은 운동을 멈추지 않을 것이라고 보았던 것이다. 경사가 있을 경우 갈릴레이는 공이 중력에 영향을 받아 일률적인 가속도를 기록하며 미끄러질 것이라고 보았다. 일률적인 운동과 일률적인 가속운동은 모두 현실을 바탕으로 구축된 이상적인 운동들이다. 하지만 이 운동들을 갈릴레이는 아리스토텔레스가 생각했던 현실적인 차원과 이상적인 차원의 극단적인 교차가 불가능하며 이는 현실 속에서 '물체의 방해 요소들'이 실제로는 제거될 수 없기 때문이라는 결론을 바탕으로 고안해 냈다. 물론 아모스 푼켄슈타인(Amos Funkenstein, 1937~1995년)이 주목했던 것처럼, 사실은 아리스토텔레스 역시 '사고실험적인' 방식으로 이상적인 상황들, 예를 들어 진공상태에서의 운동이나 무게가 없는 물체 같은 경우들을 언급한 적이 있고 이러한 상황들이 물리적이거나 논리적으로 불가능하다는 결론을 내렸다. 하지만 갈릴레이가 이루어 낸 '도약'은 바로 이러한 이상적인 상황들이, 아리스토텔레스가 생각했던 것과는 달리, 현실적인 상황들을 파악하기 위한 이론을 정립하는 데 실질적으로, 더할 나위 없이 유효하다는 점을 인정했다는 데 있다.

갈릴레이가 '낙체 법칙'에 도달하기 위해 사용했던 사고실험 역시 동일한 선상에서 고려되어야 한다. 『두 종류의 신과학에 관한 수학적 논증과 증명』(1638년)에서 갈릴레이(살비아티)는 일찍이 『운동에 관하여』(1590년)를 통해 다루었던 문제를 언급하면서, 아리스토텔레스의 주장처럼 물체들이 무게와 비례하는 속도로 낙하하는 것이 사실이라면, 질량이 다른 두 물체가 얽힌 채로 진공상태에서 낙하할 경우 먼저 두 물체를 합한 무게가 하나하나의 무게보다 더 무겁기 때문에 더 빠르게 떨어질 수도 있고, 반대로 더 가벼운 물체가 더 무거운 물체의 낙하를 방해하기 때문에 더 늦게 떨어질 수도 있다는 점에 주목했다. 즉 이러한 결과는 명백하게 모순이라는 점에 주목했던 것이다. 갈릴레이는 따라서 모든 물체가 진공상태에서 동일한 속도로 낙하하며 우리가 현실 세계에서 목격하는 현상들은 오로지 낙하가 이루어지는 환경에서 비롯될 뿐이라는 결론을 내렸다.

『세계의 양대 체계에 관한 대화』 2장에서 제시되는 '함선'의 사고실험 역시 갈릴레이의 방법론적 체계 내부에서는 동일한 전제에서 출발하며, 갈릴레이의 상대성원리에 따라, 외부에 비교 대상이 없는 동체 내부에서는 동체 자체가 멈춰 있는지 또는 균일한 직선운동을 하는지 결정하는 것이 불가능하다는 결론으로 이어진다. 함선이 일정한 속도로 직선운동을 할 때 갑판 위에서 벌어지는 모든 움직임은 함선 자체의 움직임 속에 파묻힌다. 갑판 위에서 일어나는 일들을 배 안에서 목격하는 이들에게는 모든 것이 배가 완전히 멈춰 있을 때와 다를 바 없이 전개된다. 함선의 경우와 마찬가지로, 서쪽에서 동쪽으로 움직이는 지구의 운동은, 아리스토텔레스가 생각했던 것과는 달리, 대기 중에 있는 물체들의 운동에 아무런 영향도 끼치지 못한다. 물론 일률적인 운동과 부동 상태는 대조를 위한 기준점이 없어서 구분이 불가능하지만, 이는 오로지 배의 완벽하게 관성적인 운동이라는 실현 불가능하고 이상적인 상황 속에서만 적용될 수 있는 이야기이다. 실제로 지구는 완벽한 관성 체계를 갖추고 있지 않으며 그것에 상당히 근접해 있을 뿐이다.

결국 갈릴레이에게 결정적으로 필요했던 것은 수학이다. 수학을 토대로 갈릴레이는 "필수 불가결한 개연적 경험"들의 차원을 뛰어넘는 대신 "필수적인 증명 방식"을 통해 한 이론의 결과들이 도출될 수 있고 뒤이어 현실 속에서, 언제나 "근사치적인" 방식으로, 확인될 수 있는 과학적 방법론을 구축하려고 노력했다.

갈릴레이는 이러한 사고실험들을 통해 전례를 찾아볼 수 없는 독창적인 차원의 과학 개념을 창출해 냈다. 그의 사고실험은 현실의 직접적이고 즉각적인 경험과 그것의 수학적인 차원을 분리하는 결과로 이어졌고 이는 곧 개별적인 현상이 절대적인 차원에서 검증되는 것을 방해하는 모든 형태의 간섭에서 벗어나기 위해 요구되는 한층 순수한 실험적 조건의 탐색으로 이어졌다. 이러한 탐구 방식은 화학을 비롯한 다른 학문의 탄생에 결정적인 영향을 끼쳤다. 이어서 바로 뉴턴과 라이프니츠가 동일한 탐구 방식을 채택했고 또 지식이 형성되는 과정에서 발생하는 현상에 관심을 기울였던 17세기와 18세기의 철학자들이 시도했던 것도 사실상 동일한 방식의 탐구였다.

뉴턴은 예를 들어 절대공간 이론의 실효성뿐 아니라 그의 만유인력 이론을 증명하기 위해 사고실험을 활용했다. 뉴턴이 『자연철학의 수학적 원리』(1687년) 서문에서 절대공간을 증명하기 위해 제시한 사고실험들 가운데 하나가 바로 '물이 담긴 양동이' 실험이다. 상당히 오랫동안 논쟁과 비판의 대상이 되었던 이 실험은 비록 한 개념을 검증하기 위해, 즉 물리적 공간과 형이상학적 공간을 넘나드는 절대공간의 개념을 검증하기 위해 고안되었고 바로 그런 이유에서 거센 비판을 받았지만, 사실은 현실을 바탕으로 이상적인 상황의 구축을 시도한 명백한 예들 가운데 하나다. 중요한 것은 이 예가 지니는 순수하게 이론적인 차원의 논증적 힘을 간과하지 않는 일이다. 아울러 뉴턴이 활용할 수 있었던 것은 에우클레이데스의 기하학뿐이었다는 점도 잊지 말아야 한다. 이 사고실험은 진공상태에서 물이 담긴 양동이를 밧줄로 묶어 휘돌리는 상황에서 시작된다. 첫 단계에서는 양동이가 회전을 시작해도 물이 크게 요동치지 않고 물의 표면도 수평을 유지하지만, 다음 단계에서는 물이 양동이와 함께 회전하고 물의 표면도 소용돌이를 형성하며 오목하게 변하기 시작한다. 하지만 물은 양동이의 회전이 멈춘 다음에도 회전을 계속하고, 따라서 소용돌이도 그대로 유지된다. 여기서 뉴턴은 물이 양동이를 기준으로 회전했다면 물의 표면이 수평을 유지하거나 오목하게 변하는 현상은 아예 일어나지 않았으리라는 점에 주목했다. 뉴턴의 결론은 따라서 물이 절대적인 공간을 기준으로 움직인다는 것이었다.

만유인력의 경우에도 뉴턴은 『자연철학의 수학적 원리』에서 또 다른 사고실험을 통해 왜 달이 지구로 추락하지도 않고 공전궤도를 이탈하지도 않는지에 대해 효과적인 설명을 제시했다. 뉴턴은 우리가 산의 정상에 올라 탄환을 발사했을 때, 탄환의 속도가 빠를수록, 혹은 발사의 원동력이 더 클수록 탄환은 더 먼 거리를 날아가겠지만, 속도가 극단적으로 빠른 경우를 고려하면 탄환은 땅에 떨어지지 않고 지구를 돌아 발사 지점으로 되돌아올 것이며, 더 나아가서 운동을 방해하는 장애물이 없을 경우 지구를 끊임없이 회전하는 것도 얼마든지 가능하다고 보았다. 뉴턴은 달이 정확하게 이런 방식으로 운동한다고 보았고 달의 공전궤도가 달과 지구 간 거리의 제곱에 반비례하는 중력의 구심력과 지구에서 멀어지려는 원심력의 합성에서 비롯된다고 생각했다. 사실상 뉴턴의 사고실험은 이처럼 만유인력의 법칙을 통해 수학적으로 환산해 낼 수 있는 것 이상을 보여 주지 않는다. 단지 이러한 사고실험 없이는 단순한 공식으로 남을 수밖에 없는 상황을 명확하게 이해할 수 있도록 도와줄 뿐이다. 따라서 뉴턴의 사고실험은 역학적인 차원에서 천상과 지상에 대한 통일된 관점을 제시함으로써 당대의 지식인들 입장에서도 수용하기가 쉽지 않았던 만유인력의 법칙에 대해 좀 더 유연하고 설득력 있는 설명을 제공했다고 볼 수 있다.

뉴턴의 이론에 반대하던 학자들은 만유인력의 법칙이 마술에 가깝다고 비판했다. 이들이 지지하던 데카르트의 기계학적인 관점에서 물체의 운동은 오로지 접촉을 통해서만 이루어질 수 있었다. 데카르트와 데카르트주의자들이 천체들은 일종의 소용돌이 안에 갇혀 있으며 그 안에서 태양에 의해 '각인된 운동'이 행성들에 전달된다고 보는 이른바 '소용돌이' 이론을 제시했던 것도 바로 그런 이유에서였다. 사실상 뉴턴이 사고실험을 통해 직관적이고 즉각적인 방식으로 무너트리고자 했던 것은 다름 아닌 이 '소용돌이' 이론의 메커니즘이었다. 라이프니츠 역시 데카르트주의자들의 기계학적인 이론을 비판하고 논박하기 위해 여러 가지 사고실험을 시도했다. 라이프니츠는 오늘날의 '운동에너지'와 일치하는 '활력 vis viva' 개념을 바탕으로 데카르트주의자들의 단순한 운동량 보존 이론을 논박하고 에너지 보존의 원리를 주장하기 위해 동일한 무게를 지닌 두 개의 진자에 상이한 운동에너지가 축적되는 경우를 예로 들었다. 라이프니츠는 두 개의 진자가 멈춘 상태에서 진자운동을 시작할 때 두 번째 진자가 두 배에 달하는 속도로 출발했을 경우 두 번째 진자에 축적되는 에너지는 두 배가 아닌 네 배에 달한다고 상상했다. 물론 이 사고실험은 방해 요소가 전혀 없는 이상적인 상황을 전제로 이루어졌다.

17세기에는 초반부터 인간의 지식이 형성되는 방식과 과정을 탐구하기 위해 사고실험을 활용하는 경향이 뚜렷하게 나타나기 시작했다. 따라서 새로운 과학 정신을 특징짓는 요소들이 애초에 물리적 세계에서 '심리적' 세계로 전이되었다는 느낌을 지울 수 없지만 이 두 분야 간의 실질적인 연관성과 유사성만큼은 조심스럽게 살펴볼 필요가 있다. 아울러 이 '사고'라는 표현이 가리키는 것은 실험 대상이 아니라 방법이지만 인간의 지식을 다루는 경우 이 두 요소들이 중첩될 위험이 크다는 점도 유념해야 한다.

예를 들어 존 로크가 『인간의 지성에 관한 에세이Saggio sull'intelletto umano』(1690년)의 2권 27장에서 인간의 정체성과 관련하여 언급하는 이야기도 일반적으로는 사고실험으로 간주된다. 로크는 어떤 왕의 영혼이 한 신발 수선공의 몸으로 전이되었다고 가정할 때 전이의 결과로 존재하는 사람은 수선공이 아니라 수선공의 모습을 한 왕이라고 보았다. 이는 곧 한 인간의 정체가 외모보다는 의식의 연속성에 좌우된다는 것을 의미했다.

개인의 현상적 상황, 혹은 한 개인이 직접 경험할 수 있는 심적 현상들에 관한 현대의 논쟁에서 끊임없이 회자되었던 '전복된 잔상inverted spectrum'도 사고실험의 일종이며 이를 처음으로 소개했던 인물도 로크다. 『인간의 지성에 관한 에세이』 2권 32장에서 로크는 '내가' 감지한 파랑색이 '타자가' 감지한 빨강색과는 전적으로 다르다고 누가 장담할 수 있는가라는 질문을 던지면서 사실상 색을 가리키기 위해 사용하는 언어만으로는 어떤 실질적인 차이도 증명하지 못한다는 점에 주목했다.

개인의 정체성을 다루는 사고실험에 대해서는 현대 비평가들이 몇 가지 문제점들을 제기한 바 있고 그중 하나가 사고실험은 실험 자체의 조건을 정확하게 명시하지 못한다는 점이었지만, 이러한 문제점들을 뛰어넘어, 이 사고실험들은 사실 '정체성', '의식', '지각 능력' 같은 철학적 주제들을 다루는 인문학적 논제에 가깝지 동일한 주제를 논리적으로 다루는 과학적 논제라고 보기는 어렵다. 그렇다면, 17세기 기계학의 혁신적인 과학적 방법론과 연관된 또 다른 사고실험들, 즉 인간의 지각 활동을 좀 더 기계적인 차원에서 다루는 라이프니츠의 사고실험들을 검토해 볼 수 있다. 물론 라이프니츠의 입장은 기계주의 자체와는 거리가 멀고 오히려 반기계주의에 가깝다. 라이프니츠가 『모나드론 Monadologie』(1714년)의 열일곱 번째 문단에서 언급했던 '방앗간'의 사고실험을 예로 들어 보자. 생각하고 느끼고 감지하는 능력을 갖춘 기계가 존재하고 이 기계의 규모가 방앗간처럼 커다랗다고 가정할 때, 라이프니츠는 우리가 이 안으로 들어가서 기계의 내부 구조를 확인할 수 있고 부품들이 어떤 식으로 작동하는지 구경할 수 있지만 생각이나 느낌 자체는, 더 나아가서 생각이나 느낌에 대한 설명은 그 어느 곳에서도 발견할 수 없다고 보았다.

라이프니츠는 데카르트주의자들의 기계주의에 동의하지 않았고 기계주의적인 이성은 지각 과정의 핵심적인 특징들을 설명하지 못한다고 보았다. 하지만 라이프니츠의 사고실험은 그가 사고력과 감지 능력을 지닌 기계의 존재를 원칙적으로 부정하지 않았다는 점을 감안할 때, 어떤 식으로든 기계적으로 생산될 수도 있는 자연현상, 따라서 방법론적이고 인식론적인 차원에서 더 분명하게 탐구되어야 하는 자연현상들에 대한 다양한 설명 방식의 구분을 가능하게 했다고 볼 수 있다. 사실상 '방앗간'의 사고실험이 현대 철학과 신경과학 분야의 인식론, 즉 사고 과정과 이를 실현하는 기계의 올바른 관계를 정립하는 데 주력하는 분야에서 다시 주목받는 것도 바로 그런 이유에서다. 흥미로운 것은 이러한 관점이 유용하게 소용되는 분야가 라이프니츠의 시대가 아닌 오늘날의 학문이라는 점이다.

끝으로 지각 활동 및 과정과 연관된 또 하나의 주제를 예로 들어 보자. 윌리엄 몰리뉴William Molyneux가 일종의 사고실험으로 제시했던 '선천적 시각장애인'의 문제는 17세기 말부터 18세기 말까지 학자들 사이에서 지속된 열띤 논쟁의 주제였다. 아일랜드의 자연철학자 몰리뉴는 1693년 로크에게 보내는 편지에서, 한 선천적 시각장애인이 촉각으로 사물들을 식별할 줄 알게 되고 이어서 어느 시점에서인가 시각을 회복했다고 가정했을 때 그에게 크기가 같은 육면체와 공을 제시할 경우 그가 과연 손을 사용하지 않고 시각만으로 육면체와 공을 구분할 수 있을 것인가라는 질문을 던졌다. 로크는 『인간의 지성에 관한 에세이』의 증보판 2권 9장에서, 시각장애인이 처음에는 공과 육면체를 구별할 수 없지만 이를 손으로 만져 보고 살펴본 뒤라면, 즉 경험에 의존한다면 이들을 충분히 구별할 수 있다고 설명했다. 라이프니츠도 이 주제에 대해 의견을 피력한 바 있다. 로크의 이론과 저서에 대한 즉각적인 답변으로 제시했던 『인간의 지성에 대한 새로운 에세이Nouveaux Essais sur l'entendement humain』(1704년)에서 라이프니츠는, 로크의 의견과는 달리, 시각장애인이 이 물체들을 만지지 않고서도 알아볼 수 있지만 이는 그것들이 육면체와 공이라는 사실을 충분히 인지한 상태에서, 즉 이 물체들에 대한 '정확한 개념'을 확보한 상태에서만 가능한 일이라고 주장했다.

시간이 흐르면서 이 주제는 상당히 많은 저자들에 의해 재해석되었고 이러한 과정을 거쳐 18세기 인식론의 핵심 주제들 가운데 하나로 주목받았을 뿐 아니라 경험주의자들(부정적인 답변)과 이성주의자들(긍정적인 답변) 사이에서 벌어지던 논쟁의 핵심 논제이자 동기로 기능했다. 하지만 18세기가 흐르는 동안 이처럼 의견이 양분되는 현상은 다수의 상이한 답변들이 제시되면서 점차 사라지는 경향을 보였다. 많은 철학자들이 이 주제에 관심을 보였고, 예를 들어 버클리(George Berkeley, 1685~1753년)가 『새로운 시각이론을 위한 에세이Saggio di una nuova teoria della visione』(1709년)에서, 이어서 뷔퐁(Georges-Louis Leclerc de Buffon, 1707~1788년)이 『인간의 자연사Histoire naturelle de l'homme』(1749년)에서, 콩디야크(Étienne Bonnot de Condillac, 1715~1780년)가 『지식의 기원에 관한 에세이Essai sur l'origine des connaissances humaines』(1746년)와 『감각론Traité des sensations』(1754년)에서, 그리고 디드로(Denis Diderot, 1713~1784년)

가 『보는 사람들을 위한 맹인에 대한 서신 *Lettre sur les aveugles à l'usage de ceux qui voient*』(1749
년)에서 이 문제를 다루었다.

　몰리뉴가 던졌던 질문의 역사는 하나의 사고실험이 어떤 식으로 철학적 인식
론을 과학적 방법론으로 발전시킬 수 있었는지 보여 준다. 과학적 심리학이나 지
각 이론에 대해 논하는 것은 20세기에 와서야 가능해진 일이지만, 학자들은 일찍
이 몰리뉴의 실험을 바탕으로 하나의 사고실험이 사고 과정에 대한 개념적인 설
명의 구도를 제시할 수 있을 뿐 아니라 이와 관련된 경험적인 측면들을 다루고 평
가하는 방법까지도 마련할 수 있다는 점에 주목했다. 1728년에는 잉글랜드의 외
과의사 윌리엄 체설든(William Cheselden, 1688~1752년)의 노력으로 열네 살의 선천적
시각장애인이 시각을 되찾았고 이를 계기로 사고실험과 경험적 현실의 본격적인
대조가 시작되었다. 예를 들어 '시각적 인식'이라는 주제가 점점 더 과학적인 성격
의 탐구 대상으로 성장할 수 있도록 저변을 마련했던 것은 바로 몰리뉴의 질문과
이를 전제로 구축된 이론적 구도였다. 어떻게 보면 이 주제가 사실상 현대 신경과
학 분야에서 논의되는 중요한 문제들 가운데 '결합'의 문제, 즉 감지된 대상의 다
양한 특성들을 조합하는 문제의 모체였다고 해도 그리 틀린 말은 아니다.

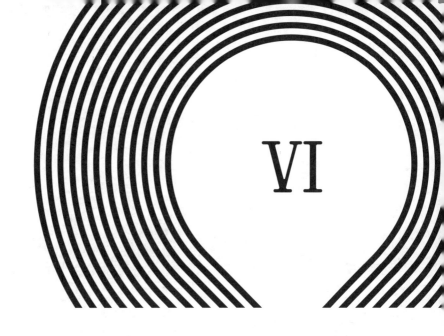

VI

17세기의
다양한 전통

La filosofia
e le sue storie

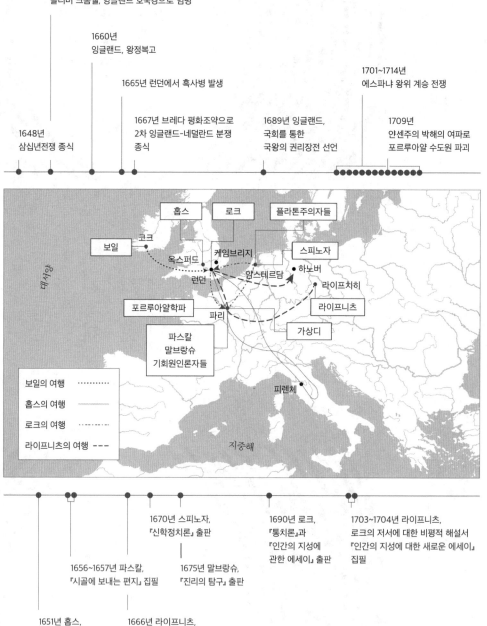

1653년
얀센의 『아우구스티누스』에서 발췌한 5개 논제의 이단 판결
올리버 크롬웰, 잉글랜드 호국경으로 임명

1660년
잉글랜드, 왕정복고

1665년 런던에서 흑사병 발생

1701~1714년
에스파냐 왕위 계승 전쟁

1648년
삼십년전쟁 종식

1667년 브레다 평화조약으로
2차 잉글랜드-네덜란드 분쟁
종식

1689년 잉글랜드,
국회를 통한
국왕의 권리장전 선언

1709년
얀센주의 박해의 여파로
포르루아얄 수도원 파괴

홉스   로크   플라톤주의자들

보일   코크   스피노자

옥스퍼드   케임브리지   하노버

대서양

런던   암스테르담   라이프치히

포르루아얄학파   라이프니츠

파리   가상디

파스칼
말브랑슈
기회원인론자들

보일의 여행 ··········
홉스의 여행 ··········
로크의 여행 ─ ─ ─
라이프니츠의 여행 ---

피렌체

지중해

1670년 스피노자,
『신학정치론』 출판

1690년 로크,
『통치론』과
『인간의 지성에
관한 에세이』 출판

1703~1704년 라이프니츠,
로크의 저서에 대한 비평적 해설서
『인간의 지성에 대한 새로운 에세이』
집필

1656~1657년 파스칼,
『시골에 보내는 편지』 집필

1675년 말브랑슈,
『진리의 탐구』 출판

1651년 홉스,
『리바이어던』 출판

1666년 라이프니츠,
『조합 기술에 관한 논문』 출판

1500년대 중반에 들어서면서 과학적 방법론의 확실성과 의혹의 기술은 세계의 새로운 질서를 제시하는 데 중요한 역할을 하기 시작했다. 하지만 이러한 변화에 대한 뚜렷한 의식과 함께 과학, 예술, 문학, 음악 분야에서 다양성과 대조의 문화가 구축되는 것은 1600년대에 들어와서야 일어나는 일이다.

트렌토 종교회의의 반종교개혁적인 입장을 고수하던 권력자들의 검열 속에서도 관념주의가 힘겹게나마 물꼬를 트는 데 성공했고 사유의 자유와 탐구 방식의 다양성이 보장되어야 한다는 생각과 함께 과학적 발견을 공개하고 만천하에 알려야 한다는 의식, 아울러 누구에게든 자신의 정치적 의견뿐 아니라 철학적, 종교적 신념을 자유롭게 피력할 수 있는 권리가 주어져야 한다는 점 등에 대한 구체적인 생각들이 많은 철학자들의 의견을 통해 부각되었다. 특히 상이한 문화나 종교에 대한 평가가 반드시 유럽 전통과 로마가톨릭교 전통을 기준으로 이루어져야 한다는 편견과 선입견을 파괴하는 데 존 로크가 결정적인 역할을 했다. 이러한 성찰로부터 관용에 대한 사유가 탄생했고 이를 바탕으로 다양성과 차이를 전쟁에 의존하지 않고서도 얼마든지 받아들일 수 있는 여건이 마련되었다.

다양성과 이에 대한 뚜렷한 의식이야말로 철학적 사유들을 이질적이면서도 풍부하게 만드는 특징이었고 결과적으로 철학은, 스피노자와 라이프니츠에게 그랬듯이, 이성적일 뿐 아니라 보편적인 동시에 사변적일 수 있는 사유로 인식되기 시작했다. 철학가들은 우주의 형이상학적 질서는 물론 정치적 질서를 파악하기 위한 법칙들을 다름 아닌 기하학과 논리적 조합 및 인간 고유의 사고방식 속에서 발견하려고 노력했다. 아울러 17세기에는 자연의 이치에 관한 법칙들의 힘과 권위 자체를 정초하려는 시도가 이루어졌다. 휘호 흐로티위스는 자연의 이치가 신이 없더라도 유효하다고 주장하면서 왕권의 한계를 논하는 법률 이론을 발전시켰고 홉스는 국가의 권력을 리바이어던, 즉 만인을 상대로 하는 만인의 투쟁을 피하기 위해 개인의 의지를 굴복시켜야 하는 리바이어던의 존재에 비유했다. 철학가들은 인간이 자연에 내재하는 원칙들을 바탕으로 세계를 감지하고 이해하며 결과적으로, 스피노자가 말했듯이, 관념들의 질서 및 관계는 다름 아닌 사물들의 관계 및 질서와 일치한다고 주장했다. 반대로 로크는 경험을 중시하며 경험적인 사유에 호소했다. 신학 분야에서도 말브랑슈처럼 신의 전지전능함과 신정론에 대한 신학적 성찰 및 실체의 이원론을 가톨릭 교리와 조합하려는 시도가 이루어졌다. 17세기 철학가들은 반종교개혁적인 폐쇄주의 이데올로기로 기능하던 스콜라주의 전통에 대항하며 혁신을 주장했을 뿐 아니라 유물론적인 관점에서 데모크리토스나 에피쿠로스 같은 고대 철학자들의 재발견을 시도했다. 원자론에 근거한 새로운 세계관이 바로 이 고대 철학에서 유래했다. 17세기에는 원자주의를 과연 세계의 영원성과 생성의 우연성을 지지하는 절대적 유물론과 동일한 것으로 간주할 수 있는지, 세계의 무한성을 뒷받침하는 물리학과 형이상학의 기반으로 원자들의 무한한 분해를 주장할 수 있는지, 아울러 세계가 창조되었고 유한하며 자연법칙을 제정한 것 역시 신이라는 사고와 원자주의적인 관점이 과연 양립할 수 있는지를 두고 활발한 논쟁이 벌어졌다. 어떤 경우에든 우세했던 것은 세계가 하나의 기계에 가깝고 거대한 시계처럼 체계화될 수 있으며 인간이 그 기능을 묘사할 수 있다는 생각이었다.

양적 개념과 질적 개념을 동시에 포용하는 관념들로 넘쳐 났던 17세기가 아니었다면 라이프니츠의 '방앗간'과 '눈먼 사유' 같은 비유들은 결코 탄생하지 못했을 것이다. 라이프니츠가 '눈먼 사유'라는 이미지를 통해 의도했던 것이 대수학처럼 일련의 규칙을 단순히 기호에 적용함으로써 익히 알려진 것들의 세계에서 미지의 세계로 인도할 수 있는 논리적 언어를 창조하는 것이었다면, '방앗간'의 이미지를 통해 부각되는 것은 수많은 철학자들이 인간과 비교하던 기계로 인간의 정신이 축약될 수 없다는 사실이었다. 라이프니츠에 따르면, 우리가 마치 방앗간 안에 들어가듯 정신세계 안으로 들어갈 수 있다 해도 우리가 발견하는 것은 작동하는 기계장치들뿐이다. 그 안에서 우리는 정신의 본질적인 특성을 설명해 줄 만한 어떤 근거도 발견할 수 없다.

1

토머스 홉스

1.1 정치와 철학 사이에서

데카르트는 근대 철학과 방법론 논쟁에 혁신을 가져왔지만 그의 영향력이 다른 철학가들의 활동과 새로운 사유의 탄생까지 가로막았던 것은 아니다. 나름대로 영향력을 발휘하며 두각을 나타낸 철학자들이 있었고 이들 가운데 한 명이 토머스 홉스였다. 데카르트 못지않게 자신만의 독특한 이성론을 제시했던 홉스는 실제로 데카르트에 대해 비판적인 입장을 취했던 철학가들 중 한 명이다. 데카르트의 『형이상학적 성찰』을 평가할 때 항상 거론되는 부정적인 견해들 가운데 몇몇이 바로 홉스의 의견이다. 홉스는 자신의 이성론을 엄격한 유명주의와 유물론을 바탕으로 구축했다. 그는 "오로지 몸체만이 존재한다"는 주장으로 물의를 일으키기도 했다.

   토머스 홉스는 1588년 4월 5일, 맘스버리Malmesbury에서 태어났다. 홉스는 옥스퍼드에서 문법과 논리학을 전공하고 학사학위를 받은 뒤 케임브리지 대학에서 공부하는 동안 캐번디시Cavendish 가문의 가정교사로 발탁되었다. 캐번디시와 홉스의 관계는 오랫동안 유지되었고 덕분에 당대의 유명한 철학가들, 예를 들어 프랜시스 베이컨, 에드워드 허버트Edward Herbert 같은 철학가들과 교류할 수 있었다. 1610년과 1630년 사이에 홉스는 그리스어와 라틴어 및 고대 역사가들과 시인들의 작품 연구에 몰두했다. 이 시기에 투키디데스의 『펠로폰네소스 전쟁사』를 영어로 번역했다. 홉스는 이어서 에우클레이데스의 『원론』을 연구했고 1634년과 1636년 사이에는 프랑스와 이탈리아를 여행하면서 파리의 과학자들과 갈릴레이를 만나 교류를 시작했다.

이들과의 만남은 홉스에게 현실의 모든 측면이 운동으로 환원된다는 논제로 책을 쓸 수 있다는 확신을 안겨 주었다. 자연과학뿐만 아니라 윤리학과 정치학 역시 기계학적 모형을 바탕으로 설명될 수 있다는 것이 홉스의 생각이었다. 홉스가 원래 생각했던 책의 제목은 '철학의 요소'였고 내용은 '몸체', '인간', '시민'이라는 세 가지 주제로 세분화되어 있었다. 하지만 과학의 체계를 재정립한다는 것이 상당히 복잡한 문제라는 점을 깨달은 홉스는 결국 1640년에 좀 더 평이한 내용으로 『자연법과 시민법의 요소들 Elements of Law, Natural and Politic』이라는 제목의 책을 집필했다. 이 책은 필사본의 형태로 홉스의 친구들 사이에서 읽히다가 1650년이 되어서야 1부 『인간의 본성 Human Nature』과 2부 『정치적 몸체에 관하여 De Corpore Politico』로 나뉘어 출판되었다. 1640년, 임박한 전쟁으로 인해 신변에 위협을 느낀 홉스는 잉글랜드에서 파리로 이주했다. 이곳에서 마랭 메르센의 집요한 요청으로 1641년에 『데카르트의 형이상학적 성찰에 대한 반론 Objectiones ad Cartesii Meditationes de Prima Philosophia』을 집필했다. 이 책에서 사유의 실체화를 비판한 부분이 유명하다. 홉스에게 사유는 몸체의 한 기능에 불과했다.

1642년에 홉스는 『자연법과 시민법의 요소들』에서 다루었던 정치적인 주제들을 더 폭넓게 다룬 『시민에 관하여 De Cive』를 출판했다. 이어서 1646년까지 자연철학 연구에 몰두했고 이 연구의 결과로 빛을 본 책들이 광학에 관한 몇몇 논문들, 그리고 가톨릭 세계에서 비난의 대상이 된 갈릴레이의 『세계의 양대 체계에 관한 대화』를 지지하기 위해 쓴 물리학 수사본이다. 이 시기에 쓰인 저서들 가운데 가장 의미 있는 것은 『자유와 필연성에 관하여 Of Libertie and Necessitie』

(1654년)일 것이다. 홉스는 추기경 존 브람홀John Bramhall과의 토론 내용에 대한 자신의 입장을 밝히기 위해 이 책을 출판했고 브람홀이 이에 대한 반론을 제기하자 1656년에 다시 증보판 형태로『자유와 필연성과 기회에 관한 문제들The Questions concerning Liberty, Necessity and Chance』을 출판했다.『몸체에 관하여De Corpore』의 집필을 중단한 홉스는『자연법과 시민법의 요소들』과『시민에 관하여』에서 이미 다루었던 주제들을 발전시키면서 그의 가장 유명한 저서『리바이어던Leviathan』을 집필했다. 이 책은 그가 잉글랜드로 돌아온 1651년에 런던에서 출간되었다. 『리바이어던』에서 홉스는 자신의 생리학, 인식론, 인류학, 정치학 이론들을 예전보다 훨씬 더 폭넓게 다루었지만 주요 관점에 대해 근본적인 수정을 가하지는 않았다. 전적으로 새로운 것이 있었다면 그것은 제3부에서 다룬 종교적 힘과 정치적 힘의 관계에 대한 내용, 제4부에서 다룬 '어둠의 왕국', 즉 가톨릭교회가 인간세계를 영속적으로 지배하기 위해 사용한 '사악한 교리'에 관한 내용이다. 1655년에는 논리학, 형이상학, 기하학, 역학, 물리학으로 구성된 총체적 체계에 대해 설명하는『몸체에 관하여』가 드디어 빛을 보았고 1658년에『인간에 관하여De Homine』를 출판하면서 홉스는 거의 20년 전부터 계획했던 삼부작 '철학의 요소'를 완성하게 된다. 1658년 이후로 홉스는 어떤 체계적인 저서도 출간하지 않았고 과학과 정치학에 관한 논쟁적인 성격의 글들을 집필하는 데만 집중했다. 이들 가운데 주목할 만한 책은, 성문화된 법이 관습에 우선한다는 점을 강조한『잉글랜드의 관습법을 공부하는 학생과 한 철학자의 대화A Dialogue between a Philosopher and a Student of the Common Laws of England』와 영국 시민전쟁의 원인과 역사를 다룬『베히모스Behemoth』 등이다. 홉스는 1679년 하드윅홀Hardwick Hall에서 사망했다.

1.2 논리학

토머스 홉스는 우리의 모든 생각이 감각에서 유래한다고 보았다. 감각은 우리의 감각기관을 자극하는 외부 세계에서 유래하며 이 외부 세계가 생리적 메커니즘을 토대로 감각적인 대상의 이미지 혹은 '유령fantasma'을 생산해 낸다는 것이 그의 생각이었다. 홉스는 감각적인 대상이 직접적으로든 간접적으로든 우리의 감각기관을 자극했을 때 생성되었다가 뒤이어 불분명해지거나 사라지려는 이미지를 우리가 머릿속에 계속 붙들고 있다고 보았다. 이 기량을 홉스는 '상상력' 혹은 '기억력'이라고 불렀다. 이 기억의 나약함을 대체하는 것이 바로 언어였다. 언어는 이름을 통해 사유를 고정시키거나 다시 떠올릴 수 있는 가능성을 제공했다. 홉스에 따르면, 이름은 두 가지 기능을 지닌다.

첫째, 이름은 '기록'이며 생각을 떠오르게 하는 기능을 지닌다.

둘째, 이름은 '기호'이며 생각을 전달하는 기능을 지닌다.

엄격하게 유명주의적인 홉스의 입장은 어쨌든 상당히 중요한 두 가지 철학적 입장을 내포하고 있었다.

첫째, 말과 사물의 관계는 독단적이다.

둘째, '보편적인' 것은 자연에 존재하는 무언가의 이름이 아니라 이름들의 이름이다.

이러한 관점에 따르면 이성 자체는 사실상 일반적인 이름들의 연산에 지나지 않는다. 반면에 과학은 어떤 사실과 또 다른 사실의 종속 관계에 대한 지식이며 따라서 우리가 미래를 내다보고 미래를 우리에게 유리한 방향으로 활용할 수 있는 가능성을 제공하는 것 역시 과학적 지식이다. 홉스는 과학적 담론의 열쇠가 '정의definition'라고 보았다. 그는 '정의'가 정의되는 사물의 개념을 사물의 실질적인 생성 과정을 통해 연상시킬 수 있어야 한다고 생각했다. 예를 들어 원의 개념은 한 점을 중심으로 원을 그리는 장면이 연상될 때 확보될 수 있다. 이런 식으로 '정의'를 통해 주어지지 않는 개념은 삼단논법의 결론을 통해서도, 증명을 통해서도 확보되지 않는다. 홉스에 따르면 '정의'는 사물의 본질이 아니라 그것의 가능한 의미화의 시도들 중 하나에 불과했다. 결과적으로 '정의'는 하나의 순수한 관습에 지나지 않았다. 철학자이자 과학사가인 에른스트 카시러(1874~1945년)는 이를 홉스의 정치학적-법학적 이상이 그의 논리학에 침투하는 현상의 징후로 해석했다. 즉 홉스의 극단적인 견해를, 절대적 주권자가 말들의 의미 체계까지 정립해야 하는 의무를 지닌 상황, 따라서 그가 우리의 행동뿐만 아니라 우리의 생각마저 지배하고 생각의 오류와 진실까지 정립해야 하는 상황에 견줄 수 있다고 본 것이다.

더 나아가서 홉스는 논리적 증명 과정을 두 종류로 분류하고, 첫 번째 과정은 원인에서 결과로 이어지는 확실한 방식을 따르는 반면, 두 번째 과정은 결과로부터 원인을 향해 거꾸로 거슬러 올라가는 가설을 따른다고 보았다. 인간에게 허락된 것은 선험적으로 확실한 첫 번째 종류의 증명 방식이며 "인간의 독단에 의해 생성되는 대상들의 경우에 한해서만"(『인간에 관하여』), 예를 들어 사실상 인간에 의해 창조된 기하학적 형상이나 윤리학, 정치학 같은 분야의 경우에만 적용이 가능했다. 반면에 자연적인 사물들을 깨닫는 것은 인간의 능력 밖의 일이었다. 결과로부터 우리가 눈으로 볼 수 없는 원인을 추정한다는 것 자체가 불가능했다.

1.3 물리학

홉스의 자연철학은 아주 독창적인 가설, 즉 "한 인간만을 남겨 두고 파멸된 세상"이라는 상황 설정 혹은 추상적인 실험에서 출발했다. 이 가설은 아이러니하게도 우리가 사고하는 방식의 본질을 적나라하게 드러낸다. 다시 말해 과연 어떻게 우리의 생각이 사물들의 개념 혹은 유령에 부여된 이름들의 단순한 연산에 불과하며 사물 자체의 연산과는 무관한지 극명하게 보여 준다.

이 가설을 바탕으로 홉스는 '공간', '시간', '실체' 같은 기초적인 물리학 개념들을 결국 '유령'이나 '기억'과 같은 용어로 설명했다. 홉스에 따르면, 세상의 파멸 이전에 존재했던 한 사물을 떠올릴 때 이 사물을 그것의 실체가 아니라 존재의 차원에서만 간주한다면, 이 사물에 대해 우리가 지니는 '공간' 개념, 즉 상상의 공간은 무언가로 "이미 채워져 있는" 공간이 아니라 "채워질 수 있는" 잠재적인 공간에 불과하다. 이어서 이 사물이 움직이는 장면을 떠올릴 때, 즉 이 사물이 한 공간에서 다른 공간으로 계속해서 이동하는 움직임의 유령이 우리의 머릿속에 각인될 때 발생하는 것이 '시간' 개념이다. 사물들의 움직임과 시간의 관계를 홉스는 다음과 같은 예를 들어 설명했다. "시간이 어떤 순간에 흐르는지 알고 싶을 때 우리는 태양의 움직임, 시곗바늘의 움직임, 모래시계의 움직임 등을 활용하거나 하나의 선을 그린 뒤 그 위에서 무언가가 움직이는 장면을 상상한다. 시간은 이런 식으로밖에는 모습을 드러내지 않는다."(『몸체에 관하여』)

'실체'의 개념 역시 이와 유사한 가설을 통해 정립된다. 다시 말해 홉스가 전적으로 '몸체'의 차원에서 이해하는 '실체'의 개념은 예를 들어 "세상이 파멸된 뒤에" 다시 거론되는 것들이 앞서 언급한 공간의 일부를 차지하거나 이 공간과 일치하거나 함께 연장될 뿐 아니라 그것이 "우리의 상상력에 좌우되지 않는 무언가를 가지고 있다는"(『몸체에 관하여』) 가설을 통해 정립된다. 이 몸체를 지닌 실체가 어떤 공간을 차지하거나 움직인다고 상상할 때 우리는 이 공간과 이 운동이 몸체의 속성이라는 점에 주목하게 된다. 그런 의미에서 일차적인 특성과 이차적인 특성은 다음과 같은 사실을 토대로 구분할 수 있다. 즉 '연장, 운동, 부동 혹은 형상'과 같은 일차적인 특성들은 몸체의 속성인 반면 '색깔, 열량, 냄새, 기량, 악습' 등의 이차적인 특성들은 몸체의 움직임 혹은 이를 감지하는 정신의 움직임에서 비롯된다고 볼 수 있다.

홉스는 데카르트와 달리 한 물체의 '크기'와 그 물체가 차지하는 '공간'을 구분하며 이 공간을 '장소'라고 불렀다. '장소'는 사실상 부동이며, 결과적으로 홉스는 운동을 "한 장소에서 또 다른 장소로 향하는 지속적인 탈출과 점거의 과정"으로 정의했다. 부동인 만큼 '장소'는 꽉 찬 것으로도 혹은 텅 빈 것으로도 간주될 수 있었다. 하지만 홉스는 절대적으로 비어 있는 공간을 인정하지 않았고 물체들 사이의 공간은 어떤 동질의 유동적인 질료에 의해 채워져 있다고 보았다.

끝으로 홉스는 '원인'을 하나의 몸체가 또 다른 몸체에 가하는 행위로 간주했다. 이 행위는 하나의 몸체가 또 다른 몸체의 "속성을 생성하거나 파괴할 때"

일어난다. 행위의 주체가 되는 능동적인 몸체를 "원인"으로, 이 행위의 적용 대상인 몸체를 '효과'로 정의할 수 있다. "단순한 혹은 완전한 원인"을 홉스는 "모든 속성들의 응집체"로 정의했다. 이 정의는 능동적인 몸체뿐 아니라 수동적인 몸체에도 똑같이 적용된다. 이 응집체의 실재는 필연적으로 효과를 생산하지만 이 응집체를 구성하는 속성이 하나라도 빠져 있을 때에는 효과의 부재가 뒤따른다. 홉스는 아리스토텔레스의 용어를 활용하면서 능동적인 몸체가 지니는 속성들의 응집체를 "효과적인 원인"으로, 수동적인 몸체에 속하는 속성들의 응집체를 "질료적인 원인"으로 정의했다. "형식적인 원인"과 홉스가 인간의 행위를 고려할 때만 인정하는 "최종적인 원인"은 모두 "효과적인 원인"에 속한다.

이러한 가설들을 기반으로 구축되는 홉스의 물리학이 묘사하는 세계는 따라서 전적으로 결정론적이다. 이 세계에서 모든 사건은 능동적인 몸체와 수동적인 몸체가 사건의 발생 조건을 갖추었느냐 갖추지 않았느냐에 따라 '필연적으로' 일어나거나 일어나지 않는다. 홉스의 세계관에 가능성과 우연성의 범주를 위한 공간은 존재하지 않는다. 존재하는 것은 필요하기 때문에 존재할 뿐이며 존재하지 않는 것은 불가능하기 때문에 존재하지 않는다. 미래가 우연의 범주에 속하는 것으로 간주되는 것은 오로지 사건들을 발생시킬 원인들의 사슬을 인간이 이해하지 못하기 때문이다.

1.4 인류학

홉스의 인류학은 그의 물리학이 지니는 유물론적인 전제, 다시 말해 실체라는 이름으로 불릴 수 있는 유일한 현실은 '몸체'라는 전제를 토대로 구축된다. 인간의 몸체와 인간의 역동적인 열정이 홉스의 인류학적 탐구 대상이다.

홉스는 인간의 활동을 두 종류로 구분했다. 먼저 그가 "생리적"이라고 정의하는 활동의 범주에는 인간의 생체주기를 지배하는 피의 순환이나 맥박, 호흡, 소화, 영양 공급, 배설 등의 활동이 포함된다. 두 번째 활동은 "의도적"인 것으로 정의되는데 그 이유는 뇌가 먼저 상상하는 방식에 따라 결정되는 행동이 기 때문이다. 상상력은 어쨌든 "의도적 활동의 첫 번째 내재적 기원"이다. 감각 적인 대상이 감각기관을 자극하면서 발생하는 느낌 혹은 유령은 인식 활동뿐 만 아니라 감정에도 직접적인 영향을 끼친다. 쾌락과 고통의 감정은 감각적 대 상이 생리적 활동을 만족시키느냐 그러지 않느냐에 따라 발생하거나 발생하 지 않는다. 이러한 경험의 반복을 통해 외부 대상을 상대로 생성되는 것이 바로 '성향conatus'이다. 홉스는 이 '성향'이 기하학의 '점', 즉 운동의 최소 단위에 해당 한다고 보았다. '성향'은 두 가지 상반되는 형태로 생성된다. 먼저 '성향'이 그것 의 생성 원인을 향해 다가갈 때 '욕구' 혹은 '욕망'의 형태로 나타나며 생성 원인 을 거부할 때 '반감'의 형태로 나타난다. 사랑은 '욕망'이며 미움은 '반감'이다. 단지 사랑과 미움은 실재하는 대상에 관여하고 욕망과 반감은 부재하는 대상 에 관여할 뿐이다. 아울러 '경멸'은 대상에 대한 반응의 부재에서 기인하며 기 본적으로는 우리가 '무관심'이라고 부르는 것과 크게 다르지 않다.

인간의 본성에 대한 이러한 기계론적인 구도를 바탕으로 홉스는 전통적인 신학 및 형이상학과는 극단적으로 상반되는 가치 체계를 구축했다. 홉스는 예 를 들어 욕구의 대상을 '좋은' 것으로, 반감의 대상을 '나쁜' 것으로, 경멸의 대 상을 저속하고 무의미한 것으로 간주했다. 선택의 개념 역시 기본적으로는 기 계론적인 성격을 지닌다. 홉스에 따르면 인간의 선택은 "모종의 행위가 완결되 거나 불가능한 것으로 판단될 때까지 지속되는 욕망이나 반감, 희망이나 근심 의 총합"이며 인간의 의지는 행동을 실천에 옮기거나 포기하기 직전 상태의 마 지막 욕구에 지나지 않았다. '의지'는 독단적 자유의지를 주관하는 기량이 아니 라 인간의 다양한 '성격'이 좌우하는 행위에 가까웠다. 홉스는 이 '성격'을 결정 짓는 요인에 여섯 가지가 있다고 보았다.

(1) 인간을 좀 더 적극적이거나 소극적으로 만들 수 있는 '기질'.

(2) 인간이 처음에는 거부 반응을 보이는 사물에 인간의 본성을 굴복시키는 '습관'.

(3) 외부 세계에 대한 '경험'. 이 경험의 규모가 신중함 혹은 경솔함을 결정한다.

(4) 풍부한 재산이나 높은 신분 혹은 권력 같은 행운에 따른 '자산'.

(5) 자기 자신에 대한 '견해'. 예를 들어 자신이 현명하다고 생각하는 사람은 자기 잘못을 뉘우치는 능력이 부족하다.

(6) 타자의 '권위'. 예를 들어 현명하다고 알려진 사람의 본받을 만한 점.

홉스는 서로 상반되는 욕구들이 지속적으로 서로를 대체하는 현상뿐만 아니라 행동 혹은 선택에 우선하는 욕구, 즉 의지 역시 외부적인 요인에 의해 발생한다고 보았다. 중요한 것은 홉스가 생각하는 자유의 개념이다. 자유는 자유롭게 '원할 수 있음'에 있지 않고 원하는 것을 하는 데 달려 있다. 달리 말하자면 자유는 필연의 정반대가 아니라 외부적인 속박의 정반대다. "우리는 구속되어 있는 사람을 두고 그에게는 떠날 자유가 없다고 말한다. 왜냐하면 그를 떠날 수 없도록 만드는 원인이 그가 아닌 외부적인 구속력이기 때문이다. 반면에 우리는 병든 사람을 두고 똑같은 이야기를 하지 않는다. 왜냐하면 그를 떠날 수 없도록 만드는 요인이 바로 그에게 있기 때문이다."

1.5 정치학

홉스에 따르면, 자연적인 상태에서 모든 인간은 평등하다. 물리적인 힘에 차이가 있을 수 있지만 약자가 강자를 물리치는 것이 불가능한 정도는 아니다. 약자들은 동맹이나 책략을 통해 강자들을 무찌를 수 있다. 하지만 죽음 앞에서도 동등하다는 사실이 끊임없는 분쟁에 불씨를 제공한다. 이 분쟁의 직접적인 원인은 경쟁의식, 불신, 자부심이다. "첫 번째는 인간으로 하여금 이윤을 위해 싸우도록 만들고, 두 번째는 자신의 안전을 위해, 세 번째는 명성을 위해 싸우도록 만든다."(『리바이어던』) 인간들을 통합하는 권력의 구속력을 벗어난 상태에서 인간은 만인을 상대로 만인이 투쟁하는 상황에 놓인다. 이러한 상황 속에서는 틀린 것이 존재하지 않는다. 왜냐하면 "권리나 죄, 정의나 불의 같은 개념을 위한 공간이 없으며" 사유재산이나 지배권이 존재하지 않고 "모든 인간이 그가 활용할 수 있는 모든 시간 동안 취할 수 있는 모든 것을 전부 가질 수 있기" 때문이다. 자연 상태에 놓인 인간은 "모든 수단을 동원할 권리와 생존에 필요한 모든 행동을 취할" 권리를 지닌다. 이것이 바로 '자연적 권리ius naturale'다.

전쟁 상태에서 기본 덕목은 폭력과 갈취다. 그럼에도 불구하고 자연 상태에서는 죽음에 대한 두려움처럼 인간을 평화로 인도하는 정념들이 존재한다. 이러한 정념들의 존재를 기반으로 이성적인 평화의 조건들이 제시될 수 있고 이를 통해 인간들은 하나의 협약, 즉 자연법 혹은 정도(正道, recta ratio)에 도달할 수 있다. 하지만 이 자연법은 제도화되고 법적 효력을 가지기 전까지는 이성의 순수한 제에 불과하다. 홉스에 따르면 "법은 칼이 없을 경우 말에 불과하다."

인간이 자연적 정념의 '필연적 결과'인 전쟁상태에서 벗어날 수 있는 유일한 길은 모든 권력을 한 사람 혹은 의회에 위탁함으로써 국가라는 인위적인 페르소나를 구축하는 것뿐이다. 위대한 리바이어던은 성서의 「욥기」에 인용된 바 있는 강력한 괴물이지만 인간의 평화와 안정을 보장하는 존재다. 홉스에 따르면 이 리바이어던은 사회를 구성하는 성원 한 사람 한 사람의 동의에서 탄생한다. 이 협약의 내용을 홉스는 다음과 같이 요약했다. "나는 나 자신을 다스릴 권리를 이 인간 혹은 의회에 양도한다. 하지만 조건이 있다. 다른 모든 사람 역시 같은 방식으로 그에게 자신의 권리를 양도하고 모든 행동을 허락해야 한다." 이러한 부류의 협약에서 탄생한 페르소나를 대변하는 인물이 바로 통치권자이며 그를 제외한 모두가 피통치자다. 협약의 공유라는 형태를 통해 생명의 권리를 제외한 모든 권리가 통치권자에게 양도되는 구도는 결국 백성들이 정부의 형태를 마음대로 바꿀 수 없으며 통치권자에게서 권력을 빼앗을 수도 없고 그를 상대로 항변할 수 없으며 그가 무엇을 하든 그를 정죄하거나 벌할 수 없도록 만든다. 이것들이 다름 아닌 국가를 세우기로 동의하면서 인간이 포기하는 권리들이다. 반면에 통치권자에게는 "양도할 수 없고 분리할 수 없는" 일련의 권한이 주어진다.

(1) 통치권자는 백성들을 보호하고 평화를 위해 필요한 것이 무엇이며 이를 위해 백성들에게 가르쳐야 할 것이 무엇인지 결정하는 판사다.

(2) 그에게는 사유재산제도를 정립할 권한이 주어진다.

(3) 그에게는 분쟁을 해결할 판사의 권한이 주어진다.

(4) 그에게는 전쟁을 선포하거나 평화조약을 체결할 권한이 주어진다. 다시 말해 "공공의 이익을 위해 무엇이 유익한지 판단할 수 있는 권한뿐만 아니라, 전쟁을 위한 군대의 소집 여부와 무기의 공급량을 결정할 수 있고 이에 필요한 자금을 충당하기 위해 백성들에게 세금을 요구할 권한이 주어진다."

(5) 그에게는 피통치자에게 법에 따라 상이나 벌을 줄 수 있는 권한이 주어진다. 이를 규정하는 법이 없을 경우에도 그는 "국가에 대한 봉사 정신을 북돋우거나 국가를 위해 금해야 할 조항들을 강조하는 데 지극히 효과적이라고 판단할 때" 피통치자에게 상이나 벌을 내릴 수 있다.

피통치자들의 자유는 법률, 즉 이들이 국가의 권력을 인정하면서 스스로에게 부여한 인위적인 구속의 장치들을 토대로 정립된다. 그런 의미에서 이들의 자유는 "통치자가 피통치자들을 위한 규범을 제도화하면서 간과하는 것들, 예를 들어 무언가를 사고팔 권리, 거주 공간을 선택할 권리, 식생활과 직업을 선택할 권리, 자식들을 원하는 방식대로 교육할 권리" 등에 있다. 피통치자들의 자유는 어떤 경우에든 통치자의 권한에 한계를 부여하지 못한다. 예외가 있다면 그것은 신에 의해 제정된 것으로 간주되는 자연법이다. 통치자의 권한은 원칙적으로 신 앞에 선 그의 양심의 문제다. 하지만 통치자의 명령과는 무관하게 피통치자에게는 또 다른 종류의 자유, 즉 자신의 생명을 스스로 보호할 자유가 주어진다. 폭력적인 죽음에 대한 두려움의 해소야말로 사실상 국가가 설립되어야 할 가장 기본적인 이유다. 생명이 보장되지 않으면 국가의 존재는 무의미해진다.

17세기의 자연법

'자연법사상Giusnaturalismo'이라는 용어는 자연적 이치, 즉 인간의 본성에 상응하기 때문에 본질적으로 정의로운 권리의 이론을 지칭하기 위해 17세기와 18세기 사이에 사용되기 시작했다. 자연법이라는 개념은 아메리카 원주민들의 권리에 대한 도미니크회 수도사 프란시스코 데 비토리아의 성찰을 통해 처음으로 도입되었다. 근대적인 자연법사상의 기본적인 구도는, 자연 상태에 놓인 인간의 묘사와 이를 바탕으로 제시된 인간의 본성을 모형으로, 협약 혹은 계약에 의해 수립된 국가가 개인에게 다름 아닌 '자연적'인 것으로 간주되는 몇몇 권리들을 보장하는 형태로 정립된다.

흐로티위스와 사회 구성의 욕구

휘호 흐로티위스Hugo Grotius는 1625년에 출판한 『전쟁과 평화의 법에 대하여De jure belli ac pacis』에서 이른바 만민법ius gentium을 제시하며 근대 국제법의 기초를 마련했다. 이 책에서 그는 평화로운 시기뿐만 아니라 전쟁의 시기에도 국가들이 준수해야 할 법률의 범주를 정립했다. 흐로티위스는 자신의 담론을 자연법의 규범들, 특히 "협약은 준수되어야 한다pacta sunt servanda"는 원칙을 토대로 발전시켰다. 흐로티위스에 따르면, 인간이 다른 동물들에 비해 훨씬 고차원적인 이유는 사회를 구성하려는 욕구, 즉 "같은 종에 속하는 이들과 함께 평화롭고 질서 있는 공동체를 구축해야 할" 필요성을 느끼기 때문이다. 법의 원천은 다름 아닌 사회의 존속이다. 사회의 존속을 위해 "타인의 재산을 탐내지 말고 우리가 보유하는 타인의 소유물과 우리가 부당하게 취한 이윤까지 타인에게 되돌려 주어야" 한다는 의무와, "협약을 준수해야 할 의무, 우리가 실수로 일으킨 피해를 보상해야 할 의무, 법을 어겼을 때 벌을 받아야 할" 의무가 발생한다.

홉스와 자연적 권리, 자연의 법칙, 국가

토머스 홉스는 『자연법과 시민법의 요소들』(1640년), 『시민에 관하여』(1642년), 『리바이어던』(1651년) 등의 저서들을 통해 흐로티위스의 자연법과 정반대되는 이론을 제시했다. 자연 상태란 극단적으로 비사회적인 상황을 말하며 만인을 상대로 만인이 전쟁을 일으키는 상황, 결과적으로 서로가 서로를 늑대로 간주할 수밖에 없는 상황을 가리킨다. 이러한 상황에서 자연법은 순수한 힘의 관계와 일치한다. 다시 말해 모든 인간은 힘으로든 책략으로든 취할 수 있는 모든 것에 대한 권리를 지닌다. 하지만 전쟁이라는 불안한 상태가 지속됨에 따라 폭력적인 죽음에 대한 두려움이 증가하고 이러한 상황이 결국에는 인간으로 하여금 정도(正道 recta ratio), 즉 자연적인 계율에 귀를 기울이고 평화를 추구하며 협약을 준수하고 타인의 권리를 존중하도록 만든다. 자연법의 다름 아닌 비강제적인 성격이 인간으로 하여금 일련의 평등한 협약을 통해 모든 것에 대한 권리의 일부를 포기하고 이를 한 인간 혹은 의회에 위탁하도록 만든다. 그렇게 해서 탄생한 국가에는 법을 실행할 과제가 부여되며, 국가의 절대적인 힘은 피통치자들의 생존 보호라는 유일한 조건을 만족시켜야 유지된다.

스피노자, 권리와 권력

스피노자의 정치 이론은 전통적인 자연법사상의 근본적인 해체를 전제로 전개된다. 『신학정치론Tractatus theologico-politicus』(1670년)에서 스피노자는 이렇게 말했다. "자연법이나 자연적 권리라는 말로 내가 가리키고자 하는 것은 모든 개인의 자연적 법칙에 지나지 않는다. 이 법칙을 바탕으로 우리는 모두가 자연적으로 존재하며 나름의 방식대로 살아가도록 결정되어 있다는 것을 이해한다. 예를 들어 물고기들은 자연적 법칙에 따라 헤엄치도록 결정되어 있으며 약육강식의 법칙에 지배된다." 모든 인간의 '권리'는 그의 특정 '권력'이 닿는 지점까지만 확장된다. 스피노자에게도 권력의 관계는 협약의 관계에 지나지 않았다. 통치자의 권력은 민중의 권력이 이를 뒷받침할 때에만 절대적이었다. 그런 의미에서 사유와 표현의 자유는 통치권자가 제재할 수 없는 민중의 권력이라고 할 수 있다.

푸펜도르프와 이중의 협약

사무엘 푸펜도르프(Samuel Pufendorf, 1632~1694년)는 자연법의 유기적이고 학문적인 체계를 구축하기 위해 노력했다. 자연 상태에서 만인이 만인을 상대로 싸움을 벌인다는 홉스의 생각에 반대했던 푸펜도르프는 "문화적 제도의 영향력에서 벗어난 인간의 자연적인 상태를 지배하는 것은 전쟁이 아니라 평화"이며 단지 서로에게 피해를 입히는 인간의 성향 때문에 개인의 안전을 보장할 수 있는 권위 있는 제도의 필요성이 대두될 뿐이라고 보았다. 아울러 푸펜도르프는 국가는 두 종류의 순차적인 협약에 의해 탄생한다고 보았다. 첫 번째 단계는 개인이 '연합의 협약pactum unionis'을 통해 "선택과 합의를 바탕으로, 스스로의 보존과 안녕을 도모하기 위해 영속적으로 사회와 연합하겠다는 의지를 표명"하면서 이루어지고 두 번째 단계는 개인이 '종속의 협약pactum subjectionis'을 통해 국가의 운명을 위탁할 목적으로 어떤 인물 혹은 특정 단체를 지목하면서 이루어진다.

로크와 사유재산권

존 로크 역시 『통치론Two Treatises of Government』(1690년) 2권에서 자연법을 다룬 바 있다. 로크에 따르면 자연법은 이성 자체와 일치하며 자연 상태란 "스스로의 행동을 마음대로 제어할 수 있고 자신의 자산과 인력을 원하는 대로 활용할 수 있는 완벽한 자유를 가리킨다." 하지만 자유는 무언가를 마음대로 할 수 있는 '자격'을 의미하지는 않는다. 자연 상태는 "모두에게 구속력을 행사하는 자연의 법칙에" 지배된다. 로크에 따르면, 자연 상태에서 이 법칙을 존중해야 할 의무가 모두에게 주어지지만 자연 상태 자체의 열악함이 인간으로 하여금 국가를 설립하도록 만들고 "스스로의 재산을 보호할 목적으로" 정부에 복종하도록 만든다. 국가의 권력을 정초하는 협약은 인간에게 사실상 자연의 법칙에서 유래하지만 자연 상태에서는 향유가 불가능한 권리들을 모두 누릴 수 있도록 허락해 준다.

17세기의 질료 이론

/ 17세기 초반의 원자주의

디오게네스 라에르티오스의 『그리스 철학자 열전』, 특히 「에피쿠로스의 삶」과 루크레티우스의 『만물의 본성에 관하여』가 재해석되면서 이루어진 고대 원자주의의 부활은 전통적인 아리스토텔레스의 질료 개념에 대한 과학자들의 신뢰를 총체적인 위기에 빠트렸다. 물론 에피쿠로스의 원자주의가 지니는 유물론적이고 무신론적인 전제들은 널리 알려져 있었고 이에 대해 일찍부터 교부들이 제기했던 종교적인 색채의 반론들 역시 무게를 지니고 있었다. 철학자들이 에피쿠로스의 원자론을 지지하는 데 지극히 소극적인 태도를 보였던 것도 바로 이 때문이었다. 하지만 17세기에 이루어진 원자주의의 발전이 오로지 고대 원자주의의 탐구에서만 비롯된 것은 아니다. 물리학과 화학, 의학 분야에서 이루어진 다양한 실험의 결과를 바탕으로 미립자적인 질료의 개념이 탄생했고 물체의 특성이나 육안으로 식별이 가능한 현상이 이 미립자들의 응집과 운동에서 기인한다는 설명이 등장했다.

프랜시스 베이컨은 미립자 이론을 수용했지만 기계주의적인 관점은 거부했다.

물체의 질료적 구성에 대한 그의 연구는 감지가 가능하며 따라서 수동적인 질료와 영적이며 능동적인 실체 혹은 반半물질의 구분을 기반으로 이루어졌다. 이러한 개념들을 베이컨은 텔레시오와 파라켈수스의 제자들로부터 차용했다. 베이컨은 감지가 가능한 부분과 프네우마적인 부분들 사이의 관계에서 물체의 다양한 미세 조직이 유래한다고 보았다. 바로 이 미세 조직이 물체의 전성展性, 유동성, 휘발성 같은 특성들을 결정짓는다. 따라서 이 미세 조직의 변형을 통해 특성의 변화를 꾀하거나 물체에 새로운 특성을 부여하는 것이 가능하다.

17세기 초에 독일의 의학자 다니엘 제너트Daniel Sennert는 실험적 결과와 이론적 입장을 토대로 원자주의를 주장했다. 제너트는 아리스토텔레스의 철학을 거부하는 대신 원자주의와 아리스토텔레스주의 사이에서 중도적인 입장을 취했다. 그는 원자론을 바탕으로 자연적 최소 단위 이론을 발전시키면서 아리스토텔레스의 '요소'들이 무한히 분리될 수 없으므로 더 이상 나눌 수 없는 최소 단위, 즉 원자로 축약될 수 있다고 보았다. 1619년의 저서 『아리스토텔레스학파 및 갈레노스학파와 화학자들의 동의와 이의에 대하여De chymicorum cum aristotelicis et galenicis consensu ac dissensu』에서 제너트는 원자주의와 아리스토텔레스 철학의 융합을 시도했다. 실제로 제너트의 원자들은 고대 원자론자들의 원자들처럼 순수하게 기하학적이고 기계적인 특성을 지니고 있지 않았다. 제너트는 아리스토텔레스의 철학에서 '질료'와 대별되는 '형상'을 수용했다. 물리적인 특성의 원천으로 기능하는 것이 바로 '형상'이었다. 4요소 이론을 받아들인 제너트는 땅, 물, 공기, 불의 원자들이 존재하며 일련의 본질적인 특성들이 각각의 요소들을 결정짓는다고 보았다. 반면에 그는 다양한 화학반응 속에서도 물체의 특정 '부위'들은 변하지 않고 복원이 가능하며, 따라서 이들이 더 이상 분해되지 않는 미립자 혹은 원자라고 주장했다. 데모크리토스와 에피쿠로스의 원자들과는 달리 제너트의 원자는 그것의 특성을 결정짓는 비물질적인 형상을 지녔고 감각적인 특징 역시 갖추고 있었다. 종합해 보면 제너트의 원자주의는 아리스토텔레스의 철학이 원자주의로 전이되는 과도기적 단계의 이론이라고 볼 수 있다.

프랑스 의학자 세바스티앙 바송Sébastien Basson은 『아리스토텔레스에 반대하는 자연철학 *Philosophia naturalis adversus Aristotelem*』(1621년)에서 원자주의를 주장하며 아리스토텔레스의 형상과 4원소 이론에 대한 근본적인 비판을 시도했다. 바송은 원자들의 운동과 위치, 이들의 합류 혹은 이탈이 사실상 아리스토텔레스주의자들이 형상의 활동에 기인한다고 보았던 모든 현상을 설명해 준다고 주장했다. 바송의 원자들은 흙, 물, 소금, 유황, 수은의 다섯 가지 원소에 상응하는 독특한 특징들을 지녔다. 바송은 아울러 그가 하늘에서 유래하는 능동적인 원리로 간주하는 '영spirito'이 우주를 결속하는 질료적 연속체인 동시에 물체들의 운동을 자극하며 생명의 원천으로 기능하는 실체라고 보았다. 이러한 이론은 파라켈수스의 추종자들뿐만 아니라 베이컨이나 얀 밥티스타 판 헬몬트Jan Baptista van Helmont처럼 파라켈수스의 철학을 근본적인 차원에서 비판했던 이들도 수용했던 부분이다.

/ 갈릴레이의 원자주의

기계주의적인 원자론을 가장 앞서 지지했던 인물들 가운데 한 사람은 갈릴레이다. 제너트와는 달리 갈릴레이는 아리스토텔레스적인 '특성'의 개념을 비판하면서 '특성' 자체를 우리의 감각기관과 미립자들 사이의 상호작용으로 정의했다. 갈릴레이는 '원자'를 수학과 물리학의 두 가지 차원에서 관찰했다. 먼저 수학적인 관점에서, 갈릴레이는 물체가 무한한 수의 원자들로 구성되어 있으며 이 원자들은 크기를 측량할 수 없고, 다시 말해 규모가 부재하고, 이들 사이에 존재하는 텅 빈 공간 또한 무한하다고 주장했다. 갈릴레이는 아울러 하나의 유한한 연속체, 예를 들어 하나의 '파편'을 '기초적'이고 '측량'과 '분해'가 불가능한 무한한 요소로 환원하는 것이 가능한 반면 이 파편이 가능한 한 많은 부분으로 나뉠 수 있다는 점을 고려했을 때 이 무한한 부분들은 필연적으로 '측량'과 '연장'이 불가능하다는 점을 인정해야 한다고 보았다. 왜냐하면 무한한 부분들은 무한한 연장을 전제하지만 파편은 연장에 한계가 있기 때문이다.

물리학적인 관점에서, 갈릴레이의 질료 이론은 원자론적인 동시에 기계론적이다. 갈릴레이의 질료는 모양, 크기, 운동 같은 오로지 기하학적이고 기계론적인 형태의 특성만을 지니는 원자들로 구성되며 기본적으로 동질적이다.『분석자』(1623년)에서 갈릴레이는 물체의 사실적이고 객관적인 특성들은 오로지 양적인 특성들, 예를 들어 질료의 형상, 크기, 운동 같은 특성뿐이라고 주장했다. 갈릴레이에 따르면, 더위나 추위, 단맛이나 쓴맛 같은 감각적인 특성들은 모두 주관적인 성격을 지니며 사실상 지각 주체가 경험하는 감각의 변화에 부여되는 이름에 불과하다. 감각적인 특성에는 우리에게 모종의 느낌을 전달하는 무언가가 상응하지만 어떤 이름이 그 이름을 지닌 특정 사물과 닮은 것처럼 이 무언가는 그 느낌과 닮았을 뿐이다. 예수회 학자들은 갈릴레이의 이러한 특성 이론을 철학적인 차원이 아니라 신학적인 차원에서 비판했고, 갈릴레이의 원자론 역시 트렌토 공의회가 진리로 공표한 성체성사의 현실과 모순된다는 평가를 받았다.

반면에 1616년 사제로 임명된 철학자 피에르 가상디는 원자주의의 복원을 통해 에피쿠로스의 철학을 그리스도교적인 관점에서 수용하려고 노력했다. 그는 아리스토텔레스보다 에피쿠로스의 철학이 자연현상을 훨씬 더 명료하게 설명해줄 수 있다고 보았다. 에피쿠로스의 그리스도교적인 해석을 위해 가상디는 전통적으로 그리스도교 교리와 모순된다고 평가되어 왔던 에피쿠로스주의의 몇몇 특징들을 제거하는 데 주력했다. 예를 들어 가상디는 원자들이 영원하며 무한하다는 가장 중요한 특징을 부인하고 원자들이 오히려 우주의 기원인 신에 의해 창조되었다고 주장했다. 가상디가 그의 원자론을 가장 상세하게 설명한 책은 사후에 출판된『철학적 구성 Syntagma Philosophicum』(1658년)이다. 가상디는 다양한 크기와 형상을 지닌 원자들이 생성과 동시에 운동의 원리, 혹은 일종의 에너지를 얻는다고 보았다. 아울러 이러한 이론이 유물론으로 평가되는 것을 피하기 위해 원자들의 운동을 좌우하는 존재는 다름 아닌 창조주라고 주장했다. 원자들이 모여 형성하는 다양한 형태와 크기의 응집체를 가상디는 분자 moleculae라고 불렀다. 고대 원자론자들의 이론뿐만 아니라 토리첼리의 실험을 토대로 가상디는 텅 빈 공간의 존재를 인정했다. 가상디는 우주의 물체들이 움직이는 진공상태의 공간과 물체 내부에 존재하는 미세한 공백의 존재를 모두 인정했다. 가상디는 자연에 질료의 조형을 담당하는 요소 혹은 종자가 존재하며 이것이 생명체들의 생성을 좌우한다고 보았다. 그는 미립자들의 복합체 또는 분자의 일종인 종자가 고유의 에너지와 계획을 내포하고 있으며 바로 그런 이유에서 질료를 고유의 특성과 구조를 갖춘 상태로 생산해 낸다고 보았다.

/ 데카르트의 기계주의

데카르트는 1644년에 출판한 『철학의 원리』에서 질료와 운동을 바탕으로 자연철학에 관한 체계적인 설명을 제시했다. 데카르트의 자연 개념은 철저하게 기계론적이며 입자들의 운동을 기반으로 성립된다. 물리적인 실체의 본성을 구축하는 것은 '연장'이다. 질료와 연장은 일치하며 결과적으로 데카르트의 세계에 텅 빈 공간은 존재하지 않는다. 데카르트에 따르면, 질료는 무한히 분해될 수 있기 때문에 원자들의 존재, 다시 말해 분리가 불가능한 미립자들의 존재는 인정될 수 없다. 데카르트는 신이 더 이상 나눌 수 없을 정도로 작은 입자가 존재한다는 것은 있을 수 없는 일이라고 보았다. 원자의 존재를 인정한다는 것은 곧 신의 섭리에 한계를 부여한다는 것을 의미했다. 데카르트는 질료를 구성하는 입자들이 오로지 '형상'이나 '크기'나 '운동'처럼 양적으로 환산이 가능하고 명료한 방식으로 지각이 가능한 특성들을 기준으로만 구분될 수 있다고 보았다. 『철학의 원리』에 데카르트는 이렇게 기록했다. "나는 분해가 가능하고 형상을 지녔고 다양한 방식으로 운동하는 질료 외에, 다시 말해 기하학자들이 증명의 대상으로 삼는 질료 외에 또 다른 질료를 알지 못한다고 고백한다. 나는 질료에 대해 분해와 형상과 운동 외에는 아무것도 고려하지 않는다." 데카르트에 따르면, 아리스토텔레스주의자들과 파라켈수스주의자들이 물체에 부여하던 감각적인 특성들은 물체 안에 내재하지 않으며 감각기관의 반응에 상대적으로만 존재할 뿐이다. 신이 모두 똑같이 만든 미립자들은 신에 의해 각인된 다양한 운동의 형태를 기준으로 상이한 형상을 취한다. 데카르트의 미립자들은 크기와 형상만을 지닐 뿐 어떤 특징도 가지고 있지 않으며 온 우주를 채우고 운동을 통해 물리적 현상의 총체를 생산해 낸다. 이러한 간략한 논리를 기반으로 데카르트는 자신의 기계론적 자연철학의 체계를 구축했다. 데카르트의 물리적인 세계는 하나의 기계와 같으며 이 기계의 작동은 오로지 질료를 구성하는 입자들의 운동과 구도와 배치에 의해 결정된다.

/ 로버트 보일의 미립자 이론

로버트 보일은 1650년대부터 질료의 미립자 이론을 연구했고 1666년에 『형상과 특성의 기원 *The Origin of Forms and Qualities*』을 발표하면서 그의 '기계론적 철학mechanical philosophy'을 세상에 소개했다. 보일의 미립자 이론은 질료와 운동이라는 원칙을 토대로 구축된다. 보일에 따르면 유일하고 동질적이며 보편적이고 모든 물체에 공통된 것이 질료이며, 질료는 연장성과 분해 가능성과 침투 불가능성 외에 다른 특징을 지니지 않는다. 보일은 위치 이동이 질료에 고유한 기량은 아니지만 신이 창조의 순간에 이 기량을 질료에 각인시킨다고 보았다. 반대로 질료에 운동의 원리가 원칙적으로 내재한다고 보는 견해는 유물론과 에피쿠로스주의에 동조하게 되는 위험한 결과를 가져올 수 있었기 때문이다. 보일은 운동의 기원이 신에게 있으며 우주의 운동을 지배하는 존재 역시 신이라고 보았다. 이 운동을 통해 질료는 무감각한 입자들로 분산되었고, 따라서 이 입자들은 형상shape과 규모bulk라는 특성을 지닐 뿐이라고 본 것이다. 최소 단위를 구축한 입자들이 물체를 구성하며 이들은 신에 의해 분해될 수 있는 가능성을 지닐 뿐 고유의 견고함 때문에 자연 안에 그대로 남아 자연을 형성한다. 보일이 '자연적 최소 단위minima naturalia'라고 부르는 이 입자들이 모여 '최초의 응집체'들을 구성한다. 이 복합적인 형태의 미립자들은 온갖 종류의 화학반응 속에서도 본래의 속성을 유지하기 때문에 언제든지 복원이 가능하다. 예를 들어 금과 은 등의 복원 가능성은 최초의 응집체들이 화학반응 속에서도 본성을 잃지 않는다는 점을 실험적으로 증명해 준다. 보일의 미립자들은 단순한 형태의 미립자들처럼 기계적인 특성만 지니는 것이 아니라 화학적인 특성까지 갖추고 있다.

/ 라이프니츠와 기계주의

라이프니츠는 물체에 관한 기계론적인 설명만이 이성적인 설명으로 간주될 수 있다는 확신을 가지고 있었다. 물체의 특성은 그것을 구성하는 입자들의 크기와 형상과 운동을 바탕으로만 설명될 수 있었다. 하지만 라이프니츠는 물리적 세계의 목적론을 부인하지 않았다. 그는 총체적인 차원에서 우주 역시 살아 있는 모든 생명체처럼 하나의 기계로 간주되지만, 물리적 현실을 구성하는 수많은 기계들을 연구할 때에는 이들이 만들어진 목적을 고려하지 않을 수 없다고 보았다. 곧 목적의 이해를 통해 사물의 기능을 이해할 수 있었다.

　　라이프니츠는 원자론을 거부했다. 그는 질료를 구성하는 아주 작은 입자들도 얼마든지 다시 분해될 수 있다고 보았다. 그런 측면에서 라이프니츠가 제시한 질료 개념은 데카르트의 그것과 유사하다. 아울러 질료가 미립자들로 무한히 분해되기 때문에 '모래알'처럼 흩어지는 것을 방지하기 위해 이들을 결속시킬 수 있는 무언가가 필요했다. 이러한 요구는 라이프니츠에게 스콜라철학의 핵심 논제인 '비물질적 원리'를 부활시키도록 만들었다. 이것이 곧 산산이 부서질 수 있는 질료의 입자들을 하나로 묶어 주는 영적 실체, 즉 모나드다. 기하학에서 선이 점들의 합을 통해 구성되지만 점들이 선의 일부는 아닌 것처럼, 물리적인 현실 속에서도 개별적인 실체 혹은 모나드로부터 물체의 질료가 유래한다. 이 개별적인 실체는 물체를 형성하는 입자들의 응집체에 견고함을 부여하는 농축된 형태의 에너지다.

/ 뉴턴의 원자주의

뉴턴은 원자론자다. 다시 말해 그는 물체가 더 이상 분해될 수 없는 최소의 입자들로 구성되어 있으며 물체의 내부와 마찬가지로 세계 안에 텅 빈 공간이 존재한다고 보았다. 뉴턴의 원자들은 다수가 모여 복합적인 응집체를 구성하며 형상, 크기, 내구성, 관성 같은 기계론적인 특성들을 지닌다. 물체의 가장 기본적인 특성들 가운데 관성이 포함된다는 것은 결과적으로 동일한 물체를 구성하는 단단한 입자들이 모두 동일한 질료로 이루어졌다는 것을 뜻한다. 이러한 특징은 뉴턴의 질료 이론에서 상당히 중요한 의미를 지닌다. 뉴턴은 원자들이 다양한 단계의 복합성을 지닌 미립자 구조를 형성하며 원자들 사이에는 텅 빈 공간이 존재한다고 보았다. 뉴턴에 따르면, 물체의 색상을 결정하는 것 역시 물체의 미세 조직이며 결과적으로 색상에서 물체를 구성하는 부분들의 크기를 추정하는 것이 가능하다. 뉴턴이 제시한 물체의 구조 모형은 단단한 입자들과 기공으로 구성된다. 다시 말해 뉴턴은 물체가 그물 조직을 지닌다고 보았다.

뉴턴은『자연철학의 수학적 원리』에서 "물체의 무게를 결정하는 것은 물체의 형상이나 구조가 아니며" 물체의 질료뿐이라고 주장했다. "물체를 구성하는 단단한 입자들이 모두 동일한 밀도를 가지고 있다면, [······] 이들 사이에는 텅 빈 공간이 존재해야 한다." 뉴턴은 밀도의 개념을 그가 텅 빈 부분과 원자의 관계 변화를 토대로 결정된다고 본 원자주의적인 물체 구조의 관점에서 발전시켰고 그런 식으로 금속의 변형 및 빛의 물리적인 특성들, 예를 들어 반사, 굴절, 회절 현상을 이해했다.

『광학』에서 뉴턴은 색깔이 있고 불투명한 물체를 구성하는 입자들 사이에 텅 빈, "혹은 상이한 밀도의 재료로 채워진" 공간이 존재한다고 주장했다. 뉴턴에 따르면, 단단한 물체는 그 물체를 구성하는 입자들 사이에 많은 기공氣孔을 지니며 물체의 색깔을 결정하는 부분들은 입자들의 틈새를 메우는 질료보다 더 높은 밀도를 지닌다. 물체가 빛을 반사하지 않고 흡수하는 현상이 일어난다는 것은 곧 "물체의 밀도가 보기와는 다르게 상당히 낮고 기공을 훨씬 더 많이 가지고 있다는 것을 의미한다." 뉴턴에 따르면 "물은 금보다 19배나 더 가볍고 19배나 더 낮은 밀도를 지닌다. 반면에 금은 어렵지 않게 수은을 기공 안으로 흡수하고 자기장을 아무런 저항 없이 통과시킬 정도로 낮은 밀도를 지닌다. [······] 이 모든 것에서 우리는 금의 경우 단단한 입자들의 함유량보다 기공의 함유량이 높고 물의 경우 단단한 입자들의 함유량에 비해 기공의 함유량이 대략 40배에 달한다는 결론을 내릴 수 있다."

『광학』의 증보판(1717년)에 실린 서른한 번째 '질문'에서 뉴턴은 질료의 가장 작은 입자들이 모여 점점 더 큰 입자들을 만들어 낸다고 주장했다. 뉴턴은 원자 안에 빈 공간이 존재하지 않는 반면, 첫 번째 단계에서 구성되는 미립자의 경우 공백과 질료의 비율이 1:1, 두 번째 단계에서는 3:1, 세 번째 단계에서는 7:1에 달한다고 보았다. 가장 단순한 형태의 미립자에서 미립자들의 응집체로, 이어서 육안으로 확인이 가능한 물체로 발전하는 동안 공백은 계속해서 증가한다.

뉴턴은 원자의 기하학적 형태를 결정짓는 요인에 대해 표면적인 의견만 제시하고 오히려 상이한 입자들 간의 역학적 관계에 집중했다. 『광학』의 스물아홉 번째 '질문'에서 뉴턴은 다음과 같은 가정을 제시했다. "광선은 사실상 밝은 질료가 뿜어내는 미립자들이 아닐까? [……] 투명한 물체들은 멀리서도 발광체의 광선에 반응하며 이를 반사하거나 굴절시킨다. 광선 역시 나름대로 물체에 영향을 끼친다. 멀리서도 물체의 입자들이 진동하도록 유도하면서 이들을 가열하기 때문이다. 이러한 작용과 반작용은 물체들 간의 인력 현상과 상당이 흡사하다." 뉴턴은 서른한 번째 '질문'에서도 동일한 문제를 언급하며 다음과 같은 질문을 던졌다. "물체를 구성하는 가장 작은 입자들이 어떤 기량이나 힘을 가지고 있는 것은 아닐까? 그래서 멀리서도 발광체의 광선에 반응하며 빛을 반사하거나 굴절시킬 뿐만 아니라 물체들 간의 상호작용을 통해 대부분의 자연현상을 일으키는 것은 아닐까?"

뉴턴은 우주를 구성하는 모든 질료가 하나의 호두알 안에 들어 있을 수도 있다고 생각했다. 물체의 화학적이고 물리적인 특성들은 어떤 힘의 결과에 지나지 않았다. 하지만 이 힘의 위상에 대한 뉴턴의 설명은 가설의 형태로만 남아 있다.

피에르 가상디

피에르 가상디(1592~1655년)는 에피쿠로스의 물리학과 윤리학의 기본적인 개념들을 재해석함으로써 이를 당대에 새로이 발견된 과학적 사실 및 그리스도교 교리와 양립시킬 수 있는 방법을 모색했다.

가상디가 에피쿠로스의 철학을 다룬 저서는 모두 세 권, 『에피쿠로스의 삶과 견해 *De vita et moribus Epicuri*』(1647년)와 『디오게네스 라에르티오스의 제10권에 관한 고찰 *Animadversiones in decimum librum Diogenis Laertii*』(1649년, 1675년), 그리고 사후에 출판된 미완성 저서 『철학적 구성』이다. 첫 번째 저서가 에피쿠로스의 생애와 성격에 대한 역사적 성격의 책인 반면 두 번째와 세 번째 저서에서 가상디는 에피쿠로스의 철학 및 물리학과 관련된 주제들을 다룬다. 가상디의 해석에 따르면, 앎의 기반은 감각에 있다. 인간의 감각이야말로 지성이 발전시키는 독특한 관념의 기원이며 이 관념이 이어서 연상과 조합 과정을 거쳐 보편적인 관념으로까지 발전한다.

가상디는 객관적이고 무한한 시간과 공간에 수용되는 것이 바로 모든 사물의 '모체'로 정의되는 질료라고 보았다. 이 질료를 구성하며 신이 유한한 수로 창조한 원자들은 연장과 현상과 무게라는 특성을 지닌다. 특히 무게는 한 원자가 다른 모든 원자들에 비해 차지하는 독특한 위치를 결정짓는 내적 힘으로 간주된다. 원자들의 특성과 원자들 간의 충돌이 모든 자연현상을 설명해 줄 수 있다고 본 가상디는 바로 그런 이유에서 원자를 '부차적 원인'으로 정의했다.

가상디에 따르면, 영혼은 두 부분으로 구성된다. 하나는 물질적이며 다른 하나는 정신적인 동시에 신이 직접 창조한 만큼 영원하다. 가상디는 아울러 쾌락voluptas을 행복felicitas의 일부로 보았다. 그는 쾌락이 항상 선한 반면 고통은 항상 악하다고 보았다. 아주 특별한 경우에만 쾌락은 악으로 변질될 수 있고 이와 마찬가지로 아주 특별한 경우에만 고통 역시 선을 위한 필수적인 조건으로 선택될 수 있었다.

1641년 메르센은 데카르트의 책 『형이상학적 성찰』을 가상디에게 보내면서 이

저서의 문제점들을 지적해 줄 것을 의뢰했다. 이어서 메르센은 가상디의 글을 그
에게 알리지 않은 채 출판했고 데카르트는 이 글의 비판적인 내용에 대응하며 자
신의 입장을 표명했다. 하지만 뒤이어 가상디는 새로운 내용의 비판적인 글을 집필
했고 이를 메르센에게 보냈던 비평과 함께 묶어 1644년에 『데카르트의 형이상학과
답변을 논박하는 형이상학적 탐구 혹은 의혹과 탄원*Disquisitio metaphysica, seu dubitationes
et instantiae adversus Renati Cartesii metaphysicam et responsa*』이라는 제목으로 출판했다.

데카르트-가상디 논쟁의 핵심 주제는 세 가지로 요약될 수 있다. 먼저 가상디는
실체가 필연적으로 두 가지 차원에서, 즉 각각 이성적 활동과 감각적 활동을 담당
하는 '사유하는 실체res cogitans'와 '연장된 실체res extensa'로 분리된 상태에서 존재해
야 한다는 데카르트의 주장이 오류라고 보았다. 가상디는 사고하거나 느끼는 주체
와 주체의 활동을 실체의 차원에서 분리하는 것이 불가능하다고 주장했다.

논쟁의 두 번째 핵심 주제는 감각적 지식의 진실과 연관된다. 철학적 성찰을 경
험의 영역 안에 두려고 했던 가상디는 경험이 제공하는 정보의 차원을 뛰어넘는
탁월한 형이상학을 정초하기 위해 경험의 가치와 유용성을 거부할 필요는 전혀 없
다고 주장했다.

마지막으로 가상디는 『형이상학적 성찰』 5부에서 데카르트가 신의 존재를 존재
론적인 차원에서 완벽함이라는 개념을 기반으로 증명하려고 시도했다는 점을 지
적했다. 가상디는 존재가 그 자체로 완벽한 것은 아니라는 반론을 제기했다. 가상
디에게 존재는 오히려 모든 완벽함을 위한 조건에 지나지 않았다.

데카르트의 전략과 성패

데카르트는 하나의 철학적 체계를 구축했을 뿐만 아니라 당대의 학문 세계를 지배하던 스콜라주의의 문화적 헤게모니를 새로운 철학으로 대체하기 위해 일종의 철학적 전략을 계획했다. 그가 생각했던 것은 새로운 과학을 열린 자세로 수용하는 동시에 종교적 신앙을 수호할 수 있는 새로운 철학이었다. 이러한 구도 자체는 체계를 갖춘 그의 철학 저서에서 분명하게 드러나지만 무엇보다도 데카르트의 몇 가지 전략적 선택과 깊이 연관되어 있다. 데카르트는 『형이상학적 성찰』의 첫 페이지를 장식하는 "신성한 파리 대학 신학과의 저명한 교수들과 현자들에게 보내는 편지"에서 자신의 새로운 형이상학을 "육체와 영혼의 분리"나 "신의 존재" 같은 "진리"를 확인하기 위한 하나의 "확실한 길"로 소개했다. 데카르트는 『형이상학적 성찰』의 증보판을 출간하면서 자신이 공부했던 라 플레슈La Flèche 대학의 교수 피에르 부르댕Pierre Bourdin 신부의 반론을 첨부하고 이에 대한 답변을 시도했을 뿐 아니라 예수회 신부 디네Dinet에게 서신으로 자신의 철학에 대한 부르댕의 몰이해와 과장된 비판에 대해 설명하며 자신이 두 가지 측면에서 공격받고 있다고 해명했다. 즉 한편에서는 네덜란드의 개신교도들이 그를 가톨릭교도로 간주하며 비난을 멈추지 않았고 다른 한편에서는 다름 아닌 예수회 신부들이 자신의 철학을 '새로운' 철학으로 정의하면서 전통적인 '고대' 철학에 대한 위협으로 간주한다는 것이었다. 이 두 번째 측면에 대해 논하면서 데카르트는 다름 아닌 "저속한 철학의 원칙들"이 새로울 뿐이며 가장 먼저 온 것이 진리에 가까운 만큼 사실상 "모든 철학 중에서 가장 오래된 것"이 자신의 철학이라고 주장했다. 데카르트가 1644년에 『철학의 원리』를 출판한 것은 스콜라주의적인 대학 교과서들을 대체할 수 있는 교과서를 제시하기 위해서였다. 동일한 목적으로 이 책의 프랑스어 번역본을 출판한 데카르트는 클로드 피코에게 보내는 서간문 형식의 서문을 추가하면서 철학적 체계 구축에 대한 자신의 야망을 공개적으로 표명했다. 데카르트에 따르면 철학은, 무엇보다도 그의 철학은 "한 그루 나무와 같다. 나무의 뿌리는 형이상학과 같고 줄기는 물리학, 줄기에서 뻗어 나간 가지들은 기타 학문과 같다. 학문은 기본적으로 세 부류, 즉 의학, 역학, 윤리학으로 나뉜다."

하지만 이러한 구도는 데카르트에게 후퇴라는 전략적인 선택을 하도록 만들었다. 대표적인 예는 갈릴레이의 단죄 판결(1633년) 소식을 접한 뒤 빛에 관한 논문 『세계』의 출판을 포기하기로 한 사건이다. 이 논문은 분명히 태양중심설을 지지하는 내용을 담고 있었기 때문에 교회 지도자들과의 분쟁을 피하기 위해 세상에 알리는 것을 포기하기로 결심했던 것이다. 이 논문은 실제로 데카르트 사후에 출판되었다. 한편 데카르트는 그의 새로운 형이상학이 성찬의 교리에 위배되지 않는다는 점을 증명해 보이려고 노력했다. 하지만 트렌토 공의회에서 공표된 실체와 속성의 교리에 대해 사실상 설명을 거부했고 이를 해명하기 위해 또 다른 예수회 신부와 서신을 주고받으며 대화를 나누었지만 결국에는 그를 설득하는 데 실패하고 말았다.

이러한 모든 노력에도 불구하고 자신의 형이상학을 새롭고 더 훌륭한 대학 교육의 기반으로 삼으려는 데카르트의 시도는 결국 성공과는 거리가 먼 방향으로 나아갔다. 대학은 계속해서 옛 교과서에 의존하는 관습을 버리지 못했고 과학 분야에서만 약간의 수정이 이루어졌을 뿐 데카르트의 저서들 역시 1667년 금서목록에 포함되었다. 비록 프랑스에서는 금서를 규정하는 검열 기구의 법령이 곧장 적용되지 않았지만 그 외의 가톨릭 국가에서는 즉각적인 효력을 발휘했다. 데카르트의 철학과 아우구스티누스의 사상 및 새로운 신학적 경향들, 특히 신정론 분야의 '은총', '자유', '예정된 운명' 등의 문제들을 독창적인 방식으로 조합해 낸 데카르트의 제자 니콜라 말브랑슈 역시 비슷한 운명을 받아들여야 했다. 1690년에는 그의 『자연과 은총에 관하여Traité de la nature et de la grâce』가 금서목록에 포함되었고 1709년에는 『진리의 탐구La recherche de la vérité』의 라틴어 번역본이, 1714년에는 『도덕론Traité de morale』과 『형이상학과 종교와 죽음에 대한 대화Entretiens sur la métaphysique, sur la religion et sur la mort』가 금서로 지정되었다.

자신의 철학을 대학과 교육기관의 공식 철학으로 정착시키려는 데카르트의 시도는 실패로 돌아갔다고 볼 수 있다. 이는 18세기에 들어와서도 철학과 정규과정의 교과서들이 새로운 과학의 몇몇 요소들을 언급할 뿐 여전히 전통적인 논리학과 형이상학을 다루고 있었다는 사실에서 분명하게 드러난다.

반면에 데카르트주의가 프랑스뿐 아니라 유럽 전역의 문화에 직접적인 영향력을 행사하면서 대학 안팎에서 승리를 거두는 데 결정적인 역할을 했던 것은 피에르 벨이 '명백함의 문화'라고 불렀던 것, 즉 '관념의 분석'을 토대로 전개되는 논리적 사고의 문화였다. 이 '명백함의 문화'는 데카르트주의가 뉴턴의 세계관이 빠르게 부상하면서 위기를 맞이했을 때 이원론적인 형이상학과 분리되며 살아남았던 것으로 보인다. 이른바 '관념의 길'은 그런 식으로 데카르트의 독특한 철학 체계에 전적으로는 동의하지 않더라도 아리스토텔레스주의와 스콜라주의의 철학으로부터 거리를 두려는 지식인들과 철학가들의 공통된 언어로 자리 잡았다.

관념과 '생각하는 기술'

데카르트주의 철학자들의 저서들 가운데 가장 널리 알려진 것이 형이상학이나 신학 대신 '생각하는 기술'과 '소통의 기술'을 다루는 포르루아얄학파의 논리학과 문법 교본이었다는 것은 결코 우연이 아니다. 이 교본에는 전례들이 있다. 주목할 만한 책은 가장 먼저 데카르트의 논리학과 스콜라주의 논리학의 융합을 꾀하면서 '명백성'의 교리와 아리스토텔레스적인 명제논리학의 접목을 시도했던 데카르트주의 사상가 요하네스 클라우베르크(Johannes Clauberg, 1622~1665년)의 『옛 논리학과 새 논리학Logica vetus et nova』(1654년)이다. 하지만 가장 커다란 영향력을 발휘한 책은 포르루아얄학파의 앙투안 아르노Antoine Arnauld와 피에르 니콜Pierre Nicole의 『논리학 혹은 생각하는 기술Logique ou Art de penser』(1662년)이다. 이들은 이 책을 쓰면서 출판되지 않은 상태로 남아 있던 데카르트의 방법론적 저서 『지성의 지도를 위한 규칙』의 필사본을 참조하기도 했다. 하지만 데카르트주의와 얀센Jansen주의에 천착했던 이들은 데카르트가 「기하학」에서 정립한 논리학과 대수학적 분석의 분명한 연관성을 포기하고 아리스토텔레스의 삼단논법 같은 형식적인 언어 대신 관념의 직관적인 성격에 집중하면서 자연적 언어의 혁신을 도모했다. 아르노와 니콜은 실제로 대부분의 논리적 오류가 형식이 아닌 내용에서 비롯된다고 보았다. 이들은 관념을 수용하는 '직관'과 관념을 의지와 연결시키는 '판단'의 데카르트적인 구분법을 논리학에 적용했고 데카르트의 '오류' 이론을 발전시켜 오류가 기본적으로는 모호한 관

넘, 선입견, 언어적 관습 또는 감정 개입 등에 의한 온갖 오해에 인간의 판단력이
고개를 숙이는 현상에서 비롯된다고 설명했다.

『논리학 혹은 생각하는 기술』에서 핵심적인 역할을 하는 것은 데카르트의 관념
이론이다. 데카르트가 관념을 정신의 즉각적인 대상으로 보고 정신적 활동이 대상
으로 삼는 모든 것을 관념이라고 부른 최초의 철학자였다면, 아르노와 니콜은 현실
과 정신을 중재하는 관념의 기능에 집중했다. 관념이란 "정신 앞에 등장하는 사물
들을 우리 자신에게 표상할 목적으로 채택하는 형식적 도구"를 말한다(『논리학 혹은
생각하는 기술』서문). '이름'은 "우리가 어떤 사물을 어떤 식으로든 확실하게 이해한다
고 말할 수 있을 때, 우리의 정신 속에 있는 모든 것"을 가리킨다(같은 책 1권 1장). 아
르노와 클로드 랑슬로Claude Lancelot는『체계적 일반문법』(1660년)에서 생각하는 기
술의 방법론을 문법론으로까지 발전시켜 특정 문장의 논리적 하부 구조를 밝혀낼
수 있는 언어 체계를 구축했다. 이들은 문장이 판단의 언어적 표현에 지나지 않으
며 결과적으로는 문장 안에서 주어와 보어에 해당하는 개념을 인식하는 지성의 역
할뿐만 아니라 이들을 결합하는 의지의 역할, 또는 언어학적 계사copula*에 주어지
는 기능까지도 분명하게 명시하는 것이 충분히 가능하다고 보았다.

포르루아얄의『논리학 혹은 생각하는 기술』과『체계적 일반문법』의 영향력에
힘입어 17세기뿐 아니라 18세기 전체를 지배하게 될 언어 개념이 정립된다. 이 언어
개념의 특징은 무엇보다도 정신적이고 심리논리학적인 접근 방식이다. 예를 들어
사람들은 한 용어의 의미를 그 용어에 상응한다고 모두가 동의하는 관념 속에서
발견했고 논리학 자체를 규범적이기 전에 묘사적이며 무엇보다도 사고의 올바른
기능을 묘사하는 분야로 간주했다. 모든 종류의 기술과 마찬가지로, '생각하는 기
술' 역시 정신 속에서 이미 진행 중인 과정의 발전과 완성의 기술이었다. 더 나아가
서 포르루아얄의 논리학은 수학 같은 인공적인 언어보다는 자연적인 언어를 선호
했기 때문에 전문가가 아닌 교양인에게 호소하면서 사실상 과학혁명의 여백으로
남아 있었을 뿐 정치와 사회 및 종교에 관여하던 지식인들이 더 커다란 관심을 기
울였던 분야들의 체계화를 가능하게 해 주었다. 그런 식으로, 예를 들어 '생각하는
기술' 중에 하나였던 타당성 판단의 논리학에 힘입어, 17세기 종교 논쟁의 핵심 논

---

* 말 그대로 결속을 뜻하는 copula는 동사 '~이다'가 주어와 주어를 수식하는 보어 사이에서 이들
을 결속하는 기능을 말한다.

제였던 역사의 문제, 증언의 문제, 철학 전통의 문제 등이 본격적으로 다루어지기
시작했다.

로크에서 백과사전학파에 이르는 관념주의와 계몽주의

포르루아얄의 『논리학 혹은 생각하는 기술』과 『체계적 일반문법』 같은 저서들의
밑바탕에는 아주 구체적인 형태의 형이상학, 즉 데카르트의 이원론과 이에 못지않
게 구체적인 인식론, 즉 본유주의innatismo가 자리 잡고 있었다. 이른바 '관념의 길'
은 어떤 식으로든 그리스도교라는 울타리를 뛰어넘어 다양한 영역으로까지 확장
되었다. 예를 들어 존 로크는 데카르트의 실체 이론을 거부하고 본유주의 대신 경
험주의를 수용하면서도 관념에 대한 탐구의 용어 체계와 방법론을 적극적으로 수
용했다. "이 관념이란 용어가, 내가 보기에는, 우리가 생각을 할 때 지성이 대상으
로 삼는 모든 것을 의미하기에 가장 어울리는 용어다."(『인간의 지성에 관한 에세이』 5절)
로크의 언어 이론과 의미론은, 소통의 주체적이고 사회적인 성격을 동시에 강조할
뿐, 그가 용어의 의미와 일치한다고 본 관념들을 토대로 이루어진다.

관념이라는 용어는 사실상 데카르트와 데카르트주의자들이 의도했던 것과는
무관하게 로크 및 로크주의자들을 통해 일반화되었다고 할 수 있다. 데카르트주의
자들이 관념을 감정 및 감성과 명확하게 구분했던 반면 로크는 모든 종류의 정신
적 표현을, 그것이 느낌처럼 내면적이든 관찰처럼 외면적이든 간에, 아울러 그것의
대상이 물질적이든 영적이든 간에, 관념이라고 불렀다. 그런 식으로 관념의 길은 경
험주의와 양립할 수 있는 국면에 접어들었고 잉글랜드의 버클리와 흄David Hume,
프랑스의 콩디야크 같은 백과사전주의자들이, 비록 철학적으로 의도하는 바는 달
랐지만, 이러한 관점을 공유하기에 이르렀다.

유일하게 상이한 행보를 보인 인물은 니콜라 말브랑슈다. 그는 신성한 관점이라
는 인식론적인 논제를 통해 관념을 지각 주체의 정신으로부터 분리하고 관념 자체
를 구별된 실재로 간주했다. 신학적인 성향이 강하게 부각되는 이러한 입장은 당대
의 지배적인 철학적 경향과 대립할 수밖에 없었고 결국 18세기에 이르러 자취를 감
추게 된다. 반면에 로크의 철학은 프랑스어를 사용하는 지역에서도 지대한 영향력
을 발휘했고 무엇보다도 피에르 코스트Pierre Coste가 번역한 로크의 『인간의 지성에
관한 에세이Essay concerning Human Understanding』가 결정적인 역할을 했다. 물론 실제로는

이전부터 로크의 접근 방식과 포르루아얄이 물려받은 데카르트의 유산을 접목하려는 시도가 장 르클레르Jean LeClerc와 장피에르 드 크루사즈Jean-Pierre de Crousaz 같은 논리학자들을 통해 이루어지고 있었다. 특히 크루사즈의 『논리학Logique』(1712년)은 관념이 표상하는 현실과 사고 주체 사이에서 관념이 중재자로 간주되는 경우를 피할 목적으로 진척시킨 흥미로운 성찰을 담고 있다. 크루사즈는 "사유가 스스로를 감지하며, 스스로에게도 즉각적인 사유 대상이 되고 스스로를 그런 식으로 감지하면서 스스로와 다른 것들을 동시에 떠올린다고" 보았다. 크루사즈는 관념이 일종의 '영적 구도'라는 생각을 거부했다. 그는 이러한 '메타포'가 대상과 감지 행위의 구분을 수반할 뿐 아니라 사실상 관점의 '틀'을 사유에 부적절한 방식으로 적용하면서 발생했다고 보았다.

관념주의는 장 르 롱 달랑베르Jean Le Rond D'Alembert와 드니 디드로의 『백과사전』을 통해 절정에 달하게 된다. 이 『백과사전』은 학문적인 차원에서 일종의 '대전'에 가까웠지만 무엇보다도 계몽주의 문화의 '매체'로 기능했다. 이 『백과사전』이 제시하는 '관념'의 정의 역시 말브랑슈나 버클리 같은 극단적인 사유와는 거리가 멀고 오히려 로크나 콩디야크의 이론에 가까우며 디드로의 성찰에 결정적인 영향을 받은 것으로 드러난다. 이러한 정의는 계몽주의의 지지자들에게 더할 나위 없이 완벽하게 다가왔다. "우리에게는 관념을 수용하고, 사물들을 감지하며, 그것을 우리 자신에게 표상할 수 있는 기량이 있다. 관념 혹은 감각이란 영혼이 스스로의 상황에 대해 지니는 감정이다." 아울러 우리는 같은 글에서 저자들이 관념주의 철학과 경험주의 철학의 동맹관계를 사실상 인정하는 문구를 읽을 수 있다. "우리는 관념 혹은 감각이라는 말을 상당히 넓은 의미로 사용한다. 정확한 의미의 관념뿐만 아니라 느낌까지 이해하는 것이다."

관념주의는 18세기의 '중도적인' 사상가들에게도 적잖은 영향력을 행사했다. 이들은 로크의 경험주의가 가져온 긍정적이고 유용한 측면들을 적극 활용하면서 가톨릭 문화가 나름대로 받아들일 수 있는 형이상학의 구축을 시도했다. 예를 들어 예수회 신부 클로드 뷔피에Claude Buffier는 『모두를 위한 형이상학 요강Elémens de Métaphysique à la portée de tout le monde』(1732년)을 통해 관념주의적인 언어를 수용하는 동시에 일상적인 의미의 진실을 조명하고자 노력했다. 그런 식으로 그는 관념의 외부적인 대상과 내부적인 대상을 구분함으로써 "우리 바깥에서" 대상의 적합성을 찾는 "외부적이고 객관적인 진리"와 오로지 관념들 사이의 관계에서 탄생하는 "내부적이고 논리적인 진리"를 명백하게 분리했다. 더 나아가서 뷔피에는 콩디야크가 뒤이어 '경험주의 개혁'을 제안하며 차용하게 될 몇 가지 논제들을 『과학 강의*Cours des sciences*』에 제시했다. 이 가운데 중요한 것은 관념의 내재적인 명백함에 관한 논제다. 이에 따르면 그 자체로 불분명한 관념은 존재하지 않으며 어떤 관념이 외부적인 대상에 상응한다는 암묵적이면서 비사실적인 판단만이 관념을 모호하게 만들 수 있다. 이러한 특징들을 보완하면서 관념주의는 계몽주의 문화의 '메인스트림'에 합류하게 된다.

2

신학과 철학

: 말브랑슈와 기회원인론

2.1 데카르트의 유산과 신학적 문제

17세기에 '기회원인론Occasionnalisme'*이라는 이름으로 불리던 사조는 '사유'와 '질료' 사이의 근본적인 차이를 강조하는 데카르트의 입장이 신의 전지전능함뿐만 아니라 신과 자연적 원인 사이의 관계를 다루는 신학적 논쟁에 반영되면서 탄생했다. '사유하는 실체'와 '연장된 실체'를 구분하는 데카르트의 이원론은 영혼과 육체의 관계라는 문제를 두고 발생하는 어려움과 직접적인 연관성을 지닌다. 대두되는 문제들 가운데 가장 대표적인 것은 데카르트의 두 실체가어떤 공통점도 지니지 않는다면 영혼이 육체의 활동을 결정하는 것은 어떻게가능한가라는 질문이다. 가톨릭교회 내부에서도 데카르트의 이원론을 중심으로 여러 가지 신학적인 문제점들이 제기되었다. 영혼을 육체의 형상으로 간주

---

* 기회원인론은 실용적인 차원에서든 이론적인 차원에서든 인간의 모든 행위가 신의 개입을 위한 기회에 지나지 않는다고 보는 철학적 입장을 가리킨다.

하는 아리스토텔레스의 정의는 제쳐 두더라도, 빵과 포도주가 그리스도의 몸과 피로 변한다는 화체설과 같은 신앙의 진실은 어떻게 이해해야 하는가? 신성한 영역이 자연적인 영역과 명백하게 구분되는 세계에서 과연 어떤 식으로 신정론을 정초해야 하는가? 라 포주Louis de La Forge나 말브랑슈 같은 사상가들은 이 철학적이고 종교적인 문제들을 상이한 영역에서 유래하는 것으로 간주하는 대신 이 문제들의 통일된 해결책이 다름 아닌 기회원인론을 통해 제시될 수 있다고 생각했다.

사실상 원인과 아무런 연관성이 없는 결과에 대해 성찰하며 '기회'라는 표현을 사용했던 인물 역시 데카르트였다. 다름 아닌 의지가 반영될 때 이를 "기회 삼아" 신체적 행동이 표출될 수 있다는 것이었다. 이러한 논리는 원인과 효과의 인과관계 자체를 부인하는 대신 이들 간의 이질성을 강하게 노출시켰다. 하지만 데카르트는 문제될 것이 없다고 보았고 영혼이 육체를 지배하는 것은 일상의 경험에서 확인할 수 있는 사실이라고 주장했다. 그는 인간의 정신이 영혼과 육체의 분리뿐 아니라 이들의 결속 역시 뚜렷하게 인식할 수 있다고 보았다. 하지만 요하네스 클라우베르크, 루이 드 라 포주, 니콜라 말브랑슈와 같은 데카르트의 몇몇 제자들은 스승의 이러한 주장이 심각한 결과를 가져올 수 있다는 것을 알고 있었다. 무엇보다도, 영혼과 육체가 서로 대응한다면, 영혼의 신체성에 대한 홉스의 주장을 바탕으로 유물론적인 해결책이 대두될 위험이 있었다.

영혼의 영성을 수호하는 동시에 신의 섭리가 세상사와 무관하지 않다는 것을 증명해야 할 필요를 느꼈던 이들은 영혼이 육체를 지배한다는 입장을 거부하면서 영혼과 육체가 서로에게 영향을 끼치는 듯이 보이는 경우에도, 즉 행위의 근거가 영혼인 것처럼 보일 때에도 사실은 신이 인간의 행위에 직접적으로 개입한다는 주장을 펼쳤다. 인간의 행동을 좌우하는 것은 신이었고 영혼은 그것을 원할 뿐이었다. 영혼 안에 어떤 구체적인 방식으로 행동했다는 느낌을 심어 주는 것 역시 신이었다. 기회원인론에 따르면 앞서 일어나는 어떤 것도 뒤이어 일어나는 것의 실질적인 원인이 아니다. 예를 들어 팔을 들어 올리려는 의지는 팔을 들어 올리는 행위의 실질적인 원인이 아니라 팔을 들어 올리는 사건을 표상할 뿐이며 이 사건 혹은 행동을 결정하는 것은 실질적이고 진정한 원인, 즉 신이다. 의지는 단지 기회에 뒤따르는 원인에 불과하다. 물체들을 움직이는 것은 신, 즉 물질을 창조하면서 물질에 원천적인 운동을 부여한 신이다. 예를 들어 두 물체들 간의 충돌은 신의 실질적인 개입을 자극하는 우발적 원인에 불과하다.

2.2 니콜라 말브랑슈

기회원인론에 대한 가장 완성된 형태의 설명을 제시한 책은 말브랑슈가 1675년에 파리에서 출판한 『진리의 탐구』다. 데카르트의 『인간에 관하여』를 읽고 철학에 입문한 말브랑슈는 명백하게 사실로 드러나는 문장에만 타당성을 부여하는 데카르트의 방법론을 수용했지만 관념이 의식의 차원에 머문다는 데카르트의 심리학적인 견해는 받아들이지 않았다. 1678년부터 『진리의 탐구』의 부록으로 출판되기 시작한 일련의 「해명Eclaircissement」을 통해 말브랑슈는 관념을 사물들의 원형, 혹은 신의 지성 속에 각인된 본질로 해석했다. 이러한 플라톤주의적인 해석에서 두드러지게 나타나는 것은 아우구스티누스의 영향이다. 그리고 이러한 특징은 아우구스티누스의 사상이 데카르트주의에서 발생한 인식론적인 문제들의 수정안이 될 수 있으며 데카르트의 자연철학적 기계주의를 견제할 수 있는 잠재력을 가지고 있다는 말브랑슈의 확신을 통해 그대로 설명된다.

말브랑슈는 관념의 구체화가 이루어지는 곳이 신의 정신인 만큼 관념의 저자는 인간이 아닌 신이라고 보았다. 바로 그런 이유에서 말브랑슈의 인식론은 오히려 인간의 오류와 오류를 제거하는 방법론에 대한 탐구로 집중된다. 그는 인간의 오류를 감각 및 상상력에서 비롯되는 오류와 지적인 오류로 분류했다. 따라서 사물 자체를 있는 그대로 평가할 수 없는 감각에 의존하는 지식은 실용적인 측면에서만 유용할 뿐이다. 아울러 말브랑슈는 영혼이 현실을 이해하기 위한 도구로서의 관념을 생성해 내지 못한다고 보았다. 관념의 생성은 다름 아닌 창조 행위이며 인간에게는 이러한 창조의 기량이 주어지지 않았다고 본 것이다. 인간이 무언가를 초래할 수 있는, 즉 실체의 '운동'을 야기할 수 있는 가능성을 가진다고 믿는 것은 세속주의적인 편견에 불과했다. '초래'한다는 것은 창조한다는 것을 의미했고 창조는 신에게만 주어진 능력이었다. 말브랑슈는 신의 의지만이 우리의 관념을 창조하는 유일한 동력이자 진정한 원인이라고 보았다.

아울러 말브랑슈는 인간이 현실과 관념을 인식할 수 있는 이유가 다름 아닌 신 안에서 이를 직접 발견하기 때문이라고 보았다. 그런 식으로, 아우구스티누스가 영혼과 육체의 분리를 기회원인론적인 관점으로 해석하면서도 영혼이 신의 이성에 참여한다는 점을 강조함으로써 영혼과 신의 직접적인 교류를 주장했던 것과 동일한 입장을 수용했던 것이다. 동시대인들이 신의 관점에 관한 말브랑슈의 이론을 바탕으로 그를 신비주의자로 간주했던 것은 결코 우연이 아니다. 말브랑슈에 따르면, 우리가 신에게서 무언가를 발견한다면 그것을 우리는 사물들의 기하학적인 특성들 혹은 관념들을 통해서만 인식할 수 있다. 느낌과 감각에 관한 모든 것은 객관성을 결여하기 때문에 인식이 불가능하다. 그러나 영혼에 대한 우리의 앎이 불확실한 만큼, 어떤 물체에 대한 관념적 인식은 그것의 존재를 증명하기에 충분치 못하다. 이러한 문제를 데카르트가 '속일 줄 모르는' 신을 보증인으로 제시하며 해결하려 했다면 말브랑슈는 계시와 성서의 권위와 궁극적으로는 신앙만이 이 관념과 외부적인 현실 사이의 공백이라는 이성적으로는 설명되지 않는 문제를 해결할 수 있다고 보았다.

말브랑슈가 「해명」에서 자연의 차원과 은총의 차원이 유지하는 평행관계를 이론화했다면 동일한 논제를 좀 더 심층적이고 총체적으로 다룬 저서는 『자연과 은총에 관하여』다. 이 책에서 말브랑슈는 신의 섭리와 세상에서 발견되는 악의 실재를 과연 어떻게 조화시킬 것인가, 즉 신의 섭리와 악의 공존을 어떻게 설명할 것인가라는 질문을 던진다. 고전 신학의 핵심 주제이기도 했던 이 문제는 신을 모든 생성의 유일한 원인으로 보는 기회원인론의 급진적인 신본주의에 의해 훨씬 더 심각하고 복잡한 문제로 확대되었다. 더 나아가서 말브랑슈는 이 문제를 신의 전지전능함과 인간의 자유는 양립 가능한가라는 문제와 보에티우스의 『철학의 위안』에 뿌리를 둔 신학적 숙명주의의 관점에서 다루었다. 예견을 통해 우발적인 사건들을 필연적으로 만드는 신의 지성은 자유분방한 사건들의 발생과 어떻게 양립할 수 있는가? 인간은 어떻게 변화무쌍한 현실에 대해 안정적인 지식을 소유할 수 있는가? 이러한 질문들은 다름 아닌 루이스 데 몰리나의 지지자들과 도밍고 바녜스의 지지자들 사이에서 벌어진 '은총'과 '자유'에 관한 논쟁의 핵심 주제들이었다.

　말브랑슈의 해결책은 엄밀히 말해 과학적인 원칙들을 신학적 교리에 적용하는 결과를 가져왔다. 예를 들어 신을 수식하는 표현들 가운데 가장 중요한 것은 '선함'이 아니라 '지혜로움'이었다. 신은 가능한 한 적은 수의 불변하는 계율로, 자연의 영역뿐 아니라 은총의 영역에서, 가능한 한 많은 일을 하는 존재이기 때문에 지혜롭다고 볼 수밖에 없었다. 따라서 말브랑슈는 악이 실재한다는 이유로 신의 잘못을 추궁할 수 없으며, 악을 뿌리 뽑고 싶어 하는 신의 선한 의지보다는 세계를 다스리는 계율의 단순명료함을 파괴할 수 없다고 보는 그의 지혜가 우선한다고 보았다. 예를 들어 비를 바다가 아니라 사막에 내리기로 결정하는 것이 신에게는 현명하지 못한 일이다. 이와 마찬가지로 은총의 경우에도 무수히 많은 기적을 행하면서 자신이 세운 보편적인 계율을 복잡하게 만드는 일이 그에게는 현명한 처사가 아니다.

　'은총'과 '신정론'은 말브랑슈와 얀센주의자들 사이에서 벌어진 논쟁의 핵심 주제였다. 특히 아르노와의 논쟁은 1680년에서 1694년까지 상당히 오랫동안 지속되었다.

　아르노는 말브랑슈가 주장하는 신정론의 몇몇 핵심 개념들을 거부했다. 예를 들어 아르노는 말브랑슈의 '신성한 관점'이 모두가 신을 알고 있다고 가정하기 때문에 결과적으로는 인간의 앎과 신의 앎 사이에 존재하는 모든 차이점을 무시한다고 보았다. 아르노의 신은 특정한 사실과 사물에 대한 특정한 의도를 기반으로 자유의지에 따라 행동하는 신이었다. 반면에 말브랑슈의 신은 스스로의 지혜를 바탕으로 행동하는 이성적인 존재였고 보편적인 법칙을 기준으로 창조가 가능한 여러 세계들 가운데 최상의 세계를 선택하는 신이었다. 하지만 아르노는 이러한 신정론의 논리에 아무런 근거가 없으며 신정론이 신의 절대적인 능력에 한계를 부여하는 담론을 구축한다고 주장했다. 그런 식으로 아르노와 말브랑슈는 결코 양립할 수 없는 논리를 주장하며 서로를 이해할 수 없는 상황에 처해 있었다.

양센주의자들은 은총을 받아들이는 인간의 입장이 절대적으로 수동적이며 모든 인간이 신에게 구원을 받을 수 있는 것은 아니라는 주장을 펼쳤다. 하지만 말브랑슈는 모든 인간이 선을 인식하는 만큼 모두가 자신의 힘으로 은총을 받는 위치에 설 수 있다고 보았다.

말브랑슈는 그가 가장 중요한 학문으로 간주하는 윤리학에 몰두하면서 『도덕론』(1684년)을 집필했다. 『진리의 탐구』에서 사랑이 원죄에서 유래하는 악과 분리될 수 없는 성격을 지닌다는 점에 주목했다면 『도덕론』에서 말브랑슈는 선善의 형이상학적 토대가 신의 말씀 혹은 로고스의 성찰을 통해 마련된다는 점에 주목했다. 로고스의 성찰을 바탕으로 인간이 신조차도 참조하는 불변하는 '질서'의 완벽한 관계성을 발견할 수 있다고 본 것이다. 여기서 아우구스티누스의 형이상학이 말브랑슈의 사유에 남긴 뚜렷한 흔적을 찾아볼 수 있다. 말브랑슈는 도덕적 기량을 인간이 원죄에서 비롯된 퇴폐적인 자연법에서 벗어나 완벽한 '질서'의 불변하는 계율에 도달하기 위해 기울이는 노력으로 간주했다. 선을 향한 자유롭고 이성적인 진보의 지표로서 이 도덕적 기량은 욕망에서 유래하는 그릇된 성향에서 벗어나 '질서'를 사랑하고 이 사랑을 '지배적인 습성'으로 만들 수 있는 인간의 능력과 일치한다. 말브랑슈는 이 기량이 우리의 의무에 대한 정확한 앎을 바탕으로 주어진다고 설명하면서 이 의무를 신과 사회와 우리 자신에 대한 의무로 분류했다.

말브랑슈와 양센주의자들의 논쟁은 어떻게 보면 후자의 승리로 돌아갔다고 볼 수 있다. 교황청의 지지를 얻은 양센주의자들의 주도로 말브랑슈의 형이상학과 신학 저서들이 금서목록에 포함되었기 때문이다. 결과적으로 말브랑슈는 연구의 방향을 바꿔 철학과 신학 대신 물리학과 수학에 몰두하기 시작했다. '단위'라는 개념을 토대로 성립되는 등식과 부등식의 관계를 바탕으로 '크기'를 설명하는 전적으로 데카르트적인 구도에서 출발한 말브랑슈는 결국 라이프니츠의 비판과 수정안을 수용하게 된다. 라이프니츠는 '크기'의 개념을 끊임없이 증가 혹은 감소하는 '가변량quantità variabile'의 개념으로 대체해야 하며 모든 일정량은 가변량의 특별한 경우에 지나지 않는다고 주장했다.

그런 식으로 미분법을 인정하게 된 말브랑슈는 프랑스 과학자들 사이에서 미분법의 열렬한 지지자가 되었고 그가 전반적으로 수용했던 데카르트의 물리학에 대해서도, 정지 상태가 운동에 저항하는 힘을 지녔다는 견해와 관련하여, 비판적인 입장을 취하기 시작했다. 『진리의 탐구』 마지막 장에서 말브랑슈는, 만약 정지 상태의 물체를 운동 상태로 가져가기 위해 신이 그것을 절대적으로 원해야 할 필요가 있다면, 물체가 운동을 멈추어야 할 경우 신이 운동을 더 이상 원하지 않으면 그만인 만큼, 이 경우에 힘을 지니는 것은 정지 상태가 아니라 운동이라고 주장했다.

1699년 과학 아카데미의 회원으로 선출되면서 말브랑슈는 확실하게 과학자로 인정받았고 수학 분야에서 커다란 영향력을 발휘하기 시작했다. 이 시기에 집필한 『기록Mémoire』에서 말브랑슈는 '미세한 질료'의 개념적 정의를 시도했고 빛의 전파와 색상, 인력, 질료, 그리고 무엇보다도 운동의 전이를 주관하는 법칙들을 다루었다. 본질적으로는 가설과 추론 형태의 방법론을 활용하면서도 말브랑슈는 경험에 상당히 중요한 역할을 부여했다. 예를 들어, 『진리의 탐구』 다섯 번째 개정판에서 말브랑슈는 데카르트가 신의 불변성을 근거로 추론해낸 운동량의 보존 법칙에 문제점이 있음을 지적했다. 그는 두 물체가 충돌할 경우 전이된 운동량은 실제로 끊임없이 증가하거나 감소한다고 보았다.

말브랑슈의 생애는 수많은 학자들과의 열띤 지적 논쟁으로 점철되어 있다. 말브랑슈는 빈번히 다양한 각도에서 다양한 사람들을 상대로 자신을 변호해야만 했다. 아울러 말브랑슈의 저서들 가운데 오로지 『진리의 탐구』만이 도서 검열 기구의 승인을 받았다는 점도 기억할 필요가 있다. 말브랑슈와 예수회 학자들의 논쟁 역시 그와 얀센주의자들의 논쟁 못지않게 날카로운 형태로 전개되었다. 말브랑슈는 기회원인론을 그리스도교와 데카르트 철학의 조화를 꾀하면서 예수회의 아리스토텔레스주의와 스콜라철학을 대체할 수 있는 철학으로 이해했다. 그는 어떤 식으로 스콜라철학의 사유 체계가 순수한 용어에 불과한 '원인'에 실체를 부여함으로써 유명론에 빠져들었는지 주목했다. 말브랑슈에게 유명론은 철학적 오류였고 또 다른 형태의 위험한 우상숭배에 지나지 않았다. 이러한 논쟁의 흔적은 말브랑슈가 쓴 논문에서도 나타난다. 신의 존재와 본성에 관한 「한 그리스도교 철학자와 한 중국 철학자의 대화Entretien d'un philosophe chrétien et d'un philosophe chinois」(1708년)에서 말브랑슈는 예수회가 선교활동의 원활한 진행을 위해 중국의 전통적인 의례 양식을 그대로 수용하는 것이 잘못된 처사라고 지적한 바 있다. 이 논문을 계기로 말브랑슈는 그의 저서들에 대한 금서 지정 조치 이후 다시 철학적 주제를 다룰 수 있는 기회를 얻었고, 특히 신에게서 만물을 볼 수 있다는 자신의 주장과 스피노자 철학의 몇몇 특징들 사이에 유사성이 존재한다는 근거 없는 주장에 대해 해명할 기회를 얻었다. 신의 존재를 모든 사물이 유일한 실체의 발현으로 축약된다는 차원에서 설명하는 스피노자의 생각과 자신이 제시했던 무한하고 절대적인 존재 개념이 상당히 유사하다는 견해를 일축하기 위해 말브랑슈는 스피노자의 창조 불가능성 논리를 비판하며 이러한 논리가 스피노자는 범신론자였다는 것을 증명해 주는 결정적인 단서라고 주장했다. 무한한 존재의 이론은 창조를 부인하지 않는다고 설명하면서 말브랑슈는 오히려 전지전능한 존재인 신에게 창조 능력이 없다고 주장하는 것이 모순적이라고 주장했다. 말브랑슈는 연장의 방식에 사유의 방식이 상응하며 연장과 사유 모두 실체의 특성이라는 스피노자의 논리가 본질적으로는 신의 존재가 단일한 실체라는 교리를 바탕으로 성립된다고 보았다. 스피노자가 우리는 사물을 그 자체로 본다는 결론을 내렸던 것도 바로 그런 이유에서였다. 이와는 달리 말브랑슈는 우리가 신에게서 보는 것들은 사물 자체가 아니라 관념뿐이라고 주장했다. 이러한 주장은 말브랑슈가 제시했던 스스로의 지혜에 '복종'하는 신의 개념과 스피노자가 제시했던 세계의 필연성 개념이 하나로 결속되려는 경향, 말브랑슈 자신도 숙명적이라고 평가했던 이 결속력으로부터 벗어나려는 그의 시도였다고 볼 수 있다. 19세기에는 말브랑슈의 철학을 스피노자주의에 대한 비판적인 해석으로 보는 견해가 지배적이었고 헤겔 역시 그의 『역사철학 강의*Vorlesungen über die Philosophie der Geschichte*』에서 말브랑슈의 철학을 신학적인 차원의 스피노자주의라고 평가했다.

3

신정론의 문제

3.1   말브랑슈와 데카르트주의의 여파

라이프니츠가 고안했고 말 그대로 '신의 정당화'를 뜻하는 '신정론teodicea'은 완벽하고 총체적으로 선한 신의 존재와 실재하는 악惡의 관계를 다룬다. 신정론과 악의 문제는 데카르트 시대에 벌어졌던 열띤 토론의 핵심 주제들 가운데 하나다. 물론 데카르트 자신이 이 문제에 특별한 관심을 기울였던 것은 아니다. 이에 대한 데카르트의 입장은 악을 총체적인 차원에서 이른바 '형이상학적' 악으로 환원시킨 아우구스티누스의 입장, 즉 악을 선善의 순수한 '상실'이자 인간의 유한성에 기인하는 것으로 보는 전통적인 입장과 일치한다. 하지만 이 경우에도 데카르트는 후대의 학자들이 발전시키게 될 몇 가지 실마리를 제시했다.

이 실마리에 커다란 관심을 보였던 인물이 바로 말브랑슈다.『자연과 은총에 관하여』에서 동일한 문제에 대해 색다른 관점을 제시했던 말브랑슈는 악을 단순히 선의 상실로 보는 아우구스티누스의 형이상학적 대안을 거부하고 근대과학의 새로운 세계관에 상응하는 데카르트적인 직관, 즉 자연을 다스리는 것은 단순하고 보편적인 법칙이라는 사유를 발전시켰다.

말브랑슈는 자연의 통일성이 사실상 신의 지혜에 의해 주어진다고 보았다. 말브랑슈가 정의나 선의보다 더 중요하다고 생각했던 신의 특성이 바로 이 통일성이다. 결과적으로 자연법칙은 곧 보편적인 법칙을 의미했다. 말브랑슈에게 악의 실재는 이 자연법칙이 지니는 보편성의 결과였다. 신의 입장에서는 이 보편성을 위배하면서까지 세상에서 일어나는 모든 일에 개입하는 것이 결코 현명한 일이 아니라고 보았던 것이다.

하지만 말브랑슈는 자연법칙의 단순성과 보편성에 대한 데카르트의 생각을 수용하면서 데카르트가 『형이상학적 성찰』에서 제시했던 또 하나의 중요한 논제, 즉 신의 전지전능함을 그의 절대적인 자유로 해석하는 견해와 대립하는 입장에 놓이게 된다. 자연법칙의 단순성과 보편성은 사실상 고유의 가치를 지닌 하나의 체계로 고려될 수밖에 없었고 이는 신의 행동 범위 자체를 제한하는 요소로 해석될 수밖에 없었다. 이와는 달리 데카르트는 신을 도덕적 계율이 포함된 모든 진실의 절대적으로 자율적인 창조자로 간주했다. 결과적으로 말브랑슈는 신의 전지전능함에 한계를 부여한다는 반론에 부딪힐 수밖에 없었다. 그에게 이러한 반론을 제기했던 인물이 바로 포르루아얄의 데카르트주의 철학자 앙투안 아르노다.

3.2 벨의 신정론 비판

그리스도교의 신에 대한 이성적 설명의 과도함을 비판하고 따라서 신앙과 이성의 양립성을 비판하는 피에르 벨의 전략은 그의 신정론 연구를 통해 전모를 드러낸다. 무엇보다도 『역사-비평적 사전』에서 벨은 다름 아닌 악의 문제와 관련하여 그리스도교의 신이 본질적으로 모순적인 성격을 지녔다고 설명한다. 이 모순은 그리스도교의 신을 수식하는 다양한 수식어들 간의 양립 불가능성에서 비롯된다. 예를 들어 전지전능함, 선함, 정의로움 같은 특징들이 인간의 사악함과 육체적 고통처럼 분명하게 부정적인 특징들을 지닌 세계의 창조주를 수식한다는 것이 이성적으로는 불가능하다는 것이었다. 『역사-비평적 사전』의 항목 중에 마니교와 마르키온주의, 바울주의를 다루는 부분에서 벨은 이 그리스도교 신의 모순적인 성격에 다름 아닌 마니교를 통해 부각된 이미지를 부여했다. 왜냐하면 두 가지 구별된 원칙, 즉 선과 악의 원칙을 기반으로 하는 마니교가 선과 악을 대립시킴으로써 악에 대해 '이성적으로' 훨씬 설득력 있는 설명을 제공한다고 보았기 때문이다. 아울러 벨은 악이 단순히 선의 부재라는 생각, 즉 실질적인 효력을 지닌 무언가가 아니라는 생각이 의심의 여지가 없는 고통의 실재와 악의 현존을 설명하기에 부적절하다고 보았다. 게다가 고통이 죄에 대한 벌이라는 생각도 사실상 이해하기 힘든 것이었다. 신이 선하고 전지전능한 존재라면 아담을 창조할 때 악의 유혹에서 자유로운 존재를 얼마든지 창조할 수 있었기 때문이다.

벨에 따르면, 인간은 세상에 현존하는 악에 대해 적절한 설명을 제시할 수 있는 이성적인 능력을 갖추지 않았다. 따라서 우리는 이성과 신앙 중에 하나만을 선택해야 한다. 벨은 신앙을 선택한다고 선포했지만 이는 그가 이성적인 측면을 강조하고 싶을 때 얼마든지 정반대의 선택을 할 수도 있다는 여지를 남겨 두는 차원의 선택이었다. 실제로 벨의 철학은 종교에 대해 비판적인 입장을 취하게 될 후대의 지식인들에게 굉장한 무기고 역할을 했다.

3.3 라이프니츠의 성찰과 벨의 입장에 대한 답변

1710년에 출판된 『신의 선의와 인간의 자유와 악의 기원에 대한 신정론 에세이 *Essais de Théodicée sur la bonté de Dieu, la liberté de l'homme et l'origin du mal*』를 통해 라이프니츠는 피에르 벨의 입장과 정반대되는 논리를 펼치면서 신정론의 문제들을 검토했다. 집중적으로 조명된 것은 다름 아닌 신의 수식어들 가운데 벨이 가장 집요하게 비판한 '선의'다. 라이프니츠는 처음부터 이성과 신앙의 적합성에 관한 '담론'을 통해 벨의 비판이 지니는 근본적인 문제점들을 노출시켰다. 이러한 차원에서 라이프니츠가 제시한 전통적인 호교론 논제들 가운데 하나는 이성에 위배되는 것과 이성을 초월하는 것 사이에는 명백한 차이가 있다는 것이었다. 이것이 바로 벨은 전혀 중요하지 않다고 생각했던 측면이다. 벨은 먼저 이러한 구분이 신의 이성에 적용될 수 없다고 보았다. 신의 신비는 이성을 위배하는 것도 이성을 초월하는 것도 아니라고 보았기 때문이다. 아울러 이러한 구분은 인간의 이성에도 적용될 수 없었다. 이성을 위배하거나 초월하는 것이 무엇인지 설명할 수 있는 이성적 능력은 인간에게 주어지지 않았다고 보았던 것이다.

라이프니츠는 벨의 이러한 견해가 모두 틀렸을 뿐만 아니라 위험하다는 입장을 고수했다. 한편으로는 신의 정의와 선의의 정당성에 대한 이성적 설명을 제시하려고 노력하면서 다른 한편으로는 인간의 이성과 신의 이성 사이에 데카르트주의자들이 주장하는 절대적인 차이 혹은 질적인 차이는 존재하지 않는다는 사실을 명백히 하려고 노력했다. 라이프니츠에 따르면 데카르트주의자들의 주장은 신이 절대적인 자유를 지녔기 때문에 영원한 진리들 역시 신의 결정에 따라 변할 수 있다는 것이었다. 라이프니츠는 말브랑슈와 마찬가지로 절대적 존재에게 자발적 의지를 부여하는 '자유의지적인' 신의 개념을 거부하고 신의 이성적인 측면을 강조하면서 신의 정의를 뒷받침하는 법칙들은 사실상 세계의 정의를 뒷받침하는 법칙들과 다르지 않다고 주장했다.

신의 '완벽함'은 인간적인 한계를 지니지 않을 뿐 우리가 경험할 수 있는 완벽함과 크게 다르지 않았다. 우리의 '자연적 이성'은 신의 이성과 다르지만 오로지 양적 차원의 차이가 존재하며 이 차이가, 라이프니츠의 표현대로, 대서양과 대서양에 떨어지는 물방울의 차이처럼 어마어마할 뿐이다. 신정론을 변호하면서 라이프니츠는 전통적인 주제에도 관심을 기울였다. 라이프니츠는 무엇보다도 악의 실재를, 물리적인 관점에서뿐만 아니라 도덕적인 관점에서, 최소화하려고 노력했다. 이 경우에도 관건은 벨의 비관적인 세계관에 대한 라이프니츠의 답변이었고 이를 위해 라이프니츠는 베르나르 르 보비에 퐁트넬의 『세계의 복수성에 관한 대화』(1686년)에 기반을 둔 상당히 일반적인 호교론 논제를 활용했다. 다시 말해, 고통과 악의가 인간세계를 이끄는 지배적인 현상이라 해도 신이 창조한 무한한 우주 속에 존재할지도 모르는 다른 행성에서는 동일한 위력을 발휘하지 못하리라는 것이었다. 이외에도 라이프니츠는 여러 가지 전통적인 논제들, 예를 들어 모두의 선을 위한 특별한 선의 필요성과 악을 선의 상실로 보는 사유, '존재의 거대한 사슬'이라는 개념 등을 다루었다.

앞서 언급한 내용과 신정론을 통해 소개되는 여러 논제에 대한 라이프니츠의 해박한 설명들 가운데 악의 문제를 다루는 가장 독창적인 논제는 아마도 '가능한 세계들 가운데 존재하는 최상의 세계'일 것이다. 이 논제는 신정론 변호를 위해 사용되던 전통적인 주제나 개념과는 전적으로 다르고 새로운 성격과 효과를 지니고 있었다.

라이프니츠에 따르면, 신의 지성은 가능성의 모든 범주와 함께 가능한 모든 세계, 혹은 모순적이지 않은 모든 것을 내포하고 있었다. 신이 '창조'한다는 것은 그가 가능성들의 다양한 조합 가운데 특정 조합을 선택한다는 것을 의미했다. 창조가 실현되기 위해서는 조합을 구성하는 모든 가능성, 즉 한 세계를 구성하는 모든 선택 사항이 동시에 실현될 수 있어야 했다. 라이프니츠는 그런 식으로 서양철학사를 가로지르는 질문, '무언가가 부재하는 대신 존재하는 이유는 무엇인가?'에 대한 대답을 시도했다. 현존하는 세계가 가능한 세계들 간에 존재하는 최선의 세계라는 라이프니츠의 생각은 악을 최소화하려는 시도의 결과도 아니며 악이 선에 종속적으로 기능한다는 점을 증명하려는 시도 내지 이와 유사한 경험적 관측의 결과도 아니다. 그것은 오히려 세계가 존재한다는 사실을 바탕으로 신의 선택 기능에 주목하는 전적으로 선험적인 성격의 논제에 가깝다. 라이프니츠는, 증명될 수 없을 뿐, 다른 어떤 세상도 이 세상보다 더 나을 수는 없다고 주장했다. 이를 증명할 수 없는 것은 신처럼 다른 모든 가능성을 인지한다는 것이 인간에게는 불가능하기 때문이다. 따라서 우리는 신이 '우리가 보는 그대로의 세상을' 선택했다는 사실에서 출발해야 한다.

라이프니츠는 아울러 신이 인간보다 무한히 뛰어난 능력을 지녔을 뿐 인간과 마찬가지로 '충족이유율principium rationis sufficientis'을 바탕으로 의지를 표명한다고 보았다. 가능한 세계들 가운데 유일한 최상의 세계가 없었다면, 신은 이 세상도 다른 어떤 무엇도 창조하지 않았으리라고 보았던 것이다.

3.4   흄

데이비드 흄 역시 신정론을 다루면서 벨의 『역사-비평적 사전』을 통해 드러났던 정황, 즉 악의 문제에 당면한 그리스도교의 모순적인 성격이 가져오는 결과들을 도출해 냈다. 이러한 결과들이 가장 분명하게 부각되는 저서는 사후에 출판된 『자연종교에 관한 대화*Dialogues Concerning Natural Religion*』(1779년)다. 이 대화록에서 흄은 대화의 주인공으로 회의주의자 필론Philon과 이신론자 클레안테스Cleanthes와 교리주의자이자 신비주의자인 데메아Demea를 등장시킨다. 신앙과 이성의 화해 불가능성이라는 대화 주제는 유일하게 신앙과 이성의 조화를 지지하는 클레안테스를 상대로 회의주의자 필론과 신비주의자 데메아의 예기치 않은 동맹관계를 낳는다. 클레안테스는 두 대화자를 상대로 당당하게 이상과 신앙의 양립 가능성을 변론하지만 다름 아닌 악의 문제가 대두되는 대화록의 10장과 11장에서 어려움을 겪기 시작한다. 클레안테스가 여전히 악의 최소화 같은 전통적인 논제를 제시하는 동안 필론과 데메아는 악의 현실과 강렬함을 강조하면서 평범한 사람뿐 아니라 현자에게도 명백할 수밖에 없는 '경험'의 중요성을 주장한다. 회의주의자 필론은 신의 존재를 결정적으로 부인하지는 않지만 신의 본성과 그의 수식어들이 지니는 모순적인 성격을 강조하는 데 주력한다.

3.5   신정론의 실패와 칸트

임마누엘 칸트Immanuel Kant의 사유는 신정론의 역사에 결정적인 변화를 가져왔다. 초기에는 라이프니츠와 유사한 생각을 가지고 있었지만 칸트는 『순수이성비판*Kritik der reinen Vernunft*』을 계기로 세상에 현존하는 악의 문제를 실천이성의 원리와 도덕성을 기준으로 평가하기 시작했다.

신의 존재 근거에 대한 비평에서 그대로 드러나듯이, 칸트는 인간의 지식의 초감각적인 영역에서 모험을 계속할 수 없다고 주장했다. 하지만 칸트는 도덕적인 차원에서, 윤리적으로 옳은 행위에는 정당한 상급이 수여되어야 한다는 점을 기반으로 신의 존재와 영혼의 불멸성을 가정할 수 있다고 보았다. 다시 말해 선을 행하는 자가 이에 마땅한 상을 받고 악을 행하는 자가 벌을 받는 것이 옳다는 것을 정당화하기 위해서라도 신이 존재할 필요가 있다는 것이었다. 여기서 중요한 것은 지고의 선을 실현할 수 있어야 한다는 실천이성의 요구, 혹은 행복과 윤리의 결속이다. 단지 이것이 '정언명령*Kategorischer Imperativ*', 즉 윤리적 타당성의 조건이 될 수 없으며 인간으로 하여금 윤리적으로 행동하도록 강요하는 요소도 될 수 없을 뿐이다.

이러한 문제의 전체적인 구도는 전적으로 윤리적인 차원에서 정의의 요구에 답하도록 정립되어 있다. 다시 말해 선한 자들은 상을 받고 무엇보다도 악한 자들이 벌을 받는 구도다.

칸트가 일찍이 『순수이성비판』에서 제시했던 이러한 해결책은 상당한 어려움과 다양한 차이를 보이면서 발전한 뒤 『실천이성비판 *Kritik der praktischen Vernunft*』과 『판단력비판 *Kritik der Urteilskraft*』에 재차 등장한다. 하지만 난관이 너무 많았다. 『도덕의 형이상학 *Die Metaphysik der Sitten*』(1797년) 마지막 장에 기록한 것처럼, 칸트 역시 그의 해결책이 철학적 논제라기보다는 하나의 희망 사항이라는 점을 더욱더 진지하게 받아들였다. 이러한 문제점은 1791년에 출판한 『신정론의 모든 철학적 시도의 실패에 대하여 *Über das Mißlingen aller philosophischen Versuche in der Theodicee*』의 책 제목에서부터 극명하게 드러난다. 신의 정의*giustizia*를 논리적으로 이론화할 수 있다는 주장은 지고의 선을 이론화하려는 신중한 태도 속에서도 아무런 근거가 없는 것으로 나타났다. 여기서 칸트는 헤아릴 수 없는 신의 역사에 모든 것을 맡기는 성서의 인물 욥의 태도를 예로 들어 설명했다. 하지만 이러한 자유의지적인 신의 개념은 사실상 칸트의 이성주의와는 양립할 수 없는 성격의 것이었다. 왜냐하면 신학을 이성적인 관점에서 바라보려는 모든 시도를 불가능하게 만들었기 때문이다. 신정론에 관한 근대의 논쟁은 결국 이성적 신정론의 실패로 막을 내렸다.

4

포르루아얄과 얀센주의

4.1 포르루아얄 수도원의 문화와 종교

포르루아얄학파는 베르사유에서 10킬로미터 떨어진 곳에 있는 수도원 포르루아얄 데 샹Port-Royal des Champs에서 1636년에 활동하기 시작한 철학가들, 신학자들, 문법학자들의 공동체를 가리킨다. 수도원장 자크린 아르노Jacqueline Arnauld의 주도하에 이루어진 1609년의 개편을 통해 포르루아얄은 수녀들의 종교적인 삶과 학업을 위한 기관으로 주목받기 시작했다.

1643년에 포르루아얄은 수도원 안에 소년 소녀를 위한 소학교를 설립했고 내부에서 활동하던 학자들 공동체에 학생들의 교육을 의탁했다. 하지만 얀센주의가 종교적 박해 대상으로 지목되면서 이들의 강의는 1660년에 중단되었다. 프랑스에서는 다름 아닌 포르루아얄이 얀센주의의 중심지였기 때문이다. 이어서 포르루아얄학파를 구성하던 교수들의 연구 활동마저 1709년에 중단되었고 이때 프랑스 왕 루이 14세의 요청과 교황의 명령으로 포르루아얄 수도원역시 지상에서 사라지고 말았다.

포르루아얄의 학자들은 각자가 맡은 특별한 분야를 개별적으로 연구하면서도 하나의 공통된 철학적 양식을 공유하고 있었다. 이들이 양식을 공유하면서 의도했던 것은 윤리적 원리와 철학적 원리를 분명하고 단순한 규범들의 체계로 정립하는 동시에 앎과 비평을 위한 이성적 기준들을 마련하는 것이었다.

포르루아얄을 대표하는 철학자는 앙투안 아르노(1612~1694년), 클로드 랑슬로(1615~1695년), 피에르 니콜(1625~1695년)이다. 이들의 협력으로 포르루아얄의 역사상 철학적으로 가장 중요할 뿐 아니라 17세기 문화에 결정적인 영향을 끼친 두 편의 저서 『체계적 일반문법』과 『논리학 혹은 생각하는 기술』이 탄생했다.

아르노와 니콜의 공저 『논리학 혹은 생각하는 기술』은 논리학 원칙들을 몇 가지 본질적인 요소로 축약하고 실례를 들어 설명하는 새롭고 체계적인 방식으로 논리학을 재구성한 논문이다. 이들은 아리스토텔레스의 논리학과 삼단논법을 간략하게만 언급하며 사실상 논리학의 부차적인 특징으로 간주했다.

아르노와 니콜은 논리학을 "자기 자신의 이성을 올바르게 전개하는 기술"로 정의했다. 따라서 논리학은 가장 이상적인 사고방식이 어떤 식으로 전개되어야 하는지 결정짓는 규범들의 총체가 아니라 두뇌의 실질적인 사고 과정을 분석하고 점검하는 체계적인 방법론을 의미했다. 아르노와 니콜에 따르면, 두뇌의 실질적인 사고 기능은 네 가지, 즉 개념적 이해 기능, 판단 기능, 논리적 사고 기능, 체계적 사고 기능으로 분류된다. 논리학을 탐구하는 목적은 세 가지다. 논리학은 이성을 올바르게 활용한다는 확신을 가지기 위해, 오류를 좀 더 쉽게 발견하고 설명하기 위해, 사고의 본질을 좀 더 깊이 있게 이해하기 위해 필요하다.

『논리학 혹은 생각하는 기술』은 앞서 언급한 네 가지 사고 기능을 설명하는 네 개의 장으로 구성된다. 저자들은 개념적 사고 자체를, 다시 말해 개념이 정신 속에 실재하는 방식을 분석한다. 이들은 사실상 '개념'을 그것의 탄생과 형성 과정, 감각적 기원 또는 생득적 실재성의 차원에서 다루지 않는다. 포르루아얄의 철학가들은 그런 식으로 데카르트, 가상디, 홉스, 로크 등이 피할 수 없었던 개념의 경험적 기원, 감각적 기원, 생득적 기원에 관한 논쟁에 휘말리지 않고 개념에 대한 설명을 제공했다.

아르노와 니콜은 개념을 일종의 원시적인 용어로 이해했다. "개념이란 말은 그것보다 더 단순하고 분명한 것이 없기 때문에 또 다른 설명이 불가능할 정도로 명료한 말들 가운데 하나다."(『논리학 혹은 생각하는 기술』)

『논리학 혹은 생각하는 기술』의 1부에서 저자들은 여러 형태의 개념들을 개념이 가리키는 대상에 따라, 즉 사물이나 특성, 추상적 개념, 보편적 범주 등에 따라, 아울러 추상성과 보편성과 명료함의 정도에 따라 묘사한다. 2부에서는 판단력, 즉 두 개념이 조합될 때 이들의 적합성 여부를 검토한다. 다시 말해 한 개념을 다른 개념으로 설명할 때 제시되는 의미의 타당성, 예를 들어 '인간(첫 번째 개념)은 유한한 존재(두 번째 개념)다'라는 판단의 타당성을 평가한다. 판단이 오로지 언어를 통해서만 표현되는 만큼 여기서 실제로 검토되는 것은 언어의 구성, 즉 문장과 동사, 문장 속에서 조합되는 말들의 사슬이다.

3부에서는 논리적 사고, 즉 두 가지 판단의 조합을 통해 결론을 도출하는 과정을 다룬다. 여기서 저자들은 삼단논법의 전통적인 이론들을 모두 소개하지만, 이 부분은 사실상 불필요하며 독자들이 원한다면 읽지 않고 지나쳐도 무관하다고 밝힌다.

4부에서는 체계적인 사고, 즉 인간의 두뇌가 보다 올바른 사고를 위해 다양한 논제들과 지식들을 체계적으로 활용하는 방식을 검토한다. 이 저서의 가장 혁신적인 내용이 바로 이 4부에서 검토된다. 저자들은 이성의 한계를 정의하고 과학과 철학의 문제들, 신과 무한성 등에 관한 모든 지식 체계를 얼마나 확신할 수 있는가에 주목하는 역사학적 방법론을 제시했다. 일반적인 용어의 이해와 적용의 구분법도 상당히 혁신적인 방법론이었고 후대의 논리학자들도 이를 전폭적으로 수용했다. 이에 못지않게 중요했던 것은 로크가 수용한 실질적인 정의와 명의상 정의의 구분법이다.

4.2 언어, 사유, 현실

포르루아얄의 방법론과 논리적 분석이 문법 및 언어 연구와 밀접한 연관성을
지니지 않았다면 이들의 논리학에 대해서는 아무도 관심을 기울이지 않았을
것이다. 『논리학 혹은 생각하는 기술』이 지니는 독특한 가치는 『체계적 일반문
법』과의 관계 속에서만, 아울러 이 두 저서가 함께 형성하고 구축하는 언어-논
리적 체계를 통해서만 이해될 수 있다.

  이러한 통일성은 우리가 '존재론적 이성주의'라고 부를 수 있는 체계적인 사
유를 뒷받침한다. '존재론적 이성주의'의 핵심을 이루는 것은 포르루아얄의 철
학자들이 천명하지 않았을 뿐 실제로 구상하고 활용했던 일종의 동형사상(同型
寫像, Isomorfismo) 이론, 즉 언어와 사유와 현실 사이의 총체적이고 완전한 동형사
상을 전제로 성립되는 이론이다. 이는 곧 사상寫像을 통해 현실을 이해하는 인간
의 사유 속에 충실하게 반영된 상태로 존재하는 범주들이 세계를 구성하는 실
질적인 범주들과 동일하다는 것을 의미한다.

  포르루아얄의 철학자들에 따르면, 사유의 범주들을 정확하게 반영하고 재생
해 내는 것이 바로 언어였다. 이들은 현실과 평행을 이루는 현실의 또 다른 구
조가 존재하며 이 구조 속에서 언어와 사유가 일종의 사슬을 형성하며 서로에
게 영향을 끼친다고 보았다. 아울러 신이 구축한 세계의 구도를 반영하고 표상
하는 것이 곧 언어와 사유였다. 따라서 언어와 사유의 진실에 의혹을 품는 것은
신을 의심하거나 신이 구축한 세계의 구도가 옳지 않다고 의심하는 것과 다를
바 없었다. 포르루아얄의 철학자들은 첨단의 개신교 신학자들도 언어와 사유
의 이러한 측면을 이해하지 못한다고 생각했다.

  이러한 구도와 논리가 결과적으로 수반하는 것은 사유와 언어 사이에 존재
하는 분명하고 구체적인 상관성이었다. '관념'에는 개념적 이해의 차원에서 말
이 상응하고, 사고의 두 번째 기능인 '판단'에는 주어와 보어의 결속을 토대로
구성되는 문장이, 세 번째 기능인 '논리적 사고'에는 여러 문장들의 의미 있는
합으로 구성되는 담론이, 네 번째 기능인 '체계적 사고'에는 담론이 추구하는

방법론이 상응한다.

　포르루아얄의 철학자들은 인간의 사유 자체가 보편적이며 모두에게 평등하다고 보았다. 따라서 언어가 이러한 보편적 사유를 표상한다면, 모든 인간에게 적용될 수 있는, 즉 인간이 사용하는 모든 언어에 실재하는 일반문법이 존재해야만 했다. 다양한 언어들은 상이한 형태의 문법을 지니지만 이들 사이에 감추어진 하나의 '일반문법', 즉 좀 더 깊이 숨어 있거나 훨씬 더 추상적인 문법 체계가 존재한다고 보았던 것이다. 그리고 이 문법 체계의 정체를 증언하는 것이 바로 문법적 요소들이 수행하는 기능이었다. 이는 곧 문법을 뒷받침하는 '기능의 논리학'이 모든 언어에 공통된 요소로 존재한다는 것을 의미했다.

　이러한 전제들을 원칙으로 아르노와 랑슬로가 1660년에 집필한 책이, 흔히 포르루아얄의 저서로 통용되는 『체계적 일반문법』이다. 이 저서에서 문법은 '말하는 기술'로 정의된다. 말한다는 것은 곧 "인간이 소통을 목적으로 발명한 기호를 통해 자신의 생각을 표현한다는 것을 의미한다."(『체계적 일반문법』 서문) 아르노와 랑슬로는 말들이 어떤 식으로든 사고 활동이나 기억에 도움을 줄 수 있다는 홉스나 르네상스 언어학자들의 주장을 거부했다. 이들은 말이 오로지 소통에 필요할 뿐이며 언어 이전에 자율적으로 존재하는 사유의 최종적인 결과 내지 외부적인 기호에 지나지 않는다고 보았다.

　『체계적 일반문법』 1부에서 저자들은 음절과 자음과 모음의 구분을 통해 말소리를 분석하고, 2부에서는 명사, 대명사, 관사, 전치사, 부사, 동사 등을 기준으로 말들의 유형을 분류했다. 아울러 이들은 명사의 어형론과 격변화에 집중하면서 당시에는 상당히 독창적이고 혁신적인 이론을 제시했다. 즉 고대 언어들의 격변화와 근대 언어들의 관사가 문장 안에서 명사들의 상호 관계를 명시하는 동일한 기능을 수행한다는 것이었다. 저자들은 이러한 격변화와 관사의 기능적 유사성을 표면상으로는 헤아릴 수 없을 정도로 커다란 차이점을 보이는 문법 체계들 사이에 깊이 감추어진 논리적 일치의 실례로 이해했다. 이 모든 것은 근대 언어들이 고대 언어 못지않게 논리적이고 효과적이라는 것을 보여주었지만 이 점에 대해 당대의 문법학자들과 논리학자들, 특히 프랑스의 문법학자들은 강한 의혹을 표명했다.

『체계적 일반문법』의 저자들은 당시의 문법 체계에서는 부차적인 요소로 고려되던 구문론에도 커다란 중요성을 부여했다. 구문론은 다양한 언어들의 표면적인 차이를 가장 분명하게 드러내는 요소지만 모든 언어의 구문론이 일반 구문론의 심층적인 논리적 원칙을 따르기 때문에 동등한 가치를 지닌다고 볼 수 있었다.

끝으로 포르루아얄의 교육철학은 궁극적으로 종교적인 성격을 지니고 있었다. 포르루아얄의 가르침에 따르면 논리학을 배우면서 깨닫는 것은 다름 아닌 신이 세계를 창조할 때 창조의 뒷받침이 되었던 논리를 이해하는 것과 크게 다르지 않았다. 아울러 논리학을 배운다는 것 자체는 원죄로 인해 길을 잃은 인간의 원천적인 순수함을 복원하려는 시도와 크게 다르지 않았다. 오히려 순수함의 잠정적인 복원을 허락하는 것이 바로 세례였다. 결국 논리학 못지않게 중요한 것은 유혹을 뿌리치는 방법이었다. 교육의 궁극적인 목적은 영혼의 구원에 있다고 보았기 때문이다.

4.3 얀센주의

얀센주의라는 종교운동의 명칭은 종교개혁가 코르넬리스 얀센(Cornelis Jansen, 1585~1638년)의 이름에서, 더 구체적으로는 1640년에 출판된 그의 저서 『아우구스티누스』에서 유래한다. 이 책에서 얀센은 고대의 교회 내부에서뿐만 아니라 17세기 개신교 신학자들 사이에서 빈번히 벌어지던 논쟁의 주제, 즉 아우구스티누스의 '은총'에 관한 견해를 다룬다. 『아우구스티누스』의 제3권에서 얀센은 칼뱅주의자들의 입장과 상당히 유사한 은총의 교리를 제안한 뒤 이를 가톨릭 신학이 충분히 수용할 수 있다고 주장함으로써 공분을 불러일으켰다. 얀센은 자기를 낮추고 신성한 신비에 대한 믿음으로 신앙을 수용할 필요가 있으며, 신앙을 비평적이고 철학적인 검증에 내맡겨서는 안 된다고 주장했다. 이성적이고 철학적인 분석은 종교인이나 신도의 과제가 아니며 이들이 필요로 하는 것은 전통이 전하는 본보기와 기억이라는 것이었다.

얀센은 인간이 원죄로 인해 자유를 상실했다고 보았다. 하지만 인간은 죄에 빠질 수밖에 없는 처지에 놓여 있었다. 왜냐하면 그것이 신의 뜻이었기 때문이다. 게다가 얀센은 구원이 일반적인 것도 모두를 위한 것도 아니라고 보았다.

인간에게 남은 유일한 자유는 악을 멀리하는 것뿐이었다. 하지만 가톨릭 교리에서 주장하는 것과는 달리, 악을 미워하는 것은 인간의 공로로 간주될 수 없었다. 악을 멀리하는 것은 정의의 선택에 불과하며 이승에서 이루어진 선행에 대한 저승에서의 상으로, 즉 영혼의 구원으로 직결될 수 없는 문제였다.

얀센은 신이 은총, 즉 영혼의 구원을 오로지 극소수의 예정된 인간을 위해서만 예비해 두었고 이들의 행위와는 무관하게 구원을 선사한다고 보았다. 얀센에 따르면, 인간은 신의 선택을 헤아리지 못한다. 어느 누구도 자신에게 은총이 예정되어 있는지 이해할 수 없으며 단지 정의를 추구하거나 의도적인 악행을 멀리함으로써 올바르게 행동할 수 있을 뿐이다. 인간이 은총의 예정 여부를 이해할 수 없다는 입장과 이해할 수 있다는 입장의 차이가 다름 아닌 얀센주의와 칼뱅주의의 근본적인 차이다. 칼뱅은 인간이 은총을 얻었는지 깨달을 수 있도록 도와주는 기호들이 지상에 존재한다고 보았다. 이러한 기호들을 이해하는 인간은 스스로를 복자로 간주할 수 있었다. 반대로 얀센은 인간의 운명이 예정되어 있으며, 무엇도 그의 운명을 바꿀 수 없고 인간도 자신의 예정된 운명을 이해할 수 없다고 생각했다. 따라서 진정한 의미에서 인간의 자유란 존재하지 않았다.

얀센은 그리스도의 죽음이 오로지 은총과 천국을 약속받은 자들에게만 의미가 있으며 인간은 오로지 선하거나 악한 이런저런 행동 사이에서 선택을 할 뿐 선과 악의 사슬에서 결코 벗어날 수 없다고 보았다. 얀센의 『아우구스티누스』는 출판과 함께 대대적인 호응을 얻었지만 결과적으로 비판과 논쟁에 휩싸였고 얀센의 주장과 그를 지지하는 신학자들은 머지않아 교회 지도자들에게 단죄 판결을 받았다.

가장 복잡하고 오래 지속된 얀센주의 논쟁은 1650년 프랑스 주교단이 『아우구스티누스』에서 추출한 다섯 개 문장에 대해 교황의 평가를 의뢰하면서 시작되었다. 얀센주의의 지지자들과 반대자들은 모두 로마에 모여 장장 2년에 걸쳐 내용을 검토했고, 이어서 1653년 말에는 교황 인노첸초 10세가 얀센의 입장이 집약된 다섯 개 문장을 이단으로 단죄했다. 포르루아얄 공동체의 앙투안 아르노를 비롯한 얀센의 지지자들은 문제의 문장들이 개별적인 차원에서 이단적인 성격을 띤다는 것은 분명하지만 얀센도 그의 어떤 제자도, 포괄적인 차원에서든 『아우구스티누스』의 실제 문맥 속에서든, 이단적인 주장을 한 적이 없다고 주장했다. 추기경들과 신학자들은 이 문장들을 다시 검토한 뒤 1654년에 얀센이 이러한 내용을 직접 가르친 적이 있다는 결론을 내렸다. 이에 대응하며 얀센의 지지자들은 '실질적인 문제quaestio facti', 즉 저자인 얀센의 관점에서는 이 문장들이 이단적일 수 없으며 단지 가톨릭 '법문상의 문제quaestio juris'를 기준으로만 이단으로 보일 뿐이라고 주장했다.

이어서 교황 알레산드로 7세는 논쟁에 종지부를 찍기 위해 1665년 2월 15일 다섯 개 문장을 이단으로 단죄하며 자신의 판단에 복종할 것을 모든 신도에게 명하는 교령을 발표했다. 하지만 얀센의 지지자들은 복종을 거부했고 어떤 이들은 복종한다고 해서 그것이 '실제로' 얀센의 복종을 의미하는 것은 아니라고 답변했다.

끝으로 포르루아얄학파의 피에르 니콜은 그의 『상상의 이단에 관한 편지들 Lettres sur l'hérésie imaginaire』에서 얀센의 파문이 실제로는 아무런 의미가 없으며 교황 역시 자신의 위치를 위협할 수 있는 문제들을 다룰 때 실수를 범할 수 있다고 설파했다. 얀센의 다섯 개 문장을 둘러싼 논쟁은 교황 클레멘스 9세가 이에 대해 더 이상 언급하지 않겠다는 입장을 표명하면서 종결되었다. 이어서 얀센주의는 아르노의 정신적인 후계자였던 파스키에 케넬Pasquier Quesnel의 저술 활동에 힘입어 다시 성공적인 행보를 이어 가기 시작했다. 하지만 얀센주의의 역사는 1713년 9월 8일 교황 클레멘스 11세가 케넬의 책에서 추출한 101개의 문장을 단죄하고 그에게 침묵을 명하면서 막을 내렸다.

5

블레즈 파스칼

5.1 과학자로서의 성장과정

블레즈 파스칼(1623~1662년)은 과학에 특별한 관심을 지녔던 한 경제부 고위 관리의 아들로 태어났다. 1631년 아버지를 따라 파리에 온 파스칼은 철학가 메르센의 주도하에 열리던 과학 토론회에 열성적으로 참여하면서 성장했다. 시간이 흐른 뒤 종교적 경험을 계기로 종교인의 삶을 살았지만 파스칼은 과학을 항상 명확함과 논리적 타당성을 가진 '정확성의 학문'으로 간주했다.

파스칼이 처음으로 책을 쓰기 시작했을 때 관심을 기울였던 분야는 기하학이고 불과 열여섯 살의 나이에 쓴 첫 저서 역시『원뿔곡선에 관한 에세이*Essai pour les coniques*』라는 제목의 짧은 논문이었다. 이 첫 저서에서부터 극명하게 드러나는 것은 데카르트와 파스칼의 방법론적인 차이점이다. 파스칼은 데카르트의 대수학적 형식주의보다 원리들에 대한 직관적 이해와 경험을 중시했다. 파스칼은 자연의 탐구와 실험의 결과에서 비롯되는 명백함을 세계의 구조에 대한 어떤 종류의 선험적 해명보다 중요하게 생각했다.

파스칼은 물리학 분야에서도 주목할 만한 성과를 이루어 냈다. 파스칼은 『진공에 관한 새로운 실험*Expériences nouvelles touchant le vide*』(1647년)에서 토리첼리의 진공에 관한 실험 내용을 검토한 뒤, 질료가 진공상태를 원하지 않기 때문에 그것을 지속적으로 메운다는 아리스토텔레스의 물리학 이론과는 전적으로 대조되는 진공의 실험적 가능성을 제시했다.

데카르트는 자연적인 진공상태의 불가능성에 대해 선험적인 설명만을 제시했지만 파스칼은 경험을 바탕으로 하는 탐구 방식을 선호했다. 퓌드돔Puy de Dôme의 정상에서 토리첼리의 실험을 몇 번에 걸쳐 반복한 뒤 파스칼은 기압이 모든 방향으로 일률적으로 전달되며 높은 곳으로 올라갈수록 기압이 낮아진다는 사실과 기압계에 담긴 액체의 높낮이가 기압 자체와 연관된다는 사실을 확인했다.

수학 분야에서는 이른바 '파스칼 계산기'로 불리는 최초의 계산기를 발명한 것 외에도 미적분학과 사이클로이드, 즉 직선 위로 원을 굴렸을 때 원의 정점이 그리는 곡선을 연구했고 피에르 페르마Pierre Fermat와 교류하며 『수삼각론 *Le triangle arithmétique*』에서 확률론을 발전시켰다.

5.2 과학적 지식의 방법론과 가치와 한계

자신만의 탐구 방법을 구축하면서 파스칼은 데카르트주의로부터 정신과 물질의 이원론을 수용했다. 이 이원론에서 파스칼은 영혼에 대한 물리-수학적 탐구의 자율성을 정당화할 수 있는 근거를 발견했다.

데카르트와 마찬가지로 파스칼은 과학자가 과거에 활동했던 위대한 학자들의 권위에 의존하는 것이 쓸모없는 일이며 그만큼 모든 과학은 경험에 좌우된다고 보았다. 파스칼은 권위에 대한 비판적 입장을 『진공에 관한 논문의 서문 *Préface sur le Traité du vide*』(1651년)에서 표명한 바 있다. 그는 여기서 역사나 법률 혹은 신학 같은 분야에서는 권위라는 원칙이 적용될 수 있겠지만 경험과 논리적 사고를 대상으로 하는 수학, 기하학, 건축학, 물리학 같은 분야에서는 아무런 가치도 지닐 수 없다고 주장했다. 프랜시스 베이컨과 마찬가지로 파스칼은 이 학문 분야들의 진실이 탐구에 기울이는 시간과 노력을 통해 제시되어야 한다고 보았다.

반면에 파스칼은 자연의 속성을 물질과 운동의 일반적인 원칙들로부터 도출할 수 있다는 데카르트의 주장을 받아들이지 않았다. 과학자는 구체적인 자료와 정보를 토대로 원칙을 향해 거슬러 올라가야 한다고 보았던 것이다. 탐구자는 가설을 세워야 할 의무가 있지만 가설이 사실과 상응하지 않을 때에는 언제든지 포기할 수 있는 자세도 갖추고 있어야 했다. 실험적 검증 과정을 염두에 두면서 파스칼은 기하학에서 유래하는 증명 과정을 토대로 자신만의 독특한 방법론을 발전시켰다. 파스칼의 방법론은 다음과 같은 세 가지 기본적인 조건을 필요로 한다.

(1) 사용되는 용어들을 명확하게 정의할 것.

(2) 증명을 위해 채택되는 기초적이고 자명한 원리들, 즉 공리들로 명제를 구성할 것.

(3) 증명을 위해, 정의된 용어들을 각각의 정의 내용으로 대체할 것.

파스칼에 따르면, 기하학은 논리적 사고의 실질적인 규칙들을 내포하며 기하학을 무력화하는 것은 오로지 시간, 공간, 상위, 하위, 평등 같은 개념들뿐이다. 파스칼이 '원시적'이라고 묘사한 이 용어들은 추가적인 정의가 불가능하다. 이 용어들은 과학적 탐구 활동과 무관한 직관적 사고를 가리키는 정신esprit에 호소할 때에만 인지가 가능하다.

파스칼에 따르면, 기하학이 제시하는 모든 것은 완벽하게 증명이 가능하지만 기하학이 모든 것을 정의하거나 증명할 수 있는 것은 아니다. 기하학은 인간이 도달할 수 있는 완성 단계의 한 가지 가능성을 표상할 뿐이다.

파스칼은 과학 고유의 인식론적 기초와 관련된 문제에 특별한 관심을 기울였다. 그는 과학의 분석 도구들을 통해 현실을 구성하는 기초 요소들을 파악한다는 것이 원칙적으로 불가능한 만큼 과학자에게는 절대적인 지식이 주어질 수 없다고 보았다. 과학이 지속적으로 발전한다는 사실 자체는 과학의 절대성이 아니라 오히려 과학의 일시적이고 불완전한 성격을 증언하며 그런 식으로 우리에게 무한한 세계에 대한 성찰의 기회를 허락한다고 보았던 것이다. 파스칼에 따르면, 수학을 비롯한 모든 과학은 우리에게 무한한 세계를 펼쳐 보인다. 이는 무엇보다도 과학이 어떤 분야에서든 탐구의 실질적인 한계나 끝을 지니지 않기 때문이다. 과학적 지식의 '열린' 구조는 한계를 허락하지 않는다. '닫힌' 구조를 지닌 형이상학과 정반대의 학문이 바로 과학이다. 파스칼은 학문의 절대화 경향에 대해 비판적인 태도를 취했던 인물들 중 한 명이다.

5.3 『시골에 보내는 편지』

1654년 11월 23일, 이른바 '불같았던' 밤의 신비로운 종교적 경험을 통해 파스칼은 그가 젊었을 때 엄격한 윤리와 금욕주의적 이상으로 그를 매료시켰던 얀센주의로 회귀하게 된다. 하지만 '과학자' 파스칼과 '신비주의자' 파스칼을 철학사적 관점에서 구분하려는 시도는 무의미해 보인다. 사실상 동일한 인식론적 구도가 유동적인 방식으로나마 과학과 종교라는 이질적인 영역에 똑같이 적용되는 것처럼 보이기 때문이다. 기하학적인 방법론은 사실상 논리적 담론의 구축에만 적용되지 않고 '은총'에 대한 신학적 토론이나 『팡세Pensées』의 아포리즘적인 성찰에도 마찬가지로 적용된다.

얀센과 얀센주의에 대한 지대한 관심 때문에 1655년 포르루아얄 공동체에 입단한 파스칼은 '원죄'와 '은총', '예정된 운명'과 '자유의지'의 해석적 문제에 대한 예수회와 얀센주의자 간의 토론에 직접 참여하며 신학 논쟁의 현장을 목격했다. 1653년에 얀센의 『아우구스티누스』에서 발췌한 다섯 개 문장이 교황 인노첸초 10세에 의해 이단으로 단죄 판결을 받았고 얀센주의를 지지하던 신학자들은 이 저서에서 표명된 '은총'의 교리를 옹호하는 입장을 취하면서 교회 지도자들, 특히 예수회 지도자들의 적개심을 불러일으켰다. 1656년에는 아르노의 저서가 소르본에서 얀센주의적인 '은총'의 교리와 유사한 입장을 지지했다는 이유로 금서목록에 포함되었다. 이는 물론 아르노의 저서보다는 포르루아얄 공동체 전체를 표적 삼아 내려진 조치였다.

바로 이러한 상황을 배경으로 집필된 책이 파스칼의 『시골에 보내는 편지』(1656~1657년)다. 총 18편의 편지로 구성된 이 저서에서 파스칼은 포르루아얄 공동체와 얀센주의를 이단이라는 비난으로부터 보호하기 위한 변론을 시도했다. 그는 이러한 비난이 '은총'과 '예정된 운명'의 개념에 대한 지나치게 엄격하고 편협한 해석에서 비롯되었다고 보았다. 바로 이 시점에서 예수회에 대한 파스칼의 날카로운 비판이 시작된다.

파스칼은 예수회가 '충족적' 은총과 '실질적' 은총의 인위적인 분리에서 비롯된 윤리적 방임주의를 범한다고 지적했다. '충족적' 은총이란 신이 모든 인간에게 부여한 은총으로 이를 현실화하는 것은 신의 개입과 무관하며 전적으로 인간에게 달려 있다. 반면에 '실질적' 은총은 신이 소수에게 실질적인 현실화의 의지와 함께 선사하는 은총을 말한다. 파스칼에 따르면 후자가 진정한 차원의 은총이다. 파스칼은 예수회가 성서의 난해함과 엄중함을 완화하기 위해 그럴싸한 미사여구들을 지어낸다고 비판했다.

『시골에 보내는 편지』와 같은 시기에 집필되었지만 미완성 원고의 형태로 남아 있는 『은총에 관하여Écrits sur la grâce』에서 파스칼은 오로지 '실질적' 은총만이 의지를 쾌락으로 몰고 가는 것보다는 훨씬 더 강한 힘으로 의지를 지배할 수 있다고 주장했다. 물론 신의 은총에 호소한다는 것이 곧 신학적이고 윤리적인 성찰에 과학적 이성만의 논리적 질서와 명백함이 불필요하다는 것을 의미하는 것은 아니다. 파스칼의 생각을 이끌었던 것은 오히려 그가 과학적 방법론을 통해 습득한 엄격함이었다. "이름은 사물과 분리되지 않는다. 충족적 은총이라는 표현 자체는 우리가 은총을 사실상 불충분한 것으로 이해한다는 것을 보여 준다."(『시골에 보내는 편지』의 두 번째 편지) 파스칼은 예수회가 그리스도교의 보편성을 그릇된 방식으로 내세우며 그리스도교적 윤리의 근본적인 의미를 포기하고 이를 변형시켜 신도들의 현실적인 요구를 만족시키기 위해 사용했다고 보았다. 아울러 예수회는 두려움이라는 도덕적 행위의 동기를 지상의 활동으로 대체하고 신성神性의 내면적 탐구에 비해 예배의 외면적 형식을 더 중시하는 우를 범했다. 그런 식으로 생애에서 한 번도 신을 사랑해 본 적이 없는 사람에게 단순히 예배를 보고 규칙을 지켰다는 이유로 영원을 약속했던 것이다.

　　루이스 데 몰리나의 추종자들 역시 파스칼의 비판을 피할 수 없었다. 파스칼에 따르면, 이들은 원죄로 인한 인간의 타락을 부인하고 구원의 가능성은 헤아릴 수 없는 '은총' 대신 오로지 자연에 있다고 주장했다. 몰리나주의자들의 신은 데카르트의 '철학자들의 신', 즉 수학과 기하학의 공리들 속에 내재하는 진리의 기반이자 저자로 간주되는 신과 크게 다르지 않았고 따라서 그리스도교가 아니라 오히려 무신론자들의 신에 가까웠다. 파스칼에 따르면, 신의 존재와 무한성을 이성적으로 증명하려는 입장은 이신론을 지지하는 입장과 다를 바 없었고 그리스도교 계시의 기초를 이루는 십자가 사건과 부활의 신비를 사실상 부인하는 것과 같았다.

5.4　『팡세』: 그리스도교와 인간에 대한 탐구

1654년의 종교적 체험 이후 파스칼은 남은 생애 동안 그리스도교 호교론의 집필에 몰두했다. 그는 자신이 계획했던 책을 완성하지 못했지만 이 작업의 흔적을 우리는 파스칼의 사후에 출판된 『팡세』라는 제목의 글 모음을 통해 확인할 수 있다. 『팡세』에는 인간의 본성과 인간의 조건, 인간과 신의 관계에 대한 파스칼의 가장 의미 있는 성찰이 담겨 있다.

　　주목해야 할 것은 무엇보다도 파스칼의 서술방식이다. 파스칼은 탐구의 도구로 일반적인 '논리'를 취하는 대신 '마음'에 주목했다. 이 용어로 파스칼이 가리키던 것은 직관이다. 즉 이성이 스스로의 논리를 구축하는 기초적인 원리들을 직접적으로 파악하는 직관을 가리키기 위해 '마음'이라는 표현을 썼던 것이다. 파스칼은 인간이 감성에 호소할 때 경험이 내포하는 특징과 미묘한 모순들을 감지할 수 있지만 '기하학적 정신esprit de géométrie'을 추구하며 '증명'을 기반으로 하는 수학적 탐구를 통해서는 이러한 미묘한 특징들을 확인할 수 없다고 보았다. 수학적 인식 모형을 통해서는 인간의 신비를 완전히 이해할 수 없었다. 따라서 '섬세한 정신esprit de finesse'이라는 또 다른 앎의 방식, 즉 사물의 진실을 한눈에 알아보고 이에 대한 총체적인 인식을 허락하는 독특한 방식에 의존할 필요가 있었다.

　이러한 방식은 특히 인간의 본성을 파악하는 데 유용했다. 인간의 본성이라는 영역에서는 사실상 자연에 대한 지식을 축적할 수 있는 인간의 무한한 능력과 이에 대한 굳건한 믿음이 아무런 의미가 없었다. 이 무의미함은 곧 인간의 무능력함을 의미했고 결과적으로 이에 대한 인식이 필요했다. 세속적인 즐거움을 무의식적으로 추구하는 것은 아무짝에도 쓸모없는 일이었다. 쾌락 속에서도 인간은 존재의 신비 앞에서 불만족한 상태로 남을 수밖에 없었다.

　파스칼이 인간의 본성을 서로 상반되지만 상호 보완적인 두 가지 차원에서 설명하기 위해 인용하는 두 명의 철학자 에픽테토스Epiktētos와 몽테뉴는 각각 신성을 추구하는 경향과 회의주의를 대표하는 인물들이다. 특히 몽테뉴의 저서들을 읽으면서 파스칼이 주목했던 것은 인간의 조건과 인간을 체계적이고 완전한 이해의 대상으로 간주할 수 있는 가능성에 대한 회의다. 인간의 '비참함'을 위로하는 것은 바로 '비참함'에 대한 인간의 의식이었다.

　과학의 실패 역시 인간의 정신적인 나약함과 이성에 대한 우스꽝스럽고 맹목적인 믿음에 주목하도록 만드는 요인이었다. 자연에서 일어나는 어떤 미세한 변화마저도 규칙과 법칙으로 환원할 수 있다고 믿는 헛된 망상은 인간의 존재 자체를 위협할 수 있었다. 에픽테토스의 가르침대로, 인간의 존엄성은, 다름 아닌 이러한 비참한 상황을 인식하고 인정하는 데 있었다. 이것이 바로 "인간은 갈대와 같다. 갈대 중에서도 가장 연약한 갈대, 하지만 생각하는 갈대다"라는 파스칼의 말이 지니는 의미다. 이성과 이성이 지니는 한계를 극복하는 일은 이성 자체가 지적으로 정직하게 추구해야 할 일이었다. 파스칼은 원죄와 타락의 교리를 지닌 그리스도교만이 이러한 모순에 대한 적절한 설명을 제시할 수 있다고 보았다. 인간은 타락했기 때문에 비참한 존재이지만 자신의 나약함을 인식하고 인정할 수 있다는 사실에서 유래하는 고유의 우월성을 기반으로 이러한 비참함의 극복을 꾀할 수 있었다.

파스칼은 인간이 자신의 무능력과 비참함을 극명하게 의식하는 순간 자신의 한계를 뚜렷하게 인식하고 붙잡을 수 없는 무한한 존재의 실재를 인정함으로써 자신이 처한 상황의 회복을 꾀한다고 보았다. 파스칼이 수학 연구를 통해 얻은 결론과 근대의 우주론적이고 과학적인 세계관에서 도출한 이 무한성의 개념은 세계 안에 존재하는 인간의 위치와 운명에 관한 그의 깊은 성찰로 이어졌다. 파스칼은 이중의 무한성, 즉 끝없이 펼쳐지는 우주공간의 광활한 무한성과 생체 조직의 관찰을 통해 드러나는 끝없는 미세함의 무한성이 인간을 무無와 총체 사이에서 꼼짝달싹할 수 없는 존재로 만들어 버린다고 보았다.

무한성을 향한 끝없는 열망과 이에 대한 인식에서 유래하는 고뇌가 바로 파스칼로 하여금 인간의 신비에 대한 또 다른 설명을 추구하며 자비와 마음과 은총에 호소하도록 만든 요인이다. 파스칼이 염두에 두었던 것은 존엄성을 상실했지만 이를 되찾아야겠다는 뚜렷한 의식을 확보하고 종교가 이성적으로 설명될 수 있다는 가능성에 대해 회의적인 입장을 취하는 인간이었다. 이 인간을 위한 해결책으로 제시되었던 것이 바로 그리스도교 전통의 회복, 즉 성서의 역사적 가치와 권위의 회복이다. 파스칼은 그리스도교가 역사적 사실로 해석되어야 한다고 보았다. 그리스도교는 증명을 요구할 뿐만 아니라 동시에 입장의 표명을 요구하는 종교였다. 파스칼은 그리스도교의 정당성을 인정하면서도 신앙을 발견하지 못하는 모든 사람에게 그리스도교라는 '도박'에 참여할 것을 요구했다. 신의 실질적인 존재 혹은 부재에 대한 이성적 증명의 절대적인 무용성 앞에서 파스칼은 독창적인 탈출구를 제시했다. 그는 아무것도 확실치 않은 상황에서, 하지만 이러한 상황에 대한 또렷한 의식을 지닌 신자가 마치 도박자처럼 모든 가능성을 가늠해 본다면, 결국 내기에 걸어야 할 유한한 세계, 즉 지상의 삶과 내기에 이겼을 경우 얻게 될 무한한 세계 사이의 어마어마한 차이가 도박에 참여할 만한 충분한 이유가 되지 않겠느냐고 주장했다. 하지만 파스칼은 이 도박의 진정한 비밀이 도박에 참여할 줄 아는 능력뿐 아니라 도박이 수반하는 위험을 받아들일 수 있는 자세에 있다고 보았다.

교양인이라는 이상

21세기가 정보와 소통의 세기라면 17세기는 당연히 대화의 세기로 정의되어야 할 것이다. 교양인, 즉 '오네트 옴Honnête homme'은 이 용어를 '정직함honnêteté'과 연결시키는 섣부른 정의와 엄밀하게 구별되어야 한다. 왜냐하면 교양인이라는 용어는 사회 활동에 참여하는 프랑스인들의 행동 양식, 예를 들어 왕궁이나 살롱의 예의범절 또는 대화의 책략이나 싫증을 야기하지 않는 한도 내에서 학문적 소양을 예리하게 뽐낼 줄 아는 재치 혹은 공공연한 아첨이나 가식 등의 다양한 행동 양식을 적절하게 사용할 줄 아는 사회인의 이미지와 직결되기 때문이다. 17세기에 대화의 양식과 기술이 얼마나 중요했는지는 화술과 처신술을 다루는 서적들이 당시에 얼마나 많이 출판되었는지 살펴보면 쉽게 이해할 수 있다. '교양인'은 한 사회를 정의할 때 사회의 정체만으로는 부족하며 그 사회를 사회 구성원들이 어떻게 이해하고 표상하는지가 포함되어야 한다는 사실에 대한 의식적인 동의를 상징하는 표현이었다. 17세기에는 사회를 상징적으로 묘사하는 고상한 방식 가운데 하나가 바로 교양인을 문학적으로 묘사하는 것이었다. 이러한 문학 양식의 예들은 세네카의 저서나 카스틸리오네의 『궁정인』(1528년), 스테파노 과초의 『시민 문화에 관한 대화』(1574년), 몽테뉴의 『대화의 기술L'art de la conversation』, 발타사르 그라시안의 『신탁, 신중한 지혜의 편람』(1647년) 등에서 찾아볼 수 있다.

앙투안 공보가 『대화Les Conversations』(1668년)에서 귀족적인 행동 양식의 소유자로 묘사하는 교양인이나 니콜라 파레Nicolas Faret가 『교양인 혹은 궁정에서 호감을 사는 기술L' Honnête Homme ou l'art de plaire à la Cour』(1630년)에서 부유한 부르주아로 묘사하는 교양인은 '멋진 세상'에 어울리는 모든 재주를 가진 인물, 예를 들어 우아하고 깊이가 있으며 진지하되 심각하지 않은 내용으로 대화를 나눌 줄 알고 춤과 예술에 일가견이 있는, 혹은 일가견이 있다는 것을 보여 주고 싶어 하는 인물이다. 뭐랄까, 교양인은 모든 것에 대한 모든 정보를 알고 있는 인물이었다. 몰리에르는 『유식한 여인들*Les Femmes savantes*』에서 아이러니한 어조로 '모든 것을 분명하게 아는 것'은 심지어 여성들에게도 허락된다고 표현한 바 있다. '교양인'은 항상 자신 있는 태도를 유지해야 하고 모든 것이 그에게는 자연스럽고 쉽다는 것을 보여 주어야 한다. 그는 뛰어난 감각의 소유자인 동시에 결코 약하거나 부족한 모습을 보이지 않으며 의도한 바가 아니라면 쉽사리 유혹에 빠지지 않는다. 그는 항상 신중한 자세로 구애하며 말과 행동에 있어서 중용과 절제를 중시한다.

뭐랄까, 교양인은 한마디로 사회적 질서뿐 아니라 종교적, 정치적 균형을 상징하는 인물이다. 물론 이 정치적 균형이란 보수주의적인 차원이 아니라 항상 즐거움을 추구하며 자신의 주체성을 감추는 교양인과 권력 사이에서 유지되는 대조적인 차원의 균형을 말한다. 그렇다면 교양인은 과연 정직한 인물인가? 부르주아 이론가들에게는 당연히 정직한 인간이었다. 하지만 귀족 출신의 작가들은 교양인을 미래의 사회적 신분 상승에 주력하는 무대 위의 인간과 본질적인 인간 사이의 괴리를 상징하는 인물로 이해했다.

당연히 교양인은 단순히 행동 양식을 표상하는 수식어로 그치지 않고 문학도들 혹은 문학작품들을 통해 더욱 구체적인 형상으로 떠올랐다. 예를 들어 은밀하면서도 분명한 방식으로 몰리에르의 『인간 혐오가*Le Misanthrope*』에, 문학 살롱에, 특히 랑부예Rambouillet 호텔의 살롱에, 그리고 이곳을 드나들던 라 로슈푸코François de La Rochefoucauld, 말레르브François de Malherbe, 마담 드 라파예트Madame de La Fayette의 작품에 등장하며, 한층 예리하고 고차원적인 형태로 파스칼의 『시골에 보내는 편지』 주인공으로 등장했다.

자유사상가들의 학문

/ 자유사상주의 문화

1600년대 초반에 확산된 자유사상주의 운동은 종교적, 문화적, 윤리적 이데올로기에 얽매이지 않는 '자유사상'을 바탕으로 현실과 윤리적 계율에 대한 개인적인 해석의 자유를 주장했던 철학 및 문화 운동을 말한다.

자유사상가들의 관념과 논리는 일반 상식이나 계율과 달리 편견에서 벗어나 있었지만 그만큼 통상적인 윤리관으로는 설명되지 않는다는 특징을 가지고 있다. 이처럼 상식에서 벗어난 윤리관을 표명하던 수많은 작가들, 시인들, 철학가들, 사상가들 가운데 예를 들어 시라노 드 베르주라크(1619~1655년)는 그의 세속적인 삶이 보여 주는 이색적인 측면들 때문에 일종의 전설처럼 불리기도 했던 인물이다. 시라노가 우주에 관한 자유분방한 가설을 문학적으로 발전시킨 두 편의 환상소설은 대단한 성공을 거두었다.

자유사상주의 혹은 자유분방주의의 수도는 두말할 필요 없이 파리였고 다양한 분야와 성격의 철학자들과 역사학자들, 시인들이 참여하던 자유사상주의 논쟁과 토론이 가장 활발하게 진행되던 나라는 프랑스였다. 자유사상가로 손꼽히던 인물에는 테오필 드 비오Théophile de Viau, 기 드 라 브로스Guy de la Brosse, 장자크 부샤르 JeanJacques Bouchard 등이 있지만 이들의 모임에 드나들던 가상디 같은 철학자도 일반적으로는 자유사상가로 간주된다.

여기서 '학문적 자유사상'과 '문화적 자유사상'을 구분할 필요가 있다. 전자는 복잡하고 이론적인 성향이 강한 철학적인 입장을 말하며 유물론이나 그리스 원자론자들의 논제들, 예를 들어 '세계의 자연적 기원'이나 '우주의 무한성'을 주장하는 입장 혹은 '부정형의 질료를 인간의 기원으로 보는' 견해 등을 주제로 다루었다.

이와는 달리 '문화적 자유사상'은 쾌락을 추구하며 진정한 인간의 본성, 즉 고통을 피하고 열정과 욕망을 충족하려는 인간의 자연적인 성향을 탐색한다. 따라서 인간의 태도나 행동에 관여하는 모든 종류의 종교적, 윤리적, 신학적 계율을 거부하며 통상적인 윤리관을 바탕으로 하는 도덕적 선택 자체를 거부한다.

자유사상가들의 철학을 특징짓는 중요한 요소들 가운데 하나는 종교적 불신이다. 즉 자유사상주의는 기적을 거부하고 신의 초자연적인 개입이나 종교적 계시, 영혼의 불멸성, 창조론을 인정하지 않는다. 귀족이거나 부르주아 지식인 출신이었던 자유사상가들은 정치혁명을 부르짖는 대신 자유로운 삶을 허락해 줄 무신론과 철학적 상대주의를 주장했다.

자유사상가들은 그들이 선호하는 논제들을 에피쿠로스주의, 피에르 샤롱과 몽테뉴의 회의주의 철학, 우주의 영원함과 세계의 무한성을 거부하지 않는 종교적 자연주의에서 이끌어 냈다. 이들은 특히 에피쿠로스주의에서 인류의 삶이 역사적으로 원시 상태에서 출발해 점진적으로, 동시에 불규칙적으로 발전했고 언어의 발전 역시 제스처를 사용하는 단계에서 음성 체계와 동사를 갖춘 단계로 서서히 발전했다는 이론, 아울러 인간 사회가 일종의 부족사회에서부터 출발했다는 논제들을 이끌어 냈다.

자유사상가들의 윤리적, 종교적 상대주의는 가톨릭과 개신교 군주들이 요구하는 윤리적 순응주의를 거부하면서 시작되었지만 구체적으로는 신대륙 부족들의 상이한 문화와 토속신앙에 대한 지식과 이론적 비교를 바탕으로 구축되었다.

수많은 여행가들과 탐험가들이 이미 중국으로부터, 아메리카와 아시아로부터 여행 보고서를 통해 신세계에 대한 소식을 전해 왔고 이를 바탕으로 어떻게 타 민족들이 그들만의 독특한 도덕성과 종교적 신앙을 발전시켰으며 어떻게 모두 자신들의 믿음만이 진실이라고 굳게 확신하는지 증명해 보였다.

아울러 고대 그리스와 로마의 철학자들 역시 이와 동일한 견해를 가지고 있었다는 사실을 토대로, 자유사상가들은 도덕적으로 보편적이거나 내재적인 계율이나 가치는 존재하지 않으며 이는 모든 민족이 유사하거나 동일한 행동들을 평가하는 도덕적으로 상이한 기준과 체계를 지니기 때문이라고 보았다.

/ 무신론이라는 핵심 주제

자유사상주의 철학은 근본적으로 계시된 진리나 전통문화의 권위를 거부하는 태도, 예를 들어 아리스토텔레스 철학이나 그리스도교의 신학적 교리를 거부하는 태도에서 시작되었다고 볼 수 있다.

자유사상가들은 대부분이 자연주의자였다. 다시 말해 이들은 자연과 우주가 신성한 가치와는 무관하게 고유의 법칙에 따라 존재한다고 보았다. 자연법칙의 자율성은 사실상 세계와 물질뿐만 아니라 인간 역시 과학적으로 탐구될 수 있다는 사실을 뒷받침하는 근거였다. 이러한 법칙의 자율성을 바탕으로 탐구가 가능해지는 만큼 탐구를 통해 드러나는 원칙들을 받아들일 필요가 있었다. 예를 들어 물리적이고 심리적인 안녕과 쾌락을 추구하기 위해서는 유기적인 신체조직의 기본적인 특성들을 적극적으로 수긍하고 받아들일 필요가 있었다.

자유사상주의의 첫 번째 원칙은 바로 인간과 세계가 물리적이고 유기적인 질료로 구성된다는 것이었다. 세계의 역사 역시 물리적인 요소들이 일으키는 변화의 역사였다. 태고의 혼돈 상태에서 생명체가 형성되고 이어서 생명체들이 자연 상태 및 사회의 형태를 구축하며 발전했다고 본 것이다.

자유사상가들은 고대 철학자들의 원자론 혹은 가상디의 원자론 해석을 자신들의 철학적 기반으로 간주했다. 원자론은 자연과 질료에서 신성한 가치와는 무관한 독립적인 체계와 고유의 원리를 발견하는 데 집중하는 이론이었고 따라서 범신론이나 신플라톤주의가 지지하는 신비주의나 신학적인 원칙에는 숨 쉴 공간을 허락하지 않았다.

따라서 인간은 육체와 영혼을 갖춘 존재, 즉 신체적인 집합체로 간주되었다. 하지만 이탈리아의 안토니오 로코Antonio Rocco나 줄리오 체사례 바니니 같은 급진적인 자유사상가들은 영혼의 존재가 증명될 수 없으며 개연적이지도 않을뿐더러 존재한다 하더라도 육체와 함께 사라질 수밖에 없다고 보았다.

이탈리아는 '무신론자들과 자유사상가들의 땅'이라고 불릴 만큼 자유사상가들의 활동이 두드러졌던 나라다. 자유사상가들의 회합 외에도 출판물들이 대대적으로 보급되었고 자유사상주의를 지지하는 시인들, 작가들, 학자들 사이에서 지속적인 교류가 이루어졌다. 비정통적인 자연주의를 표방하고 로마교황청이 강요하던 순응주의를 거부하는 것이 이탈리아 자유사상가들의 가장 두드러진 특징이었다. 이탈리아에서는 철학적 유물론과 인간에 대한 자연과학적 탐구가 크게 발달하는 추세를 보였다. 이탈리아의 대표적인 자유사상가 줄리오 체사례 바니니는 자연법칙만 따라야 할 필요가 있다고 주장했다. 로마, 피렌체, 피사, 베네치아, 파도바의 대학 역시 자유사상주의의 성장에 기여했지만 결정적인 역할을 한 것은 조반 프란체스코 로레단Giovan Francesco Loredan이 창설한 베네치아의 '익명학회 Accademia degli Incogniti'였다. 여기서 체사례 크레모니니Cesare Cremonini와 페란테 팔라비치노Ferrante Pallavicino가 활동했다. 자연의 자율성 원칙을 바탕으로 자유사상가들은 인간의 열정을 정당화하는 반면 초자연적인 현상의 가능성을 부인했고 이러한 현상에 대한 믿음을 마술이나 기적에 의존하는 악마적 미신 혹은 병적 환영의 결과로 간주했다. 아울러 이들은 마술과 기적에 의존하는 신앙이 어떤 종교를 칭송하거나 정당화하기 위한 근거로 제시될 때 종교적 광신주의로 발전할 위험이 있다고 보았다.

자유사상가들은 무엇보다도 기적과 예언에 의존하는 토속적이고 미신적인 신앙을 비판했을 뿐만 아니라 모든 형태의 계시종교가 고위 성직자 및 귀족계층을 제도적으로 보호하기 위해 계획된 정치적 사기 행위에 불과하다고 비판했다. 가브리엘 노데나 라 모트 르 바이에르 같은 자유사상가들은 종교가 본질적으로 지배계층의 권위를 정당화하는 정치적 수단으로 사용되어 왔다고 보았다. 자유사상주의적인 관점에 따르면, 종교는 궁극적으로 권력의 유지에 소용될 뿐이며 따라서 바로 그런 측면에서만 존재의 가치를 평가받을 수 있다. 모든 종교 및 윤리관은 상대적이고 변화무쌍하며 인간의 본성에 중첩된 습관적 수긍의 일종이기 때문에 본질적으로는 기만에 불과하다.

자유사상가들은 종교 경전을 비판적으로 해석할 때 각양각색의 모순과 함께 이를 교리적으로 설파하려는 이들의 광신주의가 그대로 드러난다고 보았다. 프랑스에서는 고대 문헌을, 라 모트 르 바이에르가 그의 『대화록』에서 시도했던 것처럼, 비평적인 시각에서 읽고 해석하려는 풍조가 생겨났다. 이러한 유형의 재해석은 성경 구절의 통속적인 해석에 담긴 모순을 드러내고 고대 역사서들이 안고 있는 불분명한 점들을 지적하면서 역사 서술 및 종교 문헌학과 정치학을 혁신 혹은 향상하는 데 기여할 수 있었다.

반면에 잉글랜드에서 자유사상가들의 비판은 주술과 미신적 광신주의에 집중되는 성향을 보였고, 개신교 출신의 자유사상가들은 단순한 이성적 원리로서의 종교와 자유사상주의의 화합을 도모했다. 잉글랜드 자유사상주의를 대표하는 인물은 찰스 블런트Charles Blount와 토머스 버넷Thomas Burnet이다.

/ 인간의 본성, 세계, 우주

종교적 불신과 자연법칙의 자율성을 바탕으로 자유사상가들은 이전 세대 혹은 고대 유물론자들의 몇몇 논제들, 예를 들어 우주는 무한하며 무한한 수의 세계를 함축하고 있고 태양을 중심으로 공전하는 우리 세계는 신에 의해 창조되지 않았으며 영원히 지속되리라는 이야기 등을 고유의 논제로 채택할 수 있었다. 이 두 가지 입장, 즉 우주의 영원성 및 무한성을 주장하는 경우와 세계의 다양성을 주장하는 경우가 신학적인 측면에서는 가장 이단적인 입장이었다고 볼 수 있다. 왜냐하면 세계의 목적이 인간의 보금자리 마련이라는 점을 부인하고 신이 오로지 인류를 위해 역사하며 오로지 지구라는 별에서만 역사한다는 사실을 부인했기 때문이다. 자유사상가들은 신이 존재한다 하더라도 이 세상 하나만을 창조할 정도로 게으르지는 않았으며 그런 생각은 언제나 인류의 환영에 불과했다고 보았다.

자유사상주의에 따르면, 인간의 본성은 물질적이고 생물학적인 성장 조건에 의해 결정되기 때문에 보편적이지도 내재적이지도 않다. 모든 민족은 신화와 전례를 그들이 살던 환경에 어울리도록 발전시켰을 뿐이다. 다시 말해 인간은 물리적 실체로 귀결되며 단지 필요에 따라 사회적이고 문화적인 형태를 변형시키는 능력을 갖추었을 뿐이다.

/ 윤리와 정치적, 역사적 논쟁

모든 자유사상가들은 일종의 윤리적인 회의주의를 발전시켰다. 이에 따르면 어떤 윤리적 믿음의 진실이나 모순, 혹은 인간의 행위나 태도의 정당성을 주장하는 것은 불가능하다. 어떤 종교적 믿음도 개인의 삶이나 의무를 결정지을 만큼 충분한 가치를 지니지 않는다. 도덕성은 유용성과 안녕의 도모를 바탕으로 개인적인 차원에서만 의미를 지닌다. 반면에 법은 공동선을 추구해야 하며 정치의 진정한 목적은 시민의 행복이다. 아울러 자유사상가들은 비종교적인 성격의 이상적인 민주주의국가가 모든 구성원이 충분히 지적일 때에만 가능하다고 보았다.

자유사상가들은 제도적인 종교가 토속신앙과 다를 바 없으며 따라서 철학자는 독립적이고 효율적인 윤리관을 추구해야 한다고 보았다. 실제로 자유사상가의 삶과 윤리관은 제도적 종교의 교리와 계율을 따라야 하는 민중의 그것과는 명확하게 달랐다. 하지만 자유사상가에게도 국가는 제도적 차원에서 권력의 실행을 의미했다. 결과적으로 이들은 두 종류의 상이한 정치 이론을 추구했다.

대부분의 경우는 가브리엘 노데 혹은 라 모트 르 바이에르처럼 절대적인 형태의 정부를 지지했다. 권력의 이성적 실행을 위해서는 그만큼 중앙집권적인 체제의 정부가 필요하다고 보았던 것이다. 노데는『반란에 대한 정치적 고찰 *Considérations politiques sur les coups-d'état*』에서 절대적인 정부 형태의 필요성을 강조하며

'국가적 차원'의 개념을 정립시켰다.

　반면에 일부 자유사상가들은 유물론과 윤리적, 정치적 상대주의를 극단적인 형태로 발전시켜 모든 권위의 가치를 부인하고 모든 형태의 정부와 정치 체계를 거부하는 단계에 이르렀다. 이러한 입장을 공개적으로 표명했던 저서들 가운데 하나가 바로『부활한 테오프라스토스*Theophrastus redivivus*』(1659년)다.

　급진적인 자유사상가의 관점에서 국가는 개인을 지배하고 복종과 이데올로기적, 정치적 신뢰를 요구하며 이를 얻기 위해 거짓 이데올로기와 종교적 믿음을 강요하는 일종의 괴물이나 마찬가지였다. 뒤이어 이러한 논제들을 수용하고 발전시켰던 인물들이 바로 홉스와 유물론자들이다.

/ 자유사상가들의 상대와 적

자유사상가들의 입장을 비판했던 이들 가운데 눈에 띄는 인물은 메르센이다. 그는 철학자들 사이에서 토론회와 만남을 주선하고 데카르트와 데카르트주의자들을 지지하면서 자유사상가들의 유물론에 대항할 수 있는 이성적이고 정신적인 철학을 구축하기 위해 노력했다.

　상당수의 가톨릭계 저자들, 특히 예수회 소속의 저자들이 자유사상가들을 비판하는 입장에 서서 이들의 오류를 지적하고 이들의 개종을 위해 노력했다. 이들 가운데 주목할 만한 인물들은 프랑수아 가라스, 프란시스코 가르시아 델 바예 (Francisco García del Valle, 1573~1656년), 이브 드 파리Yves de Paris, 레나어르트 레이스Lenaert Leys, 자카리 드 리지유Zacharie de Lisieux, 피에르 바르뎅Pierre Bardin, 헤로니모 데 라 마드레 데 디오스Jeronymo de la Madre de Dios 등이다. 자유사상을 비판한 초기 저술들 가운데 하나는 에스파냐 카르멜회의 수도사 헤로니모 데 라 마드레 데 디오스 (1560~1620년)의『무신론자들의 비참한 상황에 대한 열 가지 불만*Dieci lamentazioni sulla miserabile condizione degli atei*』(1611년)이다.

　벨기에 신학자 레나어르트 레이스는 무신론자와 정치가 비판을 위한『신의 섭리와 영혼의 불멸성에 관하여*De providentia numinis et animi immortalitate*』(1613년)에서 물질과 정신의 대립을 주제로 신의 존재와 영혼의 불멸성을 부인하는 유물론적 입장을 비판했다. 프랑스 학술원Académie française 회원이었던 철학자 피에르 바르뎅 (1590~1637년)은 『학교Le lycée』(1641년)에서 자유사상가들의 윤리적 비관주의를 비판하고 '교양인'에게 신앙으로 인도하는 과정에 대해 명상할 것을 권유했다. 에스파냐의 예수회 신부 프란시스코 가르시아 델 바예는 1648년『세계의 기원 이야기El nacimiento del Mundo』에서 무신론자임을 자처하던 자유사상가들의 논제, 특히 우주가 영원하다는 이들의 주장을 논박했다. 사제 이브 드 파리는『앎의 요약Digestum sapientiae』(1648년)에서 다양한 논제들, 예를 들어 교리적, 법적, 해석학적 논제들을 바탕으로 자유사상가들의 유물론을 비판하며 여기에 맞서 범신론적인 유형의 보편적 조화 이론을 제시했다. 문학도이자 뛰어난 웅변가였던 자카리 드 리지유는 풍자극『현자의 꿈Les Songes du sage』(1659년)에서 선정적인 소설들의 보급으로 인한 문화의 부패, 자유사상가들의 문란한 성적 취향, 종교를 예외적으로 권력 다툼에 사용하는 정치인들의 위선을 신랄하게 비판했다.

6

스피노자

6.1 저서들

바뤼흐 스피노자(1632~1677년)는 유대-그리스도교 전통과 르네상스 시대의 신플라톤주의 전통으로부터 커다란 영향을 받았고 이러한 전통 사상을 바탕으로 데카르트의 이성주의가 지닌 문제들을 비판하고 재구성하는 데 주력했다.

에스파냐의 유대인 가정에서 태어난 스피노자는 암스테르담의 유대 사원에서 공부를 시작했고 이곳에서 랍비 사울 레비 모르테이라Saul Levi Morteira와 므나셰 벤 이스라엘Menasseh ben Israel의 지도하에 성서와 탈무드를 공부했다. 그는 안트베르펜의 가톨릭 자유사상가 프란시스쿠스 판 덴 엔던Franciscus van den Enden 밑에서 공부하기도 했다. 스피노자는 어렸을 때 한 유대인이 이단적인 이론을 지지했다는 이유로 만인 앞에서 매질을 당하는 광경을 목격한 적이 있다. 이 경험은 결국 그가 전통 종교에 대해 비판적인 태도를 취하도록 만들었다.

신학과 종교학 외에도 스피노자는 라틴어와 수학과 물리학과 의학을 공부했다. 그는 스콜라철학을 연구하면서 '신성한 무한성'의 사유를 수용하고 자연주의와 르네상스 다신주의를 연구하면서 '세계의 무한성' 개념을 수용했다. 그 외에도 베이컨, 홉스, 데카르트, 갈릴레이와 케플러의 책들을 읽고 공부했다.

스피노자의 저서들이 집필되는 경로는 그가 자신만의 철학적 주제를 선정하고 철학적 체계를 구축할 때까지 느린 속도로 진행된 완성의 과정뿐만 아니라 이 과정에서 그가 만난 수많은 어려움들을 그대로 증언한다. 첫 번째 저서는 흔히 '소고'라는 제목으로 불리는『신과 인간과 그의 행복에 관한 소고 *Korte Verhandeling van God, de Mensch en deszelvs Welstand*』다. 이 책은 스피노자가 살아 있을 때 빛을 보지 못했지만 소실된 것으로 간주되던 필사본이 19세기에 발견되면서 출판되었다. 이 책에는『에티카*Ethica*』에서 더욱 상세하게 다룬 주제들의 상당 부분이 예시되어 있다.

후속작인『지성 개선론 *Tractatus de intellectus emendatione*』역시『에티카』과 함께 사후에 출판되었다. 스피노자의 이름으로 생전에 출판된 책은 한 권뿐이다. 이 책에는 두 편의 글,「데카르트 철학의 원리들*Principia Philosophiae Cartesianae*」과「형이상학적 사유*Cogitata metaphysica*」가 함께 수록되어 있다. 널리 알려진 저서들 가운데 하나인『신학정치론*Tractatus theologico-politicus*』은 1670년 검열과 탄압을 피하기 위해 출판사명과 출판 지역을 허위로 기입한 상태에서 익명으로 출판되었다.

스피노자의 가장 중요한 저서인『에티카』는 1661년과 1665년 사이에 쓰인 것으로 추정되며 출판 후 1670년과 1675년 사이에 다시 수정 작업을 거쳐 결정판이 완성되었다. 완성된 책은 필사본 형태로 은밀하게 친구들 사이에서 읽히다가 저자의 사후에야 저자명 없이 베네딕투스 드 스피노자*Benedictus de Spinoza*를 가리키는 약자 'BDS'만 기입한 채 '유작*Opera postuma*'이라는 제목으로 1677년에 출판되었다. 이 판본에는『에티카』를 비롯해『지성 개선론』과 일련의 서신, 그리고「히브리어 문법」이 포함되어 있다.

스피노자는 그의 종교적, 철학적, 정치적 입장 때문에 살아 있을 때뿐만 아니라 세상을 떠난 후에도 이단이라는 비난과 함께 유물론자이자 무신론자라는 비난을 받았다. 놀라운 것은 스피노자의 철학적 탐구에 대한 헌신적인 태도나 품행의 절대적인 순수함을 인정하던 지식인들 사이에서도 그를 비판하는 이들이 적지 않았다는 사실이다. 스피노자의 본격적인 재평가 작업은 18세기 말에야 시작되었고 19세기가 흐르는 동안 주로 낭만주의와 관념주의 철학자들을 통해 이루어졌다.

셸링Friedrich Wilhelm Schelling은 『뮌헨 대학 강의록』에서 "인생에서 단 한 번이라도 스피노자주의에 푹 빠져 본 적인 없는 사람은 결코 철학적 진리와 완벽성에 도달할 수 없다"고 말했고 헤겔Georg Wilhelm Friedrich Hegel은 『역사철학강의』에서 스피노자와 함께 "처음으로 절대적인 정체성에 대한 동양철학적인 직관이 유럽의 사유에 등장했다"고 평가했다.

6.2   실체와 필연성

데카르트의 '사유하는 실체'와 '연장된 실체'의 관계라는 문제는 완전히 해결되지 못한 상태로 남아 있었다. 연장된 실체는 기계적인 필연성의 영역에, 사유하는 실체는 다름 아닌 자유의 영역에 속해 있었다. 아울러 데카르트의 체계 속에서는 존재하기 위해 다른 어떤 현실도 필요로 하지 않는 신의 '사유하는 실체'와 인간의 '사유하는 실체' 사이에 분명한 차이가 있었다.

반면에 스피노자의 독창성은 실체의 통일성에 관한 철학, 이른바 '일원론'적인 철학을 발전시켰다는 데 있다. 스피노자는 현실이 무한한 속성을 통해 드러날 뿐 유일한 현실로, 유일한 실체로 존재한다고 보았다. 스피노자에 따르면, 이 현실에 대해 우리는 '사유하는 실체'와 '연장된 실체'만을 인식할 수 있을 뿐이다. 반면에 바로 이 두 형태의 실체들이 방식의 다양함을 무한하게 만든다.

스피노자는 신의 존재에서 자연적 현실의 미개한 실체에 이르기까지 완전체로서의 존재는 동일한 법칙을 따르며 필연성에 의해 지배된다고 보았다. 스피노자의 '실체' 개념에는 '신'의 개념과 '자연'의 개념이 하나로 녹아 있다. 바로 그런 이유에서 스피노자의 사상은 일종의 '범신론'으로 간주된다. 하지만 스피노자의 범신론은 신플라톤주의 철학자들의 범신론과는 다르다. 신플라톤주의 철학자들은 모든 사물의 원천으로 **하나**가 존재하며 어떤 말로도 **하나**를 수식할 수 없다고 보았다. 이 신성한 존재는 모든 피조물 안에서 연장되거나 빛을 발하지만 결국 퇴화의 과정을 거친다. 이와는 달리 스피노자는 현실의 모든 측면이 동등하게 신성하며 신은 현실과 분리된 상태에서 존재의 기원으로만 존재하는 것이 아니라 오히려 존재하는 모든 것의 총체라고 보았다.

이 실체가 바로 스피노자가 말하는 '스스로의 원인'이며 바로 그런 의미에서 실체의 본질은 존재를 수반한다. 이러한 차원에서 스피노자는 다음과 같은 존재론적인 논제를 제시했다. "스스로의 원인이란 본질이 존재를 수반하는 실재, 즉 그것의 본질이 존재하는 식으로가 아니면 이해될 수 없는 실재를 말한다."(『에티카』 1장, 정의 1) 스피노자에게 '창조'는 없었고, 실체란 '소산所産적 자연 natura naturata'의 형태로 모습을 드러내는 '능산能産적 자연natura naturante'을 의미했다. 자연이 모습을 드러내는 방식에는 '사유'를 통한 관념적인 방식과 '연장'을 통한 실재적인 방식이 있었다.

스피노자에게 실체를 지탱하는 것은 필연적인 질서였다. 실체 속에 우연적인 것은, 다시 말해 있는 그대로의 모습과 다를 수 있는 것은 아무것도 없었다. 우리의 눈에 우연적으로 보이는 것은 인간의 지적 결함, 즉 어떤 인과관계를 통해 모든 것이 다른 모든 것과, 그리고 이 모든 것들이 신과 연관되어 있는지 이해하지 못하는 인간의 부족함에서 비롯된 결과에 불과했다. 그런 의미에서 스피노자는 모든 형태의 목적론을 비판했다. 무언가가 어떤 목적을 두고 발생하는 경우는 일어나지 않았다. 그는 존재하는 모든 것, 일어나는 모든 사건이 일종의 기하학적인 필연성에 의존한다고 보았다. 다시 말해 수학의 공리, 정리, 공식들이 서로에게 제공하는 이론적 기반을 토대로 생성되는 것과 마찬가지의 원리를 따른다고 본 것이다. 신과 사물들 간의 관계는 삼각형과 삼각형의 특징들 사이에 존재하는 관계와 크게 다르지 않았다.

세계는 수학 공식으로 쓰인 한 권의 책과 같다는 갈릴레이의 생각에 커다란 영향을 받은 스피노자는 실체가 다름 아닌 수학적 형태의 법칙에 지배된다고 보았다. 이러한 생각은 어쨌든 스피노자의 사유를 통해 형이상학적인 형태로 번역된다. 따라서 그의 철학적 방법론이 기하학적이라는 학자들의 평가는 문자 그대로 받아들이기 힘들지만 정작 그렇게 이해하는 사람은 다름 아닌 스피노자다. 예를 들어 『에티카』는 정의, 공리, 정리, 증명을 토대로 하는 전형적인 기하학적인 방법론의 구조를 그대로 따른다.

6.3   지식

관념이 '사유'의 방식이고 신체가 '연장'의 방식이라면 지식의 문제도 같은 차원에서 설명될 수 있다. 사유와 연장은 동일한 필연적 질서를 따르며, 그만큼 "사물들의 질서 및 관계는 관념들의 질서 및 관계와 동일하다."(『에티카』 2장, 정리 7) 흔히 심리-물리적 유사주의로 정의되는 스피노자의 이러한 이론은 인간의 정신이, 유일한 보편적 실체의 삶 자체를 인도하고 규제하는 필연성을 이해할 때, 현실에 대한 진정한 지식을 획득할 수 있는 방식에 대해 설명한다.

하지만 스피노자는 인간의 정신이 신체적 감각을 개념적으로 감지하는 방식이 아니면 자아를 인식하지 못하기 때문에, 아울러 자신의 신체를 다름 아닌 외부 물체들을 감지하는 것처럼 감각의 개념적인 이해를 통해서만 인식하기 때문에, 우리의 지식은 적어도 첫 단계에서만큼은 혼돈에 가까울 수밖에 없다고 보았다(같은 책 2장, 정리 29 주석). 물론 혼돈스러운 개념과 개념적 오류 역시 필수적인 요소였다. 왜냐하면 혼돈스럽고 부적절한 개념들 역시 신성한 실체가 존재하는 방식들 가운데 하나였기 때문이다. 스피노자에 따르면, 지식은 감각적인 인식과 상상력을 바탕으로 시작된 다음 무엇이 우리에게 사물들의 본성을 정의할 수 있도록 해 주는 보편적인 개념들인지 구분하는 이성적 단계로 나아간다. 이어서 지식은 직관적인 학문의 세계, 신성한 방식이나 특성에 대한 지식의 세계, 다시 말해 신이 바라보는 것과 동일한 방식으로 사물들을 바라보는 단계에 도달한다. 이 시점에서 지식은 '영원히 불변하는 형태의' 개념들에 대한 이해로, 달리 말하자면 신의 필연적인 현현으로 발전한다. 우리가 이러한 다양한 앎의 방식들을 식별할 수 있는 것은 다름 아닌 진리라는 기준이 있기 때문이다.

스피노자는 우리의 정신이 현실을 일종의 투시법에 의존해 어떤 감각적 대상에 도달하는 형태로 인식한다고 보았다. 여러 사람이 동일한 대상에 상이한 방식으로 매력을 느끼는 것도 바로 그런 이유에서였다(같은 책 3장, 정리 51). 예를 들어 병사는 말을 보고 전쟁터를 떠올리지만 농부는 가꾸어야 할 밭을 떠올리며(같은 책 2장, 정리 18 주석) 인간을 직립보행에 익숙한 동물로 보는 이들이 있는 반면 두 발로 걷는 털이 없는 동물로 보는 이들이 있었다. 따라서 진정한 지식은 인식이 감성에 지배된다는 인간적인 조건에서 출발해 오랜 시간과 난관을 거쳐 진행되는 하나의 정복 과정에 가까웠다고 할 수 있다.

6.4 감성과 감정의 이론

스피노자에 따르면, 인간은 필연성의 신성함을 이해하기 때문에 사물들의 변화를 편안한 마음으로 수긍하면서 만족해한다. 흥미로운 것은 이 필연성과 이에 대한 평화롭고 종교적인 인식이 다름 아닌 감정의 이론을 수반한다는 점이다. 하지만 감정의 이론 역시 기하학적인 전제를 토대로 구축된다.

스피노자에 따르면, 모든 존재가 존속을 위해 기울이는 노력은 정신과 연관될 때 의지의 형태로, 육체와 연관될 때 욕구의 형태로 나타난다. 욕구란 인간이 무언가를 원하고 바로 그런 이유에서 원하는 것을 좋은 것으로 간주하는 정념을 말한다. 기쁨은 생존을 비롯해 인간이 자신의 존재를 완성해 가는 과정과 직결되는 정념이다. 슬픔은 이 정념의 감소에서 비롯된다. 기쁨과 슬픔이 이러한 감정들을 유발하는 외부적인 요인과 직결될 때 사랑과 미움의 감정이 발생한다. 이러한 기초적인 열정에서 스피노자는 그만의 기하학적인 방법론을 기반으로 날카로운 심리 분석을 시도하며 다른 모든 감정들의 정의를 도출했다. 물론 이것이 전부라면 스피노자의 윤리학은 성립되지 않는다. 이것이 전부라면 인간은 윤리적 판단과는 무관하며 기쁨과 슬픔에서 비롯되는 것만 할 줄 아는 존재에 불과하기 때문이다. 바로 이 시점에서 요구되는 것이 필연성의 이론이다. 스피노자에 따르면, 인간은 우주를 관할하는 법이 무엇인지 이해할 때에만 이러한 구도에 가장 근접한 것을 선택할 수 있다. 다시 말해 감정들의 본성과 이들의 필연성을 이해할 때에만 감정과 무관하게 행동하는 법을 터득할 수 있다. 스피노자는 인간의 자유가 근본적으로는 신에 대한 지적 사랑에서 비롯된다고 보았다(『에티카』 5장, 정리 32). 바로 이 사랑에서 보편적 필연성을 인식하는 철학자의 평온한 기쁨이 유래한다. 그런 식으로 필연성을 인식하고 모든 원인의 속박으로부터 벗어나는 데 성공하는 자만이 진정한 자유를 얻을 수 있다. 예를 들어 철학가는 죽음의 필연성을 인식하지만 이를 두려워하지는 않는다(같은 책 4장, 정리 67).

6.5   정치 이론과 관용

스피노자의 정치 이론 역시 동일한 전제에서 출발한다. 스피노자는 서로 상반되는 정념들이 다수의 인간을 지배하는 만큼 이성이라는 기준이 필요하다고 보았다. 즉 인간의 본성에 본질적인 것, 모두에게 동일한 것, 다시 말해 모두에게 유용한 것을 자신에게도 유용한 것으로 인정하고 실현하기 위해 필요한 것이 바로 이성이었다(『에티카』 4장, 정리 73).

홉스와 자연법주의자들은 자연법이 이성에 기초한다고 보았지만 스피노자는 필연성에 기초한다고 보았다. 우주적 차원의 필연성을 표상하는 자연법에 따르면 인간은 자신의 본성에 따라 자유롭게 행동할 수 없는 존재이기 때문에 만인을 상대로 벌어지는 만인의 전쟁을 피하기 위해서는 사회의 질서 유지를 위해 정부라는 형태를 거쳐 표명되는 공동의 권리를 정립할 필요가 있었다. 옳고 그름, 선과 악이라는 개념들은 규칙과 계율을 규정하는 이러한 계약 사회 내부에서만 의미를 지닐 수 있었다.

스피노자는 이러한 정치사상을 토대로 철학적이고 종교적인 자유의 이론을 정립했다. 언뜻 모순적으로 보이지만, 특이한 점은 필연성 이론, 즉 사물들은 있는 그대로의 모습으로 존재하며 인간의 어떤 행위도 세계의 질서를 변형시킬 수 없다는 이론에서 다름 아닌 사상의 자유를 변호하는 17세기의 탁월한 변호론들 가운데 하나가 탄생했다는 점이다.

실제로 사상의 자유를 주장하는 스피노자의 입장은 신앙의 교리를 토대로 정립된다. 『신학정치론』에서 스피노자는 성서가 어떤 진리도 주장하지 않으며 오로지 신에게 복종해야 하고 가까이에 있는 사람을 사랑하라는 원칙만을 강조한다고 기록했다. 결국 신앙의 문제가 몇몇 본질적인 원칙들로 환원되었기 때문에 스피노자에게는 신앙과 이성 간의 분쟁 자체가 무의미했다. 철학적 진리를 탐구하는 데 있어서 모두에게 최대한의 자유를 허락하는 것이 바로 신앙이었고 이러한 자유를 보장하는 것이 국가의 의무였다.

7

존 로크

7.1 단호하면서도 신중한 경험주의

1632년 잉글랜드 서머싯에서 태어난 존 로크는 고전 철학과 문학을 배우면서 성장했다. 이어서 의학 공부에 몰두했고 학위는 받지 못했지만 기회가 주어질 때마다 의사로 활동했다. 자신의 철학이 지니는 자유주의적인 성격 때문에 정치적으로 어려움을 겪었던 로크는 망명을 떠나 파리에서 활동하며 데카르트와 가상디의 저서들을 공부했고, 이어서 네덜란드로 이주했다. 잉글랜드로 돌아온 뒤에는 여러 분야의 공직에 머물다가 1704년에 사망했다.

　　로크의 철학을 경험주의로 이끈 결정적인 요인은 의학 연구와 의사로서의 경험이었던 것으로 보인다. 데카르트의 본유주의에 대한 그의 비판적인 태도도 이러한 경험주의에서 비롯된다. 로크의 모든 성찰은 대학의 학문과는 거리가 멀다는 특징을 지녔고 그의 주요 저서인 『인간의 지성에 관한 에세이』(1690년)도 그가 직접 밝힌 것처럼 몇몇 친구들과 나눈 비전문적인 내용의 대화에서 탄생했다.

아울러 로크는 계몽주의의 선구자로 간주될 만한 여러 가지 특징들을 가지고 있었다. 계몽주의 시대의 백과사전주의자들처럼 로크는 상이한 전공 분야의 지식인들 사이에서 오가는 허물없는 대화와 유사한 논술 양식을 사용했다. 또 계몽주의 철학자들처럼 의미를 우선적으로 정의하지 않는 이상 지나치게 전문적인 용어들을 사용하지 않는다는 원칙을 고수했고 일상적인 대화에서 사용되는 용어와 양식을 최대한 활용하려고 노력했다.

데카르트의 『방법 서설』 서두와 로크의 『인간의 지성에 관한 에세이』 서문을 비교해 보면 상당히 흥미로운 차이점을 발견할 수 있다. 데카르트에 따르면, "세상에서 가장 잘 배분된 것이 바로 상식이다. 왜냐하면 모두가 자기만큼은 충분한 상식을 갖춘 사람이라고 여기기 때문에 무엇이든 만족할 줄을 모르는 사람들조차도 상식에 관한 한 그들이 가진 것 이상을 기대하지 않는 것이 보통이기 때문이다." 언뜻 무의미한 이야기처럼 들릴 수도 있겠지만 이 문장은 사실 모든 인간에게 공통된 '본유적인' 관념들의 유산과 이에 대한 데카르트의 굳건한 믿음을 떠올리게 만든다. 그런 식으로 데카르트는 인간이 관념들의 논리에 복종하면서 그가 알아야 할 모든 것, 심지어는 신의 존재까지도 오로지 이성의 힘만으로 추론할 수 있다고 생각했던 것이다. 반면에 인간의 지성에 대해 로크가 취하는 신중한 태도는, 비록 지성이 앎을 통한 세계와의 소통을 위해 신이 인간에게 선사한 선물임에 틀림없지만, 지성의 불완전한 측면들, 즉 인간이 확실성보다는 개연성을 기반으로 사고한다는 점, 특히 인간이 지적 능력을 원래부터 타고난 원칙이 아니라 오로지 경험에서 취득한다는 점을 상기시킨다.

7.2   『인간의 지성에 관한 에세이』

『인간의 지성에 관한 에세이』는 타고난 관념들이 존재한다는 생각에 대한 비판으로 시작된다. 로크는 인간이 본유적인 개념의 도움 없이 자연적인 능력만으로도 모든 형태의 지식을 취득할 수 있다고 보았다. 로크에 따르면 몇몇 원칙들에 대해 대부분의 인간이 동의한다고 해서 이러한 보편적 합의가 곧 이 원칙들이 본유적이라는 것을 의미하지는 않는다. 오히려, 영혼이 없다고 볼 수 없는 아이들이나 백치들이 본유적인 것으로 간주되는 개념들을 전혀 인식하지 못한다는 사실에서 이러한 동의가 사실은 보편적일 수 없다는 것이 분명하게 드러난다. 도덕적인 개념이나 실용적인 원칙의 영역에서도, 전통적인 선악의 개념과는 전적으로 다른 선악의 개념을 지녔거나 심지어는 신의 개념조차 없는 민족들이 존재한다.

로크는 신세계의 원주민들이 생각하고 살아가는 방식에 대해 여행가들과 탐험가들이 일종의 문화적 상대주의 원칙들을 소개하며 제공하던 정보들을 일찍부터 읽고 연구한 뒤 일련의 문화인류학적인 결론을 이끌어 냈던 사상가들 중 한 명이다.

물론 로크도 인정했던 것처럼, 모든 인간에게 공통된 성향들이나 특징들, 예를 들어 행복을 추구한다든지 불행을 원하지 않는다는 특징들은 분명히 존재한다. 하지만 이들은 모두 욕구에서 비롯되는 성향에 불과하지 지성을 통해 확인되는 진리와는 거리가 멀다. 사람들은 모두가 본능적으로 동의하는 것처럼 보이는 몇몇 일반적인 논제들을 본유적인 것으로 간주하는 경향이 있지만 인간의 뇌는 오히려 경험에서 유래하는 개념들이 하나씩 천천히 기록되는 일종의 백지에 가깝다.

로크가 본유주의를 논박하며 표적으로 삼은 것은 그에게 많은 논제들을 제공한 데카르트라기보다는 케임브리지의 플라톤주의 철학자들과 말브랑슈의 본유주의였다. 경험주의자 로크는 비판적인 입장에서, 흔히 이성적인 방식으로 거론되는 현상들에 대해 인간의 지성이 지니는 실질적인 한계를 정의하려고 노력했다. 로크가 동일한 입장과 관점을 유지하며 교육, 종교, 관용, 정치철학을 주제로 집필한 저서들은 오랫동안 잉글랜드 철학의 발전과 성장에 지대한 영향을 끼쳤다.

지성을 활용하는 인간의 기량이 감지 기능만 활용하는 다른 모든 존재의 기량보다 우월하다는 점에 주목한 로크는 『인간의 지성에 관한 에세이』에서 '연장'과 지식의 '한계'를 탐구하며, 다양한 정도의 '확실성'과 '믿음'과 '견해'와 '동의'를 바탕으로, 인간의 지식이 얼마나 확실한지 혹은 얼마나 개연적인지 정립하려고 노력했다.

로크에 따르면, 모든 종류의 지식이 동일한 정도의 확실성을 가지는 것은 아니다. 아울러 우리의 지적 능력이 닿지 않는 곳에 무언가가 존재한다는 것은 사실이지만 이는 우리의 지적 능력이 향상될 수 없다는 것을 의미하지는 않는다. 로크는 이렇게 말했다. "만약 저녁에 촛불을 켜고 해야 할 일을 하지 못한 게으르고 변덕이 심한 가정부가 낮처럼 밝은 햇빛이 모자랐기 때문이라고 변명한다면 이는 그가 일을 게을리한 것에 대한 충분한 이유로 인정될 수 없을 것이다. 우리의 내면을 밝히는 촛불은 우리가 추구하는 모든 것을 충분히 비출 수 있는 빛을 지녔다." 로크에 따르면, 우리는 개연성밖에 발견할 수 없는 곳에서 확실성을 의심하는 우를 범하지 말아야 한다. 개연성만으로도 우리가 중요하게 여기는 것들을 충분히 제어할 수 있기 때문이다. 모든 것을 다 확실하게 알 수 없다는 이유로 믿지 않는다면 "우리는 날개가 없다는 이유로 다리를 사용하지 않고 그 자리에서 죽는 사람 못지않게 현명한 행동을 하는 셈이다."(『인간의 지성에 관한 에세이』 서문 5)

로크가 가장 우선적인 과제로 삼은 것은 정신의 어떤 움직임, 육체의 어떤 변화를 기반으로 우리의 감각기관을 통한 감지 행위나 지성을 통한 개념 형성이 이루어지는지 검토하는 것이었다.

특별한 감각적 대상과 접촉하는 우리의 감각은 대상이 감각기관을 자극하는 방식에 따라 감지되는 다양한 정보를 실어 나른다. 로크는 관념의 첫 번째 원천이 '느낌'이며 두 번째 원천은 '성찰'이라고 보았다. 몇몇 관념들은 색깔, 맛, 형상처럼 단순하며 단순한 것들의 조합을 통해 이루어지는 관념들은 꽃이나 인간처럼 복합적이다. 로크에 따르면, "칭송받는 천재도, 박식한 지성인도, 그의 사유가 아무리 민첩하고 다양하더라도, 단순한 관념을 새롭게 발명하거나 만들어 낼 수 없다."(같은 책 1권 2장)

7.3   관념

로크는 정신이 그 자체로 이해할 수 있거나 즉각적인 감지 대상으로 간주할 수 있는 모든 것을 '관념'이라고 부른다. 이 대상들은 일련의 특성을 지닌다. 일차적인 특성들은 질료나 형상 혹은 숫자처럼 형체 안에 들어 있는 특성들을 가리키는 반면 이차적인 특성들, 혹은 로크가 감각적이라고 부르는 특성들은 색이나 소리나 맛처럼 한 형체가 일차적인 특성들을 기반으로 우리의 감각기관을 자극하며 생산해 내는 특성들을 가리킨다. 더 나아가서 형체들은 다른 형체를 자극할 수 있는 힘을 지녔다. 예를 들어 불은 납을 녹일 수 있다.

물론 형체들의 특성이 존재할 뿐이라고 보는 순수하게 경험주의적인 관점에서는 일차적인 특징과 이차적인 특징을 구분하는 것이 무의미할 것이다. 하지만 로크는 대부분의 인간이 어떤 환경에서든 인정하고 동의하는 특성들(한 물체의 무게가 외부 요인에 따라 변하지 않는 경우)을 일차적인 특성으로 간주하고, 동의 자체가 환경과 외부적인 조건에 좌우되는 경우(감지하는 주체에 따라 변할 수 있는 맛이나 색의 경우)를 이차적인 특성으로 간주했다.

아울러 로크는 인간의 정신이 어떤 관념과 그것을 동반하는 다른 모든 관념을 추상적으로 분리할 수 있으며 그런 식으로 일반적인 관념들을 생산해 낸다고 보았다. 복합적인 관념들은 '감사하는 마음'의 경우처럼 모종의 방식일 수 있고, '인간'이나 '양'처럼 개별적인 실체이거나 '군대'나 '양 떼'처럼 다수의 실체일 수도, 혹은 '남편'이나 '형제'처럼 다양한 관념들 사이의 관계일 수도 있다. 실제로 관계를 가리키는 관념들은 실체를 가리키는 관념들보다 훨씬 명확하다.

사실상 로크의 철학을 지탱하는 초석은 이 '실체'에 관한 비판적 성찰이다. 우리는 단순한 관념들을 복합적인 관념으로 조합하면서 이 관념에 독립적인 정체성을 부여한다. 그런 식으로 우리는 '인간' 혹은 '양'과 같은 실체가 존재한다고 생각하며 어떤 사람이 백인이라든가 키가 크다고 판단하는 경우처럼 이 실체들이 지니는 다양한 일차적 혹은 이차적 특성들이 하나의 바탕 혹은 어떤 본질의 속성과 일치한다고 생각한다. 중요한 것은 우리가 이러한 실체들에 대해 사실상 내면적인 성찰을 통해 구체화되는 다양한 특성들의 조합 외에 어떤 명확한 관념도 가지고 있지 않다는 사실이다. 이와 마찬가지로 우리는 우리가 생각하고 숙고하거나 두려워하는 행위의 기반으로 하나의 영적 실체가 존재한다는 가정하에 행동한다.

로크의 '실체'에 관한 비판적 성찰은 그의 언어 개념을 토대로 이루어진다. 로크에 따르면, 우리가 사용하는 말은 그것을 활용하는 사람의 머릿속에 들어 있는 관념들의 감각적인 기호다. 아울러 우리는 즉각적인 방식으로만, 말이 (1) 듣는 사람의 머릿속에 있는 관념들의 기호이며, (2) 우리가 언급하는 사물들의 기호라고 생각한다.

하지만 말은 우선적으로 오로지 관념을 가리킬 뿐이며 자유로운 선택에 따라 관념에 적용될 뿐이다. 무엇보다도 우리가 경험하는 모든 특별한 것에 이름을 부여한다는 것이 불가능하다. 예를 들어 어떤 특정한 날, 특정한 순간에 목격한 어떤 특정한 꽃의 색상만을 가리키는 용어를 고안해 낸다는 것은 불가능한 일이다. 설사 가능하다고 해도 이러한 경험에 우리가 부여하는 이름이 실제로 우리의 이야기를 듣는 사람들에게 전달될 똑같이 특별한 경험에 정확히 부응하리라고 보장하는 것은 아무것도 없다. 실제로 우리가 사용하는 대부분의 말은 일반적인 용어들, 다시 말해 일반적인 관념들의 기호에 지나지 않는다.

자연은 유사한 것들을 다량으로 만들어 낸다. 예를 들어 우리가 어떤 종에 속한다고 간주하는 동물들은 동일한 종에 속하는 동물만을 낳는다. 하지만 '인간'이나 '양' 같은 일반적인 용어들로 사물들을 분류하는 것은 감지된 유사성을 기준으로 일반적이고 추상적인 관념들을 구축하는 인간의 지성만이 할 수 있는 일이다.

로크에 따르면, 어떤 사물의 실질적인 본질은 사실상 우리가 이해할 수 있는 범위를 벗어나 있다. 우리는 명의상의 본질에 대해 이야기할 수 있을 뿐이며 이 명의상의 본질이 바로 하나의 이름으로 표시되는 일반적이고 추상적인 관념이다. 명의상의 관념은 무언가에 대한 정보의 정도에 좌우되는 인위적인 구축물에 지나지 않는다. 로크에게 언어는 우리가 현실에 대한 우리의 앎에 체계를 부여하기 위해 명의상의 본질을 식별하며 사용하는 도구에 불과했다. 로크가 오컴의 유명론을 답습한다는 평가, 정확히 말해 그의 개념주의를 답습한다는 평가가 있었던 것도 바로 이 때문이다. 아울러 언어는 현실의 이해를 위해 필수적이지만 완벽하지 않은 도구였다. 왜냐하면 말들이 명확한 관념들을 가리키지 않으며 비지속적이거나 모호한 방식으로 사용되는 경우가 많고, 말이 곧 사물이라고 믿는 경우나 말이 사실상 의미하지 않은 것들을 지칭하는 경우, 아울러 우리의 말을 듣는 사람들이 그 말을 반드시 우리가 부여하는 것과 동일한 의미로 받아들여야 한다고 믿는 경우가 비일비재하기 때문이다.

로크는『인간의 지성에 관한 에세이』의 3권에서 당대의 많은 사상가들이 시도했던 것처럼 어떤 완벽한 언어 모형을 제시하는 대신 말들의 부정확하고 모호한 사용을 최대한 피하기 위한 일련의 규칙을 제시했다. 언어 사용에 대한 로크의 비판은 따라서 지성의 한계에 대한 비판으로 발전했고,『인간의 지성에 관한 에세이』중에서도 상당히 현대적인 성격을 지닌 3권은 지대한 영향력을 행사하며 20세기가 흐르는 동안 잉글랜드의 철학이 언어분석을 최고의 철학 장르로 성장시키는 데 결정적인 역할을 했다.

한계의 식별을 기반으로 하는 지식 이론은 로크로 하여금 분명하고 확실한 지식의 부재에 대비하기 위한 판단의 이론을 개연성과 적합성을 기반으로 구축하도록 만들었다. 로크에 따르면, 개연성의 가장 고차원적인 단계는 모든 시대에 걸친 모든 인간의 일반적인 동의가 일관적이고 지속적인 경험을 통해 일정한 견해의 진리를 확보할 때 도달할 수 있다. 반면에 지식의 가장 저급한 단계는 단순한 믿음을 바탕으로 형성된다.

7.4 의식의 삶

로크는 내면적인 성찰의 단계에서 '의식'의 삶을 구성하는 기억, 회상, 관조, 관심 등의 분석을 통해 어떻게 고통이나 쾌락 같은 단순한 관념에서 선과 악 같은 개념들이 유래하고 또 여기서 사랑과 미움, 기쁨과 불안, 혹은 욕망 같은 또 다른 정념들이 발생하는지 설명한다. 이 정념들에 관한 성찰을 통해 도출되는 것이 바로 로크의 정치학 이론에서 핵심적인 역할을 하는 의지와 자유의 개념이다.

데카르트의 철학적 주제들과 관련하여, 로크는 인간이 자신의 존재에 대해 외부적인 증명을 필요로 하지 않는 명확하고 확실한 의식을 지닌다고 보았다. 하지만 로크는 인간의 지성이 일종의 백지라는 것을 인정하면 관념들이 이 백지 위에 외부적인 현실을 바탕으로만 기록된다는 사실을 부인할 수 없다고 보았다. 신의 존재에 대해서도, 로크는 신이라는 관념이 본유적이지는 않지만 무언가가 영원부터 존재해야 한다는 것은 분명하다고 생각했다.

이러한 주제들이 바로 로크가 가장 미약하게 다루었던 분야라면, 이는 먼저 신의 개념조차 지니지 않은 민족들이 존재한다는 사실을 설명할 길이 없었기 때문이며, 아울러 '신성한 실체'에 대한 생각 자체가 '사유하는 실체'의 개념에 대한 그의 비판으로 인해 타당성을 잃을 수밖에 없었기 때문이다.

신앙의 진실이 지니는 확실성은, 로크에 따르면, 이 진실이 기만할 수도 없고 기만을 당할 수도 없는 존재의 증언, 즉 신의 증언을 토대로 구축된다는 사실에서 유래한다. 두말할 필요 없이 이 신앙의 확실성은 계시적 진실에 대한 믿음의 확실성을 의미한다. 『인간의 지성에 관한 에세이』에서뿐만 아니라 『그리스도교의 타당성 The Reasonableness of Christianity』에서도 로크는 신앙이 이성과는 분명히 다르지만 정신의 굳건한 동의를 의미한다고 보았다. 그는 "이 동의가 이성과 대립될 수 없다"고 주장했다(『인간의 지성에 관한 에세이』 3권 18장). 로크는 계시를 기반으로 성립되는 것이 신앙이지만 계시조차도 우리가 경험을 통해 터득한 관념의 영역에서 벗어나는 것을 이야기하지 않으며, 그런 만큼 어떤 종류의 계시도 우리의 직관적인 지성을 위배할 수 없다고 보았다. 아울러 로크는 극단적인 경우들, 예를 들어 개연성이 상당히 떨어지는 신앙의 진실들, 다시 말해 이성을 위배하는 대신 개연성을 위배하는 경우들이 존재하지만 그 수가 많지 않기 때문에 이들 역시 신앙의 진실로 수용될 수 있다고 보았다. 실제로 로크의 '이성적 그리스도교' 혹은 그리스도교의 타당성은 아담이 죄를 지었고 그리스도가 메시아이자 우리의 도덕적 삶의 스승이라는 것을 신앙의 진실로 받아들이는 데에 그친다.

7.5   관용

로크는 정치적 문제와 관용의 개념에 대해서도 중요한 저서들, 『통치론』과 『관용에 관한 편지*Letter Concerning Toleration*』를 남겼다. 모든 교리를 수용하는 입장과는 전적으로 다르며 후세에 계몽주의자들의 '이신론'과 유사한 것으로 평가된 종교적 입장을 토대로, 로크는 어떤 교회도 신도들을 절대적인 방식으로 구속할 수 없으며 어떤 교회 지도자들도 국가가 행사해야 하는 의무와 무관한 만큼 자신들의 권리를 강제적으로 행사할 수 없고 오로지 권고나 경고의 형태로만 행사할 수 있으며 권력 행사를 위해 강압적으로 개입할 권리를 요구할 수 없다고 주장했다. 이와 마찬가지로 어떤 국가도 교회의 기능을 수행할 수 없었다. 로크는 교회와 정치권이 서로를 존중하고 제재하는 체제가 바람직하다고 생각했다. 교회의 목적은 영혼의 구원에 있었고 정치의 목적은 인간의 자연적 권리를 보장하는 데 있었다. 하지만 로크는 관용을 요구할 권리가 가톨릭교도들과 무신론자들에게는 주어질 수 없다고 보았다. 전자는 교황의 정치적 권리에 의존했기 때문이며, 후자의 경우 신을 믿지 않는 만큼 이들의 맹세에 신빙성이 없었기 때문이다. 사실상 종교의 자유는 국가의 안전을 위협하지도 않았고 어떤 정치적 목적과 연관될 수도 없는 성격의 것이었다. 당대의 독특한 정치 상황을 통해 부각된 이러한 제한적인 특징들에도 불구하고 로크는 국가가 종교에 관여할 수 없다는 원칙, 회합의 자유, 모든 종교에 대한 존중의 의무를 지지하면서 후세기에 부상하게 될 자유사상을 상징하는 인물로 추앙되었다.

7.6   정치학 이론과 근대 민주주의의 기원

1690년에 출판된 『통치론』을 통해 로크는 근대 헌법의 법률적인 기반을 마련했다. 『통치론』 1권에서 로크는 절대국가의 정당성을 요구하는 입장을 비판하면서 잉글랜드의 정치사상가 로버트 필머(Robert Filmer, 1590~1653년)가 주장했던 것처럼 신이 부여한 정통성을 바탕으로 절대군주제를 정초할 수 있다고 보는 견해가 성서의 일방적인 해석에서 비롯된 그릇된 견해임을 주장했다.

『통치론』 2권에서 다루는 것은 법과 국가의 기원에 대한 이론이다. 모든 인간은 자연적인 관점에서 자유롭게 태어난다. 로크는 이러한 자연 상태를 평등성의 긍정적인 조건이자 모두가 타인의 의지에 복종하지 않고 자신의 생존을 위해 행동할 수 있는 조건으로 보았다. 로크의 자연 상태 개념은 상당히 거시적인 그의 정치 개념과 마찬가지로 홉스의 그것과 정반대되는 개념이다.

로크의 자연 상태는 사유재산을 소유할 권리와 노동을 통해 얻은 수확에 대한 권리를 포함한다. 사유재산과 가꾸어야 할 땅에 대한 권리를 정당화하는 것이 다름 아닌 노동이다. 이어서 개인들 간의 정치적 단합, 예를 들어 사회공동체나 국가의 설립이 요구되며 이는 공동의 생존을 위해 모두에게 평등한 법을 제정하고 공평한 판사를 세울 필요가 있기 때문이다.

국가는 따라서 공동의 계약을 기반으로 구성원의 권리와 자유를 수호하기 위해 탄생한다. 개인은 다수의 의견을 존중하고 따라야 할 의무를 지니며 동시에 자연적 권리의 수호를 국가에 위탁한다. 다시 말해 삶 자체와 안전과 재산, 혹은 자연법을 위반하는 자에 대한 처벌을 국가에 위탁한다.

로크는 국가의 정치권력을 세 종류로, 즉 법을 제정하는 입법권legislative power, 공권력을 바탕으로 법을 실행에 옮기는 집행권esecutive power, 그리고 국가들 간의 관계를 조율하는 동맹권federative power으로 구분했다. 아울러 로크는 정치권력이 정부에 위탁되어야 하지만 정부가 공동체에 피해를 가하며 계약을 위반할 때 민중은 혁명의 권리를 행사하며 정부의 대체를 요구할 수 있다고 보았다. 정치권력은 따라서 각 개인의 삶을 향상하기 위해 사회가 선택한 하나의 도구였고 이러한 사회의 요구를 존중해야만 했다. 로크는 1689년 역사상 최초의 헌법적 군주제와 함께 시작된 잉글랜드 대의민주주의의 지지자였다.

케임브리지의 플라톤주의자들

'케임브리지의 플라톤주의'라는 표현은 17세기 잉글랜드의 케임브리지 대학 주변에서 홉스의 기계주의와 가상디의 원자주의에 대한 비판적 입장을 토대로 형성된 신플라톤주의적인 성향의 철학 사조를 가리킨다. 이 사조의 기본적인 특징들은 관념이나 사물들의 형태가 존재하며 수학적 진리와 본유적인 도덕적 기준이 존재한다는 생각, 사유하는 실체 혹은 영적 실체가 물질에 우선한다고 보는 이원론적인 사고, 이성적 논증 원리를 바탕으로 신학적 주제들을 재평가하는 경향, 근대의 과학적 방법론과 새로이 발견된 과학적 사실들을 수용하는 입장, 과학적 지식과 신학적 앎은 근본적인 차원에서 일치한다고 보는 혼합주의적인 성격 등이다.

에드워드 허버트와 이성적 종교

케임브리지의 플라톤주의자들은 철학자 에드워드 허버트(1583~1648년)가 『진실에 관하여De veritate』에서 제시한 '이성적 종교'라는 개념을 발전시켰다. 상이한 종교적 경험에서 출발할 뿐 신도 개개인의 이성은 서로의 신앙에서 일련의 공통점 혹은 보편적인 요소들을 발견할 수 있으며 이 요소들을 바탕으로 서로를 인정하고 공통된 의견을 구축할 수 있다는 것이 이들의 생각이었다. 이 보편적 요소란 신의 존재, 그에 대한 믿음, 속죄, 사후의 보상 혹은 형벌에 대한 믿음 등을 말한다. 허버트에게 이러한 요소들은 영원한 진실인 동시에 윤리적 근본원리이며 신이 모든 인간에게 생명과 함께 부여한 '공통된 관념' 내지 '위반할 수 없는 원칙'이었다. 그는 이러한 관념이 신의 '보편성'을 마주한 이성의 '보편적' 능력 속에 내재한다고 보았다. 인간의 정신은 영원하고 보편적인 앎의 모든 기본적인 개념들이 포함되어 있는 한 권의 책과 같았다. 허버트는 이 보편적인 앎이 경험에 앞서 존재하며 인간의 성장과 함께 외부 세계와 접촉한다고 보았다. 그는 아울러 철학에서 결정적인 역할을 하는 것은 종교이며 종교가 모든 성찰의 시발점이자 최후의 목적이라고 주장했다.

이러한 사상적 특징 때문에 케임브리지 플라톤주의자들의 입장은 종종 존 틸럿 슨John Tillotson, 에드워드 스틸링플리트Edward Stillingfleet 같은 잉글랜드 저교회파Low Church 신학자들의 입장이나 좀 더 일반적으로는 광교파latitudinarian의 입장과 유사한 것으로 간주되곤 했다. 논쟁적인 성격의 호칭이지만, 이 광교파라는 용어는 케임브리지 플라톤주의자들처럼 종교의 본질적인 원칙들이 존재한다고 믿는 사상가들을 가리키는 용어였다. 이들은 이 종교적 원칙들을 뛰어넘어 신도들에게 훨씬 더 광범위한 의식의 자유를 허락함으로써 광신주의와 미신을 타파하고 절제와 관용을 바탕으로 하는 종교적 경험을 추구할 수 있다고 보았다.

케임브리지 플라톤주의자들의 스승

케임브리지 플라톤주의의 창시자로 간주되는 벤저민 위치코트(Benjamin Whichcote, 1609~1683년)가 지지했던 것은 이성적이고 관용적인 신학이었다. 그에게 신은 절대적으로 완벽하며 그런 만큼 선하고 자비로울 수밖에 없는 존재였다. 위치코트는 "따라서 인간에게 종교성과 신의 의미보다 더 구체적인 것은 없다"고 주장했지만 이 '종교성'에는 신의 계시를 이해하기 위한 도구로 이성이 필요하다고 보았다. 그는 인간의 이성을 '신의 촛불'에 비유했고 이 촛불의 빛이야말로 무질서한 욕망의 세계에서 비롯되는 상처를 치유할 수 있는 유일한 약이라고 보았다.

헨리 모어

데카르트의 철학을 잉글랜드에 처음으로 도입했던 인물은 헨리 모어(1614~1687년)다. 데카르트의 사상은 데카르트와 데모크리토스 및 그리스도교 사상을 하나로 묶을 수 있는 공통분모를 찾기 위해 서구 사상사를 거꾸로 답사하는 과정에서 도입되었다.

하지만 모어는 육체적 실체와 영적 실체의 관계에 대해서만큼은 데카르트와 생각이 달랐다. 왜냐하면 연장이 실체의 분류를 앞서는 만큼, 사실상 얼마든지 영적 연장이 육체적 연장을 앞선다고 볼 수 있지만 두 가지 경우 모두 사실은 동일한 실체의 특성에 불과했기 때문이다. 모어의 독창적인 해결책은 모든 실체가, 그것이 물질적이든 영적이든, 연장되어 있다는 것이었다.

모어는 신플라톤주의 고유의 계보학을 바탕으로 자신의 철학 체계를 구축했다. 그는 모든 현실이 하나의 영적 원리에 의해, 즉 '조형적 영' 혹은 '자연의 영'에 의해 형성된다고 보았다. 이 영적 원리는 중세의 세계영혼anima mundi 개념이나 스토아학파의 프네우마 이론을 발전시킨 형태로 소개된다. 조형적 영은 신의 절대적인 영성에서 출발해 조금씩 힘을 소모하며 물질세계로까지 하강한다. 하지만 이 힘은 소진되지 않으며 결국 물질의 가장 미세한 부분도 영성의 일부를 간직한다. 모어는 영혼의 활동을 영적 연장의 원리를 바탕으로 설명했다. 영혼이 육체와 연결되는 것은 연장을 공유하기 때문이며 영혼과 육체의 상호작용은 조형적 영이 둘 사이에 부여한 인력으로 설명된다.

8

라이프니츠

8.1 한 유럽 지성인의 삶

라이프니츠는 1646년 라이프치히에서 태어났다. 여섯 살에 아버지를 여읜 라이프니츠는 여덟 살 때부터 라이프치히 대학의 도덕철학 교수였던 아버지의 서재에서 소장 도서들을 읽기 시작했고 불과 열두 살의 나이에 고대 그리스어와 라틴어 책들을 읽는 천재성을 발휘했다. 라이프치히 대학에서 법학과 철학을 공부했고 1664년에 철학 학사학위를 받았지만 같은 대학에서 박사학위를 거부당한 뒤 알트도르프 대학에서 법학 박사학위를 받았다. 1666년에 『조합 기술에 관한 논문 *Dissertatio de Arte Combinatoria*』을 출판했다. 대학에서 교수 경력을 쌓을 수 있는 절호의 기회를 포기한 라이프니츠는 그의 친구 요한 크리스티안 폰 보이네부르크Johann Christian von Boyneburg 남작의 소개로 마인츠의 선제후 요한 필리프 폰 쉰본Johann Philip von Schönborn을 알현한 뒤 고등법원 판사로 임명된다. 1672년 외교관의 자격으로 파리에 안착한 라이프니츠는 갈릴레이와 데카르트에 의해 시작된 학문적 혁명의 계승자들과 교류했다. 특히 수학자이자 천문학자인 크리스티안 하위헌스와의 만남을 계기로 수학을 체계적으로 공부하기 시작했다. 마인츠의 선제후가 사망한 뒤에는 하노버의 공작 요한 프리드리히Johann Friedrich가 라이프니츠를 고문으로 기용하면서 새 후원자가 되었다. 1676년 10월 파리를 떠난 라이프니츠는 런던의 로열소사이어티에서 계산기 모형을 선보였고 유럽으로 돌아오는 길에 헤이그에서 스피노자를 만났다.

1679년에 라이프니츠는 하르츠Harz산지의 광산에서 배수를 위한 풍차 건설을 기획했다. 1684년에는 정기간행물《악타 에루디토룸 Acta Eruditorum》에 「극대와 극소를 위한 새로운 방법론Nova Methodus pro maximis et minimis」이라는 기사를 발표해 그가 몇 년 전에 발견했던 미분법을 세상에 알렸다. 1680년에서 1686까지는 라이프니츠가 가장 왕성하게 철학에 몰두했던 시기다. 『형이상학 논고Discours de métaphysique』가 이 시기에 쓰였다. 이 저서는 생전에 출판되지 않았지만 라이프니츠 사상의 핵심적인 내용이 담겨 있다. 같은 시기에 철학자이자 신학자인 앙투안 아르노와 서신 교환을 시작했고 「개념과 진리의 분석에 관한 일반적인 탐구Generales inquisitiones de analysis notionum et veritatum」라는 방대한 논문을 통해 논리학 자체를 일종의 공식으로 축약하려는 시도를 감행했다. 외교관으로도 활발히 활동했던 라이프니츠는 하노버의 공작 에른스트 아우구스트Ernst August의 위탁으로 브라운슈바이크 공국의 역사를 집필하기 위해 거의 2년 동안 독일 남부와 이탈리아를 여행했다.

1690년에 하노버로 돌아온 라이프니츠는 수많은 계획들을 동시에 진척시켰다. 브라운슈바이크 공국의 역사서는 물론 역학 논문과 지구의 역사를 설명하는 지질학 논문을 동시에 집필했고 그리스도교의 통합이라는 문제에 관여하며 수많은 지식인들과 활발히 서신을 교환했다. 아울러 예정된 세계의 예정된 조화에 대한 독특한 이론을 다룬 『자연과 은총의 새로운 체계Principes de la nature et de la grâce』를 출판했고 잉글랜드의 로열소사이어티를 모형으로 하는 과학 아카데미의 설립을 지속적으로 모색했다. 라이프니츠는 하노버 가문을 잉글랜드의 왕좌에 올려놓기 위해 열성적으로 외교 활동을 펼치기도 했다. 1703년에서 1704년 사이에 라이프니츠는 『인간의 지성에 대한 새로운 에세이Nouveaux Essais sur *l'entendement humain*』를 집필했다. 로크의 에세이에 대한 비평적 주석의 형태로 쓰였지만 라이프니츠는 이 책의 출판을 끝내 포기하고 말았다. 왜냐하면 로크의 사망 소식을 접하고 자신의 입장을 더 이상 변론할 수 없는 저자에 대한 비판적인 내용의 글을 출판하는 것이 부적절하다고 생각했기 때문이다. 이 책은 1765년에야 빛을 보게 된다. 1710년에는 불완전한 세상을 창조하고 악을 허락했다는 비난으로부터 신을 변론하기 위해 무명으로『신의 선의와 인간의 자유와 악의 기원에 대한 신정론 에세이*Essais de Théodicée sur la bonté de Dieu, la liberté de l'homme et l'origin du mal*』을 출판했고 1714년에는『모나드론*Monadologie*』을 출판했다.

　　라이프니츠는 생애의 마지막 시기에 일련의 불미스러운 사건을 경험했다. 이 중 하나가 미분법을 누가 먼저 발견했느냐를 두고 벌어진 뉴턴과의 공방이다. 당대의 수많은 수학자들과 과학자들이 대거 관여했던 이 논쟁은 두 주인공이 세상을 떠난 후에도 오랫동안 지속되었고 결국에는 논쟁 자체에 아무런 의미가 없는 것으로 드러났다. 아이러니하게도, 라이프니츠의 성공적인 외교 활동 역시 불행의 원인이 되고 말았다. 라이프니츠의 노력 끝에 하노버의 선제후 게오르크 루트비히Georg Ludwig가 1714년 조지 1세라는 이름으로 잉글랜드의 왕좌에 올라 왕궁을 런던으로 옮겼을 때 라이프니츠를 하노버에 버려 둔 채 떠났던 것이다. 라이프니츠는 1716년 11월 14일 하노버에서 세상을 떠났다.

8.2　논리학

『조합 기술에 관한 논문*Dissertatio de Arte Combinatoria*』(1666년)에서 라이프니츠는 어떤 종류의 복합적인 개념도 분석을 통해 여러 부분으로 분해가 가능하다는 점에 주목했다. 예를 들어 인간이라는 개념은 이성과 동물이라는 개념으로 구성된다. 라이프니츠에 따르면, 특정 개념을 체계적으로 분해하고 이어서 나누어진 부분들의 부분들을 다시 분해해서 결국에는 더 이상 분석할 수 없는 일정한 수의 단순한 개념들을 얻는 단계에 이르게 된다. 이 과정을 하나하나의 복합적인 개념에 반복 적용해서 모든 종류의 단순한 개념들을 얻는 단계에 이르면 이 개념들의 조합을 통해 모든 종류의 복합적인 개념들을 산출해 낼 수 있다. 이제 각각의 단순한 개념에 알파벳이나 그림 같은 단순한 기호 하나를 부여한 상태에서 단순한 개념들의 재구성 과정을 시작하면 각각의 복합적인 개념을 알파벳 기호들의 독특한 복합체라는 일관된 방식으로 표시할 수 있다. 라이프니츠에 따르면 이러한 메커니즘이 가지는 장점은 비교적 분명하다.

(1) 이 기호들의 복합체를 진단하는 것만으로도 한 복합체에 상응하는 개념을 완전하고 무엇보다도 모호하지 않은 방식으로 설명하는 것이 가능해진다.

(2) 단순한 개념들은 익히 알려진 개념들의 분석을 통해 얻을 수 있는 반면 그렇게 해서 얻은 단순한 개념들을 조합하면 새로운 복합적 개념들을 발견할 수 있다.

(3) 한 문장이 기본적으로는 두 개념의 배치, 즉 주어에 상응하는 개념과 보어에 상응하는 개념의 적절한 배치를 통해 구축되는 만큼, 새로운 배치 혹은 조합 가능성들의 단순한 실험을 통해 옳고 익히 알려진 모든 문장뿐만 아니라 미문未聞의 진리까지 밝혀내는 것이 가능해진다.

(4) 그런 식으로 개념들 간의 관계를 직접적으로 표현할 수 있는 언어, 따라서 문화적 차이에 구속되지 않고 모든 인간이 지각할 수 있는 보편적인 성격의 언어가 구축될 수 있다.

시간이 흐르면서 라이프니츠는 이른바 '보편 기호학characteristica universalis'을 완성하기 위한 '보조적인' 성격의 또 다른 기획들을 추가하면서 이 조합 기술을 더욱 복잡하게 발전시켰다. 여기서 '기호'들은 종류를 초월한 모든 언어의 기호를 가리키며 '보편 기호학'이란 무엇보다도 『조합 기술에 관한 논문』에서 제시되었던 형태의 언어를 암시한다. 이어서 라이프니츠는 개념들을 완전하게 분석하는 것이 가능하며 이 단계에 도달하려면 무엇보다도 인간이 소유하는 모든 지식의 일반적인 목록이 필요하다는 것을 깨달았다.

바로 그런 이유에서 라이프니츠는 당대의 모든 지식을 수용할 수 있는 백과사전의 구축을 다양한 방식으로 모색했다. 백과사전이 완성된 다음에 해결해야 할 과제는 두 가지였다.

첫째, 개념들의 분석과 재조합 과정을 완성하기 위한 규칙들을 정립할 것.

둘째, 진정한 기호학을 구축하기 위해 필요한 문자 체계를 찾을 것.

첫 번째 과제를 해결하기 위해 라이프니츠가 염두에 두었던 것은 '분석'과 '조합'을 토대로 하는 새로운 과학의 정립이었다. 두 번째 과제의 해결을 위해 라이프니츠는 가장 적합한 문자 체계의 발견에 집중하는 아카데미의 설립을 시도했다.

기호들의 조합 기술을 구축하는 과정에서 가장 중요한 전제는 인간의 사고가 하나의 연산으로 환원된다는 것이었다. 라이프니츠는 라틴어 알파벳의 철자들을 개념 혹은 문장을 대체하는 변수로, 수학의 합산 기호들을 논리적 연산을 표상하는 기호로 활용하면서 거의 두 세기 후에 논리학자 조지 불George Boole 이 독자적으로 재발견하게 될 결과를 얻어 내는 데 성공했다.

8.3   형이상학과 신정론

『형이상학 논고』(1686년)에서 라이프니츠는 그의 핵심 주제들 가운데 하나인 '완전한 개념'에 집중했다. 이 개념은 모든 문장의 '진실성의 기준'과 밀접한 연관성을 지닌다. 라이프니츠에 따르면, 주어와 보어를 지니는 기초적인 형태의 문장은, 보어로 사용되는 말의 개념이 주어로 사용되는 말의 개념에 내포되어 있다면, 문장의 내용이 필연적이든 우연적이든 보편적이든 독특하든 간에 사실로 드러난다. 예를 들어 '모든 인간은 죽을 수밖에 없는 존재다'라는 문장이 사실인 이유는 '죽을 수밖에 없는 존재'라는 개념이 '인간'이라는 개념을 구축하는 여러 가지 특징 속에 포함되어 있기 때문이다. 마찬가지로, '소크라테스는 철학자다'는 문장이 사실인 것은 철학자라는 것이 '소크라테스'라는 인물에 상응하는 완전한 개념에 내포된 특성이기 때문이다. 하나의 '완전한 개념'이란 한 특정 주체에 대해 진실로 주장될 수 있는 모든 것에 대한 일종의 완전한 묘사를 가리킨다. 라이프니츠는 우리를 에워싸는 세계가 다양한 개별적 실체들로 구성되어 있으며 이 실체들 하나하나가 하나의 완전한 개념에 종속되어 있다고 보았다.

라이프니츠는 그리스도교에 뿌리를 둔 전통적인 비유를 수용하면서 신이 세상을 창조할 때 집을 짓는 건축가처럼 머릿속에 일종의 설계도 내지 모형을 염두에 두고 있었다고 생각했다. 라이프니츠는 이러한 모형이 세상의 일부가 될 수 있는 모든 개별적 실체들의 완전한 개념들로 구성되며, 아울러 신이 자유로운 선택을 위해 창조가 가능한 세계들의 무한한 가짓수를 마음속으로 확보해 두고 있었다고 보았다. 창조될 가능성을 잠재적으로 가지고 있는 하나하나의 세계는 공존이 가능한 완전한 개념들의 복합체, 즉 이들의 공존이 세계라는 모형 속에서 어떤 유형의 논리적 모순도 일으키지 않도록 구성되는 복합체에 지나지 않았다.

라이프니츠는『신의 선의와 인간의 자유와 악의 기원에 대한 신정론 에세이』(1710년)의 마지막 장에서 이 가능한 세계들의 모습을 좀 더 구체적인 방식으로 설명했다. 라이프니츠에 따르면 세계의 모형들은 피라미드 형태로 배치되어 있다. 가장 우월한 세계가 정상에 위치하고 밑으로 내려올수록 점점 더 불완전한 세계들이 끝없이 펼쳐진다. 완벽한 세계는 하나뿐이다. 왜냐하면 둘 이상일 경우 신의 선택이 오로지 자유의지를 바탕으로 이루어졌다고 볼 수밖에 없으며 신의 입장에서도 완벽한 세계의 특성들을 바탕으로 자신의 선택을 정당화할 수 없기 때문이다. 반면에 가능한 세계들은 하나 이상이어야 한다. 하나밖에 없을 경우에 선택 자체가 무의미하고 신이 그 세계를 어쩔 수 없이 창조했다고 볼 수밖에 없기 때문이다. 다시 말해 신의 선택은 어떤 세계를 창조하느냐가 아니라 세계를 창조하느냐 마느냐라는 갈등 속에서 이루어졌을 것이다.

창조된 세계가 가장 우월한 세계라는 것을 증명할 수 있는 기준에 대해 논하면서 라이프니츠는 세계를 구성하는 생명체들과 세계 안에서 발생하는 현상들이 무한히 다양한 것에 비해 세계를 지배하는 자연법칙은 지극히 단순하다는 사실에 주목했다. 신이 선택한 우리의 세상은 최대한 많은 양의 개별적 실체들을 포함하는 동시에 가장 단순한 법칙들을 지녔다. 다시 말해 우리가 사는 세계의 법칙은 복합적일 뿐 아니라 다른 세계에서 일어날 수 있는 것보다 훨씬 더 많은 현상들을 다스린다.

라이프니츠가 정확하게 지적했듯이, 우리의 세계는 존재하는 유일한 세계다. 다른 모든 세계는 순수하게 이상적이라는 특성을 지니며 단순히 신의 고려 대상으로만 실재할 뿐이다. 현 세상이 존재한다는 것은 곧 신이 가장 우월하다고 판단한 완전한 개념들의 일률적이고 특별한 복합체에 실질적으로 상응하는 존재들을 창조하기로 결정했다는 것을 의미한다. 라이프니츠는 하나하나의 가능한 세계를 표상하는 하나하나의 완전한 개념에 그 세계를 지배하는 법칙이 내포되어 있는 만큼, 신의 창조 행위란 일정한 수의 가능한 개별적 실체들을 잠재적인 상태에서 현실로 옮겨 오는 행위에 지나지 않으며 세계를 창조한 뒤 신이 무언가를 추가하거나 삭감하는 일은 일어나지 않는다고 보았다. 예를 들어 '카이사르'라는 완전한 개념 속에 '루비콘강을 건너다'는 말에 상응하는 특성이 내포되어 있다면 '카이사르'가 일단 창조된 다음에는 그가 루비콘강을 건너는 것이 현실화될 수밖에 없다. 다시 말해 카이사르의 입장에서 루비콘강을 건너는 행위는 신조차도 변경할 수 없다는 뜻이다. 아울러 이러한 논리는 카이사르가 존재하는 세상을 구성하는 모든 개별적 실체에 똑같이 적용될 수 있다.

물론 그런 식으로 세계는 어떤 강렬한 필연성에 지배되는 듯이 보이지만, 라이프니츠가 심각하게 고민했던 문제들 가운데 하나는 세계 안에 '우연'이 존재한다는 것이었다. 인간의 자유와 직결되는 우연성의 정당화는 실제로 생의 마지막 순간까지 라이프니츠를 괴롭혔던 문제다. 그는 이에 대해 두 가지 해결책을 제시했지만 이들 간에 일관성을 발견한다는 것은 결코 쉽지 않은 문제다. 라이프니츠는 이 해결책들을 사실상 상이한 독자층을 대상으로 제안했다고 볼 수 있다.

첫 번째 해결책에 따르면 창조된 '개인'이라는 완전한 개념에는 세계를 지배하는 자연법칙뿐 아니라 일련의 '신성한 마지막 명령'이 포함되어 있다. 라이프니츠는 동일한 명령이 다름 아닌 세계가 창조되던 순간에 신을 인도했다고 보았다.

개인의 행위를 어떤 완전하고 구체적인 개념이 주어질 때 나타나는 결과로 본다면, 카이사르의 입장에서 루비콘강을 건너는 행위는 카이사르라는 완전하고 구체적인 존재의 개념에서 비롯되며, 결과적으로 그 개념 안에 포함된 특별한 명령에서 비롯된다고 볼 수 있다. 라이프니츠에 따르면, 이 명령과 카이사르라는 완전하고 구체적인 존재의 본질 전체를 수용할 때, 루비콘강을 건너는 행위는 필연적으로 카이사르의 행위와 일치한다. 중요한 것은 이것이 조건부의 필연성이라는 점이다. 신의 또 다른 명령이 존재할 수 있다는 점을 감안하면 루비콘강을 건너는 일은 일어나지 않을 수도 있고 그런 의미에서 우연적이라고 볼 수 있다.

이와 같은 해결책은 당연히 또 다른 문제점을 안고 있다. 신의 명령이 변화함에 따라 '카이사르'라는 완전한 존재의 개념 혹은 이에 상응하는 개인이 동일한 정체성을 유지할 수 없는 만큼, 어떤 의미에서 루비콘강을 건너는 카이사르가 강을 건너지 않을 수도 있는 것인지, 결과적으로 어떤 의미에서 강을 건넌다는 사실이 우연적인 것으로 변하는지가 전혀 분명치 않은 것이다.

두 번째 해결책은, 라이프니츠가 강조했던 것처럼, 적어도 "수학에 조금이라도 관심을 가져 본" 사람들을 위한 해결책이다. 라이프니츠에 따르면, 논리적 증명을 구축하는 것은 전제에서 하나의 구체적인 결론으로 이어지는 과정이며 이 결론은 일정 수의 문장들로 구성된다. 하지만 어떤 완전하고 구체적인 개념을 구성하는 개념들 중에 몇몇은 일정 수의 문장 혹은 특징들을 바탕으로 증명이 가능한 반면 몇몇은 동일한 조건에서 증명이 불가능하다.

예를 들어, 우리는 소크라테스가 인간이라는 사실로부터 그가 이성적이라는 점을 증명할 수 있다. 이성적이라는 특성을 '인간'이라는 개념으로부터 추론할 수 있기 때문이다. 하지만 동일한 '인간'의 개념으로부터 현명하다거나 철학자라는 특성을 추론한다는 것은 불가능하다. 소크라테스라는 완전한 존재의 개념으로부터 그가 철학자라는 사실을 증명하기 위해서는 세계와 관련된 무한히 복합적인 성격의 개념들을 참조할 필요가 있다. 따라서 라이프니츠는 어떤 완전하고 구체적인 개념으로부터 증명 방식을 기준으로 추론해 낼 수 없는 모든 특성을 우연적이라고 주장했다. 바로 그런 의미에서 '루비콘강을 건넌다'는 사실은 카이사르의 우발적인 특성이다.

　여기서 중요한 것은 무한한 세계를 지배하는 신조차도 '루비콘강을 건넌다'는 특징이 카이사르라는 완전한 존재의 개념에 내재한다는 것을 증명할 수 없다는 사실이다. 신은 단 한 번의 눈길만으로도 무한한 세계를 관찰하고 이 내재성을 확실하게 파악할 수 있지만 이것을 증명해 내지는 못한다. 이러한 해결책은, 라이프니츠 자신이 인정했던 것처럼, 미분법과의 유사성을 바탕으로 제시되었다. 어떻게 보면 바로 그런 차원에서 이 해결책은 '표면적'이라고 할 수 있다. 다시 말해 루비콘강을 건넌다는 특성이 카이사르라는 완전한 존재의 개념을 토대로 증명되지 않는다면 과연 어떤 의미에서 이 증명 불가능성이 카이사르가 루비콘강을 건너지 않을 수도 있다는 결론으로 귀결되는지가 분명치 않은 것이다.

8.4   행동이론

주어 안에 내재하는 보어의 '내재성'으로 간주되는 진실의 개념과 이와 연결된 '완전한 개념' 이론 덕분에 라이프니츠가 모종의 필연성이 한 개인의 우발적인 특성을 그의 본질적인 특성에 결속시킨다고 볼 수 있었다면, 이와 유사한 현상은 행동이론에서도 나타난다.

　라이프니츠에 따르면 일어날 수 있는 모든 사건은 하나의 근본적인 형이상학적 원리에 좌우된다. 이것이 이른바 '충족이유율'이다. 이 원리에 따르면, 이유 없이는 아무 일도 일어나지 않는다. 여기서 라이프니츠는 '이유'를 '원인'의 동의어로 해석한다. 물론 이곳저곳에서 이 두 용어의 차이에 대한 설명을 시도하지만 라이프니츠가 이러한 구분에 체계적인 성격을 부여하는 것은 아니다.

　라이프니츠는 인간의 선택이 오로지 의지에만 의존하지 않으며 의지 자체는 항상 유익하다고 생각하는 것에 대한 판단을 뒤따른다고 생각했다.

라이프니츠는 인간의 영혼을 일종의 역동적인 공간 내지 매 순간 상이한 방향으로 움직이는 충동의 장으로 생각했다. 그는 우리의 모든 선택이 다름 아닌 우세한 방향으로 집중되는 이 충동들의 조합에 상응한다고 보았다. 라이프니츠에 따르면, 우리의 영혼이 우리의 어떤 선택에 관심을 기울이지 않는 상황은 주어지지 않는다. 장 뷔리당은 똑같은 양의 물이 들어 있고 똑같이 생긴 두 개의 물통으로부터 똑같은 거리에 있는 당나귀의 경우를 예로 들며, 당나귀가 자유의지에 따라 독단적인 결정을 내리지 않는다면 고민을 하다가 목이 말라 죽을 것이라고 주장한 바 있다. 하지만 라이프니츠는 이러한 예가 "철학자들의 순수한 허구"에 불과하다고 평가했다. 실제의 삶에서 이러한 상황은 절대로 일어나지 않는다고 보았던 것이다. 라이프니츠는 두 개의 물통이 똑같다 하더라도 당나귀가 이 물통들이 놓인 방식이나 이를 감지하는 감각의 변화 등을 토대로 둘 중 하나를 선호할 만한 미세한 차이나 동기를 어떤 식으로든 발견한다고 보았다. 라이프니츠에 따르면, 우리의 삶에서 이루어지는 모든 선택 행위에는, 그것이 아무리 하찮은 선택이라 하더라도, 항상 일련의 감각적인 정보들이 숨어 있기 마련이다. 의식의 문턱 아래에 숨어 있는 이 감각적인 정보들은, 빈번히 돌이킬 수 없는 방식으로, 어떤 충동에 대한 또 다른 충동의 우세를 결정지으면서 우리의 선택을 좌우한다.

라이프니츠는 우세한 충동을 물리친다는 것이 확실히 불가능하다고 주장했다. 하지만 이 경우에도 그는 선택의 자유를 옹호하면서 선택하는 주체의 입장에서 상이한 선택을 할 수 있는 순수하게 논리적인 가능성의 중요함을 강조했다. 달리 말하자면, 이 세계에서는 가능한 선택이 불가능해지는 또 다른 세계가 존재할 수 있다는 사실이 선택 자체를 필연적이지 않고 우발적인 것으로 만든다고 보았던 것이다.

라이프니츠는 인간의 행위가 결정되어 있으면서도 동시에 자유롭다는 점을 증명하기 위해 온갖 노력을 기울였다. 하지만 그의 형이상학적 전제들이 두 가지 특성의 조화로운 체계를 구축했던 것은 아니다.

모나드

서양철학사에서 라이프니츠는 무엇보다도 '모나드의 철학자'로 알려져 있다. 모나드라는 말은 단위를 뜻하는 그리스어 '모나스monás'에서 유래하며 더 이상 나눌 수 없는 최소 단위나 그 자체로 독립적인 요소를 가리킨다. 『모나드론』(1714년)에서 라이프니츠는 그가 현실의 기초로 가정하고 에너지가 집약되어 있는 것으로 이해하는 일련의 비물질적인 원자들을 모나드라고 불렀다. 이 모나드들은 표상이라는 지속적인 흐름 속에 놓여 있다. 모나드들을 원자로 볼 수 있는 것은 비물질적이며 분리가 불가능하기 때문이다. 라이프니츠에 따르면 "모나드는 복합체의 일부에 속하는 단순한 실체일 뿐이다. 즉 부분을 차지할 수 없을 만큼 단순한 실체를 말한다." 모나드들은 무한하며 지속적으로 변화하고 모두가 각기 다르다는 특징을 지닌다. 왜냐하면 "자연 속에는 완벽하게 동일한 두 실재, 혹은 본질적인 차이가 없는 두 실재가 존재할 수 없기 때문이다."

라이프니츠는 역학 혹은 '힘의 연구'를 바탕으로 이러한 모나드들이 존재한다는 '가정'을 세우는 데 집중했다. 실제로 라이프니츠는 항상 "모나드의 가설"이라는 표현을 사용했다. 라이프니츠는 데카르트주의자들처럼 몇몇 법칙에 따라 움직이는 질료의 개념만으로 물리학을 설명할 수 있다고 보는 관점이 부적절하며 그만큼 힘이라는 기본적인 개념에 대해 충분한 설명을 제시하지 못한다고 보았다. 다름 아닌 이 힘의 개념을 설명할 목적으로 라이프니츠는 현상들의 세계, 즉 우리의 눈앞에 펼쳐지는 세계가 무한한 에너지의 원천 혹은 모든 면에서 영혼과 닮은 모나드들의 끊임없는 활동의 결과라고 상상했다. 이 모나드 혹은 영혼은 스스로의 관점을 바탕으로 세계를 표상하며 또 다른 영혼에게 직접적인 영향력을 행사하지도 않고 그것의 영향력에 좌우되지도 않는다. 그런 의미에서라도 모나드는 더 이상 나누는 것이 불가능한 실체이며 하나하나의 모나드는 별개의 세계라고 할 수 있다. 라이프니츠의 표현대로, "모나드들은 문도 창문도 지니지 않는다." 현상적인 세계에서 모나드들 간의 인과관계처럼 보이는 것은 서로에게 행사하는 직접적인 영향력이 아니라 전적으로 관념적인 형태의 상호적응 관계에 불과하다. 모나드들에게 가능한 유일한 활동은 서로에 대한 감지 활동이다. 라이프니츠는 이 감지 활동이 혼돈스럽고 무의식적인 단계에서 명확하고 의식적인 단계에 이르기까지 여러 단계를 거쳐 진행된다고 보았다. 분명한 감지 능력을 가진 실체들, 따라서 더 높은 단계의 자의식을 특징으로 하는 실체들은 그만큼 능동적이며 단계가 낮을수록 수동적이다. "분명한 감지 능력을 지닌 모나드에 능동성을 부여하고 불분명한 감지 능력을 지닌 모나드에는 수동성을 부여할 수 있다." 반면에 오로지 신의 개입만이 모나드들의 교류와 정돈을 허락한다. "피조물들 사이의 행위와 열정이 상호적인 것은 바로 신의 중재가 있기 때문이다."

모든 모나드는 오로지 신체와의 관련하에서만 존재할 수 있다. 라이프니츠는 각각의 모나드가 모나드들의 응집체로 구성되는 고유의 '식민지'를 다스린다고 상상했다. 이 식민지는 하나의 신체로 기능하며 이를 구성하는 모나드들 역시 고유의 식민지를 가진다. 이 지배 관계는 그런 식으로 무한히 확장되는 구조 속에서 유지된다. 여기서 가장 중요한 역할을 하는 것은 모나드들의 '응집'이라는 개념이다. 라이프니츠는 모든 대상과 모든 현상, 유기체들뿐만 아니라 무생물들과 기계들까지도 복합적인 실재, 즉 단순한 개체들로 구성된 응집체로 간주했다. 이 응집체는 두 가지 유형으로 분류된다. 하나는 실질적인 '단위체'를 갖춘 응집체로, 가장 대표적 예는 유기체다. 다른 하나는 실질적인 '단위체'를 갖추지 못한 응집체로, 무생물 혹은 사물들의 무리, 예를 들어 수북이 쌓인 돌들, 양 떼, 인간 사회 등이 이 유형에 속한다. 첫 번째 유형의 응집체에서 유기체의 특징인 실질적인 '단위체'를 부여하는 것이 바로 '지배적인' 모나드다. 이 모나드가 응집체의 조직화를 주도하고, 아리스토텔레스의 용어로 말하자면, 응집체의 '활동entelecheia'을 구축하며 진정한 의미에서 '삶의 원리'를 표상한다. 특별히 뛰어난 감지 능력을 지닌 '지배적인' 모나드는 동물들의 경우 '영혼'과 일치하고, 의식을 갖춘 존재들의 경우 '자아', 즉 모든 정신적 상태를 통합할 수 있는 원리로서의 '자아'와 일치한다. 하나의 응집체가 실질적인 단위체를 갖추고 있을 때 응집체는 그것의 부분들이 변화하는 경우에도, '지배적인' 모나드가 동일한 것으로 남는 이상 정체성을 그대로 유지한다. 이러한 특성을 두 번째 유형의 응집체는 지니지 않는다. 실질적인 단위체를 갖추지 못한 응집체들은 그것을 구축하는 요인들이 변화함에 따라 정체성을 상실한다. '수북이 쌓인 돌의 무리'는 하나 이상의 돌이 무언가 다른 것으로 대치될 때 돌만의 무리라고 부를 수 없다.

바로 이러한 구도 속에 라이프니츠의 철학 전체가 안고 있는 가장 중요한 문제점들 가운데 하나, 즉 이 '응집'을 물질적인 차원에서 어떻게 이해해야 하는가라는 문제가 남아 있다. 이 문제는 모나드들을 실제로는 현실의 일부로 볼 수 없다는 사실에서 비롯된다. 예를 들어 기하학적인 차원에서는 점이 선을 구성한다고 볼 수 있지만 실제로는 선의 일부가 아닌 경우와 마찬가지의 문제가 남아 있는 것이다. 관건은 어떻게 비물질적인 실재들의 응집체로부터 질료적 신체를 도출해 낼 수 있는가라는 문제다.

이 문제를 해결하기 위해 라이프니츠는 질료의 여러 개념을 차별화하려고 노력했다. 하지만 그는 저항의 원리와 일치하는 '일차적 질료'와 질량과 일치하는 '이차적 질료'의 구분이라는 모호한 해결책을 제시했을 뿐이다.

눈먼 사유

'보편 기호학'과 관련된 가정들을 발전시키면서 라이프니츠는 연산을 통해 생성되는 문장의 '의미'가 아니라 그것의 '형태'에 관심을 기울였다. 라이프니츠는 기호학을 빈번히 대수학에 비교하곤 했다. 그가 생각했던 것은 질적인 개념들을 엄밀하게 양적인 차원에서 다룰 수 있는 연산이었다. 라이프니츠가 『인식과 진리와 관념에 관하여*De cognitione, veritate et idea*』에서 설명했던 것처럼, 기호학은 대수학과 마찬가지로 일종의 '눈먼 사유'였다. '눈먼 사유'라는 표현으로 라이프니츠가 의도했던 것은 의미가 불분명한 기호 혹은 그 의미에 대해 분명하고 구분된 개념을 확보하기 힘든 기호들을 대상으로 정확한 결과를 예상하며 연산을 진행할 수 있는 가능성이었다. 1672년에 출판한 『무한대의 대수학 입문*Accessio ad arithmeticam infinitorum*』에서 라이프니츠가 언급했던 것처럼, '100만'이라는 표현을 사용하는 사람이 이 숫자를 구성하는 100만 개의 단위를 머릿속에 일일이 떠올리는 것은 아니다. 그럼에도 불구하고 이 숫자를 토대로 정확한 계산을 하는 데 아무런 문제를 느끼지 못한다. 눈먼 사유는 이처럼 기호에 상응하는 관념을 구체적으로 떠올리지 않고도 기호들을 자유자재로 조작할 수 있는 경우의 사유를 가리킨다. 눈먼 사유는 망원경이 우리에게 더 넓은 시야를 확보해 주듯이 우리의 사고능력을 확장시킨다. 하지만 그렇다고 해서 우리에게 무리한 노력을 요구하는 것도 아니다. 그만큼 "모순이 발견될 때 필요한 것은 철학자들 간에 오가는 논쟁이 아니라 훨씬 더 단순한 계산가들 간의 논쟁이다. 다시 말해 이들이 펜을 쥐고 탁자 앞에 모여 앉아 서로에게 '계산해 보자'라고 한마디 내뱉는 것으로 충분하다."

라이프니츠의 의도는 대수학처럼 일련의 규칙을 단순히 기호에 적용함으로써 익히 알려진 것들의 세계에서 미지의 세계로 인도할 수 있는 논리적 언어를 창조하는 것이었다. 이러한 언어를 사용할 때는 기호가 무엇을 가리키는지 매번 확인할 필요가 없다. 방정식을 풀 때처럼 중요한 것은 하나의 알파벳 철자가 표상하는 의미가 아니라 양을 파악하는 일이기 때문이다. 라이프니츠는 논리적 언어의 상징적인 기호들이 어떤 관념을 대신해서 활용되는 것이 아니라 그것을 대체한다고 보았다. 보편 기호학은 따라서 사고를 돕는 것으로 그치지 않고 사고를 대체할 수 있다.

미적분학

/ 미적분 발견의 선구자들

미적분은 정확성을 추구하는 근대과학의 발전에 결정적인 도약의 계기를 마련했다. 근대에 들어와서 수학자들은 무한한 크기의 물리량과 무한소 연구의 정당성 및 이 연구의 수학적 해석 가능성과 관련하여 까다로운 개념적 어려움들을 극복하며 새로운 계산법의 발견에 다양한 방식으로 기여했다. 적분과 관련된 기본 원리들의 유래는 아르키메데스의 '소진' 방법에서 찾아볼 수 있는 반면 미분의 기원은 그다지 오래되지 않았고 대략적으로 함수의 최대치와 최소치 연구 및 접선 연구에서 시작되었다고 볼 수 있다.

　적분법의 완성은 주로 기하학 분야에서 이루어졌고 무엇보다도 다양한 문제들의 해법에 기반을 마련하면서, 예를 들어 측량을 위해 면적이나 부피를 구하는 실용적인 문제에 근본적인 해결책을 제시하면서 이루어졌다. 반면에 미분법은 접선의 경우처럼 역학적인 차원의 문제, 예를 들어 행성과 태양의 최장 거리와 최단 거리를 측정하는 문제 혹은 한 행성이 일정 시간 안에 움직인 공간을 산출하기 위해 공전궤도의 길이를 측정하는 문제 등과 직결되어 있었다. 당대의 수학자들은 무한히 작은 물리량 개념의 필요성과 그것이 어떤 식으로 실질적인 물리량을 구성하는지 파악할 필요성을 분명하게 의식하고 있었다.

1620년대에 갈릴레이의 제자였던 예수회 학자 보나벤투라 카발리에리 Bonaventura Cavalieri는 스승의 지도하에 무한소를 탐구하기 시작했고 1635년에 연구 결과를 바탕으로『연속체의 불가분량을 통해 새로운 방식으로 설명한 기하학 Geometria indivisibilibus continuorum nova quadam ratione promota』을 출판했다. 이 저서에서 카발리에리는 '불가분량indivisibili'을 토대로 평면과 부피를 정의하는 독창적인 방법을 선보였다. 카발리에리는 평면이 동일한 간격을 지닌 다수의 평행선으로 구성되며, 부피는 동일한 간격을 지닌 다수의 평행면으로 구성된다고 보았다. 따라서 평면도형은 평행을 유지하는 직선 혹은 실로 만들어진 일종의 천으로, 입체는 평행을 유지하는 평면 혹은 페이지들로 구성된 일종의 책으로 간주될 수 있었다. 카발리에리에 따르면 모든 불가분량은 그것이 구성하는 물리량보다 한 단계 낮은 차원에 머문다. 예를 들어 선은 일차원에 속하면서 이차원에 속하는 평면을 구성하고 평면은 삼차원에 속하는 입체를 구성한다. 여기서 카발리에리가 제시하는 원리는 본질적으로 하나의 형체가 지니는 불가분량들의 합과 또 다른 형체가 지니는 불가분량들의 빠짐없는 비교를 통해 설명된다. 높이가 같은 두 입체는 첫 번째 입체를 구성하는 불가분량들의 합이 두 번째 입체를 구성하는 불가분량들의 합과 일치할 때 동일한 부피를 지닌다. 이 시점에서 이른바 카발리에리의 정리가 등장한다. 즉 두 개의 입체가 높이가 같을 경우, 그리고 지반으로부터 동일한 간격으로 쌓아올린 평행한 평면들의 합이 두 입체 사이에서 일정한 비율을 유지하면 두 입체의 부피도 동일한 비율을 지닌다.

하지만 카발리에리는 불가분량의 본질을 정의하지 않았고 바로 그런 이유에서 스위스 예수회 출신의 파울 굴딘Paul Guldin 같은 학자로부터 그가 연속체의 기하학적 물리량(평면과 입체)을 정의하기 위해 차원이 한 단계 낮은 물리량(선과 평면)과 통일을 꾀했다는 비난을 받았다. 콜레조 로마노Collegio Romano의 교수였던 굴딘은 연속체의 구성에 분명한 한계점이 있다는 점을 강조하면서 카발리에리의 이론이 지니는 방법론적인 허술함을 폭로했다. 굴딘은 선이 아무리 많아도 결코 평면을 구성할 수 없으며 이는 입체의 경우도 마찬가지라고 주장했다. 하나의 평면을 구성하는 모든 선의 무한한 양도, 하나의 입체를 구성하는 무한한 평면들도 사실상 한 평면이나 입체의 유한한 물리량과 아무런 관계가 없다는 것이었다. 더 나아가서 굴딘은 전통적인 무한성 개념을 바탕으로, 연속체는 무한한 분리가 가능하며 무한한 부분들의 잠재적인 구성체에 지나지 않는다고 주장했다.

카발리에리가 새로운 불가분량 이론을 발전시키고 있었을 무렵 페르마와 파스칼은 아르키메데스 같은 고대 수학자들의 소진 방식을 바탕으로 곡선이 에워싼 평면의 면적이나 회전체 부피의 새로운 계산 방식을 연구했다. 다시 말해 이들은 한 곡선도형의 면적을 구할 때 그것에 내접하는 직선도형들의 총면적이, 접촉점의 수가 늘어나면서, 곡선도형의 면적에 점점 가까워지는 방식을 연구했다. 페르마와 파스칼은 직선도형을 통한 곡선도형의 구적求積 방식을 수용했지만 고대인들처럼 배리법에 의존하는 대신 끊임없이 늘어나는 직각들의 수적 합산을 시도했다.

반면에 에반젤리스타 토리첼리Evangelista Torricelli는 집중적으로 비판받던 카발리에리의 방법을 그대로 수용했던 인물들 중 하나다. 토리첼리는 직선의 불가분량뿐만 아니라 곡선의 불가분량, 즉 평면도형인 원의 원주나 입체인 원기둥 혹은 원뿔의 곡면이 지니는 불가분량을 모두 활용했다. 토리첼리는 불가분량의 방법론을 당대의 저명한 수학자들에게 널리 소개하는 데 결정적인 역할을 했던 인물이다. 토리첼리가 수학 분야에서 이룩한 탁월한 업적 가운데 하나는 무한한 길이를 지닌 입체가 유한한 부피를 지닌다는 사실을 수학적으로 증명해 냈다는 데 있다. 이것이 바로 '예각쌍곡선입체solido hyperbolico acuto'로 정의되는 이른바 '토리첼리의 트럼펫'이다. 토리첼리는 두 개의 평면도형을 대조하면서, 예를 들어 원과 직각삼각형을 대조하면서 전자가 지니는 곡선의 불가분량과 후자가 지니는 직선의 불가분량을 동일한 것으로 간주했고, 이 원리를 바탕으로 직각삼각형의 높이나 밑변이 각각 원의 반지름이나 원주와 일치할 때에는 원의 면적이 직각삼각형의 면적과 동일하다는 것을 밝혀냈다. 토리첼리는 『기하학Opera geometrica』(1644년)에 수록된 「예각쌍곡선입체에 관하여De solido hyperbolico acuto」에서 쌍곡선입체를 "쌍곡선에 의해 생성되며, 무한한 물리량을 지녔지만 아주 얇아서 무한히 뻗어 나갈 뿐 조그만 원기둥의 크기를 넘지 못하는 입체"로 정의했다. 새로운 불가분량 이론뿐만 아니라 전통적인 소진 방식을 모두 적용하면서 토리첼리는 이 무한히 긴 입체의 부피가 한 원기둥의 입체와 다를 바 없다는 것을 밝혀냈다. 좌표축을 중심으로 쌍곡선 가운데 하나를 회전시켜 얻는 회전체, 즉 쌍곡선입체는 잠재적인 차원이 아니라 실재적인 차원에서 무한한 길이를 지녔음에도 불구하고 유한한 부피를 지닌다.

토리첼리로부터 지대한 영향을 받은 많은 수학자들 가운데 주목해야 할 인물은 뉴턴 이전의 가장 위대한 수학자로 평가받는 잉글랜드의 존 월리스John Wallis다. 수학적 무한infinito의 타당성을 지지했던 월리스는 『무한 산술론Arithmetica infinitorum』(1656년)에서 불가분량 이론을 수학적인 차원으로 환원시키면서 한 면적을 구성하는 무한한 평행선들을 무한히 작은 것으로 간주했다. 월리스는 이 새로운 형태의 불가분량 이론을 바탕으로 기하학적 문제들을 해결하기 위해 이들을 단순한 단계에서 복잡한 단계에 이르는 급수에 적용시켰다. 월리스가 내린 결론은 무한한 요소들 합이 구체적인 수와 일치할 수 있다는 것이었다.

/ 뉴턴의 보편적 방법론

1665년 뉴턴은 월리스의 연구를 바탕으로 급수 이론을 발견했고 무한급수가 개념적으로는 하나의 유한수와 대등하다는 원칙을 세웠다. 뉴턴은 조합(급수)이 무한하지만 부정형은 아니며 하나의 구체적인 수와 대등하다고 보았다. 더 나아가서 뉴턴은 급수의 문제를 유율fluxion의 문제, 즉 두 운동 사이에서 지속적으로 변화하는 속도의 비율과 직결시켰다. 실제로 뉴턴의 물리학에서 기하학적 물리량은 운동학의 차원에서, 즉 영속 운동에 의해 생성된 것으로 해석된다. 예를 들어 선은 점의 영속 운동에 의해, 평면은 선의 영속 운동에 의해 생성된다. 뉴턴의 방법론은 속도의 개념을 토대로 구축된다. 시간 안에서 '흐르는' 유동적인 물리량(오늘날 '함수'라고 부르는 것)에는 그것을 생성한 증분 속도(오늘날 '미분'이라고 부르는 것), 다시 말해 '유율'이 상응한다. 접선을 찾는 문제를 해결하기 위해 뉴턴은 곡선에 대한 접선의 기울기가 x와 y의 유율에 의해 주어진다는 원칙을 세웠다. 하지만 뉴턴의 새로운 방법론은 한 곡선이 일으키는 순간적인 변화의 정도를 결정하는 데만 쓰이지 않고 흔히 다항식에 적용되는 유율의 전개 방식과 급수 전개 방식의 조합을 바탕으로, 미분방정식과 곡선의 구적 문제를 해결하는 데에 사용된다. 결론적으로 말하자면 뉴턴은 함수를 사용한 것이 아니라 곡선을 사용했다고 볼 수 있다. 아울러 뉴턴은 후세에 도입될 '극한' 개념 없이도 무한소를 제거하기 위한 규칙을 마련했다.

 1666년을 전후로 뉴턴은 미분의 기본적인 원칙들을 정립하는 데 성공했지만 연구 결과를 발표하는 데에는 소극적인 자세를 보였다. 뉴턴이 미분법뿐만 아니라 무한급수를 다룬 최초의 체계적인 연구서『무한급수 방정식을 통한 해석에 관하여*De analysi per aequationes numero terminorum infinitas*』는 1669년에 완성되었지만 1701년에야 출판되었다. 반면에 뉴턴이 미분을 처음으로 소개한 책은『자연철학의 수학적 원리(1687년)다. 이 책의 초판본 2장 두 번째 정리의 주해에서 뉴턴은 라이프니츠가 발견한 방법을 통해 자신의 것과 "동일한 결과에 도달할 수 있으며, 그의 방법론이 나의 것과 다른 점은 용어와 표기법뿐"이라는 점을 인정한 바 있다.

/ 라이프니츠와 미적분법 발견의 우선권 논쟁

라이프니츠는 독학으로 수학을 터득했다. 그가 수학자로 성장하는 데 결정적인 역할을 했던 것은 파리 유학이다. 파리에 머무는 동안(1672~1676년) 그는 당대의 저명한 과학자들과 교류하며 대화를 나눌 기회를 가졌고 최초의 사칙연산 계산기를 개발하기도 했다. 라이프니츠는 카발리에리의 불가분량 기하학을 터득했고 월리스의『무한 산술론』과 그레구아르 드 생뱅상Grégoire de Saint-Vincent의『기하학 *Opus geometricum*』을 읽으면서 무한급수를 공부했다. 1673년 런던을 방문했을 때 뉴턴의『무한급수 방정식을 통한 해석에 관하여』의 필사본을 살펴볼 기회를 얻었지만 라이프니츠는 이 책의 가치를 한눈에 파악할 만한 기하학적, 해석학적 예비 지식을 갖추고 있지 않았다.

하지만 이어서 라이프니츠는 급수의 합을 다루고 '삼각형 조화'를 연구하면서 '삼각 수의 합' 공식을 발견했고 1676년 파스칼의 사이클로이드 연구에 영향을 받아 적분을 바탕으로 해석학의 원리들을 발견했다. 라이프니츠의 미분법은 모든 변수에 해당 미분값이 상응하도록 하는 반면 변수들이 조합되는 경우 단순한 방식으로 거듭제곱이나 근의 미분값을 계산할 수 있도록 차별화된 구도를 바탕으로 구축된다.

추상적인 차원에서, 라이프니츠의 미분은 최초 시간에 대한 유율을 배가하며 얻어 내는 뉴턴의 '순간들'에 상응한다. 뉴턴과 달리 라이프니츠는 무한급수를 미분과 분리시켰다. 왜냐하면 급수와 함수의 등가성을 인정하지 않았기 때문이다. 한편 라이프니츠는 훨씬 우아하고 완전하며 지금도 사용되는 표기법을 도입했다. 예를 들어 dx와 dy는 미분을 가리킨다. 즉 dx는 변수 x의 근사한 두 값어치 사이에서 발견되는 차이를 가리키는 반면, dy는 x의 함수인 또 다른 변수 y에서 일어난 상대적 변화를 가리킨다.

라이프니츠는 미적분법을 뉴턴보다 대략 10년 정도 뒤늦게 발견했다. 하지만 발표를 먼저 한 것은 뉴턴이 아닌 라이프니츠다. 라이프니츠는 자신이 창간한 학술지에 논문 「더 이상 비정상적인 물리량에 좌우되지 않고 최대치와 최소치 및 접선을 찾는 새로운 방식Nova methodus pro maximis et minimis, itemque tangentibus, qua nec irrationales quantitates moratur」(1684년)을 실어 그가 발견한 내용을 공개했다. 하지만 이 논문과 함께 미적분법 발견의 우선권 논쟁이 곧장 시작되었던 것은 아니다. 무엇보다 라이프니츠와 뉴턴은 서로를 깊이 존중하는 사이였다.

하지만 해석학 논쟁은 많은 수학자들의 뜨거운 관심을 불러일으켰고, 결국에는 잉글랜드 로열소사이어티의 개입이 불가피한 상황이 전개되었다. 뉴턴 자신이 연구 결과 발표를 미루고 출판을 망설였다는 사실이 알려지면서 논쟁은 더 심화되는 양상을 보였고, 이러한 상황은 질료 이론이나 시간과 공간의 개념, 만유인력 같은 철학적이고 물리학적인 차원의 문제에 대한 의견에도 직접적인 영향을 끼쳤다. 본격적인 논쟁은 1699년 스위스의 수학자 니콜라 파시오 드 듀일리에

Nicolas Fatio de Duillier가 라이프니츠 이론의 독창성에 문제가 있다고 지적하면서 시작되었다. 물론 라이프니츠의 요구대로 로열소사이어티에서는 파시오의 주장을 받아들이지 않았다. 하지만 이 시점부터 라이프니츠는 뉴턴이 자신의 계산 방식과 상당히 유사한 방법에 의존한다는 사실을 오로지 월리스의 책을 읽고 알았을 뿐이라고 주장하기 시작했다. 1703년 조지 체인George Cheyne은 뉴턴의 발견과 관련하여, "다른 학자들이 최근 24년 동안 이 방식 저 방식과 관련하여 출판한 모든 것은 사실상 오래전에 뉴턴이 그의 친구들과 일반에게 공개했던 내용의 반복이거나 손쉬운 설명에 지나지 않는다"고 폭로했다. 이어서 라이프니츠는 뉴턴의 『곡선 구적에 관하여Tractatus de quadratura curvarum』에 대한 익명의 서평을 통해 "뉴턴이 미분 대신 유율을 이용했다"고 주장함으로써 뉴턴이 표절했을 가능성은 충분하다는 입장을 간접적으로 표명했다.

하지만 오히려 공개적으로 표절 시비에 휘말린 것은 라이프니츠였다. 존 케일John Keill이 1710년 로열소사이어티의 정기간행물 《철학회보》에서 라이프니츠를 표절자로 비난했기 때문이다. 라이프니츠는 케일의 공개 사과와 성명의 정정을 요구했지만 관철되지 않자, 로열소사이어티의 회장이었던 뉴턴에게 공식적인 입장 표명을 요구했다. 이어서 뉴턴은 논쟁을 종식하기 위해 위원회를 조직했지만 구성원들은 모두 그의 측근들이었다. 1713년 비상위원회는 다양한 문서들이 부분적으로 포함된 기사를 발표했고 이 기사에는 뉴턴이 1676년 10월 24일에 쓴 편지가 포함되어 있었다. 뉴턴의 편지에는 새로운 계산 방식을 활용하기 위한 유용한 정보들이 적혀 있었고 이는 곧 케일의 입장에 근거가 있다는 것을 입증하는 결정적인 단서였다. 상황은 극단적으로 악화되는 양상을 보였고 결국 뉴턴은 『자연철학의 수학적 원리』 3쇄(1726년)를 출판하면서 "풍부하기 이를 데 없는 경험의 소유자 라이프니츠"라는 원래의 관대한 표현을 빼 버리고 말았다.

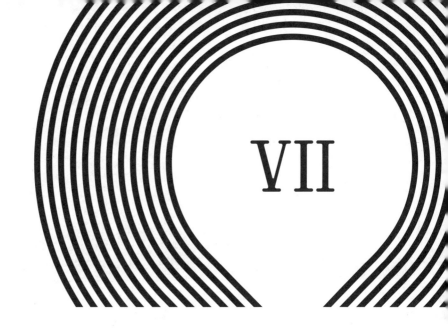

VII

상식과 이성의 시대

La filosofia
e le sue storie

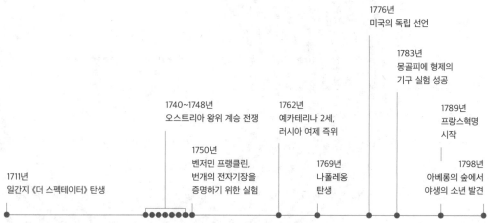

1776년
미국의 독립 선언

1783년
몽골피에 형제의
기구 실험 성공

1740~1748년
오스트리아 왕위 계승 전쟁

1762년
예카테리나 2세,
러시아 여제 즉위

1789년
프랑스혁명
시작

1750년
벤저민 프랭클린,
번개의 전자기장을
증명하기 위한 실험

1769년
나폴레옹
탄생

1711년
일간지 《더 스펙테이터》 탄생

1798년
아베롱의 숲에서
야생의 소년 발견

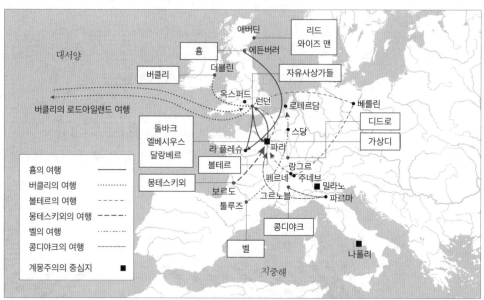

1711년 버클리,
『인간의 지식의 원리에
관하여』 출판

1751년 백과사전학파의
『백과사전』 1권 출판,
몽테스키외의 『법의 정신』
금서 지정

1771년 프랑스 관념학파 형성

1770년 돌바크, 『자연의 체계』 출판

1748년 흄, 『인간의 지성에 관한 철학적 에세이』
몽테스키외, 『법의 정신』
디드로, 『경솔한 보석들』 출판

1746년 콩디야크, 『지식의 기원에 관한 에세이』
디드로, 『철학적 사유』 출판

1739~1740년 흄, 『인성론』 출판

1733년 볼테르, 『철학 편지』 출판

대부분의 교과서에서 소개되는 것처럼, 18세기는 '계몽의 시대', '계몽주의의 세기' 혹은 '이성주의의 시대'로 정의되는 것이 보통이다. 이 시기에 철학자들은 이전 시대의 경험주의 및 이성주의를 수용하고 발전시켰을 뿐만 아니라 전통적인 형이상학과 종교적 원칙들을 비판적인 자세로 바라보고, 특히 인간의 정신과 인간이 안다고 굳게 믿는 현실 사이의 안전하고 '쉬운' 관계를 맹신하는 태도에 대해 날카로운 비판을 시도했다. 로크의 경험주의가 제시했던 주제들을 바로 이 시대에 조지 버클리와 데이비드 흄이 약간은 다른 방향으로 발전시키면서 인식론의 총체적인 전복을 시도했다. 이러한 과정을 통해 도달하게 되는 가장 고차원적인 인식론의 저자가 바로 칸트라고 할 수 있다. 데카르트의 기계주의 역시 이 시기에 다시 조명을 받으면서 발전하는 양상을 보였다. 계속해서 자동화되는 경향을 보이며 산업혁명에 결정적인 계기를 마련했던 기계는 결국 인간이라는 한 유기체의 모형으로까지 제시되기에 이르렀다. 아울러 18세기에는 유물론 철학과 감각주의 철학이 등장했고, 경제학과 정치학 이론이 사회현상에 대한 현실적이고 과학적인 차원의 관심을 배경으로 발전하기 시작했다. 국가의 개념과 공동체 및 정부의 개념은 드디어 '세속적인' 차원을 확보했고 왕좌와 교황의 전통적인 기능에 대한 진지한 의혹이 제기되었다.

비평적 탐구의 시선은 거의 모든 연구 분야에서 핵심적인 요소로 자리 잡았다. 그런 의미에서 18세기를 상징하는 것이 '백과사전Encyclopédie'이라는 의견은 결코 틀렸다고 할 수 없다. 백과사전이라는 방대한 계획은 여러 측면에서 의미 있는 일이었다. 백과사전의 등장과 함께 전통적인 앎의 모든 정보에 대한 근본적인 재평가가 이루어졌고 모든 형태의 지식을 포함할 뿐만 아니라 서로 모순되거나 상반되는 관점들까지 모두 수용하면서 동등하게 다루는 지식 체계가 구축되었다. 관용은 때때로 비판의 대상이 될 수 있는 관점을 좀 더 온건한 관점으로 무마하기 위한 신중한 계산의 결과였지만 이러한 문화정책의 유연성 역시 18세기적인 감수성의 전형적인 특징 가운데 하나였다.

아울러 이 시기에 대학에서 활동하던 학자 계층과 독자적으로 활동하던 지식인 계층의 명확한 구분이 사라지기 시작했다. 프리랜서 지식인들 역시 교수들 못지않게 철학과 자연과학과 문학 분야에서 뛰어난 기량을 발휘했고 몽테스키외, 볼테르, 디드로처럼 우리가 세계를 비판적이고 아이러니한 시각으로 바라볼 수 있도록 논문이나 팸플릿을 통해 새롭고 자극적인 아이디어들을 제시할 수 있는 능력을 가지고 있었다. 철학적이고 유토피아적인 성격의 소설들 역시 이와 유사한 기능을 발휘하며 발전했다. 18세기에 꽃피우기 시작한 이러한 장르의 소설들은 새로운 땅과 새로운 형태의 인간 사회에 대한 취향과 호기심을 불러일으켰다.

백과사전을 전면에 내세운 새로운 철학은 기술의 가능성과 한계뿐만 아니라 장인들이 소유하던 지식의 가치에도 깊은 관심을 기울였다. 무엇보다도 이 시기에 문화와 산업 간의 색다른 결속력이 구축되었다. 예를 들어 백과사전의 출판은 철학과 과학 분야의 숙원 사업이었지만 대량 출판을 위해서는 자본과 이윤을 상정해야 하는 산업적인 성격을 분명히 가지고 있었다. 18세기에는 문학을 포함한 모든 문화 활동이 동시에 경제적 이윤을 목적으로 하는 사업으로 변모했다는 점을 잊지 말아야 한다. 예를 들어 잉글랜드의 소설가들은 일찍부터 특정 구매자들로 구성된 독자층을 염두에 두고 있었다. 그들의 작품에 관심을 기울일 사람들은 더 이상 구시대의 후원자가 아니라 책을 팔아 줄 상인과 책을 읽을 여인들이라는 사실을 의식하고 있었던 것이다. 이 새로운 부르주아 독자층과 새로운 사회계층을 위해 과학을 이해하기 쉽게 설명하는 책들까지 출간되기 시작했다. 아울러 이 모든 현상의 분명한 영향하에 새로운 형태의 서술 양식, 예를 들어 지나치게 기술적인 용어나 표현들을 피하고 편안한 대화의 형식을 선호하며 학술적인 논쟁보다는 새로운 것을 알고 싶어 하는 일반인들의 지적 욕구를 충족시키면서 친근감에 집중하는 서술 양식이 강세를 보이기 시작했다.

1

잉글랜드 철학과
자유사상가들

1.1 로크, 톨런드, 클라크의 자연종교와 계시종교

17세기까지만 해도 '무신론'의 반대어였던 '이신론deismo'은 신의 존재에 대한 단순한 믿음을 가리키는 용어에 지나지 않았다. 파스칼은 이 용어에 일찍부터 구체적인 의미를 부여했던 인물들 가운데 한 명이다. 파스칼은 이신론을 진정한 의미의 그리스도교에 위배되는 것으로 간주하며 이 용어에 가치 폄하적인 이미지를 부여했다. 반면에 잉글랜드 계몽주의의 몇몇 자유사상가들은 '이신론'을 종교에 대한 그들의 반교권주의적인 관점 및 반교리주의적인 관점을 설파하기 위해 사용했다.

　자연과학 분야에서 뉴턴의 방법론이 널리 활용되기 시작한 현상은 결과적으로 경험을 중시하는 탐구 방식의 원칙들을 지식의 또 다른 영역, 예를 들어 윤리학이나 신학 같은 분야에까지 적용해야 한다는 주장을 불러일으켰다. 뉴턴 자신은 계시종교가 내포하는 형이상학을 부인하지 않았지만 이신론자들은 오히려 뉴턴의 방법론적인 구도를 그리스도교뿐만 아니라 모든 실정종교*의 교리주의를 비판하는 데 활용했다. 모든 종교는 중심에 하나의 직관적이고 논리적인 핵심 요소를 공유한다는 에드워드 허버트의 주장을 바탕으로 이신론자들은 자연사의 균등성이라는 경험적주의적 원칙에 부응하지 않는 계시Rivelazione, 교리, 신비, 기적의 모든 가치를 부인하면서 종교를 자연적 이성의 한계 안에 정초했다. 이신론자들은 자연종교가 관용의 정신과 사회적 안정을 가져올 수 있으며 아주 단순한 소수의 명제들, 예를 들어 '신은 존재한다', '신은 세상을 창조했다', '신은 선한 자에게 복을 내린다' 등의 명제들로 축약될 수 있다고 보았다.

　이신론자들이 집중적으로 다루었던 주제들 가운데 하나는 '계시'의 문제, 다시 말해 신이 오로지 한 민족에게, 즉 유대 민족에게, 성서의 계시를 통해 영원한 구원을 약속하고 나머지 인류에 대해서는 전적으로 무관심했다는 것을 과연 어떻게 설명해야 하는가라는 문제였다. 동일한 문제를 로크가 일찍이 그의 『그리스도교의 타당성 The Reasonableness of Christianity』에서 다룬 바 있다. 로크는 호교론에서 출발해 일종의 중도적인 이신론적 입장에 도달했다. 로크는 수 세기가 흐르는 동안 공의회를 통해, 특히 니케아 공의회를 통해 전해진 모순투성이의 교리들과 복음서에서 찾을 수 있는 간단명료하고 합당한 교리들을 구별해야 한다고 보았다. 종교 분야에서도 경험적인 성격의 탐구가 효과적일 수 있다고 믿었던 로크는 올바른 독서를 보장하는 권위 있는 성서 해석자들의 중재나 도움 없이 신도들이 개인적으로 성서 읽기를 시도할 수 있다고 주장했다. 로크가 분명히 하고자 했던 것들 중 하나는 왜 신이 메시아를 통한 계시의 구도에서 중국처럼 문명적으로 발달된 나라를 제외했는가라는 문제였다. 로크가 제시한 설명은 '신의 존재'와 '메시아의 필요성'이 논리적 사고를 통해 증명될 수 있는 성격의 진리이며 '계시'란 신이 지적으로 부족한 인간들에게 허락하는 실질적인 성격의 도움으로 그들에게도 영원히 구원받을 수 있는 기회를 주기 위해 마

---

* 실정종교religione positiva는 자연종교와 반대되는 개념의 종교관으로, 세계 혹은 정신이 자연적 법칙에 의해서가 아니라 신의 특별하고 실질적인 개입에서 비롯된 것으로 간주하는 종교관을 말한다. 실정종교는 고유의 교리와 계율과 예배 형식을 모두 실질적인 사실로 간주한다. 실정종교적인 관점에 따르면, 인류의 모든 종교는 원래 실정종교였고 자연종교의 교리는 특정 사상가들의 철학에 불과하다.

런한 일종의 배려라는 것이었다.

존 톨런드John Toland는 로크가 『그리스도교의 타당성』을 통해 제시한 교리를 수용하면서 실정종교에 대한 비판적 논리를 첨예하게 발전시켰다. 역사적 그리스도교의 발전을 자연종교의 변질 과정으로 해석한 톨런드의 비판적 논리는, 그가 신도라는 대외적 입장이 분명했음에도 불구하고, 무신론에 다가서는 경향을 보였다. 실제로 톨런드는 이성을 거스르는 것들뿐 아니라 이성보다 우월한 것으로 간주되는 모든 것을 동시에 거부해야 한다고 생각했다.『비非신비적인 그리스도교 Christianity not Mysterious』에서 톨런드는 과학과 마찬가지로 신학 역시 모순되거나 비이성적으로 보이는 모든 것을 과감하게 포기해야 할 필요가 있다고 주장했다. 이러한 주장을 뒷받침하기 위해 톨런드는 다음과 같은 유명한 예를 제시했다. "어떤 사람이 자연에 블릭트리blictri라고 불리는 존재가 실재한다고 절대적으로 확신하는 반면 정작 이 블릭트리가 무엇인지는 모른다면, 과연 자신의 지식에 대한 정당한 믿음을 유지할 수 있을까?" 좀 더 나아가서, 톨런드는 후속 저작들을 통해 모든 실정종교는 야만족들 사이에서 탄생한 미신에 불과하며(『세레나에게 보내는 편지Letters to Serena』) 성서에 언급된 대홍수 사건 역시 하나의 신화에 불과하다고(『범신론Pantheisticon』) 주장했다.

톨런드의 이러한 주장은 즉각적인 공분을 일으켰고 잉글랜드의 정통파 교단뿐만 아니라 뉴턴의 친구이자 조력자였던 새뮤얼 클라크처럼 다름 아닌 경험론적인 전제들을 바탕으로 이신론적 입장을 논박하던 중도적 입장의 신학자들마저도 톨런드를 상대로 분개하며 신랄한 비판을 퍼부었다. 클라크는『신의 존재 및 속성의 논증A Demonstration of the Being and Attributes of God』에서 의무나 교리가 아닌 신의 선물로서 '계시'가 지니는 실질적인 유용성에 관해 로크가 제안했던 논제를 다시 발전시켰다. 클라크의 표적은 홉스의 유물론, 스피노자의 범신론, 그리고 톨런드의 이신론이었다. 이들을 상대로 클라크는 기하학적인 방식, 즉 더 이상의 논박이 불가능한 방식으로, 논리적 결속력을 지닌 열두 개 문장을 활용하며 신적 존재의 증명을 시도했다. 그는 선험적이고 존재론적인 차원에서 논리를 전개했다. 이는 뒤이어 흄이 『자연종교에 관한 대화』에서 논박했던 부분이다. 다시 말해, 클라크는 모든 존재를 어떤 원인의 결과로 보았고 총체적인 차원에서 모든 존재가 원인과 결과로 구성되는 하나의 고리를 구축하며 고리를 지탱하는 것이 하나의 독립적인 원인, 즉 신이라고 생각했다. 흥미로운 것은 사실상 이신론자들조차도 공개적으로는 의혹의 대상으로 삼지 않았던 신의 존재를 그가 엄밀하게 증명해 보겠다고 나섰다는 점이다. 뒤이어 앤서니 콜린스Anthony Collins가 아이러니한 어조로 지적했던 것처럼, "사실 클라크가 증명을 해 보겠다고 나서기 전까지는 어느 누구도 신의 존재를 의심하지 않았다."

1.2 콜린스와 틴들의 자유사상

로크의 친구이자 제자였던 앤서니 콜린스는 '영혼의 불멸성'을 주제로 클라크와 헨리 더드웰Henry Dodwell 사이에서 벌어진 신학 논쟁에 뛰어들었다. 더드웰은 인간의 영혼이 본질적으로 사멸을 피할 수 없으며 오로지 신의 자비에 의해서만 불멸성을 획득할 수 있다고 주장했던 반면, 클라크는 영혼의 불멸성이 영혼의 비물질적인 특성에서 비롯되며 이 비물질적인 특성을 입증하는 것은 바로 물질인 동시에 사유인 실체의 실질적인 표상 불가능성이라고 주장했다. 콜린스는 더드웰이 제시한 논제들의 빈약함에 주목하는 대신 영혼의 불멸성은 증명이 불가능하다는 주장을 펼쳤고 이로써 클라크와의 본격적인 대립이 시작되었다.

콜린스는 『이성의 활용에 관한 에세이An Essay concerning the Use of Reason』에서 반교권주의적인 입장을 표명하며 종교적 신비란 신부들이 미신이라는 멍에로 인간을 속박하기 위해 고안해 낸 창작물에 지나지 않는다고 주장했다.

콜린스의 이성주의는 케임브리지 플라톤주의자들과 '광교회파Broad Church'를 대표하는 에드워드 스틸링플리트, 존 틸럿슨의 자유주의에서 유래한다. 콜린스는 이들로부터 종교적 관용주의를 원칙으로 교리들 간의 차이점을 극소화해야 한다는 입장을 수용했다. 그는 『신의 속성 변증론A Vindication of the Divine Attributes』에서 신의 속성을 증명할 수 있는 가능성이 다름 아닌 이성에 있으며 이성이 이

러한 결론에 도달하기 위해서는 모든 주장의 타당성을 스스로 검토해야 하는
만큼 권위적인 사상의 구속으로부터 자유로워야 할 필요가 있다고 주장했다.
과학 분야에서 완벽을 향한 발전이 탐구의 자율성을 요구하듯이, 신학에서도
판단의 자유는 진리를 향한 여정에 절대적으로 필요한 요건이었다. 판단과 표
현의 자유는 콜린스의 주저主著 가운데 하나인『자유사상에 관한 담론*A discourse of
free-thinking*』의 핵심 내용이기도 하다. 익명으로 출판되었을 때 톨런드의 저서로
오인되기도 했던 이 책은 이신론을 널리 알리는 데 결정적인 역할을 했다.『자
유사상에 관한 담론』에서 자유사상은 "어떤 종류의 주장이든 그것의 의미를 발
견하기 위해, 아울러 그 주장의 타당성을 뒷받침하거나 논박하기 위해 제시되
는 근거들의 본질을 검토하고 이들의 명백함이나 빈약함을 바탕으로 판단하기
위해 활용되는 지성의 활동"으로 정의된다. 이러한 자유사상을 비판하는 이들
에 대해 콜린스는 풍자적으로 자기 자신의 눈을 믿지 못하고 무엇을 보았는지
말하기 전에 항상 권위자의 의견을 묻는 광신도들의 종교 집단이 존재한다고
지적했다.

자유사상이 무신론의 요람인 만큼 파괴적인 성격을 지닌다는 평가(조지 버클
리 역시『하일라스와 필로누스의 세 편의 대화』와『알키프론, 혹은 세심한 철학자』에서 이러한 점
을 지적한 바 있다)에 대해 콜린스는 "광신주의와 무신론 중에 덜 유해한 것은 후
자"라고 답변했다. 볼테르도 이와 유사한 표현을 사용한 바 있다. 더 나아가서,
콜린스는 인간이 오로지 자유사상을 통해서만 선하고 현명하며 전지전능한 존
재가 세계를 창조했고 다스린다는 것을 이해할 수 있다고 보았다.

매튜 틴들Matthew Tindal 역시 자유사상이 종교적 성찰에 긍정적으로 기능한다
고 확신했다.『세계의 창조만큼 오래된 그리스도교*Christianity as old as the Creation*』제1
권에서(제2권의 필사본은 저자가 사망한 뒤 교회 지도자들의 지시로 소각되었다) 틴들은 사
제들의 부패를 비판하고 이신론의 믿음은 실정종교의 어떤 예배 의식도 필요
로 하지 않는 자연종교의 보편성과 이성에 대한 믿음이라고 천명했다. 틴들은
심지어 그리스도교나 유대교, 이슬람교보다 공자의 가르침이 우월하다고 주장
했다.

1.3 성서의 해석

이신론자들은 스피노자와 홉스, 피에르 벨이 걸었던 길을 답습하면서 구약과 신약성서에서 발견되는 수많은 모순을 어떻게 해석해야 할지 고민했다. 『역사-비평적 사전』에서 벨은 성서에 기록된 이야기들과 원전의 치밀한 분석을 토대로 역사-비평적 방법론을 제시한 바 있고 이는 콜린스, 톨런드, 토머스 울스턴Thomas Woolston 같은 인물들에 의해 적극적으로 활용되었다. 하지만 벨 이전에 이미 에드워드 허버트와 홉스의 제자인 찰스 블런트가 『이성의 신탁The Oracles of Reason』이란 제목의 책을 통해 성서에 기록된 기적들은 모두 야만적인 미신의 결과라고 주장한 바 있다.

성서의 모든 비이성적인 요소를 거부하는 블런트의 입장을 비판하며 찰스 레슬리Charles Leslie는 『이신론자들을 상대하기 위한 짧고 간략한 방법A short and easy method with the deists』에서 기적의 타당성을 인정하는 데 필요한 네 가지 기준을 제안했다. 레슬리에 따르면, 기적은 먼저 인간의 오감으로 감지가 가능해야 하며 기적을 목격한 증인이 있어야 하고, 또 기적이 공공의 기념일을 통해 기억된 역사를 가지고 있어야 하고 이 역사가 기적이 일어난 시대에 시작된 것이어야 한다. 레슬리의 목표는 성서에 기록된 모든 기적의 진실과 코란에 기록된 모든 기적의 모순을 역사학적인 방법론을 통해 증명하는 것이었다. 그런 식으로 레슬리는 성서에 기록된 증언의 진실성을 부인하는 것은 율리우스 카이사르의 저서 『갈리아 전기De bello gallico』의 진실성을 부인하는 것과 다를 바 없다고 주장했다.

'기적'을 둘러싼 논쟁에 참여했던 또 한 명의 인물은 콜린스다. 네덜란드에 머무는 동안 히브리어를 공부하고 탈무드 전통을 섭렵했던 콜린스는 고대 히브리어에 모음이 없고 구두점이 다양한 방식으로 활용된다는 점에서 동일한 텍스트를 다양한 방식으로 해석하는 것이 가능하다는 점에 주목했고, 이처럼 성서가 언급하는 예언이나 기적들을 문자 그대로 읽을 것이 아니라 알레고리적인 방식으로 해석해야 한다고 주장했다.

　토머스 울스턴은 콜린스가 제시한 논제를 나름대로 발전시킨 『기적에 관한 여섯 편의 담론 *Six Discourses on the Miracles*』에서 복음서의 내용을 풍자적으로 묘사하며 기적에 관한 이야기들이 문자 그대로 해석된다면 예수는 평범한 허풍쟁이로 비칠 것이라고 주장했다.

　콜린스와 울스턴 이후 기적에 관한 논의는 '부활'에 집중되는 양상을 보였다. 토머스 셜록 Thomas Sherlock의 『예수의 부활에 대한 증언의 검토 *The Tryal of the Witnesses of the Resurrection of Jesus*』는 자연법칙에 위배되기 때문에 부활이 불가능하다고 보는 이신론자들의 입장과 사도들의 순교 자체가 부활에 대한 증언의 진실성을 증명한다고 보는 이들의 입장을 법정 논쟁의 형태로 비교한 책이다. 반면에 『네 복음서의 비일관성과 변형에 관한 성찰 *Reflections on the variations, or inconsistencies, which are found among the four Evangelists*』의 저자 코니어스 미들턴 Conyers Middleton은 성서의 알레고리적인 성격을 인정하면서도 동시에 서기 2세기 전에 일어난 기적들을 사실로 인정하는 중도적인 입장을 취했다. 하지만 2세기 후에 일어난 기적들은 가치를 인정하지 않았다.

1.4　새프츠베리, 허치슨, 스미스의 윤리와 종교

유럽의 계몽주의와 함께 절정에 달하는 '문화의 세속화' 과정에서 이신론은 중요한 역할을 담당했다. 윤리적인 차원이 종교적인 속박에서 벗어나는 과정을 주도했던 인물들이 바로 새프츠베리 Shaftesbury, 즉 새프츠베리의 3대 백작 앤서니 애슐리 쿠퍼 Anthony Ashley Cooper와 프랜시스 허치슨 Francis Hutcheson 같은 이신론자들이었다. 이들은 종교적 논쟁에 적극적으로 참여하지 않았을 뿐 기본적으로 종교적 교리주의에 대한 이신론자들의 비판에 동의하는 입장을 취했다.

　새프츠베리는 광신주의 비판을 다룬 『열광에 관한 편지 *A letter concerning enthusiasm*』에서 수신자인 잉글랜드 총리에게 극단적인 형태의 종교적 광신주의와 싸우기 위해서는 광신주의의 교사자들을 물리적으로 억압하는 대신 조롱과 아이러니로 대처할 필요가 있다고 주장했다. 섀프츠베리의 제안이 지니는 이러한 중도적인 성격에서 우리는 인간의 본성에 대한 그의 긍정적이고 낙관적인 관점을 엿볼 수 있다. 섀프츠베리의 낙관주의는 다름 아닌 케임브리지의 플라톤학파에서 유래한다. 홉스의 비관주의를 비판적인 시선으로 바라보았던 섀프츠베리는 인간의 이기적인 성향이 전체적으로는 타인에 대한 '호의'(이 개념은 뒤이어 허치슨, 흄, 애덤 스미스 등에 의해 발전된다) 및 '사회적 협력'을 추구하는 자연적인 성향과 균형을 이룬다고 보았다. 섀프츠베리는 모든 인간에게 공통된 천성적인 호의가 윤리관 혹은 선악에 대한 감성의 밑바탕을 이루며 미적 감각과도 밀접한 관계를 가진다고 보았다. 이신론의 핵심 개념들 가운데 '자연적 도덕성'을 다룬 『인간, 태도, 견해, 시대의 특징들 Characteristics of Men, Manners, Opinions, Times』에서 섀프츠베리는 도덕관이 종교적 차원에서 벗어나야 한다는 점을 강조했다.

섀프츠베리는 종교가 자연적 도덕관을 예속하는 대신 보좌해야 한다고 보았다. 이신론자들이 윤리학에 부여하는 이성적 기반을 부인했던 것은 아니지만 섀프츠베리는 이성에 대한 감성의 자율성을 토대로 하는 범신론적이고 생기론적인 현실 관념을 지지했다. 섀프츠베리의 입장을 그대로 수용한 프랜시스 허치슨은 그의 『아름다움과 덕목이라는 관념의 기원에 대한 탐구 An Inquiry into the Original of our Ideas of Beauty and Virtue』에서 자연적 도덕성의 개념을 인간이 자신의 이익과는 무관하게 타인을 위해 행동할 줄 아는 태도, 즉 자연적 선의라는 개념으로 발전시켰다. 허치슨의 윤리학적 사유가 지니는 독창성은 섀프츠베리의 감성적 도덕관으로부터 실용주의적인 차원의 결론을 도출했다는 데 있다. 허치슨은 덕목이 곧 '더 많은 사람들의 더 많은 행복'을 의미한다고 주장했다.

반면에 섀프츠베리의 입장을 비판적인 시각으로 바라보았던 버나드 맨더빌 Bernard Mandeville 은 유명한 '벌의 우화'를 통해 홉스의 사상을 독창적인 방식으로 발전시켰다. 맨더빌은 인간이 본질적으로 이기적이지만 사회의 공익은 다름 아닌 개인의 악행으로부터 유래한다고 보았다. 맨더빌에 따르면, 법치 사회에서는 경쟁의 형식들이 인간 사회의 발전을 위한 원동력으로 작용하며 인간의 공격적인 성향을 국가에 유익한 활동으로 변환시킨다. 그는 질서가 확실하게 유지되는 사회에서 인간은 원시사회와 달리 더 이상 동족을 파멸하기 위해 투쟁하지 않으며 오히려 타인의 시기와 부러움을 불러일으키기 위해 투쟁한다고 보았다. 한편 허치슨의 제자 애덤 스미스Adam Smith는 『도덕 감정론 The Theory of Moral Sentiments』에서 인간의 행위가 지니는 사회적인 성격과 개인적인 목표의 자연스러운 조화를 이론화했다.

1.5 토머스 리드의 인식론

토머스 리드Thomas Reid는 수학과 자연과학 분야의 지식을 활용해 자연주의적 인식론을 구축했다. 첫 번째 저서 『양量에 관한 에세이An Essays on quantity』에서 리드는 허치슨의 산술적인 윤리학, 즉 인간의 행위에서 비롯되는 쾌락과 고통, 덕목과 악습의 양을 측정하기 위해 대수학 방정식에 의존하는 윤리학을 체계적으로 비판했다. 이상적 체계에 대한 그의 비평이 지니는 가장 흥미로운 측면은 바로 기량의 심리학이다. 『인간의 지능에 관한 에세이Essays on the Intellectual Powers of Man』와 『인간 정신의 능동적인 힘에 관한 에세이Essays on the Active Powers of the Human Mind』에서 리드는 로크의 관념론과 '수동적 힘'의 정의를 비판적으로 검토한 뒤 흄의 철학이 가져온 회의주의적 결과에서 벗어날 수 있는 정신적 기량을 학문적으로 분석하고 연구했다. 리드는 흄의 『인성론A Treatise of Human Nature』을 일찍이 『상식의 원리에 따른 인간 정신의 연구 An Inquiry into the Human Mind on the Principles of Common Sense』에서 상세하게 다룬 바 있다. 리드를 유명하게 만들어 준 이 저서 때문에 리드는 철학사에서 '상식'의 철학을 창시한 인물로 기억된다. 1700년대 후반 잉글랜드 철학 논쟁의 중심 주제였던 이 '상식'의 철학은 독일과 프랑스를 비롯해 유럽 대륙에도 커다란 영향을 끼쳤다. 특히 열정의 역할에 주목하는 리드의 윤리학적 관점에 따르면 자유의지를 지닌 인간의 입장에서 자신의 행동을 적극적으로 의식하려는 성향이 곧 도덕성과 직결된다. 리드의 윤리학은 그가 도덕적 감성에 부여하는 역할과 중요성 때문에 칸트의 비판을 받았지만 직관적 지식과 신앙의 유사성을 주장했던 프리드리히 야코비Friedrich Heinrich Jacobi의 지지를 얻었다.

2

조지 버클리

2.1 삶과 저서

조지 버클리는 1685년 아일랜드에서 태어났다. 더블린 대학에서 공부한 뒤 잉글랜드 공회의 사제가 된 버클리는 더블린 대학의 신학 및 그리스어와 히브리어 학과에서 교수로 활동했다. 1709년에 첫 번째 저서 『새로운 시각이론을 위한 에세이』를 출판했고 뒤이어 철학책 『인간의 지식의 원리에 관하여*Treatise Concerning the Principles of Human knowledge*』(1710년)와 『하일라스와 필로누스의 세 편의 대화*Three Dialogues between Hylas and Philonous*』(1713년)를 출간했다. 1713년 강의를 그만두고 런던으로 이주한 버클리는 당대의 문화계를 대표하던 인물들, 예를 들어 조너선 스위프트나 알렉산더 포프*Alexander Pope* 같은 인물들과 교류를 시작했다. 유럽 대륙을 여러 차례 여행한 버클리는 그를 높이 평가하는 귀족들의 호의에 힘입어 공직에 머물다가 데리*Derry*의 주임 사제로 부임했다. 이곳에서 아메리카 대륙 선교의 꿈을 키운 버클리는 잉글랜드 국회의 경제적 지원을 약속받고 미국으로 향했다. 이 시기에 평범하면서도 자연적인 삶의 이상과 부패한 도심의 철학을 대조하며『알키프론, 혹은 세심한 철학자 *Alciphron, or the Minute Philosopher*』(1732년)를 집필했다. 1734년 그가 꿈꾸었던 선교 계획이 사실상 실패로 돌아가면서 런던으로 돌아온 버클리는 아일랜드 클로인Cloyne의 주교로 임명되었다. 버클리는 1744년에 그의 마지막 저서『시리스 *Siris*』를 출판했고 1753년 옥스퍼드에서 사망했다.

조지 버클리는 로크의 유산을 그리스도교 비판과 유물론 구축을 위해 발전시킨 잉글랜드의 이신론자들과 자유사상가들을 신랄하게 비판했던 인물들 가운데 한 명이다. 버클리는 근대 철학의 전형적 방법론인 '관념론'을 비유물론적인 관점에서, 다시 말해 오로지 정신적인 차원에서만 사물의 존재를 인정하고 이들의 객관적인 특성을 가설의 차원에서만 다루는 관점에서 이해했다. 버클리는 비유물론 혹은 관념론이 근대 기계주의에서 비롯되는 유물론적인 결과들을 근절하고 철학의 진정한 표상이 되어야 할 '관념'에 내재하는 회의주의적인 성향을 강조해야 한다고 주장했다. 그는 아울러 18세기 신과학의 영역에서도 관념론이 정신을 바탕으로 하는 세계관, 무엇보다도 세계를 지배하는 신의 정신에 주목하는 플라톤주의적인 세계관의 확실성을 복원하는 데 활용되어야 한다고 보았다. 이것들이 바로 버클리의 사상에서 경험의 분석과 형이상학적이고 호교론적인 성찰이 공존하도록 만든 요소들이다.

2.2 관념의 분석과 상식

버클리의 출발점은 자연법칙에 부응하는 '상식의 정도正道'였다. 그는 철학가와 과학자가 사용하는 추상적인 용어들을 '상식'으로 대체하고자 했다.『인간의 지식의 원리에 관하여』를 통해 로크와 데카르트를 비판하며 제시했던 인습 타파적인 차원의 논제들 가운데 가장 눈에 띄는 것은 외부 세계의 물체들 혹은 '연장된 실체'가 지성의 독단적인 추론인 동시에 정신력이 발휘하는 추상화의 결과에 불과하며, 관념적 현실 속에서는 이러한 추상화에 상응하는 것이 존재하지 않는다는 생각이다. 버클리의 경고는 그가 수용한 경험적인 방법론에 대한 직접적인 우려에서 유래한다. 버클리에 따르면, 로크가 범한 중대한 오류들 가운데 하나는 정신이 "추상적인 관념들 혹은 사물들의 추상적인 개념들"을 구성할 수 있다는 생각이었다. 이러한 로크의 주장은 이 추상적인 관념들 사이의 밀접한 관계를 생각만으로 분리시킨다는 것이 불가능하다는 사실에 위배될 뿐 아니라 특수성을 강조하는 버클리의 존재론, 즉 관념은 모두 완벽하게 개별적이며 모두 결정되어 있다고 보는 존재론과도 모순을 일으킨다. 버클리에 따르면, 관념이 다수의 개별적인 사물을 표상하는 만큼 '보편성' 혹은 '일반성'의 흔적을 지녔지만 이는 관념의 "본질이나 절대적이고 실증적인 개념에서" 비롯되는 것이 아니라 하나의 '관계'에서 비롯된다. '추상'과 혼동하지 말아야 할 이 '일반성'은, 예를 들어 하나의 직선이 다른 직선들의 "개별성과는 무관하게 모든 특별한 직선들의 기호로" 해석되는 경우처럼 "의미작용의 관계"라고 할 수 있다. 버클리에 따르면, 로크가 『인간의 지성에 관한 에세이』 제3권에서 발전시킨 의미론, 즉 모든 이름에 "하나의 정확하고 불변하는 유일한 의미"로서 관념이 상응한다는 이론의 기반은 다름 아닌 추상적 편견에 불과했다. 바로 그런 이유에서 로크는 "모든 일반적인 이름의 즉각적이고 유일한 의미"를 "특정한 추상적 관념"에서 발견할 수밖에 없었다. 버클리는 아울러 이것이 언어의 소통 기능을 선호한 결과, 다시 말해 모든 이름이 소통의 차원에서 하나의 관념을 가리킬 수밖에 없다는 관점의 결과라고 보았다. 버클리는 관념을 순수한 개별적 실재로 간주했고 그의 입장은 로크의 의미론을 구축하는 기본적인 전제들을 모두 뒤엎는 결과로 이어졌다. 경험의 내용에 정통성을 부여하면서 버클리는 언어의 남용을 근절해야 할 필요가 있다고 주장했다. 그는 판단과 관점을 흐리게 하는 용어들의 "과다한 사용과 치장"으로부터 벗어나 "말들의 베일"을 벗겨 낸 다음에야 "관념에서 더욱 분명한 개념"을 얻어 낼 수 있다고 확신했다

관념의 추상화에 반대하는 버클리의 입장은 그가 『인간의 지식의 원리에 관하여』에서 제시한 관념의 비유물론적인 개념과 밀접한 연관성을 지닌다. 버클리의 구체적인 비판 대상은 로크와 보일의 인식론을 바탕으로 물질적인 실체

를 관념의 '외부적인' 원인으로 간주하는 사실주의적인 형이상학이었다. 버클리는 "감각적인 대상들이, 지성에 의해 지각된다는 사실과는 무관하게, 실질적으로 혹은 자연적으로 존재한다"는 견해가 추상적인 관념론의 가장 커다란 오류라고 보았다. 실제로 추상화의 힘은 사물의 '존재 혹은 지각의 실질적인 가능성'의 단계를 결코 넘어설 수 없으며 결과적으로 '하나의 감각적인 대상 혹은 사물을 그것의 지각 혹은 감각과' 분리한다는 것 자체가 허락될 수 없었다. 이 시점에서 버클리가 제시하는 것은 그의 급진적인 경험주의를 뒷받침하는 '새로운 원리', 즉 『주석Commentary』이라는 제목의 저서에서 표명된 바 있는 "존재는 지각되는 것이거나 지각하는 것이다Existence is percipi or percipere"라는 원리이다. 이 원리가 인식의 대상에 적용될 때, "사물들의 존재는 곧 지각되는 존재다. 정신의 바깥에서는 어떤 식으로든 존재하지 않기 때문이다." 버클리에 따르면, 지각으로부터 대상을 추상화하는 것은 불가능한 것을 주장하는 것과 마찬가지다. 예를 들어 "불가능한 대상과 불가능하다는 느낌은 사실상 매한가지이다."

'연장', '형태', '운동' 같은 개념들이 또 다른 감각적 특성들로부터 추상화될 때에는 결코 개념으로 기능할 수 없다고 확신했던 버클리는 사물들의 기본적인 특징들마저도 주저하지 않고 이들의 특권적 위치에서 끌어내려 "물질 속에 존재하지 않고 정신 속에서만 존재하는" 감각적 특징들의 목록에 포함시켰다. 달리 말하자면, 버클리를 통해, 특성의 '바탕' 혹은 '기초'로서의 물질이라는 개념 자체가 관념주의와는 공존할 수 없다는 것이 드러난다. 버클리에게 '유물론자들', 다시 말해 '정신의 바깥'에 실재하는 물질의 독립적인 존재를 지지하는 이들은 종교를 위협하기 전에 우선적으로 철학에 위배되는 '편견'의 희생자들에 불과했다.

2.3 버클리가 바라본 뉴턴의 세계관

버클리는 일찍이 『새로운 시각이론을 위한 에세이』(1709년)에서 새로운 원리를 적용해 광학현상들에 대한 기하학적이고 미립자적인 차원의 모든 설명을 세밀히 검토하고 비판함으로써 데카르트, 하위헌스, 뉴턴이 제시했던 과학적 가설들을 거부한 바 있다. 버클리는 미립자 선, 파장, 반사각, 굴절 같은 개념들을 인위적인 도식으로 해석했다. 왜냐하면 주관적 관찰이 가능한 현상의 차원을 한계로 보고 빛과 색과 형상의 순수한 지각 단계에 머물러야 하며 현상 뒤에 보이지 않는 물리학적인 현실이 숨어 있다는 가정을 피해야 한다고 생각했기 때문이다. 버클리에 따르면, '공간' 역시 직접적으로는 감지되지 않으며 시각적이고 촉각적인 관념들의 조합에 의해 단순히 '제안될' 뿐이다. 이는 어떤 물질적인 기초도 지니지 않은 관념들의 "일상적인 조합"에 지나지 않는다. 버클리에 따르면, 시각은 "자연을 창조한 조물주의 언어이며, 이 언어를 통해 우리는 우리의 안녕을 도모하기 위해 어떤 식으로 행동해야 하는지 배운다."

버클리는 과학이 전적으로 현상의 묘사에 매달려야 하며 물질적인 원인의 탐구를 포기해야 한다고 보았다. 그는 『인간의 지식의 원리에 관하여』에서 "물질은 물리학에 아무런 쓸모도" 없으며 그만큼 "확실한 근거를 바탕으로 가정하기" 위해서는 "우리의 정신 속에서 이루어지는 관념들의 질서정연한 조합"만으로도 충분하다고 기록했다. 과학적 이론들은 요약된 설명을 제공할 뿐이지만 자연법칙과 환상의 구별 가능성을 보장하는 것은 신성한 조물주의 지혜와 선의를 표상할 만큼 놀랍도록 "일률적이고 질서정연한 관념들의 조합 과정"이다. 더 나아가서 신에게는, 즉 지고의 정신에는, 유한하고 비연속적일 수밖에 없는 인간의 지각 활동이 중단되는 사이에도 관념들의 연속성을 보장하는 역할이 주어진다.

이 모든 것은 과학자들의 기계주의가 추방했던 "신의 섭리"를 뚜렷하게 복원하려는 의도의 결과였다. 버클리는 물리학자들이 "자연의 책"에 고개를 숙이고 "언어의 문법적인 관찰"에 시간을 낭비하는 대신 "의미"를 이해하기 위해 노력해야 한다고 보았다. 과학자들은 "창조주의 지혜와 선의와 위대함에 대한 인간의 지식을 확장하기 위해" 노력해야 하며 "모든 특별한 현상들을 보편적인 법칙으로 환원하기 위해" 노심초사해야 할 필요는 전혀 없었다.

버클리에 따르면, 일반적으로 관념은 수동적이라는 특징을 지니며 물리법칙들 역시 어떤 종류로든 원인이 될 수 없는 비활성적인 "관념들의 다양한 조합"으로 환원된다. 관념들은 자연현상의 원인이 아니라 오로지 "정신의 비활성적인 지각"에 지나지 않는다. 따라서 철학적 탐구의 가장 중요한 측면은 관념 자체를 좌우하기도 하는 활성 원리의 탐구다.

2.4   수동적인 관념과 능동적인 정신 혹은 새로운 관념주의

버클리에 따르면, "인간의 모든 지식은 두 가지 논제, 즉 관념에 관한 논제와 정신에 관한 논제로 축약될 수 있다." '관념'은 수동적이고 무기력하지만 '정신'은 단순명료하고 분리가 불가능하며 능동적이기 때문에 관념을 통해 표현될 수 없다. 다시 말해 정신은 "그 자체로 감지되지 않으며 그것이 생산해 내는 효과를 통해서만 감지된다." 버클리는 '물질'에서 도출한 실체적인 성격을 '정신'에 부여했다. 버클리에 따르면, "사고하지 않는 실재, 즉 관념이 존재할 수 있는 유일한 기반 혹은 실체가 바로 정신이다."

유물론자들과 자유사상가들을 논박하기 위해 집필한 『하일라스와 필로누스의 세 편의 대화』에서 버클리는 지각 대상으로부터 '진동'이 감각기관을 통해 두뇌로 연결되는 과정에만 집중하는 지각 주체의 기계주의적인 모형을 능수능란하게 논박했다. 버클리의 입장을 대변하며 필로누스는 이러한 기계주의적인 모형을 상대로 이원론에서 기회원인론에 이르는 데카르트의 모든 논제를 언급하며 물질이 제공하는 인상과 관념 사이의 근본적인 이질성을 강조하고 『인간의 지식의 원리에 관하여』에서 거론된 바 있는 몇몇 주제들을 다시 언급하면서 지각 주체의 지식이 지니는 '직관적'이고 '즉각적'인 특성을 강조했다.

버클리에 따르면, 타인의 지식에 대한 앎은 추론의 결과다. 반면에 지고의 정신, 즉 신의 존재에 대한 인식에 도달하기 위해서는, 우리의 지각 활동이 사실상 우리의 의지와는 무관하게 진행되고 어떤 식으로든 우리의 정신에 좌우되

지 않으며 단순한 주관적 지각 활동이 획득할 수 있는 것보다 훨씬 더 뛰어난
일관성과 규칙성을 보여 준다는 사실을 인식하는 과정이 필요하다. 버클리는
관념들 역시 신의 관점에서는 로크와 유물론자들의 표상적인 사실주의가 사물
에 부여한 동일한 견고함과 독립성을 취득한다고 보았다.

　버클리가 제시한 새로운 관념과 정신의 이론은 로크의 언어학을 뒷받침하는
의미론의 근본적인 혁신을 요구했다. 예를 들어 의미가 관념에 의존한다면, '정
신'을 가리키는 모든 표현이 무의미해질 위험이 있었다. 왜냐하면 수동적인 관
념이 능동적인 원리를 표상할 수 없는 만큼 '영혼'이나 '정신' 같은 말에 상응하
는 관념은 존재하지 않았기 때문이다. 버클리의 새로운 이론이 더욱 구체적인
결과와 함께 제시되는 저서는 『알키프론, 혹은 세심한 철학자』다. 한 대화자의
입을 빌려 버클리는 말들이 "관념의 위치를 점하지 않더라도 무언가를 의미할
수 있다"고 말한다. 이것이 바로 '능동적인 원리를 가리키는 용어들, 영혼 혹은
정신'의 경우다. 그런 식으로 예를 들어 '나' 혹은 '나 자신'이라는 말이 비록 '관
념'은 아니지만 말의 의미를 이해할 수 있다고 본 것이다. 결론적으로 버클리는
기호의 기능적인 측면에 집중하면서 의미론보다는 실용적인 측면이 중시되는
기호 개념을 발전시켰다고 볼 수 있다.

　『분석자The Analyst』(1734년)에서 버클리는 과학 및 수학의 언어에 주목했다. 이
경우에도, 버클리는 수학적인 언어의 의미가 상징적인 기호들의 조합 기술과
이 기호들이 수행하는 기능에 있으며 쓸모없는 추상적인 관념들의 생산에 있
지 않다고 보았다. 모든 과학은 보편성과 증명을 필요로 하기 때문에 "기호들
을 학문의 즉각적인 대상으로" 다루지만 이 기호들의 궁극적인 목적이 의미론
적인 표현이라고는 할 수 없었다. 버클리에 따르면, 이 기호들은 "간단히, 항상,
본질적으로 관념을 취득하거나 표상할 목적으로 존재하지 않으며 오히려 어떤
긍정적인 결과를 추구하는 활동적이고 기능적인 성격의 무언가에 가깝다." 관
념의 순수하게 수동적인 성격과 반대되는 정신의 활동적인 성격은 그런 식으
로 정신을 표상하는 개념으로까지 확장되며, 버클리가 관념들의 이상적인 체
계를 뒷받침하는 것으로 본 언어의 목적을 구축하기에 이른다.

2.5 호교론, 선교활동, 자유사상가들과의 논쟁

버클리가 『알키프론, 혹은 세심한 철학자』에서 자유사상가들과 논쟁을 벌이는 과정은 잉글랜드 사회의 퇴폐적인 관습을 비판하며 그리스도교적 혁신을 도모하려는 버클리의 부단한 노력을 통해 이루어졌다. 버클리는 『수동적 복종*Passive Obedience*』이라는 제목의 강론에서 로크의 계약론적인 원칙에 반대하며 군주제를 바탕으로 하는 완벽한 순응주의를 주장했고 『대영제국의 파멸을 막기 위한 에세이*An Essay Towards Preventing the Ruin of Great Britain*』(1721년)에서는 잉글랜드 남해회사 South Sea Company를 파산으로 이끈 대규모의 투기 사건을 예로 들며 잉글랜드 부르주아 계층의 상업주의적인 정치를 비판했다. 1729년부터 1731년까지 2년 동안 로드아일랜드에서 아메리카 원주민들의 개종을 위해 선교활동을 펼친 버클리는 1734년 아일랜드로 돌아와 클로인의 주교로 임명되었다. 말년에 쓴 저서 『시리스』(1744년)는 '타르의 효능을 비롯해 다양한 성격의 논제들을 함께 다룬 일련의 철학적 성찰'이다. 이 기이한 양식의 저서에서 버클리는 송진의 효능과 식물성 에센스 같은 희귀한 주제들을 다루며 다양한 식물성 에센스들의 정체를 스토아학파와 신플라톤주의 전통의 '세계영혼anima mundi'과 연결시켰다. 버클리가 『시리스』를 집필하면서 참조했던 것은 플라톤의 『티마이오스』다. 버클리는 그만큼 하나의 유일한 정신이 모든 자연적 현실을 형성하며 지배한다고 보았고 『시리스』를 통해 상징주의에 호소하며 자연의 '신성한 언어'를 뚜렷한 신비주의적 언어로 번역해 냈다. 이 신비한 언어 안에는 모든 종류의 물질이, 예를 들어 뉴턴이 생각했던 신의 절대적인 '감각' 공간이나 파라켈수스의 의학, 연금술 이론이 모두 함축되어 있다. 버클리의 『시리스』는 계몽주의 과학이 돌이킬 수 없는 방식으로 파괴해 버린 의미 체계 안에 은밀하게 숨어 있던 교류와 조화의 르네상스적인 세계에 대한 한 18세기 철학자의 한없는 향수를 고스란히 드러낸다.

정치사상: 국가 이론에서 역사철학으로

정부의 형태와 권력

근대 정치사의 가장 기본적인 특징 두 가지는 종교전쟁의 종결과 국가의 형성이다. 전쟁이 끝나고 국가가 체제를 갖추기 시작하는 과정을 뒷받침하며 함께 발전한 것이 계약 이론을 바탕으로 하는 국가 이론이다. 이 이론에 따르면 개인은 전 국가적인 상황, 혹은 '자연 상태'를 벗어나 일종의 계약을 통해 만인이 인정하는 최고통치자의 피지배자임을 선언한다. 이 계약 이론은 계약의 동기를 구축하는 안전의 보장과 개인적 권리의 보호 가운데 어떤 요구가 더 강하게 부각되는가에 따라 두 가지 상이한 방식으로 해석된다.

첫 번째 요구가 부각되면 계약자들이 제삼자, 즉 통치자를 위해 모든 권리를 포기하는 대신 물리적인 안전만을 약속받는다는 조건하에(토머스 홉스) 계약관계로 발전한다. 반면에 두 번째 요구가 부각되면 미래의 시민이 특권의 일부를 양도하지만 '삶', '자유', '사유재산'의 권리 같은 몇몇 자연적 권리를 유지한다는 조건하에(존 로크) 계약으로 발전한다. 이러한 두 가지 해석은 국가 이론이 구체화되는 과정을 뒷받침하는 두 종류의 이론적인 양식, '절대주의' 및 '헌법주의'와 일치한다. 홉스의 절대주의적인 관점에서 정치권력의 분배는 자연적 분쟁의 직접적인 원인으로 기능하는 다양성의 양산으로 이어지기 때문에 어떤 식으로든 피해야 할 것으로 간주된다. 반면에 로크는 기본적인 권리를 보호하기 위해 권력분배가 필수적이라고 보았다. 로크의 '권력분배'는 근대 자유주의와 잉글랜드 헌법주의의 정립에 중요한 이론적 근거를 제시했다. 로크는 권력을 기능적인 측면에서 세 종류로, 즉 최고의 권력이지만 절대적이지는 않은 '입법권', 범법자들에게 제재를 가할 수 있으며 입법권에 종속되는 '집행권', 다른 국가들과의 관계, 즉 외교를 담당하며 집행권에 종속되는 '동맹권'으로 분류했다.

권력의 분배를 자유 보장의 필수 요건으로 보는 관점은 50년 뒤 프랑스 철학자 몽테스키외Montesquieu에 의해 수용된다. 몽테스키외는 이러한 관점을 정부형태의 전통적인 분류법과 관련지어 발전시켰다. 정부형태는 권력을 보유하는 이들의 수와 권력이 행사되는 방식을 기준으로 분류된다. 공화국 형태의 정부에서(과두정치 혹은 민주주의 정부에서) 권력은 법을 바탕으로 한 사람 이상(소수 혹은 모두)에 의해 행사되고 군주제에서는 법을 바탕으로 한 사람에 의해, 독재체제에서는 한 사람의 독단적인 의지에 따라 행사된다. 첫 번째와 두 번째 형태의 정부가 지니는 정치적 자유는, 사람의 수와는 무관하게, 권력의 분배에 의해 주어진다. 권력분배는 역사적, 사회적 상황에 따라 다양한 방식으로 이루어졌다. 예를 들어 잉글랜드에서 권력분배는 진정한 의미에서의 '권력분립balance of power'을 의미했고 프랑스에서는 좀 더 구체적으로 국회의원들이 군주의 권력에 맞서 수행하는 관리 및 감찰의 기능을 통해 이루어졌다. 장자크 루소Jean-Jacques Rousseau는 『사회계약론Du contrat social』에서 개인의 권리가 국가에 양도되는 형태의 계약을 "공동체 전체를 위한 모든 참여자 및 이들이 지닌 모든 권리의 총체적인 이질화"로 정의했다. 하지만 루소에 따르면 개인이 자신의 권리를 양보해야만 성립되는 정치공동체는 집단적 '나'에 지나지 않으며 그 안에서 "전체의 보이지 않는 부분"으로 존재하는 개인은 그가 양보한 권리들을 한층 더 강화된 상태로 되찾는다. 따라서 루소의 정치 개념은 그리스인들이 민회를 운영했던 것처럼 시민이 개인적으로 권력에 참여하는 일종의 직접민주주의 형태와 연결되어 있다고 볼 수 있다. 그런 식으로 평화로운 사회적 공존을 위해 필수적인 국가권력의 절대성뿐 아니라 개인의 자유가 동시에 보장되어야 한다는 요구에 부응했던 것이다. 이러한 입장을 수용했던 칸트 역시 국가가 지니는 저항할 수 없는 권력이 시민의 자유를 파손하는 일은 일어나지 말아야 한다는 생각을 가지고 있었다. 하지만 두 사람 사이에는 커다란 차이가 있다. 루소는 국가가 권력의 절대성을 유지하기 위해 피해야 할 것이 다름 아닌 권력분배와 정치적 대변이라고 보았다. 통치권은 분배될 수도 없고 대변될 수 없다고 보았기 때문이다. 반면에 칸트는 통치권의 저항할 수 없는 권력이 권력분배 체제와 공존할 수 없는 것은 아니라고 보았다. 칸트는 권력이 독단적인 판단을 바탕으로 행사되는 독재 형태의 국가가 아닌 이상 권력분배는 권력이 법을 바탕으로 행사되는 법치 공화국을 실현하는 데 꼭 필요한 요소라고 보았다.

관용

법을 바탕으로 하는 권력 앞에서 시민의 자유를 수호하는 문제와 직접적으로 연관되는 관용의 문제는 정치적인 차원이 아니라 오히려 종교적인 차원에서 부각된다. 절대주의와 헌법주의를 둘러싼 논쟁 못지않게 '관용'은 근대 정치사상의 핵심적인 주제들 가운데 하나였다. 계몽주의 시대 내내 지속된 '관용'의 논쟁에 역사적인 전환점이 되었던 해는 1689년과 1787년이다. 1689년에는 잉글랜드 교회에서 규정하는 것과 다른 형태의 교리를 따르는 이들에게 가해지던 제재를 금지하는 관용령 Toleration Act이 발표되었고 1787년에는 낭트 칙령의 철회(1685년)가 가져온 사회적이고 경제적인 피해를 복구할 목적으로 개신교도들을 향한 관용을 명령하며 베르사유 칙령Édit de Versailles이 발표되었다. 이어서 아메리카와 프랑스에서 일어난 혁명은 관용에 관한 논쟁을 종식시켰고 과거에는 관용의 차원에서 묵인되기만 하던 것을 인간의 권리(사상의 자유, 종교의 자유, 표현의 자유)로 탈바꿈시켰다. 토머스 페인Thomas Paine은 『인간의 권리*Rights of Men*』(1791년)에서 "관용과 비관용은 모두 독재주의적인 표현이다. 인간이 이미 자연적으로 소유하는 권리를 하나는 부인하려 하고 다른 하나는 양보하려 한다"고 천명했다. 일찍이 관용에 관한 철학적 성찰을 시도했던 인물은 존 로크다. 『관용에 관한 에세이*Essay on Toleration*』(1667년)와 세 편의 『관용에 관한 편지』(1689년, 1690년, 1693년)에서 로크가 주장한 국가와 교회의 분리 원칙은 이어서 자유주의 사상의 핵심적인 논제로 부각되었다. 로크의 전제는 국가와 교회가 서로 상이하고 개별적인 목적을 지닌다는 것이었다. 정치공동체가 인간의 자연적인 권리의 보존을 추구한다면 교회가 추구하는 것은 영혼의 구원이었다. 달리 말하자면, 홉스가 개인에게 부여한 것이 사유의 내적 자유에 불과했던 반면 로크가 표명한 것은 사유와 종교의 외적 자유를 분명하게 지지하는 입장이었다.

관용의 문제는 아울러 이신론의 철학적 입장과 밀접한 연관성을 지닌다. 계시를 통해 인식된 인격적 신에 대한 믿음을 전제로 하는 유신론teismo과는 달리 이신론은 신을 무인칭적인 존재로 이해한다. 이신론자들의 신은 개개인의 삶에 관여하기도 하지만 본질적으로는 우주의 지적 기원이자 우주의 조화로운 법칙을 보장하는 존재로 간주된다. 이신론이라는 이성적 종교관에 따르면, 모든 실정종교들은 아무런 가치가 없거나 어떤 보편적인 관념의 역사적인 표현에 불과하다. 이러한 입장은 관용의 문제에 직접적인 영향을 끼쳤다. 실정종교들은 상대적이고 역사적인 성격을 띠기 시작했고 계시의 유일성에 대한 언급의 의무로부터 자유로워지면서 본질적으로는 모두 대등한 것으로 간주되기 시작했다. 결과적으로 모든 종교는 고유의 종교적 신념을 표현할 뿐이며 타 종교에 대해 어떤 특권을 행사하는 것이 아니므로 서로에 대한 관용의 의무를 지닌다는 관점이 등장했다. 이러한 변화는 고트홀트 에프라임 레싱Gotthold Ephraim Lessing이 세 종류의 유일신교에 대해 이야기하는 『현자 나탄Nathan der Weise』(1779년)에서 분명하게 확인할 수 있다.

잉글랜드에서 17세기 말에 발전한 이신론은 프랑스 문화에, 특히 볼테르의 『철학 편지Lettres philosophiques』를 통해, 지대한 영향을 끼쳤다. 자유주의와 피에르 벨의 사상을 수용한 프랑스의 이신론은 관용을 무신론자들에게까지 적용해 이들이 도덕적 주체로서 지니는 기량을 옹호하는 입장으로 발전시켰다. 아울러 볼테르의 '관용'은 계몽주의적인 관점의 '진리', 즉 벨의 경우처럼 회의주의적인 성격이나 취약성이 강조된 진리의 개념을 바탕으로 정립된다. 볼테르에 따르면 관용의 당위성은 근본적으로 인간의 이성이 판단과 지식의 유일한 도구임에도 불구하고 분명한 한계를 지니며 따라서 절대적인 앎에 도달할 수 없다는 사실을 바탕으로 주어진다. 더 나아가서 '관용'은 볼테르의 『관용론Traité sur la tolérance』(1763년)을 통해 훨씬 더 광범위한 의미를 갖게 된다. 불관용의 동의어인 '비열함'을 볼테르는 제도로서의 종교와 교회뿐만 아니라 모든 종류의 미신과 광신주의 및 정치적, 법적 권력의 남용을 비판하기 위해 사용했다. 볼테르의 이러한 입장은 단순히 이론적인 영역에만 머물지 않고, 종교적인 이유로 자신의 아들을 목매달아 죽였다고 오해받아 처형을 당한 개신교도 장 칼라스Jean Calas의 명예 회복을 주장하면서 실천적인 측면으로까지 이어졌다.

전쟁과 평화

권력분배 이론과 종교적 관용의 수호는 정치적 사회 내부에서 자유의 형태들이 분쟁으로 변하는 것을 막기 위한 일종의 도구로 인식되었다. 관건은 분쟁의 제거가 아니라 분쟁을 국가의 영역 바깥으로 밀어내는 것이었다. 반면에 자연 상태가 오히려 분쟁의 창궐을 위한 잠재적 조건이라는 점에 대해서는, 적어도 계몽주의 시대까지는, 누구도 의혹을 품지 않은 것으로 보인다. 16세기(흐로티위스, 푸펜도르프)의 특징 가운데 하나였고 17세기의 이성주의(크리스티안 볼프)에도 지대한 영향을 끼친 자연법 이론에 따르면, 전쟁은 국제관계에서처럼 분쟁을 해결하기 위해 더 큰 힘을 지닌 권력자의 권위에 호소하는 것이 불가능할 때 분쟁을 청산하기 위한 하나의 자연법적인 도구였다. 자연법 이론이 제시하는 것은 전쟁의 제거가 아니라 전쟁이 오로지 정당한 이유를 근거로 선포되고('정당한 전쟁'의 이론) 약속된 형식적 규칙을 준수하며('존엄한 전쟁'의 이론) 진행될 수 있도록 만드는 전쟁의 제어에 가깝다.

흔히 거론되던 전쟁의 '정당한 근거'에는 정당방어를 목적으로 하는 전쟁뿐만 아니라 의무 실행을 위한 전쟁, 예를 들어 왕권 계승이나 계약 등을 이유로 부각되는 권리의 충족을 위해 벌어지는 전쟁과 보복성 전쟁이 포함되어 있었다. 하지만 침공당하는 경우를 제외하면, '정당한 전쟁'을 위한 조건이 어떤 방식으로 주어지는지 파악하기 어려웠고 이러한 상황은 결과적으로 다양한 법적 해석들이 이론적으로 대립되는 양상과 함께 전쟁의 확장을 법적으로 제어하는 것이 사실상 불가능하다는 인식으로 이어졌다. 이러한 상황에서 평화를 지향하던 계몽주의 문화가 전쟁과 분쟁의 확장을 막기 위해 활용한 방식은 두 가지였다. 첫 번째는 문화적인 차원에서 세계시민주의를 확산시키는 것이었고 두 번째는 계약을 바탕으로 하는 국가 모형을 국가 내부적인 차원에서 국제적인 차원으로 확산시키는 것이었다.

18세기 세계시민주의의 기틀이 되었던 것은 고대의 키니코스학파와 스토아학파의 세계시민주의다. 먼저 키니코스학파의 디오게네스가 대변하는 세계시민주의는 개인주의적인 성향이 강했다. 디오게네스는 도시를 버리고 은둔 생활을 했던 인물이다. 이 디오게네스적인 세계시민주의의 핵심은 개인이 정치적 사회에 소속됨으로써 발생하는 의무보다 그만의 자유가 더 중요하다는 점을 강조하는 '개인의 탈정치화' 과정에 있다. 이와 유사한 방식으로, 볼테르는 그의 『철학 사전Dictionnaire philosophique』에서 철학가를 "프랑스인도 잉글랜드인도 피렌체인도 아닌 모든 나라의 인물"로 정의한 바 있다. 이러한 개인주의적인 성향의 세계시민주의는 문화적인 차원에서 긍정적인 면을 가지고 있었다. 예를 들어 세계의 모든 현자들이 그들의 국적을 뛰어넘어 더 우월한 차원의 세계에 속한다고 보는 '문필 공화국'은 다름 아닌 세계시민주의를 바탕으로 형성되었다. 그러나 개인적인 차원을 강조하는 세계시민주의는 정치적인 차원에서 긍정적으로만 볼 수 없는 측면을 가지고 있었다. 왜냐하면 개인을 국가의 운명에는 관심이 없는 불량한 시민으로 만드는 성향이 짙었기 때문이다. 이러한 부정적인 측면을 바탕으로 부각되었던 것이 스토아학파의 세계시민주의다. 제논, 에픽테토스, 마르쿠스 아우렐리우스Marcus Aurelius 등을 중심으로

형성된 이 두 번째 형태의 세계시민주의는 사회참여를 강조하는 동시에 애국주의
적인 의무의 차원과 박애주의적인 보편적 차원의 조화로운 수용을 가능하게 한다
는 장점을 가지고 있었다.

　반면에 '관용주의'는 모든 유형의 세계시민주의가 지니는 공통된 성향이었다. 개
인주의적인 성향을 지닌 애국주의의 경우 관용이 사실상 국가별 차이에 대한 무
관심에서 비롯되었던 반면, '보편적인' 세계시민주의의 경우 관용주의는 상이한 민
족들 간의 차이를 인정하면서도 이들 간의 협력을 장려하는 방향으로 나아갔다.
계약을 바탕으로 성립되는 국가론을 모든 국가의 연합 공동체에 확대 적용하면
서 제도적인 형태로 표현되는 경향을 보였던 것이 바로 두 번째 형태의 세계시민주
의다. 이러한 요구의 필연성을 표명하며 생피에르Saint-Pierre의 수도원장 샤를-이레
네Charles-Irenée는『유럽의 영구적인 평화를 위한 계획*Projet pour rendre la paix perpétuelle en
Europe*』(1713~1714년)에서 평화 수호를 위해 제한된 형태의 '연합' 체제를 제안했다. 이
어서 이러한 이상을 보다 완전한 형태로 제시한 인물은 칸트다. 칸트는『영구 평화
론*Zum ewigen Frieden*』(1795년)에서 모든 국가가 고유의 통치권을 그대로 유지한 상태에
서 평화를 위해 동맹의 노력을 기울이는 세계적인 통합을 전제로 영구적인 평화를
구상했다.

　지극히 당연한 일이지만, 보편적 세계시민주의의 확장과 평화적 국제 연맹의 실
현을 위한 전제들 가운데 하나는 거시적인 역사관이었다. 이러한 계획의 실현 가
능성에 대한 믿음은 사실상 계몽주의 사유의 중요한 특징 중 하나인 진보적 역사
관과 분리될 수 없는 성격의 것이었다.

　'역사철학'이라는 표현을 고안해 냈던 볼테르 역시 그의 저서에서 이성과 지식
과 예술의 총체적이고 지속적인 발전을 통한 인류의 역사적 진보를 예상한 바 있
다. 안 로베르 자크 튀르고(Anne Robert Jacques Turgot, 1727~1781년) 역시 나름대로 자연
의 순환적 흐름과 상반되는 직선적인 역사관을 제시하면서 기술의 발전과 자유
의 확산을 진보의 기준으로 제시했다. 하지만 계몽주의 시대의 진보적인 역사관
을 가장 뚜렷한 방식으로 이론화한 인물은 콩도르세Condorcet 후작이라는 이름으
로 불리는 장 앙투안 니콜라 드 카리타(Jean Antoine Nicolas de Carita, 1743~1794년)다. 프
랑스혁명과 함께 역사의 불가항력적인 발전에 대한 희망이 절정에 달했을 때 콩도
르세는『인간 정신의 역사적 발전상에 대한 구상*Esquisse d'un tableau historique des progrès de
l'esprit humain*』에서 역사의 발전이 "인간이 지니는 기량의 발전을 좌우하는 보편적인

법칙"에 의해 결정된다고 주장했다. 콩도르세는 인류의 과거를 설명해 줄 뿐 아니라 미래의 발전상까지도 예견할 수 있는 '인문학'이 충분히 가능하다고 생각했다. 인류의 역사를 열 단계로 구분한 콩도르세는 마지막 단계의 미래에 대해 언급하면서 민족들 사이의 불평등이 사라지고 인간의 본성 자체가 신체적인 측면(생명의 지속적인 연장)은 물론 정신적인 측면에서 완성을 향해 나아가리라고 예상했다. 정치적인 요인 역시 콩도르세에게는 역사 발전의 기본적인 조건들 가운데 하나였다. 그는 인류의 진보를 특징짓는 지식과 이성의 발전이 필연적으로 자유 및 평등의 확산과 함께 이루어져야 한다고 보았다.

3

데이비드 흄

3.1 외교관, 철학가

데이비드 흄은 에든버러에서 1711년 4월 26일에 태어나 1776년 8월 25일 에든
버러에서 사망했다. 귀족 집안의 후손이었지만 둘째 아들로 태어났기 때문에
재산 상속의 권리가 없었던 흄은 직업을 구해야만 하는 처지에 놓여 있었다. 종
교인이나 군인이 되는 것을 원하지 않은 흄은 법학을 공부했고 에든버러를 떠
나 프랑스에서 유학하며 데카르트를 공부했다. 유럽에 머무는 동안 흄은 말브
랑슈, 데카르트, 피에르 니콜, 앙투안 아르노 등의 철학을 섭렵했다. 잉글랜드
로 돌아온 흄은 1739년에 『인성론』을 출판했다. 서른이 되기 전에 완성한 이 저
서에 대해 자부심이 컸던 흄은 걸작을 남겼다는 확신과 함께 성공을 꿈꾸었지
만 학계와 독자들로부터 아무런 반응도 이끌어 내지 못했다. 하지만 흄은 좌절
하지 않고 전통적인 독자층을 구성하던 남성 독자들뿐 아니라 철학에 관심을
기울이기 시작한 여성 독자들도 어렵지 않게 이해할 수 있도록 자신의 방대한
저서를 쉽고 분량이 많지 않은 소책자로 탈바꿈시켰다. 1741년과 1742년에는

『도덕, 정치, 문학 에세이*Essays, Moral, Political, and Literary*』의 1권과 2권을 출판했고 대대적인 성공을 거두었다. 1745년에는 대학교수가 되기 위해 에든버러 대학의 도덕철학과에 지원했지만 반종교적 사상가라는 이유로 임명을 거절당했다. 교수의 꿈을 포기한 뒤에는 제임스 세인트클레어*James St. Clair* 장군의 서기로 활동하기도 했다.

지속적으로 저술 활동에 몰두한 흄은 1748년에『인간의 지성에 관한 탐구*An Enquiry Concerning Human Understanding*』를 출판했고 1751년에『도덕적 원리에 관한 탐구*An Enquiry Concerning the Principles of Morals*』, 1752년에『정치 담론*Political Discourses*』, 그리고 1754년에 그를 유명하게 만들어 준『잉글랜드의 역사*The History of England*』의 총 6권 중 제1권을 발표했다. 하지만 출판을 통한 흄의 성공은 동시에 교회의 지도자들과 학자들 간의 철학적이고 신학적인 논쟁을 유발했다. 문제가 되었던 것은 무엇보다도 '기적'에 관한 논문을 통해 표명된 흄의 부정적인 입장과『잉글랜드의 역사』1권에 실린 가톨릭교회와 미신에 대한 날카롭고 집요한 비판이었다. 뒤이어 흄은 에든버러의 변호사협회 도서관장으로 임명되면서 경제적으로 안정적인 삶을 이어 갔지만 고작 마흔 살의 나이에 저술 활동만으로 부와 명성을 모두 거머쥐는 데 성공했던 흄은 글을 써서 생계를 유지하는 직업적 문인을 상징하는 인물로 부각되었다.

1750년대 말에 잉글랜드 문화 및 출판의 수도였던 런던으로 거처를 옮긴 뒤 흄은 18세기 유럽의 철학과 과학의 중심지 파리를 여행하면서 디드로, 달랑베르, 루소 등을 만나 교류를 시작했다. 특히 루소는 흄의 친구가 되었지만 머지않아 그의 날카로운 비판자로 변신했다. 루소의 경제적 어려움을 해결해 줄 의향으로 흄이 그를 잉글랜드에 초대했지만 루소의 까다로운 성격 때문에 두 사람의 관계는 서서히 악화되었고 결국에는 서로를 공개적으로 비난하는 상황까지 벌어지고 말았다. 1767년부터 2년 동안 국무성 차관을 역임한 흄은 자신의 저작들을 수정하고 가다듬으며 남은 생애를 보냈다.

3.2 철학에 적용된 실험적 방법론

데이비드 흄은 '인간에 관한 학문'의 체계화를 시도하면서 18세기의 유럽 문화
에 중요한 자취를 남겼다. 그가 계획했던 것은 뉴턴의 세계관을 바탕으로 하는
귀납적이고 실험적인 논리와 철학적 전제를 인간의 정신 및 인간의 변화무쌍한
도덕적, 사회적, 미학적, 역사적 태도에 대한 이해의 단계로 확장시킬 수 있는
인문학이었다. 이러한 의도는 흄의 가장 널리 알려진 저서 『인성론』의 부제 '도
덕적 감성을 다루는 논제에 실험적 방법론의 논리를 도입하려는 시도'에서도
뚜렷하게 나타난다. 흄은 수학이나 자연철학을 포함한 모든 학문이 인간의 본
성과 유지하는 밀접한 관계에 관심을 기울였다. 일찍이 존 로크가 주장했던 것
처럼, 흄은 인문학의 발전이 오로지 탐구의 영역과 지성의 한계를 분명하게 인
식하고 관념의 본질과 토대를 이루는 정신의 기능에 대해 관찰한다는 조건하에
서만 이루어질 수 있으며 따라서 이에 대한 원칙을 세워야 한다고 보았다. 바로
이러한 심리적이고 인식론적인 성격의 본질에 대한 관심 때문에 흄은 19세기와
20세기 인문학의 길을 연 위대한 이론가들 가운데 한 명으로 평가된다.

흄은 인문학을 다른 모든 학문의 기반으로 간주했다. 흄이 "사유의 새로운 무
대"를 구축하면서 영감을 얻었다고 밝힌 뉴턴의 학문 체계에서처럼 그의 인문
학을 뒷받침하는 것은 경험과 관찰이다. 흄은 정신을 지각 활동의 집합으로, 혹
은 다양한 인상들이 지속적으로 등장하는 일종의 무대로 묘사했다. 로크의 사
상을 바탕으로 관념의 조합 이론을 발전시키면서 흄은 전혀 다른 결과를 얻어
냈다. 흄에 따르면, 감지되는 내용은 강도에 따라 인상과 관념으로 구분된다.
인간의 뇌가 가장 먼저 받아들이는 것은 인상, 다시 말해 느낌, 열정, 감성, 이미
지 등이며 관념은 이러한 인상들의 약화된 복제에 지나지 않는다. 기억과 상상
력은 우리가 원천적인 혹은 변형된 형태로 관념을 수용할 수 있도록 기능한다.
하나의 관념이 또 다른 관념을 생성하는 방식으로 여러 관념들 사이에서 이루
어지는 조합에 계기를 마련하는 것은 유사성이나 시공간적인 연속성 또는 인
과관계다. 이들 가운데 가장 뛰어난 확장성을 지닌 것이 바로 인과관계다. 거의

모든 인간관계와 사회관계에 관여할 뿐 아니라 즉각적으로 감지되는 실재를 의미작용이나 기억에 포함시키면서 과거와 미래 모두에 관여할 수 있기 때문이다. 흄은 철학가의 과제가 인과관계의 원인보다는 결과를 관찰하는 데 있다고 보았다.

지속적인 관찰과 관념의 조합을 통해 인간은 감지된 현상들 사이의 관계를 본질적인 것으로 간주하며, 따라서 이 현상들 사이에 연역적인 논리 체계를 정립하는 것이 가능하다고 믿는 경향이 있다. 흄은 이런 방식으로 현상을 이해하는 과정에서 중요한 역할을 하는 것이 개연성을 바탕으로 전개되는 추론이라고 보았다. 흄에 따르면, 우리는 일련의 사건이 오늘 일어난 것과 똑같은 방식으로 미래에도 반복되리라는 것을 증명할 수 있는 어떤 근거도 가지고 있지 않지만 편의상 유사성을 바탕으로 동일한 사건이 미래에도 일어날 수 있다고 믿는다. 그런 식으로 실제적인 문제들이 수학적인 성격의 이성적인 문제에 부응한다고 확신하는 것이다. 하지만 다수의 사건 혹은 현상 사이의 관계는 인간의 정신이 만들어 낸 일종의 작품이지 사물에 내재하는 특성이 아니다. 예를 들어 우리는 사건 X를 사건 Y에 앞서 일어난 것으로 확신할 수 있지만 그렇다고 해서 X를 Y의 원인으로 간주할 수는 없다. X는 경험을 통해 증명이 가능한 지각적인 차원의 조합에 속할 뿐 선험적으로 정의될 수 있는 성격의 것이 아니기 때문이다.

흄은 아울러 '습관'이나 '믿음' 같은 초이성적인 요소들이 세계 안에 거하는 인류의 인식론적 방향을 결정하는 데 중요한 역할을 하지만 앎의 원칙 자체를 과학적으로 구축하는 것은 아니라고 보았다. 사물의 존재와 개인의 정체성을 정초하는 데 결정적인 역할을 하는 '믿음'은 따라서 "오류임에도 불구하고, 상이하지만 지극히 단순하고 동일한 관계에 놓인 것으로 상정됨으로써 조합되는 다양한 인상들의 총체"에 비유된다(『인성론』 1권 4부 2장).

하지만 흄의 이러한 입장은 그의 회의주의에 대한 학자들의 해석이 양분되는 현상을 가져왔다. 다시 말해 흄의 회의주의는 인간의 내면과 외면 세계의 실체화를 위해 기능하는 정신적 메커니즘과 이에 뒤따르는 다양한 인식론적 평가의 절대적인 도구로 이해되거나, 아니면 인문학 탐구의 다양한 영역에서 거론되는 개연적인 논제들을 학문이라는 경계 안에서 유지하기 위한 엄격한 방법론으로 해석되는 양상을 보인다.

3.3 정념과 도덕적 감성 혹은 애정의 본질

흄이 『인성론』의 2권에서 시도하는 정념의 분석은 도덕성 연구를 위한 전제로 제시된다. 흄은 '도덕적 감성moral sense'을 이론화한 섀프츠베리와 허치슨의 의견을 수용하면서 윤리적 반지성주의를 바탕으로 인간 본성의 감성적인 뿌리를 검토하고 공감을 중심으로 전개되는 연상의 메커니즘을 관찰했다.

흄은 역사적으로 도덕성의 근원에 관한 논의가 때로는 도덕의 이성적 기원, 때로는 감정적 기원을 주장하는 이론들을 중심으로 발전해 왔지만, 좋은 것과 나쁜 것, 미덕과 악덕 같은 도덕적인 구분이 이성에 의해 논박할 수 없는 형태로 정립되어 있는 것이라면 미덕이나 악덕이 인간으로 하여금 어떤 행위를 하도록 만드는 일은 결코 일어날 수 없다고 보았다. 흄에 따르면, 도덕적 판단은, 그것이 비록 이성적인 판단의 결과라 하더라도, 인간의 본질적인 특징 가운데 하나인 감정의 세계를 압도하지 못한다. "이성은 오로지 이성 자체의 노예에 불과하며, 어떤 경우에든 이성에 복종하고 봉사하는 기능 외에 또 다른 기능을 지녔다고 볼 수 없다."(『인성론』 2권 3장) 흄은 이성적 방법론이 인간의 본성에 대한 "진실한" 이론을 구축할 수 없다고 보았고 이러한 자신의 철학적 입장과 일관성을 유지하면서 도덕성을 이성적 판단의 대상이 아니라 감정의 대상으로, 도덕적인 문제를 사실적인 문제로 평가했다. 결과적으로 흄은 인류가 보편적으로 인정하고 수긍할 수 있는 모든 기량이나 행동을 미덕으로, 모든 이들의 조롱이나 비난의 대상이 될 수 있는 행동을 악덕으로 정의했다. 여기서 중요한 것은 무엇이 한 인간을 존경할 만한 인물로, 혹은 경멸의 대상으로 만드는지 이해하는 데 필요한 기준이 결국은 인정이나 비난으로 표현되는 타인의 판단이라는 사실이다. 이 판단의 근거에는 언어 자체가 우리에게 제공하는 인간의 특성과 기량의 목록이 있으며 그 안에 도덕적 범주가 포함된다. 그런 식으로 어렵지 않게 단순한 기준과 실험적인 방식을 토대로, 즉 특별한 경우들의 비교를 통해 구축되는 일반적인 기준들을 바탕으로 인간의 행동을 분류하고 평가하는 것이 가능해지는 것이다.

『인성론』에서 정념은 자긍심과 모멸감, 사랑과 미움의 경우처럼 쌍으로 검토되고 이러한 감정들이 자극하는 내면적 변화를 바탕으로 분석된다. 흄에 따르면, 빈번히 우리에게 어떤 판단을 내리도록 강요하거나 동기를 제공하는 것이 이 정념들이며, 대부분의 경우 우리의 판단은 이성과 감성의 타협을 바탕으로 도달하는 결론에 불과하다. 흄은 악덕과 미덕이 내재적인 특성과 거리가 먼 사고의 특성이며 유용성과 호감 역시 사고의 특성에 포함된다고 보았다. 아울러 흄은 자기애나 자비 같은 '자연적인' 덕목과 사유재산제도나 법 또는 사회적 안정에 기여하는 여성들의 정조 같은 '인위적인' 덕목의 구분을 바탕으로 여러 덕목들이 조합되는 방식에 주목했다. 여기서 중요한 역할을 하는 것은 '호감', 즉 상호관계를 바탕으로 애정을 강화하는 메커니즘이다.

3.4 취향의 미학

흄은 『인성론』뿐 아니라 『취향의 기준에 관하여 *Of the standard of taste*』(1757년)를 통해 논리학과 윤리학 곁에 미학이 위치하는 인문학의 구도를 그대로 유지하면서 경험을 바탕으로 취향에 따른 판단을 분석했다. 1700년대 초반에 출판된 미학 논문들, 예를 들어 새프츠베리나 허치슨의 저서들을 살펴보면, 미美의 개념은 자연 혹은 인간의 창작품에서 발견되는 요소들 간의 '조화', '질서', '비율'을 기준으로 구축된다. 반면에 흄은 『인성론』에서 '소통' 혹은 '관계'로서의 아름다움이란 개념을 발전시켰다. 관찰자의 미적 쾌락을 결정짓는 요소로 제시되는 '호감'이 바로 이런 경우에 속한다. 여기서 미적 쾌락은 관찰된 대상에 내재하는 기능적이고 실질적인 유용성에 대한 인식을 통해 생성된다. 예를 들어 멋진 집을 바라보며 느끼는 즐거움은 사실상 그 집의 주인이 되거나 그 안에서 사는 모습을 상상하며 느끼는 즐거움이다.

흄은 아울러 『취향의 기준에 관하여』에서 미적 판단이 분명히 개인적인 성격을 띠지만 사실은 일련의 경험적 사실을 통해 시대를 불문하고 만인에게 공통된 것으로 드러나는 즐거움이나 실망을 바탕으로 이루어진다는 점에 주목했다. 이러한 특징은 어떤 규칙적인 판단 기준을 모색하는 사람들의 일반적인 성향에서도 나타난다. 흄은 이러한 기준이 존재하기 때문에 취향의 주관적인 요소와 관찰 대상의 '객관적인' 평가를 조율할 수 있고 어떤 이유에서 일련의 미적 평가들이 그 자체로 다른 평가들에 비해 우수한지 설명할 수 있다고 보았다. 아름다움은 대상이라기보다는 오히려 "그것을 바라보는 사람의 눈 속에" 존재한다. 하지만 그렇다고 해서 모든 사람이 받는 다양한 성격의 인상들이 동일한 권위를 지니는 것은 아니다. 결과적으로 진정한 의미의 미적 판단은, 그것이 우선적으로 지적 활동임을 감안할 때, 전문적인 비평가들의 전유물이라고 볼 수 있다. 이들이 다루는 취향은 선험적인 방식으로 추론되지 않고 경험을 통해 확보된 기준과 전통을 바탕으로, 예를 들어 취향의 섬세함과 정신의 평정, 관찰 대상과의 친숙함, 편견에서 벗어난 공정한 판단력 등을 바탕으로 검토된다. 흄은 이러한 요구 조건을 갖춘 비평가가 예술가와 그의 작품뿐만 아니라 관중의 견해와 창조 과정의 역사적인 조건에 대한 공정한 평가를 거쳐 작품의 창조를 주도한 정신적인 차원의 과정, 즉 예술가의 구도와 성찰의 내용을 이해할 수 있다고 보았다.

3.5 종교

종교에 관한 두 편의 저서 『종교의 자연사 *The Natural History of Religion*』(1757년)와 『자연종교에 관한 대화』(1779년)에서 흄은 이 두 저서의 상이하면서도 상호 보완적인 관점을 통해 종교 현상에 대한 근본적인 차원의 비판을 시도했다.

『종교의 자연사』에서 흄은 인간으로 하여금 종교적 믿음을 수용하도록 만드는 심리적이고 사회적인 동기를 검토했다. 흄은 인간의 본성 속에 종교적 믿음의 어떤 직접적인 기반도 마련되어 있지 않으며 신앙은 정념과 감정의 부차적인 결과로서만 설명이 가능하다고 보았다. 흄은 예수회 학자들뿐만 아니라 이신론자들도 널리 인정하는 유일신교 기원설, 즉 유일신주의를 인류의 가장 원천적인 종교 형태로 보는 견해의 전복을 시도했다. 흄에 따르면, 원시사회의 종교를 지배하던 것은 오히려 다신주의, 즉 나약한 존재이자 미래의 불확실성 때문에 항상 불안해하며 누군가의 보호를 간절히 기대하는 인간의 기본적인 요구를 "구체화된" 형태로 표상하는 수많은 신들의 존재였다. 흄은 유일신교가 역사적으로 상당히 뒤늦은 시대에 등장했고 상류사회의 지식인 계층 사이에서 진행된 종교의 이성화 과정에 힘입어 탄생했으며, 결코 신도와 절대자 사이에서 중간자 역할을 하는 누군가에게 미개한 방식으로 모든 것을 맡기며 위로를 받는 미신적인 문화를 배경으로 탄생하지 않았다고 보았다. 흄에 따르면, 종교적인 세계의 다양한 형태와 역사를 특징짓는 것은 인격적인 신에 대한 믿음과 다신주의의 지속적이고 변덕스러운 출몰에 지나지 않는다.

『자연종교에 관한 대화』에서 흄은 자연종교에 관한 다양한 입장들을 효과적으로 소개하기 위해 문학의 형식을 빌려 등장인물들에게 다양한 성격과 입장을 부여하고 토론 자체에 연극무대에서나 볼 수 있는 대화의 성격을 부여했다. 등장인물들 가운데, 데메아는 엄격한 교리주의자로 신비주의를 대표하는 인물이며 클레안테스는 계몽주의자이자 이신론자, 필론은 편견을 모르는 회의주의자로 등장한다. 대화자들 사이에서 이루어지는 토론의 주제는 신의 특성과 섭리를 자연적 이성을 통해, 특히 유사성 못지않게 차이를 수반하는 '비교'를 통해 이해할 수 있는 가능성 여부다.

데메아는 신의 존재와 그의 무한히 지적인 본성을 증명하기 위해 선험적인 성격의 논리를 활용하는 반면 클레안테스는 경험적인 성격의 논리를 제시한다. 클레안테스는 18세기에 상당히 대중적이었던 '목적론적 논제argumentum from design'를 활용하면서 수단과 목적의 완벽한 상응, 우주 전체에 대한 모든 개별적인 부분들의 기능, 지고의 건축가가 설계한 구도의 경험적 명백함 같은 논제들을 내세운다. 클레안테스는 이렇게 말한다. "여러분 자신으로부터 세상으로 눈길을 돌려 보십시오. 총체적인 세계와 모든 개별적인 부분들을 관찰해 보면 세계가 하나의 거대한 기계에 불과하고 무한한 수의 조그만 기계들로 세분화되어 있으며 이 조그만 기계들이 다시 인간의 감각과 능력으로는 확인도 설명도 불가능한 단계로 점점 더 세분화된다는 사실을 목격하게 될 겁니다. [……] 자연 세계에서 수단이 목적에 상응하는 현상은 인간의 인위적인 기술과 주장과 생각과 지혜와 지성이 생산해 내는 것과 상당히 유사합니다."(『자연 종교에 관한 대화』) 클레안테스에 따르면, 우주의 구성과 인간의 생산품 및 예술 작품들 사이에 존재하는 유사성이야말로 우리가 특정 원인을 특정한 결과에 부여하도록 만드는 결정적인 요인이다. 이와는 전적으로 반대되는 입장을 취한 인물이 바로 필론이다. 그는 반형이상학적인 입장을 고수하면서 인간의 지식이 지니는 한계를 넘어서지 말아야 한다는 점을 강조한다. 회의주의적인 성향이 분명하게 나타나는 이 대화록을 통해 흄이 지적하고자 한 것은 종교적 문제에 관한 한 어떤 이성적 결론도 불가능하다는 사실이다.

3.6 정치, 경제, 역사

흄이 추구한 정치 이론이 구체적으로 표명되는 저서는 『정치 담론』(1752년)이다. 흄은 이 저서에서 다른 학문들에 비해 공공의 선에 크게 기여할 수 있는 정치학, 아울러 생명체처럼 태어나고 죽을 수밖에 없는 정치적 형태들의 변화를 예상할 수 있는 정치학을 구축하려고 노력했다. 흄이 추구했던 것은 정치적 가치를 강요하는 형태의 규범적인 정치학이 아니라 인간의 사회적 행동 방식을 설명할 수 있는 법칙과 원리를 묘사하는 형태의 정치학이었다. 국가의 기원으로 잉글랜드의 진보 세력 휘그whig당이 내세웠던 사회계약 이론뿐만 아니라 보수세력 토리tory당이 내세웠던 신의 섭리 이론을 비판하면서 흄은 모든 정당이 만장일치로 수용해야 할 사유재산 보호와 사회 안정을 주요 목적으로 하는 다양한 헌법 형태의 발전 가능성을 모색했다.

경제학 분야에서도 흄은 신흥 정치경제학의 몇몇 핵심 주제들을 발전시킴으로써 중요한 업적을 남겼다. 예를 들어 흄은 프랑스와 스코틀랜드의 계몽주의자들이 주장했던 사회의 단계별 발전 이론, 즉 인간 사회가 다양한 형태의 생계 수단을 단계별로 경험하며 발전했다고 보는 이론을 비롯해, 화폐의 역할, 국가 채무, 생산 활동을 통한 부의 축적, 가장 기본적인 생산 분야들(농업, 공업, 상업)의 분석, 당시에 유행하던 시장주의 이론, 즉 한 국가의 힘은 수입량에 비해 수출량이 얼마나 더 큰가에 달렸다고 보는 이론을 비판하며 강조되는 자유로운 교환경제의 중요성, 무역에 있어서 국가들 간의 빈부의 차이를 극복하기 위한 협력의 필요성 등을 다루었다. 거의 두 세기 동안 애덤 스미스(1723~1790년)의 그늘에 가려 빛을 보지 못했지만 흄의 경제이론은 뒤늦게나마 학자들로부터 중요성을 인정받았다.

흄은 에든버러 대학에서 교수 자격을 취득하는 데 실패했지만 이러한 경험은 결과적으로 1745년부터 흄이 역사 탐구에 집중할 수 있는 계기를 마련해 주었다. 1752년부터는 변호사협회의 도서관장을 맡으면서 2만 권에 달하는 책을 마음껏 참조할 수 있는 여건을 마련했고 10년 뒤에 드디어 『잉글랜드의 역사』를 완성했다. 결과는 대성공이었고 흄의 생전에 7쇄를 출판하는 쾌거를 이룩했다. 카이사르의 침공에서 잉글랜드의 혁명까지 방대한 역사를 수록한 흄의 『잉글랜드의 역사』는 왕궁과 잉글랜드 국회 사이의 분쟁에 내재하는 '권위'와 '자유'의 분쟁을 핵심 주제로 다룬다. 흄이 채택한 방법론은 '철학가'가 바라본 역사 서술의 방법론이었다. 흄의 철학적 회의주의를 바탕으로 부각된 중요한 문제들 가운데 하나는 바로 원전의 정통성 혹은 역사적 사건들의 사실 여부를 증명하기 위해 제시되는 근거 사료를 비평적으로 평가하는 문제였다.

역사적 사건들은 인간의 본성을 지배하는 보편적 원리들을 분명하게 이해하고 이를 바탕으로 문화와 기술의 발전을 결정짓는 종교적이고 정치적인 동기 및 경제적 발전 과정을 설명하는 데 유용한 정보들을 제공한다. 흄은 철학가가 이러한 보편적인 원리들의 역동성을 이해해야 할 뿐만 아니라 이 원리들이 적용되는 세계의 구조를 분석할 줄 알아야 한다고 보았다. 이는 곧 철학가가 인간의 본성을 그것의 생성 과정이라는 차원에서 탐구해야 한다는 것을 의미했다. 바로 그런 차원에서 역사는, 현재를 기준으로만 판단할 때 제한적일 수밖에 없는 지식들을 조합할 수 있기 때문에, 인문학을 구축하는 데 가장 유용한 학문이었다.

흄의 이러한 입장을 통해 분명하게 드러나는 것은 『법의 정신*De l'esprit des lois*』(1748년)에서 역사를 '이상적인 유형'의 학문으로 정의한 바 있는 몽테스키외의 영향이다. 몽테스키외는 한 민족의 정신도, 그것이 본질적인 요소라는 점을 떠나, 오히려 지속적으로 진행되는 생성의 과정에 가깝다고 보았다. 흄은, 더 나아가서, 역사가가 법이 종교에 끼치는 영향, 종교가 문화에 끼치는 영향, 문화가 법에 끼치는 영향이 무엇인지 설명할 줄 알아야 하고 결과적으로 역사와 자연이 서로에게 끼치는 영향의 기능적인 측면을 포착할 수 있어야 한다고 강조했다.

토머스 리드와 상식의 철학

토머스 리드(1710~1796년)는 '상식의 철학' 사조를 이끈 스코틀랜드 학파의 대표적인 철학자다. 리드는 애버딘 대학 교수들이 정기적으로 모임을 가지면서 만든 철학협회 '와이즈 멘Wise Men'의 초대 회원이었다. 이들 사이에서 이루어진 토론을 바탕으로 '상식학파'가 탄생했다. 의사 존 그레고리(John Gregory, 1724~1773년)와 철학가 제임스 비티(James Beattie, 1735~1803년), 윤리학과 논리학 교수 조지 캠벨(George Campbell, 1719~1796년) 등이 이 철학 협회의 회원들이었다.

리드는 상식에 호소하는 입장을 '자연적 믿음natural beliefs', 즉 인간이 자연적으로 소유하며 시대와 언어를 뛰어넘어 모든 민족에게 공통된 요소로 존재하는 형태의 믿음을 복원하려는 입장으로 이해했다. 상식의 원칙이란 인간이 일상생활에서 활용하는 진리, 즉 너무나 명백해서 어떤 증명이나 근거도 필요하지 않으며 그만큼 모든 이성적 인간이 기꺼이 받아들이고 지키려고 노력하는 진리를 말한다. 이러한 상식적인 진리는 학문과 도덕, 논리와 경제를 포함하는 상당히 넓은 영역의 믿음과 연관되어 있지만 리드는 무엇보다도 버클리와 흄이 도입한 주제들, 즉 외부 세계의 존재에 대한 믿음과 인과관계 및 개인의 정체성에 대한 믿음에 주목했다.

물론 리드가 상식의 존재를 증명하기 위해 지각 기능을 분석하는 데 집중했던 반면 버클리와 흄은 이 지각이라는 영역으로부터 모두 회의주의적이거나 모순적인 결론을 이끌어 냈다. 반대로 리드가 묘사하고자 했던 것은 오히려 암시의 메커니즘, 즉 감지된 특성과 그 특성을 지닌 대상의 존재 및 지각하는 주체의 존재에 대한 즉각적인 믿음을 불러일으키는 지각 기능만의 특별한 기량이었다. 버클리가 비유물론을 지지하기 위해 제시했던 논제들은 물론 추상적인 성격의 묘사를 기반으로 대상의 존재를 추론하는 것이 불가능하다는 흄의 주장을 모두 논박하며, 리드는 인간이 자신의 느낌에 자연스럽게 부여하는 믿음의 중요성을 강조했다.

리드는 상식의 원칙들이 논리적인 방식으로 증명될 수 없다는 것을 알고 있었다.

상식의 원칙 자체가 오히려 모든 타당한 논제의 기반이라고 보았기 때문이다. 리드는 반대로 미친 사람이나 백치만이 자신의 정체성이나 외부 세계의 존재를 정말로 의심할 수 있다는 역설적인 상황을 통해서만 상식의 원칙들이 정당성을 획득할 수 있다고 보았다.

아울러 리드는 창조주가 인간을 백지상태로 창조하지 않고 충분한 장비를 갖춘 일종의 작업실처럼 창조함으로써 너무나 명백한 사실에 대해서도 근거를 제시해야 하는 불필요한 수고를 덜어 주었고 바로 그런 의미에서 존재하는 것이 바로 상식이라고 보았다.

리드가 흄에 대한 비판을 인식론과 형이상학을 토대로 전개했던 반면 비티와 캠벨은 전적으로 종교적인 문제에 집중했다. 흄은 기적에 대한 믿음이 구체적인 근거가 전혀 없는 현상에 대한 집착일 뿐 아니라 유사한 경우들의 비교를 토대로 형성되지 않기 때문에 개연성이 있을 수 없다고 부정적으로 평가한 바 있다. 흄의 이러한 입장을 꼼꼼히 검토한 캠벨은 감각이 증언하는 바를 믿으려는 인간의 성향이 사실은 즉각적이며 '경험에 우선하는' 성격을 지닌다고 반박했다. 기적은 사실상 자연법칙의 파괴를 의미하기 때문에 기적에 대한 믿음을 정상적인 현상에 대한 믿음과 비교하는 것은 부적절하다고 보았던 것이다. 캠벨은 아이들이 우화나 옛날이야기를 듣고 그대로 믿는 것처럼, 사람들이 전달하는 이야기나 증언의 진실성에 대한 믿음이 증명을 요구하지 않는다고 보았다. 타인의 증언에 대한 믿음은 인간의 정신이 지니는 가장 기본적인 원칙이었고 철학이 이를 설명하거나 증명할 수 없는 만큼 이를 상식의 원리로 받아들일 필요가 있었다.

4

피에르 벨

4.1 회의주의와 자유

위그노 출신이었음에도 불구하고 성급하게 가톨릭으로 개종한 뒤 뒤질세라 황급히 개신교도로 되돌아온 피에르 벨(1647~1706년)은 의식을 지배하고 사상의 자유를 억압하는 모든 형태의 철학 사조와 모든 교리주의를 상대로 독특한 회의주의 철학을 발전시켰다. 프랑스 남부의 르 카를라Le Carla에서 1647년에 태어난 벨은 선조들의 칼뱅교를 외면한 뒤 은신하던 툴루즈에서 예수회 학교를 다녔다. 첫 저서인 『철학 논문』(1670년)에서부터 벨은 비판적인 입장을 표명하며 당대의 철학적 성찰이 가져온 결과와 데카르트주의의 몇몇 특징이 지니는 문제점들을 제기했다. 가톨릭으로 개종을 시도했지만 사실 벨이 그것을 간절히 원했던 것은 아니다. 벨의 개종은 오히려 그가 개신교의 기본 원리들을 두고 지적했던 몇몇 문제점들을 해결하지 못한 자신의 무능력에서 비롯되었다고 볼 수 있다. 얼마 지나지 않아 개신교로 복귀한 것도 개신교 문화에 대한 향수 때문이라기보다는 가톨릭교회가 정의하기 훨씬 더 어려운 문제점들을 안고 있는 것으로 느꼈기 때문이다.

벨이 날카롭고 총체적인 비판의 대상으로 삼았던 것은 그리스도교 신학이다. 벨이 지적했던 것은 무엇보다도 그리스도교 신학이 철학을 바탕으로, 즉 일관적인 이성적 사유를 바탕으로 구축되었다는 신학자들의 억측이었다. 방법론적인 측면에서는 데카르트주의자였지만 철학적 체계의 측면에서 벨은 데카르트와 다른 생각을 가지고 있었다. 벨은 방법론적 '명료함'을 기준으로 적용하면서 데카르트가 정해 놓은 한계를 존중하지 않았다. 데카르트는 『방법서설』에서 방법론적 기준의 적용 영역에서 종교와 신학을 방법론적 기준이 적용될 수 없는 분야로 분류했고 그만큼 방법론적 탐구 영역을 제한하는 데 상당히 민감한 반응을 보였다. 이와는 달리 벨은 '명료함'을 가장 필요로 하는 분야는 오히려 신학이며, 이는 신학이 개인의 운명에 결정적인 영향을 끼치는 내용을 다루기 때문이라고 보았다.

벨이 쓴 대부분의 저서들처럼 가명으로 출판된 『혜성에 관한 다양한 사유 *Pensées diverses sur la comète*』(1682년)를 계기로 벨은 당대의 철학 논쟁에 휘말리기 시작했다. 제목에서는 이 저서가 혜성의 출현과 관련된 미신과 편견을 비판하는 책이라는 점이 분명하게 드러나지만, 제목 자체는 사실 하나의 구실에 불과했다. 혜성과 관련된 편견의 문제는 과학혁명이 시작된 지 오래였기 때문에 사실상 더 이상 새로울 것이 없는 주제였다. 벨은 그보다 훨씬 더 원대하고 야심 찬 목표를 가지고 있었다. 벨이 제시한 논제의 핵심은 무신론이 반드시 문화의 퇴폐를 가져오는 것은 아니며 결과적으로 통치권자에 대한 믿음을 저해하지도 않는다는 것이었다. 벨은 무엇보다도 국가의 안녕을 위해 그리스도교가 반드시 필요한 것은 아니며 우상숭배를 허락하는 형태의 공화국들이 실제로 굳건히 존재했었다고 주장했다. 모든 그리스도교도들이 가장 무서운 죄로 간주하는 우상숭배가 한 국가의 존립을 실질적인 차원에서 방해하지 않는다면, 무신론 역시 아무런 해를 끼칠 수 없다는 것이 벨의 주장이었다. 벨은 자신의 논리를 입증하기 위해 훌륭한 무신론자들을 예로 들기까지 했다. 그중 한 명이 스피노자였다.

벨은 1680년 로테르담에 거처를 마련한 뒤 남은 생애를 이곳에서 보냈다. 벨의 생애에서 가장 뼈아픈 해는 1685년이었다. 루이 14세가 낭트 칙령의 철회를 선언하면서 사실상 개신교도들을 해외로 추방하는 결정을 내렸기 때문이다. 하지만 벨은 동포들이 처한 상황과는 전혀 다른 유형의 망명 생활을 영위했다. 어느 한쪽을 지지하기에는 너무 비판적인 정신의 소유자였기에 벨은 실험적으로 자신의 입장을 빈번히 뒤바꾸곤 했지만 그로 인해 신빙성을 잃는 위험을 감수하기도 했다. 이러한 가운데 중도적이고 관용적인 개신교도의 입장에서 집필한 저서가 『철학적 논평Commentaire philosophique』(1686년)이다. 철학적인 관점에서 가장 일관적인 기조를 유지하는 이 저서에서 벨은 상이한 종교와 문화를 지닌 민족들이 공존할 수 있는 유일한 조건이 바로 종교적 관용임을 주장했다. 『철학적 논평』을 전체적으로 뒷받침하는 것은 선한 의도로 저지른 실수는 무고하며 어떤 식으로든 의도적으로 저지른 것보다는 훨씬 더 가볍다는 상당히 모호하면서도 단순한 도덕관이다. 스콜라철학 내부에서 탄생한 뒤 17세기 '의식'의 탐구자들에 의해 심층적으로 논의된 바 있는 이러한 관점을 수용하면서 벨은 모든 이단이 선한 의도로 선택한 교리를 바탕으로 생존하는 만큼 박해하거나 형벌을 가할 수 없는 성격을 지닌다고 강조했다. '의식'은 신의 목소리였고 따라서 그것에 무언가를 강요한다는 것은 불가능했다. 하지만 벨의 입장은 적잖은 난관에 부딪혔고 가장 심각한 것은 이러한 '의식'의 신성화가 사실상 선한 의도를 바탕으로 하는 모든 선택을 정당화할 수 있고, 그런 식으로 종교가 예를 들어 박해를 결정하는 고통스러운 선택뿐 아니라 박해자의 폭력적이고 혐오스러운 행동마저 정당화하는 위험한 결과를 가져올 수 있다는 의견이었다. 이러한 문제점에 대해 벨은 종종 설득력이 없는 답변을 내놓았고 결국에는 벨 자신도 이 '의식'의 교리를 포기하고 말았다.

하지만 이러한 상황은 종파들 간의 분쟁이 악화되고 잉글랜드 명예혁명(1688년)을 계기로 개신교 내부에 잠재해 있던 호전적인 성향과 보복의 기운이 창궐하면서 전적으로 새로운 국면을 맞이하게 된다. 개신교도들 사이에서도 근본주의가 기승을 부리고 비관용의 사례들이 끊임없이 나타나자 벨은 1690년 익명으로 그의 가장 어두우면서도 가장 논쟁적인 저서『피난민들을 향한 권고 *Avis aux réfugiés*』를 출판했다. 개신교도들을 향한 벨의 권고는 그들의 박해자들을 본받지 말고 폭력에 폭력으로 맞서지 말라는 것이었다. 역사적인 관점에서 놀라운 것은 모든 종교와 종파가 동일한 박해와 강요의 잠재력을 지니고 있다는 점을 벨이 간파하고 있었다는 사실이다.

4.2 '이중적 차원'의 박학 혹은『역사-비평적 사전』

벨의 가장 유명한 저서는『역사-비평적 사전』(초판 1697년)이다. 이 책의 특징은 극단적인 형태의 회의주의와 극단적인 신앙주의의 성공적인 조합이라고 볼 수 있다. 예를 들어 회의주의적인 주제들은 종교개혁 이후에 진행된 근대의 전형적인 신학 논쟁을 바탕으로 거론된다. 벨은 그가 교리주의자로 지목하는 데카르트와 데카르트주의자들을 상대로 이들이 지적 명료함을 불변하는 진리에 도달하기 위한 도구로 보았다는 점을 지적했다. 가톨릭 신학자들은 물론 개신교의 신학자들 역시 벨의 이러한 비판을 피할 수 없었다. 벨은 뉴턴의 신과학이 어떻게 반형이상학적이고 반신학적인 성향의 회의주의와 자연스럽게 공존할 수 있는지 보여 주었다. 벨은 물리학과 마찬가지로 정치학이나 윤리학 같은 학문도 인간의 정신이 지니는 한계 안에서 "개연적인 가설을 모색하고 경험을 수용하며" 발전할 수 있고 학문과 윤리와 문화가 절대적인 "확실성" 없이도 적합성 혹은 단순히 "개연적인 논리"를 바탕으로 건재할 수 있다고 보았다.

  하지만 실제로 회의주의와 회의주의가 지니는 신앙과의 관계에 대해 벨의 『역사-비평적 사전』은 상이한 해석들을 제공했다. 가장 정통적인 해석의 경우, 벨은 회의주의가 이성의 절대성을 포기하게 만들면서 이해하기 어렵고 증명도 불가능한 신앙의 수용을 용이하게 한다는 점에 주목하며 회의주의의 호교론적인 기능을 강조했다. 하지만 다른 대목에서 벨의 평가는 좀 더 모호하거나 복합적인 방식으로 전개되는 양상을 보인다. 악의 문제를 다루는 대목에서도 벨은 신앙과 이성의 양립 불가능성을 주장하는 데 그치지 않는다. 표면적이지만 신학적 입장의 이성적 수호를 거부하는 신앙주의적인 태도를 지지하면서 벨은 해결이 불가능한 악의 문제, 자유의 문제, 예정된 운명의 문제를 이성적인 방식으로 설명할 수 있다고 주장하는 신학자들을 신랄하게 비판했다. 벨은 죄와 구원, 상과 형벌을 다루는 교리들의 경우, 어려움은 이러한 내용을 이해할 만한 지혜가 인간에게 부족하기 때문에 발생하는 것이 아니라 오히려 이 교리와 관련된 내용의 수용을 방해하는 정반대되는 논리들을 적극적으로 활용하기 때문에 발생한다고 보았다.

이것이 회의주의에 대한 벨의 극적인 해석이라면 『역사-비평적 사전』에 수록된 다른 글들은 거의 회의주의에 대한 비평적이고 방법론적인 차원의 해석에 가깝다. 벨은 "어느 한쪽을 거부하지도 않고 수용하지도 않기" 때문에 회의주의자는 교리주의자들이 피하지 못하는 "불편한 어려움"과 "심각한 비난과 보복과 인신공격 등을" 피할 수 있다고 보았다. 회의주의자는 논쟁 상대가 확실성의 차원을 포기하고 단순한 개연성의 한계 안에 머물도록 만들 때 자신을 승자로 간주할 수 있었다. 더 나아가서 회의주의자가 "실천 불가능성"에서 비롯되는 비행동주의 혹은 정적주의에 빠질 수밖에 없다는 전통적인 비난에 대해서도 벨은 삶의 양식이란 "사물들의 본질에 대한 추상적인 판단"을 기다릴 필요 없이 "표면적인" 방식만으로도 구체화될 수 있다는 효과적인 답변을 제시했다. 이처럼 피론주의라기보다는 학문적인 성격의 회의주의에 집중하는 벨의 저서에서 지적 의혹과 신앙의 관계는 필연적인 양자택일이나 배척 관계의 문제로 제시되지 않는다. 벨은 의혹하는 인간의 태도를, 오로지 개연적이고 잠정적이며 어떤 식으로든 수정이 가능한 확실성만을 신앙에 부여하며 지속적으로 유지해야 할 신중한 관리자적 태도로 제시한다. 이러한 신념에 회의주의자들이 부여하는 진실 혹은 현실의 가치는 교리주의자들이 말하는 그것과는 전적으로 다르다. 다시 말해 데카르트의 확실성처럼 "실패를 모르는 기준"에서 유래하지 않으며 주관적이고 직관적인 필연성에서 유래한다.

벨이 본격적으로 신학을 다루는 항목에서는 극단적인 신앙주의의 흔적 외에도 훨씬 중도적인 형태의 회의주의를 엿볼 수 있다. 벨은 종교적 신념에 하나의 가설에 지나지 않는 견해의 위상을 부여한다. 다시 말해 자연적이거나 문화적인 현상을 설명하거나 수호하는 데 그칠 뿐인 견해의 위상을 부여함으로써 결과적으로는 모든 신학적 체계들을 천편일률적으로 만들어 버린다.

『역사-비평적 사전』은 표면적으로 박학과 다양한 지식의 체계적인 집성에 집중되어 있는 듯이 보인다. 네 권에 달하는 벨의 방대한 사전은 동시대 및 고대 철학의 검토와 비평과 인용문으로 빽빽이 채워져 있다. 하지만 주목해야 할 것은 벨의 박학이 지니는 이중적인 차원이다. 알파벳순으로 정리되어 있는 항목들은 거의 대부분이 고대에서 근대에 이르는 역사적 인물들의 이름이며 대체적으로 무미건조하고 흥미롭지 못한 내용을 다룬다. 반면에 벨이 비평가로서의 천재적인 역량을 발휘하며 거의 모든 분야의 지식에 대한 흥미로운 글과 특이한 논제들을 제시하는 곳은 본문 밑에 실린 각주다. 오늘날에는 정당한 평가가 힘들지만, 결과적으로 벨이 구축한 것은 당대의 철학 논쟁에 대한 다양한 입장과 직관적인 평가로 풍부하게 채워진 상당히 바로크적인 논평의 축적물이라고 볼 수 있다.

벨이 제기했던 논쟁적인 성격의 문제들 가운데 가장 유명한 것은 신의 존재와 악의 존재가 양립할 수 있는가라는 문제다. 마니교 같은 고대의 종파들을 다루는 일련의 항목에서 벨은 고대인들이 악과 유일신의 공존 가능성에 대한 문제를 해결하지 못하고 결국 우주 안에서 두 종류의 원리가 끝없이 분쟁한다고 보는 이원론적인 세계관을 제시했다고 설명했다. 이 고대인들의 입장을 지지하면서 벨은 그리스도교에 대한 이성적인 설명이 사실상 불가능하다고 주장했다. 심지어 벨은 무신론이 이론적인 차원에서뿐만 아니라 윤리적인 차원에서도 가장 지지할 만한 철학적 입장이라는 생각을 가지고 있었다.

5

몽테스키외

5.1 보르도 아카데미, 『페르시아인의 편지』

몽테스키외, 본명 샤를 루이 드 스콩다(Charles Louis de Secondat, 1689~1755년)는 보르도 근교, 라 브레드La Brède의 성에서 태어났다. 오라토리오 수도회가 운영하는 학교에서 공부한 뒤 보르도 대학의 법학과에 입학했고 1708년부터 보르도에서 법률가로 활동을 시작했다. 몇 년간 파리에서(1709~1713년) 머문 뒤 1714년 2월에 보르도 고등법원 의원으로 임명되었고 삼촌으로부터 몽테스키외의 남작 칭호를 물려받은 뒤 보르도 고등법원의 원장으로 임명되었다. 1716년에 보르도 아카데미의 회원으로 선정된 몽테스키외는 이곳에서 의학과 물리학 및 자연사와 관련된 학술적인 논쟁을 비롯해 고대사, 특히 로마 역사에 관심을 기울이며 연구 활동을 시작했다. 그가 평생 동안 지속적으로 탐구에 몰두했던 몇몇 특정 분야들, 예를 들어 역사학과 정치학 및 자연과학에 대한 관심은 바로 이 시기에 다름 아닌 아카데미에서 시작되었다.

몽테스키외는 1716년 아카데미에서 『종교에 대한 로마인들의 정치적 성향에 관한 논문 *Dissertation sur la politique des Romains dans la religion*』을 발표했다. 마키아벨리의 영향을 받은 이 저서에서 몽테스키외는 종교의 사회적 유용성이라는 정치학적 인 주제와 종교적 관용의 문제, 특히 종교적 관용의 차원에서 탁월한 모범을 보 여 준 로마인들의 역사를 다루었다. 1721년에는 아카데미에서 『자연사적 관찰 에 관한 에세이*Essai d'observations sur l'histoire naturelle*』를 발표했다. 사후에 출판된(1796 년) 이 저서에서 몽테스키외는 첨단의 식물학과 동물학 실험 및 현미경을 통한 실험의 결과에 주목하며 나름대로의 의견을 피력했다. 이 에세이에서는 특히 몽테스키외가 열성적인 데카르트 신봉자이며 스스로 선언했듯이 데카르트 방 법론과 기계주의적인 자연관을 엄격하게 준수하는 학자라는 사실이 분명하게 드러난다.

아울러 1721년은 몽테스키외에게 커다란 명성을 안겨다 준 『페르시아인의 편지*Lettres persanes*』가 출판된 해이기도 하다. 이 서간문 형식의 소설에서 몽테스키 외는 이스파한에서 출발해 이탈리아를 거쳐 프랑스에 도착한 두 명의 페르시 아 여행객, 우스벡과 리카가 의혹에 찬 시선으로 바라본 파리와 유럽의 모습을 그렸다. 거시적이고 객관적일 수밖에 없는 이들의 시선을 통해 몽테스키외는 아무런 편견 없이 당대의 파리 문화와 관습, 종교적 반목과 제도의 독단적인 성 격과 사회적 악습을 적나라하게 묘사하는 데 성공했다. 아울러 몽테스키외는 독재에 반대하는 자신의 입장과 그만의 데카르트적인 과학 개념, 이신론적인 종교관을 제시하는 것도 잊지 않았다. 한 특이한 종족의 우화를 다루는 곳에서 (편지 11~14) 몽테스키외는 홉스가 가정한 성악설을 논박하며 인간의 선천적으 로 친화적인 성격을 강조했다. 바로 여기서 그가 지속적으로 유지하게 될 반홉 스주의적인 성향이 시작되었다고 볼 수 있다. 또 다른 열한 편의 편지에서 몽테 스키외는 종교와 인구의 관계를 다루면서 다양한 종교가 사회에 끼치는 영향 과 종교가 강요하는 금기의 문화를 역사적인 관점에서 분석했다.

5.2 여행, 로마의 역사, 보편적 원인의 탐구

1728년 몽테스키외는 독일과 오스트리아를 거쳐 이탈리아에 이르는 긴 여행을
시작했다. 이탈리아에 머무는 동안 베네치아, 밀라노, 토리노, 제노바, 피사, 피
렌체, 로마, 나폴리 등 수많은 도시들을 방문했고 이탈리아 문화를 대표하는 인
물들, 예를 들어 1732년 나폴리에 선교사들을 위해 교육기관을 설립한 마테오
리파Matteo Ripa와 철학자이자 자연과학자인 안토니오 콘티Antonio Conti, 『이탈리
아의 작가들 *Rerum Italicarum scriptores*』이라는 방대한 저서의 저자 루도비코 안토니오
무라토리Ludovico Antonio Muratori 등을 만나 교류했다. 1729년에는 트렌토에서 이탈
리아를 떠나 뮌헨과 하노버, 위트레흐트와 암스테르담을 거쳐 헤이그에 도착
했다. 여기서 10월 말에 배를 타고 도달한 잉글랜드에서 1731년 초반까지 1년
이상 체류했다. 잉글랜드 사회와 문화의 경험은 몽테스키외의 정치사상이 형
성되는 데 결정적인 역할을 했다. 『여행기*Voyages*』에 수록된 「잉글랜드에 관한 소
고」에서 몽테스키외는 잉글랜드의 왕과 국회 사이에서 유지되는 권력의 균형
을 언급하며 "현재 잉글랜드는 세상에서 가장 자유로운 나라"라고 기록했다.

　잉글랜드에서 돌아온 뒤 몽테스키외는 역사학과 정치학 연구에 몰두했다.
이어서 서로마제국의 몰락 후에 이루어진 유럽 통일의 시도들을 분석하며 『유
럽의 보편적 군주제에 관한 성찰 *Réflexions sur la monarchie universelle en Europe*』(1734년)이라
는 제목의 짧막한 정치 에세이를 출간했다. 이 책에서는 후속 저서에서 본격적
으로 다루게 될 몇몇 주제들, 예를 들어 기후의 차이로 인해 상이한 성격과 특
징을 지니는 남유럽과 북유럽의 구분에 관한 문제, 법을 바탕으로 하는 정부와
독단을 바탕으로 하는 정부의 차이점, 독재주의 비판, 한 정부가 지니는 특성과
확장의 연관성 등이 예시된다.

　그의 주요 저서들 가운데 하나인 『로마인들의 흥망성쇠에 관한 고찰
Considérations sur les causes de la grandeur des Romains et de leur décadence』(1734년)에서 몽테스키외는
1720년대에 자연과학과 물리학 분야에서 관심을 일으켰던 원인 탐구 방식을
역사적이고 사회적인 현실에 적용하면서 로마의 역사를 재구성했다. 따라서

몽테스키외는 고대 로마의 정치적 현상을 이해하고 로마의 '위대함'과 '퇴폐성'
을 생산해 낸 원인들을 분석하는 시각에서 로마의 역사에 접근했다.

원인 분석을 고집하며 몽테스키외는 17장에서 세계를 지배하는 것은 행운이
라는 견해를 거부하고 나라를 일으킬 수도, 지속시킬 수도, 무너트릴 수도 있는
"물리적일 뿐만 아니라 감성적인 차원의 보편적 원인"이 존재한다고 주장했다.
몽테스키외에 따르면, 모든 "우연적인 사실들"이 이러한 차원의 원인에 종속하
며 한 나라를 무너트릴 수 있는 전쟁의 경우처럼 어떤 특별한 원인은 모든 특별
한 사실을 내포하는 보편적인 흐름에 좌우된다.

역사적 탐구라는 영역에서 '원인'이 지니는 대체할 수 없는 기능을 강조한 뒤
몽테스키외는 역사 속에서 행동하는 어떤 "보편적인 정신"의 윤곽을 추적하기
에 이른다. 『법의 정신』 19장에서 모습을 드러낼 '보편적 정신'을 예고하며 다
양하고 상이한 원인에서 유래할 뿐 한 국가의 기능을 결정짓는 하나의 공통된
특징, 모든 사회에 실재하는 공통분모의 존재가 바로 로마의 역사를 다루는 책
에서 윤곽을 드러낸다.

5.3 법의 규칙과 법의 '정신'

1734년부터 몽테스키외는 오로지 『법의 정신』을 집필하는 데에만 몰두했다.
주네브에서 1748년에 출간된 『법의 정신』은 1749년과 1750년에 2쇄와 3쇄가,
1757년에는 약간의 수정을 거친 증보판이 출판되었다.

『법의 정신』은 출판과 동시에 예수회 학자들과 얀센주의자들의 공개적인 비
판을 받았고 몽테스키외는 이에 맞서 1750년에 출판한 『'법의 정신' 변호』를 통
해 자신의 사상이 스피노자주의와 이신론에 뿌리를 두고 있다는 평가를 전면
부인했다. 하지만 그의 『법의 정신』은 결국 1751년 금서목록에 등재되었다.

번역본을 포함해 놀라운 판매 부수를 기록하며 18세기부터 지속적으로 열띤
토론과 해석의 주제로 각광받던 『법의 정신』에 특별한 관심을 기울였던 인물

은 볼테르다. 때로는 비판적인 입장을 취했지만 볼테르는 1772년에 『'법의 정신' 주해』를 출판하며 몽테스키외에게 경의를 표했다. 『법의 정신』은 체사레 베카리아(Cesare Beccaria, 1738~1794년)나 가에타노 필란지에리(Gaetano Filangieri, 1752~1788년) 같은 이탈리아 사상가들뿐 아니라 미국의 헌법 제정에도 커다란 영향을 끼쳤고 19세기에는, 실험적 방법론을 사회학에 적용해야 한다는 요구가 대두되면서, 오귀스트 콩트(Auguste Comte, 1798~1857년)와 에밀 뒤르켐(Emile Durkheim, 1858~1917년)을 중심으로 하는 프랑스 사회학파의 집중적인 관심을 받았다.

『법의 정신』 서문에서 몽테스키외는 인간의 행동을 결정하는 요인이 '환상'은 아니며 보편적인 규칙에 좌우되는 특별한 규칙들이 존재한다는 확신을 가지고 "법과 관습의 무한한 다양성"을 검토했다고 밝혔다. 모두 31장으로 구성된 『법의 정신』 첫 장에서 몽테스키외가 설명한 것처럼 법은 그에게 "사물들의 본질에서 유래하는 필연적인 관계들"이자 "지상의 모든 민족을 다스리는 보편적 논리"였다.

몽테스키외가 제시한 것은 단편적인 법학 논문이 아니다. 사회를 지배하는 법규들을 탐구하면서 몽테스키외는 오히려 분석적 방법론을 제시하는 데 관심을 기울였다. 바로 그런 이유에서 그는 법 자체가 아니라 법의 정신을 연구했다고 볼 수 있다. 다시 말해 몽테스키외가 검토한 것은 법이 일련의 복합적인 사실과 현상, 기후, 종교, 정부형태, 관습, 문화 등의 요인과 유지하는 잠재적인 관계들이다. 중요한 것은 조합을 통해 '보편적 정신'을 생산해 내는 물리적인 원인과 정신적인 원인을 추적하는 일이다. 몽테스키외에 따르면, '보편적 정신'은 나라마다 상이한 원인들이 상이한 강도로 적용되기 때문에 다양한 양상을 보이지만 본질적으로는 변질될 수 없으며 이 불변성이라는 조건과 한계 때문에 입법자들은 '보편적 정신'에 적응할 수밖에 없다.

상당히 구체적이고 사실적인 역사관을 바탕으로 몽테스키외는 일종의 정치 유형학을 발전시켰다. 이 유형학을 바탕으로 그는 고유의 특성과 구조를 지닐 뿐 아니라 인간의 정념과 연관된 심리적이고 사회적인 요소들의 총체를 고유의 원리로 기능하는 정부 유형의 식별을 시도했다. 몽테스키외가 분류한 정부 유형은 기본적으로 세 가지, 즉 공화제, 군주제, 독재체제다.

첫 번째 유형의 정부 체제에서는 민족 전체(민주주의) 혹은 민족의 일부(귀족정치)가 통치권을 지닌다. 두 번째 유형에서는 한 사람이 나라를 다스리지만 통치자는 정해진 법에 따라야 할 의무를 지닌다. 세 번째 유형인 독재체제에서는 일인 통치자가 법이나 규칙에 구애되지 않고 모든 것을 독단적인 판단에 따라 결정한다.

공화국 형태의 정부는 아테네와 로마에서, 귀족정치는 베네치아에서 실례를 찾아볼 수 있다. 반면에 군주제는 성격상 "권력의 실행 경로를 구축하는 중재적인 혹은 종속된 형태의 권력"을 필요로 한다. 군주의 권력은 예를 들어 귀족들, 성직자들, 국회 같은 집단 혹은 기관을 통해 제한된다. 하지만 독재체제는 단한 사람의 권력과 의지를 바탕으로 존속하는 만큼 모든 종류의 법으로부터 멀어질 수밖에 없는 구조를 지녔다.

5.4   자연, 역사, 정치

몽테스키외에 따르면 모든 형태의 정부는 지리적인 요인이나 기후에 영향을 받는다. 공화제는 규모가 그다지 크지 않은 나라에 적합하다. 군주제는 유럽의 국가들처럼 중간 규모의 나라에, 독재체제는 방대한 아시아 제국에 적합하다. 몽테스키외는 『법의 정신』 14장에서 법과 기후의 관계에 대해, 15장에서 17장까지는 여러 형태의 노예제도와 기후의 연관성에 대해, 18장에서는 법과 지역적 특성의 관계에 대해 설명했다.

몽테스키외에 따르면 , 모든 정권은 체제적 원리의 부패와 함께 쇠퇴하거나 모든 형태의 정부를 위협하는 독재체제로 기울어지는 성향을 보인다. 이 쇠퇴이론과 함께 몽테스키외는 '정치적 자유'에 대한 그만의 독특한 사유를 발전시켰다. 그는 자유가 "원하는 것을 마음대로 할 수 있는 힘"을 의미하지 않고 오히려 "법이 허락하는 모든 것을 할 수 있는 권리"를 의미할 때 자유가 보장되는 곳은 민주주의 체제가 아니라 오히려 정치적 중재가 지배적인 역할을 하는 군주제라고 보았다.

잉글랜드의 헌법을 다루는 11장에서 몽테스키외는 권력분배 이론을 바탕으로 시민이 누리는 자유의 법적 위상을 제시하는 한편 국가권력을 세 가지 종류로, 즉 '입법권'과 '집행권'과 '동맹권'으로 분류했다. 잉글랜드에서 발견되는 예들을 기준으로 몽테스키외는 이 세 가지 형태의 권력이 분리되어야 하고 별개의 기관에 의탁되어야 한다고 주장했다. 시민의 자유가 권력의 집중 혹은 혼동을 계기로 위협받을 수 있기 때문에, 헌법이 규정하는 이러한 제한적인 성격이 결과적으로는 시민들의 자유를 보장한다고 보았던 것이다.

다양한 종교와 국가 간의 관계를 다루는 24장과 25장에서 몽테스키외는 벨을 중심으로 형성된 무신론적 사유의 모순적인 측면을 비판적으로 지적하면서 종교를 바라보는 역사적이고 정치적인 관점을 도입했다. 몽테스키외는 종교가 물리적이고 감성적인 원인들의 총체 내부에서 생성되기 때문에 국가 체제에 영향을 끼치지 않을 수 없는 일종의 사회적 현상이라고 보았다. 종교의 사회적 기능을 분석한 뒤 몽테스키외는 열여덟 살의 한 유대인 소녀가 산 채로 화형당한 사건을 언급하면서 이 사건의 모순과 잔인성을 폭로하는 동시에 종교적 관용의 필요성을 강조했다. 더 나아가서 몽테스키외는 종교재판을 "어떤 정부도 수용할 수 없는" 형태의 관습으로 정의했다.

하지만 몽테스키외는 새로운 유형의 종교를 정치적인 차원에서는 위태로운 요소로 간주했다. 따라서 한 국가가 새로운 종교를 받아들이거나 거부할 수 있는 상황에 놓일 때에는 이를 거부해야 마땅하지만 이미 받아들인 상태에서는 관용적인 태도로 수용할 필요가 있다고 주장했다.

결론적으로 『법의 정신』에서 몽테스키외가 다루는 가장 중요한 주제는 헌법의 형태를 구축하고 권력분배와 형평성의 원칙을 바탕으로 정치적 자유를 보장하는 데 기여하는 법 자체의 위상과 법들의 관계라고 볼 수 있다. 몽테스키외에 따르면, 중요한 것은 이 법의 위상에 비례하는 정치적 균형이, 독재주의의 유혹을 물리치고 시민의 자유를 보장하기 위해 지속적으로 유지되어야 한다는 점이다. 모든 형태의 독재체제를 비판하고 정치적 자유의 중요성을 강조하면서 몽테스키외가 집중적으로 탐구했던 것은 역사와 정치와 사회의 관계, 아울러 사회 자체의 형성을 결정짓는 감성적, 물리적, 역사적, 자연적 요인들이다.

6

볼테르

철학자, 시인, 극작가, 소설가, 역사가였던 볼테르의 본명은 프랑수아마리 아루
에François- Marie Arouet다. 1694년 파리의 한 부르주아 가정에서 태어난 볼테르는 예
수회에서 운영하는 루이르그랑Louis-le-Grand 학교에서 공부한 뒤 법학과에 입학
했다. 뛰어난 문학적 재능을 발휘하기 시작한 볼테르는 1718년에 정치적, 종교
적 절대주의를 비판하는 극작품 『오이디푸스』를 무대에 올리면서 커다란 성공
을 거두었다. 1723년에는 모든 유형의 광신주의를 비판하고 종교적 관용을 지
지하는 『앙리아드 *La Henriade*』를 익명으로 출판했다.

 한 귀족 출신의 기사와 벌인 말다툼 때문에 바스티유에서 시작한 짧은 수감
생활(1726년)을 마치고 볼테르는 잉글랜드로 망명을 떠났다. 2년 이상 지속된 잉
글랜드 정치계와 문화계 인사들과의 교류는 볼테르에게 잉글랜드의 전통적인
경험주의와 이신론 사상을 깊이 이해할 수 있게 해 주었다. 이어서 볼테르는 그
의 사상적 기반을 이루게 될 로크와 뉴턴의 철학을 프랑스에 널리 알리는 데 앞

장섰다.

데카르트의 철학을 논박하고 뉴턴의 철학을 지지하며 종교적 관용의 문제를 다룬 볼테르의『철학 편지』혹은『잉글랜드 서간문 Lettres anglaises』은 1733년 런던에서 먼저 영어로, 다음 해에 프랑스어로 출판되었다. 하지만 이 저서는 1734년 파리의 국회에서 금서로 지정되었고, 볼테르는 마담 뒤 샤틀레Madame du Châtelet의 성에서 은둔 생활을 시작했다. 볼테르는 일찍이 다양한 분야에서 재능을 드러냈다. 1738년에는 네덜란드에서 새로운 과학을 이해하기 쉽고 명료한 언어로 설명하며 지지하는『뉴턴의 철학 Éléments de la philosophie de Newton』을 출판했고 1742년에는 비극『무함마드 Mahomet』를 무대에 올려 커다란 성공을 거두었다. 1747년에는 소Sceaux의 성에서『자디그 Zadig』를 비롯한 일련의 철학적 단편들을 집필했다.

1749년에 마담 뒤 샤틀레가 세상을 떠나면서 실의에 빠졌지만 볼테르는 저술 활동을 멈추지 않았다. 다음 해인 1750년부터 독일 프리드리히 2세의 지원을 받았고 1752년에는『루이 14세의 세기 Siècle de Louis XIV』와 철학소설『미크로메가스 Micromégas』를 출판했다. 이어서 1755년 8월 1일 리스본에서 일어난 대규모 지진 소식에 자극을 받은 볼테르는 비관적인 세계관을 표명하며『리스본의 재앙에 관한 시 Poème sur le désastre de Lisbonne』를 발표했다.

1756년에는『풍습에 관한 에세이 Essai sur les mœurs』를, 1759년에는『캉디드 Candide』를 출판했다. 이 시기에 볼테르는 달랑베르가 볼테르와 나눈 대화에서 영감을 얻어 집필한『백과사전』제7권의 항목 '주네브'의 내용 때문에, 예를 들어 이성에 위배되는 어떤 교리도 강요하지 않는 칼뱅주의 목사들의 마음가짐과 주네브의 관용주의를 칭송하는 내용 때문에 논쟁에 휘말리기도 했다.

볼테르는 프랑스와 스위스 국경에 위치한 페르네Ferney의 봉토를 구입해 성을 건축한 뒤 1760년에 이곳으로 거처를 옮겨 저술 활동을 계속 이어 갔다. 현대에 들어와서 페르네에 지식인들과 여행객들의 발길이 끊이지 않는 이유는 '봉주封主' 볼테르가 남은 생애를 보내며 선입견, 미신, 불관용과 싸우기 위해 철학적 투쟁을 벌였던 곳이기 때문이다.

1760년대에 들어서면서 계시종교들을 비판하고 이신론 및 종교적 관용주의를 지지하는 볼테르의 목소리는 점점 더 예리하고 명료해지기 시작했다. 이러한 특징은 1763년 가을 볼테르가 주네브에서 익명으로 출판한『관용론 *Traité sur la tolérance*』에서 분명하게 드러난다. 이 책에서 볼테르는 툴루즈의 개신교도 장 칼라스(1698~1762년)가 아들의 가톨릭 개종을 막기 위해 그를 죽였다고 오해받아 사형을 선고받은 실례에 대해 논하면서 이 불행한 인간에 대한 세간의 부정적인 견해를 비판하며 종교적 관용의 보편적인 가치를 강조했다. 1764년에 출판된『철학 사전』 역시 종교적 선입견과의 투쟁을 계속 이어 간다는 차원에서 집필되었다. 같은 시기에 볼테르는『역사철학』(1765년),『무지한 철학자 *Le Philosophe ignorant*』(1766년),『'범죄와 형벌에 관하여' 해설서』(1766년) 등을 출판했고 계속해서『고지식한 사람』(1767년),『바빌론의 공주』(1768년) 같은 철학적 단편과 논쟁적인 성격의 철학 서적들을 출판했다.

1778년 희극『이렌*Irène*』을 무대에 올리기 위해 파리로 돌아온 볼테르는 프랑스 아카데미와 수많은 관중의 열광적인 환호를 받고 5월 30일에 여든네 살의 나이로 세상을 떠났다. 볼테르의 시신은 이목을 피해 셀리에르Scellières의 수도원 공동묘지에 안장되었다.

6.2　잉글랜드 전통과 철학적 비평

볼테르의 철학가 및 정치사상가로서의 성장에 결정적인 영향을 끼친 것은 2년 이상 지속된 잉글랜드에서의 망명 생활이었다. 볼테르의『철학 편지』는 이러한 경험과 철학적 여정의 흔적을 여실히 보여 준다. 하지만 이 책은 프랑스의 문화사적인 관점에서 보았을 때 프랑스 전통 철학과의 단절을 의미하는 저서이기도 하다. 볼테르는 모두 25편의 편지로 구성된『철학 편지』의 1~7장에서 종교의 이론적인 측면을, 8~10장에서 정치사상을, 11~17장에서 철학적 분석과 과학적 분석을, 18~24장에서 문학 및 문화적 제도와 관련된 문제들을 다루었고 25장에서는 파스칼의 사상을 비판적인 시각으로 검토했다. 결과적으로 드러난

구도는 상당히 독창적이다.

『철학 편지』에서 볼테르는 진공상태의 존재를 부인하는 데카르트의 견해와 그의 본유주의를 비판하면서 로크의 사상을 성공적으로 부각시켰을 뿐 아니라 데카르트주의와 모든 형이상학주의를 논박하면서 뉴턴의 새로운 이론과 실험적 방법론의 정당성을 주장했다. 볼테르는 예를 들어 11장 전체를 할애해 천연두 예방접종의 필요성을 강조했다.

아울러 볼테르는 그가 잉글랜드에서 발견하고 경험했던 시민사회의 자유화 열기와 과학적 탐구 및 종교적 관용의 정신을 칭송하면서 잉글랜드 사회의 역동적인 구도가 구제도와 봉건주의 및 종교적 은폐주의로 인해 정체되어 있던 프랑스 사회의 정적인 구도와는 전적으로 다르다는 점을 강조했다. 그런 식으로 어떤 구체적인 정치적 시안 없이 혁신적인 요구들을 제안하는 동시에 미신과 광신주의와 형이상학적 교리주의를 문화적 진보의 방해 요소로 고발하는데 성공했던 것이다.

볼테르는 잉글랜드 부르주아 상인들의 발전을 종교적 관용과 철학적 비평이 본질적인 역할을 하는 세속적이고 이상적인 형태의 사회 발전 모형으로 간주했다. 볼테르는 런던의 주식시장을 높이 살 만한 성과로 간주하면서 주식시장을 종교가 다른 시민들이 평화롭게 살아가며 모두에게 유익한 일들을 도모하고 파산하는 자만 "불신자"로 간주하는 공간에 비유했다. 『철학 편지』 6장에서 볼테르는 이런 결론을 내렸다. "잉글랜드에 종교가 하나뿐이라면 폭정을 염려해야 할 것이다. 둘이라면 모두가 서로의 목을 자르려고 달려들 것이다. 하지만 실제로는 서른 가지가 넘는다. 그리고 모두 평화롭고 행복하게 살아간다."

볼테르는 잉글랜드의 이 종교적 자유에 더 넓은 차원의 정치적 자유가 상응한다고 보았다. 왕의 권력을 제어하는 장치가 마련되어 있고 민중이 정치에 참여할 수 있을 뿐 아니라 신학적 선입견이 부재하고 베이컨, 로크, 뉴턴의 이론을 바탕으로 하는 반교리주의적인 성격의 탐구가 새로운 과학적 발견과 문화적 진보를 허락해 준다고 보았던 것이다.

한편 파스칼의 사상을 다루는 마지막 편지에서 볼테르는 "이 숭고한 염세주

의자로부터 인류를 보호할" 필요가 있다고 주장했다. 실제로 파스칼의 사상과
자신의 사상을 여러 번에 걸쳐 견주어 보았던 볼테르가 끝내 받아들일 수 없었
던 것은 얀센주의적인 죄의 개념에 구속되어 있는 그의 고통스러운 종교관과
형이상학적 비관주의였다. 볼테르는 파스칼의 비관적인 종교관보다는 이성의
명철하고 비판적인 활용을 종용하고 단순한 도덕적 원칙들로 환원이 가능한
이성적 종교, 예를 들어 이신론으로 인도할 수 있는 구체적이고 조화로운 이상
이 필요하다고 강조했다.

볼테르 자신이 "구제도를 상대로 발사한 첫 번째 폭탄"으로 정의했던 『철학
편지』는 1734년 6월 파리의 국회에서 종교와 사회적 질서에 유해하다는 이유
로 금서목록에 포함되었다. 하지만 볼테르는 좌절하지 않고 『철학 편지』에서
표명했던 동일한 철학적 원칙들을 다양한 방식으로 적용하면서, 잉글랜드 철
학과 이신론 그리고 종교적 관용의 이름으로, 모든 형이상학주의와 그리스도
교 호교론에 대한 비판을 이어 갔다.

6.3 새로운 개념의 역사와 인간

17세기 형이상학의 체계적인 비평가와 이신론자로서의 볼테르 곁에는 또 다
른 모습의 볼테르, 즉 역사학자로서의 볼테르가 존재한다. 『루이 14세의 세기』,
『풍습에 관한 에세이』, 『표트르 1세 통치하의 러시아제국의 역사 *Histoire de l'empire
de Russie sous Pierre le Grand*』(1759년) 같은 역사서들은 모두 자크베니뉴 보쉬에의 『세계
사에 관한 담론 *Discours sur l'Histoire universelle*』(1681년)에 상징적으로 집약 되어 있는 목
적론적인 역사관 혹은 신의 섭리를 바탕으로 하는 역사관을 비판적인 시각에
서 다룬다.

볼테르가 글을 쓰는 방식은 전통적인 역사 서술방식과는 전혀 다르다. 그는
풍속의 변화, 예술과 정신의 변화를 바탕으로 역사적인 변화를 재구성하며 왕
조의 역사나 전쟁의 역사를 부차적인 요소로 다룬다. 더 나아가서 볼테르는 역

사가 신의 섭리에 의해 움직인다는 사고의 편협성을 지적하면서 그리스도교가 지배하는 유럽 바깥으로 시선을 돌린다. 결과적으로 유대 민족의 역사는 세계사에서 더 이상 특혜를 누릴 수 없으며 성서의 연대기는 훨씬 더 방대한 차원의 세계사적 차원에서, 예를 들어 페르시아나 중국 같은 다른 문명권으로까지 확장될 수 있는 차원에서 재검토되어야 할 것으로 간주된다. 볼테르는 오히려 중국 문명이 본보기가 될 수 있는 이상적인 문명이며 이곳에 교리나 쓸모없는 신학적 원칙들이 부재하는 만큼 이신론과 흡사한 종교가 자연적인 윤리관과 조화를 이룰 가능성이 크다고 전망했다. 이러한 역사적 지평의 시공간적인 확장을 통해 볼테르는 신의 섭리를 중시하는 목적론적인 요소들을 배재하면서 역사 자체를 보편적인 법칙에 지배되는 인간의 활동으로 간주할 수 있었다. 볼테르는 과거의 사회현상들을 이성적으로 재구성하는 역사학자의 입장이 물리적인 현상을 분석하는 자연과학자의 그것과 크게 다르지 않다고 보았다.

그런 의미에서 볼테르는 진정한 '역사의 탈신성화'를 시도했다고 볼 수 있으며 이를 함축적으로 표상하는 것이 다름 아닌 볼테르의 "역사적 세계의 정복"이라는 표현이라고 할 수 있다. 에른스트 카시러는 볼테르를 통해 확장된 세계관이야말로 18세기가 후세에 물려준 획기적인 유산들 가운데 하나라고 보았다.

물론 볼테르의 철학은 전적으로 18세기적인 양식을 유지한다. 날카로운 비판의 칼과 고유의 철학적 입장을 아이러니와 풍자라는 형식 속에 감출 수 있는 철학소설 내지 콩트라는 장르를 활용했기 때문이다. 볼테르의 철학소설은 문학적인 풍부함과 철학적 논쟁이 하나가 되어 독창적인 형태의 풍자적 서사를 빚어낸다. 인간과 세계에 대한 볼테르만의 독특한 관점이 바로 이러한 양식적인 특징을 바탕으로 표출된다. 불손하면서도 가볍기 짝이 없는 산문들은 어떤 식으로 그의 철학이 유희와 환상적인 창작의 옷을 입고 그의 비판적이고 논쟁적인 성향이 다양하기 이를 데 없는 문학적 형태들을 도구로 활용하는지 보여 준다.

가장 널리 알려진 볼테르의 철학소설 『캉디드』에서 주인공의 불행은 라이프니츠의 낙관주의가 얼마나 모순적인지 보여 준다. 하지만 『캉디드』가 '육체적 고통과 도덕적 악'을 주제로 다룬 담론의 도구로 그치는 것은 아니다. 이 이야기는 무한한 우주에 갇혀 대답 없는 질문을 던지며 외톨박이로 남을 수밖에 없는 인간의 운명에 대한 암시일 뿐만 아니라 인류가 역사와 자연을 상대로 지속해 온 생존에 대한 강의이기도 하다. 리스본에서 지진이 일어난 뒤 1759년부터 볼테르는 인간의 행복에 대한 환상을 완전히 포기하고 뉴턴의 조화로운 우주 내부에서 인간이 차지하는 숭고한 위상을 비본질적이며 전적으로 무의미한 것으로 간주하기 시작했다. 그럼에도 불구하고 볼테르는 파스칼처럼 인간의 본질을 원죄 또는 악을 선호하는 고질적인 성향과 결부시키는 형이상학적인 답변을 시도하지 않았다. 볼테르는 인간이 원죄의 희생양일 수 없으며 인간의 운명은 어떤 식으로든 신의 섭리에 포함되지 않는다고 보았다. 그는 인간이 인간 본연의 모습대로 존재할 뿐이며,『세상 흘러가는 대로 *Le Monde comme il va*』와『캉디드』에서 강조했던 것처럼, 선과 악의 총체이자 귀중한 것과 하찮은 것의 총체로 어떤 철학적 설명에 의존하지 말고 있는 그대로 받아들여야 하는 존재라고 주장했다.

볼테르는 그런 식으로 상당히 사실주의적인 회의주의, 다시 말해 로크의 경험주의와 뉴턴의 '신', 즉 우주의 '시계공'조차도 존재의 궁극적인 의미에 대해 아무런 답변을 제시할 수 없는 경지의 회의주의에 도달하게 된다. 이러한 측면이 극명하게 드러나는 저서가 바로『무지한 철학자』다.

6.4   이신론과 종교적 관용

1760년대에 들어서면서 볼테르는 세계의 관리자이자 자연법의 저자인 지고의 존재를 토대로, 아울러 의례나 교리에 의존할 필요 없이 하나의 자연적인 윤리관으로 축약될 수 있는 이신론을 바탕으로 자신의 종교관을 좀 더 명확하게 정립하기에 이른다.『철학 사전』의 항목 '유신론자'에서 읽을 수 있듯이 유신론자 (이신론자의 동의어)는 "종교의 본질이 알쏭달쏭한 형이상학적 견해나 무의미한 형식에 있지 않고 경배와 정의의 실현에 있다"고 믿는다.

『철학 사전』의 핵심 주제는 이신론의 변호와 소개 및 역사적 종교의 단죄라고 볼 수 있다. 종교적 불관용과 미신을 상징하는 교회를 향해 전쟁을 선포하는 "비열한 것을 파괴하라"는 외침은 이 시기에 쓴 서간문에 자주 등장하며 이 싸움을 실천에 옮기는 데 볼테르가 얼마나 감정적으로 집착했는지 보여 준다. 종교철학적 비판을 주요 내용으로 다루는 '그리스도교', '광신주의', '미신', '무신론' 같은 항목에서 볼테르는 그의 담론을 역사적 종교 비판과 무신론 비판의 차원에서 발전시킬 뿐만 아니라 이신론을 관용의 정신과 연결시킨다. 종교적 관용은 『철학 편지』에서도 핵심적인 주제였지만 『철학 사전』에서는 역사적 종교에 대한 좀 더 광범위한 비평적 관점에서 다루어지며, 무엇보다도 본격적이고 체계적인 선전의 대상으로 부각된다.

『관용론』이 출판된 지 1년 만에 펴낸 『철학 사전』(1764년)의 항목 '관용'을 볼테르는 다음과 같은 문장으로 시작한다. "관용이란 무엇인가? 그것은 인류의 전유물이다. 우리는 모두 나약함과 실수로 빚어졌다. 우리의 어리석은 실수들을 서로 용서하자. 이것이 자연의 첫 번째 법칙이다." 『관용론』과 『철학 사전』은 모두 볼테르가 결코 포기할 수 없는 가치로 간주했던 관용의 정신을 핵심 주제로 다루지만 의도와 구도의 측면에서는 커다란 차이점을 지닌다. 『관용론』은 칼라스의 재판 결과에 대한 항소의 형태로 정치 지도자들을 향해 관용의 메시지를 전달하려는 의도가 뚜렷하게 드러나는 저서인 반면, 『철학 사전』은 투쟁적인 자세로 관용의 정신을 설파하려는 의도가 더 강하게 부각되는 책이다. 공통분모는 이 글들이 모두 미신과 교리주의의 거부를 바탕으로 보편적 관용의 필요성을 강조한다는 점이다. 『관용론』의 마지막 부분을 장식하는 '보편적 관용에 관하여'(22장)와 '신을 향한 기도'(23장)에서 볼테르는 신이 이성적 존재라는 생각과 함께 우주의 질서와 우주의 영원성은 일치하지 않으며 인간은 본질적으로 나약하고 불완전한 존재라는 관점을 제시했다. 따라서 인간이 서로를 감당하고 인내하기를 바란다고 권고하는 볼테르의 궁극적인 메시지는 "모든 인간이 서로에게 형제라는 사실을 기억하라"는 것이었다.

　　그러나 볼테르는 관용의 정신이 이론적으로는 이신론을 비롯해 인간의 본성적인 나약함과 직결되지만 한편으로는 중요한 정치적 도구로도 활용될 수 있다고 보았다. 모든 국가가 고유의 문화와 특수성을 보존하기 위한 이상적인 정부형태를 가져야 한다는 정치적 상대주의를 전제로 개인의 자유와 시민의 권리를 지지했다. 실제로 볼테르는 시민의 권리가 정치적 자유와 종교적 관용이 인정되는 국가에 의해서만 보장될 수 있다고 믿었다. 볼테르는 관용이라는 범주는 그런 식으로 국가와 국가가 장려하는 종교의 관계를 결정짓는 도구로 기능할 뿐만 아니라 사회 구성원이 각자의 정치적, 경제적 자유를 실현하기 위한 조건으로도 기능한다고 보았다.

문인

/ '문인'의 인류학

박학주의가 지배하던 후기 르네상스와 바로크 시대가 막을 내린 17세기 말엽, 회의주의 철학자 벨이 『역사-비평적 사전』에서 정의한 바 있는 '문인homme de lettres'이라는 유형의 지식인들은 역사와 역사에 내재하는 분쟁 및 모순을 예리하고 치밀한 방식으로 관찰하며 비판적인 자세로 세계와 현재를 해석하기 시작했다. 이 지식인들은 자신들이 훌륭한 취향과 판단의 기준으로 선택한 '비평'의 실천을 통해 정체성을 발견했고 비평 자체의 범위를 지식의 다양한 영역으로 확장시켰다. 그런 식으로 이들은 점점 늘어나던 독자들을 대상으로 서재에 틀어박혀 법학과 실용수학의 원리를 바탕으로 직접 글을 쓰기 시작했다. 볼테르를 중심으로 부각되기 시작한 이러한 유형의 지식인들은 강한 자부심과 인류애를 가지고 뉴턴, 스위프트, 포프의 잉글랜드를 모형으로 언어에 진정한 소통의 힘을 부여하고 이를 간직할 줄 아는 사회와 문화를 건설하기 위해 노력했다. 『철학 편지』에서 볼테르는 문인들이 기관의 후원에 의존하지 않고 경제적 위상의 실질적인 향상으로 공로를 인정받는 잉글랜드의 문화를 높이 평가했다. 알렉산더 포프의 경우처럼,

"국가가 포프 선생에게 공직을 허락하지는 않았지만 그가 호메로스의 작품을 번역하면서 20만 프랑을 버는 기회를 막을 수는 없었다."

물론 포프가 『일리아스』와 『오디세이아』의 번역을 통해 부를 축적한 것은 이상할 것이 없는 일이었다. 1709년부터 실행된 저작권법은 출판을 통한 성공을 약속했고 무엇보다도 여성들이 새로운 독자층으로 부상하면서 독자 수가 부쩍 늘어났기 때문이다. 18세기에 출판업은 마치 주식시장처럼 움직이며 대규모 시장을 형성했다. 종교 서적들은 하향세를 보였던 반면 소설은 가파른 성장세를 보이면서 인기 있는 장르들 가운데 하나로 부상했다. 결론적으로 '문인'이라는 전문 지식인의 위상은 볼테르가 열 번째 뮤즈라고 불렀던 '비평'의 부각을 통해서뿐만 아니라 신문 보급과 도서관 건립, 도서 박람회의 발달 등에 힘입어 정립될 수 있었다.

하지만 글을 팔아 먹고살아야 하는 문인들의 운명을 슬퍼했던 볼테르가 원했던 것은, 그들이 추구하는 바가 쾌락주의든 비관주의든 간에, 법률을 치밀하게 분석하는 일이든 자유로운 인간의 존엄성과 그의 완성 가능성을 칭송하는 일이든 간에, 세상사에 언제든지 능동적으로 뛰어들 수 있는 자유로운 영혼의 지성인이었다.

18세기적인 '문인'의 정체성을 구축하는 중요한 요소들 가운데 하나가 이러한 소통 능력이었던 것과 같은 맥락에서 디드로는 『백과사전』의 항목 '철학자Philosophe'를 정의하며 사회 내부에서 차지하는 문화인의 존재와 참여의 중요성을 강조했다. 인간과 인간적인 열정의 주의 깊은 관찰자인 동시에 비이성적이고 해묵은 선입견에서 해방된 디드로의 '철학자'는 사회에 봉사해야 한다는 계몽주의적인 이상을 추구하며 현재에 충실하려고 노력하는 인물이었다. 이것이 바로 미국의 헌법 제정과 프랑스혁명을 앞둔 몰락 직전의 구시대에 디드로가 제시했던 지식인의 위상이다. 이러한 지식인의 형상을 구체화하기 위해 디드로는 17세기의 '교양인'을 무궁무진한 비평의 임무와 사회에 대한 사랑의 의무를 지닌 인물로 만들었다. 이러한 측면은 디드로가 문화적인 차원에서 상당히 독창적인 학문적 체계를 구축하려고 했을 뿐 아니라 귀족들의 대학 강의실을 벗어나 새로운 부르주아 철학의 열린 토론장에 적극적으로 뛰어드는 지식인의 위상을 정립하기 위해 각고의 노력을 기울였다는 사실에서 더욱 분명하게 드러난다.

주목할 것은 18세기 중반에 시작된 출판업의 번창과 더불어, 통일된 인류의 자산을 '잘 정돈된 집'에 보존하기 의해, 자유학예의 다양한 분야와 기술 세계의 활발한 교류가 이루어졌다는 사실이다. 결과적으로 언어의 세계와 작업의 세계가 만나는 곳에서, 사회의 복잡한 구조 속에 침투해 있던 형이상학적 사고의 위계는 서서히 자취를 감추기 시작했다.

이제 파리의 살롱에서 주네브로 시선을 옮겨 보면, 거침없고 굽힐 줄 모르는 성격의 철학자 루소를 발견하게 된다. 『에밀*Émile*』에서 루소는 부패하지 않은 자연 상태를 칭송하며 순수한 감정과 감성의 자유를 침해하는 억압적인 사회관계를 고발했다. 여기서 '지식인'은 루소의 유아기적 우주에 존재하는 본능과 도시사회의 관습에 의해 이질화되지 않은 유아기적 완전성을 수용하면서 사회와 권력에 맞서기 위해 고유의 입장을 취하고 자신의 글에서 유토피아적 확실성을 발견하는 '문인'으로 발전하게 된다.

이러한 예는 실존적 모험에 뛰어든 비토리오 알피에리Vittorio Alfieri에게서 찾아볼 수 있다. 귀족으로서의 삶을 포기한 뒤 자유로운 지식인으로서의 삶을 자신의 존재 방식이자 목표로 삼은 알피에리는 강렬한 감성을 바탕으로 하는 극적인 윤리관을 추구하며 운명적으로 볼테르의 쾌락주의와 맞서게 된다. 바로 그런 이유에서 그는 자유주의 사상가의 자유분방함을 플루타르코스적인 영웅의 수사학으로 변형하기 위해 엄격한 고전주의의 가면을 필요로 했다. 알피에리를 통해 부각되는 것은 분석적인 이성이 아니라 자신의 생각을 주장하며 열변을 토하는 한 연설가의 논쟁적인 이성이다. 알피에리는 전통적인 경험주의자답게 모든 것이 인간의 감각으로 귀결된다고 보았다. 『전제주의*Della tirannide*』와 『군주와 문학*Del principe e delle lettere*』을 통해 알피에리는 '권력과의 대화'가 필요하다는 달랑베르의 논제를 뒤엎으며 절대적 계몽주의와 제도화에 주력했던 계몽주의 문화의 타협적인 태도를 폭로했다. 그런 식으로 그는 부유한 무정부주의자답게 과학자에 비해 문인이 훨씬 더 우월한 존재이며 이는 문인이 권력자들의 경제적 지원에 좌우되지 않기 때문이라고 주장했다. 문인에게 수익을 보장할 수 있는 것은 오로지 독자들의 판단과 지지뿐이었고 따라서 문인은 문학의 궁극적인 목적 중 하나인 '진실의 추구'와 작가로서의 양심과 자유를 포기할 이유가 전혀 없었다. 알피에리의 표현대로라면 결국 중요한 것은 아무런 '보호도 받지 않는' 작가의 실존적인 상황이었고 이는 출판산업의 놀라운 성장세와도 사실상 무관한 것이었다. 왜냐하면 작가의 새로운 감수성 형성에 결정적인 역할을 한 또 하나의 요인은, 새뮤얼 존슨 Samuel Johnson의 표현대로, "대도시의 카페뿐만 아니라 지방의 독서회에서 고개를 숙인 채 책장을 넘기는 독자들의 나라"였기 때문이다. 바로 이 독자들의 세계에서 인문 서적과 서간문, 신문, 연감, 수기, 소설, 팸플릿의 독서를 통해 이른바 '다수의 견해'가 탄생했고 문인들은 이 장르들을 그들의 진정한 후견인으로 간주하기 시작했다.

/ 새로운 주체

우수에 젖은 토르콰토 타소의 모습과 셰익스피어의 햄릿이라는 극 중 인물을 통해 전해 내려오는 우울하고 사색적인 문인의 이미지는 계몽주의 시대에 접어들면서 저명한 심리학자 사뮈엘 오귀스트 티소 Samuel Auguste Tissot나 베네치아의 의사 주세페 안토니오 푸야티 Giuseppe Antonio Pujati 같은 학자들의 직업병 분석을 통해 탈신화화 과정을 밟는다. 푸야티는 『문인들의 건강 유지 Preservazione della salute de' letterati』에서 우울증에 걸린 문인들을 향해 말이나 곤돌라를 타고 기분 전환을 할 필요가 있다고 강조했고, 그런 식으로 고대인들이 끝없는 사색에서 비롯된다고 간주했던 '태만' 혹은 '우울증'은 근대에 들어와서 서재 안에 틀어박혀 지내는 학자들이 얻기 쉬운 질병들, 예를 들어 불면증, 부종, 경련 그리고 무엇보다도 만성 건강염려증 등의 병으로 분류되기 시작했다. 결과적으로 문인은 세상사의 메커니즘과 형국을 탐구하기 위해 바깥 세계에 머물면서 세상과 분리되어 있는 자신의 입지를 자각하는 존재로, 아울러 고립된 생활에서 비롯되는 병적인 요소들의 위협을 자각하고 감수하는 존재로 인식되기 시작했다.

드니 디드로와 마찬가지로 조화로운 삶이 긍정적인 사회관계에서 유래한다고 보았던 티소는 인간이 인간을 위해 창조되었고 이들의 이해관계에는 쉽게 포기할 수 없는 이점들이 있으며 고독은 사람을 무기력하고 우울하게 만든다고 주장했다. 하지만 바로 이 우울증이 근대적 의미의 '문인'이라는 새로운 주체의 특징으로 부상했고 이러한 변화는 근대에 들어와서 우울증이 고전적이고 히포크라테스적인 해석의 틀에서 벗어나 알브레히트 폰 할러Albrecht von Haller나 몽펠리에와 로잔의 의학자들이 제시한 새로운 관점을 통해 재조명되면서 이루어졌다.

그런 식으로 애가의 시인 에드워드 영Edward Young을 모형으로 하는 천재 개념이 등장했고 이어서 프리드리히 실러Friedrich Schiller에 의해 이론화된 감성적인 유형의 시인, 다시 말해 자연으로부터 분리되어 있는 자신의 상황과 자신이 자율적이지만 불완전한 형태의 주체임을 자각하는 시인이 등장했다. 우울증은 '질풍노도'라는 극적인 표어처럼 격정적이고 야생적인 열정으로 변하기도 했지만 요한 게오르크 리터 폰 침머만Johann Georg Ritter von Zimmermann의 경우처럼 성찰과 사색에 집중하는 '고독'의 시학 내지 인류학으로 발전하기도 했다. 하지만 우울증은 궁극적으로 문학 속의 '나'와 감정의 세계, 즉 신체의 유기적인 구조에 내재하는 충동적인 세계와의 새로운 관계를 구축하기 위한 기반으로 기능했다.

중요한 것은 더 이상 아리스토텔레스의 생리학적 관점이 아니라 근대과학의 역동적인 생리학적 관점에서 바라본 감성의 세계였다. 결과적으로 글을 쓰는 사람은 탐색과 함께 고백이라는 유동적인 거울을 바라보며 자기 자신에 대해 질문을 던지기 시작했고 작가는 강렬하면서도 날카로운 감각을 지닌 심리 분석가의 역할을 동시에 담당하기 시작했다. 그런 식으로 파리의 귀부인들과 살롱의 영웅들이 그들의 서간문에서 권태와 무無의 정령에 대한 두려움을 표현하며 다분히 심리 분석적인 언어를 사용하기 시작했다면, 이는 곧 문학의 해석 방식과 문학적 긴장을 공유하며 그 효과를 개인사의 차원으로까지 연장하고자 하는 독자들에게 이러한 형태의 문학이 본보기로 기능하기 시작했다는 것을 의미한다. '불행한 의식'의 대명사인 괴테Johann Wolfgang von Goethe의 베르테르는 자신의 운명에서 존재의 치유할 수 없는 괴리를 발견하는 '작가'의 신화를 표상한다.

그런 식으로 열정과 희열과 우울증 사이의 이성주의에서 출발한 문인은 드디어 근대의 불화, 그림자, 모순을 만나게 된다. 탈신화화의 소리 없는 우주 속에서 남는 것은 오로지 시간뿐이며 이 시간은 고야Francisco de Goya가 말년에 그린 잔인한 사투르누스의 모습과 닮았다. 시간의 파괴력에 대항할 수 있는 것은 아무것도 없기에.

/ 조각상과 시간

저명한 철학자 열일곱 명이 《문학 통신Correspondance littéraire》을 통해 볼테르의 기념상을 세워야 한다고 주장한 뒤 조각가 장바티스트 피갈Jean-Baptiste Pigalle이 제작한 조각상이 전시되자 문인들은 뒤질세라 자신들이 볼테르와 함께 프로이센왕국의 프리드리히 빌헬름 2세 및 러시아의 예카테리나 2세가 이끄는 문필 공화국의 일원임을 강조하고 나섰다. 우리는 그다지 큰 관심을 기울이지 않는 사실이지만, 종이와 펜을 손에 들고 의자에 앉아 있는 볼테르의 일상적인 모습을 형상화한 피갈의 기념상을 동시대의 지식인들은 썩 마음에 들어 하지 않았다. 좀 더 상징적이고 근엄한 모습의 볼테르를 원했기 때문이다.

하지만 중요한 것은 볼테르의 기념상에 대한 미적 평가의 차이라기보다는, 볼테르의 기념상 제작을 기획했다는 사실 자체가 '작가'라는 전문가의 위상과 그가 역사에서 차지하는 역할의 중요성을 새로운 방식으로 조명해야 했던 시대의 요구를 증명한다는 점이다. 같은 시기에 전기와 자서전이라는 장르가 성공을 거두기 시작한 것도 동일한 요구에 상응하는 결과였다고 볼 수 있다. 그리스도교가 지도력을 상실한 뒤 세속화된 계몽주의적 지평에서 불멸을 향한 욕망은 자서전적인 기억과 기념 논문이라는 장르를 통해 살아남았다.

파리의 살롱에서 지식인들이 볼테르의 기념상에 대해 열띤 토론을 벌일 무렵 앙투안 레오나르 토마Antoine Léonard Thomas는 『찬사에 관한 에세이Essai sur les éloges』(1770년)를 통해 고대로부터 전해 내려오는 전통적인 웅변의 열정을 가미하며 근대적인 양식의 '찬사'에 커다란 의미를 부여했다. 백과사전학파의 학자들이 『백과사전』의 여러 항목들 사이에 나름대로 '칭송'의 씨를 뿌려 넣는 동안 프리메이슨은 프랭클린Benjamin Franklin과 그뢰즈Jean-Baptiste Greuze, 볼테르와 프리드리히 2세 같은 그들의 영웅들을 칭송하고 통일된 인류의 평화와 함께 도래할 미래의 구원을 기원하며 장엄한 웅변적 '찬사'의 양식을 등장시켰다. 프랑스혁명이 일어났을 때에도 지식인들은 자코뱅파의 '웅변'을 통해 권력과 파괴가 선사하는 무시무시하고 참혹한 현실의 극적인 측면을 선보였다.

결과적으로 말과 행동은 하나가 되는 경향을 보였고 지식인의 '목소리'는 운명을 결정짓는 난폭한 '행위'로 발전했다. 문인들은 이러한 말의 폭력성을 받아들이든 거부하든, 극복해야 할 하나의 난관으로 인식하기 시작했다. 18세기 말에 이르러 '문인'의 정체성에 변화가 일어났다면 그것은 그만큼 비극적이고 잔인한 역사적 사건들로 인해 '문인'이 이성적 패배를 맛보았고 실망과 당혹스러움을 감추지 못한 채 이성이라는 꿈으로부터 점점 멀어질 수밖에 없었기 때문이다. 낭만주의와 복고주의는 이러한 변화를 과거와 현재, 전통과 미래의 대조라는 근대의 변증법적 논리 속에 점점 더 뿌리 깊게 각인시켰고, 문학에서도 문화적이고 정신적인 '아버지'와 '아들' 사이에서 단절이 일어났다.

7

콩디야크

7.1   형이상학과 정신의 나약함

체계적인 계몽주의 철학가들 중 한 명으로 손꼽히는 에티엔 보노 드 콩디야크
(1714~1780년)는 『지식의 기원에 관한 에세이』(1746년)를 시작하면서 '형이상학'
을 두 종류로, 즉 "모든 신비에 침투하려는 야심 찬" 성격의 형이상학과 "좀 더
신중하고 인간의 정신적 나약함에서 비롯되는 한계 안에 머무를 줄 아는" 형이
상학으로 구분했다. 콩디야크가 관심을 기울였던 것은 바로 이 두 번째 유형의
형이상학이다. 『지식의 기원에 관한 에세이』에서 콩디야크가 지속적으로 참조
하는 것은 로크의 사상과 지식에 적용된 그의 '역사학적' 방법론이다. 이것이
바로 볼테르가 "영혼의 역사"라고 부르면서 데카르트주의자들이 주장하던 본
유적인 관념들의 '소설'과 대치시켰던 차원의 역사다. 무엇보다도 경험을 중시
했던 콩디야크는 경험의 차원을 초월해 무언가를 탐색한다는 것이 불가능하다
고 주장했다. "지식의 기원을 설명한다는 이유로 자아 상실의 위험을 감수하면
서까지 경험의 영역을 벗어나 거꾸로 거슬러 올라가야만 하는가? 아니, 경험이

시작되는 곳을 오히려 기점으로 삼아야 하지 않는가!"

　물론 콩디야크는 경험을 중시했지만 그렇다고 해서 그가 로크와 경험주의의 단순한 추종자였던 것은 아니다. 그는 오히려 로크의 경험주의를 변형시켜 당대의 프랑스 철학을 지배하던 데카르트주의자들의 "형이상학적 우려"에 적용했다. 결과적으로 콩디야크가 강조했던 것은 통일된 중심으로서의 지각 주체, 즉 "조합의 지점" 또는 "단순하고 분리가 불가능한 주체"로서의 지각 주체라는 개념이다. 콩디야크는 이 개념을 바탕으로 질료의 사유 가능성이라는 로크의 논제를 논박했다. 라이프니츠로부터 관념과 사물 사이의 간극에 대한 뚜렷한 의식을 유산으로 물려받은 콩디야크는 로크의 저서 『인간의 지성에 관한 에세이』의 기반을 이루는 표상적인 사실주의를 일종의 문제로 인식했다. 콩디야크는 감각적 관념의 표면적인 단순성 내부에 존재하는 다양한 측면들을 구별하기 위해 데카르트적인 분석을 사용했다. 콩디야크에 따르면, 감각적 관념을 토대로 우리는 (1) 지각 활동을 경험하며 (2) 이를 통해 우리 자신이 아닌 무언가를 가리키며 (3) 우리가 사물에 부여하는 특징이 곧 사물의 실질적인 속성이라고 판단한다.

　경험적 관념에 적용될 뿐 데카르트의 명료함과 분류 원칙은 원칙으로서의 기능은 그대로 유지한다. 왜냐하면 "어느 무엇도 우리의 지각보다 더 명료하거나 더 분명하게 구분되는 것은 없기 때문이다." 아울러, "우리 자신이 아닌 무언가"에 대한 참조도 진정한 표상의 한계에 머무는 한 문제가 되지 못한다. '오류'는 오히려 판단의 순간에, "우리가 크기나 모양새와 같은 특징들이 어떤 구체적인 물체의 실질적인 속성이라고 판단하기 때문에" 발생한다.

　그런 식으로, 대부분 데카르트적인 용어들을 사용하면서, 콩디야크는 관념의 '현실'이라는 로크의 문제, 즉 관념이 지니는 외부 세계와의 상응성이라는 문제에 주목했다. 이 문제와 관련하여, 로크는 대상에 상응하는 특성들을 일차적인 특성으로, 지각 주체에 고유한 특성들(색깔, 냄새, 맛 등)을 이차적인 특성으로 분류했다. 반면에 버클리와 벨(회의주의적인 관점에서)은 주저하지 않고 주체성을 일차적인 특성으로 간주했다. 콩디야크는 "이러한 특성들이 우리의 실질적인 경험과 유사한지" 파악하는 데 어려움이 있다고 보았다. 콩디야크에 따르면, 우리는 "사물들에 특성을 부여하는 경향"이 있지만 이러한 경향은 오로지 우리가 이 사물들을 관념의 원인으로 간주한다는 사실에서 비롯된다. 단지 이 원인의 본질이 "우리에게 전적으로 감추어져" 있을 뿐이다.

콩디야크의 『지식의 기원에 관한 에세이』가 로크의 저서에 비해 새로운 점이 있다면 그것은 콩디야크가 감각적인 세계를 바탕으로 하는 '영혼의 활동 과정'을 답습하면서 지식의 기원을 재구성하려고 시도했다는 것이다. 중요한 것은 재구성의 대상에 경험적인 세계가 축적되는 과정뿐 아니라 기량의 형성 과정이 포함된다는 사실이다. 그런 의미에서 콩디야크는 진정한 '영혼의 역사'를 쓰고자 했던 볼테르의 염원을 드디어 만족시켰다고 볼 수 있다.

중요한 변화는 상대적으로 "관념들의 연관성"과 지식 체계 안에서 기호가 수행하는 역할의 차원에서 일어났다. 로크는 관념들의 조합을 기본적으로 "비이성적인" 요소라고 보았지만 콩디야크는 이를 심리적인 움직임의 원동력으로 보았다. 콩디야크에 따르면, 관념들의 조합은 관심의 결실이며 상상력, 관찰력, 기억력을 생성할 뿐만 아니라 무엇보다도 인간적인 요구와 일련의 "중요한 관념들"을 결속시키는 데 기여했다.

아울러 콩디야크는 기쁨의 환성이나 고통의 신음 같은 자연적 기호와는 달리 "인위적으로" 도입된 "문화적인" 기호들이 상상 세계를 제어하고 관념들을 다시 의지적으로 활용할 수 있도록 만든다고 보았다. 관념들의 조합과 기호의 활용은 성찰을 통해 절정에 달하는 "인간의 영적 우월성"을 구축하는 기반이었다.

7.2 조각상, 동물, '나'

디드로가 제안한 경합에서 승리하기 위해 (콩디야크는 디드로, 루소와 함께 파리의 유명한 카페 파니에 플뢰리Panier fleuri에서 모임을 가지며 교류한 바 있다) 집필한 『감각론』(1754

년)에서 콩디야크는 경험의 주체인 '나'의 정의를 기점으로 외부 세계에 대한 지식의 객관성을 회복하는 데 주력했다. 콩디야크는 인간을 조각에 비유하면서 이 조각이 후각, 청각, 시각, 촉각과 같은 감각들을 하나씩 서서히 분리된 상태로 취득한다고 생각했다. 콩디야크에 따르면, 로크의 실수는 관념이 아니라 이러한 감각적인 기량을 '본유적인' 것으로 간주했다는 데에 있었다. 이와는 달리 콩디야크는 "해부학의 형이상학적" 경험들을 바탕으로, 예를 들어 시각장애인으로 태어났지만 외과 수술을 통해 시각을 되찾은 사람의 경우를 토대로, 공간 감각이 시각을 통해 직접 취득되는 것이 아니라 시각과 촉각이 모두 소용되는 점차적인 훈련을 거쳐 취득된다는 것을 깨달았다. 콩디야크는 우리가 "습관적인 판단"이라고 부르는 것이 바로 이런 식으로 형성되며 즉각적이고 직관적인 판단인 것처럼 느껴질 뿐 사실은 그렇지 않았다고 보았다.

콩디야크에 따르면, 감각으로부터 관념을 수용하는 이상 조각상은 오로지 감각의 "변형 또는 존재 방식"에 지나지 않았다. 외부 세계를 파악하기 전에 조각상은 먼저 촉각을 통해 자신의 신체를 발견해야 하고 다양한 감각을 여러 신체 기관에 배치해야 한다. 콩디야크는 그런 식으로 '나'의 공간화가 이루어진다고 보았다. 인간의 자아는 "영혼 속에 집중되는" 성격의 것이 아니라고 보았던 것이다. 콩디야크에 따르면, 진정한 타자를 발견하게 되는 과정의 출발점은 촉각이다. 예를 들어 조각상은 자신의 신체 부위를 손으로 만질 때 손과 특정 부위 모두에서 "진정한 나"를 발견한다. 감각의 주체인 그가 이 접촉에 보이는 반응은 "이건 바로 나야"다. 하지만 외부 대상과의 접촉에는 이와 동일한 반응을 보이지 않기 때문에 조각상은 결국 그가 감각의 주체로서 자신의 "존재 방식"처럼 느끼던 것들이 사실은 "완전히 자신 바깥에" 존재한다는 것을 깨닫는다.

콩디야크의 '나'는 데카르트나 버클리의 '나'와는 전적으로 다르다. 콩디야크적인 자아는 오히려 '요구'의 주체에 가까우며, 바로 그런 이유에서 그가 설명하는 '감각'의 세계는, 그것을 통해 쾌락 또는 고통이 전달되는 만큼, 처음부터 정서의 핵심적인 차원으로 부각된다. 지식의 성장을 결정짓는 것이 필요와 요구의 '사슬'이며 그 역은 성립되지 않는다. 즉 지식이 인간의 요구를 결정짓는 것은 아니다. 『감각론』에서 '나'는 "이론적 지식"의 주체일 뿐만 아니라 무엇보다도 "실용적인 지식", 즉 '본능' 내지 "내면화된 습관"과 유사한 지식의 주체다.

『동물론Traité des animaux』(1755년)에서 콩디야크는 인간을 기계에 비유하는 기계주의적인 해석의 오류를 지적하고 감각의 정신적인 성격을 강조하면서 뷔퐁 같은 과학자들에게 여전히 살아남아 있던 데카르트주의적인 이원론을 비판했다.

콩디야크는 뷔퐁이 '정신적인 인상'과 '육체적인 인상'을 상반되는 것으로 간주하면서 데카르트주의의 '이중적 인간'이라는 그릇된 개념을 수용했다고 보았다. 뷔퐁과는 달리 콩디야크는 "영혼의 육화"라는 해석과 일관성을 유지하며 "감각 주체의 통일성"을 강조했다. 그는 이렇게 말했다. "나는 육체와 영혼을 개별적으로 느끼지 않고 육체 속에서 영혼을 느낀다."

비록 인간과 동물의 차이를 다루지만 『동물론』에서 콩디야크는 인간이 지니는 동물적인 측면의 재발견을 통해, 즉 자연적 본성의 분석보다는 기능적인 측면의 분석을 통해 더욱더 인간적인 인간만의 특성을 조명했다.

지나치게 기계주의적인 뷔퐁의 이원론을 대체하기 위해 콩디야크는 "한 인간에게 속한 두 종류의 나"라는 개념을 제시했다. 먼저 "습관적인 나"는 동물적인 기량 혹은 '본능'을 주관하며 "성찰하는 나"는 지식의 발전에 원동력이 되는 동시에 필수적인 차원을 넘어서는 요구들을 충족시킨다. 궁금증이나 이성적 논리가 발생하는 것도 바로 이 때문이다. "우리가 습관의 차원을 뛰어넘어 활용하는 성찰이야말로 바로 우리의 이성을 구축하는 요인이다."

7.3 몽테스키외와 루소 사이에서

로크의 신중한 경험주의와 버클리의 급진적인 경험주의는 콩디야크를 통해 프랑스의 중도적 계몽주의 문화에 적합한 유형으로, 다시 말해 유물론과는 거리가 멀지만 인간을 자연의 일부로 간주하며 예외적인 존재로 취급하지 않는 문화에 적합한 유형의 경험주의로 발전했다. 마지막 저서 『논리학 혹은 사고의 기술 *La Logique ou l'art de penser*』(1780년)에서 콩디야크는 인간의 경험이 자연에 뿌리를 두고 있다고 강조했다. 왜냐하면 "우리의 교육을 시작하는" 것도, "우리에게 사고하는 법을 가르쳐 주는" 것도 다름 아닌 자연이었기 때문이다. 콩디야크는 우리가 자연으로부터 취득하는 지식이란 "모든 것이 서로 완벽하게 결속되어 있는 하나의 체계"와 다르지 않으며 이 체계는 다름 아닌 "나의 바깥에 있는 외부적인 사물들의 질서"에 상응한다고 보았다. 로크가 관념과 사물 간의 일치는 궁극적으로 신의 섭리에 의해 정립된다고 보았던 반면 콩디야크는 이러한 목적론적인 조화가 다름 아닌 '자연'이라는 개념의 가치화를 통해 구축된다고 보았다. 콩디야크에게 '자연'과 '나'는 모두 "사물들을 배치한 지성"의 반향에 불과했고 인간의 지성은 신성한 지성의 상당히 변색된 복제품에 불과했다. 콩디야크는 자연의 실질적인 견고함을 회복시킴으로써 버클리의 비유물론으로부터 자유로울 수 있었고, '세계'뿐만 아니라 '나' 안에서 목적론적인 지성을 발견함으로써 급진적인 계몽주의자들의 유물론으로부터도 자유로울 수 있었다.

콩디야크의 중도적인 계몽주의는 결국 그리스도교의 입장에서도 수용이 가능한 절충적인 형태의 계몽주의였고, 바로 이러한 중도적인 성격에 힘입어, 그가 파르마 공국 후손들을 가르치며 머물던 이탈리아에서 전 유럽으로 전파되었다.

콩디야크가 이탈리아에서의 경험을 토대로 집필한 방대한 저서 『학습 과정 *Cours d'études*』은 계몽주의 시대의 새로운 지식들을 집대성한 본격적인 백과사전으로, 이 책을 완성하는 데만 1758년에서 1767까지 총 9년이 걸렸다. 따라서 『학습 과정』은 콩디야크의 철학 이론뿐만 아니라 그의 역사학적, 정치학적 성찰이 그대로 반영된 대작이라고 볼 수 있다. 정치학과 관련하여 콩디야크는 볼테르가 『루이 14세의 세기』에서 표명했던 것과는 상당히 다른 입장을 제시했다. 볼테르가 프랑스 '고전' 문화의 정수를 발견한 곳에서 콩디야크는 승승장구하는 독재주의와 사치와 종교적 불관용을 발견했다. 정치학 이론들을 다루는 '법에 관하여'라는 장에서 콩디야크는 "중도적인 형태의 군주제"를 지지했다. 왜냐하면 "법률이 기본적으로 권력의 독단적 사용을 금하고 권력 자체를 규제하기 때문에" 시민들이 '진정한 자유'를 누릴 수 있다고 보았기 때문이다. 이 경우에도 콩디야크는 계몽주의 정치학의 양대 산맥으로 불리는 몽테스키외와 루소 사이에서 중도적인 입장을 모색했다. 한편으로는 권력의 '균형'이라는 주제에 회의적인 입장을 취하면서 일종의 개화된 군주제를 지지했고 다른 한편으로는 루소의 민주주의적인 정치관에 대해 명백한 거부 의사를 표명했다. 민주주의 체제에서는 통치권이 민중의 권리에 포함되어 있는 만큼 통치권이 무수히 많은 사람들의 변덕에 좌우될 수밖에 없으며, 결과적으로 민주주의는 혁명을 되풀이하다가 무정부상태 혹은 노예상태에 빠지게 된다고 보았던 것이다.

　콩디야크 역시 루소가 물리적인 불평을 해소하고 법적, 윤리적 평등성을 정립하기 위해 제안한 사회계약론을 수용했지만 이를 약간은 다른 방식으로 적용했다. 『학습 과정』에 콩디야크는 이렇게 기록했다. "사회계약이란 묵묵히 각자가 모두를 위해, 모두가 각자를 위해 노력하는 하나의 행위를 말한다." 콩디야크에 따르면, 사회계약에 동의하는 인간들은 완벽하게 '평등'하지만, 그럼에도 불구하고 이 평등성이 사회생활의 모든 측면으로까지 확장 적용될 수 있는 것은 아니다. 사회계약의 어떤 결과들은 모종의 불평등성을 오히려 정당한 것으로, 더 나아가서 기대할 만한 것으로 만든다. 예를 들어 평등성의 원칙에 따라 "모두에게 노동의 대가에 대한 권리가 주어지는 것은 사실이지만 모두의 노동시간이 똑같은 것도 아니고 모두가 똑같은 재능을 발휘하는 것도 아니다. 따라서 노동의 대가는 동등하게 배분될 수 없다." 콩디야크는 이러한 행운의 차이 때문에 사회계약이 일단 성립되면 다름 아닌 평등성으로부터 불평등성이 필연적으로 발생한다고 보았다.

폴 앙리 티리 돌바크(Paul Henri Thiry d'Holbach, 1723~1789년)와 클로드아드리앙 엘베시우스(Claude-Adrien Helvétius, 1715~1771년)는 18세기의 유물론 사상을 대표하는 인물들이다.

돌바크는 가명으로 출판한 기념비적 저서 『자연의 체계*Système de la nature*』(1770년)에서 그가 지지하던 디드로의 유물론을 극단적인 형태로 발전시키면서 자유주의 사상가들로부터 물려받은 무신론을 주장하며 종교가 정치적 기만이라는 구도 속에서 체계화된다는 이론을 제시했다. 윤리학과 정치학 영역에서도 무신론적이고 유물론적인 개념들을 발전시킨 돌바크는 『도덕 정치, 혹은 도덕성을 바탕으로 세워진 통치 체제*Éthocratie, ou Le gouvernement fondé sur la morale*』(1776년)에서 도덕 정치의 필요성을 강조하며 종교적인 성격의 시민법과 법률 체계를 대체할 수 있는 순수하게 인간적이고 이성적인 법률을 바탕으로 통치 체제를 수정해야 한다고 주장했다. 돌바크가 주장한 정치와 국가의 세속화 이론은 『자연의 체계』처럼 가명으로 출판된 두 권의 저서 『자연 정치 혹은 진정한 통치 원리들에 대한 담론*Politique naturelle, ou Discours sur les vrais principes du Gouvernement*』(1773년)과 『사회체제 혹은 정치와 도덕성의 자연적 원리*Système Social, ou Principes naturels de la morale et de la Politique*』(1773년)에서 더욱 구체적인 모습을 드러낸다. 이 저서들을 통해 돌바크는 형이상학적이고 신학적인 감언이설의 유혹에서 벗어나 오로지 자연과 역사 속에서 드러나는 모습 그대로의 인간이 지니는 물리적이고 도덕적인 측면과 이성만을 바탕으로 정치적, 법률적, 문화적 체제의 구축을 시도했다. 돌바크는 형이상학과 신학이라는 학문이 역사적 혹은 정치적 현실 속에 실제로 존재한 적이 없는 상상 속의 실체와 인물을 토대로 선과 진실이라는 관념을 구축하기 때문에 모두 '거짓말'에 불과하다고 보았다.

엘베시우스는 콩디야크의 사상을 모형으로 경험주의와 유물론의 감각주의적인 측면을 발전시켰고 주요 저서인 『정신에 관하여*De l'esprit*』(1758년)와 『인간에 관하여De l'homme』(1773년)에서 감각적 경험과 교육을 토대로 인간의 성장이 완성 단계에 이르는 과정을 이론화했다. 엘베시우스에 따르면 인간은 무엇보다도 감각적인 경험을 바탕으로 전개되는 형성과 변화의 가능성을 지닌 존재였다. 그는 모든 인간이 이성적인 교육을 받을 수만 있다면 인류가 훨씬 더 훌륭한 사회적 여건에서 살아가게 되리라고 전망했다. 엘베시우스에게 인간의 정신은 일종의 백지였다. 그는 이를 올바른 개념과 훌륭한 관념으로 채워야만 인간을 훌륭한 사람, 선한 존재로 키울 수 있다고 생각했다. 엘베시우스는 하다못해 문맹인 농부의 아들도 이런 조건에서라면, 그리고 교육만 제대로 받는다면 얼마든지 위대한 학자 혹은 위대한 예술가가 될 수 있다고 보았다. 엘베시우스가 교육과 철학 자체의 민주주의적 기반을 닦은 인물로 간주되는 것도 바로 이 때문이다.

한편으로는 다름 아닌 유물론의 지지자들 사이에서 이러한 논제의 급진성에 대한 논쟁이 벌어졌다. 디드로는 『엘베시우스의 '인간' 논박Réfutation suivie de l'ouvrage d'Helvetius intitulé l'Homme』(1774년)에서 엘베시우스가 인간의 정신을 구성하는 '자연적인' 부분 혹은 생물학적으로 결정되어 있는 차원을 충분히 인식하지 못했다고 지적했다. "교육은 모든 것을 할 수 있는 것이 아니라 그저 많은 것을 할 수 있을 뿐"이라는 것이 디드로의 주장이었다. 역사상 가장 위대한 정치혁명의 여명기에 회자되던 바로 이러한 부류의 논제들을 바탕으로 계몽주의자들은 '도덕 정치'의 가장 독창적인 요구들을 구체화하고 유물론적인 성향의 교육학을 시도하는 데 주력했다.

8

디드로

8.1 한 백과사전주의자의 삶

드니 디드로는 오트마른Haute-Marne의 한 작은 도시 랑그르Langres에서 1713년에 태어났다. 학교 성적이 뛰어났던 디드로를 성직자로 키우고 싶었던 아버지의 권유로 그는 1729년부터 파리에서 유학 생활을 시작했다. 디드로는 1732년 파리에서 인문학 학사magister artium 학위를 받았다. 하지만 뒤이어 가족의 기대를 완전히 저버리고 대학에서 경력을 쌓을 수 있는 모든 기회를 포기한 채 문학과 연극과 철학에만 몰두하기 시작했다. 그의 아버지가 경제적 지원을 중단한 뒤 거의 10년 동안 디드로는 임시직 또는 친구들의 도움에 의존하며 무엇보다도 1742년에 결혼한 아내가 바느질을 해서 받아 오던 품삯으로 근근이 생활을 이어 갔다.

어려운 시기를 보내는 동안 디드로의 정신적 성장에 크게 도움이 되었던 인물은 두말할 필요 없이 루소다. 반면에 디드로의 삶은 그가 번역한 섀프츠베리의 저서 『장점과 미덕에 관한 에세이Essai sur le Mérite et la Vertu』가 1745년에 출판되면서 커다란 변화를 맞이하기 시작했다. 이 번역본 출판을 계기로 디드로의 이름이 몇몇 출판사에 알려졌고 머지않아 디드로는, 수학자 달랑베르와 함께, 잉글랜드의 백과사전학자 이프레임 체임버스Ephraim Chambers의 『백과사전Cyclopaedia』 번역을 의뢰받았다. 그가 일련의 철학 저서와 문학 작품들을 발표하기 시작한 것도 바로 이 시기다. 디드로는 1746년에 『철학적 사유 les Pensées philosophiques』를, 1748년에는 소설 『경솔한 보석들 Les Bijoux indiscrets』을, 1749년에는 『맹인에 관한 편지, 눈이 보이는 사람들에게 Lettre sur les aveugles à l'usage de ceux qui voient』를 발표했다. 이 마지막 저서가 이신론적이고 유물론적인 성격의 논제를 담고 있다는 판결을 받으면서 디드로는 징역 5개월을 선고받았다. 옥중 생활이 특별히 고통스러웠던 것은 아니지만 디드로는 이때부터 자신의 글이 배포되는 경로를 선택하는 데 상당히 신중한 태도를 보였다.

옥중 생활 직후부터 사실상 디드로의 생애에서 가장 힘든 동시에 왕성한 활동 시기가 시작된다. 이때 착수해서 장장 20년이 넘는 세월 동안 기울인 각고의 노력 끝에 1773년이 되어서야 완성되는 책이 바로 디드로와 달랑베르의 『백과사전Encyclopédie』이다. 달랑베르와의 협력관계가 끝난 뒤에도 디드로는 '빠진' 항목들을 추가하고 교정을 거치면서 『백과사전』 전체의 완성도를 높이는 데 심혈을 기울였다. 디드로의 주요 저서들 역시 『백과사전』의 집필이 진행되던 시기에 출판되었다. 주목할 만한 저서에는 철학적인 성격의 『자연의 해석에 관하여 De l'interprétation de la nature』(1753년), 『달랑베르의 꿈 Le Rêve de d'Alembert』(1769년)을 비롯해 문학작품 『수녀 La religieuse』(1760년), 『라모의 조카 Le neveu de Rameau』(1762년), 『숙명론자 자크 Jacques le fataliste』(1773년) 등이 있다. 디드로는 1784년 7월 31일 파리에서 세상을 떠났다.

8.2 자연의 해석

디드로는 체계적인 사상가가 아니며, 그의 사상이 지니는 고유의 철학적이고 문화적인 가치는 디드로의 '철학적' 저서라는 범주 안에서 정의하기 힘들다는 특징을 지닌다. 디드로는 문학과 연극 이론에서 미학과 파리의 살롱 회화 전시를 위한 예술비평에 이르기까지 상당히 다양한 분야에서 놀라운 재능을 발휘했던 사상가이자 프랑스 계몽주의의 진정한 주인공으로 평가받는 인물이다. 바로 그런 이유에서 그의 사상에 어떤 통일적인 성격이나 윤곽을 부여하기란 결코 쉬운 일이 아니다. 디드로는 철학적으로 유물론과 이신론에 근접한 듯이 보이지만 루소의 윤리적이고 정치적인 유토피아의 관점과 유동적이고 '감성적인' 자연관에 대단한 매력을 느꼈던 인물이다. 디드로가 이어서 이러한 관점들을 스피노자와 프랜시스 베이컨의 관점과 절충시키기 위해 노력했다는 점은 다시 한 번 그의 사상이, 당대에 활동했던 대부분의 사상가들처럼, '자연'의 개념을 중심으로 구축된다는 사실을 증명해 준다.

『자연의 해석에 관하여』는 학문적인 방법론을 다루는 에세이다. 디드로는 수학의 비생산적인 측면을 비판하고 실험주의를 지지하면서 상당히 독특한 자연 개념을 제시했다. 디드로가 강조했던 것은, 자연이란 지적이고 실용적인 요소들을 자연으로부터 더 효과적으로 얻어 내기 위해 자연 고유의 규칙들을 바탕으로 해석해야 하는 하나의 통일적인 실체라는 생각이었다. 디드로는 자연을 '일원론'적인 관점에서, 다시 말해 질료와 삶과 의식 사이에 존재하는 근원적이고 유기적인 통일성을 바탕으로 감각의 중요성이 부각되는 구도 안에서 이해했다. 그에게 자연이란 유기물과 무기물로 구성되는 생명의 총체적인 차원에 직접적으로 관여하며 지속적으로 성장하는 하나의 '거대한 사슬'을 의미했다. 디드로의 자연 개념은 일종의 '변신'을 바탕으로 구축되며, 결과적으로 '형식'의 개념은 하나의 이미지에 고정된 구체적인 사실이 아니라 '소통'을 통해서만 정의될 수 있는 하나의 역동적인 요소로 간주된다. 디드로에 따르면, '형식'은 혼성적인 현상이다. 왜냐하면 '형식'은 하나의 고립된 이미지 안에 갇혀 있을 수 없으며 고유의 '경계'와 '출현 방식'의 끊임없는 변화를 요하기 때문이다. 이러한 구도를 바탕으로 디드로는 힘과 '보편적 발효' 현상으로서 자연이 주도하는 끝없는 변신과 생성의 '표본'을 탐색했다.

8.3   예술과 표현

디드로의 자연철학에 내재하는 다양한 동기들, 예를 들어 수학 비판에서 실험
적 접근 방식의 필요성에 이르는 여러 가지 동기들은『백과사전』작업의 전체
적인 구도뿐만 아니라 이러한 인식론적 원칙들을 지식의 또 다른 영역으로 확
장할 수 있는 가능성의 전제로 기능한다. 그런 측면에서 특별한 의미를 지니는
것은『백과사전』의 기획 항목들 가운데 하나였고 바로 그런 이유에서 1751년에
일종의 '미리 보기' 형태로 출판되었던 '예술' 항목의 내용이다. "기계적인" 예
술, 즉 기술과 "자유로운" 예술, 즉 창작이 사회적인 측면뿐 아니라 인식론적인
측면에서도 동일한 존엄성을 지닌다는 전제를 바탕으로 디드로는 예술이 자연
을 해석하는 방법 가운데 하나이며, 예술적으로 구성된 대상을 매개로 자연 자
체를 "경험해야" 할 필요성을 통감하는 방식이라는 점에 주목했다. 철학은 결
과적으로 예술을 필요로 한다. 베이컨이 주장했던 것처럼, 인간은 자연의 관리
자 혹은 해석자이며 그를 에워싸는 것들에 대한 실험적이거나 이성적인 지식
을 지닌다는 차원에서가 아니면 사실상 이해도, 행동도 할 수 없는 존재다.

어쨌든 '예술'이란 용어는 단순히 "아름다운" 생산품만 가리키지 않고 예술
적인 대상의 생산을 목적으로 활용되는 규칙들과 도구들의 모든 유형의 집합
체를 동시에 가리킨다.『백과사전』에서 디드로는 이렇게 말한다. "예술적 재료
를 다루어 보겠다고 나서는 사람은 먼저 자연사 전체를 철저하게 공부해야 하
며, 자연 안에 서로 밀접하게 연관되어 있는 일련의 지식을 발견할 줄 알아야
한다."

이 자연적 질료로부터 뛰어난 손재주를 지닌 사람의 지능을 통해 어떤 감성
과 표현을 표출해 내는 순간 "아름다운" 예술작품이 탄생한다면 이 작품의 목
적은 사물들이 은밀히 간직하는 "판독 불가능한" 비밀들을 질료로부터 추출한
뒤 '표현'의 단계로 끌어올리는 것이다. 이 '표현'을 디드로는 "한 감정의 이미
지", 혹은 사물들 자체의 다양한 성격과 이들의 위상과 자연적 특성에 대한 하
나의 인류학적인 답변으로 보았다.

711 상식과 이성의 시대

VII 상식과 이성의 시대   711

   그런 식으로, 판독 불가능한 것의 표현이 뿜어내는 아름다움은 인간이 자연 혹은 어떤 사건을 단순한 해명이나 거부가 가능한 무언가로 변형시켜 위상을 떨어트리는 대신 그것의 잠재적 에너지를 표현해 내는 능력을 통해 주어진다. 1751년에 출간된『농아에 관한 편지*Lettre sur les sourds et muets*』에서 확인할 수 있듯이, 자연의 해석은 세계뿐만 아니라 세계를 기술적으로 파악하고 조작하는 인식론적 차원의 구축 행위에 대한 미학적이고 예술적인 차원의 좀 더 보편적 이해를 요구한다. 바로 이러한 관점에서 디드로는 '대화록'을 하나의 문학 장르로만 간주하지 않고 자연 자체의 특징인 "다성음악"적 성격의 생생한 이미지로 간주했다. 그에게 아름다움이란 신의 선물이 아니라 무언가를 구축하려는 노력의 산물이었고 이러한 노력은 사실상 미적 대상에 내재하는 관계들의 이해를 의미했다. 디드로는 자연과 아름다움의 연관성을 설명하기 위해 데카르트가『음악개론*Compendium Musicæ*』에서 사용했던 표현을 인용하며 "관계성 이론"에 대해 언급한 바 있다. 디드로에 따르면, 일련의 단순하거나 복합적인 관계가 사물들의 본질에 내재하는 균형과 질서를 구축하며 이 질서에 대한 표현은 다름 아닌 이 관계들을 바탕으로 이루어진다. 이 관계를 이해한다는 것은 곧 아름다움을 하나의 표현력으로 이해한다는 것을 의미했다. 디드로는 이렇게 말했다. "나의 외부에서 내가 모종의 '관계'를 생각하도록 만들 수 있는 모든 것을 나는 '아름답다'고 말한다. 내게는 이러한 생각을 불러일으키는 모든 것이 아름답다." 이러한 미美의 개념은 보기와는 달리 주관적인 원리를 바탕으로 정립되지 않는다. 미적 판단의 상대적인 한계를 다름 아닌 대상에서 발견하기 때문이다. 디드로에 따르면, 인간의 지성은 아름다운 대상에 아무것도 더할 수 없으며 대상의 아름다움 역시 오로지 대상에 내재하는 연관성 혹은 구성 요소들 간의 구체적인 관계에서 유래할 뿐이다. 디드로는 이러한 요소들을 감성적으로 인식하고 수용하고 표상할 수 있도록 조합하고 구축하고 조직화하는 것이 바로 예술이라고 보았다.

   이러한 관점은 디드로의 사상 전체를 표상하는 상징적인 의미를 지닌다. 디드로에게 예술작품 혹은 장식품을 만드는 행위는 항상 자연을 해석적으로 표현하는 행위였다. 디드로는 이러한 표현을 통해 자연이란 서로 협력하고 대화하며 가치와 의미와 가능성을 교환하는 다양하고 상이한 요소들의 총체라는 측면이 드러나며, 예술이란 바로 이 요소들 간의 차이점들이 고유의 역동성을 유지하며 아름다운 '관계'로 번역되는 과정이라고 보았다.

아울러 디드로의 사유는 모든 측면에서 '방랑적'이라고 볼 수밖에 없는 특징을 지녔다. 예를 들어, '아름다움'이란 인간의 본성과 사물들의 본질에 내재하는 가능성들을 무엇보다도 "실험적인" 차원에서 이해할 수 있도록 해 주는 어떤 "여행"의 결과였다. '여행'이라는 비유는, 좀 더 거시적인 관점에서, 18세기에 '자연'의 개념이 겪은 변화와 발전의 운명을 표상한다. 자연이 더 이상 신에 의해 "양적인" 차원에서 정립된 물리적인 법칙들의 체계로 간주될 수 없었던 이유는 끊임없는 "방랑"이 이 엄격하며 권위적인 체계를 무너트리고 실험적 혹은 생물학적 다양성에 주목하도록 만들면서 자연의 감추어져 있던 속성들, 한마디로 "질적인" 차원의 특징들을 노출시켰기 때문이다. 이 "방랑"이라는 특징은 고전 학문을 모형으로 채택되는 학문적 분석 대상의 '부동성'과 더 이상 어울리지 않았고, '아름다움'이나 '인간', '사회'와 같은 유동적인 주제에 훨씬 잘 어울렸다.

8.4 은유로서의 연극

디드로에 따르면, 철학자와 과학자와 예술가가 '해석'의 은유로 선호하는 것은 다름 아닌 '연극'이었다. 연극은 추상적인 예술이 아니라 실천적인 차원의 언행이 형식적 구도 안에 배치되기 때문에 일련의 규칙을 필요로 하는 기술의 일종이었다. 디드로는 누군가 혹은 무언가를 통해 감정이 표현될 때마다 감정을 "제어하는" 규칙이 요구된다고 보았다. 디드로는 이러한 특징들을 『배우에 관한 역설*Paradoxe sur le comédien*』(1830년)에서 다룬 바 있다. 디드로에 따르면, "시詩의 세계는 무언가 대단하고 야만적이며 야생적인 것을 원하지만 하나의 형식 내부에서만 구체화될 수 있다." 이 형식을 마련하는 것이 바로 '배우'다. 다시 말해 형식은 배우가 '규칙에 따라' 몸짓이나 목소리 같은 구체적인 특징들을 무대에 올릴 때 마련된다. 아울러 형식은 배우의 열정을 이성적으로 제어하는 장치이기도 하다. 그런 의미에서 디드로의 '연극'은 동시에 윤리적인 과제를 안고 있다고 볼 수 있다.

루소는 자연으로부터 멀어지는 문화적 기능의 측면에서 연극이 부패를 상징한다고 보았지만 디드로는 연극이 오히려 자연의 해석을 통해 예술적 표현의 기원이 되는 감각적인 차원과 이상적인 차원의 조화를 가능하게 만든다고 보았다. 루소가 자연의 이름으로 연극적 표현을 무시하고 격하시켰던 반면 디드로는 연극이 오히려 예술적인 표현 양식의 구축 방식을 제시하는 훌륭한 본보기가 될 수 있다고 주장했다. '형식'을 생성하거나 해석할 때에는 형식 자체에 역동성을, 감성에 구도를 부여할 수 있는 매개체가 필요하다고 보았기 때문이다. 디드로는 연극이 자연과 마찬가지로 지식과 표현의 생산을 위해 풍부함과 다양성을 바탕으로 인식되어야 하는 현상과 규칙의 체계라고 생각했다. 디드로가 말하는 배우의 역설은 곧 자연의 역설이자 철학의 역설이다. 다시 말해 배우의 역설은 자연적, 철학적, 연극적 '표현'이 개념화를 통해 반복적으로 제시되는 동일한 내용이 아니라 세계를 채우는 의미의 무한한 다양성을 몸소 느끼고 표현하는 시선, 감각, 신체, 판단의 총체라는 역설이다. 그런 의미에서 배우는 철학자와 마찬가지로 시인, 즉 "끝없이 펼쳐지는 자연의 기반을 끊임없이 탐구하는 자"를 닮아야 한다. 왜냐하면 그것이 불가능할 때, "머지않아 자신의 자산이 소멸되는 모습을 보게 될 것이기" 때문이다.

보충하기, 중재하기, 조절하기, 경험과 판단과 표현과 성찰 간의 소통을 주도하기, 이것들이 바로 디드로의 철학적 여정을 구축하는 본질적인 요소들이다. 디드로에 따르면, 관찰하고 인식하고 모방하려는 성향은 무분별한 감정이 아니라 사물의 움직임들을 형식이라는 목표에 부합하도록 만들려는 의지에 가깝다. 위대한 배우가 연기하는 동안 무대에 지배되거나 매료되지 않고 자기 자신에게서 벗어나 무대를 압도하듯이, 진리 역시 무언가의 즉각적인 실재나 재생이 아니며, 오히려 백과사전처럼 사물들의 다양한 의미를 묘사하는 하나의 '표현', 다시 말해 사물들의 본질을 성찰하고 원리를 파악하며 본질 자체를 표본으로 정립함으로써 시간을 초월해 현상의 특성을 감지하며 사물들의 무수한 의미를 묘사하는 '표현'에 가까운 것이다.

디드로는 『회화론 *essais sur la peinture*』(1766년)을 다음과 같은 문장으로 시작한다. "자연은 실수를 모른다. 모든 사물은 아름답든 추하든 나름의 존재 이유를 가지며, 존재하는 모든 것의 속성 가운데 필연적이지 않은 것은 아무것도 없다." 이 문장은 얼핏 라이프니츠의 사상을 그대로 수용하면서 '충족이유율'을 설명하는 논제처럼 느껴진다. 라이프니츠가 도입한 '이성적 진리'와 '사실적 진리'의 구분법은 실제로 '사물들의 형이상학'을 탄생시켰고 이를 바탕으로 다양한 계몽주의적 논제들을 설명하고 '새로운 과학'을 정당화하려는 시도가 이루어졌다. 하지만 라이프니츠의 구분법은 디드로를 통해 사물들에 내재하는 은밀한 원인과 이들의 현상학적 특성들을 바탕으로 형이상학을 구축하고 해석하려는 의도로 발전했다. '충족이유율'은 이성주의적인 관점에서 '원인들의 탐구'로 해석될 수 있었지만 디드로는 이러한 해석에 국한될 수 없는 성격의 구도를 발전시켰다. '이성'은 현실을 파악하기 위한 방법을 의미했지만 현실에 맞서 행동하기 위한 도구로서의 기능을 동시에 가지고 있었기 때문이다. 디드로는 원인과 결과가 항상 명확하게 구분될 수 있는 성격의 것이라면, "존재하는 사물들을 있는 그대로 표상하는 것 외에 우리가 바랄 것은 더 이상 없을" 것이라고 주장했다. 디드로는 이런 일이 실제로는 일어날 수 없으며, 우리의 이해력을 허락해 주는 것은 원인들의 체계가 지니는 명백함이 아니라 오히려 현실 세계가 표상되는 방식의 복합성과 항상 새로운 방식으로 끊임없이 탐구되고 해석되어야 하는 다층적인 세계를 총체적인 방식으로 체계화할 수 있는 인간의 지적 능력이라고 보았다.

관념학파

주로 1771년과 1810년 사이에 활동했던 관념학파의 철학자와 과학자들은 상당히 끈끈한 협력관계를 유지하며 공동의 철학을 구축하려고 노력했다. 따라서 이들의 사상은 다수의 목소리를 지녔을 뿐 단일한 철학적 체계를 추구한다. 프랑스 계몽주의 사상의 상속자인 이 관념학파 철학자들은 사회참여가 철학적 앎의 필연적인 결과라는 생각으로 혁명 전후의 프랑스 정치에 적극적으로 참여했고 특히 '총재정부Directoire' 집권 기간(1795~1799년)에는 교육부 내부에서 본보기가 될 만한 교육체제의 변혁을 이루어 내기도 했다. 콩디야크, 엘베시우스, 콩도르세의 제자들로 구성된 이 관념학파 철학자들은 1771년부터 오퇴유Auteuil에서 모여 활동을 시작했다. 대표적인 인물에는 앙투안 데스튀트 드 트라시(Antoine Destutt de Tracy, 1754~1836년), 피에르 장 조르주 카바니스(Pierre Jean George Cabanis, 1757~1808년), 콩스탕탱프랑수아 볼네(Constantin-François Volney, 1757~1820년) 등이 있다.

관념학파 철학자들의 '보편적인 인간론' 및 인간의 특성과 능력에 대한 논의를 뒷받침하는 주요 텍스트는 데스튀트 드 트라시의 『관념론의 요소들Élémens d'idéologie』(1801~1815년)과 카바니스의 『인간의 신체와 감성의 관계Rapports du physique et du moral de l'homme』(1796~1802년)다. 관념학파 철학자들은 이 '보편적 인간론'의 이론적 체계를 인간에 대한 과학으로 이해했다. 인간에 대한 상이하고 개별적인 학문 분야들을 총체적으로 관할하는 보편적인 학문으로서의 철학이 바로 관념론이었다. 관념론적 앎을 구축하는 것은 관념의 기원과 형성과 조합과 표현의 분석이었고 관념학파라는 명칭이 암시하는 것 또한 이러한 이론적 성향이었다.

카바니스는 생명을 가진 물질이 신경조직 안에서 활동하는 감각의 주체로 존재한다고 보았다. 유기체가 신경조직을 통해 감각과 지각을 생성하며 결과적으로 사유를 생성한다고 보았던 것이다. 그런 식으로 관념과 사유는 더 이상 질료와 상반되는 것이 아니라 질료 자체의 생산물로 이해되었다. 트라시에게도 관념의 기원은 다름 아닌 감각이었고 따라서 관념론은 사유가 형성되는 과정과 크게 다르지 않았다. 트라시는 이 과정을 네 단계로, 즉 우선적으로 발생하는 감각의 단계에서 출발해 과거의 느낌을 간직하는 기억의 단계, 이어서 감각과 감각을 발생시킨 대상에 연관성을 부여하는 판단의 단계, 끝으로 대상에서 비롯된 느낌을 떠올리며 대상에 대한 욕망을 확인하는 의지의 단계로 구분했다.

관념학파의 철학자들은 복합적이면서도 치밀한 언어 이론을 발전시켰다. 이들은 언어가 생각을 정립하고 전달하며 '추상'이나 '상상' 같은 고차원적인 지적 능력을 발전시키는 데 소용된다고 보았다. 이들에게 언어는 기능적인 기호들의 체계 혹은 문장에 의해 체계화되는 의미소들의 총체를 의미했다. 이러한 전제를 바탕으로 이들은 말이나 글 외에 다양한 종류의 물리적 기호들 역시 의미소를 지녔고 구문을 통해 체계화될 수 있는 가능성을 지닌 만큼 언어로 간주해야 한다는 결론에 도달했다. 결과적으로 다양한 종류의 기호, 예를 들어 표징이나 상징 같은 시각 기호, 피부 접촉을 통한 촉각 기호, 손짓이나 표정 같은 신체적 제스처, 사이렌이나 나팔 소리 같은 청각 기호 등이 모두 언어로 간주되었다. 말을 사용하는 언어는 훨씬 편리하다는 장점이 있지만 모든 언어가 관습을 통해 창조되는 만큼 말이 다른 유형의 언어에 비해 더 이성적이거나 더 자연적이라고 보아야 할 이유는 없다는 것이 관념학파 학자들의 생각이었다.

더 나아가서 이들은 언어가 인간과 사회의 역동적인 발전과 역사에 의해 결정된다고 보았다. 언어 역시 인류의 지적, 사회적 발전 과정에 상응하는 다양한 단계를 거쳐 발전해 왔다고 본 것이다. 이들은 고대 부족사회에서 자연 상태로 살아가던 인간들의 원시 언어가 제스처와 고함을 소통의 기호로 채택했던 반면 체계화된 언어는 문명사회의 등장과 함께 탄생했다고 보았다. 그런 의미에서 언어적 합의는 인류 최초의 사회적 행위였고, 말이 사회의 구조와 규모에 따라 발전한 것처럼 상징이나 이미지의 형태로 탄생한 문자 역시 뒤이어 음절과 알파벳을 가진 언어로 발전했다고 보았던 것이다.

이러한 관찰을 바탕으로 트라시는 문법이 역사적으로 여러 단계를 거쳐 구축되었으며 보편적 문법이란 사실상 상당히 추상적인 정의에 불과하다는 결론에 도달했다. 결과적으로 트라시는 보편적인 언어를 구축하는 것이 불가능하며 표현해야 할 보편적이고 본질적인 사유가 존재하지 않는 이상 사람들이 주장하는 모든 언어의 보편성은 시간이 흐르면서 언어의 지역적이고 개인적인 활용과 소모로 인해 완전히 와해될 것이라고 보았다. 따라서 인간에 대한 탐구는 지역적인 상황 및 환경의 탐구와 분리될 수 없었다. 이처럼 인간과 그의 능력과 그를 둘러싼 외부 환경의 관계에 주목한 새로운 감수성은 유럽 문화와 전적으로 다른 문명사회의 간접경험을 허락하던 여행문학에 대한 또 다른 형태의 관심을 불러일으켰다.

　실제로 관념학파 철학자들이 인류학 분야에서 이룩한 가장 중요한 업적은 여행 기록을 좀 더 엄격하고 분명하게 양식화하고 '야만족'에 대한 관찰 방식을 혁신적으로 체계화함으로써 여행문학의 탈신화화를 주도했다는 데 있다. 이러한 관찰 방식은 새로운 여행가들을 탐험 지역의 자연뿐 아니라 원주민 사회의 사회적, 정치적 구조와 언어 및 글을 포함하는 영적, 물질적 삶의 요소들을 예리하게 관찰하도록 이끄는 데 일조했다. 이러한 관찰과 탐구의 열기는 유럽에서 원주민 사회의 전통과 문화에 대한 관심을 증폭시켰다. 특히 1798년 아베롱Aveyron의 숲속에서 원시 소년이 발견된 사건은 유럽 사회에 상당한 반향을 일으켰고 연구를 맡은 학자들은 소년을 자연 상태 그대로 남아 있는 인간의 표본으로 간주했다. 소년을 가르치는 과정은 인간이 자연 상태에서 출발해 언어를 익히고 사회성을 취득하는 과정을 그대로 지켜보는 일종의 인류학적 실험이었다.

9

백과사전

: 한 철학적 기획의 역사

9.1 『백과사전』의 기획

방대한 분량을 자랑하는 드니 디드로와 장 르 롱 달랑베르의 『백과사전 혹은 학문과 예술과 직업에 관한 논리 정연한 사전*Encyclopédie ou Dictionnaire raisonné des sciences des arts et des métiers*』은 계몽주의 시대의 기념비적 문헌이다. 하지만 이 『백과사전』의 집필은 원래 잉글랜드에서 이미 어느 정도 인기를 끌고 있던 이프레임 체임버스의 두 권밖에 되지 않는 『백과사전 혹은 예술과 학문의 만물 사전*Cyclopaedia, or Universal Dictionnary of Arts and Sciences*』(1728년)을 번역할 목적으로 시작되었다. 프랑스의 출판사 르 브르통Le Breton에서 체임버스의 저서에 대한 판권을 구입한 뒤 수학자이자 천문학자였던 장폴 드 구아 드 말브Jean-Paul de Gua de Malves에게 프랑스어 번역과 편집을 의뢰했지만 작업은 담당자의 경제적 어려움과 우유부단함 때문에 더디게 진행되었고, 결국 백과사전의 출판 기획은 교정자 자격으로 일찍이 작업에 참여했던 두 청년, 저술가 디드로와 천재 수학자 달랑베르의 몫으로 돌아갔다.

　하지만 무언가 새롭고 중요한 것을 만들어 보자는 의견이 디드로와 달랑베르가 작업을 전담하면서 구체화되기 시작했다. 물론 대규모의 백과사전 제작을 위한 여건과 분위기는 어느 정도 조성되어 있었다고 볼 수 있다. '일반 사전'이나 '비평적 사전'의 이름으로 풍부한 내용을 담은 사전들, 어떤 식으로든 백과사전적인 성격이 분명하게 드러나는 사전들이 이미 오래전부터 출판되고 있었기 때문이다. 이들 가운데 가장 널리 알려진 것은 두말할 필요 없이 피에르 벨의 『역사-비평적 사전』이다. 1697년에 처음으로 출판된 벨의 사전은 완결판이 1820년에 출판되었고 디드로와 달랑베르의 『백과사전』이 나오기 전에 이미 높은 판매 부수를 기록하고 있었다. 더 나아가서 독일, 이탈리아, 잉글랜드의 프리메이슨 수장들 역시 신학과 정치학을 제외한 '자유학예와 모든 유용한 학문의 만물 사전'을 만들기 위해 과학자들과 예술가들의 참여를 독려하고 있었다.

　디드로와 달랑베르는 새로운 백과사전 제작에 착수하면서 벨의 『역사-비평적 사전』을 비롯해 체임버스의 『백과사전』에 수록된 내용을 조금도 빠트리지 않았다. 두 저자는 체임버스의 사전이 지니는 독창성을 높이 사면서도 자신들의 작업이 체임버스의 그것과는 근본적으로 다르다는 점을 명시하는 데 조금도 주저하지 않았다. 이들에 따르면, 체임버스의 백과사전은 이러한 종류의 총체적인 지식에 접근하는 사람이 당면하게 될 가장 중요한 문제, 즉 알파벳 순서를 따르는 사전적 체계와 조직적인 성격을 지니는 백과사전적 체계의 조합이라는 문제를 만족할 만한 방식으로 해결하지 못했다는 단점을 지니고 있었다. 아울러 디드로와 달랑베르는 체임버스의 책이 참조 사항의 표기 체계가 조직적이지 않다는 점과 다양한 학문 분야들 간의 연관성을 파악하기 위한 장치가 마련되어 있지 않다는 점을 지적했다. 다양한 지식 분야들 간의 연계성에 관한 조명이 이루어지지 않았다는 것은 지식의 유기적인 체계 구축이나 기초적인 원칙에서 출발해 다양한 분야의 학문적, 예술적 결과에 이르는 과정의 재구성이 불가능하다는 것을 의미했다.

9.2   백과사전의 구조

달랑베르는 백과사전적 체계가 이른바 '학문의 금빛 사슬'을 재구성하고 인간의 지식 체계 전체에 대한 이성적이고 일관적인 설명을 제시해야 한다고 생각했다. 달랑베르에게 여러 학문의 본질적인 통일성과 지적 사슬의 기원을 설명할 수 있는 유일한 방법은 '분석'이었다. 분석적인 방법론을 통해서만 학문과 예술의 탄생 과정뿐 아니라 정신의 기량과 활동 방식을 재구성하고 평범한 상황에서는 구별이 힘든 현상들을 세세히 설명하는 것이 가능하다고 보았던 것이다. 그런 식으로 전개되는 학문과 예술의 해체 및 재구성의 과정은 동시적인 차원을 순차적인 차원으로, 총체적인 차원을 다양한 학문적 원칙들의 차원으로 인도한다는 특성을 가지고 있었다. 따라서 지식의 총체적인 틀을 구축하기 위해 시도되는 복잡한 작업들은 본질적이고 보편적인 요소로 소급되었고 이 요소들을 바탕으로 구축되는 학문의 '철학적 역사'는 동일한 요소들의 결속력과 관련성 및 통일성에 대한 효과적인 이미지를 제공했다. 하지만 이 역사는 지나치게 복잡한 과정의 단순화를 통해 학문의 백과사전적인 체계를 구축하는 데 일조할 수 있지만 이성의 실제 여정과 구체적인 역사가 안고 있는 일관적이지 못한 측면들, 불연속적이고 불확실한 측면들로부터 결코 자유로울 수 없으며 이성 및 경험과 밀접한 연관성이 없는 영역의 지식을 제시할 수도 없다는 한계를 가지고 있었다.

무엇보다도 우주를 하나의 유일한 사실 또는 위대한 진실로 간주하려면 먼저 이를 이해할 수 있는 단 하나의 유일한 관점과 시각이 필요하다. 하지만 달랑베르는 이 유일무이한 관점이 사실은 가설의 형태로만 주어질 수 있다고 보았다. 왜냐하면 대부분의 사물들은 우리의 지적 한계를 벗어나는 '관계'를 바탕으로 존재하며 인간은 세상이라는 거대한 수수께끼의 일부만을 이해할 수 있다고 보았기 때문이다. 달랑베르에 따르면, "모든 진실이 단절을 모르는 하나의 유일한 사슬을 구축한다면 구성 요소들의 필요성은 사라지고 모든 것이 하나의 유일한 진실로 소급되며 다른 모든 진실들은 이 유일한 진실의 상이한 번역으로 간주할 수밖에 없을 것이다. 그렇다면 과학은 거대하지만 비밀이 없는 하나의 미로라고 할 수 있다. 전지적인 존재는 이 미로의 경로를 한눈에 알아볼 수 있고 우리는 이 경로의 끝을 손에 쥐고 있다고 볼 수 있는 것이다."(『백과사전』 '학문의 요소')

달랑베르는 반드시 존재해야 할 것 같은 이러한 인도자가 우리에게는 주어지지 않았고 '진실들의 사슬'은 파괴되어 사방으로 흩어졌으며 인간은 결국 각고의 노력을 기울여 사슬의 복잡한 조직망을 추적할 수 있을 뿐이라고 강조했다. 하지만 과학과 사물들의 관계를 통괄하는 보편적인 구도를 포착하는 일이 우리에게 불가능하고 진실의 사슬이 파편으로밖에는 존재하지 않는다 하더라도, "다양한 진리의 기반으로 기능하며 이 진리들을 함축적으로 의미하는 보편적인 논제 혹은 보편적인 진리를 식별해 내는 것이 가능하다. 유기적으로 연결된 이 보편적인 논제들이 바로 학문을 구축하는 요소들이며, 이들을 발전시킴으로써 다양한 학문적 내용을 차별화된 방식으로 이해하는 것이 가능해진다."(『백과사전』, '학문의 요소')

물론 여기서 백과사전이라는 도구는 모순적인 측면을 드러낸다. 왜냐하면 디드로와 달랑베르 모두 사물들 사이의 특별한 관계에 대한 총체적인 앎에서 유래하는 것들만이 진정한 지식으로 간주될 수 있다고 주장했기 때문이다. 실제로 이들은 자연적 사실들을 엄밀히 관찰하고 주어진 정보들을 치밀하게 비교할 뿐 아니라 임의적인 가설을 배제하려는 적극적인 노력을 통해 확보되는 것들만이 확실한 지식이며 무수한 현상들을 단 하나의 현상으로, 즉 무수히 많은 것들의 원칙으로 소급하는 기술을 바탕으로 구축되는 것들만이 진정한 지식이라고 보았다.

이것이 바로 디드로가 철학 사전을 만드는 데 필수적인 것으로 간주했고 달랑베르가 '개연적 형이상학'이라고 불렀던 지식의 위상이다. 여기서 저자들이 제시하는 형이상학은 "모든 학문의 원칙들을 함축하는 보편적 학문이며, 모든 학문이 관찰 속에서만 고유의 원칙들을 보유할 수 있는 만큼 모든 학문의 형이상학은 가능한 한 넓은 관점에서 이루어지는 관찰의 보편적인 결과를 바탕으로만 성립될 수 있다.”(『백과사전』「서론」) 물론 원칙들의 학문을 구축할 수 있다고 해서 그것이 완전한 지식에 도달할 수 있다는 것을 의미하지는 않는다.

디드로와 달랑베르 모두 자연의 무한한 다양성이 오로지 개별적인 사물들로만 구축된다는 사실을 분명하게 인식하고 있었다. 이들의 글에서 자연의 질서를 탐구하거나 현실 세계의 이상적인 전개 경로와 본질을 탐구하는 보편적인 학문은 이미 이런저런 현상들의 존재 이유를 밝히기 위한 ‘기원과 생성의 탐구’로 대체되어 있었다. 구체적인 한계가 있지만 이러한 학문적 지식들은 어느 정도 만족할 만한 명백성과 확실성을 확보할 수 있었고 지속적인 발전을 통해 완성의 단계에 도달할 수 있었다.

하지만 확보된 지식들을 체계화하고 전달하는 일에도 치밀함이 필요했다. 여러 학문 분야를 일정한 기준에 따라 분류하지 못하고 학문이 연계성을 드러내지 못한다면 백과사전으로서의 가장 본질적인 기능과 과제를 충족하지 못하는 셈이었기 때문이다. 저자들은 「서론」에서 다양한 학문 분야들의 계열별 목록을 작성하고 학문의 연계성을 체계화하는 것이 논리학의 과제라는 점을 강조했다. 우리가 지니는 관념들을 가능한 한 모든 관점에서 검토하고 해체하고 분류하는 작업이 논리적 과정을 거쳐 이루어지는 만큼 논리학은 지식의 전개를 위해 본질적일 뿐 아니라 백과사전 자체의 구축을 위해서도 핵심적인 요소였다. 그러나 논리학의 역할은 이러한 체계화 작업에만 국한되지 않고 감성적 세계의 보편적 기원과 관념들의 보편적인 조합 과정을 바탕으로 이루어지는 지식의 소통에 직접적으로 관여한다.

결과적으로 백과사전적 체계는 여러 학문 분야 간의 밀접한 연관관계를 가능한 한 풍부하게 정립하고 그 내용을 보편적인 설명이 감소하고 복합적인 설명이 증가하는 비율에 따라 배열하며 최대한의 지식을 가장 경제적으로 제공한다는 장점을 지닌다. 이러한 체계를 바탕으로 철학자는 “거대한 미로를 한눈에 바라보며 거의 모든 분야의 예술과 학문을 섭렵할 수 있는 유리한 관찰 지점”을 확보하게 된다. 이 지점에서 학문들의 통일성과 연계성을 파악한 사람은 그가 취득한 거시적인 관점을 개별적인 관찰 대상에 적용하면서 관찰의 모든 결과를 예상할 수 있는 단계에 도달하게 된다.

9.3 백과사전의 체계

백과사전은 상당히 다양한 장치들을 활용한다. 이 장치들 가운데 가장 중요한 역할을 하는 '도판 체계Système figuré'는 백과사전의 두 가지 차원을 조합하는 데 결정적으로 기여한다. 디드로와 달랑베르가 모형으로 채택한 프랜시스 베이컨의 도판 체계는 한편으로는 백과사전의 전체적인 인식론적 구도를 정당화하는 반면 한편으로는 인간과 자연에 대한 진행형 지식의 구도 안에서 다양한 항목들을 배치하는 데 핵심적인 기준으로 기능한다. 다시 말해, 백과사전을 전체적인 차원에서 수평적으로 읽을 경우 '체계'를 통해 분명하게 드러나는 것은 지식이라는 영역 안에서 사물들을 배치하는 기준이 사물 자체에는 적용될 수 없으며 정신적인 차원에서만 의미를 지닌다는 점이다. 결과적으로 사물들의 비자연적이고 인위적이며 관습적인 사전적 체계 혹은 목록과 함께 사물들에 대한 부분적이고 점진적인 형태의 지식이 주어지며, 인간은 진정한 의미에서의 '주관자' 혹은 '해석자'로 부각된다.

하지만 순서와 계보를 따르는 수직적인 독해의 관점에서는 '체계'를 통해 철학사나 논리학 같은 핵심 분야의 본질적인 내용을 백과사전의 구도 안에서 정리할 수 있는 기반이 확보되고 베이컨이 기존의 지식과 새로운 지식의 조합을 통해 제시했던 학문적 구도를 완성 단계로 끌어올릴 수 있는 가능성이 주어진다. 결과적으로 자연사의 놀라운 확장과 계보학의 확장 혹은 완성을 통해 인간의 학문이 이룩한 발전 과정의 의미가 부각된다.

따라서 알파벳순으로 체계화되는 백과사전의 개별 항목들은 해당 분야와 관련된 다양한 요소들을 기록으로 제시하면서 그것들이 정확히 어떤 분야에 속하는지 설명한다고 볼 수 있다. 하지만 이 기록에 내재하는 복합적인 참조 체계는 학문 분야의 정체를 부각하는 것으로 그치지 않고 다양한 기준과 체계 양태들의 균형을 꾀하는 편집자의 역할을 필수적인 것으로 만든다. 백과사전을 총 괄적으로 편집하는 일은 상당히 민감하고 복잡한 작업이다. 이 작업은 여러 도 시를 다시 설계해야 하는 건축가의 설계 작업, 예를 들어 도시 내부의 여러 지 역을 연결하는 일종의 순환도로를 설계하고 도시들 간의 소통 경로를 체계적 으로 구축하는 작업에 비유할 수 있다. 디드로와 달랑베르가 '균형의 구도' 혹 은 '참조 체계'라고 부르는 것이 바로 이 순환도로에 해당한다. 몇몇 유형의 체 계화를 통해 백과사전의 균형을 유지하는 것은 사실상 건축가가 도시의 공간 을 구획하고 건축물들을 배치하는 일과 크게 다르지 않다. 디드로와 달랑베르 의 『백과사전』에서 이 체계들은 보편적인 설명의 점차적인 감소라는 기준을 바 탕으로 구축된다.

첫 번째는 바로 백과사전적인 체계다. 지식의 세계지도라는 표현 속에 함축 되어 있는 이 백과사전적인 앎의 복합적인 구도는 인간과 인간의 인식 능력과 지적 활동 모두를 바탕으로 정립된다. 두 번째 체계는 사전을 구성하는 여러 학 문 분야의 분량을 결정하는 체계, 다시 말해 수학, 윤리학, 예술 등의 분야에 어 느 정도의 지면을 할애할지 결정짓는 체계다. 하지만 모든 분야와 항목 및 모든 현상이 동일하게 중요하다는 점을 고려할 때 이 체계의 목적인 양적 균형은 상 당히 느리게 진행되는 체계화 과정의 결과이며 무엇보다도 각 분야에 대한 역 사적 평가의 차원을 뛰어넘어 새로운 학문적 발견에 주목하기 때문에 발생하 는 역동적인 상황에 좌우된다. 모든 것이 있어야 할 자리에 그대로 고정되어 있 는 체임버스의 『백과사전』과는 달리, 이 역동적인 상황으로부터 피할 수 없는 역사적 불균형이 부각되지만 이는 오히려 본질적인 상황에 대한 설명뿐 아니 라 진행형의 앎이라는 혁명적인 지식 체계의 구축을 가능하게 해 준다. 세 번째 는 각 분야의 다양한 요소들이 유지하는 연관성과 관련된다. 여기서 중요한 것 은 각 분야의 저자들이 각자의 학문적 능력을 발휘하며 가능한 한 유지해야 하 는 객관적인 기준이다. 네 번째는 여러 저자들의 협력으로 집필되며 다양한 영 역 혹은 동일한 영역의 이질적인 분야들 사이에서 고리 역할을 하는 항목들의 위치를 정하는 체계다. 이 항목들은 백과사전이 구조적으로 기능하는 데 결정적인 역할을 한다. 다섯 번째 체계는 최소한의 보편적인 설명과 최대한의 복합적인 설명이라는 비율상의 원칙에 따라 여러 항목이 궁극적으로 구축하게 될 단일한 학문 영역을 고려한 상태에서 각 항목의 특정 개념들이 활용되는 방식을 결정한다. 이 부분에 대한 책임은 편집자가 아닌 각 항목의 집필을 담당하는 저자들의 몫이다.

하지만 『백과사전』이 제시하는 여러 가지 관점과 목표를 고려했을 때 무엇보다도 중요한 것은 다양한 객체들 사이에 산재하는 무수한 추적 경로를 지시해야 할 '참조 체계'의 복잡한 조직망이다. 이 추적 경로들이 독자들의 관심과 요구, 평가의 직접적인 대상이 되는 만큼 중요하다고 볼 수밖에 없는 '참조 체계'는 네 가지 유형으로 분류된다. 단어들이 주축을 이루는 첫 번째 유형의 체계는 어떤 현상 혹은 대상에 대한 분명한 정의가 제시되는 곳에서 가능한 한 여러 항목에 대한 참조를 가능하게 해 준다. 풍자적인 유형의 참조 체계는 선입견을 폭로하거나 무모한 비판에 반론을 제기하는 우아하면서도 예리한 방법론으로 기능하며 때로는 '몇몇 인물들의 비행'을 폭로하는 데 유용하게 활용되기도 한다. 나머지 두 유형은 디드로가 가장 중요하다고 생각했던 이른바 '사물들'의 유형과 '추론'의 유형이다. 전자는 "대상을 조명하며" 비교 대상이나 유사한 개념들, 아울러 참조 체계가 부재할 경우 고립된 상태로 남아 있을 수밖에 없는 상이한 항목들 사이의 다양한 관계성을 부각하는 기능을 한다. 이러한 관계성을 토대로 "가지를 기둥에 접속시킴으로써 진리를 발견하고 설득력을 획득하는 데 지극히 유용한 통일성을 전체에 부여하는 것이" 가능해진다. 반면에 '추론'의 유형에는 조금 색다른 기능이 주어진다. 추론을 통한 참조 체계의 활용은 여러 학문 분야들 사이의 은밀한 관계를 노출시키고 자연사에서 발견되는 유사한 특성들, 예술 분야에서 발견되는 유사한 기술적 과정들을 조명할 뿐만 아니라 새로운 사유 양식을 발굴하고 기존의 기술을 완성 단계로 끌어올리는 데 기여한다.

9.4 『백과사전』출판과 정치 상황

복잡한 제작 과정으로 유명한 디드로와 달랑베르의『백과사전』은 첫 번째 책이
출판된 1751년부터 난관에 부딪혔다.『백과사전』1권에는 달랑베르의「서문」
과 디드로의「안내문」, 그리고 '영혼Anima', '예술Art'을 비롯한 일련의 항목이 포
함되어 있었다. 1권의 혁신적이고 체재비판적인 내용은 예수회 학자들이 일찍
부터 시작했던 백과사전주의 비판의 강도를 높이는 데 결정적인 역할을 했다.
2권의 내용은 1권에 비해 비판적인 성향이 상당히 수그러든 모습을 보였지만
2권이 출판된 1752년에는 예수회 학자들이 이미 '백과사전주의 철학자들과의
전쟁'을 선포한 상태였다.

　『백과사전』의 저자들은 1권을 출판하면서부터 전통, 계시종교, 왕권과 교회
의 정치적 동맹에 대한 비판적인 입장을 노골적으로 드러냈다. 결과적으로 왕
을 지지하는 보수파 정치인들과 교회의 지도자들은『백과사전』제작에 참여하
는 일군의 지식인들을 왕권과 교권을 위협하는 일종의 정치세력으로 간주하기
시작했다.『백과사전』집필에는 편집과 진두지휘를 맡은 디드로와 달랑베르 외
에도 몽테스키외, 콩디야크, 뷔퐁, 볼테르, 루소, 엘베시우스, 돌바크, 콩도르세,
튀르고, 알브레히트 폰 할러Albrecht von Haller, 샤를 보네Charles Bonnet, 루이 장마리
도방통Louis Jean-Marie Daubenton, 프랑수아 케네François Quesnay, 루이스 네커Louis Necker,
앙드레 모를레André Morellet, 클로드 이봉Claude Yvon, 다니엘 베르누이Daniel Bernoulli,
자크 드 보캉송Jacques de Vaucanson 등이 참여하고 있었다.

　예수회 신부 베르티에Berthier는《주르날 드 트레부 *Journal de Trévoux*》를 통해『백과사
전』의 저자 디드로가 표절을 일삼는다고 주장했다. 예수회 학자들은 소르본 대
학의 박사들과 함께 대대적인 공격에 나섰고 결국『백과사전』첫 두 권의 보급
과 백과사전 제작의 중지 요구를 관철하는 데 성공했다. 하지만 중지 명령은 아
무런 효력도 발휘하지 못했다. 왕궁의 도서 검열관 말제르브Malesherbes를 비롯해
왕궁의 영향력 있는 귀족들이 백과사전의 출판을 지지했기 때문이다. 그럼에
도 불구하고 논쟁은 잦아들지 않았다. 왜냐하면 1753년과 1756년 사이에 계속

해서 3권과 4권, 그리고 달랑베르의 「몽테스키외 칭송」으로 시작되는 5권이 출판되었고 계시종교와 교회 및 전통 철학에 대한 『백과사전』 저자들의 비판적인 태도 역시 수그러들 기미가 보이지 않았기 때문이다.

따라서 정치세력으로 간주되던 백과사전학파의 입장을 비난하는 정부와 교회 지도자들의 목소리도 점점 높아지기 시작했다. 이에 맞서 디드로는 백과사전학파의 학자들을 특정 정당에 소속된 정치인으로 간주하는 것은 불합리하다는 주장을 펼쳤지만 그를 비롯한 『백과사전』의 여러 저자들에게는 힘든 시기가 다가오고 있었다. 난관은 무엇보다도 1757년 달랑베르가 과학 분야에서만큼은 협력을 약속하면서도 편집과 감수 역할은 포기하겠다는 결정을 내리면서 시작되었다. 이러한 상황은 루이 15세의 암살 시도 이후 도서 검열이 강화되면서 더욱 악화되었고 끝내는 1759년 인쇄가 중단되는 결과로 이어졌다.

하지만 1762년 프랑스의 예수회가 해산되고 도서 검열 기구가 백과사전 제작을 다시 허가하면서 상황은 호전되었고 디드로는 1765년에 8권에서 17권으로 이어지는 『백과사전』 출판을 추진했다. 그러나 정부의 암묵적인 동의하에 지속적으로 출간되던 『백과사전』은 이곳저곳에서 일관성 없이 저자들의 이름조차 밝히지 않은 상태에서 인쇄되었다. '홉스주의', '자연적 자유', '마키아벨리주의', '수도사', '권력', '대변자', '관용' 같은 의미심장한 항목들이 바로 이 시기에 집필된 『백과사전』에 수록되어 있었다.

『백과사전』 7권의 '알림'에서 디드로는 독자들을 향해 제작진이 겪은 난관과 출판 지연은 기획의 방대함이나 저자들의 나태함 때문이 아니라 일련의 도덕적인 선입견뿐만 아니라 모함과 무지와 광신주의로 범벅된 탄압에서 비롯되었으며 제작진은 이에 미처 대처할 수 없었다고 호소했다. 이어서 디드로는 이렇게 덧붙였다. "우리가 목표했던 것의 본질적인 측면만을 고려했을 때, 뛰어난 계몽주의자라면 백과사전 안에서 그가 알지 못했던 사상과 그에게 전적으로 새로운 사실들을 발견하게 될 것이므로, 우리의 작업은 사실상 세기의 기대에 부응했다고 볼 수 있다. [……] 우리는 보편성의 문화가 급속도로 발전해서 앞으로 20년 안에는 백과사전의 수천 페이지 가운데 다수가 인정하지 않는 글은 단한 줄밖에 되지 않는 때가 도래하기를 기대한다! [······] 세상의 지배자들은 이 행복한 혁명을 속히 달성해야 한다. 언젠가는 그들의 안전이 교육받은 인간을 지배하는 데 달렸다는 것을 이해하는 행복한 시대가 올 것이다."

『백과사전』 제작진은 원래 두 권의 화보집 출판을 예상하고 있었고 사전의 항목과 화보의 밀접한 연관성이 돋보이는 참조 체계를 구축할 계획이었다. 하지만 여러 가지 요인으로 인해 화보집의 기획은 디드로의 예상보다 훨씬 더 큰 규모로 발전했다. 결과적으로 예술과 기술 분야의 화보집은 규모 면에서 해설이 실린 항목 사전과 대등할 뿐 아니라 부록이 아닌 독립적인 저서로서의 위상을 지니게 되었다. 다름 아닌 이러한 독립적인 성격 때문에 화보들의 분량이 급증하면서 1772년에는 열한 권에 달하는 화보집이 완성되었다.

해설이 주를 이루는 사전의 언어와는 달리 이미지를 사용하는 화보집은 백과사전의 분석적인 성격을 확연하게 드러났다. 화보들은 알파벳순으로 배치되었고 당대의 사회가 기술과 과학의 가치를 전적으로 인정하고 지지한다는 느낌을 강하게 전달하는 이미지들, 아울러 지식과 작업의 밀접한 관계, 인간과 지식 및 행동의 관계를 부각하려는 의도가 분명하게 드러나는 이미지들로 구성되었다. 표면적으로만 무질서하게 보일 뿐 화보집은 디드로가 세웠던 원래의 계획이 무엇이었는지 분명하게 드러낸다. 실제로 화보들은 백과사전 기획 전체를 통해 부각되었던 것이 '대상의 철학'이라는 점을 다시 한번 보여 준다. 여기서 드러나는 것은 '기술'에 대한 디드로의 생각, 즉 '기술'이 진보의 동력이며 기계는 인간과 동맹이라는 생각이다. 그는 기계가 인간의 수고를 덜어 주고 삶을 윤택하게 하리라는 믿음을 가지고 있었다.

이미지 분야에서 디드로 같은 역할을 담당했던 화보 편집자 루이자크 구시에(Louis-Jacques Goussier, 1722~1799년)가 화보집 제작에 임하면서 염두에 두었던 것은 다름 아닌 '작업하는 인간homo faber'이었다. 그는 공방과 시골을 돌아다니면서 탐구와 복사와 변형을 반복하며 이 '작업하는 인간'의 다양한 이미지들을 구체화했다. 그가 창조한 이미지의 언어는 해설이 실린 사전에 비해 훨씬 더 직접적이고 정확하고 효과적이며 무엇보다도 훨씬 더 분석적이었다. 아울러 기술과 직업에 관련된 이미지들은 인간과 자연의 탐구에도 유용하게 활용될 수 있다는 장점을 가지고 있었다. 이 이미지들의 공방에서 핵심적인 역할을 했던 것은 '기계'다. 인간적인 측면과 운동과 질료의 측면이 모두 뒤섞여 있는 '기계'의 이미지들은 이러한 조합이 낳을 수 있는 가장 독창적이면서 복합적인 결과를 보여준다. 구시에가 제시하는 '기계'의 이미지들은 실제로 개별적인 부속들뿐만 아니라 메커니즘 자체를 감추지 않고 오히려 분명하게 드러낸다.

알파벳순으로 배치된 화보들, 즉 일종의 이미지 사전과 백과사전, 즉 이미지가 실린 철학적 사전 사이에 존재하는 모종의 관계를 우리는 지식의 계보학적인 연계 혹은 지식의 '철학적 역사' 속에서 발견할 수 있다. 이미지들은 실제로 알파벳이라는 형식적인 구도에서 벗어나 농경이나 사냥, 낚시 등 기초적인 분야에서 출발해 인간 사회의 문화적 특징을 표상하는 건축, 예술, 아울러 기술과 과학 분야에 이르는 영역별 구도에 따라 재구성될 수 있다. 디드로는 기본적으로 기술에 대해 기록을 남기거나 관련 도서를 읽는 문화가 부족하기 때문에 기술적인 측면을 지적으로 전달하는 것이 어려우며, 따라서 이미지가 필요하다고 보았다. 실제로 삼분의 일이 넘는 분량의 화보들을 제작하고 화보집 전체의 편집을 책임졌던 구시에는 스케치를 통해 기계학적인 기술의 중요성을 돋보이게 만들었다. 그는 어떻게 그림으로 기술적인 언어에 접근해야 하는지, 어떤 식으로 작업 도구들과 기계들을 분해하고 이것들의 사용 방식을 분석하는지, 어떻게 기술자의 손과 제스처 혹은 기계의 작동 방식 속에 담긴 고유의 기계적 논리를 묘사해야 하는지 알고 있었다. 이 점에 있어서는 『백과사전』의 편집을 총괄하던 디드로도 구시에와 같은 생각을 가지고 있었다. 디드로는 '예술' 항목에서 이렇게 기록했다. "과연 어떤 물리학 혹은 형이상학 체계에서 기름을 짜내거나 양말을 만드는 기계, 천을 짜내는 방직기계보다 더 훌륭한 열성과 지혜와 논리성을 발견할 수 있는가? 과연 어떤 수학 증명이 시계들의 메커니즘 혹은 실을 얻기 전에 삼베나 비단이 거쳐야 하는 다양한 공정들보다 복합적일 수 있는가?"

백과사전의 기원과 역사

'백과사전encicolopedia'이라는 용어는 그리스어로 '완전한 교육'을 의미하는 'enkyklios paideia'라는 표현에서 유래한다. 몇몇 학자들은 enkyklios라는 말이 완전하고 조화롭다는 차원의 '고른' 교육을 가리키기보다는 '합창'의 형태와 연관이 있다고 보았다. 어린 소년에게는 합창을 배우는 것이 필수과목이었기 때문에 enkyklios가 '한 소년이 마땅히 받아야 할 교육 양식'을 가리키는 말로 통용되었다고 본 것이다. 하지만 고대 문헌에는 이 enkyklios라는 말이 등장하지 않는다. 이 용어는 1529년에 출판된 플레밍 요아힘 스테르크Fleming Joachim Stergk의 『면학勉學 혹은 절대적 백과사전Lucubrationes vel potius absolutissima kuklopaideia』에 처음으로 등장했고 이어서 '학문의 세계the world of science' 혹은 '이론의 순환the circle of doctrine' 같은 표현이 사용되는 토머스 엘리엇Thomas Elyot의 『위정자의 책The Boke named The Governour』(1531년)에서 인용되었다. 완전한 교육을 의미하는 '모든 종류의 앎'에 대해서는 프랑수아 라블레도 그의 '가르강튀아와 팡타그뤼엘' 2권(1532년)에서 언급한 바 있다. 여기서 타우마스테스는 청년 팡타그뤼엘을 향해 그의 학식을 칭찬하며 "내게 백과사전의 심연을 펼쳐 보였다"고 말한다. 1536년에는 후안 루이스 비베스Juan Luis Vives가 그의 『교육에 관하여De Disciplinis』에서 플리니우스와 고대의 백과사전학자들을 구체적으로 언급하며 '백과사전'을 학습자가 습득해야 할 다양한 지식으로 정의

한 바 있다. '백과사전'이라는 용어는 뒤이어 파울루스 스칼리키우스 데 리카Paulus Scalichius de Lika의 『백과사전 혹은 신성하고 세속적인 분야의 지식들Encyclopediae seu orbis disciplinarum tam sacrarum quam profanarum epistemon』(1559년)에서 더 정형화된 형태로 등장한다.

고대 그리스에는 백과사전이 존재하지 않았다. 그리스인들은 과거의 지식에 체계를 부여하는 일보다 새로운 지식을 습득하는 데 더 많은 관심을 기울였다. 헬레니즘 시대의 그리스인들은 로마인들과 중세의 학자들이 백과사전에 부여하던 기능을 모든 것에 대해 이야기하는 한 권의 책이 아니라 모든 책이 한 곳에 모여 있는 도서관과 가능한 한 모든 사물을 모아 놓은 박물관에 부여했다. 예를 들어 프톨레마이오스 1세는 지식의 축적과 탐구와 전파를 위해 70만 권의 장서를 소장한 도서관과 박물관을 알렉산드리아에 건립했다.

진정한 의미에서의 백과사전이 발달한 곳은 오히려 로마다. 그리스 세계의 모든 지식을 집대성하려는 시도는 다름 아닌 로마에서 이루어졌고 이러한 노력의 첫 번째 결과가 마르쿠스 테렌티우스 바로Marcus Terentius Varro의 『고대의 신성한 것과 인간적인 것에 관하여Rerum divinarum et humanarum antiquitates』였다. 단상斷想의 형태로만 남아 있는 이 저서는 역사와 문법을 비롯해 수학, 철학, 천문학, 지리학, 농학, 법학, 수사학, 예술, 문학, 그리스와 로마의 위인들, 신들의 역사 등을 다루는 일종의 백과사전이었다. 바로의 저서와는 달리 37권의 책이 보존되어 있는 대大플리니우스의 『자연사』는 2만 개에 달하는 항목과 500명에 달하는 저자들을 인용하면서 천구와 우주, 세계의 여러 지역과 경이, 무덤, 동물, 물고기, 새, 곤충, 식물, 동식물에서 추출한 약재, 금속, 그림, 희귀한 돌과 보석 등에 관한 정보와 설명을 제공한다. 하지만 플리니우스가 다루었던 것은 직접경험으로 확인한 사실들이 아니라 전통적으로 전해 내려오는 지식에 불과했다. 플리니우스는 사실상 믿을 만한 정보와 전설적인 이야기를 구분하려는 어떤 노력도 기울이지 않았다. 예를 들어 플리니우스는 악어와 바실리스크를 동등한 차원에서 다루었다. 이러한 특징은 백과사전이 이론적인 유형의 지식 체계로 발전하는 데 결정적인 역할을 했다. 이러한 유형의 백과사전이 의도했던 것은 정확한 사실들의 기록이 아니라 사람들이 전통적으로 믿어 왔던 사실들의 기록이었고 지식인들이 알아야 할 모든 것, 따라서 세계를 이해하는 데 필요한 지식뿐만 아니라 세계에 대한 담론을 이해하는 데 필요한 지식을 집대성하는 것이었다.

반면에 중세의 백과사전은 이와는 전적으로 다른 성격을 가지고 있었다. 아우구스티누스가 성서를 올바르게 해석할 필요가 있다고 주장했던 것은 성서가 말로in verbis만 표현하지 않고 사실들을 토대로in factis 이야기한다고 보았기 때문이다(『그리스도교 교리에 관하여De doctrina christiana』 II, 10, 15). 신성한 역사를 구축하는 이러한 사실 혹은 사건들이 기호로만 읽힐 수 있도록 초자연적인 방식으로 배치되었다고 보았던 것이다. 이러한 사실들의 감추어진 의미를 해석하기 위해서는 다름 아닌 백과사전적인 지식에 의존할 필요가 있었고 이러한 요구는 중세의 백과사전 제작에 결정적인 영향을 끼쳤다. 중세의 백과사전이 로마의 백과사전과 다른 점은 세계를 이해하는 데 필요한 설명이 아니라 성서를 이해하는 데 필요한 정보들을 제공하는 데 초점을 맞췄다는 것이다. 예를 들어 잉글랜드인 바르톨로메우스Bartholomeus는 『사물의 특성에 관하여De rerum proprietatibus』(13세기)에서 성령이 전하고자 하는 진리가 성서에 감추어져 있으며 자신이 사물들의 본질에 대해 이야기하는 것은 "성서의 비밀들을 사람들이 이해할 수 있도록 하기 위해서"라고 밝힌 바 있다.

이러한 유형의 백과사전 중 하나가 바로 『피지올로구스Physiologus』다. 아우구스티누스의 이전 시대인 2~3세기에 등장했고 그리스어로 쓰인 작자미상의 『피지올로구스』는 7세기에 들어와서야 라틴어로 번역되기 시작했다. 이 소규모 백과사전은 플리니우스의 저서나 『소설 알렉산드로스』 혹은 가이우스 율리우스 솔리누스Gaius Julius Solinus의 『폴리히스토르Polyhistor』에서 얻은 동물학 정보들을 활용하면서 여기에 알레고리적이거나 교훈적인 해석을 덧붙였다. 예를 들어 방울뱀의 모양새나 행동 방식을 묘사하면서 뱀을 성서에 나오는 바리새인에 비교하고, 고슴도치가 포도나무를 타고 올라가 열매를 모두 땅바닥에 떨어트린 뒤 내려와서 새끼들에게 가져가기 위해 열매가 등에 박히도록 뒹군다는 이야기는 악령이 포도나무를 타고 올라와 열매를 모두 빼앗아 가지 못하도록 신도들이 영적 포도나

무에 꼭 매달려 있어야 한다는 뜻으로 해석했다. 몇몇 드문 경우를 제외하고 대부분의 백과사전과 동물학 사전, 식물학 사전, 비문 사전이 바로 『피지올로구스』를 모형으로 제작되었다. 다양한 '세계의 이미지Imagines Mundi'들, 예를 들어 7세기에 제작된 이시도르Isidore의 『어원사전Etymologiae sive Origines』이나 12세기의 동물학 사전 및 백과사전들, 13세기에 활동한 체코 다스콜리Cecco d'Ascoli의 『날것L'Acerba』 등이 모두 이러한 부류의 사전들이다. 이 책들은 전부 바로 전 시대에 만들어진 백과사전이나 플리니우스의 저서를 참조해서 제작되었기 때문에 어느 정도는 반복적인 성격과 상당히 모호한 분류 기준을 가지고 있었다. 예를 들어 왜 세비야의 이시도르가 악어를 물고기로 취급했는지 분명치 않으며 단순히 악어가 물에서 산다는 사실을 기준으로 삼았는지도 확실하지 않다. 중세의 백과사전이 아무런 관련도 없는 정보들을 무작위로 쌓아 놓은 것처럼 보이는 것은 바로 이 때문이다. 그리고 이러한 특징들은 『피지올로구스』에서도 분명하게 드러난다.

하지만 중세 백과사전의 목차들을 세밀히 살펴보면 정보를 무작위로 축적하는 경향은 표면적인 현상에 지나지 않는다는 것이 드러난다. 『어원사전』에서 이시도르는 자유학예의 7과목, 즉 문법, 수사학, 변증법, 음악, 산술, 기하학, 천문학 그리고 의학을 비롯해 법률, 도서, 교구, 언어, 인종, 군대, 단어, 인간, 동물, 세상, 건축물, 광물, 금속, 농경, 전쟁, 놀이, 극장, 선박, 의복, 가옥, 가사 등의 분야들을 자유분방하게 다루었지만 이러한 항목에 어떤 질서가 내포되어 있다는 생각으로, 예를 들어 동물을 짐승, 작은 동물, 뱀, 지렁이, 물고기, 새, 날개가 달린 작은 동물로 분류했다. 이시도르의 시대에도 기초 교육은 이미 3종 학과와 4종 학과로 구분되어 있었고, 바로 그런 이유에서 그는 『어원사전』의 초반부에 이 분야들을 언급하며 의학을 포함시켰다. 이어지는 장에서 법률과 교구 제도가 언급되는 것은 그가 학자, 법률가, 수도사를 독자로 간주했기 때문이다. 이어서 또 다른 범주들이 등장한다. 7장부터 신과 천사들, 성인들, 인간, 동물이 순차적으로 언급되며 13장부터는 세계와 세계를 구성하는 바람과 물과 산이 언급된다. 15장부터는 비유기적이고 인공적인 사물들, 말하자면 다양한 기술들이 등장한다. 이시도르는 이러한 정보들을 무작위로 배치하지 않았다. 후반부에서 그는 위상이 점점 줄어드는 순으로, 즉 신에서 출발해 가정용 도구에 이르는 식으로 항목들을 배치했다.

라바누스 마우루스(Rabanus Maurus, 780~856년)의 『사물의 본질에 관하여De rerum naturis』 역시 아무런 질서에 의존하지 않는 듯이 보이지만 실제로는 전통적인 구도를 유지한다. 이 경우에도 저자는 위상 혹은 존엄성이 점점 줄어드는 순으로, 즉 신에서 출발해 인간, 동물, 생명이 없는 사물들, 건축물 같은 인위적인 사물들에 도달하는 식으로 항목들을 배치하고, 이어서 자유학예 학과들을 샤를마뉴의 왕립 학교에서 가르치던 순서대로 다룬다. 뒤이어 여러 철학자들과 언어, 보석, 무게, 군사기술, 농경문화, 놀이, 극장, 회화, 색깔, 다양한 요리 기구 등의 항목들이 등장한다.

13세기에 제작된 잉글랜드인 바르톨로메우스의 『사물의 특성에 관하여』에서 저자는 존엄한 것들을 우선적으로 다룰 뿐 아니라 '6일 동안의 창조'라는 기준이 함께 적용되는 복합적인 구도에 따라 일련의 항목을 배치한다. 이어서 우리 현대인들에게는 기이하게 보일 수밖에 없는 새로운 구도가 도입된다. 이 구도의 핵심은 보이지 않는 세계 및 세계와 시간의 창조에 대한 이야기를 먼저 마친 뒤에 보다 열등한 피조물들에 대해 이야기해야 한다는 저자의 설명에 그대로 요약되어 있으며, 그런 식으로 뒤이어 공기, 물, 산, 새들, 지리, 광물, 식물, 동물, 아울러 우발적인 성격을 지닌 감각들, 예를 들어 색깔, 소리, 냄새 등이 언급된다. 여기서 먼저 '실체'가 거론되고 그 후에 '우발적인 것'이 언급되는 만큼 저자는 아리스토텔레스적인 철학 체계를 염두에 두고 있었다고 볼 수 있다. 주목해야 할 것은 중세의 독자들이 우리 현대인에게는 무질서한 축적에 불과한 것으로 보이는 지점에서 모종의 뚜렷한 관계성을 발견했다는 사실이다.

하지만 시간이 흐르면서 백과사전들은 고유의 편집 체계를 점점 더 분명하게 드러내는 방향으로 발전했다. 13세기에 제작된 뱅상 드 보베Vincent de Beauvais의 『커다란 거울Speculum Maius』은 장장 80권에 달하며 이미 스콜라학파의 '대전summa'에 가까운 양식을 취했다. 뱅상 드 보베는 이 백과사전을 크게 '자연', '교리', '도덕', '역사'의 4부로 구성했다. 『자연의 거울Speculum naturale』에서는 천지창조가 이루어진 '6일'을 기준으로 창조주, 감각적인 세계, 빛을 비롯해 동물, 인체의 형성 및 인간의 역사 등이 언급된다. 『교리의 거울*Speculum doctrinale*』에서는 인간의 세계, 즉 철학, 문법, 논리학, 수사학, 시학, 도덕, 기계학, 기술 등이 언급되고, 『도덕의 거울*Speculum morale*』이 윤리적인 성격을 지닌 일종의 부록이라면 『역사의 거울*Speculum historiale*』은 인류 혹은 구원의 역사를 다루는 연대기라고 볼 수 있다.

13세기와 14세기 사이에 '체계'는 백과사전의 가장 우선적인 기능으로 부각되기 시작했다. 대표적인 예로 라몽 유이는 학문의 계보학을 불, 공기, 물, 흙의 4원소와 돌, 나무, 동물을 다루는 기초적인 요소의 계보Arbor elementalis, 식물의 계보Arbor vegetalis, 감각의 계보Arbor sensualis, 이미지의 계보Arbor imaginalis, 기억과 지성과 의지와 학문 및 예술을 다루는 인간의 계보Arbor humanalis, 다양한 종류의 덕목과 악습을 다루는 도덕의 계보Arbor moralis, 정부형태를 다루는 통치의 계보Arbor imperialis, 교회의 계보Arbor apostolicalis, 천문학과 점성술을 다루는 하늘의 계보Arbor caelestialis, 천사들의 계보Arbor angelicalis, 저세상을 다루는 영원의 계보Arbor aeviternitalis, 성모 신학을 다루는 어머니의 계보Arbor maternalis, 그리스도교의 계보Arbor christianalis, 신의 계보Arbor divinalis, 학문의 내용을 다루는 표본의 계보Arbor exemplificalis, 다양한 기술에 대한 4000개의 문제를 제시하는 질문의 계보Arbor quaestionalis 등으로 분류했다.

르네상스 시대에는 계보의 항목들을 상세한 내용으로 '채워 넣지' 않고 체계 자체에 모든 것을 거는 저자들이 등장하기 시작했다. 예를 들어 안젤로 폴리치아노는 1491년에 출판한 자신의 『판에피스테몬*Panepistemon*』을 학문의 어머니인 철학의 보호하에 엄격한 구조를 갖춘 일종의 '목차'라고 설명했다. 그레고어 라이슈Gregor Reisch의 저서 『철학의 진주*Margarita philosophica*』(1503년) 역시 동일한 차원의 시도였고 그가 서문 형식의 도식처럼 제시한 목차는 600쪽에 달하는 정보의 참조를 용이하게 한다는 특징을 지녔다. 라몽 유이의 영향을 받은 피에르 드 라 라메는 『변증의 방법론*Dialecticae Institutiones*』(1543년)과 『변증*Dialectique*』(1555년)을 통해 앎의 모든 분야를 반복이나 누락 없이 질서정연하게 망라할 수 있는 엄격한 방법론을 제시했고 이러한 방식은 요한 하인리히 알스테트Johann Heinrich Alsted의 『일곱 권으로 분리된 백과사전*Encyclopaedia septem tomis distincta*』(1620년)에도 그대로 적용되었다. 알스테트는 각 분야를 소개하는 일련의 서문에 이어 탐색 기능을 가진 문법, 수사학,

논리학, 웅변술, 시학 등을 다룬 뒤 형이상학, 프네우마 이론, 논리학, 대수학, 기하학, 우주론, 지리학, 광학, 음악 등을 포함하는 이른바 이론 철학의 주요 문제들, 그리고 윤리학, 경제학, 정치학, 교육학이 포함된 실용 철학의 문제들, 이어서 신학, 법학, 의학, 기계학, 그리고 기억술, 역사, 연대기, 건축학 같은 체계화하기 힘든 학문들을 비롯해 안락사술, 체육학 등을 다루었다. 알스테트의 영향을 받은 크리스토프 드 사비니Christophe de Savigny가 1587년에 출판한 『모든 자유학예의 도표Tableaux accomplis de tous les arts libéraux』에서 학문 분야들 간의 관계는 위계질서를 바탕으로 하는 계보학적 관점이 아니라, 역사상 처음으로, 그물 조직의 관점에서 조명된다.

이러한 정황을 배경으로 학자들은 모든 백과사전적 지식을 수용할 수 있는 보편적 지식의 형태, 이른바 범지학의 구축을 시도했다. 범지학은 세계의 극장이라는 개념을 통해 이미 예견되었던 부분으로, 기억할 수 있는 모든 것의 전집을 일종의 이상적인 구조물 안에 집대성하려는 노력이었다고 볼 수 있다. 기억술과 백과사전의 중간 형태라고 할 수 있는 이 범지학적 체계를 구축하려는 시도들 가운데 가장 의미 있는 것은, 실제로 완성된 적은 없지만, 줄리오 카밀로가 『극장이라는 발상』(1559년)에서 제시했던 모형일 것이다.

바로크 시대에 범지학의 사도 역할을 했던 인물은 얀 아모스 코멘스키다. 그는 『교육학 대전Didactica magna』(1628년)과 『언어학 입문Janua linguarum』(1631년)을 통해 사회의 전반적인 개혁을 목표로 새로운 형태의 교육학을 연구했고 학생들이 보고 배우는 내용을 즉각적이고 시각적으로 떠올릴 수 있어야 한다는 생각으로 기초적인 개념들을 세계의 창조, 요소, 광물, 식물, 동물 등의 분야로 도식화하기 위해 노력했다. 아울러 코멘스키는 인간의 행위와 세계의 기초적인 사물들을 화보와 함께 실은 용어집 『그림으로 보는 세계Orbis sensualium pictus』(1658년)를 만들었고 『빛의 길Via lucis』(1668년)에서는, 비록 완성 단계로까지 발전시키지는 못했지만, 모든 용어를 포함하는 완벽하게 보편적인 언어 모형을 제시했다. 이러한 백과사전 제작의 시도들은 거의 대부분이 개신교 세계에서 이루어졌다. 서방 교회의 분열 이후 상실된 종교적, 정치적 통일성의 회복을 꾀하려는 시도가 다름 아닌 보편적 지식의 체계화를 바탕으로 개신교 세계에서 일어났기 때문이다.

백과사전은 구체적으로 알려지지 않은 학문 분야들까지 포함해야 한다는 생각이 일찍이 드 라 라메의 시대에 싹트기 시작한 반면, 백과사전이 실험과 경험에서 유래하는 근거 있는 정보들뿐만 아니라 과거의 잘못된 견해에 대한 비평을 바탕으로 구축되어야 한다는 생각은 프랜시스 베이컨에 의해 현실화되기 시작했다. 베이컨은 『새 오르가논』에 실린 「자연과 경험의 역사를 위한 준비 과정」이라는 제목의 부록을 통해 천체, 기후, 4원소, 광물, 식물, 동물, 인간, 질병, 의약, 기술, 경마와 요리 등으로 분류되는 목록을 제시하면서 잘못된 정보들이 수록되는 것을 피하기 위해서는 권위 있는 고대 저자들의 저서에 의존하는 습관에서 벗어나야 한다고 밝힌 바 있다. 그런 의미에서 베이컨이 소설 『새로운 아틀란티스』(1627년)에서 묘사하는 '솔로몬의 집'은 백과사전적인 양식을 갖춘 일종의 박물관이었다고 볼 수 있다.

18세기에는 형식적으로 백과사전적인 구조를 취하는 일련의 저서들이 출판된다. 예를 들어 프랜시스 로드윅Francis Lodwick의 『공통의 기록A Common Writing』, 케이브 벡Cave Beck의 『보편 기호The Universal Character』, 조지 달가노George Dalgarno의 『기호의 기술Ars signorum』, 존 윌킨스의 『진정한 기호와 철학적 언어를 위한 에세이An Essay towards a Real Character, and a Philosophical Language』같은 책들은 상이한 언어를 사용하는 사람들이 함께 이해할 수 있고 세계의 총체적인 구조를 설명할 수 있는 '기호들'로 일종의 '선험적인' 철학적 언어를 구축하려는 계획이었다고 볼 수 있다. 이러한 언어 체계들 속에서 검토되는 것은 범주나 종의 위계적인 배열 체제를 바탕으로 모든 용어의 의미를 표상할 수 있는 가능성이었다. 하지만 여기에는 일반 화자들이 활용하는 다양하기 짝이 없는 개념들을 특정 범주에 포함시키는 것이 사실상 불가능하다는 점을 명시하려는 의도가 숨어 있었다. 예를 들어 윌킨스는 『진정한 기호와 철학적 언어를 위한 에세이』(1668년)에서 방대한 분량의 지식을 검토하고 거시적인 관점에서 40개의 범주를 도식화한 뒤 이를 다시 251개의 특정 부문, 쌍으로 표기되는 2030개의 종으로 세분화했다. 40개의 범주에는 창조주나 세계 같은 아주 일반적인 개념을 비롯해, 유기적인 실체와 무기적인 실체의 구분 또는 실체와 속성의 구분을 바탕으로 분류되는 광물, 금속, 나무, 새, 아울러 크기나 공간, 감각적인 특성들, 경제적 관계 같은 속성들이 포함된다. 반면에 여러 종류의 항목을 개별적으로 참조할 수 있는 도표는 훨씬 더 세분화되는 양상을 보인다. 윌킨스는 예를 들어 맥주 같은 음료의 분류를 시도하면서 이것이 18세기의 잉글랜드 시민이 보유하던 개념적 세계 전체를 표상하도록 체계화할 수 있는 방식을 모색했다.

　하지만 학자들은 일찍이 17세기부터 이러한 기획들의 한계가 무엇인지 의식하고 있었다. 라이프니츠는 스무 살의 나이에 『조합 기술에 관한 논문』(1666년)을 발표했고 '보편 기호학'이라는 이상적인 학문을 평생에 걸쳐 연구했다. '보편 기호학'이란 최소한의 어원과 논리적 규칙들을 바탕으로 구축된 '이성적 언어'를 말하며 라이프니츠는 이 언어를 도구로 연산을 통해 진실에 도달할 수 있다고 믿었다. 하지만 라이프니츠는 탐구 끝에 발견하게 될 어원이 더 이상 분해될 수 없는 최소 단위라는 사실을 뒷받침하는 확실한 근거는 존재하지 않으며 결국에는 연산을 용이하게 하기 위해 어원으로 상정될 수 있을 뿐이라는 것을 일찍부터 깨달았다. 실제로 라이프니츠는 용어들의 의미보다는 연산을 통해 생성되는 문장들의 형태에 더 많은 관심을 기울였다. 그는 '보편 기호학'을 실습이 가능한 대수학에 비유했다. 그에게 '보편 기호학'은 대수학과 마찬가지로 일종의 '눈먼 사유'였다. 분명하고 구분된 개념을 확보하기 힘든 기호들을 대상으로 정확한 결과를 예상하며 연산을 진행했기 때문이다. 그런 식으로 라이프니츠는 상징적인 기호들이 개념들의 자리를 차지하는 대신 개념을 대체하는 형식논리학의 발전에 결정적인 역할을 했다.

　하지만 라이프니츠는 보편적인 지식을 검토하면서 전적으로 다른 입장을 취했다. 라이프니츠는 백과사전을 모든 지식이 소장되어 있는 하나의 도서관으로 간주했다. 1679년에 출판된 『발명법의 도입을 통한 새로운 백과사전 기획*Consilium de Encyclopaedia nova conscribenda methodo inventoria*』에서 라이프니츠는 문법, 논리학, 기억술, 보편수학, 실용수학(건축, 광학, 측지학), 역학, 물체의 물리적 화학적 특성, 우주론, 광물학, 농학, 식물학, 의학, 윤리학, 지정학, 자연신학 등을 다루는 백과사전을 제안했다. 하지만 베이컨과 마찬가지로 라이프니츠 역시 백과사전은 새로운 지식의 수용을 위해 열린 구조를 지녀야 하고, 결과적으로 백과사전적 체계는 사실상 학문이 발전을 거듭하는 사이에 서서히 본모습을 드러낸다고 보았다. 아울러 라이프니츠는 다양한 직업에 종사하는 사람들 사이에서 구두로만 전수되거나 활용되는 지식들이 백과사전에 포함되어야 한다고 보았다. 『인간의 지성에 대한 새로운 에세이』(1704년)에서 라이프니츠가 제시하는 설명에 따르면, "대부분의 사물들이 다양한 관점에서 관찰될 수 있는 만큼, 백과사전은 어느 한 지점에서 다른 지점으로 연결되는 참조 항목을 많이 포함해야 한다. 아울러 하나의 항목은 다양한 관계를 바탕으로 다양한 위치에 배치되어야 한다. 도서관에서 책을 정리하는 사람이 책을 어디에 두어야 할지 몰라 망설일 정도로 여러 위치가 모두 적합해 보이는 경우처럼. 라이프니츠가 생각했던 것은 항목들 간에 다양한 형태의 즉각적인 상관관계들이 형성되는 다차원적인 백과사전이었다.

그런 의미에서 라이프니츠의 백과사전 개념을 실질적으로 이론화한 인물은 달랑베르라고 볼 수 있다. 달랑베르의 『백과사전』과 마찬가지로 계몽주의 시대의 백과사전들은 과학적인 동시에 비평적이었고 모든 형태의 의견, 따라서 오류로 볼 수밖에 없는 편견이나 선입견들까지 수록하면서 결과적으로 이를 그대로 폭로하는 성격을 지니고 있었다. 전반적으로는 전통적인 백과사전을 모형으로 인간의 모든 지식을 집대성하면서 다양한 직업 및 기술과 연관된 실용적인 지식까지 포함시키는 경향을 보였다. 계몽주의 시대의 백과사전은 전통 백과사전과 마찬가지로 지식의 기초적인 분류를 바탕으로 제작되었지만 알파벳순을 따랐기 때문에 분류의 구도가 표면적으로 드러나지 않는다는 특징을 지녔다. 실제로 달랑베르는 『백과사전』의 서문에 이렇게 기록했다. "학문과 기술의 일반적인 체계는 일종의 미로, 정신이 아주 상세하게는 모르는 상태에서 걸어야 하는 구불구불한 길이라고 할 수 있다. [……] 이러한 무질서함은 아무리 철학적인 측면이 있더라도 백과사전의 계보적인 체계를 엉망으로 만들거나 파괴할 수 있다. [……] 우리의 지식 체계는 다양한 분야로 구성되며 많은 분야들이 동일한 교차 지점을 공유한다. 이 지점에서 출발해 모든 길로 동시에 접어든다는 것은 불가능하며 바로 그런 이유에서 인간의 선택을 좌우하는 것은 사람들의 상이한 정신세계다."

　　백과사전은 이러한 지식들을 가능한 한 작은 공간 안에 통합시키려는 경향이 있다. 하지만 동시에 철학자를 이 거대한 미로가 한눈에 들어오는 높은 곳에 위치시킴으로써 멀리서도 여러 학문 분야와 주요 기술들을 한눈에 파악할 수 있도록 도와준다. 그런 의미에서 백과사전은 세계지도와 유사하다. 단지 지도의 경우 관찰 대상들이 상당히 근접해 있고 지도 제작자의 관점에 따라 다양한 양상을 보일 뿐이다. 여하튼 우리는 다양한 각도에서 다양한 방식으로 제작되는 지도들의 수만큼이나 많은 지식의 상이한 체계들이 눈앞에 펼쳐지는 것을 상상할 수 있다. "흔히 한 항목은 한 가지 혹은 그 이상의 특성들을 기준으로 어떤 범주에 배치되고 이어서 또 다른 특성을 기준으로 또 다른 범주에 편입될 수 있다." 따라서 다양한 경로와 회로를 그려 볼 수 있는 지도의 이미지는 오늘날의 기차 노선도를 닮았다. 실제로 현대의 백과사전 이론들은 대부분이 그물 조직을 모형으로 발전했다.

철학 장르로서의 철학 콩트

이성의 일주, 계몽주의와 고전 세계의 만남

'철학 콩트conte philosophique', 즉 철학적인 내용이 담긴 알레고리적인 서사의 기술은 순수한 계몽주의 문화의 산물이라고 보기 힘들다. 고대 그리스와 로마의 저자들 역시 주로 '위기의 시대'에 등장하는 풍자적인 장르들, 다시 말해 교육을 목적으로 지혜, 구원, 혹은 정신적 해방을 주제로 철학적인 '메시지'를 전달하는 알레고리 소설들을 활용한 적이 있다. 이러한 소설들 가운데 가장 유명하고 뛰어난 예는 아마도 루키우스 아풀레이우스(Lucius Apuleius, 124~?170년)의 『변신Metamorphoses』일 것이다. 『황금 당나귀』라는 이름으로도 알려진 『변신』은 마법에 걸려 당나귀로 변했지만 뚜렷한 의식과 지성을 갖춘 주인공의 여행을 통해 세상사를 풍자적으로 묘사한 소설이다. 큐피드와 프시케의 신화를 해석적으로 소개하기도 하는 이 작품을 통해 저자가 의도했던 것은 영혼의 여행을 통해 독자들에게 선과 진실을 향한 플라톤적인 정신의 고양高揚을 '가르치는' 것이었다.

아풀레이우스에게 영감을 주었을 것으로 추정되는 인물은 『변신』과 유사한 목적으로 쓰인 환상소설 『진실한 이야기Alethe dieghemata』의 저자 사모사타의 루키아노스다. 루키아노스의 서사 양식은 근대에 들어와서 계몽주의가 시작될 무렵, 자유사상주의 문학가들에 의해 다시 활용되기 시작했다. 이들은 고대의 알레고리 양식에서 받은 영감을 풍자와 비평으로 변형시켰고 자신들이 물려받은 사상에 근본적인 질문을 던지면서 가톨릭과 개신교의 정통파 교리에 대한 '파괴적인' 형태의 비판으로 발전시켰다. 이들 가운데 두각을 나타냈던 인물은 『프랑시옹의 우스운 이야기Histoire comique de Francion』의 저자 샤를 소렐(Charles Sorel, 1599~1674년), 유명한 우화들을 비롯해 풍자적이고 반순응주의적인 성격의 단편들을 선보였던 장 드 라 퐁텐(Jean de la Fontaine, 1621~1695년), 그리고 『다른 세상: 재미있는 달과 해의 나라와 제국

이야기*L'Autre monde. ou, Histoire comique des Etats et Empires de la Lune et du Soleil*』(1662년)의 저자 시라노 드 베르주라크(1619~1655년)다. 특히 시라노의 저서는 몽테스키외와 볼테르, 디드로, 루소가 집필하게 될 진정한 계몽주의적 철학 콩트의 문학적 모형이자 원형이었다. '웃음'과 '풍자'가 가장 중요한 요소로 부각되는 이 공상과학소설에서 주인공은 달이나 해에서 사는 이들이 인간보다 훨씬 더 현명하다는 것을 경험한다. 이와 유사하게 볼테르의 『미크로메가스』에서도 인간보다는 시리우스와 토성의 거주자들이 훨씬 더 현명한 존재로 묘사된다.

볼테르를 비롯한 사상가들의 입장에서 상식적인 판단 혹은 선입견과 관점의 전복을 주도하는 서사 기술의 수용은 의식적이고 직접적으로 이루어졌다. 그런 식으로 가벼우면서도 아이러니와 감추어진 의미로 가득한 문장들을 사용하는 경향을 비롯해 의식이 있는 독자들과 공모 관계를 구축하는 성향, 도덕적 교훈을 전달하는 대신 신화적이거나 공상적인 '또 다른 세계'를 제시하는 경향 등이 생겨났다. 이 마지막 경향과 함께 탄생한 것이 이야기의 의도적으로 논쟁적인 성격이다. 몽테스키외뿐만 아니라 볼테르와 루소가 편견으로부터 자유로운 세계의 표본으로 이상화하는 '또 다른 세계'로서의 '동방'은 계몽주의 철학자들이 전통사상과 권위적인 체제 및 사고방식을 비판하고 공격하기 위한 주요 무기로 활용되었다. 이러한 상황에서 이른바 '고전적' 이성, 즉 17세기의 기하학적 사고방식은 새로운 세계의 해변을 배회하며 한계를 경험하고 고유의 판단과 진실성을 의심하는 위기를 맞이하게 된다. 이러한 국면에서 양식과 내용의 지배적인 특징으로 부각되었던 것이 바로 장난과 웃음과 농담과 아이러니다.

백과사전의 '이야기'라는 항목

디드로는 『백과사전』에서 '이야기'를 이렇게 정의했다. "이야기(문학)란 산문 혹은 운문 형태의 우화적인 서술을 가리킨다. 이야기의 주요 특징으로는 표현의 다양성과 진실성, 농담의 예리함, 양식적인 적합성과 활달함, 일어나는 사건들의 자극적인 대비를 들 수 있다. 이야기와 우화 사이의 차이점은 우화가 일정한 공간과 시간 안에서 벌어진 단 하나의 사건을 다루고 어떤 도덕적 교훈을 전달하거나 진실에 민감하게 반응하도록 만들려는 목적을 가지는 반면 이야기는 시간과 공간과 행동의 통일성을 필요로 하지 않으며 어떤 교훈을 전달하기보다는 오히려 즐거움을 선사하는 데 목적이 있다. 우화는 종종 독백 또는 희극의 한 장면처럼 전개되지만 이 야기는 복잡하게 얽힌 상태에서 일어나는 일련의 사건을 다룬다. 라 퐁텐은 우화 를 너무 많이 쓰고 몇몇 이야기를 너무 길게 썼지만 두 장르 모두에서 뛰어난 재능 을 발휘한 작가다."(『백과사전』 4권, 111a) 디드로의 정의를 보충하기 위해 달랑베르가 제시한 설명에 따르면, 콩트는 우화나 소설과 달리 '비교훈적인' 성격을 띠지만 이 러한 장르들은 모두 비평적인 의식을 일깨우기 위해 기술적으로 구축된 의도적인 허위라는 공통점을 가지고 있었다.

'세상 흘러가는 대로', 볼테르, 역사-비평적 사실주의, 우화적 서술

철학적 콩트라는 장르에서 뛰어난 재능을 발휘했던 계몽주의 철학자 볼테르는 시 와 비극 작가로 유명했지만 무엇보다도 『루이 14세의 세기』와 『풍속에 관한 에세이 *Essai sur les mœurs*』 같은 역사서들을 통해 역사학자로서 명성을 떨쳤다. 후세에 지대한 영향을 끼치게 될 '역사철학'이라는 개념을 도입한 인물 역시 볼테르였다. 볼테르 가 쓴 책들 가운데 문학작품은 상대적으로 적은 부분을 차지한다.

물론 볼테르가 인간의 삶이라는 드라마를 역사서(『루이 14세의 세기』, 『풍습에 관한 에세이』)에서 서술하는 방식과 콩트(『미크로메가스』, 『캉디드 혹은 낙관주의』)라는 환상적 이고 상상력을 자극하는 장르를 바탕으로 서술하는 방식은 분명히 다르다. 하지만 이 두 종류의 서술방식은 문명과 상상력이라는 상이한 관점을 표상할 뿐 인생이라 는 드라마를 구축하기 위한 상호 보완적인 관계를 유지한다.

역사적인 서술을 통해서든 허구적인 서술을 통해서든 볼테르가 던지는 질문은 한 가지다. '인간의 이성은 어떻게 발전하는가?' 볼테르에 따르면, 역사 속에서 이성 의 발전은 비극적인 방식으로, 때로는 잔인함과 범죄로 점철된 지극히 모순적인 방 식으로 이루어진다. 이 인간사의 비극적인 측면에 대해 비판적인 관람자의 입장을 취하면서 동시에 대안과 해결책을 제시하려고 노력하는 것이 바로 역사가다. 볼테 르가 『풍속에 관한 에세이』에서 주장했던 것처럼 우리에게는 '역사가 스승Historia Magistra'이다. 인간사의 참담함을 폭로하고 비판했던 저명한 역사가 쥘 미슐레(Jules Michelet, 1798~1874년)는 역사가로서의 볼테르를 "미소 지으며 눈물을 글썽이는" 학 자로 묘사한 바 있다.

반면에 콩트의 환상적인 서술방식을 통해 이성은 세상의 악으로부터 벗어나기

위한 또 다른 길을 '모든 편견에서 벗어난' 허탈한 농담 속에서 발견한다. 회의주의
와 아이러니로 무장한 채 비극과 반전과 희극 사이를 오가는 세속적인 지혜의 거
울이 바로 이 농담이다. 비극과 희극 사이에서 부각되는 것은 유희의 주체라는 위
대한 인간의 형상, 즉 반半영웅의 형상이다. 그런 식으로 콩트의 주인공들은 역사
의 모순을 피부로 느끼면서 상황에 따라 희생양이 되거나 모순 자체를 풍자의 대상
으로 삼는다.

볼테르의 콩트들 가운데 가장 널리 알려진 『캉디드 혹은 낙관주의』가 묘사하는
것은 세계와 인간에 대한 주인공 캉디드의 낙관주의적인 믿음이 여지없이 무너지
는 장면들이다. 라이프니츠를 패러디한 낙관주의 철학자 팡글로스Pangloss는 캉디
드에게 세상의 모든 사건이 가능한 한 최상의 조건에서 얽히고설키면서 일어난다
고 이야기하지만 캉디드는 누구든 자기만의 정원을 가꿀 필요가 있다고 대답한다.
자기만의 정원을 가꾼다는 것은 보상과 보복밖에 모르는 신의 환영에 불과한 위로
에 더 이상 의존하지 않고 겸허하게 개인적이고 은밀한 자기완성의 노력에 가치를
부여한다는 것을 의미한다. 볼테르는 한 등장인물의 입을 통해 "아무런 고민도 하
지 말고 열심히 일하는 것만이 삶을 견뎌 낼 수 있는 유일한 방법"이라고 말한다.

『세상 흘러가는 대로』 역시 동일한 '각성'의 경로와 인간사에 대한 자연적이고
역사적인 차원의 아이러니한 비판의 경로를 밟는다. 『한 훌륭한 브라만 이야기
Histoire d'un bon bramin』도 '더 나은 곳'을 상징하는 동방의 지혜를 모형으로 행복에 도
달하기 위한 지혜 혹은 무지의 장단점을 다루지만, 화자는 이성적 현명함과 야만
적 행복 사이에서 무엇을 선택해야 할지 모른 채 회의주의적이고 의식적인 방식으
로 판단을 보류하며 모호한 결론을 내린다. "나는 상식이 우리의 불행에 부여하는
보잘것없는 의미를 고려할 때 상식을 오히려 포기해야 할 필요가 있다고 주장했습
니다. 그리고 내 말에 동의하지 않는 사람은 한 명도 없었죠. 하지만 나는 행복을
위해 기꺼이 바보가 되겠다고 나서는 사람을 아무도 발견하지 못했습니다. 그래서
결국에는 우리가 행복을 중요하게 생각하는 것 못지않게 이성을 중요하게 생각한
다는 결론을 내렸습니다. 하지만 곰곰이 생각해 보면 행복보다 이성을 선호한다는
것은 굉장히 무의미한 일입니다. 이러한 모순을 어떤 식으로 설명해야 할까요? 다
른 모든 모순들과 마찬가지로 오랜 시간에 걸쳐 논의해 보아야 할 문제라고 생각합
니다."

이런 식으로 작가 볼테르는 철학적이면서 동시에 문학적인 성격의 콩트를 창조

해 냈다. 라 퐁텐과 시라노로부터 많은 영향을 받았지만 볼테르는 역사적인 사건들의 서술에 있어서 상당히 혁신적인 방식을 도입했다. 다시 말해, 볼테르의 콩트는 인간의 의식으로부터 끊임없이 도주하는 역사적 진실에 대해 주목하도록 만들면서 인간사에 대한 독자들의 비판 의식을 자극한다는 특징을 지닌다.

몽테스키외, 디드로, 루소

도덕적 혹은 도덕주의적인 감성의 측면에서 접근하는 방식이 볼테르의 콩트에서는 상당히 미약하거나 간접적으로 적용될 뿐이지만, 몽테스키외나 백과사전주의 철학자들에게서는 오히려 핵심적인 요소로 부각된다. 작가 몽테스키외에 대해서는 『법의 정신』(1748년)을 읽는 독자들도 크게 관심을 기울이지 않지만, 사실은 몽테스키외 역시 동양적인 색채의 철학적 콩트를 일찍부터 시도했던 인물들 가운데 한 명이다. 몽테스키외의 『페르시아인의 편지』(1721년)에서 주인공으로 등장하는 페르시아인 우스벡이 서방 세계를 여행하면서 습득한 가치관과 관점은 그가 문제점을 제기하면서 동방의 사고방식과 비교하는 순간 완전히 전복된다. 몽테스키외는 이 전복의 과정을 통해 서구적인 가치관과 관점의 문제점들을 폭로한다. 몽테스키외는 이외에도 세 편의 철학 콩트, 『크니도스의 신전*Le Temple de Gnide*』(1725년), 『진실한 이야기*Histoire véritable*』(유작, 1892년), 『아르사스와 이스메니*Arsace et Isménie*』(유작, 1783년)를 집필했다.

신화적이고 상징적인 산문시 일곱 편으로 구성된 첫 번째 작품 『크니도스의 신전』은 인간의 사랑이 지니는 우유부단함을 주제로 다루며 사랑에 빠진 남녀 모두의 고질적인 연약함을 풍자적으로 묘사한다. 몽테스키외가 직접 설명한 것처럼, 이 시의 목적은 "우리가 감각적인 쾌락 때문이 아니라 가슴으로 느끼는 감정 덕분에 행복하다는 것과 그럼에도 불구하고 우리의 행복은 어떤 우발적인 사고에도 위협받지 않을 정도로 순수하지는 않다는 점을 보여 주는 데 있다."

나머지 두 편의 이야기는 가상의 동방 여행을 배경으로 펼쳐진다. 특히 『진실한 이야기』는 한때 벌거벗은 고행자의 시종이었고 또 인도에서 가장 사악한 불량배이기도 했던 어느 이름 없는 인물의 영혼이 이 존재에서 저 존재로, 인간에서 동물로, 동물에서 인간으로 다시 태어나는 환생의 일대기를 다룬다. 몽테스키외가 의도했던 것은 윤회설을 바탕으로 하는 형이상학적이고 종교적인 교리의 무의미함을 아이러니한 방식으로 폭로함으로써, 무조건적으로 받아들이던 교리에 의혹을 품을 수 있는 기회를 독자들에게 제공하는 것이었다. 한편 '인도의 여행가' 아예스다 Ayesda와의 아이러니한 대화를 통해서는 물질과 영혼의 통일성, 영혼이 물질에 종속된다는 이론, 정념의 노예인 인간의 행위가 얼마나 무의미한 것인지를 강조하는 회의주의적인 견해 등이 부각된다. "지고의 존재가 태초에 모든 물질세계와 함께 모든 영혼을 창조했다. 너무나 위대했기에 뒤이어 창조해야 할 모든 것을 처음부터 창조한 것이다. 시간과 또 다른 시간이 그가 아닌 그의 피조물들을 위해 만들어졌다. 하지만 그가 영혼들을 창조한 것은 그가 원할 때 물질과 융합하기 위해서지 하나하나의 영혼을 매번 새롭게 변형되는 물질과 조합하기 위해 창조한 것이 아니다. 그랬다면 그가 그의 의지와 상관없는 변덕스러운 행위에 좌우된다고 보아야 할 것이다. 그가 처음부터 모든 영혼을 창조한 것은 영혼들을 감추어 보존하기 위해서가 아니라 활용하고 또 영혼들이 세상에서 그들에게 부여된 다양한 공간을 돌아다닐 수 있도록 하기 위해서였다." 여기서 윤회설의 '동양적' 교리는 아이러니하게도 우주에 대한 비정통적이고 유물론적인 해석과 조화를 이룬다.

몽테스키외의 가르침을 그대로 수용한 디드로는 동방을 배경으로 하는 관능적인 성격의 소설 『경솔한 보석들』(1748년)과 몽테스키외의 작품처럼 형이상학적이고 종교적인 성격의 고정관념들을 풍자적이고 아이러니한 방식으로 비판하는 철학적 단편들을 집필했다. 디드로의 작품에서 가장 눈에 띄는 특징은 두 명 혹은 그 이상이 참여하는 '대화록'이라는 양식이다. 파리 삼부작을 구성하는 『이것은 콩트가 아니다Ceci n'est pas un conte』, 『마담 드 라 카를리에르 혹은 우리의 특별한 행위들에 대한 공공연한 견해의 비일관성에 관하여Madame de La Carlière ou sur l'inconséquence du jugement public de nos actions particulières』, 『부갱빌 여행기의 부록 혹은 도덕적인 관념을 아무런 관련도 없는 몇몇 물리적 행동과 관련짓는 일의 부적절함에 관한 A와 B의 대화Supplément au voyage de Bougainville, ou dialogue entre A et B sur l'inconvénient d'attacher des idées morales à certaines actions physiques qui n'en comportent pas』는 모두 '대화' 형식을 통해 자유와 관습과 판단력과 의식 등의 주제를 윤리-비평적인 관점에서 다룬 작품들이다.

철학 콩트에 잘 어울리는 대화라는 양식의 특별함은 의도적인 모호함과 다의성에 있다. 화자는 자신의 입장을 표명할 필요가 없고 대화에 참여하는 주인공의 입장을 대변할 필요도 없다. 화자는 서술되는 사건에 부여해야 할 의미를 결정하는 저자의 입장에서 평가하거나 대화에 참여해야 할 과제를 오히려 독자들에게 맡긴다. 그런 식으로 어떤 '진실에 대한' 우려가 콩트라는 장르에 내재하는 허구의 메커니즘을 폭로하도록 만든다. 이를 더욱 분명하게 보여 주는 것은 바로 '이것은 콩트가 아니다'라는 첫 번째 작품의 제목, 즉 책의 내용이 허구적인 작품이라는 것 자체를 부인하는 역설적인 이야기라는 점을 상기시키는 제목이다. 디드로는 이렇게 말한다. "콩트를 쓸 때 우리는 어떤 청취자를 대상으로 쓰기 마련이다. 이야기가 아무리 짧더라도 청취자가 가끔 화자를 방해하지 않는 경우는 드물다. 바로 그런 이유에서 나는 독자 여러분이 읽으려고 하는 콩트가 아닌 이야기 혹은 볼품없는 이야기에 어느 정도 독자의 입장에 설 수 있는 인물을 도입했다. 이제 이야기를 시작해 보자."

성과 사랑, 법과 공공 혹은 개인의 도덕성을 주제로 다루는 디드로의 삼부작은 편견을 바탕으로 유지되는 문화적, 도덕적, 법적 체제 속에서 인간의 실질적인 행위가 안고 있는 딜레마들을 부각하고 이를 통해 편견의 약화를 시도한다. 관건은 독자들에게 콩트를 통해 서술되는 사건들, 하지만 책을 읽는 '지금' 이 순간에도 얼마든지 일어날 수 있는 일들의 전혀 허구적이지 않은 성격을 허구적인 장치를 통해 폭로하는 데 있다. 결과적으로 콩트의 대화를 듣는(읽는) 청취자(독자)는 벌어지는 일들의 '현실적인' 내용을 비판적인 차원에서 평가하게 된다. 이러한 독자의 역할을 암시 혹은 지시하는 것이 바로 부제목이다. 독자는 말 없는 대화자 혹은 조연의 역할을 담당함으로써 콩트를 통해 새롭게 정립된 상식을 무기로 지배적인 사상과 관념을 무너트리는 데 참여한다. 콩트의 사실주의는 그런 식으로 당대의 '정통 문화'와 '통념'에 대해 '파괴력'을 지닌 철학적 비평의 기능을 발휘했다.

실러와 괴테가 극찬했던 디드로의 『부르본의 두 친구Les deux amis de Bourbonne』(1770년)는 사회적 신분이나 교육의 정도와 무관한 자산으로 고려되는 '자연적 우정'의 관계를 핵심 주제로 다룬다. 주인공 펠릭스와 올리비에는 디드로가 말하는 "동물적이고 은밀한 우정 관계"를 유지하는 아주 단순한 성격의 인물들이다. 이 자연적 우정은 성찰이 반영된 문화적인 성격의 우정과는 전적으로 다르다. 자연적 우정에만 의존할 때 불법행위가 만연하고 법적으로 불평등한 세계에서 얼마든지 밀수업자나 무법자로 교류하며 살아가는 것이 가능하기 때문이다. 하지만 중요한 것은 이러한 경우에도 상대에 대한 인내와 양보를 바탕으로 자연적인 도덕성을 그대로 유지할 수 있다는 사실이다. 디드로는, 그럼에도 불구하고, 올리비에와 펠릭스가 결국에는 화자들과의 대화에 참여하는 한 도덕주의자(성직자)의 눈에 부정적으로밖에는 비치지 않는다는 점을 보여 준다.

『어느 사령관 부인과 한 철학자의 대화*Entretien d'un philosophe avec la maréchale de*』는 무신론자이자 유물론자인 디드로 자신과 신의 말씀을 경청하면서 오로지 가정에만 헌신하는 드 브로이De Broglie 사령관 부인이 화자로 등장하는 일련의 콩트 가운데 마지막 작품이다. 주인공 디드로는 사령관 부인이 그를 반유물론적인 선입견으로 바라보는 것과는 달리 그녀의 주장을 관용적으로 받아들이는 자유분방한 현자로 등장한다. 디드로의 '무신론'은 사실상 부인의 말을 '경청'하고 '이해'하는 것에 지나지 않는다. 그는 자신의 정직함과 성실함에 대한 대가로 극락이라는 상을 요구하지 않을 뿐, 사령관 부인과 마찬가지로, 윤리적인 계율의 중요성을 인정한다. 디드로가 대변하는 무신론자는 모든 측면에서 마치 신이 존재하는 것처럼 행동한다. 부인은 바로 이런 점을 나무라지만 디드로는 아랑곳하지 않고 자신의 도덕관에 대한 굳은 신념은 "신이 존재하지 않더라도" 변하지 않으리라는 점을 강조한다. '훌륭한 무신론자'로서의 철학자 디드로가 보여 주는 관용은 이전 세기에 단순히 무신론자라는 이유로 수많은 사상가들을 형장의 이슬로 사라지게 만들었던 뿌리 깊은 선입견에 다시 한 번 일격을 가한다. 디드로는 그런 식으로 종교로부터 전적으로 자유로운 도덕관을 선보이며 편견으로부터의 해방이라는 유물론과 무신론의 임무를 수행하는 데 앞장섰다.

루소는 전혀 다른 성격의 철학 콩트를 쓰면서 도덕적 교훈의 전달을 추구하는 전통적인 우화 양식을 그대로 유지했다. 루소가 쓴 네 편의 콩트는 『변덕스러운 여왕*La Reine Fantasque*』(1756년), 장편소설 『쥘리 혹은 신新엘로이즈*Julie ou la Nouvelle Héloïse*』(1760년)의 모체인 『클레어와 마르셀랭의 사랑*Les Amours de Claire et de Marcellin*』(1756년), 미완성 작품 『사부아의 소시민 혹은 클로드 노이에의 생애*Le petit Savoyard ou la vie de Claude Noyer*』(1756년) 그리고 『에브라임의 레위인*Le Lévite d'Éphraïm*』(1762년)이다. 루소가 특별히 아꼈던 마지막 작품 『에브라임의 레위인』은 성서의 「사사기」에 등장하는 에피소드(「사사기」 12~20장)를 비평적이고 문학적인 색채로 각색한 이야기다. 루소는 이 작품을 『에밀』과 『사회계약론』이 모두 금서로 지정되면서 스위스로 피난을 떠났던 어려운 시기에 집필했다.

『변덕스러운 여왕』은 인간의 자연적인 성향과 성격에 끼치는 교육의 영향에 대해 생각해 볼 기회를 선사한다. 변덕스러운 여왕과 훌륭한 왕 사이에서 태어난 이란성쌍둥이 가운데 '변덕'이라는 이름을 가진 남자아이는 어머니 밑에서, '이성'이라는 이름의 여자아이는 아버지 밑에서 자라난다. 상이한 교육이 한 아이에게는 불안정한 성격과 나쁜 버릇을, 또 한 아이에게는 신중한 성격과 지혜를 선사했다는 이야기를 전하면서 루소는 두 가지 상징적인 결말과 함께 두 가지 교훈을 제시한다. 첫 번째 결말에서 부각되는 것은, 국가의 존립이 모든 것에 우선한다는 원칙에 따라, 나라를 다스려야 하는 것은 결국 맏아들 '변덕'이라는 관점이다. 여기서 루소는 다음과 같은 무모한 결론을 내린다. "가장 어리석은 남성이 가장 현명한 여성보다 더 낫다. 올바른 정치를 위해서는 남성 혹은 장자가 있을 때 그가 원숭이나 늑대에 가깝다 하더라도 뒤이어 태어난 여걸이나 천사는 그의 의지에 복종해야 한다." 하지만 두 번째 결말에서 반전이 일어난다. 여기서 루소는 변덕스러운 여왕이 사실은 아무것도 모른 상태에서 바로 여자아이 '변덕'을 키웠고 훌륭한 왕은 남자아이 '이성'을 키웠다는 행복한 결말을 이끌어 낸다.

『에브라임의 레위인』은 루소가 성서에 등장하는 이야기(「사사기」 21장 8~14절)를 소재로 억압받는 여성들의 문제를 다룬 작품이다. 루소는 이스라엘에 의해 노예가 되어 베냐민 부족의 생존자들에게 강제로 시집간 야베스 처녀들 400명의 운명을 안타까워하며 이렇게 노래했다. "젊고 수줍은 처녀들에게 어떻게 이런 혼사가! 형제와 아버지와 어머니의 목이 달아나는 모습을 이제 막 목격한 처녀들이 가족들의 피로 손을 더럽힌 이들에게 복종과 사랑을 약속하다니!" 루소는 이런 식으로 성서의 이야기를 '세속적으로' 각색하면서 철학 콩트의 비평적, 반교권주의적, 계몽주의적 요구를 충족하는 그만의 독창적인 방식을 찾아냈다.

10

18세기의 여성 철학

10.1 여성들의 여성에 관한 철학

1740년대에 디드로와 볼테르가 만나 대화를 나누던 마담 조프랭(Marie-Thérèse Rodet Geoffrin, 1699~1777년)의 거실은 마담 뒤 데팡(Marie de Vichy-Chamrond marquise du Deffand, 1697~1780년)의 살롱과 마찬가지로 백과사전학파 철학자들이 토론을 벌이고 의견을 교환하기 위해 모여들던 일종의 문화공간이었다. 18세기 초반에는 여성 작가들의 존재를 인정하고 받아들이는 분위기가 이미 조성되어 있었고 독자들의 기억 속에는 몰리에르의 『박식한 여인들 *Les Femmes savantes*』(1672년)이 심어 주었던 강한 인상이 여전히 생생하게 남아 있었다. 단순히 돈 많은 귀족 부인들의 생활 습관을 비판하는 풍자극으로 그치지 않는 이 책의 내용뿐 아니라 박식하다는 뜻의 형용사 'savant'을 아이러니하게 여성형으로 사용한 점을 감안할 때 훨씬 더 어울리는 제목은 아마도 '여성 학자들'일 것이다. 여기서 몰리에르는 사회적 지위 때문에 지식을 뽐내기 좋아하는 남성 학자들의 우스꽝스러운 습관이 여성들의 입장에서는 전혀 본받을 만한 것이 못 된다고 강조하는 한편 여성이 전통적인 사회관계의 구도 안에서 윤리적이고 지적인 자율성을 획득하는 것은 사실상 불가능하다는 당대의 반페미니즘적인 사고방식을 상당히 부정적으로 평가했다.

마들렌 드 스퀴데리Madeleine de Scudéry는 그녀의 『아르타멘 혹은 키루스 대왕 *Artamène ou le grand Cyrus*』(1650년)을 통해 여성 지식인들의 결혼 혐오 현상을 유행시켰다. 이 역시 몰리에르가 다루었던 핵심 주제들 중 하나다. 스퀴데리는 평생 독신으로 살았고 '여성 학자들'은 동호회를 창설해 대규모 저택에서 회합을 가지고 공개 독서회나 학구적인 내용의 토론회를 개최했다. 그리고 이러한 활동은 다름 아닌 근대적인 차원의 여성 문학작품들을 탄생시키는 결과로 이어졌다. '지식인들의 연대감', '대화의 문화' 같은 근대 문화의 특징들은 바로 박식한 여인들의 노력이 가져온 성과임에 틀림없다.

이러한 특징은 훗날 가브리엘 르모니에Gabriel Lemonnier가 18세기 살롱의 토론회와 독서회 모습을 담은 유명한 그림에서 분명하게 확인할 수 있다. 동호회들이 17세기의 모임과 확연하게 달랐던 것은 여인들의 역할이 능동적이고 주도적이었다는 점이다. 박식한 여성들은 모임에서 고차원적인 대화를 나누는 데에 그치지 않고 독서회를 열어 글을 발표하고 그들의 생각이 표현된 작품들을 자신들의 이름으로 출판하기까지 했다. 마담 드 라 파예트Madame de La Fayette의 『클레브 공작 부인*La Princesse de Clèves*』(1678년)은 익명으로 출판되었지만 이는 오히려 그녀의 작품이 남성들의 작품에 비해 전혀 손색없었다는 것을 의미했다.

이 시기의 가장 대표적인 여성 철학가는 두말할 필요 없이 샤틀레의 후작 부인, 가브리엘 에밀리 르 토넬리에 드 브르퇴유Gabrielle Émilie Le Tonnelier de Breteuil다. 그녀의 연인이었던 볼테르는 그녀를 '마담 퐁퐁-뉴턴'이라는 애칭으로 부르곤 했다. 그녀가 레이스와 귀금속으로 치장하기 좋아했을 뿐 아니라 뉴턴의 『자연철학의 수학적 원리』의 기념비적 프랑스어 판본을 직접 번역했기 때문이다. 에밀리 뒤 샤틀레는 수학자였을 뿐 아니라 볼테르 못지않게 뛰어난 철학자였다. 과학과 철학 분야에서 커다란 성공을 거둔 그녀의 저서들 가운데에는 『물리학 입문 *Institutions de Physique*』(1740년)을 비롯해 『라이프니츠 철학 분석*Analyse de la philosophie* *de Leibniz*』(1740년), 『생명력의 문제를 다룬 매랑의 서신에 대한 답변*Réponse à la lettre de Mairan sur la question des forces vives*』(1741년), 『불의 본성과 번식에 관한 논문*Dissertation sur la nature et la propagation du feu*』(1744년), 사후에 출판된 『행복에 관한 담론*Discours sur le bonheur*』(1779년), 『계시종교에 관한 의혹 *Doutes sur les religions révélées*』(1792년) 등이 있다. 행복을 바라보는 그녀의 관점은 다분히 자유주의적이었고 상당히 페미니즘적인 특징들을 지니고 있었다. 그녀는 열정만이 남성과 여성 모두를 행복하게 할 수 있다고 보았다. 하지만 여성들에게 가장 중요한 것은 학업에 대한 열정이었다. "분명한 것은 학업에 대한 사랑이 남성들보다는 여성들의 행복을 위해 훨씬 더 필요하다는 사실이다. 왜냐하면 남성들은 여성들에게 없는 수많은 이점들을 지녔기 때문이다. 남성들에게는 성공을 위한 다양한 길들이 마련되어 있다.[……] 반면에 여성들은 그들이 처한 상황 때문에 이 모든 것에서 제외되어 있다. 여자로 태어났다는 이유 하나만으로 굴복과 소외를 받아들여야만 하는 한 민감한 정신의 여인이 자신을 위로하기 위해 선택할 수 있는 것은 공부밖에 없다."(『행복에 관한 담론』) 에밀리 뒤 샤틀레의 이러한 주장은 여성해방의 필요성을 충분히 의식했다는 차원에서 중요한 의미를 지닌다. 결론적으로 그녀의 철학은 인간의 조건이 지니는 한계와 유한성에 주목하는 페미니즘적인 성격의 도덕철학이라고 볼 수 있다. 반면에 『물리학 입문』과 『라이프니츠 철학 분석』에서 강조되는 것은 세계와 질료에 대한 현상학적인 관점과 뉴턴주의다. 그녀는 인간이 오로지 현실의 감각적인 표면만을 인지하고 현상을 파악할 수 있을 뿐이며 나머지는 철학적 회의 혹은 탐구에 지나지 않는다고 보았다.

철학 분야에서 두각을 나타냈던 또 한 명의 여성 철학자는 후작 부인 루이스 데피네Luise d'Épinay다. 철학자들이 많이 드나드는 파리의 살롱을 운영했던 그녀는 대표적인 저서 『에밀리의 대화 *Les Conversations d'Émilie*』(1781년)에서 여성의 교육적, 감성적, 지적 특수성을 새롭게 조명했다. 유명한 책 『에밀』(1762년)의 저자이자 옛 친구인 루소와 의견을 달리하며 데피네는 여성이 자율적인 존재임을 주장했다. 『에밀리의 대화』는 여성형 『에밀』이라고 볼 수 있다. 어린 에밀리는 어머니와의 지속적인 대화를 통해 천천히 자신이 정신적이고 지적인 힘을 지녔으며 이를 경험적인 세계에서 자율적으로 활용할 수 있음을 의식하게 된다.

언급이 필요한 또 한 명의 여성 지성인은 프랑스혁명 시기에 활동했고 단두대에서 생애를 마친 마리 구즈Marie Gouzes다. 『여성과 여성 시민의 권리선언 *Déclaration des droits de la femme et de la citoyenne*』(1791년)으로 널리 알려진 구즈는 올랭프 드 구즈Olympe de Gouges라는 필명으로 활동했다. 이 여인의 파란만장한 생애는 최근에 와서야, 특히 프랑스혁명이 일어난 지 200년이 되는 1989년을 기점으로 역사학자들에 의해 조명되었다. 푸줏간 주인의 딸로 태어난 마리는 강제로 루이이브 오브리Louis-Yves Aubry라는 나이 많은 사업가에게 시집을 갔다. 아들을 낳은 뒤 곧이어 남편이 세상을 떠났지만 마리는 오브리의 미망인이라는 칭호를 거부하고 귀족들이 사용하는 조사 'de'를 집어넣어 '올랭프'라는 독특하고 신비로운 분위기의 필명을 사용하기 시작했다.

올랭프는 1780년대에 파리에 입성해 문학과 연극 분야에서 어렵게 경력을 쌓았지만 진정한 페미니즘 사상의 기반을 마련하는 데 성공했다. 루소와 볼테르의 계몽주의 사상에 큰 영향을 받은 올랭프는 정치와 철학 분야의 저서들을 집필하면서 유색인종들의 권리, 노예해방, 이혼, 사생아의 권리 보호, 여성 성생활의 자유, 산부인과 병원 개설, 공공장소의 위생 등 상당히 다양한 문제들을 다루었다. 특히 이혼에 관해서는 1792년 9월 20일부터 실행되기 시작한 관련 법률을 통과시키기 위해 집요한 지지 운동을 펼치기도 했다. 올랭프는 이처럼 다양한 주제를 다루면서 펼쳤던 정치적, 철학적 주장들을 혁명에 참여하며 실천에 옮기는 일관성을 보여 주기도 했다.

'권리'라는 개념을 남성적-보편적 기준이 아니라 여성적-구체적 기준에 따라 설명한 『여성과 여성 시민의 권리선언』 제11조에 따르면, "사상과 의견을 표현할 수 있는 자유는 여성이 지니는 고귀한 권리 가운데 하나다. 왜냐하면 자식들에 대한 아버지로서의 자격을 보장하는 것이 바로 이 자유이기 때문이다. 어떤 여성 시민이든 '나는 당신 아이의 어머니'라고 자유롭게 말할 수 있어야 하고 야만적인 편견에 짓눌려 진실을 은폐하지 말아야 한다. 다만 이 자유를 남용했을 때에는 법에 따라 책임을 져야 한다."

이러한 정치적 입장이 지니는 일관성과 급진성 때문에, 정부 기관의 독재 행태를 고발하며 "여성은 교수대에 오를 권리를 지녔다. 따라서 여성에게는 연단에 오를 권리가 있다."(제10조)고 주장했던 올랭프는 결국 투옥된 뒤 1793년 11월 3일, 마리 앙투아네트가 사형된 지 2주 만에 형장의 이슬로 사라졌다.

올랭프가 활동하던 시기에 파리에는 메리 울스턴크래프트Mary Wollstonecraft라는 이름의 젊은 잉글랜드 여성이 살고 있었다. 유부남이었던 화가 요한 하인리히 퓌슬리Johann Heinrich Füssli와의 연애 행각 끝에 잉글랜드에서 파리로 이주한 메리 울스턴크래프트는 일정 기간 선생으로 활동한 뒤 교육에 관한 몇몇 저서들을 출판하면서 두각을 나타내기 시작했다. 저서로『딸들의 교육에 관한 고찰 Thoughts on the Education of Daughters』(1787년),『실화에 근거한 독창적인 이야기들 Original Stories from Real Life』(1788년),『남성의 권리 옹호 A Vindication of the Rights of Men』(1790년) 등이 있다. 울스턴크래프트는 새뮤얼 존슨을 비롯한 진보주의 지식인들이 런던에서 가지던 정기 모임의 일원이었고, 여기에는 퓌슬리 외에도 화가 윌리엄 블레이크William Blake와 유명한 반혁명주의 팸플릿『인간의 권리Rights of Man』(1791년)의 저자 토머스 페인Thomas Paine, 그리고 훗날 메리의 남편이 될 무정부주의 철학자 윌리엄 고드윈(William Godwin, 1756~1836년) 등이 참여하고 있었다.

울스턴크래프트는 잉글랜드에서 선생을 그만두고 자신이 직접 쓴 글로 생계를 유지하며 살아가는 자율적인 지식인과 '문학도'로서의 삶을 선택했다. 하지만 1790년대 초반 공화제를 지지하는 진보주의 지식인들의 회동에 대한 정부의 지나친 불신과 영국해협 건너편에서 벌어지던 혁명의 물결로 인해 런던에서의 삶은 결코 순탄하지 않았다. 결국 런던을 떠나기로 결심한 울스턴크래프트는 출판된 지 얼마 되지 않았지만 이어서 그녀를 불멸의 존재로 만들게 될 『여성의 권리 옹호 A Vindication of the Rights of Woman』(1792년) 한 권을 품에 안고 파리로 이주했다. 그 불안했던 시대에 울스턴크래프트가 올랭프 드 구즈를 만났는지 혹은 그녀에 대해 알고 있었는지에 대해서는 아무것도 알려진 바가 없지만 이 두 여성이 지적인 측면에서 비교의 대상이라는 점만큼은 분명하다.

『여성의 권리 옹호』에서 울스턴크래프트는 여성의 공직 참여나 선거권 같은 제도적인 차원의 문제를 두고 남성과 여성의 동등성을 주장하는 대신 '이성과 감성'의 이원론을 부각하면서 전자의 사회적이고 정치적인 중요성을 강조하는 데 주력했다. 올랭프와는 달리 울스턴크래프트는 '이성'에 교육과 훈련이 필요하며 이러한 측면이 무엇보다도 여성에게 중요한 것은 여성에게 강요되는 '억압'의 원인이 바로 여성의 무절제한 열정과 감성의 과도한 발달에 있기 때문이라고 보았다.

   울스턴크래프트는 이것이 문화적 결핍이며 이를 바로잡기 위해서는 여성들에게도 "우리의 인간적인 본성을 완성할 수 있는 가능성과 잠재적인 행복을 보장할 수 있는" 좀 더 이성적인 법이 필요하다고 보았다. "행복의 가능성은 사회를 다스리는 법률을 뒷받침하는 요소로 간주되어야 하며 개인들마다 상이한 이성과 기량 및 지식의 정도를 바탕으로 가늠되어야"(『여성의 권리 옹호』 1장) 한다는 것이 그녀의 의견이었다. 우리는 이러한 성찰의 철학적 배경을 스코틀랜드 철학자들의 '도덕적 감성' 이론과 울스턴크래프트가 천착했던 루소의 철학에서 발견할 수 있다. 세기말에 등장한 이 '감각'의 철학 및 '인간적 완성 가능성'의 철학은 문학적인 차원에서도 유럽과 잉글랜드에서 울스턴크래프트에 의해 상당히 독창적인 방식으로 발전했다. 울스턴크래프트는 그녀의 『메리, 한 이야기Mary, A Fiction』, 『마리아, 혹은 여성의 오류Maria, or The Wrongs of Woman』 같은 소설의 중심에 이성적으로, 그리고 이성에는 성性이 없기에, 남성들의 열정과 감성적 난폭함에서 자유로워지려는 여성들을 등장시켰다. 울스턴크래프트에게 군림하는 군주의 권력은 남편들의 가부장적이고 폭력적인 권력과 마찬가지로 부당하고 비이성적인 것이었다. 그녀는 남성이 여성에게 저지르는 독재적 행사의 불의와 비이성적인 기원을 강조하고자 했다. 반면에 남성과 여성의 동등성이라는 주제에 대해서는 이를 강조하는 대신 '결혼'과 '가족'을 예로 들며 이는 "자연이 여성에게 부여한 특별한 의무"라는 상당히 전통적인 견해를 제시했다.

10.2 '여성들을 위해' 철학하는 남성들

"남성과 여성의 이질성에서 비롯되는 결과를 두고 보면 이들 간에는 어떤 동등성도 존재하지 않는다. 남성은 특정 순간에만 남성이며, 여성은 평생 동안 여성이다." 이처럼 간결하고도 효과적으로 남성과 여성의 차이점을 정의했던 인물은 다름 아닌 루소다. 그는 남성과 여성의 동등성보다는 차이를 강조했다. 루소는 여성이 남성에 비해 훨씬 더 본질적인 방식으로 자연에 소속되어 있다고 보았다. 이것이 바로 여성의 장점이며 약점인 동시에 남성에게 복종하는 이유였다. "성적 결합을 통해 남성과 여성은 똑같이 각자의 기량을 발휘하며 공동의 목표를 추구하지만 이들의 노력이 항상 동일한 정도와 방식으로 이루어지는 것은 아니다. 바로 여기에, 감성적인 관계의 차원에서 규명할 수 있는 근본적인 차이점이 존재한다. 남성은 능동적이고 강해야 하며 여성은 수동적이고 약해야 한다. 남성은 의욕과 능력을 지녀야 하지만 여성은 저항하지 않는 것으로 충분하다. 이를 하나의 원리로 인정하고 나면, 여성은 무엇보다도 남성의 행복을 위해 존재한다고 결론지을 수 있다."(『에밀』)

여성의 특징을 묘사하기 위해 루소가 선택한 일련의 형용모순과 역설, 예를 들어 여성들이 수치심을 패권으로, 나약함을 강렬한 감성으로 뒤바꿀 수 있다거나 여성적인 관점에서 "가장 강한" 감정은 "가장 약한" 감정에 좌우된다는 등의 이야기들은 취향과 예술의 사회 및 "여성적 감성"의 이론을 뒷받침하는 근거로 제시되기 시작했다. 결국 역사적이고 사회적인 차원에서 즐거움과 호감, 미美와 추醜의 경계를 정의하고 결정짓는 것은 여성들이었고, 그런 의미에서 여성들의 권리는 여성들이 행사하는 정치적 영향력이 적으면 적을수록 증가했다고 보는 견해가 대두된 것이다.

여성에 대한 루소의 입장은 태동기의 페미니즘이 여성해방론을 이론화하면서 오랫동안 골머리를 앓았을 정도로 상당히 모호한 성격을 지니고 있었다. 디드로의 입장과 접근 방식도 독특한 성격을 띠었을 뿐 루소의 그것과 크게 다르지 않았다. 디드로는 1772년 앙투안 레오나르 토마의 저서『여러 세기에 걸쳐 살펴본 여성들의 정신, 문화, 성격에 관하여*Essai sur le caractère, les moeurs et l'esprit des femmes dans les différens siècles*』에 대한 장문의 서평 「여성에 관하여*Sur les femmes*」를 발표한 바 있다. 디드로는 남성과 여성의 신체적이고 생리적인 차원의 차이점과 여성들의 감성이 남성의 감성과 질적으로 다르며 훨씬 더 강렬하다는 점에 주목했다. 디드로가 여성의 특징으로 강조한 것은 "강할 때나 약할 때나 이 극단적인 존재가 드러내는 무한히 다양한 얼굴"이다. 디드로에 따르면 여성들은 "무엇보다도 열정적으로 사랑하거나 시기심으로 불타오를 때, 충동적으로 애틋한 모성애를 발휘할 때, 미신이나 유행에 감정적으로 얽매일 때 놀라움을 선사한다."(「여성에 관하여」) 하지만 이 자연적인 성향에 잘못된 방식으로 중첩되어 왔던 것이 바로 '여성적 조건'의 불행과 열악함을 배가하는 제도의 남용과 결함이다. 디드로는 이 '여성적 조건'을 근거로 문명사회의 결함에 대한 노골적인 비판을 시도했다. "그렇다면 여성이란 누구인가? 남편에게 홀대받고 자식들에게 버림받는 존재, 사회적으로 아무런 쓸모도 없는 여성이란 존재의 유일한 자산은 헌신이다. 거의 모든 문명사회에서 여성들을 억압해 온 것은 잔인한 법과 잔인한 자연의 공모 관계였다. 남성들은 여성을 마치 어리석은 아이처럼 취급했다. 문명사회에서 남성은 여성을 상대로 거의 모든 유형의 폭력을 행사해 왔다."(같은 글) 디드로는 여성들이 "그들의 고통에 대한 보상을 받고 모든 형태의 노예적 예속 상태에서 자유로워질 수 있도록" 법의 근본적인 변화가 이루어져야 한다고 주장했다. 이러한 변화는 여성이 남성과 달리 모든 예술에 적응할 수 있는 독특한 성격을 지녔다는 사실과 여성이 "천재적일 때에는 남성보다 훨씬 독창적"이라는 점을 감안해서라도 꼭 필요하다는 것이 디드로의 생각이었다.

18세기 철학자들의 페미니즘 이론을 지지했던 조제프 앙투안 투생 디누아르(Joseph Antoine Toussaint Dinouart, 1716~1786년)는 제목에서부터 깊은 인상을 심어 주었던 책 『성性의 승리*Le Triomphe du sexe*』를 1749년에 출판했다. 이 책에서 저자는 여성이 모든 면에서 남성과 동등하다고 주장하면서 여성들의 중재가 지니는 장점들이 무엇인지, 남성과 여성 간의 동등한 사랑은 어떤 식으로 이루어져야 하는지 검토하는 데 주력했다. 이 책은 볼테르가 "굉장하고 강렬한 천재, 프랑스의 미네르바"라고 칭송했던 마담 뒤 샤틀레에게 헌정되었다. 이 책은 남성과 여성 간의 도덕적이고 자연적인 평등성을 강조하는 내용이 주를 이루지만 독특한 것은 평등성의 문제에 대한 저자의 신학적인 평가다. "원죄는 이 평등성을 파괴하지 않았다. 여성의 예속성은 창조의 결과 가운데 하나가 아니다."(『성의 승리』 2장) 디누아르는 이브를 원죄의 원인 및 불복종의 상징으로 보는 통상적인 견해를 비판하면서 이렇게 주장했다. "불복종에 관한 한 오히려 남성이 여성보다 더 큰 죄를 저질렀다. 그런데도 여성에게는 훨씬 더 무거운 형벌이 주어졌다. 인류의 타락이 여성에게서 비롯되었다고 보는 것은 아무런 근거가 없는 이야기다."(같은 책 3장) 결론적으로 그는 "신의 섭리에 의해 결정된 여성들의 사회적 예속성을 제외하면, 여성은 남성보다 열등한 존재가 아니"라고 주장했다. 그는 아울러 이러한 예속성을 악용해 온 것은 언제나 남성들이었으며 이를 자연적인 사실인 것처럼 주장하면서 부당한 규율들을 만들었고 이 "부당한 규율을 통해 신이 부여한 것보다 더 큰 우월성을 남성에게 부여하며"(같은 책 6장) 부정행위를 저질러 왔다고 강조했다.

디누아르에 따르면, 남성의 우월성은 오로지 신체적인 차원에서만 존재하며 전쟁, 상업, 기술 같은 분야에서나 의미를 지닐 뿐이다. 그 외에 "나라를 다스리는 일이나 과학 분야에서 여성들이 뛰어난 능력을 발휘할 수 있다거나 여성이 본질적으로 남성과 평등하다는 사실을 증언하는 예들은 역사에서 얼마든지 찾아볼 수 있다. 덕목을 구비하려는 성향은 남성보다 여성에게서 훨씬 강하게 나타난다."(같은 책 8장) 디누아르는 『남성들에 대한 아름다운 성의 승리Le triomphe du bon sexe sur les hommes』(1719년)라는 한 무명 여성 작가의 작품에서 영향을 받은 것으로 보인다. 하지만 디누아르의 책은 남성 독자들을 대상으로 쓰였고 결론적으로 사회의 공동선을 추구하기 위해서는 남성과 여성이 "서로를 정직하게 대우하는" 문화가 정착되어야 하고 여성을 억압하는 악습에 현혹되지 말아야 한다는 점에 주목했다.

『위험한 관계Les liaisons dangereuses』의 저자 피에르 쇼데를로 드 라클로Pierre Choderlos de Laclos의 『여성과 여성의 교육에 관하여Des femmes et de leur éducation』(1783년, 유작)는 샬

롱쉬르마르느Châlons-sur-Marne 아카데미의 현상공모 주제였던 '여성들의 교육을 완성 단계로 끌어올리는 데 가장 적절한 방법은 무엇인가?'라는 질문에 답하기 위해 고안되었던 책이다. 비록 미완성의 형태로 남았지만 이 책에는 라클로가 마지막 순간까지 이 질문과 관련하여 발전시킨 중요한 성찰들이 포함되어 있다. 라클로에 따르면, 여성들의 "악조건은 치유가 불가능하다. 악습이 문화로 변신했기 때문이다." 그는 "여성들 사이의 사슬을 부술" 필요가 있으며 "행복한 혁명"이 허락하지 않는 한 교육을 완성 단계로 끌어올리려는 노력은 모두 망상에 불과하다고 주장했다. 라클로가 루소의 『인간 불평등 기원론Discours sur l'origine de l'inégalité parmi les hommes』을 그의 페미니즘 이론에 적용했던 것도 바로 그런 이유에서다.

라클로에 따르면, 이 영역에서는 모든 것을 완전히 뒤바꿔야 했다. 여성들의 입장에서 문명화는 부패의 동의어였고 문화와 감성의 몰락을 의미했다. 자연으로 돌아갈 필요가 있었고 남성에 대한 무조건적인 복종이라는 결과를 가져온 이성 간의 불합리한 계약이 성립되기 이전 상태의 '자연적인 여성'을 되찾아야 할 필요가 있었다. 라클로는 여성들의 입장에서 자연적 권리를 회복하기 위해 필요한 새로운 정치적 지평을 구축하는 데 집중했고 현재의 악조건에 대한 비판적인 관점을 유지하면서 미래에 주어지게 될 자연적인 조건의 아름다움과 장점들, 예를 들어 자신의 능력과 기량을 최대한 발휘하는 여성의 '전혀 다른' 인격과 자신의 요구를 충족할 줄 알고 원하는 것을 추구할 줄 아는 자유, 아울러 남성들의 성적 쾌락으로부터 해방된 자유로운 감성의 아름다움 등을 강조했다. 라클로는 이미 문명화된 세계의 여성들을 위한 교육 전략과 과거의 악조건을 극복할 방안을 논하면서 독서를 해결책으로 제시했다. 하지만 그의 제안은 목적에 부합하지 않는 유토피아적인 성격을 가지고 있었다. 이 경우에도 루소처럼 교육적인 차원에서 사회성과 인간관계를 철저하게 배제하는 방향으로 나아갔기 때문이다. 교육이 악습에 물든 시민사회의 영역 바깥에서 이루어져야 한다는 입장은 여성 특유의 감성을 세계의 실질적인 아름다움에 대한 관찰과 경청의 형태로 보는 라클로 자신의 견해와는 어울리지 않는 것이었다.

10.3   18세기 소설 속의 여성 철학자들

라클로는 소설 『위험한 관계』(1782년)에서 또 한 명의 여성 철학자를 창조해 냈다. 루소의 『쥘리 혹은 신엘로이즈』(1762년)에서처럼 라클로는 여주인공의 입을 통해 한 여인과 그녀가 처한 상황에 대한 상당히 '혁신적인' 철학적, 윤리적 사상을 표현해 내는 데 성공했다. 이 소설의 짜임새는 상당히 복잡하지만 '경합'에 가까운 구도를 지닌다. 남자 주인공 발몽과 여자 주인공 메르테유의 경합은 이기적인 목적으로 타인의 행위에 대응하는 정신적인 힘의 경합이라고 볼 수 있다. 단지 남성의 경우 정복의 힘으로, 여성의 경우 제어의 힘으로 대응할 뿐이다. 여든한 번째 편지에서 메르테유 후작 부인은 자신의 인생철학을 강요된 성찰과 가장假裝의 윤리학으로 묘사했다. "나는 일찍부터 사회생활을 시작했고 여성이라는 위치 때문에 침묵과 수동적인 자세를 유지하면서도 세상을 관찰하고 성찰하는 법을 배웠습니다. 타인들이 나를 산만하고 경솔한 여자로 바라볼 때에도 사실 나는 사람들이 내게 애써 하려는 말에 귀를 기울이는 대신 내게 감추려는 것이 무엇인지 주의 깊게 관찰했습니다. 나의 이러한 궁금증은 내가 성장하는 데 크게 기여했을 뿐 아니라 내게 가장하는 방법을 가르쳐 주었습니다. […] 나는 소설을 통해 우리의 문화를 이해했고 철학을 통해 우리의 사상이 무엇인지 깨달았습니다. 나는 가장 엄격한 도덕주의자들에게서도 그들이 우리에게 바라는 것이 과연 무엇인지 탐색했고, 그런 식으로 우리가 무엇을 할 수 있고 무슨 생각을 해야 하고 어떤 모습을 보여야 하는지 깨닫게 되었습니다."(『위험한 관계』)

라클로와 루소의 소설에서 여성 철학자는 사회적 억압에 대항하거나 남성 중심 사회의 폭력으로부터 스스로를 보호하기 위해 대화와 은폐의 기술을 도구로 남성과, 그가 연인이든 친구이든 남편이든 간에, 맞서 싸우는 존재다. 이 과제를 실천에 옮기면서 여주인공들이 그려 내는 새로운 세계는 쥘리의 경우처럼 가정이라는 현실 세계의 이상적인 상황에서든, 메르테유의 경우처럼 귀족 출신의 연인들이 빚어내는 가장된 세계에서든 모두 유토피아적이다. 쥘리

는 덕목을 기반으로 하는 행복의 윤리학을 대변한다. 그녀는 부부간의 도리를 지킬 때 뒤따르는 행복을 추구하지만 결국 옛 연인의 존재, 즉 사랑은 열정이라는 법칙 앞에서 무릎을 꿇고 비극적인 결말을 맞이한다. 반면에 메르테유는 발몽에게 자신의 언행이 지닌 은밀한 반사회적 성향을 폭로하면서 그와의 경합을 승리로 이끈다. "난 여성의 복수를 위해, 남성을 지배하기 위해 태어났습니다. 그래서 목적을 이루기 위해 전대미문의 방법들을 고안해 내야만 했죠. 이제 당신은 이른바 감성적인 여인들에 대한 두려움도, 이 여인들을 향한 조언도 포기해야만 합니다. 이 여인들은 감각이 두뇌에 심어져 있다고 믿게 만들 정도로 놀라운 상상력을 타고났지만 사실은 어떤 종류의 사고능력도 가지고 있지 않습니다. 이 여인들은 항상 연인과 사랑을 혼동하고 자신과 함께 쾌락을 나누었던 남성이 유일한 사랑의 보유자라고 믿는 광적인 환영 속에서 살아갑니다."(같은 책)

이와 유사한 자유주의 윤리관은 사드 백작Donatien Alphonse François de Sade의 소설에서도 발견할 수 있다. 여성들이 사회적으로 억압받아 왔다는 점을 고발하려는 의도는 아이러니하게도 퇴폐적인 윤리관을 수용하는 여성들의 경우를 통해, 심지어는 '악덕의 번창'(『쥘리에트 이야기Histoire de Juliette』 1801년) 혹은 '미덕의 불운'(『쥐스틴Justine』 1791, 1799년)을 칭송하거나 어리석게도 남성처럼 군림하려는 성향을 취득하는 여성들의 이야기를 통해 표출되었다.

문학적 자유사상주의

"아가씨, 목록이 이 정도는 돼야……." 자코모 카사노바(Giacomo Casanova, 1725~1798년)의 『나의 인생 *Storia della mia vita*』 첫 쪽을 펼쳐 본 독자는 아이러니하게도 자신을 자신의 제자로 간주하면서 스승을 사랑해야 할 의무가 있다고 주장했던 위대한 자유사상가의 자화상을 감상할 수 있다. 귀부인들과 사랑을 나누고 남편들을 농락하면서 쾌락을 느꼈던 카사노바의 명성은 자신의 놀라운 여성 편력에 대한 과감한 기록에서 비롯된다. 이처럼 방탕한 성향을 한 번도 부끄럽게 여긴 적이 없다고 선언하면서 카사노바는 모스크바에서 이스탄불에 이르기까지 유럽 전역을 돌아다니며 여배우들, 귀부인들, 수녀들, 기혼녀들, 젊은 처녀들과 함께 나누었던 쾌락의 순간들을 상세하게 기록으로 남겼다.

1700년대의 가면무도회에 가면을 쓰고 나타난 자유사상가에게는 철학과 연애를 분리한다는 것이 불가능했고 오히려 자신의 욕망을 미학의 이름으로 정당화하는 것이 훨씬 더 자연스러웠다. "그런 식으로 내가 항상 특별한 매력을 느끼는 것은 한 여인의 생동하는 아름다움, 다시 말해 모든 여성이 얼굴을 통해 표현하는 아름다움이다. 여인의 매력이 머무는 곳은 바로 얼굴이다. 분명한 것은 로마나 베르사유에서 볼 수 있는 스핑크스들이 분명히 기형인데도 우리에게 대단한 매력을 발산한다는 사실이다." 여성이라는 스핑크스 앞에서 사색에 잠긴 이 돈 조반니의 이미지는 디드로가 『백과사전』의 '자유사상주의' 항목에서 자유주의자가 전적으로 육체적인 욕구의 충족을 선호하지 않을 때에는 멋진 정신의 소유자임을 한껏 드러낸다고 설명했던 부분과 일맥상통한다.

카사노바에서 라클로에 이르기까지 유혹자는, 시간이 허락할 경우, 그가 정복한 여성들의 얼굴을 하나하나 떠올리는 행복을 누릴 수 있었다. 모차르트의 오페라 〈돈 조반니〉를 위해 로렌초 다 폰테(Lorenzo Da Ponte, 1749~1838년)가 쓴 여성 편력의 '목록'도 바로 이러한 경우에 해당한다. 하지만 가면을 쓰고 나타나든 벗고 나타나든 유혹자는 언제나 변장한 상태로 존재한다. 왜냐하면 그의 멋진 외모 뒤에는 여성을 성적 재물로 삼으려는 의도뿐 아니라 그의 모호한 사회적 정체가 동시에 감추어져 있기 때문이다. 이것이 바로 라클로의 소설 『위험한 관계』에서 메르테유 후작 부인의 날카로운 지적을 통해 드러나는 유혹자 발몽의 정체다. "잘생겼지만 우연의 결과에 불과한 미모, 살다 보면 만나게 되는 우아함, 지적이지만 사실 여느 천박한 수다와 다를 바 없는 대화, 놀랍지만 그저 한두 번의 성공에서 기인하는 당당함, 그래, 내가 틀리지 않는다면, 이게 바로 당신이 가진 수단의 전부야."

베네치아의 유곽과 파리의 규방에서 자유사상가들과 여인들은 성적 쾌락뿐 아니라 독서에도 상당한 관심을 기울였다. 이들이 몰래 돌려 가며 읽던 책들은 당연히 전적으로 새로운 장르의 소설들이었다. 관능적인 주제는 18세기에 반교권주의 문학이나 심리학적인 성격의 소설에 침투했지만 사실상 철학자들의 문화와 직접적인 연관성이 있었던 것은 아니다. 그런 식으로 대중소설은 멋진 세상의 '세속적인 가면'과 '관능적인 가면' 사이에서 활로를 찾았고 피에르 드 마리보(Pierre de Marivaux, 1688~1763년)의 극작품에서 볼 수 있는 예리한 대화나 연애 행각의 세밀한 묘사처럼 세련되고 직관적인 심리묘사가 널리 유행하기 시작했다.

관능적인 가면은 뒤이어 사드(1740~1814년)가 독자들을 공개적으로 자극하며 천명하는 '외설'의 폭력적인 무게에 자리를 양보했다. 자유사상주의가 내세우던 반교권주의, 반종교주의의 요소들이 외설적인 요소와 융합되면서 유혹자의 관능주의 문학은 결국 『쥐스틴』에 등장하는 수도사들의 욕설과 범죄행위 앞에서 모든 힘을 빼앗기게 된다. 자유주의 사상가와 유혹자가 사제로 등장하는 순간 변장과 가면의 문화는 절정에 달한다. 왜냐하면 다름 아닌 수도원이 쥐스틴을 비롯한 여러 여성을 상대로 집행인들이 욕망을 채우는 현장의 가면으로 등장하기 때문이다. 상상력과 범죄의 관계에 대한 사제 클레망의 설득력 있는 설명을 묘사하는 사드는 일종의 범죄 심리 혹은 범죄적 감각주의에 빠져 있는 듯이 보인다. "이제, 고통보다 더 생생한 느낌은 어디에 있는가? 고통은 생생하게 살아 있으며 기만하지 않는다. 기만하는 것은 쾌락이다. 쾌락의 기만은 쾌락을 진정으로 느낄 줄 모르는 여성들이 끊임없이 꾸며 대는 연기와도 같다. 대신에 고통의 생산에는 요건이 존재하지 않는다. 인간은 오히려 결점이 많으면 많을수록, 늙으면 늙을수록, 추하면 추하수록 더 훌륭하게 고통을 느낀다."

수도원이 가면으로 등장하는 순간 쾌락주의를 전제로 구축된 유물주의 사상은

모순에 봉착하고 이 모순은 아이러니하게도 모든 범죄를 쾌락주의적인 차원에서
정당화하는 방식으로 해결된다.

혁명기의 음악 문화

/ 미국 혁명

미국 혁명이 일어날 무렵 영국령 식민지의 음악 문화를 지배하던 것은 종교음악이었지만 바로 이 시기에 세속 음악을 발전시키려는 최초의 시도가 이루어지고 있었다. 유럽의 대중음악이 아메리카 대륙의 영국령 식민지에 들어와 유행하면서 이를 모방하는 음악들이 등장하기 시작했고 혁명기의 음악 문화는 바로 이러한 대중음악을 바탕으로 애국심과 전투 정신을 고양하면서 발전했다.

잉글랜드와 프랑스, 아메리카 원주민들이 캐나다를 쟁취하기 위해 전쟁(1756~1763년)을 벌이기 시작할 무렵 식민지에서는 잉글랜드 병사들 혹은 주둔군 병사들이 전쟁을 소재로 지은 노래들이 유행하기 시작했다. 예를 들어 잉글랜드의 장군 제임스 울프James Wolfe와 프랑스의 장군 루이조제프 드 몽칼름Louis-Joseph de Montcalm이 모두 사망한 퀘벡 전투(1759년)를 소재로 한「몽칼름과 울프의 발라드The ballad of Montcalm and Wolfe」라는 노래는 전단지를 통해 배포된 후로도 오랫동안 허드슨 계곡 주민들의 기억 속에 살아남았다.

혁명기에 유명해진 대중가요들 가운데「양키 두들Yankee Doodle」은 분명히 이 시기에 일어난 일들에 대한 기억을 가장 생생하게 간직하고 있는 노래일 것이다. 미국 혁명의 '음성적 표상'이라고 할 수 있는 이 「양키 두들」의 간결한 '무곡' 멜로디는 기원을 추적하기 힘든 이른바 '정처 없는 아리아들' 가운데 하나였다. 멜로디 자체는 프랑스와 네덜란드, 올리버 크롬웰 시대의 잉글랜드에서 들을 수 있었고, 특히 캐나다 쟁취 전쟁과 이주민들의 반란이 일어났을 때 잉글랜드 병사들이 부르던 노래 가운데 하나였다. 반면에 「양키 두들」의 가사는 작자 미상이다.

혁명기에는 대중적인 성격의 새로운 노래들을 많이 들을 수 있었던 반면 새로운 클래식 음악을 들을 수 있는 기회는 주어지지 않았다. 일찍이 보스턴차사건이 일어나기 이전부터 미국과 잉글랜드의 관계는 급격히 악화된 상태였고 이러한 상황은 딱히 활발하지도 않던 전문 음악가들의 활동에 제동을 거는 결과를 가져왔다. 미국에서는 실제로 전문 작곡가를 찾아보기 어려웠고, 정치적 위기가 강렬하고 조직적인 선전 활동 및 광고를 요구하는 상황이 지속되면서 아마추어 음악가들도, 종교음악을 제외하고는, 음악을 공부하거나 순수 음악에 몰두할 수 있는 기회를 빼앗기고 말았다.

미국 혁명을 전후로 이러한 상황은 더욱 악화되었다. 미국인들은 1774년 10월에 열린 '대륙회의Continental Congress'에서 임박한 전쟁을 고려해 불필요한 지출을 모두 예산에서 제외한다는 결의문을 발표했고 결과적으로 연극과 음악 공연은 모두 무제한 연기되었다.

전쟁 시기에 쓰인 몇 안 되는 작품들은 모두 애국주의적인 성격을 지녔다. 전쟁에 참여하는 병사들의 용기를 북돋기 위해, 혹은 시민의식이나 군인 정신을 고취하기 위해 쓰인 노래나 가요들은 대부분 수준이 낮은 음악이었다. 하지만 역사적인 차원에서는 이 노래들도 분명히 흥미로운 사료로 간주될 수 있다.

이들 가운데 「벙커 힐Bunker Hill」과 「체스터Chester」는 병사들 사이에 널리 보급되면서 특별한 성공을 거두었을 뿐 아니라 일반인들 사이에서도 불릴 만큼 커다란 인기를 끌었던 노래들이다. 먼저 「벙커 힐」은 로드아일랜드 대학의 학생이었던 앤드루 로Andrew Law가 '벙커 힐' 전투(1775년)에서 이주민들이 승리를 거두자마자 '사포Sappho의 찬가' 양식으로 쓰인 '아메리칸 히어로 네이션 마일스American Hero

Nathan Miles'를 텍스트로 활용해 만든 노래다. 반면에 「체스터」는 아마추어가 아니라 상당한 분량의 찬송가를 작곡한 전문 작곡가 윌리엄 빌링스William Billings의 작품이다. 「체스터」는 특히 전쟁 기간에 흔히 '미닛멘Minutemen'으로 불리던 뉴잉글랜드의 긴급 소집 병사들 사이에서 행진곡으로 사용되었다. 이 노래는 역사적 의미나 명성을 고려해 프랑스의 「라 마르세예즈」나 「사 이라Ça ira*」와 비교되기도 한다.

　조지 잭슨George K. Jackson이 1799년 조지 워싱턴George Washington의 장례식을 위해 쓴 「워싱턴 장군을 위한 만가The Funeral Dirge for General Washington」 역시, 비록 전쟁이 끝나고 부흥 운동과 함께 음악 활동이 빠르게 재개되던 시기의 작품이지만, 혁명의 기억을 여전히 간직하고 있었다. 그런 의미에서 이 곡은 미국 혁명기 음악의 마지막 장을 장식한 작품이라고 볼 수 있다.

/ 프랑스혁명

프랑스혁명기에 음악의 역할은 미국 혁명의 경우와는 달리 상당히 중요하고 특별했다고 할 수 있다. 프랑스에서는 혁명기에 음악가들의 활동이 활발하게 이루어졌고 특히 음악을 '애국심' 고취를 위해 활용하는 경향이 두드러졌다. 이러한 상황은 음악학교들의 설립으로 이어지기도 했다. 미국 식민지에서의 상황과는 달리 프랑스혁명은 풍부한 음악 문화가 그대로 유지되는 상태에서 일어났다. 결과적으로 음악가들은 대중적이고 정치적인 성격의 노래들뿐 아니라 애국심 고취나 승리의 기념이라는 원래의 목적을 뛰어넘어 오랫동안 살아남을 있는 높은 수준의 음악을 생산해 낼 수 있었다. 혁명기의 음악은 음악 자체의 발전에 일조했고 무엇보다도 관악기의 발전에 크게 기여했다.

---

* '사 이라Ça ira'는 '그렇게 될 거야'라는 뜻의 표현으로 '괜찮을 거야', '성공할 거야', '별일 없을 거야' 정도의 뉘앙스로 사용되는 말이다. 무엇보다도 미국독립전쟁 당시 파리에서 파견근무(1776~1785년)를 하던 벤저민 프랭클린이 미국의 혁명 상황을 묻는 프랑스인들의 질문 공세에 대한 답변으로 이 표현을 사용했다고 전해진다. 이와 동일한 표현이 1790년대 프랑스혁명기의 노래 후렴으로 사용되었다.

프랑스혁명기의 대중적인 노래들 가운데 가장 대표적인 것은 「사 이라」와 「라 카르마뇰La carmagnole」일 것이다. 이 노래들은 프랑스혁명뿐만 아니라 사실상 모든 혁명적 기지를 상징하는 노래로 간주된다. 「사 이라」는 1790년 7월 14일에 시작된 혁명 기념일, 즉 프랑스혁명을 기념하기 위해 제정된 첫 번째 축제의 개최와 함께 탄생했다. 이 축제를 열기 위해, 파리 시민들의 자발적인 참여로, 마르스 광장을 40만 명이 들어설 수 있는 어마어마한 규모로 확장하는 공사가 벌어졌고 이와 함께 세 개의 개선문과 왕을 위한 별관 및 '조국의 제단Autel de la patrie' 등이 건설되었다. 이 어마어마한 규모의 무대 위에서 음악은 중요한 역할을 할 수밖에 없었다. 미사가 끝나고 몇몇 인사들의 연설이 이어진 뒤 프랑수아조제프 고세크 François-Joseph Gossec가 이 축제를 위해 작곡한 「테 데움Te Deum」이 연주되었다.

하지만 축제 내내 어마어마한 인파 사이에서 울려 퍼지던 노래는 「사 이라」였다. 같은 해인 1790년 초에 등장해 대중적인 인기를 끌기 시작한 춤곡 「카리용 나시오날carillon national」의 멜로디에 사람들이 가사 '사 이라'를 접목해 만든 노래였다. 파리의 한 신문은 1790년 7월 9일 자 기사에 이렇게 기록했다. "조국의 제단을 드높이는 데 일조하고 싶어 하지 않는 사람이 없다. 사람들은 군가부터 부른다." 사람들은 「카리용 나시오날」의 멜로디와 함께 후렴으로 '사 이라, 사이라, 사 이라'를 끊임없이 불러 댔다.

「라 카르마뇰」은 뒤늦은 1792년에, 다시 말해 국민공회Convention nationale가 소집되고 왕이 검거된 뒤에 등장했지만 곧바로 대중적인 인기를 끌었고 「사 이라」와 함께 혹은 뒤섞여 불리곤 했다. 「사 이라」와 「라 카르마뇰」은 실제로 다른 종류의 가사들을 접목해 부르는 경우가 많았다.

「라 카르마뇰」은 오페라에도 등장했다. 앙드레 그레트리André Grétry는 단막 오페라 〈장미 왕관을 쓴 공화국 처녀La rosière républicaine〉(1794년)의 '가보트'에서 이 노래를 활용했다. 이 오페라는 원래 종교적인 성격을 지닌 '장미 왕관을 쓴 처녀의 축제'가 '덕목'과 '이성'의 축제로 변신하는 과정을 상징적으로 묘사한 작품이다. 그레트리는 가보트에서 사제들이 '우아하게' 춤을 추는 동안 농부들이 "카르마뇰을 춤추자"라고 외치는 장면을 연출한다. 교구 신부는 무릎을 꿇고 애원하지만 농부들은 들은 척 만 척 춤 추기 시작하고 결국에는 교구 신부도 상 퀼로트*가 되어 농부들과 함께 춤을 추는 장면이 전개된다. 여기서 그레트리는 구체제를 상징하는 우아하고 귀족적인 '가보트'가 통속적이고 대중적인 '카르마뇰'로 갑작스레 변화하는 모습을 통해 아주 간단하면서도 효과적인 방식으로 혁명적 단절을 묘사하는 데 성공한다.

그레트리의 작품은 주로 낭송과 아리아가 포함된 음악으로 구성되며 혁명적인 주제를 다루거나 상징적인 대조를 위해 그리스와 로마의 역사적 일화들을 주제로 다루던 오페라들 가운데 하나였다. 이러한 오페라들의 정치적이고 '전투적인' 성향은 제목에서부터, 예를 들어 「민중의 각성Le reveil du peuple」, 「진정한 상 퀼로트Les vrais sans coulottes」, 「늑대와 어린양Les loups et les brebis」 같은 표현에서 그대로 드러난다.

언급을 피할 수 없는 또 하나의 노래는 1792년에 등장한 「라인강의 부대를 위한 군가Chant de guerre pour l'Armée du Rhin」다. 바로 이 노래를 바탕으로 프랑스의 국가 「라 마르세예즈」가 탄생했다. 하지만 「라 마르세예즈」는 프랑스 국가일 뿐 아니라 세계적인 차원에서 자유와 민주주의의 가치를 상징하는 노래이기도 하다.

1792년 4월 29일 스트라스부르에서 처음 등장한 이 노래를 가장 먼저 불렀던 인물은 이 노래를 작곡한 클로드 루제 드 릴Claude Rouget de Lisle이라는 이야기가 전해지지만 사실은 스트라스부르의 시장 디트리히Philippe Friedrich Dietrich가 아내의 쳄발로와 루제 드 릴의 바이올린 반주에 맞추어 가장 먼저 불렀던 것으로 보인다. 전시에 애국심을 고취하기 위해 쓰인 「라인강의 부대를 위한 군가」는 헌법주의자였던 작곡가의 순수한 의도를 뛰어넘어 일찍부터 혁명을 상징하는 노래로 인식되었다.

이 노래는 먼저 라인강 부대의 병사들 사이에서 유행했지만 대중적으로는 큰 성공을 거두지 못했다. 하지만 마르세유에서의 상황은 달랐다. 마르세유의 만찬에서 이 노래가 울려 퍼졌을 때 병사들이 느낀 것은 단순한 감동을 넘어서는 것이었

---

* 상 퀼로트sans coulotte는 귀족이 입는 퀼로트culotte라는 바지를 입지 않는다는 뜻이며, 그런 의미에서 '민중'을 상징하는 표현이다.

다. 마르세유의 병사들은 이 노래를 부르면서 파리를 향해 진군했고 7월 30일 튈르리Tuileries궁을 포위했을 때에도 이 노래를 불렀다. 이 노래가 「라 마르세예즈」, 즉 '마르세유 병사들의 노래'라는 이름으로 불리게 된 것도 바로 이 때문이다.

물론 오늘날 우리가 알고 있는 「라 마르세예즈」와 원래의 노래 사이에는 커다란 차이가 있다. 원곡은 사실상 스트라스부르의 시장 아내의 작품이었다고 볼 수 있다. 뛰어난 음악적 재능의 소유자였던 마담 디트리히가 제시했던 노래는 밴드나 합창에는 어울리지 않는 까다롭고 기교적인 측면을 지니고 있었다. 이어서 조금 색다른 유형의 노래를 제시했던 인물은 고세크다. 그는 리듬과 가사의 운율을 고려해 멜로디를 좀 더 간단하게 다듬고 실내악적인 색채와 불필요한 장식음들을 제거하면서 원래의 노래를 더욱 단순하게 만들었다. 이어서 「라 마르세예즈」는 연주 시간 및 방식과 관련된 약간의 변형을 거쳐 지금의 프랑스 국가로 채택되었다. 가사도 수정을 거쳐서 원래의 노래와 지금의 가사를 비교하면 눈에 띄는 차이점들을 발견할 수 있다.

혁명기에는 작곡가들이 축제나 제례, 장례에 쓰이는 음악에 지대한 관심을 기울였다. 일찍이 1790년 7월 14일 프랑스혁명 기념일에 대대적인 축제가 열렸을 때부터 음악은 빼놓을 수 없는 중요한 요소였고 고세크가 작곡한 「테 데움」이 마르스 광장에 울려 퍼졌다. 1791년 7월 11일 볼테르의 시신을 팡테옹으로 이장하는 행사에는 더 이상 종교적인 성격의 음악이 아니라 공화국의 이미지가 더 분명하게 드러나는 세속적인 성격의 음악, 예를 들어 고세크의 '영웅 찬가'적인 음악이 등장했다. 두 번째 맞이한 혁명 기념일에는 더 이상 사제들이 나타나지 않았고 「테 데움」도 연주되지 않았다. 그 대신에 고세크의 '7월 14일 찬가'가 다시 울려 퍼졌다. 전례나 축제를 위해 곡을 썼던 이들에는 고세크 외에도 주세페 캄비니Giuseppe Cambini, 루이지 케루비니Luigi Cherubini, 샤를시몽 카텔Charles-Simon Catel, 에티엔 니콜라 메윌Étienne Nicolas Méhul 등이 있다.

축제와 행사에 참여하는 수많은 사람들에게 감동적이고 효과적인 음악을 선사해야 한다는 요구가 결국에는 음악의 전반적인 발전을 가져왔고 무엇보다도 기악의 규모를 변형시키는 데 크게 일조했다. 변혁의 주역은 무엇보다도 관악기였고 이러한 변화는 결국 근대적인 밴드를 형성하는 데 결정적인 역할을 했다.

　이 시기에 행사나 축제를 위해 쓰인 곡들은 대부분 수사적이고 기교적인 성격을 띠었지만 오늘날에 와서 몇몇 작품들은 음악적으로 상당히 높은 수준과 흥미로운 특징들을 지닌 것으로 재평가되었다. 이들 가운데 특별한 주목을 요하는 작품은 케루비니의 「오슈 장군의 죽음을 기리는 장송곡Hymne funèbre sur la mort du general Hoche」이다. 라인강 부대를 지휘하던 오슈Louis Lazare Hoche 장군은 1797년 스물아홉 살의 젊은 나이로 세상을 떠났다. 총재정부는 나폴레옹에 대적할 수 있는 유일한 인물로 평가받던 오슈의 시신을 파리로 옮겨 와 마르스 광장에서 장엄한 장례를 거행했다.

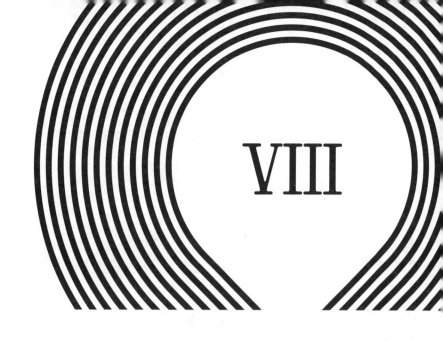

VIII

이성의 그림자에서
칸트의 사유까지

La filosofia
e le sue storie

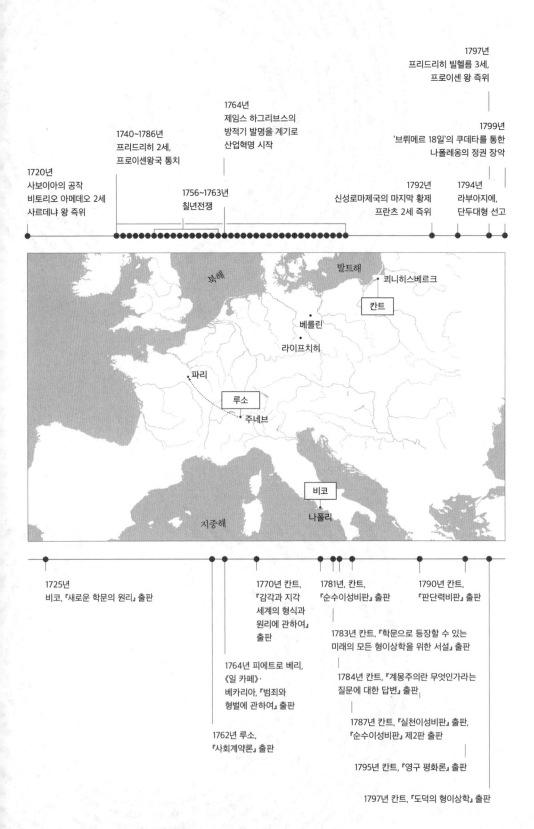

1720년
사보이아의 공작
비토리오 아메데오 2세
사르데냐 왕 즉위

1740~1786년
프리드리히 2세,
프로이센왕국 통치

1756~1763년
칠년전쟁

1764년
제임스 하그리브스의
방적기 발명을 계기로
산업혁명 시작

1797년
프리드리히 빌헬름 3세,
프로이센 왕 즉위

1799년
'브뤼메르 18일'의 쿠데타를 통한
나폴레옹의 정권 장악

1792년
신성로마제국의 마지막 황제
프란츠 2세 즉위

1794년
라부아지에,
단두대형 선고

북해

발트해

쾨니히스베르크

칸트

베를린

라이프치히

파리

루소

주네브

비코

나폴리

지중해

1725년
비코, 『새로운 학문의 원리』 출판

1770년 칸트,
『감각과 지각
세계의 형식과
원리에 관하여』
출판

1781년, 칸트,
『순수이성비판』 출판

1790년 칸트,
『판단력비판』 출판

1783년 칸트, 『학문으로 등장할 수 있는
미래의 모든 형이상학을 위한 서설』 출판

1764년 피에트로 베리,
《일 카페》·
베카리아, 『범죄와
형벌에 관하여』 출판

1784년 칸트, 『계몽주의란 무엇인가라는
질문에 대한 답변』 출판

1762년 루소,
『사회계약론』 출판

1787년 칸트, 『실천이성비판』 출판,
『순수이성비판』 제2판 출판

1795년 칸트, 『영구 평화론』 출판

1797년 칸트, 『도덕의 형이상학』 출판

18세기는 의심할 여지없이 계몽주의의 도래와 확산이 지배했던 세기다. 계몽주의는 이성의 빛이라는 공통분모를 가졌지만 프랑스의 문화적 영향력이 미치지 않는 곳에서는, 예를 들어 이탈리아나 독일에서, 상당히 다양한 형태로 발전하는 양상을 보였다. 아울러 18세기는 잠바티스타 비코가 역사주의의 도래를 예고했던 세기다. 낭만주의를 지배하게 될 역사주의는 인간사의 모든 사건을 역사 속의 구체적인 순간과 환경을 토대로 이해하려는 경향을 말한다. 18세기에 학자들은 숭고의 미학처럼 신고전주의의 영향에서 벗어난 미적 경험에 관심을 기울이기 시작했다. 17세기에 시작된 정념과 감정에 대한 성찰은 18세기에 들어와 인간의 영혼이 지니는 가장 어둡고 모호한 면을 파고들기 시작했다. 대표적인 인물은 루소와 사드 백작이다. 이러한 정황에서 칸트의 사상은 이전 세기와 새로운 세기를 연결하는 고리 역할을 했다고 볼 수 있다. 물론 이는 칸트가 단순히 구세대의 철학이 다루었던 문제들에 새로운 관점을 제시했기 때문이라기보다는 철학사의 흐름 자체를 근본적인 차원에서 바꾸어 놓았기 때문이다. 그런 의미에서 19세기에 이루어진 중요한 철학 논쟁들은 오로지 칸트의 철학에 대한 답변으로서만 이해될 수 있다.

　칸트의 말대로, 그가 제안했던 것은 사유의 코페르니쿠스적인 혁명이었다. 코페르니쿠스가 태양이 지구와 다른 별들의 주변을 맴돈다는 기존의 생각을 뒤엎고 태양이 오히려 행성계의 부동의 중심이라는 우주관을 제시했던 것처럼 칸트는 지식의 기반을 인식의 대상이 아닌 인식의 주체로 정초할 것을 제안했다. 인식의 주체가 주체와 별개로 존재하는 형태와 법칙들을 어떻게 이해할 수 있는가라는 문제는 칸트를 통해 인식의 주체가 이러한 형태와 법칙들을 어떤 식으로 다루는가의 문제로 변한다.

하지만 우리는 칸트를 인식 주체인 '나'의 입법자적 활동을 우선시하며 외부적인 현실을 무효화하는 절대적 주관주의의 신봉자로 이해하는 우를 범하지 말아야 한다. 19세기에 만연했던 이러한 통속적이고 편파적인 칸트 해석을 바탕으로 마티우시Guido Mattiussi라는 성직자가 펴낸 『칸트의 독약 *Il veleno kantiano*』은 인간 지성의 입법자적 활동을 부인하는 모든 사실주의자에게 일종의 바이블로 간주되곤 했다.

칸트가 실제로 의도했던 것은 오히려 객관적으로 확실한 지식의 가능성을 정립하고 보장하는 것이었다. 칸트는 '관념주의'가 가리키는 것이 사고 주체 외에 또 다른 실재들이 존재하지 않으며 사물들은 인식의 주체가 떠올리는 이미지에 지나지 않고 이 이미지에 어떤 외부적인 대상도 실제로는 상응하지 않는다는 견해라면, 관념주의 철학은 우리의 정신활동 바깥에 존재하는 현실 세계, 즉 우리의 경험을 통해 감지되는 현실을 인정하면서 출발하는 만큼 사실상 관념적이라고 볼 수 없다는 점에 주목했다.

칸트는 경험적 직관과 개념들의 존재에 대해 의혹을 품지 않았다. 칸트가 말하는 정신의 초월적인 활동은 오로지 직관들 사이의 관계를 대상으로만, 아울러 우리의 지각 활동이 아니라 학문적인 성격의 복잡한 문제들과 연관되는 보편적인 법칙들을 대상으로만 이루어질 뿐이다.

따라서 칸트의 초월주의는 세계에 대한 우리의 즉각적인 경험을 의심하지 않는다. 이 점을 이해하지 못하면 칸트의 철학 체계는 모두 불가해한 것으로 남는다. 칸트는 인간이 자신의 지성을 다스리는 행위가, 그것이 불가능할 경우 서로 무관한 것으로 남을 수밖에 없는 다양한 경험적 정보에 형태를 부여한다고 주장했을 뿐이며, 바로 여기에 그가 말하는 사유의 코페르니쿠스적인 혁명의 의미가 담겨 있다.

지식의 초월적인 형식들은 직관이 제공하는 정보, 혹은 우리에게 경험적 현실을 보장하는 정보에 적용된다. 감각적인 직관의 정보 없이 지성의 사유는 공허할 수밖에 없지만 지성의 활동 없이 직관은 장님의 그것과 다를 바 없다. 칸트의 지식 이론은 건물을 지을 때 벽돌들이 서로 지탱할 수 있도록 만드는 아치 공법에 비유할 수 있다. 벽돌들은 하나의 공허한 틀에 불과한 아치라는 순수한 형식에 따라 배치되지 않으면 서로를 지탱하지 못한다. 이 공법은 그 자체로 불안정하다고 볼 수 있다. 아치를 구성하는 요소들 가운데 어느 하나라도 모자랄 경우 아치의 건축 자체가 불가능해지기 때문이다. 하지만 반대로 지극히 안정적이라고도 볼 수 있다. 왜냐하면 오로지 동일한 공법에 따를 때에만 아치의 구조를 지탱할 수 있으며 아울러 다른 벽돌로 다른 곳에서도 또 다른 아치를 안정적으로 만들 수 있기 때문이다. 칸트는 이러한 특징이 바로 지식의 보편적인 객관성을 보장해 준다고 생각했다. 당연히 이 모든 것은 지식의 초월적 형식들이 바로 지성의 불변하는 요소, 즉 시간과 공간의 변화에 따라 함께 변하지 않는 요소라는 것을 전제로 한다. 그런 의미에서 칸트의 이론은 상대주의의 의혹으로부터 벗어나 있다.

그러나 칸트가 경험적 직관과 이것의 정당성 문제를 완벽하게 해결했던 것은 아니다. 그런 차원에서 자신의 인식론을 보완하고 수정하기 위해 쓴 책이 바로 『판단력비판』이다. 칸트가 제시했던 논제들은 오늘날에도 인지론 분야에서 여전히 탐구 대상으로 주목받고 있다.

1

17세기와 18세기 사이의 비코

1.1   한 철학자의 지적 일대기

잠바티스타 비코Giambattista Vico는 1668년 6월 23일 나폴리에서 태어났다. 그의 삶과 저서들에 관한 대부분의 정보를 제공하는 그의 『자서전 *Autobiografia*』(1728년)은 비코의 지적 여정을 재구성하기 위한 귀중한 문헌일 뿐 아니라 문학 장르의 차원에서 뒤이어 등장하는 유사한 형태의 자서전 저자들에게 표본이 되었던 작품이다. 그의 아버지 안토니오는 조그만 책방을 경영했다. 비코는 사립 문법학교를 다니다가 1680년 예수회 대학에 입학했지만 머지않아 학업을 중단하고 독학으로 마누엘 알바르스Manuel Álvares의 문법학, 페드루 이스파누Pedro Hispano(교황 요한 21세)와 파올로 베네토Paolo Veneto의 논리학 저서들을 공부했다. 이어서 나폴리 대학 법학과에 입학했지만 그의 관심은 일찍부터 철학으로 기울기 시작했다. 1686년에는 이스키아Ischia의 주교 제로니모 로카Geronimo Rocca가 제안한 가정교사직을 수락하면서 칠렌토Cilento의 조그만 마을 바톨라Vatolla에서 주교의 조카들을 가르치기 시작했다. 이 외딴 마을에서 지내는 동안에 키케로, 베르길리우스, 호라티우스, 단테의 작품들을 읽고 해석하며 고전 철학을 섭렵했다. 비코는 법학에 매진하면서도 문학, 문헌학, 철학 공부를 게을리하지 않았다. 학위를 수여받은 뒤 가정교사를 그만둔 비코는 나폴리 대학의 법학 교수가 되기 위해 지원했지만 실패했고 이어서 수사학 교수로 임명되었다. 우리가 그의 초기 저작에 관한 정보를 가지고 있는 것은 그가 대학에 몸담은 동안 해마다 학기의 시작을 알리는 기념 강의를 맡았기 때문이다. 1698년과 1708년 사이에 이루어진 비코의 강의는 『개강 연설 *Orazioni inaugurali*』이라는 제목으로 총 여섯 권이 전해진다. 비코는 『자서전』에서 이 강의록들의 주제를 다음과 같이 요약했다. "첫 세 권은 주로 인간의 본성에 유익한 주제들을 다루며 나머지 두 권은 정치적인 주제, 여섯 번째 책은 그리스도교를 다룬다."

  1708년 후부터 비코는 인간 세계의 형이상학을 구축하는 데 관심을 쏟았고 이를 위해 야심 찬 철학적 체계를 구상했다. 비코는 신, 세계, 인간에 대한 그의 생각들을 구체적으로 정리한 세 권의 책 '형이상학', '물리학', '윤리학'을 바탕으로 자신의 철학을 체계화할 계획이었다. 하지만 이러한 계획이 구체적인 결실로 나타난 1710년의 『이탈리아인들의 태고의 지혜 *De antiquissima italorum sapientia*』에는 '형이상학'만 실려 있고 나머지 두 권의 책은 흔적을 찾아볼 수 없다. 이어서 비코의 철학은 점점 더 인류의 기원과 발전 과정을 탐구하는 방향으로 나아갔고 그의 인류학적 철학은 『보편적 법률 *Diritto universale*』(1722년)을 통해 한층 완성된 단계에 도달했다. 비코는 1724년 말에 『부정적 형식의 새로운 학문 *Scienza nuova in forma negativa*』이라는 책을 완성했지만 경제적인 어려움으로 인해 출판에 실패했고 원고도 소실되고 말았다. 하지만 비코는 같은 내용을 요약본 형식으로 다시 집필한 뒤 1725년에 자비를 들여 『새로운 학문의 원리 *Principi di una scienza nuova*』라는 제목으로 출판했다. 이 책의 두 번째 판본은 대략 4개월간의 집중적인 보완 작업을 거친 뒤 1730년에 빛을 보았다. 비코는 나폴리의 왕궁 역사학자로 임명받은 1735년부터 세 번째 판본을 위한 추가 집필을 시작했고 1743년에 수정과 보완 작업을 거쳐 출판을 위한 마지막 단계에 돌입했지만, 최종판이 출판되는 것을 보지 못하고 1744년 1월 23일 밤늦게까지 원고를 검토하다가 세상을 떠났다. 『새로운 학문의 원리』의 최종판은 비코의 사망 6개월 뒤인 1744년 7월에 출판되었다.

1.2   형이상학과 역사

비코의 모든 저서에는 그의 철학적 핵심 주제가 반영되어 있다. 비코는 인간이 자연 세계의 진실에 근접할 수 없으며 이는 신의 창조 행위를 통해서만 가능하다고 보았다. 반면에 인간이 습득할 수 있는 것은 세계에 대한 역사적 지식이었다. 비코의 지식 이론이 소개되는 『이탈리아인들의 태고의 지혜』에서 부각되는 것은 진실과 사실의 관계라는 관점이다. 비코는 "최초의 진실"이 신, 즉 "최초의 사실을 만든 자"에게서 발견된다고 주장하면서 신의 정신에 무한한 지적 능력을 부여한 뒤 인간의 정신이 지니는 차이점을 다음과 같이 설명했다. "신은 사물들의 모든 요소를 취한다. 그것이 외면적이든 내면적이든 그것을 내포하는 동시에 배포한다. 반면에 인간의 정신에는 한계가 있고 정신과 일치하지 않는 다른 모든 것이 정신의 바깥에 위치하는 만큼, 인간은 사물들의 극단적인 요소들을 무질서하게 나열하기만 할 뿐 결코 체계화하지 못한다. 인간은 이성에 참여하지만 그것을 지배하지는 못한다."(『이탈리아인들의 태고의 지혜』) 그렇다면 인간의 정신은 인간이 스스로 일으키거나 만들어 낸 사건이나 사실들의 영역에 한해서 체계적인 지식 체계를 구축할 수 있다. 비코에 따르면, "학문은 무언가가 이루어지는 방식 내지 유형에 대한 지식이다. 이 지식을 도구로 정신은 무언가의 요소들이 구성되는 방식을 이해하는 동시에 그것을 만들어 낸다."(『이탈리아인들의 태고의 지혜』)

비코의 이론적 가설이 지니는 가장 심오한 의미는 바로 여기에 있다. 이는 간략하게 "진실verum과 사실factum의 호환성"이라는 표현으로 요약될 수 있다. 비코에 따르면, 인간의 지적 대상인 진실은 인간이 이해하고 만들어 내는 것과 호환될 수 있다. 인간의 이성이 진실을 이해하는 것은 오로지 진실을 생산해 낸다는 차원에서만 가능한 일이다. 인간이 언어적 창조와 역사적 경험 속에서 개념적으로 구축하는 모든 것을 인식할 수 있고 참으로 간주할 수 있는 것은 인간 스스로가 그것을 만들어 냈기 때문이다. 신성한 진실의 절대적인 침투 불가능성으로부터 유래하는 것이 바로 인문학에 의해 생산된 진실을 인식하는 데 필요한 규범의 사유 가능성이다. 그런 식으로 육체와 영혼, 지성과 의지, 형상과 운동, 실재와 **하나**Uno의 구분으로부터 형이상학, 수학, 기하학, 역학, 의학, 논리학, 윤리학 같은 지식의 다양한 분야들이 유래한다. 인간은 지식을 탐구할 때 자신의 정신적 한계와 신성한 진실의 침투 불가능성을 분명히 인식한 상태에서 출발한다. 인간이 활용할 수 있는 방법은 추상화이며 예를 들어 추상화를 통해 기하학과 수학의 '점'과 '1'을 상상할 수 있다(같은 책).

　"진실과 사실의 호환성" 원리는 비코의 데카르트 비판과도 직결된다. 비코의 반反데카르트주의는 비코의 철학에서 상식이 차지하는 중요성과 상식의 배경을 구축하는 개연적인 세계 및 인간의 생산적인 세계에 대한 고찰을 중심으로 전개된다. 다름 아닌 『이탈리아인들의 태고의 지혜』에서 비코는 명백한 관념을 기반으로 구축되는 데카르트적인 '진실'의 개념을 비판하며 그 이유를 설명했다. 비코는 "진실과 사실의 호환성" 혹은 인간적인 진실의 기준이 "그것을 만들었다는 데 있다는" 점을 고려할 때 관념이 단순히 명백하다는 이유 하나만으로는 진실의 기준으로 채택될 수 없다고 주장했다. 비코에 따르면, 결과적으로 "우선적인 진실"의 형이상학, 다시 말해 모든 학문을 구성하는 "부차적인 진실들"의 기원이며 모든 "의혹에서 자유로운" 데카르트적인 진실의 형이상학 역시 결국에는 교리주의뿐만 아니라 회의주의가 필연적으로 수반하는 모순으로부터 헤어나지 못한다. 반면에 비코의 형이상학은 최초의 진실이 신성한 진실이라는 점, 즉 모든 종과 모든 원인의 무한한 세계를 내포할 수 있는 진실이라는 점을 의심하지 않는다. 비코는 인간이 이러한 신의 무한한 세계에 접근할 수 없는 만큼, 진실의 기준을 다름 아닌 그것의 현실화에서 찾을 수밖에 없다는 사실을 인정할 필요가 있다고 보았다. 비코가 분명하게 언급한 것처럼, 그의 형이상학은 "인간의 사유가 지니는 고유의 약점을 충분히 감안한 형이상학", 즉 가능한 모든 지식의 총체적 검토를 시도하는 형이상학이 아니라 오로지 인간에 의해 생산된 지식만을 다루는 형이상학이었다.

갈릴레이의 근대적인 학문 개념을 수용한 학자답게, 비코는 다름 아닌 인간의 지식이 지니는 한계가 실험적 물리학에 필요한 법칙의 기반이며 이는 이 법칙을 바탕으로 우리가 적절한 실험을 통해 재생과 확인이 가능한 것만을 진실로 인식하기 때문이라고 설명했다. 형이상학이 비코의 철학에서 중요한 이유는 그것이 바로 '인간 정신'의 형이상학이기 때문이다.

앞서 언급한 것처럼, 비코가 말하는 인간의 정신은 신에 의해 창조되었지만 완전하거나 결정적인 성격은 조금도 지니지 않는다. 인간의 정신은 오히려 부정형과 잠재력의 세계를 표상한다. 그런 의미에서 핵심적인 역할을 하는 것이 바로 역사의 역할이다. 인간은 절대적인 진리를 깨달을 수 없지만 역사를 통해 인간의 의식에 내재하는 변화의 가능성과 정신 속에서 세분화되는 이 변화 자체의 구도를 깨달을 수 있다. 그런 식으로 정립되는 것이 바로 "영원하고 이상적인 역사"의 개념, 즉 비코가 『자서전』에 기록한 것처럼, "인간적인 앎과 신성한 앎을 모두 통합하는 원리"의 개념이다.

비코의 "영원하고 이상적인 역사"가 결국 관념들의 역사라면, 이는 역사를 선험적으로 존재하며 이미 결정되어 있는 형이상학적 관념의 세계로 축약할 수 있다는 것을 의미하는 것이 아니라 이 '역사'가 오로지 사회와 역사를 창조적으로 움직이는 인간의 "정신에 의해 구축된" 관념들의 역사라는 것을 가리킬 뿐이다.

1.3   문헌학, 철학, 정치학 사이에서 태어난 '새로운 학문'

영원불멸의 본질에 집착하던 전통 형이상학과의 모든 연관성을 단절해 버린 비코의 혁신적인 형이상학은 그가 『새로운 학문의 원리』에서 핵심 과제로 제시했던 '이성의 역사화'와 밀접한 관계가 있다. 비코의 형이상학은 "영원하고 이상적인 역사" 속에서 불변하는 관념들의 공간 대신 사회적 보편성(법률)의 비상하고 창조적인 존재 이유 및 인류의 문명화와 사회화의 형태로 나타나는 역사적 보편성을 발견하고 시적, 언어적 창조의 형태로 나타나는 창조적 보편성을 이론화하는 '인류의 형이상학'이다.

역사적 사건을 이해하려면 문헌학 분야의 보조적인 학문들, 예를 들어 고고학, 어원학, 연대기 등이 필요하지만 훨씬 더 중요한 것은 역사의 흐름을 역사적 정신의 이상적인 구조, 즉 시간이 흐르면서 인간의 삶과 사회의 변혁을 관통하는 자연적 질서의 구조와 조율하는 일이다. 그래야 비코가 말하는 "영원하고 이상적인 역사"의 본질적인 특징이 무엇인지, 아울러 이 역사가 비코의 혁신적인 형이상학 내부에서 수행하는 역할이 무엇인지 파악할 수 있다. 비코가 『새로운 학문의 원리』 1744년 판본 서두에서 독자들을 향해 의미심장하게 "무엇보다도 문화적인 요소들의 구도"를 제시하겠다고 밝히면서 강조했던 것은 이 책의 구체적인 연구 대상들, 즉 인류의 문명화 및 사회화 과정, 권위라는 개념의 생성 과정, 철학의 문화적인 기능 등이 지니는 중요성이었다. 일찍이 『새로운 학문의 원리』 1725년 판본 서문에서도 비코는 그가 다루려는 것이 "문명의 본질에 관한" 학문이며, 인류의 새벽이 종교로부터 시작했다면 인류가 성숙하는 과정은 결정적으로 학문과 과학과 예술을 필요로 하기 때문에 인간 사회의 문명화가 어느 정도 진행된 단계에서 출발한다고 분명히 밝힌 바 있다.

한편 비코가 『새로운 학문의 원리』 서두에서 책 전체의 내용을 개략적으로 소개하고 쉽게 기억할 수 있도록 제시하는 첫 페이지의 이미지와 이에 대한 해석적 설명을 살펴보면 그가 의도하는 것이 무엇인지 보다 분명하게 확인할 수 있다. 비코에 따르면, 그림 한가운데에는 추상적일 뿐만 아니라 상징적인 방식으로 '형이상학'이 '머리에 날개를 단 여인'의 모습으로 등장한다. 이 여인은 자연 세계를 상징하는 지구본을 딛고 서서 신의 눈이 발하는 '섭리'의 빛을 빨아들인다. 이 여인, 즉 '형이상학'은 자연 세계의 질서 위에 서서 신을 응시하는 것으로 그치지 않고 신의 섭리를 문명사회에 드러낼 목적으로 인간의 정신세계를 관찰한다. 여기서 비코는 인간의 삶과 역사에 신의 섭리가 개입하며 담당하는 역할을 부인하지 않는다. 하지만 이것이 곧 인간의 의지적 행위를 위한 고유의 공간이 존재할 수 없다는 것을 의미하지는 않는다. 바로 이 공간, 인간과 인간의 문명에 고유한 공간이 비코가 새로이 정초하려는 학문의 대상이다. 따라서 머리에 날개를 단 여인의 발밑에 있는 지구가 제단의 한쪽 모퉁이로 밀려나 있는 모습은, 비코에 따르면, 철학가들이 "신을 응시하면서 오로지 자연적 질서에 대한 신의 섭리만을 관찰함으로써 섭리가 지배하는 세계의 일부만을 증명해 보였다"는 것을 의미한다. 비코에 따르면, 이 일부가 "인간의 가장 고유한 부분"은 아니며 인간은 오히려 "본질적으로 사회적인 존재라는 특성"을 지닌다 (『새로운 학문의 원리』 1744년).

비코는 그런 식으로 인류의 문명화 과정에서 인간의 역사가 담당하는 역할의 중요성과 사회화 및 정치-법률적인 차원의 조직화가 지니는 중요성을 점점 더 명료하게 정립했다. 하지만 이 모든 것이 가능했던 것은『새로운 학문의 원리』를 기점으로 그의 철학은 일종의 '자연 없는 철학'이라는 점이 분명해졌기 때문이다. 이는 곧 철학의 관심 자체가 철학가들이 오랫동안 소홀히 하고 과소평가해 왔던 인간 세계와 인간의 역사로 기울기 시작했다는 것을 의미했다. '새로운 학문'의 기반을 이루는 원칙은 다름 아닌 인간에 의해 형성된 '문명사회'의 확실성이었고, 철학은 더욱 풍부해진 문헌학적 방법론을 바탕으로 드디어 '인간이 구축한 진실들'의 탐구에 매진할 수 있었다. '원칙들'을 다루는 장에서 비코는 그가 "절대로 의혹의 대상이 될 수 없는 진실"에 대해 이야기할 때 가리키고자 하는 것이 다름 아닌 인간적 행위의 산물인 문명사회라는 점을 분명히 밝히는 동시에 근대에 이르기까지 철학이 이러한 진실의 결과들을 발전시키는 데 아무런 역량도 발휘하지 못했다는 점을 지적했다. "곰곰이 생각해 보면 누구든 놀라지 않을 수 없는 것은, 신이 만들었기 때문에 신만이 알 수 있는 자연 세계를 모든 철학가들이 학문의 대상으로 그토록 진지하게 탐구해 왔던 반면 정작 인간이 만들었기 때문에 인간이 학문적으로 깨달을 수 있는 국가들의 세계, 혹은 문명사회에 대해서는 모든 철학가들이 성찰을 게을리해 왔다는 사실이다."(같은 책 1744년)

비코는 반대로 "역사의 진정한 요소들을 발견하는" 것이 가능하며 이러한 요소들은 역사와 무관한 보편적 정신에 의해 불변하는 진실로 주어지는 것이 아니라 다름 아닌 인간의 본성을 토대로 추적할 수 있을 뿐이라고 생각했다. 앞서 언급한 것처럼, 비코의 "영원하고 이상적인 역사"는 문명사회의 역사적 시간과 분리될 수 없는 성격의 개념이다. 비코에 따르면, 오로지 인간의 본성으로부터 관습이, 관습으로부터 정부가, 정부로부터 법률이 유래하며 법을 바탕으로 '문화적 색채'와 민족들의 삶을 결정짓는 특징들이 형성된다. 이 모든 것은 분명히 신의 섭리에 의해 조정되지만 비코의 '새로운 학문'이 "신성한 섭리의 합리적이고 문화적인 신학"으로 정의될 수 있는 것은 다름 아닌 인간의 본성을 토대로 성립되며 정치-사회적 문명화의 형태로 구체화되는 역사의 특징들을 바탕으로 구축되기 때문이다.

비코의 의도는 신의 섭리가 세계 안에서 실현되는 형식의 보편성을 부정하거나 이를 또 다른 유형의 보편성으로 대체하는 데 있지 않았다. 중요한 것은 오히려 인간 세계에 고유한 보편성을 발견하는 일이었고 비코는 이를 이해하기 위해 물리학이나 형이상학과는 전혀 다른 유형의 인식 도구들이 필요하다고 보았다. 비코가 발견했다고 믿었던 "새롭고 위대한" 역사의 세계는 오로지 자연 세계에만 관심을 기울이던 물리학자들과 세계를 형이상학적인 관점에서만 성찰하던 철학자들이 아무런 관심도 기울이지 않았던 세계다.

문명사회의 발견

유럽적 의식의 위기

근대 초기에만 해도 유럽에서는 인간의 공동체가 위계적인 질서를 바탕으로 형성된다는 생각이 지배적이었고 이 공동체의 존립 자체가 신의 섭리에 좌우된다는 생각이 적어도 18세기까지는 상당히 일반적인 견해로 인식되었다. 통치자들이 나라를 다스리는 것은 '신의 섭리'였고 백성들은 통치자에 대해 복종의 의무를 지니는 영원한 예속 상태의 존재였기 때문에 통치자에게 해를 가하는 일은 일종의 부친살해나 마찬가지로 간주되었다. 하지만 이러한 고정관념은 프랑스 학자 폴 아자르Paul Hazard가 "유럽적 의식의 진정한 위기"라고 평가했던 상황, 즉 17세기와 18세기 사이에 일어난 문화 개혁과 사고방식의 급진적인 변화를 통해 무너지기 시작했다.

이러한 변화를 초래하는 데 나름대로 중요한 역할을 했던 요인은 두 번에 걸친 잉글랜드 혁명, 즉 찰스 1세의 폐위와 처형이라는 결과로 이어진 잉글랜드 혁명(1640년~1649년)과 제임스 2세의 폐위 및 윌리엄 3세 즉위와 권리장전 선언으로 이어진 이른바 명예혁명(1688년~1689년)이었다. 하지만 계몽주의 문화와 정치 구도에 커다란 영향을 끼치면서 보다 결정적인 역할을 했던 것은 유럽 사회 전체를 뒤흔들기 시작한 경제구조의 변화, 다시 말해 봉건사회의 붕괴 이후에 정립되기 시작한 새로운 사회구조와 국제관계 및 교역의 활성화가 가져온 시장경제의 탄생과 부동산의 상품화 현상이었다. 교역의 활성화는 아울러 그리스도교 세계와 판이하게 다른 구조와 풍습을 지닌 이방 민족들에 대한 정보와 관심이 급증하고 인류가 야만 상태에서 문명사회로 발전하는 방식과 과정에 대한 지적 관심이 증가하는 현상으로 이어졌다.

시간이 흐르면서 아리스토텔레스적인 '정치공동체'는 사실상 사회 구성원들의 존재와 활동이 모두 반영된 것은 아니라는 생각이 대두되었고 지식인들은 공동체의 결속 원리들 가운데 국가체제를 유지하기 위한 강제적인 성격의 제도들 외에도 특정한 공통 관심사나 연대감 같은 요인들이 존재한다는 사실에 주목하기 시작했다. 아울러 경제이론의 발전과 중농주의 이론의 등장은 생산성을 체계화할 수 있는 가능성을 열어 주었다. 생산성 자체는 물리적인 세계와 크게 다르지 않아서 일련의 법칙에 의해 지배되며 자연법에 위배되지 않는 이상 이러한 법칙들을 토대로 번영을 보장하는 정치경제학적 체계를 구축할 수 있다는 것이었다. 이처럼 자연법 사상으로부터 도출된 새로운 결과들은 자연의 모든 변화가 신의 의지에 좌우된다고 보는 교부철학과 스콜라철학의 잠재적인 결과에 비해 상당히 혁신적이었다.

16세기는 물론 17세기 초반에만 해도 교부철학과 스콜라철학이 여전히 지배적인 위치를 점하고 있었지만 자연법주의자 휘호 흐로티위스(1583~1645년)는 일찍이 『전쟁과 평화의 법에 대하여』에서 "신조차도 2의 두 배는 4라는 것을 부인할 수 없으며 본질적으로 사악한 존재를 악에서 벗어나게 할 수 없는 만큼" 자연법칙은 "올바른 이성"에서 유래하는 것으로 보아야 한다고 주장했다. 이처럼 '자연법'은 더 이상 초월적인 질서에 의존하지 않는 새로운 개념으로 발전했고 만민법ius gentium을 바탕으로 하는 법적 휴머니즘의 전제들을 발전시키면서 사회 내부의 인간관계는 우선적으로 자연적인 상호 의무 관계에 의해 결정된다는 생각을 정립시키기에 이르렀다. 아울러 강제적인 성격의 제도적 체제에 종속될 수 없는 유형의 인간관계, 즉 자율적으로 규칙을 생산하고 적용하는 경제적 관계에 주목하면서 사회적인 관계의 영역은 정치적인 관계의 영역과 다르며 문명사회는 정치사회와 다르다는 생각이 대두되었다. 미국의 혁명이론가 토머스 페인(1737~1809년)이 주목한 것처럼 "사회는 우리의 필요에 의해, 국가는 우리의 악의에 의해 창조되는" 성격을 지니고 있었다.

스코틀랜드 르네상스

특별히 주목해야 할 것은 1700년대 후반에 특히 스코틀랜드에서 문명사회에 대한 새로운 생각들이 가장 완성된 형태로 정립되었다는 점이다. 1745년 자코바이트의 난이 하일랜드의 낡고 뒤처진 공동체에 심각한 피해를 입히고 전통문화의 종말을 가져온 뒤 스코틀랜드는 새로운 체제와 제도를 마련하면서 빠른 속도로 발전하기 시작했다.

농업혁명과 토지개혁을 통해 에든버러의 남동부 지역이 비옥한 땅으로 변신했
고 1707년 스코틀랜드 왕국과 잉글랜드 왕국의 정치적 합병Acts of Union이 이루어진
뒤에는 글래스고를 중심으로 시작된 아메리카 대륙과의 무역이 담배와 목화 산업
을 부흥시키는 데 결정적인 역할을 했다. 경제발전 및 주요 도시들의 발전과 함께
새로운 문화가 꽃피기 시작한 이 시기를 흔히 '스코틀랜드 르네상스'라고 부른다.
스코틀랜드의 문예부흥은 애덤 스미스가 교수로 있던 글래스고 대학, 그리고《에
든버러 리뷰》가 출판되던 수도 에든버러를 중심으로 발전했다.《에든버러 리뷰》의
집필에는 애덤 스미스를 필두로 데이비드 흄, 윌리엄 로버트슨William Robertson, 로드
케임스Lord Kames, 존 밀러John Millar, 애덤 퍼거슨Adam Ferguson 등이 참여했다. 이탈리
아의 역사학자 델리오 칸티모리Delio Cantimori에 따르면, 이들은 "대부분이 대학에
서 관복을 입고 펜을 든 교수들이었고, 스코틀랜드의 애국자들인 동시에 공통 관
심사에 대한 의견을 교환하기 위해 긴밀한 관계를 유지하던 학자들이었다. 이 철학
자들과 학자들이 주고받은 서간문에서 확인할 수 있듯이, 이들은 관심사와 활동
면에서 하나로 뭉쳐 있었다".

　글래스고 대학은 대륙 문화, 특히 프랑스 및 네덜란드 문화와 긴밀한 관계를 유
지하면서 1600년대 말부터 경제학과 정치학을 학과목으로 도입하는 데 성공했다.
에든버러 대학과 함께 스코틀랜드의 학문을 활성화하는 데 크게 일조했던 글래스
고 대학은 무엇보다도 농경과 산업의 발전을 위해 중요했던 화학 분야에서 두드러
진 성과를 이루어 냈다. 당시에 스코틀랜드에서 대학과 산업은 두 종류의 분리된
현실이었다고 보기 힘들다. 학자들은 깊은 관심을 표명하며 국가의 경제문제에 직
접 관여했고 사업가들 역시 고급문화와 학문이 그들의 활동에 끼칠 수 있는 긍정
적인 영향을 충분히 인식하고 있었다. 학자들과 사업가들이 도시의 클럽에 모여
경제문제 및 사회발전과 직결된 문제들을 두고 토론을 벌이는 것은 이 시기에 흔히
볼 수 있는 광경이었다. 이처럼 현실과 경험을 중시하는 스코틀랜드 학자들의 성향
은 현실에 대한 뚜렷한 인식과 사고의 구체적인 성격이 돋보이는 이들의 글에서도
분명하게 드러난다.

　사회학자이자 윤리학자였던 애덤 퍼거슨은 『시민사회의 역사에 관한 에세이An
Essay on the History of Civil Society』(1767년)에서 의미심장하게 "인간은 그들의 지식이 아니
라 그들이 실현하는 것으로 평가받아야" 하며 학자들은 "지식이 땀과 먼지 속에서
만 취득될 수 있는 만큼 사람들과 함께 행동해야" 한다고 기록했다. 퍼거슨에 따르

면, 결과적으로 "법률이 어떤 구체적인 효력을 발휘하며 자유를 수호한다면, 법률의 영향력은 법률 서적들이 수북이 쌓인 책꽂이의 영향력이 아니라 사실상 자유롭게 존재하기로 결심한 인간의 영향력이라고 보아야 한다."

한편 퍼거슨은 그의 가장 널리 알려진 저서 『도덕철학의 정립Institutes of Moral Philosophy』(1769년)에서 스코틀랜드 역사상 18세기에 특별히 극적인 방식으로 부각되었던 개인과 사회의 모순, 사적인 입장과 공적인 입장 사이에 존재하는 모순의 문제를 제기했다. 하지만 그는 동시에 인간이 "본능적으로 무리를 이루며 우정과 선의라는 동기를 바탕으로 사회적 행동을 취한다"고 보았다. 그만큼 인간이 서로의 번창을 무분별한 시선으로 바라보는 대신 고통만큼은 동정 어린 시선으로 바라본다는 것이었다. 퍼거슨에 따르면 개인의 행복과 그가 살아가는 공동체의 행복 사이에는 아주 밀접한 의존관계가 존재한다. 개인의 자유와 행복이 공동체의 이익과 양립할 수 없을 때에는 개인의 희생이 필요하지만 잊지 말아야 할 것은 개인의 행복이 바로 시민공동체의 가장 중요한 목적이라는 점이다. 그런 의미에서 공공의 질서는 동의를 바탕으로 확립되어야 한다. 퍼거슨에 따르면 "가장 행복한 국가는 국가 구성원들에게 가장 사랑받는 국가다."

사유재산과 문명화

애덤 스미스 같은 사상가들의 세계관에는 항상 윤리적인 차원이 존재한다. 하지만 사적인 차원과 공적인 차원의 구분을 실질적으로 가능하게 하는 것은 다름 아닌 사회구조의 분석이다. 사회와 경제에 관한 이 사상가들의 성찰에 완전한 자율성을 부여한 것은 바로 이들의 사고에 영감을 준 실용주의적인 원칙들이었다. 그런 의미에서 인류의 역사를 인간적인 필요의 역사로 간주했을 때, '소유'의 개념이 없는 원시 상태에서의 좀 더 발전된 상태로 성장하는 과정은 바로 사유재산이 "아직은 법에 의해 보장되지 않은 상태이지만 근심이나 욕망의 대상으로 인식되기 시작하면서" 전개되었다고 볼 수 있다. 바로 그런 차원에서 "사유재산은 진보의 요인이다." 사실상 "사유재산을 취득하거나 늘리는 일은 원대한 목표를 추구할 줄 아는 습관을 요구한다. 사유재산은 오랜 시간에 걸쳐 취득되며 실제로 기술과 산업이 발달한 나라들의 특징이기도 하다".

산업자본주의 여명기의 상인 사회에 등장한 새로운 의미의 '사유재산' 역시 이런 식으로 인식되었고 문명사회도 문명화의 역사가 지니는 여러 단계를 거쳐 형성되는 것으로 이해되기 시작했다.

사회계층의 점진적인 세분화 현상을 연구한 『계층 구분의 기원The Origin of the Distinction of Ranks』(1779년)의 저자 존 밀러에게도 역사의 원동력은 "차별화의 가장 큰 원인"인 사유재산이었다. 이는 곧 경제적 기반의 관찰을 통해 역사를 이해하는 것이 가능하다는 것을 의미했다. 단지 정치적 '권위'의 원리에 의해 보완되지 않는 이상 '유용성'이라는 원리만으로는 인간의 가장 우선적인 목표인 문화적 자유를 보장할 수 없다는 한계가 있을 뿐이다. 밀러에 따르면, "지식의 보급은 항상 유용성의 원리를 지속적으로 권장하고 이를 모든 정치 토론 분야에서 적극적으로 활용하도록 만든다. 하지만 그렇다고 해서 순수하게 정치적인 권위의 영향력이 지적 성찰과는 무관하다는 이유로 완전히 무용하다는 결론을 내려서는 안 된다."

밀러는 문명사회가 정치사회 없이는 존재할 수 없다고 보았다. 결과적으로 "우월한 인간의 기량"을 존중하는 자연적인 성향은 "사회의 질서와 체제를 확립하기 위한 자연스럽고 현명한 태도"로 간주될 수 있으며 이 '우월한 기량'은 오로지 고유의 한계를 뛰어넘어 독재와 억압의 도구로 쓰일 때에만 단죄의 대상이 될 수 있었다. 하지만 밀러는 이러한 단죄가 모든 종류의 도덕적 판단과 무관하다는 점을 강조했다. 즉 단죄는 사회의 발전에 해가 되는 경우에만 가능했다. 밀러가 모든 도덕적 판단을 거부하는 성향의 실용주의적인 평가 기준을 바탕으로 신랄하게 비판했던 것이 바로 노예제도다. 그에게 노예제도는 문화적 퇴보라기보다는 경제적 퇴보의 지표였다. 밀러에 따르면, "노예제도는 어떤 측면에서 고려하든 위험하고 해로울 수밖에" 없었다. 왜냐하면 인간은 원하는 일을 할 때 능동적이었기 때문이었다. 따라서 "개인의 자유를 보장하는 일은 한 국가의 구성원들을 더욱 능동적이고 생산적으로 만들며 이들의 삶을 더욱 풍요롭게 만들 수 있다. 인구와 노동력이 증가하면 국가의 안전도 더욱 확실해진다." 문명사회에 대한 이러한 생각을 좀 더 구체적으로 발전시켰던 인물들이 바로 헤겔과 마르크스다.

2

장자크 루소

2.1 청년기의 고난

장자크 루소는 1712년 6월 28일 주네브에서 태어났다. 루소의 어머니는 그가 태어난 지 며칠 뒤에 세상을 떠났고 장인으로 활동하던 그의 아버지 이삭은 경제적인 어려움 때문에 1722년 어린 루소를 친척에게 맡기고 해외로 이주했다. 루소는 어린 시절을 보내면서 플루타르코스와 스토아철학자들의 저서들을 비롯해 라틴어 고전들을 섭렵하는 데 몰두했다. 루소가 사회생활을 시작하면서 선택한 직업들은 상당히 보잘것없는 것들이었다. 공증인 밑에서 서기로, 판화가 밑에서 견습생으로 일한 뒤에는 드 베르셀리de Vercellis 백작 부인의 하인으로 채용되었고 이어서 드 구봉de Gouvon 백작의 비서로 일하기도 했다. 한곳에 정착하지 못하고 이곳저곳으로 옮겨 다닌 뒤에도 프랑스와 스위스를 오가며 방랑생활을 계속했고 생활비를 충당하기 위해 음악을 가르치기도 했다. 이 험난한 시절의 경험은 루소에게 대다수의 사람들이 피하지 못한 불행한 삶의 조건을 직접 체험할 수 있는 기회를 제공했다.

1732년부터 1740년까지 루소는 샹베리Chambery에서 그의 연인이었던 마담 드 와랑Madame de Warens과 함께 살았다. 하지만 그녀와의 관계가 소원해지면서 루소는 다시 방랑 생활을 시작했다. 파리에 머무는 동안 루소는 철학가들과 교류하며 프랑스의 수도 파리의 아름답고 세속적인 삶과 문화를 직접 경험했다. 1743년 가을 프랑스 대사 피에르프랑수아 드 몬테귀Pierre-François de Montaigu의 비서로 베네치아 생활을 시작한 루소는 이곳에서 경험한 난관을 계기로 프랑스 왕에게 보낼 일련의 외교문서들을 집필했다. 이 문서들을 바탕으로 확인할 수 있는 것은, 루소가 다름 아닌 베네치아에서 정치의 중요성을 깨달았고 바로 이 시기에 정치와 윤리의 관계에 대한 그의 기나긴 성찰이 시작되었다는 사실이다.

1745년 파리로 돌아온 루소는 콩디야크, 디드로와 교류를 시작했고 디드로의 의뢰로『백과사전』의 '음악' 관련 항목들을 집필했다. 1749년 루소는 디드로를 만나러 가던 도중 디종Dijon의 아카데미에서 개최한 비평 부문의 현상공모 소식을 접하면서 인생의 전환점을 맞이하게 된다. 아카데미에서 제시한 주제는 '학문과 예술의 부흥은 과연 도덕문화의 순화에 기여했는가?'였다. 세월이 한참 흐른 뒤 1762년 1월 12일 말제르브에게 보낸 편지에서 루소는 공모 소식을 접했던 바로 그 순간에 사회 비평과 세계관의 원칙에 대한 영감을 얻었다고 회상했다. 바로 그 순간에 "인간이 자연적으로 선하며 오로지 그가 받은 교육 때문에 악해진다"는 것을 깨달았던 것이다.

2.2 진보주의 비판

바로 이러한 생각을 토대로 루소는『학문과 예술에 관한 담론 *Discours sur les sciences et les arts*』,『인간 불평등 기원론』,『에밀』을 집필하면서 그만의 독창적인 사상을 발전시켰다. 루소가 디드로에게 용기를 얻어 공모에 응한 뒤 1750년 7월 9일 아카데미로부터 대상을 받은 논문이 바로『학문과 예술에 관한 담론』이다. 하지만 독창적이고 무모하게까지 느껴지는 루소의 논제는 아이러니하게도 계몽주의와 사실상 모순되는 주장을 담고 있었다. 그는 "학문과 예술이 완벽한 단계를 향해 발전할수록 우리의 영혼은 그만큼 타락했다"고 주장했다. 파격적으로 다가올 수밖에 없는 이러한 논제는 하지만 야망과 사치에 정의를 희생시키고 위선과 기만을 위해 선의를 재물로 삼는 '진보'의 논리를 도덕적이고 실증적인 측면에서 비판하기 위한 일종의 논리적 전제로 기능했다.

루소의 책이 출판되자 사람들은 그에게 비난을 퍼붓기 시작했다. 하지만 사람들의 몰이해는 오히려 루소가 자신의 입장을 변론하면서 그만의 주장과 비평을 더욱더 날카롭게 발전시킬 수 있는 기회를 제공했다. 예를 들어『백과사전』의 정치경제학 항목에서도 루소는 공동의 이익보다는 개인의 이윤을 중시하는 경향이 가져온 병폐들을 지적하면서 부의 공정한 배분을 우선 과제로 하는 세금 활용안과 시민들의 공공 교육을 기반으로 하는 사회개혁안의 필요성을 강조했다. 하지만 루소가 정치 비평의 핵심 주제들을 가장 완성된 형태로 제시하는 저서는 1753년 아카데미의 또 다른 현상공모에 참가하면서 집필한 뒤 1755년에 출판한『인간 불평등 기원론』이다.

루소의 비판 대상은 다양했다. 무엇보다도 근대의 자연법주의자들, 특히 홉스와 로크를 비판하면서 루소는 이들이 인간의 '자연 상태'와 '원래의 본성'을 묘사하면서 사실은 '문명화된' 인간, 수천 년에 걸친 역사의 산물에 불과한 인간을 제시했을 뿐이라고 지적했다. 루소는 자연법 이론가들이 "문명사회 내부에서 취한 생각들을 자연적인 것으로 꾸미면서 야만인에 대해 이야기하고, 그런 식으로 문명인을 칭송하며" 거시적인 관점에서 보았을 때 사실상 비난받아 마땅한 문명화라는 변천 과정에 절대적인 가치를 부여했다고 보았다. 루소가 인류의 자연적인 조건을 항상 가설과 추론의 형태로만 거론했던 것도 바로 그런 이유에서였다.

루소는 자연법주의자들의 주장과는 달리 '자연적 인간'이 성찰 능력과 상상력을 지니지 않았기 때문에 '영원한 현재'에 묶여 있으며 기초적인 욕구와 제한된 요구만을 지니는 아주 단순한 동물이라고 생각했다. 따라서 '자연적 인간'을 윤리적인 차원에서 판단한다는 것 자체가 모순이었다. 결과적으로 중요한 것은 폭력과 불공정함과 불평등의 기원을 설명하는 일이었다. 『인간 불평등 기원론』에서 루소는 불평등의 근거로 '완성 능력'을 지닌 인간의 독특한 성향, 즉 외부적인 자극을 통해 더욱더 발전하는 성향과 더욱더 복잡한 단계를 지향하는 인간관계의 복합성 등을 제시했다.

『인간 불평등 기원론』은 결국 근대사회의 '자연사'를 재구성하면서 오히려 근대사회 고유의 부정적인 특징들을 들추어냈다고 볼 수 있다. 루소는 모든 기술적인 '진보'에 발맞추어 증가하는 것은 인위적인 '필요'이며 여기에 타자의 존재를 위협으로 간주하는 경향이 뒤따르고 역할을 바탕으로 하는 사회계층의 구분 자체가 개인적인 이윤 추구를 위한 도구이자 불평등의 공모자로 기능한다고 보았다. 아울러 그는 '자연적인 인간'을 대체하며 '인간적인 인간'이 등장했고 동시에 사유재산제도가 도입되면서 기만과 폭력이 승리를 거두었다고 보았다. 루소에게 제도의 탄생은 사실상 일찍부터 존재하던 것들의 차별화에 지나지 않았고 불평등과 불의와 부패를 신성한 특징으로 내세운 변혁에 불과했다.

2.3 정치학 이론, 자율성, 보편 의지

자신의 저서와 주장을 향한 비난이 계속되던 시기에 루소는 『언어 기원론*Essai sur l'origine des langues*』(1755년~1761년)과 『쥘리 혹은 신엘로이즈』를 집필했다. 큰 인기를 끌었던 이 서간문 형태의 소설은 1760년에 출판되었고 주인공들의 연애와 여행, '이성적 혼인'에 집중된 줄거리에서 루소가 마담 두드토Madame d'Houdetot와 나누었던 플라톤적인 사랑의 관계를 엿볼 수 있다. 루소의 『공연에 관한 편지*Lettre sur les spectacles*』는 달랑베르가 볼테르에게 영감을 얻어 집필한 백과사전 항목 '주네브'의 내용에 대한 일종의 답변이었고 루소는 이 편지를 통해 사실상 백과사전 학파와의 결별을 표명했다. 이어서 루소는 두 권의 주요 저서 『사회계약론』과 『에밀』을 집필하기 시작했다. 이 두 저서는 모두 1762년에 출판되었다.

『사회계약론』을 통해 루소는 일찍이 『인간 불평등 기원론』에서 검토했던 역사의 '불량한 유산'에서 완전히 벗어난 정의 사회의 모습을 제시했다. 관건은 "치료약을 고쳐야 할 병 자체에서 추출하는" 것이었다. 그는 사회가 정치적인 이유로 등한시해 온 훌륭한 가치들을 다름 아닌 정치를 통해 회복하는 것이 가능하다고 보았다. 그것이 어떻게 가능한가라는 질문에 대한 답변은 홉스의 『리바이어던』과 『시민에 관하여』, 혹은 로크의 『통치론』 2권에서 제시된 바 있는 사회계약의 형태와는 전적으로 다른, 루소만의 새롭고 독특한 형태의 '사회계약' 속에 들어 있다. 루소의 사회계약론은 계약 주체가 통치권을 타자에게 양도하는 것이 아니라 공동체에, 따라서 공동체를 구성하는 개인 스스로에게 양도함으로써 개인의 자유와 사회적 응집력의 조화를 꾀한다는 특징을 지닌다. 루소에 따르면 바로 이 사회계약으로부터 모든 시민의 보편적인 '나'와 함께 "감성적 차원의 사회적 몸체"가 탄생하며 이 사회적 몸체가 절대적인 동시에 시민 개인의 자율성을 존중하는 통치 주체를 형성한다.

이러한 사회계약을 바탕으로 탄생한 자율적 공동체의 목소리가 바로 『사회계약론』의 핵심 개념인 '보편의지'다. 이 '보편의지'는 두 가지 특징을 지니며 이들의 근본적인 일치를 바탕으로 존속한다. 먼저 '보편의지'는 본질적으로 공동선과 연결되어 있고 그런 의미에서 "항상 올바르고 순수하고 불변하며" 개인과 공동체의 진정한 자유를 보장한다. 아울러 '보편의지'는 다수의 의결을 통해서만 표명될 수 있으며, 반대의 경우 공동체를 파멸로 이끌 수 있다.

루소의 모든 담론은 공동의 이익이 우선시되어야 하고 사회의 구성원들이 공동선을 위해 개인적인 욕심을 포기할 줄 알아야 한다는 결론을 중심으로 펼쳐진다. 하지만 루소는 이러한 꿈이 이루어지기 어렵다는 것을 잘 알고 있었다. 개인적인 이익을 추구하는 성향은 사라지지 않을 것이고 이 성향이 공동선을 향한 의지를 초월할 수 있으며 개인적인 이윤을 고집하는 개인들 '모두의 의지'가 '보편의지'를 전적으로 무기력하게 만들 수 있다는 것을 알고 있었던 것이다. 루소의 이러한 평가에는 개인적인 이윤을 무엇보다도 중시하고 공동체의 운명에 무관심한 일반적인 성향을 깊이 우려하는 암울하고 비관주의적인 성격의 세계관이 반영되어 있다.

2.4   교육과 의식의 종교

근대 교육학에서 빼놓을 수 없는 고전 『에밀』 역시 많이 읽히는 루소의 저서들 가운데 하나다. 개인적인 윤리관의 형성 과정을 묘사하는 『에밀』은 교육적인 차원의 성장소설일 뿐만 아니라, 개인의 윤리적인 문제를 해결하지 않고서는 정치적인 문제를 해결할 수 없다는 차원에서 『사회계약론』을 보완하는 저서라고 할 수 있다. 한 나라를 정의롭고 이성적으로 다스리는 일은 그 나라의 구성원들이 먼저 윤리적으로 건강하고 공동선의 필요성을 자각하지 않으면 불가능하다는 것이 루소의 생각이었다.

『에밀』의 독창성은 어른의 이미지가 언제나 확고부동한 성장 모형으로 간주되어 왔다는 점에 주목하면서 성인의 이미지에 가려 있던 유아기의 특성과 독특한 요구를 새롭게 조명했다는 데 있다. 유아기의 특성을 존중하는 루소의 '정반대 교육 양식'은 무엇보다도 아이의 도덕관 형성이 자연스러운 방식으로 이루어져야 한다는 원칙을 고수한다. 따라서 도덕교육의 본질은 아이에게 "진실이나 덕목을 전수하는" 데 있지 않고 "마음을 악습으로부터, 정신을 오류로부터 보호하는" 데 있다. 루소에 따르면, 감각적인 단계에서 성찰의 단계로 발전하는 유아의 인격 형성 과정은 책을 통한 교육이 아니라 가능한 한 자연스럽고 구체적인 경험을 바탕으로 이루어져야 한다. 교육과정의 마지막 단계에서는 아이에게, 다시 말해 "도시에서 살도록 만들어진 원시인"에게, 개인의 자율성을 원칙으로 하되 도덕적 규칙들에 대한 존중을 바탕으로 하는 사회관계의 본질이 무엇인지 가르칠 필요가 있다.

『에밀』은 『사회계약론』과 마찬가지로 루소의 종교관이 구체적이고 분명하게 드러나는 책이다. 루소는 자연주의적인 성격이 뚜렷한 종교관을 지녔고 "진정한 숭배는 교리가 말하는 계시된 진실에 국한되지 않으며 무엇보다도 가슴에서 우러나와야" 한다는 주장 때문에 교회 지도자들의 강한 반발에 부딪혔다. 『사회계약론』과 『에밀』은 결국 파리에서는 물론 주네브에서도 금서로 지정되었고, 지명수배자로 몰린 루소는 프로이센왕국의 프리드리히 2세에게 망

명을 요청하면서 독일에 머물게 된다. 루소는 파리의 주교 크리스토프 드 보몽
Christophe de Beaumont에게 보내는 서간문을 통해 교회의 비난에 답변했고 「산에서
보내는 편지Lettres écrites de la montagne」로 주네브의 사법부와 '사악한' 철학자들의 비
난에 대응했지만 서간문들은 모두 소각되고 말았다. 적들에 에워싸여 있을 뿐
이라는 망상에서 벗어나지 못한 루소는 도처에서 기만과 음모의 위협을 느꼈
다. 잉글랜드에 머물면서 『고백록Les Confessions』을 집필했지만 결국에는 데이비드
흄과의 갑작스러운 불화와 결별로 잉글랜드 생활을 마감했다.

　루소는 『장자크의 판사 루소Rousseau juge de Jean-Jacques』(1772~1776년), 『고백록』
(1766~1770년), 『고독한 산책자의 몽상Les Rêveries du promeneur solitaire』(1776년 이후) 같은
일련의 자전적인 글들을 통해 자신의 입장을 변호하면서 자신에 대한 "있는 그
대로의 벌거벗은 진실"을 드러내고 부패한 사회가 거부하는 '정통성'과 '투명
성'을 부각하고자 노력했다.

　말년에는 후작 부인 르네 드 지라르댕René de Girardin의 초대로 에름농빌Ermenon
ville에서 지냈고 1778년 7월 2일 정원에서 산책을 하던 도중 갑작스레 세상을 떠
났다. 에름농빌에 묻혔던 그의 시신은 1794년 국민공회의 결정에 따라 파리의
팡테옹으로 옮겨 오게 된다. 『에밀』과 『사회계약론』의 저자 루소는 이미 혁명
을 상징하는 인물로 간주되고 있었다.

3

독일의 계몽주의

3.1 독일 계몽주의의 특수성

칸트의 정의에 따르면 '계몽주의Aufklärung'는 인간이 스스로의 이성을 자율적으로 활용하지 못하는 상태에서 벗어나려는 움직임을 가리킨다. 계몽주의 정신은 '과감히 알아라sapere aude!'라는 표어, 용기를 내서 지적으로 성숙해지라는 권유 속에 담겨 있다. 칸트의 이러한 정의는 계몽주의가 인류의 이상적인 진보를 상징한다는 관점을 표상할 뿐 아니라 1600년대 말에서 1700년대 말 사이에 발생한 역사적 현상으로서의 독일 계몽주의가 맺은 진정한 결실을 상징한다. 칸트가 정의한 계몽주의의 신경섬유에 해당하는 '자율'의 개념은 당대에 활동하던 독일 사상가들의 성찰에 결정적인 실마리를 제공했을 뿐만 아니라 모든 유럽 국가의 계몽주의가 공유하는 공통의 개념이었고 다양한 방식으로 표현되었을 뿐 계몽주의 전체의 가장 중요한 특징이었다. 독일의 계몽주의 역시 프랑스와 잉글랜드의 계몽주의와 마찬가지로 신학 분야를 비롯해 철학과 과학 분야를 지배하던 모든 유형의 교리주의를 상대로 이성의 승리를 확보하려는 시도였다. 유럽 계몽주의가 그랬듯이 독일의 계몽주의 역시 인류의 진보뿐만 아니라 인간과 인간의 역사를 본질적으로는 낙관주의적인 관점에서 바라보았다. 하지만 여느 유럽 국가들과 달리 독일은 정치나 종교가 논쟁의 대상으로 대두될 때 훨씬 더 중도적인 입장을 취한다는 특징을 가지고 있었다. 이러한 현상은 당시에 독일이 처해 있던 독특한 상황에 기인한다.

삼십년전쟁(1618~1648년)이 막을 내렸을 때 독일은 사실상 정치적 통합을 이끌 만한 중심 세력의 부재로 인해 다양한 계층의 귀족들이 통치하는 수많은 소국들로 분해되어 있었다. 권력과 자산의 보존에만 관심을 기울이던 귀족층은 정치적, 문화적 혁신의 요구를 충족시킬 부르주아 계층의 형성에 커다란 장애 요소였다. 더 나아가서 정치적 억압은 종교적 규율의 강요라는 또 다른 형태의 억압으로 이어졌다. 당시에는 종교가 형식적인 의식과 계율에만 의존하며 명맥을 유지했고 그럼에도 불구하고 왕들은 백성들의 복종을 보장받기 위해 종교의 중요성을 끊임없이 강조했다.

이처럼 정치적으로 불안정한 상황에 처해 있던 당대의 독일 문화를 사실상 이끌고 지배했던 것은 경건주의Pietismus다. 1600년대 말에 루터파 신학자 필리프 야코프 슈페너Philipp Jakob Spener와 복음주의 신학자 아우구스트 헤르만 프랑케August Hermann Francke의 주도로 독일에서 탄생한 경건주의는 유럽의 개신교 내부에서 여러모로 혁신을 주도했던 종교운동이다. 경건주의는 무엇보다도 초창기의 루터주의로 돌아갈 것을 강력하게 주장했다. 슈페너가 『경건한 열망Pia Desideria』(1675년)에서 주장했던 것처럼, 루터주의가 성서의 자유로운 해석이 지니는 중요성과 교회 지도자들의 권위주의에서 벗어나려는 그리스도교도들의 자유를 회복시킬 수 있고 교리주의라는 복잡한 장치를 바탕으로 성립되는 형식적인 의례보다 살아 있는 믿음이 훨씬 더 중요하다는 사실을 강조할 수 있다고 보았던 것이다. 경건주의가 추진한 내부의 혁신은 계몽주의 문화를 널리 알리는 데 핵심적인 역할을 했던 학교들의 설립으로 이어졌다. 1670년대 초반에 슈페너는 프랑크푸르트에 최초로 경건주의 학교Collegia pietatis, 즉 신약성서의 공개 낭독을 위한 소규모 수도원들을 건립했고 이러한 기관들은 독일의 개신교 지역에서 빠르게 확산되었다. 프랑케는 1695년 할레에 경건주의 교육기관을 설립했다. 프랑케 재단Franckesche Stiftungen이 아직까지도 운영하는 이 학교 덕분에 할레는 독일 계몽주의를 대표하는 도시로 발전했다.

3.2 대학 바깥의 철학

17세기의 경건주의와 계몽주의는 윤리적, 종교적, 문화적, 영적 차원에서 요구되던 근본적인 혁신을 이끌었다는 공통분모를 지닌다. 이러한 입장의 일치는 사실상 초기 계몽주의(1680~1720년)를 이끈 중요한 원동력 가운데 하나였다. 독일의 계몽주의는 일반적으로 크리스티안 토마지우스Christian Thomasius가 라이프치히 대학에서 가진 일련의 강의와 함께 시작된 것으로 간주된다. 강연에서 토마지우스가 요구했던 철학의 개혁은 대학에서 가르치는 지식의 추상성과 교리주의에 대한 비판적 견해에서 출발했고, 경건주의자들 역시 바로 이러한 견해를 바탕으로 당대의 신학이 지닌 고질적인 문제점들을 비판했다. 경건주의가 성서와 교회의 권위에 비해 개인의 자유와 자율성을 강조했던 것처럼 토마지우스는 이성이 전통을 중시하는 철학적, 신학적 선입견에서 벗어날 필요가 있다고 주장했다.

  이 같은 초기 계몽주의 정신을 수용하면서 두각을 나타내기 시작한 '새로운 철학'은 세속적이고 실용적이며 철학 저서들의 고정 독자층을 구성하던 귀족과 성직자들에게만 국한되지 않고 훨씬 방대한 독자층을 대상으로 접근한다는 특징을 지니고 있었다. 바로 그런 이유에서 토마지우스는 강의를 할 때는 물론 책을 쓸 때에도 라틴어 대신 독일어를 사용했고 대학에서만 읽힐 수 있는 학술적인 내용이 아니라 지적으로 굶주려 있는 신생 부르주아 계층이 충분히 수용할 수 있는 내용을 다루었다. 토마지우스의 『이성론 입문Einleitung zu der Vernunft-Lehre』(1691년)에서 표명된 논리뿐만 아니라 『도덕론 입문Einleitung Zur Sittenlehre』(1692년)에서 표명된 윤리관 역시 뿌리 깊은 빈지성주의 정신이 각인되어 있었다. '경험' 안에서 인간의 지식이 지니는 극복할 수 없는 한계를 발견했던 토마지우스는 형이상학적인 추상성, 삼단논법적인 논리학, 대학에서 가르치는 철학의 메마른 지식을 거부하고 건강한 지성이 선입견과 미신을 폭로하며 과거의 실수를 바로잡는 데 활용할 수 있도록 분명한 개념들을 제공하는 새로운 이성론을 제시했다. 그의 이성론이 지니는 이러한 실천적인 성격은 도덕론에서도 분명하게 드러난다. 토마지우스는 전통적인 지성주의의 추상적인 도덕관, 특히 스피노자주의적인 도덕관을 거부하면서 추론적인 이성보다는 실천적인 이성을 우선시하는 윤리관을 발전시켰다. 무엇보다도 토마지우스의 '인간'은 이성적인 존재가 아니라 사랑으로 타자에게 마음을 열 수 있는 존재였고 운명의 터전인 공동체의 일부라는 점을 의식하는 존재였다. 토마지우스는 철학을 대학교수들의 전유물로 기능하는 사고의 기술이 아니라 "세상에 대한 지혜Weltweisheit"로 이해해야 하며, 따라서 철학은 진실에 주목하기에 앞서 구체적이고 실존적인 존재로서의 보편적 인간을 인도할 수 있는 이성적 도구로 기능해야 한다고 보았다. 철학의 실용주의적이고 사회적인 측면을 강조하는 성향, 지성보다 의지를 우선시하는 성향, 경험주의를 지향하는 성향, 뿌리 깊게 경건주의적인 성격 등이 토마지우스의 직접적인 영향하에 성장하고 활동했던 사상가들의 공통된 특징들이다. 이들은 토마지우스의 절충주의적인 정신세계를 체계화하기 위해 노력했고 로크의 경험주의, 아리스토텔레스주의, 데카르트주의 같은 전통적인 철학 사조와 경건주의적인 요구의 조합을 시도했다. 하지만 이들의 노력은 자연스럽게 새로운 형태의 철학적 스콜라주의와 학자들만의 언어였던 라틴어의 부활이라는 결과로 이어졌다. 결국에는 토마지우스가 원래 의도했던 것과 정반대의 결과를 낳은 셈이다.

3.3 철학과 체계

18세기 초반에 들어서면서 토마지우스의 철학이 영향력을 잃기 시작한 이유는

철학의 과제였던 문화적, 사회적 혁신과 함께 무엇보다도 지식 세계의 재구성
이 이루어져야 한다는 요구가 강력히 대두되었기 때문이다.

지식의 타당성과 새로운 진실의 탐색 가능성을 보장할 만한 방법론의 모색
을 통해 앎의 기반을 다지려고 노력했던 철학자는 다름 아닌 크리스티안 볼프
다. 볼프는 계몽주의 운동이 가장 활발하게 전개되던 시기(1720~1750년)에 독일
의 계몽주의 철학을 이끌었던 인물이다. 볼프는 자연과학에서 학문적 이상을
발견했고 특히 수학적인 방법론을 철학에 적용하는 것이 다른 과학에 적용했
을 때 얻는 것과 대등한 확실성을 보장한다고 생각했다. 볼프는 이러한 방법론
에서 일련의 규칙, 예를 들어 용어들을 정확하게 정의하고 증명된 원칙들을 기
반으로 논제를 제시하고 앞서 증명된 내용이 뒤이어 제시되는 논제의 근거가
될 수 있는 구도를 마련해야 한다는 규칙들을 도출해 냈다. 전제와 결론의 필연
적인 연관성은 볼프가 구축한 방법론의 핵심인 동시에 인간의 지성이 기능하
는 '자연적인' 방식의 표상이었다. 볼프는 모든 학문의 타당성이 다름 아닌 논
리학을 기반으로 성립된다고 보았다. 하지만 아리스토텔레스나 라이프니츠처
럼 볼프 역시 논리학이 그 자체로 완벽한 학문이라고는 생각하지 않았다. 그는
논리학이 존재론과 밀접한 연관성을 지니며 논리적인 원칙들은 사상의 형식적
인 규칙으로 기능할 뿐 아니라 실재의 근본적인 특성들까지 결정짓는다고 보
았다. 그가 형이상학을 가능성의 학문이라고 정의했던 것도, 다시 말해 논리적
으로 가능한 것은 명료할 뿐 아니라 사실적이라고 보았던 것도 바로 그런 이유
에서다.

아울러 볼프는 논리학을 토대로 학문을 분류하고 체계화하는 것이 가능하다
고 보았다. 우리가 알고 있는 가장 일반적인 분류법이 실제로 볼프에게서 유래
한다. 볼프는 먼저 철학을 이론적인 혹은 형이상학적인 부분과 실천적인 부분
으로 분류했다. 전자에는 보편적인 형이상학 혹은 존재론을 비롯해 세계, 영혼,
신의 존재를 다루는 세 종류의 특별한 형이상학 즉 우주론, 심리학, 신학이 포
함되며 철학의 실천적인 부분에는 윤리학, 경제학, 정치학, 그리고 자연법이 포
함된다. 볼프는 특히 자연법을 토대로 사실상 모든 형태의 실천적인 학문이 구

축될 수 있으며 이는 인간의 모든 행위를 관할하는 자연법칙이 모든 인간의 정
신에 각인되어 있기 때문이라고 보았다.

토마지우스가 제시했던 유형의 도덕관을 뒤엎고 볼프는 선을 구현하려는 의
지를 구체화하는 데 지성이 결정적인 역할을 한다고 보는 지성주의적인 윤리
관을 제시했다. 거시적인 관점에서 볼프의 철학은 결국 학문적 이상을 바탕으
로 앎을 체계화하려는 시도였다고 할 수 있다. 하지만 라이프니츠의 철학과 데
카르트주의에서 유래하는 이원적 실체론이 복합적으로 함축되어 있기 때문에
볼프의 형이상학과 윤리관은 뚜렷하게 결정론적인 성격을 지니고 있었고, 바
로 그런 이유에서 자신의 형이상학과 윤리관이 종교로부터 자유로워야 한다고
주장한 볼프는 결국 경건주의자들의 강한 반발에 부딪히고 말았다. 할레의 신
학자들은 볼프가 해로울 뿐만 아니라 무신론에 가까운 숙명론을 가르친다고
비판하면서 그를 할레에서 추방하고 10년 이상 프로이센왕국 어느 곳에서도
철학 강의를 할 수 없도록 조치했다.

하지만 공식적인 금지령에도 불구하고 '독일의 스승praeceptor Germaniae' 볼프의
철학은 빠르게 전파되었고 무엇보다도 철학 교과서의 대대적인 보급에 힘입
어 대학은 물론 당대의 문화 자체를 주도하기에 이르렀다. 이어서 볼프의 철학
은 독일 영토 바깥에서도 영향력을 발휘하기 시작했고 프랑스의 백과사전학파
철학자들 역시 볼프의 철학에서 많은 영감을 얻었다. 주목할 만한 볼프의 직계
제자들 중에는 볼프처럼 대학교수직에서 물러났던 크리스티안 가브리엘 피셔
(Christian Gabriel Fischer, 1686~1751년)나 루트비히 필리프 튐미히(Ludwig Philipp Thümmig,
1697~1728년), 볼프에 관한 뛰어난 철학서들을 집필했던 게오르크 베른하르트
빌핑거(Georg Bernhard Bilfinger, 1693~1750년), 프리드리히 크리스티안 바우마이스터
(Friedrich Christian Baumeister, 1709~1785년) 등이 있다. 이들 외에도 당대의 가장 독창적
이고 뛰어난 철학자들과 사상이 바로 볼프의 철학이라는 토양에서 탄생했다.
칸트의 선생으로 널리 알려진 마르틴 크누첸Martin Knutzen은 자신의 사상을 볼프
의 철학과 치밀하게 비교하면서 발전시켰고 근대 미학의 출범을 알린 알렉산
더 고틀리프 바움가르텐(Alexander Gottlieb Baumgarten, 1714~1762년)과 게오르크 프리

드리히 마이어(Georg Friedrich Meier, 1718~1777년) 역시 볼프의 철학에 직접적인 영향을 받았다.

하지만 1700년대 중반에 들어서면서 볼프의 철학은 영향력을 잃기 시작했다. 지식인들은 주로 수학적인 방법론을 철학에까지 적용할 수 있다는 볼프주의의 입장에 문제점을 제기했다. 이러한 유형의 논쟁은 토마지우스학파를 대표하는 철학자들, 예를 들어 아돌프 프리드리히 호프만(Adolf Friedrich Hoffmann, 1703~1741년)이나 크리스티안 아우구스트 크루시우스(Christian August Crusius, 1715~1775년) 같은 철학자들에 의해 시작되었다. 크루시우스는『우발적인 진실과 상반되는 필연적인 이성적 진실의 구도*Entwurf der nothwendigen Vernunftwahrheiten wiefern sie den zufälligen entgegengesetzt werden*』(1745년),『지식의 신빙성과 확실성을 얻기 위한 길*Weg zur Gewissheit und Zuverlässigkeit der menschlichen Erkenntniss*』(1747년) 같은 저서들을 통해 볼프의 윤리관이 지니는 지성주의적인 성격을 비판하고 볼프가 내세운 논리학적 원칙들의 타당성을 문제 삼으면서 충족이유율이 형이상학적 결정론이라는 결과를 가져온다는 점과 비모순율의 원칙이 사유 바깥에 위치하는 외부적인 현실을 이해하는 데 사실상 아무런 도움도 줄 수 없다는 점을 지적했다. 크루시우스의 비평은 젊은 칸트에게 지대한 영향을 끼쳤다.

반면에 요한 하인리히 람베르트*Johann Heinrich Lambert*와 요하네스 니콜라우스 테텐스*Johannes Nikolaus Tetens*는 볼프주의가 지배하던 문화적 환경에서 활동했던 철학자들로 로크의 경험주의적인 요소들을 조합하면서 볼프의 철학을 발전시키고 첨단화는 데 기여했다. 람베르트는『새 오르가논 *Neues Organon*』(1764년)과『체계론 *Anlage zur Architektonik*』(1771년)을 통해 논리학과 형이상학의 혁신을 시도하면서 다름 아닌 '경험'을 근원적인 대조의 계기로 제시했다. 다시 말해 람베르트는 다름 아닌 경험이 지성의 형식적이고 필연적인 규칙에 재료, 즉 지적 대상을 제공하면서 지식의 가능성뿐 아니라 사실적인 성격을 보장한다고 보았다. 이와 유사한 전제를 바탕으로 테텐스는『인간의 본성과 성장에 관한 철학적 에세이*Philosophische Versuche über die menschliche Natur und ihre Entwicklung*』(1777년)를 통해 로크와 흄을 중심으로 구축된 잉글랜드 경험주의와 콩디야크의 감각주의에 주목하면서 지식의 형성을 관할하는 지성의 순수하고 형식적인 법칙들과 경험 세계의 다양한 요소들을 체계화하려고 노력했다. 경험의 분석이라는 한계가 있었을 뿐 테텐스가 이 책에서 다룬 문제들은 사실상 칸트의 성찰에 결정적인 계기를 마련했던 것과 동일한 문제들이었다. 칸트의 철학은 계몽주의의 자연적 딸이었다.

3.4   대중 철학

1750년대부터 볼프의 철학이 영향력을 잃게 된 것은 그의 철학이 유럽 사회의 다양한 성향에 빠르고 민감하게 반응하던 자율적인 철학의 불분명한 배경으로만 감지되었기 때문이다. 반면에 일찍이 토마지우스가 주목했던 인류학에 대한 관심은 점점 증가하는 추세를 보였다. 이러한 정황에서 탄생했던 것이 바로 독일 후기 계몽주의의 가장 중요한 철학적 특징으로 간주되는 '대중 철학'이다. 흥미로운 것은 절충주의적인 성격이 뚜렷한 대중 철학의 도래와 함께 프랑스와 잉글랜드의 문화적 요소들이 가미된 라이프니츠의 철학적 주제들이 부각되었다는 점이다. 물론 이러한 현상이 일어났던 것은 1760년대 말에 라이프니츠의 몇몇 유고들이 출판되었기 때문이기도 하지만, 무엇보다도 1745년 프리드리히 2세의 명령으로 프랑스 과학자 피에르 루이 모로 드 모페르튀이Pierre Louis Moreau de Maupertuis가 '베를린 과학 아카데미'의 수장으로 임명되면서 프랑스 문화를 선호하는 성향이 자연스럽게 수용되었기 때문이다. 바로 이러한 정황에서 독일의 후기 계몽주의자들은 다른 유럽 국가들의 계몽주의가 지녔던 것과 동일한 윤리적, 정치적, 사회적, 종교적 관심은 물론 보편적인 인류학이 이론적인 철학에 우선한다는 확신을 공공연히 표명했다.

   이 마지막 단계의 독일 계몽주의를 대표하는 인물이 바로 모제스 멘델스존(Moses Mendelssohn, 1729~1786년)과 고트홀트 에프라임 레싱(1729~1781년)이다. 철학과 삶이 밀접한 관계를 맺고 있다는 생각, 지식의 실천적이고 사회적인 차원에 대한 관심, 인간의 감성적인 측면에 대한 재평가 등이 이들의 철학적 성찰을 특징짓는 요소들이었다. 이들은 더 나아가서 미학이 인식론이나 윤리학과 전적으로 다르다는 점을 강조하며 독창적인 미학 이론을 발전시켰고 이성과 종교의 관계를 탐색하는 철학의 발전에도 크게 기여했다. 멘델스존은 『페돈Phädon』(1767년)을 통해 플라톤의 영혼 불멸성 이론을 새로운 철학적 요구에 부응하도록 재구성했다. 그는 신의 존재를 이성적인 방식으로 증명할 수 있다고 확신했고, 이러한 특징은 유신론적 입장을 표명하며 종교적 의식의 자유와 관용의 원칙이 지니는 중요성을 강조한 탁월한 저서 『예루살렘 혹은 종교적 힘과 유대교에 관하여 Jerusalem oder über religiöse Macht und Judenthum』(1783년)에서도 그대로 드러난다. 잉글랜드에서 극단적인 이신론의 형태로 부각되었던 '이성과 종교의 관계'라는 주제는 뒤이어 독일에서도 논쟁의 대상으로 떠올랐고, 신세대 신학자들은 종교적 실증주의에서 교리라는 장치를 제거함으로써 종교를 원천적인 형태의 이성적 원칙들로 축약하려고 노력했다. 예를 들어 헤르만 사무엘 라이마루스Hermann Samuel Reimarus는 그의 사후에 출판된 『신의 이성적 숭배자를 위한 글 혹은 변호서 Vorstufen zur Apologie oder Schutzschrift für die vernünftigen Verehrer Gottes』를 통해 그리스도교를 중심으로 계시종교 비판을 발전시켰고 그리스도의 가르침을 순수한 도덕적 교훈의 종교로 환원시키면서 그리스도교 교리는 사도들에 의해 뒤늦게 추가되었을 뿐이며 복잡하고 불순한 교리가 오히려 도덕적 종교의 순수함을 부패시켰다고 주장했다. 레싱은 1774년 라이마루스의 책을 출판하면서 그의 글이 철학자들 사이에서 커다란 논쟁을 불러일으키리라는 것을 알고 있었다. 하지만 레싱의 종교적 실증주의 비판은 종교의 비이성적인 성격을 폭로하는 데 그쳤던 라이마루스의 비판을 훨씬 뛰어넘는 것이었다. 레싱은 '계시'의 초자연적인 성격을 비판하면서도 계시 자체를 역사철학적 관점에서 인정하는 입장을 취했고 계시가 완성을 향해 나아가는 인류의 점진적인 교육과정의 한 단계라고 주장했다. 레싱은 이 교육과정의 완성과 함께 도래할 '영원한 새 복음의 시대'에 계시 자체는 무의미해질 것이며 이성만으로 진실에 접근하는 것이 가능해지리라고 보았다(『인류의 교육Die Erziehung des Menschengeschlechts』, 1780년). 레싱이 세상을 떠나면서 자신이 스피노자적인 범신론을 지향한다고 고백한 내용은 철학적 논쟁을 불러일으켰지만 계몽의 시대는 막을 내리고 독일 철학은 비평의 시대를 향해 문을 열고 있었다.

아름다움의 학문
미학의 탄생과 발전

알렉산더 고틀리프 바움가르텐은 1735년 『시의 관련 주제들에 관한 철학적 성찰*Meditationes philosophicae de nonnullis ad poema pertinentibus*』에서 감각적인 지식을 다루는 학문 내지 하급 인식론gnoseologia inferior을 가리키기 위해 고대 그리스어 'aísthesis'에서 차용한 '미학Aesthetica'이라는 용어를 사용했고 1750년에는 이 용어에 훨씬 더 넓은 의미를 부여하면서 『미학*Aesthetica*』을 집필했다. 그리스어와 라틴어에서 명사로는 존재하지 않는 이 용어를 바움가르텐은 감각적인 세계, 시와 아름다움과 예술의 세계를 가리키기 위해 사용했다. 물론 1700년대에는 유럽 전역에서 바움가르텐의 등장 이전이나 혹은 그의 이름이 알려지지 않은 곳에서도 취향, 천재성, 아름다움, 숭고, 표현 등에 대한 연구가 때로는 상당히 개별적이고 전문적인 방식으로, 때로는 아주 개괄적이고 혼란스러운 방식으로 전개되고 있었다.

반면에 바움가르텐은 아름다움이 세 가지 측면을 가진다고 보았다. 바움가르텐에 따르면, 아름다움은 먼저 감각적인 현상 안에서 융합하는 사유들의 조화라는 측면, 이어서 느낌으로 와닿는 내재적 질서라는 측면, 끝으로 사유와 사물 사이에서 정립되는 조화로운 의미라는 측면을 지닌다. 바움가르텐의 미학은 전체적으로 수사학적이고 시학적인 구도를 지녔지만 모든 문제를 인식론적인 차원에서 바라보는 라이프니츠의 형이상학 전통을 계승하기 때문에 예술의 다양한 분야들이 지니는 독자적인 역할이나 시적인 차원에서 벗어나는 표현력의 문제를 모두 부차적인 것으로 다룬다.

'미학'은 한편 미학이라는 이름으로 세례를 받기 이전에도 존재했으며, 다름 아닌 서양철학과 함께 고대 그리스에서 탄생했다. 고대 그리스인들은 '미학aesthetica'이라는 명사를 사용하지 않았을 뿐 '느낌aísthesis'의 의미와 기능 및 느낌과 관련된 '감각의 대상aisthetá'에 대해 알고 있었다. 바움가르텐이 자신의 새로운 학문에 '미학'이라는 이름을 부여하면서 참조했던 것이 바로 이 아리스토텔레스적인 용어 체계다. 이 용어 체계는 일련의 구조적인 특징들을 지닌다. 예를 들어, 감각적인 대상은 '인식'을 구성하는 요소이지 인식의 총체는 아니다. 실제로 감각적인 것들 곁에 혹은 이들과 대치하며 사유의 대상이나 논리의 도구 혹은 산물, 즉 '지각의 대상noetá'이 존재한다. 그런 식으로 '느낌'에 대해 이야기한다는 것은, 일찍이 아리스토텔레스의 시대에도, 일반적으로 '논리학'을 통해 설명되는 사유의 보편적인 메커니즘과 감각의 관계를 정립한다는 것을 의미했다.

'아름다움'의 개념이 근대 미학에 도입되었을 때, 처음부터 주인공으로 등장했던 것은 아니다. '아름다움'은 먼저 미적 감각과 예술의 조화 가능성으로, 아울러 예술과 오랜 결속력을 보유하는 요소로 부각되었다. 이러한 특징은 일찍이 16세기에 출판된 다양한 예술 분야의 기술 서적들이 아름다움의 초역사적이고 이상적인 조화를 목표로 '발명'이나 '표현' 같은 생산적인 성격의 용어들을 도입하면서 범주화한 '아름다움'의 의미에 이미 포함되어 있었다.

미학의 역사는 교차한 적도 없고 때로는 중단되기도 했던 여정들의 총합에 가깝다. 아름다움에 대한 소크라테스 이전 철학자들의 사유에는 별다른 의미를 부여하기 힘들다. 하지만 미적 감각과 예술의 역할에 대한 플라톤의 성찰은 후대의 미적 사유에 지대한 영향을 끼치면서 미학사 전체의 기틀을 마련했다. 예를 들어 미의 형이상학적 차원을 미적 판단의 가장 중요한 요소로 간주하는 경향, 시의 인식론적 기능을 중요시하는 경향, 무엇보다도 '복제의 복제'에 불과한 예술적 측면을 감각의 환영적인 성격과 연결시키면서 인식론적 차원에서 낮게 평가하는 경향 등은 중세 초기에서부터 미학사 전체를 지배하게 될 담론의 기준으로 자리 잡게 된다.

/ 17세기와 18세기의 '아름다움'

17세기와 18세기 사이에는 다양하고 상이한 미학적 주제들이 서로 적잖은 영향을 주고받으면서 조직적이지 않을 뿐 하나의 통일된 방향을 구축하며 발전하는 양상을 보였다. 바움가르텐에게 일어났던 것처럼, 이러한 현상은 본질적으로 로크와 라이프니츠의 사유 속에 실재하는 이질적인 데카르트 해석의 영향, 즉 아리스토텔레스적인 차원의 '감각'이라는 주제를 중심으로 차별화되는 상이한 해석의 영향하에서 일어났다. "지성 안에서 우선적으로 감각을 통해 수용되지 않는 것은 아무것도 없다"는 아리스토텔레스의 모토를 기반으로 감각의 인식론적인 기능에 중요성을 부여했던 로크는 외부 세계의 감각적 흔적들이 각인되는 백지나 다를 바 없는 의식의 절대적 수동성이 이러한 흔적들을 복합적인 관념적 장치로 재구성하는 활동적인 사고능력과 직결된다고 보았다. '감각적인 경험'은 데카르트주의자들이 말하는 본유주의와는 기본적으로 상반되는 것이었다. 관념은 언제나 정신적인 활동의 산물이었고, 단지 이 활동의 출발이 순수하게 수동적인 방식으로 이루어질 뿐이었다.

  이러한 로크의 입장을 비판적인 차원에서 재검토한 라이프니츠는 인식 과정에서 지식의 형성 자체를 명령할 수 있는 가상적 원리의 필요성을 주장했다. 라이프니츠에 따르면, 감각이 지성보다 먼저 수용하지 않는 것은 없다는 것이 사실이라면, 지성이 능동적인 형성의 힘을 바탕으로 감각의 '수동적 현실'을 앞선다는 것 또한 사실이다. 의식은 언제나 활동적이기 때문에 수동적일 수 없으며 하등한 단계의 의식도 '무의식적'일 수는 있지만 수동적이지 않다. 라이프니츠가 구축한 '지식의 계보' 속에서 데카르트의 '명백하고 구분된' 개념들은 인식 과정 자체에 내재하는 적합성 혹은 완전성의 원리를 바탕으로 완성을 향해 나아가는 과정에서 무의식과 혼란의 단계를 뛰어넘은 일종의 도착점으로 분류된다. 반면에 소리,

색깔, 맛 등은 전적으로 '명백하게' 감지되지만 '구분'이 불가능하다는 특성을 지닌다. 다시 말해 이러한 종류의 감각적인 대상들은 이것들을 구성하는 특수한 요소들을 하나의 불분명한 구도 안에 모두 뒤섞어 버린다는 특성을 지닌다.

이처럼 무의식적으로 혹은 '혼돈스러운 명백함' 속에서 감지되는 대상들이 바로 바움가르텐의 미학이 시작되는 지점이다. 이러한 감각적인 세계, 즉 바움가르텐이 감각과 연결되어 있기 때문에 '하급 인식론'이라고 불렀던 원천적인 형태의 지식을 완성의 단계로 끌어올리는 것이 그가 미학을 통해 제시했던 학문적 목표였다고 볼 수 있다. 물론 바움가르텐이 직접 다루었던 분야는 시학과 수사학 등에 불과하지만, 근대 예술 이론의 서막을 장식한 요한 요아힘 빙켈만(Johann Joachim Winckelmann, 1717~1768년), 레싱(1729~1781년), 요한 고트프리트 폰 헤르더(Johann Gottfried von Herder, 1744~1803년) 같은 학자들이 바움가르텐에게서 예술 이론의 철학적 기반을 발견했다는 것은 결코 우연이 아니다.

/ '고대와 근대의 논쟁'에서 철학적 미학으로

바로 이 시점을 전후로 근대 미학의 형성에 일조한 또 하나의 과정이 시학과 수사학 분야에서, 좀 더 정확히 말하자면 이른바 '고대와 근대의 논쟁'을 통해 전개되었다. 1687년 샤를 페로Charles Perrault에 의해 시작된 이 논쟁은 1500년대의 패러다임을 바탕으로 아주 분명한 비교 기준들을 가지고 있었지만 이어서 상당히 복잡하고 때로는 모순적인 내용을 다루는 방향으로 발전했다. 예를 들어, 예술의 기능에 대한 근대의 논쟁이 철학적인 주제들을 다루기 시작할 무렵 시학은 라이프니츠의 철학적 관점을 수용하는 양상을 보였다. '근대'의 지지자들은 데카르트가 예술의 인식론적 기능과 가치에 대해 품었던 의혹을 무시하면서까지 데카르트의 방법론을 예술 분야에 적용해야 한다고 주장했다. 실제로 진보는 학문뿐만 아니라 예술 분야에서도 일어나고 있었고 예술은 좀 더 분명한 규칙과 범주화를 요구했다.

그러나 이러한 구체적인 계획을 가지고 있었음에도 불구하고 '근대'의 지지자들은 미학 연구 분야에서 지엽적인 성공과 수사학에서 벗어나는 성과만을 거두었을 뿐이다. 반면에 미학이라는 학문의 형성을 위해 정말 의미 있는 학문적 성과를 이루어 낸 이들은 오히려 '고대'의 후예임을 자칭하던 학자들이었다. 이 '고대'의 지지자들이 따르던 인물은 『시학*L'Art poétique*』(1674년)의 저자이자 17세기 말에서 18세기 말까지 예술 세계를 지배했던 학문적 고전주의의 진정한 스승 니콜라 부알로(1636~1711년)였다. 이들은 역사의 변화를 초월하며 '영원한' 의미를 보장하는 예술적 '감동'의 실재를 부인하지 않았지만 이 '감동'이 불변성을 유지하면서도 전수가 가능한 규칙으로 환원될 수 있어야 한다고 보았다. 초기에는 분명 반데카르트주의적인 의도에서 시작되었지만 이들은 로크의 철학을 계승한다는 공통점 역시 가지고 있었다. 결과적으로 이들에게 예술은 감정의 표현이었고 이들이 고대인을 근대인보다 우수하다고 판단했던 것은 고대 예술이 고유의 가치를 잃지 않는 미적 형성 과정의 의미를 함축적으로 전달하는 힘을 지녔다고 보았기 때문이다. 이러한 입장의 시원을 장식했던 인물들 가운데 한 명이 바로 『시와 회화에 대한 비평적 성찰*Réflexions critiques sur la poésie et sur la peinture*』의 저자 장바티스트 뒤보Jean-Baptiste DuBos다.

하지만 더욱 흥미로운 것은 이러한 입장의 발전 양상이다. 이 '고대'의 지지자들이 비판과 공격의 대상으로 삼았던 것은 사실상 '근대'의 지지자들이 아니라 '고전주의' 계승자들의 입장, 즉 부알로에서 유래하는 규범적 고전주의였다. 이와 맞서기 위해 '고대'의 지지자들은 예술적 경험의 역동성과 예술의 상징적인 힘에 주목하고 규범을 거부하는 경험주의를 제시했다. 이들은 심지어 예술의 체계를 구축할 때에도 외형적인 규칙들보다는 예술적 표현의 특별함이나 상징성, 혹은 작품을 뒷받침하거나 작품의 해석 대상이 되는 자연적 힘과 예술의 관계에서 부각되는 요소들을 기준으로 채택해야 한다고 보았다. 따라서 예술은 판독이 불가능할 정도로 상징적이라는 생각과 함께 예술의 전통적인 기준들이 무의미해지기 시작했다면, 이와 동일한 견해를 우리는 자연을 상징적으로 표현하기 위한 수단이 곧 예술이라는 디드로의 생각에서 발견할 수 있다. 결론적으로 말하자면, 고대주의자들의 시도는 소소한 학문적 논쟁을 계기로 예술과 수사학의 결속을 지탱하던 전통적인 기준들을 철학적으로 극복하려는 시도였다고 볼 수 있다. 그런 식으로, 예술의 규칙들은 불변하는 법칙이 아니며 오히려 정서적, 역사적, 사회적, 문화적 차원에서 예술이 표현력과 소통 능력을 부여하기 위해 다루고 해석하는 질료의 특수성에 적응하는 방식으로부터 표출된다는 결론에 도달하게 되었던 것이다. 우리가 간략하게 '반고전주의적'이라고 부를 수 있는 이러한 부류의 견해들은 서로 상이한 철학적 관점을 유지하면서도 항상 로크의 철학으로 귀결된다는 특징을 가지고 있었다. 로크의 철학은 프랑스 학자들뿐 아니라 에드먼드 버크(Edmund Burke, 1729~1797년)의 '숭고'에 관한 연구를 비롯해 빙켈만과 레싱의 사상에도 지대한 영향력을 행사했다. 이들이 모색했던 것은 '고전 예술'에 대한 새로운 접근 방식, 다시 말해 17세기 프랑스 고전주의의 방식과 전적으로 차별화된 접근 방식이었다.

17세기 후반과 18세기 초반에는 이러한 변화 과정과 이를 뒷받침하는 철학적 사유를 참조하면서 일군의 새로운 개념들이 개별적인 방식으로 구체화되는 현상이 일어났다. 예를 들어 전통 철학이 예술 분야에서 한 번도 관심을 기울인 적이 없는 '아름다움'의 개념을 비롯해 '위트', '기지', '재치', '재능' 같은 바로크 예술 개념들이 정립되었고 다양한 철학적 사유와 예술적 경험들을 통해 '천재', '취향', '숭고', '표현', '상상', '아름다움', '감정' 등의 개념들로 구성되는 근대 미학의 용어 체계가 형성되었다. 다채롭고 이질적이지만 이러한 개념들을 하나의 통일된 구도 안에서 체계화할 수 있다는 것이 근대 미학의 전제였다.

흄이 '인간의 학문'이라고 불렀던 것을 구축하려는 시도들이 일찍이 데카르트와 파스칼, 라이프니츠, 로크를 통해 이루어졌다면, 예술적 개념들의 체계는 논리학, 윤리학, 정치학 외에 질적 평가를 위한 지평을 요구했다. 18세기에 들어서면서 다양한 관점들의 이질성을 극복하며 점점 더 중요한 위치를 차지하기 시작한 '질적인' 평가의 영역을 독일에서는 다름 아닌 '미학'이라는 이름으로, 잉글랜드에서는 '비평주의'라는 이름으로 불렀다. 이 미학 혹은 비평주의는 예술과 관련된 감성적 세계의 이론적 현실에 대한 '보편적 이해'를 학문적 확실성과는 무관하게 철학적으로 도모할 수 있는 '직관', '감정', '미적 평가', '다양성'의 세계와 사고 주체의 관계를 탐구했다.

실제로 18세기에는 상당히 많은 저자들이 다양한 각도에서 예술과 아름다움 사이에 존재하는 '미학'의 영역을 정의하려고 노력했다. 대표적인 예로 18세기 초반에 출판된 두 편의 저서, 장피에르 드 크루사즈(1663~1749년)의 『아름다움에 관하여 *Traité du Beau*』(1714년)와 이브마리 앙드레(Yves-Marie André, 1675~1764년)의 『아름다움에 관한 에세이 *Essai sur le Beau*』(1715년)를 들 수 있다. 데카르트주의자이자 '근대'의 지지자들 가운데 한 명이었던 크루사즈는 '아름다움의 실질적이고 자연적인 특성'을 분명하고 구분된 방식으로 정의하고자 노력했다. 앙드레 역시 항상 데카르트의 철학을 염두에 두고 아름다움이란 상상력을 자극하며 즉각적인 쾌감을 불러일으키는 것이 아니라 고유의 빼어남 혹은 내재적인 '빛(이성)'을 통해 지적 쾌감을 선사하는 것, 어떤 식으로든 이성적인 차원에서 마음에 드는 것을 가리킨다고 주장했다. 이들은 모두 실용적이고 기술적인 차원의 수많은 문제들이 복잡하게 얽혀 있는 '아름다움'의 영역을 방법론적이고 용어적인 차원에서 체계화하고자 노력했다.

반면에 『기량과 가치에 관한 연구 *Inquiry concerning Virtue and Merit*』(1699년)의 상당 부분을 아름다움에 관한 문제에 할애했던 섀프츠베리(1671~1713년)는 굉장히 상반되는 입장을 고수했다. 플라톤주의적인 전제에서 출발한 섀프츠베리는 아름다운 것, 좋은 것, 진실한 것의 조화를 강조하면서 어떤 식으로 예술을 통해 세계의 아름다움을 포착할 수 있는지 보여 주고자 했다. 섀프츠베리에 따르면, 세계는 통일성을 추구하는 총체이며 예술가는 원천적인 창조의 계승자이자 비율과 조화가 지배하는 유기적인 총체의 축조를 담당하는 존재였다. 그는 뛰어난 기량의 소유자이자 예술을 이해하고 사랑하며 창조의 힘과 플라톤적인 감성의 힘으로 가득한 열정의 소유자였다. 섀프츠베리는 감각적인 아름다움이 감성적인 동시에 이성적인 아름다움을 포착하기 위한 첫 단계라고 보았다. 아울러 그는 아름다움이 신성한 성격을 지니기 때문에 우리 안의 신성한 부분을 자극하고 그것이 감정과 열정을 통해 모습을 드러내도록 만든다고 보았다.

섀프츠베리의 패러다임들을 지배한 것이 근대 경험주의와는 정반대되는 성향의 형이상학적 영감이었다면, 반대로 조지프 애디슨(Joseph Addison, 1672~1719년)의 미학을 지배한 것은 그의 철학에 직접적인 영향을 끼친 로크의 경험주의였다. 애디슨의 미학적 사유를 세상에 널리 알린 것은 일간지 《스펙테이터 *The Spectator*》였다. 1711과 1712년 사이에 애디슨이 기고한 장장 555편에 이르는 글 가운데 「상상의 즐거움 The Pleasures of Imagination」이라는 제목으로 실린 열한 편의 기사가 모두 미학적인 주제를 다룬 글들이다. 상당히 모호한 상태로 활용되던 '상상'이란 용어에 좀 더 분명한 성격을 부여하기 위해 애디슨은 '상상'을 감각과 지성 "사이에 머물면서" 구체적인 형태의 즐거움을 가져다줄 수 있는 일종의 잠재력으로 정의했다. 애디슨에 따르면, "상상의 즐거움"은 우리의 시야에 직접적으로 포착되는 대상을 통해 생성될 때 "일차적"이며, 허구적인 요인들의 "유쾌한" 조합에서 부각되는 사물들 혹은 부재하는 사물들을 통해 생성될 때 "부차적"이었다. 아울러 애디슨은 어떤 경우에든 혼란 상태와는 거리가 먼 '즐거움'이 존재하며 이것은 오히려 자연 세계 및 예술과의 감각적인 관계 혹은 취향의 부산물에 가깝다고 보았다.

애디슨의 사유는 예술 및 미학과 관련된 주제들 고유의 탐구 영역을 구축하는 성과를 이루어 냈지만 이러한 주제들의 진정한 체계화를 구체적으로 시도한 인물은 프랜시스 허치슨(1694~1746년)이다. 허치슨은 그의 『아름다움과 기량이라는 개념의 기원에 대한 탐구 Inquiry into the Original of our Ideas of Beauty and Virtue』(1725년)를 통해 섀프츠베리의 반로크주의 논쟁을 비판하면서 아름다움을 곧 "다양성을 겸비한 통일성"으로 파악할 수 있는 "내재적인 의미"가 실재한다는 생각을 제시했다. 그런 식으로 구축되는 영역이 로크가 주목했던 것처럼, 어떤 내재적인 의미에 의해 감찰된 복합적인 관념들이 지배하는 영역이다. 허치슨에 따르면, '아름다움'은 객관적으로 정의될 수 없을 뿐 아니라 대상의 내재적 특성에도 관여하지 않으며 오히려 사물들의 특성들이 표현되는 방식을 통해 아름다움과 함께 인식되는 내재적인 의미에 관여한다.

허치슨과 함께 시작되는 이른바 '스코틀랜드학파'의 대표적인 철학자 데이비드 흄은 그의 『취향의 기준에 관하여』(1757년)에서 '아름다움'이 지니는 주관적인 성격을 강조하면서 결과적으로 '아름다움'의 어떤 규칙을 발견한다는 것은 상당히 어려운 문제라고 설명했다. 하지만 흄은 주관적인 성격의 개별적인 취향들을 습관 내지 경험을 토대로 보편화하면서 어떤 식으로든 이러한 문제의 해결책을 제시할 수 있다고 보았다. 다름 아닌 감각의 대상들이 유형을 지니는 만큼 취향 역시 동일한 방향으로 형성되리라고 보았던 것이다. 단지 이러한 취향의 보편화는 예외적으로 전문가들, 즉 지속적으로 찬사를 받아 온 것들을 바탕으로 일련의 규칙을 마련할 수 있는 비평가들의 몫이었다.

그런 차원에서 근대 미학의 형성에 크게 기여한 인물과 저서는 에드먼드 버크(1729~1797년)와 그의 『숭고와 아름다움이란 개념의 기원에 관한 철학적 탐구A Philosophical Enquiry into the Origin of Our Ideas of the Sublime and Beautiful』(1757년)다. 상상력이나 취향의 기능을 강조한 만큼 경험주의의 영향이 분명하게 남아 있음에도 불구하고 버크는 열정과 감정이, 특히 쾌락과 고통이 자연 및 예술과 유지하는 미학적 연관성에 특별한 관심을 기울였다. 버크는 긍정적인 쾌락이 전통적인 '아름다움'과 연결되어 있는 반면, 고통과 뒤섞이며 그가 '숭고'라고 부르는 것을 정초하는 모호한 형태의 쾌락이 존재한다고 보았다. 버크가 도입한 '숭고'의 개념은 고전주의 시학의 틀을 무너트리면서 고전주의적인 규칙이나 '조화로운 아름다움'이라는 개념으로는 더 이상 설명되지 않는 열정적인 세계의 어두운 측면을 접할 때 대두되는 주관적인 기량의 문제가 무엇인지 보여 준다.

전적으로 다른 차원에서였지만, 미학의 '이성적' 구도가 무너지는 현상은 이탈리아에서도 일어났다. 비코는 『새로운 학문의 원리』(1725년)에서 데카르트를 비판하며 이성주의가 '역사'와 '환상'과 '특성'과 '은유'의 세계를 자체 내에서 제외해 버리는 학문 체계를 만들어 냈다고 지적한 바 있다. 비코의 의도는 플라톤, 타키투스, 흐로티위스, 베이컨과 같은 저자들의 사상과 저서를 바탕으로, 세계가 경험한 다양한 시대들을 묘사하고 이들의 본질적인 특징을 추론해 낼 수 있는 '역사적인 성격'의 학문을 구축하는 것이었다. 비코의 구도에 따르면, 1세대와 2세대의 언어인 신들과 영웅들의 언어는 이미지와 은유로 소통하는 만큼 제스처에 가까워서 판독이 까다로운 언어였다. 이 언어가 표현하던 시적 지혜는 인간의 상상력과 자연적 특성 사이의 감각적이고 원천적인 결속력에 뿌리를 두고 있었다. 그것은 제스처의 설득력과 상징의 신비로운 측면과 창조의 신화적인 힘이 부각되는 일종의 '말 없는' 논리였다. 이 신화적 언어의 기반을 구축하는 감각과 열정은 은유와 상징으로, 비코의 이른바 '보편적 환상'으로 번역된다. 비코는 이 '보편적 환상'을 표현할 수 있는 수단이 시뿐이라고 보았다. 여기서 '환상'의 주체는 능동적으로 '신령한 자연'과 유기적인 관계를 유지하며, 시적 에너지로 변환될 감동에 사로잡힌다.

　지금까지 요약한 발전 과정은 뒤이어 이 미학이라는 신생 학문의 정점을 이루게 될 복합적인 관점들을 통해 보완된다. 첫 번째 보완을 시도했던 인물은 다름 아닌 칸트다. 18세기 미학의 절정을 표상하는 칸트의 사유는 어떤 의식적이고 의도적인 여정의 마지막 단계가 아니라 미학의 다양성이 고유의 환원 불가능한 복합성을 인정하는 이론적 단계로 이해되어야 한다. 『순수이성비판 *Kritik der reinen Vernunft*』(1781년)에서 칸트는 '미학'이란 용어를 순수직관의 선험적인 형태에 대해서만 사용했고 『판단력비판 *Kritik der Urteilskraft*』(1790년)에 와서야 취향적인 판단 및 아름다움의 문제와 연관시켜 언급했다. 아울러 칸트는 미적 판단이라는 주제를 성찰적 판단의 구도 속에서, 다시 말해 자연의 궁극적인 통일성을 무한한 개별적 현상에 따라 분해하지 않은 상태에서 그대로 포착할 수 있는 주관의 독특한 기능이라는 관점에서 다루었다.

　칸트의 미학은 상당히 복잡한 구도를 지녔지만, 가장 중요한 것은 감성의 문제라는 점에 주목할 필요가 있다. 실제로 이 감성은 자연의 궁극적인 목적에 대해 감성이 지배적인 역할을 하는 목적론적인 판단의 경우뿐만 아니라 아름다움이나 숭고에 대한 즐겁거나 불쾌한 감정이 지배하는 미적 판단의 경우에도 모두 실재하는 문제다. 어떤 경우에든 칸트가 강조하고자 하는 것은 '감성'과 '판단'의 관계가 결코 자연 혹은 예술의 객관적인 측면과 연관되지 않으며 오히려 주체가 자연에 내재하는 목적이나 아름다움을 인식하는 순간 느끼는 바와 직결된다는 사실이다. 따라서 관건은 이론적이고 인식론적인 판단이 아니라 상상과 지성 사이의 '자유로운 유희'이며 바로 이 유희가 주관적인 쾌락의 감정을 바탕으로 하는 취향적인 판단을 결정짓는다. 이 취향적인 판단은 그것을 어떤 학문적이거나 도덕적인 선택으로부터 자유롭게 만드는 유희적인 성격 덕분에, 전적으로 주관적인 판단임에도 불구하고, 보편성과 필연성을 지니는 것으로 간주된다.

한편, 칸트가 제시하는 엄격한 전제 조건들에도 불구하고 그의 미학은 결코 체계적인 구도로 환원될 수 없다는 특징을 지닌다. 주체의 미적 판단 기능은 형식적인 분석에 국한되지 않으며 '아름다움'의 복합적인 삶 속에서 활성화된다. 이러한 특징을 뚜렷하게 보여 주는 예는 칸트가 '숭고의 분석'을 통해 버크를 인용하면서 미학적인 모호함을 지적하는 부분이다. 먼저 우리의 제한적인 상상력에 대한 불만스러운 감정이 다름 아닌 대자연의 위대함을 지지하고 칭송하도록 부추기는 면이 있지만, 한편으로는 대자연의 미적 관찰을 통해 우리의 제한된 주관적 판단력이 초자연적인 숙명에 지배된다는 느낌을 받는다.

'숭고'의 핵심을 차지하는 '상상력과 실천이성' 사이의 관계는 칸트가 예술과 천재의 문제를 다루는 대목에서 다시 등장한다. 칸트가 후대에 끼친 영향에 대해 이야기할 때 가장 먼저 거론되는 것이 바로 이 예술과 천재에 대한 칸트의 성찰이다. 칸트에 따르면, '천재'란 규칙을 모르는 잠재력을 의미하지 않으며 오히려 예술에 규칙을 부여하는 자연적인 재능을 가리킨다. 예술에 규칙을 부여하기 위해 복합적인 양태의 주관적 기량을 총체적으로 활성화하는 '미적 관념들'을 구축해 내는 것이 바로 '천재'다. 칸트는 그런 식으로 활성화된 천재적 '복합성'을 어떤 규칙이나 조화로운 구도로 환원하는 것이 불가능하다고 보았다.

칸트의 미학이 제시하는 이 마지막 주제들, 다시 말해 '미적 관념들'을 통해 활성화된 사유의 형언할 수 없는 풍부함과 '숭고'의 모호함에 대한 칸트의 성찰을 계기로 등장하는 것이 바로 현상fenomenon과 물자체noumenon의 분리나 상상력의 역할에 만족할 수 없었던 낭만주의와 독일 관념주의의 미학이다.

4

이탈리아의 계몽주의

4.1   이탈리아와 유럽의 계몽주의자들

유럽의 여러 나라와 마찬가지로 이탈리아에서도 계몽주의의 핵심 개념은 '진보'였다. '진보'는 철학과 정치의 조합을 가능하게 했을 뿐 아니라 18세기의 역사관과 사회관을 사실상 지배할 정도로 놀라운 힘을 가지고 있었다. 철학 탐구와 개혁운동은 동일한 방향과 속도로 전개되지 않았고 오히려 논쟁과 분쟁을 일으키는 경우가 더 많았지만, 분명한 것은 유럽 전역에서 개혁을 이끈 정신적인 힘의 원천이 계몽주의였다는 사실이다. 개혁을 꾀하고 사회구조를 의도적으로 변화시키는 과정은 기술과 학문의 중요성이 점점 더 증가하는 상황에 부응하며 전개되었다. 부르주아 계층이 역사의 주인공으로 부상하는 상황과 시기적으로 일치하는 이러한 요소들은 18세기와 19세기에 유럽이 봉건사회에서 완전히 탈출하는 데 결정적인 역할을 했다.

   대략 1720년을 전후로 이탈리아의 지식인들은 유럽의 철학적 논쟁과 문화에 적극적인 관심을 보이기 시작했고 번역가들의 열성적인 노력으로 수많은 외국

문학작품들이 이탈리아 독자들에게 보급되었다. 나름대로 독창적인 사상을 발전시키는 작업은 1700년대 중반에 개혁을 추진했던 권력가들과 도시들을 중심으로 이루어졌다. 토스카나의 레오폴트Leopold 2세와 나폴리의 카를로스Carlos 3세는 프로이센왕국의 프리드리히Friedrich 2세나 러시아의 예카테리나 2세, 오스트리아의 요제프Joseph 2세가 추진했던 것과 흡사한 절대적 계몽주의에 생기를 불어넣었다.

계몽주의 시대에는 이론과 실제의 공존이 그다지 수월하지 않았다. 전자가 현실을 해석하고 지배하려는 노력을 기울였던 반면 후자는 순응하지 않고 때로는 저항하는 태도를 보였기 때문이다. 이탈리아의 계몽주의자들은 대부분의 경우 정치에 민감하고 신중한 태도를 보이는 지식인들이었고 그런 차원에서 정기간행물 출간을 통해 정치인들을 자극하거나 경제적, 사회적 혁신을 꾀하는 이들에게 영감을 제공하려고 노력했다. 현실 참여에 적극적인 모습을 보이면서 이탈리아의 지식인들은 로크 및 뉴턴의 경험주의와 프랑스 백과사전학파 사상가들의 가르침을 수용하는 한편 대학에서 여전히 주도권을 쥐고 있던 데카르트주의와 신플라톤주의의 사상과 형이상학을 비판하고 거부하는 입장을 취했다.

이탈리아 내부에서는 여러 지방의 특이한 역사적, 사회적 현실과 밀접한 연관성을 지닌 다양한 계몽주의 사조들이 존재했다. 하지만 이 사조들에는 몇 가지 공통점이 있었고 그중 하나가 순수한 이론보다는 성찰의 실용적인 결과를 더 중요시하는 경향이었다. 이탈리아 계몽주의 사조들 사이에서는 롬바르디아와 나폴리학파가 두각을 나타냈다. 하지만 중요한 업적을 남긴 이탈리아 계몽주의자들이 반드시 어느 학파에 소속되었던 것은 아니다.

4.2   문화적 배경

계몽주의의 기원과 탄생의 배경으로 주목해야 할 곳은 당연히 잉글랜드다. 일찍이 1700년대 초반부터 잉글랜드의 대표적인 이신론자들은 그리스도교의 '계시론'을 비판하며 '자연종교'를 대안으로 제시했고 잉글랜드의 자유사상가들 역시 교회의 권위주의에 비판적인 태도를 취하면서 종교적 관용과 의식의 자유를 원칙으로 내세우고 실정종교의 제도화와 교리주의에 대항하기 시작했다. 『오디세이아』와 『일리아스』의 번역자로 유명한 잉글랜드의 시인 알렉산더 포프는 이와 관련하여 다음과 같은 의미심장한 말을 남겼다. "자연과 자연법칙들이 암흑 속에 잠겨 있었지만, 신께서 뉴턴이 있으라 하시니 모든 것이 빛이 되었다."

잉글랜드의 이신론자들에 앞서 이탈리아의 계몽주의자들에게 지대한 영향을 끼친 인물은 형이상학적 체계를 무너트리기 위해 뛰어든 전투적인 사상가 존 로크였다. 로크는 『인간의 지성에 관한 에세이』에서 인간이 '신'과 '무한'의 개념을 스스로 구축할 수 있으며 결과적으로 이 개념들은 데카르트가 주장했던 것과 달리 본유적일 수 없다고 주장했다. 동일한 차원에서 로크는 논리적인 원칙들뿐만 아니라 윤리적인 원칙들 역시 본유적이지 않으며 모두 경험에서 유래한다고 보았다.

아울러 지구의 운동과 행성들의 움직임을 지배하는 것은 자연법칙이라는 사실을 증명해 보인 프랜시스 베이컨의 실험적 학문 역시 이탈리아의 계몽주의에 지대한 영향을 끼쳤다. 한편 뉴턴의 물리학은 이탈리아에서 데카르트의 물리학을 대체하며 갈릴레이 학파의 기술과 수학 분야에서 수용되었고, 무엇보다도 프란체스코 알가로티Francesco Algarotti의 유명한 안내서 『부인들을 위한 뉴턴주의Newtonianesimo per le dame』(1737년)를 통해 널리 알려졌다.

하지만 이탈리아 계몽주의자들의 성장에 결정적인 역할을 했던 것은 로크나 뉴턴의 경험주의라기보다는 프랑스 백과사전학파의 철학자들이었다. 1700년대 중반 이후부터는 이탈리아의 주요 도시에서 몽테스키외와 볼테르, 엘베시우스, 달랑베르, 루소의 책들이 유통되기 시작했고 디드로와 달랑베르의 『백과사전』 역시 이탈리아 판본이 루카와 리보르노에서 출판되었다.

프랑스에 비해 미약한 편이었지만 이탈리아에서도 계몽주의 정신을 이어받은 개혁의 움직임은 다양한 영역에서, 특히 교육 분야에서 두각을 나타냈다. 학교에서뿐만 아니라 대학에서도 다양한 방식의 제도 개편이 이루어졌고, 시도로 그친 몇몇 예들이 있었을 뿐 전체적으로는 예수회가 이끌어 온 교육 전통의 한계를 극복하려는 강한 의지가 현실의 변화로 표출되는 현상이 일어났다.

프랑스와 잉글랜드에 가려 있었을 뿐, 독일의 계몽주의 역시 18세기의 이탈리아 사상가들에게 적잖은 영향력을 행사했다. 누구보다도 크리스티안 볼프의 역할이 컸다. 볼프는 어떤 문제든 분명하게 설명할 수 있는 인간의 지성에 대해 전폭적인 믿음을 보였고 인간이 존엄한 것은 인간이 지적 존재이기 때문이라고 확신했다. 디드로의 열성적인 지지자였던 레싱도 나름의 영향력을 발휘했던 인물이다. 그의 정치사상과 종교사상은 역사적 진보의 진정한 주인공인 인간의 점진적인 완성 가능성을 토대로 정립되어 있었다.

이탈리아의 계몽주의가 이처럼 다양한 사조와 경향을 수용할 수 있었던 것은 1711년 루이지 페르디난도 마르실리Luigi Ferdinando Marsili가 창건한 볼로냐 과학원을 비롯해 베를린 아카데미, 페테르부르크 아카데미 등이 지녔던 세계시민주의적인 성격 덕분이었다고 볼 수 있다. 이러한 특성은 유럽의 인적 자원과 사상의 유통을 원활하게 하고 지방에서 활동하는 학자들과 파리나 런던 같은 대도시에서 활동하는 학자들 사이의 교류와 소통을 장려하는 데 크게 일조했다.

물론 이탈리아는 다른 유럽 국가들보다 상당히 뒤늦게 계몽주의 사상을 수용했고 적어도 1750년 이전에는 계몽주의 운동의 어떤 시도도 이루어지지 않았다. 진정한 의미에서의 계몽주의 운동은 낡은 사회와 제도들의 고집스러운 저항에서 비롯된 수많은 어려움과 난관을 헤쳐 나가며 상당히 느리게 진행되었다.

4.3 롬바르디아의 계몽주의

역사학자 루도비코 안토니오 무라토리는 이탈리아의 문화와 유럽 문화의 소통이 아직 원활하지 않던 시대, 즉 계몽주의 이전 세대에 속한다. 에스테 가문의 기록보관소와 도서관의 관장이었고 무엇보다도 《이탈리아 연보_Annali d'Italia_》를 통해 널리 알려진 중세학자 무라토리는 반종교개혁을 지지했지만 가톨릭 전통 문화를 중도적인 차원에서 개혁하겠다는 의지를 표명하며 윤리적, 사회적 책임의 중요성을 강조했다. 무라토리는 『청년들에게 설명하고 제안하는 도덕철학_La Filosofia morale esposta e proposta ai giovani_』(1735년)에서 언급했던 것처럼 "자유와 평등을 자연적으로 선호하는 백성들의 행복을 보장할 의무"가 신의 뜻에 따라 통치자들에게 주어졌다고 보았다.

무라토리 같은 지성인들의 노력으로 조성된 개혁의 물결 속에서 1700년대 중반 이후부터 본격적으로 시작된 계몽주의 운동은 같은 시기에 일어난 이탈리아의 사회적 변화와 결코 무관하지 않다. 예를 들어 롬바르디아에서는 마리아 테레지아_Maria Theresia_와 요제프 2세가 제도를 개편하면서 세금을 절감하고 종교재판과 고문을 폐지하는 중요한 변화가 일어났다.

1762년 피에트로 베리(Pietro Verri, 1728~1797년)는 알레산드로 베리(Alessandro Verri, 1741~1816년), 체사레 베카리아, 파올로 프리지_Paolo Frisi_, 알폰소 롱고_Alfonso Longo_ 등과 함께 제목부터 전투적인 자세를 느낄 수 있는 이른바 '주먹 아카데미_Accademia dei Pugni_'를 창단했다. 베리의 아카데미는 자체적인 교육과정을 가지고 있지 않았지만 구세대의 문화, 특히 수사학에 치중하는 대학 문화를 거부하고 새로운 문화를 지지하며 잉글랜드와 프랑스 작가들의 문학작품들을 같이 읽고 토론하는 방식으로 운영되었다. 일종의 지식인 동호회였던 아카데미의 회원들은 잉글랜드의 일간지 《더 스펙테이터》를 모형으로 유럽의 문화와 사상을 다루는 정기간행물 《일 카페_Il Caffè_》를 발간하기 시작했다. 1764년 6월부터 1766년 5월까지 열흘 간격으로 발행된 《일 카페》는 계몽주의 사상을 통해 독자들의 의식을 일깨우겠다는 목표는 물론 몽테스키외, 볼테르, 루소를 비롯한 프랑스 저자들의 영향력이 뚜렷하게 드러난다는 특징을 가지고 있었다.

피에트로 베리는 동생 알레산드로와 함께 《일 카페》에 가장 많은 글을 기고했고 밀라노의 유명 문인들과 교류하면서 지식인들 모임과 토론회를 개최하는 등 프랑스의 계몽주의 사상을 이탈리아에 소개하는 데 앞장섰던 인물이다. 『행복에 관한 성찰 *Meditazioni sulla felicità*』은 베리의 계몽주의적 정치사상이 뚜렷하게 드러나는 저서들 가운데 하나다. 이 책에서 베리는 절대군주제를 새로운 질서의 확립을 위한 도구로 간주하면서도 군주와 계약을 맺고 세무를 대행하는 기회주의자들을 사회에서 뿌리 뽑아야 한다고 주장했다. 그들이 국민의 불만을 조장할 뿐만 아니라 국가재정에 직접적인 피해를 입힌다고 보았기 때문이다. 실제로 세금 수납 업무를 정부가 직접 관리하도록 조치하는 데 성공했던 베리는 정부의 의뢰로 관리 업무를 직접 관장하는 등 롬바르디아주에서 다양한 관리직을 맡아 활동했고 1783년에서 1786년까지 정부의 최고 고문을 역임했다. 아카데미 내부에서 스스로를 '술라'라는 이름으로 불렀던 베리는 과두제와 민주제를 반대하고 군주제를 지지했지만 그의 정치 이상에는 군주가 피통치자의 계몽과 행복을 목적으로 통치해야 한다는 전제가 포함되어 있었다. 실제로 피에트로 베리는 정치나 국가 차원의 문제보다는 시민들의 자유에 훨씬 더 많은 관심을 기울였던 인물이다.

베리는 정치 활동 못지않게 저술 활동에도 많은 시간을 할애했고 베카리아의 유명한 책 『범죄와 형벌에 관하여 *Dei delitti e delle pene*』의 출판에도 직접 관여해 편집과 감수를 맡았다. 사실은 베카리아에게 이 저서의 집필을 종용하고 원고의 완성을 도왔던 인물이 바로 베리다. 《일 카페》에는 문학을 비롯해 시민 경제 및 정치제도를 다루는 글들을 기고했다. 베리가 제시했던 정치사상의 핵심은 시민의 행복이다. 그는 시민의 행복이 모든 형태의 정치가 추구해야 할 궁극적인 목적이라고 보았고 이와 관련하여 「상업 경제 요강」, 「농상 경제와 관련된 법률에 관한 성찰」, 「정치경제학에 관한 성찰」, 「쾌락과 고통의 본질에 관한 담론」, 「고문에 대한 고찰」, 「밀라노의 역사」, 「교황 제도의 몰락」 등의 글을 남겼다.

피에트로 베리 못지않게 롬바르디아 계몽주의의 주인공으로 주목해야 할 인물은 다름 아닌 체사레 베카리아다. 몽테스키외와 루소, 엘베시우스, 베이컨, 흄의 철학을 공부한 베카리아는 기본적으로 계몽주의와 왕권의 동맹을 지지했지만 왕이 백성들에게 가능한 한 많은 자유를 보장하도록 왕을 인도하는 것이 바로 철학자의 과제라고 주장했다. 그의 유명한 저서 『범죄와 형벌에 관하여』
는 리보르노에서 1764년에 익명으로 출판되었고 그다음 해에 앙드레 모를레
(André Morellet, 1727~1819년)에 의해 프랑스어로 번역되었다. 이 저서에서 베카리아
는 고문과 사형의 폐지를 주장했고 무엇보다도 범죄를 방지하기 위해 필요한
사회보장제도의 중요성을 강조했다. 베카리아에 따르면, 범죄의 조건을 제공
하는 현실의 변혁은 법률가들의 과제일 뿐 아니라 무엇보다도 사회적이고 경
제적인 성격의 과제였다. 모두의 행복을 위해 필요한 것은 '만인의 평등'이라는
베카리아의 주장에서 뚜렷하게 드러나는 것은 루소의 영향이다. 베카리아는
'평등'의 차원에서 풍요와 빈곤의 조건을 탐색했고 귀족이라는 특권층과 '특수
사회'에 대한 비판적인 입장을 취하면서 사유재산권은 수단에 불과하며 절대
적인 권리가 될 수 없다고 주장했다. 베카리아가 '사회주의자' 혹은 '이탈리아
인들의 루소'라는 비난을 받았던 것도 바로 이 때문이다.

베카리아는 법률이 개인의 권리를 보장하고 백성을 시민으로 성장시키기 위
한 기본적인 수단일 뿐만 아니라 공동선을 추구하는 사회의 건설 수단으로도
쓰일 수 있다고 주장했다. 그런 의미에서 베카리아가 목표로 삼았던 것은 법률
의 평등화와 제도화였다고 볼 수 있다. 법률의 제도화는 권력이 제어되지 않은
상태에서 독단적인 형태로 발전하는 것을 방지하는 데 필수적인 요소였다. 따
라서 법률 교육과 법의 성문화는 사회의 근대화에 꼭 필요한 요인들이었다. 법
적 판결뿐만 아니라 범죄의 근거도 공개되어야 한다는 것이 베카리아의 생각
이었다. 범죄와 형벌의 비율 역시 중요한 요인이었다. 베카리아는 범죄를 신체
적 피해를 가한 경우와 물질적 피해를 일으킨 경우로 구분하면서 양자를 동일
한 방식이나 강도로 징벌할 수 없다고 주장했다. 전자가 신체적 징벌이 마땅한
경우라면 후자는 벌금형을 적용할 수 있는 경우였다. 최고의 범죄는 불경죄였
고 개인의 안전을 위협하는 행위 역시 범죄로 간주되었다. 아울러 범죄를 줄이
기 위해 필요한 것은 무거운 형벌 제도가 아니라 확실한 형벌 제도였다. 하지만
베카리아는 복잡하고 알쏭달쏭한 법에 의존하는 대신 확실한 사회보장제도의
도입과 교육에 힘쓰는 것이 우선적으로 필요하다고 보았다.

베카리아는 고문을 확연하게 범죄자로 판명되지 않은 사람들, 결국 잠재적으로 무고한 사람들에게 가해지는 가혹한 행위로 규정했다. 유럽 지식인들의 대대적인 지지를 얻은 베카리아의 의견은 실제로 유럽에서 고문이 감소하는 결과를 가져왔다. 베카리아는 아울러 사형제도 폐지를 주장했다. 베카리아는 어느 누구에게도 사형 판결을 내릴 권리가 주어질 수 없으며 사형은 반역자의 경우처럼 국가의 안전을 위해 필요하거나 그것이 또 다른 범죄를 방지하기 위한 유일무이한 방편일 때를 제외하고는 사실상 범죄를 억제하는 기능이 없기 때문에 유용하지도 않고 필수적이지도 않다고 보았다. 이 경우에도 베카리아의 성찰은 현실의 변화라는 실질적인 결과로 이어졌다. 이를 통해 그의 저서가 당대의 사회에 얼마나 커다란 영향을 끼쳤는지 가늠할 수 있다.

4.4 나폴리의 계몽주의

나폴리 왕국에서는 소관주의* 전통을 바탕으로 페르디난도 갈리아니Ferdinando Galiani, 안토니오 제노베지Antonio Genovesi, 프란체스코 마리오 파가노Francesco Mario Pagano, 가에타노 필란지에리 같은 지식인들의 자율적인 활동이 활발히 전개되었다. 이들은 유럽 문화의 가장 고급한 측면들을 적극적으로 수용하면서 새로운 형태로 발전시켰을 뿐 아니라 이를 이론적 기반으로 삼아 구체적이고 실질적인 경제 및 사회 개혁안을 제시했다.

제노베지의 제자인 필란지에리는 이탈리아에서 법률을 전문적으로 다루는 학문과 체계적인 법률 이론의 필요성을 처음으로 제기했던 사상가다. 필란지에리는 나폴리에서 1780년부터 1791년까지 다섯 권으로 나뉘어 출판된 자신의

• '소관주의giurisdizionalismo'는 18세기에 유럽에서 발달한 정치 사조로 국가의 법률이 교회법까지 관할할 수 있도록 소관의 영역을 확장하려는 경향, 다시 말해 교회 지도자들의 권리와 특권을 보호하는 법률 체계에 정부의 직접적인 간섭이 가능한 정치체제를 구축하려는 경향을 말한다. 일반적으로는 세속법이 교회법에 우선한다는 입장을 가리킨다.

주저 『법률학 *Scienza della legislazione*』을 비코처럼 '원리'를 기반으로 하는 하나의 '새로운' 학문으로 정의했다. 시대가 요구하던 체계화를 바탕으로 그의 학문이 담당해야 할 과제는 당대의 사회를 근본적이고 구조적인 방식으로 변화시키고 총체적인 변혁을 통해 사회의 모든 구성 요소에 혁신의 과정이 일괄적으로 적용되도록 만드는 일이었다.

필란지에리가 모형으로 염두에 두었던 것은 계몽주의적인 성격의 군주제였지만 개혁의 우선적인 목적은 공공의 행복이었다. 공공의 행복이란 무엇보다도 훌륭한 법을 기반으로 국가가 보장하는 물질적으로나 정신적으로 안정된 삶을 의미했고 그런 차원에서 법은 "특권에 의한 특권의 강화"를 위해 존재하는 봉건주의 체제를 무너트려야 한다는 과제를 안고 있었다. 따라서 정부가 가장 먼저 착수해야 하는 것은 사회의 경제적 개편과 정치제도의 개편이었다. 필란지에리는 혈통과 출신을 중시하는 경향에서 벗어나야만 부르주아 계층의 등극을 위한 공간을 확보할 수 있으며 귀족들과 교회 성직자들이 오랫동안 주장해 온 그들만의 '자유'를 제압해야만 중앙집권적인 통치 형태를 구축할 수 있다고 보았다. 아울러 권력이 독재적인 형태로 발전하는 것을 방지하기 위해 사법부와 입법부의 기능을 분리하고 무엇보다도 통치자가 법에 복종하는 것이 필요했다. 필란지에리는 이외에도 장자에게 주어지는 상속권 및 대규모의 토지소유권 제도 폐지안, 부동산의 재분배 필요성, 세금 징수 방식의 근본적인 개혁, 금융제도 개혁안, 베카리아로부터 영향을 받은 형법 제도 개혁안, 교육제도 개혁안 등을 제시했다.

제노베지에서 필란지에리에 이르는 지적 계보에 이론적일 뿐 아니라 정치적이고 실질적인 차원에서 의미심장한 변화를 가져왔던 인물은 파가노다. 변화는 그가 스승들과는 달리 공화국 형태의 정치체제를 받아들이고 이러한 입장을 계몽주의 예술가들, 문학도들, 과학자들, 심지어는 귀족들까지 지지하기 시작하면서 일어났다. 평민들을 변호하는 데 앞장섰던 파가노는 '근거의 이론'을 체계화함으로써 재판 형식의 근대화에 크게 기여했다. 파가노는 1785년에 나폴리 대학의 범죄학과 정교수로 임명되었고, 1787년에 출판된 그의 『형법 재판에 관한 고찰 *Considerazioni sul processo criminale*』은 유럽 지식인들의 즉각적인 관심을 불러일으켰다. 파가노의 문명 철학에 대한 가장 체계적인 설명을 읽을 수 있는 저서는『정치학 논고: 사회의 탄생과 진보와 퇴보에 관하여*Saggi politici. De' principii, progressi e decadenza della società*』(1783~1785년)다. 파가노는 인류 역사와 개인의 성장 사이에 본질적인 연관성이 존재한다고 생각했다. 그가 기본적인 전제로 제시했던 것은 순환적인 역사관이지만 실질적으로 다룬 것은 진보와 진보의 과정이 절정에 달하면서 도달하게 될 문명화 단계라는 주제였다. 반면에 증보판(1791~1792년)에서는 인간의 '권리'에 더 많은 관심을 기울이며 담론을 사회적, 정치적 개혁이 완성되는 단계에 집중시켰다.

1795년에 이 저서는 금서로 지정되었고 파가노는 혁명 사상가로 지목되면서 쫓기는 신세가 되었다. 1796년에 검거되어 2년 동안의 감옥 생활을 마친 뒤 망명의 길을 떠난 파가노는 1799년에 혁명이 일어나면서 나폴리로 돌아왔고, 나폴리 공화국 임시정부의 일원으로 법무부 장관을 역임하면서 나폴레옹이 1795년에 제정한 프랑스 헌법을 바탕으로 수정안과 새로운 헌법안을 작성하고 혁신적인 법안들을 제안하는 데 힘썼다.

동물의 지성에 관한 논쟁

/ 동물의 지성에 관한 논쟁의 기원 혹은 영혼과 질료의 문제

1646년 11월 23일 뉴캐슬의 백작에게 보내는 편지에서 데카르트는 이렇게 기록했다. "자신의 욕망과 아무런 관련이 없는 의사를 전달하기 위해 신호를 사용할 수 있을 정도로 완벽한 동물은 일찍이 존재한 적이 없습니다. 반면에 이러한 신호를 사용하지 못할 만큼 불완전한 인간은 존재하지 않았죠. 심지어는 청각장애인들도 특별한 신호를 만들어 자신들의 의사를 표현할 수 있습니다. [⋯⋯] 동물들이 우리처럼 말을 하지 않는 것은 어떤 식으로든 사고 활동을 하지 않기 때문이지 뇌가 없기 때문이 아닙니다. 한편 동물들끼리는 의사소통을 하는데 단지 그것을 우리가 이해하지 못할 뿐이라는 견해도 옳지 않습니다. 동물들에게 사고력이 있다면, 개들이 스스로 욕망을 표현할 줄 알듯이, 그들의 생각을 표현할 수 있을 것입니다."

　여기서 데카르트가 제시하는 문제는 사실상 아리스토텔레스에서 플리니우스, 토마스 아퀴나스에서 몽테뉴에 이르기까지 서구 사상이 오랫동안 동물의 지성에 관해 사유하며 제기해 왔던 문제다. 하지만 여기서 드러나는 데카르트의 입장은

기계주의와 데카르트적인 이원론의 철학적 결과라고 볼 수 있다. 데카르트에게 삶의 기준은 영혼의 실재였다. 삶은 심장에서 타오르는 일종의 불꽃과 같았다. 데카르트에 따르면, 동물들의 심장은 뇌를 향해 동물적인 충동을 뿜어내며 이 충동이 뇌에서 신경을 통해 근육과 운동으로 전달된다. 하지만 이 과정에서 동물의 신체는 기계와 다를 바 없다. 동물은 순수하게 '연장된' 실체이지 '사유하는' 실체가 아니다. 동물들은 기쁨과 두려움과 고통을 느끼지만 이를 성찰의 대상으로 삼거나 이성적인 방식으로 이해할 수 있는 기량을 지니지 않았다.

이러한 데카르트의 견해는 이어서 오랫동안 지속될 철학 논쟁에 동기를 제공했고 이 논쟁에는 라이프니츠, 로크, 커드워스Ralph Cudworth, 섀프츠베리, 퐁트넬, 벨, 뷔퐁, 루소 등의 철학자들이 참여했다. 하지만 논쟁이 지속되는 동안에도 실제로는 관건이 무엇인지 뚜렷하지 않은 경우가 대부분이었다. 예를 들어 문제가 동물들이 그들만의 언어를 가졌다는 것인지, 혹은 동물들이 영혼을 가졌다는 것인지, 아니면 인간에게서 영혼을 빼앗는 결과를 감수하고라도 총체적 유물론과 다를 바 없는 기계주의를 인정하자는 것인지 분명치가 않았다.

기계주의적인 입장은 일반적으로 동물들을 향한 잔인한 행위와 관련하여 발생하는 윤리적 차원의 분노를 잠재울 수 있다는 특징을 가지고 있었다. 인간이 일종의 기계라면, 기계를 두고 잔인함에 대해 이야기하는 것 자체가 무의미했기 때문이다. 아울러 기계주의는 이른바 '피타고라스의 미신', 즉 영혼의 윤회설에 맞서 일종의 방패 역할을 할 수 있었다. 동물들이 영혼을 가지지 않는 이상 윤회를 통해 영혼을 부여받는 것도 불가능했기 때문이다. 멋진 논제였지만 인간들 사이에서 윤회가 일어날 수 있다는 가능성은 제외되지 않았다.

/ 기계주의와 원천적-진화론 사이에서

17세기와 18세기 사이에 철학자들은 이러한 이원론적 기계주의를 비판하며 데카르트에게 인간과 동물의 차이가 어떻게 정도의 차이에 불과할 수 있는가라는 반론을 제기했다. 이러한 논박을 통해 등장한 새로운 관점, 즉 원천적-진화론의 지지자들은 삶이 '연장된 실체res extensa'와 '사유하는 실체res cogitans'의 확정적인 분리 없이, 점점 더 복잡해지는 구도 속에서, 점차적으로, 끊임없이 진화하는 일종의 연속성이라고 보았다. 로크는 동물들이 추상적인 관념들을 발전시키지 못할 뿐 특정 사물들에 대한 관념을 지닐 수 있다고 보았다.

가상디는 동물 역시 기호를 해석할 줄 알고 구체적인 형상, 예를 들어 무언가가 지나간 '자취'를 관찰하며 '현재'의 감각으로는 포착할 수 없는 '과거'의 현상을 추론할 수 있으며, 단지 땀이 흐르는 것을 보고 땀구멍의 존재를 짐작하는 경우처럼 훨씬 복잡한 추론을 하지 못할 뿐이라고 보았다.

콩디야크는 1755년에 출판한 『동물론』에서 동물들은 그들에게 다가오는 다양한 느낌들을 비교할 수 있을 뿐 아니라 판단하고 기억할 수 있으며 그들만의 요구에 부응하는 '사고력'을 지녔다고 주장했다. 콩디야크는 동물들이 종에 따라 상이한 욕구를 지니는 만큼 이에 준하는 고유의 이해 방식과 의사 전달 방식을 가지고 있다고 보았다. 감각을 기반으로 모든 우세한 기량들이 발전한다는 전제하에 동물들 역시 그들의 느낌을 발전시킬 수 있는 능력을 지녔다고 보는 것은 곧 진화의 계보에서 동물을 인간의 바로 이전 단계에 위치시킨다는 것을 의미했다. 콩디야크에 따르면, 사고력을 지닌 만큼 모든 종류의 동물은 개별적인 종의 요구에 비례하는 고유의 언어를 지녔다. 동물들이 인간처럼 말하는 것은 아니지만 근본적인 차이는 언어적 복합성의 정도의 차이에 지나지 않는다.

동물에게 영혼이 있다는 견해는 일반적으로 반기계주의를 지지하는 사상가들의 주장과 일치하지만 이 견해를 더 강렬하게 뒷받침하는 논제들 가운데 몇몇은 유물론 사상에서, 무엇보다도 『부활한 테오프라스토스Theophrastus redivivus』*의 저자를 중심으로 하는 17세기 자유사상가들의 신비주의적이고 불온한 사유에서 유래한다. 이 익명의 저자는 인간의 영혼이 지니는 물질적인 성격과 사멸할 수밖에 없는 성격을 강조하면서 인간의 영혼과 동물의 영혼 사이에는 커다란 차이가 있을

---

* 17세기에 쓰인 것으로 추정되는 작자 미상의 저서로, 종교와 신에 대한 믿음을 논박하는 오래된 논제들을 자유주의 사상의 관점에서 집대성한 작품이다.

수 없다고 주장했다.

1세기 후에는 쥘리앵 오프루아 드 라 메트리Julien Offroy de La Mettrie가 인간과 동물 사이에 존재하는 해부학적이고 생리학적인 차원의 유사성을 주장했다. 라 메트리는 그의 『인간 기계론 L'Homme machine』(1748년)에서 데카르트의 논리를 완전히 뒤엎고 동물과 인간을 모두 기계로 간주하는 과감한 논리를 전개했다. 그는 자연이 인간과 동물을 생성하면서 "누룩의 양을 달리할 뿐" 동일한 질료를 사용한다고 보았다. 동물과 인간의 근접성을 인정하지 않는 논리의 핵심 근거가 언어능력의 차이라고 해도 사실은 동물들이 그들만의 언어를 지녔고 말을 사용하지 않을 뿐 오히려 탁월한 무언극 배우에 가깝다는 것이 그의 생각이었다. 원숭이도 말을 하기에는 부적합한 성대를 가졌지만 올바른 방식으로 훈련만 받으면 뇌의 명령에 따라 목소리를 활용할 줄 안다는 것이었다.

역방향의 진보, 즉 점진적인 퇴보의 역사관을 지녔음에도 불구하고 루소는 『인간 불평등 기원론』(1755년)을 통해 동물과 인간 사이에서 점진적인 진화가 일어날 수 있고 오랑우탄을 순수한 자연 상태의 인간으로 간주할 수 있다고 주장했다.

또 다른 예로, 몬보도Monboddo 경은 『언어의 기원과 발전에 대하여 Of the Origin and Progress of Language』(1773~92년)에서 오랑우탄의 인간성을 지지하며 인류가 본질적으로는 언어의 사용과 무관한 존재일 수 있다고 주장했다.

/ 종들의 근접성 이론

'동물의 영혼'에 관한 논쟁에서는 세 명의 인물이 두각을 나타내며 다름 아닌 원천적-진화론을 처음으로 이론화하는 데 일조했다. 첫 번째 인물은 예수회 학자 이냐스가스통 파르디Ignace-Gaston Pardies 신부다. 1672년에 펴낸 『동물들의 지식에 관한 담론 Discours de la connaissance des bêtes』에서 파르디는 일찍이 아우구스티누스가 관찰했던 현상, 즉 지렁이를 둘로 자를 경우 두 조각의 지렁이들이 계속 꿈틀거리는 현상을 예로 들어 설명했다. 일반적으로 이러한 현상은 동물의 영혼이, 만약에 존재한다면, 인간의 영혼과는 달리 하나의 유일한 존재 원리로 기능하지 않는다는 사실과 지렁이의 움직임은 오로지 기계주의자들이 주장하는 동물들의 충동에 의해서만 결정된다는 사실을 뒷받침하는 근거로 간주되었다. 하지만 파르디는 이 둘로 나뉜 동물의 고통에 대해 말하면서 두 조각의 지렁이들이 영혼의 통일성을 발견하지 못한 채 제각기 '나'라고 말하고 싶어 한다는 재미있는 설명을 제시한 뒤 이와 유사한 현상이 인간에게도 일어나며 목이 잘린 사람이 잠시나마 계속 얼굴을 찌푸리는 경우에서 비슷한 예를 찾아볼 수 있다고 주장했다.

　결과적으로 동물적인 영혼의 형태에 대해 이야기하는 것이 가능하다는 점을 지적하면서 파르디는 동물들이 삼단논법을 이해할 줄 모르고 이것이 명백한 사실이라면, 이에 못지않게 분명한 것은 이들이 사물들 가운데 어느 것이 자신에게 해롭고 어느 것이 유익한지 구별할 줄 알 뿐만 아니라 이러한 판단을 기준으로 행동한다는 점이라고 주장했다. 동물의 이러한 기능이 영혼에 좌우된다는 것을 부인하면 결국에는 인간의 영혼마저도 존재하지 않는다고 보아야 한다는 것이 그의 생각이었다. 인간에게 자신의 행위를 뜻대로 결정할 수 있는 능력이 있는 것은 분명한 사실이지만 숨쉬거나 걷기처럼 인간이 본능에만 의존하며 행동하는 경우가 상당히 많은 것 역시 숨길 수 없는 사실이다. 파르디는 인간이 무의식적으로 사고하거나 행동하는 것처럼, 즉 인간의 수많은 행동들이 의도적인 결정에 좌우되는 것이 아닌 만큼 동일한 현상이 동물들에게도 일어난다고 보았다.

　이 시점에서 기억할 필요가 있는 것은 1694년과 1698년 사이에 출간된 프랑수아 라미François Lamy의 『스스로에 관한 이해De la connaissance de soi-même』다. 이 저서에서 라미는 "포착할 수 없는 사유"에 대해, "말이 없는" 사유, 혼돈스럽고 불분명하며 우리의 마음을 움직이지만 이성적으로 성찰하거나 이해하기 어려운 사유의 존재에 대해 이야기했다. 굳이 프로이트 이전 시대의 바로크적 프로이트주의를 이야기할 필요는 없겠지만 당대의 지식인들이 이러한 부류의 생각을 가지고 있었다는 점은 기억해 둘 필요가 있다.

　파르디 신부가 '무의식적인 사고'를 동물에게 부여했다면, 개신교 학자 다비드 불리에David Boullier는 더 나아가서 동물들이 지성과 의지뿐만 아니라 보편적 개념에 대한 이해력까지 갖추고 있다고 주장했다. 1728년에 익명으로 출판한 『동물의 영혼에 관한 철학적 에세이*Essai philosophique sur l'âme des bêtes*』에서 불리에는 자고새를 주인에게 가져오는 대신 먹어 치운 사냥개가 주인에게 얻어맞는 경우를 예로 들면서 이 사건이 일어난 다음에는 앞으로 물어 오게 될 자고새가 처음과 똑같은 것이 아닌데도 사냥개가 그 사냥감을 먹어 치우는 일은 자제하게 될 것이라는 점에 주목했다. 이는 곧 사냥개가 어떤 특정한 자고새를 개별적으로 감지하는 단계에서 '자고새'라는 일반적 개념을 이해하는 단계로 발전할 수 있다는 것을 의미했다. 그뿐 아니라 사냥개가 자고새를 다시 먹어 버릴 경우 주인이 내릴 벌을 예상했다는 것은 미래에 일어날 일까지 예측하면서 자율적으로 이를 피할 수 있는 지적 능력을 갖추었다는 것을 의미했다.

불리에는 영혼을 품은 신체가 얼마나 완벽한가에 따라 영혼의 기능이 결정된다고 보았다. 따라서 '종의 점진적인 진화'에 대한 불리에의 생각은 파르디의 생각보다 훨씬 더 구체적이다. 불리에는 인간에게도 진화의 단계가 있고 한 아이의 영혼은 어른의 영혼보다 미숙한 단계에 머물지만, 점진적인 진화는 개별적인 삶의 영역 안에서만 이루어지지 않고 가장 낮은 단계의 종에서 가장 높은 단계의 종을 향해서도 이루어진다고 보았다. 우리 현대인은 윤리적인 차원에서 부당하게 느낄 수밖에 없는 예가 되겠지만, 불리에는 원숭이와 아프리카인 사이에 존재하는 차이가 아프리카인과 유럽 지성인 사이에 존재하는 것보다 훨씬 적다고 보았다.

이 단계별 진화의 현실 속에서 우리의 감식력은 뚜렷한 성격을 지닌 반면 동물들의 그것은 혼란스러운 상태로 남아 있다. 물론 이러한 생각은 동물들이 보편적인 개념까지 이해할 수 있다는 논제와 모순되는 듯이 보인다. 하지만 놀라운 것은 이미 1739년에 바움가르텐이 '감각적 인식'을 언급하면서 이를 일종의 원형적인 지식으로, 즉 이성적인 지식에 비해 훨씬 불분명하고 혼란스럽지만 우리의 미적 경험을 설명할 수 있을 만큼 인간의 삶에서 중요한 부분을 차지하는 지식으로 간주했다는 사실이다. 아울러 의미심장한 것은 불리에가 프랑스 저자들만 인용했음에도 불구하고 그가 혼란스러운 형태의 감각을 정의하기 위해, 바움가르텐처럼, 미적 경험을 예로, 다시 말해 화음을 청취할 때 여러 음이 함께 울린다는 것을 분명히 의식하면서도 음 하나하나는 구별하지는 못하는 경우를 예로 들었다는 점이다.

불리에를 동물이 삼단논법과 신의 개념은 이해하지 못하지만 '미학적으로' 사고한다고 주장한 최초의 인물로 보는 것은 아마도 과장된 견해일 것이다. 하지만 불리에는 이렇게 말했다. "인간 영혼의 가장 불완전한 상태는 동물들의 본성과 상당히 유사하다."

/ 악령, 영혼, 미덕, 천국에 간 동물들

이제 등장해야 할 인물은 기욤 야생트 부장Guillaume Hyacinthe Bougeant이다. 1739년에 『동물의 언어에 관한 철학적 유희Amusement Philosophique sur les Langages des Bêtes』를 출판한 부장은 예수회 학자였고, 따라서 동물의 언어에 관해 이야기하는 그의 저서를 예수회 지도자들이 좋아할 리가 없었다. 결국 부장은 수도원장 사발레트Savalette에게 보내는 서신을 통해 자신의 입장을 공개적으로 수정해야만 했다.

부장의 책이 출판되는 과정 또한 상당히 혼란스러웠다. 두 종류의 판본이 암스테르담과 파리에서 같은 해에 출판되었고 모두 사발레트에게 보내는 서신이 실린 경우와 없는 경우로 나뉘어 있기 때문이다. 아마도 원래의 책은 내용과 관련하여 잘못을 시인하는 편지를 쓰기 이전에 이미 출판되었고 동일한 내용의 책이 뒤늦게 편지와 함께 다시 출판된 것으로 보인다. 이는 곧 부장이 입장을 바꿨음에도 불구하고 이를 밝히는 서신이 실린 책과 함께 똑같은 책을 서로 다른 두 출판사를 통해 계속해서 펴냈다는 것을 의미한다. 아울러, 제목 자체는 이 책이 학자들이 아닌 어떤 부인을 위해 쓴 글이라는 인상을 주지만, 정작 부장은 왜 '유희'라는 단어를 제목에 사용했는지 아무런 설명도 제공하지 않았다. 부장의 어조는 익살스럽고, 적어도 자신의 말에 책임을 지겠다는 자세는 엿볼 수 없다. 예수회 신부다웠다고나 할까!

부장은 동물들이 서로 의사소통하고 지적으로 행동한다는 사실을 지극히 당연하게 받아들였다. 하지만 동물들이 인간과 다를 바 없다면 이들도 천국이나 지옥에 갈 수 있단 말인가? 이 질문에 대한 부장의 답변은 상당히 자극적이다. 부장은 동물들이 악령과 다를 바 없으며 이는 악령이 동물들의 몸을 지옥으로 만들기 위해 신체 안으로 파고들기 때문이라고 주장했다. 더 나아가서 부장은 악령들이 지상의 지옥 생활을 영원히 지속하기 위해 동물이 죽을 때마다 이 동물에서 저 동물로 끊임없이 옮겨 다닌다고 보았다. 그는 이런 점이 왜 동물들은 나쁜 성격을 지녔는지, 예를 들어 왜 고양이들은 영악하고 사자들은 잔인한지, 아울러 왜 동물들이 결국에는 인간의 희생양이 되어 고통받을 수밖에 없는 운명에 처하는지 설명해 준다고 보았다.

부장의 주장은 여러 학자들의 반발을 불러일으켰다. 특히 저술가 존 힐드롭John Hildrop은 그의 『동물이라는 피조물에 대한 여러 가지 생각Free Thoughts upon the Brute-Creation』(1742~1743년)에서 때로는 진지하고 때로는 익살스럽게, 동물들이 일종의 악령이라는 주장은 전적으로 틀렸으며 인간에게 지배받는 만큼 동물들은 단순히 원죄에 참여할 뿐이라고 주장했다. 하지만 그는 동물들이 영혼을 지녔고 만약 지상의 낙원에 존재했다면 이들의 영혼 역시 불멸할 것이라고 보았다. 부장은 동물들의 언어에 대해 언급하면서, 동물들이 의사소통 능력과 서로를 가르치는 능력이 없다면 공동체를 구성할 수도, 짝을 지을 수도 없을 것이라고 주장했다. 그는 여러 동물 공동체들 예로 들면서 이들이 생존할 수 있는 방법은 오로지 소통에 의한 합의를 기반으로 공동체 일원들에게 각자의 역할을 분담하는 것뿐이라고 설명했다. 이것이 불가능하다면, 동물들 역시 바벨탑의 일화에서 인간이 경험한 언어의 혼돈과 유사한 혼돈에 빠지게 되리라는 것이었다. 부장에 따르면, 동물들은 그들만의 특별한 요구와 관련해서만 소통하며 동물들의 요구는 인간의 그것에 비해 상당히 제한적이다. 바로 그런 이유에서 동물들의 언어는 인간의 언어보다 훨씬 간결하며 어떤 동물들은 하루에 두세 마디 '말'밖에는 하지 않는다. 동물들은 자신의 혹은 종족의 생존을 위해 절대적으로 필요할 때에만 소통한다. 그런 차원에서 동물들은 결코 거짓말을 하지 않는다.

하지만 동물들이 거짓말을 할 줄 모른다는 점이나 사랑스러운 눈빛으로 주인을 바라보는 강아지들의 행동을 관찰하면서 확인할 수 있는 특징들은 모두 동물들이 악령에 가깝다는 주장과 모순을 일으킨다. 그럼에도 불구하고 부장이 이러한 문제에 특별한 관심을 기울이지 않았다는 것은 그의 저서가 다름 아닌 '유희' 이며 저자 역시 내용을 너무 진지하게는 받아들이지 않았다는 것을 증명해 준다.

하지만 부장이 동물들의 행동양식을 관찰하는 부분만큼은 사뭇 진지하다. 예를 들어 부장은 수많은 동물들이, 물고기나 거미처럼, 우리가 들을 수 없는 소리를 내기 때문에 모든 동물들의 언어를 사전으로 만드는 것은 불가능하다고 보았다. 하지만 그는 모든 종류의 동물들이 고유의 독특한 음성을 지닌다는 점을 인정하면서, 손짓과 몸짓으로만 말하는 사람들을 예로 들며 극단적인 형태의 의사소통이 가능하다는 점에 주목했다. 그가 새들의 언어에 특별한 관심을 기울였던 것도 그런 이유에서였을 것이다.

한편 윌리엄 스멜리William Smellie는 유사한 주제를 다루는『자연사의 철학 *Philosophy of natural history*』(1790~1799년)에서 동물들의 사회적 삶에 주목하며 비버들의 행동 방식이 인간들의 그것보다 훨씬 문명적이라고 주장한 바 있다. 물론 스멜리가 이러한 내용을 기록한 건 프랑스혁명이 막 일어난 시기였다는 점을 기억할 필요가 있다. 이 책에서도 동물들이 인간에 비해 일반적으로 하등한 단계에 머물러 있다는 것은 변함이 없지만, 주목해야 할 것은 동물들이 몇몇 활동 영역에서 인간보다 훨씬 능숙하며 현명한 면모를 보인다는 사실이다.

/ 계몽주의 시대의 '동물의 영혼' 혹은 감정의 용수철

부장의 책을 당대의 사람들이 얼마나 진지하게 받아들였는지는 디드로와 달랑베르의『백과사전』에서 '동물의 영혼L'Ame des bêtes' 항목을 집필한 수도원장 클로드 이봉이 부장에게 기울이는 지대한 관심에서 쉽게 확인할 수 있다. 물론 여기서 이봉이 어느 정도 어리석은 사람처럼 느껴진다면 그것은 디드로와 달랑베르의 입장에서 그에게 집필을 위탁한 이유가 '동물이 영혼'이 그다지 중요한 항목이 아니었기 때문이고, 무엇보다도 종교와 관련된 민감한 주제들은 문제 삼지 않겠다는 입장을 그런 식으로 표명함으로써 교회의 검열을 피할 수 있었기 때문이다.

이봉은 '동물의 영혼'에 관해 논하면서 무엇보다도 데카르트의 기계주의를 비

판했다. 이봉은 동물들의 행동을 관찰하면서 동물들이 감정과 감성과 의지를 지 닌 만큼 지성과 영성을 지녔다고 볼 수 있으며, 데카르트의 주장처럼, 동물들이 기계에 지나지 않는다면 이는 곧 신이 우리를 우롱했다는 것을 의미하기 때문에 결과적으로 이는 불가능한 이야기라고 설명했다.

물론 이봉에게도 동물들은 보편적인 관념을 조합할 줄 모르고 불분명한 지각 단계에 머무는 존재에 불과했다. 하지만 동물이 사멸하는 성격의 영성을 지닌다 는 얼핏 모순적으로 느껴지는 주장에 대해 이봉은 철학자라기보다는 수도원장에 가까운 입장을 고수하면서 우리가 인간이 지니는 영혼의 불멸성을 성서의 계시 를 통해 이해하는 것처럼 동물의 영혼이 사멸할 수밖에 없다는 것 또한 계시를 통 해 이해할 수 있다고 답변했다.

한편 동물들이 영혼을 지녔음에도 불구하고 끊임없이 고통받을 수밖에 없는 운명에 처해 있고 선과 악을 구별하지 못하는 이상 고통받아 마땅한 죄를 저지른 것도 아닌 상태에서 고통을 받는다는 사실에 대해서도 이봉은 상과 벌이 오로지 자유의지를 지닌 존재에게만 적용될 수 있다는 간략한 답변으로 대처했다. 이봉 에 따르면, 자유의지가 없기 때문에 동물들은 상이나 벌을 기대할 수 없으며 동물 들의 고통은 죄에 대한 형벌이 아니라 삼가야 할 행동을 지시하는 기호에 불과했 다. 그렇다면 닭이 인간의 배를 채우기 위해 죽어야 한다는 이야기를 옳다고 해 야 할까? 물론 이는 일찍이 토마스 아퀴나스가 공정하게 해결했던 문제이지만 이 를 재검토하는 이봉의 입장은 어김없이 그의 미숙한 면모를 드러낸다. 왜냐하면 계속해서 닭의 관점만 고집했기 때문이다. 이봉에 따르면, 순수하게 감각적인 영 혼을 지닌 닭의 죽음은 이성적 영혼을 지닌 인간에게만 유용하며, 닭에게 그의 죽 음은 원래 그의 소유가 아닌 자산의 탈취에 불과했다. 이봉은 따라서 닭이 그보다 본질적으로 우월한 존재를 위해 소용된다는 사실에 기뻐해야 한다고 보았다. 간 단히 말하자면, 닭은 세상에 태어날 아무런 권리가 없었기 때문에 우리가 닭의 목 을 비틀더라도 불평을 하지 말아야 한다는 이야기였다.

리처드 딘Richard Dean은 그의 『동물의 미래에 관한 에세이An Essay on the Future Life of Brutes』(1768년)에서 동물들의 고통은 인간이 저지른 죄의 결과이지만 인간의 구원과 함께 자연 전체가 구원을 받았다고 기록했다. 딘은 어쨌든 인간의 이성이 동물들의 기량보다 뛰어난 것처럼 사후 세계에서도 인간이 동물보다는 더 많은 복을 누리게 될 것이라고 보았다.

이와는 달리 험프리 프리맷Humphry Primatt은 『동물을 향한 잔인함의 죄와 자비의 의무에 관한 논문A Dissertation on the Duty of Mercy and Sin of Cruelty to Brute Animals』(1776년)에서 이렇게 기록했다. "동물들의 고통에 보상이 뒤따르리라고 선언할 수 있는 어떤 권위도 우리에게 주어지지 않았고 이를 확인해 줄 수 있는 하늘의 증인도 존재하지 않는 이상, 어떤 식으로든 보상은 이루어지지 않는다고 가정해야 하며 이 가정으로부터 동물을 향한 잔인함이 돌이킬 수 없는 침해를 표상한다는 이성적인 결론을 내릴 필요가 있다." 인간의 고통은 미래에 보상을 받을 수 있지만, 고통받는 동물에게는 어떤 희망도 위로가 될 수 없다고 보았던 것이다.

루소의 사상을 바탕으로 하는 또 다른 관점에서 존 오즈월드John Oswald는 『자연의 절규The Cry of Nature』(1791년)를 통해 동물들이 인간에게 종속될 목적으로 창조된 것은 아니며 원천적인 자연 상태에서는 길든 동물과 인간이 조화롭게 살 수 있었다고 주장했다. 시간이 한참 흐른 뒤에야 과학과 기술의 진보로 인해 인간과 동물의 관계가 착취의 관계로 발전했고 인간이 동물을 단순한 객체로 취급하기 시작했다고 본 것이다. 어떻게 보면 동물의 불행한 운명은 인간 사회가 야생의 상태에서 벗어나 문명화되는 순간부터 이미 결정되었다고 할 수 있다.

이제 좀 더 권위 있는 저자 두 명의 이야기를 직접 들어 보자. 모두 동물의 입장을 중요시하는 철학자들이다. 제러미 벤담Jeremy Bentham은 그의 『도덕과 입법의 원리론 입문An Introduction to the Principles of Morals and Legislation』(1789년)에서 이렇게 천명했다. "언젠가는 다리의 개수나 털의 양이나 천골薦骨의 형태 등이 감각을 지닌 동물을 그 불행한 운명에 내맡길 수 있을 정도로 확실한 기준이 되지 못한다는 것을 깨달을 날이 올 것이다. [……] 다 자란 말이나 개가 오히려 태어난 지 하루 혹은 일주일 또는 한 달이 지난 유아보다 더 이성적이고 대화에 더 많은 관심을 기울인다. [……] 우리는 동물이 이성적으로 사고할 수 있는가 혹은 말을 할 수 있는가가 아니라 고통을 느낄 수 있는가라는 질문을 던져야 한다. 왜 법은 감각을 지닌 모든 존재의 보호를 보장하지 못하는가? 언젠가는 인류가 숨 쉬는 모든 존재를 그의 망토로 감싸 안는 날이 올 것이다.”

아울러 볼테르는 『철학 사전』에서 '동물'에 대해 이렇게 기록했다. “동물들이 아무런 감정도 없고 아무것도 이해할 줄 모르는 기계에 불과하다는 말은 얼마나 천박하고 통속적인가. [……] 이 새가 벽에 둥지를 만들 때에는 반원 모양으로, 모서리에 만들 때에는 원을 사등분한 모양으로, 나무 위에 만들 때에는 완전히 둥그런 모양으로 만드는데, 어떻게 새가 이 모든 것을 똑같은 방식으로 만든다고 할 수 있단 말인가? 우정에 있어서만큼은 인간보다 놀라울 정도로 뛰어난 모습을 보이는 개를 잔인한 인간들이 탁자 위에 고정시키고 몸을 해부한 뒤 복막의 힘줄을 보여 줄 때 당신의 것과 동일한 느낌의 기관들을 발견하게 될 것이다. 기계주의자여, 이제 대답해 보라. 자연이 이 동물에게 모든 감정의 용수철을 부여한 이유가 결국에는 아무것도 느끼지 못하게 만들기 위해서였단 말인가? 아무것도 느낄 수 없도록 신경을 심어 놓았단 말인가?”

자코모 레오파르디는 1811년에 쓴 『동물들의 영혼에 관한 논문*Dissertazione sopra l'anima delle bestie*』에서 그가 이러한 논쟁에 쓰이는 모든 용어는 물론 동물에 관해 성찰했던 모든 저자에 대해 익히 알고 있었다는 것을 보여 준다. 동물들이 영혼을 지녔다면 사후 세계의 어떤 운명이 이 동물들을 기다리는지 물으면서 레오파르디는 동물들을 위한 일종의 고성소가 존재한다고 상상했다. 불과 열네 살의 나이에 쓴 책이기 때문에 자세한 언급을 피하는 경향이 있지만 9년 뒤 무한성을 깊이 연구하던 시기에 『지발도네*Zibaldone*』를 집필하면서 레오파르디는 동물들이 일종의 무한성을 추구하는 경향을 지녔다고 기록했다.

5

계몽주의자와 계몽인 사이의
프리메이슨

5.1 계몽주의자와 계몽인

18세기를 지배하던 두 가지 유형의 정신을 이해하려면 '계몽주의자illuministi'와 '계몽인illuminati'의 차이가 무엇인지 분명히 알아야 할 필요가 있다. '계몽주의' 를 뜻하는 이탈리아어 Illuminismo는 영어의 Enlightenment, 독일어의 Aufklärung, 프랑스어의 Philosophie des lumières와 동일한 의미로 사용된다. 반면에 특정 저자나 사조를 수식하는 Illuminati는 프랑스어의 illuminés, 영어의 enlightened, '열광자'를 뜻하는 독일어의 schwärmer 등에 상응한다. 독일어에도 Illuminaten이라는 용어가 있지만 이는 특정 교파를 가리키는 말이다.

'계몽주의자'들의 철학은 진보의 철학이다. 이들은 전통에 대한 비판과 이성의 올바른 활용을 토대로 오래된 미신을 타파할 수 있다고 생각했다. 반면에 '계몽인'들의 철학은 전통을 중시하는 철학이다. 이들은 세상이 창조되었을 무렵 고대 사회에서 위대한 스승들이 우주에 대한 완전하고 절대적인 지식을 보유하고 있었고 이를 표현하기 위해 상징들을 사용했지만 후세대는 이것들을 해독하기 힘들 것이라고 보았다. 태고의 지혜가 시간이 흐르면서 점차적으로 자취를 감추었기 때문이다. '계몽인'들에게 지식이란 이 자취를 감춘 태고의 진리와 지혜를 의미했다. 이들은 이 진리의 발굴과 활성화를 통해 근대 문명의 '퇴보'에 대항해야 한다고 보았다. '계몽주의'는 바로 이러한 퇴보의 재앙에 가까운 결과였다. 이 사라진 지혜를 되찾기 위해서는 고대 신화의 세계로, 고대 이집트인들의 정신세계로, 드루이드들의 세계로, 영지주의, 연금술, 심령술, 유대 카발라의 세계로 되돌아갈 필요가 있었다. 이들은 오로지 전통만이 고대인들의 비밀스럽고 경이로운 지식에 대한 기억을 간직하고 있으며 신비주의 입문을 통해서만 이 기억의 흔적을 발견할 수 있다고 보았다.

진보의 철학과 전통의 철학을 '좌파'나 '우파' 같은 현대적인 용어를 바탕으로 해석할 수 있다고 보는 것은 섣부른 판단이다. 전통을 숭배하는 성향이 19세기의 반혁명주의와 전통주의 사상에 커다란 영향을 끼친 것은 분명한 사실이지만 18세기에는 전통을 중시하는 철학과 진보를 중시하는 철학이 분간하기 힘들 정도로 복잡하게 뒤섞여 있었다. 예를 들어 괴테처럼 진보의 철학과 전통의 철학에 모두 매력을 느꼈던 사상가들은 셀 수 없이 많다. 많은 정통파 '계몽인'들이 진보의 열기에 휩싸여 혁명에 가담했고 '계몽주의' 철학의 몇몇 논제들은 뒤이어 우리가 '보수적'이라고 정의할 수밖에 없는 정치철학적 입장들을 탄생시켰다. 계몽주의 사상가들에게 지대한 영향력을 행사했던 17세기의 자유사상가들이 정치적으로는 보수적이었던 것도 이와 같은 맥락에서 생각할 수 있다.

'계몽주의자'와 '계몽인'의 개념이 혼용되는 상황은 다름 아닌 18세기에 뚜렷하고 공개적인 형태로 등장하는 프리메이슨의 역사에서 더욱 분명하게 드러난다.

5.2 프리메이슨의 머나먼 기원

프리메이슨의 기원과 탄생과 발전의 역사를 재구성한다는 것은 상당히 어려운 일이다. 그 이유는 우선적으로 프리메이슨의 역사 자체가 대부분 '비밀'이라는 구호 아래 상당히 다양한 형태로 전개되었기 때문이다. 물론 모든 프리메이슨 공동체가 비밀결사처럼 결성되고 활동했던 것은 아니다. 또 한 가지 이유는, 거의 모든 공동체가 고유의 장구한 역사를 전설이나 전형적인 신화적 '소식'들을 바탕으로 정당화하고 문서를 토대로 정통성을 확인할 수 있는 정보들은 절대로 취급하지 않는 성향을 가졌기 때문이다. 세 번째 이유는, 프리메이슨이 로지lodge의 형태로, 즉 자연스럽게 형성되는 회합의 형태로 탄생한 만큼 기본적으로는 무정부적이었고 구심점이나 체제를 가지고 있지 않았기 때문이다. 런던의 그랜드 로지Grand Lodge 같은 유럽의 몇몇 대규모 로지들이 사실상 아무런 규제 없이 결성되던 프리메이슨 단체들의 활동을 정당화하기 위해 주축 세력으로 부상했을 때에도 프리메이슨은 본질적으로 수많은 규율 단체의 군도群島에 지나지 않았다. 왜냐하면 지속적으로 분해되는 가운데 똑같이 비밀스럽게 활동하는 유사 단체들과 뒤섞이는 현상이 일어났기 때문이다. 프리메이슨의 역사를 재구성하는 일이 힘든 마지막 이유는, 역사학자가 참조할 수 있는 대부분의 관련 사료들이 프리메이슨의 특정 단체 내부에서 생산된 데다 역사적 현실에 대한 고려 없이 단체의 위상과 장구한 역사를 칭송하는 것으로 그치기 때문이다.

로지라는 용어는 원래 대성당의 건축 기사들이 성당 옆에 작업장 내지 숙소로 쓰기 위해 한쪽 벽이 개방된 형태로 만들던 공간(loggia, loge, bauhütte)의 이름에서 유래한다. 이 건축 기사들은 자신들을 '자유로운 석공(franc-maçon, free-mason, Freimauer)', 다시 말해 '자유로운 장인'이라 불렀고 사활을 걸고 지켜야 할 중요한 직업상의 비밀들을 공유하며 힘을 모아 난공불락의 조직을 만들었다고 전해진다. 다양한 부류의 기술자들 사이에서 결성되던 이러한 유형의 동호회는 사실 고대 이전부터 존재해 왔고 솔로몬의 신전 건축가들로부터 직접 물려받은 건축 기술의 비밀을 대대로 전수해 왔다고 주장하는 단체들이 중세에 등장하기 시작했다.

이들이 수호하던 비밀 자체는 전문적이고 실용적인 성격을 띠었지만, 이들은 오래전에 도입된 규율과 의례의 윤리적이고 종교적인 요소들을 바탕으로 엄격한 행동 규칙뿐만 아니라 조직의 기원에 관한 신화적인 생각을 가지고 있었다. 솔로몬의 신전 건축가로 알려진 신화적인 인물 히람 아비프Hiram Abif가 그의 비밀을 탐내던 부정직한 동료들에게 살해당했다는 이야기가 바로 이들이 믿었던 신화들 가운데 하나다.

이 신화는 유대교와 그리스도교 문화를 통해 오랫동안 명맥을 유지했고 솔로몬의 신전은 이상적인 수학적 비율 속에 신비로운 비밀을 간직한 완벽한 건축물로 인식되었다. 이 신화는 뒤이어 숫자의 복합적인 상징주의 이론을 바탕으로 하는 이집트와 그리스의 피타고라스 신비주의와 혼합되었고 이 신비주의는 이어서 유대인들의 대수학 전통에 스며들어 유대교 카발라 전통과 16세기의 그리스도교 카발라 전통으로까지 이어지며 명맥을 유지했다.

이 장인들의 협회가 언제부터 이른바 '명예(수용)' 회원들을 받아들였는지는 정확히 알려지지 않았다. 비교적 높은 사회적 위치를 지닌 이 회원들은 장인들의 직업과는 무관하며 오히려 조직의 사상적인 측면과 윤리적인 원칙들, 조직적인 체계 및 협회의 오랜 전통에 더 많은 관심을 기울였다. '명예' 회원을 받아들이는 관습은 장미십자회의 정신적 영향이 두드러졌던 16세기와 17세기의 스코틀랜드 로지 내부에서 발견된다.

장미십자회는 보편적 형제애와 종교적 화합을 추구하고 고대 비교秘敎의 지식을 탐구하는 비밀단체였다. 특히 이 비교의 존재는 17세기 초반에 출판된 두 권의 성명서 「장미십자회의 명성」과 「장미십자회의 고백」을 통해 소개되었다. 하지만 이 성명서들을 누가 작성했는지에 대해서는 정확히 알려진 바가 없다.

대외적으로도 비밀단체였고 회원들의 정체 역시 확인할 수 없었던 만큼 이 단체의 존재를 증명할 수 있는 결정적인 근거는 발견된 적이 없지만 데카르트나 라이프니츠 같은 17세기의 학자들이 장미십자회의 회원들과 만나거나 이들에 대해 좀 더 자세한 정보를 얻으려고 노력했던 것은 사실이다. 런던에서도 18세기 초반에는 반드시 귀족일 필요는 없는 젠틀맨gentlemen이나 예술가, 금융가, 의사 등의 모임으로 성장한 '자유 석공'들의 로지들이 존재했다. 이들은 실용적인 성격의 오래된 장인 협회를 만남과 토론의 장으로, 철학적 주제들을 발전시키기 위한 공간으로 변신시켰다. 이 런던의 프리메이슨은 비교의 진리보다는 과학적인 문제와 교육제도 혹은 사회문화적 미덕의 훈련에 더 커다란 관심을 기울였다. 실제로 뉴턴의 과학을 가르치던 존 테오필루스 데사귈리에John Theophilus Desaguliers가 초기의 열성 당원들 가운데 한 명이었다.

5.3   런던의 로지와 앤더슨의 법규

1717년에는 런던의 네 로지들이 하나로 통합되면서 그랜드 로지를 구축했고 1723년에는 개신교 목사 제임스 앤더슨James Anderson이 그랜드 로지의 '법규'를 출판했다. 흥미로운 것은 이 '법규'의 1부에서 앤더슨이 재구성을 시도하는 프리메이슨의 고대사다.

앤더슨에 따르면, 역사상 최초의 프리메이슨은 아담이었다. 아담은 조물주가 우주를 창조하면서 활용한 기하학 법칙들을 가슴에 새겨 두고 있었고 이 지식을 뒤이어 어떤 식으로든 전수받았던 인물들이 바로 성서에 등장하는 노아나 바벨탑의 건축가, 솔로몬의 신전 건축가들이었다. 더 나아가서 이 지식은 이집트의 피라미드 건축가들, 피타고라스, 프톨레마이오스, 아르키메데스, 그리고 앤더슨이 로마 최초의 그랜 마스터Gran Master로 소개하는 아우구스투스를 비롯해 북방 민족과 잉글랜드섬에까지 전해진다. 당연히 미켈란젤로나 라파엘로 같은 르네상스의 위대한 예술가들도 이 수혜자들의 대열에서 빠지지 않으며 이 계보에는 중세의 기사단들도 등장한다.

'법규'의 2부에서 앤더슨은 프리메이슨의 '철학적' 원칙을 언급하며 회원들이 지켜야 할 일련의 규율을 제시했다. 이 규율에서 가장 중요한 것은 형제애와 관용, 특히 종교적 관용의 원칙이었다. 종교와 관련하여 회원이 고수해야 할 것은 아주 일반적인 차원의 이신론에 불과했다. 이러한 종교적이고 철학적인 유연성은 왜 잉글랜드 로지들이 성공을 거두었고 잉글랜드만의 특징이 뒤이어 모든 프리메이슨 운동의 공통된 특징으로 정착될 수 있었는지 쉽게 설명해 준다. 다시 말해 잉글랜드의 프리메이슨은 귀족에서 고위 관리, 부르주아에 이르기까지 다양한 계층의 사람들이 한자리에 모여 서로를 동등하게 대우하며 공통의 규율을 존중하고 개인의 종교와는 별개로 프리메이슨 고유의 종교적 의례에 참여한다는 특징을 가지고 있었다. 이것들이 바로 처음부터 왕족의 참여가 있었던 만큼 권력층과 밀접한 관계를 유지하며 전통적으로 박애주의 정신과 이데올로기적 관용을 중요시하던 잉글랜드 프리메이슨의 항구적인 특징으로 남게 된다. 비밀로 유지되던 요소들은 의례 형식과 프리메이슨이 지니는 헤르메스주의적인 특성들, 회원들의 정체 인식을 위한 기호체계 등에 불과했다.

바로 이러한 보편주의와 박애주의적인 정신이 몽테스키외, 헤르더, 모차르트, 괴테, 알피에리, 피히테Johann Gottlieb Fichte 같은 사상가와 예술가들이 프리메이슨을 지지하도록 만든 요소들이었다. 아메리카 혁명의 주인공들 가운데 상당수가 프리메이슨에 가담했던 것도 동일한 이유에서였다. 1776년, 미국 독립선언문에 서명한 인물들 가운데 대다수가 프리메이슨 회원이었다는 점을 기억할 필요가 있다.

5.4   런던에서 스코틀랜드주의로

1717년 이후에 스코틀랜드에서 잉글랜드의 로지를 모형으로 사상가들의 로지가 탄생했지만 이들은 가톨릭 전통과 스튜어트 왕가에 얽매여 있다는 특징을 가지고 있었다. 머지않아 잉글랜드에서도 이른바 '근대와 고대의 논쟁'이 시작되었지만 이는 사실상 앤더슨의 법규를 바탕으로 하는 '세속적인' 프리메이슨과 뚜렷하게 그리스도교적인 원칙을 중시하는 전통적인 로지들 간의 반목에 가까웠다. 이러한 대치 현상은 잉글랜드 반도 내부에서 좀 더 전통적인 유신론으로 돌아갈 것을 주장하는 입장과 이신론을 주장하는 이들 간의 논쟁으로 이어졌다. 이러한 논쟁은 극적인 분리를 조장하지는 않았지만 결과적으로는 이

른바 '스코틀랜드주의'로 불리게 될 현상의 기반을 조성하게 된다. 스코틀랜드
주의는 이름에서 짐작할 수 있는 것과는 달리 프랑스와 독일에서 일어난 현상
이다.

1737년에 스코틀랜드의 로지를 모형으로 그랑 로주 드 프랑스Grande Loge de
France가 탄생했지만 진정한 의미에서의 '스코틀랜드주의'는 예수회 학자들과
페늘롱François Fénelon의 영향을 받아 가톨릭으로 개종한 스코틀랜드 귀족 앤드루
마이클 램지Andrew Michael Ramsay의 『담론Discourse』(1736~1738년)과 함께 탄생했다. 램
지는 『담론』에서 프리메이슨이 십자군 전쟁 당시 예루살렘 성지에서 창단되었
다고 주장함으로써 프리메이슨의 역사에 성전기사단Cavalieri templari의 신화를 도
입하는 결과를 가져왔다.

성전기사단은 1차 십자군 전쟁 이후 12세기에 예루살렘 성지를 수호하기 위
해 결성되었고 솔로몬의 성전이 위치하던 곳에 머물렀기 때문에 자연스럽게
솔로몬 성전의 건축 신화를 널리 알리고 부각하는 데 크게 일조했다. 당대의 프
리메이슨은 당연히 예루살렘 성지와 유럽에서 성과 교회와 요새를 세우던 건
축가들과 연결되어 있었고 성전기사단은 팔레스타인 땅을 떠난 뒤 유럽 전역
에서 막강한 영향력을 행사하는 세력으로 성장했다. 하지만 성전기사단은 이
단으로 간주되면서 프랑스 왕 필리프 4세의 박해로 인해 해체되었다. 대부분의
성전기사들은 감옥에서 고문 끝에 생을 마감했고 특히 그랜드 마스터 자크 드
몰레Jacques de Molay는 오랜 기간의 재판 끝에 1314년 파리에서 화형당했다.

하지만 다른 나라에서는, 예를 들어 잉글랜드, 스코틀랜드, 포르투갈에서는
성전기사단의 해체가 그다지 잔인한 방식으로 이루어지지 않았다. 이러한 환
경에서 성전기사단의 생존과 부활의 신화가 탄생한 곳이 다름 아닌 스코틀랜
드다. 자크 드 몰레의 죽음을 복수하기 위해 결성되었다고 전해지는 이 성전기
사단의 신화는 이어서, 비록 상징적인 차원에서지만, 솔로몬 신전의 건축가 히
람의 죽음을 복수하고자 했던 프리메이슨의 신화와 혼용되는 경향을 보이기
시작했다.

5.5 고위층의 프리메이슨

램지가 도입한 성전기사단의 전통과 함께 프리메이슨의 역사에서 위계의 '고위층'이라고 불리는 것이 시작된다. 잉글랜드 프리메이슨의 위계는 견습생, 동료, 스승의 3단계로 나뉘는 것이 보통이다. 하지만 프랑스에서 스코틀랜드주의의 영향을 받은 로지들이 하나둘씩 탄생하면서 내부의 위계가 서서히 세분화되는 현상이 일어났다.

　이러한 현상이 구체적으로 어떤 경로를 통해 시작되었는지는 확인하기 어렵다. 예를 들어 성전기사들의 순교를 보복하기 위해 1743년 리옹에서는 '카도슈 Kadosh 기사'라는 계급이 제정되었고 1801년 찰스턴의 최고 위원회는 스코틀랜드의 위계 체제를 33단계로 확장했다. 3단계의 위계 체제는 사실상 고령의 회원들과 젊은 회원들의 구분에 의미를 두었고 기본적으로는 평등성의 원칙에 따라 모든 회원이 모든 지식을 공유하는 형태로 유지되었다. 반면에 다단계의 위계 체제는 기사단과 유사한 성격의 귀족정치적인 체제를 유지했고 특정 계급의 회원은 그 단계에 해당하는 비밀에만 접근할 수 있었다. 이 비밀스러운 구도의 지식 체계를 구성하는 것이 바로 전통적인 헤르메스주의 이론, 영지주의 이론, 연금술, 카발라, 마술 이론이었다. 하지만 이 비밀스러운 지식에 대한 다수의 검증과 제어가 불가능했고 결과적으로 내세울 만한 것이 없었기 때문에 프리메이슨의 고위층은 오히려 과감한 지식인들이나 술책가들의 활동과 성공을 장려했다. 계몽주의 시대에 부활한 프리메이슨은 그런 식으로 다양한 부류의 '계몽인illuminati'들이 선호하는 단체로 자리 잡았다.

　이러한 변화 과정은 다양한 인적 자원을 수용하면서 상이한 목표 아래 탄생한 '근대적인' 로지들과 직접적인 연관성을 가진다. 대표적인 예는 '뇌프 쇠르 Neuf Soeurs' 로지다. 자타가 공인하는 무신론자이자 이성주의자였던 천문학자 제롬 랄랑드Jérôme Lalande가 1776년에 창단했고 볼테르와 벤저민 프랭클린, 피에르 장 조르주 카바니스, 조세프 이냐스 기요탱Joseph Ignace Guillotin 등이 회원으로 활동했던 뇌프 쇠르는 모든 형태의 밀교密敎적인 유혹을 거부했고 고위층의 명령

체계도 수용하지 않았다. 뇌프 쇠르는 반교권주의Anticlericalismo를 주장했던 그랑
토리앙Grand Orient과 대척하는 상황에 처하기까지 했다. 이러한 상황을 극복하고
로지를 살리기 위해 프랭클린은 1779년 자신의 지위를 이용해 로지 자체를 비
신자들의 회합 장소에서 문화와 학술 기관으로 탈바꿈시켰다.

  1783년에는 연금술에 천착했던 밀리Milly의 백작이 철학자의 돌과 불로장생
의 묘약을 만들기 위해 실험을 하다가 약물에 중독되면서 사망하는 사건이 벌
어졌고 그의 죽음을 기리기 위해 신비주의적인 성격이 뚜렷한 의례가 개최되
었다.

  스코틀랜드주의라는 현상이 근대적인 로지들에게 하나의 걱정거리였다는
사실은 18세기 내내 진행된 조직 개편 내지 회원 추방의 다양한 시도들에 대한
기록을 통해 확인할 수 있다. 런던의 그랜드 로지는 스코틀랜드 로지와의 차별
화를 위해 온갖 노력을 기울였고 1773년에 창단된 프랑스의 그랑토리앙은 프
랑스 내부의 모든 로지를 통합하기 위해 세속적인 성격을 유지하며 반교권주
의를 표명했다. 하지만 그랑토리앙의 시도는 실패로 돌아갔다고 볼 수 있다. 결
국에는 그랑 로주 드 프랑스가 통합의 압박을 견뎌 내고 독립과 고유의 스코틀
랜드주의를 유지했기 때문이다.

  하지만 한편으로는 이러한 분위기를 더욱 복잡하게 만든 또 다른 요인들이
존재했다. 1738년 교황 클레멘스 12세가 교령으로 프리메이슨을 단죄한 사건
외에도 스코틀랜드의 프리메이슨이 사실은 변질된 형태의 예수회에 지나지 않
는다는 소문이 널리 퍼져 있었다.

5.6   반프리메이슨 논쟁

18세기 말에 프리메이슨 혹은 이와 유사한 형태의 조직들 사이에서, 예를 들어
바이에른의 '계몽인'들 사이에서, 예수회의 음모에 관한 소문, 즉 1773년 클레
멘스 14세에 의해 파문된 예수회가 계몽주의 문화를 종교적으로 지배할 수 있

는 비밀단체를 만들었다는 소문이 나돌기 시작했다. 실제로 빅토르 리케티 드 미라보Victor Riquetti de Mirabeau는 1785년 알레산드로 칼리오스트로Alessandro Cagliostro 와 요한 카스파어 라바터Johann Caspar Lavater에게 보내는 편지에서 이집트 프리메이슨의 배후가 예수회일 수도 있다는 점에 대해 언급한 바 있다.

이러한 생각은 니콜라 드 본느빌Nicolas de Bonneville의 저서 『프리메이슨에서 쫓겨난 예수회 학자들과 프리메이슨에 의해 쪼개진 이들의 단검Les Jésuites chassés de la maçonnerie, et leur poignard brisé par les maçons』(1788년)에서 그대로 드러난다. 하지만 예수회의 음모에 관한 소문은 점점 정반대의 방향으로 흘러갔고 결국에는 예수회가 아닌 프리메이슨의 음모에 관한 소문으로 변신했다.

1789년에는 미라보와 깊이 연관되어 있던 인물 장피에르루이 라 로슈 뒤맹Jean-Pierre-Louis La Roche du Maine의 『계몽인의 종파에 관하여Essai sur la secte des Illuminés』가 출판된다. 저자의 비판은 언뜻 바이에른의 '계몽인'들만을 대상으로 하는 듯이 보이지만 실제로는 엄격한 규율을 중시하는 정통파 프리메이슨 로지들 대부분을 향한 것이었다. 여러 페이지에 걸쳐 저자는 때로는 바이에른 '계몽인'들, 때로는 스코틀랜드 로지들의 문제점을 지적한다. 여기서 드러나는 것은 저자의 선입견뿐 아니라 프리메이슨 로지들을 지배하던 적나라한 혼돈 상태다.

과거에 예수회 학자였고 프리메이슨의 회원이기도 했던 수도원장 오귀스탱 바뤼엘Augustin Barruel이 프랑스혁명 이후 1797년에 출판한 『자코뱅주의의 역사에 필요한 기억들Mémoires pour servir à l'histoire du jacobinisme』은 오래전으로 거슬러 올라가는 프랑스혁명의 어두운 기원을 재구성한 책이다. 저자는 잉글랜드 프리메이슨을 문제 삼는 대신 바이에른의 '계몽인'들을 비판하는 데 대부분의 지면을 할애하면서도 비판의 범위를 넓혀, 자크 드 몰레가 화형당한 뒤에 성전기사단이 군주제와 교황 제도를 무너트리고 범세계적인 공화국 건설을 위한 일종의 비밀단체로 변신했다고 주장했다. 아울러 바뤼엘은 성전기사들이 1700년대에 신생 프리메이슨을 장악하면서 일종의 비밀 아카데미를 창설했고 대부분의 프랑스혁명 지도자들과 저명한 계몽주의자들이 이 아카데미에 적을 두고 있었다고 주장했다. 바뤼엘에 따르면 바로 이 비밀단체를 기반으로 자코뱅주의를 비롯해 막시밀리앙 드 로베스피에르Maximilien de Robespierre가 이끌었던 가장 고집스럽고 급진적인 혁명가의 무리가 탄생했다. 자코뱅주의를 비밀리에 이끌었던 것이 바로 바이에른의 '계몽인'들이었다. 프랑스혁명 자체는 이러한 음모의 결과였다고 볼 수 있다.

1800년대 초반에 들어서면서 바뤼엘이 제시했던 음모론에, 프리메이슨을 존속시켜 왔던 이들이 다름 아닌 유대인들이라는 이야기가 가미되기 시작했다. 20세기 반유대주의의 경전으로 간주되는 『시온 장로 의정서*Protocolli dei savi anziani di Sion*』와 이와 유사한 종류의 글들 역시 바로 이러한 이야기를 배경으로 작성되었다.

하지만 바뤼엘이 정확하게 꿰뚫어 보았던 것처럼 프리메이슨의 문화가 혁명의 정신을 일깨우는 데 일조한 것은 사실이지만 실제로는 급진적인 자코뱅 당원들보다는 오히려 지롱드 당원들 사이에 훨씬 더 많은 프리메이슨 회원이 존재했다. 로베스피에르는 프리메이슨이 아니었다. 바뤼엘은 계몽주의 철학가들의 사상과 정치적 입장을 전통적이고 밀교적인 프리메이슨의 사상 및 정치적 입장과 비교하면서 당대의 프리메이슨 회원들에게도 혼란스러워 보일 수밖에 없던 복잡한 상황의 청사진을 제공했다. 여하튼 이 청사진을 통해 분명하게 드러나는 것은, 바뤼엘이 주목했던 것처럼, 18세기의 프리메이슨이 어떤 식으로든 보수세력과 진보세력이 관계하는 방식 자체를 새로운 형태로 정립시켰을 뿐 아니라 공공의 의견이 적극적이고 논쟁적인 형태로 발전하는 데 일조했고, 또 다른 종교 문화의 필요성을 분명하게 부각했다는 사실이다. 결론적으로 프리메이슨은 구체제의 양대 기둥, 즉 왕권과 교권을 위기에 빠트리는 데 크게 일조했다고 볼 수 있다.

6

칸트

6.1 칸트의 혁명

칸트가 직접 언급했듯이 그가 제안하고자 했던 것은 철학적 사유의 코페르니쿠스적인 혁명이었다. 코페르니쿠스가 태양이 지구를 중심으로 회전한다는 기존의 생각을 뒤엎고 태양을 행성계의 중심으로 보는 우주관을 제시했던 것과 마찬가지로, 칸트는 지식의 기반을 앎의 대상이 아닌 앎의 주체로 정초할 것을 제안했다. 앎의 주체가 주체와 독립적으로 존재하는 형상과 법칙을 어떻게 이해할 수 있는가라는 문제는 칸트를 통해 앎의 주체가 이 형상과 법칙들을 어떻게 취급하는가의 문제로 발전했다. 하지만 칸트의 제안이 지닌 복합성이 바로 여기에 있다. 이 주체의 지적 활동은 외부 현실을 주체의 창조물인 듯 다루면서 무의미하게 만들지 않고 오히려 객관적으로 확실한 지식의 가능성만을, 모종의 한계 안에서, 확보하고 보장받기를 원한다.

칸트의 주요 저서 세 편의 제목에 등장하는 '비판'이라는 용어는 사실 그가 의도한 것이 우리가 사물들을 과연 어느 지점까지 확실하게 안다고 말할 수 있는지, 따라서 우리의 지성이 넘어설 수 없는 한계, 그것을 넘어서는 순간 아무 것도 확언할 수 없는 한계 지점이 무엇인지 규정하는 일이었다는 것을 의미한다. 그러나 칸트가 이러한 경계를 뛰어넘어 존재하는 것에 대해 우리가 아무 말도 할 수 없고 아무런 생각이나 느낌도 지닐 수 없다고 말하는 것은 아니다. 칸트는 이 경계 바깥에서 우리의 종교적, 윤리적, 미적 삶을 인도할 수 있는 강렬한 느낌을 얻을 수 없다고 말하지 않는다.

임마누엘 칸트는 쾨니히스베르크에서 1724년에 태어났다. 칸트는 그의 주요 저서들을 노년기가 되어서야 완성했다. 『순수이성비판』은 칸트가 쉰일곱 살이었을 때 출판되었다. 하지만 그의 비판적 사유는 오랫동안의 철학적 성찰과 논리학, 수학, 물리학 연구의 준비 기간을 거쳐 완성되었다. 청년기에 쓴 연구서들 가운데 자연과학을 다룬 『보편적 자연사와 우주론 *Allgemeine Naturgeschichte und Theorie des Himmels*』(1755년)에서 칸트는 태양계의 형성이 성운에서 유래한다는 가설을 세운 바 있고, 동일한 가설이 1796년 피에르시몽 라플라스Pierre-Simon Laplace에 의해 이론화되었다. 칸트는 바람, 지진, 운동, 관성 등 과학적인 주제들 외에도 '낙관주의'에 대해 글(1759년)을 쓴 적이 있다. 하지만 칸트는 이 글을 결코 마음에 들어 하지 않았다.

중년기에 쓴 글들 중에는 논리학과 수학 논문들, 1763년에 신의 존재를 증명하기 위해 쓴 글, 『아름다움과 숭고함의 감정에 관한 고찰 *Beobachtungen über das Gefühl des Schönen und Erhabenen*』(1764년), '형이상학적 진실은 수학적 진실만큼 명료할 수 있는가?'에 대한 논문(1764년) 등이 있다. 같은 시기에 칸트는 섀프츠베리, 허치슨, 흄과 같은 잉글랜드의 경험주의 철학자들의 사상을 섭렵한 반면 볼프의 사상에서 결정적으로 멀어지기 시작했다. 이러한 변화를 엿볼 수 있는 『형이상학의 꿈으로 명료해진 한 몽상가의 꿈 *Träume eines Geistersehers, erläutert durch Träume der Metaphysik*』(1765년)은 칸트가 에마누엘 스베덴보리Emanuel Swedenborg의 신비주의 사상을 풍자적으로 인용하면서 인간의 이성적 한계에 대해 성찰한 책이다. 아울러 1770년의 저서 『감각과 지각 세계의 형식과 원리에 관하여 *De mundi sensibilis atque intelligibilis forma et principiis*』에서는 비판철학의 성숙기에 속하는 몇몇 주제들이 예시되어 있다.

『순수이성비판』은 1781년에 출판되었고 약간의 수정을 거친 증보판이 1787년에 출판되었다. 초판과 증보판의 출간 사이에 칸트는『학문으로 등장할 수 있는 미래의 모든 형이상학을 위한 서설*Prolegomena zu einer jeden künftigen Metaphysik, die als Wissenschaft wird auftreten können*』(1783년)을 집필했다. 1785년에는『윤리적 형이상학의 정초*Grundlegung zur Metaphysik der Sitten*』를 출판했고, 이어서 1787년에는『실천이성비판』, 1790년에는『판단력비판』, 1793년에는『이성의 한계 안에서의 종교*Die Religion innerhalb der Grenzen der bloßen Vernunft*』, 1795년에는『영구 평화론*Zum ewigen Frieden*』을 출판했다. 물론 여기에 소개된 저서들의 목록이 칸트가 쓴 책을 모두 포함하는 것은 아니다. 노년기에 사고능력이 현저하게 저하되는 것을 느낀 칸트는 1798에 쾨니히스베르크 대학의 교수직에서 물러난 뒤 1804년에 세상을 떠났다.

6.2   이성과 지성과 경험 혹은 순수이성비판

"지식의 어떤 분야에서든 인간의 이성이 지니는 독특한 운명은 이성 자체의 본성에 의해 주어지기 때문에 거부할 수 없고 이성의 모든 힘을 초월하기 때문에 대답조차 할 수 없는 질문들의 공세에서 벗어나지 못한다는 것이다."(『순수이성비판』초판 서문 IV, 7)

칸트가 이성이라고 부르는 인간의 기량은 감각적 경험의 한계를 뛰어넘는 문제들에 대해 무언가를 확언하려는 성향을 지닌다. 이를 위해 이성이 달려드는 "전쟁터"가 바로 형이상학이다. 이성의 이러한 성향과 정반대되는 것이 바로 우리의 모든 지식은 경험에서 비롯된다는 사실이다. 이러한 점은 칸트를 이해하기 위해 필요한 가장 기본적인 특징들 가운데 하나다.『순수이성비판』의 증보판에 추가된 '관념주의 논박'뿐만 아니라『학문으로 등장할 수 있는 미래의 모든 형이상학을 위한 서설』13장에서도 칸트는 만약 '관념주의'라는 용어가 생각하는 존재 외에 다른 존재들은 실재하지 않으며 다른 모든 대상은 사실상 이미지에 불과하고 이 이미지에 어떤 외부적인 대상도 상응하지 않는다는 것을 의미한다면, 그렇다면 관념주의 철학은 전혀 관념적이지 않다고 주장했다. 왜냐하면 그런 식으로 우리의 두뇌 바깥에 실재하는 현실의 존재, 즉 우리의 감각적 경험을 통해 모습을 드러내는 현실의 존재를 사실상 인정하는 셈이었기 때문이다. 칸트는 우리의 내면적 경험마저도, 예를 들어 데카르트에게 사유야말로 논박이 불가능한 유일한 진실이라고 주장할 수 있게 해 주었던 경험마저도 외부적인 경험 없이는 주어질 수 없다고 주장했다. 오히려 우리 자신의 존재를 의식한다는 단순한 사실만으로도 우리의 바깥 공간에 사물들이 존재한다는 것을 확인할 수 있다는 것이었다.

　이성이 추구하는 바가 무엇인지 식별해 내는 일, 그것이 어떤 종류의 타당성을 가지는지 규정하는 일이 다름 아닌 비판철학의 과제였다. 반면에 경험에서 비롯되는 지식을 주관하는 인간의 기량을 칸트는 "지성"이라고 불렀다. 지성을 통해 우리는 경험의 결과를 판단하며 이를 언어로 표현한다. 예를 들어 '이것은 하나의 돌이다', '모든 돌은 중력의 영향을 받는다'는 식의 표현을 사용하는 것이다.

　지성은 감각적인 경험이 제공하는 정보를 토대로 활동한다. 전통적으로 철학가들은, 아리스토텔레스적인 방식으로, 감각을 통해 감지된 대상이 지성에 일련의 보편적 형상을 제시하며 지성이 이 형상을 개별적인 대상으로부터 추상적으로 도출한다고 보거나, 혹은 플라톤적인 방식으로, 개별적인 사물과는 독립적으로 존재하는 일련의 본유적인 관념들을 우리가 이미 소유하고 있으며 이 관념들이 사물들의 인식 가능성뿐만 아니라 존재의 가능성까지도 정초한다고 보았다. 더 나아가서 철학가들은 우리가 보편적인 법칙들을 발견할 때 지성이 이 법칙들을 일련의 특별한 경우로부터 귀납적으로 추론한다고 생각했다. 이것이 가능한 이유는 이 법칙들이 이를 테면 인간의 영혼 속에 각인되어 있기 때문이기도 했고, 또는 스피노자의 주장처럼 '관념'들의 형태와 연관성이 어떤 정신물리학적 차원의 자연적 유사성을 바탕으로 '사물'들의 형태와 연관성에 순응하기 때문이기도 했다.

　반면에 칸트가 문제 삼았던 것은 지성의 관조적이고 수동적인 성격뿐만 아니라 지성의 능동적인 활동, 다시 말해 데이비드 흄이 생각했던 것처럼 일상 속에서 뒤섞인 형태로 등장하는 일련의 인상으로부터 습관적으로 이 인상들이 서로 연관되어 있다고 보는 관점을 이끌어 내는 능동적 활동이다.

우리가 무언가를 오로지 감각을 통해서만 인지한다면 우리는 사물을 경험적으로 이해하는 셈이다. 하지만 경험과는 무관한 선험적인 형태의 지식이 존재하며 이 지식은 '분석판단Analytisches Urteil'의 형태를 취한다. 다시 말해 선험적인 형태의 지식은 무언가를 두고 그것의 정의 속에 이미 포함되어 있는 특성을 언급한다. 예를 들어 원뿔을 두고 그것이 직각삼각형의 회전으로 형성된다고 말하거나 혹은 모든 물체가 연장되어 있다고 말하는 것이다.

물체의 예도 상당히 흥미로운 경우에 속한다. 왜냐하면 칸트에게도 당대의 문화적 측면에서도 '연장'은 물체의 정의 자체를 구축하는 요인이었기 때문이다. 반면에 어떤 물체가 무겁다는 것은 경험에 좌우되는 사실이며 중력에서 비롯되는 하나의 속성으로 간주된다. 따라서 '이 물체가 무겁다'고 말하는 것은 경험에 의존하는 '종합판단Synthetisches Urteil'의 한 예로 간주된다.

하지만 경험에 의존하는 종합판단의 타당성을 보증하는 것은 무엇인가? 이 타당성을 보증하는 것은 '선험적 종합판단'의 가능성이다. 이러한 판단의 예로 '일어나는 모든 일에는 원인이 있다'라든지 '7+5=12' 같은 문장을 들 수 있다. '7+5=12'는 분석적이지 않은 판단의 분명한 예다. 왜냐하면 7과 5의 합이 12가 될 수 있다는 사실은 7 혹은 5라는 숫자의 정의 속에 전혀 포함되어 있지 않기 때문이다. 하지만 그렇다고 해서 이러한 판단이 경험에 좌우되는 것도 아니다. 왜냐하면 관건은 우리가 살아오면서 이 두 숫자를 합해 본 적이 있는가라는 문제와는 별개로 그냥 아는 보편적 진리이기 때문이다.

"선험철학Transzendentalphilosophie"은 선험적 종합판단의 객관적이고 보편적인 타당성을 보장하는 조건을 정립해야 할 과제를 안고 있으며 결과적으로 인식의 대상보다는 대상을 인식하는 방법을 다룬다.

감각은 우리가 감상, 혹은 '경험적 직관'의 형태로 수용하는 일련의 표상들을 우리에게 제시한다. 그러나 이러한 경험적 직관의 다양성은 공간과 시간의 '순수한 직관'에 의해 통합된다. 따라서 공간과 시간은 칸트에게는 앎의 대상이 아니다. 공간과 시간은 우리의 느낌들을 조합하는 데 필요한 선험적 형식이다. 그런 의미에서 칸트는, 어떤 절대공간이 존재하며 그것이 마치 모든 현상을 수용할 수 있는 일종의 그릇인 것처럼 이야기하던 당대의 물리학적 관점을 거부했다. 칸트에게 공간과 시간은 감성에 앞서 미리 주어지는 것도, 경험의 일부를 차지하는 것도, 사물들의 특성도 아니다.

칸트는 공간을 "인상이 주어지기 위한 조건"으로 정의했고 시간을 "내적 의미의 형식"으로, 즉 우리의 직관 내지 내면적 상태의 형식으로, 따라서 "모든 일반적인 인상의 형식적인 조건"으로 정의했다. 달리 말하자면 감지 능력이 우리에게 경험적 직관의 대상에 대한 "사유"를 허락하는 것은 아니다. 우리가 일련의 사건을 감지하는 순간, 예를 들어 햇빛이 돌을 비추고 돌이 열기를 발하는 것을 감지하는 순간과 돌을 달군 것은 햇볕이라고 확언할 수 있는 순간 사이에 끼어드는 것이 바로 지성, 즉 감각적 직관의 대상을 사고할 수 있는 기량이다.

지성은 직관이 제공하는 정보에 대응한다. 우리의 경험적 현실을 보장하는 것이 바로 이 정보들이라는 점을 기억할 필요가 있다. 감각적 직관이 제공하는 정보가 주어지지 않으면 지성의 사유는 텅 빈 백지에 불과하지만, 지성의 활동적인 사유가 개념을 제공하지 않으면 직관은 눈먼 상태로 남는다. 다양한 심상들의 배열을 하나의 공유 심상으로 모을 줄 아는 것이 지성의 활동이다. 이 지성의 활동을 이해하기 위해서는 칸트가 제시하는 순수 지성의 구도, 즉 순수 지성의 원칙, 구성, 범주, 판단으로 구축되는 체계에 주목할 필요가 있다.

경험이 제공하는 정보에 대한 우리의 판단은 양과 질, 관계와 방식의 차원에서 이루어진다. 예를 들어 우리는 우리 앞에 정말 돌 하나가 놓여 있다고 말할 수 있고, 돌을 만졌을 때 뜨거웠다면 그 열기가 태양열에 의해 발생했다고 말하거나 혹은 이 돌이 햇볕에 노출되면 뜨거워진다고 말할 수 있다. 하지만 이를 위해서는, 즉 이러한 종류의 판단을 말로 표현하거나 머릿속으로 구체화하기 위해서는 직관을 범주화할 필요가 있다. 범주는 지성의 '순수한 개념'이며 경험과 무관하게 경험 자체를 사유가 가능한 대상으로 만든다. "태양이 돌을 비출 때, 돌은 뜨거워진다.' 감지된 사실을 바탕으로 하는 이 단순한 판단에는 사실 상 필연성이 결여되어 있다. 이러한 경험을 우리가 수없이 반복했다 하더라도 여기서 지각력은 이러한 방식의 판단과 오로지 습관적으로만 연결되어 있을 뿐이다. 반면에 우리는 이렇게 말할 수 있다. '태양이 돌을 가열한다.' 이 말에는 태양이 돌을 가열하는 원인이라는 뜻이 내포되어 있고 지각 행위에는 '원인'이 라는 지적 개념이 추가된다. 원인은 태양광선의 개념과 열기의 개념 사이에 필 연적인 연관성을 성립시킨다. 그런 식으로 '종합판단'은 필연적으로 보편적이 며, 따라서 객관적인 판단으로 변한다. 하나의 단순한 지각 행위가 경험으로 변 하는 것이다."(『학문으로 등장할 수 있는 미래의 모든 형이상학을 위한 서설』 20)

지성은 순수이성의 원칙들을 토대로 범주들을 적용한다. 지성은 직관적으로 이해한 돌을 질량의 연장으로 생각하고, 다양한 온도의 가열 상태를 인지하고, 돌을 열기의 다양한 변화에도 본성을 유지하는 실체로 이해하고, 태양열이 원 인으로 작용하는 현상을 시간의 연속성 차원에서 이해하고, 이러한 현상이 경 험의 물리적인 조건과 맞물려 있는 만큼 그것을 사실로 이해하고, 이 현상의 반 복 가능성이 경험의 형식적인 조건에 부합하는 만큼 동일한 현상이 미래에도 일어날 수 있다고 생각한다. 이러한 경로를 거쳐, '주관적 판단'은 '경험적 판단' 으로 발전한다. 즉 사고 주체의 입장에서 감지된 정보들 간의 논리적 연관성에 만 주목하는 단계에서 보편적인 가치를 지닌 단계로 발전하는 것이다.

이 시점에서 칸트가 해결해야 할 문제는 범주에 의해 정립된 추상적인 관계 의 객관적인 타당성, 즉 범주적인 관계가 경험의 대상에 실질적으로 상응하는 가의 여부를 어떻게 증명하느냐는 것이었다. 여기서 등장하는 것이 바로 칸트 가 법 용어에서 차용한 '선험적 연역'이라는 표현이다. 순수한 지적 개념들의 선험적 연역은 경험의 대상을 범주에 따라 활용할 수 있는 지성의 권리를 정당 화하는 데 소용된다.

지식의 가능성과 지적 확실성을 보장하는 것은 모든 심상들의 다양성이 "'나'의 순수한 인식", 즉 지적 활동의 주체 안에서 자아가 사고의 주체임을 의 식하며 구축되는 통일성 속에서 조화를 이룬다는 사실이다. 이 통일성은 '자기'

에 대한 단순한 심리적 차원의 의식이나 "내적 의미"를 가리키지 않고 경험 자체가 주어지기 위해 필요한 '선험적인' 조건을 가리킨다.

경험적 직관이 제공하는 정보들은 틀림없이 '사실'이며 어떤 식으로든 '존재하는' 무언가에서 유래한다. 그러나 이 "사물 자체"라는 것 또는 '물자체noumenon'에 대해 우리는 아무 말도 하지 못한다. 왜냐하면 '물자체'는 직관을 통해 오로지 '현상phenomenon'으로만, 인상으로 나타나기 때문이다. 우리는 이 인상들을 오로지 범주라는 도구의 백지에 가까운 '틀' 속에 구성할 때에만 지적 대상으로 이해할 수 있다.

칸트의 지식 이론은 그만큼 벽돌 하나하나가 서로를 지탱하도록 만들어진 아치 혹은 아치형 천장(현상들)의 건축 구조와 흡사하다. 이 벽돌들은 만약 아치 혹은 아치형 천장(범주들)이라는 사실상 하나의 텅 빈 틀에 지나지 않는 순수한 형식 속에 조직적으로 배열되어 있지 않다면 서로를 지탱할 수 없을 것이다. 여기서 중요한 것은 "안정적이면서도 불안정한 균형"이라는 개념이다. 불안정한 이유는 현상과 범주라는 두 요소 중 어느 하나라도 부재할 경우 건축물은 존재할 수 없기 때문이며, 안정적인 이유는 오로지 그런 식으로만 건축물의 구조 자체가 유지될 수 있고 오로지 동일한 공법에 따라 동일한 형태로 배치될 때에만 벽돌들이 또 다른 아치를 건축할 때에도 서로를 지탱할 수 있기 때문이다. 칸트에게 지식의 보편적 객관성을 보장해 주는 것이 바로 이 '균형'의 개념이다.

이 모든 것은 당연히 선험적 형식들이 시간이나 장소에 따라 변하지 않는 하나의 지성적 항수라는 것을 전제하며, 그런 의미에서 이 이론은 상대주의의 의혹에서 벗어나 있다고 볼 수 있다.

칸트의 지식 이론은 인간의 사유가 어떻게 사물들 간의 관계를 제시할 수 있고 무언가가 존재한다거나 가능하다거나 필연적이라거나 우발적이라는 판단을 표명할 수 있는지, 심지어는 우발적인 변화에 노출되어 있는 대상을 과연 어떻게 시간의 흐름에 예속되지 않고 불변하는 하나의 실체로 정립할 수 있는지 설명해 준다. 하지만 이 이론은 왜 햇볕에 달구어진 돌을 관찰할 때 사고의 주체가 그것을 과일이 아닌 돌로 감지하는지, 왜 이 돌을 그것이 위치한 채석장과 별개의 것으로 파악하는지, 혹은 어떻게 태양과 태양열을 구분할 수 있는지에 대해서는 그다지 만족스러운 대답을 제시하지 못한다.

칸트는 '순수한 개념'과 '경험적인 개념'을 명확하게 구분한다. 전자의 경우 개념은 선험적이며 아무런 내용도 가지지 않고 범주와 일치한다. 후자의 경우에는 감각이 제공하는 정보를 기준으로 형성되며 따라서 경험적이다. 예를 들어 돌, 과일, 태양 등은 경험적인 개념들이다. 여기서도 칸트는 경험의 중요성에 대한 그의 믿음을 다시 한 번 보여 준다.

사실상 논리학은 다음과 같은 두 가지 관점에서 이해될 수 있다.

(1) 지적 활동에 절대적으로 필요한 사고의 규칙들을 탐구하는 논리학, 즉 지성의 보편적 활용 이론으로서의 논리학이 있다. 원칙상 이 규칙들은 지성이 관심을 쏟는 대상의 다양성으로부터 어떤 영향도 받지 않는다.

(2) 특정 대상들에 대한 올바른 사고의 규칙들을 내포하는 지성의 특별한 활용 이론으로서의 논리학이 있다. 이 규칙들은 이 학문 혹은 저 학문의 '오르가논'을 가리키며, 따라서 경험에서 유래하는 개념들에 적용된다.

하지만 경험적 개념들은 어떻게 탄생하는가? 칸트의 비판철학은 사실상 로크의 경험주의에 의해 시작된 인식론 비판을 토대로 전개된다. 형상, 무게, 색깔, 열기 같은 일련의 단순한 개념들로부터 우리가 돌, 과일, 인간 같은 복합적인 개념들을 발전시키는 과정은 어떻게 이루어지는가? 칸트는 절대적 추상성을 수반하는 순수한 지성의 순수한 개념들 혹은 범주들의 본질에 대해 오랫동안 고찰했다. 하지만 우리가 '돌'이나 '인간' 같은 경험적 개념 안에서 직관의 다양한 정보들을 조합할 수 있는 기량의 본질에 대해서는 충분히 연구하지 못했다.

특정한 돌이나 과일을 직관적으로 감지할 때, 돌이나 과일의 보편적인 개념에 도달하게 만드는 지적 과정을 정당화하는 무언가가 존재한다는 것은 분명하지만, 이에 못지않게 분명한 것은 칸트가 '돌'이나 '과일'이라는 형식들이 경험적 직관 속에 이미 내재한다고 인정하는 것도, 이 형식들이 훨씬 더 '텅 빈' 형식들로 구성되는 선험적 장치의 일부를 차지한다고 주장하는 것도 아니라는 사실이다.

칸트가 이곳저곳에서 이러한 문제를 경험적 심리학, 즉 경험의 내용이 아니라 방식을 다루는 심리학에 떠맡기는 듯이 보이는 것은 사실이지만, 이 문제에 대한 잠정적인 답변을 우리는 그의 '선험적 도식' 이론에서 찾아볼 수 있다. 칸트에게 문제는 인상으로 구성되는 직관의 구체적인 내용이 어떻게 범주 같은 추상적인 형식 밑으로 일반화 혹은 유도될 수 있는가라는 것이었다. 여기서 등장하는 것이 '순수한 상상력'이다. 중재자 역할을 하는 이 기량은 "한편으로는 범주에 대해, 다른 한편으로는 인상에 대해 동등할 필요가 있다. 그래야 인상에 범주를 적용하는 것이 가능해지기 때문이다. 이 중재적 표상의 기량은 순수해야 하며, 즉 경험적인 요인은 조금도 보유하지 말아야 하며, 무엇보다도 지적인 동시에 감각적이어야 한다. 이 표상이 바로 '선험적 도식'이다."(『순수이성비판』 증보판 134)

칸트가 제시한 세 가지 예를 살펴보자.

(1) 삼각형 모양의 사물에 대한 직관의 경우, 이 사물을 삼각형으로 간주하려면 우리는 그것이 이등변삼각형 혹은 부등변삼각형이라는 사실로부터 추상화를 시도해야 한다. 여기서, 삼각형의 여러 특성으로부터 추상화를 통해 삼각형을 떠올릴 수 있는 규칙을 제시하는 것이 '선험적 도식'이다.

(2) 한 마리의 개에 대한 직관의 경우, 직관을 개념으로 일반화하기 위해서는 상상력을 통해 모종의 규칙이 제시되어야 한다. 이 규칙에 따라 네발 달린 한 동물의 형상을 떠올리는 동시에 살아오면서 감지해 왔던 개들의 특성으로부터 추상화를 시도해야 한다.

(3) 다섯 개의 점이 순차적으로 이어질 때 우리는 5라는 숫자를 떠올린다. 우리는 이 숫자의 이미지와 5라는 추상적인 개념에 일관성을 부여하기 위해 도식적으로 모종의 규칙을 적용해 어떤 숫자라도, 그것이 100이든 1000이든, 대입될 수 있도록 만든다.

칸트는 이러한 지적 활동을 중요하게 생각했지만 동시에 이 활동을 "인간의 영혼 깊은 곳에 숨어 있는 예술"로 정의했다. 사실상 칸트가 분석한 도식들은 항상 순수한 개념을 경험적 사실에 적용할 수 있도록 해 주는 선험적 도식들이다. 네발 달린 동물의 형상을 '구축'했다는 것은 틀림없이 순수한 개념에서 직관적 사실로 전이가 이루어졌다는 것을 의미한다. 하지만 이 전이 과정은 여전히 특정 동물의 형상, 예를 들어 개, 혹은 좀 더 구체적으로 셰퍼드나 페키니즈의 형상을 구축하는 단계에는 미치지 못한다.

그렇다면 과연 어느 지점까지 경험적 개념들을 구축하는 도구로서의 도식 이론에 대해 이야기하는 것이 가능한가? 도식 이론은 칸트의 철학적 제안들 가운데 가장 확실하고 매력적인 제안임에 틀림없고 두 세기가 넘도록 줄곧 그렇게 인식되어 왔지만, 그의 제안이 지니는 강렬함은 대부분 '감추어진 예술'로 간주되던 전략을 참조하라는 칸트의 모호한 언급 때문에 힘을 잃는다.

경험적인 개념들의 구축 과정이 실재한다면, 도식화의 개입은 지각 활동 다음에 이루어지는가, 아니면 지각 자체를 가능하게 만들기 때문에 먼저 이루어진다고 보아야 하는가? 만약 지성의 순수 개념과 순수 개념의 적용에 부응하는 도식들을 두고 이들의 불변성이나 이상적인 객관성에 대해 이야기할 수 있다면, 경험적 개념들의 구축 활동, 예를 들어 새로운 종의 동물이나 새로운 화학 물질처럼 미지의 대상에 대한 사유 가능성마저 고려해야 하는 경우에도 동일한 이야기가 적용될 수 있는가? 경험적인 개념들의 도식은 완성의 가능성뿐 아니라 새로운 경험과 정보를 수용하고 적용할 수 있는 잠재력을 분명히 가지고 있다. 그렇지 않다면 지식의 성장 자체가 불가능하기 때문이다. 칸트의 '도식화'는 역사가 흐르는 동안 발전하고 더 풍부해지는 은밀한 예술임에 틀림없다.

칸트는 현상의 기반인 물자체를 하나의 순수하게 부정적인 관념, 한계적인 개념으로 정립했다. 지성이 사유의 대상으로 삼을 수 있고 범주들을 총체적으로 적용할 수 있는 것은 경험이 제공하는 인상들뿐이다. 지성의 활동을 경험 바깥으로 확장하려는 모든 시도는 망상에 불과하다. 따라서 이성이 경험과 무관하게 정립하려고 시도하는 개념들, 예를 들어 '영혼', '신 자신', "통일적인 단위로서의 세계" 같은 "관념"들은 지적 사유의 대상이 될 수 없다. 『순수이성비판』의 '선험적 변증론'에서 칸트는 이성적 '관념'에 이야기한다는 것이 불가능하다는 것을 파괴적으로 증명해 보인다.

칸트에 따르면, 영혼이라는 관념은 오로지 경험의 영역에서만 적용이 가능한 실체의 범주를 '나는 생각한다'는 사실에 적용하려는 시도에서 탄생한다. 총체적 현상으로서의 세계라는 관념은 이성이 이성적 자아와 일으키는 본격적인 분쟁에 빌미를 제공한다. 이 분쟁이 바로 순수이성의 '이율배반'이다. 세계라는 관념 자체가 우리의 경험적 한계를 초월하고 결과적으로 우리가 그것을 지적으로 이해할 수 없는 만큼, 이하의 사항들은 증명이 불가능하다.

(1) 세계의 시공간적인 유한성 혹은 무한성

(2) 세계의 분리 가능성 혹은 불가능성

(3) 자유로운 원인이 존재하는지 혹은 자연적인 원인만이 존재하는지의 여부

(4) 세계를 어떤 필연적인 존재가 좌우하는지의 여부.

신의 존재를 증명하는 경우에도 동일한 논리가 적용된다. 칸트는 신의 존재를 증명할 수 있는 기본적인 근거로 세 가지를 제시했다.

(1) 존재론적인 근거, 즉 모든 종류의 완전성을 지배하는 존재를 생각할 수 있다는 사실 자체가 신이 존재한다고 볼 수 있는 근거다.

(2) 우주론적인 근거, 즉 우발적인 세계로부터 연역적으로 추론해 낸 필연적인 존재의 실재를 근거로 신은 존재한다고 볼 수 있다.

(3) 물리적이고 신학적인 근거, 즉 정립된 질서의 세계로부터 질서의 정립자로 거슬러 올라가야 한다는 사실을 바탕으로 신은 존재한다고 볼 수 있다.

하지만 이 세 가지 근거의 타당성을 입증하기 위해서는 경험의 영역에 속하지 않는 관념에 범주를 적용해야 한다. 세 가지 경우 모두 지성은 결국 허공을 향해 법을 외치는 셈이다. 무언가의 존재에 대한 설명은 오로지 종합판단을 통해, 직관적으로 감지한 현상에 방법이라는 범주를 적용할 때 가능해진다. 하지만 직관적으로 감지할 수 없는 대상에 대해서는 그것이 존재한다거나 혹은 존재하지 않는다고 말할 수 없다.

순수한 이성적 관념들은 증명이 불가능하다는 것을 입증하려는 시도는 이 관념들이 우리에게 일련의 문제를 일으킨다는 사실을 부인하려는 시도와는 다르다. 이 관념들이 무언가에 대한 지식을 습득하는 데 아무런 쓸모가 없다고 해

서 의미와 유용성까지 상실하는 것은 아니다. 이 관념들은 사실상 통제기능을 지닌다. 우리는 내면의 현상들을 마치 유일한 실체의 발현인 듯 생각하고, 세계는 마치 통일된 방식으로 존재한다는 듯이 하나의 자연현상과 또 다른 현상에 유사성을 부여하고, 마치 모든 것이 유일한 창조자에 의해 좌우된다는 듯이 경험을 하나의 완벽한 체계로 간주한다.

이성적 관념들은 인식론적 차원의 가치를 지니지 않지만 우리가 탐구를 지속할 수 있도록, 우리의 경험을 더욱 풍부하게 만들 수 있도록 도와준다.

6.3 도덕적 계율 혹은 실천이성비판

칸트는 독일 루터교의 여러 종파들 가운데 하나였던 경건주의의 영향을 받으며 성장했다. 경건주의는 교리의 성찰을 강조하는 대신 종교적 열정, 경건의 실천과 엄격한 도덕적 실천을 중시하고 감성과 가슴속에서 우러나오는 이성을 선호한다는 특징을 지녔다. 이러한 특징은 왜『순수이성비판』에서 그의 비판적 사유가 증명 불가능한 것으로 정의했던 종교적 진실이 감성적인 차원에서 복구되는지 설명해 준다.『순수이성비판』의 구도에 이질적이지만, 물자체의 세계는 여기서 도덕적 의무의 조건으로 제시된다.

인간이 본질적으로 순수한 감성에 지나지 않는다면 그의 행동은 욕망의 충동에 지배되고 순수하게 주관적인 명령에만 복종할 것이다. 반대로 순수한 이성에 불과하다면 도덕적 계율을 어길 만한 능력이 없는 '신성한 의지'에만 복종하며 행동할 것이다.

본질적으로 유한한 존재일 뿐 아니라 의지와 이성 간의 불화에 결정적인 영향을 받기 때문에 인간은 제어, 좌우명, 명령을 비롯해 어떻게 행동해야 하는지를 지시하는 '반드시'를 필요로 한다. 이러한 계율들은 '가언명령imperativi ipotetici'의 형식을 취하지 않고, 예를 들어 '그렇게 해. 네게 유리하니까!'라는 식의 형태를 취하지 않고 오히려 오로지 이성에 상응하는 행위만을 명령하는 '정언명령

imperativi categorici'의 형식을 취한다.

따라서 도덕적 명령의 본질은 인간의 의지에 따른 좌우명이 보편적인 법칙들의 원칙으로서 가치를 획득하는 방향으로 행동을 이끈다는 데 있다(『실천이성비판』 Ⅰ, 1, 2, 『윤리적 형이상학의 정초』 A 82~83). 다시 말해 인간은 오로지 공동선을 추구하고 타인에게 피해를 주지 않는 행위, 혹은 '나'에게 피해를 주지 않는 타인의 행위만을 타당한 것으로 받아들이고 '나'와는 다른 도덕적 주체에게 대등한 존엄성이 있음을 인정해야 한다. 더 나아가서 타인을 도구가 아닌 목적으로 간주해야 한다. 칸트는 이러한 의무감이 외부에서 오지 않고 우리가 선험적으로 의식하는 것이라고 보았다. 이 의무감은 유추되는 대신 "해야만" 하는 것을 자유롭게 "할 수" 있는 인간의 잠재적인 자유의지로부터 직접적으로 증명되어야 한다. 인간의 의지는 순수이성의 결정에 스스로를 내맡긴다는 차원에서 본질적으로 자유롭다.(『실천이성비판』 Ⅰ, 1, 6) 칸트의 윤리관은 '이것'을 하거나 '저것'을 하라는 식의 규범을 제시하지 않는다. 단지 의무에 따르는 행동의, 다시 한 번, "순수한 형식"들을 제시할 뿐이다. 선과 악의 개념이 도덕적 계율을 결정하는 것이 아니라, 무엇이 선이고 무엇이 악인지 결정하는 것이 바로 도덕적 계율이다(『실천이성비판』 Ⅰ, 1, 2). 선한 의지란 계율을 그대로 따라 행동하는 자의 의지가 아니라 계율을 염두에 두고 존중하며 행동하는 자의 의지를 말한다.

사실상 신에게만 고유한 '신성함'을 고집하는 도덕관에 대립했던 것이 바로 이 엄격한 도덕주의다. '신성함'이 불러일으키는 것은 도덕적 계율을 따르는 행위 자체를 고유의 자연적 성향으로 간주하면서 자신의 의도가 절대적인 순수함을 간직한다고 믿는 광신주의였다. 오히려 자신의 자유가 인정되는 도덕적 감성의 영역에서 인간은 이성적으로만 다가갈 수 있을 뿐 지적으로는 존재를 증명할 수 없는 신을 발견한다. 오히려 영혼의 불멸성을 인정하지 않고서는, 아울러 인간의 자유가 지배하는 공간으로서의 세계, 덕과 행복의 궁극적인 조합을 보장하는 존재로서의 신을 인정하지 않고서는 불가능할 무한한 성장의 장으로 우리를 부르는 것이 바로 도덕성이다.

이러한 생각들은 어떤 논리적인 증명의 결과가 아니라 실천이성의 '공리'에 가깝다. 칸트에 따르면, "정직한 인간은 기꺼이 이렇게 말할 수 있다. '나는 신이 있기를 원한다.'"(『실천이성비판』I, 2, 2, 8) 순수이성의 관념들이 인식론적 차원의 성장 조건이었듯이 실천이성의 공리들은 도덕적 실천과 끝없는 인간적 완성의 조건이 된다. 칸트의 윤리학은 지적 형태의 지식은 아니지만 선험적으로 정초된 이성적 믿음으로 우리를 인도한다.

　의무를 중시하는 이러한 엄격한 도덕성은 당연히 칸트의 정치사상에도 커다란 영향을 끼쳤다. 칸트는 인류의 정치적 통일을 추구하는 세계시민주의와 '영원한 평화'의 절대적인 신봉자였다.

6.4　판단력비판

세 번째 비판서인 『판단력비판』에서 칸트는 예술, 취향, 숭고의 감정을 주제로 당대에 논의되던 일련의 문제를 다루었다. 이러한 내용을 다루면서 칸트는 자신의 인식론 자체에 새로운 활력소를 불어넣었다. 『순수이성비판』에서 칸트는 어떻게 인간의 지성이 물자체가 아니 현상을 대상으로 힘을 발휘할 수 있는지 증명해 보였고 『실천이성비판』에서는 어떻게 이성적인 관념들을 공리로 간주할 수 있는지 보여 주었다.

　이 '지성'과 '이성' 사이에 위치하는 용어가 판단이다. 『순수이성비판』에서 다루었던 것이 결정하는 판단, 다시 말해 특별한 것을 일반적인 것으로 간주할 수 있는 결정력으로서의 판단이었다면, 『판단력비판』에서는 '성찰'의 기능을 가진 판단력, 다시 말해 특별한 것이 주어졌을 때 그것에 상응하는 적절한 개념의 부재로 인해 일반적인 것을 마치 사유의 잠재적인 대상으로 간주하며 '성찰하는' 형태의 판단력을 다룬다.

　집중적으로 검토되는 것은 무엇보다도 '아름답다'고 하는 대상들을 두고 표명되는 '취향'의 판단들이다. "좋은 것"과 "마음에 드는 것"에 관한 판단들은 일종의 사심을 수반하는 반면, 한 송이 꽃을 바라보며 표명되는 취향의 판단은

"사심 없는 즐거움", 다시 말해 어떤 소유나 소모의 욕망이 부재하는 쾌락에 가깝다. 우리는 꽃을 좋아할 뿐만 아니라 모두가, 보편적이며 필연적인 방식으로, 꽃을 좋아하리라고 상정한다. 하지만 여기서 관건이 되는 것은 "개념이 부재하는 보편성"이다. 우리가 꽃을 높이 평가하는 이유는 주관적이다. 취향에는 객관적인 규칙들이 존재하지 않는다. 하지만 이러한 평가 자체는 꽃을 바라보고 판단하는 모든 사람에게 공통된 평가이며, 범주적 장치와 도덕적 감성의 기반이 되는 앎의 동일한 조건을 토대로 이루어지는 만큼 모든 이의 동의를 요구할 뿐만 아니라 하나의 "법 없는 규칙성"을 높이 평가할 줄 아는 평범한 기량 혹은 일종의 상식을 전제로 한다.

'아름다움'에서 유래하는 쾌락과 전혀 다른 종류의 쾌락이 다름 아닌 '숭고'에서 유래한다. 전자의 경우 즐거움은 대상의 형식에서 유래하지만 후자의 경우에 형식이 없는 대상에서 유래할 수 있다. 칸트에 따르면 숭고의 감정은 생동하는 형식들의 일시적인 정지와 곧장 이어지는 이 형식들의 훨씬 더 강렬한 분출에 기인한다. 숭고의 감정은 우리가 매력을 느끼는 동시에 그 매력에 참여할 수 없다는 느낌을 강렬히 받는 경우의 쾌락이다.

예를 들어 '수학적' 숭고의 감정은 우리에게 절대적으로 방대해 보이는 세계를 관찰할 때 발생한다. 이처럼 다른 모든 것을 작아 보이게 만드는 경우는 거대한 산이나 야생의 대자연에서 찾아볼 수 있다. 하지만 여기서 방대함은 측량이 불가능한 대상 속에 있는 것이 아니라 그것을 바라보는 우리는 느낌 속에서만 실재한다. 그런 식으로 숭고는 우리에게 모든 감각의 척도를 초월하는 영혼의 기량을 생각만이라도 하는 것이 가능하다는 것을 보여 준다.

반면에 '역학적' 숭고는 우리에게 두려움을 불러일으킬 수 있는 자연 광경을 목격할 때 발생한다. 이 숭고의 감정은 예를 들어 폭풍과 함께 파도가 휘몰아치는 광경을 안전한 지대에서 목격할 때 일어난다. 이는 안전한 지대에 있기 때문에 이러한 현상을 실질적인 두려움 없이 '두려운' 것으로 추정하지만 동시에 그 거대한 자연의 힘과 맞서 싸울 경우 정말 두려워할 수밖에 없으리라는 것을 절감하는 감정이다.

자연의 숭고함 앞에서 우리는 인간의 상대적인 연약함을 통감할 뿐 인간의 우월성을 의식한다. 다시 말해, 우리가 자연의 힘에 제압당하는 경우가 발생하더라도 인간의 우월성은 변치 않으리라는 느낌을 받는 것이다.

칸트는 자연의 아름다움이 예술적인 아름다움의 모형으로 기능한다고 보았다. 진정한 예술에는 자연 고유의 자연스러움이 깃들어 있다고 보았기 때문이다. 자연과 문화의 중간 지점에, 상상과 지성 사이에 위치하는 것이 바로 '천재'다. 천재는 자연이 예술에 법칙을 선사하기 위해 도구로 삼는 선천적인 잠재력을 지닌 존재다. 다시 말해, 천재는 정해진 규칙이 적용될 수 없는 것을 만들어 내는 재능을 지녔다.

『판단력비판』의 2부는 아름다움이나 미학적 판단을 다루는 대신 목적론적 판단을 다룬다. 우리가 자연을 해석할 때 그 자연이 어떤 목적을 가지고 있고 하나의 목표를 향해 움직인다고 상정하는 근거가 바로 이 목적론적 판단에 있다. 칸트는 세계 전체에 대한 기계학적인 설명이 필요하고 세계 안에서는 과연 어떤 식으로 모든 것이 요소와 원인과 효과의 유기적인 공모를 바탕으로 발생하는지 해명할 필요가 있다고 보았다. 물론 이러한 완벽한 세계관은 어떤 신성한 주체에게만 가능하다. 칸트에 따르면, 그럼에도 불구하고 인간은 인간적인 한계 안에서 자연에 대한 기계학적인 설명을 지속적으로 추구해야 한다. 단지 인간은 자연이 마치 어떤 목적을 향해 움직이는 것처럼 바라보는 관점에서 벗어나지 못할 뿐이다. 성찰적 판단력은 인식론적인 판단과는 달리 주어지지 않은 법칙하에 다양한 현상들을 일반화해야 한다. "어떤 자연적 사물들의 생산 혹은 자연 전체의 생산이 어떤 목적을 가지고 기능하도록 결정하는 원인에 의하지 않고서는 불가능하다고 말하는 것과, 나의 인식 능력이 지니는 독특한 본성 때문에, 어떤 목적을 가지고 기능하는 원인을 생각하지 않고서는 그 사물들과 그것들의 생산 가능성에 대해 아무런 판단도 할 수 없다고 말하는 것 사이에는 커다란 차이가 있다." 성찰적 판단력은 우리의 인식론적 결점을 보완하는 동시에, 실천이성의 공리와 마찬가지로, 우리가 메커니즘을 이해하지 못하는 곳까지 자연 세계의 탐구를 확장하도록 종용한다.

성찰적 판단을 다루는 장들이 『실천이성비판』에서와 마찬가지로 또다시 신의 존재에 주목하는 것은 결코 우연이 아니다. 신의 존재를 지적으로 인식하는 것은 불가능하지만, 성찰적 판단의 관점에서 세계의 운명이 지고의 선을 향해 나아가도록 설정되어 있다고 보는 것이 옳고 또 유용한 이유는 도덕적 계율에 상응하는 궁극적인 목적을 제안할 때에도 세계의 도덕적 원인을 상정해야 하기 때문이다.

『실천이성비판』과 마찬가지로 『판단력비판』이 지성의 차원에서 소외되었던 진리를 감성의 차원에서 복원하는 기능을 지닌 것은 분명하다. 특히 취향에 대한 18세기의 다양한 철학적 견해들 사이에서 교량 역할을 하는 『판단력비판』은 기본적으로 신고전주의적인 미의 개념을 표명하는 동시에 천재를 탁월한 존재로 간주하고, 숭고의 감정을 영웅적이고 귀족적인 감정으로 해석하는 낭만주의적 관점을 고수한다. 하지만 첫 두 권의 비판서보다 『판단력비판』이 우리에게 좀 더 친근하게 다가오는 몇 가지 요인들에 주목할 필요가 있다.

칸트의 비판철학이 안고 있는 가장 극적인 문제는 지성의 순수한 형식들이 직관적으로 감지된 현상에 타당성을 부여하는 양태의 앎을 어떻게 보편적이고 객관적인 앎으로 정의할 수 있는가라는 문제다. 칸트가 '연역'을 다루면서, 즉 우리의 인식 능력을 뒷받침하는 선험적 기반을 다루면서 기울인 엄청난 노력에도 불구하고, 사고 주체의 주관적인 형식들이 지식의 객관성을 보장한다고는 확언하기 어렵다. 물론 예외적으로, 비록 칸트는 거부했지만, 이 주관적인 형식들을 우리의 정신이 자연 안에 내재하는 법칙에 거의 자연적으로 순응한 경우로 보거나, 혹은 다름 아닌 자연의 입법자가 인간의 정신 속에 각인시켰다는 관점에서 보편성이 보장되는 일련의 '틀'로 보는 것이 가능하다.

하지만 『판단력비판』은 우리에게 또 다른 형태의 지식, 전적으로 가정적이고 추론적인 형태의 지식을 제시한다. 이 지식 모형은 우리가 『순수이성비판』에서 관찰했던 구성주의적인 특징들과 연관성을 가진다. 다시 말해 선험적 도식화가 주도하는 새로운 인식 모형 역시 하나의 '마치 ~처럼'이 될 수 있다. 결국 지식의 세계는 '사물 자체'로 드러나기를 거부하는 듯이 보이는 자연에 규칙들을 부여하는 '성찰적 판단들'의 '언제나 완성 가능한' 계열의 기호하에 놓이게 될 것이다. 그러나 현대 철학에서 어렵지 않게 찾아볼 수 있는 이러한 관점은 우리가 칸트에게 빚을 지고 있는 여러 철학적 사유들 중 하나에 불과할 것이다.

칸트가 본 과학의 위상과 한계

  철학의 역사는 흔히 과거의 위대한 철학자들을 고립시킨 상태에서 연구하는 경향이 있다. 이 철학자들이 마치 과거와 미래의 구분이 없는 '천년의 대화'에 참여해 입을 열 수 있다는 듯이 이야기하는 것이다. 그런 식으로 부각된 지식 이론, 윤리학, 신학의 문제들이 여전히 철학적 성찰의 중요한 부분을 차지하는 것은 분명한 사실이지만 이러한 이론적 차원의 문제들 때문에 등한시되는 또 다른 차원의 나름대로 중요한 사실들이 있다. 예를 들어 철학자가 담당하는 전문적, 사회적 역할이 점차 변화하고 학문 분야들 간의 경계가 무너지면서 이 분야들 고유의 다양한 지적 위상 역시 두드러지게 불안정해지는 현상이 일어났다. 결국 철학 자체의 정의, 철학의 문화적인 역할에 대한 이해, 심지어는 여러 철학자들이 철학이라는 활동을 고려하는 방식 자체가 모두 지속적인 변화의 흐름 속에 놓여 있다고 볼 수 있다. 데카르트는 우리가 그의 『방법 서설』을 읽으면서 부록에 실린 세 편의 과학 에세이 「굴절광학」, 「기상학」, 「기하학」에 아무런 관심도 기울이지 않는 모습을 보고 굉장히 놀랄 것이다. 왜냐하면 데카르트가 자신의 방법론을 실험에 적용하면서 집필한 것이 이 에세이들이었고 이에 대해 특별한 자부심까지 느꼈기 때문이다. 데카르트는 만인이 인정하는 철학가였고 데카르트 자신도 이를 분명히 의식하고 있었지만 무엇보다도 십 년이 넘도록 인간의 수명을 연장하기 위한 연구에 몰두했던 인물이다.

17세기에서 18세기로 넘어오는 시기에도 철학자들은 전통 학문과 철학 자체에 의문을 제기하면서 거센 비판을 서슴지 않았다. 자연과 지식의 근원을 탐구하는 것이 진정한 철학의 목적이라고 생각했던 이 시대의 철학자들은 과학 토론에 열성적으로 참여했을 뿐만 아니라 이들 스스로가 뛰어난 수학자이자 물리학자였다. 이들 가운데 상당수가 국가 통치자들에게 기술과 과학 분야의 전문 지식을 제공하며 커다란 경제적 혜택을 누린 것은 결코 우연이 아니다.

18세기가 흐르는 동안 과학 아카데미들이 빠르게 성장했다는 사실은 통치자들이 새로운 형태의 연구 기관을 신뢰하고 지지했다는 것을 의미한다. 독일에서는 라이프니츠가 브란덴부르크의 선제후 프리드리히 3세의 선입견을 극복하면서 1700년에 설립한 '베를린-브란덴부르크 과학 아카데미Berlin-Brandenburgische Akademie der Wissenschaften'가 프로이센왕국이 가장 자랑하는 연구 기관으로 성장했고, 프리드리히 빌헬름 1세(재위 1712년~1740년)와 프리드리히 2세(재위 1740년~1786년)는 유명한 유럽 과학자들과 철학자들을 베를린으로 불러 모으기 위해 경제적인 지원을 아끼지 않았다. 같은 시기에 정기간행물과 학술지의 출판이 번창했다는 것은 곧 관리나 의사, 전문인, 상인들, 무엇보다도 학문과 지식을 통해 사회적 위치의 상승과 확보를 시도했던 일반인들을 중심으로 박식한 엘리트 계층이 이미 형성되어 있었다는 것을 증명한다. 독일의 대도시들은 대부분이 대학과 출판사 및 의학, 물리학, 자연과학 연구소 등을 갖추고 있었다.

칸트의 철학은 지금까지 간략하게 요약해 본 18세기의 사회문화적인 상황을 배경으로 탄생했다. 우리는 칸트를 서양철학의 위대한 개혁가로 알고 있지만 그의 동시대인들에게 칸트는 천문학과 우주생성론을 비롯해 첨단의 인류학 이론, 동물학, 식물학 등 다양한 분야의 지식을 갖춘 지적이고 열성적인 지리학 선생에 불과했다. 선배 철학자 크리스티안 볼프와 마찬가지로 칸트는 학생들을 가르치고 책을 읽으면서 생을 보냈다. 실제로 칸트는 그가 살던 도시 쾨니히스베르크에서 한 발자국도 벗어난 적이 없는 인물이다. 그가 하는 일의 성격상 도시를 벗어나야 할 이유가 없었고 책과 간행물, 백과사전, 여행기 등 풍부한 자료들이 그에게 생각할 거리를 충분히 제공했기 때문이다.

흔히 '비판서 이전'으로 분류되는 시기에 칸트는 뉴턴, 볼프, 라이프니츠의 저서들을 집중적으로 읽고 연구했다. 힘과 운동과 질료와 공간의 개념에 대한 성찰은 칸트가 연구했던 내용의 핵심적인 부분을 차지한다. 칸트의 연구는 라이프니츠나 볼프의 입장으로부터 점점 더 멀어지는 반면 뉴턴의 입장에 점점 더 가까워지는 방향으로 나아갔다. 물론 칸트가 뉴턴의 사상에 무비판적으로 동의했던 것은 아니다. 기술적이고 언어적인 차원에서 상당히 복잡한 내용을 담고 있는 그의 학위논문 『생동하는 힘들의 올바른 평가에 관한 생각 *Gedanken von der wahren Schätzung der lebendigen Kräfte*』(1746년)에서 칸트는 물리적인 현상들과 이 현상들에 대한 우리의 지각 활동을 동시에 설명할 수 있는 운동과 역학 이론의 구축을 시도했다.

1750년대부터 칸트는 첨단의 수학과 물리학 이론 및 뉴턴의 저서들을 통해 부각된 인식론적이고 형이상학적인 문제들을 해결하기 위해 노력했다. 이 시기에 집필한 책들 가운데 가장 널리 알려진 『자연의 보편적 역사와 우주의 이론 *Allgemeine Naturgeschichte und Theorie des Himmels seine*』(1755년)에서 칸트는 태양계와 행성들의 형성에 대한 설명을 시도했다. 성운nebula의 존재를 전제로 우주의 형성을 설명하면서 칸트는 성운을 먼지처럼 보이는 우주의 질료들이 인력과 저항력의 동시다발적인 활동으로 인해 서서히 밀집되는 현상으로 해석했다. 하지만 칸트는 이 인력과 저항력을 뉴턴과는 다른 방식으로, 즉 질료 자체에 내재하는 특성으로 고려했다. 특히 자연을 지배하는 신의 섭리를 중시하는 경향이 뉴턴보다는 칸트에게서 훨씬 더 뚜렷하게 나타난다. 물론 신의 섭리는 뉴턴의 철학에서도 찾아볼 수 있는 개념이지만, 칸트는 신의 섭리를 그가 제시하는 모든 논제의 궁극적인 목적으로 간주했다. 실제로 '비판서 이전' 시기뿐만 아니라 평생 동안 칸트가 쓴 과학 저서의 중심에는 항상 형이상학적인 문제, 결과적으로 목적론적이고 신학적인 문제가 자리 잡고 있었다. 유명한 천문학자이자 수학자인 피에르시몽 라플라스(1749~1827년)는 여러 측면에서 이와 유사한 우주론을 1796년에 소개했고 19세기 초반에는 '칸트-라플라스 이론'이 철학자로서의 칸트와는 무관한 분야의 학자들에 의해 열성적으로 논의되는 현상이 일어났다. 많은 학자들이 행성계의 발전 과정에서 자연적인 '진보'와 '변화'의 법칙을 발견했기 때문이다. 이 학자들 가운데 몇몇은 우주론을 바탕으로 생명과 인간 및 사회와 민족들의 형성 과정을 설명할 수 있는 이론의 정립을 시도하기도 했다.

칸트는 '비판서 이전' 시기에 주로 수학과 물리학에 관심을 쏟았지만, 1740년부터 유럽과 독일에서 열풍을 일으켰던 지구과학과 생명과학 논쟁에도 적잖은 관심을 기울였다. 1755년 11월 1일 리스본에서 일어난 지진은 유럽 대륙의 모든 학자들과 지식인들 사이에서 지구의 역사와 지진의 원인뿐만 아니라, 당시만 해도 유럽 남부에서만 몇몇 자연철학자들이 관심을 가졌던 화산 폭발의 원인에 대해 열띤 토론을 유발했다. 흥미로운 것은 볼테르 같은 예리한 철학자가 리스본의 지진을 예로 들며 라이프니츠와 그의 '충족이유율', 다시 말해 존재하는 것은 필연적으로 조화롭게 구축된 세계 안에 존재할 수밖에 없다는 견해를 풍자적으로 비판했던 반면, 칸트는 지구와 지진 및 화산활동에 대한 그만의 독창적인 과학적 성찰을 발전시켰다는 점이다. 칸트 역시 초기 저작에서 '충족이유율'을 다룬 바 있다. 하지만 여기서 지구과학 분야에 대한 칸트의 관심은 상당히 복잡하고 기술적인 문제들을 해결하는 쪽으로 기울어 있었다.

1756년 1월부터 쾨니히스베르크의 주간지에 기고한 일련의 기사를 통해 칸트는, 태양과 행성들의 형성에 관한 그의 이론을 근거로, 회전타원체의 냉각과 함께 형성된 일련의 틈새 공간이 지반 하층부에 흩어져 있으며 빠른 시간 안에 와해될 수 있는 이 틈새 공간의 함몰이 바로 지진의 원인이라고 설명했다. 칸트는 함몰의 규모가 클 때 형성된 것이 산맥과 계곡이라고 보았다. 지진의 또 다른 원인과 관련하여 칸트가 수용했던 일반적인 이론에 따르면, 지진 현상은 땅 밑에서 유황과 철의 혼합물이 수분을 흡수하면서 일으키는 강렬한 화학반응으로 인해 가스를 발생하고 이 가스가 지하의 강을 따라 폭발적인 속도로 확장될 때 일어난다. 아울러, 이 가스가 출구를 찾지 못하는 상황에서 강한 압력과 높은 온도를 견디지 못해 지표면 위로 상승할 때 화산 폭발이 일어난다.

한편 1740년대 중반부터는, 일련의 놀라운 과학적 '발견'들 덕분에 '생명과학'

이 지식인들 사이에서 천문학이나 우주발생론 못지않은 주요 관심사로 부각되었다. 예를 들어 1744년에는 아마추어 동물학자 아브라함 트랑블레(Abraham Trembley, 1710~1784년)가 연구 기록을 출판하면서 히드라가 여러 조각으로 잘린 뒤에도 각 파편에서 몸 전체를 재생해 낸다는 실험 결과를 발표했다. 이러한 정황에서 생명의 특성은 생명체가 지닌 질료의 문제로 간주되거나 생명의 형태를 체계화할 수 있는 물리적이고 형이상학적인 원리의 문제로 간주되었고 이러한 차이점은 자연과학자들, 신학자들, 철학자들의 다양한 해석을 탄생시켰다.

천문학은 이론적인 까다로움 때문에 접근하기가 쉽지 않았지만 생물학은 형편이 어렵지 않은 지식인이라면 누구든지 현미경이라는 간단한 기구를 구입해 생명체들이 가진 복합적이고 경이로운 구조를 눈으로 확인할 수 있었다. 현미경을 통해 안톤 판 레이우엔훅(Antoni van Leeuwenhoek, 1632~1723년)은 역사상 처음으로 정자를 관찰하는 데 성공했고 그가 밝혀낸 배아의 성장 과정 연구뿐만 아니라 이를 통해 드러난 또 하나의 사실, 즉 생명은 「창세기」에 기록된 것보다 훨씬 오랜 기간에 걸쳐 형성된다는 사실이 사람들의 커다란 관심을 불러일으켰다. 1749년에 출판되기 시작한 뷔퐁의 『일반적이고 특별한 자연의 역사 *Histoire naturelle, générale et particulière*』(총 36권)는 우아하고 설득력 있는 문장으로 자연과학에 대한 지대한 관심과 흥미를 불러일으켰다. 칸트는 이 책의 독일어 번역본(1751년)을 꼼꼼히 읽고 토론을 벌이면서 기계주의가 생명이라는 현상을 전부 설명해 줄 수는 없다는 점을 지적했다.

특히 난자와 정자 속에 신이 창조한 축소판 인간이 존재한다고 주장하는 전성설Preformismo과 생명체는 배아에 새로운 질료들이 추가되면서 형성된다고 보는 후성설Epigenesis 사이에서 칸트는 후성설의 유물론적인 결과를 우려하며 전성설을 지지했다. 질료가 자율적으로 생명체의 복잡한 구조를 형성할 수 있다면 신의 존재 자체가 의혹의 대상이 될 수 있다고 보았기 때문이다. 하지만 상당수의 전성설 지지자들과 마찬가지로 칸트는 정자 혹은 배아가 축소판 인간을 내포하지 않으며 이 축소판 인간이 성장을 시작하기 위해 수정受精을 필요로 하는 것도 아니라고 보았다. 칸트는 오히려 생명체의 "배아"가 무한히 작은 구조로 형성되어 있으며 영양소 흡수를 통해 성장하려는 "예정된 성향"을 갖추고 있다고 보았다. 이 "예정된 성향"을 실현하는 것이 바로 수정이었다. 칸트는 층상 조직의 형성과 차별화를 바탕으로 병아리 배아의 성장을 관찰한 카스파어 프리드리히 볼프(Caspar Friedrich Wolff, 1734~1794년)를 인용하면서, 후성설을 지지했던 볼프와는 달리, 볼프의 연구 결과가 새로운 생명의 탄생은 어떤 목적을 향한 움직임이며 태아의 구조가 성장의 과정에 앞서 존재한다는 것을, 궁극적으로는 목적론적인 원인, 즉 창조주 신으로부터 유래한다는 것을 뚜렷하게 가리킨다고 주장했다.

'배아'나 '예정된 성향'은 칸트가 시도한 다양한 분야의 철학적이고 과학적인 탐구에서 상당히 중요한 역할을 하는 개념들이다. 예를 들어, 칸트는 다계 조상설poligenismo과 단일 조상설monogenismo 논쟁에 대한 자신의 의견을 피력하며 『인류라는 개념 정립에 관하여Bestimmung des Begriffs einer Menschenrasse』(1785년)에서 모든 인간은 단일한 종에 속한다고 주장했다. 유명한 인류학자 요한 프리드리히 블루멘바흐(Johann Friedrich Blumenbach, 1752~1840년) 역시 칸트의 이러한 의견을 지지한 바 있다. 여기서 주목해야 할 것은 칸트가 배아들이 불변하는 성격을 가지며, 예를 들어 유색인종의 비문명적 상태는 배아가 지니는 구조적 특징들의 결과라고 생각했다는 점이다. 또 다른 예로 칸트는 건강하지 못한 사람들이 많은 가문의 구성원은 유전자적 결함이 문제가 되기 때문에 결혼 상대로 적합하지 않다고 생각했다. 배아라는 개념은 문명사회와 특정 문화 형태의 발전에 관한 칸트의 성찰에도 등장한다.

흥미로운 것은 칸트의 탐구가 지니는 이러한 '생물학적인' 특징을 철학사에서 약속이라도 한 듯 간과해 왔다는 점이다. 미국의 역사학자 필립 슬론Phillip Sloan은 칸트가 『순수이성비판』의 한 유명한 구절에서 범주의 본질 혹은 확산을 설명하기 위해 '배아'나 '예정된 성향' 같은 개념들을 사용한 것은 단순히 설득력 있는 해석을 제공하기 위해서가 아니라 좀 더 뿌리 깊은 이유가 있었기 때문이라고 상세하게 설명한 바 있다. 칸트에 따르면, 범주는 감각적 경험을 통해 제공되는 내용이 실재할 때에만 활성화되는 잠재적 형식을 말한다. 다시 말해 범주는 그 자체로 존재하는 구조가 아니라 구조적으로 반응하는 잠재적 형식이다. 역사가들이 항상 간과해 온 또 다른 예는 『판단력비판』에서 목적론이 차지하는 중요성이다.

설명의 대상으로 항상 칸트의 미적 판단과 도덕적 판단을 선호해 왔던 역사가들은 칸트가 목적론적 판단을 언급하는 내용, 즉 칸트가 생명과학 분야에서 장장 40년에 걸쳐 연구한 내용이 집약되어 있는 부분을 항상 부차적인 것으로 취급했다.

칸트는 생명과학이 목적론적 차원, 결국 형이상학적인 차원에서 고려되어야 한다는 것을 강조하기 위해 '풀잎의 과학자 뉴턴'*의 존재 가능성을 부인한 바 있고(『판단력비판』 2부 75장) 이 비유를 조르주 퀴비에George Cuvier를 비롯한 자연과학자들은 물리화학적인 법칙을 토대로 생명의 현상들을 설명하려는 시도가 부질없는 시도라는 점을 강조하기 위해 반복적으로 인용하곤 했다. 진화론을 반대하던 잉글랜드의 학자 윌리엄 휴얼(William Whewell, 1794~1866년) 역시 유기적인 생명체가 환경의 변화로 인해 변질될 수 없다는 점을 강조하기 위해 칸트의 논제를 근거로 제시한 바 있고, 칸트의 제자 요한 고트프리트 폰 헤르더도 『인류 역사의 철학을 위한 생각들Ideen zur Philosophie der Geschichte der Menschheit』(1784년)에서, 환경의 미세한 변화에 따른 느린 속도의 변질 가능성이 잠재할 뿐 생명체의 기원인 '배아'가 환경에 지배되지 않는 만큼, 생명체의 근본적인 변질은 일어날 수 없다고 주장했다.

지금까지 살펴본 것처럼 칸트가 당대의 생명과학에 지대한 관심을 기울였고 그의 철학이 그의 생명과학 연구와 직접적인 연관성을 지닌 만큼, 칸트의 철학은 주요 저서들을 기준으로만 평가할 것이 아니라 그의 관심 분야와 탐구 과정을 토대로 재조명될 필요가 있다.

---

* 뉴턴 같은 위대한 학자가 나타나 불변하는 자연법칙을 토대로 풀잎 하나라도 설명할 수 있는 가능성은 없다는 칸트의 주장을 가리킨다. 칸트에 따르면, 자연을 설명할 수 있는 '자연적인' 법칙은 결코 존재하지 않는다.

참고 문헌

I

U. Eco, *La ricerca della lingua perfetta*, Laterza, Roma-Bari 1993

E. Garin, *Scienza e vita civile nel Rinascimento italiano*, Laterza, Roma-Bari 1985

M. Idel, *Qabbalah. Nuove prospettive*, Adelphi, Milano 2010

P. O. Kristeller, *Il pensiero filosofico di Marsilio Ficino*, Sansoni, Firenze 1953

P. O. Kristeller, *La tradizione aristotelica nel Rinascimento*, Antenore, Roma-Padova 1962

B. Nardi, *Studi su Pietro Pomponazzi*, Le Monnier, Firenze 1965

C. Vasoli, *Le filosofie del Rinascimento*, Bruno Mondadori, Milano 2002

II

R. H. Bainton, *La Riforma protestante*, Einaudi, Torino 1958

N. Bobbio, *Societa e Stato nella filosofia politica moderna*, Il Saggiatore, Milano 1984

J. Huizinga, *Erasmo, Einaudi*, Torino 1959

A. Koyre, *Dal mondo chiuso all'universo infinito*, Feltrinelli, Milano 1961

T. Kuhn, *La rivoluzione copernicana*, Einaudi, Torino 1972

S. Menchi, *Erasmo in Italia. 1520-1580*, Bollati Boringhieri, Torino 1987

P. Rossi, *La nascita della scienza moderna in Europa*, Laterza, Roma-Bari 2005

G. H. Sabine, *Storia delle dottrine politiche*, Etas, Milano 1978

C. Vivanti, *Niccolo Machiavelli: i tempi della politica*, Donzelli, Roma 2008

III

R. Bondi, *Introduzione a Telesio*, Laterza, Roma-Bari 1997

M. Ciliberto, *Giordano Bruno*, Laterza, Roma-Bari 2007

I. Couliano, *Eros e magia nel Rinascimento*, Il Saggiatore, Milano 1987

W. Eamon, *La scienza e i segreti della natura. I 《Libri di segreti》 nella cultura medievale e moderna*, ECIG,

Genova 1999

G. Ernst, *Tommaso Campanella. Il libro e il corpo della natura*, Laterza, Roma-Bari 2002

G. Ernst (a cura di), *La filosofia del Rinascimento*, Carocci, Roma 2003

L. Firpo, *I processi di Tommaso Campanella*, a cura di E. Canone, Salerno editrice, Roma 1998

N. Tirinnanzi, *L'antro del filosofo. Studi su Giordano Bruno*, a cura di E. Scapparone, Storia e Letteratura, Roma 2013

F. A. Yates, *L'arte della memoria*, Einaudi, Torino 1993

G. Spini, *Ricerca dei libertini. La teoria dell'impostura delle religioni nel Seicento italiano*, La Nuova Italia, Firenze 1950 (1983 2ª edizione)

IV

R. Chartier, *In scena e in pagina*, Sylvestre Bonnard, Milano 2002

U. Eco, *Dall'albero al Labirinto. Studi storici sul segno e l'interpretazione*, Bompiani, Milano 2007

U. Eco, *Storia della bruttezza*, Bompiani, Milano 2007

M. Forlivesi, *"Scotistarum princeps". Bartolomeo Mastri (1602-1673) e il suo tempo*, Centro Studi Antoniani, Padova 2002

M. Infelise, *I libri proibiti*, Laterza, Roma Bari 1999

G. Macchia, *La letteratura francese*. Vol 1, Mondadori Milano, 1987

G. Melchiori, *Shakespeare. Genesi e struttura delle opere*, Laterza 1994

M. Mila, *Breve storia della musica*, Einaudi, Torino 2005

G. Mori, *Introduzione a Bayle*, Laterza 1996

N. Panichi, *Montaigne*, Carocci, Roma 2010

R. Popkin, *Storia dello scetticismo*, Bruno Mondadori, Milano 2008

P. Rossi, *Clavis universalis: arti della memoria e logica combinatoria da Lullo a Leibniz*, il Mulino, Bologna 2000

J. Snyder, *L'estetica del barocco*, il Mulino, Bologna 2005

Storia dell'arte italiana, vol. I, Einaudi, Torino 19811

V

J.-R. Armogathe e G. Belgioioso, ed., *Descartes metafisico, interpretazioni del Novecento*, Istituto della Enciclopedia Italiana, Roma 1994

M. Bucciantini, F. Giudice e M. Camerota, *Il telescopio di Galileo*, Einaudi, Torino 2012

M. Camerota, *Galileo Galilei e la cultura scientifica nell'eta della Controriforma*, Salerno Editrice, Roma 2004

G. Crapulli, *Introduzione a Descartes*, Laterza, Roma-Bari 2013

L. Geymonat, *Galileo Galilei, Einaudi*, Torino 1981

G.B. Gori (a cura di), *Cartesio*, Isedi, Milano 1977

N. Guicciardini, *Newton*, Carocci, Roma 2011

A. Koyre, *Studi galileiani*, Einaudi, Torino 1976

G. Mori, *Cartesio*, Carocci, Roma 2010

G. Rodis-Lewis, *Cartesio, una biografia*, Editori Riuniti, Roma 1997

P. Rossi, *La rivoluzione scientifica da Copernico a Newton*, Loescher, Torino 1973

E. Scribano, *Guida alle meditazioni metafisiche di Descartes*, Laterza, Roma 2012

M. Spallanzani, *Diventare filosofo. Descartes "en philosophe"*, Alinea, Firenze 1999

VI

E. Garin, *Introduzione a N. Malebranche, La ricerca della verita*, Laterza, Roma-Bari 1983

S. Landucci, *I filosofi e Dio*, Laterza, Roma-Bari 2005

F. Mignini, *Introduzione a Spinoza*, Laterza, Roma-Bari 1999

V. Morfino, *Il tempo e l'occasione. L'incontro Spinoza Machiavelli*, LED, Milano 2002

M. Mugnai, *Introduzione alla filosofia di Leibniz*, Einaudi, Torino 2001

A. Pacchi, *Introduzione a Hobbes*, Laterza, Roma-Bari 1996

A. Pacchi (a cura di), Thomas Hobbes, *Logica, liberta e necessita*, Principato, Milano 1972

A. Peratoner, *Pascal*, Carocci, Roma 2011

F. Piro, *Spontaneita e ragion sufficiente: Determinismo e filosofia dell'azione in Leibniz*, Edizioni di storia e letteratura, Roma 2002

C.A. Viano, *Il pensiero politico di Locke*, Laterza, Roma-Bari 1997

VII

P. Alatri, *Introduzione a Voltaire*, Laterza, Roma-Bari 1989

L. Bianchi, *Tradizione libertina e critica storica*, Franco Angeli, Milano 1988

R. Darnton, *Il grande affare dei lumi. Storia editoriale dell'"Encyclopedie" 1775-1800*, Sylvestre Bonnard, Milano 1999

E. Franzini, *L'estetica del Settecento*, il Mulino, Bologna 2002

M. Fumaroli, *L'eta dell'eloquenza*, Adelphi, Milano 2004

P. Quintili, *Illuminismo ed Enciclopedia. Diderot e d'Alembert*, Carocci, Firenze 2003

M.M. Rossi, *Introduzione a Berkeley*, Laterza, Roma-Bari 2005

A. Santucci, *Introduzione a Hume*, Laterza, Roma-Bari 2005

J. Starobinski, *Montesquieu*, Einaudi, Torino 2002

W. Tega, Arbor Scientiarum. *Enciclopedie e sistemi in Francia da Diderot a Comte*, il Mulino, Bologna 1984.

VIII

N. Badaloni, *Introduzione a Vico*, Laterza, Roma-Bari 2008

A. Burgio, *Rousseau e gli altri. Teoria e critica della democrazia tra Settecento e Novecento*, Derivi Approdi, Roma 2012

G. Cacciatore, *L'infinito nella storia. Saggi su Vico*, Edizioni Scientifiche Italiane 2009

E. Cassirer, *La filosofia dell'Illuminismo*, La Nuova Italia, Firenze 1936

E. Cassirer, *Vita e dottrina di Kant*, La Nuova Italia, Firenze 1977

A. Guerra, *Introduzione a Kant*, Laterza, Roma-Bari 1980

D. Hoffe, *Immanuel Kant*, il Mulino, Bologna 2002

S. Korner, *Kant*, Laterza, Roma-Bari 1987

S. Landucci, *La Critica della ragion pratica. Introduzione alla lettura*, Carocci, Roma 2010

S. Marcucci, *Guida alla Critica della ragion pura di Kant*, Laterza, Roma-Bari 2009

M. Mori, *La pace e la ragione. Kant e le relazioni internazionali: diritto, politica, storia*, il Mulino, Bologna 2008

L. Pareyson, *L'estetica di Kant. Lettura della Critica del Giudizio*, Mursia, Milano 1968

S. Poggi, *Il realismo della ragione. Kant dai lumi alla filosofia contemporanea*, Mimesis, Milano 2013

P.F. Strawson, *Saggio sulla Critica della ragion pura*, Laterza, Roma-Bari 1985

H.J. de Vleeschauwer, *L'evoluzione del pensiero kantiano*, Laterza, Roma-Bari 1976

찾아보기

Philos 002

경이로운 철학의 역사 2
근대 편

1판 1쇄 발행 2019년 7월 10일
1판 4쇄 발행 2023년 7월 21일

엮고지은이 움베르토 에코, 리카르도 페드리가
옮긴이 윤병언
펴낸이 김영곤
펴낸곳 아르테

편집 김지영 최윤지 디자인 박대성
기획위원 장미희
출판마케팅영업본부 본부장 한충희
마케팅 배상현 한경화 김신우 강효원
영업 최명열 김다운 김도연
제작팀 이영민 권경민

출판등록 2000년 5월 6일 제406-2003-061호
주소 (10881) 경기도 파주시 회동길 201(문발동)
대표전화 031-955-2100 팩스 031-955-2151 이메일 book21@book21.co.kr

ISBN 978-89-509-7585-2 04100
ISBN 978-89-509-7583-8 (세트)

아르테는 (주)북이십일의 문학·교양 브랜드입니다.